Peter Kroh
Minderheitenrecht ist Menschenrecht
Sorbische Denkanstöße zur politischen Kultur in Deutschland und Europa

D1720065

*Mut und Bescheidenheit sind
die unzweideutigen Tugenden;
denn sie sind von der Art,
dass Heuchelei sie nicht nachahmen kann.*

J.W. Goethe, Wilhelm Meisters Wanderjahre
Aus Makariens Archiv

Dank gilt dem Bürgermeister der Gemeinde Nebelschütz,
Tomaš Čornak für Hilfe und Unterstützung
sowie der „Stiftung für das sorbische Volk"
für die Förderung der Veröffentlichung

Über den Autor

Peter Kroh, geboren am 9.2.1944 in Namslau (Namysłow), besuchte die Sorbische Grundschule in Bautzen, begann 1958 eine Lehre als Flugzeugbauer in Dresden-Klotzsche, arbeitete später im Edelstahlwerk Freital als Schlosser im 3-Schicht-Betrieb und begann mit 24 Jahren ein Lehrerstudium in Leipzig.

1980 promovierte er über ethische Probleme der sozialistischen Arbeitsdisziplin, beteiligte sich aktiv am marxistisch-christlichen Dialog und habilitierte 1985 mit einer Arbeit über die Wirkungsbedingungen des protestantischen Arbeitsethos in der DDR.

Im Zuge des Beitritts der DDR zum Geltungsbereich des Grundgesetzes für die Bundesrepublik Deutschland wurden 1991 sein Arbeitsbereich an der Pädagogischen Hochschule Neubrandenburg und er als Hochschullehrer abgewickelt. Anschließend baute er ein Kommunikations- und Informationszentrum für Kinder und Jugendliche zur Sucht- und Gewaltprävention (KIZ for kids) auf, das er mehrere Jahre leitete. Nachdem das KIZ der allgemeinen Kürzungspolitik zum Opfer fiel, arbeitete er bis zum vorzeitigen Ausscheiden aus dem Berufsleben im Jahre 2007 als Mitarbeiter mehrerer Landtagsabgeordneter der Linken in Mecklenburg-Vorpommern. 2009 veröffentlichte er die erste Biographie über den sorbischen Journalisten und Minderheitenpolitiker Jan Skala. Aktuelle Bedrängnisse und Bedrohungen des sorbischen Volkes erörtert er in der in niedersorbischer, deutscher und obersorbischer Sprache erschienenen Broschüre „Die Lausitzer Slawen. Ein Rückblick in die Zukunft". Mit Vorträgen und Artikeln zur „sorbischen Frage" in deutsch, sorbisch und polnisch suchte er das Interesse für Leben, Kultur und Geschichte der slawischen Minderheit in Deutschland zu wecken und zu stärken.

Peter Kroh

Minderheitenrecht ist Menschenrecht

Sorbische Denkanstöße zur politischen Kultur
in Deutschland und Europa

Beggerow

Bibliographische Information der Deutschen Bibliothek

Die Deutsche Bibliothek verzeichnet diese Publikation in der Deutschen Nationalbibliographie; detaillierte bibliographische Daten sind im Internet über http://dnb.ddb.de abrufbar.

Titelbild: Nach einer Skizze des Autors

© 2014 Beggerow Buchverlag
D-12487 Berlin, Königsheideweg 290
Alle Rechte vorbehalten
Druck und Bindung: Mercedes-Druck, Berlin
ISBN 978-3-936103-42-7

Für Else S. (* 1893 † 1974) und Liselotte K. (* 1918 † 2004)
und
für Ingrid K. (* 1950), Beate K. (* 1974) und Regine C. (* 1982)
sowie
für Beate G. (* 1946) und Karin M.-H. (* 1946),

jenen sieben Frauen, deren Erzählungen, Unterlagen
und Bestärkungen dieses Buch erst ermöglichten

Inhalt

Thematische Hinführung

In fast allen Ländern Europas leben nationale Minderheiten, mit anderer Sprache Kultur und Tradition als die Mehrheit. Das Zusammenleben unterschiedlicher Ethnien ist höchst selten konfliktfrei. Mitunter sind die Rechte der Minderheit gut in Gesetzesform gegossen und auch realisiert. Oft jedoch dominieren Konflikte den staatlichen und gesellschaftlichen Umgang mit ethnischen Minderheiten.

Das zeigen z.B. die Behandlung der Sinti und Roma in sehr vielen europäischer Staaten.[1] Auch die ethnischen Konflikte in Nachfolgestaaten der Sowjetunion, in der es anstelle des seinerzeit behaupteten freiwilligen Zusammenschlusses aller Nationalitäten zur neuen Ethnie des sog. Sowjetvolkes vor allem Russifizierung und Assimilation gab, sind ein Beleg. Konflikte existieren im Umgang mit Juden, Balten und Ukrainern in Polen ebenso wie in den Spannungen zwischen der Slowakei und Ungarn über ihre Landsleute im jeweils anderen Land. Streitigkeiten werden sichtbar im politischen Geschacher zwischen Bulgarien, Serbien, Griechenland und der Türkei um die Makedonier. Der Entzug des Wahlrechts für die russische Minderheit in Lettland mithilfe ihrer Definition als „Nichtbürger" oder die Versuche Lettlands und der Ukraine, russischen Minderheiten den Gebrauch ihrer Muttersprache in der Öffentlichkeit zu verbieten sind deutliche Repressionen. Ein schier unlösbares Knäuel sind die ethnischen Aggressionen in den heute selbständigen Staaten des früheren Jugoslawien. In Griechenland wird Angehörigen der türkischen Minderheit in West-Thrakien, entgegen dem Vertrag von Lausanne 1923, die Staatsbürgerschaft entzogen, Bildung und Ausübung der Religion restriktiv gehandhabt. Die Türkei bekämpft seit Jahrzehnten die Kurden im Land administrativ, polizeilich und militärisch. In Frankreich werden – vor allem mit Hilfe der Idee von der „grande nation" – Basken, Bretonen, Elsässer, Lothringer, Flamen, Katalanen, Korsen ebenso wie eingebürgerte Nordafrikaner kaum geachtet, sondern eher ignoriert und z.T. unterdrückt. Ähnlich gilt das für Basken, Galicier und Katalanen in Spanien und für das Verhältnis von Flamen und Wallonen in Belgien, auch wenn sich in letzter Zeit in diesen Ländern einiges gebessert hat. Verstimmungen zwischen Schotten, Iren, Walisern einer – und Engländern andererseits sind ebenfalls Indiz für Konflikte. Nicht zu übersehen ist die besorgniserregend ansteigende Fremdenfeindlichkeit in Deutschland. Der von staatlichen Behörden (noch) nicht allseitig und selbstkritisch aufgearbeitete NSU-Skandal, immer häufiger angezündete Asylbewerberheime sind ebenso Beweis wie die Tatsache, dass Synagogen, jüdische Schulen oder Kindergärten mit Pollern und Wasserwerfern besonders geschützt werden müssen und jüdische Friedhöfe geschändet werden. Neueste Untersuchungen belegen, ein Drittel der Deutschen ist latent antisemitisch. Politiker von Parteien, die sich für Flüchtlinge (auch von Amts wegen!) einsetzen, erhalten Morddrohungen. Sorbisch sprechende Jugendliche und Erwachsene werden in der Lausitz bedroht und geschlagen. Christliche Wegkreuze mit sorbischer Inschrift werden zerstört. Sorbische Ortsnamenschilder werden beschmiert; Nazi-Symbole und rassistische Parolen an sorbische Einrichtungen gesprüht. Zwischen 2010 und 2015 hat dass Bundeskriminalamt allein 20 „strafrechtlich relevante" Vorkommnisse erfasst, „die von Sachbeschädigung und Hetzparolen bis zu Körperverletzung reichen".[2]

Die Aufzählung ist unvermeidlich lückenhaft. Gleichwohl veranschaulicht sie, auch im 21. Jahrhundert sind Menschenrechte nicht etwa ein „akademisches", sondern ein schmerzhaftes politisches Thema. Vielerorts sind Minderheiten nicht gleichberechtigt, oft haben Bürger eines Staates unterschiedliche Rechte. Fast immer beginnt dies damit, dass die Minderheitssprache bekämpft, verachtet, verboten, diskriminiert wird. Jede Einschränkung, jedes Verbot, die Muttersprache zu benutzen aber ist eine tiefgreifende Repression. Berührt sie doch etwas für den anderen Grundlegendes. Noch immer werden Unterschiede zwischen Ethnien, ihren Kulturen, Traditionen und Sprachen in der Politik der Staaten und im Verhalten vieler Mehrheitsangehöriger kaum als anregend und bereichernd verstanden, sondern als Bedrängnis und Verneinung des je Eigenen. Daraus entstehen Missachtung und Intoleranz. Sprache aber ist bekanntlich mehr als Laute, Worte und Regeln. Sprache ist zuerst und vor allem gemeinschaftliches Bewusstsein, verbunden mit den Werten und Traditionen der jeweiligen Gemeinschaft. Höchst bedeutsam ist das insofern, wenn man bedenkt, dass von den rund 370 Millionen EU-Bürgern fast 50 Millionen eine andere Sprache sprechen als die offizielle Sprache des Landes[3] in dem sie leben und sich daran erinnert, dass die Verwendung dieser Minderheitsprachen in vielen Ländern beschränkt wird.

Nicht alle, aber sehr viele Probleme im Umgang mit ethnischen Minderheiten existieren seit Ende des Ersten Weltkrieges bzw. haben sich damals verschärft. Einer der in dieser Zeit nach Lösungen für ein gerechtes und friedliches Zusammenleben von Menschen unterschiedlicher Nationalität suchte, war der Sorbe JAN SKALA, von 1925 bis 1936 Chefredakteur der „Kulturwehr", der Zeitschrift des seit 1924 existierenden Verbandes der nationalen Minderheiten in Deutschland. Die gründliche Analyse dieses Journals half, das Werden und Wachsen von Skalas Anschauungen zu minderheitspolitischen Problemen detailliert zu erfassen. Vor allem zeigte sie, wie er sich dazu mit nationalistischen, minderheitsdiskriminierenden Praktiken und „Theorien" auseinandersetze. Zugleich zeigte sie SKALAS geistige Unabhängigkeit, die er sich auch durch Bespitzelung, Verleumdung und Verhaftung nicht zerstören ließ. Benennbar wurden so jene Überzeugungen, an denen SKALA im eigenen Interesse und dem seines Volkes unbeirrt festhielt. Auf spezifische Weise hilfreich für das Erfassen von SKALAS Denkanstößen für ein modernes europäisches Minderheitenrecht waren die Akten, die Gestapo und Volksgerichtshof zwischen dem März 1937 und November 1939 zum Hochverratsverfahren gegen „Skala und Andere" angelegt hatten. Konkret dokumentieren sie SKALAS Grundpositionen, aber auch seinen Charakter. Allgemein zeigen sie: Jedes Eintreten für die Menschenrechte[4] ethnischer Minderheiten ist unabdingbar antifaschistisch, demokratisch und partiell antikapitalistisch.

Aus SKALAS Wirken in der Vergangenheit entspringen Impulse für unsere Gegenwart, denn Minderheitenpolitik ist stets Teil der politischen Kultur. Es geht also nicht darum, überflüssigerweise in eine verstaubte historische Rumpelkammer zu schauen. Vielmehr soll versucht werden, bisher noch unentdeckte Wahrheiten über die Vergangenheit im Interesse von Gegenwart und Zukunft zu finden. Heutige Zeiten weisen ja durchaus manche Ähnlichkeit mit damaligen auf. Ohne die Gegenwart mit der Zwischenkriegszeit gleichzusetzen, sei an dieser Stelle schon knapp u.a. auf schwindende Bindungskraft politischer Parteien, krisenhaft schwächelnde Währung, wachsende Fremden- und Ausländerfeindlichkeit, steigende Akzeptanz rechtsextremer und rassistischer politischer Positionen warnend verwiesen. Solche Symptome nicht zu beachten, hat schon einmal zu einem bösen Erwachen geführt.

Eine erste Brücke zwischen Vergangenem und Gegenwärtigem ist die Tatsache, es gab in den gesellschaftlichen Widerspruchsverhältnissen zu SKALAS Lebzeiten – wie auch heute! – Freiheitsgrade, die man nutzen oder verschmähen konnte und kann.

Als zweite Brücke zwischen Vergangenem und Heutigem erwiesen sich politische Grundsätze der Regierenden in Deutschland. Ihr innenpolitischer Umgang mit ethnischen Minderheiten war bisher durchaus unterschiedlich. Bis in die Weimarer Republik hinein etwa galt das Konzept „Eigenes vor Fremdem/Deutsches vor Sorbischem". Bei den Nazis herrschte „Arisches zuerst und allein/Untermenschen ausrotten". In der DDR war eine bis dahin nicht gekannte umfangreiche kulturelle Förderung gepaart mit nachhaltiger politisch-ideologischer Gängelei. In der Bundesrepublik gilt meist das Konzept „Mittelverteilung nach Kassenlage/ Kürzen, wenn irgend möglich".

Erhebliche, bedeutsame Unterschiede, ja Gegensätze sollen nicht verwischt werden! Aber keins dieser Konzepte zielt auf einen innenpolitischen Umgang mit ethnischen Minderheiten, wie ihn SKALA forderte und begründete. Hinzu kommt: Der innenpolitische Umgang mit den Sorben war (und ist) immer wieder und immer noch von historisch-politischem Nichtwissen gekennzeichnet. Der aussenpolitische Umgang mit deutschen Minderheiten (meist in Osteuropa) ist nach wie vor – ebenfalls bei nicht zu übersehenden Unterschieden – von Vereinnahmung und Instrumentalisierung geprägt.[5] Das eine wie das andere dient weder hier noch dort dem friedlichen Zusammenleben.. Verstärkend zukunftsgefährdend wirkt der Mißbrauch der Menschenrechte als Begründung und Instrument militärischer Konflikt"lösungen".

Als dritte Brücke zwischen damals und heute erweist sich der bedauerliche und gefährliche Umstand, dass der (vereinnahmende, assimilierende oder ausgrenzende, diskriminierende) Nationalismus (ob als Russifizierung, Germanisierung, Magyarisierung, Polonisierung etc.) und die damit verbundene Instrumentalisierung von Minderheiten der extremen Rechten in die Hände spielt. In gesellschaftlichen Krisen und mit ihnen entstanden und entstehen rechtsextreme, faschistoide Stimmungen, Bewegungen und Organisationen.[6] Faschismus jedoch – das lehrt uns die Geschichte – ist die vorsätzliche, zielstrebige, allumfassende Zerstörung aller Menschen- und Minderheitenrechte.

Unumgänglich für den Nachweis dieser „drei Brücken" war die Einbeziehung wesentlicher historischer Ereignisse, unter denen SKALA wirkte, um die Komplexität der Zustände zu beleuchten. Das erfasste die Dialektik von Notwendigkeit und Freiheit in SKALAS Wirken tiefer und erhellte so Zusammenhänge zwischen gesellschaftlichen Verhältnissen und individuellem Verhalten. Unbedingt zu vermeiden war eine scheinbar wertfreie Beschreibung und quasiobjektive Darstellung nach dem Muster: „Was war wann?" Anzustreben war vielmehr, das Allgemeine (damalige politische Kultur) mit dem Besonderen (sorbische Geschichte im 20. Jahrhundert) zu verknüpfen und im Einzelnen (Skala) sichtbar zu machen. Mit Bezug auf die Menschenrechte ethnischer Minderheiten sollten so Antworten auf die Frage nach dem „WARUM?", nach dem „FÜR WEN?", nach dem „WOHIN?" gefunden und begründet werden.

Skalas Kampf um die Menschenrechte ethnischer Minderheiten ist unter diesem Blickwinkel Teil der Erinnerungskultur,[7] d.h. es geht um das spannungsvolle Verhältnis zwischen dem, woran wir öffentlich erinnert werden sollen und dem, woran wir uns persönlich erinnern wollen. Eventuell auftretende Widersprüche zwischen öffentlicher und persönlicher Erinnerung sind nur lösbar durch den Mut, sich des eigenen Verstandes zu bedienen.

Ein demgemäße Wertschätzung Skalas ist jedoch sehr differenziert ausgeprägt.

Die Sorben hatten und haben ein widersprüchliches, gebrochenes Verhältnis zu ihrem Landsmann. Unter den heute 40- bis 80-Jährigen christlichen und säkularen Sorbinnen und Sorben in der Oberlausitz, achten ihn viele wegen seines mutigen Auftretens gegen nationalistische Schurigelei und für die Rechte des sorbischen Volkes in der Weimarer Republik und im Nazi-Deutschland. Nicht gering ist jedoch auch die Zahl derer, die ihn praktisch ablehnen, weil er bei all dem zugleich Sozialist war. In Bautzen, Kamenz und seinem Geburtsort Nebelschütz sind zwar Straßen nach ihm benannt, aber den jüngeren Sorben ist eher unbekannt. In der Niederlausitz ist SKALA so etwas wie ein guter, aber ferner Bekannter. Eine sorbische Kurzbiographie[8] nennt wesentliche Fakten, erfasst jedoch wichtige Aspekte unvollständig. Einig sind sich die Sorben der Nieder- und Oberlausitz in der Wertschätzung des Poeten JAN SKALA. Das belegen u.a. die Feste der sorbischen Poesie und zahlreiche Veröffentlichungen seiner Gedichte im In- und Ausland.[9] Nur wenige Sorben indes kennen auch nur eine der zahlreichen Veröffentlichungen des Minderheitenpolitikers JAN SKALA. Es gibt bisher keine komplexe Auswertung der „Kulturwehr". SKALAS sorbische Gedichte und Erzählungen nehmen jedoch einen relativ geringen Umfang ein im Vergleich mit seinen politischen Artikeln und Reden in deutscher Sprache. Und auch qualitativ sind letztere nicht weniger wichtig als die Gedichte, um damalige und heutige Bedrohungen der Existenz des sorbischen Volkes abzuwehren. Die berechtigten und wertvollen Ehrungen des Dichters werden insofern der Größe des Geehrten nur zum Teil gerecht.

Den Deutschen ist JAN SKALA so gut wie unbekannt. Kein deutschsprachiges Print-Lexikon enthält seine Biographie, lediglich im online-Portal wikipedia kann man eine Kurzfassung finden. Auch die deutsche Historiographie zum Thema „Antifaschismus" trägt kaum der Tatsache Rechnung, dass sich Angehörige der sorbischen nationalen Minderheit am Widerstand gegen den Faschismus beteiligten. Die wechselseitige Bedingtheit sorbisch-deutscher Geschichte gilt aber auch für den Widerstand gegen den Faschismus. Am Wirken SKALAS sind zudem außerordentlich klar zwei weit verbreitete Lügen widerlegbar. Zum einen die Lüge, die Weimarer Demokratie sei „von Extremisten, vor allem linken" zerstört worden und die Lüge, Hitler und die Nazis seien irgendwie „plötzlich" über die Deutschen gekommen. Skalas Kampf für die Interessen der sorbischen, friesischen, dänischen und polnischen Minderheit in Deutschland beweist stattdessen, die Weimarer Demokratie ist „von oben" zerstört worden, wodurch wesentliche Bedingungen für den deutschen Faschismus geschaffen wurden.

Am meisten geachtet wird SKALA in Polen bzw. von den Polen. Hier spannt sich der Bogen von dem 1965 in der Volksrepublik errichteten Denkmals über Ehrungen zu runden Jubiläen bis zu einer wissenschaftlichen Konferenz und der Neugestaltung seiner Grabstätte 2009 über alle gesellschaftspolitischen Veränderungen ebenso hinweg wie über gegensätzliche weltanschauliche Standpunkte.[10]

Das Schaffen des Poeten sorbischer Zunge und sorbischen Herzens soll nicht geschmälert werden, es verdient unverändert Wertschätzung. Zugleich aber ist das Erbe des minderheitspolitischen Journalisten sorbischen Herzens und deutscher Sprache umfassender als bisher[11] zu entdecken und für die Gegenwart zu erschließen. Vor allem, um die aktuelle Situation der Menschenrechte in Deutschland, insbesondere die Rechte ethnischer Minderheiten, sensibler zu erfassen.

Wer eine Zukunft will, in der Menschenrechte der entscheidende Maßstab staatlicher Machtausübung sind, der muss sich mit Vergangenem befassen Aber daraus zu lernen, heißt Erinnerung nicht allein als Rückblick, sondern vor allem als Ausblick zu gestalten. Skalas Wirken an bestimmten Orten zu bestimmten Zeiten ist über diese Orte und Zeiten hinaus bedeutsam. Gerade die Regionalität sorbisch-deutscher Geschichte und die Spezifik der damit verbundenen Erinnerungskultur bieten große Potenzen, um Impulse für die Gegenwart zu erfassen.

Beitragen soll all dies, zwei Ursachen und Folgen (!) derzeitig unübersehbarer Minderheiten- und Fremdenfeindlichkeit in Deutschland zu bekämpfen: die alltägliche Abstumpfung von Empathie und Intellekt sowie das nachhaltige Vergessen von gesichertem Wissen, oft verbunden mit der Missachtung von Traditionen.

Wer diese Sicht ablehnt, wird aus der Lektüre wenig gewinnen. Das ist bedauerlich, aber nicht zu ändern. Etwas Neues können dem Buch vermutlich zwei Gruppen von Leserinnen und Lesern entnehmen. Zum einen jene, die sich für Menschenrechte engagieren, aber noch wenig über die Sorben wissen. Zum anderen selbstbewusste Sorben, die sich bisher noch nicht direkt für das komplexe Problem der Menschenrechte interessiert haben. Bei beiden würde es mich freuen, sie fühlten sich durch die Darstellung herausgefordert, eigenen Ideen zu prüfen, zu schärfen und dabei meine entweder zurückzuweisen oder zu unterstützen.

Nicht sinnvoll, ja letztlich unnütz wäre ungeprüftes Bejahen. Man wird nicht satt, wenn man anderen beim Essen zusieht. Man muss selber essen. Man wird auch nicht klug, wenn man Vorgedachtes nur nachdenkt und nacherzählt.

Schließlich: Selber-Essen macht ja ebenso wie Selber-Denken viel mehr Spaß, nicht wahr?

Peter Kroh, Neubrandenburg im September 2015

Anmerkungen, Quellen, Personalia

1   Einen jüngsten Beleg enthält die Studie „Zwischen Gleichgültigkeit und Ablehnung – Bevölkerungseinstellungen gegenüber Sinti und Roma", veröffentlicht im August 2014 (http://www.antidiskriminierungsstelle.de/SharedDocs/Downloads/DE/publikationen/Expertisen/Bevoelkerungseinstellungen_Sinti_und_Roma_20140829.pdf;jsessionid=308E37D00318BE5566FD0D7316F1041C.2_cid322?__blob=publicationFile

2   Nur die Spitze des Eisbergs. Antwort auf Kleine Anfrage zu sorbenfeindlichen Vorfällen liegt vor, in: Serbske Nowiny. Monatliche Ausgabe in deutscher Sprache, August 2015, S. 1

3   Schon eine unvollständige Aufzählung zeigt folgendes: In **Belgien** ist Niederländisch die offizielle Sprache in Flandern, Französisch ist es in Wallonien. Deutsch wird in Eupen, St. Vith, dem Malmedyer und dem Montzener Land gesprochen. In Teilen des Landes ist das Pikardische, Lothringische, das Champenois und das Luxemburgische anerkannt. In **Deutschland** wird außer Deutsch auch Nordfriesisch, Ostfriesisch, Dänisch, Sorbisch und Romani gesprochen. In **Frankreich** existieren außer der offiziellen Staatssprache noch Elsässisch, Baskisch, Bretonisch, Katalanisch, Korsisch, Moselfränkisch, Okzitanisch als regionale Sprachen von Minderheiten. In **Italien** wird außer Italienisch u.a. noch Deutsch, Französisch, Sardisch, Kroatisch, Griechisch, Slowenisch, Katalanisch gesprochen. In **Spanien** wird neben der Staatssprache Katalanisch, Valencianisch, Baskisch, Galizisch und Aragonisch gesprochen. (Nebenbei: Katalanisch als sog „Minderheitensprache" in drei Ländern wird von mehr Menschen gesprochen als z.B. Dänisch oder Finnisch) In **Großbritannien** gibt es neben der englischen Staatssprache Kornisch, Gälisch, Schottisch, Walisisch und Irisch.

4   Menschenrechte verstehe ich – im Wissen um ihre z.T. sehr konträren Interpretation sowie die Vielzahl der dazu vorhandenen Literatur – als Rechte, die jedem aufgrund seines Menschseins zukommen. Sie betreffen politische Aspekte des sozialen Zusammenlebens der Menschen, sind universell, unteilbar, unveräußerlich und als Ideal von den Staaten anzustreben. Als Teil der Menschenrechte beziehen sich die Rechte ethnischer Minderheiten auf ihre spezifischen Interessen und Bedürfnisse.

5   Die Vergabe deutscher Pässe in Osteuropa setzt das Abstammungsprinzip im Staatsbürgerschaftsrecht fort. Gleiches gilt für die Einbeziehung von Auslandsdeutschen in die Bundestagswahlen. So durften z.B. am 22.9.2013 Menschen mit deutschem Pass, die nie, nur sehr kurz oder vor langer Zeit in Deutschland lebten, die Zusammensetzung des Bundestags mitbestimmen, nicht aber jene knapp 2 Millionen Nicht-EU-Bürger, die mitunter seit Jahrzehnten in Deutschland leben. Für die Minderheitenpolitik ist das konzeptionell bedeutsam.

6   nach **1918** z.B.: Italiens Fasci-Bewegung, Estnischer Freiheitskämpferbund, Donnerkreuzler in Lettland, Eiserner Wolf in Litauen, Pfeilkreuzler in Ungarn, Obóz Narodowo-Radykalny in Polen, Eiserne Garde in Rumänien, Vaterländische Volksbewegung in Finnland, Bund der Nationalen Bulgarischen Legionen, British Union of Fascists (BUF) von Oswald Mosley, kroatische Ustascha, die Großjapan-Jugendpartei; nach **1989** z.B.: Jobbik in Ungarn; Gedenken für Nazi-Kollaborateure in Estland, Lettland, Litauen; Schleifung antifaschistischer Gedenkstätten in ehemaligen „Ostblock"-Staaten; die Renaissance von Nazi-Kollaborateur Stepan Bandera in der Ukraine; Rehabilitierung der ukrainisch-faschistischen SS-Division „Galizien"; der Aufstieg rechtspopulistischer Parteien in vielen europäischen Ländern (z.B. Schweden, Italien, Ungarn, Frankreich, Spanien, Österreich, Ungarn, Rumänien, Bulgarien, Griechenland, Dänemark, Nie-

derlande, Belgien) ist besonders erschreckend, weil Rassismus, Antisemitismus, Slawophobie und neuerdings Islamfeindlichkeit zunehmend das gesellschaftliche Klima beeinflussen.

7   Vgl. u.a.: Maurice Halbwachs: Das kollektive Gedächtnis, Stuttgart 1967; Jan Assmann/Tonio Hölscher (Hrsg.): Kultur und Gedächtnis, Frankfurt a.M. 1988; Kristin Platt/Mihran Dabag (Hrsg.): Generation und Gedächtnis. Erinnerungen und kollektive Identitäten, Opladen 1995; Aleida Assmann: Erinnerungsräume. Formen und Wandlungen des kulturellen Gedächtnisses, München 2009; Insa Eschebach: Öffentliches Gedenken. Deutsche Erinnerungskulturen seit der Weimarer Republik, Frankfurt/Main 2005; Norbert Frei: 1945 und wir. Das Dritte Reich im Bewußtsein der Deutschen, München 2009; Harald Welzer (Hrsg.): Das soziale Gedächtnis. Geschichte, Erinnerung, Tradierung. Hamburg 2001; Harald Schmid (Hrsg.): Geschichtspolitik und kollektives Gedächtnis. Erinnerungskulturen in Theorie und Praxis, Göttingen 2009; Bernd Faulenbach, Franz-Josef Jelich (Hrsg.): „Transformationen" der Erinnerungskulturen in Europa nach 1989, Essen 2006

8   Nowy biografiski słownik, Budyšin 1984, S. 505ff, (Deutsche Übersetzung):
Skala, Jan (Pseudonyme Luboměr, Serbomił, Kukowski, Ahaswer, Lan Lipski) [Sorabicus – hinzugefügt: P.K.] * 17.06.1889 † 22.01.1945
Journalist, Dichter, nationaler Aktivist, Nationalitätenpolitiker, Sohn eines Arbeiters, Bruder von Jurij Skala; Volksschule in Panschwitz, 1901 Präparanda auf dem katholischen Lehrerseminar in Bautzen; der Armut wegen konnte er nicht studieren, Keramik-Arbeiter in Kamenz und Umgebung, besucht Abendkurse, um allgemeine Bildung zu erwerben, 1916–18 Soldat, 1919–20 Mitbegründer und Redakteur der sorbischen Zeitung Serbski Dźenik in Weißwasser, Mitarbeit in der Redaktion der Serbske Nowiny, 1921–24 Redakteur der Zeitung Prager Presse in Prag, 1924 Rückkehr nach Bautzen, hier findet er aber bei den Serbske Nowiny kein Verständnis für seine politischen Pläne, Umsiedlung nach Berlin, dort Ende 1924 im Dienste des Bundes der Polen in Deutschland, 1925–36 Redakteur der Zeitschrift Kulturwehr (anfangs unter dem Titel Kulturwille), 1936 bekam er von den faschistischen Organen keine Erlaubnis zur weiteren journalistischen Tätigkeit, Umsiedlung nach Bautzen, um die Arbeit der Domowina zu unterstützen, bleibt aber weiter im Dienste der Polen, 1938 von der Gestapo verhaftet und fast ein Jahr in Schutzhaft, 1939–43 Tätigkeit in verschiedenen privaten Unternehmen in Bautzen und Berlin, wohin er erneut umsiedelt, 1943 floh er aus Berlin nach Dziedzic, Arbeit in einer Fabrik in Namysłow, kam auf tragische Weise bei der Ankunft der sowjetischen Armee ums Leben.
S. beteiligte sich aktiv an der sorbischen nationalen Bewegung in der Weimarer Zeit. Er war in erster Linie ein politischer Redakteur, er vertrat die sozialen und nationalen Interessen des sorbischen Volkes. Er forderte u.a. die Durchführung der Bodenreform, eine straffe Organisation landwirtschaftlicher Genossenschaften, die Organisierung der sorbischen Handwerker, der sorbischen Heimindustrie und der sorbischen Arbeiterschaft, der sorbischen Schule und die Ausbildung sorbischer Kinder in ihrer Muttersprache. Er bekannte sich zur Novemberrevolution und zur Weimarer Republik. Er gründete 1920 zusammen mit Heino Hantsch-Slepjanski für die Wahlen zum Reichstag die Lausitzer Volkspartei, die aber für ein Mandat nicht die notwendige Stimmenzahl erhielt. Seine politischen Ansichten fasste er in der Broschüre „Wo serbskich prašenjach" (Über die sorbischen Fragen) (Prag 1922) zusammen. Dieses Programm hat er später weiterentwickelt, ergänzt und die daraus resultierenden Rechte und Pflichten herausgearbeitet und mit aller Entschiedenheit vertreten und verteidigt, besonders in der Kulturwehr, der deutschsprachigen Monatsschrift für Minderheitenfragen. Nachdrücklich vertrat er die Interessen der nationalen Minderheiten in Deutschland, viel Raum widmete er auch den sorbischen Angelegenheiten. Mit seinen realistischen Aufsätzen und Berichten über die Minderheitenfragen in

Deutschland und auch in allen anderen europäischen Ländern gewann er im Ausland Anerkennung und Ansehen. Er nahm mehrmals am Minderheitenkongress in Genf teil (1925–27). Seine politischen Artikel in der Kulturwehr und in den Serbske Nowiny, besonders aber die gemeinsame Schrift mit Julius Bogensee Die nationalen Minderheiten im deutschen Reich und ihre rechtliche Situation (Berlin 1929) riefen bei den deutschen Chauvinisten Widerspruch hervor, weil sie vor aller Welt ihre Politik gegenüber den Minderheiten kritisierten. Die Schrift Die Lausitzer Sorben (Berlin 1923) und seine Übersetzung von Patas Arbeit Aus dem kulturellen Leben der Lausitzer Sorben nach dem Ersten Weltkrieg (Bautzen 1930) waren aktuelle und wirksame Antworten auf die Hetze gegen die Sorben. S. hatte enge Kontakte zu Vertretern der linken bürgerlichen Intelligenz um die Zeitschrift Weltbühne, bes. mit Carl von Ossietzky. S. war auch Dichter und Schriftsteller. Seine ersten Gedichte veröffentlichte er 1910 in der Zeitschrift Łužica. Hauptmotive waren der Patriotismus und die Liebe zur Heimat. Im Selbstverlag gab er die zwei Gedichtsammlungen Srjódki (Krümel) (Bautzen 1920), ganz im Stile Ćišinskis, und Škrě (Funken) (Bautzen 1923), die bereits eigenständiger sind und sich durch einen intimerotischen Charakter auszeichnen. Später schreibt er nur noch Gelegenheitsgedichte. Seine Erzählung Stary Šymko (Der alte Schymko) (SN 1924, Bautzen 1953) gehört zu den besten Leistungen der sorbischen Novellistik. Seit 1912 war er Mitglied der Maćica Serbska. Die Domowina ließ ihm zu Ehren mit Einverständnis des Stadtrates am 1.9.1965 in Namysłow ein Denkmal errichten.

9   Eine Auswahl sorbischer Ehrungen über die Jahrzehnte:
Knapp zwei Jahre nach Gründung der DDR wurde am **24.8.1951** innerhalb der Domowina die Hochschulgruppe „Jan Skala" gegründet.

Dźěłowa konferenca serbskich studentow

Wutworjenje župy „Wysoke šule – Jan Skala"

Gründung der Hochschulgruppe „Jan Skala" in der Domowina

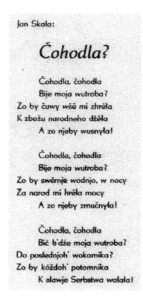

Zur schadźowanka im **August 1952** wurden in einem kleinen Begleitheftchen drei sorbische Persönlichkeiten vorgestellt und ihr Beitrag im Kampf für die Rechte des sorbischen Volkes knapp gewürdigt: ĆIŠINSKI, MUKA, SKALA (mit einem Gedicht).

1960 wird in der Broschüre zu „400 Jahre sorbisches Schrifttum" SKALA als Novellist und Lyriker, zusammen mit CHĚŽKA vorgestellt.

1962 veröffentlichte der Domowina Verlag unter dem Titel „Mój Sokoł", verbunden mit einem ausführlichen Vorwort von Dr. Jan Cyž, in der Weimarer Republik und im 3. Reich Kampfgefährte Skalas, jetzt Landrat in Bautzen; mehr als 80 Gedichte Skalas über die Liebe, über Kinder, über die Heimat und das Heimweh, über die Seele, über den Alltag der Sorben. Enthalten sind auch einige Prosaarbeiten, darunter die Novelle „Stare Šymko" und Briefe an Dr. Muka.

Jan Skala:

Čohodla?

Čohodla, čohodla
Bije moja wutroba?
Zo by čuwy wše mi zhrěła
K zbožu narodneho dźěła
   A zo njeby wusnyła!

Čohodla, čohodla
Bije moja wutroba?
Zo by swěrnje wodnjo, w nocy
Za narod mi hrěła mocy
   A zo njeby zmučnyła!

Čohodla, čohodla
Bić b'dźe moja wutroba?
Do poslednjoh' wokomika?
Zo by kóždoh' potomnika
   K slawje Serbstwa wołała!

Gedicht
Čohodla?

400 Jahre sorbisches Schrifttum/Jan Skala und Jurij Chěžka

Einband Mój sokoł

1971 gab die Domowina gab eine Medaille aus Meißner Porzellan heraus. Auf der Vorderseite zeigt sie die dreiblättrige Linde, das Symbol des Bundes der Sorben, umrahmt vom Namen der Hochschulgruppe sorbischer Studenten in der Domowina. Die Rückseite zeigt die Symbole der DDR in einem aufgeklappten Buch, umrahmt von den auf die Person Skalas bezogenen und als Anspruch an die Mitglieder der Hochschulgruppe formulierten Worten „Hochgebildeter Fachmann", „Guter Sozialist", „Bewusster Sorbe"

Domowina-Medaillen

Als Nr. 19 der Reihe „Serbska poezija" des Domowina Verlags erschien **1985** eine sorgfältig, informativ und liebevoll gefertigte Sammlung von mehr als 50 Gedichten Skalas, zusammengestellt von Jurij Łušćanski, herausgegeben von Kito Lorenc und lektoriert von Beno Budar.

Deckblatt Poezija Nr. 19

In der Reihe „Pokiwy a literatura za Domowinske žěło" erschienen **im gleichen Jahr** zwei textgleiche Hefte zu Skala (Nr. 74 in sorbischer und Nr. 75 in deutscher Sprache).

20

JAN
SKALA

17. 6.1889 – 22.1.1945

74

Deckblatt der Broschüre in deutscher Sprache

Die Hefte beinhalten bis heute lesenswerte Beiträge.

KERSTIN BACHMANN: Der Kampf JAN SKALAS um die Rechte der sorbischen nationalen Minderheit in der Weimarer Republik – dargelegt an Beispielen seiner Aufsätze in der Zeitschrift „Kulturwehr" (S. 1–14)

Sie beschreibt u.a. die Entstehung der „Kulturwehr", den Zweck und die Aufgabe dieser Zeitschrift, „Reflexspiegel der heutigen Lage der nationalen Minderheiten Deutschlands" (S. 2) zu sein und grenzt ihre Arbeit „auf die Jahre vor 1932" (S. 1) ein. SKALAS Aufsätze nennt sie einerseits „polemische Auseinandersetzungen mit ideologischen und aktuellen Fragen der Nationalitätenpolitik in der Weimarer Republik" und bescheinigt ihnen andererseits zugleich, dass sie „sachlich und kritisch" sind und von SKALAS Bemühen um ein wissenschaftliches und historisches Herangehen (zeugen)". (S. 3) Sie verweist auf SKALAS Kritik am Wahlrecht, das die Minderheiten benachteiligt sowie am Artikel 113 der Verfassung, der „praktisch nie verwirklicht worden" (S. 4) ist. Ausführlich schildert sie SKALAS Wirken für die Rechte der sorbischen nationalen Minderheit ein. Sie hebt Skalas kulturell und sozial-politisch begründete Meinung hervor, dass die Sprache der wichtigste Teil des nationalen Lebens sei. Deutlich betont sie SKALAS Eintreten gegen jeglichen Irredentismus. Sie weist nach, dass die Kampagne der Herrschenden die nationale Eigenart der Sorben zu leugnen und sorbische Aktivitäten als Landesverrat zu verleumden „aus Unwissen oder aus tendenziösen Gründen" geschehe (S. 6) Sie verweist auf SKALAS Kritik, dass auch „die Kirche zum politischen Zwecke der Ausmerzung der sorbischen Nationalität missbraucht wurde" (S. 10) und schildert die Auseinandersetzung SKALAS mit Autoren, die pseudowissenschaftliche Auffassungen über die Sorben (O.E. SCHMIDT, H.C. KAERGEL) verbreiten oder gar vorsätzlich lügen (LAUBERT). Sie schließt ihren Aufsatz mit der Feststellung, in der Arbeit daran habe sie „einen fleißigen, unermüdlich arbeitenden Menschen kennen gelernt, der leidenschaftlich für die Rechte des sorbischen Volkes und anderer nationaler Minderheiten eingetreten ist […], auch unter den Sorben nur wenig Freunde hatte" und sich dennoch „seiner Sache treu geblieben" ist. (S. 12)

Eva-Maria Tschornak: Jan Skalas künstlerisches Schaffen: Aus seinen Gedichten und Briefen (S. 15–29)

Sie deutet den literarischen Nachlass von Jan Skala „im Kontext seines Lebensweges" und fragt dabei „nicht nach thematischen Inhalten", denn das würde „seine Entwicklung als Persönlichkeit und Dichter zerreißen". Sie sieht zwei entscheidende Zäsuren in seinem Leben. „sein Abschied von der Lausitz im Sommer 1924 und die Verweigerung seiner Berufslizenz im Frühjahr 1936. Ersteres nahm ihm nicht nur die Möglichkeit, in der Heimat zu wirken, das zweite nicht nur das tägliche Brot seiner geistigen Arbeit." (S. 15) In dem Gedicht „Melancholie", datiert vom 6.12.1924, spürt sie die Enttäuschung Skalas, dass er seine Arbeit bei der „Prager Presse" aufgab, um in Bautzen in der Redaktion der „Serbske Nowiny zu arbeiten, jedoch nach wenigen Wochen diese Arbeit aufgeben musste, weil „einigen konservativen Vertretern der ‚Maćica Serbska' weder sein energischer Charakter noch seine sozialdemokratische Gesinnung (gefiel)." (ebd.) In der Arbeit für die Kulturwehr bleibt ihm kaum Zeit für Poesie. Nach 1928 widerspiegeln Skalas Gedichte stärker als früher „sein enges Verhältnis zur Natur, nicht jedoch ganz ohne philosophierende Äußerungen" und stet als „Ausdruck seiner tiefen Sehnsucht nach Heimat." (S. 17) Skalas Liebesgedichte seien Ausdruck einer „intimerotischen Lyrik", die späteren „(sind) in Stil und Form noch vollendeter und die Sprache suggestiver." (S. 18) Nach dem Berufsverbot 1936 widmet er viele Gedichte den sorbischen Müttern. „Die Mutter und die Heimat lassen sich in Skalas Lyrik nicht voneinander trennen" (S. 19) Die Lobgesänge auf die Mütter erinnern „im ersten Augenblick an ein Marienlied oder Litanei aus der kirchlichen Liturgie." Die Autorin betont jedoch: „Der christliche Glaube war ihm …auch ein Mittel zur Aktivierung des Sorbentums." Seine Absicht sei es nicht, „uns die christliche Botschaft oder das Geheimnis der Mutter Gottes verständlicher" zu machen, zu wollen", vielmehr sind ihm „religiöse Motive und Metaphern […] Mittel in seinem Kampf." Die Autorin stellt Skala in eine Reihe mit S. George, R. M. Rilke, A. Döblin, H. Hesse, denen zu Beginn des 20. Jahrhunderts die „Figur der Madonna als Mittel zur Verbreitung ihrer humanistischen Ideale […], auch unter sozialkritischem Aspekt (diente)." (S. 20) Mit Zitaten aus seinen Briefen belegt sie, dass Skala sich nach 1936 „mehr und mehr in die innere Emigration" gedrückt sah, weil er enttäuscht war, „wie leicht sich der Mensch durch faschistische Demagogie und Manipulation beeinflussen, deformieren lässt, dabei die grundlegendsten humanistischen Werte der Menschheit vergessend." (S. 22) Sie betont aber, dass „sich Skala der Resignation nicht ergeben hatte" denn all die „Enttäuschungen (hatten) ihn nicht zum Selbstmord geführt, wie einige seiner humanistischen Zeitgenossen." (S. 23)

Andrea Zschornak: Jan Skala – sorbischer Patriot und Minderheitenpolitiker im Kampf gegen das faschistische Regime und seine Ideologie. Betrachtungen anhand seiner Korrespondenz. (S. 31–40)

Sie sieht Skala, der schon früh soziale Ungerechtigkeit am eigenen Leben zu spüren kam, an der „Seite der Unterdrückten und Schwachen" (S. 31) Beizeiten erkannte er „die Gefahr der Lethargie, welche sich nicht nur im sorbischen Volk verbreitete und entschloss sich für den Kampf um die Rechte all jener Volksminderheiten, für die im Deutschen Reich kein Platz zu sein schien." (ebd.) Eindrucksvoll schildert die Autorin gegen Skala und weitere sorbische Persönlichkeiten gerichtete Aktivitäten der „Wendenabteilung", an die die Gestapo mit Hausdurchsuchungen, Postkontrolle und Verhaftung anknüpfte. Sie beschreibt die Bemühungen um die Reorganisation der Domowina und betont Skalas Eintreten sowohl für die Loyalität der Sorben gegenüber dem Deutschen Reich als auch gegen offene und versteckte Germanisation. Zu der, von Skala in zahlreichen „Kulturwehr"-Artikeln viel zitierten Aussage Hitlers vom 17.5.1933, er kenne „nicht den Begriff des Germanisierens", zitiert die Autorin aus einen Brief Skalas an seinen slowakischen Freund Janata vom 1.8.1933: „ich bin allerdings nicht naiv genug, um schon daraus den

Schluß zu ziehen, dass wir dadurch außer jeder Gefährdung sind." (S. 34) Die Autorin informiert, dass SKALA jungen Sorben Plätze am polnischen Gymnasium in Beuthen vermittelte, verfolgten sorbischen Patrioten Arbeit beim Bund der Polen besorgte und gemeinsam mit ALOJS ANDRICKI bei der Konferenz am 19.1.1936 die Anwesenden mutig aufforderte, das Nazi-Ultimatum „abzuweisen und gemeinsam zu schwören, seinem Volke treu zu bleiben und nicht aufzugeben." (S. 35) Als „Gründe für das (Berufs-)Verbot" nennt sie u.a.: „das Wirken der ‚Wendenabteilung' unter Amtshauptmannes Sievert"; „die Feindschaft bestimmter Kreise des Bundes Deutscher Osten"; „der kritische und sachliche Charakter der Zeitschrift „Kulturwehr"; SKALAS „Beziehungen zu ausländischen Organisationen" und seine Tätigkeit als „Informant der ausländischen Presse"; SKALAS Beharren, „dass die Sorben und Friesen eigenständige Volksgruppen bilden." (S. 35f) SKALAS Eintreten für die sorbische Sache, gegen ständige Schikanierung, Beobachtung, Verfolgung sorbischer Freunde und schließlich – nach dem Ende seiner Haft – sein aktiver Kontakt zum polnischen Widerstand fasst die Autorin in der Mahnung zusammen: Wir „dürfen nicht vergessen: JAN SKALA gebührt unser Dank, denn auch durch seine Tat ist unser kleines Volk dem Vernichtungsrausch des Faschismus entgangen." (S. 38)

Im Zusammenhang gelesen geben diese Artikel ein bis dahin nicht erreichtes umfassendes, anschauliches, korrektes Bild von Skala, das seine Persönlichkeit klug erfasst und angemessen würdigt.

In der Sächsischen Zeitung vom 17./18.6.1989 würdigte SIMON BRĚZAN erneut den Lyriker SKALA.

„SZ"   17./18. Juni 1989   Seite 4

Skalas Gedichte – Anspruch auf eine humanistische Welt

Vor 100 Jahren wurde der sorbische Publizist geboren

Auszugsweise Kopie Sächsische Zeitung 17./18. Juni 1989

Als UNESCO-Projekt gegen Fremdenfeindlichkeit wurde **1990** eine Anthologie sorbischer Poesie vom 17. Jahrhundert bis zur Gegenwart in englischer Sprache veröffentlicht, darunter zwei Gedichte SKALAS und die biographische Notiz.

Auf höchst bemerkenswerte, unrühmliche, beschämende, geschichtsvergessene, unmündige, undurchschaubare Art und Weise wurde **1991** die Hochschulgruppe „JAN SKALA" aufgelöst. In einer Beratung des Bundesvorstandes der Domowina am 27.5.1991 wurde unter Tagesordnungspunkt 5 die „Situation im Verband ‚JAN SKALA'" behandelt.

JURIJ KOCH verlangte Auskunft zu erhalten, wie es zur Auflösung kam. MARK HRJEHOR erwiderte

– wir haben uns geeinigt, einen Verein der sorbischen Studierenden zu gründen, der der Dachorganisation beitritt,

– es wurde ein Statut diskutiert,

– im Vorfeld haben wir Vorschläge gesammelt, was wir wollen und auf welche Weise das geschehen soll,

– das geschah auf dem Studententreffen /schadzowanka/ in Bautzen, wir haben weitere Interessenten eingeladen, über die Medien usw., aber nur wenige sind gekommen,

– der Verein versteht sich als Nachfolger des Hochschulverbandes „Jan Skala", wir haben die unreale Zahl korrigiert und gesagt, dass wir uns erneut eintragen.

SANTHOLOGY OF Sorbian Poetry

FROM THE SIXTEENTH CENTURY
TO THE PRESENT DAY

*A Rock Against
These Alien Waves*

UNESCO/
FOREST
BOOKS
London & Boston

Translated
& edited by
Robert Elsie

In vain
(Podarmo)

The two of us set out, like those
Whom love accompaniès,
Hand in hand, through the countryside.

Suddenly we stopped . . .
Why do our souls now realize
That we have destroyed ourselves.

We went forth, you one way, I another,
In vain our wounds bleed,
In vain our tears flow.

(1926)

Jan Skala

(1889–1945)

Politically committed journalist, short story writer
and poet of the pre-war period. Skala was born in
Nebelschütz (Njebjelčicy) in Upper Lusatia. From
1925 to 1936, he was editor of the German-language
Kulturwehr, a periodical for national minorities in
Germany. Imprisoned for a time by the Nazis for his
nationalist activities, he was expelled from Lusatia in
1941 and died towards the end of the war on 22
January 1945. His delicate love lyrics betraying the
influence of Bart-Ćišinski were published in two
slender volumes: 'Srjódki' (Crumbs) in Bautzen 1920
and 'Škrě' (Sparks) in Bautzen 1923.

Night passes . . . day fades . . .
(Nóc haša . . . dźeń hinje . . .)

Night passes . . . a new day begins,
The sun appears from behind the clouds.
With your rays you relieve me
Of the heavy burden of anguish,
Divine sun!

Day fades . . . a new night begins.
Into an immense sea of stars
Suffering takes flight from the darkness .
Give me the power of love,
Divine sea.

(1929)

UNESCO-Projekt

Protokol
posedźenja Zwjazkoweho předsydstwa Domowiny dnja 27.05. 1991
wot 15.oo - 2o.oo hodź.
- -
Přitomni:_ 28 čłonow Zwjazkoweho předsydstwa
Hosćo: 14 hosćo ze župow a přistajeni Domowiny
(dokładna zestawa hlej lisćina přitomnych!)
- -
DNJOWY PORJAD:

1. Wjacore naležnosće nastupajo 2. hłownu zhromadźiznu
1.1. wotběhowy a časowy plan
1.2. jednanski porjad
1.3. přinoškowy porjad
1.4. wólbny porjad Domowiny
1.5. naćisk rozprawy zwjazkoweho předsydstwa
1.6. namjety za změny wustawkow
2. Dalša perspektiwa čišćernje a "Hospody"
3. Naćisk strukturneho plana Domowiny
4. Naćisk socialneho plana Domowiny
5. Situacija w župje "Jan Skala"

Einladung zur Beratung des Domowina-
Bundesvorstandes

24

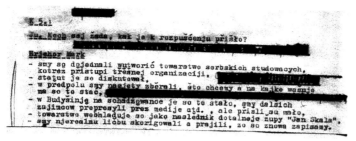

Auszug aus dem Protokoll der Bundesvorstandssitzung

Unter dem Titel „Organisation zur Verteidigung der Rechte der Völker" beschrieb der sorbische Autor Dr. E. PJECH in der Serbske Nowiny" vom **25.3.1999** historische Hintergründe der Entstehung des Verbandes der nationalen Minderheiten in Deutschland und erinnerte an das Wirken von SKALA, OPENKOWSKI, HOLGERSEN, BOGENSEE und Lorenzen in der „Kulturwehr" gegen Artikel 113 der Weimarer Verfassung und für die Rechte der Minderheiten.

Kopie der Serbske Nowiny

25

Im Artikel „Vor 75 Jahren am 27.3.1924 Bund nationaler Minderheiten in Deutschland gegründet. Organisation zum Schutz nationaler Rechte" hieß es unter anderem: „Der Erste Weltkrieg erschütterte das bisherige europäische Staatensystem. Die Friedenskonferenz 1918/19 in Paris bestimmte eine neue politische Struktur. Im Mittelpunkt stand die Idee des amerikanischen Präsidenten W. WILSON, in ganz Europa demokratische Regierungen einzuführen. Seiner Meinung nach sollte sich ein System durchsetzen mit dem Recht auf Selbstbestimmung aller Völker. Oftmals gelang es dadurch, dass auch kleinere Völker, wie z.B. die Tschechen oder Slowaken, einen eigenen Staat gründeten. Aber wie sollte das Recht der nationalen Minderheiten garantiert werden, die fast in allen europäischen Ländern siedelten? In Deutschland waren es z.B. die Polen, Dänen, Tschechen, Litauer, Friesen und die Sorben. Auch der Schutz nationaler Minderheiten wurde durch internationale Vereinbarungen geregelt. Im Vertrag von Versailles sollte Deutschland zusagen, die Rechte nationaler Minderheiten zu respektieren. Seit dem 14.8.1919 galt in Deutschland die Verfassung, die von der Nationalversammlung in Weimar verabschiedet wurde. In Bezug auf nationale Minderheiten bestimmte die Verfassung in Artikel 113: ‚Verfassungsgebung und Verwaltung dürfen fremdsprachige Volksgruppen im Reich nicht in ihrer freien nationalen Entwicklung, vor allem nicht in der Anwendung ihrer Muttersprache im Unterricht sowie in der internen Verwaltung und Gericht, hindern.' Dieser Artikel rief unter den nationalen Minderheiten Deutschlands große Hoffnungen hervor. Deswegen forderten auch die Sorben kirchliche, schulische, wirtschaftliche und politische Selbstverwaltung sowie kulturelle Selbstständigkeit. Jedoch zeigte die gesellschaftliche Praxis in der Weimarer Zeit, wie schwierig es war, Forderungen zu erkämpfen. Die deutschen Instanzen versuchten alles, um die Sprache und Kultur der nationalen Minderheiten zu unterdrücken. Vor allem kleine nationale Minderheiten in Deutschland merkten schnell, dass sie eine starke Organisation brauchen. […] Auf Initiative des Polenbundes wurde erreicht, dass sich am 27.3.1924 der Bund nationaler Minderheiten Deutschlands konstituierte. Ihm gehörten der Südschleswiger Wählerbund als Vertreter der dänischen Minderheit, der Friesisch-schleswige Verein, die Vereinigung der Litauer in Deutschland, der Bund der Polen in Deutschland und die Vertretung der Lausitzer Sorben an. Der Bund vertrat die Interessen aller nationaler Minderheiten Deutschlands. Er setzte sich für die Verwirklichung der Rechte nationaler Minderheiten ein, die ihnen durch die deutsche Staatsverfassung bestätigt wurden, für die Gleichheit aller Nationalitäten auf allen Gebieten des gesellschaftlichen Lebens, vor allem in den Parlamenten. Der Bund kümmerte sich auch um wirtschaftliche und schulische Angelegenheiten einzelner nationaler Minderheiten und vertrat ihre Interessen vor dem deutschen Staat. Der Bund nationaler Minderheiten veröffentlichte ab Mai 1925 unter der Redaktion von JAN SKALA monatlich sein Organ Kulturwille, das sie später in Kulturwehr umbenannten. Die Mitarbeiter der hervorragend redigierten Zeitschrift, die ein hohes Niveau hatte, waren der Pole Dr. BRUNO OPENKOWSKI, die Dänen NIELS HOLGERSEN und JULIUS BOGENSEE, der Litauer VILIS MAČIULAITIS, der Friese CH. LORENZEN und andere Sachkundige in nationalen Fragen. Mit wissenschaftlicher Sachlichkeit und polemischer Schärfe kämpfte die Kulturwehr um die Sicherung der demokratischen Rechte nationaler Minderheiten. Zwischen dem Bund der Polen in Deutschland und den Sorben entwickelten sich besonders tiefe Beziehungen. Polnische Abgeordnete haben wiederholt im Preußischen Landtag die Rechte des sorbischen Volkes mit vertreten […] Ab 1925 wurden Kongresse europäischer nationaler Minderheiten abgehalten. In den zwanziger Jahren etablierten sie sich zum ersten unabhängigen Diskussionsforum nationaler Minderheiten. Debatten, Diskussionen und Auseinandersetzungen sehr unterschiedlicher nationaler Gruppen zeigten jedoch Probleme der damaligen nationalistischen Einstellung und einer unzureichenden Lösung der Minderheitenrechte. Schon auf dem ersten Kongress der europäischen nationalen

Minderheiten 1925 stießen die gegenteiligen Ansichten aufeinander. Vor allem Deutschland benutzte seine nationalen Minderheiten in Osteuropa für eigene politische Ziele und versuchte mit aller Macht seine kulturelle Autonomie auszudehnen. Auf dem dritten Kongress im Jahr 1927 spitzten sich die Gegensätze weiter zu. Deutschland sah in dem Bund nationaler Minderheiten Deutschlands eine slawische Konkurrenz. Sie versuchte alles, den Bund aufzuspalten. So wollten Vertreter deutscher nationaler Minderheiten kleine nationale Minderheiten, wie die Friesen und Sorben, auf dem Kongress ausstoßen. Des weiteren nahmen Konflikte zwischen deutschen und polnischen Vertretern weiter zu. Dies führte am Ende zum Austritt des Bundes nationaler Minderheiten Deutschlands aus dem Europakongress nationaler Minderheiten im Jahr 1927 [...] Ende der zwanziger und Anfang der dreißiger Jahre wendete sich ein Großteil der europäischen Länder totalitären und autoritären Staatenformen zu. Nationale Konflikte, die Unterdrückung der menschlichen und nationalen Rechte, vor allem ab der zweiten Hälfte der dreißiger Jahre nahmen zu. Auch das Wirken des Bundes nationaler Minderheiten Deutschlands wurde verhindert. Die Bindungen zwischen Polen und den Sorben blieben jedoch weiterhin eng. So erhielt die Domowina auch nach ihrem Verbot 1937 von Freunden des Bundes der Polen in Deutschland weiterhin alle mögliche Hilfe. MARTIN NOWAK-NEUMANN, dem die Nationalsozialisten in seinem künstlerischen Wirken sehr große Schwierigkeiten bereiteten, veröffentlichte in den Jahren 1935–1939 in der polnischen Zeitschrift „Junger Pole in Deutschland" mehr als 200 Grafiken. PAUL NEDO, JURIJ ZIESCH und andre, denen die Faschisten ein Wirken und Leben in der Lausitz verboten, erhielten in polnischen Organisationen Möglichkeiten zu arbeiten. Selbst der Beginn des Krieges konnte die Bindungen nicht ganz unterbrechen. (Übersetzung: KATJA LIESSNER)

Mit großem Interesse wurden die Gedichte Jan Skalas in dessen Geburtsort Nebelschütz von den Besuchern der dortigen Veranstaltung aufgenommen. Diese gestalteten sorbische, slowakische, tschechische, polnische und deutsche Dichter gemeinsam. Der sorbische Poet Tomasz Nawka (rechts) rezitierte Skalas und eigene Gedichte. Fotos: F. Scholze

32. Fest der sorbischen Poesie

Im **November 2009** lasen in Nebelschütz Sorben, Tschechen, Polen und Deutsche Skalas Gedichte. Serbske Nowiny titelte in ihrer deutschsprachigen Monatsausgabe vom Dezember 2009: „31. Fest der sorbischen Poesie in der Lausitz, in Tschechien und Polen. Lyrik baut Brücken zum Nachbarn".

Mitte 2010 und erneut im Herbst des Folgejahres fertigte ich am Computer je 50 Exemplare der Broschüre „Wo serbskich prašenjach", wobei der Text erstmals in deutscher Sprache veröffentlicht wurde. Dafür hatte ich folgende Motive: Erstens ist der Inhalt zu Skalas Lebzeiten zwar in slawischen europäischen Ländern, aber kaum unter den Sorben diskutiert worden. Manches am Text war damaligen Verantwortlichen wohl nicht ganz genehm. Mitunter scheint es so, als habe sich daran bis heute wenig geändert. Deutschen sind die Gedanken SKALAS über die Zukunft seines Volkes bis heute so gut wie unbekannt. Zweitens leben Sorben und Deutsche seit Jahrhunderten mit- und nebeneinander, manchmal kriegerisch, meist friedlich, aber auch dann nie konfliktfrei. Es ist hohe Zeit, Vergangenes gegenseitig detaillierter zur Kenntnis zu nehmen, um künftiges Miteinander vorsätzlich gemeinsam zu gestalten. Drittens können Sorben ihre heutigen Ziele und Aktivitäten messen, prüfen, vergleichen, um so – in Distanz und Nähe, in Kritik und Zustimmung zu SKALA – die eigenen Interessen in der gesellschaftlichen Wirklichkeit des 21. Jahrhunderts durchzusetzen. Viertens sind Deutsche und Sorben angesichts heutiger Schändungen sorbischer Wegkreuze, der Beschmierung von Schildern mit sorbischen Ortsnamen oder der Diffamierung von Sorben wegen des Gebrauchs ihrer Muttersprache, aber auch wegen aktueller politische Entscheidungen, die die Existenz des kleinen slawischen Volkes gefährden, herausgefordert, gemeinsam zu widerstehen und zu verhindern, dass sich jahrhundertelange Unterdrückung und Germanisierung in der Gegenwart fortsetzt.

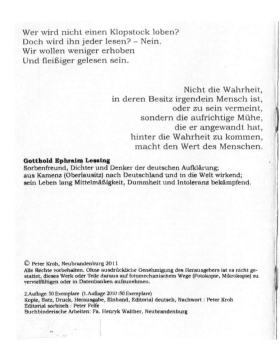

Wer wird nicht einen Klopstock loben?
Doch wird ihn jeder lesen? – Nein.
Wir wollen weniger erhoben
Und fleißiger gelesen sein.

Nicht die Wahrheit,
in deren Besitz irgendein Mensch ist,
oder zu sein vermeint,
sondern die aufrichtige Mühe,
die er angewandt hat,
hinter die Wahrheit zu kommen,
macht den Wert des Menschen.

Gotthold Ephraim Lessing
Sorbenfreund, Dichter und Denker der deutschen Aufklärung;
aus Kamenz (Oberlausitz) nach Deutschland und in die Welt wirkend;
sein Leben lang Mittelmäßigkeit, Dummheit und Intoleranz bekämpfend.

© Peter Kroh, Neubrandenburg 2011
Alle Rechte vorbehalten. Ohne ausdrückliche Genehmigung des Herausgebers ist es nicht gestattet, dieses Werk oder Teile daraus auf fotomechanischem Wege (Fotokopie, Mikrokopie) zu vervielfältigen oder in Datenbanken aufzunehmen.

2.Auflage: 50 Exemplare (1.Auflage 2010 :50 Exemplare)
Kopie, Satz, Druck, Herausgabe, Einband, Editorial deutsch, Nachwort : Peter Kroh
Editorial sorbisch : Peter Felfe
Buchbinderische Arbeiten: Fa. Henryk Walther, Neubrandenburg

Einband der Broschüre

10   Unter den Ehrungen Skalas in Polen sind besonders hervorzuheben:
Am **1.9.1965,** dem seit Anfang der 1950er Jahre in der DDR begangenen Weltfriedenstag, wurde in Namysłow mit einer feierlichen polnisch-sorbisch-deutschen Veranstaltung ein Denkmal für Jan Skala eingeweiht. Aus der Familie nehmen teil die Ehefrau Else, die Töchter Liselotte (und deren Sohn Peter) und Karin (und deren Ehemann Klaus Richter) sowie Skalas Brüder Jurij und Pawoł.

Denkmal in Namysłow

Die offizielle Urkunde informiert:
Im 26. Jahr des Hitlerüberfalls auf Polen wurde auf Initiative der Gesellschaft der Heimatfreunde in Namslau, unterstützt vom örtlichen Komitee der Polnischen Vereinigten Arbeiterpartei gemeinsam mit dem Bund der Lausitzer Sorben DOMOWINA aus Bautzen beschlossen, ein Denkmal zu errichten für den Kämpfer um die Rechte der Minderheiten in Deutschland für den Gegner des Faschismus und Freund der Polen
JAN SKALA
sorbischer Poet und Publizist zum 75. Geburtstag und im 20. Jahre seines Todes.
Das Denkmal ist Ehrung all jener, die gegen Faschismus und Aggression kämpften, ihre Kräfte und ihr Leben hingaben für die Sache Freiheit, des Friedens und der Demokratie.

W 26 rocznicę napaści Niemiec hitlerowskich na Polskę,
z inicjatywy Towarzystwa Miłośników Ziemi Namysłowskiej w Namysłowie,
pod protektoratem
Komitetu Powiatowego Polskiej Zjednoczonej Partii Robotniczej
w Namysłowie

Związek Serbo-Łużyczan „DOMOWINA" w Budziszynie,
funduje niniejszym pomnik bojownika o prawa mniejszości narodowych
w Niemczech, przeciwnika faszyzmu, przyjaciela Polaków

JANA SKALI

poety i publicysty serbo-łużyckiego,
w 75 rocznicę urodzin i 20 rocznicę Jego śmierci.
Pomnik jest hołdem złożonym wszystkim, którzy
walcząc z faszyzmem i agresją, oddali swoje siły i życie
za sprawę wolności, pokoju i demokracji.

Przewodniczący DOMOWINY
poseł na sejm NRD

(-) Kurt Krjeńc

I-szy Sekretarz KP PZPR

(-) Tadeusz Pędzinski

Przewodniczący Prezyd. PRN

(-) mgr inż. Kazimierz Gauron

Prezes Towarzystwa
Miłośników Ziemi Namysłowskiej

(-) Kazimierz Kuliński

Kierownik Wydziału
Oświaty i Kultury

(-) Insp. szk. mgr Mieczysław Kołodka

Przewodniczący Prez. MRN

(-) Marian Ciach

Przewodniczący KP FJN

(-) Insp. Henryk Capuła

Sporządzono w Namysłowie, dnia 1 września 1965 r.

Urkunde zur Errichtung des Denkmals

PRZYJAŹŃ
NIE ZNA
GRANIC

Deckblatt der Broschüre

Zum Festakt erschien eine Broschüre unter dem Titel
FREUNDSCHAFT
KENNT KEINE
GRENZEN
Sie enthält in polnischer Sprache Informationen über das Leben Skalas sowie sein poetisches und politisches Schaffen, über die Entstehung des Denkmals, Bilder über den Alltag der Sorben in der DDR und zitiert die sorbische Hymne im Original.
Anläßlich des 90. Geburtstages wurde JAN SKALA 1979 in Namysłow feierlich geehrt. Eine mehrseitige Zeitung schildert in sorbischer und polnischer Sprache Episoden aus dem Leben SKALAS. Dr. EDMUND OSMAŃCZYK, Mitglied des Staatsrates der Volksrepublik Polen, würdigte SKALA vor allem als politischen Journalisten und Kämpfer für die Rechte der Minderheiten. Ein Interview mit OSMAŃCZYK, historische Bilder und Texte, Informationen über den Geburtsort SKALAS, über die Hochschulgruppe, die seinen Namen trägt, über die Einweihung des Denkmals 1965, Berichte der Freunde MĚRĆIN NOWAK-NJECHORŃSKI und Dr. JAN CYŽ sowie über die Einweihung einer Museumsstube für JAN SKALA durch seine Töchter Liselotte und Karin komplettierten die Zeitung. Die Regionalzeitung „Trybuna Odrzańska" veröffentlichte Osmańczyks Rede unter dem Titel „JAN SKALA – westslawischer Staatsmann."

Deckblatt der polnisch-sorbischen Zeitung

Polnische Zeitung

Titelzeile

Rede von Prof. EDMUND OSMAŃCZYK (gekürzt):

„In polnischen Enzyklopädien beginnt der Lebenslauf meistens so: ‚JAN SKALA (1889–1945), obersorbischer politischer Aktivist, Publizist und Schriftsteller.' Grundsätzlich entspricht das dem Leben Jan Skalas. Er war tatsächlich ein politischer Aktivist in der Oberlausitz und ein Publizist und er hat Gedichte und Erzählungen geschrieben. Und doch ist diese enzyklopädistische Charakteristik für Leute, die JAN SKALA kannten und die Möglichkeit hatten, all das zu analysieren, was er in seinen politischen Schriften und was er auch in Gesprächen mit vertrauten Freunden präsentierte, unzureichend, sie sagt zu wenig über die Größe der Persönlichkeit dieses bedeutenden politischen Autoren [...] Sein literarisches Schaffen in sorbischer Sprache nimmt einen verhältnismäßig geringen Umfang ein gegenüber seinen politischen Veröffentlichungen in deutscher Sprache. Das literarische Schaffen in der Muttersprache war eine natürliche Manifestation der nationalen Besonderheit und gleichzeitig der Beweis dafür, dass sich die Literatur der Lausitz weiter entwickelt. Das politische Schaffen in der damaligen Weltsprache deutsch war ein Kampfinstrument um die Existenz des sorbischen Volkes. Während des gesamten Lebens von JAN SKALA war diese Existenz tödlich bedroht. Von des Zeit der Herrschaft BISMARCKS bis zur Diktatur HITLERS haben die preußischen Planer des deutschen Imperialismus die Vernichtung des Slawentums betrieben und sie versucht zu realisieren; zunächst die Vernichtung der Westslawen und später bis zum Ural.

JAN SKALA war 25 Jahre alt, als der Erste Weltkrieg ausbrach, 28 als das Deutsche Reich kapitulierte; 34 Jahre war er, als er im Jahre 1925 die Redaktion der Monatszeitschrift des Bundes der nationalen Minderheiten in Deutschland „Kulturwille", ein Jahr später in „Kulturwehr" umbenannt, übernahm. Elf Jahre hat dann JAN SKALA zusammen mit seinem Freund JAN KACZMAREK, dem Leiter des Bundes der Polen in Deutschland, nach langen Diskussionen die Konzeption eines jeden Heftes der Zeitschrift festgelegt. ... Ich als allerjüngster, durfte mich erst in den letzten drei bis vier Jahren daran beteiligen, denn im Jahre 1936 entzog die HITLER-Verwaltung JAN SKALA das Recht, seinen journalistischen Beruf auszuüben. Danach kamen Gefängnis und Haft. Und 1945 die Tragik des zu frühen Todes an der Schwelle des von JAN SKALA vorausgesehenen Sieges der Roten Armee über den Faschismus.

Im Leben JAN SKALAS waren also die wichtigsten Jahre (weil im konzeptionellen politischen Denken die schöpferischsten) die Kulturwehr-Jahre 1925–1936, ungeheuer dramatische Jahre für Deutschland und Europa, als sich die Waagschalen zur Seite der schwarzen Mächte des Verderbens neigten. In diesen entscheidenden Jahren war JAN SKALA längst nicht mehr nur ein Dichter. Er war ein Politiker. Im Bund der nationalen Minderheiten in Deutschland war er wohl der Repräsentant der lausitzer Sorben, in Wahrheit war er aber gleichzeitig ein bedeutender Staatsmann, dem – gerade wegen seiner politischen Vernunft und Persönlichkeit – die in Deutschland lebenden Polen, Dänen, Friesen, Litauer und natürlich auch die Sorben die Redaktion der „Kulturwehr" anvertraut haben, damit er auf dem deutschen und internationalen Forum der Sprecher der nichtdeutschen nationalen Gruppen sein konnte. Diese Wahl war ausgezeichnet. Schon im zweiten Jahr ihres Bestehens war diese Zeitschrift international bekannt. Das hohe Niveau sicherte ihr den Zutritt in Universitätsbibliotheken in ganz Europa und auch in diplomatische Gremien und internationale Institutionen, die sich mit der Minderheitenproblematik befassten. Dieses Interesse wuchs damals in Kreisen der Diplomaten, Wissenschaftler, Journalisten und auch in der Liga der Nationen, wo sich das Stresemannsche Deutschland bemühte, die Minderheitenkarte gegen Polen, die Tschechoslowakei, Jugoslawien, Italien auszuspielen.

Wenn man von jenen Zeiten spricht, muss man ständig daran denken, dass diese Probleme – heute in der internationalen Politik nach Helsinki in Europa nicht die wichtigsten – damals auf den ersten, zweiten Seiten der Zeitungen standen, weil sie in jenen Zeiten die billigsten Zündhölzer für nationalistische Provokationen waren.

Wenn heute jemand die „Kulturwehr" liest, so wird er sich darüber wundern, wie souverän ruhig die politische Linie dieser Schrift war, die von der ersten Nummer bis zur letzten ihren grundsätzlichen konstruktiven Ton nicht verändert hat, in dem die Idee, dass die friedliche Koexistenz notwendig ist, vorherrschte.

Das ist die natürliche, logische Entgegnung auf die imperialistischen Konzeptionen der Weimarer Republik und später Hitlerdeutschlands, nämlich die nationalen Minderheiten für die Spaltung Europas auszunutzen. HITLERS Reden in München waren die Reden STRESEMANNS in Genf – und deshalb drangen sie so leicht in die öffentliche Meinung in England und Frankreich ein.

Die „Kulturwehr" demaskierte STRESEMANN und demaskierte – was schon außergewöhnlich mutig war – ebenfalls HITLER. Das geschah mit Hilfe der meisterhaften Feder JAN SKALAS, der nicht zuließ, dass ihn jemand einer leichtfertigen Formulierung wegen verklagen konnte. Das Verbot der Ausübung der journalistischen Tätigkeit von JAN SKALA im Jahre 1936 wurde mit keiner einzigen konkreten Begründung gestützt. Seine gesamte Redakteurstätigkeit wurde ganz einfach als hitlerfeindlich bezeichnet. Dass er Antifaschist war, war allen klar. Aber JAN SKALA war mehr als ein Kämpfer gegen Barbarei. JAN SKALA war ein Politiker, der den Faschismus für eine vorübergehende geschichtliche Negation hielt, gegen die es notwendig ist, eine andere, positive Konzeption zu setzen. Deshalb auch jener große Artikel in der Zeitschrift „Kulturwehr" zum Verständnis der vielschichtigen Minderheitenprobleme in Europa, der beweist, dass es unmöglich ist, diese Probleme anders zu lösen als mit einem friedlichen Zusammenleben, geschweige denn mit einer Völker vernichtenden Lösung, die HIMMLER „Endlösung" nannte.

Die deutschen Imperialisten brauchten die nationalen Minderheiten, um mit ihnen Konflikte und Kriege zu provozieren. Deshalb hassten sie die einzige antiimperialistische Schrift in HITLERS Berlin, die in deutscher Sprache erschien [...] Diese Zeitschrift klärte hartnäckig darüber auf, dass jedes Volk das Recht hat, seine Besonderheit zu bewahren und zu entwickeln, und dass der Staat verpflichtet ist, dieses Recht zu respektieren, wie auch jede Minderheit ihre Pflichten gegenüber dem Staat zu erfüllen hat. Diese einfachste friedliche Konzeption eines Zusammenlebens verschiedener Nationalitäten in einem Staat hassten die deutschen Faschisten, weil sie einerseits ihre fünften Kolonnen in Polen, in der Tschechoslowakei, Jugoslawien demaskierte, ihnen aber andererseits keinen Anlass gab, nationale Minderheiten in Deutschland wegen Unloyalität gegenüber dem Staat zu attackieren.

Die weitere Entwicklung in Europa hat bewiesen, dass die deutsche Minderheitenpolitik – genauer gesagt: die Politik der deutschen Imperialismus – einzig ein Instrument zu Provokationen und Aggressionen war und zu der Entscheidung der Alliierten geführt hat, die deutschen nationalen Minderheiten nach Deutschland auszusiedeln. Es ist wichtig, nicht zu vergessen, dass diese Entscheidung in den Jahren 1939/41 in den diplomatischen Kanzleien in London und Washington geboren wurde, wo die erste Analyse der Ursachen des Zweiten Weltkrieges auf die mit Gewalt drohende Rolle der deutschen Minderheiten hinwies.

JAN SKALA wusste sehr wohl – ähnlich wie auch seine Freunde im Bund der nationalen Minderheiten in Deutschland – dass die Minderheitenpolitik im Deutschen Reich eine imperialistische ist und dass sie das Ziel hat, eine Revision der Grenzen zu provozieren, dabei mit Gewalt drohend oder sie anwendend. JAN SKALA sah die katastrophalen Auswirkungen einer solchen Politik für Europa und die ganze Welt. Im Kreise seiner Freunde hat er mit seiner Kritik nicht hinterm Berge gehalten, und das um so mehr, als er keine reale Unterstützung gegen den Drang und das Fortschreiten des deutschen Imperialismus nach Osten sah. [...] Ausgehend von den Überlegungen über das uneinige Slawentum erklärte uns JAN SKALA damals, dass einen Ausweg nur der Zusammenstoß Deutschlands mit der Sowjetunion bringen kann, denn dann führt die Sowjetunion den Kampf zu Ende bis zu einem endgültigen Sieg zu Gunsten des Slawentums, das heißt, dass sie die Liquidierung Preußens zu Ende führt. Und das wird mit sich bringen eine Zurückführung Polens bis zur Oder und zur Lausitzer Neiße. Oft habe ich schon über die Weitsicht SKALAS geschrieben und Hinweise zu ihrer weitreichenden Wirksamkeit gegeben. Hier möchte ich nur das eine unterstreichen, dass in den Jahren, als ich JAN SKALA kannte – also im letzten Jahr der Weimarer Republik und in den ersten Jahren des Dritten Reiches – sein Pessimismus von Jahr zu Jahr zunahm in Hinblick auf die Ausweglosigkeit der Kriegsgefahr, aber gleichzeitig wuchs in ihm die Gewissheit, dass einzig die Sowjetunion die Probleme zu Gunsten der Slawen lösen kann. Am Tage des 90. Geburtstages des slawischen Politikers JAN SKALA verneigen wir unsere Häupter mit Hochachtung vor seiner Klugheit und Weitsicht!"

[Ergänzung des Autors: Die von OSMAŃCZYK dargestellte Position SKALAS über den Ausgang des Krieges teilte auch der der damalige polnische Botschafter in London, JÓZEF MARJA WINIEWICZ. Nach einer Beschreibung des germanischen Drangs nach Osten kommt er zu der Schlussfolgerung: „Nach diesem Krieg muß Europa nicht nur frei sein vom Alptraum des Hitlerismus, sondern auch sicher gegen erneute Friedensbrüche eines räuberischen Deutschlands." (JÓZEF MARJA WINIEWICZ: Aims and failures of the German New Order. Published by the Polish Research Centre London 1943, S. 6)]

1985 erschien in Warschau OSMAŃCZYKS Buch zur Geschichte des Bundes der Polen in Deutschland. „Rodło" war seit August 1932 das offizielle Symbol des Związek Polaków w Niemczech. Es setzt sich zusammen aus den polnischen Worten Rodzina (Familie) und Godło (Wappen). Das Symbol zeigt den Verlauf der Wisła (Weichsel) als Zeichen für das polnische Volk sowie die Lage der Stadt Kraków (Krakau) als Wiege der polnischen Kultur. Im Namensregister ist SKALA 16mal aufgeführt.

Titelblatt des Buches

Auf S. 31f heißt es u.a.: „Ich war dabei. Es war im November 1932 in der Hauptstadt Preußens und des deutschen Reiches, in Berlin, im Stadtteil Charlottenburg, in der Schlüterstraße, wo damals die Zentrale des Bundes der Polen in Deutschland ihren Sitz hatte… Zwei Tage nach den Reichstagswahlen, am Dienstag, den 8. November 1932, nachmittags, fand in der Zentrale des Bundes eine Beratung über die Situation der Polen in Deutschland statt […] Der erste Beschlußantrag war nicht sehr optimistisch. Ihn hatte unser Freund, der Sorbe JAN SKALA formuliert, der als Redakteur der Monatsschrift des Verbandes der nationalen Minderheiten Deutsch-Lands, „Kulturwehr", die seit 1925 in deutscher Sprache erschien, ständig an unseren Beratungen teilnahm […] Die Übernahme der Regierung durch HITLER – sagte SKALA – bedeutet, dass in wenigen Jahren Krieg sein wird. Krieg gegen Polen, gegen die Sowjetunion, gegen die ganze Welt… Niemand zweifelte daran, dass JAN SKALA, der durch seine sachlichen Analysen bekannt war, sich auch diesmal nicht irrte. Damals, am 8. November 1932, wurden folgende Schlussfolgerungen gezogen; Als erstes mussten die eineinhalb Millionen Polen, die an der Oder und in West- und Ostpommern sowie als Auswandere im Elbegebiet, Westfalen und im Rheinland lebte, auf die schwersten Jahre der Kämpfe vorbereitet werden. Zweitens mussten alle Spuren des Polentums in den zu Preußen gehörenden Gebieten von Ostpreußen bis zur Oder und der Lausitzer Neiße vor dem Vergessen bewahrt werden.

1989, zum 100. Geburtstag wurde JAN SKALA mit der Medaille „Rodło" geehrt, die seiner ältesten Tochter überreicht wurde. Die Vorderseite zeigt den territorialen Umriss der VR Polen mit landessprachlicher Abkürzung und der Umschrift „Den Kämpfern und Erbauern des Polentums" sowie die Wappen von Śląsk (Schlesien), Pomorze (Pommern) und Warmia i Mazury (Ermland und Masuren). Die Rückseite zeigt die „Rodło"-Rune mit dem polnischen Adler und der Umschrift „Wir geben nicht die Erde auf, woher wir stammen".

Medaille „Rodło"

Mitte des Jahres **1989** gab die polnische Post einen Sonderstempel zu Ehren Skalas heraus.

Im **Mai 2009,** im Jahr des 120. Geburtstages Skalas veranstaltete das Historisches Institut der Universität Opole, und die polnisch-sorbische Gesellschaft „Pro Lusatia" zusammen mit dem Marschallsamt der Wojewodschaft Opole eine internationale wissenschaftlichen Konferenz mit dem Thema

Jan Skala (1889–1945) nationaler Führer, Publizist und Autor

In Vorbereitung der Konferenz wurde die Grabstätte SKALAS neu gestaltet. Am letzten Tag der Konferenz wurde am Eingang zum Friedhof eine bronzene Tafel angebracht und geweiht. Die Polen informierten über Anlass und Teilnehmer:

Sonderstempel

Epitafium na cmentarz w Dziedzicach

W dniach 26–27 maja br. na terenie województwa opolskiego odbyły się uroczystości z okazji 120 rocznicy urodzin Jana Skali – serbołużyckiego poety, prozaika i polityka. 27 maja uroczystości miały miejsce w gminie Domaszowice i Namysłów. Na cmentarz w Dziedzicach,gdzie pochowany jest JAN SKALA, przybyły liczne delegacje i poczty sztandarowe. Wśród zaproszonych gości byli: wnuk Jana Skali, dr. phil. habil PETER KROH, przedstawiciele Serbów Łużyckich Domowina – ZALA CYŻOWA – wiceprzewodnicząca Związku, JURIJ ŁUŚĆANSKI – referent ds. kultury i kontaktów zagranicznych,przedstawiciele Gminy Niebielczyce – MARHATA DELEŃKOWA i HAŃŻKA DELEŃKOWA, dr EDMUND PJECH z Instytutu Serbołużyckiego w Budziszynie, dr TOMASZ DERLATKA z Instytutu Sorabistyki Uniwersytetu Lipskiego, DALIBOR SOKOLOVIĆ, MARCIN PALADE z Polskiego Radia Warszawa, przedstawiciele Stowarzyszenia Polsko-Serbołużyckiego Pro Lusatia – dr MARIUSZ PATELSKI – prezes stowarzyszenia i dr PIOTR PAŁYS –wiceprezes stowarzyszenia, a także RYSZARD WILCZYŃSKI – Wojewoda Opolski, TERESA KAROL – Wicemarszałek Województwa Opolskiego, JANUSZ WÓJCIK – dyrektor Departamentu Kultury, Turystyki i Sportu Urzędu Marszałkowskiego Województwa Opolskiego, SŁAWOMIR HINBORCH – Wicestarosta Namysłowski, KRZYSZTOF KUCHCZYŃSKI – Burmistrz Namysłowa, GRZEGORZ KUBAT – Zastępca Burmistrza Namysłowa, JAN NOWAK – Przewodniczący Rady Gminy Domaszowice, ks. dziekan BOGDAN GRABOWSKI – Proboszcz Parafii Włochy.

Bronzetafel

Darauf steht in polnischer Sprache: „Hier ruht JAN SKALA, Führer des sorbischen Volkes, Publizist, Politiker, Vorkämpfer der polnisch-sorbischen Zusammenarbeit, Dichter und Schriftsteller.

JAN SKALA wurde geboren in Nebelschütz in der Oberlausitz, am 17. Juni 1889. Ab 1919 wirkte er in der Lausitzer Volkspartei, als Redakteur des Serbski Dzienik und in der „Prager Presse". In den Jahren 1925 bis 1936 leitete er die Redaktion des theoretisch-ideologischen Organs des Verbandes der nationalen Minderheiten in Deutschland, anfangs unter dem Titel „Kulturwille", dann „Kulturwehr". In dieser Zeit arbeitete er mit an den geistigen Grundlagen der Organisation, aktiv beteiligte er sich auch an den Kongressen Europäischer nationaler Minderheiten in Genf und arbeitete eng mit Bund der Polen in Deutschland zusammen.

Als Literat debütierte er 1910 in der Zeitschrift „Łužica". 1920 veröffentlichte er ein Gedichtbändchen unter dem Titel „Krümel". 1923 ließ er den einen Band Gedicht unter dem Titel „Funke" folgen. Zugleich war er Autor der Novelle „Stary Šymko". 1936 erschienen seine Werke erstmals in polnischer Übersetzung.

Von 1933 an blieb er unter sich verstärkender Beobachtung der deutschen Staatsmacht, die ihm 1936 das Recht zur Ausübung seines Berufs als Journalist entzog. 1938 musste er acht Monate Haft in HITLERS Gefängnissen verbringen. 1944 übersiedelte er nach Dziedzice und nahm eine Arbeit in Namysłow auf. In dieser Zeit knüpfte er Kontakte mit führenden Vertretern der Armija Krajowa im Namslauer Gebiet. Am 22. Januar 1945 kam er durch die Hand eines Soldaten der Roten Armee tragisch ums Leben.

In der Botschaft Polens erörterten **Anfang April 2011** sorbische Kulturfunktionäre, Ärzte und Unternehmer mit polnischen Kollegen und Diplomaten Möglichkeiten einer verbesserten Zusammenarbeit.

Mit einem Vortrag über die Partnerschaft des Polen JAN BACZEWSKI mit dem Sorben JAN SKALA in der Weimarer Republik im Kampf für die Rechte der Minderheiten beteiligte ich mich daran.

Mein Ausgangspunkt:

„JAN SKALA był obywatel Niemiec, ale nie niemiecki. On był Serbów łużyckich. On był Słowianim i bliski przyjaciel Polska. JAN BACZEWSKI był obywatel Niemiec, ale nie niemiecki. On był Polak. On był Słowianim i bliski przyjaciel Serbów łużyckich" (JAN SKALA war Bürger Deutschlands, aber kein Deutscher. Er war Lausitzer Sorbe. Er war ein Slawe und enger Freund Polens. JAN BACZEWSKI war Bürger Deutschlands, aber kein Deutscher. Er war Pole. Er war Slawe und enger Freund der Lausitzer Sorben.)

Kernthesen des Vortrages:

Auf Initiative der Vorstandsmitglieder des Związek Polaków w Niemczech, Graf SIERAKOWSKI, DAMANSKI und KACZMAREK wurde im Januar 1924 der Verband der nationalen Minderheiten in Deutschland gegründet. Er vereinigte Dänen, Litauer, Sorben, Polen und Friesen und gab die Zeitschrift „Kulturwehr" heraus. Chefredakteur SKALA arbeitete eng mit JAN BACZEWSKI (13.12.1890–20.6.1958) als Verbündeter und Autor zusammen.

BACZEWSKI war zwischen 1922 und 1928 Abgeordneter des preußischen Landtages. Er setzte durch, dass Kinder der polnischen Minderheit in den Schulen Polnisch lernten. Mitte der 1920er Jahre vertrat er den Bund der Polen bzw. den Verband nationaler Minderheiten in Deutschland in Beratungen des Europäischen Nationalitätenkongresses in Genf, setzte sich dort mit Vertretern deutscher Minderheiten in europäischen Staaten auseinander, die nationale Gefühle für politische Ziele missbrauchen wollten. Z.B. erörtert er in der „Kulturwehr" (Heft 9/1927) überzeugend die Hintergründe des Ausscheidens des Verbandes der nationalen Minderheiten Deutschlands aus dem Kongress und legt die Mechanismen der Bewerkstelligung durch reaktionäre Kreise offen. Er kritisierte die Außenpolitik Stresemanns, einen Staat zu schaffen, dessen politische Grenzen alle deutschen Volksteile umfasst, die in Mittel- und Osteuropa leben. Folgerichtig entlarvte er die rassistischen Auffassungen und Praktiken der Nazis. Am 1.9.1939 wurde er vor den Augen und unter dem Spott der Nachbarn ins KZ Sachsenhausen verschleppt.

Skala und Baczewski analysierten und kritisierten, dass und wie die Deutschen reif gemacht wurden für Terror gegen Minderheiten, für den „Kampf um Lebensraum im Osten", für die „Endlösung" genannte Ausrottung von Millionen Menschen.

Baczewskis und Skalas Positionen zur Minderheitenpolitik als Vorbild zu nehmen, das gilt meines Erachtens auch für Bundesrepublik heute, z.B. für berechtigte, noch unerfüllte Forderungen:

a) In der Behandlung der deutschen Minderheit in Polen und der polnischen Minderheit bzw. polnischsprachigen deutschen Staatsbürger in Deutschland muss „Symmetrie" und „Proportionalität" gesichert werden;

b) Die polnische Minderheit in Deutschland ist durch eine Entschließung des deutschen Bundestages voll zu rehabilitieren und als Opfer des Naziregimes anzuerkennen;.

c) Das geplante Zentrum „Flucht, Vertreibung, Versöhnung" würden Skala und Baczewski kritisieren, weil es revisionistische Ziele verfolgt. Durch Verdrehung von Ursache und Wirkung geschichtlicher Abläufe soll öffentliches Bewusstsein manipuliert werden. Beide würden anstelle dieses Zentrums eines gegen Kriege und Kriegsvorbereitung fordern, denn sie hatten erkannt und durchlitten, Nationalisten säen mit Lügen und Fälschungen Zwietracht, um Kriege vorzubereiten.

d) Es gilt den deutsch-polnischen Nachbarschaftsvertrag von 1991 mit Leben zu erfüllen, in dem beide Seiten betonen: „Sie verurteilen klar und unmißverständlich Totalitarismus, Rassenhaß und Haß zwischen Volksgruppen, Antisemitismus, Fremdenhaß und Diskriminierung irgendeines Menschen sowie die Verfolgung aus religiösen und ideologischen Gründen. Sie betrachten Minderheiten und gleichgestellte Gruppen als natürliche Brücken zwischen dem deutschen und dem polnischen Volk und sind zuversichtlich, daß diese Minderheiten und Gruppen einen wertvollen Beitrag zum Leben ihrer Gesellschaften leisten."

11 Peter Jan Joachim Kroh: Nationalistische Macht und nationale Minderheit. Jan Skala (1889–1945). Ein Sorbe in Deutschland. Kai Homilius Verlag, Edition Zeitgeschichte Band 48, Berlin 2009

1. Ein Sorbe sucht und findet seine Berufung

Präludium oder tragischer Tod eines Befreiten

Am 22.1.1945, einem sehr kalten, tristen Montag, starb der am 17.6.1889 im sächsisch-sorbischen Nebelschütz geborene Jan Skala im schlesischen Erbenfeld an den ihn zufällig treffenden Schüssen eines betrunkenen Rotarmisten.[1] Die Rote Armee hatte am 12.1.1945, zusammen mit Einheiten der polnischen Armee die Winteroffensive eingeleitet und nahe der Ortschaft Gorzow mit dem Angriff auf die Region um Namslau begonnen. „Am 19. Januar befreiten Einheiten der 3. und 52. Sowjetischen Armee unter anderen die Dörfer Włochy und Dziedzice. Namyslow, ein wichtiges Eisenbahnkreuz, war von den Deutschen stark befestigt, wurde erst am 21. Januar befreit."[2]

Skalas Geburt und Taufe ist amtlich bestätigt. Ein offizieller Totenschein existiert nicht. Russische Militärs kümmerten sich nicht um zivile Tote, eine polnische Verwaltung war nicht vorhanden, die deutsche Staatsmacht war ebenso wie fast die gesamte deutsche Bevölkerung geflohen.

Geburts- und Taufschein Jan Skala

Ein damals aktiver NS-Funktionär berichtete später: „Am 19. Januar 1945, um 15.00 Uhr, sprach der Kreisleiter auf dem Ring der Stadt Namslau zu der durch die Flüchtlingstrecks [...] sowie die zurückgehenden Wehrmachtskolonnen beunruhigten Stadtbevölkerung." Es bestehe „kein Grund zur Beunruhigung", die „militärische Lage (hätte sich) geklärt". Kaum einer glaubte ihm, „da bereits in einer Entfernung von etwa 15 Kilometern von Namslau russische Panzerspitzen gesichtet worden waren." Zwei Stunden später wurde dann doch Befehl zum Räumen gegeben." Durch das Eingreifen vom „Landrat des Kreises Namslau, Dr. Heinrich [...] wurden Züge zur Fortbeförderung der Bevölkerung gestellt", die „in kurzen Abständen die Stadt (verließen)."[3] Besagter Dr. Ernst Heinrich[4] schilderte die Situation so: „Durch Telefongespräche mit dem Oberpräsidium in Breslau und der dortigen Regierung erreichte ich es, daß in der Nacht vom 19. auf den 20. Januar 1945 fünf sehr lange Züge mit D-Zugwagen aus Oberschlesien auf der Eisenbahnlinie Beuthen-Kreuzburg-Namslau anrollten, wobei jeder Zug mit ca. 1500 Personen besetzt wurde, so dass insgesamt 7500 Personen aus der Kreisstadt abtransportiert wurden".[...] So gelang es „bis zum 20. Januar 1945 gegen 11.00 Uhr ca. 98 Prozent der gesamten Kreisbevölkerung zum Abrücken zu veranlassen unter Mitnahme sämtlicher Kriegsgefangener aller Nationalitäten. An Menschen blieben zurück fast nur alte Leute über 65 Jahre, d.s. ca. 2 Prozent der Bevölkerung gewesen, und ca. 10 bis 15 Personen, die in den Jahren 1919 und 1921 amtlich für Polen tätig gewesen und die auch jetzt glaubten, mit den Polen wieder ihre Geschäfte machen zu können."[5]

Selbst in der NS-Diktion wird der Fakt sichtbar: Fast alle Deutschen waren vor der heranrückenden sowjetischen Armee geflüchtet. Nicht jedoch Jan Skala und seine Familie. Die Gebliebenen, vor allem Polen und der mit ihnen befreundete fast 56-Jährige Sorbe, begrüßten vielmehr die Sowjetsoldaten als Befreier und engagierten sich, um ein Leben ohne NSDAP, ohne Gestapo, ohne Nazi-Terror in Gang zu bringen. Skalas Motive fürs Dableiben und Tätigsein waren gewiß auch davon getragen, seiner Familie – Ehefrau, zwei Töchter und der 11 Monate alte Enkel Peter – ein Leben in Frieden zu ermöglichen.

Es kam anders. Der Sorbe und Antifaschist, von Freunden als „westslawischer Staatsmann" gelobt kam tragisch zu Tode. Zu Ende war das Leben eines Mannes, aus dessen Erfahrungen (als Redakteur einer sorbisch-deutschen Zeitung; als Initiator eines sorbischen, nationalbewußten und -erzieherischen Sportbundes; als Streiter gegen Klerikalismus und für sorbische Mit- und Selbstbestimmung in der Kirche; als Autor von programmatischen Thesen zur sogenannten „sorbischen Frage"; als minderheitenpolitischer Journalist bei der „Prager Presse"; als Chefredakteur der international be- und geachteten Zeitschrift „Kulturwehr",) sich viele Impulse für die kommende neue Zeit hätten ergeben können. Tragisch ist sein Tod, weil Skala nur 56 Jahre alt werden konnte; weil er die von ihm erhoffte totale Niederlage der Unterdrücker vieler europäischer Völker, darunter auch seines Volkes, nicht mehr erlebte; weil der Familie Ehemann, Vater und Großvater genommen wurde; weil dem sorbischen Volk ein engagierter Kämpfer für seine Rechte entrissen wurde; weil die Minderheiten in Europa einen klugen politischen Kopf verloren. Tragisch ist sein Tod zudem, weil Skala sich mit Leidenschaft daran beteiligt hätte, die Scherben zu beseitigen, die das jahrhundertelange Macht- und Autoritätsdenken gegenüber dem sorbischen Volk angehäuft und hinterlassen hatte. Er hätte auch in der neuen Zeit ohne Fernrohr in die politischen Kämpfe geschaut und eingegriffen. Er wäre weiterhin ohne borniert Scheuklappen für ein Zusammengehen von Christen und Sozialisten eingetreten und hätte sich dafür erneut als eine Art „Scharnier" instrumentalisieren lassen, um der Vernunft Türen zu öffnen. Er hätte auch die neuen gesellschaftlichen Zustände nicht als schicksalhaft oder gottbestimmt verstanden, sondern als Menschenwerk, also als veränderbar. Mit großer Wahrscheinlichkeit wäre er mit diesem, aus seinen Erfahrungen und seinem Charakter entspringenden Verhalten auch in der DDR angeeckt.

Die Lebensbahn Skalas ist nicht von vielen messbaren, sichtbaren Erfolgen gekennzeichnet. Sein vielfältiges Engagement gegen die Unterdrückung der Sorben und für ihre Rechte, seine Attacken auf Arroganz, Ignoranz und Intoleranz der Mächtigen brachten ihm Unverständnis, Verleumdung, Schikanierung, Repression, Berufsverbot und Haft ein. Zeitweilig litt er an den ihm zuteil gewordenen Ungerechtigkeiten, aber in seiner kämpferischen und optimistischen Grundhaltung blieb er ungebeugt. Weder hat er Verrat begangen noch sich den Nazis gebeugt oder angepasst.

Ein dänischer Mitstreiter schrieb im Rückblick: „Jan Skalas Name wird für immer in einem großen, dramatischen und tragischen Kapitel europäischer Minderheitengeschichte weiterleben." Denn: „Er war d e r Vorkämpfer für die Rechte der europäischen Minderheiten!"[6]

Doch das ist Vorgriff und Hypothese. Beides aber benennt Generalisierendes, bevor die konkreten Ereignisse geschildert werden, die diese Bewertung stützen und rechtfertigen.

Wesentlich für das Erfassen von Skalas Beitrag zu einem modernen europäischen Minderheitenrecht ist zunächst die Frage: Unter welchen vorgefundenen Umständen und auf welchen Wegen wurde aus dem Sohn eines sorbischen Steinbrucharbeiters[7] und einer sorbischen Trachtenschneiderin[8] ein europaweit geachteter, verehrter und verachteter, gehaßter politischer Journalist?

Zeit und Umstände seines Heranwachsens

Die Niederlausitz und Teile der nordöstlichen Oberlausitz waren nach dem Wiener Kongress 1815 an Preußen gefallen. Dadurch wurde die sorbische Bevölkerung in ihren angestammten Siedlungsgebieten vielerorts zur Minderheit. Sprache, Literatur, Kultur, Traditionen konnten sie nur schwer gemeinsam pflegen. Zahlreiche staatliche Verordnungen in Preußen und Sachsen schränkten den Gebrauch ihrer Muttersprache im öffentlichen Leben, in Schulen und Kirchen ein. Der Einsatz deutscher Geistlicher und Lehrer in sorbischen Gebieten als Ausdruck feudalistisch-monarchistischer Germanisierungspolitik bewirkte einen Rückgang sorbischer Sprache und Kultur.

Über die Jahre und Jahrzehnte hatte diese aggressive „Anti-Minderheiten-Politik" für die Sorben fatale Wirkungen. Im Elternhaus sorbisch zu sprechen, war nützlich und richtig. Aber die Schule verließen viele Kinder, ohne ihre Muttersprache in Wort und Schrift zu beherrschen. Zugleich waren sie auch des Deutschen nicht hinreichend mächtig. Wenig gebildet, gut germanisiert und gehorsam gegen alle Obrigkeit – das veranschaulicht sehr deutlich die angestrebten. Ziele der Hohenzollern und der Wettiner im Umgang mit ihren sorbischen Untertanen.

Immer aber – auch das war kennzeichnend für die Situation – gab es Widerstand, vor allem von sorbischen Pfarrern und Lehrern. Sie prägten spürbar sorbisches Selbstbewußtsein und trugen wesentlich dazu bei, dass die Sorben sich vor allem über die Sprache als Ethnie bewahren konnten.

1843 veröffentlichte Jan Arnošt Smoler (* 3.3.1816 – † 13.6.1884) die „Volkslieder der Wenden in der Ober- und Nieder-Lausitz". Handrij Zejler (* 1.2.1804 – † 15.10.1872), gründete die „Tydźenska Nowina", Vorläuferin der bis heute erscheinenden Tageszeitung „Serbske Nowiny". 1845 fand in Bautzen zum ersten Mal ein sorbisches Gesangsfest statt. 1847 wurde die wissenschaftlich-kulturelle Gesellschaft „Maćica Serbska" gegründet. Im 1848er Revolutionsjahr forderten mehr als 5000 sorbische Haushalte in einer „Großen Petition der Sorben" von der sächsisch-königlichen Regierung die Gleichberechtigung sorbischer Sprache in Schule, Kirche, Verwaltung und vor Gericht.[9] Unter Jakub Bart-Ćišinski (* 20.8.1856 – † 16.10.1909) und Arnošt Muka (* 10.3.1854 – † 10.10.1932) formierte sich die „jungsorbische Bewegung". Sie trug mit Mitteln der Kunst und Kultur, der Literatur und Wissenschaft wesentlich zur Stärkung des sorbischen Nationalbewusstseins, zur „nationalen Wiedergeburt"[10] bei. Damit reihten sie sich würdig in die insgesamt revolutionäre Zeit ein.[11]

Aber Monarchie und Absolutismus wurden nicht gestürzt. In Preußen und Sachsen setzte spätestens nach der Reichseinigung 1871 wieder ein schärferer antisorbischer Kurs ein. Deutsche Kultur und deutsche Sprache sollten dominieren. Nationalistisches Denken gewann die Oberhand, die slawischen Sorben wurden als Gefahr und Bedrohung für Deutschland angesehen. Der werdende deutsche Nationalstaat betrieb mit juristischen und ökonomischen Mitteln die Assimilierung andersethnischer Minderheiten. Die Industrialisierung brachte der Lausitz Ende des 19. Jahrhunderts spürbaren Wirtschaftsaufschwung aber auch eine erhebliche Zuwanderung von Deutschen. Der Übergang von traditioneller Sorbischsprachigkeit der Lausitz zu sorbisch-deutscher Zweisprachigkeit vollzog sich ebenso wie die Dominanz der deutschen Sprache rasch wuchs. All das bewirkte, ungeachtet durchaus vorhandener Unterschiede zwischen rigorosen Preußen und gemäßigteren Sachsen, eine deutliche Zurückdrängung des Sorbischen in beiden Lausitzen.

1889 – Skalas Geburtsjahr ist das Jahr, in dem der Deutsche Reichstag seine Zustimmung zur Schaffung einer Renten- und Invaliditätsversicherung gibt; der Berliner Zeitungsverleger Rudolf Mosse die „Berliner Morgen-Zeitung" gründet; die Weltausstellung in Paris eröffnet wird;: Herman Hollerith sein Patent für die Verarbeitung von Lochkarten anmeldet und Bertha von Suttner ihren Roman „Die Waffen nieder!" in Dresden veröffentlicht. Es ist das Jahr, in welchem sich in Schweden eine sozialdemokratische Arbeiterpartei gründet und im US-Staat New York ein Gesetz in Kraft tritt, das die Hinrichtung von zum Tode Verurteilten durch den elektrischen Stuhl regelt.

Von all dem war im Sommer dieses Jahres in Nebelschütz kaum etwas zu spüren. Im Haus von Jakob und Maria Skala herrschte, wie in vielen anderen sorbischen Familien, Armut. Im Alltag der Nachfahren westslawischer Stämme waren die Wirkungen jahrhundertelanger Germanisierungspolitik unübersehbar. Dennoch wuchs Jan gut behütet von seiner Mutter heran. Seine Eltern konnten ihm zwar weder materiellen Reichtum noch gesellschaftliche Privilegien mit auf den Weg ins Leben geben, wohl aber christliche Wertvorstellungen, gepaart mit Liebe zum entmündigten sorbischen Volk, mit ehrfurchtsvollen Erinnerungen an sorbische Mythen, einem tiefen Gerechtigkeitsgefühl und einem Hunger auf Bildung als Ausweg aus Armut und Not. Jan zeichnete sich durch rasche Auffassungsgabe aus, besuchte erst die Volksschule in Nebelschütz, später die Bautzener Domschule und sollte katholischer Lehrer werden. 1901 besuchte er die Präparanda des katholischen Lehrerseminars. Weil weder Eltern noch Freunde der Familie das Schulgeld bezahlen konnten, musste er sie bereits nach einem Jahr verlassen. Er begann 1902 eine Lehre als Porzellanmaler in der Kamenzer Keramikfabrik Gebr. Reif und ging anschließend auf Wanderschaft durch Deutschland.[12] Berichte über die Erlebnisse der Wanderschaft sind nicht vorhanden,[13] einzelne Geschehnisse lassen sich aus Gestapo-Akten rekonstruieren.

Diese historischen Umstände und die Prägung im sorbisch-katholischen Elternhaus werden das Leben Jan Skalas entscheidend bestimmen. Die Prägungen des Menschen finden in seiner frühen Kindheit statt. Unbeirrter Kampf um Gleichberechtigung und -achtung der Sprache und Kultur seines Volkes, verknüpft mit vielgestaltiger Abwehr verschiedener Formen der Germanisierung und antislawischer Vorurteile sowie die Bewahrung jahrhundertealter Traditionen slawischer Verbundenheit und Wechselseitigkeit – das wird der „rote Faden" im Leben Skalas werden. Dabei werden einige Personen seinen Lebensweg indirekt kreuzen, die mit ihm im gleichen Jahr geboren sind. Dazu zählen z.B. Otto Georg Thierack, im sächsischen Wurzen geboren am 19.4., von 1936 bis 1942 Präsident des nazistischen Volksgerichtshofs oder Adolf Hitler, der in Braunau am Inn am 20.4 geborene spätere Nazi-Diktator oder Carl von Ossietzky, geboren am 3.10.in Hamburg, lange Jahre Herausgeber der „Weltbühne" in der auch Skala veröffentlichen wird.

Unbeständiges Schlingern, mehrfaches Irren, sehnendes Hoffen

Wohl nicht überall fand Jan Skala bei seiner Wanderschaft Arbeit und einen Lohn, der zum Leben reichte. Gestapo-Akten enthalten einzelne Spuren seiner Schwierigkeiten, fern von der sorbischen Heimat, den rechten Lebensweg zu finden. Bei der Gestapo gab er u.a. zu Protokoll: „Es ist richtig, dass ich 1908 vom Bezirksamt Stauffen[14] wegen Bettelns zu 4 Tagen Haft verurteilt worden bin [...] Ich befand mich damals auf Wanderschaft und habe bei einem Pfarrer um Mittagessen gebeten. Es kam gerade ein Gendarm hinzu."[15] Der heranwachsende 19-Jährige hatte womöglich längere Zeit nichts Richtiges gegessen, sah gewiß im Pfarrer einen barmherzigen Mann, von dem er Hilfe erhoffen konnte. Ein kaiserlicher Gendarm, stets wachsam und gestreng, sah jedoch in der Bitte um eine Mahlzeit etwas Strafwürdiges. Letzlich beweist das weniger ein Fehlverhalten Skalas in jungen Jahren als vielmehr, dass schon die kaiserliche Justiz unverhältnismäßig, überzogen, drakonisch gegen „kleine Leute", entschied. 1909 ist Skala im oberfränkischen Selb. Wenngleich die alte Porzellanstadt einen enormen wirtschaftlichen Aufschwung erlebte, es gab um 1906/07 immerhin sechs Porzellanfabriken[16], für den jungen Porzellanmaler Skala wird eine Erwerbstätigkeit wohl von kurzer Dauer gewesen sein. Er wurde „vom Amtsgericht in Selb wegen Betrugs zu 10 Tagen verurteilt", weil er sich „einen Anzug machen lassen und diesen nur teilweise bezahlt (hatte). Es wurde deshalb Betrug angenommen, weil ich von Selb weggefahren war, ohne dem Schneider davon Kenntnis zu geben."[17]

Die Erfahrungen mit der kaiserlichen Justiz, aber auch seine unbefriedigende wirtschaftliche Situation sowie das Zusammentreffen mit gleichaltrigen Wandergesellen brachten ihn in Kontakt mit sozialdemokratischen und sozialistischen Ideen. Zugleich strebte er energisch nach Verbesserung seiner Allgemeinbildung. Viel von seiner Freizeit nutzte er, sein Wissen zu erweitern und zu festigen. Das geschah mitunter in Abendkursen aller Art, meist autodidaktisch, während er mit Arbeiten in der keramischen und chemischen Industrie seinen Unterhalt zu sichern suchte. Skalas sorbische Verwurzelung war in dieser Zeit kaum sichtbar, aber sie war dennoch vorhanden und wirksam. Etwa 1911 konnte er als 22-jähriger, unterstützt von Muka seine ersten dichterischen Versuche in der Zeitschrift „Łužica" veröffentlichen.

In dieser Zeit diente er „aktiv beim I.R.103 in Bautzen."[18] Ein Oberreichsanwalt beim Volksgerichtshof hielt dazu fest, Skala „ist jedoch vor Beendigung seiner Dienstzeit als ‚geistig nicht normal' entlassen worden, nachdem er einen Selbstmordversuch begangen hatte."[19] Skala erklärte zu den Gründen dafür: „Ich konnte das Leben beim Militär nicht mehr ertragen. Ich wurde […] von meinen Vorgesetzten schikaniert, wendisches und katholisches Schwein genannt."[20] Vielleicht als Reaktion auf die Schikanen, gewiss verknüpft mit einer für ihn typischen Schlitzohrigkeit vollführte der 23-jährige Skala eine sächsischer Köpenickiade. 1912 „(revidiert) er als Offizier verkleidet eine Militärwache der Grenadierkaserne in Dresden." Er „hatte mit jungen Leuten eine Wette abgeschlossen, dass dies möglich sei […] Ein Strafverfahren fand damals nicht statt."[21] Wahrscheinlich war es dem Militär zu peinlich, diese Posse öffentlich kundzutun.[22]

Zuvor hatte der junge Skala jedoch eine Tätigkeit für den Katolski Posoł missbraucht, indem er „etwa 230 bis 250 RM" entwendete, weswegen er „wegen Betrugs und Unterschlagung mit 8 Monaten Gefängnis"[23] bestraft wurde. Für diesen Vertrauensbruch[24], der in einer offensichtlich sehr bedrängenden Notsituation und keinesfalls aus einer – für Skala völlig atypischen – kriminellen Energie heraus geschah, hat er sich sein ganzes Leben tief geschämt.

Nach der Haftentlassung flüchtete Skala aus der Heimat. Am 5.3.1912 schrieb er aus Greiz an Prof. Muka u.a.: „Ich werde nie wieder zu den Sorben zurückkommen, auch wenn ich wollte, könnte ich nicht. Weshalb? Falls Ihnen die nackte Wahrheit die liebste ist (und ich weiß, daß das so ist): Ich habe die Gesellschaft SS. Cyrill und Method am Vermögen geschadet, und das auf eine Art, die es mir nicht erlaubt, mich unter den Sorben mehr sehen zu lassen. Zu meiner Rechtfertigung schreibe ich Ihnen kein einziges Wort, denn das würde sich trivial anhören und glauben würde es doch kein Mensch."[25]

Beschäftigt damit, sich durch Arbeit den Lebensunterhalt zu sichern und hoffend, dass Muka ihn trotz aller Enttäuschung nicht fallen lässt, ging die Gründung der Domowina[26] am 13.12.1912 ziemlich spurlos an Skala vorüber.

Skalas Lebensbahn war noch immer holprig, er fand noch als 25-jähriger nur schwer einen geraden Weg. 1914 bekam er vom Amtsgericht in Pulsnitz „eine Strafe von 10 Tagen Gefängnis", weil er „ein Fahrrad weiterverkauft (hatte), das ich nicht fertig bezahlt hatte."[27]

Muka, der Skalas poetisches Talent schon früh erkannt hatte[28], blieb dennoch im brieflichen Kontakt. Er forderte ihn auf, sich nicht aus der Arbeit für das nationale Selbstbewusstsein der Sorben zurückzuziehen und er wünschte weitere Erklärungen zum Griff in die fremde Kasse. Skala schrieb fast drei Jahre nach seiner Haftentlassung aus Leipzig, er hoffe auf „andere Zeiten, wenn die Wunden verheilt sein werden und meine Gefühle weniger bitter und das Urteil objektiver. Heute will ich Ihnen, einer spontanen Entscheidung folgend, nur zu wissen geben, dass meine Überzeugung und mein nationales Denken in den gleichen Gleisen läuft, wie vorher, eher noch lebendiger und leidenschaftlicher, wenn ich hier, ins Exil verstoßen und vertrieben, ohne Bruder, Freund, Genossen dastehe! Bitter ist das Brot der Bettler; meins ist vergiftet, weil es mir als Unkraut auf fremdem Felde wächst. Und zu Hause gibt es soviel fruchtbares Land, aber kein einziges Herz, in das ich meine Saat in jungen Jahren für die alten Tage einpflügen könnte."[29]

Man spürt förmlich die auch nach fast 36 Monaten kaum vernarbte seelische Wunde. Leipzig ist ihm Exil! Seine Arbeit ist ihm alles andere als Befriedigung. Aber als Sorbe fühlt er sich mit ganzem Herzen! Und zutiefst traurig ist er, dass ihm das Mitwirken am Erstarken der sorbischen Bewegung auf ewig verwehrt scheint.

Und offensichtlich gab es immer wieder Sorben, die dieses Mitwirken ver- oder behindern wollten. Aus Oelzschau schrieb Skala am 4.10.1915 an Muka: „Ich bin aus der Mitte meiner Landsleute und Gleichgesinnter vertrieben. Bei jeder Arbeit für das Sorbentum und sein Schrifttum muss ich mir überlegen: Hast Du ein Recht dazu? Wird man Dir zuhören? Will man von Dir überhaupt etwas wissen? [...] Ich weiß sehr wohl, wo fremde Schuld endet und meine beginnt, ich will mich kein bisschen drücken. Daß man mich aber zu Hause fallen ließ, mögen sich diejenigen anrechnen lassen, die anders gekonnt hätten [...] Lüge und Hass haben lange Beine, und fast wäre ich vor kurzem wieder aus dem Dienst vertrieben worden, wie ein Hund. Es ist fast nicht zu glauben, und trotzdem: Irgendeine christliche Seele hat sich genötigt gefühlt, mein curriculum vitae meinem Arbeitgeber zu schicken.* Nur dank dessen, dass ich ein ¾ Jahr zur Zufriedenheit als Arbeiter gedient habe, brauche ich nicht wieder betteln zu gehen."[30]

Es wird über Jahrzehnte so bleiben, dass Skala für sein kriminelles Tun keine Vergebung von manch einflußreichem Landsmann erfährt. Seine politischen Gegner, darunter sorbische Renegaten und natürlich seine Feinde unter den Nazis, werden ihm immer wieder diese Verfehlung vorhalten. Die einen konnten so Skalas spätere minderheitspolitische Anschauungen[31] ignorieren, die anderen konnten ihn darüber hinaus auch als Mensch abwerten.

1916 musste Skala in den Krieg, war Soldat in Russland und auf dem Balkan. „Nebenprodukt" dieser Zeit war die aktive und bewusste Nutzung des Sorbischen und die Aneignung slawisch verwandter Sprachen. Das blieb nicht ohne Einfluß auf Skalas Denken und Fühlen, sowohl im Hinblick auf sein bewusstes Sorbe-Sein, seine slawische Verbundenheit als auch auf die klare Ablehnung aller kriegerischen „Lösungen" von Streitigkeiten zwischen den Völkern.[32]

Mitten im Krieg, am 5.4.1917 heiratete Jan Else Lachmann (* 30.5.1893 † 13.12.1974), die er bei seiner Wanderschaft durch Deutschland kennen- und liebengelernt hatte.

Heiratsurkunde

Die Heirat hatte nachhaltig positiven Einfluss auf Skala. Seine Ehefrau war ihm in Freud und Leid eine treue, fürsorgliche, verständnisvolle Partnerin. Auf Vorbehalte und Anfeindungen bornierter Sorben gegen seine nicht-sorbische Ehefrau aus Preußen (!) pflegte er stets zu fragen: „Was zählt wohl mehr? Jemand, der mit sorbischer Zunge unserer Sache Schaden zufügt oder jemand, wie meine Else, die mich und unsere gerechte Sache energisch, klug, umsichtig unterstützt?" Nie gab es darauf eine Antwort, meist aber betretene Gesichter.[33]

Die Eheleute werden drei Kinder haben. Liselotte, (* 12.3.1918 † 11.11.2004); Jan (* 28.12.1923) kommt in Stalingrad im Winter 1942/43 um, ohne dass seine Eltern je eine Nachricht darüber erhalten und Karin (* 18.2.1930 † 15.6.2011), sorbische Lehrerin, lebte später in Greifswald.

Nachkriegszeit – thematische Linien, persönliche Umrisse

Mit tausenden anderer aktiver Kriegsteilnehmer war Skala – wie der gleichaltrige Hitler oder der nur wenige Monate jüngere Tucholsky – nach 1918 von den Kriegserlebnissen erschüttert, von den neuen politischen Machthabern enttäuscht und über die eigene Zukunft verunsichert. Das Erleben der tiefgehenden sozialen Erschütterungen Deutschlands, die widersprüchlichen Konsequenzen der Versailler Verträge sowie die Auseinandersetzungen um die Weimarer Verfassung prägten und bestimmten ihr Handeln in entscheidendem Maße.

Der eine suchte den Ausweg aus der Not in Nationalismus, Demagogie, Rassismus und Terror. Die anderen suchten ihn in Patriotismus, Pazifismus, Demokratie sowie im Kampf für die Rechte der sog. einfachen Leute, für die Rechte jedes Menschen.

Skala suchte sich in der neuen Wirklichkeit zurecht zu finden, indem er verstärkt und vertieft über die gesellschaftlichen und politischen Umstände reflektierte und gewissermaßen zwangsläufig auf die Minderheitenrechte sowohl stieß als auch gestoßen wurde.

Was war dabei für ihn objektiv und subjektiv besonders bedeutsam?

In der deutschen Novemberrevolution 1918 wurden binnen weniger Tage alte, verstaubte, vermeintlich gottgegebene Privilegien der scheinbar ewig Herrschenden beseitigt. Karl Liebknecht[34] und Philipp Scheidemann[35] riefen am 9.11.. die Republik aus; der eine die „freie sozialistische Republik Deutschland", der andere die „freie deutsche Republik." Der eine wurde wenige Monate später ermordet, der andere lobte sich später, er und die mit ihm Agierenden hätten die Revolution zum Scheitern gebracht und „russische Zustände" verhindert.[36]

Innerhalb der bisher Unterdrückten gab es von da an zum Teil scharfe gesellschaftliche Gegensätze und Widersprüche. Auf der einen Seite standen sozialdemokratische Reformer, die mit ausgewiesenen Reaktionären und Feinden der gerade gegründeten Republik zusammenarbeiteten und so letztlich eine Konservierung sozialer Verhältnisse bewirkten.[37] SPD-Reichskanzler Ebert war besorgt über vermeintlich „bolschewistische" Bestrebungen der USDP und ließ hohe Beamte und Generäle im Amt. Denen war „schwarz-rot-goldenes", republikanisch-demokratisches Denken und Tun ein Gräuel. Mit ihrer kaisertreuen „schwarz-weiß-rotes" Grundeinstellung lehnten sie die werdende Republik von Anfang persönlich und politisch ab. Das hatte deutliche negative Wirkungen auf den Umgang mit ethnischen Minderheiten. Der alte „Beamtenstaat" war in althergebrachter Weise darauf aus, Stärke zu zeigen, Forderungen der Bürger an den Staat zu verhindern und Gehorsam einzufordern. Bürgerrechte, Menschenrechte kamen da nicht vor.

Auf der anderen Seite standen sozialistische Revolutionäre, die keine breite Massenbasis erreichten, zum einen wegen des Zusammenwirkens von Sozialdemokraten mit Republiksgegnern, aber auch und nicht zuletzt wegen eigener Fehler bei der Gewinnung von Verbündeten und Partnern. Daraus entstehende politische Defizite zeigten sich auch in der Minderheitenpolitik.

Diese politische Spannungen und Spaltungen werden auf spezifische Weise Skalas Auseinandersetzungen mit dem deutschen Staat um das Recht, die sorbische Sprache in Schule, Verwaltung und vor Gericht nutzen zu können, ebenso beeinflussen wie seine Position in verschiedenen innersorbischen Konflikten, z.B. beim Wendischen Seminar oder in der Sievert-Herman-Farce[38].

Führende sorbische Persönlichkeiten spürten in dieser Zeit Aufwind für die Belange ihres Volkes, wenngleich die „sorbische Frage" noch unscharf formuliert war. Arnošt Bart äußerte sich als einer der ersten dazu und zeigte eine bemerkenswerte politische Entwicklung. Am

26.4.1918 stellte er im Landtag noch untertänig und selbstverleugnend fest, „die Königliche Staatsregierung wie auch weite Gesellschaftskreise bis in die höchsten Schichten hinauf (sind) uns mit Wohlwollen entgegengekommen." Am 26.10 1918 betonte er in der Serbske Nowiny, die Regierung habe nur zugesehen, „wie Handwerker und Kleingewerbetreibende sich vergebens und hoffnungslos gegen den Würgegriff des Großkapitals wehrten."[39] Am 5.11.1918 prangerte er im Sächsischen Landtag an, es seien „in den letzten Jahrzehnten [...] die brutalen Ausrottungsmaßnahmen, unter denen unsere Volksgenossen in der preußischen Lausitz zu leiden haben, leider auch in zahlreichen Schulen des wendischen Sprachgebietes in Sachsen zur Anwendung gekommen".[40] Am 6.11.1918 schließlich gaben die zwei Sorben im Sächsischen Landtag (Michał Kokla /kathol./ und Arnošt Bart /evangel./ – beide Mitglied der Konservativen Fraktion) eine Erklärung ab in der sie sich für die volle Wahrung der sorbischen Muttersprache und des sorbischen Volkstums einsetzten.[41]

Damit waren die Minderheitenrechte als wichtiger Schlüssel im Kampf um sorbische Selbstbestimmung benannt. Bart hatte erkannt: Unverzichtbar für jedwede sorbische Selbstbestimmung ist, dass sich das Volk selbst organisiert und zu Wort meldet. In den Wirren der Novemberrevolution konstituierte sich am 13.11.1918 unter seiner Führung der Sorbische Nationalausschuss. Im Programm forderte der Ausschuss die Aufteilung des Bodens über 80ha an Klein- und Mittelbauern und an Landarbeiter, Beschlagnahme der Kriegsgewinne über 100.000 Mark, das Verbot der Großbanken, Studienmöglichkeiten auch für die Ärmsten und nationale Gleichberechtigung für die Sorben. Der Nationalausschuss mobilisierte in vielen Orten die Bevölkerung, um den Forderungen Nachdruck zu verleihen. Betont wurde stets, mit den deutschen Nachbarn in Frieden leben zu wollen.

An diesen Positionen zu grundlegenden Minderheitenrechten wird Skala später anknüpfen

In der Serbske Nowiny vom 16.11.1918 hieß es allerdings auch, man wolle „Gottes Königreich im sorbischen Lande bauen, die eigenen Höfe und Fluren schützen und die teure Muttersprache pflegen." Die sorbischen Führer ganz unterschiedlicher „Lager" verknüpften auch nach der Novemberrevolution zumeist nationales Denken mit religiösem Bekenntnis[42].

Skala wird solche und ähnliche Formulierungen später „einen gewissen Romantismus"[43] nennen.

Am 18.11.1918, eine Woche nach Abdankung des sächsischen Königs, legte Bart dem sozialdemokratischen Kultusminister, Wilhelm Buck, das o.a. Programm mit der Bitte um Unterstützung vor. Am 16.12.1918 verhandelte Bart mit dem Kreishauptmann von Bautzen und ersuchte um Unterstützung für die kulturellen Forderungen des Nationalausschusses.

Alle Bitten aber wurden abgeschlagen. Die Herrschenden hatten ihre Unsicherheit aus Novembertagen überwunden. Der Kreishauptmann ignorierte die Wünsche der Sorben und rief stattdessen als Gegenbewegung einen Ausschuss „Sachsentreuer Wenden" ins Leben. Dessen Zustandekommen ist ein Indiz für erfolgreiche Germanisierung und Assimilation. Dem Ausschuss gehörten überwiegend sorbische Großbauern, evangelische sorbische Lehrer, vereinzelt katholische Geistliche, aber kein evangelischer Pfarrer an. Sie wollten „als Wenden auch weiterhin gute Sachsen und treue Deutsche bleiben" und legten die Rechte der sorbischen Minderheit „vertrauensvoll in die Hände unserer freigewählten Volksvertretung"[44], d.h. sie bauten zur Durchsetzung sorbischer Interessen ausschließlich auf den bürgerlichen, deutsch dominierten Parlamentarismus.

Auf der Tagesordnung stand aber nach der Novemberrevolution und mit den durch die Weimarer Verfassung gegebenen neuen Möglichkeiten gesellschaftlicher Mitbestimmung vielmehr die kraftvolle Artikulierung der Interessen aller nationalen Minderheiten. Gerade für die jahrhundertelang unterdrückten Sorben ging es jetzt darum, auf demokratischem Wege politische und rechtliche Ziele aller Sorben als Minderheit im andersethnisch geprägten „Heimatland" zu artikulieren und gemeinsam darum zu kämpfen.

Skala wollte genau das.

Nicht nur innenpolitische Gegebenheiten, auch außenpolitische Bedingungen waren erst einmal relativ günstig für diesen Kampf der Sorben, für Skalas Mittun darinnen und politisches Reflektieren darüber.

Am 18.10.1918 unterzeichneten Masaryk, Beneš und Stefanik in Paris die tschechoslowakische Unabhängigkeitserklärung. Am 28.10.1918 wurden Böhmen, Mähren, Österreichisch-Schlesien und die Slowakei zum Tschechoslowakischen Freistaat. Er wurde den Sorben ein slawischer Verbündeter, der zwar selbst vor vielen innenpolitischen Probleme stand, aber dennoch – mitunter auf widersprüchliche Weise – die Ziele der Sorben vielfältig unterstützte.

Am 18.1.1919 begann in Versailles die Friedenskonferenz. Rechtzeitig forderte der Sorbische Nationalausschuss am 21.12.1918 von den Siegern des Ersten Weltkrieges, „einen Vertreter der Sorben zu den Verhandlungen zulassen, die Sorben als unabhängige Nation anerkennen, die Lausitz unter alliierten Schutz stellen, die sorbischen Kriegsgefangenen entlassen sowie die Sorben von etwaigen anfallenden Kriegslasten befreien."[45] Zum Neujahrstag 1919 veröffentlichte der Ausschuss zudem eine Proklamation und forderte die Vereinigung der in Sachsen und Preußen liegenden Teile der Lausitz zu einem sorbischen Staat, der „ein ebenso gutes Glied der deutschen Republik werden" (soll) „wie die anderen kleinen und noch kleineren deutschen Bundesstaaten."[46]

In der Serbske Nowiny vom 21.12.1918 schrieb Bart mit Blick auf die Versailler Konferenz vollmundig: „Dort werden wir uns unsere kirchliche, schulische (kulturelle), wirtschaftliche und innerpolitische Selbstverwaltung und Selbstbestimmung garantieren lassen". Zur Beruhigung deutscher Nationalisten betonte er die unumstößliche und selbstverständliche Haltung der Sorben: Dabei denke das sorbische Volk „gar nicht daran, die nationalen Rechte der unter uns wohnenden Deutschen beeinträchtigen zu wollen."[47] Ende Januar 1919 fuhr Bart mit tschechischem Pass nach Paris, unterbreitete das Programm des Nationalausschusses, forderte aber auch die Abtrennung der Lausitz von Deutschland sowie ihre Angliederung an die Tschechoslowakei. Außenminister Beneš bekräftigte sorbische Forderungen öffentlich, betonte aber ausdrücklich, sein Land beanspruche die Lausitz nicht. So kamen die sorbischen Forderungen nie zur Verhandlung, blieben ungelesene Schriftstücke in den Aktentaschen der Verhandlungspartner, gelangten kaum in die Presse und so auch nicht in die Öffentlichkeit. Daran änderte sich auch nichts, als am 17.5.1919 Vertreter der Sorben in Paris mit über 5000 Unterschriften unter eine Resolution des sorbischen Volkes (Rezolucija serbskeho naroda) ihre Legitimation nachweisen konnten. Mehrere persönliche Gespräche Barts mit US-Präsident Wilson und dem englischen Premier Lloyd George, verpflichteten seine Gesprächspartner zu nichts. Am 12.6.1919 bat Bart noch einmal Wilson, Lloyd George, Clemenceau und Orlando schriftlich darum, im Friedensvertrag mit Deutschland einen Artikel unterzubringen, der „die Slawen der Lausitz und die anderen nationalen Minderheiten in Deutschland" schützen sollte.[48]

Die Siegermächte hatten jedoch weder die Absicht, den Sorben der Lausitz Autonomie zu gewähren oder die gerade entstehende Tschechoslowakei weiter zu vergrößern noch hatten sie die Absicht, Deutschland irgendwelche Verpflichtungen zum Schutz der nationalen Minderheiten aufzuerlegen.[49]

Wenngleich Bart nichts Greifbares erreichte, sein Agieren in Paris war insofern wichtig, als er die deutsche Großmachtpolitik kritisierte und die Menschenrechte nationaler Minderheiten betonte.

Daran wird Skala zeitlebens anknüpfen.

Im Friedensvertrag mit Deutschland fanden die Rechte und Interessen der Sorben letztlich keinerlei Erwähnung. Sie lebten weiterhin in zwei deutschen Territorien, in denen sie stets Minderheit waren. Sie konnten sich nur auf die unverbindliche Erklärung der deutschen Regierung berufen, „Deutschland tritt allgemein für den Schutz der nationalen Minderheiten ein". Darin wurde jedoch zuerst für „die durch Abtretung unter fremde Staatshoheit" gelangten deutschen Minderheiten das Recht gefordert, „deutsche Schulen und Kirchen zu unterhalten und zu besuchen, sowie deutsche Zeitungen erscheinen zu lassen" und so eine möglichst weitgehende „kulturelle Autonomie" zu erreichen. Erst dann, so hieß es weiter, „(ist) Deutschland seinerseits entschlossen, fremdstämmigen Minderheiten auf seinem Gebiet nach den gleichen Grundsätzen zu behandeln."[50]

Die Regierenden der Weimarer Republik verstießen allerdings immer wieder gegen ihre Erklärung. Vielmehr instrumentalisierten sie deutsche Minderheiten im Ausland für die Erreichung außenpolitischer Ziele[51]. Seitdem wurde (und wird) von deutschen Politikern der Schutz deutscher Minderheiten im Ausland gegen den Schutz der Minderheiten im Inland „aufgerechnet". Extremste Fortsetzung dieser Politik war der Nazi-Krieg zur Gewinnung „neuen Lebensraumes für die arische Rasse". Dieses Grundmuster deutscher Minderheitenpolitik, wird Skala zeitlebens als in der Sache falsch und schädlich für das friedliche Zusammenleben der Völker kritisieren und bekämpfen.[52]

Die vom Versailler Friedensvertrag neu festgelegten Grenzen bewirkten, dass die Minderheitenfrage vor allem im slawischen Ostmittel- und Südosteuropa eine neue Dimension erhielt. Insgesamt änderte sich in dieser Zeit für fast 80 Millionen Menschen die Staatsangehörigkeit. In diesem Raum lebten über 30 Nationen und Nationalitäten in einer größtenteils sehr starken ethnischen Gemengelage. Der Vertrag von Versailles legte damit potentiellen ethnischen, ideologischen und sozialen „Sprengstoff", weswegen er dann auch, ausgenutzt von konservativen, nationalistischen, menschenrechts- und slawenfeindlichen Kräften, wie eine politische Zeitbombe wirkte.

Die gravierendste innenpolitische Zäsur fand acht Monate nach Beginn der Verhandlungen in Paris und fast 5 Monate vor ihrem Abschluss statt. Am 14.8.1919 trat die von der Nationalversammlung in Weimar angenommene Verfassung in Kraft. Deutschland war nicht mehr Monarchie, sondern Republik. Ausübung, Rechtfertigung und Begründung der Macht sollten von nun an nicht mehr dem Willen des Monarchen folgen, sondern dem Willen des Volkes und seiner demokratischen Selbstbestimmung Kapitalistische Machtgrundlagen blieben in der Verfassung zwar unangetastet, Bodenreform, Brechung des Bildungsprivilegs u.a. waren nicht einmal angedacht. Sie enthielt aber durchaus wichtige soziale Menschenrechte (Wahlrecht für Frauen, Versammlungs- und Pressefreiheit) und war insofern ein Fortschritt gegenüber dem Kaiserreich, auch und gerade für den Kampf der Sorben um ihre Minderheitenrechte. Insbesondere der Art. 113[53] bot dafür gute Voraussetzungen.

Aus den Erfahrungen in Versailles lernend und mit dem Mut, Chancen der Verfassung zu nutzen, verfasste eine 15-köpfige Kommission des Sorbischen Nationalausschusses im September 1919 eine innenpolitische Konzeption. Sie forderte einen „autonomen Lausitzer Regierungsbezirk", „Liquidierung der Privilegien der Rittergüter" und „die Aufteilung ihrer Ländereien durch Aufkauf zugunsten der landarmen Dorfbevölkerung", „Vertretung sorbischer Bürger in den Parlamenten", Verbesserungen auf „dem Gebiet des Schulwesens", die Anwendung der sorbischen Sprache, „insbesondere in der Verwaltung und vor Gericht", die „Errichtung einer sorbischen Lehrerbildungseinrichtung" und eines „Lehrstuhls für Sorabistik" an der Universität Leipzig"[54] Mit diesem „Nachkriegsprogramm" sollten endlich mehr Rechte für die Sorben erreicht werden. Das Programm sandten sie an das preußische und das sächsische Staatsministerium sowie an die Reichsregierung. Am 7.10.1919 wollte eine sorbische Delegation dieses Konzept Reichspräsident Ebert übergeben. Sie wurde vom Leiter der Präsidialkanzlei, Otto Meißner[55] empfangen. Er sagte „wohlwollende Prüfung" und eine Beratung zu.

Die Führer der sorbischen Bewegung verhielten sich in der neuen Republik als Demokraten, vertrauten aber fast ausschließlich auf Verfassungstext und Parlament. Kaum oder gar nicht bedachten sie hingegen die Chancen außerparlamentarischer demokratischer Selbst- und Mitbestimmung. Insofern waren sie noch immer der Vorstellungswelt obrigkeitsstaatlichen Denkens verhaftet.[56]

Skala wird das ändern wollen.

Für Aktionen der Sorben, ihre Minderheitenrechte nicht ausschließlich parlamentarisch zu erkämpfen, fehlte ihnen um 1919/1920 eine Persönlichkeit, die die sorbische Volksbewegung unter den neuen gesellschaftlichen Bedingungen hätte führen können. Josef Páta,[57], der große tschechische Freund des sorbischen Volkes und später auch enge Vertraute Skalas, betonte in einem Brief vom 23.9.1919 an den tschechischen Konsul in Dresden, „dass die Hauptenergie die Sorben allein aufbringen müssen. Jetzt ist ihre Zeit [...] Warum nehmen sie nicht energisch ihr Recht in Anspruch, warum warten sie, dass ihnen alles Herr Bart in Paris verschafft? Ein Führer fehlt ihnen zu Hause – das ist der Grund, warum die ganze Bewegung so zögerlich verläuft."[58] Zugleich sah Páta es als unumgänglich, „speziell für die Niederlausitz eine Zeitschrift zu begründen, um mit ihr zur Stärkung der nationalen Identität und des kollektiven Bewusstseins beizutragen."[59]

Skala hatte mit anderen zusammen am 2.11.1919 die Serbska ludowa strona (Wendische Volkspartei) gegründet und arbeitete seit 1920 als Redakteur der in Weißwasser erscheinenden sorbisch-deutschen Zeitung Serbski Dźenik[60]. Darin verfolgte er sozialdemokratische[61] Zukunftsvisionen für das sorbische Volk und nahm politisch Partei für die Ansprüche der

Sorben auf Pflege der eigenen Kultur, die Achtung und Beachtung ihrer Sprache, ihrer Sitten und Bräuche. Er erlebte, dass sich im Alltag der Sorben kaum etwas zum Besseren entwickelte. Er litt darunter, dass alte, verschrobene Ansichten aus monarchistischen Zeiten von der neuen Regierung kontinuierlich weiter praktiziert wurden. Und er ärgerte sich über die Lethargie im sorbischen Volk, die er als höchst schädlich für das erreichen besserer rechte ansah.

Deshalb wollte er aufrütteln. „Für uns Wenden", so schrieb er im Dezember 1919, „ist es eine Gewissensfrage, ob wir uns zur slawischen Allgemeinheit bekennen oder nicht. Wir sind die älteste Slavenfamilie Westeuropas und auch die am weitesten vorgeschobene. Wir sind hier, wo wir wohnen, ein bodenständiges Volk und waren es auch dort, wo man uns mit Kreuz und Schwert, mit Galgen und Rad, mit List und Gewalt, mit Ehrung und Schändung vertrieben, verdrängt, entrechtet und geknechtet hat."[62] Die als „Novembersozialisten" bezeichneten Regierenden fragte er: „Wollt Ihr Demokraten und Sozialisten uns Wenden deshalb verdammen, die Freiheit unseres Gewissens deshalb schmälern, weil uns nicht der Wille der Regierenden, sondern das Wohl des Volkes, unseres wendischen Volkes, das höchste Gesetz ist?"[63] Zugleich betonte er den Willen zum friedlichen Zusammenleben mit den Deutschen, bejahte die Zweisprachigkeit der Sorben und warnte vor der Teilung der Sorben nach ihrer Weltanschauung oder Religion.

In der Partei und mit „seiner" Zeitung wandte sich Skala an die deutsche und die sorbische Bevölkerung der Lausitz, schlug Maßnahmen zum redlichen Zusammenleben vor, forderte die gesetzliche Verankerung der Gleichberechtigung, Pressefreiheit, Brechung des Bildungsprivilegs, Freiheit der Religionsausübung, Maßnahmen zum Schutz der Mütter und außerehelichen Kinder. Im Wahlprogramm stellte sich die Partei gegen „jede ungesunde Konzentration des Kapitals", wandte sich gegen alle Versuche, „einen großen Teil des deutsch-wendischen Volkes der Lausitz für die [...] Pläne eines verbrecherischen Imperialismus zu mißbrauchen" und suchte nach einem dritten Weg, „weder dem Kommunismus noch dem Mammonismus huldigend."[64] Keine deutsche politische Partei war bereit, dies Anliegen der Sorben in ihr Programm aufzunehmen. Zur Reichstagswahl 1920 stellte man folglich 12 eigene Kandidaten auf. Sorbische Großbauern und Klerikale distanzierten sich jedoch deutlich von diesem Programm. Sie stellten ihre sozialen und ökonomischen Interessen über ihren Interessen als Ethnie. Der Cyrill-Method-Verein „schloß mit dem Zentrum ein Wahlbündnis, obgleich auch dessen Vertreter die chauvinistische Propaganda gegen die Sorben schürten".[65] So verlief die erste Wahlbeteiligung der Serbska ludowa strona wenig erfolgreich. Die 1920 gewonnenen knapp 9000 Stimmen reichten nicht für ein Mandat.

Skala sah den Grund für das unzureichende Wahrnehmen der eigenen Interessen darin, dass katholische Sorben mehrheitlich der Partei des Zentrums ihre Stimme gaben. In der Niederlausitz wählten vielen Sorben sogar deutschnationale Parteien. Optimistisch, aber auch trotzig betonte Skala: „Das selbständige Auftreten bei Wahlen ist zumindest eine Demonstration unseres Willens zum selbständigen politischen Leben und das ist unter unseren Umständen und von höherem Standpunkt betrachtet mehr als zwei oder drei Abgeordnete im Landtag."[66] Später meinte er zu diesem Sachverhalt: „Der Mißerfolg des Augenblicks auf politischem Gebiet hat aber das eine Gute, dass wir aus ihm lernen können für das künftige Auftreten, und verschiedene Zeichen aus neuerer Zeit werden auch unsere niederlausitzer Brüder wie auch die oberlausitzer katholischen Führer überzeugen, dass ihr Verhalten politisch un-klug oder besser überhaupt unpolitisch war."[67]

Diese Hoffnung erfüllte sich nicht. Die „Zeichen" waren entweder nicht deutlich genug oder wichtige Persönlichkeiten der sorbischen Bewegung konnten bzw. wollten nicht aus ihnen lernen. Im Konfliktfall war für manche Sorbin, manchen Sorben die konfessionelle Grundan-schauung oder die soziale Position – mitunter beides zusammen – wichtiger als nationales Selbstbewusstsein. So aber waren (und sind) bessere Minderheitenrechte nicht zu realisieren.

Vor dem Hintergrund dieser innen- und außenpolitischen Entwicklungen, ist es nicht ver-wunderlich, aber für Skalas weiteres Leben und Wirken höchst bedeutsam, was aus den Vor-schlägen des Sorbischen Nationalausschusses wurde.

Gut drei Monate nach dem Erhalt des sorbischen Programms kamen am 20.1.1920 unter Leitung von Dr. Meißner Akteure der Staatsmacht im Auswärtigen Amt[68] zusammen. Sie sollten und wollten nicht wohlwollend prüfen, ihr Ziel war vielmehr, „eine zentrale für Sach-sen und Preußen zugleich zuständige Behörde zur Überwachung der wendischen Bewegung", zu schaffen, die eine „dauerhafte und möglichst wirksame" Form der Kontrolle und Ausfor-schung garantiere. Meißner teilte mit, Reichspräsident Ebert selber wolle eine solche Landes-behörde, denn durch sie „werde der lokale Charakter der Wendenfrage am besten unterstri-chen und einem etwaigen Anspruch auf die Beachtung von Art. 113 am nachhaltigsten ent-gegengewirkt. Zugleich ermögliche es eine solche Lösung der Reichsregierung, nach außen bei etwaigen Protesten wegen angeblicher Übergriffe gegen das Wendentum sich als unkom-petent zu erklären. Diese Handlungsfreiheit sei angesichts der Hilfe, welche die zahlreichen deutschen Volksgruppen im Ausland von der Reichsregierung erwarten, umso wichtiger."

Deutlicher, unverblümter kann man gegen die Verfassung kaum verstoßen. Klarer, unmiss-verständlicher kann man die darauf fußenden Grundsätze deutscher Minderheitenpolitik kaum benennen. Die Politiker fanden für ihre grobe Verletzung der Verfassung willige Helfer. V. Wagner, Referent des Deutschen Schutzbundes für das Grenz- und Auslandsdeutschtum, meinte, es komme darauf an, „die slavische Gefahr im allgemeinen in das Bewusstsein unse-rer deutschen Bevölkerung zu rufen", dadurch die „Überwindung der Schmach von Versailles vorzubereiten" [...] und vor allem „Verbindungen zwischen den wendischen Hochverrätern und dem linksradikalen vaterlandslosen Gesindel (Spartakisten, Bolschewisten u.a.) aufzu-spüren". Prof. Kötzschke, Direktor des Seminars für Landesgeschichte und Siedlungskunde an der Leipziger Universität, verstieg sich zu der unwissenschaftlichen, politisch reaktionären Aussage: „Gerade die landesgeschichtliche Forschung sei unmittelbar berufen, die Meinungs-bildung von der Primitivität der Wenden und Slaven wissenschaftlich zu untermauern", so werde „die wendische Bewegung zur Lächerlichkeit verurteilt" und die „wendischen National-isten schließlich selbst von der Fruchtlosigkeit ihrer Bestrebungen überzeugt". Dazu „müsse aber vor allem der Gefahr der Herausbildung eines eigenen geschichtlichen Bewusstseins un-ter den Wenden (begegnet werden)", denn „gerade die Geschichtslosigkeit der Wenden sei ein Garant für ihr beschleunigt zu erstrebendes Aufgehen im Deutschtum."[69]

In negativer Form, mit sorbenfeindlicher Zielstellung hatte er damit die Wahrheit ausge-sprochen: Gesundes Nationalbewusstsein, auch das sorbische, wird gestärkt durch eine siche-re Kenntnis der Geschichte des eigenen Volkes.

Skala wurde genau deswegen nicht müde, ob in seiner programmatischen Schrift „Wo serbskich prašenjach", in fast jedem grundsätzlichem Artikel und in so manchem „Nebensatz", hartnäckig darauf zu verweisen, wie absolut unerlässlich historisches Wissen für sorbisches Selbstbewusstsein ist. Auch deshalb war er den Verfassungs- und Sorbenfeinden von Anfang an suspekt.

Die verfassungsfeindliche Übereinstimmung der Sorbenfeinde fasste der promovierte Jurist Meißner so zusammen: Die „Behörde zur Überwachung der wendischen Bewegung [...] soll [...] dem Wesen nach [...] eine Reichsbehörde, in der Form aber aus den angeführten Erwägungen [...] eine Abteilung einer Bezirksverwaltung" sein. Sie „ist demzufolge zum unmittelbaren Dienstverkehr mit allen interessierten Kreisverwaltungen usw. in Sachsen und Preußen berechtigt, [...] als Sitz (wird) Bautzen vorgeschlagen und als Leiter der Herr Kreishptm. zu Bautzen, [...] in allen wendischen Angelegenheiten sind (dieser Abteilung) die Bezirke Bautzen, Liegnitz und Frankfurt/O. zuzuweisen." Und damit es praktisch wird: „Der Herr Kreishauptmann erarbeitet ein Statut für die Arbeiten und Aufgabenbereiche der Wendenabteilung, welches alle Anregungen, insbesondere auch die wertvollen Gedankengänge der Herren Wagner und Prof. Kötzschke zusammenfasst."[70]

Zügig und unmissverständlich formulierte der Kreishauptmann die destruktiven Ziele: Grundsätzlich geht es der Wendenabteilung um „Stärkung der Deutschtumsarbeit in den wendischen Gebieten, [...] Förderung einer breiten Aufklärung über den hochverräterischen Charakter jeglicher wendischer Nationalbestrebungen, [...] Aufdeckung jedes wendischen Nationalbewusstseins als reichsfeindlich [...] Förderung des Aufgehens der Wenden im Deutschtum, [...] Verhinderung einer möglichen Einflussnahme des radikalen Sozialismus auf die Wendenbewegung, Vermeidung jeglichen unnötigen Aufsehens bei der Verfolgung der angeführten Ziele". Zu den laufenden Aufgaben zählte u.a. die „Überprüfung der wendischen Presse", die „Beobachtung wendischer Versammlungen [...] und (namentlich noch zu bestimmender) Wendenführer", die „Beobachtung der Reisen von Ausländern durchs wendische Gebiet und von Wenden ins Ausland" sowie die „Unterstützung [...] der sachsentreuen Wenden"[71]

Führende Politiker der Weimarer Republik und ihr dienende Beamte wollten außenpolitisch Versailles revidieren, letztlich also Staats- mit Volkstumsgrenzen identisch machen. Innenpolitisch sollten vor allem die slawischen Sorben durch eine staatlich-konspirativ arbeitende Einrichtung am Widerspruch gegen ungerechte Behandlung gehindert, in der Einforderung ihrer Menschenrechte entmutigt, auf diese Weise ruhig gestellt und weiter assimiliert werden.

Zur späteren Politik der Nazis, „Nichtarisches" rücksichtslos auszumerzen, Lebensraum im Osten zu gewinnen und ihn skrupellos zu germanisieren fehlen noch viele wichtige Schritte. Aber einer der ersten ist mit der Schaffung der Wendenabteilung im Januar 1920 gemacht.

Die Wendenabteilung beobachtete natürlich auch die Serbska ludowa strona, denn dort aktive Sorben waren bestrebt, – ebenso wie viele sog. „einfache Leute" unter den Deutschen – das herkömmlich monarchistisch geprägte Obrigkeitsdenken sowie das damit verbundenen Untertanenverhalten abzulegen und statt dessen demokratisch aktiv zu werden.

Skala, von Anfang an politisch, programmatisch und journalistisch inspirierender Begleiter und Mit-Initiator der Partei, geriet hier ins Blickfeld der sorben- und verfassungsfeindlichen Wendenabteilung.

Aber auch von den eigenen Landsleuten wurde er immer wieder, meist versteckt aufs Korn genommen. Einige seiner politischen Gegner nutzten Skalas „Griff in die fremde Kasse" als Vorwand, um seinen Einfluss auf das Leben der Sorben zu eliminieren. Skala litt darunter. Acht Jahre nach seiner Verurteilung schrieb er an Muka: „Von bestimmten Seiten wird gegen meine Person mit Mitteln gearbeitet, die für mich – milde gesagt – illoyal sind. Wenn gegen mein Wirken auf nationalem Gebiet eingeschritten werden muss, so sollte das auf eine gerechte Art geschehen und nicht deshalb, weil ich einst etwas in Not falsch gemacht habe, was ich heute noch bedauere, was ich bitter genug büßen mußte, was mich heute noch auf allen Wegen verfolgt. Will mir jemand aus den damaligen Ereignissen einen Vorwurf machen, so bin ich machtlos, das zu verhindern, […] Ich bin nicht so eingebildet zu glauben, ohne mich hört alles auf, ich bin aber auch nicht gleichgültig genug zu denken: Soll doch alles zum Teufel gehen."[72]

Skala leugnete nie die eigene Schuld, wehrt sich aber, weil es denjenigen, die da kein Gras über eine verbüßte Strafe wachsen lassen wollen, gar nicht um den unreifen, in Not falsch handelnden Skala geht. Es geht ihnen um den Skala des Jahres 1920, den politischen Journalisten mit einer entschieden sozialistischen Meinung und der Fähigkeit, sie nachvollziehbar, die Sorben ermutigend und motivierend, unter die Leute zu bringen. Skalas starker sorbisch-bäuerlicher Charakter lehnt sich – hier wie unter späteren schlimmeren Bedingungen – dagegen auf, sich dauerhaft einschüchtern, demütigen oder gar nötigen zu lassen.

Seine hartnäckig anonym agierenden sorbischen Gegner suchten zur Schwächung Skalas sogar Zwietracht in die Ehe zu tragen. Vor den Augen selbstgerechter, inquisitorischer und bornierter Sorben fand seine evangelische (!) Ehefrau aus dem preußischen (!) Berlin keine Akzeptanz. Als Muka Skala bittet, doch nicht mehr auf die Angriffe zu reagieren, antwortet er: „Auf Ihren Wunsch werde ich die Polemik einstellen, obwohl mir das schwerfällt. Weil ich auf solche Infamie, die im Schreiben anonymer Briefe an meine Frau besteht, nur mit großer Selbstbeherrschung schweigen kann. Es wäre mir lieber, hier einmal vor aller Öffentlichkeit Klarheit zu schaffen; doch ich werde und will mich Ihrer Ansicht beugen. Nun mögen mich diese Herren aber auch endlich in Ruhe lassen."[73]

Trotz solcher Angriffe blieb Skala unbeirrt bei sich und der „sorbischen Frage", verteidigte seine individuellen Menschenrechte ebenso wie die seines Volkes. 1920 schrieb er dem Páta-Schüler Vladimir Zmeškal ins Album: „Sei immer bereit, daß Dich eine große Idee auf den Burgwall[74] ruft, sei es als Offizier, sei es als Soldat. Falls andere berufen sind: Stehe hinter ihnen und ordne Dich der stillen Arbeit unter zum Nutzen des Ganzen. Die Freuden des Lebens sind nicht erfüllte Sehnsüchte, sondern erfüllte Pflichten."[75]

Darin steckt zugleich das treibende Motiv aller Aktivitäten Skalas. Im Krieg hatte er die Schrecken des militärischen Tötens ebenso erlebt wie die Reichweite seiner Muttersprache beim Kontakt zu anderen Slawen. Nach Kriegsende setzte er sich für die Beseitigung von Ungerechtigkeiten gegenüber seinem Volk ein, die er schon als Kind erlebt hatte. Sich autodidaktisch bildend und provinzielle Enge meidend, fühlte er sich jetzt fähig und bereit für den

„Burgwall". Mit scharfer Feder wollte er sich für sein sorbisches Volk engagieren und dabei weniger „Soldat" als „Offizier" sein. Er wusste sich dafür in Übereinstimmung mit objektiven Gegebenheiten, die aus der rechtlichen und sozialen Situation der Sorben in der Weimarer Republik resultierten. Er sah es wohl auch in seinen subjektiven Fähigkeiten liegen, die seinem hartnäckigen Bildungsstreben entsprangen, wodurch er sich vom Porzellanmaler zu einem unter den Sorben immer bekannteren politischen Journalisten entwickelt hatte.

Hilfreich in diesem Streben waren die seit Anfang der 1920er Jahre sehr engen Kontakte Skalas zu zwei tschechischen Sorbenfreunden, dem Pfarrer Kristian Pavel Lanštják[76] und dessen Schwager, dem Ingenieur Bohumír Janata, Direktor der Papierfabrik in Wulké Ždźary bei Mužakow an der Neiße. Mit diesem führte Skala zeitlebens einen intensiven Briefwechsel und besuchte ihn häufig. Janata unterstützte Skalas minderheitenpolitisches Engagement nicht nur ideell, sondern auch finanziell. Mit Lanštják verband ihn vor allem die Liebe zur sorbischen Literatur und Kultur, beide sahen im „Volksbrauchtum [...] die Grundlage der sorbischen Kultur und das Mittel zum Schutz der sorbischen nationalen Substanz."[77] Sehr beeindruckt war Skala zudem von Lanštjáks religiöser Toleranz. Nicht zuletzt dadurch lernte Skala, wie entscheidend wichtig es für die Erkämpfung der Minderheitenrechte ist, gemeinsam mit jenen zu handeln, die für Gerechtigkeit, Gleichheit, Toleranz, Freiheit eintreten. Skala hatte in dieser Zeit schon ziemlich klar umrissene Vorstellungen davon, dass und wie Medien die Durchsetzung von Minderheitsrechten begünstigen oder behindern können. Und er hatte nachdrückliche Erfahrungen gesammelt, dass das Maß, in dem die Rechte der Minderheiten im Alltag gelebt werden können, von politischen und wirtschaftlichen Entscheidungen abhängig ist. Alternativen zur herrschenden Politik hielt er nicht nur für wünschenswert, sondern auch für notwendig und möglich. Immer wieder und zunehmend deutlicher stellte sich ihm die Fragen: Wohin soll bzw. wird sich das sorbische Volk im deutschen Staat entwickeln? Worin besteht ein eigenes (sorbisches) erfolgreiches Handlungskonzept? Wie können wir mehr Sorben und auch Deutsche für die damit verbundenen Ziele begeistern?

Dem Anpassungsdruck nationalistischer Unterdrückung und der Inaktivität im sorbischen Volk wird er bald eine Zustandsbeschreibung entgegensetzen, verbunden mit realpolitischen Visionen.

Anmerkungen, Quellen, Personalia

1   Jahrzehntelang wurde eine andere Darstellung verbreitet. Sie war falsch. Warum und wie es sich wirklich verhielt, ist im folgenden ausführlich dargestellt: „Am 22. Januar 1945 kam ein betrunkener Rotarmist in unsere Wohnung, fuchtelte mit der Maschinenpistole rum, schoss eine Salve in die Kücheneinrichtung und schrie, alle sollen vor die Tür gehen, er werde jetzt die Faschisten erschießen. Wir traten alle vier vor die Tür und stellten uns nebeneinander auf. Ich hatte Dich auf dem Arm. Mein Vater redete leise und beruhigend russisch auf den Soldaten ein. Der fing plötzlich an zu weinen, schoss dann um sich und traf meinen Vater tödlich. Danach torkelte der Soldat davon. Wir hätten auch alle tot sein können. Meine Schwester und ich begruben unseren Vater bei Eiseskälte ohne Sarg in der gefrorenen Erde." So hat es mir meine Mutter, nachdem in der Familie lange zeit über die konkreten Umstände geschwiegen wurde, unmittelbar vor unserer Reise nach Namysłow zur Einweihung des Denkmals für Jan Skala im September 1965 erzählt. Für die Wahrheit spricht neben der Glaubwürdigkeit der Augenzeugin der Eindruck, den ich im anlässlich der Einweihung des Denkmals bei einem Besuch bei den neuen Bewohnern unserer ehemaligen Unterkunft in Dziedzice gewann. Nach dem freundlichen, herzlichen Gespräch, an dem ich nur zuhörend teilnahm, fragte mich meine Mutter beim Hinausgehen, ob ich die Löcher im Küchenbuffet bemerkt hätte. Ich bejahte das und sagte, mir ist aufgefallen, dass sie so eigenartig von links unten nach oben rechts verliefen. Meine Mutter sagte: „Ja, die stammen von der Salve des besoffenen Russen, der uns hier alle erschießen wollte."
Ich besitze keine Tonaufzeichnung oder ein Schriftstück darüber. Ich kann deshalb hier nur an Eides statt erklären, dass ich die Worte meiner Mutter korrekt wiedergebe, weil sie sich mir bei den bewegenden Erlebnissen im September 1965 unauslöschlich ins Gehirn eingebrannt haben, zudem Anfang der 1980er Jahre in meinem Beisein in einem Gespräch meiner Mutter mit dem polnischen Skala-Biographen Herrn Kuberski in Berlin so wiederholt wurden. Er erzählt jedoch eine andere Version, die jedoch den politischen Umständen nach Kriegsende geschuldet war. Im umfangreichen Briefwechsel von 1978 bis 1985 zwischen meiner Mutter Liselotte Kroh-Skala einerseits und Kazimierz Kuliński sowie Leszek Kuberski andererseits, der nach ihrem Tod 2004 in meinen Besitz gelangte, finden sich viele Hinweise, welche Dokumente aus dem Leben Skalas meine Mutter Kuberski übergab, aber kein Hinweis auf den Tod. Die Beschreibung des Ereignisses durch meine Mutter im Gespräche mit Kuberski in Berlin, an dem ich teilnahm, findet sie sich nicht in seiner Dissertation „Jan Skala 1889–1945. Biografia polityczna." Opole 1988. Seine Version lautet kurz gefasst: bei einer Feier von sowjetischen Soldaten, polnischen Einwohnern und Skala habe das Nebenhaus gebrannt, die Russen seien der Brandstiftung beschuldigt worden, daraus sei ein Handgemenge entstanden, in dessen Verlauf seien Schüsse gefallen und Skala wäre tödlich getroffen worden.
Auf der Konferenz anlässlich des 120. Geburtstages von Skala an der Universität Opole im Mai 2009 habe ich den Bericht meiner Mutter vorgetragen, über das von mir Gesehene beim Besuch in Dziedzice 1965 berichtet und zudem in der Diskussion die Kuberski-Version als falsch bewertet. Ein polnischer Professor sagte daraufhin, bevor er sein Referat hielt, Kuberski habe das genau so gewusst, wie es eben dargestellt sei. Er durfte es aber unter den Bedingungen der Volksrepublik Polen so nicht sagen bzw. schreiben. Aus Skalas Tod lassen sich weder antisowjetische, antikommunistische, noch antirussische Schlussfolgerungen ableiten. Der Soldat wollte nicht den politischen Publizisten, sorbischen Poeten und Anwalt der Menschenrechte ethnischer Minderheiten

Jan Skala erschießen. Vielmehr verlor ein betrunkener Rotarmist, der mit größter Wahrscheinlichkeit einen Grossteil seiner Angehörigen betrauerte, vielleicht an Auschwitz vorbei nach Namslau kam und durch den erbarmungslosen Krieg – wie alle Soldaten aller kämpfenden Armeen – verroht war, im Alkoholrausch die Übersicht und wollte blinde Rache.

Noch im Jahre 2005 behandelte ein Artikel im Lětopis Tod und Tragik im Leben Skalas. Einerseits erfährt dessen Wirken partiell angemessene Wertschätzung. Andererseits war Irrtümern und „schiefen" Interpretationen aus historisch-sachlichen Gründen und zur korrekten Bewertung Skala zu widersprechen.

Lětopis 52 (2005) 2, 45–51   45

Dietrich Scholze

Tod in Niederschlesien
Die Tragik des sorbischen Schriftstellers Jan Skala (1889–1945)

*Der Mainzer Polonistin Brigitte Schultze
zum 65. Geburtstag gewidmet*

Jan (Johann) Skala wurde 1889 im ostsächsischen Nebelschütz (Njebjelčicy) als drittes von sechs Kindern eines katholischen sorbischen Häuslers und Steinbrucharbeiters geboren. Wegen Geldmangels und ungenügender Leistungen musste der Dreizehnjährige die Präparande des Bautzener Katholischen Lehrerseminars bereits nach einem Jahr verlassen. Er lernte in der Kreisstadt Kamenz Porzellanmaler und arbeitete in der keramischen Industrie. Ab 1910 veröffentlichte er als Autodidakt seine ersten Aufsätze in sozialdemokratischen Zeitungen und versuchte in deutscher Sprache Gedichte zu schreiben. Angeregt von einem befreundeten Lehrer, druckte er zwischen 1910 und 1916 in der Monatsschrift „Łužica" eine Reihe von sorbischen Texten, die er 1920 zu

Artikel zu Skalas Tod

Dem Autor schrieb ich folgenden Gegenpositionen:
- SKALAS Frau stammte nicht „aus Niederschlesien" (S. 45), sondern ist in Berlin geboren und aufgewachsen;
- Der Befund, SKALAS „Gedichte bereicherten die nationale Idee, nicht die künstlerische Evolution" (S. 46) ist in dieser Gegeneinanderstellung nicht ganz korrekt. Eher gibt es eine wechselseitig positive Beeinflussung zwischen nationalem Ethos und künstlerischem Ausdruck in den Gedichten;
- Mit der in Parenthese eingerückten Hervorhebung „der – nichtsorbischen – Gattin" (S. 47) transportiert der Autor ein Uralt-Vorurteil konservativer Sorben, zumeist benutzt, um einer Erörterung von SKALAS Ideen auszuweichen in die Gegenwart. Der Autor verstärkt seine einseitige Sicht, wenn er an gleicher Stelle meint, nicht nur der von SKALA idealisierten Mutter, sondern auch einem „sorbischen Fräulein" gebühre „der Vorrang" vor der Ehefrau, denn diese gehörte zu der vom „glücklichen Paradies [...] getrennten Sphäre". Wer SKALAS Gedicht „Róža Elza Lachman" kennt oder briefliche Äußerungen über seine Else gegenüber Freunden (JANATA, NOWAK-NJECHORŃSKI), der schüttelt entweder verständnislos den Kopf oder spekuliert über die Motive solch abgestandener Wiederholung.

- Die Tragik SKALAS darin zu sehen, dass er „mit seiner Familie rund zwei Jahrzehnte außerhalb der Lausitz lebte, an die er sich stark gebunden fühlte" (S. 47) ist insofern einseitig, als der Anteil sorbischer Kontrahenten SKALAS daran nicht erwähnt wird.
- Grob wirklichkeitsfern, weil Ursache und Wirkung vertauschend, sind die Feststellungen: „Trotz seiner pragmatischen Haltung im Umgang mit deutschen Institutionen hatte er in der NS-Zeit unter Repressalien zu leiden. Dies bewirkte das Engagement für die ‚fremdvölkischen' Minderheiten." (S. 49) **Wegen** seiner pragmatischen Haltung, d.h. wegen seines unbedingten Eintretens für Loyalität der Sorben gegenüber dem deutschen Staat hatte er stets Schwierigkeiten. Denn so war er für Chauvinisten unangreifbar und entlarvte deren Instrumentalisierung der „eigenen" Minderheiten als „fünfte Kolonne". NS-Repressalien waren nicht bewirkt durch SKALAS Engagement für Minderheiten, sondern durch die rassistische und minderheitenfeindliche Ideologie und Politik der Nazis bedingt (bewirkt). Allein die Verwendung des Begriffs „fremdvölkisch", wenn auch im Artikel in Gänsefüßchen gesetzt, ist zumindest als problematisch anzusehen. Ein Standpunkt bestimmt bekanntlich nicht nur bei Fotografen und Malern die Perspektive.
- Der Satz: „Ab 1937 mußten sie (die Sorben – P.K.) sich gemeinhin als ‚wendischsprechende Deutsche' bekennen" (S. 49) benennt nicht nur nicht die Urheber für diese versuchten Nötigung, sondern verschweigt vor allem den Widerstand der Domowina dagegen und den Anteil SKALAS daran.
- Die mit BOGENSEE 1929 gemeinsam veröffentlichte Untersuchung zur rechtlichen Situation der Minderheiten erschien nicht nur „in Deutsch und Polnisch" (S. 49), sondern zeitgleich auch in Dänisch. (BOGENSEE, J/SKALA, J.: Die nationalen Minderheiten im deutschen Reich und ihre rechtliche Situation, Bautzen 1929/ De nationale Mindretal i Tyskland, Slesvigsk forlag, 1929/ Problem mniejszościowy w Niemczech, Poznan 1929)
- Der Tod SKALAS wird zum einen nach der Argumentation von K. KULIŃSKI aus dem Jahre 1963, auf die sich auch Kuberski stützte, erzählt. Zum anderen schreibt der Autor: „Nach einer anderen Version wurde er von einem betrunkenen Sowjetsoldaten erschossen, weil er ihn daran hindern wollte, sich einer seiner Töchter zudringlich zu nähern". Inzwischen ist die Beschreibung der Todesumstände durch die älteste Tochter Skalas zweifach von polnischer Seite bestätigt.

2   LESZEK KUBERSKI: Poćahi Jana SKALE z Namysłowskim krajom (Die Beziehungen JAN SKALAS zum Namysłower Land) In: Rozhlad 1989, S. 170
3   Bericht des Kreisoberinspektors GUSTAV ZOLKER (Namslau) über „Vorgänge bei der Räumung; Evakuierung der Bevölkerung", in: Die Vertreibung der deutschen Bevölkerung aus den Gebieten östlich der Oder-Neiße. Herausgegeben vom ehemaligen Bundesministerium für Vertriebene, Flüchtlinge und Kriegsgeschädigte. Dokumentation der Vertreibung der Deutschen aus Ost-Mitteleuropa, Band I/I, Weltbild Verlag 1993, S. 414f
4   Er wird 10 Jahre später die Patenschaft zwischen Euskirchen und Namslau mitbegründen. Im Bericht unter dem Titel „50 jähriges Bestehen der Patenschaft des Kreises Euskirchen über den Kreis Namslau" heißt es u.a.: „Der Landkreis Euskirchen hat durch einstimmigen Beschluss seines Kreistages vom 22. März 1955 die Patenschaft über den Landkreis Namslau übernommen. Der Kreis Euskirchen soll damit eine neue geistige Heimat für die aus ihren angestammten Landen Vertriebenen werden. Im Fenster des Kreistagssitzungssaales wird das Wappen des Kreises Namslau auch in späterer Zeit an diese Patenschaft erinnern. Wir hoffen aber, dass die Fahne des Kreises Namslau und diese Urkunde bald einmal ihren Platz im Sitzungssaal des Kreishauses Namslau in der alten Heimat haben werden [...] Eine kunstvoll gestaltete Urkunde mit obigem Worlaut übergab Landrat METZLER am 3. November 1955 in einer feierlichen Kreistagssitzung an Dr. HEINRICH,

den letzten Landrat des Kreises Namslau. Sie hat ihren Platz in der „Namslauer Stube" im Kreishaus Euskirchen. [...] Im **Jahr 1975**, am 10. Oktober, findet [...] eine Festsitzung des Kreistages statt [...] Eine neue Patenschaftsurkunde wird unterzeichnet. [...] Ihr Text lautet: „Der Kreis Euskirchen hat durch einstimmigen Beschluß seines Kreistages am 25. März 1955 die Patenschaft über den schlesischen Landkreis Namslau übernommen. Der Kreis Euskirchen soll damit eine neue, geistige Heimat für die aus ihrer angestammten Heimat Vertriebenen werden. Diese Patenschaft besteht 20 Jahre. Sie wird mit dieser Urkunde feierlich bekräftigt. [...] **1986**, das 16. Große Heimattreffen. In ihren Festansprachen zum Thema „30 Jahre Patenschaft des Kreises Euskirchen über den Kreis Namslau" gedenken Landrat Linden, DR. DECKER und GÜNTER KELBEL der Gründer der Patenschaft und drücken ihre herzliche Verbundenheit aus [...] Der 1. Vorsitzende GÜNTER KELBEL bringt sein Buch „NAMSLAU – Eine deutsche Stadt im deutschen Osten", Band II, heraus. (Quelle: http://www.namslau-schlesien.de/chronik3.htm; 04.05.2013)

5   Dr. HEINRICH: Evakuierung der Kreisbevölkerung, in: Die Vertreibung der deutschen ... a.a.O., S. 417f (Worauf sich seine die Bewertung „amtlich für Polen tätig" zielt, wird im Kapitel 2 ausführlich erörtert)

6   JACOB KRONIKA: Denkmal für einen Kameraden, in: Schleswiger Heimatzeitung vom 28.5.1966, S. 3 Der Artikel hat folgenden Wortlaut: „In den Jahren zwischen den Kriegen hatten wir Südschleswiger friesischer und dänischer Nationalität sehr viel mit JAN SKALA zu tun. Er war in Wirklichkeit auch „unser Mann". Er stritt mit seiner Feder in den vordersten Reihen für europäische und universale Minderheitenfreiheit sowie für das Recht, überall auf der Erde eigenes Volkstum und eigenes Volksleben ungehindert zu pflegen. JAN SKALA war selber „Lausitzer Sorbe". Manchmal bezeichneten wir anderen ihn als „Wenden", aber das duldete er nicht und belehrte uns jedes Mal eindringlich, dass die Lausitzer Sorben (in Deutschland oft als „Spreewald-Wenden" bezeichnet) ein besondere Volkteil waren und noch heute sind, also etwas anderes als die Wenden; nämlich ein selbständiger slawischer Volkteil mit eigener Sprache, eigener Bauernkultur, mit eigener Überlieferung, eigenen und schönen Volktrachten, eigenem Volksleben, eigenen Liedern und Sagen; aber ohne eigenen Mutterstaat, ohne eigenes Mutterland.

JAN SKALA war in den Jahren zwischen den Kriegen Schriftleiter des damals sehr bekannten Minderheitenorgans „Kulturwehr". Die Zeitschrift war das Sprachrohr des „Verbandes der nationalen Minderheiten in Deutschland". Zu diesem Verband gehörten von seiner Gründung in den Zeiten der Weimarer Republik bis zu dem Untergang im Dritten Reich: der Bund der Polen in Deutschland, die Lausitzer Sorben, die nationalen Friesen in Südschleswig, der dänische Volkteil in Südschleswig und, wenn auch nicht fest angeschlossen, die Litauer in Ostpreußen und ein kleiner tschechischer Volkssplitter in Preußisch-Schlesien.

Die „Kulturwehr" erschien in Berlin, und hier befand sich auch die Leitung des Minderheitenverbandes und der großen polnischen Minderheit. JAN SKALA hatte als einzigartiger tüchtiger Schriftleiter des Blattes seinen festen Wohnsitz in der deutschen Reichshauptstadt. Er war verheiratet, hatte einen Sohn und zwei Töchter. In den Jahren zwischen den Kriegen gab es in Europa wohl kaum einen anderen Publizisten, der sich hinsichtlich des Wissens über nationale Minderheiten und Minderheitenverhältnisse mit JAN SKALA hätte messen können. Aber der eifrige Freiheitskämpfer begnügte sich nicht mit dem Wissen allein; er setzte sich mit Leib und Seele für die Freiheit der Minderheiten ein. Unermüdlich verfocht er auf nationaler (niemals auf nationalistischer!) wie auf internationaler Ebene die Ideale, die er mit brennender Seele zum Besten aller nationalen Minderheiten zu verwirklichen strebte.

Zwischen den beiden großen Kriegen sahen wir JAN SKALA oft in Südschleswig. Immer erschien er zu unseren Jahresfesten (årsmøder), oft ergriff er auch in dänisch-südschleswigschen Versammlungen das Wort. In den letzten Jahren vor dem Hitlerkrieg verbrachte er mit seiner Familie die Sommerferien auf einem Bauernhof bei Vemmingbund. Er durchwanderte Nord- und Südschleswig. Wie so viele Menschen slawischen Blutes war er etwas von einem Sprachgenie. Mühelos las er „Flensborg Avis", eine Zeitung, die er wie auch die Vorgänger der Heimatzeitung (die „Neue Flensburger Zeitung" und „Der Schleswiger") jeden Tag studierte. Er kannte auch einen großen Teil der dänischen Lieder. Jan Skala liebte Gesang und Musik. Er bezeichnete es als Selbstverständlichkeit, dass er als Lausitzer Sorbe auch die polnische, die tschechische und die russische Sprache verstand. **Als Zeitungsmann war er ungeheuer fleißig und produktiv. Seine Artikel in der „Kulturwehr" wurden mit großer Aufmerksamkeit sowohl in der Wilhelmstraße (dem damaligen Regierungsviertel in Berlin), als auch in Prag, Warschau, Wien, Genf, Budapest, Bukarest, Belgrad usw. usw, gelesen. Er war d e r Vorkämpfer für die Rechte europäischer Minderheiten**! (Fett im Original – P.K.)

In der Freizeit schätzte er das gute, kameradschaftliche und zugleich gern muntere Zusammensein mit Freunden von den verschiedenen Minderheiten. In Berlin trafen wir regelmäßig mit Jan Skala zusammen, nicht bloß zu ernsten Besprechungen, sondern auch zu einem Spiel Karten, auf der Kegelbahn, in den verschiedenen Heimen, zu Ausflügen in die Umgebung. Nicht selten trug er eigene Gedichte vor – natürlich in deutscher Übersetzung –, die er über seine lausitz-sorbische Heimat geschrieben hatte. Er war im Ganzen genommen ein ausgesprochener Gefühlsmensch – mit einem reichen, lyrisch geprägten Gemüt. Er hasste Gewalt und Krieg und trat für einen realistischen Pazifismus ein. Er war ein geschworener Feind alles machtwilligen Preußentums. Er träumte von einem kommenden, die ganze Welt umspannenden Verband aller freien Nationen: dem kommenden großen Gegenstück zum „Verband der nationalen Minderheiten in Deutschland", dem er in den Jahren zwischen den Kriegen seinen persönlichen Stempel aufgeprägt hatte. Wir anderen lernten von unserem Freund Jan Skala einige lausitz-sorbische Brocken. Wenn er sein Glas erhob, so grüßte er mit „Jatsche Wischju", was wir mit „Jatsche Zwischju" beantworteten. Im übrigen liebte man in diesem internationalen Minderheitenkreis in Berlin sehr das dänisch-nordische „Skål". Man trank in diesem Kreis oft und gern auf das Wohl von Männern wie Ernst Christiansen, Johannes Oldsen, Andreas Grau, Julius Bogensee […]

In der Nazizeit bekam Jan Skala sehr große Schwierigkeiten. Ganz besonders, nachdem Hitlers Krieg begonnen hatte, wurde das Dasein für den politischen und nationalen Idealisten, den Vorkämpfer für Freiheit und Frieden zur Hölle. Die deutsche Gestapo war oft hinter ihm her. Er erhielt mehrere „Verwarnungen" vom Propaganda-Ministerium und die Verfolgungen endeten – selbstverständlich – mit einem völligen Schreibverbot.

Jan Skala war tief erschüttert über das entsetzliche Schicksal, das am 1. September 1939 (Hitlers Überfall auf Polen) dem polnischen Volk und der polnischen Minderheit in Deutschland zuteil wurde. Um nicht alte polnische Freunde in Berlin noch mehr zu gefährden, mied er den Umgang mit ihnen. Er und ich fanden jedoch – bis kurz vor seiner verzweifelten Abreise von seinem Heim und Berlin – immer noch Auswege, um uns zu Stunden unvergesslichen Beisammenseins zu treffen.

Eines düsteren Tages kam die erschütternde Nachricht von der Kriegsfront im Osten, dass Jan Skalas einziger Sohn, der junge Jan, vermisst sei. Unser lausitz-sorbischer Freund wagte keinen Augenblick daran zu zweifeln, dass sein Sohn gefallen war, eines der zahllosen Opfer in der entsetzlichen Stalingrad-Schlacht. „Auf der falschen Seite", sagte der hart getroffene Vater. Er weinte bitterlich, Schwermut, die mir oft Sorge machte, ergriff Besitz von dieser feinen charaktervollen Persönlichkeit. Jan Skala hatte, nachdem die großen Bombenangriffe auf Berlin eingesetzt hatten, Frau und Töchter nach dem Süden gesandt. Zuletzt verließ auch er Berlin. Er kam, um

Abschied zu nehmen. Das war nicht mehr der alte JAN SKALA aus den vergangenen Kampftagen. Er war von Kummer, von begründeter Sorge vor noch ärgeren Verfolgungen, und von Leid und Bitternis an Leib und Seele ausgezehrt. „Wohin willst Du nun?" fragte ich. „Wenn es mir glückt, dann gehe ich nach Schlesien zu alten polnischen Freunden", antwortete er. Wir trennten uns mit dem „Dovidzenja"-Gruß (Auf Wiedersehen) unserer polnischen Freunde. Wir sollten uns nicht mehr wiedersehen. Von seiner Frau kamen in den ersten Jahren nach 1945 noch einige Briefe aus der lausitz-sorbischen „Hauptstadt" Bautzen. Wir hörten später, dass unser guter lausitz-sorbischer Freund, der feine und hochbegabte Schriftleiter der „Kulturwehr", in den ersten Wochen nach Schlesiens Befreiung von der Nazidiktatur und dem Hitlerkrieg von einer verirrten Kugel dahingerafft worden war. Er war gefallen, als kein Krieg mehr war! Gefallen, als die slawischen Völker und Volksteile neuen Mut schöpften, im Glauben an einen Erneuerung des Lebens in Freiheit und Frieden. Und nun erfahren wir über unser Generalsekretariat in Flensburg von der „Domowina" in Bautzen, dass das polnische Volk unserem Freund JAN SKALA ein Denkmal errichtete und dass eine Volksschule nach ihm benannt wurde. **Damit hat das polnische Volk nicht nur Jan Skala, sondern auch sich selbst geehrt!** (Fett im Original – P.K.)

JAN SKALAS Namen wird für immer in einem großen, dramatischen und tragischen Kapitel europäischer Minderheitengeschichte weiterleben. Wir wollen hoffen, dass einmal der Tag kommen wird, wo wir an JAN SKALAS Denkmal in Namyslow in Polen einen Kranz im Namen der nationalen Friesen und der dänischen Südschleswiger niederlegen können. Südschleswiger, die JAN SKALA kennenlernen durften und die seine Kameradschaft zu schätzen wussten, werden ihn nie vergessen. **Die Erinnerung an diesen nationalen und internationalen Freiheitskämpfer werden wir stets in Ehren halten.** (Fett im Original – P.K.)

7 Vater JAKOB SKALA (* 5.11.1861 – † 25.4.1931)

8 Mutter MARIA, GEB. GLAUSCH (* 4.10.1858 – † 14.7.1930)

9 1848 wurden Angehörige der slawischen Minderheit in der amtlichen Bevölkerungsstatistik nach den Spalten „Taubstumme", „Blinde" und „Blödsinnige" in einer gesonderten Spalte als „Wenden" erfasst. Eine Ausstellung zum 100-jährigen Bestehen der Domowina im Cottbusser „Wendischen Museum" belegt das:

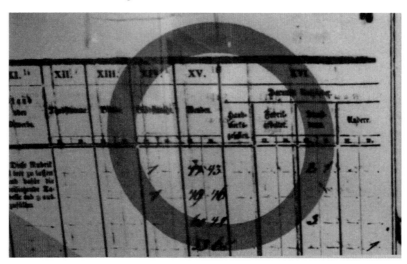

Amtliche Statistik 1848

10 Vgl. u.a.: Simon Brezan: Deutsche Aufklärung und sorbische nationale Wiedergeburt: Eine literaturgeschichtliche Studie zur deutsch-sorbischen Wechselseitigkeit Domowina Verlag 1993

11 In der 1848er Revolution „sind die Prinzipien formuliert worden, die noch heute die Grundlagen unserer staatlichen Existenz ausmachen: Das Bekenntnis zu Menschenrechten und Demokratie und der gemeinsame Wille, die verschiedenen Regionen und Strömungen in unserem Land zu einem freien Gemeinwesen zu vereinigen." (Rede von Bundespräsident Herzog „150 Jahre Revolution von 1848/49" am 18.5.1998 in der Paulskirche Frankfurt/Main). Schon in der 1833 von Büchner in Giessen gegründeten „Gesellschaft für Menschenrechte" wurden Bürger- und Grundrechte, Verfassungsgrundsätze, Besitz- und Verteilungsverhältnisse diskutiert. Der vom 26. bis 31.10.1848 in Berlin tagende 2. Kongress der „Demokratischen Gesellschaft" mit 234 Delegierten aus 140 Städten nahm eine 38 Punkte umfassende „Erklärung der Menschenrechte" an. Darin heißt es u.a.: „1. Der Zweck jedes politischen Gemeinwesens ist die Wahrung der natürlichen und unverjährbaren Rechte des Menschen und die Entwicklung aller seiner Fähigkeiten."/ „3. Diese Rechte stehen allen Menschen gleichmäßig zu, wie groß auch die Verschiedenheit ihrer körperlichen und geistigen Kräfte sei."/„13. Die Gesellschaft muß mit all ihren Kräften die Fortschritte der allgemeinen Bildung zugänglich machen."/„18. Jedes Gesetz, welches die unverjährbaren Rechte des Menschen verletzt, ist durchaus ungerecht und tyrannisch."/„27. Der Widerstand gegen die Unterdrückung folgt notwendig aus den allgemeinen Menschenrechten."/ „36. Wer eine Nation unterdrückt, ist ein Feind aller Nationen." (zitiert nach: Inauguraldissertation von G. Lüders: Die demokratische Bewegung in Berlin im Oktober 1848, Berlin 1909, S. 169–173); Freiliggrath dichtete 1848 eine Neufassung des Freiheitsliedes „Trotz alledem!" Darin heißt es u.a.: „Trotz Dummheit, List und alledem/Wir wissen doch: die Menschlichkeit/Behält den Sieg trotz alledem!" Den Herrschenden sagte er kämpferisch: „Nur, was zerfällt, vertretet ihr!/Seid Kasten nur, trotz alledem!/Wir sind das Volk, die Menschheit wir,/ Sind ewig drum, trotz alledem!/ Trotz alledem und alledem!/So kommt denn an, trotz alledem!/Ihr hemmt uns, doch ihr zwingt uns nicht –/ Unser die Welt trotz alledem!" Am 6.6.1848 wurde der vollständige Text in der von Karl Marx in Köln herausgegebenen „Neuen Rheinischen Zeitung" veröffentlicht. Die Titelzeile wird Liebknecht als Überschrift seines letzten Artikels in der „Roten Fahne" vom 15.1.1919 verwenden.

12 Er selbst beschrieb das in einem für die Maćica Serbska 1943 verfassten Lebenslauf (siehe S. 64). Auszugsweise Übersetzung der auf S. 62 unten abgebildeten Karteikarte: „Weil wir 6 Kinder waren und die Eltern dem Dorfproletariat angehörten, konnte ich nicht studieren, obwohl dies der Lehrer Słodenk und der Geistliche P. Romuald Domaška empfohlen haben. Ein Jahr war ich an der Domschule und eines an der Präparanda des Bautzener Katholischen Seminars. Dann lernte ich in der Keramikfabrik in Kamenz/Gebr. Reif/3 Jahre das Bemalen von Keramikwaren. Mit 17 Jahren musste ich in die Welt mein täglich Brot verdienen. Die ganze Freizeit nutzte ich zur anfangs recht planlosen Weiterbildung, bis mir Franc Kral-Rachlowc bessere Tips gab."

13 Es gibt keinen Nachlass von Jan Skala, weil fast alles im Krieg verloren ging. Vor allem viele Briefe von und an Skala konnte ich jedoch durch Hilfe des Sorbischen Kulturarchivs in Bautzen, des Nordfriisk Institut in Bredstedt, der Dansk Centralbibliotek for Sydslesvig e.V. in Flensburg, des Landesarkivet in Aabenraa (DK) sowie durch die sehr uneigennützige Unterstützung von Superintendent Jan Mahling, der mir Abschriften von Briefen Skalas an Muka überließ in die Nachforschungen einbeziehen.

14 Einen Ort dieses Namens (Schreibweise mit Doppel-f) ist nicht feststellbar. Unklar, aber auch unerheblich bleibt folglich, ob es sich um Staufen im Breisgau oder um Staufen in Bayern handelt.

15 Skala im Gestapo-Verhör vom 22.4.1938; in: BArch R3017 VGH/ Z-S 162 8J 198/38 g Sonderband I, Bl. 70

ZA KARTOTEKU SOBUSTAWO

Mjeno (serbske a němske):   S k a l a

Předmjena: J a n

Narodny dźeń: 17.junija 1889

Narodne město: Njebjelčicy, wokrjes Kamjenc
  (z wokrjesom)

Hdy sće zastupił do Maćicy Serbskeje?   1912

Hdźe sće tehdom bydlił?   w Kukowje

Kajke bě tehdom Waše powołanje?   moleŕ keramiskich wěcow

Najwažniše podawki a data z Wašeho žiwjenja:
  (tak: přeměnjenja w powołanju, w sydle atd.)

dokelž běchmy 6 dźěći a staršej z wjesneho serbskeho proletariata,nje-
mžach studować,hačruniž to wučeŕ /Słodeńk/ a duchowny /P.Romuald Doma
ška/doporučowaštaj. Běch 1 lěto na tachantskej šuli a jene an preparand-
dźe budyšskeho kat.seminara.Potom wuknych w fabricy za hlinane twory
w Kamjencu /Gebr.Reif./3 lěta molowanje keramiskich wěcow. 17 lět stary
dyrbjach do swěta wo wšědny khlěb. Cyły swobodny čas wužich na z počat
ka dosć bjezplanowe samokubłanje,doniž mi Franc Kral-Rachlowc lěpše po
kiwy njeda. Tak sym tež serbski pisać hakle sam móhł wuknyć,hdyž běch
skoro 20lět stary. Tehdy sym so tež započał z nowinarstwom zabjerać a
do němskich socialistiskich tydźenikow dopisować /"Gleichheit" a druhe
Prěnje serbske - ato basniske - pospytu w lěće 1911. We swětowej wójn
słužach němskemu statej 3 lěta,najdlěje na Balkanje. Po wójnje redigo-
wach"Serbski Dźenik" w Bělkojcach. 1921 zastupich jako redaktor do "Pr
ger Presse" w Prazy,hdźež hač do měrca 1924 wostach.Potom 4 měsacy w
"Serbskich Nowinach",na to w Barlinje bjez dźěła, skončnje w meji 192
so na mój namjet założi časopis narod.mjenšinow w Němskej"Kulturwille"
wot lěta 1926 pomjenowany "Kulturwehr",kotryž hač do dźensnišeho dnja
jako hłowny redaktor rediguju. Woženich so 1917 a mam troje dźěći: dw
dźowcy a jeneho syna. W tych lětach dopisowach tež do wšelakich wukra
~~Samomu~~ ~~sospisara~~ ~~chcu~~ ~~podać~~ nowin / danskich,južnosłowjanskich,pólskich,čes-
kich/ a podawach informacije(wo Serbach w prěnjim rjedźe)do wukrajnyc
nowin a časopisow, hdźež-kuli sebi to př
jachu a sam to jako trěbne abó spómožne
wohladowach; tohorunja tež wob čas do S
Nowin wo powšitkownych abó wosebitych s
skich naležnosćach pisach a pišu.

Wobraz: připołožu ~~pozdźišo připósćelu~~

w *Charlottenburgu 5*
Listzrusr-2fer 2
23. septembra 1934

            , d.   1934   *Jan Skala.*
                                   Podpis.

NB. Nespomnjene dała podaram
junicy za zaměry kartoteki
Maćicy Serbskej, połejkim oni
k ... oni za Kajkemu
kuli drohemu zaměrej. SK.

Karteikarte der Maćica Serbska

16 Vgl: Geschichte der Porzellanstadt Selb, in: http://www.porzellangeschichte.de/content/geschich-te-der-porzellan-stadt-selb (23.11.2011

17 Aussage Skalas im Gestapo-Verhör vom 22.4.1938; in: BArch R3017 VGH/ Z-S 162 8J 198/38 g Sonderband I, Bl. 70. Offen bleibt die Frage, warum sich ein wandernder Geselle einen Anzug machen ließ

18 ebd.

19 BArch R3017 VGH/ Z-S 162, Blatt 35f

20 Aussage Skalas im Gestapo-Verhör vom 22.4.1938; in: BArch R3017 VGH/ Z-S 162 8J 198/38 g Sonderband I, Bl. 70f [Freunde Skalas haben die Episode damals eher verschämt verschwiegen und später lediglich Andeutungen publiziert. Skalas damalige und heutige Gegner unter den Sorben betonen das Fehlverhalten, um seinen Fragen, Vorschlägen und Meinungen zu den Rechten seines Volkes aus dem Weg gehen zu können. Seine Feinde nutzen es, um ihn als Person zu demütigen. Beides sagt mehr über die über die Wertenden als über den Bewerteten.]

21 ebd.

22 Jüngst aber tat dies die Dresdner Morgenpost vom 30.8.2010, S. 18.

18   Serie   MORGENPOST, 30.8.2010

Jan Skala, der sorbische ‚Hauptmann von Köpenick'

Eine Schautafel der Polizei aus dem Jahr 1912: Darauf zu sehen ist ein junger Mann in Leutnantsuniform. Es ist der „Hauptmann von Köpenick" aus Dresden. Er foppte 1912 das Elite-Regiment des I. Königlich Sächsischen Armee-Korps. Was in Vergessenheit geraten war: Bei dem Jüngling handelt es sich um den berühmten sorbischen Schriftsteller Jan Skala (1898-1945). Es war nicht der einzige Streich, den er dem Militär spielte.

Am 28. Juli 1912 marschierte ein junger Mann in Uniform des 181. Infanterieregiments in die Kaiser-Grenadier-Kaserne auf der Stauffenbergallee (heute Sitz der Landesdirektion Dresden). Die Wachen beachteten ihn kaum, immerhin handelte es sich um einen Leutnant. Schnurstracks lief er in die Mannschaftsstuben des Grenadier-Regiments 101 „Kaiser Wilhelm, König von Preußen".

Dort ließ er die Truppe strammstehen und begann, die Ordnung in Spinden und Betten akribisch zu kontrollieren. Mal zupfte er an einem falsch gefalteten Hemd, mal gab es Rüge für ein knittriges Laken. Nur langsam kam den Soldaten dieser unbekannte Kontrolleur seltsam vor. Misstrauisch fühlten sie dem Leutnant auf den Zahn. Der konnte seine Maskerade nicht länger aufrechterhalten. In der Uniform steckte kein Soldat, sondern der sorbische Dichter Jan Skala! Er hatte nichts mit der Armee zu tun, verdiente damals noch sein tägliches Brot als Porzellanmaler in Meißen.

Der am 17. Juni 1889 in Nebelschütz geborenen Jan Skala wurde der Dresdner Polizei übergeben. Dort wurde er erkennungsdienstlich erfasst, Fotos von ihm in Uniform gemacht. Welche Strafe er für seinen Kasernen-Ausflug bekam, ist nicht überliefert. Skala verheimlichte diese Episode seiner Jugend. Sein Enkel Dr. Peter Kroh lebte dreißig Jahre mit seiner Großmutter, Skalas Frau, unter einem Dach, hörte unzählige Geschichten aus dessen Leben. So

Das geheime Archiv des Grauens

Eine Serie von Ronny Klein und Uwe Schneider

Spannende, skurrile oder vergessene Fälle aus dem historischen Dresdner Polizei-Archiv stellen wir Ihnen in dieser Serie vor. Einige Beweisstücke sind im Museum der Polizeidirektion Dresden ausgestellt, können nach Voranmeldung besichtigt werden. Die meisten Akten schlummern im Lager. Die Morgenpost öffnete sie und erzählt ihre Geschichten.

viele, dass er ein Buch über seinen berühmten Opa schrieb. Doch der Kasernen-Streich war auch ihm unbekannt. „Es passt aber zu seinem Charakter. Er war gerne ein Schlitzohr", schmunzelte Kroh.

Auch während des Ersten Weltkriegs spielte er in der Armee den ein oder anderen Streich. Er nahm am Feldzug gegen Serbien teil. Wie viele Sorben, lernte er slawi-

Die Ähnlichkeit ist unverkennbar: Der junge Jan Skala auf dem Polizei-foto als „Leutnant" (F. l.) und Jahre spä-ter in seriö-sem Anzug als Schriftsteller.

sche Sprachen schnell, wurde deshalb als Dolmetscher eingesetzt. Einmal musste er mit einer Abteilung Soldaten in ein serbisches Bergdorf, um dort Vieh für die Truppenversorgung zu beschlagnahmen. Mit seinem Leutnant ging Skala in das Haus des Bürgermeisters. Der Leutnant befahl: „Wir brauchen Vieh! Ordnen Sie unverzüglich an, dass sie sofort und unverzüglich alle Ochsen und Kühe herzubringen haben." Skala übersetzte: „Die Soldaten wollen Euer Vieh wegnehmen. Ordnen Sie unverzüglich an, die Ochsen und Kühe im Wald zu verstecken." Weiter schrie er den Bürgermeister an: „Feixen Sie nicht! Traurig müssen Sie aussehen und nun verschwindet mit dem Vieh im Wald!" Der Trick gelang, die Soldaten mussten ohne Beute wieder abziehen. Für Skala fand der Leutnant sogar tröstende Worte: „Ihre Schuld ist das nicht! Ich habe ja gesehen, wie entschieden Sie an den serbischen

Taugenichtsen gegeben haben!" 1910 hatte Jan Skala seine ersten Gedichte veröffentlicht. Nach dem Ersten Weltkrieg schrieb er unter anderem für die sorbische Zeitung „Serbski Dzennik" in Weißwasser und die „Prager Presse". 1920 gehörte er zu den Mitbegründern der Lausitzer Volkspartei und der sorbischen Sportvereinigung „Serbski Sokol". Im selben Jahr erschien sein erster Gedichtband. Politisch engagierte er sich für die sorbische Minderheit, wurde deshalb vom Verband der nationalen Minderheiten in Deutschland zum Chefredakteur der Zeitschrift „Kulturwille" (ab 1935 „Kulturwehr") ernannt. Er veröffentlichte zahlreiche Gedichte, thematisierte in einer Novelle die Schäden durch den Braunkohletagebau und setzte sich in Aufsätzen für die Rechte der sorbischen Minderheit ein.

1936 bekam er von den Nazis Berufsverbot. 1938 von der Gestapo verschleppt, saß er ein dreiviertel Jahr im Dresdner Polizeipräsidium in Schutzhaft. Danach hielt er sich mit verschiedenen Jobs über Wasser. Im Januar 1945 begrüßte er die Rote Armee in seiner Heimat Dziedzice (Erbenfeld) als Befreier. Am 22. Januar geriet er mit einem sowjetischen Soldaten in Streit und wurde von diesem erschossen.

Heute erinnern unter anderem in Bautzen und Kamenz Straßen an ihn. In seiner Heimat Nebelschütz ist eine Kita nach dem schlitzohrigen Dichter und berühmtesten Sohn der Gemeinde benannt.

Morgenpost

„Er foppte 1912 das Elite-Regiment des I. Königlich Sächsischen Armee-Korps [...] lief in die Mannschaftsstuben [...], ließ die Truppe strammstehen und begann die Ordnung in Spinden und Betten akribisch zu kontrollieren". Zusammen mit wesentlichen biographischen Daten veröffentlichte auch die „Sächsische Zeitung" vom 19.9.2014 diese Geschichte.

23 BArch R3017 VGH/ Z-S 162 8J 198/38 g, Bl. 2f

24 Als ich einmal, ich war wohl neun oder zehn Jahre alt, bei einem Einkauf für meine Großmutter ELSE SKALA einen Groschen „abzweigte", um mir ein Tütchen Brausepulver zu kaufen, dessen Inhalt wir Kinder damals gerne aus der Hand leckten, merkte Großmutter natürlich, dass das Wechselgeld nicht stimmte. Sie fragte nicht, wo der Groschen sei, sondern nahm mich kurze Zeit später beiseite und sagte mir: „Weißt Du, Dein Großvater, hat als junger Mann mal fremdes Geld an sich genommen. Diesen Fehler haben ihm manche Leute sein ganzes Leben lang nicht verziehen. Du musst ganz schnell lernen, mit fremdem Geld sorgsam und genau umzugehen!" Ich war beschämt und „beichtete". Großmutter sagte darauf nur: „Tu's nie wieder!"

25 Památnik národniho pisemnictvi-Litvarni archiv (PNP LA), Fond ARNOŠT MUKA. (Pfarrer JAN MAHLING, sorbischer Superintendent, hat 47 Skala-Briefe, die dieser zwischen 1910 und 1927 an Muka schrieb, im Frühjahr 1983 im Prager Strahov-Kloster abgeschrieben und mir diese nach einem Gespräch in Bautzen im März 2008 sehr uneigennützig zur Verfügung gestellt; hier Brief Nr. 8

26 Der neue Dachverband sorbischer Verbände und Vereine hatte es lange Jahre schwer, die Sorben national tatsächlich zu einen und zu führen (Vgl.: SIEGMUND MUSIAT: Das Vereinswesen bis 1937 – ein Eckpfeiler der sorbischen nationalen Bewegung, in: Zwischen Zwang und Beistand, Bautzen 2003. S. 245; PETER KROH: Die Lausitzer Slawen. Ein Rückblick in die Zukunft, Greifswald 2014, S. 26–37.

27 BArch R3017 VGH/ Z-S 162 8J 198/38 g Sonderband I, Bl. 70f

28 Im Brief Nr. 1 vom 21.10.1910 aus Bautzen schreibt SKALA: „Wenn Sie von meinen schwachen Kräften erwarten, dass ich Ćišinski erreiche, so ist das für mich eine allzu große Ehre."

29 Památnik národniho a.a.O. hier Brief Nr. 10 vom 15.2.1915

30 ebd., hier Brief Nr. 15 vom 4.10.1915/mit * wird in MAHLINGS Abschrift auf eine Fußnote im Brief verwiesen, sie lautet: „auf bekannte Art: anonym". Der Brief ist – **ohne diese Fußnote** – auch veröffentlicht in: JAN SKALA: Mój Sokoł, Budyšin Ludowe nakladnistwo Domowina 1962, S. 217ff [Unbekannt ist, wer diese „christliche Seele" war, gewiss nicht ein politischer Freund Skalas. Ein anonymer Brief ähnlichen Inhalts erreichte vor der Eheschliessung auch SKALAS spätere Ehefrau. Sie wurde – Anfang der 1960er Jahre erzählte sie es mir – vor dem „kriminellen und unzuverlässigen Mann" gewarnt.]

31 Das ging weit über seinen Tod hinaus und gilt vereinzelt bis in die Gegenwart

32 In einem Studienmaterial für werdende sorbische Lehrer heißt es diesbezüglich: „In den letzten Jahren des Ersten Weltkrieges musste er zu den Soldaten. Die längste Zeit verbrachte er auf dem Balkan. Dort erkannte er endgültig die große Bedeutung der sorbischen Sprache in der slawischen Welt. Als bewusster Sorbe und Slawe knüpfte er Kontakte zu Jugoslawen. 1916 veröffentlichte Łužica eine seiner Zuschriften vom Balkan, die die große Bedeutung der sorbischen Sprache in SKALAS Erkenntnisprozeß anzeigt: ‚Ich wohne hier in Ćuprija in einem serbischen Häuschen mit meinen Gefangenen in einem Zimmer [...] Die Unterhaltung erfolgt in verschiedenen Sprachen. Ich bekomme Besuch, den Besitzer einer Fabrik in Altona, mit ihm spreche ich natürlich deutsch. Einer der Gefangenen ist Pole, einer ist aus Samatien, einer aus dem Podolsker Gebiet, einer aus dem Kaukasus und schließlich einer aus Wolynien. Die Kommandantur in der Stadt ist österreichisch. Der Quartiermeister ist Slowake, ich spreche mit ihm tschechisch, was für uns beide sicht-

lich ein verständliches Idiom ist. Der Bäcker, bei dem ich mir ab und an ein Brötchen kaufe, ist Serbe und kennt keine andere Sprache. Ich wiederhole: Mit unserer lieben, oft genug vernachlässigten sorbischen Sprache ist es mir möglich, mit Polen, Russen, Jugoslawen, Bulgaren zu kommunizieren. Das gibt mir eine gewisse innere Befriedigung, hat aber auch sein äußeres Gutes. In unserer Kompanie bin ich der einzige, der eine slawische Sprache spricht, und daher bin ich von anderen Diensten befreit, weil man mich an allen Enden braucht [...]" Und er beendet seinen Brief mit der Verurteilung des Krieges: „Ich sehe wie das gesamte Volk ausblutet – und wofür? Und nirgendwo Hilfe, nur Not!' „

LISTOWY STUDIJ ZA WUČERJOW

SERBŠĆINA

STUDIJNE LISTY 16–20

Jan Skala

Titelblatt Serbšćina

Weiter hieß es dort unter anderem: „JAN SKALA gehört zu den intelligentesten Aktivisten der jungen Generation nach dem Ersten Weltkrieg. Kein anderer erkannte so klar wie er die sozialen Wurzeln des nationalen Seins. Er war ein überzeugter Sozialist, obwohl er sich nicht zu einer marxistischen Weltsicht durchgerungen hat. SKALAS Welt waren nicht romantische Utopien, sondern er schätzte die Situation nach der sozialen Lage ein. Er war mehr Politiker der nationalen Minderheiten und Journalist als Dichter und Erzähler. Hier haben wir nicht das Ziel, detaillierter seine journalistische Tätigkeit zu analysieren. Obwohl er nicht allzu viel geschrieben hat, so steht Jan SKALA doch als Literat an ganz neuer Stelle: seine soziale Novelle „Stary Symko" ist der Beginn eines neuen Abschnitts der sorbischen künstlerischen Prosa. Seine Gedichte sind aber aus formaler Sicht eigenständig und auch inhaltlich hochintellektuell, in ihnen finden wir eine tiefe Subjektivität und Intimität. Hier handelt es sich um einen Dichter und Schriftsteller, der aus halbproletarischen Verhältnissen kommt und der in seiner gesamten schriftstellerischen Tätigkeit Sprecher dieser Schicht ist [...] Nach der Beendigung des Ersten Weltkrieges engagierte sich JAN SKALA mit allen seinen Kräften in der sorbischen nationalen Bewegung. 1919 gründete und redigierte er in Weißwasser das sorbische Tageblatt, besonders für die preußischen Sorben; deshalb war es zweisprachig, doch ganz im sorbischen nationalen Geist geschrieben. [...] Nach einem Jahr scheiterte die Genossenschaft „Serbska Łužica" mit ihrer Tageszeitung wegen Mangel an Kapital. Jan Skala arbeitete danach in der Redaktion der „Serbske Nowiny". Der konservative Charakter dieser Zeitung befriedigte ihn wenig. Er lehnte die utopischen nationalistischen Bemühungen um eine politische Selbständigkeit der Sorben ab und zeichnete sich durch eine realistische Sicht auf alle Fragen der nationalen Bewegung aus. Er verlangte, dass das nationale Leben organisiert werden muss und dass die nationalen Aktivitäten der Sorben ein festes Programm haben müssen. Besonderes Augenmerk schenkte er dem Schulwesen und der Journalistik. Er setzte sich für die Schaffung sorbischer Volksbibliotheken und für die Einführung sorbischer Sprachkurse ein. Auch die Forderungen nach einer Bodenreform unterstützte er. Er war sehr unzufrieden mit den engen Bautzener Verhältnissen. Ende 1921 verabschiedete er sich mit dem Eintritt in den Dienst der tschechischen regierungsnahen Tageszeitung Prager Presse. Im Jahre 1924 kam er nach Bautzen zurück, um erneut in der Redaktion der Serbske Nowiny mitzuarbeiten. Inzwischen hat er sich tiefgründig mit der Problematik der nationalen Minderheiten in Deutschland insgesamt beschäftigt. 1922 hat er die Broschüre „Wo serbskich prašenjach. Bemerkungen zum sorbischen nationalen Programm" herausgegeben. Im Herbst 1924 ging Skala nach Berlin, wo er auf seinen Vorschlag hin beim Bund der nationalen Minderheiten in Deutschland begann vom Jahre 1925 an die Monatsschrift Kulturwille – Zeitschrift für Minderheitenkultur und -politik herauszugeben, die später ihren Namen in Kulturwehr änderte. Beachtenswert ist bereits Skalas Einführung in diese Zeitschrift, in der er ganz offen das antihumanistische Prinzip der spätbürgerlichen Regierung aufdeckt und verurteilt und worin er darauf hinweist, dass die nationalen Minderheiten Deutschlands ihre Rechte nur durchsetzen können, wenn sie sich fest zusammenschließen [...] Mutig und kompromisslos vertrat er in der Zeitschrift die Rechte der Sorben, den formalen Charakter der Weimarer Republik aufdeckend. Jan Skala zerpflückte gründlich die verlogenen Phrasen der politischen Parteien der deutschen Reaktion von „Freiheit und Demokratie". Er forderte die Bildung der sorbischen Jugend in ihrer Muttersprache in den Volksschulen und ein sorbisches Lektorat an der Universität. In unzähligen Aufsätzen machte er die internationale Öffentlichkeit darauf aufmerksam, dass wir auf allen Gebieten des öffentlichen Lebens keinerlei Rechte hatten. Er traute sich auch, die Methoden und Grundsätze der deutschen „Ostpolitiker" und ihrer Organisationen aufzudecken, er trat gegen sorbische Renegaten auf, gegen deutsche und sorbische „Wendenschulmeister", die, besonders in Preußen den sorbischen Kindern und der sorbischen Jugend die Muttersprache und das nationale Bewusstsein raubten."

33 So hat es mir meine Großmutter bin zu ihrem Tod 1974 immer dann erzählt, wenn die Rede auf kleinkariertes, provinzielles Denken und Reden von Sorben kam. Zudem weiß ich aus eigenem Erleben als 10-jähriger, wie sehr meine Großmutter sich nach dem Krieg für sorbische Angelegenheiten eingesetzt hat, wie sie unter dem weiterhin existenten Ausgrenzungsdenken und –handeln früherer sorbischer Gegner ihres Mannes gelitten und wie sehr sie sich über anerkennende Worte und Not lindernde Entscheidungen von Landrat Dr. Cyž, Nedo oder Nowak-Njechorński, z.B. im Zusammenhang mit der Aberkennung ihrer Rechte als „Opfer des Faschismus" gefreut hat.
Else Skala wurde durch mündliche Mitteilung eines Mitarbeiters des Rates der Stadt Bautzen die Anerkennung als VdN und die damit verbundene Rente entzogen. Begründung: Ihr Mann habe nur 9 Monate im Gefängnis gesessen. Es gab aber keine rechtlich fixierte zeitliche Frist für die Zu- oder Aberkennung als VdN. Den Hintergrund dieser ungesetzlichen Maßnahme vermuteten Freunde der Familie Skala in einer Intrige aus sorbischen Kreisen. Der Sorbe und Kampfgefährte Skalas, damals Landrat, Dr. Jan Cyž half der Witwe Skalas, Widerspruch einzulegen.

RAT DES BEZIRKES DRESDEN
(LAND SACHSEN)
ABTEILUNG Arbeit u.Berufsausbildung
Aktenzeichen: IV/41.04
(Auf Zuschriften stets angeben)

Dresden N 6, den
Dr.-Rudolf-Friedrichs-Ufer 2   22.2.1954.
Fernsprech Sammel-Nr. Dresden
Hausanschluß   52351 /503

Frau

Else S k a l a

Bautzen

Dresdnerstr. 17

Betr. VdN Anerkennung.

Ihr Antrag auf Anerkennung als VdN wurde überprüft und die
Anerkennung als VdN Hinterbliebene wurde nach § 3 Abs.1a der
Anerkennungrichtlinien mit Wirkung v.1.2.1954 ausgesprochen.

Hauptsachbearbeiterin

III/21/19 IG 002/54 10061

Fernschreiber:
Rat des Bezirkes Dresden 2381

Bankkonto:
Deutsche Notenbank Dresden, Konto-Nr.

Bestätigung der (Wieder-) Anerkennung als VdN für Else Skala

34 * 13.8 1871; † 15.1.1919 (ermordet); am 2.12.1914 als einziger SPD-Reichstagsabgeordneter gegen die Verlängerung der Kriegskredite stimmend, später KPD-Mitgründer

35 * 26.7.1865 † 29.11.1939; von 1911 bis 1918 im Parteivorstand der SPD, zuletzt gemeinsam mit Friedrich Ebert als Parteivorsitzender; bis zur Abdankung des Kaisers sein Staatssekretär

36 Vgl.: Friedrich Ebert: Kämpfe und Ziele, Dresden, ohne Jahr, S. 362f

37 „Die meisten unter den neuen Machthaber waren verlegene Biedermänner; längst alt und bequem geworden in den Gewohnheiten loyaler Opposition, überaus bedrückt von der unerwartet in ihre Hände gefallenen Macht und ängstlich darauf bedacht, sie sobald wie möglich wieder auf gute Art loszuwerden." Sebastian Haffner: Geschichte eines Deutschen. Die Erinnerungen 1914–1933; Stuttgart/München 2002 S. 35

38 Vgl. dazu Kap. 2; (Aktuell wäre daraus zu lernen, z.B. für die Abwehr finanzieller Strangulierungen sorbischer Kultur und Sprache oder die Gestaltung der Wechselbeziehungen zwischen Domowina und Serbski-Sejmik-Initiative)

39 Martin Kasper: Geschichte der Sorben, Band 3, Von 1917 bis 1945, VEB Domowina Verlag Bautzen 1976, S. 17

40 ebd., S. 18; Über das Eintreten für die Achtung der sorbischen Sprache hinaus hatten der Crostwitzer Gutsbesitzer Kokla und der aus halbproletarischen Verhältnissen stammende Kaufmann Bart kaum politische Gemeinsamkeiten. Darauf verweist u.a. Friedrich W. Remes: Die Sorbenfrage 1918/19 Bautzen 1993, S. 113

41 Vgl.: Timo Meškank: Kultur besteht – Reich vergeht. Tschechen und Sorben (Wenden) 1914–1945; Berlin 2000, S. 36

42 Die im Werden und Wachsen des sorbischen Volkes wirkende komplizierte Dialektik von Nationalem und Religiösem kann hier nur ausschnittweise bedacht werden. In der Geschichte auch des sorbischen Volkes gibt es zahlreiche Beispiele dafür, wie aus religiöser Begründung und Motivation um nationale Rechte, um Gerechtigkeit für Unterdrückte gekämpft wurde. Es wird auch im Hinblick auf die Weimarer Republik und das „Dritte Reich" davon noch zu reden sein. Zugleich gab es damals Beispiele, wie aus religiöser Begründung der Einsatz für die Rechte nationaler Minderheiten geschwächt wird. Manches davon lebte in jüngster Vergangenheit wieder auf. So wurde in den Umbruchzeiten des Zerfalls der DDR der damalige Domowina-Vorsitzende mit der Begründung zum Rücktritt aufgefordert, „Sie spalten sonst das sorbische Volk, das ein christliches Volk ist [...] Leiter der Domowina als Atheist können Sie nicht sein." (Jurij Grós: Staatsangehörigkeit: Deutsch Nationalität: Sorbe, GNN Verlag 2004, S. 299) Die Vereinigung Cyril und Metod forderte auf ihrer Hauptversammlung am 28.1.1991 die „Erhaltung des sorbischen Volkes im Glauben und in der Nationalität" (ebd. S. 230) Ohne die katholische Vereinigung in ihren Rechten (u.a. zur politischen Meinungsäußerung) beeinträchtigen zu wollen, muß doch gesagt werden, dass durch die Priorität des Glaubens eine nicht geringe Anzahl der Angehörigen des sorbischen Volkes nicht erfasst wird und insofern in eine weltanschauliche Gegenüberstellung gebracht wird. Wenn dann noch die Sorben nicht nur in Christen und Atheisten geschieden, sondern auch und vor allem in Protestanten und Katholiken getrennt werden, war (und ist) es kaum möglich, die rechtlichen Bedingungen für das Leben der Sorben, z.B. für die Gleichberechtigung und –achtung ihrer Sprache, ihrer Kultur zu verbessern. Die Durchsetzung von Rechten einer ethnischen Minderheit erfordert vielmehr die Formulierung von politischen Zielen, die Vertreter unterschiedlicher Weltsichten verbindet, um die sie gemeinsam kämpfen können.

43 z.B. in „Wo serbskich prašenjach", Prag 1922, S. 15. [vgl. auch die von mir gefertigte sorbisch-deutsche Kopierfassung, Neubrandenburg 2010, S. 28]

44 Serbske Nowiny, 8.12.1918; Als problematisch für die Durchsetzung der Rechte der sorbischen Minderheit erwies sich im Frühjahr 1919 die Schaffung einer Interessengemeinschaft wendischer Landwirte durch sorbische katholische Großbauern innerhalb und vermittels des 1862 gegründeten Cyrill-Methodius-Vereins. In der Novemberrevolution war die bis dahin gültige feudale Gesindeordnung beseitigt worden. Für viele sorbische Großbauern war es nun wichtig, sich zusammenzuschließen, um neu entstandene bzw. entstehende soziale Forderungen sorbischer Landarbeiter abwehren zu können. Die Landarbeiter konnten lediglich einen Vertreter in den Ausschuss wendischer Landwirte entsenden. So war die Sache im Interesse der Groß bauern gut geregelt. Soziale und wirtschaftliche Interessen erwiesen sich, das wird darin anschaulich, letztlich stärker als nationales Bewusstsein oder Interessen der Sorben als ethnische Gemeinschaft.

45 Vgl.: Timo Meškank: a.a.O. S. 37

46 Serbske Słowo vom 25.1.1919

47 Serbske Nowiny, 21.12.1919

48 siehe: Timo Meškank: a.a.O., S. 49

49 Die durch die Revolutionen in Russland 1917 und 1918 in Deutschland aufgeschreckten Sieger sahen in den sorbischen Forderungen das Schreckgespenst des Bolschewismus. Der britische Premier schrieb am Rande der Konferenz im sog. Memorandum von Fontainebleau: „Die ganze bestehende Ordnung der Dinge in ihren politischen, sozialen und wirtschaftlichen Ausblicken ist von einem Ende Europas bis zum anderen durch die Massen der Bevölkerung in Frage gestellt [...] Die größte Gefahr der gegenwärtigen Lage sehe ich darin, dass Deutschland sich dem Bolschewis-

mus zuwenden [...] könnte." (DAVID LLOYD GEORGE: Einige Betrachtungen für die Friedenskonferenz vor dem endgültigen Entwurf ihrer Bedingungen, in: KARL FRIEDRICH NOWAK: Versailles, Berlin 1927, S. 148f.) Das blieb nicht ohne innenpolitischen Widerhall. In der Sächsischen Volkskammer (so hieß das Landesparlament kurz nach der Revolution) meinte der Abgeordnete HARTMANN am 13.3.1919, Forderungen und Grundsätze BARTS würden „einem Bolschewisten alle Ehre machen". (zitiert nach: MARTIN KASPER: Die Geschichte …a.a.O., S. 34) Die ideologische „Klammer" zwischen Antibolschewismus und Chauvinismus zur Abwehr berechtigter Forderungen einer nationalen Minderheit heißt später bei den Nazis „Volksgemeinschaft".

50 Zusammenfassende Stellungnahme der Deutschen Friedensdelegation zu den gegnerischen Friedensbedingungen, Versailles 29.5.1919, in: Urkunden zum Friedensvertrag von Versailles vom 28. Juni 1919, Berlin 1920, S. 457

51 Zum tieferen Verständnis des Kampfes von JAN SKALA für die Minderheitenrechte sei hier schon auf ein nicht nur für dieses Kapitel wichtiges Kompendium verwiesen, dass SKALA nicht kennen konnte, dessen konkrete Umsetzung er aber tagtäglich erlebte: Europastrategien des deutschen Kapitals 1900–1945, Hrsg: R. OPITZ, Pahl-Rugenstein Nachfolger, Bonn, 2. Auflage 1994. Nachfolgende Zitate aus diesem Nachschlagewerk belegen die geistige und praktische Kontinuität deutscher (Außen-)Politik im allgemeinen und der Minderheitenpolitik im besonderen. Zur leichteren Einordnung in das Anliegen des vorliegenden Buches ist zum einen eine Jahreszahl (und bei mehreren Zitaten aus einem Jahr eine Ordnungsziffer) vorangestellt sowie die Originalquelle und die Seitenzahl im Kompendium in eckigen Klammern angegeben. Zum anderen werden – *möglichst sparsam und kursiv gesetzt* – entweder Verkürzungen mit eigenen Worten formuliert oder der Zusammenhang zu den Menschenrechten kommentiert.

1885

(1) „Wenn die Slaven das Deutschthum in ihren Grenzen ausrotten, so müssen wir Repressalien üben, d.h. das Slaventum in unseren Grenzen ausrotten, wenn nicht der Einfluß des Deutschthums in der Geschichte der Kulturvölker beträchtlich sinken soll."

(2) Die „Polen (werden) nie aufhören, jede Verstimmung zwischen den Nachbarn zu schüren, und jeden Conflict zwischen ihnen für sich zu benützen, um bald einen russischen, bald einen deutschen Landestheil zum Westslavenreich zu schlagen."

(3) „Deshalb darf uns kein Geldopfer, und wenn es in die Milliarden ginge, zu groß sein, um zu rechter Zeit durch vollständige Germanisirung solchen Zukunftsgefahren vorzubeugen."

(4) „Es genügt hierzu nicht, sämmtliche polnische Landgüter zu expropiieren und deutsche Bauerndörfer aus ihnen zu machen, es muß auch auf die deutschen Landgüter ein Einwanderungsstrom deutscher Colonisten durch ausreichende Prämien hingelenkt, und für dieselben durch prämiirte Auswanderung polnischer Landarbeiter nach unseren Colonien Platz geschaffen werden." [E.v. Hartmann: der Rückgang des Deutschthums, in: Die Gegenwart, Nr. 2 vom 10.1.1885; S. 92f]

(5) „Wenn wir die bereits ernstlich drohende Slavisierung Deutschösterreichs ohne Fingerheben zulassen, so wird das Moskowitertum, der Panslavismus allein die Früchte einer so selbstmörderischen Politik ernten."

(6) „Und wir Deutschen im Herzen Europas werden erst recht uns nicht dem ruhigen Genusse des Erworbenen hingeben dürfen. Dafür sorgt schon das Slaventum, welches das Deutschtum und das gesamte Germanentum als den einzigen großen und hassenswerten Feind betrachtet, der seiner angestrebten Weltherrschaft im Wege steht."

(7) „Wenn wir unseren nationalen Besitzstand außerhalb der schwarz-weiß-roten Grenzpfähle nicht schützen, so sind wir auch innerhalb der schwarz-weiß-roten Pfähle auf Dauer nicht geschützt.“

(8) „Der alte Drang nach Osten soll wieder lebendig werden.“

(9) „Nur den großen Kulturvölkern kann das Recht der Nationalität zugestanden werden“

(10) „Außerdem haben die Deutschen als Träger höherer Cultur auch ein höheres Recht auf Ausbreitung.“ [P. DE LAGARDE: Die nächsten Pflichten deutscher Politik, Nachwort zur Gesamtausgabe „Deutsche Schriften“ Göttingen 1886/S. 98f, 106]

1895

(1) „Von verhältnismäßiger Dauer werden aber nur die Staatsgebilde sein, bei denen die Uebereinstimmung zwischen dem Siedlungsgebiete der Volksgenossen und den staatlichen Grenzen hergestellt ist“. *Auf Deutschland trifft das bekanntlich nicht zu.* „Und darum ist nichts thörichter, als uns Deutschen eine Politik des Stillstandes, des friedlichen Bewahrens des gegenwärtigen Zustands zu empfehlen.“

(2) „Im heutigen Deutschen Reiche wohnen neben 47 Millionen Deutschen 4 Millionen Undeutsche, und ausserhalb dieser schwarz-weiß-roten Grenzpfähle wohnen allein in Europa 21 Millionen Deutsche, […] Daraus ergibt sich für uns Deutsche […] die Notwendigkeit einer staatlichen Entwickelung in der Richtung der Herstellung der Uebereinstimmung zwischen Sprachgebiet und Staatsgebiet, zunächst die Verwandelung des jetzigen Staatsgebietes des Deutschen Reichs in ein Nationalgebiet durch Germanisierung aller innerhalb desselben lebenden Sprachfremden und Rassenfremden – und für später die Verwandelung des jetzigen deutschen Sprachgebietes innerhalb und außerhalb der Reichsgrenzen in ein deutschvolkliches Staatsgebilde.“ *Das alles braucht Zeit.* „Wir verlegen deshalb den vorläufigen Abschluß der von uns vorausgesagten Entwickelung in das Jahr 1950“

(3) *Nach Norden, Westen und Süden hat das Deutschtum natürliche Grenzen.* „Nach Südosten und Osten sind der Entwickelung des Deutschtums natürliche Grenzen nicht gesteckt. Und so hat sich denn seit mehr als tausend Jahren das Sprachgebiet der Deutschen immer südostwärts und nordostwärts weiter vorgeschoben. Auch in Zukunft wird es nicht anders sein, als daß die Volkskraft der Deutschen dorthin vorwärts drängt.“ *Die Aufzählung von Schritten zur Erreichung dieses Ziels endet mit der Forderung:* „Erhebung des deutschen Volkes zu einem Herrenvolk über niedriger stehende Völker in Europa und über die Naturvölker in den Kolonialgebieten.“

(4) Um „eine erfolgreiche Germanisierung […] zu erreichen, müßten selbstverständlich die Grundsätze der nationalen Gleichberechtigung und manche Anschauungen des bisherigen öffentlichen und privaten Rechts fallen gelassen werden.“ *Selbstverständlich!*

(5) Über die „Grundzüge für die Verfassung des großdeutschen Bundes“ heißt es u.a.: „Im Gebiete des deutschen Bundes wird unterschieden zwischen Staatsangehörigen und volldeutschen Bürgern. Die Staatsangehörigen des deutschen Bundes sind die Staatsangehörigen (Reichsangehörigen) der bisherigen Bundesstaaten. Die volldeutschen Bürger sind solche Staatsangehörige, die vor der oberen Verwaltungsbehörde sich als Deutsche bekennen und den Nachweis führen, daß sie die deutsche Sprache in Wort und Schrift beherrschen.“ Nur Volldeutsche „haben das aktive und passive Wahlrecht“, das „Recht in Heer und Flotte zu dienen“, das „Recht Richterstellen zu bekleiden“ und das „Recht, Grundbesitz auf anderem Wege, als im Erbgange, zu erwerben. Wer bis zu seinem 21. Lebensjahr nicht das volldeutsche Bürgerrecht erworben hat, zahlt das Doppelte an allen direkten öffentlichen Abgaben.“ [Aus der anonym erschienenen Schrift des Vorsitzenden des „Alldeutschen Verbandes“, Prof. Dr. ERNST HAASE: „Großdeutschland und Mitteleuropa um das Jahr 1950“/S. 107–121]

1898

„Denn darüber kann kein Streit sein: die slawische Rasse als die jüngere ist durch die in ihr wirkende Jugendkraft eine gefährlichere Gegnerin für die germanische und die noch ältere romanische Rasse. [...] Denn auch das ist festzuhalten: das Germanentum ist im Gegensatz zum Slawentum für die weitere Zukunft Hauptträger und Hauptstütze der europäischen Kultur." [Aus dem Artikel „Groß-Germanien in der Zeitschrift „Die Grenzboten"/S. 127]

1912

Es „(wird) nicht überraschen, wenn hier unzweideutig ausgesprochen wird, daß der Teil der Erdoberfläche, der heute unter deutscher Herrschaft steht, dem Bedürfnis des deutschen Volkes nicht genügt. Ob dies den andern Staaten leid oder lieb ist, muß uns kalt lassen; sie mögen es wissen und beizeiten ihre Entscheidung treffen, ob sie es vorziehen, uns im guten oder im bösen das zu verschaffen, was wir brauchen: L a n d." [Aus dem unter dem Pseudonym Daniel Frymann erschienenen Buch des Vorsitzenden des Alldeutschen Verbandes, Heinrich Class: „Wenn ich der Kaiser wär"/S. 180]

1913

Im Bericht über „Die politische Lage" sagte Rechtsanwalt Class u.a.: „Die Behauptung eines germanisch-slavischen Gegensatzes sei mehr als eine Redensart, sie sei eine Tatsache von weittragendster politischer Bedeutung, die im Gegensatz der Volksanlagen begründet sei, die wiederum ihre Ursache in Rassen-Unter-schieden hätten." [Aus dem Bericht der „Alldeutschen Blätter" über die Münchener Vorstandssitzung des Alldeutschen Verbandes/S. 197]

1918

„Will der deutsche Imperialismus dem Ansturm der Demokratie mit ihrem Anspruch auf Weltverbesserung Stand halten, so muss er sich ethisch fundamentieren. Mit dem reinen Machtanspruch kann die Demokratie mühelos fertig werden." [Aus der Denkschrift des Prinzen Max von Baden über den „ethischen Imperialismus"/S. 436]

1921

(1) *Nachdem die Deutschen seit 1870/71 zwei Generationen lang im Deutschen Reich gelebt haben* „können wir uns nicht verhehlen, daß unser Reich [...] in seiner Erfassung des Deutschtums ein ausgebildeter Nationalstaat [...] noch nicht gewesen ist." (490)
(2) *Mit dem Ausgang des Krieges* „(ist) das Deutsche Reich mit seinem blutleeren Körper auf lange Zeit hinaus eine aktive Außenpolitik zu treiben außerstande", *weswegen* „uns nunmehr als einzige Rückzugslinie (bleibt): die Rückkehr zur großdeutschen Idee." (491)
(3) „Wir müssen unter neuen Fahnen das ganze Deutschtum versammeln, damit die nationalstaatliche Konsolidierung der Welt sich nicht weiterhin ausschließlich auf unserer Kosten vollzieht." (492)
(4) *Die großdeutsche Idee soll* „als ein leuchtendes Fanal wirken, weithin sichtbar die Söhne unseres Volkstums, die in dem wilden Chaos unseres Niederbruchs wie losgerissene Splitter im Strome dahintreiben oder vorübergehend unter feindlicher Kontrolle national gefährdet sind; die von uns abgesprengt sind und unter Franzosen, Dänen, Polen, oder unter Tschecho-Slowaken, Südslawen Italienern, Rumänen regiert werden sollen ..." [Aus Hermann Onckens Aufsatz „Die Wiedergeburt der großdeutschen Idee"/S. 490–495]

1925

(1) „Politisch werden sie *(die ca. 9 Millionen Menschen deutscher Minderheit in Europa)* berufen sein, als Mitträger der Politik eines fremden Staates die Politik dieses Staates in einem für das Deutsche reich günstigen Sinne zu beeinflussen; kulturell werden sie als geborene Vermittler für die Ausbreitung und das Verständnis deutscher Kultur und deutscher Weltanschauung bei ihrem Staatsvolke dienen; wirtschaftlich werden sie nicht nur Absatzgebiete für deutsche Industrieprodukte und Lieferungsgebiete für in Deutschland benötigte Rohstoffe sein können, sondern zugleich auch wertvolle Stützpunkte für die Propaganda der deutschen Wirtschaft im Auslande."

(2) „Der größte Teil dieser deutschen Minderheiten ringt heute um seine kulturelle Erhaltung und steht dort, wo ein Anschluß an das Reich möglich wäre in einem Kulturkampf mit dem Staatsvolke, bei dem es um Leben oder Sterben geht."

(4) *Deutsche Minderheiten in den an das Reich grenzenden Gebieten* „(werden) von den Mehrheitsvölkern immer als eine Irredenta angesehen, deren allmähliche Vernichtung oder doch Aufsaugung mit allen Mitteln angestrebt werden muß." *Notwendig sei es,* „unter Ausnutzung aller sich bietenden Möglichkeiten die Weltmeinung an dem Schicksal unterdrückter deutscher Minderheiten so stark zu interessieren, daß die Mehrheitsvölker sich durch internationalen Druck zur Gewährung der lebensnotwendigen kulturellen Freiheiten gezwungen sehen."

(5) „Daraus ergibt sich die zwingende Notwendigkeit, daß alle die Grundrechte" (die wir für die deutschen Minderheiten fordern), „ausnahmslos und in einer jeden Zweifel ausschließenden Form den Minderheiten innerhalb der Reichsgrenzen gewährt sein müssen."

(6) „Anerkennung des Bestehens eines Naturrechtes jeder nationalen Minderheit auf kulturelle Selbstverwaltung und vor allem auf eigennationale Gesinnungsschulen ist der Kernpunkt dessen, was für die deutschen Minderheiten in Europa zu erkämpfen ist und muß daher zu gleicher Zeit den Kernpunkt dessen bilden, was den Minderheiten im Reiche in unangreifbarer Form gewährt und verbürgt werden muß."

(7) „Es ist nicht daran zu denken, daß etwa die Tschechoslowakei oder Polen, von denen eine Stärkung der deutschen Minderheit immer als gleichbedeutend mit einer Gefährdung der eigenen staatlichen Existenz angesehen wird, sich dazu verstehen könnte, den wenigen tschechischen oder polnischen Volksgenossen im Reich zu Liebe auf Mittel zur Niederhaltung der unter ihrer Staatshoheit lebenden deutschen Minderheiten zu verzichten."

(8) „Die vorstehenden Erwägungen führen zu dem Ergebnis, daß die Minderheitenfrage im Reiche in einer zur außenpolitischen propagandistischen Ausnutzung geeigneten Form auf der Basis der kulturellen Autonomie und unter Verzicht auf Gegenseitigkeit geregelt sein muß, bevor das Reich die ihm als Schutzmacht der deutschen Minderheiten in Europa gestellte Aufgabe erfüllen kann."

(9) *Es weiterer außenpolitischer Gesichtspunkt heißt:* „Schaffung eines Staates, dessen politische Grenze alle deutschen Volksteile umfaßt, die innerhalb des geschlossenen deutschen Siedlungsgebietes in Mitteleuropa leben und den Anschluß an das Reich wünschen, ist das ferne Ziel deutschen Hoffens, die schrittweise Revision der politisch und wirtschaftlich unhaltbarsten Grenzbestimmungen der Friedensdiktate (polnischer Korridor, Oberschlesien) das nächstliegende Ziel der deutschen Außenpolitik." [Denkschrift von GUSTAV STRESEMANN „Die aussenpolitische Notwendigkeit einer den Bedürfnissen der deutschen Minderheiten in Europa entsprechenden Regelung des Minderheitenrechts innerhalb des Reiches/S. 501–505]

(10) *Führende Politiker der Weimarer Republik haben in einer Besprechung* „an dem Standpunkt festgehalten, daß wir die deutsche Ostgrenze nicht garantieren." [Aus der Niederschrift über eine Besprechung Luthers und Stresemanns mit deutschnationalen Abgeordneten/S. 505]

(11) Die „deutsche Außenpolitik hat nach meiner Auffassung für die nächste absehbare Zeit drei große Aufgaben zu lösen: Einmal die Lösung der Reparationsfrage in einem für Deutschland erträglichen Sinne und die Sicherung des Friedens, die die Voraussetzung für eine Wiedererstarkung Deutschland ist. Zweitens rechne ich dazu den Schutz der Auslandsdeutschen, jener zehn bis 12 Millionen Stammesgenossen, die jetzt unter fremdem Joch in fremden Ländern leben. Die dritte große Aufgabe ist die Korrektur der Ostgrenzen: Die Wiedergewinnung Danzigs, des polnischen Korridors und eine Korrektur der Grenze in Oberschlesien." (507) *Weil das alles aus mehreren Gründen schwierig ist,* „wird die deutsche Politik [...] in dieser Beziehung zunächst darin bestehen müssen, zu finassieren und den großen Entscheidungen auszuweichen." [Brief Gustav Stresemanns an den ehemaligen Kronprinzen über die nächsten Aufgaben der deutschen Außenpolitik/S. 508] (*Finassieren heißt Tricks, Kunstgriffe anwenden, mit Raffinesse vorgehen, intrigieren Ränke schmieden, lügen*)

1926

(1) *Stresemann beantragte* „30 Millionen Reichsmark für die Gewährung von Krediten an das bodenständige Deutschtum im europäischen Ausland", bat darum, den Antrag „auf die Tagesordnung der nächsten Kabinettsitzung zu setzen", jedoch wegen „der besonderen Vertraulichkeit" die 25 „Exemplare der Denkschrift nicht an die Ressorts weiterzuleiten, sondern erst in der Sitzung zur Verteilung zu bringen."

(2) *In einer geheimen Denkschrift heißt es u.a.:* „Das Deutschtum im Auslande bedarf heute der wirtschaftlichen Unterstützung, wenn es sich in seinem Besitzstand behaupten soll. *Mit Hilfe* des „sich ständig verschärfenden nationalen Chauvinismus der Mehrheitsvölker" erstrebe man, „die wirtschaftlichen Grundlagen des Deutschtums zu zerschlagen."

(3) *Es sei nicht nötig, allen* „in finanzieller Hinsicht [...] geäußerten Wünschen nachzugeben", *aber* „dort wo politische Interessen für uns direkt oder indirekt auf dem Spiel stehen", *ist es notwendig,* „dem dringendsten Bedarfe zu genügen und auf dem Wege der Kreditvermittlung die Summen flüssig zu machen, welche zum Zweck der Erhaltung des bodenständigen Deutschtums unbedingt nötig sind."

(4) „Der Betrag von 30 Millionen RM (ist) in den Nachtragshaushalt des laufenden Rechnungsjahres einzustellen." *Das Protokoll der Kabinettsitzung vom 31.3.1926 hält weiter fest:* „Der Reichskanzler stimmte dem so erbetenen Antrage zu. Das Kabinett erteilte die Ermächtigung." [Geheime Denkschrift Gustav Stresemann; Begleitschreiben dazu und Protokoll der Kabinettsitzung/S. 511–514]

1928

(1) „Künftig ginge es nicht mehr an, Volkstumspflege in Fremdstaaten ohne Berücksichtigung der gesamtpolitischen Zusammenhänge [...] zu leisten und abzuwarten, ob und wie lange die Nachfolgestaaten aufbauende Deutschtumsarbeit dulden wollten oder nicht. *Notwendig ist vielmehr,* zunächst den Kampf in breiter Front um die Rechtsgrundlagen zu führen und so von der Verteidigung zum Angriff überzugehen." Insofern „(ist) die Deutschtumsarbeit gezwungen, sich in das Große Ringen um eine Neuordnung Europas einzubauen."

(2) *Auf* „vier Vortagungen" *habe man die neuen Aufgaben mit mit maßgeblichen Persönlichkeiten* „aus Estland, Lettland Litauen, Memel, Danzig und Polen" (Januar 1927 in Frankfurt/Oder), „Deutschösterreichs, Südtirols, Ungarns und Rumäniens, Südslaviens und der Slovakei" (Mai 1927 in Cham), „der Tschechoslowakei [...] und der Sudetendeutschen (November 1927 in Dresden) *sowie mit* „einem Kreis führender österreichischer Persönlichkeiten des politischen, wirt-

schafts- und kulturpolitischen Lebens und dortiger Deutschtumsverbände" (Dezember 1927 in Wien) *beraten.*

(3) *Die* „Berliner Schlußbesprechung" *vom 14.3.1928* „vereinigt erstmalig das gesamt europäische Deutschtum in seiner politischen, wirtschaftlichen und kulturpolitischen Führung." *Man habe* „Richtlinien zum gemeinsamen Handeln" *beschlossen, allen voran das Ziel,* „eine gleichgerichtete Aufklärungs- und Werbearbeit" *für* „Vorschläge zur Neuordnung Europas" *zu verfechten, wobei diese* „im Zuge ihrer Durchführung den Deutschen des geschlossenen Siedlungsgebietes des Recht auf einen großdeutschen Staat und den Auslandsdeutschen die von ihnen angestrebte Rechtsstellung geben müßten."

(4) „Neben den politischen und wirtschaftlichen Verbindungen sind daher auch die kulturellen zu vermehren und zu stärken." Im „deutschen Volk" ist „die Kulturpflege im Sinne der Erhaltung, Herausbildung und Veredelung deutscher Eigenart zu fördern und dadurch die Vorbildlichkeit deutschen Wesens zu sichern." Der so „geschaffene Inhalt der deutschen Gesamtkultur ist planmässig in den Dienst einer Verbreitung und Vertiefung des deutschen Kultureinflusses auf die nichtdeutschen Völker zu stellen."

(5) *In einem Extra-Papier wird das präzisiert. Nach der ausführlichen Beschreibung der* „Not des Grenz- und Auslandsdeutschtums" wird als „die deutsche Zielsetzung" fixiert: „Sicherung der dem deutschen Volk mit Rücksicht auf dessen Zahl und dessen Bedeutung gebührenden Stellung und des ihm gebührenden Einflusses bei der zukünftigen politischen und wirtschaftlichen Entwicklung Europas im Sinne seiner europäischen Zielsetzung [...] Grundsätzlich sollte jede Gelegenheit zum Erwerb von Industrie und Landbesitz sowohl in den grenzdeutschen Gebieten als auch dort, wo deutsche Volksgruppen im Ausland in dieser Richtung erwerbstätig sind, von den deutschen Staaten her benutzt werden. [...] Presseunternehmen in deutschen Staaten (sollten) grundsätzlich als Vertreter keine fremdvölkischen, sondern nur Deutsche anstellen. [...] Ein „gesamtdeutsches Volks- und Kulturbewußtsein" muß anknüpfen „bei den nichterstorbenen Resten, den objektiven Merkmalen des Deutschseins, bei Mundart und Sprache, bei religiösen Gefühlen, bei heimatlich-deutscher Sitte, bei Orts- und Flurnamen und Familienforschung, bei Erinnerungen an die Stammesheimat. Aus alledem sind allmählich verloren gegangene Bindungen wieder zu knüpfen."

(6) *Das ganze Paket wird Regierungsrat* KRAMER-MÖLLENBERG „mit dem Audruck vorzüglichster Hochachtung" *zugeschickt. KRAHMER-MÖLLENBERG (1882–1942), zu diesem Zeitpunkt Geschäftsführer des Interfraktionellen Ausschusses des Reichstages für Ostfragen und Leiter der Deutschen Stiftung, die die Zentralarbeitsgemeinschaft der deutschen Parteien finanzierte, notiert darunter:* „Die Anlagen müssen den Eindruck erwecken, als ob die in der Teilnehmerliste aufgeführten Personen z.B. die Regierungsvertreter die Richtlinien billigen. Es ist m. E. ein politischer Leichtsinn diesen Eindruck bezgl. der deutschen Zielsetzung zu erwecken, die ein klares Irridentaprogramm darstellen. Ob diese „Zielsetzungen" überhaupt richtig gesehen sind?" [Bericht über die Berliner Schlußbesprechung des deutschen Schutzbundes/S. 539–555] *Mit dieser Kritik steht er allein auf weiter Flur.*

1934

„Es ist fast ein Widerwille, eine gefühlsmäßige Hemmung, die den Deutschen gern das Tohuwabohu des Südostens links liegen läßt; eine Hemmung geboren aus einem Reinlichkeitsbedürfnis, das durch die Unmöglichkeit, das Völker-, Rassen-, Religionen- Kulturen-, Staatenchaos des Südostens konstruktiv-ordnend zu meistern – wie es dem Deutschen im politischen Schaffen naheliegt -, in seiner Abwehrtendenz unterstützt wird." [R. v. SCHUMACHER: Der Südostraum in der Konzeption Mitteleuropas in der Zeitschrift „Geopolitik"/S. 621]

1938

„Für Deutschland ist als Expansionsobjekt das durch den Bolschewismus seiner Intelligenz, seines Kapitals und seiner Wirtschafts-Prosperität beraubte, aber in seinem möglichen Ertrag an nicht gehobenen Rohstoffen unberechenbar reiche Gebiet Rußland gegeben." (Schreiben ARNOLD RECHBERGS (1879–1947) an den Chef der Reichskanzlei, HEINRICH LAMMERS/S. 640)

1939

(1) *Die Frage* „völkerrechtlicher Raumordnungsprinzipien (ist) im letzten Jahrhundert völlig vernachlässigt worden. Das erklärt sich durch die Herrschaft eines leeren Gesetzes- und Vertragspositivismus, der nichts anderes war, als das juristische Instrument der Legalität und Legitimität des status quo, und zwar hauptsächlich des status quo von Versailles". (CARL SCHMITT: „Völkerrechtliche Großraumordnung mit Interventionsverbot für raumfremde Mächte/S. 641)

(2) „Die Aufstellung und Durchführung dieser für einen solchen Großraum geltenden Grundsätze ist nicht Sache raumfremder Mächte, die sich außen in diesen Raum einmischen; [...] sondern der diesen Raum tragenden volkhaften und staatlichen Mächte, insonderheit des Deutschen Reiches. Seit der Erklärung, die der Reichskanzler ADOLF HITLER am 20. Februar 1938 im Deutschen Reichstag gegeben hat, besteht auf der Grundlage unseres nationalsozialistischen Volksgedankens ein deutsches Schutzrecht für die deutschen Volksgruppen fremder Staatsangehörigkeit. Damit ist ein echter völkerrechtlicher Grundsatz aufgestellt." (ebd. S. 643)

(3) „Der Krieg ist in diesem völkerrechtlichen System eine Beziehung von Ordnung zu Ordnung und nicht etwa von Ordnung zu Unordnung." „Zu einer neuen Ordnung der Erde und damit zur Fähigkeit, heute Völkerrechtssubjekt ersten Ranges zu sein, gehört ein gewaltiges Maß nicht nur ‚natürlicher‘, im Sinne naturhaft ohne weiteres gegebener Eigenschaften, dazu gehört auch bewußte Disziplin, gesteigerte Organisation und die Fähigkeit, den nur mit einem großen Aufgebot menschlicher Verstandeskraft zu bewältigenden Apparat eines modernen Gemeinwesens aus eigener Kraft zu schaffen und ihn sicher in der Hand zu haben." (ebd. S. 646)

(4) *So wird das deutsche Reich imstande sein, der* „großen politischen Idee, der Achtung jedes Volkes durch Art und Ursprung, Blut und Boden bestimmten Lebenswirklichkeit, eine Ausstrahlung in den mittel- und osteuropäischen Raum hinein zu verschaffen und Einmischungen raumfremder und unvölkischer Mächte zurückzuweisen. Die Tat des Führers hat dem Gedanken unseres Reiches politische Wirklichkeit, geschichtliche Wahrheit und eine große völkerrechtliche Zukunft verliehen." (ebd. S. 647) *In der von* SCHMITT *angesprochene Rede sprach* HITLER *mit Bezug auf den Anschluss Österreichs u.a. von den* „schmerzlichen Folgen der durch den Versailler Wahnsinnsakt durcheinander gebrachten europäischen Landkarte der wirtschaftlichen und bevölkerungspolitischen Lage" und betonte: „Die staatsrechtliche Trennung vom Reich kann nicht zu einer volkspolitischen Rechtlosmachung führen. [...] Es ist auf Dauer für eine Weltmacht von Selbstbewußtsein unerträglich, an ihrer Seite Volksgenossen zu wissen, denen aus ihrer Sympathie oder Verbundenheit mit dem Gesamtvolk, seinem Schicksal und seiner Weltauffassung fortgesetzt schwerstes Leid zugefügt wird. [...] Und zu diesen Interessen des Deutschen Reiches gehört auch der Schutz jener deutschen Volksgenossen, die aus eigenem nicht in der Lage sind, sich an unseren Grenzen das Recht einer allgemeinen menschlichen, politischen und weltanschaulichen Freiheit zu sichern." (zitiert nach: http://www.pro-film.de/dokumente/rede19380220AH.htm, 4.5.201)

(5) „Heute wie 1914 erscheint die deutsche Politik und wirtschaftliche Lage – eine von der Welt belagerte Festung – eine rasche Kriegsentscheidung durch Vernichtungsschläge gleich zu Beginn der Feindseligkeiten zu verlangen. Diese verschlingen naturgemäß täglich ein Vielfaches der Kriegskapazität an Munition. Freiheit des Handelns ist für die oberste Kriegsführung also nur

gegeben, wenn die Vorräte an Pulver und Sprengstoff so groß sind, daß der Bedarf vieler aufeinanderfolgender Kampfhandlungen gedeckt werden kann [...] Es muß daher gefordert werden [...] schon im Frieden sämtliche Kapazitäten voll anlaufen zu lassen – dies gilt auch für bestimmte Vorstoffe" sowie „schon jetzt alle Vorbereitungen zu treffen für eine weitere Steigerung der Kapazität mindestens bis zum Dreifachen des jetzigen Endziels ..." [Aus einem Arbeitsbericht des Vorstandsmitgliedes der IG Farben und Generalbevollmächtigten für Sonderfragen der chemischen Erzeugung, CARL KRAUCH, (1887–1968, Professor für Hochdruckchemie) über Zielsetzung, Stand und Erfordernisse der Kriegsvorbereitung vor dem Generalrat des Vierjahresplanes/S. 649]

1940

(1) Wir „(haben) nicht nur das grösste Interesse daran, die Bevölkerung des Ostens nicht zu einen, sondern im Gegenteil in möglichst viele Teile und Splitter zu zergliedern. [...] Aus dem „ganzen Völkerbrei des Generalgouvernements [...] und der Ostprovinzen" sind „durch rassische Siebung [...] die rassisch Wertvollen aus diesem Brei herauszufischen, nach Deutschland zu tun, um sie dort zu assimilieren."

(2) „Eine grundsätzliche Frage bei der Lösung aller dieser Probleme ist die Schulfrage und damit die Sichtung und Siebung der Jugend. Für die nichtdeutsche Bevölkerung des Ostens darf es keine höhere Schule geben als die vierklassige Volksschule. Das Ziel dieser Volksschule hat lediglich zu sein: Einfaches Rechnen bis höchstens 500, Schreiben des Namens, eine Lehre, dass es ein göttliches Gebot ist, den Deutschen gehorsam zu sein und ehrlich, fleissig und brav zu sein. Lesen halte ich nicht für erforderlich. Ausser dieser Schule darf es im Osten überhaupt keine Schulen geben. Eltern, die ihren Kindern von vornherein eine bessere Schulbildung [...] vermitteln wollen, müssen dazu einen Antrag bei den Höheren SS- und Polizeiführern stellen. Der Antrag wird in erster Linie danach entschieden, ob das Kind rassisch tadellos und unseren Bedingungen entsprechend ist. Erkennen wir ein solches Kind als unser Blut an, so wird den Eltern eröffnet, dass das Kind auf eine Schule nach Deutschland kommt und für Dauer in Deutschland bleibt."

(3) „Die Bevölkerung des Generalgouvernements setzt sich dann zwangsläufig nach einer konsequenten Durchführung dieser Massnahmen im Laufe der nächsten 10 Jahre aus einer verbleibenden minderwertigen Bevölkerung, die noch durch abgeschobene Bevölkerung der Ostprovinzen sowie all' der Teile des deutschen Reiches, die dieselbe rassische und menschliche Art haben (Teile z.B. der Sorben und Wenden), zusammen. Diese Bevölkerung wird als führerloses Arbeitsvolk zu Verfügung stehen und Deutschland jährlich Wanderarbeiter und Arbeiter für besondere Arbeitsvorkommen (Strassen, Steinbrüche, Bauten) stellen; sie wird selbst dabei mehr zu essen und zu leben haben als unter der polnischen Herrschaft und bei eigener Kulturlosigkeit unter der strengen, konsequenten und gerechten Leitung des deutschen Volkes berufen sein, an dessen ewigen Kulturtaten und Bauwerken mitzuarbeiten und diese, was die Menge der groben Arbeit anlangt, vielleicht erst ermöglichen." [HEINRICH HIMMLER: Einige Gedanken über die Behandlung der Fremdvölkischen im Osten"/S. 653–655] *Dazu gibt es eine vom 28.5.1940 datierte Anmerkung Himmlers, gekennzeichnet als „Geheime Reichssache" folgenden Wortlauts: „Am Sonnabend, den 25. d. Mts., gab ich dem Führer meine Niederschrift über die Behandlung der fremdvölkischen im Osten. Der Führer las die 6 Seiten durch und fand sie sehr gut und richtig. Er gab jedoch die Anweisung, daß sie nur in ganz wenigen Exemplaren vorhanden sein dürfe, nicht vervielfältigt werden dürfe und ganz geheim zu behandeln sei. Minister Lammers war ebenfalls anwesend. Der Führer wollte, daß ich Generalgouverneur Frank noch einmal nach Berlin bäte, um ihm diese Niederschrift zu zeigen und ihm zu sagen, daß der Führer das für richtig halte." (Zitiert nach: M. KASPER/J. SCHOLTA: Aus Geheimakten nazistischer Wendenpolitik, Bautzen 1960, S. 55)*

(4) „Sodann führte er aus: Eine entscheidende Kriegsursache sei darin zu sehen, daß das deutsche Volk über einen zu engen Lebensraum verfügt. Die Enge sei eine totale, sie beträfe den Siedlungsraum, die Kultur, und die Wirtschaft." Aus dieser „Enge uns zu befreien, sei ein Ziel des uns aufgezwungenen Krieges." (684) Er sei sich „sicher, daß in Europa die Reichsmark die dominierende Währung sein werde, da Deutschland die stärkste Wirtschaftsmacht sein wird." [Aus einer streng vertraulichen Aktennotiz des Geschäftsführers der Wirtschaftsgruppe Feinmechanik/Optik, KARL ALBRECHT, über eine Sitzung des Außenhandelsausschusses der Reichsgruppe Industrie/S. 684]

(5) „Die Reichsmark wird die führende Währung in einem deutschen Großwirtschaftsraum." [Vertrauliche Ausarbeitung der Volkswirtschaftlichen Abteilung der Deutschen Reichsbank „Probleme der äußeren Währungspolitik nach Beendigung des Krieges/S. 685]

(6) *Mir geht es um die* „weitere Verbesserung der deutschen Bedarfsdeckungsmöglichkeiten in Europa" (756). *Notwendig sei die* „Schaffung eines europäischen Zahlungssystems […] auf der Grundlage der Reichsmark" zur „Kontrolle des zwischenstaatlichen europäischen Warenverkehrs [...] im großen durch staatliche Abmachungen unter Einsatz der deutschen Machtmittel. [...] In den von der deutschen Wehrmacht besetzten Gebieten werden diese Fragen zur Zeit ihrer praktischen Loesung zugefuehrt; es muss die naechste Aufgabe sein, auch in den uebrigen von uns abhaengigen Laendern allmaehlich solche Tatsachen zu schaffen." [Brief von Reichswirtschaftsminister FUNK an den Beauftragten für den Vierjahresplan, Reichsmarschall GÖRING/S. 756]

(7) „Ich kann den Sinn des Weltkrieges nur darin sehen, daß er dieser treibhausartig gewachsenen Welt den Todesstoß versetzt hat, indem er mit all der sozialen Unausgeglichenheit und Ungleichheit Millionen von Menschen die Augen dafür geöffnet hat, daß das in was sie hineingewachsen war, etwas Unnatürliches war. Und so sind aus dem Weltkrieg die neuen Kräfte gewachsen, insbesondere bei den betrogenen Völkern, bei den durch den Friedensvertrag von Versailles ausgesaugten Völkern, die die Befreiung der Welt in die Wege leiten: der Faschismus und der Nationalsozialismus. [...] Wir können diesem Kampf mit Vertrauen entgegensehen. Er wird vom Führer geführt, im Bewußtsein seiner geschichtlichen Mission gestaltet er nicht nur den Krieg, sondern er gestaltet beinahe im Kriege schon die künftige neue Welt. Schon im Kriege zeigt er Vorausblick auf das, was werden soll und werden muß, um nicht nur dem deutschen Volk den Platz an der Sonne zu sichern, sondern auch die Prinzipien und Grundsätze in der Welt durchzusetzen, unter denen allein die Völker ein vernünftiges Leben gestalten können." [Vortrag von HANS KEHRL (1900–1984, NSDAP-Gauwirtschaftsberater und SS-Wirtschaftsführer, Mitglied im Freundeskreis Reichsführer-SS) vor der Industrie- und Handelskammer der Niederlausitz über „Großraumwirtschaft"/S. 789]

1941

(1) „Die Ausnutzung der neu zu besetzenden Gebiete hat sich in erster Linie auf den Gebieten der Ernährungs- und Mineralölwirtschaft zu vollziehen." [Richtlinien für die Führung der Wirtschaft in den neu besetzten Ostgebieten (Grüne Mappe)/S. 810]

(2) „Wesentlich sei es nun, daß wir unsere Zielsetzung nicht vor der ganzen Welt bekanntgäben; dies sei auch nicht notwendig, sondern die Hauptsache sei, daß wir selbst wüßten, was wir wollten. Keinesfalls solle durch überflüssige Erklärungen unser eigener Weg erschwert werden. Derartige Erklärungen seien überflüssig, denn soweit unsere Macht reiche, könnten wir alles tun und was außerhalb unserer Macht liege, könnten wir ohnehin nicht tun. [...] Wir werden also wieder betonen, daß wir gezwungen waren, ein Gebiet zu besetzen, zu ordnen und zu sichern; im Interesse der Landeseinwohner müßten wir für Ruhe, Ernährung, Verkehr usw. usw. sorgen; deshalb unsere Regelung. Es soll also nicht erkennbar sein, daß sich damit einen endgültige Regelung

anbahnt! Alle notwendigen Maßnahmen – Erschießen, Aussiedeln, etc. – tun wir trotzdem und können wir trotzdem tun. [...] Grundsätzlich kommt es also darauf an, den riesenhaften Kuchen handgerecht zu zerlegen, damit wir ihn erstens beherrschen, zweitens verwalten und drittens ausbeuten können. [...] Nie darf erlaubt werden, daß ein anderer Waffen trägt, als der Deutsche.[1] Dies ist besonders wichtig; selbst wenn es zunächst leichter erscheint, irgendwelche fremden unterworfenen Völker zur Waffenhilfe heranzuziehen, ist es falsch! Es schlägt unbedingt und unweigerlich eines Tages gegen uns aus. Nur der Deutsche darf Waffen tragen, nicht der Slawe, nicht der Tscheche, nicht der Kossak oder Ukrainer"! [Aktenvermerk MARTIN BORMANNS über eine Besprechung HITLERS mit GÖRING, ROSENBERG, LAMMERS und KEITEL/S. 812f]

(3) „Die Bestimmungen der Haager Landkriegsordnung, die sich mit der Verwaltung eines durch eine fremde Kriegsmacht besetzten Landes befassen, gelten nicht, da die UdSSR als aufgelöst zu betrachten ist und das Reich infolgedessen die Verpflichtung hat, im Interesse der Landesbewohner alle Regierungs- und sonstigen Hoheitsbefugnisse auszuüben." [Richtlinie für die Zivilverwaltung in den besetzten Ostgebieten (Braune Mappe)/S. 830]

1942

(1) „Es ist nicht ausgeschlossen, daß wir bei einer gleichmäßigen zweihundertjährigen Führung das Nationalitätenproblem gelöst haben. [...] Der Weg der Selbstverwaltung führt zur Selbständigkeit! Mit demokratischen Einrichtungen kann man nicht halten, was man mit Gewalt einst genommen hat. [...] Für die Kinder in den Ostgebieten „(wäre) es am besten, man lehrte sie nur die Sprache verstehen [...] Nur geistige Arbeit sollen sie nicht lernen." [Aus HITLERS Tischgesprächen/S. 858]

(2) „Die Polen sind das deutschfeindlichste, ziffernmäßig stärkste und darum gefährlichste aller in dem Plan für eine Umsiedlung in Betracht gezogenen Fremdvölker." *Nach längeren Ausführungen über die vermeintlichen rassischen Besonderheiten in Polen:* „Jedenfalls müßen die Polen, die als eindeutschungsfähig in den ehemals polnischen Gebieten oder im Altreich verbleiben, zwangsweise eingedeutscht werden.

(3) „Im Ostministerium interessiert nun aber ganz besonders die Frage, wo die rassisch unerwünschten Polen verbleiben sollen. [...] *Die rund 20 Millionen unerwünschten Polen nach Sibirien umzusiedeln* „bedeutet zweifellos eine ständige, kompakte Gefahr des sibirischen Raumes, ein Herd ständigen Aufruhrs gegen die deutsche Ordnungsmacht". *Das sei*, „wenn man für die Umsiedlung eine Zeitdauer von 30 Jahren [...] vorsieht" und „etwa 100 bis 120 Eisenbahnzüge nur für die Polentransporte jährlich zur Verfügung stehen [...] in einigermaßen ruhigen Zeiten aber durchführbar. [...] *Möglich wäre es*, „die Polenfrage zum Teil auch durch mehr oder minder freiwillige Auswanderung nach Übersee zu lösen. [...] *Wünschenswert sei es, daß* „nach Friedensschluß [...] die Schichten des polnischen Volkes, die für eine Eindeutschung aus rassischen und auch politischen Gründen nicht in Betracht kommen, nach Südamerika, evt. auch Nord- oder Mittelamerika auswandern."

(4) „Wir müssen in den betreffenden Gebieten eine negative Bevölkerungspolitik treiben" *d.h.* „der Bevölkerung (muß) immer wieder der Gedanke eingeredet werden, wie schädlich es ist, sich viele Kinder anzuschaffen." Weiterhin ist „die Einrichtung von Abtreibungsinstituten [...] zu fördern" und „z.B. Hebammen oder Feldscherinnen zu Abtreiberinnen auszubilden, [...] „die freiwillige Sterilisierung ist gleichfalls zu propagieren. Die Säuglingssterblichkeit darf nicht bekämpft werden. Auch Aufklärung der Mütter über Säuglingsfürsorge und Kinderkrankheiten darf nicht erfolgen [...] „Daß man bei systematischer Anwendung der ober dargelegten Mittel erhebliche Erfolge bei der Schwächung des russischen Volkskörpers erzielen wird können, liegt

auf der Hand. [...] Für uns Deutsche kommt es nur darauf an, das Russentum derart zu schwächen, daß es nicht mehr in der Lage ist, den deutschen Führungsanspruch im europäischen Raum zu gefährden.“

(5) „Die vom Rassenpolitischen Amt der NSDAP vorgenommenen Ermittlungen haben ergeben, daß infolge der im deutschen Reichsgebiet sich aufhaltenden Artfremden ständig Vermischungen mit Deutschen stattfinden.“ Die „artfemden Mischlinge deutscher Staatsangehörigkeit sind im Reichsgebiet ja nur Menschen zweiten Ranges. Sie bilden eine dauernde rassenbiologische Gefahr. [...] Wenn jedenfalls das dritte Reich ein tausendjähriges sein soll, müssen die Planungen hierfür auf Generationen getroffen werden. Das bedeutet aber, daß rassenbiologisches Denken bei der künftigen deutschen Politik von entscheidender Bedeutung wird sein müssen. Nur dann werden wir die Zukunft unseres Volkes sichern können.“ [Dr. Wetzel, Regierungsrat im Reichsministerium für die besetzten Ostgebiete, Stellungnahme und Gedanken zum Generalplan Ost des Reichsführers SS/S. 868–893]

(6) *Der Rußlandfeldzug mache klar,* „daß hier zwei Rassen brutal und bedingungslos gegeneinander kämpften, daß hier zwei Träger dieses rassischen und völkischen Vernichtungskampfes vorhanden sind.“ Uns gegenüber steht „der russische Kommissar, bedingungsloser Bolschewik [...], von einem tierischen Verteidigungswillen bis ins Innerste durchdrungen, [...] der bei ihm gar nicht gedanklich aus einer Logik oder aus einem Pflichtgefühl herauskommt, sondern [...] weil es eine entmenschte Bestie geworden ist“ und das „von ihm geführte Material, die Masse, diese Rohstoffmenschen oder besser Untermenschen.“ [Aus einer Rede Heinrich Himmlers vor dem Führerkorps der SS-Divison „Das Reich“/S. 895]

(7) *Mit der Souveränität* „ist in Europa [...] eine reichsfeindliche und raumfremde Staatskonstruktion zur Durchsetzung gelangt, die eine vom germanischen Denken her noch stark raumhaft politische Gesamtlebensordnung Europas aus germanischem Recht, wie sie das mittelalterliche Deutsche Reich in seiner Frühzeit verkörperte, zerstört hat [...] An die Stelle des Staat-Untertanenverhältnisses und der parlamentarischen verfassungsrechtlichen Organisation der Staatsgewalt waren Führer und Volksgemeinschaft getreten [...] Volksgemeinschaft, Führung, Rasse, Leistungsprinzip, Persönlichkeit, Blut und Boden mußten zugleich die Grundlage eines neuen Rechtsdenkens werden, das nicht mehr – auch nicht formal – mit den überkommen Begriffen der staatlichen Rechtswissenschaft [...] verstanden werden konnte.“

(8) „Reich und Großraum sind die beiden Grundbegriffe, von den für die deutsche Staatswsissenschaft sowohl die innen- wie die außenpolitische Neuordnung Europas ausgeht. [...] Es ist die Auffassung vom Reich als Lebenskern des Großraumes und vom Großraum als Lebens- und Wirkungsraum für die Völker“. *Das* „neue Reich ist innenpolitisch nunmehr dadurch gekennzeichnet, daß es die völkische Einigung eines in Stände und Klassen zerfallenen Volkes verwirklicht hat. Die politische Einheit des Dritten Reiches liegt daher nicht im Staat, sondern in der Volksgemeinschaft. Ihr gegenüber zerbrachen die künstlichen staatlichen Fesseln, die das Friedensdiktat von Versailles Deutschland auferlegt hatte, um Teile des deutschen Volkes vom Mutterland abzusprengen.“

(9) „Die außenpolitische Entwicklung ist hier nur die organische Fortsetzung der im Innenleben entwickelten Grundsätze. [...] *Der so zu schaffende* „Friede ist allumfassend. Er schließt die bisherigen verschiedenen Friedensvorstellungen,den sozialen Frieden, den Wirtschaftsfrieden, den Arbeitsfrieden in sich. Die gesammelte Kraft, die der neue Frieden zur Folge hat, kann einen neues Europa auf seinen inneren Ausbau richten. Nach außen aber vermag das Reich mit einer starken Wehrmacht zusammen mit der Wehrkraft der Europa tragenden Völker die neue innere Entwicklung zu schützen.“ [Reinhard Höhn: „Reich- Großraum–Großmacht“/S. 933–938]

52 In seinem Sinne wäre es deshalb heute sinnvoll, von der Bundesrepublik Deutschland ein innen-politisches Konzept für den Umgang mit den ethischen Minderheiten im Inland zu fordern, das dem kulturpolitischen Konzept zur Förderung deutscher Minderheiten im Ausland in Form und Maß entspricht

53 Er lautete: „Die fremdsprachigen Volksteile des Reichs dürfen durch die Gesetzgebung und Ver-waltung nicht in ihrer freien, volkstümlichen Entwicklung, besonders im Gebrauch ihrer Mutter-sprache beim Unterricht sowie bei der inneren Verwaltung und der Rechtspflege beeinträchtigt werden." So knüpfte die Weimarer Verfassung an eine Bestimmung der von der Frankfurter Nati-onalversammlung 1849 beschlossenen Verfassung an. In § 188 hieß es: „Den nicht deutsch redenden Volksstämmen Deutschlands ist ihre volkstümliche Entwicklung gewährleistet, namentlich die Gleichberechtigung ihrer Sprachen, so weit deren Gebiete reichen, in dem Kirchenwesen, dem Unterrichte, der innern Verwaltung und der Rechtspflege." Jan Arnošt Smoler hatte zuvor im Mai 1848 das Mitglied der Frankfurter Nationalversammlung, Robert Blum, brieflich auf „die in Sachsen und Preußen sich vielfältig in gedrückter Lage befindlichen Lausitzischen Wenden, wel-che sich selbst Serben nennen" aufmerksam gemacht und gebeten, dass in die künftig „geltenden Grundrechte eine Bestimmung eingefügt würde, vermöge welcher die Erlösung der slawischen Bewohner Deutschlands aus dem geistigen, durch die Verkümmerung ihrer nationalen Sprache in Kirche, Schule und vor Gericht entstandenen Elende erfolgen könnte."; Blum antwortete, „daß diesem Wunsche wahrscheinlich schon in nächster Zeit gewillfahrt werden dürfte." (Meine Landsleute: Die Sorben und die Lausitz im Zeugnis deutscher Zeitgenossen. Hrsg. von HARTMUT ZWAHR, VEB Domowina Verlag Bautzen, S. 213). Der demokratische Linke ROBERT BLUM wurde am 9.11.1848 trotz parlamentarischer Immunität in Wien vor ein Tribunal gestellt, verurteilt und erschossen.

54 vgl. MARTIN KASPER: a.a. O. S. 43

55 OTTO MEISSNER (* 13. März 1880 † 27. Mai 1953 in München) war Leiter des Büros der Reichs-präsidenten bzw. -kanzler unter EBERT, HINDENBURG und HITLER. Er promovierte 1902 zum Dr. jur., leistete 1903/04 seinen Militärdienst ab und trat 1906 als Gerichtsassessor in den elsass-lothringischen Justizdienst ein. 1908 trat er in den Verwaltungsdienst als Regierungsassessor bei der Kaiserlichen Generaldirektion der Eisenbahnen in Elsass-Lothringen und Luxemburg. Von 1915 bis 1917 nahm er als Offizier am Ersten Weltkrieg teil, war bis 1919 diplomatisch tätig, zuerst in Bukarest, dann in Kiew. Als zu Kriegsende die deutsche Gesandtschaft Kiew verließ, blieb Meissner, der fließend Russisch und Französisch sprach, als letzter deutscher Geschäftsträger bei der ukrainischen Regierung zurück. Dank seiner guten Kontakte wurde er 1919 Vortragender Rat im Büro des Reichspräsidenten EBERT, stieg an seinem 40. Geburtstag 1920 zum Ministerial-direktor und Leiter des Büros des Reichspräsidenten auf. 1923 ernannte ihn EBERT zum Staatsse-kretär. Von HITLER wurde er 1937 zum Staatsminister im Rang eines Reichsministers und Chef der Präsidialkanzlei des Führers und Reichskanzlers ernannt. MEISSNER war alles andere als ein Bürokrat: weltgewandt, zuvorkommend, heiter und immer bis ins Letzte präpariert. Er verkehrte – bei Empfängen mit Zweispitz und Ehrendegen an der Seite seiner schönen Frau – intensiv im Diplomatischen Korps. Nuntius PACELLI, den späteren Papst Pius XII., verblüffte er bei den ersten von vielen Begegnungen mit fließendem Lateinisch. Unter all seinen Herren und bei all seinen Gesinnungsgenossen war wegen seiner langjährigen Erfahrungen, seines Einfallsreichtums, seiner blitzenden Intelligenz und seiner Pfiffigkeit geschätzt. Im Nürnberger Kriegsverbrecherprozeß angeklagt und freigesprochen. 1950 veröffentlichte er Erinnerungen an seine Beamtenlaufbahn unter dem Titel „Staatssekretär unter EBERT, HINDENBURG und HITLER".

56 Bis in die aktuelle Gegenwart hinein ist das noch immer nicht völlig überwunden.

57 Josef Páta, (* 27.8.1886 † 24.6.1942) gründete 1907 den Verein „Luzisko –serbske towarstwo ‚Adolf Cerny' w Praze" und war bis 1915 Geschäftsführer. Nach 1920 leitete er das Sorbische Referat im Prager Außenministerium, stärkte dessen Wirksamkeit für die tschechisch-sorbischen Kontakte und unterhielt intensive Kontakte zum tschechischen Konsulat in Dresden. Er engagierte sich für die sorbischen Studenten in Prag, unterstützte die Sorben bei der Herausgabe eigener Zeitungen. Er hatte zeitlebens enge Kontakte zu Jan Skala, den er für einen der klarsten und entschlossensten Köpfe unter den führenden Persönlichkeiten der sorbischen nationalen Bewegung hielt. Über Ostern 1931 bereiste er zusammen mit dem amerikanischen Slawisten Livingstone Porter die Lausitz. Dessen Fazit der Reise bestand in der Forderung, das sorbische Volk sollte von der ganzen Welt unterstützt werden. Als 1933 die Nazis sorbische Aktivisten verfolgen, berief Staatspräsident Masaryk am 31.10.1933 Páta (bis dahin Dozent an der Philosophischen Fakultät der Karlsuniversität) zum ersten außerordentlichen Professor für sorbische Sprache und Literatur. Am 15.7.1934 traf er im Rahmen einer Studienreise mit dem Vorsitzenden der Domowina, Nedo, in Radibor zusammen. Unmittelbar nach der Besetzung der Tschechoslowakei, am 19.3.1939 führte die Gestapo bei Páta eine Hausdurchsuchung durch, beschlagnahmte seine Bücher und verhörte ihn. Am 30.4.1939 wurden ihm alle Vorlesungen in Sorbisch bzw. zum Sorbischen untersagt. Am 7.6.1939 stellte das Reichsinnenministerium dem Reichsprotektor in Böhmen und Mähren einen 6-seitigen Berichts des Bundes Deutscher Osten zu, in dem Páta als panslawistischer Hetzer und Deutschenhasser denunziert und ihm ein verderblicher Einfluss auf die Sorben insofern unterstellt wurde, als er angeblich die in Prag Studierenden aus der Lausitz, zu übelsten Deutschenhassern erzogen habe. Mit Wirkung vom 27.6.1939 wurde er vom Hochschuldienst suspendiert. Im Sommer 1939 zog er sich in seine Geburtsstadt Litomysl zurück. Er war aktiv im tschechischen antifaschistischen Widerstand, befürwortete das Attentat auf Heydrich und wurde als einer von 1357 Tschechen als Vergeltung für das Attentat erschossen.

58 zitiert nach Timo Meškank: a.a.O., S. 54

59 ebd., S. 100

60 Er bewertete dieses Blatt als „gut geleitete Zeitung", die „nicht nur absolut notwendig – wie das die darauf folgende Zeit gelehrt hat – sondern auch lebensfähig (war)" und hebt als besonderen Vorzug hervor, dass sie „für Serben und Deutsche in beiden Sprachen [...] gedruckt wurde." (Josef Páta: Aus dem kulturellen Leben der Lausitzer Serben nach dem Weltkriege, Budyšin 1930, S. 19) Dennoch musste diese Zeitung am 30.6.1920 ihr Erscheinen einstellen. Gründe waren „der Misserfolg bei den Wahlen, Geldmangel in der Genossenschaft ‚Serbska Łužica' und kleinkarierte Forderungen einflußreicher Bautzener Sorben, die nur die Herausgabe der ‚Serbske Nowiny' als Tageszeitung anstrebten". Jan Cyž: Vorwort zu Jan Skala: Mój Sokoł ..., a.a.O. S. 20

61 im Sinne der Traditionen August Bebels, nicht der Gustav Noskes

62 Jan Skala: Die Freiheit des Gewissens. In: Serbski Dźenik, Dezember 1919.

63 ebd.

64 zitiert nach Martin Kasper: a.a.O., S. 49

65 Martin Kasper: Geschichte der Sorben ... a.a.O., S. 50

66 Jan Skala: Schto chze Łuziska ludowa strona?, in: Serbski Dźenik 21.05.1920

67 Jan Skala: Wo serbskich prašenjach, a.a.O., S. 6 f [vgl. auch die von mir gefertigte sorbisch-deutsche Kopierfassung, Neubrandenburg 2010, S. 10f]

68 Dieses Ministerium behielt sogar seine kaiserlich-wilhelminische Bezeichnung bei. Es war ein Sammelpunkt konservativer, kaisertreu erzogener Beamtenschaft, die sich zu einem großen Teil aus preußisch-schlesischem Adel rekrutierte und eine von monarchistischem Obrigkeitsverständ-

nis geprägte Ausbildung hinter sich hatte. Sie war vielfach mit den schwarz-weiß-roten Parteien verbunden, ihr „Corpsgeist" blieb unverändert bestehen.

69 SKA W XII-3/A Die Wenden und der tschechoslowakische Staat. Annektionsbestrebungen 1920–1927, Aussprache im Reichsaußenamt über weitere geeignete Maßnahmen zur Beachtung der Wendenfrage, Blatt 1ff

70 SKA W XII-3/A Die Wenden und der tschechoslowakische … a.a.O. Blatt2f

71 ebd. Kreishauptmannschaft Bautzen/ Streng vertrauliche Aktennotiz vom 27.1.1920, Blatt 3ff

72 Památnik národniho…, a.a.O., hier Brief Nr. 23 vom 8.2.1920

73 ebd. hier Brief Nr. 28 vom 17.6.1920

74 SKALA spielt vermutlich auf JAKUB BART-ĆIŠINSKIS 1880 veröffentlichtes und erst 1897 erstmals in Bautzen aufgeführtes historisches Versdrama „Na Hrodźišću" (Auf dem Burgwall) an.

75 Zitiert nach: JĚWA-MARJA ČORNAKEC: Serbski Wótčenaš Jana Skale, in: Katolskis Posoł 1989, S. 92f

76 KRISTIAN PAVEL LANŠTJÁK (* 11.3.1892 † 16. Juli 1986), Sohn des slowakischen evangelischen Pfarrers P. F. LANŠTJÁK und seiner Frau Milada, geborene Pospíšilová. Er besuchte 1903–1905 das Gymnasium in Prag, danach bis 1911 (Reifeprüfung) in Jindřichův Hradec. In diese Zeit fällt seine erste Begegnung mit der sorbischen Frage. Sein Interesse wurde genährt durch JAN KOLLÁRS Gedichte über die Lausitz sowie durch Besuche von ADOLF ČERNÝ. Er studierte Theologie in Wien und Leipzig. Die dort geschlossene Freundschaft mit dem Sorben B. DOBRUCKÝ, führte ihn auch nach Bautzen. Hier lernte er M. SMOLER, G. JANAK und andere kennen, war im Haus der Sorben zu Gast. Ab 1919 lebte er in Prag-Žižkov, ab 1920 Mitglied des tschechisch-sorbischen Vereins „Adolf Černý". Mehrfach wurde er in den Vorstand gewählt. Nach der Heirat seiner Schwester Milada mit B. JANATA (Direktor der Papierfabrik in Wulké Ždźary bei Mužakow an der Neiße) verbrachte er ab 1920 zehn Jahre lang die Ferien bei Schwester und Schwager. Bei Reisen durch die Lausitz vertiefte er die Freundschaft mit Sorben, die er schon als Studenten in Prag kannte, etwa DR. J. CYŽ, M. NOWAK-NJECHORŃSKI und H. ŠLECA. Zugleich erweiterte sich der Kreis seiner sorbischen Freunde. Zu ihnen gehörten unter anderen A. MUKA, A. BART, J. SKALA. Mit SKALA verband ihn vor allem die Liebe zur sorbischen Literatur und Sprache. LANŠTJÁK vermittelte die Bekanntschaft zwischen JANATA und SKALA, aus der eine lebenslange Freundschaft wurde. JANATA unterstützte SKALAS Arbeit auch finanziell. 1922 organisierte LANŠTJÁK zum 200-jährigen Jubiläum der Gründung von Herrnhut eine Fahrt in die Lausitz. Für die ca. dreißig Teilnehmer veranstaltete er vorher heimatkundliche Vorträge über die Sorben sowie sorbische Sprachkurse unter der Leitung von V. ZMEŠKAL. Bei einem Besuch von B. KRAWC mit seinem Chor in Prag organisierte Lanštják für ihn einen sorbischen Gottesdienst bei den Baptisten auf den Weinbergen, und für die katholischen Mitglieder einen Gottesdienst bei St. Josef auf der Kleinseite. Bis 1935 fuhr er mit Reisegruppen in die Lausitz. Während es Zweiten Weltkrieges durchsuchte die Gestapo mehrmals seine Wohnung. Er nahm am antifaschistischen Widerstand teil, bot nach dem Attentat auf Heydrich den Widerstandskämpfern die Betlehemskapelle in Žižkov als Versteck an. Nach Kriegsende war er aktiv bei der Wiedergründung der Gesellschaft der Freunde der Lausitz und gewann u.a. V. ZMEŠKAL für die Arbeit im Vorstand. Im August 1947 nahm er an der Grundsteinlegung des neuen Hauses der Sorben in Bautzen teil. Lanštják versuchte zudem, die in der Friedensbewegung engagierten christlichen Kreise für die Solidarität mit den Sorben zu gewinnen. In Prag traf er sich bei einer Konferenz der Friedensbewegung mit dem Präsidenten des sächsischen Landtags, OTTO BUCHWITZ. Mit dessen Hilfe besuchte er die Domowina und erneuerte seine alten sorbischen Bekanntschaften, z.B.dem Bautzener Landrat Dr. J. CYŽ. Ab 1952 bemühte er sich um die Instandsetzung des Wendischen Seminars. Da es nach

einem Kulturabkommen zwischen der Tschechoslowakei und der DDR nicht mehr seinem ursprünglichen Zweck zugeführt wurde, diente das Seminar der tschechischen Studienabteilung für sorbische Kultur als Sitz. Bestehen blieb zudem die Hórnik-Bibliothek, mehrere Räume wurden dem Nationalmuseum zur Verfügung gestellt. Eine zeitlang konnte – nur durch die engagierte Hilfe Lanštjáks – die sorbische Schriftstellerin Mina Witkojc im Seminar wohnen. Lanštják hielt regelmäßige monatliche Vorträge über die Sorben im Nationalmuseum und an verschieden Orten der Tschechoslowakei. Er leitete einige Sorbischzirkel an Prager Schulen.

Zeitlebens unterstützte Lanštják die evangelische Kirche in der Lausitz. So trug er nach dem Zweiten Weltkrieg wesentlich dazu bei, für die Sorben in der evangelischen Kirche eine nominale Superintendentur einzurichten. Erster Superintendent war Pfarrer G. A. Mjerwa aus Bukecy, ihm folgte G. Wirth, bei dessen Sohn Lanštják Pate war. Unermüdlich setzte er sich für bessere Beziehungen zwischen evangelischen und katholischen Sorben ein. Aufgrund der vielfältigen Beziehungen zu den Sorben verfügte Lanštják über eine umfangreiche Korrespondenz. Sie sind eine wertvolle Quelle für die historische Aufarbeitung der tschechoslowakisch-sorbischen Beziehungen. Dazu zählen u.a. die Briefe von J. Skala an B. Janata, die er dem sorbischen Institut in Bautzen schenkte.

77 Jiří Mudra: K.P. Lanštják (1892–1986)] und die Sorben, zitiert nach: www.volny.cz/cce.zizkov/263n.shtml

2. Erörtern, Kommentieren, Urteilen

2.1. Sorbisches Ehrgefühl und programmatisches Denken (1920–1924)

Einmischung in die nationale sorbische Bewegung

Die ersten Jahre nach 1920 waren in der jungen und schwachen Weimarer Republik durch intensive und scharfe innenpolitische Auseinandersetzungen zwischen Konservativen, Nationalisten, Chauvinisten einerseits und Demokraten andererseits gekennzeichnet. Diese Kämpfe um Ausbau oder Zerstörung der Republik spiegelten sich auf spezifische Weise in scheinbar rein innersorbischen Querelen und beeinflussten Skalas Werdegang ebenso wie dessen Tun und Lassen auf diese Kämpfe und Querelen einwirkte.

Was waren wesentliche Tatsachen, die in dieser Zeit als Rahmenbedingung und Hintergrund die Durchsetzung von Rechten ethnischer Minderheiten direkt und indirekt beeinflussten?

Der sog. Kapp-Putsch von Reichswehrangehörigen, ehemaligen Soldaten und Offizieren der kaiserlichen Armee und Marine (Brigade Ehrhardt) sowie Mitgliedern der Deutsch-Nationalen Volkspartei, scheiterte zwar im März 1920 nach fünf Tagen, brachte die Republik aber an den Rand eines Bürgerkrieges. 1921 wurde Hitler Chef der NSDAP. Die SA, ihre paramilitärische Kampftruppe wurde gegründet und spielte eine zunehmend wichtigere Rolle beim Aufstieg der Nazis, weil sie politische Gegner mit physischer Gewalt bekämpfte. Der frühere Finanzminister und Vizekanzler Erzberger wurde, nachdem er im Januar 1920 schon ein Attentat überlebt hatte, am 26.8.1921 von Mitgliedern der rechtsradikalen Organisation „Consul" (Heinrich Schulz, Heinrich Tillessen) durch sechs Schüsse schwer verletzt und durch zwei Schüsse aus nächste Nähe in den Kopf getötet. Im April 1922 unterzeichneten Reichskanzler Wirth und Außenminister Rathenau1 den Rapallo-Vertrag mit Sowjetrussland. Das weckte bei vielen sorbischen und deutschen Demokraten Hoffnungen, es könnte nun nicht nur eine neue Haltung zur slawischen Kultur entstehen, sondern auch ein Fundament für friedliche, diskriminierungsfreie Beziehungen zwischen Völkern und Nationen geschaffen werden, denn – ungeachtet aller Anfeindungen – der Vertrag bewies, es gibt eine Alternative zur Politik der Unterdrückung und Konfrontation. Aber: Rathenau und die deutsche Öffentlichkeit waren zugleich einer intensiven rechtsextremen, antislawischen und antisemitischen Hetzkampagne ausgesetzt. Im Mai 1922 fand in Anwesenheit von Generalfeldmarschall Hindenburg eine Bundestagung des 1919 gegründeten „Deutschen Schutzbundes" statt, der für die Wiedererrichtung der deutschen Grenzen von 1914 eintrat. Am 24.6. wurde Reichsaußenminister Rathenau ermordet. Die Täter (Erwin Kern, Hermann Fischer) sind Mitglieder der Organisation „Consul". In deren Reihen wurde – wie generell in „vaterländischen Kreisen" – ein antisemitisches Lied gesungen, dessen letzte Zeile lautet: „Knallt ab den Walther Rathenau, die gottverdammte Judensau!". Am 25.6. verurteilte Reichskanzler Wirth den Mord und die Hetze der nationalistischen Parteien mit dem Satz: „Der Feind steht rechts!" Am 29.7. veröffentlichte Tucholsky in der Zeitschrift „Republikanische Presse" sein Gedicht

„Drei Minuten Gehör"[2]. 1923 war auch das Jahr des Hamburger Aufstandes unter Thälmann, des Hitler-Putsches in München und der französisch-belgischen Ruhrbesetzung. Vor allem jedoch war es das Jahr einer beispiellosen Inflation[3], die die Weimarer Republik in den Augen großer Teile der Bevölkerung diskreditierte. Das kleine und mittlere Bürgertum war dabei ebenso Verlierer wie die Arbeiterschaft. Sie sahen diesen Staat nicht als ihren an, hielten ihn nicht mehr (wie noch im Kapp-Putsch) für verteidigenswert. Politische Extremisten erhielten verstärkt Zulauf. 1923 war zudem das Jahr, in dem die SPD-Mitglieder Erich Zeigner[4] (in Sachsen) und August Frölich[5] (in Thüringen) in die von ihnen geführten Landesregierungen KPD-Mitglieder aufnahmen. Reaktionäre aller Couleur liefen dagegen Sturm. Der Sozialdemokrat und Reichspräsident Ebert ließ unter Bezugnahme auf Artikel 48 der Verfassung die Reichswehr einmarschieren und setzte Zeigner am 29.10. sowie Frölich am 12.11. ab. Die Auseinandersetzung zwischen dem sozialistischen Studenten Carlo Mierendorff und dem deutsch-nationalistischen Professor Philipp Lenard um die Staatstrauer für den ermordeten Rathenau Ende Juni 1922 warf ein bezeichnendes Licht auf das politische und geistige Klima in der Weimarer Republik jener Jahre, weil sie das „Heranschwappen" der faschistischen „Welle" prototypisch veranschaulichte.[6]

All diese Geschehnisse zwischen 1920 und 1923 beeinträchtigten die Hoffnungen vieler Demokraten, darunter die an einer gerechten und zukunftsorientierten Regelung der Minderheitenfrage Interessierten, stark. Denn es gab zwar immer wieder nach einschneidenden Ereignissen parteiübergreifendes Entsetzen und mitunter landesweite Demonstrationen demokratischer Bürger und Politiker. Letztlich aber hatten eher die extrem reaktionären, chauvinistischen, slawenfeindlichen Kräfte innenpolitischen „Aufwind".

Die Drachensaat aus Antisemitismus, Antikommunismus und Slawophobie wird in der Nazi-Zeit brutal aufgehen.

Skala widmete sich in dieser Zeit dem Serbski Sokoł. Für ihn war die Schaffung eines sorbischen Sportbundes, den es bis dahin in der Lausitz nicht gab[7], ein elementarer Schritt in Richtung moderner Minderheitenpolitik. „Der Sokoł ist eine große slawische Organisation, die sich um die nationale Ausbildung des Leibes und des Geistes bemüht. Sie ist nicht nur ein Turnverein, [...], sie pflegt besonders auch die geistige, moralische Bildung."[8]

Auf Einladung des tschechischen Sokoł – „größte und bedeutendste Organisation unter den verschiedenen Sokolbewegungen der slawischen Völker"[9] – leitete Skala eine 15-köpfige sorbische Delegation, die vom 26.6. bis 3.7.1920 am VII. Gesamtsokoltreffen in Prag teilnahm. Skala sah darin die Chance, den Startschuss zur Gründung eines eigentändigen sorbischen Vereines, um der Entwicklung und Stärkung sorbischen Selbstbewusstseins neuen Auftrieb zu geben.[10]

Während seiner Teilnahme am Treffen in Prag – so erinnerte sich Josef Páta – „(übermittelte) der Redakteur Jan Skala die Grüße seines Volkes und äußerte die Überzeugung, dass auch die Lausitz sich den Reihen des slawischen Sokołtums anschließen wird."[11] Die sorbische Delegation genss große Aufmerksamkeit. Die Prager „Vereinigung der Freunde der Sorben ,Adolf Černy'„ gab sogar eine Postkarte mit dem Foto der sorbischen Delegation heraus, auf deren Rückseite sie in tschechischer, sorbischer und französischer Sprache vermerkten: „Sorben auf dem Allsokoltreffen in Prag".

2. Reihe, (vom Betrachter aus) ganz links sitzend Jan Skala

Nach der Rückkehr aus Prag betonte Skala in sechs Artikeln für die „Serbske Nowiny" zwischen dem 5. und 14.8.1920, der Sokoł verkörpere die Einordnung des Einzelnen in das Gemeinsame, das überkonfessionelle Bekenntnis slawischer Völker zu Freiheit und Patriotismus. Es sei unter den Sorben an der Zeit, „brüderlich alle unvernünftigen und ungerechten sozialen Unterschiede auszugleichen: das sei unsere Aufgabe, und das Mittel dazu soll sein: der sorbische Sokoł"[12].

Heute scheint das eine Illusion zu sein. Damals aber war es Teil von Skalas Bemühen, nationales Selbstbewusstsein unter seinen Landsleuten zu fördern und insofern ein Impuls zur weiteren Ausarbeitung einer demokratischen Minderheitenpolitik. Skala verstand die auf den ersten Blick „rein" sportliche Organisation vor allem – so wird er später formulieren – als „Handwerkszeug für eine höhere Aufgabe", nämlich: „Pflege der Kultur des Geistes und der Seele. Nicht nur das Turnen ist die Aufgabe, auch die Förderung und Pflege der geistigen Güter zum Besten der ganzen Nation ist ihr Gebot."[13]

Für den 9.11.1920 luden Herman Šleca, Marko Smoler und Jan Skala zur Gründungsversammlung des sorbischen Sokoł ein. Totz öffentlich geäußerter Vorbehalte der sorbischen Führung um Bart kamen dreißig Personen, 17 von ihnen gründeten den ersten sorbischen Sokoł-Verein und wählten Skala zum Vorsitzenden (starosta). In der Versammlung forderte Jan Bryl im Namen von Bart, der Sokoł solle sich bei den anstehenden sächsischen Landtagswahlen für die Christliche Volkspartei engagieren. Skala lehnte das ab. Der Sokoł sei eine apolitische Vereinigung. In seinem Verständnis bedeutete das die strikte Wahrung des überkonfessionellen, parteiunabhängigen Charakters des sorbischen Sportbundes. Vorbehalte, versuchte politische Instrumentalisierung, Anzahl der Gründer und einstimmige Wahl Skalas drückten gleichermaßen das Maß innersorbischer Akzeptanz wie innersorbischer Ablehnung dieser Initiative und ihrer Ziele aus.[14]

Im Unterschied zur Führung der Sorben sah Skala im Sokoł eine geeignete Form, über religiöse Trennungen hinweg nationalen Selbstbewusstseins herauszubilden. Denn zum einen stand körperliche und geistige Ertüchtigung im Mittelpunkt, zum anderen wollte man die kulturelle Gemeinschaft mit anderen slawischen Völkern stärken. Neben gymnastischen Übungen, sportlichen Wettkämpfen in verschiedenen Sportarten beinhaltete die „Philosophie" des Sokoł immer auch das nationale Gemeinschaftserlebnis durch Musik, Orchester, Chöre, Literatur und Theater mit dem Ziel, patriotischen Geist zu kräftigen. Slawophilen Phantastereien wehrte Skala mit der Betonung brüderlicher Gesinnung. Nationaler Hochmut könne niemals eine brüderliche Verbindung kennzeichnen. „Die Idee von der Brüderlichkeit ist aber mit das wichtigste Element des wendischen resp. slawischen Sokols."[15] Skala betonte so zugleich die Unterschiede zum deutschen Turnwesen. Ihm war zwar bewusst, dass es Turnvater Jahn um physische und moralische Kraft der Deutschen gegen französische Fremdherrschaft ging. Aber er konnte nicht übersehen, dass sich im und aus dem deutschen Turnwesen nationaler Größenwahn und rabiate Fremdenfeindlichkeit entwickelte.

Skala wollte im Sokoł, mit ihm und durch ihn eine nationale Emanzipation bewirken, bei der nicht der einzelne herausragende Politiker wichtig ist. Nicht als passiver „Gegenstand", als „Objekt" der Entscheidungen und Maßnahmen „von oben" sollten die Sorben nach Skalas Verständnis ihr nationales Selbstbewusstsein entwickeln. Er wollte, dass sie sich in ihre eigenen Angelegenheiten selbständig einmischen, als in Gemeinschaft verbundene Individuen ihre eigenen Interessen und Rechte wahrnehmen.

Damit wies er weit über seine Zeit hinaus.[16]

Die sich Anfang der 1920er Jahre vielerorts in der Lausitz entwickelnden Sokoł-Vereine besaßen eine große Anziehungskraft, breite Kreise der sorbischen Bevölkerung fühlten sich angesprochen, besonders die Jugend. Sportliche Übungen ließen ihrer Energie diszipliniertfreien Lauf, lehrten spielerisch gemeinsames Handeln, stärkten den Willen zur Erreichung gemeinsamer Anliegen und trugen so in einem ganz unheldischen Sinne zum Nationalstolz bei. Zugleich widersetzten sie sich damit wirksam – ganz in Skalas Sinne – den allumfassenden Germanisierungsbestrebungen[17], dem antislawischen Hass nationalistischer deutscher Vereine.

In Skalas Engagement für den Serbski Sokoł findern wir essentielle Grundzüge seiner späteren minderheitenpolitischen Auffassungen, seiner Antworten auf die „sorbische Frage" vorgeformt. Ethnische Identität und Identifizierung; sorbische Selbstbehauptung und Selbstbesinnung; Ablehnung aller sozialen Phänomene, die mit ökonomischer Unterdrückung, germanisierender „Umerziehung", Diskriminierung sorbischer Kultur, mit sozialer und nationaler Bedrohung und Fremdbestimmung, mit Erfahrungen des Fremdseins, mit Entfremdung zu tun haben – das werden entscheidende Stichworte, die Skalas Lebensweg künftig begleiten

Kritisch anzumerken ist, Skalas starke Betonung der Interessen der Sorben als historisch gewachsene ethnische und kulturelle Gemeinschaft ging einher mit einer Vernachlässigung divergierender sozialer und politischer Interessen verschiedener Schichten und Gruppen unter den Sorben, z.B. zwischen den Großbauern und den lohnabhängigen Landarbeitern. Das war offensichtlich ein Grund für verschiedenartige Angriffe auf den Sokoł wie auch dafür, dass er letztlich nicht die von Skala angestrebten sozialen und moralischen Wirkungen hatte.

Skalas Idee einer schichten- und klassenübergreifenden nationalen Identität erscheint aus heutiger Sicht illusionär. Aber angesichts der nach der Beseitigung der Monarchie gegebenen Chancen demokratischer Mitwirkung waren sie damals eine Möglichkeit, das unter den Sorben jahrhundertelang ausgeprägte obrigkeitsstaatliche Denken zu durchbrechen und mithilfe des Gedankens der „slawischen Wechselseitigkeit" sorbischen Patriotismus zu fördern. Bis heute ist deshalb meines Erachtens Skalas Idee tragfähig, durch Sport und Gymnastik ebenso wie durch Marsch, Tanz und Musik, aber eben auch durch organisierten Gedankenaustausch über Herkunft und Zukunft sorbisches Selbstbewusstsein zu stärken.

Durch ihre nationalistisch-bornierte Brille sahen deutsche Behörden darin eine „Gefahr". Antislawische Vorurteile und Angst vor erstarkendem nationalen Selbstbewusstsein der Sorben, gemischt mit traditionell deutsch-nationalem Unverständnis machte z.B. ein Bericht des ab 1923 in der „Wendenabteilung" tätigen Regierungskommissars Zimmermann deutlich. Er argwöhnte, dass die Sokoł-Idee eine „machtvolle Einwirkung (hat) und den ‚Selbstgedanken' groß (zieht), der in seiner Auswirkung auf Autonomie und Panslawismus hinzielt." Gestützt auf dieses Fehlurteil fügte er drohend hinzu: „Skala weiß sehr wohl, was er tut, wenn er auf den Sokolgedanken als Lebensnerv des wendischen Volkes zu sprechen kommt."[18]

Erkennbar wird, Rechtskonservative in der Weimarer Republik konnten sich nicht vorstellen (wie später die Nazis und heute manche ihrer Nachfolger und Nachahmer), dass nationale Identität ohne Feindschaft zu anderen Nationen gewonnen werden kann.

Skala hat solch borniertes Vorurteil in seinen Artikeln und Reden immer wieder angeprangert.

Die ehrenamtliche Arbeit für den Sokoł beendete Skala Anfang 1921. Der 32-jährige zog im April mit Frau und 3-jähriger Tochter nach Prag[19] und begann für die deutschsprachige Zeitung „Prager Presse"[20] zu arbeiten. In der Zusammenarbeit mit Arne Laurin, Otto Pick (Pseudonym Oldřich Novotný) und anderen demokratischen, hochgebildeten Journalisten, legte Skala sich seinen „goldenen Fonds" an minderheitenpolitischer Sachkunde und politischem Urteilsvermögen zu und paarte beides mit seinem sorbisch-slawischen Stehvermögen.

Schon bald sollten sich diese Fähigkeiten und Eigenschaften in der Arbeit an der programmatischen Schrift „Wo serbskich prašenjach" sowie in seinen Aktivitäten gegen den Verkauf des Wendischen Seminars in Prag praktisch beweisen.

Bei all dem war er eng mit seiner Heimat verbunden und über turbulente, einschneidende Ereignisse im Kampf des sorbischen Volkes um seine Rechte stets gut informiert.

In der Broschüre „Wo serbskich prašenjach", veröffentlicht im Mai 1922[21], griff Skala Gedanken und Standpunkte des katholischen Pfarrers Jurij Delan auf. Der hatte 1921 im sorbischen Buchkalender „Krajan" zugespitzt gefragt: „Bist Du ein Sorbe oder nicht?" und mit bitteren Worten Phlegma und Apathie vieler Sorben im Hinblick auf ihr nationales Selbstbewusstsein kritisiert. Er warnte scharf: „Wer die Muttersprache verleugnet, lächerlich macht, verhöhnt und ausrottet, versündigt sich gegen das vierte Gebot. Wer sein Vaterland nicht liebt, es zerkrümelt, an Fremde verkauft und verrät, der versündigt sich gegen das vierte Gebot."[22] Er appellierte: „Liebe Sorben! Wir haben vor allem unsere nationale Ehre, unseren guten Ruf als Sorben zu fördern. Oh, das ist wichtiger, als sich der eine oder andere Sorbe denkt, ein Sorbe der Zunge, aber nicht dem Herzen nach." Er beklagte, dass „das Volk selbst sich nicht bewegt" für seine nationalen Interessen, „sondern überlässt das lieber einer kleinen Schar sorbischer Patrioten". Seinen Lesern rief er zu: „Die nationale sorbische Bewegung wollte dich, teures sorbisches Volk, aus dem nationalen Schlaf erwecken." Er forderte das sorbische Volk auf, „erkenne, wie sehr deine geistigen und nationalen Güter bedroht sind, dein Glaube, deine christliche Schule, die Seele deiner Kinder, deine Muttersprache, dein Vaterland."[23] Neben Achtung und Nutzung der Muttersprache ist ihm historisches Wissen wichtig. „Erst die Geschichte macht ein Volk dazu, was es ist. Die Geschichte ist sozusagen die geistige Mutter für die künftigen Geschlechter. Die Nachkommen beleben, stolz auf die Taten ihrer Vorfahren und in Erinnerung daran, ihre nationale Gesinnung ständig neu. Die Kraft und der Einfluss der Geschichte des Vaterlandes, der Geschichte eines Volkes, ist ein starkes Mittel, eine nationale Gesinnung zu wecken, alle mit gleicher Herkunft und Nationalität zu einer Einheit zu erziehen. Deshalb fordern wir auch die Unterrichtung der sorbischen Geschichte für unsere Kinder in unseren Schulen." Auffordernd schließt er: „Die alte Welt ist im Blutmeer versunken und verloren gegangen, aus den Kriegswehen entsteht eine neue Welt. Wir müssen die neue Zeit mitgestalten."[24]

Solch bemerkenswerte Übereinstimmungen mit eigenen Positionen führte Skala weiter, indem er anfangs sein – auch heute mit Nutzen zu lesendes – methodisches Instrumentarium zur Analyse der Lebenslage seines Volkes skizzierte und seine Sicht auf zahlreiche grundlegende Fragen des sorbischen Alltags zur Diskussion stellte. Dabei war er nie „gegen" etwas, sondern er trat ein für ein Nutzen der Möglichkeiten der Weimarer Verfassung, für ein neues Verhältnis zwischen sorbischem Volk und seinen führenden Persönlichkeiten, für die Betonung und Ausprägung sorbischer Selbstbestimmung, für die politische Beteiligung der Sorben an der „res publica", für eine individuelle Aneignung der Geschichte des eigenen Volkes, für die Sorge um sorbische Mütter und ihre Kinder – auch die außerehelichen, für bessere sorbische Schulen, bessere sorbische Zeitungen,für mehr demokratische Aktivitäten der Sorben im deutschen Staat.

Skala zeigte in allen Detailfragen ungekünstelte Verbundenheit mit den Nöten seines Volkes. Er besaß ein feines Gespür für soziale Ursachen moralischer Verhaltensweisen und ethischer Wertorientierungen und auch den persönlichen Mut, politische und moralische Probleme, die in der Öffentlichkeit hochgradig tabuisiert waren, realistisch zu benennen und zu ihrer Behebung aufzufordern. Er wollte – bei Achtung von Tradition und Historie – nach vorn diskutieren, weil er hellsichtig neue Probleme erahnte, in der entstandenen demokratischen Republik aber auch neue Chancen für mehr Erfolg bei der Durchsetzung der Minderheitenrechte seines Volkes sah.[25]

In all dem würdigte er die Leistungen führender sorbischer Persönlichkeiten, stützte sich auf diese Tradition. Zugleich kam er nicht umhin, angesichts der herangereiften Situation Defizite beim Namen zu nennen. Als Freund klarer Worte tat er das mit „geschliffener Feder".

Aufzugeben seien alle irredentistischen Denkansätze, fortzusetzen seien Bemühungen um ein vielfältiges nationales Eigenleben. Aufzugeben sei blinder Obrigkeitsgehorsam, weiterhin zu praktizieren müsse man das Streben, Gleichachtung zu erkämpfen. Aufzugeben sei das Hoffen auf andere, ob im In- oder Ausland. Auszubauen sei das Selbstvertrauen und die selbstbewusste Behauptung des Slawentums. Nicht zu praktizieren sei eine Totalveränderung der Gesellschaft jetzt und sofort. Unbedingt zu verstärken sei ein abgestimmter Kampf um schrittweise Verbesserungen zugunsten der Minderheit.

Mit diesen Ansprüchen an die Sorben formulierte er klare Konturen einer neuen Minderheitenpolitik. Er fixierte eine Seite der so genannten „sorbische Frage", die bis dahin jedoch eher ein unscharfer, oberflächlicher Gemeinplatz war. Fasst man Skalas Positionen zusammen, münden sie in der Frage: Was müssen das sorbische Volk, seine führenden Persönlichkeiten, seine verschiedenen Organisationen und Institutionen tun, damit die Sorben gleichberechtigt, gleichgeachtet ihr Leben im deutschen Staat selbständig gestalten können?[26]

Skala wollte mit der Broschüre „Wo serbskich prašenjach" eingreifen in die seines Erachtens unbedingt notwendige innersorbische Diskussion. Er strebte nicht danach, ein Programm „ex cathedra" zu verkünden, sondern er suchte, ausgehend von der realistischen Erfassung der Lebenswirklichkeit des sorbischen Volkes, nach neuen Wegen und wollte dies gemeinsam mit anderen tun. Er wollte mit programmatischen Formulierungen zunächst seine Landsleute zu demokratischpolitischen Aktivitäten ermutigen und so letztlich die borniere Minderheitenpolitik der Weimarer Republik ändern. Die von ihm gewollte öffentliche Diskussion zu Grundsätzen und Zielen des sorbischen Volkes sollte nicht unter Experten stattfinden, sondern eine Aussprache im Volke sein. Skala stellte so das bisherige, auch unter Sorben verbreitete obrigkeitsstaatliche Denken in Frage. Sein Ansatz war, „von unten her" auf das Leben des sorbischen Volkes zu blicken und von dort aus nach Wegen der Verbesserung zu suchen. Für ihn war das Teil einer modernen, die Minderheiten fördernden Politik und zugleich Mittel zur Beseitigung des alten, überkommen, restriktiven Umgangs deutscher Staatlichkeiten mit ihren sorbischen Bürgern.

Das waren in der jungen Weimarer Republik ungewohnte neue, weil demokratische Gedanken. Insofern war Skala auf der „Höhe der Zeit". Er hatte klug, mit Sachkunde und Verantwortungsgefühl wesentliche Probleme geschildert, Lösungen vorgeschlagen und vorausschauend wichtige Fähigkeiten und Verhaltensmuster benannt, die Sorben brauchen, um auf demokratische Weise ihre Interessen und Rechte als nationale Minderheit in einer andersnationalen Gesellschaft durchzusetzen.

Hinzu kam: Die Kerngedanken seiner Broschüre stimmten voll und ganz mit der von der Domowina auf einer Aktivkonferenz am 14.12.1920 beratenen und am 24.7.1921 von einer Delegiertenkonferenz festgelegten Strategie überein. Verbundenheit mit dem Volk, scharfe Zurückweisung der Unterdrückungs- und Germanisierungspolitik in Schule und Kirche sowie entschlossener Kampf gegen alles, was Sorben zu Reichsbürgern „zweiter und dritter Klasse" machte – das war die beschlossene, langfristig gültige Linie der kulturellen und politischer Arbeit. Bart bekräftigte sie Anfang 1924 auf der Domowina-Versammlung des Bautzener Verbandes als er beklagte, „daß man vielerorts denjenigen Sorben, die zu ihrer Nationalität halten und dafür wirken, entweder droht, sie als erste aus der Arbeit zu entlassen, oder daß man sie schon aus der Arbeit vertrieben hat". In einer an sozialistische Gedanken erinnernden Weise meinte er, es scheint, „daß unter der Diktatur des industriellen Großkapitals

[…] der Germanisierungsplan mit einer grausamen Gründlichkeit verwirklicht wird, um unser Volk zu erdrosseln."[27]

Dennoch blieb zu Skalas Lebzeiten eine innersorbische Diskussion zu „Wo serbskich prašenjach" fast völlig aus. Skalas herausfordernde Offenheit in der Darlegung der eigenen Position hatte manchem Zeitgenossen wahrscheinlich nicht gefallen. Einige wichen der Diskussion völlig aus, andere stritten eher gegen die Person Skala als um bzw. für die Rechte und Interessen des sorbischen Volkes. Maßgebliche sorbische Persönlichkeiten zweifelten an der Berechtigung der von Skala aufgeworfenen Fragen. Sie hörten die Auflehnung gegen starre und unfruchtbare Positionen sorbischer Führer nicht gern und missverstanden seine streitbare Suche nach neuen Wahrheiten und Wegen als Kampf gegen Personen und um Machtpositionen.

Rund anderthalb Jahre nach der Veröffentlichung schrieb Skala an Muka, unter Sorben komme keine richtige „Diskussion über darin aufgeworfene Fragen in Gang". Zwar haben sich inzwischen „polnische und andere slawische Zeitungen sich mit meiner Broschüre befaßt, meistens so, daß ich mich veranlaßt sah, mich mit diesen Fragen weiter zu befassen, obwohl mir das Schweigen in unserem sorbischen Lager lange Zeit dazu keine große Lust darauf gemacht hat." Entmutigung ist eine subtile Form von Verhinderung. Skala scheiterte mit seinem Bemühen, offen und öffentlich darüber zu diskutieren, „was wir vertreten wollen, können und was wir unbedingt müssen".[28] Das Ziel, seinen Landsleuten ideellen Halt, geistige Orientierung zu geben, Verwirrung und Gleichgültigkeit zu beheben, viele Einzelkräfte zusammenzuführen und so zu potenzieren, wurde nicht erreicht.[29]

Ein schlüssiger Beweis hat sich nicht finden lassen, aber es ist zu vermuten, die Verhinderung der innersorbischen Diskussion hatte mit Gerüchten zu tun, Skala betreibe bei Auftritten in sorbischen Versammlungen sozialistische, ja kommunistische Propaganda. Als sich daran auch der Freund und Förderer Muka beteiligte, schrieb er ihm: „Ich habe auf sorbischen Versammlungen nirgendwo und nie anders gesprochen als in sorbischem Geist. Daß ich Sozialist bin ist meine Angelegenheit, und niemandem bin ich deshalb Rechenschaft schuldig. Für unser Volk wäre es wahrscheinlich besser, wenn wir uns all des stinkenden reaktionären Monarchismus entledigen würden und etwas mehr soziales Denken in unserem Volk fördern würden."[30]

Während Skala bei der „Prager Presse" arbeitete, mit seiner Familie in Prag lebte und versuchte, seine Broschüre in die Diskussion zu bringen, rissen die Beziehungen in die Lausitz nicht ab. Skala war gut informiert über die Neugründung des Bistums mit all seinen Folgen für die Sorben, vor allem den kränkenden, einschüchternden und disziplinierenden Umgang des deutschen Bischofs mit sorbischen katholischen Priestern und Laien sowie über den Verkauf des Wendischen Seminars.[31]

Skala mischte sich tatkräftig journalistisch-ideell und praktisch-politisch ein und entwickelte dabei viele Aspekte einer modernen, an den Menschenrechten ausgerichteten Minderheitenpolitik.

Um dies zu erhellen, soll chronologisch und knapp an wesentliche, das sorbische Volk und Skala bewegende, zielbewusst betriebene Akte minderheitenfeindlicher deutscher Innenpolitik erinnert und ihr teils konspirativer, teils demagogischer Charakter ebenso gekennzeichnet werden wie die Positionen und Handlungen prosorbischer Akteure.

Sorbenfeindliche deutsche Minderheitenpolitik – eine kleine Chronologie

* **01.02.1920** Der deutsche Gesandte in Prag teilt mit, dass in der Lausitz „katholische Geistliche amtieren, die in hiesigen Vorbereitungsanstalten viel von dem tschechischen Geist erworben haben, den sie bei der Seelsorge in die Herzen der katholischen Wenden schütten." (zitiert in: Eine Kirche – zwei Völker. Deutsche, sorbische und lateinische Quellentexte und Beiträge zur Geschichte des Bistums Dresden-Meißen. Von der Wiedereinrichtung 1921 bis 1929, S. 88)

* **17.03.1921** Pater Watzl erarbeitet eine „Denkschrift über die Wiederherstellung des Meißner Episkopats in Sachsen". Darin heißt es u.a., es „(ist) ob des sehr schlechten Geistes in Böhmen notwendig, daß das Seminar nach Sachsen verlegt wird" und entweder „die Gründung eines Diözesanseminars in Bautzen" oder der Anschluß „an das Fuldaer Seminar" erfolge." (zitiert in: ebd. S. 137)

* **13.06.1921** Prof. Delbrück, seit 1920 Vatikanreferent im Auswärtigen Amt, übergibt dem Dienstherrn eine Information über die Wiedereinrichtung des Bistums Meißen. Ziel sei, „den unverhältnismäßig großen Einfluss der katholischen Wenden auf das Bautzener Domkapitel zu verhindern" und „die Ausbildung der sächsischen Kleriker, die jetzt im wendischen Seminar in Prag erfolgt, in den nächsten Jahren ganz neu zu verlegen." Er schlägt vor: „Um auch für eine fernere Zukunft eine übermäßige Einflußnahme der Wenden zu verhüten und die tschechische Propaganda bei den Wenden zu erschweren, dürfte es sich empfehlen, den Nuntius um folgende Zusagen zu ersuchen:

1. Dauernde Sicherstellung einer deutschen Majorität im Domkapitel. 2. Auflösung des wendischen Seminars in Prag [...] 3. die Garantie, daß das Bistum nur einem deutschem Erzbistum, nicht einem ausländischen (Prag) angegliedert wird" (zitiert nach: ebd. S. 147f)

[Im Entwurf dieses Papiers vom Juni 1921 hieß es zudem: „Der erste Bischof wird ein Reichsangehöriger sein, dessen Persönlichkeit keinerlei Grund zu nationalen Bedenken gibt."]

Das Auswärtige Amt hält fest: „Der Nuntius hat keine Bedenken gegen die Fassung des Schreibens [...] vorausgesetzt, daß es nicht der Öffentlichkeit bekannt wird [...] Er bittet ferner, von der Tatsache, daß das Schreiben ihm vorgelegen hat, nicht Erwähnung zu tun." (zitiert nach: ebd. S. 147ff)

* **Sommer 1922** Watzl verweigert einer Gruppe sorbischer Ferienkinder die Übernachtung im Wendischen Seminar. Die sorbische Öffentlichkeit ist darüber erheblich verstimmt.

* **24.06.1921** Mit päpstlicher Bulle „Sollicitudo omnium Ecclesiarum" wird die Wiedereinrichtung des Bistums Meißen offiziell vollzogen, die direkte Unterstellung unter den Heiligen Stuhl festgelegt, Bautzen zur Bischofsstadt erhoben.

* **26.06.1921** Nuntius Pacelli verkündet im Hohen Dom zu Bautzen die von Papst Benedikt XV. bestätigte Wiedereinrichtung des Bistums Meißen.

* **12.08.1921** Der Heilige Stuhl ernennt „Unseren geliebten Sohn Christian Schreiber[32], Rektor des Priesterseminars zu Fulda" (zitiert nach: ebd. S 160) zum neuen Bischof. Unmittelbar nach Amtsantritt nimmt er die Beseitigung des Wendischen Seminars unter strengster Geheimhaltung und – damit inhaltlich und organisatorisch verzahnt – die Disziplinierung der katholischen Sorben mit hierarchischer Strenge in Angriff. Der Bischof agiert eher diffizil und raffiniert, sein Vertrauter Watzl hingegen direkt und aggressiv.[33] Beide wollen konse-

quent die Mitwirkung der Sorben im Domkapitel umgehen, behindern, verhindern. Beide stützen sich in ihrem antisorbischen Handeln auf Informationen des für die Interessen der Auslandsdeutschen arbeitenden „Deutschen Schutzbundes". Beide gerieten wegen all dem bald ins Kreuzfeuer der Kritik

* **August 1922** Bischof Schreiber nimmt „sämtliche Gymnasiasten und Theologen" aus dem Wendischen Seminar zu Prag weg und beordert sie entweder „an das Deutsche Gymnasium in Bautzen oder an die philosophisch-theologische Lehranstalt in Fulda". (zitiert nach: ebd. S. 397)

* **2. Jahreshälfte 1922** Trotz aller klerikalen Konspiration häufen sich Gerüchte über den Verkauf des Wendischen Seminars durch den katholischen Klerus. Sehr viele Sorben, katholische und nichtkatholische, sind zutiefst beunruhigt.

* **08.9.1922** Schreiber, der sich beim Amtsantritt als „katholischer Bischof und deutscher Mann" charakterisierte, predigt den ihm anvertrauten Sorben an dem für sie traditionell wichtigen Festtag Mariä Geburt im „heiligen" Ort Rosenthal in deutscher Sprache.

* **10.9.1922** Der Politische Hauptausschuss des Cyrill-Methodius-Vereins beruft eine Protestversammlung katholischer Sorben ein. Der Versammlungsleiter, Jakub Špitank, Gutsbesitzer aus Siebitz, schickt die Resolution der Versammlung an Bischof Schreiber und Nuntius Pacelli.

* **11.9.1922** Serbske Nowiny zitiert die Meinung der dort versammelten Katholiken, „mit der Neugründung des Meißener Bistums" sei die Absicht verbunden, „das Wendische Seminar in Prag zu verkaufen", damit der Bischof „unmittelbaren Einfluß auf den katholischen theologischen Nachwuchs" habe. Die schädlichen Absichten fördere „Pater Watzl […] der schon über ein Jahr die Lausitz heimsucht und auf nicht gerade erfreuliche Weise tätig ist." Hauptredner Nawka aus Radibor fordert u.a., „es (darf) nicht geschehen, dass der erste Meißener Bischof, dieses Haus verachtend, eine neue Anstalt einrichtet […] Bleibt das wendische Seminar in Prag nicht unser, verlieren wir alles, uns selbst, das ganze Volk […] In Bautzen weht ein den Sorben unfreundlicher Geist […] Schon der Name Watzl genügt […] Die deutschen Bischöfe haben einst […] die slawischen Missionare, unsere Apostel Cyrill und Methodius, beim Papst verleumdet, weil sie Slawen waren […] Das Meißener Bistum und der deutsche Bischof sind deshalb hier, um die sorbische Bewegung zu zähmen." Dafür, so die Zeitung, gibt es starken Beifall. Die protestierenden Katholiken bitten „Ihre Bischöflichen Hochwürden untertänigst: […] daß das Wendische Seminar in Prag wenigstens dem sorbischen katholischen Volk als erster Mittelpunkt zur Bildung auf jeden Fall erhalten bleibt entsprechend der Gründungsurkunde". Weniger servil warnen sie, „daß mit dem den Sorben gegenüber unfreundlichen Auftreten Herrn Pater Watzls das sorbische Volk seinem Bischof nicht entfremdet wird" und hoffen, dass „dieser Gefahr damit begegnet wird, daß der genannte Herr bald in sein Kloster zurückgeschickt wird" (zitiert nach: ebenda, S. 196–200)

* **12.09.1922** Serbske Nowiny veröffentlicht einen anonymen Artikel zu Schreibers deutscher Predigt. Darin heißt es u.a.: Es „(ist) ein großes Unrecht, uns als Führer unserer sorbischen Gemeinden einen Deutschen zu geben". Gefordert wird von der Obrigkeit „Gleichberechtigung soll auch in kirchlichen Angelegenheiten herrschen" und von den Sorben „Lassen wir uns eine Zurückstellung unserer Muttersprache nicht gefallen".

* **07.11.1922** Eine versteckte Anzeige in der tschechischsprachigen Zeitung „Národnika Politika" meldet den Verkauf des historischen Gebäudes auf der Kleinseite „für 785 000 Kč". (zitiert nach: Timo Meškank: a.a.O., S. 141)

* **08.11.1922** Serbske Nowiny informiert: „Gerade erhielten wir aus Prag die Nachricht, dass die Gebäude des Wendischen Seminars in Prag für eine ¾ Million Kronen (das sind fast 200 Millionen Mark) an das Landesliegenschaftsamt verkauft worden sind." (zitiert nach: Eine Kirche – zwei Völker…a.a.O., S. 221)

* **11.11.1922** Der Katolski Posoł würdigt das Wendische Seminar resignativ: „Damit ist ein Abschnitt sorbischer Geschichte zu Ende; eine Zeit voller Segen und, was sonst in der sorbischen Geschichte wenig vorkommt, auch Freuden. Wieviel Nutzen ist doch von diesem Saatfeld der katholischen Geistlichkeit ins Sorbenland über 200 Jahre ausgegangen für unsere unsterblichen Seelen und unser Volkstum. Unseren katholischen Glauben in der Lausitz hat es geholfen zu erhalten und zu pflegen, damit er wieder erblüht; genauso hat es aber auch das Nationalbewusstsein ins sorbische Volk getragen, erhalten und gestärkt [...] Die geistigen Gaben, die aus der dortigen Quelle geflossen sind, bewahren hoffentlich die Lebenskraft, um nun in der Lausitz weiter zu wirken und Früchte zu tragen. Das gebe Gott!" (zitiert nach: ebd.)

* **15.01.1923** Watzl nimmt an einer Beratung der Wendenabteilung (sic) mit Vertretern verschiedener sächsischer und preußischer Verwaltungsbehörden teil und betont, er habe „das Aufkommen der Tschechen-Bewegung miterlebt", sie „habe (auch) rein kulturpolitisch angefangen" und „daran gearbeitet, eine kulturpolitische Unzufriedenheit unter den Tschechen heranzuzüchten" [...] Viele der im Wendischen Seminar ausgebildeten Priester kämen ausgesprochen mit dem Vorsatze zurück, wendische und dadurch slawische Nationalhelden zu werden." Das „sei den Absichten und Zielen der katholischen Kirche durchaus abträglich." Weiter lügt er: „Unter den katholischen Studenten [...] werde „planmäßig ein gebildetes (sic) wendisches Proletariat herangezüchtet, das ohne jede Fühlung mit dem Deutschtum aufwachse und später Träger der wendisch-allslawischen Agitation werden solle und sein werde." Gemeinsam bespricht man „Möglichkeiten zur besseren Überwachung der wendischen Presse [...]" und Watzl erklärt „sich zur Mitwirkung bei einer solchen Überprüfung bereit." (zitiert nach: ebd. S. 227ff)

* **Nr. 1 und 2/1923** des Paderborner Bonifatiusblattes enthält einen Brief Bischof Schreibers vom 6.11.1922, in dem dieser mitteilt, mit dem Verkauf des Seminars in Prag sei „eine große Sache trotz starker Gegenwirkungen zum Segen des Bistums Meißen glücklich zum Siege geführt worden". (zitiert nach: ebd., S. 235)

* **27.2.1923** Ein sorbischer Leser des Bonifatiusblattes äußert in der Serbske Nowiny dazu u.a.: „Hier habt ihr schwarz auf weiß, warum unser Wendisches Seminar verkauft wurde, [...] Für ‚zum Segen des Bistums Meißen' lies ‚zum Segen der Germanisierung der Sorben!'" Warnend schließt er: „Et respice finem!" (lat.: und bedenke das Ende; zitiert nach ebd. S. 236f)

* **17.3.1923** Der Katolski Posoł veröffentlicht einen Beitrag mit dem Titel „Djablisko" („Dämon"), der in z.T. scharfen Worten einen Aufruf zur Einigkeit an das sorbische Volk im Ringen um die Realisierung ihrer legitimen Rechte gegenüber Kirche und Staat enthält. Es heißt darin u.a.: Das sorbische Volk „ist so klein und wird mit Füßen getreten" [...] Feinde (entzogen ihm) sein Blut, seine Freiheit und seinen Besitz, nahmen ihm Sprache und Recht". Beklagt wird: „Wir sind so wenige und doch können wir uns nicht vertragen und versöhnen.

Einer schimpft auf den anderen, verleumdet ihn und behindert sein patriotisches Bemühen." Wer „aus Liebe zum Glauben und zum Volkstum auf Gefahren hinweist" wird kritisiert. Dass „aber sorbische Kinder [...] nur in deutscher Sprache und Religion unterwiesen werden", dass „den Sorben deutsch gepredigt wird", dass „die armen sorbischen Kranken genötigt werden, auf dem Sterbebett deutsch zu beichten, wo sie doch zeitlebens in der Muttersprache zu den Sakramenten gegangen sind" regt niemanden auf. Denjenigen, die es wagen, „für das sorbische Volk sorbische Predigten zu fordern", wird sofort vorgeworfen, dass sie „das Volkstum über den Glauben stellen". (zitiert nach: ebd., S. 248f)

* **April 1923** Bischof Schreiber beruft die erste Diözesansynode seit 1504 für den 24.7.1923 ins Zisterzienserinnenkloster St. Marienstern ein. Zur Vorbereitung verbietet er den Priestern „Aufträge von Laien, Deputierten, Unterschriftensammlungen und ähnliches" anzunehmen. Auf der Synode soll es keinerlei Diskussionen geben. Um diese rigorose Einschränkung der Freiheit der Synodalen durchzusetzen, weist er an, bei „den Sitzungen wird Niemandem das Wort erteilt, ... Anträge können „nur schriftlich, eigenhändig unterschrieben, in Dekretform ausgefertigt und von wenigstens 5 Synodalen mitgefertigt" an eine „Spezialkommission eingereicht werden." (zitiert nach: ebd., S. 271) Damit nicht genug! Schreiber legt in Vorbereitung der Synode obendrein fest: „Die von Priestern herausgegebenen oder redigierten Zeitungen werden der behördlichen Zensur unterworfen", die „geistlichen Schriftleiter (haben) vom Bischof die Erlaubnis zur Schriftleitung einzuholen" und „die ihnen zugestandene redaktionelle Tätigkeit nach den Weisungen des Bischofs auszuüben". Mit Blick auf Außerkirchliches hält er es für wichtig, „möglichst unter den katholischen Wenden die Lektüre der Serbske Nowiny auszuschalten". Zur „Geschlossenheit des kirchlichen Lebens im Bistum" sei es „innere Pflicht der wendischen Geistlichkeit, unter den katholischen Wenden die katholische Tageszeitung ‚Sächsische Volkszeitung' zu verbreiten", die „katholischen Arbeiter den freien Gewerkschaften zu entziehen und in die christlichen zu bringen" sowie schließlich die „katholische Lehrerschaft" dem sozialdemokratischen Einfluss zu entziehen „durch Zugehörigkeit zum katholischen Lehrerverband." (zitiert nach: ebd., S. 280ff)

* **03.05.1923** Der Bischof schreibt dem Nuntius, dass die „Frage der Verlegung unseres Prager Seminars [...] nach Bautzen in der politischen Wendenbewegung eine große Rolle (spielt)", er aber „in einer Sitzung des Domkapitels zu Bautzen" geklärt habe, daß das „kanonische Recht dem Bischof zur Pflicht mache, ein Priesterseminar in seinem Bistum zu haben." (zitiert nach: ebd., S. 256f)

* **09.06.1923** Schreiber teilt dem Nuntius hocherfreut mit, „daß wir am Sonntag [...] in der Bischofsstadt Bautzen [...] die erste öffentliche Fronleichnamsprozession [...] seit der Reformation" abgehalten haben. Zugleich klagt er, „welche Sorgen und Kümmernisse, Arbeiten und Mühen die Prager Seminarangelegenheiten mir nun schon seit eineinhalb Jahren verursacht hat, und wie viel Bitterkeit ich, angesichts der Haltung der wendischen Herren im Domkapitel, des größten Teil der katholischen wendischen Geistlichkeit und schließlich der ganzen panslavistischen Propaganda, verkosten musste." (zitiert nach: ebd., S. 258f)

* **16.06.1923** Watzl berichtet dem sächsischen Kultusministerium, die „Auflösung dieses Seminars" sei notwenig, weil „eine andersnationale Orientierung der sächsisch-slavischen Zöglinge" zu konstatieren sei. Seit Jahrzehnten würden in der Lausitz „irrige und ungenaue

Darstellungen" über das Seminar verbreitet, wonach „zwei angebliche Stifter (Wenden) den ausschließlichen Anspruch des wendischen Volksteils auf dieses Seminar [...] begründen." Zur öffentlichen Diskussion über den Verkauf des Seminars sei es leider gekommen, weil „durch Ausforschung seitens wendisch-nationaler Macher [...] das gesamte Beweismaterial in die Hände des Gegners geraten (ist)". Den minderheitenpolitischen Kern der Zerstörung des Wendischen Seminars bloßlegend, endet er: „Solange aber das Bischöfliche Ordinariat nicht über verläßlich deutschgesinnte Geistliche in genügender Anzahl verfügt, kann es der aus dem Nachbarlande täglich näher kommenden Gefahr, die Kirche und Staat gleichermaßen bedrohen, nicht wirksam die Stirne bieten." (zitiert nach: ebd., S. 261ff).

* **21.06.1923** Schreiber bezweifelt gegenüber dem Nuntius, dass „die Gebrüder Schimon, die angeblichen Stifter des Seminargebäudes, ihren Stiftungswillen dahin niedergelegt hätten, daß dieses Seminar der Ausbildung der Lausitzer geistlichen Zöglinge dienen und stets in Prag verbleiben solle" (zitiert nach: ebd., S. 264).

* **24.07.1923** Die Diözesansynode wird mit einem Pontifikalamt eröffnet, die Dresdner Hofkirche und die Leipziger St.-Trinitatis-Kirche werden zu Propsteikirchen erhoben und deren Pfarrer zu Pröpsten ernannt.

* **25.07.1923** Die Synode strukturiert das Bistum neu in 14 geistliche Amtsbezirke (12 Archipresbyterate (Erzpriestersprengel) und zwei dem Bischof unmittelbar unterstellte Städte (Meißen und Bautzen).

* **26.07.1923** Am letzten Tag der Synode lässt der Bischof zwei Referate verlesen. Im ersten werden verschiedene Presseorgane (Česko-lužický Věstnik, Serbske Nowiny) politisch kritisiert. Vor allem der „Katolski Posoł" wird für die Kritik an der Unterdrückung des sorbischen Volkes durch den höheren katholischen Klerus scharf verurteilt. Er sei dabei „– besonders seit November 1918, [...] – dem nationalen Zwecke mehr zu dienen als dem kirchlichen." Denn: „Die Sorge um Heranbildung wendischer Priester und Lehrer, um die Erhaltung der wendischen Predigt, des wendischen Kirchenliedes, des wendischen Religionsunterrichts genügt nicht, um das wendische Volk auch gut katholisch zu erhalten." Die Redaktion des Posoł habe „sich schwer verfehlt durch Schweigen auf die Angriffe der Serbske Nowiny und auf die Maßnahmen wendischer Chauvinisten gegenüber der bischöflichen und kirchenbehördlichen Autorität". Die „Stellungnahme gegen die Verlegung des Prager Knaben- und Theologenkonvikts (Wendisches Seminar) in die eigene neuerrichtete Diözese" sei „eine Verfehlung gegen bischöfliche Autorität." Es gäbe vor allem zur Schließung des Wendischen Seminars „ganz verwerfliche Sätze", aber als „das unverantwortlichste, was der Posoł gebracht hat" ist der Artikel ‚Djablisko'. Er „kann eine fast blasphemische Auslegung eines Evangeliumswortes [...] genannt werden" und ist zugleich „ein Gegenzug gegen den vorangegangenen Hirtenbrief des Bischofs, worin gewarnt war, nationale Bestrebungen über religiöse gehen zu lassen." (zitiert nach: ebd., S. 277ff). Das zweite Referat geht eher theologisch vor und bewertet verschiedene Artikel des Posoł (bzw. Sätze daraus) als „der Häresie verdächtig". Auf die Bewahrung der sorbischen Sprache gerichtete Äußerungen seien „gegen eine veritas catholica gerichtet". Eine „von Gott aufgetragene Pflicht zur Förderung von nationaler Kultur hat sie (gemeint ist die katholische Kirche) nicht." (zitiert nach: ebd., S. 285ff).

* **02.10.1923** Skala meint in der Serbske Nowiny, der „Kampf um Wahrheit und Gerechtigkeit (fordert) fast immer große Selbstverleugnung und viele persönliche Opfer", denn es

„erwachsen daraus Konflikte, die zu überwinden nicht nur eine Sache der Vernunft, sondern auch des Herzens, nicht nur eine Angelegenheit des Einzelnen oder Einzelner, sondern des ganzen Volkes ist." Es sei jetzt „unsere Pflicht – der katholischen Sorben wie der evangelischen – [...] uns gegen alles zu verteidigen, was sich mit Macht oder mit List gegen uns richtet." Unsere Rechte verlangen wir „gleichermaßen von der weltlichen wie von der geistlichen Obrigkeit, welch beide uns Pflichten auferlegen, die gerade wir Sorben mit größter Gewissenhaftigkeit zu erfüllen gewohnt sind. Würden wir Pflichten ohne Rechte anerkennen, würden wir in die Leibeigenschaft zurückfallen, in geistige wie körperliche Fron, aber dazu sind nur jene bereit, die entweder keine Freiheit ertragen können oder sie andern nicht gönnen. Das eine wie das andere ist für uns selbstbewußte, national gesinnte Sorben ein Grund, unsere Rechte zu verteidigen und sie zurückzuholen, wo sie uns geraubt wurden, unter allen Umständen und unter jedwedem Opfer. Soviel zur Erläuterung unseres grundsätzlichen Standpunktes, den wir zu Staat und Kirche, zu Personen und Institutionen, zu unseren sorbischen und unseren fremden Gegnern einnehmen." Dem Bischof gebühre „der Respekt aller Katholiken seiner Diözese und Gehorsam in Fragen der katholischen Religion [...] Damit aber ist seine Kompetenz erschöpft." Weil der Bischof sich uns selbst „ausdrücklich als ‚ein deutscher Mann' vorgestellt hat", ist er selbst schuld daran, „daß uns seine Person nicht nur den Bischof der Kirche, sondern einen Exponenten des deutschen Nationalismus repräsentiert." Die Zerstörung des Wendischen Seminars diene dazu, „den Rest des sorbischen Volkes, der nach blutiger Unterwerfung durch deutsche Missionare und Herrscher übrig geblieben ist, zu germanisieren." Klar sei, „wir haben den Krieg mit dem Bischof nicht angefangen, im Gegenteil, wir haben immer wieder darauf gewartet, dass die unfreundlichen Akte, von denen der Verkauf des alten kulturellen Mittelpunktes der katholischen Sorben, des Wendischen Seminars in Prag, einer der schlimmsten war, sich nicht wiederholen würden." Appellierend endet er: „Wir sind freie Menschen und lassen uns nicht von Leuten beschuldigen, die uns nicht aufrichtig behandeln wollen, sondern sich auf ihre geistliche Macht und die hinter ihnen stehende Staatsmacht berufen." (zitiert nach: ebd. S. 317ff)

* **12.09.1923** Die sorbischen Pfarrer Jurij Delan, Jakub Šewčik, Jan Wjeńka kritisieren gegenüber dem Nuntius den Verlauf der Synode. Der teilt ihnen mit, die Nuntiatur sei bereit, den „Protest direkt dem heiligen Vater zuzusenden, er muss aber in lateinischer Sprache vorliegen." Die Pfarrer bitten den in Prag tätigen Professor Mikławš Krječmar um Hilfe bei der Übersetzung, „weil wir wirklich um unsere Existenz kämpfen". Zugleich bitten sie ihn, bei allem sorgfältig vorzugehen „(wir können das niemandem in die Hand geben)" in Prag eine Vertrauensperson auszusuchen. Sie hoffen, dass wir „nicht dem germanisierenden System des neuen Meißener Bischofs unterliegen." (zitiert nach: ebd., S. 310).

* **15.10.1923** Krječmar sagt die gewünschte Übersetzung zu und informiert bezüglich der notwendigen Vorsicht bei der Auswahl von Vertrauenspersonen: „Alles andere [...] teilt Ihnen Herr Redakteur Skala mit, der wahrscheinlich am Freitag in die Lausitz fährt und Sie am Samstag besucht". (zitiert nach: ebd. S. 328)

* **27.10.1923** Prälat Mikławs Žur, Mitglied des Bautzener Domkapitels, reagiert in der Serbske Nowiny auf Skalas Artikel: „Wenn der Herr Bischof die Worte ‚deutscher Mann' vor der breiten Öffentlichkeit [...] gebraucht hat", so sei „das gewiss eines tieferen Sinnes

wegen geschehen", nämlich um nicht einer von jenen zu sein, „die ihre eigentliche Heimat hinter den Bergen haben, auf der anderen Seite der Berge, gemeint ist Italien, Rom, wo der Papst wohnt, das Haupt der katholischen Kirche". Zur räumt ein, der Bischof konnte „wohl auch unter Einfluss des Herrn Pater Watzl" in vielen schwierigen Dingen der „inneren Verhältnisse" nicht immer alles zur Zufriedenheit aller regeln, aber Herr Watzl „(hat) Ende Juli Bautzen verlassen und (ist) nach Mähren versetzt worden." (zitiert nach: ebd., S. 332ff)

* **18.11.1923** Über ein Gespräch mit Bischof Schreiber berichtet Msgr. Johannes Steinmann (Stellvertretender Botschafter in Rom) an das Auswärtige Amt. Schreiber habe gesagt, der Redemptoristenpater Watzl hat sich in seiner dreijährigen Tätigkeit in Bautzen [...] unleugbare große und bleibende Verdienste erworben", vor allem habe er es „(verstanden) die maßlosen Ansprüche der Wenden [...] in geschickter Weise auszuschalten. Die nationale Hetze unter den sächsischen Wenden, die von Prag aus geschürt und bezahlt wird, hat in Pater Watzl direkt und indirekt einen entschiedenen und unbeugsamen Gegner gefunden. P. Watzl hat auch nicht unterlassen, durch sachkundige Informationen die deutschen amtlichen Stellen in Sachsen in jeder Weise zu unterstützen." Er wünschte, „sich der informatorischen Dienste des Pater Watzl weiter zu bedienen", sah aber davon ab, weil „seine weitere Tätigkeit in Bautzen der deutschen Sache [nicht etwa: der katholischen! P.K.] – vorläufig wenigstens – mehr Schaden als Nutzen bringen würde." Msgr. Steinmann fügt hinzu, ihm biete die „Persönlichkeit des Herrn Dr. Schreiber [...] alle Gewähr dafür, daß er den nationalistischen Tendenzen der Wenden in Sachsen auch ohne den P. Watzl klug und entschieden jederzeit begegnen wird." (zitiert nach: ebd., S. 336f)

* **Herbst 1923** Skala, Frantisek Pribyl (Abteilungsleiter im Außenministerium der Tschechoslowakei), der Beamte Josef Vrba, der junge Student Měrćin Nowak-Nechorński und der sorbische Journalist Jurij Wićaz besetzen das leere Gebäude des Wendischen Seminars, verhindern so die Übergabe an den Käufer.

* **01.03 1924** Der Protest der Pfarrer Delan, Šewčik und Wjeńka erreicht den Heiligen Vater. Im Teil A belegen sie, welche Paragraphen des Kirchenrechts der Bischof bei der Vorbereitung und Durchführung der Synode verletzte habe. [Nicht alle Seelsorgegeistlichen konnten das Wahlrecht zur Synodenteilnahme ausüben; Synodale konnten ihr Stimmrecht nicht ausüben; viele Dekrete wurden nicht diskutiert bzw. lagen den einzelnen Kommissionen nicht vor; die Synodalen durften sich in den Vorbereitungssitzungen zu keiner Sache äußern] Der Teil B (ein in 7 Punkte gegliederter sehr umfangreicher Schriftsatz) enthält Belege dafür, dass die Synode im Geiste des Angriffs auf das sorbische Volk abgehalten worden sei. [Sorben haben die Klosterkirche (Tagungsort der Synode – P.K.) an allen Tagen vormittags und abends zahlreich besucht, die Synode aber hatte weder ein Wort noch ein Lied in sorbischer Sprache übrig; im Vorhinein habe der Bischof alle Diskussionen zum Verkauf des Wendischen Seminars verboten, obwohl dies eine die Seelsorge am sorbischen Volk betreffende Lebensfrage sei, denn seit 1728 sind bis in jüngste Zeit fast alle Priester der Diözese, Deutsche und Sorben, daraus hervorgegangen; ebenso war es verboten, sich zur Frage des Ersatzes durch eine neue Anstalt zu äußern, damit sei die Wunde, die dem sorbischen Volk durch die Aufhebung des Wendischen Seminars zugefügt worden war, erneut geöffnet worden; die neue

Einteilung in Archipresbyterate führe dazu, dass der sorbische Klerus nicht mehr unter sich über Fragen der Pastoral des eigenen Volkes beraten kann; größte Verfehlung gegen Gerechtigkeit und christliche Nächstenliebe war die Verlesung des langen Referats über die Presse, denn es hat sich oberflächlich mit der Aufzählung kommunistischer, sozialistischer, freireligiöser und liberaler Presse beschäftigt, um vor allem sämtliche sorbische Zeitschriften zu verurteilen; die angegriffenen und verurteilten geistlichen Autoren, die zum Teil auf der Synode anwesend waren, wurden vor der Synode weder gehört, noch gemahnt, noch gegebenenfalls zur Verantwortung gezogen und durften während der Synode sich nicht äußern; die gerügten sorbischen Texte sind von Männern ins Deutsche übersetzt worden, die die sorbische Sprache nur teilweise beherrschen; das alles habe nicht nur unter den Synodalen sorbischer Nationalität, sondern allgemein Verbitterung und Verwunderung ausgelöst; dem Bischof sei nach der Synode gesagt worden, dass dieses Referat Irritationen im ganzen sorbischen Volk ausgelöst hat, worauf er geantwortet habe, das Referat sollte eine Genugtuung für den deutschen Klerus sein; die sorbischen Priester konnten jedoch bis jetzt nicht erfahren, worauf sich ein solches Verlangen nach Genugtuung gründen könnte; man bitte den Papst, „dass die Dekrete der Meißener Diözesansynode, die wir als ungerecht kenntlich gemacht haben, von Eurer Heiligkeit abgeändert werden mögen.“] (zitiert nach: ebd. S. 359–366)

* **16.03.1924** Im besetzten Wendischen Seminar wird die Taufe von Skalas zweitem Kind, dem am 28.12.1923 geborenen Jan Joachim, gefeiert.

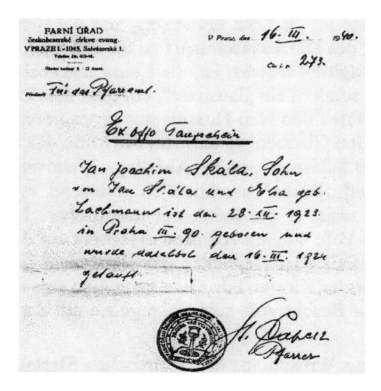

Taufschein Sohn Jan

* **20.03.1924** Bischof Schreiber erhält den Protest der Pfarrer Delan, Šewčik und Wjeńka aus Rom mit der Aufforderung, zu antworten.

* **15.04.1924** Rudolf Traub, Advokat des Bautzener Domkapitels, reicht Klage gegen die illegalen Hausbesetzer ein, mit der Begründung, „Jan Skala, Redakteur der ‚Prager Presse‚„ sei „in das Gebäude eingedrungen" wo er „sich unberechtigt als Verwalter ausgab und [...] die eingenommene Miete nicht weiterleitete" (zitiert nach: Timo Meškank: a.a.O., S. 145)

* **15.04.1924** Bischof Schreiber beklagt sich be Watzl, dass nicht nur „die untergeordneten Organe in Prag [...] Schwierigkeiten gegen die Anordnung des Präsidenten zur Herausgabe der Vergleichssumme von 400 000 Kč (machen)", sondern zudem „vor nicht langer Zeit der Redakteur Skala und verschiedene andere Wenden wie auch Tschechen das Gebäude des Lausitzer Seminars ohne unsere Einwilligung einfach besetzt haben" und die Tschechen nun sagen: „erst muss das Haus geräumt werden, ehe wir zahlen" (zitiert nach: Eine Kirche – zwei Völker, a.a.O., S. 368f)

* **30.4.1924** Mit einem Vergleich endet die rechtliche Auseinandersetzung um das Wendische Seminar und mit der Zahlung von 400 000 Kč ist ist Verkauf abgeschlossen.

* **15.05.1924** Bischof Schreiber antwortet auf den Protest sorbischer Pfarrer, indem er zuerst bemängelt, die Beschwerde der Pfarrer wurde „erst acht Monate nach dem Ende der Synode an den Hl. Stuhl geschickt." Sie hätten „sich bemüht, die Wahrheit mit zweideutigen Worten zu verdrehen, um die Öffentlichkeit zu täuschen". Die Anklagen gegen ihn und die Synode „sind von nationalistischem Geist der Sorben (deutsch Wenden) geprägt, [...] zum Teil wurden sie aus der protestantischen und nationalistisch radikalen Tageszeitung ‚Serbske Nowiny' entnommen." Zur Sache äußert er sich nicht, vielmehr bewertet er die handelnden Personen. Šewčik sei „Vorkämpfer der nationalistischen sorbisch-tschechischen Bewegung", er sei „in der sogenannten Wendischen Priesterkonferenz, die in ihrem Handeln der bekannten tschechoslowakischen Priestervereinigung ‚Jednota' (die von Hl. Stuhl aufgehoben wurde) ähnlich ist, öfter zu tadeln gewesen", er habe „sich in widersetzlicher Weise, ohne den Bischof zu konsultieren für das Gebiet seiner Pfarrei, ins Präsidium der ausgesprochen nationalistischen Vereinigung Domowina wählen lassen". Er „ist sehr verdächtig" zu denen zu gehören, die „den Bischof und dessen Mitarbeiter anderthalb Jahre lang fast täglich" in der Serbske Nowiny „mit bedrohlichen Intrigen und unwürdigen Beschimpfungen bekämpft" haben. Delan trete „unter den Sorben als besonders scharfer Verfechter der nationalistischen Bewegung hervor. Der nationalistische Sportbund ‚Sokoł', der mit der atheistischen Vereinigung gleichen Namens in der Tschechoslowakei eng verbunden ist und von mir in Wort und Schrift bekämpft wird, wurde in Storcha von Pfarrer Delan gegründet und hat in ihm einen aufrührerischen Verteidiger." Wjenka schließlich sei nur „leicht nationalistisch infiziert" und habe „diesen Brief mehr aus Furcht vor nationalistischer Verfolgung, als aus Überzeugung unterschrieben." Das Rede-, Frage- und Diskutierverbot auf der Synode sei „äußerst notwendig, um die Behandlung von Fragen zum Prager Konvikt und zur Gründung des Diözesanseminars zu unterbinden, weil in dieser Angelegenheit von den Sorben über Gebühr agitiert worden ist, die Leute aufgehetzt worden sind." Das Prager Seminar sei kein „sorbisches", sondern ein „lausitzer", auf dem die Zöglinge „zum Schaden des katholischen Glaubens [...] unverhohlen den Neu-Hussitismus

propagieren." Die Sorben sind durch den Nationalismus, „den sie über den Glauben stellen, von der Mitte des Glaubens entfremdet worden", ihnen drohe „die Gefahr des Schismas und des Abfalls [...], weswegen er „den Sorben reinen Gewissens [...] kein Archipresbyterat [...] keine ausschließlich sorbische, regionale Priesterkonferenz [...] zugestehen kann." Schließlich weist er die Kritik mit jesuitischer „Logik" pauschal ab: „‚Ein schwerer Angriff auf das sorbische Volk' konnte von diesem Bericht auf der Synode nicht ausgehen, weil die Autoren des Briefes nicht als Repräsentanten des sorbischen Volkes zur Synode berufen worden waren, sondern als Priester der Kirche. Für diese kann eine solche Stellungnahme kein Ärgernis bedeuten oder ein Grund zur Beschwerde sein, solange sie mit der Kirche übereinstimmen." (zitiert nach: ebd. S. 381–393)

* **15.05.1924** Ministerialrat Magnus Wilisch aus der Sächsischen Staatskanzlei verhandelt mit Bischof Schreiber in dessen „Dresdner Wohnung über den finanziellen Beitrag Sachsens zum Neubau eines wendischen Priesterseminars in Bautzen." Schreiber hält die Einstellung der Mittel „im Sächsischen Haushaltplane" für „ungangbar", da er sich in diesem Falle „der Mitwirkung des Domkapitels bedienen müsse", es aber bei „der augenblicklichen Zusammensetzung des Domkapitels" ausgeschlossen sei, dass es „der Verwendung der Mittel für den Seminarneubau zustimmen" werde. Wilisch schlägt deshalb einen „Zuschuß in Form eines zinslosen Darlehens" vor, Schreiber stimmt zu, „falls er dabei die Zusicherung erhalten würde, daß die Rückzahlung im Laufe des laufenden oder eines späteren Haushaltjahres wieder gestrichen würde." Am Ende sind sich beide einig in der „die Notwendigkeit der streng <u>vertraulichen</u> Behandlung der Sache, die auch in der Bezeichnung des Titels im Haushaltplane zum Ausdruck kommen müsse". (zitiert nach: ebd., S. 394f, Unterstreichung im Original)

[In einem undatiertem, vermutlich im 1. Halbjahr 1924 gefertigten Papier der Sächsischen Staatskanzlei („Politische Überlegungen im Zusammenhang mit der geplanten Errichtung eines Priesterseminars in Bautzen") heißt es u.a., die „Ansprüche der Wenden werden in erster Linie von dem katholischen Klerus wendischer Abstammung verfochtenen", der „seine Ausbildung [...] in Prag, dem Brennpunkt deutschfeindlicher panslawistischer Bewegungen" erhalte, wodurch „die irredentistische Wendenbewegung immer neue Antriebe (bekam)." Die Reichsregierung habe 50 000 RM, ohne dass diese Summe im Reichshaushaltplan in Erscheinung tritt, zugesagt, wenn auch Sachsen einen Beitrag leiste. Das sei notwendig, denn dem „wendischen Siedlungsgebiet kommt [...] als Einbruchsstelle des Panslawismus in das Reichsgebiet eine besondere Bedeutung zu." Sachsen müsse „zur Bekämpfung der staatsfeindlichen Tendenzen unter den Wenden finanzielle Opfer bringen, um <u>den Nachwuchs des katholischen Klerus den verhetzenden Einflüssen der deutschfeindlichen Kreise in Prag zu entziehen</u>". Der „Öffentlichkeit gegenüber wird als Motiv für die Unterstützung des Seminarbaus [...] im Vordergrund stehen", dass das „ein Vorbild großzügiger, wohlwollender und gerechter Minderheitenpolitik auch gegenüber einer kleinen nationalen Minderheit" ist. Zugleich „(wird man) das den Wenden damit bewiesene Entgegenkommen nicht nur zur Unterstützung der unter fremder Herrschaft lebenden deutschen Minderheiten, sondern auch zur Abwehr etwaiger gegen die deutsche Minderheitenpolitik erhobenen Vorwürfe, [...] verwerten können." Das wirkliche „Ziel, den tschechischen Einfluss auf den theologischen Nachwuchs zurückzudrängen, darf um so weniger verlautbart werden, als schon jetzt die tschechische Presse den Verkauf des Seminars als Anlaß zu heftigen Angriffen gegen Bischof Dr. Schreiber benutzt und ihn als Missbrauch der Kirche zu Germanisierungsbestrebungen darstellt." (zitiert nach: ebd., S. 396ff, Unterstreichung im Original)].

Bedeutsame Episode bei der „Serbske Nowiny"

Mitten in diesen Wirren wurde der fast 35-jährige Skala Anfang 1924 an die Redaktion der „Serbske Nowiny" gerufen. Das geschah in einer Zeit, in der der gleichaltrige Hitler, wegen seines Versuchs, in München im November 1923 die Regierungsmacht an sich zu reißen zu fünf Jahren Haft verurteilt, aber schon nach nur neun Monaten „wegen guter Führung" vorzeitig entlassen wurde und den ersten Teil des Manuskripts mein „Mein Kampf" zum Druck gab. Es war das Jahr von Lenins Tod und dem Beginn von Stalins uneingeschränkter Machtausübung. Tucholsky ging in diesem Jahr als fester Mitarbeiter der „Weltbühne" und der „Vossischen" Zeitung nach Paris, wurde dort Mitglied der »Association Syndicale de la Presse étrangère" und hielt sich seitdem nur noch ab und zu in Deutschland auf. Käthe Kollwitz zeichnete 1924 ein Selbstporträt, bei dem sie im Dreiviertelprofil den Betrachter mit fragend-skeptischen Blick anschaut, so ihre Sicht auf die Zeit und sich selbst mitteilend. Es war auch das Jahr von Thomas Manns „Zauberberg", dieser vielfältig verschlungenen Widerspieglung sozialer, politischer, geistig-kultureller, philosophischer Auseinandersetzungen vor 1914 über Leben und Liebe, über Krankheit und Tod, die in die Zerstörung jedweder Individualität im Krieg mündet.

Skala wollte unbedingt wieder in die Heimat, deshalb folgte er zuversichtlich dem Ruf. An Mukas Frau schrieb er: In allernächster Zeit trete ich „in die Redaktion der Serbske Nowiny ein [...] Ich bin mir aber bewußt, daß ich eine schwere und verantwortungsvolle Aufgabe auf mich nehme und daß ich noch stärker als hier meine Kräfte anstrengen muß. Ich hoffe [...] dass es möglich sein wird, erfolgreich und zum Wohle der Zeitung und damit des Volkes zu wirken."[34.] Im Gestapo-Verhör bestätigte er später: „Ich war damals von der Prager Presse freiwillig weggegangen, weil die Serbske Nowiny keinen geeigneten Schriftleiter hatte und mir meine wendischen Freunde und Bekannten – auch meine tschechischen Freunde – sagten, daß ich in der Heimat nötiger gebraucht würde."[35] Er strebte danach, aus der sorbischen Tageszeitung eine zeitgemäße Publikation zur nationalen und politischen Bildung seines Volkes zu machen. Er traute sich das zu, war er doch in Prag nicht nur journalistisch gereift, sondern hatte mit seinen programmatischen Gedanken auch eine anspruchsvolle Grundlage für eine von ihm gewollte öffentliche Diskussion über den Weg des sorbischen Volkes geliefert.

Prof. Pawoł Nowotny[36] schätzte im persönlichen Gespräch mit dem Autor am 5.3.2008 und in einem Brief vom April des gleichen Jahres ein, Skala „war nach seiner Rückkehr aus Prag 1924 ein im Ausland gewachsener Journalist" [...] und „(hatte) erkannt, wie notwendig die Herausbildung einer sorbischen Intelligenz für eine eigenständige kulturelle Entwicklung war."[37]

Bautzen im April 2008.

Lieber Herr N. Koch,

Geboren am 6.1.1912, war ich 23 Jahre jünger als jener Skala. Also war der fast ein Vater-Sohn-Verhältnis, zumal mein Vater 1929 tot geschossen war. Jedenfalls hatte ich großen Respekt vor ihm, denn er war nach seiner Rückkehr aus Prag 1924 ein im Ausland gewachsener Journalist, der mit den augen

Brief Nowotny April 2008

„Sein" Lehrling in der Redaktion, Pawoł Grojlich, schilderte 1959 zum einen, wie er bei Skala das „Journalisten-ABC" lernte: genau den Lebensalltag (der Sorben) beobachten; anschaulich und verständlich schreiben; bei der Verfolgung einer journalistischen Aufgabe sich niemals abweisen lassen, sondern hartnäckig aufzuklären, was exakt geschehen ist, was genau von wem gesagt wurde. Grojlich erinnerte sich aber auch genau, dass Skala nach kurzer Zeit die Redaktion der Serbske Nowiny wieder verließ, weil er „sich damals stärkeren Mächten beugen"[38] musste.

Die Wendenabteilung erfasste Skalas Ende der Arbeit in der Serbske Nowiny verspätet. Noch am 8.7., ein Woche vor Skalas tatsächlichem Verlassen der Redaktion, hatte sie dem Außenministerium berichtet, Skala werde im sorbischen Volk, obwohl sein Engagement schon Jahre zurückliege „noch heute vielfach als Schöpfer der Sokolbewegung im wendischen Siedlungsgebiete" geachtet. Er sei als einer der „panslavistisch eingestellten Wendenführer in diplomatischer Weise bemüht, auf dem Umwege über das kulturelle Wendenprogramm das politische zu erfüllen" und soll sich „früheren Mitteilungen zufolge [...] in Prag als Kommunist [...] betätigt haben" und „eingeschriebenes Mitglied der kommunistischen Partei" gewesen sein. Eine deutsche Übersetzung der Broschüre „Wo serbskich prašenjach" diente in den Augen des Verfassers als Beweis dafür und wurde dem Bericht als Anlage beigefügt[39]. Am 17.11.1924 informierte die Wendenabteilung nun aber: Skala habe „in der Oeffentlichkeit scharf [...] die wendische Sonderidee verfochten [...] und ausgiebig in den Zeitungen darüber geschrieben". Schon lange sei es „der Oeffentlichkeit (bekannt), dass dem Menschen Skala nicht zu trauen war". Nunmehr sei klar, „dass man auch dem Journalisten Skala nicht allzu großes Vertrauen schenken darf."[40] In den Akten seiner Nazi-Peiniger las sich das später so: „Im Frühjahr 1924 übernahm Skala auf einige Monate die Schriftleitung der ‚Serbske Noviny', deren Richtung damit schnell so angreiferisch geworden sein soll, dass ein großer Teil der Bezieher sie abbestellte."[41]

Wie es wirklich war, teilte Skala zwei Verbündeten mit. An Muka schrieb er zeitnah: Ich „(gab), damit es zu keinem Skandal kommt, die Kündigung und [...] (gehe) zum 15. Juli weg", es „(wurde) nichts von den Versprechungen, die mir gemacht wurden, eingehalten [...]

106

Insgesamt ist das Verhalten mir gegenüber so, daß es sich gar nicht qualifizieren läßt. Schließlich haben sie alle von vorn herein gewußt, daß ich einen entschiedenen Standpunkt habe und ihn zu vertreten weiß." Skala kam zu den Seinen, aber die nahmen ihn nicht an (Joh. 1.11). Der von ihm nicht gewollte „Skandal" hatte offenbar mit der Furcht einflussreicher Sorben zu tun, dass „etwas öffentlich werden könnte, was Ihnen nicht gefällt", nämlich dass „wir Unterstützungen erhalten, aber niemand weiß, wer das Geld bekommt und wo es bleibt." Sie „(wollen) das sorbische Volk nicht in ihre Karten schauen lassen". Er selbst „will von diesen Geldern keinen Pfennig", aber „ich weiß, daß aus Prag erst im März mehr als 30.000 Kronen in die Lausitz gegeben wurden, und ich habe auch die Quittung darüber gesehen."[42] Seinem Vertrauten Janata schilderte er vier Jahre später die seelischen und materiellen Verletzungen: „Anfang 1924 bin ich von Prag weg nach Bautzen gegangen, um in die Redaktion der Serbske Nowiny einzutreten. Doch waren die Verhältnisse dort so unerfreulich, daß ich bereits im Juli wieder aus der Redaktion austrat und mich nach Berlin wandte. Es zeigte sich bald, daß ich falsch gehandelt hatte, meine sichere Stellung bei der „Prager Presse" aufzugeben und aus purem Idealismus nach Bautzen zu gehen. Ich war dann fast ein Jahr ohne Stellung und ohne das geringste Einkommen, das war wohl die schlimmste Zeit, die ich je habe durchmachen müssen und ihre Folgen habe ich auch heute noch nicht gänzlich überwunden."[43]

Profil und Konturen in Skalas Menschenrechtsverständnis

Was lässt sich über das Leben, vor allem über die Entstehung und Formung der minderheits- und menschenrechtlichen Auffassungen des jetzt 35-jährigen Jan Skala zusammenfassen?

Materielle Armut, fürsorgliche Mutterliebe, rasche Auffassungsgabe und großer Bildungshunger prägten den jungen Skala. So bildete sich in jungen Jahren eine nie versiegende Hingezogenheit zum sorbischen Volk, eine feste Verbundenheit mit der Muttersprache und Kultur. Beizeiten auf sich allein gestellt, war fast ein Jahrfünft durch Irrungen, Wirrungen und Kollisionen mit dem Gesetz gekennzeichnet. Die Gräuel des Krieges sowie politische und soziale Erschütterungen zu Beginn der Weimarer Republik lösten grundsätzliche Entscheidungen über sein weiteres Leben aus. Daran hat seine stille, bescheidene, umsichtige und kluge Ehefrau einen stabilisierenden, wenngleich nicht immer augenfälligen Anteil. Skala musste jetzt – wie jeder Mensch (bewusst und vorsätzlich oder spontan und unreflektiert) – zwischen zwei prinzipiellen Handlungsmöglichkeiten wählen.

Entweder nahm er die vorgefundenen (sozialen, politischen, kulturellen) Verhältnisse als unveränderlich hin und nutzte sie nur in einem „von oben" (oder „von außen") festgelegten Rahmen. Das führte, dessen war er sich sehr bewußt, unvermeidlich zur Reproduktion der Verhältnisse, die dann von den so Handelnden meist als „schicksalhaft" empfunden wurden. **Oder** er sah die Verhältnisse als „geronnenes Verhalten" und deshalb als veränderbar und bemühte, sie entschlossen und ausdauernd tatsächlich umzugestalten, ohne dafür eine Erfolgsgarantie zu haben.

Zwischen 1919 und 1924 vervollkommnete Skala seine Fähigkeiten, offen und öffentlich für die gerechte Sache seines Volkes, gegen großdeutsche Machtpolitik und antislawische Vorurteile zu kämpfen. Selbstbewusst trat er für die Menschenrechte seines Volkes ein, kritisierte deshalb politische und ökonomische Germanisierungstendenzen ebenso wie soziale und ideologische Unterwürfigkeit von Sorben. Nach seinem Wirken im Serbski Dźenik, für den Sokoł und die ludowa strona sowie der Veröffentlichung zur „sorbischen Frage", nach den Erfahrungen aus der Zerstörung des Wendischen Seminars und dem kurzen „Gastspiel" in der Redaktion der Serbske Nowiny kann man etwa Mitte/Ende 1924 als Zeitpunkt benennen, an dem Skala sich für die zweite Alternative entschied.

In Prag „erhielten seine politischen Auffassungen ihre endgültige Form, hier gewann er seinen Standpunkt zur anwachsenden deutschen Reaktion, hier formte er auch seine Konzeption in den Minderheitenfragen aus." Freundschaftliche Beziehungen zu anderen Minderheiten und slawischen Völkern festigten „bei Skala die Überzeugung, dass das sorbische Volk bei seinem gerechten Kampf um seine Erhaltung nicht allein steht."[44] Er machte zugleich Erfahrungen, wie die Mächtigen in der Kirche ihr starkes Interesse durchsetzten, in der Lausitz eine romtreue deutsche Führung zu installieren. Er erlebte, dass ein deutscher katholischer Bischof sorbische katholische Laien und Priestern nicht als Glaubensbrüder, sondern eher wie politische Gegner, z.T. verbunden mit dem Vorwurf des Ketzertums, behandelte. Darin spiegelt sich der Gegensatz zwischen (deutschem) Chauvinismus und (sorbischem) Patriotismus, zwischen nationalistischer Deutschtümelei und nationalem Selbstwertgefühl, zwischen ständiger Verletzung der Menschen- und Minderheitsrechte und dem Kampf um ihre Durchsetzung. Einige Pfarrer, und Skala mit ihnen, kritisierten diese Zustände öffentlich, zu viele Sorben beschwiegen und duldeten sie.

Der bischöfliche Umgang ergänzte wirksam die antislawische, Minderheitsrechte verletzende Germanisierungspolitik in der Weimarer Republik. Kirche und Staat wollten nach den Wirren der Revolution und dem Erstarken sorbischen Selbstbewusstseins die katholischen Sorben[45] wieder zu sorbischen Katholiken[46] machen. Dafür waren sie bereit, die Verfassung und die Menschenrechte der sorbischen Minderheit zu verletzen. Demokratie störte und wurde zielstrebig verhindert. Rechtsnihilismus, Demagogie, Konspiration und Lüge traten an ihre Stelle und wurden organisatorisch-strukturell gesichert. Sorbenfeindliche Minderheitenpolitik war gekennzeichnet durch permanente Angriffe auf die Menschenrechte, musste im Geheimen gemacht werden und war notwendig mit Manipulation der Öffentlichkeit, darunter der Betroffenen, verbunden.

Skala erkannte zunehmend klarer und benannte zunehmend schärfer, dass Verantwortliche des Reiches, des Landes Sachsen und des Bistums Meißen kein Vertrauen in die Sorben hatten. Wiederholte Loyalitätserklärungen sorbischer Führer wurden ignoriert. Mit sorbischen katholischen Gläubigen und Priestern wurde autoritär und herabwürdigend umgegangen. Die rigide staatliche Kontrolle, Bespitzelung und Verleumdung sorbischer nationaler Aktivitäten lehnte er entschieden ab. Er forderte stattdessen, den demokratischen Rechtsstaat zu entwickeln und auf monarchischen Paternalismus ebenso zu verzichten wie auf blinde Obrigkeitshörigkeit. Sorbische Bemühungen, allein auf parlamentarischem Wege bessere Bedingungen für das Leben der nationalen Minderheit zu erlangen, sah er kritisch.

Der verfassungswidrige Umgang politisch Verantwortlicher mit sorbischen Forderungen zeigte ihm zugleich, die Mächtigen lehnten jede Kritik an sozialen und juristischen Zuständen ab, bewerteten jede demokratische Inanspruchnahme verfassungsmäßiger Rechte als für sie gefährlich und unterdrückten sie folglich. Die gesellschaftlichen Verhältnisse sind in keinem Detail und von niemandem in Frage zu stellen – das war das herrschende Credo! Unter dem Mantel der Demokratie und einer einseitig-parteilichen Interpretation der christlichen Religion spielten sich die Herrschenden als Beschützer von Eigentum und Ordnung auf. So setzten sie ihre Interessen durch und schwächten zugleich das sorbische Volk bei der Inanspruchnahme seiner Minderheiten – und Menschenrechte.

Skala wollte das ändern. Er wollte für sein sorbisches Volk auf gar keinen Fall staatlich reglementierte Verhinderung von Minderheitsrechten, aber auch nicht obrigkeitsgnädig-herablassendes Gewähren dieser Rechte. Seine journalistischen und praktisch-politischen Aktivitäten zielten darauf, sorbisches Selbstbewusstsein zu entwickeln, zu stärken. Die Sorben sollten politisch handeln, um endlich nicht länger nur (bzw. vor allem) behandelt zu werden. Um handlungsfähig zu sein, brauchten die Sorben einen unbeirrbaren, widerstandsfähigen Kern individuellen Fühlens und Denkens, der zu einer Art gemeinsamer nationaler Überzeugung werden sollte. Dieser Kern, das ist in Skalas Worten aus dieser Zeit zumeist noch unscharf benannt, hat deutliche Schnittmengen mit Parteinahme, aufrechter Haltung, Standhaftigkeit, Charakterfestigkeit, Wahrheitssuche, Gewissen. Das alles stärkt – so Skalas Überzeugung – die gemeinsame Kraft der vielen und gibt dem einzelnen Kraft zu Widerspruch und Widerstand. Spätestens 1924 wusste er: Nur jene Empörungen gegen Unrecht und Unterdrückung sind anhaltend wirksam, bei denen der einzelne sich selbst auch mit dem Herzen mobilisiert.

Skala verstand sich als Anwalt von Rechten, die die politisch Verantwortlichen eher bedenkenlos beiseite schoben. Skala jedoch wollte sich nicht beseiteschieben lassen. Sein Menschenrechts- und Minderheitenrechtskonzept gewann bis Mitte der 1920er Jahre klare Konturen. Es ist zum einen gekennzeichnet durch die Grundaussage aller Menschenrechte, kein einzelner Mensch und keine Gruppe von Menschen darf aufgrund von Religion, Sprache, Ethnizität unterdrückt werden. Zum anderen wird es geprägt von Skalas subjektiv harmonischer Verknüpfung christlicher und sozialistischer Werte.

Skalas Verhältnis zur christlichen Religion war stark durch das Elternhaus bestimmt. Religion als sozialer, auch familiärer Zusammenhalt, als Vermittlung von Gewissheit über ein ehrliches, gutes Leben, als Mutmacher gegen Ungerechtigkeit – das lernte er vor allem zu Hause kennen. Weniger stark beeinflusste ihn offensichtlich die in Schule und Kirche dominierende Trinität, das Bekenntnis zum dreieinigen Gott. Verstärkt wurde seine Religiosität später vor allem durch Erfahrungen mit dem Verhalten der Kirchenführer im Krieg. Mutmaßlich zum Kriegsende hin war für Skala das Gebot „Du sollst nicht töten!" zum Herzstück seines Denkens geworden. Er erlebte, erkannte und durchlitt die Verletzung dieses Gebots im Krieg als Verstoß gegen das zweite Gebot „Du sollst den Namen des Herrn, deines Gottes nicht missbrauchen!" Dessen Missachtung (oder staatskirchliche Umdeutung) trat ihm sinnlich u.a. auf den Koppelschlössern der Soldaten entgegen. Das ließ ihn zwar akirchlich, jedoch nicht areligiös oder gar antireligiös werden. Als Pazifist bewertete er seitdem das Leben des Menschen, die Unversehrtheit des anderen vor fremder Gewalt als zu schützendes Gut und forderte ein entsprechendes Handeln. Die Erfahrungen mit Staat und Kirche in den ersten Berufsjahren formten sein Verständnis vom Handeln eines Christen und öffneten sein Denken für sozialistische Ideen.

Christlich war ihm die Aufforderung zu tagtäglich gelebter Menschlichkeit, ein Streben nach menschenwürdiger Daseinsgestaltung für alle durch Parteinahme für Bedrängte, Benachteiligte, Unterdrückte. Andersdenkende, Andersglaubende zu bekämpfen oder Verfolgung, Inquisition, Menschenverbrennung und Krieg zu rechtfertigen – das konnte er nicht mit dem Christentum verbinden. Damit sah er sich direkt verbunden mit dem religiös-sozialen Kern des Christentums und Jesus' Wirken sowie im direkten Gegensatz zur hierarchisch geordneten, den alleinigen Besitz der geoffenbarten Wahrheit Gottes sich anmaßenden Kirche. Die sittlichen Absichten des Christentums wertschätzend, maß Skala Kirche und Amtsträger daran, ob sie sich auf die Ursprünge und den damit verbundenen Auftrag besannen oder eher dem Mammon dienten. Man kann – das war Skalas fester Glaube – nur das eine **oder** das andere! (Vgl. Matth. 6.24) Skala ließ sich gewiss von der Überzeugung leiten, dass Jesus Christus „die Gewaltigen ihrer Macht entkleidet und sie öffentlich zur Schau gestellt (hat)."[47] Für ihn war es kritikwürdig und letztlich auch gotteslästerlich, dass kirchliche Amtsträger sich frei- und bereitwillig mit den Mächtigen im Staat solidarisierten und so selbst „Mächtige" wurden. Er kritisierte die Kirche als minderheitenfeindlich, weil sie der herrschenden Unterdrückung seiner Landsleute eine göttliche Scheinlegitimierung verschaffte. Als Gegensatz zu den Menschenrechten bewertete er Klerikalismus, weil der nur „die Seinen" liebt und den „Fremden" verachtet. Für ihn war der Heilige Geist nicht identisch mit dem Korpsgeist des deutschen Staatskirchentums. Er begründete sein Eintreten für die Menschen- und Minderheitsrechte der Sorben mit der Kritik an einer Kirche, die sich von Politik und Staatsmacht instrumentalisieren ließ und so ihren Auftrag verleugnete. Ablehnend stand er direkten und indirekten Aufforderungen gegenüber, die erlebte Gesellschaft als gottgewollte Ordnung zu sehen und stets Demut und Gehorsam gegenüber aller Obrigkeit an den Tag zu legen.

Gewiß verstand Skala Jesus nicht als Sozialrevolutionär. Dazu waren ihm Evangelien und Neues Testament zu gut bekannt. Aber er sah mit zunehmender Reife klarer, dass christliche Freiheit zutiefst sozial ist und den Glaubenden an die Seite der Unterdrückten stellt, weil sie Freiheit zur Nächstenliebe ist. Christentum hatte für ihn etwas mit der Achtung der Würde jedes Menschen zu tun. Er erlebte jedoch, dass die Herrschenden in Staat und Kirche zum einen die Würde seiner sorbischen Landsleute verletzte. Zum anderen erlebte er, wie die Mächtigen schon wieder geistige Kriegsvorbereitung betrieben. Er aber wollte als durch den Krieg Belehrter, dass das staatlich organisierte und kirchlich gesegnete Morden verhindert, verboten und bestraft wird.

Von den Friedfertigen und Unterdrückten her – das war nach Skalas fester Überzeugung die Blickrichtung von Jesus. Darin war er sich mit vielen katholischen (und auch evangelischen) Sorben einig und ihnen ein Verbündeter. Unterdrückende Verhältnisse als gottgewollt zu werten – das lehnte Skala gemeinsam mit vielen sorbischen Christen ab. Er kannte das kühne, aber realistische Wort, der Mensch sei nicht wegen des Sabbat, sondern dieser wegen des Menschen geschaffen worden (vgl. Markus 2.27) Für ihn hieß das unter anderem, sorbische Katholiken sind nicht um der Kirche wegen da, sondern diese ist nur wegen jener und durch sie wahrhaft existent.

Sozialistisch war ihm das Sehnen nach einer Gesellschaft, in der alle menschenwürdig leben können; in der alle ihr Leben selbstverantwortlich gestalten können; in der Hemmnisse für die Bildung aller beseitigt sind; in der Kinder nicht nach dem Status ihrer Geburt bewertet werden und in der der Starke sich nicht durchsetzt, indem er die Schwächeren beiseite drängt. Bei der Verinnerlichung sozialistischer Ideen übersah er nicht Fehler in der Politik der deutschen Sozialdemokratie nach 1918 oder im damaligen Sowjetrussland. Er hatte auch da keinen verklärten Blick. Aber er bekannte sich zu diesen gesellschaftlichen Zielen, weil sie dem friedlichen und gerechten Zusammenleben von Deutschen und Sorben dienlich sind und weil er die vermeintliche Neutralität der in den Kämpfen der Zeit Abseitsstehenden für mitverantwortlich an den beklagenswerten Zuständen hielt.

Die Schnittmengen seiner Prägungen als Christ, pazifistischer Sozialist und Demokrat bestimmten Skalas politisches und journalistisches Handeln. Man kann sie Humanität, Nächstenliebe, Barmherzigkeit, Vertrauenswürdigkeit, Mitmenschlichkeit, Menschenfreundlichkeit, Empathie, Solidarität, Gemeinschaftssinn nennen. In der theoretischen Begründung kann man sie unterscheiden. Im Handeln für die Durchsetzung, Sicherung, Gewährleistung der Menschenrechte sind diese Unterschiede eher belanglos, denn dort dominiert das ethisch Verbindende, Übergreifende, das Menschengemäße, d.h. das dem Menschsein Entsprechende.

Christliche und sozialistische Ideen – wechselseitig sich befruchtend und immer Bezug nehmend auf die soziale Wirklichkeit[48] – leiteten von nun an Skalas journalistisches und politisches Engagement für die Minderheits- und Menschenrechte seines sorbischen Volkes. Die enge Verbundenheit mit dem Schicksal seiner unterdrückten Landsleute und der Wille, Ungerechtigkeit und Benachteiligung nicht hinzunehmen, bestimmten seine Haltung. Er ließ sich darin – davon werden spätere Ereignisse Zeugnis ablegen – weder durch Enttäuschungen über die Politik der Herrschenden noch durch Bespitzelung und Berufsverbot, aber auch nicht durch Anpassung und vorauseilenden Gehorsam mancher Sorben beirren. Zwangsläufig geriet er in z.T. scharfe Gegensätze zu Gewaltverherrlichung, sittlicher Verrohung und Menschenverachtung, wie sie ihm in der Weimarer Republik Tag für Tag begegnete. Kritisch sah er zugleich eine Apathie unter den Sorben, sich für die eigenen Interessen und Rechte politisch zu engagieren. Als Kontrapunkt dazu lebte er als politischer Journalist eine Art „Scharnier" von christlicher und sozialistischer Weltsicht, wurde Europäer und Weltbürger, frei von ideologischen Scheuklappen. Anmaßende Vereinnahmung des anderen und seiner Weltsicht wird ihm von jetzt an in seinen Artikeln und in seinem praktischen Tun ebenso fremd bleiben wie arrogant-diskriminierender Ausschluss. Er bewahrte diese selbstbewusste Haltung zeitlebens, weil sie seines Erachtens wahren Humanismus verkörpert.

Diese Weltsicht war für Skala keine oberflächliche Meinung. Sie war eine geistige Lebenshaltung, sie hatte für ihn existentielle Bedeutung. Bekenntnis und Erkenntnis standen im Einklang.[49] Skala verstand seine christliche Freiheit (und die anderer!) nicht als Willensakt zur Befriedigung egoistischer Interessen, sondern als Pflicht, im Geiste einer der Welt zugewandten Nächstenliebe zu handeln. Für ihn waren – gut christlich – alle Menschen vor Gott gleich, unabhängig von Geschlecht Alter, Nationalität, Hautfarbe, Weltanschauung oder Herkunft. Die Überzeugung von der Gleichheit aller Menschen als Kern der Menschenrechte harmonierte in Skalas Denken vollkommen mit dem – gut sozialistischen – Grundsatz der Freiheit, Gleichheit und Brüderlichkeit.

In beiden Ideen steckt bekanntlich eine Keimzelle der Demokratie.

Aus so geprägten Haltungen heraus fehlte Skala jegliche Borniertheit im Umgang mit anderen Menschen, mit anderen Nationen und Völkern. Nicht im „Elfenbeinturm", sondern eng verbunden mit den Alltagssorgen der ethnischen Minderheiten, gegen direkte und subtile Unterdrückungsinstrumente agierend und in all dem lernend, wurde Skala in Wort und Tat zum journalistisch-politischen „Grenzgänger" zwischen Nationalem, Kulturellem (Religiösem) und Sozialem. Er versuchte zunehmend Einfluss auf eine an den Menschenrechten orientierte Minderheitenpolitik zu nehmen.

Skalas Menschenrechtskonzept nahm ursprüngliche Ideen Rousseaus[50] auf. Der sah ja den Sündenfall des Menschen nicht darin, vom Baum der Erkenntnis gegessen zu haben. Er sah ihn vielmehr sowohl in der Taubheit gegenüber der natürlichen Tatsache und Gewissheit, dass die „Früchte der Erde allen gehören und die Erde selbst niemandem"[51] als auch in der Blockade, Zerschlagung und Zersetzung von Bestrebungen, diese Vision gesellschaftlich umzusetzen.

Skalas Anstrengungen für die Minderheitsrechte der Sorben richteten sich von Beginn an gegen alle Ausprägungen des sozial Inhumanen, namentlich gegen Militarismus und Nationalismus. Er wusste, die Gewährung von Rechten ist stets Ergebnis von mehr oder minder heftigen und andauernden Auseinandersetzungen politisch Handelnder. Wie jedes Recht, verwirklicht sich auch Minderheitenrecht nicht im Selbstlauf. Deshalb stellte er zuerst Ansprüche an seine Landsleute. Gründlich durchdachte er das Fiasko der Sorben in Versailles und entwickelte Vorstellungen, wie die in der Öffentlichkeit unscharf so genannte „sorbische Frage"[52] ohne Irredentismus zu regeln sei. Das mündete in die Frage: Was müssen die Sorben selber tun, damit sie gleichberechtigt, gleichgeachtet ihr Leben im deutschen Staat selbständig gestalten können?

Skalas Antwort ist seit 1922 klar, unmissverständlich und bis heute gültig: Das sorbische Volk, seine führenden Persönlichkeiten, Organisationen und Institutionen brauchen als „Handwerkszeug" ein realistisches Programm, das Ziel und Weg klar bestimmt; sie müssen „gerecht denkende Deutsche" als Unterstützer gewinnen; sie sollten religiöse Unterschiede der Liebe zur eigenen Nationalität unterordnen; sie müssen ihre eigene Kultur als Teil der slawischen Kultur pflegen; den Unterricht ihrer Kinder den nationalen Bedürfnissen angemessen gestalten; für eine gedeihliche Entwicklung aller sorbischen Kinder sorgen; den Sokoł als interkonfessionelle Organisation zur Stärkung sorbischen Selbstbewusstseins nutzen; die eigene Presse niveauvoll gestalten, Volksbüchereien einrichten und Rednerkurse einführen.

Skala sah darin Fundamente des sorbischen Alltags. Sind sie nicht stabil und solide, gerät das Haus früher oder später ins Wackeln und Wanken. Besonders wichtig war ihm dabei, das Wissen um die eigene Geschichte zu betonen. Erst genaues Bedenken der Herkunft ermöglicht Zukunft. Unwissenheit, Nichtbeachtung, Verleugnung der Historie des eigenen Volkes, Ignoranz und Arroganz gegenüber den eigenen Quellen bewirken unausweichlich wegen des damit verbundenen praktisch-politischen Dilettantismus' ihr Versiegen. Zugleich, so hob er hervor, müssen die Sorben die „politische Arbeit gründlich organisieren", ansonsten schwächen sie ihre „Bemühungen bis zur Ohnmacht."

Noch unscharf, aber in Umrissen schon zu merken, stellte sich Skala Mitte der 1920er Jahre auch die Frage: Was muss der deutsche Staat politisch und juristisch regeln und durchsetzen, damit seine Staatsbürger sorbischer Nationalität Inhaber gleicher Rechte sind und nicht „Bürger zweiter Klasse" werden? Verbunden mit der Frage danach, was Sorben selbst für ihre Rechte tun müssen, wurde so – in späteren Jahren – Skalas Sicht auf die zwei sich bedingenden Seiten einer auf die Sicherung der Menschenrechte für ethnische Minderheiten zielenden Innenpolitik deutlicher erkennbar. Skalas journalistischer und politischer Schwerpunkt wird die Grundsatzfrage: <u>Wie sollen Sorben (als Minderheit) und Deutsche (als Mehrheit) in einem Staat zusammenleben und wie sollen sie miteinander umgehen?</u>

In den frühen 1920er Jahren liegen die entscheidenden Wurzeln dafür, dass Skala später seine Antworten auf diese „sorbische Frage" prinzipiell formulieren und für andere ethnische Minderheiten als gültig darstellen kann. In den frühen 1920er Jahren liegen zudem die entscheidenden Wurzeln dafür, dass Skala den Gegensatz zwischen Kreuz und Hakenkreuz erkannte und Hitlers slawenfeindliche, insofern menschenrechts- und minderheitsfeindliche Politik entlarvte. Noch im aufkommenden Faschismus wird er nach Wegen zu einer den Menschenrechten entsprechenden Minderheitenpolitik suchen. Sehr wahrscheinlich war er sich bewusst, dass mahnende Rufer zu allen Zeiten unbeliebt, weil unbequem sind und meist ein schweres Los zu tragen haben.[53]

Für welche Wahrheiten er dabei eintrat und sich zu ihrer Verteidigung nicht wegduckte, in welche Nöte und Spannungen er in diesen Kämpfen kommen sollte, welche Leiden und Qualen er durchmachte, soll im Folgenden erörtert werden.

Anmerkungen, Quellen, Personalia

1   * 29.9.1867, † 24.6.1922, [Die von ihm mitbegründete Deutschen Demokratischen Partei bekannte sich als einzige Partei der Weimarer Republik vorbehaltlos zur republikanischen Staatsform. Er selbst „war ein aristokratischer Revolutionär, ein idealistischer Wirtschaftsorganisator, als Jude deutscher Patriot, als deutscher Patriot liberaler Weltbürger, und als liberaler Weltbürger wiederum ein … strenger Diener des Gesetzes." (SEBASTIAN HAFFNER: Geschichte eines Deutschen. a.a.O., S. 50)]

2   <u>Drei Minuten Gehör will ich/Von euch, die ihr arbeitet!</u>
Von euch, die ihr den Hammer schwingt,/von euch, die ihr auf Krücken hinkt,
von euch, die ihr die Kessel schürt,
von euch, die mit treuen Händen/dem Manne ihre Liebe spenden –
von euch, den Jungen und den Alten -;/Ihr sollt drei Minuten inne halten.
Wir sind ja nicht unter Kriegsgewinnern/Wir wollen uns einmal erinnern.
Die erste Minute gehöre dem Mann./Wer trat vor Jahren in Feldgrau an?
Zu Hause die Kinder – zu Hause weint Mutter…/Ihr: feldgraues Kanonenfutter-!
Ihr zogt in den lehmigen Ackergraben./Da saht ihr keinen Fürstenknaben:
Der soff sich einen in der Etappe/Und ging mit den Damen in die Klappe.
Ihr wurdet geschliffen. Ihr wurdet gedrillt./Wart ihr noch Gottes Ebenbild?
In der Kaserne – im Schilderhaus/wart ihr niedriger als die schmutzigste Laus.
Der Offizier war eine Perle/Aber ihr wart nur „Kerle"!
Ein elender Schieß- und Grüßautomat. /„Sie Schwein! Hände an die Hosennaht-!"
Verwundete mochten sich krümmen und biegen: /Kam ein Prinz, dann hattet ihr stramm zu liegen.
Und noch im Massengrab wart ihr Schweine: /Die Offiziere lagen alleine
Ihr wart des Todes billige Ware…/So ging das vier lange blutige Jahre.
Erinnert ihr euch -?
Die zweite Minute gehöre der Frau/Wem wurden zu Haus die Haare grau?
Wer schreckte, wenn der Tag vorbei/in den Nächten auf mit einem Schrei?
Wer ist es vier Jahre hindurch gewesen/der anstand in langen Polonaisen,
indessen Prinzessinnen und ihre Gatten/alles, alles, alles hatten --?
Wem schrieben sie einen kurzen Brief,/daß wieder einer in Flandern schlief?
Dazu ein Formular mit zwei Zetteln…/wer musste hier um die Renten betteln?
Tränen und Krämpfe und wildes Schrein./Er hatte Ruhe. Ihr wart allein.
Oder sie schickten ihn, hinkend am Knüppel/euch in die Arme zurück als Krüppel
So sah sie die wunderbare/große Zeit – vier lange Jahre…
Erinnert ihr euch -?
Die dritte Minute gehöre den Jungen!/Euch haben sie nicht in die Jacken gezwungen!
Ihr wart noch frei! Ihr seid heute frei/Sorgt dafür, dass es immer so sei!
An euch hängt die Hoffnung. An euch das Vertraun/von Millionen deutschen Männern und Fraun.
Ihr sollt nicht strammstehn. Ihr sollt nicht dienen/ihr sollt frei sein! Zeigt es ihnen!
Und wenn sie euch kommen und drohn mit Pistolen -: /Geht nicht! Sie soll euch erst mal holen!
Keine Wehrpflicht! Keine Soldaten!/Keine Monokel-Potentaten
Keine Orden! Keine Spaliere!/Keine Reserveoffiziere!
Ihr seid die Zukunft! Euer das Land!/Schüttelt es ab, das Knechtschaftsband!

Wenn ihr nur wollt, seid ihr alle frei!/Euer Wille geschehe! Seid nicht mehr dabei!
Wenn ihr nur wollt: bei euch steht der Sieg"/- Nie wieder Krieg -!

3   Die Regierung brachte immer mehr Geld in Umlauf, für das es bald keine materiellen Gegen-
    werte gab. Preise und Löhne explodierten, wer seinen Lohn nicht sofort wieder ausgab, konnte
    sich Stunden später kaum noch etwas davon kaufen. Über Nacht waren alle Spareinlagen vernich-
    tet, die Wechsel für die an den Staat gezahlten Kriegsanleihen waren wertlos. Gewinner waren die,
    die sich für ihren Grundbesitz verschuldet hatten. Die von ihnen bei stabilem Kurs aufgenom-
    menen Kredite wurden mit entwerteter Währung zurückgezahlt. Größter Inflationsgewinner war
    der Staat, dessen Kriegsschulden in Höhe von 154 Milliarden Mark beliefen sich am 15.11.1923,
    als die neue Währung „Rentenmark" eingeführt wurde, auf exakt 15,4 Pfennige

4   * 17.02.1886 † 05.04.1949

5   * 31.12.1877 † 22.01.1966

6   Prof. PHILIPP LENARD (* 7.6.1862–20.5.1947), als Schüler des Königlich Ungarischen Gymnasi-
    ums in Preßburg ungarischer Nationalist, 1905 Nobelpreis für experimentelle Physik, 1907 Ordi-
    narius für Physik an der Ruprecht-Karl-Universität Heidelberg. Zu Beginn des Ersten Weltkrieges
    Mitunterzeichner des in der in- und ausländischen Öffentlichkeit stark beachteten „Manifests der
    93" vom 4.10.1914, in dem deutsche Kriegsverbrechen in Belgien [Tötung mehrerer Tausend
    Zivilisten, fast totale Zerstörung der Universitätsstadt Leuven (Löwen)] geleugnet und der deut-
    sche Militarismus verteidigt wurde. Am 27.6.1922, an dem für den ermordeten Rathenau Staats-
    trauer verordnet war, weigerte er sich Schwarz-Rot-Gold zu flaggen, ignorierte den öffentlichen
    Ruhetag und hielt demonstrativ ein Seminar ab. Dies wurde von Teilen der Studentenschaft und
    der Öffentlichkeit als widerständige Ablehnung der Weimarer Republik gewertet und stand in
    Übereinstimmung mit der deutsch-völkischen Ausrichtung „seines" Institut und seiner
    Meinung,die Relativitätstheorie von EINSTEIN, den er zudem in Zeitungsartikeln, Vorträgen und
    auf einer Konferenz im September 1920 persönlich verleumdete, sei „Physik des jüdischen
    Volkes".
    Der Student CARLO MIERENDORFF, (* 24.3.1897–4.12.1943), zwei Tage nach dem Abitur freiwil-
    lig Soldat, ausgezeichnet mit dem Eisernen Kreuz, begann 1917 ein Studium der Volkswirt-
    schaftslehre. Anfang 1919 gründete er – mit Anklang an Georg Büchner und dessen „Hessischen
    Landboten" die politische Zeitschrift „Das Tribunal. Hessische Radikale Blätter". Er war Mitglied
    der „Sozialistischen Studentengruppe" und der „Vereinigung republikanischer Studenten", 1920
    wurde er Mitglied der SPD, war stark von MAX WEBER beeinflusst und promovierte 1922 mit
    einer Arbeit zum Thema „Die Wirtschaftspolitik der Kommunistischen Partei Deutschlands". In
    einigen Veröffentlichungen Anfang der 1920er Jahre entlarvte er die politische Funktion der
    schwarz-weiß-roten Judenfeindschaft als republikfeindlich. Am Tag der Staatstrauer organisierte er
    eine Aktion, bei der zunächst das Institut belagert und Professor LENARD zur Befolgung der Verfü-
    gung des Rektors, halbmast zu flaggen, aufgefordert wurde. Als Reaktion darauf wurden aus Fen-
    stern der oberen Etage mehrere Feuerwehrschläuche auf die Demonstranten gerichtet und in
    Betrieb genommen. Die Menge brach in das Haus ein, der Professor wurde von Studenten abge-
    führt und der Polizei übergeben, von wo aus er nach einigen Stunden nach Hause entlassen wur-
    de.
    Am 19.9.1922 wurde MIERENDORFF wegen Hausfriedensbruch, Landfriedensbruch und Zusam-
    menrottung in der Absicht, mit anderen Gewalt gegen Personen und Sachen auszuüben, ange-
    klagt und am 10.4.1923 zu 4 Monaten Gefängnis verurteilt. Zu dem Urteil und den ihm zugrun-
    deliegenden Ereignissen gab es sowohl im badischen Landtag als auch im Reichstag parlamenta-
    rische Anfragen von Sozialdemokraten sowie heftige Attacken in der rechten Presse. Mierendorff

ging gegen das Urteil in Revision und beantragte zugleich gegen sich selbst ein akademisches Disziplinarverfahren. Das endete unter Vorsitz von Rektor Anschütz am 28.7.1923 mit einem Freispruch, infolgedessen Mierendorff wenig später sein Doktordiplom ausgehändigt werden konnte. Lenard erhielt infolge eines Disziplinarverfahrens der badischen Landesregierung einen Verweis in die Personalakte.

Sehr interessant für die Erfassung der damaligen politischen Kultur und ihrer „Fernwirkungen", ist die weitere Vita der Kontrahenten. Lenard war einer der ersten namhaften Wissenschaftler, die unter öffentlicher Beachtung für die NSDAP eintraten. In einem gemeinsamen mit Johannes Stark unterzeichneten Aufruf „Hitlergeist und Wissenschaft" (veröffentlicht in „Großdeutsche Zeitung" vom 8.5.1924) bekannte er sich zum Parteiprogramm der NSDAP und zu den Anführern des sechs Monate zurückliegenden Hitler-Putsches vom 9.11.1923. 1926 traf er mit Hitler in Heidelberg zusammen, ab 1928 zählte er zu den öffentlichen Förderern der völkisch-antisemitischen „Nationalsozialistischen Gesellschaft für Deutsche Kultur", aus der 1931 der von Rosenberg geführte „Kampfbund für deutsche Kultur" hervorging, zu dessen Gründungsmitgliedern Lenard gehörte. Nach 1929 war er führend an der Konstruierung einer „Deutschen oder Arischen Physik" beteiligt. In Nazi-Deutschland erhielt Lenard zahlreiche Ehrungen. 1935 wurde das Physikalische Institut der Universität Heidelberg in „Philipp-Lenard-Institut" umbenannt. Er wurde Mitglied des Reichsinstitutes für Geschichte des Neuen Deutschland. 1936 erschien Lenards vierbändiges Werk „Deutsche Physik". Im Vorwort hieß es u.a.: „Deutsche Physik?' wird man fragen. Ich hätte auch arische Physik oder Physik der nordisch gearteten Menschen sagen können, Physik der Wirklichkeits-Ergründer, der Wahrheits-Suchenden, Physik derjenigen, die Naturforschung begründet haben." Denn: „In Wirklichkeit ist die Wissenschaft, wie alles was Menschen hervorbringen, rassisch, blutmäßig bedingt."

[In einer Szene des Dramas „Furcht und Elend des Dritten Reiches" lässt Brecht zwei Physiker Einsteins Erkenntnisse über Gravitationswellen als „eine echte jüdische Spitzfindigkeit" bezeichnen. In einem zu dieser Szene geschriebenen Gedicht kommentiert Brecht, man wollte im Nazi-Reich keine „richtige/sondern eine arisch gesichtige/genehmigte deutsche Physik".]

Mierendorff arbeitete in den Folgejahren als wirtschaftswissenschaftlicher Sekretär beim Deutschen Transportarbeiterverband in Berlin. Von 1926 bis 1928 war er Sekretär der SPD-Fraktion im Reichstag und Pressereferent des hessischen Innenministers Wilhelm Leuschner. Er setzte eine Haussuchung bei hessischen Nazis durch, bei der die später so genannten „Boxheimer Dokumente" (siehe dazu: Anmerkungen Kap. 2.3., Fußnote 152) gefunden wurden, in denen der Autor Werner Best (zu diesem Zeitpunkt Rechtsanwalt, Amtsrichter in Gernsheim, Rechtsberater der NSDAP-Gauleitung Hessen) detailliert fixiert hatte, wie politische Gegner zu verfolgen sind. Best nannte das Ganze im Begleitschreiben „Grundlage und Kernstück der theoretischen und geistigen Vorbereitung eines Aufstandes der NSDAP". Hitler kritisierte den ungünstigen Zeitpunkt des Öffentlichwerdens, lobte aber die politische Entschlossenheit Bests, der sich so bei der NSDAP-Führung für größere Aufgaben empfohlen hatte. Der Skandal um diese Dokumente machte Ende November 1931, 14 Monate bevor Hitlers Kanzlerschaft beginnt, die Folge- und Fernwirkungen einer verbreiteten und sich verstärkenden menschenfeindlichen politischen Kultur unübersehbar. *[Werner Best * 10.7.1903 † 23.6.1989, promovierter deutscher Jurist, Politiker der NSDAP, SS-Obergruppenführer, Theoretiker und Personalchef der Gestapo, Stellvertreter Heydrichs in der Führung des SD, von 1942 bis 1945 Statthalter im besetzten Dänemark, vom Kopenhagener Stadtgericht am 20.9.1948 zum Tode verurteilt, im Berufungsverfahren wurde das Urteil in 5 Jahre Haft geändert, von denen er vier bereits abgesessen hatte; nach starken öffentlichen Protesten vom obersten dänischen Gericht schließlich zu 12 Jahren Haft verurteilt; im August 1951 vorzeitig aus der Haft*

in die Bundesrepublik entlassen, sofort führend beteiligt an der erfolgreichen Verhinderung der Strafverfolgung aktiver Nazis, verstarb kurz vor der Eröffnung eines Hauptverfahrens gegen ihn.]
Im September 1930 wurde MIERENDORFF SPD-Abgeordneter im Reichstag, veröffentlichte unter dem Titel „Gesicht und Charakter der nationalsozialistischen Bewegung" eine wertvolle sozialpolitische Studie und griff im Parlament Goebbels mehrfach direkt an. Nach der Machtübernahme HITLERS wurde MIERENDORFF am 13.6.1933 verhaftet, durch die Straßen von Frankfurt/Main geschleift und bis 1938 in den KZ's Osthofen Börgermoor, Papenburg, Lichtenburg, Buchenwald inhaftiert. Nach der Freilassung arbeitete er im „Kreisauer Kreis" mit und war im sog. Schattenkabinett BECK/GOERDELER für eine leitende Stelle in der Propaganda-Abteilung vorgesehen. Bei einem Bombenangriff auf Leipzig kam er am 4.12.1943 ums Leben.

7   Die deutsche Obrigkeit bewertete dies so: „Da die Sokolvereinigungen die Propaganda pro Slawentum kontra Germanentum bezwecken, und die Tschechen in unsrer Lausitz, Spreewald usw. Sokolvereinigungen gründen wollen, möchte ich die Aufmerksamkeit der inneren Behörden bereits jetzt auf diese Bestrebungen hinlenken." (Schreiben des deutschen Gesandten in Prag, WALTHER WEVER, an das Auswärtige Amt vom 18.12.1919, zitiert nach. TIMO MEŠKANK: a.a.O., S. 182) Ergänzend riet WEVER am 1.2.1920 seinen Dienstherren, „auf etwa in der Lausitz auftauchende Sokol-Vereinigungen ein wachsames Auge zu haben." (Sächsisches Hauptstaatsarchiv, Ministerium f. Volksbildung 11018/1, zitiert nach: GRANDE, D./FICKENSCHER, D. (Hrsg.): Eine Kirche – zwei Völker. Deutsche, sorbische und lateinische Quellentexte und Beiträge zur Geschichte des Bistums Dresden-Meissen. Von der Wiedererrichtung 1921 bis 1929, Hrsg. im Auftrag des Domkapitels St. Petri des Bistums Dresden-Meißen; Bautzen, Leipzig 2003, S. 88

8   JAN SKALA: Što je Sokoł? in: Serbske Nowiny vom 8.6.1920

9   DIETHELM BLECKING (Hrsg.): Die slawische Sokołbewegung. Dortmund 1991, S. 10

10 Ausführlich, informativ und mit viel Bildmaterial ist die Geschichte des Serbski Sokoł aufgearbeitet in: ALFONS WIĆAZ: Serbski Sokol, Budyšin 1990

11 zitiert nach. TIMO MEŠKANK: a.a.O., S. 180

12 ebd. S. 181

13 JAN SKALA: Wo serbskich ... a.a.O., S. 10 [vgl. auch die von mir gefertigte sorbisch-deutsche Kopierfassung, Neubrandenburg 2010, S. 18f]

14 Am 1.6.1939 hält der Oberreichsanwalt beim Nazi-Volksgerichtshof dazu fest: Es gelang „dem Beschuldigten, im Jahre 1920 in Anlehnung an die seit langem bestehende polnische und tschechische Sokolbewegung auch eine wendische Sokolbewegung ins Leben zu rufen, in deren Bautzener-Ortsverein er den Vorsitz übernahm, den er bis zu seiner Abwanderung nach Prag im Frühjahr 1921 innehatte." (BArch R3017 VGH/ Z-S 162, fol 36)

15 JAN SKALA: Wo serbskich ... a.a.O., S. 11

16 Die am 25.6.2006 von der FUEV-Delegiertenversammlung (Dachverband europäischer autochthoner Minder- heiten; vertritt aktuell 84 Organisationen europäischer Minderheiten aus 32 europäischen Ländern) in Bautzen beschlossene „Charta der autochthonen, nationalen Minderheiten/Volksgruppen in Europa" (künftig: FUEV-Charta) nennt z.B.als Grundprinzipien für Minderheitenrechte „angemessene Formen der Selbstverwaltung" und „aktive Einbindung der heranwachsenden Generation".

17 Germanisierung ist kein antideutscher Kampfbegriff, sondern meint im Allgemeinen die Ausbreitung des germanischen Volkes, seiner Kultur und die damit einhergehende Überformung anderer Kulturen. Im konkret-historischen Geschehen ging dieser Prozess allerdings oft mit der Verdrängung anderer Völker aus deren Siedlungsraum einher. In seiner aggressiv-zerstörerischen Form ist sie durch politisch gewollte und juristisch forcierte Zurückdrängung der Sprachen anderer Völker

(bis zum Verbot) gekennzeichnet, wie z.B. im deutschen Kaiserreich gegenüber den deutschen Bürgern polnischer und dänischer Nationalität. Den ahumanen „Höhepunkt" fand die G. in der Politik der Nazis, ein kulturell, sprachlich und „rassisch" einheitlich deutsches Siedlungsgebiet schaffen zu wollen und dazu andere Völker und Kulturen auszurotten.

18 zitiert nach: TIMO MEŠKANK: a.a.O, S. 172) Der Vorwurf des Panslawismus war völlig aus der Luft gegriffen. „„Pan'-Bewegungen waren […] Bewegungen und damit verbundene Ideologien, die alle Staaten, Völker und ethnische Gruppen eines sprachlich und historisch verwandten Kulturkreises, eines Kontinents oder auch einer Religion zusammenfassen wollten." Sie „(stellten) keineswegs eine monolithische Einheit dar, sondern (wiesen) unterschiedliche, nicht selten scharf miteinander konkurrierende Strömungen auf." Unterschieden wird z.B. der Panslawismus der „um Russland und religiös um die Orthodoxie Zentrierten", der „Austroslawismus" der „slawischen Nationalitäten in der österreich-ungarischen Doppelmonarchie", der „Neoslawismus" als „Versuch einer Verbindung austro-slawistischer und panslawistischer Ideen und Ziele" sowie eine polnische Variante, die „sowohl gegen Russland wie gegen Österreich gerichtet sein (konnte), aber auch gegen das Deutsche Reich, entsprechend der Teilung Polens unter diese drei Mächte". (A. HANSCHMIDT: Panslawismus – Pangermanismus- Panromanismus. Übernationale Kulturen oder machtpolitische Ideologien, in: HERMANN VON LAER, KLAUS-DIETER SCHEER (Hg.): Kultur und Kulturen. Münster 2004, S. 139ff)

19 Der Gestapo-Verhörer wird später über SKALA und diese Zeit festhalten: In Prag „begann die deutschfeindliche journalistische Tätigkeit des Skala." Weder stimmt die Wertung noch – setzt man die Nazi-Sicht voraus – der Zeitpunkt. Weil sie auch sonst nichts Genaues wissen, wiederholen die Nazis uralte, falsche Gerüchte aus der „Wendenabteilung". „Dem SKALA wird nachgesagt, dass er als Schriftleiter der ‚Prager Presse' radikal eingestellt gewesen sei und kommunistische Tendenzen verfolgt habe. Er soll auch Mitglied der tschechischen kommunistischen Partei gewesen sein, was er aber bestreitet." (BArch R3017 VGH/ Z-S 162 8J 198/38 g Sonderband I, fol. 73)

20 Die „Prager Presse" war eine vom 1.3.1921 bis zum 31.12.1938 in deutscher Sprache erscheinende linksbürgerliche, von der tschechoslowakischen Regierung geförderte Zeitung. Sie sollte der Integration der deutschsprachigen Minderheit (damals mehr als 20 % der Bevölkerung der Tschechoslowakei) dienen. Chefredakteur war von Anfang bis Ende ARNE LAURIN. Für die Zeitung schrieben u.a. HERMANN HESSE, GEORGE BERNARD SHAW, RUDOLF OLDEN, FRANZ WERFEL, STEFAN ZWEIG, ROMAIN ROLLAND, ALBERT EINSTEIN.

21 Der vollständige deutsche Text ist enthalten in: PETER JAN JOACHIM KROH: Nationalistische Macht und ... a.a.O. S. 58–73,

22 JURIJ DELAN: „Bist Du ein Sorbe oder nicht?", zitiert nach: Eine Kirche – zwei Völker ... a.a.O., S. 109f [Der Aufsatz liest sich auch heute noch wie ein „Wetterleuchten", das spätere „Gewitter" in den innersorbischen Auseinandersetzungen um die Rechte der Minderheit ebenso ankündigt wie die zugespitzte Konfrontation um das „Wendische Seminar" zwischen sorbischen und deutschen Demokraten und sorbischen und deutschen Undemokraten.]

23 ebd. S. 111ff

24 ebd. S. 115f

25 Die Broschüre atmet den Geist von Sozialisten wie WILHELM LIEBKNECHT [* 29.3.1825 † 7.8.1900], der u.a. Chancengleichheit in der Bildungspolitik forderte, damit Wissen unabhängig von staatlichen Herrschaftsinteressen frei und für jeden ohne finanziellen Aufwand zugänglich gemacht wird oder von JOHANN JACOBY [* 1.5.1805 † 6.3.1877], der sich u.a. mit Nachdruck der staatsbürgerlichen Gleichberechtigung widmete und immer wieder an die politische Selbsthilfe des Volkes appellierte („Selbst denken, selbst handeln, selbst arbeiten muss das Volk, um die

papierne Verfassungsurkunde zu einer lebendigen Verfassungswahrheit zu machen. Wie auf dem wirtschaftlichen Gebiete, ganz ebenso auf dem politischen – ‚Selbsthilfe' ist die Lösung!" zitiert nach: EDMUND SILBERNER: JOHANN JACOBY. Politiker und Mensch, Bonn 1976, S. 321) oder von August Bebel [* 22.2.1840 † 13.8.1913], der u.a. auf der Grundlage medizinischer, naturwissenschaftlicher, rechtswissenschaftlicher und historischer Argumente die berufliche und politische Gleichberechtigung der Frau forderte und die bestehende gesellschaftliche Ordnung kritisierte.

26 Als Autor und Chefredakteur der „Kulturwehr" wird er später die andere Seite der „sorbischen Frage" ausführlich behandeln. (vgl. dazu Kap. 2.2 und 2.3)

27 Serbske Nowiny, 5. Februar 1924

28 Památnik národniho…, a.a.O. hier Brief Nr. 40 vom 11.10.1923

29 Angesichts aktueller Bedrängnisse des sorbischen Volkes und vor dem Hintergrund neu-alter slawenfeindlicher, rassistischer Gefährdungen (Vgl. dazu: MARTIN WALDE: Wie man seine Sprache hassen lernt. Domowina Verlag 2010; S. 147–171) sehe ich darin einen wichtigen Denkanstoß.

30 Památnik národniho …, a.a.O., hier Brief 33 vom 2.10.1921; Wenig später geht er gegenüber Muka erneut auf die Vorwürfe ein und betont, es gäbe für niemanden Anlass zu sagen, dass Skala sich „für bolschewistische Ideen begeistert habe. Wert legt er auf die differenzierende Feststellung: „…damit habe ich nicht gesagt, dass beim Bolschewismus alles zu verurteilen wäre; allgemein bin ich aber gegen jede Diktatur, gegen die des Kapitals und gegen die des Proletariats." ebd. Brief Nr. 34 vom 19.11.1921/Gelegentlich einer Erörterung, wonach die Stützung der Deutschen im Ausland durch die SPD „an sittlichem und praktischem Wert […] ohne Zweifel bedeutend gewinnen (würde), wenn die sozialdemokratische Partei den nationalen Minderheiten in Deutschland gegenüber ein gleiches Interesse entgegenbringen würde" bezeichnet er sich „vor allem als Sozialist – nicht Sozialdemokrat –". JAN SKALA – Łužičan: Bemerkungen, in: Kulturwehr. Heft 5/6 1925, S, 271

31 In aller Ausführlichkeit, mit allen wichtigen Zitaten und Quellen sind diese unerhörten Vorkommnisse geschildert in: PETER JAN JOACHIM KROH: Nationalistische Macht… a.a.O., S. 124–169

32 CHRISTIAN SCHREIBER (* 3.8.1872 † 1.9.1933), 1921 bis 1929 erster Bischof des wiedererrichteten katholischen Bistums Meißen und danach bis zu seinem Tod erster Oberhirte des neuen Bistums Berlin, Abitur 1892 am Gymnasium in Fulda, Wechsel ins dortige Priesterseminar; ans Collegium Germanicum nach Rom delegiert, wo er 1895 Leiter der Choralschule wurde und am 28. Oktober 1898 die Priesterweihe empfing, danach Promotion in Rom zum Doktor der Theologie und Philosophie, anschließend Professor der Philosophie am Fuldaer Priesterseminar. 1907 übernahm er die Leitung des Priesterseminars als Regens. Von 1907 bis 1921 war er Mitherausgeber des Philosophischen Jahrbuches der Görres-Gesellschaft.

Am 12.8.1921 wurde SCHREIBER vom Papst zum Bischof des Bistums Meißen ernannt, am 14.9.1921in Fulda zum Bischof geweiht, um anschließend sein Amt am Bistumssitz in Bautzen anzutreten. Am 25.9.1921 betonte er in einer programmatischen Rede, er sei nach Sachsen gekommen, um hier „als katholischer Bischof und deutscher Mann" zu arbeiten. Diese Äußerung löste bei den katholischen Sorben heftige Proteste aus. SCHREIBER war der erste katholische Geistliche, der nach der Reformation wieder Vorlesungen an der Leipziger Universität hielt. Er war zudem politisch stark engagiert, trat z.B. nach 1918 mehrfach bei Veranstaltungen der Zentrumspartei auf.

Schwerpunkte seiner bischöflichen Arbeit waren die Belebung des Katholizismus in der sächsischen Diaspora und die Zurückdrängung sorbisch-slawischen Einflusses auf kirchliche Entscheidungen. Bereits 1921 gründete er den Diözesancaritasverband, 1923 veranstaltete er die erste Diözesansynode, 1927 gründete er nach dem geheim organisierten Verkauf des Wendischen Seminars in Prag das Diözesanseminar in Schmochtitz bei Bautzen. Zur Stärkung des katholischen Selbstbewusstseins, aber auch zur Eindämmung des Autorität des niederen sorbisch-katholischen Klerus dienten die jährlich abgehaltenen und von ihm stark geförderten sächsischen Katholikentage. Generell legte Schreiber in allen wichtigen Entscheidungen kein tiefes Verständnis für die Belange der sorbischen Katholiken an den Tag. Sein engster Mitarbeiter, Pater WATZL, tat zudem alles, um tiefe Gräben zwischen den sorbischen Gläubigen und Priestern auf der einen und der kirchlichen Hierarchie auf der anderen Seite zu schaffen und immer wieder aufzureißen. Zum scharfen Eklat kam es 1923 während der Synode im Kloster St. Marienstern. Die sorbischen Katholiken hatten eine gespaltene Beziehung zu diesem Bischof. SCHREIBER hatte unter den Priestern wenige Anhänger, die meisten verhielten sich neutral, nicht wenige aber waren seine erbitterten Gegner. Die Besetzung der Pfarrstelle an der Bautzener Liebfrauenkirche mit einem deutschen Geistlichen löste 1928 erneut einen Konflikt zwischen dem Bischof und den Sorben aus. Hier waren es vor allem katholischen Laien, die energisch protestierten.

33   Noch 60 Jahre nach seinem Tod wird er dafür gelobt: „Ein streitbarer Priester aus Böhmen eröffnete vor einem dreiviertel Jahrhundert ein neues Kapitel der sächsischen Kirchengeschichte. Von ehrgeizigen Ambitionen besessen, gelang es dem Redemptoristenpater JOSEPH WATZL, die Wiedereinrichtung des in der Reformationszeit untergegangenen Bistums Meißen einzuleiten [...] Er schreckte [...] auch nicht davor zurück, das Bautzener Domkapitel auszuschalten und den Konflikt mit den Lausitzer Sorben zu suchen [...] Als 1923 im Kloster St. Marienstern die erste Meißner Diözesansynode abgehalten wurde, wunderte es niemanden, daß auch hier der böhmische Priester tonangebend war. Während seiner Tätigkeit in Sachsen entwickelte sich PATER WATZL zunehmend zu einem Propagandisten gegen das ‚Wendentum‘. Um „den Einfluß der katholischen Sorben in der Lausitz zurückzudrängen [...] intrigierte er gegen das sorbisch dominierte Bautzener Domkapitel und dessen Dekan JAKOB SKALA (1851–1925) „P. BIEN: Die graue Eminenz aus Böhmen, in: Deutscher Ostdienst. Informationen des Bundes der Vertriebenen, Heft 51/52 vom 20. Dezember 1996, S. 163

34   Památnik národniho...a.a.O., hier Brief Nr. 42 vom 28.2.1924

35   BArch R3017 VGH/ Z-S 162 8J 198/38 g Sonderband I, fol. 71

36   * 6.1.1912 † 02.12.2010, erster Direktor des 1951 gegründeten Institutes für sorbische Volksforschung, trotz dieser Funktion und seiner Mitgliedschaft in der SED lange Jahre wegen vermeintlichen „sorbischen Nationalismus“ öffentlich diffamiert.

37   Brief NOWOTNYS an den Autor, im persönlichen Besitz

38   P. GROJLICH aus Nechern war Skalas Lehrling in der Redaktion der „Serbske Nowiny“, erlernte bei ihm das journalistische Einmaleins und erlebte, wie Skala die Redaktion verlassen mußte. (Auszug aus: PAWOŁ GROJLICH: Als Redakteurs-Lehrling bei JAN SKALA, in: Rozhlad 1959, S. 188f;) „Da trat plötzlich ein Mann in den mittleren Jahren zu ihnen, nahm den Burschen zur Seite und sprach ein ernstes Wort mit ihm [...] Er riet dem Burschen ernsthaft, keine Experimente zu machen und schließlich für immer im Ausland zu verschwinden, sondern hier bei den Sorben einen ordentlichen Beruf zu erlernen und der sorbischen Bewegung zu helfen, damit mehr und mehr sorbische Jugendliche mit der nationale Sache bekannt gemacht werden. Nach ausführlichem Gespräch schlug er dem Burschen vor, zu ihm in die Redaktion der „Serbske Nowiny“ zu kommen um den Beruf des Redakteurs zu erlernen. Dem überraschten Burschen blieb der Mund offen stehen, als ihm JAN SKALA diese Möglichkeit eröffnete. [...] Der nicht lange zögernde SKALA legte gleich nach: „Junge, fahr nach Hause, schreib mir zur Probe einen Aufsatz über das Thema: „Welchen Schaden hat das Frühjahrshochwasser bei uns Sorben angerichtet“ und dann komme mit der Mutter oder dem Vater wieder, damit wir uns über die Einzelheiten verständigen. [...] So

wurde der Necherner herrschaftliche Ochsenjunge zum ersten sorbischen Redakteurslehrling bei unserem JAN SKALA. [...] Er ging am Sonnabend aber auch auf den Markt, um über das Gemüse- Pilz- und Beerenangebot zu berichten und hier auch Neuigkeiten von den Heidebäuerinnen zu erfahren. Passierte in der Stadt irgendein Unfall oder brach irgendwo Feuer aus, so war dort als einer der ersten der Redakteursstift der Serbske Nowiny zur Stelle. Nach dem Rat seines Meisters JAN SKALA ließ er sich auch nirgendwo abweisen. Hatte er ihm doch gesagt, dass ein richtiger Redakteur, wenn er zur Haustür herausgeworfen wird, sofort wieder zum Hintereingang wieder hereinkommt. [...] Die einmalige Karriere eines sorbischen Redakteurs-Lehrlings aber war kurz. Dem Burschen war bald aufgefallen, dass sein Meister JAN SKALA häufig erregende Auseinander- setzungen mit älteren Herren hatte. Eines Tages nahm er seinen Stock, band ein weißes Taschen- tuch daran und steckte ihn aus dem Fenster, so seinem Lehrling anzeigend: „Ich kapituliere, es hat keinen Zweck. Ich gehe wieder. Für dich, Junge, wird es aber schwer. Es wird sich niemand um dich kümmern. Ich rate dir, erlerne ordentlich den schönen Beruf eines sorbischen Schriftsetzers!" [...] Noch heute denkt der ehemalige Necherner Ochsenjunge gern und mit Dankbarkeit an den Redakteur JAN SKALA, der sich damals stärkeren Mächten beugen und gehen musste und der es doch mit dem sorbischen Zeitungswesen so gut meinte und mit dem sorbischen Nachwuchs ..."

39 Br. B. Nr XVI 208/24, im persönlichen Besitz des Verfassers
40 Br. B. Nr 563/24, im persönlichen Besitz des Verfassers
41 Verhör vom 12.7.1938; In: BArch R3017 VGH/ Z-S 162, Blatt 12f
42 Památnik národniho pisemnictvi, hier Brief Nr. 43 vom 7.6.1924
43 Brief SKALAS vom 21.9.1928 an BOHUMIR JANATA, In: SKA MZb XIX 3–1
44 JAN CYŽ: Vorwort zu Jan Skala: Mój Sokoł ..., a.a.O. S. 22f
45 Damit meine ich Sorben, die ihre Ethnizität als individuell dominierend verstehen, sie aber auch religiös begründen.
46 Damit meine ich Sorben, die primär ihre Religiosität, d.h. die Zugehörigkeit zu einer hierar- chischen Weltkirche betonen, ihre ethnische Zugehörigkeit eher als zweitrangig ansehen.
47 Brief des Apostel PAULUS an die Kolosser, 2/15; in: Das Neue Testament. Nach der deutschen Übersetzung D. MARTIN LUTHERS. Revidierter Text 1956, Berlin 1962, S. 338
48 Rund 90 Jahre später wird ein Christ betonen, für ein besseres Lebens der Menschen, sei es zu vermeiden, „daß die Idee sich [...] von der Wirklichkeit löst." Denn: „Die Wirklichkeit steht über der Idee. Das schließt ein, verschiedene Formen der Verschleierung der Wirklichkeit zu vermeiden [...] Vielmehr müsse die Idee dazu dienen, „die Wirklichkeit zu erfassen, zu verstehen und zu len- ken. Die von der Wirklichkeit losgelöste Idee ruft wirkungslose Idealismen und Nominalismen hervor, die höchstens klassifizieren oder definieren, aber kein persönliches Engagement hervorru- fen. Was ein solches Engagement auslöst, ist die durch die Argumentation erhellte Wirklichkeit." (Evangelii gaudium 1. Apostolisches Schreiben von Papst FRANZISKUS, vom 24.11.2013, Punkt 231 und 232)
49 Ein frisch promovierter, 24-jähriger Redakteur der „Rheinische Zeitung für Politik, Handel und Gewerbe" fasste am 16.10.1842 solche Kongruenz in die schönen Worte, wonach „Ideen, [...], an die der Verstand unser Gewissen geschmiedet hat, Ketten (sind), denen man sich nicht entreißt, ohne sein Herz zu zerreissen". KARL MARX: Der Kommunismus und die Augsburger „Allgemeine Zeitung", in: Marx Engels Werke, Berlin 1976, Bd. 1, S. 108
50 Sein Werk „Du Contrat social ou Principes du droit politique" (1762 in Amsterdam in Französisch; 1763 in Marbach in Deutsch unter dem Titel „Gedanken von dem gesellschaftlichen Leben der Men- schen" veröffentlicht) wurde in Frankreich verboten, in Genf öffentlich verbrannt und vom Papst auf den Index gesetzt.

51 J.-J. Rousseau: Diskurs über die Ungleichheit, Paderborn 1990, S. 173

52 Der erste Schritt, eine sachlich angemessene Antwort zu finden, besteht darin, exakt zusagen, wie denn die **Frage** lautet. Sonst ist nicht ausgeschlossen, dass jeder etwas anderes darunter versteht und man aneinander vorbei redet.

53 Skala steht so in einer Reihe mit Persönlichkeiten wie z.B. W. Weitling (* 5.10.1808 † 25.1.1871), Ch. Blumhardt (* 1.6.1842 † 2.8.1919), L. Ragaz (* 28.7.1868 † 6.12.1945), E. Fuchs (* 13.5.1874 † 13.2.1971), K. Barth (* 10.5.1886 † 10.12.1968), P. Tillich (* 20.8.1886 † 22.10.1965), E. Eckert (* 16.6.1893 † 20.12.1972), H. Gollwitzer (* 29.12.1908 – † 17.10.1993) und dem im gleichen Jahr wie er geborenen Adolf Grimme (* 31.12.1889 † 27.8.1963). Sie alle eint, bei sonst erheblichen Unterschieden, eine Überzeugung, die der Letzgenannte 1946 so formulierte: „Ein Sozialist kann Christ sein, ein Christ muss Sozialist sein." Biblisch begründet ist das durch die Vision (Galater 6.2.): „Einer trage des anderen Last. So werdet ihr das Gesetz Christi erfüllen." Sozialistisch ist Grimmes Bonmot in der Vision einer Gesellschaft, „worin die freie Entwicklung eines jeden die Bedingung für die freie Entwicklung aller ist." Manifest der Kommunistischen Partei, in: Marx Engels Werke, Berlin 1980, Bd. 4, S. 482 [Nebenbei: Im DEFA-Film „Einer trage des anderen Last" teilen sich ein junger marxistischer Polizeikommissar und ein evangelischer Vikar – beide tuberkuloskrank – im Jahre 1950 ein Krankenzimmer. Sie begegnen sich auf Augenhöhe (ein Novum im DDR-Film), tragen ihre weltanschaulichen Kontroversen radikal, z.T. aggressiv aus und erkennen dabei im Laufe der Zeit viel gemeinsames humanistisches Gedankengut. Wir Heutigen können uns im Kampf für die Rechte des sorbischen Volkes von Skalas christlich-sozialistischer Verknüpfung inspirieren lassen, auch weil wir wissen, dass beide auch Institutionen und Praktiken hervorbrachten, die das Gegenteil dessen waren, was ihr jeweiliger Ursprung beinhaltet und bedeutete.

2.2. Journalistische Kenntlichkeit – konkret, klar, kompetent (1925–1929)

Wahrer Humanismus ist frei von Unterdrückungswillen – eine Zeitschrift wird geschaffen

War die erste Hälfte der 1920er Jahre für größte Teile der Bevölkerung vor allem durch Unruhen, Unsicherheit und Armut, gekennzeichnet, so wurde am Beginn der zweiten Hälfte der zwanziger Jahre doch dass wirtschaftliche und politische Leben wieder in Gang gebracht.[1] Die Arbeitslosigkeit sank, Deutschland wurde langsam wieder zahlungsfähig. Die Lebenslage vieler Menschen verbesserte sich, u.a. mit 8-h-Tag, Betriebsrätegesetz, Arbeitslosenversicherung. Kriegs- und Krisengeschädigte suchten Zerstreuung und Amüsement. Der „Startschuss" für die „Goldenen Zwanziger" war gegeben. Vergnügungssucht, Tanzfreude, Sportbegeisterung, Glitzer und Glamour, aber auch Betäubung standen hoch im Kurs. Die sich rasch entwickelnde Kultur- und Unterhaltungs-„Industrie" half dabei, vergangene Krisenzeichen aus dem Bewusstsein vieler Menschen zu verdrängen. Insgesamt geriet das politische und geistige Leben im Inneren in überwiegend ruhigere Entwicklungsbahnen. Damit gingen einerseits belebende, bereichernde Elemente im geistigen und kulturellen Leben einher. Dazu zählt an vorderster Stelle die mit der Demokratisierung in Deutschland gegebene Möglichkeit für ethnische Minderheiten, sich erstmals öffentlich im politischen Raum organisieren und vor allem artikulieren zu können. Nicht übersehen werden darf jedoch andererseits, die parlamentarische Republik gelangte nie wirklich zu innerer Festigkeit und wurde lange Zeit von instabilen Kabinetten regiert.[2] Hinzu kam: Es war zwar ab etwa 1924 ein merkliches Abflauen nationalistischer Propaganda zu konstatieren. Die NSDAP ist nach dem Fiasko des Hitler-Putsches geschwächt, sie erreicht bei den Reichstagswahlen 1924 6,6% (4.5.1924) bzw. 3,0% (7.12.1924) Wählerstimmen. Aber am 26.4.1925 wird der 77-jährige Hindenburg zum Reichspräsidenten gewählt. Offene und heimliche Nazis in Parteien, Landesregierungen und Institutionen[3] waren nicht untätig. Gleiches gilt für zahlreiche nationalistische Vereinigungen, z.B. den „Stahlhelm"[4] und die von diesen initiierten Putschversuche und Mordanschläge.

In der deutschen Außenpolitik dominierte die Verurteilung und Ablehnung der Versailler Vertrages. Die sog „Dolchstoßlegende" bewirkte, dass nicht nur die Militärs, sondern auch eine Mehrheit der Deutschen sich der totalen Niederlage nicht bewusst wurden. Sie waren unfähig, die entstandene, ja von Deutschland ursächlich herbeigeführte, Lage realistisch einzuschätzen. Nationalistische Leidenschaften, verstiegener Nationalstolz und eine stets latent vorhandene Juden- und Slawenphobie erschwerten und verhinderten die Regelung von Problemen nationaler Minderheiten.[5] Die Regierungen verfolgten, ungeachtet der Verträge zur deutschen Ost- und Westbindung (Rapallo/Locarno[6]) das Ziel, die Versailler Verträge zu revidieren, alle „urdeutschen" Gebiete und Deutschlands politische Stärke zurück zu gewinnen.

In einer geheimen Denkschrift des Auswärtigen Amtes an diverse Ressorts, mit Anschreiben von Reichskanzler und Außenminister Stresemann[7] vom 13.1.1925, hieß es u.a., das Reich stehe sowohl in der Verantwortung, das Deutschtum im Ausland massiv zu stützen als auch damit einhergehend die „Schaffung eines Staates, dessen politische Grenzen alle deutschen Volksteile umfasst, die innerhalb des geschlossenen deutschen Siedlungsgebietes in Mitteleuropa leben und den Anschluß an das Reich wünschen" anzustreben. Das „ferne Ziel des deutschen Hoffens" sei „die schrittweise Revision der politisch und wirtschaftlich unhaltbarsten Grenzbestimmungen der Friedensdiktate"[8]

Die politischen Entwicklungen betrafen das Leben Jan Skalas direkt. „Im Sommer 1924 bin ich nach Berlin übergesiedelt und hatte bis Januar 1925 keine feste Beschäftigung."[9] Auf Initiative der Vorstandsmitglieder des Związek Polaków w Niemczech[10], Sierakowski, Damanski und Kaczmarek wurde im Januar 1924 der Verband der nationalen Minderheiten in Deutschland[11] gegründet. Skala „wurde von den Wendenführern Jakob Lorenz, Schleife, und Ernst Barth, Briesing, die an der Gründung teilgenommen hatten, auf diesen Verband aufmerksam gemacht." Im Gespräch mit Kaczmarek „habe ich den Vorschlag gemacht, dass der Verband eine eigne Zeitschrift herausgeben solle. Mein Vorschlag wurde Wirklichkeit. Im Mai 1925 erschien die 1. Nummer der ‚Kulturwehr'. Kaczmarek hat mich als Hauptschriftleiter der Kulturwehr eingesetzt."[12]

Impressum Kulturwille

Der 36-jährige Skala fand jetzt und hier ein Tätigkeitsfeld, das seinen Idealen und seinen Fähigkeiten breiten Raum ließ[13]. Geleitet von seinen Erfahrungen in der nicht erfolgreichen Abwehr antisorbischer Entscheidungen von Staat und Kirche, wohl aber auch im Wissen um die im Oktober 1922 erfolgte Gründung des Verbandes deutscher Volksgruppen in Europa engagierte er sich politisch und journalistisch für das engere Zusammenwirken nationaler Minderheiten in Deutschland.

In der Einleitung zum Heft 1 erklärte er Anliegen, Sinn und Zweck dieser Zeitschrift, sein journalistisches und politisches Credo: „Wir stellen unseren Bestrebungen den Goetheschen Satz voraus: ‚Was du ererbt von deinen Vätern hast: erwirb es, um es zu besitzen‘. Die Vertreter des klassischen deutschen Humanismus Herder und Goethe sind auch uns, die wir Staatsbürger des deutschen Reiches, aber keineswegs Deutsche im völkischen Sinne sind, Vertreter eines Ideals, von dem sich ihre Epigonen leider so weit entfernt haben, dass wir, die wir in der Minderheit sind, heute ihre Ideen verteidigen müssen. Wahrer Humanismus ist frei von jedem Unterdrückungswillen, ist beseelt einzig vom wahren Kulturwillen"[14]

KULTURWILLE

Zeitschrift für Minderheitenkultur- und Politik

MAI 1925   HEFT 1

Mit dem vorliegenden Bändchen geht zum ersten Male eine Zeitschrift in die Welt hinaus, die der Wahrnehmung der Interessen einer bisher fast von allen Seiten missachteten Gruppe der nationalen Minderheiten dienen will. Zweck und Aufgabe sind in dem Namen »KULTURWILLE« umrissen: sie soll und wird den Willen darstellen, die Eigenkultur der im Verband der nationalen Minderheiten Deutschlands zusammengeschlossenen Dänen, Friesen, Polen und Lausitzer Serben (Wenden) zu verteidigen, sie wird den Willen zur Erreichung der Rechte der Minderheiten Deutschlands dokumentieren.

Diese Zeitschrift soll ein Reflexspiegel der heutigen Lage der nationalen Minderheiten Deutschlands sein. Sie soll

Anliegen und Ziel der Zeitschrift

Skala sah also nationale Identität der Sorben nie an Ablehnung des Deutschen, der Deutschen gebunden. Im Gegenteil! Er sah darin sogar ein Vorbild für die Sorben. Mit dem Zitat aus Goethes Faust (Vers 682/683) wies Skala zum einen auf den Zusammenhang von Herkunft und Zukunft, von Tradition und Erneuerung hin. Er muss von jeder Generation neu angeeignet werden, um Identität in veränderten Umständen immer wieder neu zu gewinnen. Zum anderen bekräftigte Skala mit dieser Einleitung, nationale Minderheiten dürfen nicht zulassen dürfen, dass ihre Traditionen, ihre Kultur zu Asche werden. Sie müssen vielmehr eine Art seelischer „Glut" sein, die das Handeln der Angehörigen nationaler Minderheiten inspiriert, anfeuert, leitet, orientiert, anspornt und so in die Zukunft führt.

Mit diesen Wahrheiten stellte er sich selbst schwierigen und unbequemen Aufgaben.

Eine erste politische Herausforderung für den Verband nationaler Minderheiten in Deutschland, seine Zeitschrift „Kulturwehr" und deren Chefredakteur war die Wahl des Reichspräsidenten nach dem Tod von Friedrich Ebert am 28.2.1925.

Im ersten Wahlgang am 29.3.1925 standen sich sieben Kandidaten gegenüber. Eine Konferenz des Wahlausschusses des Verbandes lehnte am 18.3.1925 „ein Zusammengehen mit jenen Parteien ab, die den Bestand der deutschen Republik gefährden und ihr Ansehen untergraben". Sie empfahl ihren Mitgliedern, „einem republikanischen Kandidaten unsere Stimme (zu) geben", entweder „Dr. Marx (Zentrum), Braun (Sozialdemokrat), Hellpach (Demokrat)" zu wählen. Der Verband und seine Mitglieder wollten „damit zum Ausdruck bringen, dass wir als nichtdeutsche Staatsbürger des Deutschen Reiches an dem Wohl und Wehe unseres Siedlungsstaates ebenso Anteil nehmen, wie alle anderen loyalen Bürger dieses Staates."[15]

Skala nutzte die Situation, um der politischen Öffentlichkeit – schon in der Überschrift! – zunächst einmal von der Existenz ethnischer Minderheiten Kenntnis zu geben und zugleich deren prinzipielle staatsbürgerliche Loyalität herauszustellen. Damit schuf er eine wesentliche Voraussetzung, künftig Rechte und Interessen der Minderheiten deutlicher, differenzierter, klarer anzusprechen.

In seiner Analyse der Wahl[16] – kein Kandidat erreichte die notwendige Mehrheit – stellte Skala fest, dass „die Antirepublikaner ihren ersten Kandidaten Jarres beiseite (stellten), weil er sich nicht als zugkräftig genug erwiesen hatte." Bei der Suche nach dem, „der stärkere Wirkung versprach" fanden die Antidemokraten „schließlich Generalfeldmarschall von Hindenburg."[17]

Gewiss unter aktiver Beteiligung Skalas formulierte der Verband in Vorbereitung des 2. Wahlgangs zwei politisch-rechtlich bedeutsame Aufrufe. Mit dem einen unterstützte er die Wahl von Wilhelm Marx als „republikanischer Einheitskandidat, nicht aber (in) seiner Eigenschaft als Parteimann des Zentrums, welches den Nationalen Minderheiten Deutschlands bisher ebenso feindlich gegenüber gestanden hat, wie die anderen deutschen nationalistischen Parteien." Der Verband erwartete, dass Marx nach seiner Wahl „auch ein Sachwalter der verfassungsmässigen Rechte der Nationalen Minderheiten sein wird."[18] Im zweiten Aufruf hieß es unmissverständlich: „Hindenburg ist der Kandidat der nationalen Intoleranz! Hindenburg ist der Kandidat der schwerindustriellen Kriegshetzer! Hindenburg ist nach seinen eigenen Worten der getreue Vasall und Diener des Wilhelm II."[19]

Die politische Klarsicht des Verbandes unter den damaligen Bedingungen nationalistischer Hetze und Morde sowie sein taktisches Geschick angesichts der Zersplitterung demokratischer Kräfte ist noch heute beachtens- und nachdenkenswert. Denn zum einen machten die beiden Aufrufe das Bemühen deutlich, die Kräftekonstellation realistisch einzuschätzen, die demokratische Republik zu stärken, die Verfassung mit Leben zu erfüllen, Toleranz als unerlässlich zu betonen und den eigenen Platz im gesellschaftlichen und politischen Leben kenntlich zu machen. Zum anderen bestätigte der Verlauf Geschichte die Kennzeichnung Hindenburgs.

Realismus in der Lageeinschätzung wurde von jetzt an ebenso zu einem Merkmal des minderheitsrechtlichen Kampfes von Jan Skala wie das Streben nach einem breiten Bündnis der Demokraten und die klare Benennung derjenigen, die Minderheitenrechte für überflüssig, unerwünscht, übersteigert hielten.[20]

Das Ergebnis des 2. Wahlgangs (Hindenburg 48,3%; Marx 45,3%) kommentierte Skala punktgenau: „Zur Entscheidung standen im wesentlichen nur zwei Punkte: ideologische oder realistische Politik, die ‚voluntas regnorum' oder die ‚salus publica', Monarchie oder Republik, letzten Endes also: Gewaltstaat oder Rechtsstaat. Die nationalen Minderheiten Deutschlands hatten, vielleicht viel früher und viel klarer als andere Parteien, diese Konstellation erkannt."[21] Als Demokrat erwartete er, Hindenburg werde „als der Erwählte der einen Hälfte des deutschen Volkes auch die Anschauungen und Rechte der anderen achten". Obschon Hindenburg, so vermutete Skala, „den deutschen Minderheiten im Auslande immer ein starker Freund sein (wird), so, wie es Friedrich Ebert auch war", hoffte Skala, der neue Präsident „wird nie übersehen können und dürfen, dass die 2½ Millionen nichtdeutscher Staatsbürger des deutschen Reiches loyale Bürger der Republik sind, deren Präsident er ist."[22]

Die Vermutung erwies sich als zutreffend, die Hoffnung als vergeblich. Die Gegner der ersten deutschen, zerbrechlich-demokratischen Republik, waren stets auch Gegner der ethnischen Minderheiten im Inneren der Republik. Das belegt nicht zuletzt das folgende, etwa zeitgleich stattfindende Ereignis.

Am 6.3.1925 sprach Skala „über die wendische Minderheit" im Großen Saal des „Flensborghus", dem kulturellen Zentrum der dänischen Minderheit in Deutschland. Am 7.3.1925 berichtete ein gewisser Hermannsen, es sei ihm „gelungen [...] unauffällig (an der Versammlung) teilzunehmen. Am 12.3. schickte der Regierungspräsident diesen Bericht an den Preußischen Minister des Innern, der ihn wiederum am 17.3.an die Sächsische Staatskanzlei sendete, wo der Eingang am 27.3.1925 registriert wurde.

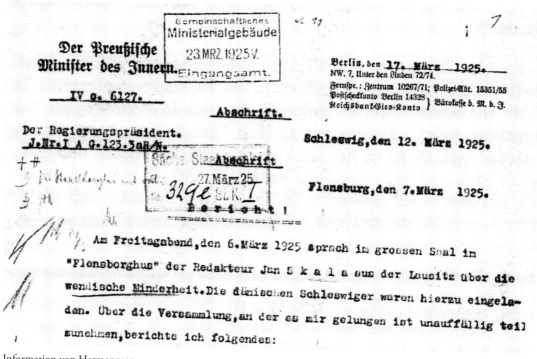

Information von Hermannsen

Der „unauffällige Teilnehmer" Hermannsen[23] meldete: „Der Besuch war schwach. Anwesend waren etwa 200 Personen." Nach Eröffnung durch „Generalsekretär Kronika" sagte „Skala, der im ganzen sehr ruhig, aber doch äusserst scharf gegen die ‚Preussen' sprach [...] nach von mir in der Versammlung unauffällig gemachten Notizen u.a. folgendes: ‚Der innigste Zusammenschluss der in Deutschland wohnenden Minderheiten steht erfreulicherweise unmittelbar bevor. Dieser enge Zusammenschluss ist unbedingt erforderlich, weil die Preussen sämtliche Minderheiten in einer Weise unterdrücken und ausrotten wollen, worin wirklich System liegt!"[24] Weiter notierte der verdeckte Teilnehmer aus Skalas Rede: „Deutschland will ein großes Kulturvolk sein. Es fordert wohl Rechte für seine im Ausland wohnenden Minderheiten, aber die in Deutschland wohnenden nationalen Minderheiten werden in so schändlicher Weise behandelt, daß man Deutschland hierin nicht zu einem Kulturvolk halten kann."[25]

Skala äußerte eine Sicht, zu der andernorts auch andere realistisch denkende, nicht ideologisch borniere Politiker kamen.[26] Über Skalas Rede notiert der geheime Informant weiter: „Die Wenden begrüßen deshalb den engeren Zusammenschluss der Minderheiten Deutschlands ganz besonders, weil ihnen allen das Mutterland, die Stütze vollkommen fehlt. Die Verbindungen der Minderheiten sollen in Zukunft nicht nur durch weniger sichtbare Fäden erfolgen. Persönliche gegenseitige Besuche, Gedankenaustausch und gemeinsame Feste sollen gefeiert werden. Ich freue mich schon jetzt darauf, meinen Volksgenossen einen oder mehrere Vertreter unserer hiesigen dänischen Freunde vorstellen zu dürfen." Skala, so können wir es dem Bericht des verdeckten Geheiminformationszuträgers entnehmen, schloss mit der Feststellung: „Unsere gemeinsame gerechte Sache wird weiterwachsen und gedeihen." Zum „scharfe(n) Schlusswort" von Kronika hieß es im Bericht: „Unser wendischer Freund Skala hat uns ein lebendiges Bild von unseren 200.000 in der Lausitz wohnenden Freunden gegeben. Preußen-Deutschland leugnet das Bestehen einer wendischen Minderheit gänzlich ab. Das gleiche taten erst kürzlich die ‚Flensburger Nachrichten' wieder. Ich bezweifle nicht, daß sich auch heute Abend wieder ein Spitzel dieser Zeitung unter den Zuhörern befindet." Hermannsen ließ sich davon offensichtlich nicht beeindrucken und schrieb fleißig weiter. „Jetzt", so zitierte er Kronika, „sind Dänen und Wenden gemeinsame Kämpfer gegen die schmachvolle Unterdrückung. Heute sind wir innige Freunde und wollen es bleiben. Viele herzliche Grüße an unsere wendischen Freunde."[27]

Minderheiten wollten im Kampf für ihre Rechte enger zusammenwirken, gemeinsame Feste feiern und eine Zeitschrift gemeinsam herausgegeben. In der Tat staatsumstürzende Ziele, über die da berichtet wurde. Kurz vor seiner Abreise schrieb Skala noch in Flensburg am 8.3.25 an den Chefredakteur von „Flensborg Avis": „Hochverehrter Herr Christiansen, bevor ich Flensburg und meine lieben Freunde wieder verlasse ist es mir ein Herzensbedürfnis, Ihnen und allen, mit denen ich bekannt zu werden die Ehre und das Vergnügen hatte, aufrichtig für die warme und herzliche Aufnahme zu danken, die mir hier zuteil geworden ist. In der Überzeugung, daß wir alle als Kämpfer eine gemeinsame Herzens- und Verstandesfront bei jeder Gelegenheit bilden werden, grüsse ich Sie und alle dänischen Freunde. Ihr ergebener J. Skala"[28]

In der Tatsache, dass die Sächsische Staatskanzlei schon knapp drei Wochen später, also in einer für die damaligen technischen Verhältnisse[29] relativ kurzen Zeit, ausführlich über die

Rede eines ihrer Bürger informiert war, die dieser mehrere hundert Kilometer entfernt gehalten hatte zeigt sich, nationalistische Politiker arbeiteten reichsweit bei der Bespitzelung und Unterdrückung der Sorben zusammen. Jede Form ihres Selbstbewusstseins war ihnen verdächtig. Die Wendenabteilung ließ Skala nicht aus den Augen. Die Spitzel-Akte aus dem Jahre 1925 belegt in geradezu „klassischer" Weise die dabei von Anfang an betriebene deutschnationalistische Verfälschung und Verleumdung der Skala'schen Intentionen bei seinem Kampf um die Durchsetzung von Minderheitsrechten.

Seine Art, dabei Fortschritte zu erreichen, kann man auch am Umgang mit einer Rede von Außenminister Stresemann erkennen.

Der hatte am 21.5.1925 vor Vertretern deutscher Minderheiten und Beamten zahlreicher Reichs- und Länderbehörden das „Haus des Deutschtums"[30] in Stuttgart u.a. mit den Worten eröffnet: „Die Auslandsdeutschen verlangen unseren Schutz und Schirm. Selbstverständlich haben sie ein Recht darauf. Der Schutzmantel, den wir ihnen bieten können, ist kein Stahlgewand, er schützt nicht mehr vor Gewalt, das können wir nicht. Aber das Zusammengehörigkeitsgefühl mit dem deutschen Mutterlande bedeutet doch seelisch unendlich viel.[…] Wenn wir uns bewusst sind, dass wir zusammen gehören, müssen wir dahin gelangen, mit allen Kräften, die dafür in Betracht kommen, die kulturelle Autonomie für das Deutschtum draußen zu erhalten. Daraus erwächst uns von selber aber die Aufgabe, dasselbe in den deutschen Ländern zu tun, was wir draußen für das Deutschtum verlangen."[31]

Der Kommentator der „Kulturwehr", sehr wahrscheinlich Jan Skala, überhörte absichtlich die vorsichtig formulierten Ansprüche, hebt statt dessen erfreut den letzten Satz hervor: „Zum ersten Male also spricht ein deutscher Reichsminister in öffentlicher Rede Gedanken aus, die die nationalen Minderheiten Deutschlands seit Jahren vor der deutschen Regierung wie auch vor der deutschen Oeffentlichkeit vertreten. Die Frage", so fuhr er fort, „liegt nahe: an welche Adresse sind insbesondere die letzten Sätze gerichtet? Es kann nicht gut angenommen werden, dass ein Mann vom Range und Geltung eines deutschen Reichsaussenministers seine Rede nur zum Fenster hinausgehalten habe. Seit Jahren informieren die nationalen Minderheiten in der deutschen Republik Reichsregierung und die beteiligten Landesregierungen über ihre Forderungen, die sich ausschließlich innerhalb der verfassungsmässigen Rechte und Möglichkeiten bewegen. Spät, sehr spät, scheint man nun auch endlich ‚oben' zu erkennen, dass alle Minderheitsprobleme miteinander verwandt sind, und dass man eigenes Volkstum nur dann wirksam schützen kann, wenn man diesen Schutz auch nationalen Minderheiten in eigenem Staate gewährt, grosszügig und ohne Vorurteile. Der praktischen Auswirkung dieser Rede Stresemanns wird man mit gespanntem Interesse entgegensehen müssen; an dieser Auswirkung wird sich am deutlichsten ihr Wert für uns wie auch für die Auslandsdeutschen zeigen"[32]

Nüchtern und besonnen, aber auch ernsthaft und unmissverständlich wurde die Erwartung ausgesprochen, der deutsche Staat möge endlich aufhören, erster und wichtigster Verletzer der Minderheitenrechte zu sein und in der Folge solch offizieller Erklärungen – wegen seines Macht-, Gewalt- und Rechtsetzungsmonopols – zum ersten und stärksten Gewährsmann dieser Rechte werden.

Die „praktischen Auswirkungen" der Rede, ihr Wert für die Minderheiten in Deutschland und die Auslandsdeutschen waren allerdings gespalten.

Eine besonnene, auf Verständigung zielende Reaktion kam vom Vorsitzenden der Deutschen Fraktion im polnischen Sejm, Eugen Naumann[33]. Die „Deutsche Rundschau", das Organ der Deutschen in Westpolen veröffentlichte am 16.7.1925 seinen Offenen Brief des an den Kulturwille-Herausgeber, Graf Sierakowski. Anlass war jener Artikel zur Stresemann-Rede, insbesondere zur Aussage, dass ein Reichsminister erstmals öffentlich die nationalen Minderheiten im Inneren erwähnte und die Hoffnung, das sei nicht zum Fenster hinaus geredet. Naumann lobte zunächst die Zeitschrift „Kulturwille"[34], weil „die in ihr mit ausserordentlicher Schärfe und in vornehmer Sprache vertretenen Gedanken durchaus unserer eigenen Einstellung entsprechen." Völlig klar sei ihm, dass „die deutsche Seele [...] in den Dolomiten [...] wie im Baltikum oder im Banat" mit „gleiche(r) Gebundenheit" reagiert. „Dass aber auch völkische Minderheiten, die bisher dem Deutschen wesensfremd erscheinen mochten, zu Herolden der gleichen Gedanken werden, ist ein Fortschritt in der Minderheitenbewegung, der gar nicht hoch genug angeschlagen werden kann." Naumann betonte: „Wir Deutschen ausserhalb der Reichsgrenzen brauchen nicht besonders zu versichern, dass wir die Worte des deutschen Aussenministers mit der gleichen Genugtuung begrüßt haben, wie das von seiten der Minderheiten im Deutschen Reiche geschehen ist." Er war erfreut, dass der deutsche Staat beabsichtigte, „ohne irgend welchen äußeren Zwang, aus eigenster, freier Entschließung den ihm anvertrauten Minderheiten das Höchstmaß dessen zu geben, was eine Minderheit für sich beanspruchen kann." Sehr besorgt, ja irritiert war er jedoch, „dass der Weckruf des deutschen Außenministers im deutschen Volk nicht den Widerhall gefunden hat, auf den wir gehofft hatten", denn „aus allen größeren deutschen Tagungszeitungen (hat) allein die ‚Vossische Ztg.' den bedeutsamen Schlusssatz aus dem zitierten Passus der Ministerrede wiedergegeben. Alle übrigen Blätter haben es für gut befunden, ihrem Leserkreis den Satz vorzuenthalten. Wie ist das zu erklären? Zweierlei ist möglich: entweder die deutsche öffentliche Meinung ist noch nicht reif, den aufgeworfenen Gedanken in seiner ganzen Grösse zu erfassen, oder aber der Appell des deutschen Aussenministers ist zu spät gekommen; die Saiten, die er zum Klingen bringen wollte, sind gerissen". Deswegen „fürchten wir feststellen zu müssen: zu spät!" Naumann wertete sodann Art. 113 der Verfassung als „Bruch mit den Grundsätzen der preussisch- deutschen Vergangenheit, nach denen der Fremdstämmige auf dem Wege durch die Staatsschule dem deutschen Volkstum zugeführt werden sollte." Notwendig sei seines Erachtens vielmehr, den in der Verfassung zum Ausdruck gebrachten Willen, „die den Minderheiten zugesprochenen Grundrechte zu verwirklichen, insbesondere auf dem Wege der Schulgesetzgebung die Grenzen abzustecken, innerhalb deren die völkischen Minderheiten ihr kulturelles Eigenleben sollten führen dürfen, Realität werden zu lassen." Sowohl grundsätzlich als auch in diesem Detail der Minderheitenrechte stimmte der deutsche Abgeordnete des polnischen Parlaments mit Positionen der Domowina und des Verbandes nationaler Minderheiten in Deutschland überein.

Das war nicht bedeutungslos!

Nach einer abschließenden Passage, in der er Drangsalierungen der Deutschen in Polen schilderte, endete Naumanns „Offener Brief" mit der Hoffnung, „dass der Tag nicht mehr fern ist, an dem wir Seite an Seite mit der polnischen Minderheit in Deutschland in den Minderheitenbund eintreten dürfen."[35]

Umsichtig ergriff Skala die ausgestreckte Hand und sah einen „wesentlichen Fortschritt" in der „Erkenntnis des Führers einer deutschen Minderheit", dass den Minderheiten in Deutschland Rechte vorenthalten werden. Mehr nebenbei wies er in seinem Kommentar darauf hin, es sei nicht ganz korrekt „als nationale Minderheit in Deutschland nur die Polen zu sehen, während die Dänen, Lausitzer Serben, Friesen und Litauer" übersehen werden. Wichtiger war ihm jedoch, Naumann zuzustimmen, dass die Worte Stresemanns im deutschen Volk nicht gehört wurden und die Presse größtenteils den letzten Satz seiner Rede verschwieg, weil die deutsche Öffentlichkeit „noch nicht reif (sei), die Gedanken des Minderheitenschutzes in ihrer ganzen Grösse zu erfassen." Als Beleg dafür verwies Skala auf „Berichte des preussischen Landtags, wo Vertreter grosser deutscher Parteien das Vorhandensein einer Minderheit der Lausitzer Serben und der Friesen hartnäckig und wider besseres Wissen leugnen" oder aber in der Presse die „kulturelle und innenpolitische Betätigung der Polen und Dänen als ‚Leichenfledderei' und ‚Landesverrat' bezeichnet wird." Skala bekräftigte, „(wir) betrachten das Minderheitenproblem innenpolitisch und kulturell" und erstreben „eine internationale Kodifizierung der Minderheitenrechte [...] unter Beteiligung aller Staaten, die solche Minderheiten in ihren Grenzen haben" sowie unter Mitarbeit „der berufenen Vertreter dieser Minderheiten" an der „formalen und inhaltlichen Festsetzung solcher Normen."[36]

Das war ein bis dahin nicht vernommener Klartext.

Weil Skala wusste, die Mächtigen gewähren anderen nie von sich Rechte, vielmehr müssen auch und gerade Minderheitenrechte erkämpft werden; weil er feststellte, dass in der Öffentlichkeit entweder Unverständnis über diese Rechte herrschte bzw. die Existenz von Minderheiten schlicht geleugnet wurde und weil er in Naumanns Mitteilung sachlich-inhaltliche und demokratisch-formale Übereinstimmungen mit seinem minderheitspolitischen Konzept erkannte – deshalb betonte er Gemeinsamkeiten, überlas Einseitigkeiten und überging klare Divergenzen (Naumanns Wunsch nach Eintritt in den Minderheitenverband implizierte ja die Zugehörigkeit zu Deutschland) mit Stillschweigen. So wollte er die Chance erhöhen, Rechte der Minderheiten durchzusetzen. Dabei sah er sich mächtigen Gegenkräften ausgesetzt.

Denn: Dominierend in den Wirkungen der Stuttgarter Stresemann-Rede war jene Haltung, die sich im Verschweigen jenes letzten Satzes ausdrückte. Skala ließ deren Protagonisten – das gebot ihm journalistische Fairness und politischer Anspruch an seine Leserschaft – in der „Kulturwehr" zu Wort kommen. Die nicht an friedlicher, ausgleichender Regelung der komplizierten Situation vieler Minderheiten interessierten Politiker und Journalisten sahen den Wert der Stresemann-Rede darin, zunächst in offiziellen Reden die eigenen Ansprüche vorsichtig und taktierend zu formulieren. Deutlicher als sie, aber in die gleiche Richtung zielend, meinte die im rumänischen Siebenbürgen erscheinende „Deutsche Tagespost", dass „die Arbeit des Deutschen Auslandsinstituts nicht am heutigen Tag (beginnt), die hat schon während des Krieges, da zum ersten Male durch das Vordringen deutscher Truppen zum deutschen Grenz- und Ausland der grossdeutsche Gedanke zur inneren Gewißheit wurde, begonnen."[37]

Skala sah diese demokratie- und friedensfeindlichen Positionen zu Recht als „Mobilmachungspläne für die kulturelle – also doch wohl friedliche – Expansion des Deutschtums" und meinte klug vorausschauend, dies „wird während der von Ende August bis Anfang September in Berlin vorgesehenen Tagung der Auslandsdeutschen zusammengefasst werden." Souverän fügte er an, es gebe keinen Grund, „diesem Herbstmanöver mit Erregung oder Befürchtungen entgegenzusehen, wohl aber verdienen sie gespannteste Aufmerksamkeit, weil diese letzte Tagung das Exerzierreglement für die Uebungen der einzelnen Verbände aufzustellen und wohl auch detaillierte Pläne für Angriffs- und Stellungsstrategie zu entwerfen haben wird."[38]

Diese Voraussicht wurde durch die Wirklichkeit bestätigt. Die Tagung der Auslandsdeutschen vom 29.8. bis 5.9.1925 formte die Konturen der „Nachkriegs"-Minderheitenpolitik weiter in deutsch-nationalistische Richtung. Die Redner lehnten direkt und indirekt die demokratischen Seiten der Weimarer Republik ab. Eng verbunden fühlten sie sich dem „Deutschen Schutzbund", dem „Hilfsbund für Elsass-Lothringen" und dem „Sudetendeutschen Heimatbund.", vor allem deren grenzrevisionistischen Absichten. Die Orientierung dieser Verbände kennzeichnete Skala knapp, aber deutlich: „Sapienti sat!". In der Tat, für einen Klugen war alles Nötige gesagt, weitere Worte waren (eigentlich!) überflüssig. Skala warnte dennoch öffentlich, aus dem Verlauf der Tagung sei „erkennbar, daß das Deutschtum des Auslandes zu einem Instrument der Aussenpolitik – sowohl wirtschaftlich als auch politisch – entwickelt werden wird". Bestrebungen zu „einer reibungslosen und ruhigen Minderheitenpolitik" könnten dadurch in „Richtung unerwarteter und nicht ungefährlicher Komplikationen" verändert werden. Deswegen müsse man „diesen Tatsachen Rechnung tragen", solle „sie aber weder unter- noch überschätzen".[39]

Diese Klarsicht wird für Skalas weitere Arbeit ebenso prinzipiell bedeutsam sein wie seine – seit der Arbeit am Serbski Dźenik bekannte – Entschlossenheit, für die Rechte ethnischer Minderheiten zu kämpfen. Gestärkt wurde diese Haltung, weil Skala fähig und bereit war, in diesem Kampf Verbündete zu gewinnen und Kompromisse einzugehen.

Das betraf 1925 auch die Initiative des Deutschbalten Ewald Ammende[40] zur Gründung des Europäischen Nationalitätenkongresses[41]. Anfänglich war es das Ziel sehr vieler, aber nicht aller Akteure, die europäischen Minderheiten aus der Bittsteller- und Empfängerrolle gegenüber dem jeweiligen Staat herauszuholen und als unabhängig und selbständig handelnde politische Akteure zu profilieren. Das „Miteinander anstatt eines Gegeneinander der Nationalitäten scheint zur Handlungsmaxime erhoben worden zu sein – völlig gegen den Zeitstrom nationaler Auseinandersetzungen."[42]

Die Veranstalter trafen sich in Vorbereitung des für Mitte Oktober 1925[43] geplanten 1. Kongresses auch mit Verantwortlichen des Verbandes der nationalen Minderheiten Deutschlands. Man einigte sich, beim Kongress nicht staats- und weltpolitische Fragen zu thematisieren, weil sie „die Minderheitenfrage in ein Gefahrengebiet drängen".[44] Vielmehr wolle man „grundsätzlich die Frage behandeln, wie auf staatsbürgerlicher Basis ein friedliches Zusammenleben der Minderheiten mit den Mehrheitsvölkern [...] ermöglicht werden könne",[45] also Minderheitenrechte als innenpolitische Angelegenheit behandeln. Skala hob nach diesen Gesprächen freudig hervor, mit dem Kongress werde „der Versuch gewagt, durch berufene Führer der europäischen nationalen Minderheiten die Prinzipien der Minderheitenpolitik als eigene Angelegenheiten der Minderheiten zu erörtern."[46] Abwägend fügte er hinzu: „Ob die Tagung fruchtbringende Arbeit leisten wird, lässt sich heute kaum sagen", noch seien „zu viele einzelne Minderheiten, vor allem fast ausschließlich deutsche, irredentistisch befangen"[47]. Als Optimist und engagierter Kämpfer für die rechtliche Gleichstellung und -behandlung der Minderheiten aber begrüßte Skala „diesen ersten Schritt, der immer einmal getan werden muss, ehe ein Fortschritt möglich, aufrichtig". Damit dieser Fortschritt, die Minderheitenprobleme auf europäischer Ebene sachbezogen zu erörtern, auch Wirklichkeit wurde, hoffte er, „es möge allen Verantwortlichen und Verantwortungsbewussten gelingen, der Wahrheit zur Ehre, der Freiheit und dem Recht aber zum Siege zu verhelfen."[48]

Voller Zuversicht hörte Skala auf dem 1. Kongress[49] die Rede des lettischen Minderheitenpolitikers und Journalisten, Paul Schiemann. Der sagte u.a.: „Das Selbstbestimmungsrecht der Völker hat vielen Nationalitäten die Erlösung gebracht. Nicht allen, das muß festgestellt werden. Noch gibt es geschlossen siedelnde Nationalitäten, denen das freie Recht der staatlichen Selbstbestimmung vorenthalten wird." Das betraf nicht nur, aber auch die Sorben. Den Weg zur Lösung sah Schiemann darin, „dass der Staat kein Anrecht hat auf die Nationalität seiner Bürger" und dass „Bürger verschiedenen Volkstums reibungslos miteinander die Arbeit am Staate und allen öffentlichen Aufgaben zu leisten berufen sind". Wissend, dass in Versailles durch internationale Verträge Rechtsnormen zum Schutz der Minderheiten geschaffen waren, betonte Schiemann, Rechtnormen sind kraftlos, wenn sie nicht fest verwurzelt sind im Rechtsbewusstsein der Allgemeinheit. „Ein Staat, dessen Kulturarbeit nicht positiv auf die Entwicklung des eigenen Volkstums, sondern negativ auf die Schädigung eines fremden gerichtete ist, geht kulturell zurück, und ein Staat, der einen Teil seiner Bürger aus nationalen Gründen wirtschaftlich zurücksetzt, untergräbt das wirtschaftliche Gedeihen seiner Gesamtheit. Ein Staat, der politisch einen Unterschied zwischen Bürgern dieser und jener Nationalität macht, zerstört den Boden des Rechtes, auf dem allein ein Gemeinwesen besteht. Aber noch mehr: der Geist des Hasses und der Verneinung, der in diesem Kampfe nationaler Unterdrückung geboren und gezüchtet wird, macht jeden ernsthaften Friedens- und Verständigungswillen in Europa illusorisch" und „(erzeugt) eine Atmosphäre, die noch Giftgase für viele Weltkriege in sich trägt."[50]

Prophetische Worte! Sie beschrieben zum einen nicht nur, aber auch die damalige Situation der ethnischen Minderheiten in Deutschland[51], wie es Skala nicht besser konnte. Und sie antizipierten besorgt und davor warnend die Entwicklung der kommenden anderthalb Jahrzehnte.

Skala lobte die erste Tagung als „Tastversuch", bei dem es „gelang, der grössten Hemmnisse Herr zu werden."[52]. Den wichtigsten Fortschritt sah er darin, dass nach oft lebhaften Auseinandersetzungen in einer gemeinsamen Entschließung gefordert wurde, „jeder Staat, in dessen Grenzen andere nationale Volksgruppen leben, (soll) gehalten sein, diesen als Gemeinschaften die freie kulturelle und wirtschaftliche Entwicklung und ihren Angehörigen den freien und ungekürzten Genuss aller ihrer staatsbürgerlichen Rechte zu gewährleisten." Zudem „soll jede nationale Volksgruppe berechtigt sein, in eigenen öffentlich-rechtlichen Körperschaften, je nach den besonderen Verhältnissen, territorial oder personell organisiert, ihr Volkstum zu pflegen und zu entwickeln."[53]

Skala stimmt mit diesen menschenrechtlichen Positionen zum Minderheitenproblem voll überein. Brachten sie doch in knappster Form zum Ausdruck, wofür er bisher eingetreten war[54]. Gefahren für die Realisierung der gemeinsamen Entschließung sah er in der Behandlung des Kongresses durch die Medien. Als Journalist wusste er um die Kraft des Wortes. Als Politiker wusste er von der Macht der Medien. Als Sorbe hatte er ein klares Gespür auch für fein ziselierte Angriffe auf die Menschenrechte, von den groben ganz zu schweigen.

Deshalb zeigte er nach dem Kongress in einer umfangreichen Zusammenstellung des Presse-Echos, „wo die eigentlichen Feinde der Minderheiten und die grundsätzlichen Gegner einer Verständigung sitzen und in welcher Richtung die vorurteilslosen und gerechten Anwälte und Freunde zu suchen sind."[55]

Letztere begrüssten, dass „die nationalen Minderheiten […] ihre Sache selbst in die Hand" nehmen" wollen (Frankfurter Zeitung 17.9.); bewerteten die „gründliche Lösung des Minoritätenproblems" als eine „für den europäischen Frieden" sehr bedeutsame „Sicherheitsgarantie", die „keinesfalls in wesentlichen Grenzveränderungen (bestehen)" darf (Neue Züricher Zeitung, 15.10.); betonten, es werde „an einer Lösung des nationalen Problems und einer friedlichen Entwicklung und dem Ausgleich zwischen den Völkern Europas" gearbeitet (Deutsche Tagespost 16.10.); erwarteten und forderten von den Staaten Europas die „Loslösung der Minoritätenpolitik vom mutterländischen Nationalismus" (Die Menschheit 16.10.); hoben hervor, es „hat unzweifelhaft namentlich zwischen Slaven und Deutschen eine erfreuliche Verständigung stattgefunden" und es sei „ein grosser Erfolg", dass aus allen Ländern „massgebende Männer des öffentlichen Vertrauens erschienen waren, die sich auf den Willen von 30 Millionen europäischer Menschen berufen konnten." (Rigaer Rundschau 27.10); stellten fest, dass „der Genfer Minderheiten-Kongress den ersten Grundstein zu einer modernen Minderheiten-Politik (legt)" (Germania, 6.11); sahen in der „Zusammenarbeit der Minderheiten ein Mittel zur Förderung der Friedenssache und des Völkerverständnisses" (Flensborg Avis, ohne Datum) und in der gemeinsamen Entschließung den „Ausdruck eines wirklichen Loyalitätswillens der Minderheiten"[56] (Hejmdal, Aabenraa ohne Datum).

Die menschenrechts- und minderheitenfeindliche „Froschperspektive der deutschen Nationalisten"[57] verdeutlichte Staatssekretär a.D. Korodi.[58] Er hielt die Tagung für „ein gewagtes Unternehmen", denn die „Interessen der einzelnen Minderheiten gehen vielfach recht weit auseinander, noch mehr die Interessen der Muttervölker" (sic), weswegen man dem Anliegen mit „grossem Misstrauen (begegnete) und die „deutschen Gruppen sich nur widerwillig (entschlossen), ihre Vertreter nach Genf zu übersenden"(Tägliche Rundschau 23.10.) Ähnlich äußerte sich „Die Politische Wochenschrift" (Berlin Nr. 42). Sie meinte, „schon der Grundgedanke dieser Zusammenkunft (musste) vom deutschen Standpunkt bedenklich stimmen". Es sei eine Gefahr, wenn „der Begriff der Minderheiten an sich in gewissen Köpfen wichtiger wird als das eigentliche deutsche Interesse". Erst müssen Fragen „der Minderheitenpolitik […] innerhalb des Gesamtdeutschtums und der Reichspolitik selbst geklärt" werden. Deswegen seien „vor einer Wiederholung noch sehr ernste sachliche Fragen über die Gestaltung im einzelnen" zu klären. Schließlich, so die „Kölnische Zeitung" (Oktober 1925), ein weiteres „Froschperspektivorgan", „(ist) das deutsche Element nicht nur zahlenmäßig am stärksten, sondern (steht) vor allem kulturell am höchsten" und „(ist) gerade deswegen überall am meisten gefährdet." Insofern glaubte die „Deutsche Zeitung"(14.10) zu wissen, „dass diese Konferenz über fruchtloses Gerede hinaus zu praktischen Erfolgen nicht kommen und die in Sonderheit von den vergewaltigten deutschen Minderheiten in sie gesetzten Hoffnungen nicht rechtfertigen wird ".59

Um in die Diskussion zu den europäischen Minderheiten mehr Sachkunde einzubringen und jeden Nationalismus auszuschließen, veröffentlichte Skala in den Monaten vor und nach dem Kongress in drei aufeinander folgenden Heften der von ihm geleiteten Zeitschrift eine Bestandsaufnahme zur Situation der Minderheiten in Europa. Einleitend stellte er fest: „Alle theoretischen Erwägungen und alle Diskussionen bewegen sich fast durchgängig um grundsätzliche Fragen". Notwendig sei, sie „in eine gewisse Ordnung zu bringen."60 Einschränkend hielt er anfangs fest, „es (kann) sich nur um eine Darstellung in grossen Strichen handeln". Er verzichte auf eine Gruppierung „nach der europäischen Völkerkarte", weil sie nach staats- und nicht nach minderheitenpolitischen Aspekten einteile. Um die „minderheitspolitischen Strömungen innerhalb der einzelnen Minderheiten" realistisch zu erfassen, begann er „mit den zahlenmässig (als Gesamtheit betrachtet) stärksten: den deutschen Minderheiten", denen „die nicht-deutschen folgen."61 Er charakterisierte zunächst die deutschen Minderheiten in Dänemark, Estland, Italien, Jugoslavien, Lettland, der Čechoslovakei, Polen, Ungarn, Rumänien und Litauen. Dann beschreibt er die Haltung der Dänen, Friesen, Polen, Litauer und der Lausitzer Serben in Deutschland, der Schweden in Finnland, der Slovenen in Österreich und Italien, der Slovaken in Ungarn, der Čechen in Österreich, Polen und Deutschland, der Rumänen in Ungarn und Jugoslavien, der Italiener in Jugoslavien, der Ungarn in der Čechoslovakei, in Rumänien, Jugoslavien und Österreich, der Letten in Estland und der Juden in Polen, Litauen, Estland.

Am Schluß der auf 27 Seiten differenziert erörterten politischen Strömungen in den europäischen Minderheiten resümierte er, es sind „zwei starke Strömungen deutlich erkennbar: eine auf Verständigung und Zusammenarbeit mit den Mehrheitsvölkern gerichtete, die andere in der Richtung auf scharfe Trennung zwischen Mehrheit und Minderheit abgezielte irredentistische Bewegung."62

Schon am Beginn der Entwicklung des Nationalitätenkongresses erkannte Skala fast als einziger, den fundamentalen Gegensatz und die Gefährdungen, die eine grenzrevisionistische „Minderheiten"politik für die Völker heraufbeschwört. Ablehnend äußerte er sich deshalb auch zur vermeintlich höheren Kultur. Dass eine „ältere oder [...] von einer grösseren Menschenanzahl getragene Kultur als bevorrechtet angesehen wird" sollte – so wertete er – „eigentlich als Torheit gelten", weshalb „das Wort von der ,Kulturträgernation' ein üble Entgleisung (ist)". Es verwies darauf, „nahezu alle slavischen Minderheiten sind autochthon, d.h. sie sind auf ihrem Mutterboden seit geschichtlicher Zeit bodenständig". Er hoffte auf eine Entwicklung Europas, in der es nicht mehr notwendig sei, „von minderheitspolitischen Strömungen sprechen (zu) müssen, wohl aber humanistische Wirklichkeit erleben (zu) können."63

Skala wurde so schon im ersten Jahr seiner Tätigkeit als Chefredakteur der Maxime des von ihm verantworteten Publikationsorgans gerecht, die Zeitschrift zum Reflexspiegel der Lage nationaler Minderheiten zu machen, um ein politischer und rechtlicher Leitfaden zur Orientierung auf noch wenig erforschtem Terrain zu sein. Wohl deshalb titulierte eine anonym in der „Täglichen Rundschau" vom 16.9.1925 publizierende, aber offensichtlich „mit den führenden Kreisen der deutschen Minderheiten in Europa in nahen Beziehungen stehende hervorragende Persönlichkeit" die Zeitschrift des Minderheitenverbandes eine „famose Kampfzeitschrift."[64]

Zweifelsohne galt das auch für die europaweite Information über die Unterdrückung der Sorben. Mit einer ausführlichen Darstellung der dem Leser dieses Buches schon bekannten Fakten[65] bewies Skala im Heft 2 der noch „Kulturwille" heißenden Zeitschrift das sorbenfeindliche Zusammenspiel zwischen Heiligem Stuhl, Teilen des deutschen Staatsapparates und des deutschen Klerus, in der Lausitz eine romtreue Führung der Kirche zu installieren, um die Sorben nach Jahrhunderten von protestantischen und jüngsten sozialdemokratischer „Irrwegen" abzubringen, sie weiter zu germanisieren und für all das zuerst das Wendische Seminar in Prag zu zerstören. Skala entlarvte das Vor- und Fehlurteil, die Absolventen des Seminars würden „tschechische Aspirationen" verfolgen. Schon vor Jahren habe er in der Zeitung „Serbske Nowiny" darauf verweisen, die Mächtigen in Staat und Kirche zielen darauf, den sorbischen Einfluss in der Kirche zu minimieren. Damals „(ist) ein Widerspruch nicht erfolgt und wird wohl auch gegen meine Darstellung nicht erhoben werden können." Für das nach der Zerstörung des Wendischen Seminars in Prag neu zu errichtende Seminar in der Nähe von Bautzen („wurden) von der sächsischen Regierung 50.000 Goldmark [...] gegeben unter der Voraussetzung, daß auch das Reich einen gleichen Beitrag leiste, was inzwischen geschehen ist."[66]

Kein Minderheitenpolitiker, egal ob aus dem grenzrevisionistischen Lager oder aus der auf Ausgleich und Friedenssicherung orientierenden Gruppe, konnte nunmehr sagen, er habe von der Unterdrückung der Sorben nichts gewusst. Zugleich war gegenüber dem deutschen Staat die Situation klar benannt. Der sorbische Journalist und Chefredakteur Skala erfüllte seine selbstauferlegte politische Verpflichtung vorbildlich.

Klar und differenziert äußerte er sich auch zu dem am 7.10.1925 erfolgten Zusammenschluss von Domowina, Wendischer Volkspartei und Maćica Serbska zum Sorbischen Volksrat. Gegründet wurde er mit der Absicht, Forderungen nach nationaler Gleichberechtigung, nach Menschenrechten für die ethnische Minderheit gegenüber staatlichen Stellen nachdrücklicher zu stellen. Das konnte unter Umständen ein Schritt in die richtige Richtung sein, vereint ist erst mal besser als vereinzelt.

Bei prinzipieller Unterstützung des Rates meldete Skala aber schon kurz nach der Konstituierung nicht nur seine politischen Hoffnungen, sondern zugleich seine Bedenken an. „Der Volksrat stellt [...] die bevollmächtigte Vertretung der Lausitzer Serben nach aussen hin dar; wie weit es ihm gelingen wird, auch nach innen seinen Aktionsradius auszudehnen und seine Wirksamkeit – im Gegensatz zu seinen Vorgängern – zu vertiefen, hängt von der Initiative und der Energie ab, mit der er seine gesamtvölkischen Aufgaben und seine kulturellen Ziele und Postulate vertreten wird." Zuversichtlich, aber auch illusionsbehaftet meinte er: „Seine

Zusammensetzung, die interkonfessionell und parteilos ist, bietet eine ziemliche sichere Gewähr für die sachliche und zweckdienliche Verwirklichung seiner Ziele." Von den Deutsch-Nationalen erwartete er „daß die Arbeit des Volksrates durch unsachliche Kritik und tendenziöse Unterstellungen jener Kreise nicht gestört wird, die alle Bemühungen der Lausitzer Serben um die Erhaltung ihres Volkstums als eine von außen bewegte und von fremden Aspirationen abhängige staatsfeindliche Betätigung verdächtigen."[67]

Aus heutiger Sicht ist hinzuzufügen: Im Volksrat dominierten konservative Intellektuelle. Angehörige werktätiger Schichten, z.B. aus dem Sokoł, waren nur schwach vertreten. Der linke kleinbürgerliche Flügel des sorbischen Volkes hatte im Rat weder Sitz noch Stimme. Die soziale Zusammensetzung des **Rates** entsprach nicht den tatsächlichen Verhältnissen im sorbischen **Volk**. Sie wirkte eher hemmend auf eine engagierte und selbstbewusste Durchsetzung nationaler Ziele der Sorben.

Kritik an nationalistischer und klerikaler Minderheitenpolitik

1926 entwickeln sich – mitunter zeitgleich – Geschehnisse, die die Existenz der von Skala konstatierten zwei großen Strömungen der Minderheitenpolitiken nicht nur bestätigen, sondern vor allem die Zuspitzung ihrer Gegensätze illustrieren.

Die nachfolgend zu schildernden Ereignisse vollzogen sich in dem Jahr, in dem der Berliner Funkturm seiner Bestimmung übergeben wurde; der Reichspräsident Hindenburg eine Verordnung erließ, die es deutschen Auslandsvertretungen erlaubte, neben der schwarz-rot-goldenen Reichsflagge die schwarz-weiß-rote Handelsflagge zu hissen; ein auf fünf Jahre befristeter deutsch-sowjetischer Freundschafts- und Neutralitätsvertrags wurde abgeschlossen, der die Wirtschaftsbeziehungen beleben und die militärische Zusammenarbeit zwischen Reichswehr und Roter Armee intensivieren sollte; knapp 14,5 Millionen Wahlberechtigte (= 36,4%) in einem Volksentscheid für die entschädigungslose Enteignung der Fürsten stimmten, aber die erforderliche Mehrheit von 50% deutlich verfehlten; Goebbels am 1.11. NS-DAP- Gauleiter für Berlin-Brandenburg wurde, um das „rote Berlin" für die Nazis zu gewinnen[68]; Band 2 von Hitlers „Mein Kampf" im Münchner Franz- Eher-Verlag erschien.

Im Februar 1926 bat Skala, bezugnehmend auf öffentliche Reden Stresemann den Außenminister schriftlich um ein Interview. Dafür formulierte er folgende Fragen: „1. Welche Bedeutung messe der Reichsaußenminister der Lösung der Minderheitenfrage im Hinblick auf die außenpolitischen Verhältnisse der europäischen Staaten untereinander bei? – 2. Welche Stelle erachte der Reichsaußenminister zur Ergreifung der Initiative hinsichtlich einer allgemeinen Regelung der Minderheitenfrage als kompetent: a) ob den Völkerbund, oder b) jeden Staat (innerpolitisch), oder c) jeden Staat (außenpolitisch) durch Staatsvertrag? – 3. Welche Form der aktiven Beteiligung der nationalen Minderheiten an der Lösung des Problems hält der Außenminister für die richtige?"

Stresemann lehnte ein Interview ab, sein Sekretariat teilte mit, er halte im gegenwärtigen Moment eine Beantwortung soweit greifender Fragen nicht für opportun."[69] Damit jedoch wollte sich der engagierte minderheitenpolitische Journalist nicht abspeisen lassen und hielt fest: „Das kann die Minderheiten innerhalb Deutschlands nicht abhalten, diesem Fragenkomplex ihre Aufmerksamkeit zu widmen und ihn nunmehr zur öffentlichen Diskussion zu stellen. Dieser Komplex wird ausgefüllt durch zwei Fragen. Erstens: in welcher Form und in welchem Umfang hat das staatliche gebundene Mehrheitsvolk oder der Mutterstaat die Möglichkeit und das Recht, in die Verhältnisse seiner in einem anderen Staat als Minderheit lebenden Volksgenossen einzugreifen oder sie zu beeinflußen; zweitens: wie dürfen die Beziehungen der Minderheit in einem Fremdstaat zu ihrem staatlich gebundenen Muttervolk beschaffen sein.“[70]

Diese Fragen lassen Skalas Verständnis der zweiten Seite der „sorbischen Frage“[71] in noch unscharfer Form schon erahnen. Bemerkenswert, sind sie darüber hinaus, weil sie ein aktuelles Problem damaliger Außenpolitik Deutschlands, aber auch anderer europäischer Staaten so aufgreifen, dass die alternativen Antwortmöglichkeiten sichtbar werden können.

Zur ersten Frage antwortete Skala unmissverständlich: „Das Wesen der europäischen Staaten erlaubt es nicht, daß ein Staat in die Verhältnisse des anderen eingreift. Die Minderheitenverhältnisse, ihre rechtliche Behandlung und politische Bewertung sind […] innenpolitischer Art“. Zur zweiten Frage betont er, diese Beziehungen „können nur geistig-kultureller Art“ sein. Alles andere mache „Minderheiten zu Objekten der Staatspolitik des betreffenden Mutterstaates und folgerichtig zu Irredentisten und den betreffenden Mutterstaat zum Patron dieser Irredenta. Beides ist mit einer Politik, die dem Frieden Europas dienen soll, unvereinbar und deshalb geeignet, den Keim neuer Verwicklungen in die einzelnen Staaten mit nationalen Minderheiten zu tragen.“ Wer Minderheiten „zu Werkzeugen seiner politischen Ideale“ macht, der macht sie „zu ‚unerlösten Brüdern‘ des Gesamtvolkes mit dem Ziel, sie zu erlösen.“ Das aber „würde, auf ganz Europa übertragen, nichts weniger bedeuten als den Kampf.“[72]

Damit erteilte Skala jedwedem Nationalismus und allen kriegsvorbereitenden Aktionen eine klare Abfuhr. So wollte er repressiver Ideologie und Praxis gegen andersethnische Menschen einen Riegel vorschieben.

Skala musste so argumentieren, weil er zum einen erlebte, wie nationalistisches Denken zur Diskriminierung ethnischer Minderheiten führte. Zum anderen musste er so argumentieren, weil dem gebildeten Autodidakten klar war, eine Art „Deckungsgleichheit“ von Nation und Staat war schon im 19. Jahrhundert ein Irrglaube. Skala stellte fest: nationalistisches Denken und Tun ist sowohl friedensgefährdend als auch minderheitenfeindlich.

Etwa um diese Zeit hatte sich der bayerische Ministerpräsident kritisch zur Situation der deutschen Minderheit in Italien geäußert. Mussolini konterte mit scharfen Worten zur Situation der Minderheiten in Deutschland.[73] Dieses kleine politische Geplänkel nutzte Skala geschickt, um sein minderheitspolitisches Konzept zu propagieren, indem er nach zwei Seiten hin die Menschenrechte nationaler Minderheiten in Deutschland vertrat. Zum einen erinnerte er: „Die nationalen Minderheiten in Deutschland haben wiederholt die fascistischen Methoden gegenüber den nationalen Minderheiten Italiens kritisiert und verurteilt.“[74] Insofern stellt er sich erst einmal partiell (d.h. in der Sache, nicht in der Wortwahl) an die Seite des bayerischen Ministerpräsidenten. Denn für Skala und die Seinen war es eine in Stein gemeißelte Gewißheit, wer Minderheiten vertreten will, muß gegen jede Unterdrückung auftreten.

Schon im ersten Heft seiner Zeitschrift hatte er bekennend formuliert: „Wahrer Humanismus ist frei von jedem Unterdrückungswillen.“[75] Zum anderen betonte er klipp und klar: Die „Reichsregierung ist durch Mussolini ohne das Zutun der Minderheiten in Deutschland auf einen Mangel hingewiesen worden, den diese Minderheiten in loyalster Weise zu beheben sich seit Jahren erfolglos bemühen.“ Hinweisend auf Reden Stresemanns[76] schärfte er so den Blick für die kommende Alternative: Es werde sich zeigen, „ob Stresemanns Worte ernstzunehmende Zusicherungen eines verantwortungsbewussten Staatsmannes sind, der das Problem der nationalen Minderheiten nicht nach machtpolitischen Kriterien, sondern [...] nach den Geboten des Humanismus der großen Deutschen Kant, Herder und Goethe einer Lösung im eignen Hause zuführen will.“[77]

Mit langem Atem, jede Möglichkeit nutzend und nahe dran am politischen Leben suchte Skala minderheitsfeindliche Positionen aufklärend zu entkräften, ohne Wunderwirkungen zu erwarten. Beharrlich und vernünftig argumentierte er, weil die begründete Zurückweisung nationalistischer Praktiken im Umgang der Bevökerungsmehrheit mit der ethnischen Minderheit für ihn unverzichtbares Merkmal des Kampfes um wirksames Minderheitenrecht ist, nicht etwa eine Art „schmückendes Beiwerk“. Das galt auch für „sein“ interkonfessionelles Projekt Serbski Sokoł.

Nur ein kleiner Teil der Priester, vor allem diejenigen, die als Seelsorger eng mit dem Alltagsleben der Sorben verbunden waren, sahen – so wie Skala – den Sokoł als wichtige Triebkraft zur Stärkung sorbischen Selbstbewusstseins. Große Teile der katholischen Geistlichkeit, vor allem der höheren Würdenträger begründeten ihre (Vor-)Urteile gegen den Serbski Sokoł damit, dass beim Sport Sorben beider christlicher Konfessionen in intensiven Kontakt miteinander kämen. Besonders beim gemeinsamen Turnen beider Geschlechter auf Sportfesten werde sichtbar, der Sokoł erziehe die Jugend zu völligem Unglauben und zu moralischem Sittenverfall. Viel wichtiger dürfte gewesen sein, dass sie Sorge hatten, mit der Teilnahme an Ritualen zur Festigung sorbischen Nationalbewusstseins werde die Bindung an kirchlich Rituale schwächer. Diese Befürchtung war sicher nicht ganz unbegründet, kam es doch vor allem für viele im Sokoł aktive Sorben und Sorbinnen immer wieder zu einem inneren Widerstreit zwischen ihrer Existenz als sorbische Katholiken und als katholische Sorben. Besonders deutlich wurde dieser Zwiespalt anlässlich des VIII. Allsokol-Kongresses, der vom 2. bis 4.7.1926 in Prag stattfand. Zugleich veranschaulichten die Vorgänge das antisorbische Zusammenwirken von deutschem Staat und katholischer Hierarchie.

Am Kongress wollten auch Mitglieder des Serbski Sokoł teilnehmen. Die katholische Kirchenführung riet in der Zeitung „Katolski Posoł“ von der Teilnahme ab. Staatliche Behörden be- bzw. verhinderten die Ausstellung von Reisedokumenten. Der Nuntius in Deutschland, Eugenio Pacelli[78], untersagte in einem Rundschreiben vom 26.5.1926 an die Bischöfe im Deutschen Reich die Teilnahme von Katholiken am Sokoł-Treffen, weil dort eine Kundgebung zu Ehren von Jan Hus geplant sei. Das bischöfliche Ordinariat in Bautzen sendete gehorsam ein Schreiben an katholischen Pfarrämter und Geistlichen, forderte die katholischen Sorben auf, nicht ins Nachbarland zu reisen und sah sich veranlasst, den sorbischen Pfarrern „zu befehlen, mit ihrem ganzen Einfluß dahin zu wirken, daß die unter den Wenden bestehenden katholischen Turnvereine den Namen ‚Sokoł‘ auf jeden Fall ablegen.“[79]

Das Reiseverbot des Nuntius und die gehorsame Gefolgschaft des Bautzener Ordinariats führten zu heftigen Auseinandersetzungen, in der sorbischen Priesterkonferenz ebenso wie unter Sokoł-Mitgliedern. In einer Sokoł-Versammlung am 29.6.1926 in Ralbitz ging es sehr hitzig zu.[80] Der Name „Serbski Sokoł" wurde als altes sorbisches Wort heftig verteidigt; die Absicht, den Sokoł zu zerschlagen, wurde scharf verurteilt; „Teile und herrsche" sei das Ziel der Sokoł-Gegner. Dass Nuntius und Ordinariat jeden direkten Kontakt zum Sokoł-Vorstand vermieden und stattdessen den wenig hilfreichen Weg über die Öffentlichkeit wählten, wurde lautstark kritisiert.

Der anwesende Erzpriester Jakub Žur erklärte dagegen, geistliche Erlasse dürften nicht kritisiert werden, sie müssten demütig angenommen werden. Erneut verbot er katholischen Sorben die Fahrt nach Prag. Eine Beteiligung am Sokoł-Treffen wäre eine Demonstration gegen den Papst Ein Katholik dürfe die kirchliche Autorität niemals untergraben, weil die Priester von Gott gesandt sind. Man hört deutlich den sorbischen Würdenträger des Katholizismus, gar nicht den nationalbewussten Sorben katholisch-christlichen Glaubens. Gegen die Meinung des Erzpriesters wurde bekräftigt, die Sorben müssten fest zusammenstehen. Für katholische Sorben sei der Sokoł keine Gefahr, denn – ganz im Sinne Skalas argumentierend – der Sokoł ist religiös und politisch neutral, was man vom Worjoł[81] nicht sagen könne. Man wolle als katholische Sorben treu zu den nationalen und ebenso zu den religiösen Grundsätzen stehen. Zum Schluss der Versammlung sangen sie Sokoł-Lied, das wie ein nationaler Schwur klang.[82] Ohne Zweifel wurde in dieser Versammlung sichtbar, dass die von Skala und anderen initiierten Ideen zum Sinn und Zweck des Sokoł[83] in der Mitgliedschaft lebendig waren, festen Boden hatten.

Zu dieser Auseinandersetzung veröffentlichte die „Kulturwehr" ohne Autorenkennung[84] einen dreiseitigen Artikel unter dem Titel „Die Kirche gegen die Minderheiten". Darin wurde festgehalten, „das bischöfliche Ordinariat in Bautzen, die oberste Kirchenbehörde für die Lausitzer Serben katholischen Bekenntnisses" sei nun auch in bezug auf den Sokoł der Versuchung erlegen, „die nationalen Organisationen der katholischen Lausitzer Serben mit Hilfe des religiösen Gewissenszwanges zu zerstören."[85] Gegen das Reiseverbot wurde wiederholt: „Der ‚Sokoł' ist eine rein sportliche, national und interkonfessionell geleitete Organisation" der sorbischen Minderheit, bei der es schon wegen ihrer geringen zahlenmäßigen Stärke „schwer ersichtlich (wäre), wie man Körperkultur und Gymnastik mit konfessionellen Differenzierungen gleichstellen und jene von diesen abhängig machen könne. Seit seiner Gründung […] hat er (der Sokoł –P.K.) […] weder der evangelischen noch aber der katholischen Kirche Anlaß gegeben, ihn als religions- oder kirchenfeindliche Organisation betrachten zu können."[86] Erfreut wurde zur Kenntnis gegeben, dass „ungeachtet aller Verleumdungen sowie der unqualifizierten Machinationen des bischöflichen Ordinariats die katholischen Angehörigen des Sokołs beschlossen (haben), den Namen ‚Sokoł' nicht abzulegen, an dem Kongress in Prag teilzunehmen, der Husfeier aber auf alle Fälle fernzubleiben." Bischof Schreiber warf der Autor vor, er maße „sich das Recht an, in außerkirchliche Angelegenheiten einzugreifen und versucht in verhetzender Weise einen Keil zwischen zwei Konfessionen zu treiben, die in der Lausitz, auch nach neuer Einrichtung des Bistums Meißen, auf ein von Geist christlicher Duldsamkeit bestimmtes Nebeneinanderleben angewiesen sind." Deshalb könne man nicht hinnehmen, dass das bischöfliche Ordinariat den Sorben „mit versteckter und offener Feindseligkeit gegenüber tritt. Die katholischen Mitglieder des ‚Sokoł‘ sind nicht schlechtere Kinder der Kirche, die deren großer Kirchenvater Augustinus lehrte: in necessaris unitas, in dubiis libertas, in omnibus caritas!“[87]

Hinzugefügt sei: In einem vom Geist christlicher Duldsamkeit geprägten Miteinander protestantischer und katholischer Sorben steckt heute noch ein weitgehend unerschlossenes Potential für die Durchsetzung der Minderheitenrechte.

Die damalige klerikale Führung schwächte mit ihrer Bekämpfung des Sokoł die Durchsetzung der Menschenrechte der Sorben eindeutig. Sie tat dies unter Verzicht auf die Mahnung ihres Kirchenvaters sowie Skalas Erinnerung daran und folgte stattdessen einer Auffassung, die man wohl eher menschenrechts- und minderheitenfeindlich als im Notwendigen den Gegensatz, im Zweifel die Autorität, in allem die Herrschaft verstehen musste.

Skala beschäftigten diese innersorbischen Querelen stark. Dennoch war die Vorbereitung und Durchführung des 2. Nationalitätenkongresses in Genf Ende August das für ihn, den Verband, die „Kulturwehr“, vor allem für die Minderheiten Europas das eindeutig wichtigste Ereignis des Jahres 1926. Politisch „eingerahmt“ war er durch den Antrag Deutschlands vom 8.2.1926, Mitglied des Völkerbundes zu werden und die am 8.9.1926 erfolgte Aufnahme. Dazu gab es zwar kleine, aber durchaus heftige innenpolitische Scharmützel. Die KPD lehnte ihn eher passiv ab, weil die Sowjetunion nicht Mitglied sein durfte. Minderheitenpolitisch bedeutsamer Widerstand kam von den Rechten. Für sie war der Beitritt Deutschlands „nationaler Verrat“, mit dem Kampf gegen das „Diktat“ von Versailles unvereinbar. Der Verein für das Deutschtum im Auslande (V.D.A.) drängte nach „Deutschlands gerechten Grenzen“[88]; der Deutsche Ostbund[89] forderte am 27.5.1926 auf einer Beratung, „daß die uns entrissenen Ostgebiete dem alten Vaterlande zurückgegeben werden“[90]; der Alldeutsche Verband[91] warnte vor „dem drohenden Eintritt in den Völkerbund“, denn die „von der Reichsregierung geführte Erfüllungspolitik muß unser Volk verelenden und zugrunde richten.“[92]

Als Teil dieser strategischen Ausrichtung und zugleich als minderheitenpolitische Präzisierung – so enthüllte Skala – werde von vielen konservativen Politikern deutscher Minderheiten im Vorfeld des 2. Kongresses „plötzlich das Schlagwort Kulturautonomie mit besonderer Vehemenz“ benutzt, aber eine „prägnante Definition des Wesens der Kulturautonomie (ist) theoretisch noch nicht gegeben worden“. Skala zitierte ausführlich die unterschiedliche Interpretation des Begriffs und kam zu dem Schluss, Anhänger der „Kulturautonomie in der jetzt bekannten Prägung“ verfolgen Ziele, die nur erreicht werden können durch Aufhebung des völkerrechtlichen ‚status quo‘, ganz gleich ob dies mit gewaltsamen oder anderen Mitteln geschehen soll.“ Mitverantwortlich war seines Erachtens die erste Genfer Konferenz, vor allem, weil die „2. Resolution nicht die Auferlegung der Pflicht zur absoluten staatsbürgerlichen Loyalität als die Basis einer möglichen, auf die kulturellen Interessen sich beziehenden Selbstverwaltung enthält.“[93] In einer kommentierenden Auseinandersetzung mit weiteren Veröffentlichungen „kurz vor dem Eintritt Deutschlands in den Völkerbund“ befürchtete Skala, künftige Beratungen europäischer Minderheiten blieben belanglos, „wenn solche Kongresse nicht präzisere Grundsätze als die erste Tagung formulieren.“[94] Gegen die friedensgefährdende Strategie konservativer und rechter Kreise setzte er sein demokratisches Credo und Konzept staatsbürgerlicher Loyalität. Kurz vor dem zweiten Kongress (25.-27.8.1926) warnte Skala, er „ist nicht denkbar als ein Gerichtshof über Europa, sondern ist nur möglich als eine Institution, die die außerordentlich wichtige Aufgabe eines verantwortungsbewußten Sachverständigengremiums" übernimmt, was „nach den Vorarbeiten, die bisher geleistet wurden, wohl angenommen werden (darf)". Die „nationalen Minderheiten Deutschlands", so bekräftigte er, werden im Kongress mit all jenen zusammenarbeiten „die sowohl die Freiheit des Gewissens und der nationalen Existenz erringen, die aber auch dem Frieden Europas dienen wollen."[95]

Skala musste sich zudem im Vorfeld des zweiten Kongresses auseinandersetzen mit Versuchen, den ersten verfälschend umzutaufen in einen „Völkerbund der nationalen Minderheiten". Er erinnerte daran, solche Benennung sei „von dem Kongress selbst bereits 1925 abgelehnt worden". Teilnehmer, die ungeachtet dessen an der Falschbezeichnung festhalten, seien „nicht Anhänger der Verständigungsbestrebungen", sondern erstrebten, dass „das zersetzende Ferment reichsdeutscher parteipolitischer Vergiftung durch Gegner des Völkerbundes und der Völkerverständigung in den Genfer Minderheitenkongress eingeschleppt" und so der Kongress „an dieser Vergiftung zugrunde gehen"[96] werde.

Mit solch berechtigten Warnsignalen wollte er verhindern helfen, dass tatsächlich eintrat, wovor er warnte. Und zeitweilig sah es wahrhaftig so aus, als würden Skalas Warnungen gehört und verstanden. Als Verhandlungsthemen wurden in der Vorbereitung festgelegt: „1. Sicherung der kulturellen Entwicklungsfreiheit; 2. Regelung der Sprachenfrage; 3. Sicherung der wirtschaftlichen Gleichberechtigung; 4. Sicherung des Rechts auf Staatsbürgerschaft; 5. Gleichberechtigung im Wahlrecht; 6. Regelung von Konflikten zwischen Regierungen und nationalen Minderheiten; 7. Organisationsfragen." Es wurden 4 Kommissionen gebildet: „1. die kulturelle (Vorsitz Dr. Motzkin[97]); 2. die rechtspolitische (Vorsitz Dr. Kaczmarek); 3. die wirtschaftliche (Vorsitz Dr. Schiemann) und 4. die organisatorische (Vorsitz Dr. Wilfan)."[98]

In seiner Eröffnungsrede sah Dr. Josip Wilfan[99], slowenischer Abgeordneter der italienischen Kammer, die Arbeit des Kongresses zur „Lösung des Minderheitenproblems" als Beitrag zu einer Politik „zur Befriedigung Europas" und informierte die Versammelten darüber, dass sich auch andere Organisationen (Interparlamentarische Union; Internationale Union der Völkerbundligen International Law Organisation) kürzlich mit den Problemen der Minderheiten befasst waren. Die versammelten Vertreter der Minderheiten ermahnte er, sie seien „hierher gesandt, nicht damit sie tönende Proteste erheben, sondern damit sie […] positive, ja wir können sagen, schöpferische Arbeit leisten."[100] Es werde, so meinte er, „ganz natürlich sein, daß in einer solchen Versammlung Meinungsverschiedenheiten auftauchen", denn „die nationalen Gruppen und ihre Verhältnisse sind verschieden." Ein „bedeutende(r) rechtliche(r) Unterschied" war für ihn allerdings der „zwischen den Minoritäten, die durch internationale, unter die Obhut des Völkerbundes gestellte Verpflichtungen der Staaten geschützt sind, und solchen Minoritäten, die eines solchen Schutzes entbehren." Er hoffte, dass eines Tages „in der absichtlichen Entnationalisierung von Volksteilen oder ganzen Völkern eine Versündigung am Leben allgemein anerkannt werden wird".[101] Das musste man durchaus als Kritik an Deutschland und als Parteinahme für die dortigen nationalen Minderheiten verstehen.

Die von den Kommissionen erarbeiteten und im Plenum angenommenen Beschlüsse zeigten, dass die von Skala und anderen sachkundigen Demokraten vertretenen minderheitspolitischen Grundsätze Zustimmung fanden. Die Resolution zur „Sicherung der kulturellen Entwicklungsfreiheit" sah z.B. das „Recht der Selbstverwaltung" u.a. darin, dass „jede nationale Volksgruppe berechtigt sein (soll), in eigenen öffentlich-rechtlichen Körperschaften, je nach den besonderen Verhältnissen, territorial oder personell organisiert, ihr Volkstum zu pflegen und zu entwickeln." Zur „Regelung der Sprachenfrage" beschlossen die Delegierten u.a.: „Jede Nationalität im Staate hat ein Recht auf Schulen in der eigenen Sprache als Unterrichts- und Prüfungssprache"; die „Führung und Schreibung der Namen (Vornamen und Familiennamen) stellen ein Personalrecht der Bürger dar, in das jeder Eingriff des Staates unzulässig ist"; wo eine „Nationalität geschlossen siedelt, tritt an die Stelle der Staatssprache die Sprache dieser Nationalität"; in den „Zentralinstitutionen des Staates müssen schriftliche Eingaben in den Verkehrssprachen des Staates entgegengenommen und beantwortet werden". Die „Sicherung der wirtschaftlichen Gleichberechtigung" sei vor allem dann gewährleistet, wenn der Staat nicht veranlasst oder duldet, „daß die Existenzmöglichkeit für die einzelnen Angehörigen einer Nationalität instituiv oder praktisch unterbunden wird"[102] Rechtspolitisch bedeutsam war insbesondere, dass der Kongress, „jeden Verzicht nationaler Gruppen auf ihre Minderheitsrechte, […] unabhängig davon ob sie in Verträgen ausdrücklich bestätigt wurden, für null und nichtig und den Versuch von Regierungen, einen solchen Verzicht zu erwirken, als Verstoß gegen die öffentliche Ordnung" erklärte. Jene „Staaten, welche nicht durch Minderheiten-Schutzverträge gebunden sind" wurden gemahnt, „die darin ausgesprochenen Grundsätze" zu beachten. Unmittelbar nach dem Kongress konnte deshalb in einem ausführlichen Bericht in der „Kulturwehr" hervorgehoben werden: „Ohne Zweifel hat der diesjährige Kongress weit mehr praktisch verwertbare Arbeit geleistet als der vorjährige, weil verschiedene unklare Begriffe präzisiert, unhaltbare Forderungen revidiert und den tatsächlichen Verhältnissen und realen Zuständen und Möglichkeiten angepaßt wurden."[103]

Auch in großen Teilen der Presse gab es ein überwiegend positives Echo. Man stellte fest, „die Sache der Minderheiten kommt vorwärts", weil die „Minderheiten klug daran getan (haben), sich auf den Boden der gegebenen Tatsachen zu stellen" und die „national-kulturelle Selbstverwaltung in loyaler Zusammenarbeit mit ihren sogenannten Staatsvölkern" anzustreben. (Frankfurter Zeitung). Man sei sich einig, „keine Irredenta zu betreiben", was der Staatsmehrheit „jede sittliche Rechtfertigung zur Fortsetzung der begonnenen Entnationalisierung" nimmt. (Neue Freie Presse, Wien). Zur Stabilisierung und Fortführung des Erreichten wurden Betroffene und Verantwortliche aufgefordert, „aus der bloßen völkischen Selbstverherrlichung und dem bloßen Interesse am eigenen Fleisch und Blut herauszugehen und sich aufrichtig in fremde Traditionen hineinzuleben", sonst werde es „zu einer neuen tödlichen Temperatursteigerung des Nationalismus in Europa" kommen. (Menschheit). „Die Beschlußfassung von Genf, die Art, wie sie zustande gekommen ist und die Gründe, die zu ihr geführt haben" sollten „in verschiednen europäischen Hauptstädten, auch in Berlin, Anregung zur gründlichen Durchdenkung der Frage geben" (Deutsche Tageszeitung). Aus dem „ersten tastenden Versuch" im Jahre 1925 habe man „in sachlicher Kleinarbeit die Gedanken für ein konkretes Minderheitenrecht (entwickelt), was zugleich „der europäischen Friedenszukunft" diente (Stuttgarter Neues Tagblatt). Die unübersehbaren Unterschiede der Minderheiten in Europa (politische, kulturele, wirtschaftliche, soziale Lage; geschichtliche Entwicklung; Siedlungsweise, Einstellung zum Siedlungsstaat) kennzeichnend, wurde betont, dass die in allen Reden und Resolutionen betonte „Loyalität die stärkste moralische Waffe der Minderheiten im Kampfe um ihr natürlichstes Recht (ist), die ihre Bestrebungen auch in den Augen ihrer entschiedensten Gegner rechtfertigen muß." (Germania) Der „Völkerbund und die in ihm vertretenen Staaten" sollten die Kongressbeschlüsse „als das Ergebnis ernster, durch sachverständige und verantwortungsbewußte Menschen vollbrachter Arbeit" prüfen (Vorwärts).

Der „Kulturwehr"-Kommentar wies zugleich darauf hin, bei der Lösung von Minderheitenproblemen dürfe es nicht nur um jene „zwölf europäischen Staaten" gehen, die „durch spezielle Verträge Verpflichtungen zu einem gewissen Minderheitenschutz übernommen haben". Es gehe schließlich um „die Minderheiten aller Staaten, die dem Völkerbund angehören". Hellsichtig mahnend wurde hinzugefügt, es sei „verwunderlich, wie wenig die Initiatoren des Minderheitenkongresses daran interessiert sind, auf welche Weise die Vorteile des internationalen Minderheitenschutzes, wie er für die Minderheiten von zwölf Staaten gültig ist, auch auf die Minderheiten der übrigen Staaten übertragen werden können." Die Möglichkeiten des Kongresses, „einerseits die Minderheiten selbst (zu) beeinflußen und andererseits zur Schaffung einer bestimmten politischen Einstellung und einer internationalen und innerpolitischen Atmosphäre im Rahmen einzelner Staaten" beizutragen, würden nur dann erfolgreich sein, wenn man „allem aus dem Weg geht, was den Anschein erwecken könnte, daß es sich um Bestrebungen handeln würde, die einseitige politische Ziele verfolgen oder die nicht auf dem Boden der Realität stehen und daher geeignet wären, die Unruhe in Europa zu steigern, statt sie zu beseitigen."[104]

Sichtbar wurde, der Minderheitenkongress war im Begriff, einen beachtlichen Schritt zu einer modernen Kodifizierung von Rechten ethnischer Minderheiten zu gehen und zugleich eine friedensstabilisierende Wirkung auf die Völker und Regierungen Europas auszuüben.

Man stelle sich einen Moment lang vor, die Positionen des 2. Kongresses wären Ausgangspunkt einer demokratischen, gerechten, den inneren und äußeren Frieden stabilisierenden Präzisierung und Weiterentwicklung einer sachbezogenen, fördernden Minderheitspolitik geworden. Natürlich, „wäre" und „hätte" sind keine Kategorien historischer Betrachtungen. Aber: Geschichte verläuft nicht nach vorgegeben Parametern, sie ist nach vorne offen. Es gibt immer Alternativen. Welche Seite sich durchsetzt, hängt vom Verhältnis der Kräfte ab. In dem hier erörterten „Fall" waren die Feinde eines modernen europäischen Minderheitsrechts die Stärkeren. Um zu verhindern, dass die minderheits- und menschenrechtlich realistischen Standpunkte des 2. Kongresses Verbreitung und Akzeptanz gewannen, suchten sie einen „Hebel". Sie fanden ihn in dem 1925 vom „Friesisch-schleswigschen Verein" gestellten Antrag, als Mitglied des Verbandes nationaler Minderheiten in Deutschland in den Europäischen Nationalitätenkongress aufgenommen zu werden.

Von Anfang lehnten das Deutsche Reich und maßgebliche Vertreter deutscher Minderheiten in Europa diesen Antrag ab. Diese Haltung wurde allerdings begünstigt durch konträre Standpunkte unter den Friesen selbst. Gegen den Antrag der friesischen Minderheit auf Teilnahme am 1. Europäischen Kongress protestierte z.B. der „nordfriesische Verein für Heimatkunde und Heimatliebe" mit der falschen und herablassenden Bemerkung, die „sogenannte dänisch-friesische Bewegung (ist) künstlich hervorgerufen". Vor allem jedoch wollte der Verein „noch einmal in aller Schärfe erklären, daß es eine nationale friesische Minderheit im Gegensatz zum Deutschtum nicht gibt."[105]

Auf der befürwortenden Seite stand der Verband der nationalen Minderheiten in Deutschland, mit an vorderster Stelle Jan Skala. Er stellte klar, dieser „Protest [...] ist nichts weiter als das Ergebnis politischer Agitation, die von friesenfeindlicher preußisch-alldeutscher Seite ausgeht." Vor allem aber stelle sich der protestierende Verein selbst ins Abseits, da er „in seinem Organ und an anderer Stelle sich für die Wahrung der kulturellen Eigenart und nationalen Sonderart der Friesen selbst energisch eingesetzt (hat)".[106]

Aus dieser längst vergangenen Auseinandersetzung sind einige Details interessant, um zum einen heutige Probleme der Minderheitenrechte besser zu verstehen und zum anderen für ihre heutige Regelung politische, rechtliche und ideelle Eckpunkte zu fixieren.

Schon vor dem 1. Kongress hatte der „Dziennik Berlinski"[107], aufmerksam gemacht, dass „nicht alle nationalen Minderheiten Deutschlands zu diesem Kongress geladen sind", weswegen „ein reserviertes Verhalten gegenüber dem wahrscheinlichen Charakter des Kongresses"[108] wichtig sei. Der Verband wertete die Nichteinladung der Friesen zwar als unzulässig, ließ sie aber im Interesse des Zustandekommens der Tagung unbeachtet. Vor dem 2. Kongress nun wies Skala erneut darauf hin, dass „die Friesen eine minderheitenpolitische Organisation (haben), die ihre Mitgliedschaft im Verband der nationalen Minderheiten Deutschlands erst möglich machte." Hinzu kommt: „Die preußische Regierung bezw. der Regierungspräsident von Schleswig hat in einer Verordnung vom Februar 1925 [...] sich für den Schutz und die Pflege des friesischen Volkstums, friesischer Sprache und kultureller Eigenart ausgesprochen. Ferner werden die Friesen in der amtlichen Minderheitenstatistik [...] ausdrücklich als ‚fremdsprachige Minderheit' neben Dänen und Polen aufgeführt."[109]

Um die Angelegenheit in ihrem Interesse zu klären, richtete die friesische Minderheit eine vom 1. Vorsitzenden des Vereins, Johannes Oldsen, unterzeichnete Denkschrift an den 2. Kongress. Darin betonte er, „daß die Friesen ein Volk für sich seien mit eigener, uralter Kultur"; dass die preussische Einverleibung Frieslands 1864 „an der wahren Geschichte des friesischen Volksstammes nichts ändern (kann)"; dass aber jetzt, als sie ihre Minderheitenrechte einforderten, „sich plötzlich die Sachlage (verändert)" und die Friesen „schleunigst zu einem ‚urdeutschen' Stamme gemacht (werden), der zur deutschen Kulturgemeinschaft gehöre."[110] Der 2. Vorsitzende, W. L. Andresen, ergänzte: „Politisch waren Preußen und Deutschland bis zum Jahre 1865 für Nordfriesland Ausland. Nordfriesland hat bis vor 60 Jahren niemals zu Preußen oder Deutschland gehört." Neben dem Verweis auf diese geopolitische Tatsache, wurde den Antrag bekräftigend darauf verwiesen: „In den letzten Jahrzehnten unter der deutschen Herrschaft hat die friesische Sprache einen weiteren starken Rückgang erlitten. Unsere alte friesische Volkskultur ist in Gefahr, unterzugehen." Um nicht nur ihr Recht in Anspruch zu nehmen, „sondern auch die moralische Pflicht gegen ihr von den Vätern ererbtes Volkstum" zu erfüllen, erwarteten sie vom Kongress, „daß dieser die Nordfriesen als nationale Minderheit anerkennt."[111]

145

Der Kongress lehnte den Antrag erneut ab und setzte eine Kommission ein, die den Minderheitenstatus der Friesen prüfen sollte. Kaum war der 2. Kongress beendet, musste der Vorsitzende des Friesisch-Schleswigschen Vereins, Johannes Oldsen[112] mitteilen, dass „in Nordfriesland eine wüste Agitation gegen die friesische Minderheitsbewegung eingesetzt (hat).“

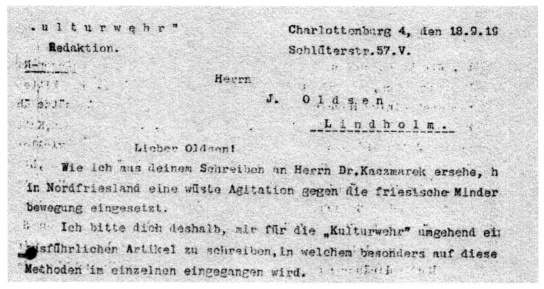

„Kulturwehr"
Redaktion.

Charlottenburg 4, den 18.9.19
Schlüterstr.57.V.

                    Herrn
              J.   O l d s e n
                          L i n d h o l m .

         Lieber Oldsen!
    Wie ich aus deinem Schreiben an Herrn Dr.Kaczmarek ersehe, h
in Nordfriesland eine wüste Agitation gegen die friesische Minder
bewegung eingesetzt.

    Ich bitte dich deshalb, mir für die „Kulturwehr" umgehend ei
usführlichen Artikel zu schreiben,in welchem besonders auf diese
Methoden im einzelnen eingegangen wird.

Brief Skalas an Oldsen

Skala setzte die Konzipierung eines Friesen-Heftes der „Kulturwehr" dagegen und bat Oldsen am 18.9.1926 darum, „mir für die ‚Kulturwehr' umgehend einen ausführlichen Artikel zu schreiben, in welchem besonders auf diese Methoden im einzelnen eingegangen wird."[113]

Schon wenige Tage später bedankte sich Skala bei Oldsen dafür, „daß Du die Herren Andresen und Lorenzen für die geplante Friesennummer gewonnen hast." Er, Skala, werde von sich aus „noch eine Reihe von Pressestimmen, die ich laufend gesammelt habe, in das Friesenheft hineinbringen und glaube, daß wir mit allen Aufsätzen und Darstellungen ein einwandfreies Bild des friesischen Volkstums wie auch seines minderheitspolitischen Charakters geben werden. Gelingt uns dieses", so Skala weiter in seinem Brief, „so ist dadurch m.E. die Friesenfrage entschieden, ganz gleich wie sich Preußen und seine Kreaturen dazu stellen."[114]

Am 8.10.1926 bekräftigte der Friesisch-schleswigsche Verein sein „selbstverständliches Anrecht auf Anerkennung als Minderheit im Deutschen Reichsgebiet und Vertretung auf dem Minderheitenkongress". Er erklärte, „wir (können) uns nicht damit einverstanden erklären, daß die Pflege des friesischen Volkstums den preussischen Behörden überlassen bleibt."[115] Die Existenz einer Kommission zur Prüfung der Volkseigenart der Friesen sei „eigentlich beschämend", denn sie erinnere doch an Praktiken, wissenschaftliche Expeditionen in das Innere des dunklen Erdteils" zu entsenden, „um wenig bekannte Völkerschaften näher kennenzulernen."[116] Der „stark ausgeprägte Stammesstolz, das Bewußtsein, das Volk der freien, edlen

Friesen zu sein" so polemisierte Oldsen bildhaft, habe in der „der letzten Hälfte des 19. Jahrhunderts" gelitten. „Das sonst stets im Deichen so erfahrene Volk versagte nun leider in der Abdeichung und Erhaltung seines höchsten Schatzes, nämlich seines Volkstums, gänzlich. Alle Schleusen waren dem vom Süden heranstürmenden Verdränger des friesischen Volkstums geöffnet und ungehindert ergoß sich über Nordfriesland die rücksichtslose Flut preussischer Gleichmacherei […] Ein grosses ‚Verdienst' hierbei gebührt allerdings dem 1902 gegründeten ‚Nordfriesischen Verein für Heimatkunde und Heimatliebe'". Der hatte 1912 auf Warnungen, man müsse „unbedingt zur Rettung (des friesischen Volkstums – P.K.) etwas unternehmen" geantwortet, für solche Ziele „(wäre) kein Boden mehr in Friesland vorhanden". Als sich diese Haltung auch nach dem Kriege nicht änderte, entschlossen sich einige Friesen, „die Pflege unseres Volkstums selbst in die Hand zu nehmen und gründeten am 25. Mai 1923 den ‚Friesisch-Schleswigschen Verein'." Somit standen sich in Nordfriesland die beiden minderheitspolitischen Richtungen in Gestalt von zwei Vereinen gegenüber. Im anderen Verein „(geben) nach wie vor preussische Beamte den Ton an". Unser Verein hingegen setzt sich „ausschließlich aus friesischen Landsleuten zusammen, die nicht durch Stand und Würden an die preussische Obrigkeit gebunden sind."[117]

„Von einem Lausitzer Serben", mit Gewissheit Jan Skala, folgte dann im Friesenheft der „Kulturwehr" ein Artikel, in dem sowohl die Gemeinsamkeiten zwischen Sorben und Friesen als auch ihr gemeinsamer Gegner gekennzeichnet wurden. „Es hat unter den sich ihres Volkstums bewußten Lausitzer Serben nicht geringes Erstaunen ausgelöst, daß die friesische Minderheit weder auf dem ersten noch auf dem diesjährigen Minderheitenkongress in Genf vertreten war. Dies hat umso mehr befremdet, als die Nordfriesen genau nach den gleichen Grundsätzen wie wir als Minderheit organisiert sind und so dem Verband der nationalen Minderheiten auch heute noch mit vollem Recht angehören. Es besteht hier kein Zweifel, daß die Beteiligung an der minderheitspolitischen Arbeit in Genf von jenen Kreisen verhindert wurde, die auch uns nur mit Widerwillen nach Genf gehen sahen." Die Friesen „bekennen sich ferner ausdrücklich zu dem Grundsatz der staatsbürgerlichen Loyalität und stellen keine separatistischen, irredentistischen oder sonstigen unerfüllbare Forderungen. Warum will man sie also nicht als nationale Minderheit gelten lassen?"[118]

Skalas Antwort auf diese Frage nach Gründen und Ursachen hat gewiss unter deutschen und ausländischen Lesern der „Kulturwehr" wegen ihrer Klarheit – je nach Standpunkt – für Entsetzen oder Begeisterung, in jedem Fall für Furore gesorgt und ist noch heute des Bedenkens wert: „Die Frage wird zum Teil schon beantwortet, wenn man weiss, wer sie nicht als nationale Minderheit gelten lassen will. Es sind das dieselben Gegner, mit denen auch wir zu kämpfen hatten oder noch haben, ihr Stosstrupp wird von Apostaten[119] des eigenen Volkstums gebildet, die von amtlicher Seite jede nur denkbare Unterstützung finden. Der Staat, der diese Leute unterstützt, erniedrigt sich zur Partei gegen einen Teil seiner Staatsbürger und muß sich deshalb gefallen lassen, daß er von uns allen mit größter Entschiedenheit in dieser unhaltbaren Stellung uns gegenüber bekämpft wird." So, wie man den Sorben „čechische, polnische, neuerdings sogar panslavische Aspirationen andichtet, schiebt man den Friesen die Absicht unter, ihr Bestreben gehe auf eine Veränderung der Staatsgrenzen zu Gunsten Dänemarks hin." Die Kommission, die prüfen soll, „ob die Friesen eine Minderheit sind oder

147

nicht", sei – so Skala abschließend zusammenfassend und unmissverständlich – „weder das eine noch das andere festzustellen berechtigt noch imstande"[120]

Um allseitiger und gründlicher jene Kräfte zu stärken, die an der Weiterentwicklung der sachgemäßen Positionen des 2. Kongresses interessiert waren, bewertete Skala die bisherigen Kongresse ausführlich. Er betonte zunächst, nach der ersten Tagung im Oktober 1925 und der Augusttagung 1926 sei „eine weitere Tagung für 1927 vorgesehen". Man wolle eine kontinuierliche Arbeit erreichen, „deren Bedeutung angesichts der Zustände innerhalb der Staaten und der Situation verschiedner Minoritäten nicht besonders erörtert werden muß." Er mahnte zum sachlichen Umgang; forderte ein Denken, das auf die Universalität der Minderheiten gerichtet ist; kritisierte alle Versuche, Ansichten zu verfechten, „die speziell einer oder einigen Minderheiten als wesentlich erscheinen" und erinnerte daran, daß es beim ersten Kongresses „Irrtümer in der theoretischen Behandlung des Minderheitenproblems" und „konzeptionelle Fehler" gab, aus denen man gelernt habe. Er erwähnte, dass der Versuch einen „Verband der unterdrückten Völker Europas" zu gründen, gescheitert sei „an der katastrophalen Ideenlosigkeit seiner Propagandisten und der Verquickung völkerrechtlich gegebener Tatsachen mit staatspolitischen Unmöglichkeiten", um schließlich selbstbewusst zu konstatieren: „Es muß aber im Interesse der geschichtlichen Wahrheit festgehalten werden, dass unter dem Einfluß des Verbandes der nationalen Minderheiten in Deutschland die Pläne und Vorbereitungen der Genfer Tagungen erst verwirklichbaren Inhalt bekamen", ohne diesen Einfluss „wäre die erste Tagung nichts weiter als eine unfruchtbare Demonstration nach allen Richtungen hin geworden."[121]

Parallel zu den Aktivitäten „nach außen" blieb der Verband nationaler Minderheiten Deutschlands und seine Zeitschrift „nach innen" menschen- und minderheitsrechtlich tätig. Am 10.3.1926 übergab er im Nachgang zum ersten und quasi in Vorbereitung auf den zweiten Minderheitenkongress der Reichsregierung ein Memorandum. Darin wurde unter „Berufung auf die Ausführungen des Herrn Reichsaussenministers Dr. Stresemann im Reichstage" beantragt, Artikel 6 der Reichsverfassung[122], der den Umfang der ausschließlichen Gesetzgebung des Reiches umfasste, soll folgenden Zusatz erhalten: „8. die Angelegenheiten der nationalen Minderheiten in Deutschland". Zur Ausgestaltung dieses Verfassungszusatzes wurde weiterhin u.a. beantragt, dass „Gesetze nicht zuungunsten einer Minderheit ausgelegt oder angewandt werden (dürfen)"; dass „keine Verächtlichmachung wegen Zugehörigkeit zu einer nationalen Minderheit […] und wegen Gebrauchs der Minderheitsprache durch Behörden und Beamte erfolgen (darf)"; dass „ein Reichsminderheitenamt zu errichten (ist), gegen dessen Entscheidungen ein Beschwerdeweg gegeben sein muss." Skala wies zu Recht darauf hin, dass die gewünschte Änderung „keineswegs den Sinn und ideellen Inhalt der Weimarer Verfassung angreift" vielmehr werde mit dem Zusatz „das Fundament der Verfassung nur verstärkt."[123]

Der Antrag und seine überzeugende Begründung konnte nicht einfach unbeachtet bleiben oder oberflächlich abgelehnt werden. Am 20.4.1926 antwortete der Reichsminister des Innern, Dr. Külz, er werde „die vom Verbande vorgetragenen Wünsche im Benehmen mit den zuständigen preussischen Stellen einer eingehenden Prüfung unterziehen", um „nach deren Abschluß auf die Angelegenheit zurückzukommen."[124] Im Sommer des Jahres gab es noch kein Ergebnis. Der Verband erfuhr „lediglich durch die deutsche Presse", dass „das Reichsministerium des Innern zurzeit mit der Prüfung der Frage einer gesetzlichen Regelung der kulturellen Behandlung der Minderheiten beschäftigt (ist)"[125]

Zögern, Unfähigkeit oder Unwilligkeit, eine klar begründete Sache zu entscheiden, zeigen auf spezifische Weise die Schwäche der Weimarer Demokratie. Auch und insbesondere im Umgang mit ethnischen Minderheiten. Das veranlasste Skala zu dem scharfen Zweifel, ob wirklich „die Souveränität, die Staatsgewalt, vom Volke ausgeht", wie die „deutsche Reichsverfassung es ausdrücklich behauptet". Seine harsche, aber korrekte Antwort lautete, „in minderheitspolitischer Praxis geht in der deutschen Republik die Staatsgewalt nicht nur nicht vom Volke aus, sondern geht gegen einen Teil des Volkes, gegen die als nationale Minderheiten innerhalb der Reichsgrenzen lebenden Staatsbürger."[126]

Folgerichtig fiel es ihm nicht schwer, einem Antrag der sächsischen Landtagsfraktion der KPD Anerkennung zu zollen. Aus Fehlern ihrer Minderheitenpolitik lernend, forderte die Fraktion gesetzliche Rechte für die Sorben, vor allem Schutz und Förderung ihrer Sprache und Kultur.[127] Skala urteilte: „Zum ersten Male in der Geschichte der nationalen Minderheiten Deutschlands im allgemeinen wie der Lausitzer Serben im besonderen tritt eine deutsche politische Partei mit Anträgen an die Regierung eines deutschen Staates heran, die den fundamentalen Rechtspflichten des Staates wie auch in nicht geringem Umfang den Bedürfnissen und kulturpolitischen Notwendigkeiten einer nationalen Minderheit näher kommen [...] Die konkreten minderheitenpolitischen Punkte [...] entsprechen ihrem Sinne nach durchaus den vom Verband der nationalen Minderheiten Deutschlands vertretenen Forderungen. Wenn die Kommunisten Sachsens diese Forderungen nunmehr als erste deutsche Partei in einer gesetzgebenden Körperschaft vertreten, so beweisen sie damit in minderheitspolitischer Hinsicht diejenige politische Reife, die wir von allen anderen politischen Parteien bisher vergeblich erwartet haben." Die prinzipiell positive Würdigung des Antrags der sächsischen KPD-Landtagsfraktion verband Skala mit offener Kritik an falschen Details des Antrags, etwa zum Sokoł oder zu den Führern der sorbischen nationalen Bewegung. Er hoffte, dass der kommunistische Antrag den anderen Parteien „Anlaß zur Deklarierung ihrer minderheitspolitischen Einstellung sowohl in den Landesparlamenten Sachsens und Preußens wie auch im deutschen Reichstag (gibt)."[128]

Für Skala als Sozialist und Demokrat war es offensichtlich selbstverständlich, Kommunisten nicht auszugrenzen, wenn es um die Durchsetzung gemeinsamer Interessen geht. Exakte Information und Gewinnung vorurteilsfreier Partner – das war ein immer wiederkehrendes, über die Zeit hinausweisendes, Motiv des (minderheits-)politischen Journalisten Skala.

Aus dem von Skala veröffentlichten „stenographischen Bericht des sächsischen Landtages" erfuhr die Öffentlichkeit, dass nach der Begründung des Antrags durch den KPD-Abgeordneten Renner, Ministerialdirektor Dr. Schulze allen Ernstes behauptet hatte, die Regierung „(ist) von jeher bemüht gewesen und (wird) auch weiterhin bemüht sein, die diesen Staatsangehörigen eigentümlichen und nützlichen sprachlichen und kulturellen Werte zu erhalten und zu entwickeln, [...] eine Benachteiligung dieser Bevölkerungskreise in sozialer oder politischer Beziehung (ist) weder festzustellen noch zu befürchten."[129] Die Ausführungen des Regierungsvertreters kommentierend, richtete Skala „an die sächsische Staatsregierung die

Anfrage 1) wann hat die Regierung irgend etwas zur Erhaltung und Entwicklung a) der sprachlichen, b) der sonstigen kulturellen Werte der Lausitzer Serben getan; 2) welcher Art waren diese Maßnahmen, und wo, wann und durch wen sind sie zur Ausführung gekommen; 3) mit welchen Maßnahmen wird die Regierung ‚auch weiterhin bemüht' sein, die eigentümlichen und nützlichen sprachlichen und kulturellen Werte der Lausitzer Serben zu erhalten und zu entwickeln?"

Um die Wahrheitswidrigkeit der Äußerungen des Regierungsvertreters zu belegen und Druck auf die Regierung auszuüben, zitierte er aus einem Dokument des sächsischen Ministeriums für Volksbildung (unterzeichnet von dem der DVP angehörenden Minister Dr. Kaiser). Darin hieß es – eingebettet in eine Reihe beschwichtigender, verschwommener Formulierungen – klar und unmissverständlich, „daß den Maßnahmen des Ministeriums zur Unterstützung des Wendentums aus zwei Gründen Grenzen gezogen sind." Einerseits seien die Sorben bemüht, „die wendische Kulturpflege umzuprägen zu einer Pflege slavischer Ideen, aus denen ein neues wendisches Leben hervorgehen und die wendische ‚Befreiung' geboren werden soll." Und „andererseits ist darauf Rücksicht zu nehmen, daß die deutschen Minderheiten in den meisten Nachbarländern nicht annähernd den staatlichen Schutz genießen, der den Wenden in Deutschland gewährleistet ist." Skala entlarvte so das nationalistische, slawenfeindliche Denkmuster und kritisierte – wie er betont – „in Übereinstimmung mit allen europäischen Minderheiten", dass „das sächsische Unterrichtsministerium die ganze Frage nicht innerstaatlich und kulturpolitisch, sondern aussenpolitisch und repressiv" behandelt."[130]

Um voranzukommen reichte der Minderheitenverband 1927 einen Gesetzentwurf zum Schulproblem[131] an die Reichsregierung ein und forderte die „Bildung einer öffentlich-rechtlichen Körperschaft ‚Reichminderheiten-Schulverwaltung'". Reflexartig traten die Verfechter nationalistischer Innen- und Außenpolitik auf den Plan. Die einen sahen den Gesetzentwurf als gegenstandslos an, „weil es abgelehnt werden muß, den ‚Verband' als eine verfassungsmäßig allein berechtigte Vertretung der Minderheiteninteressen [...] zu betrachten." Die anderen verleumdeten den Wunsch, dass sorbische Kinder in der Schule ihre Muttersprache festigen und die Geschichte der Sorben ein Unterrichtsgegenstand sein solle, als Verlangen, „daß der Staat auf seine Kosten staatsfeindliche Agitationszentralen im ganzen Reich schaffen soll."[132] Skala nannte das zu Recht „von den Erbpächtern des ‚Deutschtums' [...] im Kaschemmenton vorgebrachte Ausdrücke", die er bissig-ironisch „als Dokumente zur Zeit- und Geistesgeschichte der deutschen ‚Kulturgemeinschaft'"[133] bewertete.

Sprachrohr der extrem minderheitsfeindlichen Position waren die Leipziger Neuesten Nachrichten. Für sie war der Schulgesetzentwurf des Verbandes „ein durchaus ernst zu nehmender Vorstoß in der Richtung polnisch-tschechischer Expansionsbestrebungen. Man hält den Zeitpunkt hierfür offenbar für gekommen, weil man in Deutschland mit einer kommenden Linksregierung rechnet. Genährt wurde diese Hoffnung wohl durch die Zusicherung des Reichsinnenministers Dr. Külz, eine ‚eingehende Prüfung der Minderheitenwünsche' vorzunehmen." Stattdessen sei es eher wünschenswert, „daß diese Sache an den Oberreichsanwalt abgegeben worden wäre. Denn ohne Zweifel ist das Treiben gewisser Leute [...] weit mehr staatsgefährlich als mancher innenpolitischer Fall, der den Leipziger Staatsgerichtshof beschäftigt."[134]

Skala verallgemeinerte solche Standpunkte minderheitspolitisch und -rechtlich, indem er auf zwei miteinander verknüpfte Widersprüche aufmerksam machte. Zum einen bescheinigt er der Presse „die mangelnde Fähigkeit, das Minderheitenproblem im ganzen Umfange zu erfassen" und „trotzdem aber zu den Vorschlägen der Minderheiten [...] Stellung zu nehmen. Der Grossteil dieser Presse zeigt das Bestreben, ein innerdeutsches Minderheitenproblem entweder zu leugnen, oder aber als in vollkommener Weise gelöst zu bezeichnen." Das stehe Äußerungen deutscher Staatsmänner entgegen, wonach „Deutschland eine innerstaatliche minderheitspolitische Aufgabe und Verpflichtung hat". Zum anderen geißelte Skala den Widerspruch, dass „solange die Minderheiten in Deutschland keine festformulierten Forderungen äusserten" die Presse den Minderheiten „entweder den Vorwurf mangelnder Aktivität" mache oder aber meine, aus dem Stillschweigen „schließen zu dürfen, daß sie restlos zufriedengestellt seien und der Staat keine Verpflichtungen mehr habe." Ist aber ein Vorschlag ausgearbeitet und der Reichsregierung überreicht, werde „verhetzende Agitationssucht' und Grössenwahn als Leitmotiv bezeichnet und unser Gesetzentwurf mit Landesverrat gleichgestellt."[135] Für Skala stand fest: „D i e d e u t s c h e P r e s s e i s t e i n e d e r n a c h h a l - t i g s t e n H e m m u n g e n g e g e n d i e S c h a f f u n g e i n e s M i n d e r h e i t e n - r e c h t s i n D e u t s c h l a n d ."[136]

Starke, aber alles in allem voll berechtigte und für den Kampf um Minderheitenrechte konzeptionell bedeutsame Worte!

Skala war nicht zuletzt wegen solchem Klartext, der sich sowohl gegen deutschen Nationalismus als auch gegen eine gewisse Selbstbeschwichtigung unter den Sorben richtete, ein unbequemer Partner. Manch Betroffener und manch potentieller Verbündete nahm deshalb seine Mahnungen und Aufrufe nicht zur Kenntnis. Die scharfen Gegner Skalas griffen ihn genau wegen seiner Klarsicht und Vorausahnungen an.[137]

Erste Angriffe auf den Minderheitenverband, die „Kulturwehr" und Skala

Von Beginn seiner Arbeit als Chefredakteur der Kulturwehr musste sich Skala mit unsachlichen und verhetzenden Angriffen auf die Zeitschrift, auf sein Engagement für die Minderheiten, insbesondere die Sorben auseinandersetzen. Meist tat er das, indem er die Angriffe ausführlich zitierte, Behauptungen und Lügen mit Tatsachen konfrontierte, so den Leser informierte und zur eigenen Meinungsbildung herausforderte. Zwei Beispiele sollen das belegen.

Das „Sudetendeutsche Echo" veröffentlichte im Januarheft 1926 eine Schimpfkanonade gegen die Zeitschrift. Da hieß es u.a.: „Der Wolf im Schafspelz ist die Zeitschrift ‚Kulturwille'"; Sprachrohr der „zum grössten Teile künstlich erzeugten Homunkulus-Minderheiten Deutschlands"; „im Mantel Masarykscher Ideale wühlt und hetzt sie [...] gegen den deutschen Staat"; alle, die dieses Blatt lesen, „sehen in eine Teufelsfratze".[138] Skala zitierte umfassend und polemisierte scharf: „Dieses in Berlin, also ausserhalb der sudetendeutschen Volksgemeinschaft, entstandene Erzeugnis sudetendeutscher ‚Kultur' veröffentlichen wir nur deshalb in vollem Wortlaut, um weiten Kreisen zu zeigen, was sich die nationalen Minderheiten

Deutschlands, die Staatsbürger des deutschen Reiches sind, von einigen ausländischen Hetzern gefallen lassen müssen, die ihre Tätigkeit unter Duldung und sogar Patronanz führender deutscher Politiker ausüben dürfen." Sachlich zählt er auf, Stresemann habe wiederholt von der Regelung des Rechts der Minderheiten in Deutschland gesprochen, die preussische Regierung habe kürzlich einen Erlass zur Regelung der Schulen für Kinder der dänischen Minderheit beschlossen, zwischen Deutschland und Polen sei wegen Oberschlesien die Genfer Konvention abgeschlossen, der Verband der Minderheiten in Deutschland habe gleichberechtigt mit den deutschen Minderheiten am Genfer Kongress teilgenommen. Abschließend entrüstet er sich, dass es „angesichts dieser Tatsachen ein Blatt organisierter Irredentisten zu behaupten (wagt), es handle sich nur um künstlich erzeugte Homunkulusminderheiten. Stolz bekennt er: „Unsere minderheitspolitische Organisation sowie deren ideelle Grundlage und unsere Auffassung von den Pflichten gegenüber der deutschen Republik sind innerlich so stark, dass wir zu einem Kampf gegen solche Gegner aus Gründen politischer Sauberkeit die Waffen nicht erheben werden."[139]

Ein W. Herrmann aus Frankfurt/Oder beschimpfte in mehreren Zeitungen in Kiel, Görlitz, Dresden einen Kulturwehr-Artikel Skalas und konstruierte daraus eine vermeintliche „wendische Gefahr". Skala legt den Hermann-Artikel vor, damit er vom Leser mit dem Original im Heft Nr. 3/1926 verglichen werden kann.

Eingangs nannte Hermann die Kulturwehr eine „Kampfzeitschrift der nationalen Minderheiten". Das wäre ja noch hinzunehmen, meint Skala. Dann jedoch wird gelogen, daß „sich die Polen" der Aufgabe unterziehen, „eine Wendenfrage zu konstruieren" und die Kulturwehr versuche, die Sorben „unter tschechischer Mitwirkung" zu beeinflussen. Weiter behauptete er entgegen den Tatsachen, Deutschland habe die Pflege und Erhaltung sorbischen Volkstums „nicht nur gewährleistet, sondern stark gefördert". Skala schreibe nur „für die Entente und die Unwissenden". Ironisch hebt Skala hervor, das „Zitieren' handhabt der Verfasser mit einer Virtuosität, die auf dem Wege zur Verfälschung tatsächlicher Aussprüche das Beste erwarten läßt." Hermann beklagte dann, dass die Kulturwehr durch die „Anzahl geschickt verfasster Aufsätze, die alle den Anschein grösster Sachlichkeit erwecken" monatlich „der grossen Welt ein „Zerrbild" vorlegen, „ohne dass bisher von deutscher Seite aus diese Entstellungen, Verallgemeinerungen, Täuschungen energisch und schnell widerlegt wurden!" Warum das nicht stattfand, fragt sich auch der heutige Leser. Eine Antwort ist schnell und energisch formuliert: Es gab nichts zu widerlegen! Skala zeichnete sich durch minderheitsrechtliche und minderheitspolitische Sachkunde aus, recherchierte exakt und formulierte gekonnt. Musste es sein, war er zudem auch spitz und ironisch. Die Hermann'sche Hetztirade wertete er spöttisch: „Es lohnt nicht, Zeit und Kraft an Objekte zu verwenden, die, ihrer ganzen geistigen Struktur nach, sachlichen Darstellungen gegenüber, durch die Immunität des dummen August geschützt sind."[140]

Der Mitstreiter Skalas, Dr. Jan Kaczmarek konnte Ende 1926 sehr zu Recht, aber auch sehr zum Ärger der Kulturabteilung des Auswärtigen Amtes feststellen, die „Kulturwehr" sei die „einzige Minderheitenzeitschrift von Weltruf"[141]. Skala machte sie zu einer anerkannten politischen Zeitschrift, weil er sie zu schwierigen politischen Fragen als sachlich-realistische Schrift der Zeit formte.

Diese Entwicklung rief die Feinde eines demokratischen Minderheitenrechts verstärkt auf den Plan. Drei miteinander inhaltlich verzahnte und zeitlich z.T. parallel sich abspielende Ereignisse sind hier nacheinander zu schildern. Sie alle werfen ein bezeichnendes Licht auf den Zustand der Minderheiten – und Menschenrechte im damaligen Deutschland, aber auch auf Skala, seinen Charakter, seine politische und journalistische Grundhaltung sowie seinen Einsatz im Kampf für die Minderheiten in Europa.

Zum einen geht es um das Ausscheiden des Verbandes der nationalen Minderheiten Deutschlands aus der Arbeit des Minderheitenkongresses, zum anderen um einen ideologischen Schlagabtausch zwischen Vertretern der konträren Strömungen und schließlich um eine juristische Auseinandersetzung mit einem entschiedenen Sorbenfeind.

Den Verlauf zum erzwungen Ausscheiden aus dem Minderheitenkongress schilderte der Delegierte des Verbandes der nationalen Minderheiten in Deutschland, Jan Baczewski[142] als direkt Beteiligter ausführlich und anschaulich: Weder auf dem 1. noch auf dem 2. Kongress wurde die „Friesenfrage" korrekt behandelt. „Die Friesische Minderheit erhielt auch zum III. Kongreß keine Einladung, auch keine Antwort auf ihren Antrag zur Einladung." Bei der „Vorbesprechung der Arbeitsgemeinschaft slavischer Minoritäten, die am 20. August d. Js. in Genf stattfand, und in der die Friesenfrage behandelt wurde, erklärte Dr. Wilfan [...], dass er die Friesen als besondere Nationalität mit besonderer Sprache anerkenne". Er „werde nunmehr die Friesenfrage dem Präsidium zur Entscheidung vorlegen." In der Tags drauf stattfindenden Sitzung des Präsidiums sagte Wilfan jedoch, „er hätte zwar gestern [...] die Friesen als eine besondere Nationalität mit besonderer Sprache bezeichnet, doch habe er dieses nur unter dem Drängen der slavischen Minderheiten getan." Baczewski bemerkte dazu, „dass dies nur die subjektive Auffassung Dr. Wilfan's sein kann; nach seinen mehr als einstündigen Ausführungen zur Friesenfrage (im Hotel de Genève) formulierte er seine Auffassung ganz selbständig dahin, dass die Friesen eine Nationalität darstellen." Eine Kommission (Schiemann /Vorsitzender /, Christiansen[143] /Vertreter der dänischen Minderheit/, Baczewski /Wortführer der friesischen Minderheit in Deutschland/ sowie Graebe /Vertreter der Auslandsdeutschen), sollte nun Kriterien für die Aufnahme in den Kongress erarbeiten. „Sobald aber ein Grundsatz gefunden war, welcher auch die friesische Minderheit als solche zum Kongreß zulassen konnte, erfolgte ein Veto seitens des Vertreters der deutschen Gruppen." Alle weiteren, z.T. sehr kompromisshaltigen „Anträge scheiterten jedes Mal an der Haltung des Vertreters der deutschen Gruppen." Als doch ein Kompromiss gefunden war – von der dänischen Gruppe, allen slavischen Minderheiten, der jüdischen und der katalonischen Gruppe bereits gebilligt –, wonach der Kongress zwar feststelle, „dass sich das friesische Volk als besondere Nationalität mit besonderer Sprache bekennt", aber die Mitgliedschaft erst „durch ein neu zu verfassendes Statut des Kongresses [...] bis zum Jahresschluß 1927 erfolgen (wird)", bestritt der Vertreter Graebe zunächst „die Kompetenz der Kommission" und als „dies nichts half, erklärte er plötzlich von seiner Gruppe kein Mandat zu haben" darüber zu diskutieren.

Die Vertreter der einen Strömung zeigten sich in dem einmütig beschlossenen Verfahren langmütig und um des Strebens nach gerechten Lösungen ausdauernd und außerordentlich kompromissbereit. Vertreter der anderen Strömung verhinderten erst eine vernünftige Entscheidung und als auch das nicht mehr verfing, kündigten sie die zuvor zugesagte Mitarbeit. Ihr Konzept wurde erkennbar.

Am relativen Ende des ermüdenden mehrtägigen Konferenz-Hick-Hacks um Verfahrensfragen beriet das Präsidium erneut über das weitere Verfahren. Es bildete eine neue Kommission. Ihr gehörten der Präsident Dr. Wilfan, Dr. Hasselblatt und Baczewski an. Die von Baczewski dem Präsidium vorgelegte Entschließung wurde zwar vom Präsidenten gebilligt, von Dr. Hasselblatt, Vertreter der deutschen Gruppe aber nicht angenommen. „Die von Dr. Hasselblatt entworfene Resolution", so Baczewski weiter, „konnte von mir nicht angenommen werden, weil sie demonstrativ sagte, die Friesen wären keine nationale Minderheit". Als auch weitere Bemühungen Baczewskis, Kaczmareks und Christiansens nichts halfen und Hasselblatt die Bemühungen der Kommission für gescheitert erklärte, beschlossen die Vertreter des Verbandes der nationalen Minderheiten, „aus dem Kongreß auszuscheiden."[144] In der dazu abgegebenen Erklärung betonten sie: „Wir wollen nicht Instrumente einer machtpolitischen Zweckarbeit sein." Weil „die Dissonanzen sich vertiefen statt auszugleichen [...] wird der Kongreß ein Forum von unfruchtbaren Streitigkeiten".[145] Erläuternd formulierte Kaczmarek: „Auf der einen Seite standen die, die geboren wurden schon als Mitglieder eines herrschenden Volkes, [...] die eben erst die Trennung vom Muttervolk an sich erlebt hatten und die ihre Mentalität von ‚dem Erlebnis der Grenzziehung' noch nicht trennen konnten", die „von ihren Vätern ein Testament geerbt hatten, das klare nationalpolitische Weisungen enthielt". Auf „der anderen Seite standen die, die geboren waren in nationaler Bedrängnis, verachtet wegen ihrer nationalen Zugehörigkeit und gewöhnt an die Furcht vor dem offenen Bekenntnis zu dieser Zugehörigkeit [...]die weder selbst noch in ihren Vätern und Vorvätern ‚das Erlebnis der eigenstaatlichen Macht' erfahren hatten", denen die Väter nur Ratschläge erteilten, „wie in gesellschaftlicher Kleinarbeit das reine Volkstum zu erhalten sei." Hellsichtig hieß es weiter: „Die ersten [...] erkannten im Minoritätenproblem ein Tor, durch das sie [...] eine solche Aenderung der europäischen Staats- und Staatenzustände erreichen" wollten, um die „bisher lose untereinander in Verbindung stehenden Inseln [...] eines Volkstums mit seinem Kontinent zu einer wuchtig wirkenden Krafteinheit zu verschmelzen." Die zweiten wollten Lösungen „des Nationalitätengegensatzes im europäischen Raum herbeiführen", wozu der Kongreß als „das Forum der berufensten Vertreter" durch „sachkundige Beratung die Wege zur befriedigenden Lösung [...] auffinden" sollte. In den ersten beiden Kongressen war noch das Bemühen um Kompromisse spürbar, der dritte jedoch „begann seine Arbeiten leider schon unter dem sichtbaren Zeichen zweier getrennter Lager."[146]

Ohne die Ursachen für das Ausscheiden und die dazu abgegebene Erklärung auch nur ansatzweise zur Kenntnis zu nehmen, ergoss sich unmittelbar danach über die Vertreter des Verbandes ein Flut gehässiger Beschimpfungen, oft mit versteckter Schadenfreude gewürzt. Ein deutscher Delegierte aus Ungarn diffamierte in der Badischen Presse vom 29.8.1927 zuerst die Vertreter des Verbandes, sie „(verrieten) kaum die Eignung, zu den immerhin auf einem höheren Niveau befindlichen theoretischen Debatten über allgemeine Minderheitenfragen ernst Stellung nehmen zu können", um ihnen dann zu unterstellen, sie „benutzen Genf bloß als Plattform", um „(durch ein unangenehmes Auftreten) auf ihre Existenz aufmerksam zu machen." Der Revaler Bote behauptete am 25.8.1927 die Ausgetretenen machen „sich zum

Werkzeug der großpolnischen Politik". Am 6.9.1927 wurden in dieser Zeitung die Minderheiten in Deutschland „als die gefügigen Helfershelfer polnischer Staatsweisheit"[147] verleumdet. Dr. Morocutti, Vertreter der deutschen Minderheit in Slovenien, stellte in der Frankfurter Zeitung vom 8.1.1928 die Ausgetretenen als die „grosse Gruppe" der „besiegten" Minderheiten den „Sieger"-Minderheiten aus Deutschland und Österreich gegenüber.[148] Unfreiwillig verriet er so die eigentliche Absicht: Die auf dem 2. Kongress hoffnungsvoll gefundenen Positionen in Richtung auf eine innenpolitische und friedliche Regelung der Minderheitenprobleme mussten beseitigt und ihre entschiedensten Verfechter besiegt werden.[149] Die grenzrevisionistischen, d.h. die den Krieg als Lösung der Minderheitenprobleme bejahenden politischen Kräfte trugen einen wichtigen Sieg davon. Für die anderen, die sich um Begründung und Durchsetzung von Minderheitenrechten, die den inneren und äußeren Frieden fördern, bemühten, war das ein Rückschritt, eine Niederlage.

Skala ließ sich davon nicht entmutigen und wurde umfassend journalistisch aktiv, um Zusammenhänge und Gründe für das Verhalten der Minderheiten in Deutschland zu erläutern. Im „Dybbel-Posten"[150], vom 20.8.1928, in der „Prager Presse" vom 21.8.1928 und in Nr. 35 der „Menschheit" erschien ein gleichlautender Artikel, in dem er zunächst darüber informierte, dass „während des vorjährigen Kongresses der Verband der nationalen Minderheiten in Deutschland (Dänen, Friesen, Lausitzer Serben, Litauer, Polen) sowie alle polnischen Vertreter (Lettland, Litauen, Deutschland, Rumänien, Tschechoslowakei) aus der Kongressgemeinschaft ausgeschieden (sind); mit den ausgeschiedenen Gruppen haben sich durch Sympathiekundgebung solidarisch erklärt: die Tschechen, Slovenen und Kroaten in Oesterreich, die Russen in Polen und Estland". Entscheidender Grund für den Austritt war die Tatsache, dass der Kongress „ein Forum zur Geltendmachung machtpolitischer Prinzipien geworden ist". Nachdrücklich stellte er klar: „Die Forderungen, deren unbedingte Anerkennung die ausgetretenen Gruppen von dem Kongreß in dezidierter Form erwarten zu können und fordern zu müssen glauben, sind im wesentlichen dieselben, die bisher vom den Kongressen entweder nicht beachtet oder abgelehnt wurden: Forderung der Anerkennung des Grundsatzes vorbehaltloser staatsbürgerlicher Loyalität; Anerkennung der absoluten Gleichberechtigung aller Minoritäten, sowohl hinsichtlich ihrer Kongresseinladung als auch ihres Stimmrechts; Anerkennung des Prinzips der Verständigung der Minderheiten mit der Mehrheit eines Staates mit den Mitteln des aktiven Pazifismus; Ablehnung aller machtpolitischen Zielsetzungen" In der „Schweizer Freien Presse" vom 28.8.1928 und im Organ der tschechoslowakischen Sozialdemokratie „Právo Lida" vom 29.8.1928 ergänzte er diese Kerngedanken einer friedlichen und gerechten Lösung von Minderheitenproblemen: „Wer aber den realen Verhältnissen Europas Rechnung tragen und sie nicht umstürzen will, muß zugeben, dass kaum ein Staat Europas – ohne in innerpolitische Schwierigkeiten zu geraten – die Gewährung eines Minderheitenrechts anders als eine innerpolitische Angelegenheit behandeln kann" Dafür kann und muß „die internationale Kodifizierung des Minderheitenschutzes Vorbedingungen […] schaffen." Alle Forderungen nach Beseitigung von Staatsgrenzen, nach Schaffung ethnisch „reiner" Staaten sind letztlich die „Zuerkennung eines Rechts auf Irredenta", was „die ausgeschiedenen Gruppen als minderheitspolitisch unhaltbar und als unheilvoll für den Frieden Europas entschieden ab(lehnen)."[151]

Unübersehbar zeigte das Ausscheiden des Verbandes der nationalen Minderheiten Deutschlands sowohl den Kampf der zwei Strömungen als auch die praktischen Konsequenzen der zwei Jahre zuvor von Stresemann bei der Eröffnung des „Hauses des Deutschtums" in Stuttgart gehaltenen Rede: Sie war klar „zum Fenster hinaus geredet" und das Geheimpapier vom 13.1.1925 wurde schrittweise Realität. Alle gegen die Zurückdrängung irredentistischer Ziele gerichteten politischen Aktivitäten des Verbandes der nationalen Minderheiten in Deutschland innerhalb und außerhalb der Kongresse, alle Hoffnungen auf gleichberechtigte Teilnahme der Friesen erwiesen sich als zu schwach gegenüber dem zunehmend stärker werdenden Einfluss der deutschen Außenpolitik und der konservativen Vertreter deutscher Minderheiten im Ausland, allen voran Dr. Werner Hasselblatt.[152] Sie hatten ein Teilziel erreicht, die Mitglieder des Verbandes der nationalen Minderheiten Deutschlands aus dem Kongressleben auszuschließen. Das damals wichtigste internationale Forum war den Minderheiten in Deutschland nicht mehr zugänglich. Beschwerden gegen die deutsche Minderheitenpolitik konnten nur noch schwer die internationale Öffentlichkeit erreichen. Die friedensgefährdende, die Minderheiten instrumentalisierende Außenpolitik des Deutschen Reiches hatte bessere Bedingungen, ihre Interessen durchzusetzen und die friedliche Regelung der Minderheitenprobleme weiter zu torpedieren.[153]

Mit der Veränderung ursprünglicher Absichten vieler Kongressbeteiligter durch die deutsche nationalistisch-konservative Politik wurde sowohl eine von Schiemann geahnte Befürchtung schrittweise Wirklichkeit als auch seine Warnung in den Wind geschlagen: „Nachdem es sich als unmöglich erwiesen hat, alle Staaten so abzugrenzen, daß die Zugehörigkeit zur Nationalität mit der Zugehörigkeit zum Staate zusammenfällt, gibt es nur zwei Möglichkeiten der Lösung dieses Problems: entweder müssen die Staaten alle fremden Nationalitäten in ihrem Bereich restlos vernichten – und das heißt Blut und Kampf auf weitere Jahrhunderte – oder aber der Begriff der Staatszugehörigkeit muß von dem der Volkszugehörigkeit vollständig und restlos getrennt werden. Solches durchzusetzen ist die eigentliche und wesentliche Aufgabe der internationalen Nationalitätenbewegung."[154] Genau das wollte der Verband der nationalen Minderheiten Deutschland und Skala als einer seiner Akteure.

Schiemanns Ahnung von „Blut und Kampf" indirekt bestätigend und die Radikalisierung deutscher Minderheitenpolitik selbstentlarvend nachlesbar machend, schrieben die Münchener Neuesten Nachrichten nach dem 3. Kongress, jetzt käme es darauf an, etwas zu tun, „was zu fordern ausserhalb des Aufgabenbereichs des Genfer Kongresses lag", nämlich „eine Beseitigung der überflüßigen Minderheiten" in Angriff zu nehmen und so „eine staatliche Ordnung Europas" zu errichten, „die ein Minimum von nationalen Minderheiten schafft."[155] Ein redaktioneller Kommentar der „Kulturwehr", mit großer Wahrscheinlichkeit aus der Feder Skalas, hielt dazu fest: „Dem Kongreß wird dadurch empfohlen, sich für die staatliche Neuordnung Europas einzusetzen, die ohne Aenderung der Staatsgrenzen nicht erreichbar ist." Das „kann uns nur in unserem Fernbleiben von solchen Vorbereitungen zu einer ‚Neuordnung' Europas auf das Nachhaltigste bestärken."[156]

Bestätigt und ergänzt werden Skalas Wertungen in einer aktuellen Analyse der einstigen Geschehnisse aus Quellen, die ihm nicht zugänglich waren. Nach dem Austritt „der Minderheiten aus dem Reich […] aus dem Europäischen Nationalitätenkongress im Jahre 1927" gab es „eine Glättung der Kongreßprotokolle [...] Die Hintergründe des Austritts bleiben in den Protokollen vollständig unreflektiert".[157] „Glättung" ist allerdings sehr vorsichtig formuliert. „Die für die Sitzungsberichte Verantwortlichen haben in der Redaktionsarbeit dieses Protokoll zu einem Dokument scheinbar willkürlichen Aufs-Spiel-Setzens der solidarischen Kongreßgemeinschaft durch die im Reich lebenden Minderheiten, insbesondere die Polen, gemacht. Neben der gelungenen Ausgrenzung der Friesen dokumentiert der Sitzungsbericht eine scheinbare Konstellation von Gut und Böse, eine Rollenverteilung, die umso krasser ausfällt, je deutlicher man sich den Anspruch des europäischen Nationalitätenkongresses als neuheitliches Mittel zur Friedenssicherung in Europa vor Augen führt: die Friedenswahrer bleiben im Kongreß, die Kriegstreiber treten aus."[158] Die Protokollfälscher teilten dem Auswärtigen Amt leicht triumphierend mit, „begünstigt durch die Loyalität des slowenischen Präsidenten des Nationalitätenkongresses war es möglich, den Austritt der Polen, Dänen und Wenden unter Bedingungen sich vollziehen zu lassen, die für die deutschen Minderheiten im Augenblick durchaus tragbar, ja vielleicht günstig sind."[159] Zugleich sorgten sie sich heuchlerisch darum, dass „die Schulpolitik des deutschen Reiches den Minderheiten gegenüber sich in einem Zustand befindet, der trotz des besten Willens von den Vertretern der deutschen Minderheiten sachlich nicht verteidigt werden kann", weswegen „wir jede Garantie dafür ablehnen (müssen), daß nicht von Seiten der slawischen Gruppe der Kongreß zu schweren, das Prestige und die Bewegungsfreiheit der deutschen Politik auf das ernsteste gefährdenden Angriffen benützt wird."[160]

Den Mut zu solchem Klartext fanden sie u.a. in einer Erklärung Außenministers Stresemann. auf der Jahresversammlung des deutschen Auslandsinstitutes. Für das Ziel, die mit den Versailler Verträgen verbundenen „Schwierigkeiten zu überwinden" forderte er: „Für die Deutschen im Auslande darf es nicht Parteien geben, sondern nur ein Deutschland". Unerlässlich sei, „dass man das Ziel im Auge hat und ihm zustrebt. Erreichen wir es und kommen wir ihm nahe, dann fragen sie (die anderen Staaten – P.K.) nicht nach der Methode, mit der man diesem Ziele zustrebt."[161] Das 2. Oktoberheft 1927 der Zeitschrift „Der Deutsche Gedanke" lieferte zu dieser Politik erläuternde Programmatik: „Die deutsche Zukunft ist der deutsche Nationalstaat", „Außenpolitik geht vor Innenpolitik", [...] die „Berichtigung der Ostgrenze, die Sorge für die deutschen Minderheiten und die Wiederherstellung eines deutschen Kolonialreiches haben feste Bestandteile der deutschen Politik zu bilden", das „Auslandsdeutschtum muß als gemeinsame Kraftreserve des gesamten deutschen Volkstums behandelt und gepflegt werden." Ins gleiche Horn stieß der Vaterländische Ausschuss der deutschen Burschenschaft. Beim Treffen des deutsch-nationalen Lehrerbundes im Oktober 1927 in Dresden zum Thema „Schule und Grenzlanddeutschtum" verlangte deren Vorsitzender, Dr. Kleeberg, dass „auf den Volksschulen eine rege Propaganda über das Deutschtum im Auslande" betrieben werde. „Der Unterricht über das Grenzlanddeutschtum habe das Volksbewußtsein zu wecken, das von sich aus zur staatlichen Neuordnung Mitteleuropas drängen müße."[162] Unisono äußerten sich die beiden größten Deutschtumsorganisationen. Auf dem Jahrestreffen des „Deutschen Schutzbundes" Pfingsten 1928 wurde bekräftigt, zu „einer gerechten Lösung der Probleme von Staat und Volkstum" werde man nur kommen, wenn man „zu einem Angleich zwischen Staat und Volk" finde, womit man „zu einer Neuordnung Eu-

ropas die Wege weisen werde." Notwendig sei die „Stärkung einer zielklaren deutschen Ost-
politik", gefordert wurde „die Schaffung des Volksstaates für ein geschlossenes Siedelungsge-
biet", man müsse „der Geltung deutscher Sprache, Art und Arbeit Vorschub leisten, sich aber
von dem Schein eines Kulturimperialismus freihalten." Auf der Tagung vom „Verein für das
Deutschtum im Auslande" redete man zur gleichen Zeit „über das gemeinsame Schicksal des
reichsdeutschen und österreichischen Volkes im europäischen Raume" und bekräftigte, „daß
das letzte Ziel aller Arbeit ‚der Anschluß an das große Deutsche Reich' sei."

Skala kommentierte: „In gewisser Weise sind alle diese Tagungen mit ihrem Wortgepränge
schwarze Tage für das deutsche Minderheitenvolkstum. Mehr zu sagen, ist an dieser Stelle
nicht möglich, da wir weder die Aufgabe noch die Absicht haben können, diese Minderheiten vor ihrem Schutzbund zu schützen." Ernsthafter fügte er an: „Die beiden Tagungen der
großen Deutschtumsverbände haben erneut gezeigt, wie die Interessen des Mutterstaates mit
denen der deutschen Minderheit gepaart werden. Das Losungswort ist Volkstumspolitik, der
eigentliche Kampf aber geht um europäisch-politische und weltpolitische Geltung."[163] Dennoch wurde er nicht müde, diesen Minderheitenrecht verhindernden und friedensgefährden-
den Kurs zu kritisieren. In einer konkreten Auseinandersetzung mit Zeitungen aus Polen, in
denen deutsche Minderheitenvertreter die Beseitigung der Versailler Verträge propagieren,
fragt er verallgemeinernd: „wollt ihr auf den Schutz, den euch die ‚Geistesverfassung der Pariser Vorortverträge' gebracht hat; die euch Rechte geben und sie schützen; die euch die Möglichkeit geben, eure Wünsche […] auf einem internationalen Forum zur Geltung zu bringen,
eure Herbergestaaten anzuklagen, wollt ihr darauf verzichten um euch so in der politischen
Lage und der rechtlichen Situation mit den Minderheiten in Deutschland gleichzustellen? Ja
oder Nein!" Prinzipiell stellt er die Alternative: „Wenn Ja: dann erst habt ihr ein Recht, euch
mit uns zu vergleichen, und dürft versuchen, uns Steine auf den Weg zu werfen, die euch die
‚Pariser Vorortverträge' aus dem Weg eurer minderheitenpolitischen Arbeit **ohne euer Zutun**
hinweggeräumt haben. Und antwortet ihr nicht oder habt ihr den Mut, mit Nein zu antworten: nun dann wird alle Welt erfahren, daß ihr nicht Gleichberechtigung […] wollt, sondern
[…] euch zu **Nutzniessern** der Ungleichheit der Rechtsgrundlagen […] zwischen euch und
uns macht. Tertium non datur."[164]

Die Nationalitätenkongresse hatten Hoffnungen vieler Millionen Menschen auf ein besseres Zusammenleben mit der jeweiligen Mehrheitsbevölkerung geweckt. Satzung und Verfahrensweisen der Kongresse wurden zwar von vielen als ungenau, aber nicht unabänderlich gesehen. Sie waren durchaus zu verbessern, wenn alle Beteiligten am ursprünglichen Ziel festgehalten hätten. Aus pragmatischen Erwägungen, endlich mit der Arbeit zum Nutzen der Minderheiten zu beginnen, wurde das von den Delegierten des 1. Kongresses anfangs versäumt.
Später wurde die Präzisierung der Regeln, vor allem die gemeinsam beschlossenen Resolutionen des 2. Kongresses, von Vertretern deutscher Minderheiten bewusst hintertrieben.

Skala erkannte schon damals messerscharf, die Krise der Minderheitenkongresse hatte zwei
verschiedene Quellen: die „Rechtsungleichheit der Minderheiten hinsichtlich ihres international garantierten Schutzes" und die „Ungleichheit der grundsätzlichen Auffassungen des
Minderheitenproblems".[165] Deutschen Minderheitenvertretern schrieb er ins Stammbuch:
„Solange sie Nutznießer der Friedensverträge, die ihnen ihre nationalkulturelle Existenz in

den Fremdstaaten sicherstellen, sind, dabei aber im geistigen Konnex mit den extrem-nationalistischen Kreisen sich deren Terminologie von den ‚Schandverträgen‘ zu eigen machen, fehlt ihrer ‚Politik‘ nicht nur jegliche Logik, sondern auch der überzeugende Wahrhaftigkeitsgehalt.“[166] Um die Krise zu beenden sah Skala „nur einen Ausweg: M i n d e r h e i t e n r e c h t a l s e i n n a t ü r l i c h e s M e n s c h e n r e c h t z u v e r t r e t e n , i n d e m e s n i c h t B e v o r z u g t e u n d B e n a c h t e i l i g t e g e b e n k a n n .“[167]

Das zweite minderheitspolitisch bedeutsame Thema dieser Jahre war eine kurze, aber heftige „ideologische Schlacht“ zwischen den alten Kontrahenten. Sie entwickelte sich im Nachgang zum Ausscheiden des Verbandes im Jahre 1928. Sie war nur scheinbar nebensächlich, wenngleich sie in der Öffentlichkeit kaum beachtet wurde. Dort wurde vielmehr der Droschkenkutscher Gustav Hartmann umfangreich beachtet, als er aus Protest gegen die Zunahme der Autos und den Untergang der Pferde-Droschken Anfang April von Berlin nach Paris fuhr und als „Eiserner Gustav“ in die deutsche Geschichte einging. Die Minderheitenpolitiker-Kontroverse vollzog sich zudem vor dem Hintergrund der Vorbereitung des Briand-Kellogg-Pakts[168], der sich dem Menschenrecht auf friedliche Konfliktlösung widmete. Auch die Bewilligung des Panzerkreuzers A durch die SPD-geführte Regierung und das Scheitern des von der KPD dagegen organisierten Volksbegehrens sowie die Tatsache, dass mit Hugenberg (DNVP) und Kaas (Zentrum) zwei scharfe Gegner der Republik an die Spitze wichtiger politischer Parteien traten, drängten die nur scheinbar unwichtige Kontroverse in den Hintergrund. Auf die Innenpolitik nicht völlig ohne Einfluss war zudem die auf dem VI. Weltkongress der Komintern festgelegte ultralinke Generallinie, wonach sich der Kampf der Kommunisten in erster Linie gegen die sozialdemokratischen „Sozialfaschisten“ zu richten habe.

Scheinbar hatte der Streit zwischen dem Minderheiten-Verband in Deutschland und dem Verband der deutschen Volksgruppen in Europa mit alldem nichts zu tun. Aber eben nur scheinbar! Vermittelt über die ihre Publikationsorgane, hier die „Kulturwehr“, ein „professionell gestaltetes und [...] kompetent betreutes Periodikum“[169], da „Nation und Staat“[170] standen sich Skala und Hasselblatt als Hauptakteure gegenüber. Formal machte sich die Auseinandersetzung an den Begriffen „starke“ und „schwache“ Minderheiten fest. Im Kern aber ging es um konträre Grundsätze der zwei Strömungen in der Minderheitenpolitik.

Skala wies zunächst daraufhin, „daß es der Vertreter der deutschen Gruppe aus Rumänien, Herr Rudolf Brandsch war, der die Minderheiten in ‚starke‘ und ‚schwache‘ teilte; ich habe diese beiden Charakterisierungen auf Grund einwandfreier Tatsachen dahin erläutert und ergänzt, daß ich die starken als die imperialistischen, die schwachen als die proletarischen Minderheiten erkennbar machte.“[171] Manch einem Beteiligten wird diese hochpolitische Interpretation auf den Magen geschlagen sein. Noch neigten einige konservative deutsche (Minderheiten-)Politiker zum Lavieren. Noch waren sie sich nicht völlig sicher, ob sie den Minderheitenkongress schon unumkehrbar zum Instrument ihrer außenpolitischen Ziele umfunktioniert hatten. Frau Gravenhorst, Sekretärin des Rechtsberaters des Verbandes der deutschen Volksgruppen in Europa, Carl Georg Bruns, veröffentlichte deshalb einen Artikel[172], in dem sie versuchte, die Brandschen Äußerungen abzuschwächen und dies mit Angriffen auf Skala verknüpfte. Der ließ ihr das, wohl wissend, wer der eigentliche Urheber des Artikels ist, natürlich nicht durchgehen. Er gab, wie gewohnt, vielmehr den Tatsachen Raum und zitierte aus der Zeitschrift „Völkerbundsfragen" 11/12 1926 Brandsch im Original: „Es gibt Minderheiten, die so schwach und unorganisiert sind und auf einer so tiefen Stufe der Entwicklung im allgemeinen stehen, daß sie entweder Rechte zu fordern und zu vertreten nicht wagen oder sich mit solchen Mindestrechten abfinden, die ungenügend oder ganz wertlos sind." Brandsch folgerte: „Solange ein Minderheitenkongreß reale Politik treibt, kann er solche Schwächlinge nicht berücksichtigen, will er nicht zu einem charitativen Schutzverein herabsinken und sich vor der Welt lächerlich machen."[173] Noch deutlicher, ungewollt die Funktion der „Kulturautonomie" als „trojanisches Pferd" bloßlegend, wird Brandsch in den „Politischen Wochenheften" 10/1926: „Minderheiten, die national so schwach sind, daß sie selbst freiwillig dargebotene Rechte nicht in Anspruch nehmen können, sind natürlich eine schwere Gefahr für die weiteren Arbeiten der Minderheitenkongresse in der Zukunft."[174]

Für Skala als Sorbe und Sozialist – also in zweifacher Weise jede Unterdrückung ablehnend – war es wichtig, seine Leser darüber zu informieren, „daß Brandsch als Vertreter der von ihm selbst als starke Minderheit bezeichneten Gruppe der Deutschen die Entfernung derjenigen Minderheiten von den Genfer Kongressen gefordert hat, die den starken Minoritäten an der Erreichung des größtmöglichen Minderheitenrechts mit bescheideneren Forderungen hindernd im Weg stehen."[175] Skalas dazu konträre Hauptthese war, quantitativ kleine und/oder wirtschaftlich schwache nationale Volksgruppen könnten die „Vorzüge" einer Kulturautonomie gar nicht nutzen. Zahlenmäßige und ökonomische Schwäche würden verhindern, die finanziellen Lasten kultureller Selbstverwaltung tragen zu können. Für sie wäre also „Kulturautonomie" mit Kulturverlust verbunden und würde nur weiterer Germanisierung Vorschub leisten. Den „starken" Minderheiten jedoch würde die „Kulturautonomie" zu noch mehr Dominanz verhelfen. Diesen Gedanken vertiefend, analysierte er, wie der Begriff der Kulturautonomie entstanden war und welche Erfahrungen man mit einem entsprechenden Gesetz in Estland gemacht hatte. Er kam zu dem Schluss, „daß auch die estnische Kulturautonomie – wie es anfänglich schien – nicht eine Lösung, sondern nur einen Versuch darstellt."[176] Zutreffend verallgemeinerte er, „die Minderheiten, die die Kulturautonomie in der bis jetzt bekannten Prägung verlangen", haben „Ziele, die nur erreicht werden können, durch Aufhebung des völkerrechtlichen ‚status quo', ganz gleich, ob dies mit gewaltsamen oder anderen Mitteln geschehen soll."[177] Wesentliche Ursache dafür sei die „unpräzise Stellungnahme der Genfer Konferenz", die „nicht die Auferlegung der Pflicht zur absoluten staatsbürgerlichen Loyalität als die Basis einer möglichen, auf die kulturellen Interessen sich beziehende Selbstverwaltung"[178] fixiert hatte. Dieses Defizit ermöglichte die grenzrevisionistische[179], irredentistische Auslegung der Kulturautonomie.

Politisch-realistisch, zugleich theoretisch anspruchsvoll fasste Skala zusammen, es habe im Ringen um die Durchsetzung von Minderheitsrechten stets zwei Gruppen gegeben. Die eine umfasse „mehrere Minoritäten innerhalb eines Staates", die die „Minderheitenpolitik als eine innerstaatliche Angelegenheit zwischen Mehrheit und Minderheit behandelt wissen (wollen)", wofür sie „staatsbürgerliche Loyalität" als eine „grundsätzliche Voraussetzung" ansahen.[180] Die andere bildeten die „deutschen Minderheiten", aber eben nicht innerhalb ihres Staates, sondern „vom Mutterstaat aus für alle deutschen Minderheiten." Sie bewegten sich so „außerhalb der völkerrechtlich festgelegten Verhältnisse der Staaten zueinander" und strebten mit „den Begriffen Volks- und Kulturgemeinschaft" sowie „darüber hinaus mit dem Begriff ‚Schicksalsgemeinschaft'," nach einer „Aenderung des politischen, durch die Neuordnung Europas auf absehbare Zeit bestimmten Schicksals" und wüßten zugleich, „diese Verhältnisse können nur unter Verneinung der staatsbürgerlichen Loyalität geändert werden."[181]

Das dritte minderheitenpolische „Großereignis" dieser Zeit schließlich war das juristische Ende einer Auseinandersetzung, die ihren Anfang Ende schon 1926 hatte. Unbeachtet von der deutschen Öffentlichkeit, unreflektiert auch von den Minderheiten in Deutschland erschienen damals zwei scheinbar unbedeutende, kleine Beiträge in einer Provinzzeitung des Posener Gebiets. Der Autor informierte die Leser von seinem Rundgang über den Bautzener Nikolaifriedhof, bei dem er erstaunt feststellte, dass „alle seit 1919 errichteten Steine […] auf der Vorderseite nur wendische Aufschrift zeigen". Erschrocken teilte er den Lesern mit: „So stark […] und so hoch ist das nationale Selbstbewußtsein gewachsen." Dass Angehörige eines „Volkssplitters" (!) Grabsteine ihrer Verstorbenen in ihrer Muttersprache beschrifteten, war ihm so ungeheuerlich, dass – so regte er an – als „Gegenmittel vor allem die Schaffung einer deutsch gesinnten Zeitung in wendischer Sprache notwendig (wäre).“[182] An anderer Stelle schrieb derselbe Mann: Der „Ausbau des Kulturlebens unserer Fremdsprachigen" bringe nur eines: „die absolute Sicherheit, daß wir uns eine Laus in den Pelz setzen und die ungeheure Gefahr einer künstlichen Wiederbelebung der Irredenta […] bei den Lausitzer Wenden [...] im selben Augenblick heraufbeschwören, in dem nach dem Volkszählungsergebnis vom Juni 1925 der rapide Rückgang der Fremdsprachigen […] die Aussicht bietet, binnen weniger Jahrzehnte das Problem im eigenen Haus auf friedlichem Weg auslöschen zu können.“[183]

Sprache ist verräterisch. Sie kennzeichnet die Art zu denken. Zuerst wird gelogen: Niemand in der sorbischen nationalen Bewegung verfolgte 1926 das Ziel, die Lausitz von Deutschland abzutrennen! Dann wird rassistischer Klartext geredet: Fremdsprachige **Läuse** im „teutschen" Pelz gilt es – vorerst auf friedliche Weise – **auszulöschen**. Der Autor, Professor Manfred Laubert[185] zeigte sich im Sprachgewand eines Faschisten. Oder: ein antislawischer Rassist trat in der Maske und im Habitus eines Gelehrten auf. Er argumentierte nicht in der Sprache eines Wissenschaftlers! Er nahm, mitten in der Weimarer Demokratie, die ahumane, minderheitenfeindliche Sprache des kommenden 3. Reiches[184] vorweg. Bis die Nazis in Deutschland wirklich das Sagen haben und ihre rassistischen, juden- und slawenfeindlichen Wahnideen umzusetzen beginnen, werden noch mehr als 7 Jahre vergehen. Aber: Die Naziherrschaft kam nicht plötzlich über Deutschland. Lauberts Artikelchen sind ein kleiner, unscheinbarer, aber insbesondere minderheitspolitisch typischer Beleg dafür, wie die Weimarer Ordnung von innen ausgehöhlt und so der Boden für die NS-Diktatur vorbereitet wurde, in der die Menschenrechte völlig außer Kraft gesetzt und schon der Gedanke an sie als strafbar war.

Herr Laubert, Professor der Geschichte an der Universität Breslau, war aber nicht nur Provinzblattautor, sondern auch eine Art Wanderprediger der Reichszentrale für Heimatdienst[186]. Als solcher forderte er am 12.2.1927 auf einer Veranstaltung in Weisswasser die Zwangsaussiedlung der Sorben nach Süddeutschland und begründete das mit der Meinung, bei dem früher oder später sowieso ausbrechenden Krieg mit dem Osten gefährdeten die Sorben die Sicherheit des Reiches und würden eine Brücke zu den Feinden bilden. „Darunter versteht er Čechen und Polen, die mit Hilfe der ‚Wenden‘ Schlesien vom Reich abwenden könnten. Deshalb sei es zu begrüßen, daß die Zahl der ‚Wenden‘ immer mehr abnimmt, und dieser Vorgang sei mit allen Mitteln zu beschleunigen"[187]

Solche Töne waren damals nichts Ungewöhnliches. Zwar wurde im Jahr 1927 Zweigs Antikriegsroman „Der Streit um den Sergeanten Grischa" veröffentlicht und Ossietzky übernahm die Leitung der „Weltbühne". Aber dominierend für den „Gang der Dinge" und das „geistige Klima" war eher, dass in Bayern und Baden das Redeverbot für Hitler aufgehoben wurde, dieser sich mit dem Großindustriellen Kirdorf traf; beim sog. „Reichsfrontsoldatentag" des „Stahlhelms" mehr als 100.000 Männer sich in Berlin versammelten; Hindenburg bei der Einweihung des Tannenbergdenkmals in Ostpreußen vor 70.000 Teilnehmern die deutsche Kriegsschuld bestritt[188]. Das politische Leben und die öffentliche Meinung wurde 1927 zudem innenpolitisch dadurch bestimmt, dass mit dem neuen Kabinett von Reichskanzler Marx, dem sog. Bürgerblock aus Vertretern von Zentrum, DVP, DNVP und Bayerischer Volkspartei ein Rechts-Ruck vollzogen war. Außenpolitisch bedeutsam war, dass Polen im Völkerbund erneut die internationale Anerkennung der deutsch-polnischen Grenze forderte, was Aussenminister Stresemann bei einem Besuch in Königsberg ablehnte und so erneut den aus deutscher Sicht vorläufigen Charakter der deutsch-polnischen Grenze betonte.

Das Offenhalten und Infragestellen von Grenzen war auch damals schon kriegsbegünstigend!

In solchem Klima war es nicht Zufall, sondern Beleg für die Volksweisheit „gleiche Brüder – gleiche Kappen", dass der Reisende in Sachen antisorbischer Hetze, Laubert, auch behauptete, „das Volkstum der Lausitzer Serben (wäre) schon längst erledigt, wenn nicht das ‚Wendische Seminar‘ in Prag existiert hätte, das endlich im Jahre 1923 durch den katholischen Bischof Dr. Shreiber aufgelöst wurde."[189] Dort seien, so zitiert Skala Laubert weiter, „alle Führer ausgebildet worden, wie ein gewisser Zejler, der die lausitz-serbischen Volkslieder [...] gesammelt und herausgegeben hat". Skala musste dazu polemisch, aber faktensicher feststellen: „Wie ein deutscher Universitätsprofessor zu einer solchen ‚Wissenschaft‘ kommen konnte, ist ein Rätsel, denn: Handrij Zejler, einer der bekanntesten Volksdichter, hat das Prager Seminar nie gesehen, noch weniger dort seine Ausbildung erhalten, und das ganz einfach deshalb nicht, weil das genannte Seminar eine konfessionelle katholische Einrichtung, Zejler aber evangelischer Pastor war und seine Ausbildung zum Teil auf derselben Universität genoss, an der Laubert heute Wissenschaft verbreitet."[190]

Nach dieser Bloßstellung und dem Nachweis weiterer ungenauer, falscher und oberflächlicher Behauptungen Lauberts in dem Weisswasseraner Vortrag stellte Skala zunächst fest, „sowohl die wissenschaftliche Qualifikation des Dr. Laubert, wie auch seine Persönlichkeit sind für uns von untergeordneter Bedeutung." Wichtig hingegen waren für ihn Fragen an die Leitung der aus öffentlichen Mittel unterhaltenen und als eine Institution des Reiches gegründeten und geleiteten Reichszentrale für Heimatdienst.[191]

In minderheitsrechtlich vorbildlicher Weise tat Skala nicht mehr und nicht weniger, als Lügen zurückzuweisen und nach der Einhaltung des Auftrags der Reichszentrale – Demokratie und Rechtsbewußtsein zu fördern, also die junge Weimarer Republik zu stärken – durch einen ihrer Propagandisten zu fragen. Er nahm somit Rechte eines jedes Staatsbürgers in Anspruch, seine politische Verantwortung wahr und seine journalistische Pflicht als engagierter Menschenrechtler ernst.

Die Reichszentrale bat Laubert um eine Stellungnahme, schickte diese an die Redaktion und meinte, damit sei „den in Heft 3 der ‚Kulturwehr' an diesen Vortrag geknüpften Vorwürfen der Boden entzogen ist."[192] Skala musste das verneinen, denn die vermeintliche Richtigstellung war gespickt von Formulierungen wie „Ich habe nicht behauptet", „es ist unrichtig, daß ich [...] usw." Er druckte zuerst Lauberts Stellungnahme in vollem Wortlaut in der Kulturwehr ab, vertraute wie stets fair, offen und transparent dem Urteil des Lesers. Er selbst schätzte ein: „Im Ganzen sei zusammenfassend bemerkt, daß Herr Dr. Laubert in seiner Berichtigung bestrebt ist, die Schärfen seines Vortrags abzuschwächen. Wir nehmen das gern zur Kenntnis und erwarten nunmehr, daß die Reichszentrale für den Heimatdienst entweder solche Vorträge im Siedlungsgebiet der nationalen Minderheiten überhaupt nicht mehr halten läßt, oder die Vortragstexte scharf kontrolliert.[...] Eine „Aufklärung' wie sie der Vortrag Dr. Lauberts enthielt, lehnen wir auf das entschiedenste sowohl wegen seines Inhalts wie auch wegen seiner Form ab."[193]

Skala muss jedoch, „aufgrund stenografischer Notizen" eines Zuhörers und „nach eingehender Befragung weitere Besucher des Vortrags" an einigen Kritikpunkten festhalten. Dazu zählt besonders die Aussage von der „frühere(n) oder später(n) Möglichkeit eines Krieges an den Ostgrenzen", bei dem dann „das Vorhandensein eines slavischen Volksteiles [...] eine Gefahr für die Sicherheit des Reiches" sei. „Herr Dr. Laubert dementiert auch keineswegs [...], daß er die zahlenmäßige Abnahme der Wenden begrüße und daß er empfehle, diesen Vorgang mit allen Mitteln zu beschleunigen." Als ein Mittel dazu „gibt Herr Professor Laubert (des weiteren) zu, daß er die Gründung einer in wendischer Sprache, aber im deutschen Geist geschriebenen Zeitung zwar nicht in Aussicht gestellt, wohl aber die Schaffung einer solchen empfohlen habe; wir stellen diese Provokation nunmehr nochmals fest, nachdem sie ausdrücklich wiederholt wird."[194]

Im Juli 1927 bat Skala im Gespräch den Leiter der Vortragsabteilung der Reichszentrale, Prof. Rohloff, Herrn Laubert mitzuteilen, dass die Kulturwehr wesentliche Momente ihrer Kritik aufrechterhalte. Wenn Herr Laubert eine „definitive Erledigung der Auseinandersetzung (wünsche)" so könne das „nur auf dem gerichtlichen Wege durch eine Klage gegen die ‚Kulturwehr' erfolgen." [195]

Die politisch brisante Auseinandersetzung um den innerstaatlichen Umgang mit ethnischen Minderheiten war also keineswegs beendet. Sie fand 1928 ihren Höhepunkt, der wegen seiner grundsätzlichen Bedeutung für die Minderheitenrechte relativ ausführlich dargestellt werden soll.

Der in der ‚Kulturwehr' als Chauvinist gekennzeichnete professorale Sorbenfeind Laubert, wusste, eine Klage gegen die Zeitschrift hätte wegen der sachlichen Erörterung in der Zeitschrift und der distanzierten Haltung der Reichszentrale keine Chance. Um aber aus der Defensive des beim hetzerischen Tun erwischten Propagandisten herauszukommen und den damit verbundenen Ansehensverlust zu korrigieren, verfasste er Schmähartikel für lokale Zeitungen in Frankfurt/Oder, Görlitz und in der schlesischen Provinz. Unter dem Titel „Die Kampfesweise des Herrn Skala" oder „Die Kulturwehr des Herrn Skala" suchte er seine in

Weisswasser geäußerten Unwahrheiten und Ungenauigkeiten zu rechtfertigen. Er wollte, dass „die wendisch sprechende Bevölkerung erkennt, was sie von ihren irredentistischen Führern zu gegenwärtigen hat." Deutsche und Sorben wollte er glauben machen, Skala betreibe „von sich aus staatsfeindliche Politik", denn „er und seine Gesinnungsgenossen „(wünschen) keine aufrichtige Lösung des Minderheitenproblems, sondern (suchen) Vorwände für ihre Hetzarbeit."[196] Eine wichtige Bedingung, dass Laubert öffentlich so lügen und fälschen konnte, lag in der Tatsache, dass der von ihm geführte Meinungskampf gegen die Rechte der sorbischen Minderheit Bestandteil und Begleitung der allgemeinen, kontinuierlichen Germanisierungspolitik war. Deren Vertreter passte es nicht ins Konzept, dass der Minderheitenverband und Skala sich bei jeder Gelegenheit unmißverständlich gegen jede Irredenta und für staatsbürgerliche Loyalität der Sorben ausgesprochen hatten. Lauberts Lügen zielten darauf, Skala zu diskreditieren.

Skala musste so zur Kenntnis nehmen, dass es „Herr Laubert vorgezogen (hat), nach ¾ resp. 1 ¼ Jahren sich mit Zeitungsartikeln zu verteidigen, und zwar teilweise mit sophistischen Spitzfindigkeiten, teilweise mit objektiven Unwahrheiten."[197]. Wie immer kämpfte Skala mit offenem Visier und ließ Laubert ausführlich zu Wort kommen. So erfährt der Lesende, Laubert behauptete über die in seinem Vortrag in Weisswasser enthaltenen Fälschungen und Lügen hinaus, „Herr Masaryk als Hauptrepräsentant des Tschechischen" sei „Drahtzieher und Geldgeber von Skala und Gen." und habe es gewagt, die Sorben „als das einzige nicht durch den Weltkrieg befreite slavische Volk hinzustellen."[198] Skala wies auf schärfste diese Erfindungen zurück. „Herr Dr. Laubert greift den Präsidenten der čechoslowakischen Republik wegen der einwandfreien Feststellung einer historischen Tatsache an; nun: die Distanz zwischen dem Professor der Geschichte Masaryk[199] und dem Herrn Geschichtsprofessor Dr. Laubert aus Breslau dürfte, falls Herrn Laubert überhaupt außerhalb Breslau jemand kennt, im europäischen Urteil ungefähr feststehen, so daß sich eine Diskussion darüber erübrigt. Hinsichtlich dessen aber, was Herr Dr. Laubert [...] über die ‚Geldgeber von Skala und Gen.‘ sagt, erkläre ich für meine Person, die ausdrücklich genannt ist: diese Behauptung des Herrn Laubert ist eine dreiste Verleumdung, für die er weder einen Wahrheitsbeweis zu führen imstande ist, noch überhaupt zu führen versucht." Summierend stellte Skala fest: Was Herr Laubert tat, „ist entweder Unwissenheit oder Böswilligkeit."[200]

Die Auseinandersetzung um die Sache scheuend, erhob Laubert gegen die Person Privatklage wegen Beleidigung. Die Verhandlung fand am 17.12.1928 vor dem Amtsgericht Breslau statt.[201]

Das Urteil in „der Privatklage des Universitätsprofessors Manfred Laubert [...] gegen den Redakteur J. Skala" lautet: „Der Angeklagte wird wegen Beleidigung zu einer Geldstrafe von 50 RM, ersatzweise 5 Tage Haft verurteilt. Die Kosten des Verfahrens werden dem Angeklagten auferlegt. Der Widerangeklagte wird freigesprochen."[202]

Wie kam das Gericht zu solch einem Urteil? Offensichtlich, indem es beiden Parteien glaubte, dem Angeklagten Teile der Wahrheit und dem Kläger die ganze Lüge. In der Urteilsbegründung hieß es diesbezüglich: „Der Angeklagte gibt zu, daß die den Gegenstand der Klage bildenden Ausdrücke („Unwissenheit oder Böswilligkeit" und „dreiste Verleumdung" – P.K.) von ihm stammen. Er behauptete, daß ihr Inhalt den Tatsachen entspricht und daß die

Form nicht beleidigend sei. Dagegen bestreitet der Widerangeklagte Laubert, daß die in der Görlitzer Zeitung enthaltene Aeußerung von ihm herrühre. Er gibt vielmehr an, daß die Einfügung (Skala erhalte Geld von Masaryk – P.K.) ohne sein Wissen von dem Redakteur geschehen sei. Sowohl die Behauptung des Angeklagten, wie auch die angeblich vom Privatkläger herrührende, sind zunächst inhaltlich beleidigend. Der Angeklagte wird des Hochverrats verdächtigt, indem behauptet wird, daß er von Masaryk Geld empfing, um die Loslösungsbestrebungen zu unterstützen, deren Ziel die Bildung eines selbständigen wendischen Staates ist. [...] Der Angeklagte als Führer der Lausitzer Serben [...] hat ein Interesse, daß dieser Minderheit größere Rechte als bisher gewährt werden, und in Wahrnehmung dieses Interesses hat er die beleidigende Aeußerung getan. Das gleiche gilt von der in der Görlitzer Zeitung abgedruckten Behauptung, vorausgesetzt, daß sie vom Widerangeklagten herrührt. Sie wäre in Wahrnehmung des Interesses des Deutschen Reiches getan, mit welchem der Widerangeklagte nicht nur durch seine Staatsangehörigkeit, sondern auch durch Abstammung und seine Anstellung als Staatsbeamter aufs engste verbunden ist. Da weder aus der Form noch aus den Umständen dieser Behauptung eine Beleidigung hervorgeht, konnte es dahingestellt bleiben, ob sie von dem Widerangeklagten herrührt. Dagegen ist der Angeklagte über die Grenzen von § 193 StGB hinausgegangen, da aus der Form der Aeußerung die Beleidigungsabsicht hervorgeht. Er konnte erklären, daß die Behauptung unwahr ist. Er durfte jedoch nicht die Ausdrücke ‚dreiste Verleumdung‘, ‚verleumderische Unterstellung‘ und ‚Böswilligkeit oder Unwissenheit‘ gebrauchen. Diese Ausdrücke sind zwar nicht unter allen Umständen Formalbeleidigungen. Hier ist es jedoch der Fall, da der Angeklagte hierdurch seine Mißachtung kundgetan hat, indem er dem Privatkläger als Geschichtsprofessor ‚die zur Ausübung seines Berufes erforderlichen intellektuellen Fähigkeiten und Eigenschaften abgesprochen hat‘ (vgl. Ebermeyer, S. 581). Es war ferner in Betracht zu ziehen, daß beide Parteien zu den gebildeten Kreisen gehören.“[203]

Fürwahr ein grandios begründetes, im Grunde genommen lächerliches, weil in sich nicht schlüssiges Urteil.[204] Aber auch in diesem Prozess gab es, wie „bei fast allen juristischen Problemen zwei Möglichkeiten, kann man sich so oder so entscheiden.“ Ausschlaggebend waren letztlich auch in diesem Prozess, „bewußt oder unbewußt, politische Gründe, hinter denen Interessen einzelner Gruppen stehen.“[205]

Zwei Dinge sind dennoch des Merkens wert: 1. Skala hatte in der Tat – gestützt auf Fakten – Lauberts Fähigkeit zur korrekten Ausübung seines Berufs bezweifelt. 2. Hätte Laubert seine Vorwürfe belegen können, wäre Skala wegen Hochverrat auf Jahre hinter Gitter gegangen. So musste er 50 Mark bezahlen, sicherlich kein Pappenstiel, aber Skala war es das wert.

Skala kommentierte die Urteilsbegründung scharf und punktgenau. Zunächst einmal – so meinte er – wäre es, wenn Herr Laubert wirklich nicht Verfasser jenes Hochverratsvorwurfes ihm gegenüber war, „wohl selbstverständliche Pflicht des Herrn Laubert gewesen, den Namen des Redakteurs, der die Aenderung seines Artikels vorgenommen hat, zumindest in der Verhandlung zu nennen, oder doch nach Erscheinen meines Abwehrartikels die Erklärung abzugeben, daß er der Verfasser jener unwahren und mit beleidigender Absicht verfaßten Verdächtigung nicht sei. Herr Laubert hat es vorgezogen, darüber zu schweigen. In der Verhandlung erklärte Herr Laubert, daß er genügendes Material zur Beweisführung für eine Beschuldigung, die er, wie er behauptete, gar nicht gegen mich erhoben habe, dem Gericht vorlegen könne. Dieses Material bestand aber lediglich aus Zeitungsausschnitten, in denen ganz allgemeine Wendungen von ‚Čechenagitation, Landesverrat, Prozeß gegen Bart 1919' etc. enthalten waren. Durch meinen Rechtsanwalt in die Enge getrieben, erklärte Herr Laubert, daß er einen dokumentarischen Beweis dafür, daß ich staatsfeindliche Arbeit mit čechischem oder sonstigem ausländischen Geld betreibe, nicht habe, aber – so sagte Herr Laubert und sein Rechtsanwalt – es sei doch klar und bekannt und selbstverständlich, daß die politische Arbeit große Geldmittel erfordere und die erhielten die ‚Wenden' eben vom Auslande; die Behauptung, daß ich Empfänger čechischer oder französischer oder polnischer oder sonstiger Gelder für meine politische Arbeit sei, hat Herr Laubert aber vor Gericht wohlweislich zu erheben unterlassen." In einer Fußnote fügte Skala hinzu, nach dem Prozess habe die Staatsanwaltschaft das Material von Laubert eingehend geprüft, aber gegen ihn – Skala – weder eine Voruntersuchung noch ein Ermittlungsverfahren eingeleitet. Insofern „ist wohl die Behauptung, Herrn Laubert sei es gelungen den Wahrheitsbeweis für seine Anschuldigung – die er aber doch gar nicht erhoben haben will! – zu führen, am treffendsten widerlegt."[206]

Skala analysierte dann die Widersinnigkeit des Urteils: „Bemerkenswert ist aber nun die Folgerung, die das Gericht daraus (beide Seiten verfolgen berechtigte Interessen – P.K.) zieht: ich sei über die Grenzen dieser Interessenwahrnehmung hinausgegangen, weil ich eine unbewiesene Behauptung, die mich des Hochverrats beschuldigte, eine dreiste Verleumdung genannt habe, und müsse deshalb zu 50 Mark Geldstrafe verurteilt werden. Auf der anderen Seite stellt das Gericht fest, daß Herr Laubert auch dann in Wahrnehmung berechtigter Interessen gehandelt habe, wenn er – was er bestreitet – mich des Hochverrats beschuldigt hätte. Daraus muß der Schluß gezogen werden, daß jedermann jedermann des Hochverrats öffentlich auch ohne Wahrheitsbeweis beschuldigen darf, ohne sich der Verleumdung schuldig und damit strafbar zu machen; andererseits darf der öffentlich Angeschuldigte diese Beschuldigung nicht als dreiste Verleumdung bezeichnen, da dies die Wahrnehmung berechtigter Interessen überschreite und zu bestrafen ist. Diese Begründung ist mehr als unhaltbar, denn sie gibt jetzt allen üblen Subjekten die Möglichkeit, frei und fromm jeden mißliebigen Menschen oder Politiker des Hochverrats beschuldigen zu können ‚in Wahrnehmung des Interesses des Deutschen Reiches' sobald der betreffende Verleumder deutscher Abstammung, deutscher Staatsangehörigkeit oder gar deutscher Beamter sei. Bisher war es allgemeine Rechtsauffassung, daß zur Wahrnehmung der Interessen des Staates die dazu geschaffene Behörde, also die Staatsanwaltschaft berufen sei."[207]

Große Teile der deutschen Presse stellten sich aktiv an Lauberts Seite. Die „Deutsche Tageszeitung" vom 5.1.1929 titelte den Prozeßbericht „Hochverräterische Dreistigkeiten", Leipzigs „Neueste Nachrichten" vom gleichen Tag überschrieb mit „Wendische Unverfrorenheit", die Zeitung „Der Deutsche", Organ der deutschen Minderheit in Dänemark, die „Neue Tondersche Zeitung" vom 14.1.1929, die „Dresdner Nachrichten" vom 24.1.1929 informierten wahrheitswidrig, ein Prozess gegen Skala „lieferte neues Beweismaterial dafür, daß die Tschechen unter den Lausitzer Wenden Propaganda für einen autonomen Wendenstaat mit Anlehnung an die Tschechoslowakei betreiben" und Prof. Laubert habe ausführlich nach-

gewiesen, „daß von Frankreich, Polen und der Tschechoslowakei Geldmittel für die Wendenbewegung zur Verfügung gestellt werden.“[208]

An die großen Blätter sandte Skala unter Nutzung des Reichspressegesetzes Berichtigun-
gen. Den kleineren „Provinzblättchen, wie Kamenzer Tageblatt, Bautzener Nachrichten,
Sächsischer Postillion (Löbau), Sächs. Erzähler (Bischofswerda) (hieße es) zu viel Ehre antun,
wollte ich mich hier mit jedem einzelnen befassen; sie beziehen ihre politische Meinung
größtenteils in Matern gepreßt oder in Matritzen abgegossen aus jenen berliner Rumpelstilz-
chenverlagen, die man am besten gar nicht erst erwähnt.“[209] Die Richtigstellung Skalas
brachten dann auch alle großen Zeitungen, manche nach mehrfacher Aufforderung eher un-
willig, nur „das volksparteiliche Blatt in Leipzig, gegen das ich Strafantrag gestellt habe,
(muß) offensichtlich erst auf diesem Wege gezwungen werden, seiner gesetzlichen Pflicht
nachzukommen.“[210] In der Berichtigung hielt Skala noch einmal fest: „In den deutschnationalen ‚Görlitzer Nachrichten‘ vom 8. Mai 1928 erschien ein von Prof. Laubert gezeichneter
Artikel, der mich als Empfänger tschechischer Gelder für staatsfeindliche Arbeit gegen
Deutschland zu bezeichnen versuchte. Diesen Versuch habe ich eine ‚dreiste Verleumdung‘
genannt, worauf Herr Prof. Laubert gegen mich die Privatklage wegen Beleidigung erhob.
Während der Verhandlung erklärte Prof. Laubert plötzlich, er habe die betreffenden Beschuldigung gegen mich gar nicht erhoben, sondern sie sei ohne sein Wissen und Wollen von dem
Redakteur […] in seinen Artikel eingefügt worden! Die Frage, ob tschechische Gelder für
Wendenbewegung gegeben worden seien, hat das Gericht überhaupt nicht geprüft; es war also Herrn Prof. Laubert schon deshalb nicht möglich, die ‚Richtigkeit seiner Behauptung‘
nachzuweisen, zumal er selbst erklärte, daß er solche Behauptung gegen mich gar nicht erhoben habe.“ Skala betonte, die „Verurteilung zu einer Geldstrafe von 50 Mark erfolgte also
nicht deshalb, weil Herr Laubert etwas bewiesen hat, sondern lediglich wegen formaler Beleidigung, wobei das Gericht ausdrücklich erklärte, daß ich in Wahrnehmung berechtigter Interessen gehandelt habe. Der von mir erhobenen Widerklage hat das Gericht zwar stattgegeben;
zu einer Verurteilung ist es deswegen nicht gekommen, weil das Gericht Herrn Prof. Laubert
geglaubt hat, er sei nicht der Verfasser der gegen mich gerichteten verleumderischen Behauptung. Da Herr Laubert auch bis heute den betreffenden Redakteur, der seiner Behauptung
nach den Artikel geändert hat, nicht nannte, bin ich außerstande, gegen die ‚Görlitzer Nachrichten‘ vorzugehen. Mit allem Nachdruck erkläre ich aber – und habe das auch vor Gericht
erklärt –, daß ich auch in Zukunft alle Behauptungen, ich triebe staatsfeindliche Arbeit mit
ausländischem Gelde, als ‚dreiste Verleumdung‘ bezeichnen werde.“[211] Den Lesern der „Kulturwehr“ erklärte er abschließend, die gerichtliche Auseinandersetzung und die ausführliche
Darstellung in der Zeitschrift seien notwendig, weil sich die hier Angriffe gegen die minderheitspolitische Ueberzeugung und darauf beruhende Arbeit unserer Gesamtheit richten, für
die mich die Angreifer in der exponierten Stellung des Kulturwehrredakteurs als das geeig-
netste Objekt anzusehen belieben. Hätte ich durch Erziehung, Lebenserfahrung, Mißerfolge
und auch Erfolge nicht Bescheidenheit gelernt, und wäre die Qualität meiner Gegner und ihre Kampfesweise eine bessere, fürwahr, ich könnte bei so viel Bemühungen um meine Person
unbescheiden werden!“[212]

Innersorbische Querelen mit beispiellosen Unfassbarkeiten

Leicht erkennbar ist, dass Skala mit Kongress und Prozess, einschließlich deren Vor- und Nachbereitung geistig intensiv beschäftigt und zeitlich ziemlich umfangreich ausgelastet war. Dennoch gerieten ihm seine Landsleute nicht aus dem Blick.

Er wusste, sehr viele „einfache Leute" in der Lausitz lebten in materieller Not. Ihm war das Schreiben von Bauern mit mehr als hundert Unterschriften aus dem niederlausitzischen Dissen an das Finanzamt Cottbus bekannt. In diesem Aufschrei, auch heute noch mit Erschütterung zu lesen, hieß es u.a.: „Wir können keine Steuern und andere Abgaben mehr zahlen, wir können nicht mehr, denn wir stehen vor dem Ruin [...] Wir haben nicht unverhältnismäßig gelebt, Kinos und Theater haben wir nicht besucht, auch Bade- und Erholungsreisen sind uns fremd [...] Pellkartoffeln und Leinöl sind für die meisten von uns Hauptnahrungsmittel. Wir sind soweit, daß wir uns, trotz fleißiger Mitarbeit aller Familienangehörigen das ganze Jahr hindurch, kaum ein paar Strümpfe kaufen können."[213]

Aus eigener Erfahrung war Skala bewusst, dass viele sorbische Katholiken nach wie vor und zunehmend unter der Art und Weise litten, wie sie von ihrem Bischof behandelt wurden. Insbesondere die Anstellung eines nur Deutsch sprechenden Pfarrers für sorbische Katholiken bewirkte starke Verbitterung und Protestbereitschaft. So hatten z.B. nach dem katholisch-sorbischen Gottesdienst in der Bautzener Liebfrauenkirche am 21.8.1927 mehrere Gläubige aus Bautzen und Umgebung aus ihrer Mitte heraus einen fünfköpfigen Ausschuss gebildet, der die kritischen Meinungen zusammenfassen und den zuständigen Stellen mitteilen sollte. Skala kannte die breite Stimmung, Schurigeleien nicht länger hinnehmen zu wollen. Die stark erregten Gemüter wurden besonders erlebbar, als ein anonymes 11-seitiges Pamphlet unter dem Titel „Der sächsische Bischof Dr. Schreiber und die katholischen Wenden (Lausitzer Serben). Ein Beitrag zur Geschichte des neugegründeten Bistums Meissen" unter Sorben zirkulierte. Darin waren die wesentlichen, hier schon geschilderten sorbenfeindlichen Handlungen Bischof Schreibers[214] und seines Adjudanten Watzl aufgelistet und als „Deutschkatholizismus" bewertet.

Einige Angehörige des sorbischen Klerus lehnten den aggressiven und emotionalen Stil des Textes ab. Andere, unter ihnen Jurij Delan und Jan Cyž, meinten hingegen, die Broschüre enthalte „zu 90% zutreffende Fakten" und bestätigten, „dass die Publikation [...] trotz einiger formaler Mängel den Tatsachen"[215] entspreche.

Skala besprach die Broschüre, „deren Studium angelegentlichst empfohlen zu werden verdient" und hob zusammenfassend aus dem Inhalt u.a. hervor: Bischof Schreibers „Auftreten als deutschnationaler Parteimann, die von ihm betriebene Brüskierung der katholischen Lausitzer Serben und deren Geistlichkeit, seine Tätigkeit bei der Zerstörung des wendischen Seminars in Prag, die Vorgänge auf der ersten Synode im Kloster St. Marienstern, die Berufung eines deutschen, der serbischen Sprache nicht mächtigen Pfarrers an die Kirche und Pfarrei ‚U.l. Frau' zu Bautzen." Die Broschüre, so Skala weiter, ist „eine durch unleugbare Tatsachen belegte bittere Anklage gegen ein System, das die vollkommene Abhängigkeit dieses katholischen Bischofs von den Absichten der deutschen Minderheitenpolitik in geradezu erschreckenden Ausmass zeigt."[216] Skala kennzeichnete sodann Germanisierung als das verbindende Element im Handeln von deutscher Politik und katholischer Kirche gegenüber den Sorben.

Den grundsätzlichen politischen Konflikt sowie einen extremen innerkatholischen Zwiespalt verdeutlichte Skala, indem er den Kölner Kanonicus Jansen zitierte. Der sagte als Gast einer Tagung des „Deutschen Schutzbundes" in Essen, er wolle mit seiner Teilnahme „nicht etwa politische Interessen betonen", sondern vielmehr seine schützende Hand halten „über ungeschriebene, gottgegebene, natürliche Rechte eines jeden Menschen, die auch dann unverletzlich sind, wenn er unter einem stammesfremden Volke lebt." Dazu zählte er „das Recht zur Pflege von Kulturgütern, Besitz und freier Gebrauch von Muttersprache in Kirche, Schule, Vereinsleben, Gewissensfreiheit" und hob hervor: „Wenn die Kirche in diesem Sinne übernational ist, so braucht sie deshalb das Nationale, das volkhafte Eigenleben nicht abzulehnen", denn die Kirche „weiß, daß eine der letzten und tiefsten Wurzeln alles Volkstums sich im Religiösen verankert"[217]. Skala akzeptierte die Parteinahme Jansens für die „Auslandsdeutschen" und nahm sie zugleich für die (ebenfalls, wenngleich ganz anders) unter einem „stammesfremden" Volk lebenden „Inlandsorben" in Anspruch.

Minderheitenrechtlich ist daran bedeutsam: Skala forderte schlicht und einfach gleiches Recht für alle Minderheiten. Das war (und ist) ein unumstößlicher Grundsatz jeglichen Minderheitenrechts, den Bischof Schreiber grundsätzlich nicht beachtete. Deswegen bekräftigte Skala angesichts der belastenden Fakten, die das 11-seitige Pamphlet enthielt, man müsse feststellen: „Herr Dr. Schreiber ist seinerzeit auf die staatliche Entnationalisierungspolitik verpflichtet worden". Skala hoffte, „daß ein Teil der deutschen katholischen Geistlichkeit die Minderheitenpolitik des Herrn Dr. Schreiber scharf verurteilen werde, wenn ihr entscheidende Tatsachen seines Vorgehens gegen die katholischen Lausitzer Serben bekannt werden" und meinte, „diesen Zweck soll die Broschüre erfüllen."[218]

In der Lausitz jedoch geschah zunächst das Gegenteil! Die Pastoralkonferenz des Erzpriestersprengels Kamenz veröffentlichte nach einer Erörterung des Pamphlets am 12.7.1928 eine Gegenerklärung. Darin bewertete sie die Vorwürfe als unbegründet und unwahr. Bischof Schreiber, „dem hochwürdigsten Oberhirten" sprachen sie den „ehrerbietigsten Dank für alle auf unser Volk und den Klerus aufgewendete Arbeit und Liebe aus und versichern ihn unseres uneingeschränkten Vertrauens und unserer treuen Ergebenheit."[219] Diesen Text sollte – so beschloss es die Beratung mit Billigung des Bischofs – mit den Unterschriften mehrerer deutscher und sorbischer Priester im „Katolski Posoł" veröffentlicht werden.

Doch nun geschah eine Ungeheuerlichkeit, etwas nie Dagewesenes: Eine Mehrheit der sorbischen katholischen Geistlichen verweigerte die Unterschrift unter die Gegenerklärung und die Redaktion des Katolski Posoł lehnte ihren Abdruck ab.

Diese katholischen Geistlichen und die Redaktion mögen wohl empfunden haben, dass die Gegenerklärung nicht nur Unkenntnis vom Alltag sorbischer Christen und Nichtchristen sowie Geringschätzung der Minderheitenrechte veranschaulichte, sondern ebenso ein hohes Maß an Unterwürfigkeit, Verschleierung, Heuchelei und Feigheit.

Wahrscheinlich stand das eine mit dem anderen in einer wechselseitigen Beziehung.

Unverzüglich kritisierte Erzpriester Jakub Žur, der den Bischof über diese skandalös-renitente Unziemlichkeit informieren musste, dieses Verhalten, mit der Begründung, die Verweigerer „(stellen) das nationale über das religiöse Element".[220]

Auch Skala nahm zur Gegenerklärung und den Unterzeichnern Stellung. Konträr zur autoritär vorgetragenen Behauptung des Erzpriesters enthüllte er faktenreich Hintergründe und Zusammenhänge. Zunächst stachelte er das Nachdenken seiner Leser mit der Information an, nicht der katholische „Posoł", wohl aber das „Kamenzer Tageblatt", eine Zeitung, die sich „kaum die Wahrnehmung katholischer, noch weniger aber lausitzserbischer Kulturinteressen zur Aufgabe" macht, sondern ein „ausgesprochenes ‚Stahlhelm'- und ‚Gustav-Adolf-Vereins-Blatt'‚, ist, hat die Gegenerklärung veröffentlicht. Anschließend belegte er, 4 der 14 Unterzeichner sind deutsche Geistliche, die entweder im Stift Osseg in Böhmen oder im Stift Marienstern fernab von seelsorgerischer Arbeit mit katholischen Sorben tätig sind. Bei zwei weiteren deutschen Geistlichen, die unterschrieben, wollte Skala nicht weiter erörtern, „welche seelsorgerische Tätigkeit sie unter den Lausitzer Serben ohne Kenntnis der Sprache auszuüben imstande sind und wie sie diese tatsächlich ausüben". Die sorbischen Unterzeichner Jakub Žur, Jurij Křižank, Mikławš Dórnik, Jurij Rjeda, Beno Wjacławk, Jurij Hórnik und Michał Cyž waren in Skalas Augen „Lausitzer Serben, die es für richtig und notwendig halten, dem Kampf der bautzener l.-serbischen Katholiken um ihre religiös-kirchlichen und national-kulturellen Minderheitenrechte in den Rücken zu fallen mit einer Ergebenheitserklärung und unter Verzicht auf eine sachliche Widerlegung der in der genannten Broschüre enthaltenen Tatsachen." Als Fußnote hielt er fest, „dass Herr Pfarrer Dórnik gar nicht zum Archipresbyteriat Kamenz (sondern zu Löbau) gehört, läßt vermuten, dass es sich um eine bestellte Konferenz und Resolution des bischöfl. Ordinariats handelt, zu der man nur die geeignet erscheinenden Herren eingeladen hat."[221]

Seine Beweisführung untermauernd, widmete Skala sich den Inhalten. Auf acht engbedruckten Seiten veröffentlichte er fünf Dokumente, in denen katholische Sorben sich zwischen dem 12.12.1924 und dem 26.8.1927 – höflich, ehrerbietig, aber auch selbstbewusst und nachdrücklich – an Nuntius Pacelli bzw. an Bischof Schreiber wandten und um Abhilfe/Änderung/Aufhebung von detailliert beschriebenen antisorbischen Entscheidungen baten. So verwiesen katholische Sorben darauf, dass die 1644 wiederaufgebaute Kirche „Unserer Lieben Frau" den „katholischen Wenden als Pfarrkirche zugewiesen wurde" und die „an ihr angestellten Pfarrer zweifellos alle Wenden gewesen (sind), sicher ist das für die letzten 100 Jahre." (Dokument I)[222]; dass demzufolge die Besetzung der Seelsorgerstellen mit einem deutschen Pfarrer von den katholischen Sorben als „Degradation" und „Eingriff in die ‚historischen Rechte der Pfarrgemeinde' erlebt wird" (Dokument II)[223]; dass die Sorben nicht glauben können, ihre Sicht auf diese Kirche „(sei) vielleicht ein Jahrhunderte andauernder großer Irrtum gewesen"; dass sie mit ihrem Verlangen nach sorbischer Predigt und Beichte „keine Privilegien und Vorrechte, sondern nur gleiches Recht mit unseren katholischen Glaubensgenossen deutscher Zunge wünschen" (Dokument III)[224], denn „auch die Katholiken wendischer Nationalität haben den Wunsch, in ihren Seelenangelegenheiten mit ihrem Pfarrer in ihrer Muttersprache sich beraten zu können." (Dokument IV)[225]. Alle diese Schreiben blieben von den Empfängern unbeantwortet. Das war ein unerschütterlicher Beleg für die, von den „Hirten" betriebene Nichtachtung der ethnischen Besonderheiten ihrer „Herde". Natürlich trug das nicht zur Auflösung von Verbitterungen bei. Eher war, wie die Entwicklung zeigt, das Gegenteil der Fall.

Skala fragte die Befürworter der servilen Gegenerklärung angesichts dieser Fakten: „Wie kommen die 14 Unterzeichner der ‚Kamenzer Resolution' zu der Behauptung, dass die bautzner l.-serbischen Katholiken und ihr Ausschuss ein ‚alle Autorität und damit die Wurzeln ihres Volkstums untergrabendes Gebaren' gezeigt haben?"[226]

Öffentlich und minderheitenpolitisch bedeutsam war so klargestellt, wer über das Wirken von Watzl und Schreiber gegen die katholischen Sorben die Wahrheit sagt und wer dagegen mit Demagogie versucht, die Wahrheit zu entstellen, ja nachweisliche Unwahrheiten verbreitet. Skala bekräftigte so die sachliche Korrektheit und Autorität der 11-seitigen Broschüre, zeigte sich solidarisch mit der Kritik sorbischer Katholiken an ihrem Bischof, wies dessen Germanisierungsbestrebungen erneut zurück und vertrat insofern auch hier die Rechte der sorbischen Minderheit. Abschließend bekräftigte er: „Im Gebiet der katholischen Lausitzer Serben wünscht man einen katholischen Bischof zu haben und nicht einen deutschnationalen Politiker, der unter der Flagge: Für Wahrheit, Recht und Freiheit die nationalkulturellen Interessen und kirchlichen Bedürfnisse der nationalen Minderheit zu den Akten legt oder sie offensichtlich missachtet und der einen Teil der Geistlichen, die ihrer Gewissenspflicht nachkommen, in unerhörter Weise zu behandeln sich erlaubt."[227]

Nun musste der Bischof aktiv werden. Er schrieb am Nikolaustag 1928 an Nuntius Pacelli, bedauerte die Nichtveröffentlichung der Gegenerklärung im Posoł, betonte aber, es gäbe in der Lausitz eine Unterschriftensammlung, „die es sich zu Ziel gesetzt habe, die Autorität des bischöflichen Amtes wiederherzustellen." Er belog den Nuntius, als er ihm mitteilte, „95% der im Erzpriestersprengel Kamenz ansässigen Sorben (unterstützten) den Bischof. Die restlichen fünf Prozent wären mit den Geistlichen Šewčik, Delan, Mič, Cyž, Nowak (Radibor), Nowak (Bautzen) und Romuald Domaška verwandt". Er versprach dem Nuntius, sorbische Geistlichen, die solche „unkirchliche, um nicht zu sagen revolutionäre Wege gegangen sind, als Kranke oder geistig verwirrte Menschen zu behandeln" und hoffte zugleich, diese für ihn so unschöne Situation „würde sich dank der jungen Kleriker bessern, die vor ihrem Studienabschluss in Fulda, Innsbruck und Rom (erfreulicherweise nicht mehr in Prag – P.K.) ständen."[228]

Und wieder geschah Unerhörtes!

Pfarrer Delan trat aus der sorbischen Priesterkonferenz aus.

Erzpriester Žur bat ihn brieflich, sich dies noch einmal zu überlegen: „Wir Geistliche müssen in jedem Fall die Autorität des Bischofs schützen. Sonst können auch Dienstboten, Kinder und das Volk machen, was ihnen einfällt."[229] Unüberlesbar ist, seine oberste Norm ist Gehorsam und Disziplin.

Delan antwortete: „Zwei Welten teilen sich hier, sagte ich mir beim Lesen des Briefes." Zuerst „hat die Autorität sich selbst zu schützen, ihre und damit die göttliche, indem sie nichts tut, womit sie die Autorität selbst vernichtet"[230]. Mit sorbischem Pathos fragte er: „Soll es keinen Menschen auf der Erde geben, der dem irrenden Bischof die Wahrheit sagen dürfte, daß es ihm nicht erlaubt wäre, so gegen die Wenden aufzutreten?"[231] Die Einwände des Vorgesetzten gründlich erörternd, meinte er: „So muss der katholische Geistliche, abgesehen von Gerechtigkeit und Wahrheit [...], vom religiösen Standpunkt, zum Schutz des Glaubens und des gläubigen Wendentums dafür eintreten, daß den Wenden ihre Rechte gewahrt bleiben.“[232] Unüberlesbar ist, seine oberste Norm ist nationales Selbstbewusstsein, sorbischer Stolz und christliche Glaubensfestigkeit, sich wechselseitig durchdringend.

Nikolaus Wels, Vorsitzender des o.a. fünfköpfigen sorbischen Ausschusses schickte das 11-seitige Pamphlet an den Papst und betonte, es „sollte ungeachtet des barschen Tons an den dargelegten Fakten nicht gezweifelt werden.“[233]

Sichtbar wird, von klerikalen Positionen aus ist ein Eintreten für die Minderheiten- und Menschenrechte schier unmöglich. Denn: Klerikalismus betont, darin dem Staat durchaus ähnlich, Macht und Herrschaft. Christliches Denken hingegen betont Rechte des einzelnen auf freie Entfaltung. Insofern ist klerikales Denken und Tun kein christliches Denken und Tun. „Die Laien sind schlicht die riesige Mehrheit des Gottesvolkes. In ihrem Dienst steht eine Minderheit: die geweihten Amtsträger.“[234] Schreiber praktizierte das Gegenteil.

Bischof Schreiber wurde am 10.9.1929 als Apostolischer Administrator ins neuerrichtete (!) Bistum Berlin[235] versetzt. Er und Pater Watzl hatten in der Lausitz[236] ihre diesbezüglichen Aufgaben offensichtlich erfüllt. Schreiber konnte seine Erfahrungen in Berlin einbringen. Skala kommentierte die Versetzung warnend: „Dr. Schreiber ist persona gratissima sowohl der preußischen Staatsregierung als auch der Reichsregierung und es ist verständlich, daß er infolgedessen auch der Kandidat des päpstlichen Nuntius Pacelli – und somit des Vatikans – wurde. Dr. Schreiber hat sich während seiner bischöflichen Amtierung in Sachsen bei jeder Gelegenheit als eine politische Persönlichkeit hervorgetan und hat dies vor allem in seiner minderheitenfeindlichen Haltung gegenüber den kulturellkirchlichen Forderungen und Wünschen der katholischen Lausitzer Serben bekundet.“[237] Wie recht Skala mit diese pointierten Meinung recht hatte, bestätigte am 28.9.1929 – sicher ungewollt, aber in arrogant-nationalistischer Geisteshaltung verblüffend offen – die Berliner Börsenzeitung: „Im Dienste für das Grenzlanddeutschtum hat sich Dr. Schreiber Verdienste erworben, die nicht vergessen werden dürfen.“ Vor allem hat er dem „unhaltbaren Zustand, daß deutsche Priester in der Hochburg des tschechischen Chauvinismus, in Prag, erzogen wurden, […] unwiderruflich ein Ende gemacht. Er hat […] das sogenannte wendische Seminar verkauft und erzieht seinen Klerus nach seinen Grundsätzen an deutschen Schulen, an deutschen Universitäten und in seinem deutschen Priesterseminar. Dafür wissen ihm die weitesten Kreise, denen es wirklich ernst ist mit dem deutschen Gedanken, von Herzen Dank.“[238]

Zu den „grenzlanddeutschen Aufgaben“ des Bischofs – so Skala weiter – gehörte ganz offensichtlich die Aufgabe, „zwischen die gemeinsamen volkskulturellen Organisationen der beiden Konfessionen innerhalb des lausitz-serbischen Volkstums trennende Keile zu treiben.“ Allerdings habe Schreiber „den Interessen der Kirche […] empfindlich geschadet (hat). Sind doch während seiner relativ kurzen Amtszeit etwa 30.000 Katholiken seiner Diöcese aus der Kirche ausgetreten“, denn innerhalb der katholischen Sorben habe er durch die meisten seiner Entscheidungen „große Erregung und Unzufriedenheit hervorgerufen.“ Zum Lob der Börsenzeitung, Schreiber erziehe seinen Klerus an **deutschen** Schulen und Universitäten und in seinem **deutschen** Priesterseminar mahnte er den Bischof, er „sollte nie vergessen, daß er weder ein nationalistischer Agitator sein darf noch ein Beamter der ‚Reichszentrale für Heimatdienst‘ ist.“[239] Die Position der Börsenzeitung, man wünsche Schreiber „den gleichen Erfolg, den er durch seine hervorragende Arbeit in Sachsen errungen hat“ wertete Skala als

„erste(n) öffentliche(n) Versuch," den „Bischof wieder auf seine ‚grenzlanddeutsche' Aufgabe festzulegen."[240]

Der Sozialist und Demokrat Skala, ein Mann mit hohem minderheitspolitischem Sachverstand und Feingefühl sah Schutz der Religion seines Volkes und Respekt vor den Mitgliedern der Kirche als minderheitenpolitische Notwendigkeit. Darin erweist er sich erneut als klar Urteilender, aber auch als seiner Zeit weit voraus.

Auch nach Bischof Weggang aus Bautzen hielten die Vorwürfe der katholischen Kirche gegen den Sokół hielten an. Am 4.11.1929 kam die Leitung des Sokół mit Vertretern der katholischen Kirche überein, drei Gaue zu bilden. In einem wurden alle katholischen Sokół-Vereine zusammengefasst. Zwar kam es so nicht zu der eigentlich gewünschten katholischen Sportorganisation, aber die Sokół -Vereine im katholischen Gebiet bildeten innerhalb des Lausitzer Sokół einen eigenen Gebietsverband. So konnte nun jeder Gau selber über die Teilnahme an Veranstaltungen entscheiden. Die „Wendenabteilung" stellte in einem Bericht Ende 1929 erfreut fest: „In der Berichtszeit wurde die Wendenbewegung stark beeinträchtigt von inneren Gegensätzen [...]", vor allem der „Gegensatz zwischen dem Sokół und führenden jungen katholischen wendischen Geistlichen hat [...] eine wesentliche Verschärfung erfahren", was insofern günstig war, „weil der Sokół als Träger der jungwendischen Bewegung die tatkräftigsten Elemente in sich vereinigt."[241]

Die Angst vor erstarkendem nationalen Selbstbewusstsein der Sorben, gemischt mit Freude über Divergenzen der Unterdrückten, gepaart mit traditionell deutschnationalem Unverständnis gegenüber slawischen Mitbürgern, die im gemeinsamen Staat nicht mehr als ihr Recht zu selbstbestimmter kulturell-sportlicher Vereinstätigkeit wollen (aber eben auch nicht weniger!) war ein herrschendes minderheitenfeindliches Denkmuster dieser Zeit.

Skala machte diese Entwicklung natürlich traurig, waren doch seine Auffasungen vom überkonfessionellen Charakter des Sokół damit ad acta gelegt. Ähnlich ging es ihm zuvor schon mit einer vom 28.2.1929 datierten Eingabe der Domowina an die Reichsregierung. Darin wertete die Domowina Stresemanns Ankündigung, Minderheitenprobleme im Völkerbund zu erörtern als „begrüßenswerte(n) Schritt der Deutschen Reichsregierung" und stellte erfreut fest, dass die „preußische Staatsregierung verschiedene Erlasse betreffs der polnischen und dänischen Minderheit ergehen lassen (hat)." Dort fixierte Bedingungen für die Schaffung von Schulen für Kinder dieser nationalen Minderheiten nahm die Domowina zum Anlass, für das „wendische Volk" die Reichsregierung zu fragen, „ob diese Erlasse auch sinngemäße Anwendung zur Pflege und Erhaltung seiner Sprache und seines Volkstums finden werden, oder ob die Hohe Reichsregierung zur Lösung dieser Frage besondere […] Maßnahmen zu treffen beabsichtigt." „Kein gerecht denkender und edelgesinnter Mensch (könnte) es billigen, dass ein Volk mit einer so alten und reichen Kultur im Angesicht der zivilisierten Welt hilflos und elend zugrunde ginge", „darum bitten wir insbesondere, […] dass im ganzen Siedlungsgebiete der Wenden in Preußen und Sachsen der § 113 der Reichsverfassung hinsichtlich des wendischen Volkes voll verwirklicht werde."[242]

Vor allem beanstandete Skala, die „Forderung der ‚Domowina' umfaßt keine minderheits r e c h t l i c h e n Postulate, sondern zielt auf den theoretisch und praktisch unzulänglichen Minderheiten s c h u t z." Besonders ablehnend stand er der Eingabe gegenüber, weil sie mit bittendem Grundton „einen charitativen Schutz" anstrebe, „anstatt sich auf die minderheits-politische […] Selbsthilfe zu stützen. Zwar „(sind) die Gründe dieser Beschränkung verständlich durch die geschichtlichen Tatsachen", aber dass die deutsche Regierung aus devot formulierten Bitten irgendwelche Verpflichtungen ableiten würde, sei angesichts „der Grundsätze der deutschen Minderheitenideologie ausgeschloßen", weswegen „die Eingabe der ‚Domowina' vollständig apolitisch" ist. Sie „(wäre) durchaus berechtigt und verwirklichbar, wenn für die Staatspolitik gegenüber den Lausitzer Sorben kulturelle und ethnische Gesichtspunkte maßgebend wären". Das aber ist nicht der Fall, vielmehr wird „das Problem der Lausitzer Serben" von den Deutschen mit einer „geopolitischen Bewertung" und mit „außenpolitischen Maßstäben" gemessen. Die deutsche Politik ist „auf das Ziel gerichtet, die jahrhundertelang unterdrückten Sorben nunmehr gänzlich der restlosen Germanisation zu unterwerfen, nicht aus Feindschaft oder Abneigung, sondern aus Gründen raumpolitischer Art." Die entscheidende Ursache der deutschen Verweigerung von Minderheitsrechten für die Sorben sah Skala darin, dass die Deutschen die Sorben so bewerten, wie „das eigene deutsche Volkstum", nämlich „als Minderheit in fremden Staaten", „als Stützpunkt einer Volksgemeinschaft, Kulturgemeinschaft, Schicksalsgemeinschaft." Egal, ob darin sich „Unfähigkeit, das Problem objektiv zu erfassen" oder die „Absicht, es einseitig zweckpolitisch zu sehen", ausdrückt, die Domowina-Eingabe hat „weder in dem einen noch in dem anderen Fall […] Aussicht auf Beachtung oder gar Verwirklichung". Auch bei der geforderten Umsetzung von Art. 113 gehe es nicht um einen rechtlichen, sondern um einen politischen Sachverhalt. Denn (Verfassungs-)Recht sei ja Art. 113, aber Verwaltungsbehörden und Gerichte verweigerten und verhinderten seit einem Jahrzehnt die Anwendbarkeit. Es bedarf also des Votums „der zur Durchführung der Verfassung berufenen politischen Stelle – der Reichsregierung resp. des Verfassungsausschusses – um eine **dauernde eklatante Verletzung der Verfassung** zu verhindern."[243] Skala hielt es zudem für ungenügend, „der Reichsregierung allein die Sorge dafür aufzuerlegen", wie die Sorben zu einem besseren Minderheitenrecht kommen können. Das war seies Erachtens „abhängig von einem klaren Programm und […] darin enthaltenen konkreten Forderungen". Erschwerend komme hinzu, dass die Sorben „keine eigene parlamentarische Vertretung in den gesetzgebenden Körperschaften haben". Schließlich hatte Skala auch Einwände gegen die Art und Weise, wie die Domowina Mittel zur Ausbildung von Lehrern, Geistlichen etc. fordert. „Soll es sich um wirksame Hilfe handeln und nicht etwa nur um ein einmaliges Almosen, müssen die Mittel im Staatsbudget erscheinen und auf etatsrechtlichem Wege ausgegeben werden. Das ist nur möglich, wenn eine gesetzliche Regelung – in diesem Falle des Schulwesens – v o r a n g e g a n g e n ist", was aber „die Eingabe der ‚Domowina' (nicht) berücksichtigt." Zusammenfassend meinte Skala, es sei „Aufgabe der Minderheit,[…],eigene konkrete Vorschläge" zu machen; „Aufgabe des Staates ist […] der Minderheit aufgrund ihrer Forderungen staatsbürgerliche Rechte zu geben und so zwischen Mehrheits- und Minderheitsinteressen einen modus vivendi zu schaffen."

Sehr deutlich wird Skalas Verständnis der „sorbischen Frage".[244]

Sehr deutlich wird aber auch, dass er die sorbische Seite nicht auf der Höhe der Zeit sah. Ungeachtet dessen zeige die Eingabe, so Skala am Ende, „wie schnell und ohne große Schwierigkeiten das Problem der Lausitzer Serben auf seiner natürlichen Basis gelöst werden könnte, wenn hierzu der Wille der Regierung vorhanden wäre." Wenn „ein wirkliches Minderheitenrecht für die Lausitzer Serben entstehen (soll)", dann „wird eine Wiedergutmachung des […] in den vergangenen 1000 Jahren der Geschichte begangenen Unrechts als moralische Verpflichtung der Gegenwart an erster Stelle stehen müssen. Sie wird dort stehen können […], wenn die Regierung des deutschen Reichs sich zu ihren Deklarationen zum europäischen Minderheitenproblem […] durch die Tat bekennt."[245]

Damit hatte Skala Grundrechte der Sorben in seine Zeit hinein verständlich formuliert und zugleich darüber hinaus weitsichtig angesprochen.

Grundrechte sind staatlich garantierte Menschenrechte des Individuums gegenüber dem Staat. Sie kennzeichnen den Geist der Verfassung. Sie binden Gesetzgebung, vollziehende Gewalt und Rechtsprechung als unmittelbar geltendes Recht. Sie sind für den Einzelnen die bedeutsamsten Regelungen jeder Verfassung. Auf die Grundrechte können sich alle natürlichen Personen unmittelbar berufen, mittelbar wirken sie als „objektive Wertordnung". Nichts davon konnten die Sorben in der Weimarer Republik erleben.

Minderheitenverband, „Kulturwehr" und Skala rudern mutig gegen den Strom

Über all diese, weder minderheitenrechtsfreundlich noch friedenssichernd wirkenden Ereignisse in der zweiten Hälfte der 1920er Jahre hinaus, verschlechterten sich die Bedingungen für den Kampf von Skala und den Seinen weiterhin.

Papst Pius XI. schloss mit dem faschistischen Ministerpräsidenten Benito Mussolini die sogenannten Lateranverträge, der Vatikan wurde eigenständiger Staat und der Papst auch Staatsoberhaupt. Leo Trotzki wurde aus der Sowjetunion ausgewiesen, im fernen China und im fernen Afghanistan gab es Bürgerkriege. Der DNVP-Vorsitzende Hugenberg schlug in einem Brief an 3.000 Politiker und Unternehmer in den USA eine Zusammenarbeit gegen die vermeintliche weltweite Bedrohung des Bolschewismus vor. Die vom Crash an der Wallstreet („Schwarzer Freitag") ausgelöste Weltwirtschaftskrise hatte für die Bevölkerung Deutschlands und die deutsche Wirtschaft gravierende Folgen. Kurzfristige Auslandskredite werden aus Deutschland zurückgezogen, Konkurse häufen sich, Arbeitslosenzahl und Kurzarbeit steigen sprunghaft an, Verarmung weiter Bevölkerungskreise in allen Industriestaaten wird die Folge sein.[246] In Paris wurde Mitte des Jahres auf Grundlage des Versailler Vertrags der Young-Plan angenommen, der jährliche Reparationszahlungen Deutschlands von rund 2 Milliarden Goldmark vorsah.[247] Hugenberg gründete gemeinsam mit Hitler und den Führern des „Stahlhelms" einen „Reichsausschuß für das deutsche Volksbegehren gegen den Young-Plan". Sie forderten ein „Gesetz gegen die Versklavung des deutschen Volkes", in dem die sog. „Kriegsschuldlüge" widerrufen werden sollte und Regierungsmitglieder, die für den Young-Plan votieren mit Zuchthausstrafen wegen Landesverrat bedroht wurden. Goebbels bezeichnete das Volksbegehren als Anfang einer „Volksrevolution". Zwar scheiterte es letztlich, dennoch profitierte insbesondere die NSDAP von dieser Propaganda, ihre Mitgliederzahl stieg, sie wurde schrittweise bei Deutschlands Industriellen „hoffähig". In den Länderregierungen von Thüringen und Sachsen nahmen Nazis Schlüsselpositionen ein. Der stellvertretende Propagandaleiter der NSDAP, Heinrich Himmler, wurde Reichsführer der Schutzstaffel (SS). Während der Kundgebungen zum 1. Mai kam es in vielen Städten zu Auseinandersetzungen. In Berlin gingen 13.000 Polizisten der sozialdemokratisch regierten Reichshauptstadt gewaltsam gegen eine von der KPD organisierte Demonstration vor. Mehr als 30 Menschen starben, fast 100 wurden schwer verletzt. Die Kommunisten sahen ihre These bestätigt, die Sozialdemokratie sei der Hauptfeind. Viele Bürger, vor allem Sozialdemokraten konnten kaum noch zwischen Nazis und Kommunisten unterscheiden. Die Erstauflage des Antikriegsbuches von Remarque „Im Westen nichts Neues" kam nach dem Vorabdruck in der Vossischen Zeitung in den Handel, war sofort vergriffen und wurde in der Presse intensiv diskutiert.

Angesichts dieser Umstände wurden Angelegenheiten ethnischer Minderheiten lange Zeit nur in geringem Umfang öffentlich thematisiert. Ein Rededuell zwischen dem polnischen und dem deutschen Aussenminister bei einer Tagung des Völkerbundes am 16.12.1928 in Lugano änderte das schlagartig.

Zur Vorgeschichte gehört: Deutschland war seit 1926 Mitglied des Völkerbundes. Eines seiner Ziele bestand darin, dort eine neue Minderheitenpolitik durchzusetzen. Reichskanzler Luther hatte schon in einer Reichstagsdiskussion am 21.11.1925 betont, Deutschland wolle „sein natürliches Gewicht im Völkerbund für alle Fragen, die das deutsche Volk innerhalb und ausserhalb der Staatsgrenzen bewegen […] zur Geltung bringen".[248] So richtig gelang das anfangs nicht, denn „wichtigere und schwierigere Fragen der deutschen Aussenpolitik (drängten) so stark in den Vordergrund […], daß die beabsichtigte Aufrollung der Probleme deutscher Minderheiten unterbleiben mußte." Mit einer gewissen Genugtuung registrierte Skala: „Es zeigte sich hier zum ersten Mal auch den deutschen Politikern, daß es nicht angängig sei, das Minderheitenproblem […] auf internationalem politischen Boden aufzublähen."[249]

Hinderlich im Kampf demokratischer Politiker um eine befriedigende Lösung europäischer Minderheitenprobleme war insbesondere die Tatsache, dass die Pariser Verträge für einige Staaten klare, relativ eindeutige, auf jeden Fall verbindliche Bestimmungen zum Schutz nationaler Minderheiten enthielten. Einige andere Staaten, darunter Deutschland, wurden nicht zum Minderheitenschutz verpflichtet wurden. Die deutschen Minderheiten im Ausland und ihre politischen Freunde im Reich nutzten das weidlich zur Durchsetzung eigener Interessen aus. Ja, sie beanspruchten für sich sogar eine Art Sonderstellung. Prononciert brachte das Dr. Wertheimer[250], Generalsekretär des Deutschen Auslandsinstitutes, zum Ausdruck. „Rechtlich ist zunächst an Deutschlands Eintritt in den Völkerbund keinerlei Bedingung in Bezug auf den Schutz der Minderheiten innerhalb Deutschlands durch Völkerbundsgarantie (d.h. infolge der Pariser Vorortverträge –P.K.) geknüpft." Staaten jedoch, die durch Verträge von Versailles und Trianon gebunden sind, werden sich – eben deswegen – dem „Eintreten Deutschlands für seine Volksminderheiten innerhalb dieser Staaten […] nicht entgegenstellen können".[251]

Skala hielt zunächst fest, dass diese „Auffassung nicht nur im Widerspruch (steht) mit der elementaren Forderung der Rechtsgleichheit aller Kontrahenten", sondern auch zu „Forderungen zweier wichtiger internationaler Organisationen: der ‚Interparlamentarischen Union' und der ‚Union der Völkerbundsligen'. Die Position des Verbandes der nationalen Minderheiten in Deutschland hingegen „(deckt) sich mit der jener zwei Organisationen."[252] Skala räumte ein, die Vertreter der deutschen Minderheit in Polen wollen mit ihren vielen Petitionen „das Interesse des Völkerbundes an dem Minderheitenproblem wach halten." Er hielt es auch für denkbar, sie seien „von so starkem Rechtsgefühl beherrscht", dass sie „auch jede Bagatelle als ein schreiendes Unrecht empfinden." Dann jedoch sei es „nicht denkbar [...], dass sich die Führer der deutschen Minderheit keine Rechenschaft darüber geben, daß ihr starkes Rechtsgefühl ihnen auch Pflichten auferlegt, selbst jeglichen Unrechts zu entsagen." Skala machte so mit dem sanften Druck der Logik aufmerksam, dass die deutsche Haltung zu den Minderheitenrechten entweder inkonsequent oder aber heuchlerisch ist. Scharf und präzise fügt er hinzu, dass „die Ausnützung des grossen sozialen, wirtschaftlichen und kulturellen Übergewichts der Deutschen eine Begleiterscheinung des Kapitalismus und seiner Spielart: des kulturellen Imperialismus (ist)".[253]

Dann veröffentlichte er – wie von ihm gewohnt – die Reden der Akteure im Wortlaut. Der polnische Außenminister Zaleski sagte u.a.: Eine Hauptursache dafür, dass „der Rat seit einiger Zeit mit zahlreichen Petitionen des Volksbundes (gemeint ist die Organisation der deutschen Minderheit in Polen – P.K.) sozusagen überschwemmt wird" liege darin, dass sich die Deutschen an den Völkerbund in Genf wenden, ohne dass ihr Vertreter „den Versuch unternommen hätte, sich mit den zuständigen Behörden zu verständigen" Zaleski resp. Polen ist deshalb der Auffassung, den Deutschen gehe es weniger darum, „die Forderungen der Minderheiten" zu erfüllen. Wichtiger scheint es ihnen zu sein, „die Weltmeinung davon zu überzeugen, daß die Rechte der deutschen Minderheit in Polen verkannt würden". Die Aufzählung einiger wirtschaftlicher und sozialer Fakten führt Zaleski zu der Feststellung, dass „(es) schwer wäre in Polnisch-Oberschlesien ernste soziale Konflikte zu finden, oder auch nur ein Sinken des allgemeinen kulturellen Niveaus." Es gäbe dort auch keine Nationalitätenkämpfe, „wenn der Oberschlesische Volksbund seine andauernde Agitation und die Aufreizung der Gemüter gegen den gegenwärtigen Stand der Dinge in Oberschlesien unterlassen wollte, wenn er aufhören würde, politischen Unfrieden zu stiften, ja sogar eine umstürzlerische Aktion zu treiben." Es sei ein Zeichen des „weitgehenden Liberalismus der polnischen Regierung, die die Existenz einer Organisation duldet, deren gewisse Mitglieder notorisch Staatsverrat geübt haben. Es fehlt uns nicht an greifbaren Beweisen für diese illegale Tätigkeit des Volksbundes", weswegen auch „der Verwaltungsdirektor der Zentrale des Volksbundes in Kattowitz, Herr Ulitz[254], unter Anklage stand", jedoch dank der Immunität „als Abgeordneter zum Schlesischen Sejm [...] auf freiem Fuß geblieben (ist)."[255]

Stresemann hatte schon während der Rede Zaleskis mehrfach mit der Faust auf den Tisch geschlagen und erwiderte nun aufs Höchste erregt: „Mit steigendem Erstaunen bin ich der Rede des polnischen Außenministers gefolgt. Ich bedaure, nichts anderes sagen zu können, als daß aus dieser Rede der Geist des Hasses gegen die deutsche Minderheit in Oberschlesien gesprochen hat". Emphatisch und polemisch fügte er an, was Zaleski Beschwerden von untergeordneter Bedeutung nenne sei in Wirklichkeit ein „Teil menschlicher Leiden und menschlichen Rechtes". Auf die von Zaleski genannten ökonomischen und sozialen Fakten antwortete er in großdeutscher Manier mit den Fragen: „Soll ich Ihnen antworten, daß heute noch an leitenden Stellen in Oberschlesien deutsche Männer und deutsche Intelligenz stehen? Wohin wären Sie gekommen, wenn diese deutschen Kräfte nicht vorhanden wären? [...] Wollen Sie mir erklären, wie herrlich weit Sie es mit der Entwicklung Oberschlesiens unter polnischer Herrschaft gebracht haben?" Immer noch erregt, fuhr er fort: „Sie haben vom Hochverrat gesprochen. Liebe zur alten Heimat und Hochverrat sind oft miteinander eng verbunden." Zum Schluss seiner Rede fand er zur Sachlichkeit zurück und beantragte offiziell, „auf der nächsten Tagung des Völkerbundsrates die grundsätzliche Frage der Minderheitenrechte [...] auf die Tagungsordnung"[256] zu setzen.

Solche minderheitspolitischen „Paukenschläge" fanden natürlich ein umfangreiches Presseecho und Skala gab dem zur Information seiner Leser im In- und Ausland ausreichend Platz. Es soll hier angemessen zitiert werden, weil es das geistige Klima, den „Zeitgeist" verdeutlicht, in dem Skala und Verbündete friedensfördernde Minderheitenpolitik machen mussten und wollten.

„Dass die deutsche Presse" – so leitete Skala die Zusammenfassung der Pressestimmen ein – „einseitig zu Gunsten des Reichsaussenministers die Auseinandersetzung diskutieren werde, war angesichts der Konformität zwischen Wilhelmstrasse und Presse in allen aussenpolitischen Fragen ohne weiteres anzunehmen." Von besonderem Interesse sei hingegen der „Artikel ‚Deutschland als Minderheitenanwalt'‚ in der Neuen Zürcher Zeitung vom 24.12., weil er „mit scharfer Folgerichtigkeit auf die Gefahren hinweist, die aus der Anwaltsrolle der deutschen Aussenpolitik für die Aufrollung der Minderheitenfrage [...] erwachsen müssen."[257] Das Schweizer Blatt schrieb u.a.: Es „kann die Frage aufgeworfen werden, ob Deutschland gut daran tut, sich [...] zum streitbaren Vorkämpfer und Anwalt der Minderheiten" aufzuwerfen, denn es „hat in der Behandlung seiner Minderheiten ein schlechtes Vorbild gegeben, das leider nachwirkt." Zwar müsse man die kürzlich genehmigten Gesetzesentwürfe, die „der polnischen und der dänischen Minderheit das Recht auf die Errichtung und Führung eigener Schulen" einräumt, als „vorbildliches Minderheitenrecht" anerkennen. Nicht zu übersehen sei jedoch, dass diese Entscheidung „unmittelbar vor dem Zusammentritt des Völkerbundes in Lugano erfolgte" und dass die „deutsche Presse diese liberale Regelung [...] mit unverkennbarer propagandistischer Absicht gefeiert und sie als Basis für das künftige Eintreten Deutschlands zugunsten der unterdrückten deutschen Minderheiten [...] sowie als Waffe in der Hand dieser Minderheiten selbst bezeichnet (hat)." Deutschland solle sich sein Handeln in Genf genau überlegen, denn „den Minderheiten wäre mit einer Interessenvertretung, die den Nationalismus in den Mehrheitsvölkern noch stärker aufstacheln und die Widerstände für eine vernünftige Regelung der Minderheitenfrage versteifen würde, schlecht gedient." Voraussetzung für eine vernünftige Lösung sei „die loyale staatsbürgerliche Einstellung der Minoritäten zum Staate; jeder Verdacht des Irredentismus und erst recht jeder Verdacht der Unterstützung eines solchen Irredentismus von außen wird die vermeintlich oder wirklich bedrohten Staaten noch mehr zu den Mitteln der Unterdrückungspolitik gegenüber den Minderheiten greifen lassen." Stresemanns Wort über die nahe Verwandtschaft von Liebe zur Heimat und Hochverrat „(hat) nicht dazu beigetragen", die Rolle Deutschlands als selbsternannter Anwalt der Minderheiten „vor gefährlichen Missdeutungen zu schützen." Besser sollte „man wünschen, dass nicht ein einzelner Staat, sondern die Friedensfreunde in allen nationalen Lagern" die Minderheitenfrage „zu der ihren machen und mit fortschreitender Befriedung Europas überall einer Lösung entgegenführen".

Vielleicht nicht dem Worte nach, aber ganz gewiss dem Sinne nach fanden sich hier Positionen des Minderheitenverbandes in Deutschland und Skalas wieder.

Im Gegensatz dazu freute sich die „Deutsche Allgemeine Zeitung" vom 16.12. „des lebendigen Eingreifens des deutschen Außenministers, der überfeinerte Hemmungen über Bord warf und die Sprache der Tatsachen gesprochen hat." Das ließ Skala unkommentiert. Es sprach ja auch für sich. Die Meinung der „Vossischen Zeitung" vom gleichen Tag, der „europäische Frieden wird durch nichts so sehr bedroht wie durch die Minoritätspolitikpolitik einzelner Staaten" hingegen war für ihn „in dieser Formulierung falsch. Der Friede wird sabotiert durch die Heftigkeit der Propaganda, die die einzelnen Staaten für ihre Minderheiten im fremden Lande treiben". Die „Germania" vom 20.12. war „dem deutschen Außenminister dankbar, daß er diese herausfordernde Spekulation des polnischen Ratsvertreters mit der gehörigen Abfuhr bedachte." Der „Berliner Börsen-Courier" vom 16.12. lobte Stresemann, dass er „polnisches Unrecht und deutsches Recht einander gegenübergestellt hat." Der „Tagesanzeiger" aus Zürich vom 20.12 meinte, Stresemann habe „seinem Temperament die Zügel schiessen" lassen, jedoch „in der Hauptsache nichts erreicht", wohl aber war sein Auftritt so, dass ihm die Presse „in seinem eigenen Lande Beifall klatscht. Das ist zwar kein aussenpolitischer Erfolg, aber ein innenpolitischer, der im Augenblick recht nützlich ist." Der „Revaler Bote" (eine deutschsprachige Zeitungen in Estland) vom 22.12. äußerte „Genugtuung und Freude" darüber, dass die „deutsche Außenpolitik [...] in unmißverständlicher Form erklärt hat, daß sie diese deutsche und europäische Frage als eine der wichtigsten Angelegenheiten [...] ansieht." „Der Jungdeutsche" (eine national-konservative Tageszeitung) vom 20.12. meinte: „Deutschland kann einen Teil seiner verlorenen Geltung wiedergewinnen, wenn es sich zum tatkräftigen Vorkämpfer einer schöpferischen Minderheitenpolitik macht. Es ist deshalb notwendig, daß dieser Vorstoß bis zum Ende durchgeführt wird. Wenn dieses Ende das Auffliegen des Völkerbundes bedeutet,[...]so soll das auch kein Schade sein."

Anders sahen das polnische Zeitungen. Das Krakówer Blatt „Czas" vom 19.12. bescheinigte Zaleski, er habe „frei und ruhig [...] die Methoden und Ziele des Volksbundes" und die „unaufrichtige Politik des Deutschen Reiches" angeklagt. Stresemann berufe sich auf den „Geist von Locarno" und zugleich aber „bereitet er eine Grenzrevision und Grenzänderung vor [...] Stresemanns „Antworten waren aufgeregt und entbehrten der Anführung irgendwelcher Tatsachen, die die Rede Zaleskis abschwächen könnten." Minderheitenpolitisch bedeutsam stellte das Blatt fest: „Das Unterlassen der Unterstützung des Volksbundes und jeglicher geheimen antipolnischen Machinationen muß die Bedingung unserer anständigen Beziehungen zu den Deutschen sein." Die Warschauer Zeitung „Robotnik" vom 18.12. meinte, „Stresemann (ist) wirklich schwer erkrankt, wenn er [...] vergessen hat, daß Faustschläge auf den Tisch zu den diplomatischen Traditionen von Brest (Litowsk) und nicht von Locarno gehören. Herr Zaleski hat doch die Rechte der Minderheit überhaupt nicht angefochten [...] Er trat nur dem Mißbrauch des Völkerbundes zu kleinlichen Beschwerden und der Illoyalität des Volksbundes gegenüber dem Staat entgegen." Die „Gazeta Warszawska" vom 23.12. stellte heraus, die „Faustschläge Stresemanns [...] und seine ordinären Worte" solle man „nicht als etwas Schreckliches" sehen, „(bewies) der Vertreter der deutschen Regierung" doch dadurch, „daß er die Minderheitenfrage als Instrument der Vergeltungspolitik betrachtet." Der „Dziennik Poznański" vom 19.12. betonte: „Das taktlose Hervortreten Dr. Stresemanns in Lugano" habe „die deutsche Politik gegenüber Polen einwandfrei enthüllt", weswegen „wir unser wachsames Auge auf unseren westlichen Nachbar richten müßen." Für die Warschauer „Glos Prawdy" ist Zorn und Wut, „in welche Minister Stresemann gefallen ist [...] der beste Beweis für die unbegründeten Ansprüche der deutschen Minderheit in Oberschlesien." Die Zeitung betonte: „Mit Faustschlägen auf den Tisch wird Herr Stresemann niemanden ängstigen, noch weniger überzeugen. Auf solche Weise verteidigt man keine gerechte Sache."

Ausgewogen urteilte „La Suisse" (Genf) vom 20.12.: „Ohne sich die Anklagerede des Herrn Zaleski ganz zu eigen zu machen ist man doch gezwungen festzustellen, dass Herr Stresemann, indem er in Lugano mit der Faust auf den Tisch schlug, den Beweis einer Nervosität gegeben hat, wozu die einzige Rede des polnischen Ministers keine Berechtigung gab. Herr Zaleski hat die deutsche Regierung nicht für schuldig erklärt, wenn er den Volksbund in Polnisch-Oberschlesien illegaler Tätigkeit bezichtigte, sondern einzig und allein die Methoden dieses Bundes, der unter dem Vorwande, die Rechte der deutschen Minderheit in Oberschlesien zu verteidigen, unaufhörlich vor dem Völkerbund Klagen gegen die polnische Regierung erhebt. Bis heute ist es noch nicht vorgekommen, anzunehmen, dass diese Klagen berechtigt seien." Eine Erklärung für die „plötzliche Wut des Vertreters des Reichs" und „die Motive dieser schlechten Laune, von der Herr Stresemann ein so ausgiebiges Beispiel gegeben hat" finde man „in den immer noch gleichen Zielen des Pangermanismus, unter einem Szepter alle deutschen Brüder zu vereinen." Das „Journal des Débats" (Paris) vom 18.12. konnte „sich schlecht das Aufbrausen von Herrn Stresemann erklären." Zwar sei der Teil der Rede Zaleskis zur „Prosperität Oberschlesiens" nicht nötig, er enthielt aber auch nichts, „was diesen Auftritt des deutschen Ministers rechtfertigen könnte." Der andere Teil jedoch, „der die Behandlung der deutschen Minderheit betrifft, [...] ist nur zu exact." Der Vorwurf des Hochverrats „ist berechtigt, denn starke Ermunterungen kommen aus dem Reich und lokale Agitatoren arbeiten mit allen zulässigen und unzulässigen Mitteln gegen den polnischen Staat."[258]

Skala nutzte die Debatte in den Zeitungen für die weitere Ausarbeitung einer modernen Minderheitenpolitik und hob zusammenfassend hervor: Die „Beschwerden der deutschen Minderheit in Polnisch-Oberschlesien" zeigen eine falsche „Wahrnehmung vom Minderheitenforderungen" derart, „daß sich die deutsche Minderheit [...] mit der für sie ungewohnten Lage als Minorität nicht abfinden kann" und dieser „Tatsache [...] nicht Rechnung tragen will ", weswegen ihre „Methoden der Vorstellung (entstammen), daß die Schutzbestimmungen der Friedensverträge ihnen eine bevorrechtigte Stellung gegeben haben". Wenngleich natürlich das Recht zur Beschwerde vor dem Völkerbund nicht bestritten werden solle, zunächst gäbe es „die Notwendigkeit, alle minderheitspolitischen Differenzen erst einmal gründlich innerhalb des Staates auszuscheiden versuchen." Die Kontroverse in Lugano „lehrt, daß [...] die Außenpolitik der Staaten eine Vermengung mit innenpolitischen Problemen der Staaten nicht verträgt" [...], dass „eine Rechtsgleichheit aller Minderheiten vor dem Völkerbund geschaffen werden muß", dass dies „von allen Minderheiten erkannt werden (sollte), wollen sie

„sich nicht zum Spielball der politischen Leidenschaften machen lassen" und dass die Staaten und die Minderheiten vor der Aufgabe stehen, „Ansprüche aus ihren Wunsch- und Zwangsvorstellungen auszuscheiden", die davon ausgehen, „Minderheitenpolitik (ist) eine Domäne bevorrechtigt aufgefaßter Ansprüche."[259]

Vor dem Hintergrund des Aussenministerduells erwies sich die wesentlich von Skala ausgearbeitete Konzeption des Verbandes zu den Minderheitenrechten erneut als tragfähig, vernünftig, gerecht und friedenssichernd.

Das sollte sich auch bei einer Auslandsreise zeigen, die natürlich von seinen Gegnern nicht unbeobachtet blieb. Skalas enge Verbindung zu anderen slawischen Völkern, seine Reputation als Chefredakteur der „Kulturwehr", die vielseitige Anerkennung seines Engagements führten dazu, dass er zu einer längeren Vortragsreise durch Jugoslawien eingeladen wurde. Das „Ljubljaner Morgenblatt" vom 8.3.1929 meldete: „Der bekannte lausitz-serbische Dichter und Redakteur der deutschen Minderheitenrevue „Kulturwehr" Jan Skala wird Anfang April eine Tournee durch Jugoslawien unternehmen und Vorträge über die Lausitzer Serben und die Minderheitenfrage halten. Am 5. April wird er in Ljubljana eintreffen. Für den 6. und 7. April sind Vorträge angesetzt."[260]

Am 13.3.1929 schickte die Presseabteilung der Reichsregierung die Meldung des Ljubljaner Morgenblattes vom 8.3 an das Sächsische Ministerium der Auswärtigen Angelegenheiten, das ihn am 15.3.zur Kreishauptmannschaft Bautzen weiterleitete, von wo der Zeitungsschnipsel „nach Kenntnisnahme und Abschrift ergebenst zurückgereicht"[261] wurde. Am 20.3.1929 war es dem deutschen Konsulat in Zagreb mit Bezug auf diese Ankündigung wichtig, das Auswärtige Amt des Reichs[262] darauf hinzuweisen: „J. Skala ist, was vielleicht die inneren Behörden interessieren wird, Verfasser der Artikel „Smy my Serbja narodnostna mjensina? (Bilden wir eine sorbische Minderheit?) in den Nummern 42, 43 und 44 vom 20., 21. und 22. v. M. der Bautzener ‚Serbske Nowiny'".[263] In der Tat scheinen das „die inneren Behörden" nicht gewusst zu haben. Am 9.3.1929 schrieb nämlich der Landrat von Hoyerswerda an die Kreishauptmannschaft Bautzen, der „in Übersetzung beiliegende Artikel ‚Sind wir Wenden eine nationale Minderheit?'[...]enthält ganz besondere Schärfen. Wer der Verfasser sein mag, hat hier nicht ergründet werden können", aber die „Schreibweise (ist) eine ganz andere als in den sonstigen in der Serbske Nowiny veröffentlichten Artikeln", woraus „geschloßen werden kann, daß ihn ein katholischer Wende oder eine den Kreisen der katholischen Wenden nahestehende Persönlichkeit entworfen und ein Wende ihn übersetzt hat."[264] Ohne Zweifel ist Jan Skala der Autor. Die überarbeiteten Texte aus der sorbischen Tageszeitung hatte er zusammenfassend in der „Kulturwehr" veröffentlicht. Im deutschen Konsulat in Zagreb las man diese Schrift, im Landratsamt und in der Kreishauptmannschaft wohl eher nicht. Offenkundig sind hier Grundgedanken seiner Vortragsreise durch Jugoslawien enthalten. Deshalb lohnen sich einige längere Zitate.

Skala berief sich einleitend auf Schirren[265], der 1869 den Umgang mit dem deutschen Volkstum im russischen Baltikum mit den Worten kritisierte: „Ob eine Menschengemeinde, groß oder klein, vor dem Forum der Politik und der Geschichte das Recht hat, fortzubestehen, das entscheidet sich am allerentschiedensten gerade in solchen Zeiten, wo jeder herkömmliche Schutz, jede gewohnte Stütze versagt und jedermann [...] sein angeborenes Recht zu behaupten hat, das Recht, von dem alle Kultur anhebt und auf welche alle Kultur hinausführt: das Recht, sein Gewissen nicht zwingen zu lassen und seinen Platz zu behaupten." Genau dieses Recht nahm Skala für sein Volk und für sich in Anspruch.

Die knapp 60 Jahre seit der Reichsgründung 1871 sah er als Fortsetzung der mehr als tausendjährigen Unterdrückung. Die von Schirren kritisierte Entrechtung „(stand) weder damals vereinzelt da" noch sei sie „heute aus der politischen Praxis eines grossen Volkes einem kleinen, von politischer Selbständigkeit ausgeschlossenen Volk gegenüber verschwunden." Präzisierend fuhr er fort: „Um nichts anderes geht es als um die Auslöschung eines ganzen Volksstammes, wenn heute versucht wird, mit einem letzten Faustschlag die Lausitzer Serben in der Geschichte der Menschheit zum Verstummen zu bringen mit der Behauptung, die sowohl die deutsche öffentliche Meinung als auch die amtlichen Stellen aussprechen: ‚Es ist zweifelhaft, ob die Lausitzer Serben (Wenden) überhaupt als Minderheit anzusprechen sind, da sie keinen Mutterstaat besitzen'."

Gegen politische Zwecklügen stellte Skala historische Fakten. Schon bei den Weleten und Bodrizern „im nahezu ganzen gegenwärtigen deutschen mitteleuropäischen Raum", ihrem „tragischen Geschicke" unter Karl dem Großen, den Karolingern und Sachsenkaisern tritt „die bis auf den heutigen Tag praedominierende Idee der Beherrschung des Raumes hervor, die man mit dem Mantel der angeblichen Christianisierung maskierte", was dazu führte, dass „die politische Selbständigkeit der beiden nördlichsten Slavenstämme [...] schon um 1200 n. Chr. besiegelt war [...] Christianisierung und Kolonisation [...] nach deutschem Recht und unter Mitwirkung der weltlichen Macht der Kirche den Slaven aufgezwungen"[...]wirkte sich „in einer sozialen, materiellen und rechtlichen Deklassierung [...] aus, später „(verhinderten) Ausnahmegesetze die Ansiedlung slavischer Dorfbewohner in den Städten" und „die Zünfte wiesen alle Handwerker an, keinen Lehrling anzunehmen, der slavischer Abstammung war, die als ‚unehrlich' gebrandmarkt wurde."

Diese Umstände bestimmten den Verlauf der Germanisation „bis weit über die Zeit der Reformation Luthers hinaus." Die „trieb einen neuen Keil in die Volkstumseinheit", weil „mit der Einführung der lutherischen Lehre eine weitere Germanisation verbunden war". Erst „in der zweiten Hälfte des 17. Jahrhunderts wurde der lutherische Katechismus, erst im 18. Jahrhundert die Evangelien und noch später die Bibel als ganzes in die Sprache der Lausitzer Serben übersetzt." Weil die evangelische Kirche „mehr und mehr eine Staatseinrichtung wurde" trug sie wesentlich dazu bei, „das slavische Restvolk der Serben auszurotten; es sei unter vielen nur auf die Anordnung des ersten Hohenzollernkönigs hingewiesen, der die Heirat zwischen solchen Personen verbot, von denen nicht wenigstens ein Teil die deutsche Sprache beherrschte." Trotz dieser jahrhundertelangen Dezimierung, so Skala weiter, haben wir „unser Volkstum, unsere Sprache, unsere bescheidene, aber gesunde Literatur, unsere Volkslieder, Sitten und Gebräuche [...] bis auf den heutigen Tag [...] aus eigner Kraft [...] gegen ein Heer von beamteten und freiwilligen (im Text der Serbske Nowiny findet sich hier noch: „und renegatischer") Feinde kämpfend [...] erhalten."[266]

Skala erinnerte, die Sorben haben dem Staat stets gegeben haben, was des Staates ist, aber am Aufschwung des deutschen Reiches nach seiner Gründung hatten sie nicht Teil. Sie haben „nicht eine einzige Schule, die der staatsbürgerlichen Gleichberechtigung entsprechen würde"; für „die Pflege der Sprache und Literatur" der Sorben hat das Reich „nicht einen einzigen Lehrstuhl geschaffen"; in „unseren Siedlungsgebieten (hat man) die Bodenschätze aus der Erde gehoben", wozu man den Bauern „ihren Boden für Almosen entlockte" und nun „mit Enteignungsgesetzen von der Scholle vertreiben kann." Mit sorbischer Würde schrieb Skala zum Ende hin: „Wir haben das alles ertragen mit jener Geduld […], die ihre stärkste Grundlage in der Verpflichtung hat, das Gewissen nicht zwingen zu lassen und seinen Platz zu behaupten". Anklagend nannte er die Lüge der politischen Führer des deutschen Volkes und der öffentlichen Meinung, die Sorben „sind keine nationale Minderheit, weil sie keinen Mutterstaat haben" das „Resultat der zielbewußtesten Entnationalisierungs- und Entrechtungspolitik." Als „autochthone Volksindividualität" ist es „unsere, das Gewissen verpflichtende Aufgabe", die Minderheitenprobleme „so zu erörtern, wie es unsere praktischen Erfordernisse, unsere unveräußerlichen Menschenrechte und unsere Würde […] erfordert."[267] Vorausschauend warnte er: „Die nächste Zukunft – die jetzt schneller zu uns eilt als frühere Jahrhunderte – wird uns Lausitzer Serben vor Entscheidungen stellen, die den Abschluß einer Geschichte voll tiefster Tragik darstellen muß und wird. Ob sie den Beginn einer neuen Geschichte bringen kann und wird, vermag keiner von uns zu sagen."[268]

Mit etwa dieser Rededisposition gestaltete Skala seine minderheitspolitisch bedeutsame Vortragsreise, die ihn nach Ljubljana, Zagreb, Belgrad, Split, Sarajewo und Dubrovnik führte.

Die deutsche Gesandtschaft in Belgrad resümierte am 24.4.1929 – das Papier nimmt den altbekannten Weg über Berlin und Dresden nach Bautzen –: „Nachdem der sattsam bekannte Wendenapostel Skala seine Propagandareise durch Jugoslavien nahezu abgeschlossen hat, läßt sich ein zusammenfassender Eindruck über das Ergebnis seines Auftretens gewinnen: Ich glaube nicht fehl zu gehen in der Annahme, daß meine eingehende Rücksprache mit dem stellvertretenden Außenminister Kumanudi über das ganze Problem, die unmittelbar vor dem Eintreffen Skalas in Belgrad stattfand, seinem ganzen hiesigen Besuch eine mäßigende Richtung gegeben hat."[269] Der unterzeichnende Herr Köster meinte damit offensichtlich, dass „die Presse sich damit begnügt (hat), sein ganzes Auftreten ohne besondere Kommentare gegen Deutschland zu registrieren," weswegen man hier übereinstimmend meine, dass Skalas „Ausführungen weder einen für uns besonders ungünstigen Eindruck hinterlassen haben, noch auch irgend eine Störung der deutsch-jugoslavischen Beziehungen erreichen konnten."[270]

Es spricht für eine erhebliche Wirklichkeitsverdrängung, politische Desinformation und ideologische Verblendung, wenn deutsche Beamten Skala herabwürdigend als Wendenapostel bezeichnen, obwohl sie mit gleicher Post über seine Vorträge berichteten: „Mit besonderen Nachdruck hob Skala hervor, daß die Vorbedingung einer jeglichen Regelung des Minderheitenproblems immer wieder der Nachweis unbedingter Staatstreue (Loyalität) seitens der nationalen Minderheiten sein müße"[271] und alle „Lösungsversuche von folgenden drei Voraussetzungen ausgehen: 1) der Minderheitenschutz sei ein rein innerstaatliches Problem derjenigen Staaten, in denen die einzelnen Minderheiten beheimatet seien, 2) das ganze Augenmerk müße darauf gerichtet werden, daß durch den Minderheitenschutz eine Annäherung der denselben Staat bewohnenden Völkergruppen herbeigeführt werde und 3) nicht nur die Rechte, sondern auch die Pflichten der nationalen Minderheiten müßten in durchaus wirksamer Weise festgelegt werden."[272]

Solch völlig korrekte Positionen hätte jeder Demokrat mit minderheitenpolitischem Sachverstand formulieren können, ja müssen. Die Beamten ließen jedoch verärgert ihren Vorurteilen freien Lauf, weil Skala auch Sätze derart sagte: „Ein gesamtdeutsches Gemeinschaftsgefühl gebe es nicht, ebenso wenig eine deutsche Kulturgemeinschaft, am allerwenigsten aber eine deutsche Schicksalsgemeinschaft, [...] was eine gefährliche Formel (sei)."[273]

Diese Reise veranschaulicht zum einen Skalas praktischen und theoretischen Einsatz für ein zeitgemäßes Minderheitenrecht und zeigt zum anderen, nach wie vor grassierte in weiten Teilen der deutschen Politik und der Presse ein eklatantes Unverständnis von den Rechten ethnischer Minderheiten. Das abgestimmt erscheinende, verleumderische, unsachgemäße Mittun von großen Teilen der Presse gegen sachgemäße Informationen über Defizite bei der Gewährung von Rechten nationaler Minderheiten in Deutschland ist insofern nicht verwunderlich.

Das „Berliner Tageblatt" vom 12.4.1929 titelte „Wenden-Apostel Skala" und schrieb: „Das seit einigen Jahren durch eine gewisse Propaganda, die ihren Sitz in Prag und Warschau haben dürfte, in Südslawien künstlich hervorgerufene Interesse an den Lausitzer Wenden (Sorben), die hier „Serben" genannt werden, führte dieser Tage den Lausitzer Dichter Skala zu Vorträgen in die Hauptstädte Südslawiens." Erstaunlich sei, dass „er in seinem Vortrag die deutsche Stadt Bautzen immer mit Budischin bezeichnet."[274] In journalistischer Unabhängigkeit fragte die „Sächsische Staatszeitung" vom gleichen Tag unter dem Titel: „Der Lausitzer Serbendichter": „Weshalb muß er nun in Serbien umherreisen und dort das Interesse für die wendische Kultur erwecken? [...] Weshalb nennt er dort die deutsche Stadt Bautzen auf serbisch Budischin?" Skala sei – so hieß es weiter – Vertreter der Lausitz „nach der poetischen Seite hin. Er schreibt in wendischer Sprache", um hämisch hinzuzufügen: „was freilich der Ausbreitung seiner Kunst nicht gerade sehr förderlich ist." Schließlich verknüpfte die Zeitung in einem Satz nationalistische Überheblichkeit mit slawenfeindlichen politischen Unterstellungen: „Selbst wenn man die in Bautzen wohnenden Wenden als Serben gelten lassen wollte, würde ihre Zahl wahrhaftig nicht so schwer ins Gewicht fallen, daß man sie irgendwie zum Anlaß einer serbischen Annexionspolitik gegenüber Bautzen gelten lassen könnte."[275] Die „Frankfurter Zeitung" log, „einer der Wortführer des Verbandes der nationalen Minderheiten in Deutschland, Herr Jan Skala, [...] hat vor wenigen Monaten in südslavischen Städten blutrünstige Hetzreden gegen die Deutschen [...] gehalten."[276]

Skala setzte sich energisch, öffentlich und offen gegen die Verleumdungen zur Wehr: „Solange die „Frankfurter Zeitung" nicht genau sagt, mit welchen Worten und wo ich eine blutrünstige Hetzrede in Südslavien gehalten habe, ist ihre Behauptung eine weder mit einem parlamentarischen noch weniger aber mit einem unparlamentarischen Ausdruck richtig qualifizierbare Unwahrheit." Den Verantwortlichen direkt ansprechend, fügte er hinzu: „Genügt Ihnen das, Herr Cohnstädt, e tutti quanti, oder soll ich die Behauptung über meine Vorträge eine freche und unverschämte Lüge nennen?"[277]

Die deutsche Presse, ihre wichtigsten Redaktionen und Verleger waren hier, wie schon beim Laubert-Prozess, drucktechnisch auf der Höhe der Zeit, minderheitspolitisch aber bestenfalls im Kaiserreich und moralisch noch in der Sklaverei ge- und befangen.

Serbske Nowiny vom 16.4.1929, die sich mit diesen Artikeln auseinandersetzte, stellte richtig, aber auch leicht resignativ fest: „Leider Gottes schreiben alle deutschen Zeitungen und Bücher über die Wenden und die wendischen Bemühungen nur in verächtlichem Sinne" um im letzten Satz doch wieder optimistisch hinzufügen: „Hinter den Bemühungen des Herrn Redakteur Skala steht heute jeder, sich seiner Nationalität bewußte Wende." Schon am 9.4.1929 hatte das Blatt betont: „Jeder für seine Nation begeisterte Wende freut sich darüber, daß unser Landsmann unsere jugoslawischen Brüder, die über unsere nationalen Interessen und schlechten Verhältnisse nicht unterrichtet sind, nach Recht und Wahrheit belehrt. Wie wir lesen (gemeint ist: in jugoslawischen Zeitungen P.K:), ist Herr Skala überall mit großer Begeisterung begrüßt worden."[278] Seinem Freund Janata teilt Skala mit: „Meine Jugoslawienreise war in jeder Hinsicht ein großer Erfolg für mich selbst, vor allem aber für die weitere minderheitspolitische Arbeit."[279]

Auf weitere Erfolge zielte auch der politische und konzeptionelle Höhepunkt in der Arbeit des Verbandes im Jahre 1929. In den zwei Jahren seit dem abgefeimten Hinausdrängen aus dem Europäischen Nationalitätenkongress muss es interne Diskussionen gegeben haben, wie der Kampf um die Minderheitenrechte weiter zu führen sei. Zwar ließen sich bisher keine Belege dafür finden, die Akten des Verbandes sind verschollen oder verbrannt. Aber die nachfolgend geschilderte programmatische Informationstagung des Verbandes der nationalen Minderheiten in Deutschland im Berliner Hotel „Continental" zeigt zum einen, dass Erfahrungen aus den ersten Kongressen intensiv aufgearbeitet wurden. Das ist ohne intensive Debatten nicht erklärbar.

Dabei sind mit Gewissheit solche Fragen erörtert worden, wie: Können wir mehr Menschenrechte für die von uns vertretenen Minderheiten überhaupt durch juristische Diskussionen erreichen? Das Recht ist doch immer Spiegel der Machtverhältnisse. Ist es da nicht irgendwie paradox, wenn der Verband nationaler Minderheiten in Deutschland sich auf dieses „Spielfeld" begibt, weil wir dann nach den Spielregeln der Herrschenden agieren müssen? Wäre es nicht besser, wir würden für eine Änderung der Regeln kämpfen?

Das Stattfinden der Tagung und ihr Verlauf verdeutlichen: Die letztlich gefundenen Antworten werden so (oder so ähnlich) gelautet haben: Ja, Menschenrechte sind auch durch das Benennen juristischer Defizite zu verbessern! Ja, es ist paradox, aber wir können die Regeln nicht ändern und wollen gleichwohl bessere Menschenrechte für ethnische Minderheiten! Wir sind überzeugt, unser Tun im Interesse der Minderheiten trägt dazu bei, auch auf dem Feld des Rechts Interessengegensätze zwischen Minderheit und Mehrheit auszufechten. Wenn möglich, wollen wir in diesem Streit auch für eine Änderung der Regeln eintreten.

Mit etwa dieser Grundhaltung wollte der Verband nationaler Minderheiten Deutschlands aus der erzwungenen Defensive herauskommen und sich als ein Forum ethnischer Minderheiten für die Erlangung gleicher Rechte erneut klarer artikulieren. Er wollte den Bestrebungen widersprechen, Minderheiten- und Menschenrechte den Großmachtinteressen unterzuordnen. Er wollte die ursprüngliche Idee, nicht staats- und weltpolitische Fragen zu thematisieren, sondern vielmehr grundsätzlich zu erörtern, wie auf staatsbürgerlicher Basis ein friedliches Zusammenleben der Minderheiten mit den Mehrheitsvölkern ermöglicht werden könne, neu beleben. Deshalb lud er zu einer Tagung ein, die großes Interesse fand, wie der Ausschnitt aus der „Kulturwehr (8/1929, S. 289) belegt.

Der Verband der nationalen Minderheiten in Deutschland veranstaltete am 3. August 1929 in Berlin eine Informationstagung für die deutsche und die internationale Presse; die Tagung war u. a. von den Vertretern folgender Zeitungen besucht: Vossische Zeitung, Frankfurter Zeitung, Oberschlesischer Kurier (Królewska Huta), Lokalanzeiger (Berlin), Welt am Montag (Berlin), ferner von: Le Journal, Echo de Paris, Agence Havas, Budapesti Hirlap, Socialdemokraten (Stockholm), Dagens Nyheder (Kopenhagen), Il Messaggero (Rom), Morgenbladet (Kopenhagen), Neue Zürcher Zeitung, Kurjer Warszawski, Prager Tagblatt, La Razon (Madrid), Berlingske Tidende, Sevodnja (Riga), Polska Zachodnia (Katowice), Przegląd Poranny (Warszawa), Narodni Politika (Praha), Jutro (Ljubljana), Prawda (Beograd), Information (Paris), Daily Mail (London), Čechoslovakisches Pressebureau, Socialdemokraten (Kopenhagen). Ausserdem hatten folgende Organisationen Vertreter gesandt: Liga für Menschenrechte, Vereinigung der Quäker, Gesellschaft für Nationalitätenrecht, Instytut Badań Spraw Narodowościowych (Warszawa), Deutsche Friedensgesellschaft, Deutscher Schutzbund; die Minderheitenpresse war durch Pressedelegierte der Dänen, Lausitzer Serben, Polen, Litauer, Friesen, Ukrainer aus Polen, Russen aus Polen, Čechen aus Oesterreich, Polen aus der Čechoslovakei zahlreich vertreten.

Einladung zur Informationstagung

Mittelpunkt der Tagung war eine Deklaration des Verbandes. Sie war in Vorbereitung der Informationstagung von Delegierten des Verbandes mit Vertretern der russischen und ukrainischen Minderheit aus Polen sowie der tschechischen Minderheit aus Österreich erörtert worden und fand die die Zustimmung dieser slawischen Minderheiten. Vor dem Verlesen erläuterten leitende Persönlichkeiten des Verbandes Hintergründe, Motive, Ziele und Absichten der Deklaration.

Der Pole Dr. Kaczmarek, Generalsekretär des Verbandes, erinnerte in seinem Vortrag unter dem Titel „Was ist?" zunächst an die Pariser Vorortverträge und betonte, „nicht nur die neuen Staaten, sondern auch die besiegten Staaten mit Ausnahme Deutschlands wurden durch Vertrag oder Erklärung zum Minderheiten-Schutz verpflichtet". Er unterstrich: Lösbar sind die europäischen Minderheitenprobleme nur, „wenn **alle Staaten** Europas gegenüber **allen Minderheiten** in Europa verpflichtet sind" und das oberste „Ziel der **Frieden** (ist)". Dazu sei es erforderlich, „den status quo von heute als einen sine qua non, als unantastbares Heiligtum zu betrachten." Dies zu sagen sei notwendig, denn der „hervorragendste Führer einer Minderheit, die wohl zu den am besten behandelten gehört" habe kürzlich im Leitartikel seiner Zeitung geschrieben, Grundsatz für die Lösung der Minderheitenprobleme sei: „Weg mit Versailles!" Zur Umsetzung dieses Ziels hieß es: „Wir bereiten uns auf den Tag vor, wo wir nicht mehr ohnmächtig sind, sondern Macht in unseren Händen haben, um diese Macht in den Dienst unseres Volkes und des Rechts zu stellen. Denn Macht und Recht gehört zusammen." Kaczmarek nannte das „am Leben gehaltene Funken späterer Explosionen", die „deshalb gefährlich (sind), weil sie die Masse der Minderheitsangehörigen in einer bestimmten

Richtung erzieht." Um zu verhindern, dass solche Positionen „zu einer europäischen Katastrophe führen" sollte nach Meinung des Verbandes u.a. „allgemeingültig bestimmt werden", dass es beim Minderheitenproblem „um den Menschen und nicht um den Raum" gehe; dass als Minderheiten „Bevölkerungsteile mit einer Eigenkultur anzusehen" seien; dass das Programm dieser Minderheiten auf Erhaltung „des Friedens Europas" zielen solle und alle Europäer zu einer „ethischen Einstellung jeder Fremdkultur gegenüber"[280] anzuhalten seien.

Kaczmareks Rede ließ klar erkennen, der Verband wollte die Öffentlichkeit vor den kriegsbegünstigenden Wirkungen der grenzrevisionistischen Minderheitenpolitik führender Vertretern deutscher Minderheiten warnen. Zugleich war er bemüht, eine auf den Frieden in Europa zielende Politik gegenüber den Minderheiten zu begründen.

Kaczmareks Kerngedanken führte der Däne Ernst Christiansen[281] in seinem Referat „Was soll sein?" weiter. Er konstatierte, die nationalen Minderheiten in Deutschland „spüren mit Genugtuung die veränderten Zeitsignale nach dem Weltkriege." Sie dürfen allerdings nicht übersehen, dass „eine Wiedererstarkung des Geistes (droht), welche [...] den Weltkrieg heraufbeschwor". Gegen ab und zu in der Presse lesbare herablassende Vorurteile, der Verband „(vereinigt) sehr verschiedenartige Elemente, welche nur den Gegner gemeinsam haben und sich vornehmlich in dessen Sprache gegenseitig unterhalten müßen" verwies er auf die ernsthafte Tatsache, dass Polen, Sorben, Dänen, Friesen, Litauer in Deutschland „dasselbe Geschick (teilen)" und „ein gemeinsames Ideal" haben: „wir kämpfen gemeinsam gegen die bornierte Auffassung, daß das eine europäische Volk wertvoller sei als das andere und ein größeres Daseinsrecht auf Kosten der anderen beanspruchen könne", wobei man „weder früher noch jetzt [...] in dem deutschen Volk als Ganzes einen Gegner" sehe. Als „von deutscher Seite" eine Minderheitenkonferenz ins Gespräch gebracht wurde, sind wir „trotz unserer Bedenken" über einige Unklarheiten in Ziel und Anliegen und obwohl nicht „alle unserem Verbande angehörenden Nationalitäten eingeladen wurden" der Einladung zur Mitarbeit gefolgt in der Hoffnung, die Konferenz könne „vielleicht doch ein Mittel werden, die Entwicklung in günstigem Sinne zu beeinflußen." Es zeigte sich bis zum Ausscheiden des Verbandes jedoch, „daß wir eher zu langmütig als zu ungeduldig gewesen sind." Man habe viele Kompromisse gemacht, auch Entschließungen zugestimmt, die man eher für ungünstig hielt. In der 3. Tagung 1927 war das Ausscheiden dann unumgänglich, denn wir „mußten uns entschieden dagegen weigern, „für politische, imperialistische Ziele [...] benutzt zu werden." Die Mitglieder des Verbandes – so Christiansen weiter – wollen sich „nicht auf Kosten anderer Völker [...] ausdehnen", sondern „für natürliches Menschenrecht eintreten, [...] auf die allgemeine Anerkennung hinarbeiten und dadurch dem Weltfrieden ein festes, unverrückbares Fundament bauen helfen." Er zeigte sodann auf, „welche großen Möglichkeiten und welche großen Gefahren die Minderheitenfrage birgt. Sie kann [...] die Gefahren kommender Kriege heraufbeschwören [...] Sie kann aber auch [...] einen Weg zur Befriedung [...] des Menschengeschlechts eröffnen." Die „neuen Staaten im Osten und Süden fürchten destruktive Tendenzen, andere Staaten wittern [...] Strömungen, welche früher zu Kriegen führten." Daher sei es unumgänglich, „daß die Minderheitenfrage aus dem gefährlichen Sumpf der staatspolitischen Intrigen herausgehoben werden muß." Die jeweilige Mehrheitsbevölkerung und die in ihrem Interesse betriebene „Politik darf weder [...] Minderheiten [...] die Anerkennung verweigern", noch darf sie von „den Minderheiten" verlangen, „die Interessen des Staates zu vertreten" oder „sogar in der Mehrheit aufzugehen. Von der Minderheit soll dagegen verlangt werden, daß [...] sie nicht staatszersetzend wirkt", daß sie loyal mit den Staatsbürgern der Mehrheit [...] zusammenarbeitet."[282]

Unschwer erkennt man Skalas Überzeugungen. Seine minderheitsrechtlichen Vorarbeiten zur „sorbischen Frage" erwiesen sich offensichtlich als tragfähig für gesamteuropäische Lösungen.

Das galt auch für die auf der Tagung verabschiedete Deklaration. Darin wurde zunächst präzise festgestellt: Das Minderheitenproblem „wird auf zwei Wegen mit grundverschiedenen Endzielen zur Lösung getrieben." Entweder strebe man nach „einer staatsrechtlichen und völkerrechtlichen Aenderung der bestehenden Ordnung" oder man suche eine friedliche „Entwickelung innerhalb der bestehenden Ordnung zu erreichen". Der zweite Weg sei der des Verbandes der nationalen Minderheiten in Deutschland, denn: „Nicht Neuabgrenzungen der Staaten [...] können [...] das Minderheitenproblem lösen", notwendig seien Rechtsgarantien, die es ermöglichen, diese Probleme im „Rechtsgebäude des Staates unterzubringen." An die Stelle der „generell nicht realisierbaren Kulturautonomie möge der kulturelle Mutualismus (billige Gegenseitigkeit) treten"; an die Stelle „einer kulturellen Selbstverwaltung, die zur kulturellen und staatsbürgerlichen Isolierung führt, ist die Gleichberechtigung innerhalb der staatlichen Kulturpflege zu setzen"; die politische Institution des Völkerbundes sei „durch einen europäischen Kulturbund zu ergänzen", dafür seien gerade die Minderheiten „als zweipolige Erscheinungen – bestimmt durch Staatszugehörigkeit und Kulturzugehörigkeit – berufen" und schließlich sollen sie aus dem „Kräftespiel der europäischen Staatenpolitik" herausgehalten werden, um durch „Entpolitisierung zu vernünftigen Lösungen beizutragen".[283]

Unübersehbar: der Verband stellte sich solchen Fragen wie: Ist eine Wandlung der Gesellschaft hin zu Mäßigung und Vernunft, zu gleichem Recht für ethnische Minderheiten in Europa möglich? Wie kann es gelingen, nicht nur in schwammigen Verfassungsparagraphen, sondern in der gesellschaftlichen Realität die Gesellschaft minderheitenfreundlich(er) zu machen?

Auf 23 Seiten der „Kulturwehr" zitierte und reflektierte Skala das Presse-Echo. Allgemein musste er feststellen, die Reaktionen der Presse auf die Informationstagung veranschaulichte „verschiedenartige Grundeinstellungen [...] sowohl gegenüber dem Minoritätenproblem als auch dem Verband der Minderheiten im Reich". Neben „spärlichen objektivisierenden und kritischen Stimmen" gab es vor allem viel Polemik, „von der Entstellung [...] über Unterstellungen, zufälliges oder gewolltes Missverstehen [...] bis zur leider in einem Teil der deutschen Presse üblich gewordenen Beschimpfung des politisch Andersdenkenden". Die Presse könne zwar „die Bedeutung der Deklaration kaum schmälern", sie sei war aber durchaus fähig und bereit, „die erforderliche Diskussion in der europäischen Öffentlichkeit auf eine sachlich ungenügende und wohl auch formal ungeeignete L-inie abzudrängen."

Im Detail zeigte sich folgendes Bild:

Die „Vossische Zeitung" vom 4.8.1929 hielt „die Ablehnung des Irredentismus" für bemerkenswert, meinte aber, die vom Verband gewollte „Entpolitisierung der Minderheitenfrage (enthüllt) [...] den utopischen Charakter der Deklaration". Die „Frankfurter Zeitung" vom 5.8.1929 vermißte „eine prägnante Aeußerung über das Verhältnis zwischen […] staatlicher Souveränität und internationaler Kontrolle", konstatierte aber, der Verband habe „immer die Regelung des Minderheitenrechts als eine innerstaatliche Regel bezeichnet, z.B. in einem seiner Organe, der ‚Kulturwehr'". Der „Börsen-Courier" vom 8.8.1929 hob die „bemerkenswerte grundsätzliche Erklärung zur europäischen Minderheitenfrage" ebenso wie das Verlangen nach „Gegenseitigkeit auf der Grundlage der Gleichberechtigung" hervor, sah allerdings viel von dem, was der Verband in Europa anstrebt „im Kleinen auf deutschem Boden wenigstens annähernd erreicht." Die „Sozialistischen Monatshefte" vom September 1929 beklagten zunächst die vielen „etwas unklar philosophischen Formulierungen". Die Idee der kulturellen Gleichberechtigung hielt man jedoch für akzeptabel unter der Voraussetzung, „dass ein loyaler Staat zu einer entsprechenden Gesetzgebung bereit ist". Da Wilfan in Genf „betonte, daß das Programm […] in den wesentlichsten Punkten mit dem Programm des Genfer Kongresses übereinstimmt […] ist also zu hoffen, daß beide Organisationen wieder den Weg zueinander finden werden."

Skala meinte, einige „Pressestimmen (vermögen) den Minderheiten im Deutschen Reich nicht gerecht zu werden. Zum einen, weil sie, „das Minderheitenproblem im Deutschen Reich als gelöst erscheinen" lassen, wofür man „in den tatsächlichen Verhältnissen keine Stütze finden" kann. Zum anderen, weil so getan wird, als sei „die Absage an den Irredentismus" erst jetzt erfolgt, „während der Minderheitenverband im Deutschen Reich gerade diese Forderung seit seiner Gründung und so auch auf dem ersten und zweiten Minderheitenkongreß zu einem Kardinalpunkt seines Programm" gemacht habe.[284]

Das sudetendeutsche Blatt der, „Bohemia" interpretierte am 10.8.1929 die Feststellung, Neuabgrenzungen der Staaten können das Minderheitenproblem nicht lösen, als Eingeständnis, „daß auch die Friedensverträge in dieser Hinsicht nichts geleistet haben". Dass die „Herren Polen und Wenden […] jedes Eingreifen des Auslandes zugunsten von Minderheitsforderungen ausgeschaltet wissen" wollen, „bedeutet nichts anderes, als daß die Minderheiten auf das […] Beschwerderecht" (vor dem Völkerbund – P.K.) verzichten sollten". Über Inhalte berichtete die „Nordschleswigsche Zeitung" vom 5.8.1929 kaum. Sie suchte „nach den Motiven zu dieser Veranstaltung" und meinte, es ginge dem Verband darum, „sich mit dem Nationalitätenkongreß auseinanderzusetzen, wozu man sich „bewußt in einen Gegensatz zu den Arbeiten des Nationalitätenkongresses" stelle. Der habe die Minderheitenfrage in eine beruhigende Richtung geleitet, „ohne dass etwas von dem darin zu sehen ist, was vom Verband der nationalen Minderheiten in Deutschland schwarz oder gefahrdrohend angesprochen wird."

Skala hielt dagegen: Der entscheidende Gegensatz bestehe darin, dass Vertreter „deutscher Minderheiten auf das Machtprinzip" setzen, während die Deklaration des Verbandes „nirgends einen Verzicht auf Rechte, wohl aber eine Ausschaltung aller jener Ziele fordert, die nicht durch minderheitenrechtliche, sondern machtpolitische Ansprüche dargestellt werden."[285]

Auch die „Flensburger Nachrichten" vom 8.8.1929 ersparten sich Informationen über Inhalte der Deklaration, sahen aber „im wesentlichen Warschau, und was die Wenden angeht, Prag als Anreger dieser eigenartigen Minoritätenerklärung, die den selbstbewußten Minderheiten – und das sind sämtliche anderen europäischen Minderheiten – im Genfer Nationalitätenkongreß in den Rücken fallen". Besonders ausfallend war die „Deutsche Allgemeine Zeitung", die die Deklaration als „Störungsmanöver" für den Nationalitätenkongress bewertete und meinte, der sie veröffentlichende Verband „betreibt ganz offensichtlich die Geschäfte der ‚Sieger' von 1918." Zur Forderung, den politischen status quo zu achten, meinte der „Revaler Bote" vom 10.8.1929, die Deklaration „hängt sich ein hübsches demokratisch-azifistisches Mäntelchen um". Ungerechtigkeiten des Versailler Vertrages, „besonders im Hinblick auf die deutschen Ostgrenzen" sollten „auf legalem Wege gutgemacht werden." Den Minderheiten in Deutschland sei nicht zu trauen, weil sie „vor zwei Jahren den Nationalitätenkongreß zu sprengen versuchten". Die Deklaration müsse man als „überlegten Schritt im Spiel der großen Politik, deren Fäden in Prag und Warschau geknüpft werden" sehen. Scharfmacherisch äußerte sich die „Frankfurter Zeitung" vom 5.8.1929. Sie log, „die nationalen Minderheiten in Deutschland (gehören) zu den Gegners eines fortgeschrittenen Minderheitenrechts", denn schließlich sind es „dieselben Leute, die vor zwei Jahren in Genf aus dem Kongreß der nationalen Minderheiten ausgetreten sind, unter der gegen die Mehrheit erhobenen, von dieser entschieden zurückgewiesenen Anschuldigung, sie habe den Kongreß zum Werkzeug ‚machtpolitischer Bestrebungen' gemacht." Dann wurde behauptet, dass in jüngster Vergangenheit Artikel „polnischer, französischer und welschschweizerischer Blätter […] ganz offen sagten, Deutschland wolle aus der Minderheitenfrage ein Schlachtroß für seine imperialistischen Bestrebungen machen." Kurz vor der Madrider Tagung des Völkerbundsrates (im Juni 1929 – P.K.) habe eine dieser Zeitungen geschrieben, es „sei offensichtlich", dass Deutschland „mit der Minderheitensache Interessenpolitik betreiben wolle." Die Deklaration spreche diesen Verdacht ebenfalls aus, „freilich, ohne Deutschland zu nennen." Der Artikelschreiber ging nicht der naheliegenden Frage nach, warum viele ausländische Zeitungen die deutsche Minderheitenpolitik so oder so ähnlich sehen wie der Verband. Der Autor erfand vielmehr einen verbreiteten Hass auf die Deutschen. Um die Deklaration richtig zu verstehen, müsse man nur wissen, „daß einer der Wortführer des Verbandes der nationalen Minderheiten Deutschlands, Herr Jan Skala […] vor wenigen Monaten in südslawischen Städten blutrünstige Hetzreden gegen die Deutschen im allgemeinen, gegen die deutsche Minderheit in Südslawien im besonderen […] gehalten hat." Die „Oppelner Zeitung" vom 7.8.1929 entblödete sich nicht, die Deklaration „als gefährliche Utopie" zu bewerten, weil der Verband den „sehr bedeutsamen Unterschied" übersehen habe, dass „in Deutschland die nationalen Minoritäten nur eine bedeutungslose Gruppe von einigen Hunderttausend" sei, „die im politischen und kulturellen Gesamtbild des Staates so gut wie gar nicht in Erscheinung tritt" während „die deutschen Minderheiten im Ausland eine nach vielen Millionen zählende Volksgemeinschaft" seien, „die in ihrer großen Mehrheit auch politisch mit dem Heimatstaat eng verwachsen ist." Die „Nordschleswigsche Zeitung" vom 10.8.1929 behauptete einfach, „daß die nationalen Minderheiten Deutschlands […] ja alle mehr oder weniger deutschfeindlich eingestellt sind", weswegen die Deklaration „größtenteils Phrasengeklingel" und insofern ein „Schlag ins Wasser" sei. Erhellend für die Einordnung solcher Unwahrheiten und ihre Verfasser bloßstellend wirkten Passagen, man habe Deutschland „durch Machtspruch lebensnotwendige Gebiete […] entrissen". Die Deutschen hätten „deshalb ein Recht auf die Hoffnung, daß noch einmal eine andere Grenzregelung getroffen wird."

Für Skala erübrigte „sich eine eingehende Stellungsnahme zu diesen tendenziösen Aeußerungen." Er verwies lediglich darauf, dass die Forderung nach „Revision der deutschen Ostgrenzen" die Ziele „der revisionistischen Minderheiten als zutreffend bestätigen." Mit zwei
Fragen zeigte er die minderheitsrechtlichen Defizite dieser Politik auf: „Welche lebenswichti-
ge minderheitsrechtliche Forderung [...] ist in dieser Zielsetzung [...] enthalten"? und Kann
man ohne die Grenzrevision „überhaupt nicht mehr als nationale Minderheit weiterleben
und sich entwickeln?"[286]

Sachlich informierten vor allem große Zeitungen Dänemarks sowie Blätter der dänischen
Minderheit in Deutschland, die Zeitung „Das andere Deutschland"[287] und mehrfach die
„Prager Presse". In unterschiedlicher Wortwahl hoben sie zum einen die Ablehnung von
Grenzveränderungen und irredentistischer Propaganda als Mittel zur Lösung der Minderhei-
tenprobleme hervor. Zum anderen betonten sie die Gleichberechtigung innerhalb der Staaten
und Loyalität der Minderheit gegenüber ihren Staaten.

Optimistisch und gelassen fasste Skala zusammen: „Der Widerhall unserer Deklaration ist
stark genug – sowohl durch die negativen als auch die positiven Aeußerungen – um diese
Werbung für Anerkennung der in der Deklaration vertretenen Grundsätze mit aller Kraft
fortzusetzen."[288] Die im Verband der nationalen Minderheiten Verantwortlichen wollten exakt definierte und im Alltag realisierte Minderheitenrechte als existentielle Voraussetzung für
stabile Demokratie sowie inneren und äußeren Frieden. Denn Skala und die Seinen kannten
aus eigenem Erleben auch das Gegenteil: Die Existenz benachteiligender Bildungs-, Arbeits-,
Einkommensbedingungen für ethnische Minderheiten (aber nicht nur für sie!) signalisierte
ein Defizit an Demokratie. Und sie ahnten: Absolute Verweigerung gleicher Rechte geht mit
der Beseitigung der Demokratie und mit der (Zer-)Störung des inneren und äußeren Friedens einher.

Richtig und vorwärtsweisend an der Offensive des Verbandes war zweifelsohne, dass man
das konkret erreichte Niveau der Minderheitenrechte sorgsam prüfte. Richtig und vorwärtsweisend war zudem, dass man überzeugt war, da es ums Grundsätzliche geht, kann es keine
Tabus geben. Da, wo eine Gesellschaft ihre ethnischen Minderheiten unterdrückt, gehört alles, was die Verhältnisse zwischen Mehrheit und Minderheit bestimmt und regelt, auf den
innenpolitischen Prüfstand. Eventuelle Korrekturen und Präzisierungen würden Kontur und
Profil des Konzepts verbessern. Richtig und vorwärtsweisend war auch das Bemühen, nicht
nur rational das Erforderliche zu benennen, sondern vor allem der Versuch, die politischen
Kräfte zu verbinden, zu stärken, die für einen radikalen, d.h. an die Wurzel gehenden Realismus (oder einen realistischen Radikalismus) zu gewinnen wären. Das war mutig und ziel-
klar.

Zugleich wurden allerdings weiterführende, das Anliegen und die Ziele vertiefende Fragen
nicht erörtert. Zum Beispiel: Wie gewinnen wir die Unterstützung möglichst vieler Menschen für die von uns beabsichtigte Wandlung hin zu Mäßigung und Vernunft und damit zu
einem friedenssichernden, ausgleichendem Minderheitenrecht? Denn erst wenn genügend
Menschen dafür sind, kann sich eine – im physikalischen wie politischen Sinne – „kritische
Masse" bilden. Die kann stets mehr als die einzelnen, und seien es herausragende Persönlichkeiten, tun. Erst dadurch kann aus der Möglichkeit eine neue Wirklichkeit werden.

Die Informationstagung verdeutlichte insofern Stärke und Schwäche des Verbandes. Gewiss verhinderten die sozialen und wirtschaftlichen Folgen des New Yorker Börsenkrachs und die intensive Hasspropaganda der Nazis gegen den Young-Plan im Herbst 1929, dass der Verband mit seiner Informationstagung in der Offensive blieb. Aber es gab auch verbandsinterne Begrenzungen und Widersprüche. Zum einen schien der Verband – um es in einem Bild zu sagen – eher so etwas wie eine ruhige Seefahrt des Deutschland-Schiffes zu wollen, vor allem bessere Verpflegung für die Besatzungsmitglieder „unter Deck" und dazu – sozusagen für alle Fälle – bessere, neue Rettungsboote. Zum anderen vermied er es, deutlich, laut und mutig zu rufen: „Der Kurs ist falsch!" Denn: Die vom Verband erstrebte friedliche Zukunft des Landes und Europas und die darauf fußenden besseren Rechte für ethnische Minderheiten waren mit einem geringfügig geänderten „Weiter-So" nicht zu gewinnen. Es blieb so, dass Minderheitenrechte für Erzkonservative etwas waren, was man dem vorhandenen Rechtssystem nicht unbedingt hinzufügen müsse. Es blieb so, dass Reaktionäre und Chauvinisten Rechte ethnischer Minderheiten sogar als sozialistische Ziele, also eine Art „Teufelszeug" sahen, was auf jeden Fall zu verhindern sei. Beides allerdings war falsch.

Von der Informationstagung geht mithin ein zwar widersprüchlicher, dennoch bleibender Impuls für moderne europäische Minderheitenrechte aus. Ergänzt werden könnte er heute zum einen um die Feststellung, eine die Minderheiten täuschende und/oder belügende Regierung ist auch dann deren politischer Gegner, wenn sie demokratisch gewählt ist. Zum anderen wäre der Deklaration des Verbandes hinzuzufügen, dass die politische Kultur des demokratischen Ausgleichs der Interessen von Mehrheit und Minderheit zur Unkultur der Regel- und Straflosigkeit verkommt, wenn die Getäuschten und/oder Belogenen Irreführungen, Ausflüchte, Heucheleien, Ausreden zu lange hinnehmen.

Eine solche Weiterführung würde Skalas Intentionen aufnehmen. Über die schon dargestellten minderheitsrechtlichen Auffassungen hinaus, sehe ich einen Beleg für diese Behauptung nicht zuletzt in Skalas Nachruf auf den am 3.10.1929 verstorbenen 51 Jahre alten Gustav Stresemann. Skala sah ihn „als Anwalt der deutschen Minderheitenpolitik". Er hob hervor, „eine Symbiose des deutschen politischen Lebens" aus „Katholicismus und Socialismus", die „man den Massen gegenüber [...] als die ‚Große Koalition' verständlich" machte, habe Stresemanns „Außenpolitik [...] entscheidend bestimmt". Stresemann habe die unterschiedlichen Interessen „in der Richtung des einzigen von allen Parteien anerkannten Dogmas der Nachkriegszeit" zusammengefasst: „Revision der Friedensverträge und aller damit zusammenhängenden politischen und wirtschaftlichen Folgeerscheinungen". Davon war auch Stresemann Haltung „gegenüber dem europäischen Minderheitenproblem bestimmt [...]. Die Minderheitenfrage erscheine der deutschen Aussenpolitik als der geeignete Hebel zur Einleitung der Revisionsdiskussion [...] Die Behandlung des Minoritätenproblems als einer Aufgabe der deutschen Aussenpolitik hat ihn gezwungen, [...] eine rechtliche Regelung des bisher verneinten Problems dieser Minderheiten im Deutschen Reich anzustreben [...] Dabei mußte ihm jedoch der Erfolg versagt bleiben," weil „in Deutschland nicht nur nicht einmal die primitivsten Anfänge eines positiven Minderheitenrechts vorhanden waren, sondern sogar das minimale verfassungsmäßige Recht aus Artikel 113 der Reichsverfassung den Minderheiten vorenthalten wurde und noch heute vorenthalten wird." Deshalb „kann nicht eindringlich genug [...] gesagt werden, daß die Richtung der deutschen Aussenpolitik in der Minderheitenfrage keinen Frieden in Europa schaffen kann, weil ihre Tendenzen destruktiv sind." Die „Konsequenzen aus der bisherigen Erfahrung" sah Skala in einer „Behandlung des europäischen Minderheitenproblems [...] ohne aussenpolitische Spekulationen und ohne kulturpolitischen Imperialismus."[289]

Zum Umfeld, zur Sache und zur Person – temporäre Zusammenfassung

Ein höchst intensives Jahrfünft lag hinter Skala. Die Nationalitätenkongresse und ihre medialen Folgen, der Laubert-Prozeß, die Jugoslawienreise, Vorbereitung und Durchführung einer internationalen Informationstagung forderten den Politiker umfangreich. Die Ausarbeitung einer ausführlichen Analyse zur Situation der europäischen Minderheiten, die publizistische begleitung wichtiger Reden Stresemanns, die öffentliche Entlarvung des sorbenfeindlichen Zusammenwirken von Staat und katholischer Kirche, der journalistische Einsatz für seine sorbischen Landsleute sowie die notwendige Abwehr von Hetze, Lüge und Verleumdung zwangen den Journalisten zu schier unermüdlichen Einsatz. Wie fällt die Bilanz aus?

„Nach dem Scheitern des Putschversuches von 1923 hat die Ära der inneren Beruhigung und der äußeren Kooperation die politische, soziale und geistig-sychologische Anziehungskraft des Nationalsozialismus und seiner Bundesgenossen noch einmal spürbar gemindert. Aber die Beruhigungs- und Erholungszeichen dieser Jahre (1924 bis 1929) bedeuten eine trügerische Überbrückung des Dilemmas, sie erweckten Illusionen, deren Zusammenbruch ein um so tieferes Vakuum hinterließ. So stehen die die rasche Auflösung der Weimarer Republik und die nationalsozialistische Machtergreifung, der entscheidende Ereigniszusammenhang der folgenden Periode, im Zeichen der engen Verkettung innerer und äußerer Faktoren."[290]

Fünf „Goldene Jahre" hielt die auf schwachen Füßen stehende, vom Schuldenkarussell getriebene Weimarer Demokratie die Menschen bei guter Laune. In der Krise des Jahres 1929 suchte sie „Lösungen" in Steuererhöhungen und einer Welle von Lohn- und Einkommenssenkungen. Die aus der Kaiserzeit stammenden Eliten untergruben die neue Republik planvoll und zielstrebig. Die Justiz verweigerte der Republik und demokratisch-republikanischen Aktivitäten, wie z.B. Skalas minderheitspolitischem Tun, den Rechtsschutz. Die weitaus überwiegende Mehrheit der Richterschaft orientierte sich an Wertmustern der untergegangenen Monarchie, sah sich in Gegnerschaft zur Republik und bewirkte so eine, auch im Fall Skala die Grenze zur Rechtsbeugung überschreitende Einseitigkeit im Umgang mit (minderheits-)politischen Taten.[291] Die bei vielen Menschen vorherrschende „kalte Wut" auf das System verdichtete sich rasch zu einer hochexplosiven Mischung aus Existenzangst, Sündenbocksuche und nationalistischem Vorurteil. Diese Mischung erhielt durch rassistische Propaganda[292] neue Nahrung und erhöhte Gefährlichkeit.

Alle Regierungen der Weimarer Republik betrieben auf die Minderheiten bezogen eine Politik, als würde eine Revision der äußeren Grenzen und/oder mehr Rechte für die nach dem Krieg entstandenen deutschen Minderheiten im Ausland alle inneren Schwierigkeiten, darunter die mit den ethnischen Minderheiten im Inneren lösen. Die mitunter selektiv vollzogene

Gewährung partieller Rechte für ethnische Minderheiten war dabei immer nur die scheinbar milde Variante von Willkür. Tatsächlich war sie ein elementarer Verstoß gegen Sinn und Zweck von Minderheitenrechten, ein fundamentaler Angriff auf wesentliche Lebensbedingungen der Minderheit.

Das Weimarer Deutschland wurde zwischen 1925 und 1929 in dreifachem Sinne zu einer präfaschistischen Republik. Zum einen existierten, gespeist aus Tradition und Erziehung obrigkeitshörige und -gläubige Dispositionen in der Masse der Bevölkerung, die wenig später im „Führerkult" von Millionen Deutscher einen grausig-schauerlichen Höhepunkt fanden. Zum anderen – aber auch infolgedessen – trat die sog. „Mitte der Gesellschaft", die kleinen Angestellten, die kleinen Selbständigen, Teile der gesicherten Facharbeiter „nach unten" und radikalisierte so die Konkurrenz. Von dort waren es nur wenige Schritte bis zur gnadenlosen Selektion an der Rampe des KZ. Schließlich wurde, wie stets in Krisenzeiten, eine Möglichkeit zur Triebabfuhr gesucht. Gegen „die da oben" war sie nicht möglich, also ging es gegen Schwächere. So ließen sich dann Nackenschläge des eigenen Alltags leichter ertragen.

Für die Minderheitenpolitiker Europas waren die Jahre 1925–1929 Zeiten des Umbruchs, des Übergangs. Für die einen waren sie der Beginn des Abstieg, des Untergangs, der Niederlage, der ständig stärker werden Einschränkung ihrer Rechte. Für die andere bedeuteten sie Aufstieg, Sieg, Triumph. Beides führte letztlich zur exzessiven Ausweitung totalitären Unrechts.

Skala vollzog zwischen 1925 und 1929 einen intensiven sozialen und intellektuellen Prozess der Auseinandersetzung mit den vorgefundenen Verhältnissen, setzte dabei vieles fort, was sich schon in seiner Prager Zeit Anfang der 1920er Jahre zeigte und entwickelte schrittweise menschenrechtliche Anschauungen, die über seine Zeit hinaus weisen. Skalas praktisch-geistige Aneignung der gesellschaftlichen Wirklichkeit („Verinnerlichung") der Welt unterschied ihn zunehmend deutlicher von vielen Mitmenschen. Die große Mehrheit der Deutschen, aber auch nicht wenige Sorben trafen (selten linear, aber letztlich doch) die Grundentscheidung, vorgefundene Verhältnisse auf individuelle Weise zu stützen, zu stärken, zu reproduzieren. Das war (und ist) zumeist verknüpft mit ausgeprägtem obrigkeitsstaatlichen Denken. Teils gezwungen durch konkrete persönliche und berufliche Umstände, teils aus charakterlicher Veranlagung, wachem Verstand und starkem, ethnisch konzentriertem Gerechtigkeitsgefühl entschied sich Skala für die Alternative. Er wollte die ihn und sein Volk bedrückenden Verhältnisse kritisieren, ablehnen, schwächen, verändern, abschaffen. Nur neues Verhalten vieler Menschen, so dachte er, ändert alte Verhältnisse. Sein Streben, die deutschen Zustände zu ändern, war gepaart mit dem Mut, die Dinge beim Namen zu nennen. Er wusste aus Erfahrung, fehlt ein klar orientierendes Ziel, bleiben Unterdrückte in ihrer Ohnmachtssituation be- und gefangen, suchen bestenfalls nach individuellen Auswegen aus der misslichen Lage.

Im Ergebnis einer gründlichen Auseinandersetzung mit dem Fiasko der sorbischen Bemühungen, in den Friedensverhandlungen von Versailles, Minderheitenrechte für die Sorben zu erstreiten, sowie in scharfer Zurückweisung aller grenzrevisionistischen „Theorien" entwickelte Skala argumentativ, abwägend und konzeptionell denkend, seine Vorstellungen, wie die „sorbische Frage" ohne irredentistische Bestrebungen zu regeln sei. Fasst man seine Überlegungen dazu zusammen, dann ging es für Skala weiterhin um die Frage: Wie sollen Sorben (als Minderheit) und Deutsche (als Mehrheit) in einem Staat zusammenleben und wie sollen sie miteinander umgehen? Kern seiner Programmatik zum Ende der 1920er Jahre und aller grundsätzlichen minderheitenpolitischen und journalistischen Aktivitäten war die je nach Thema konkrete Suche nach Antworten auf eine Seite dieser allgemeingültigen Frage: Was müssen das sorbische Volk, seine führenden Persönlichkeiten, seine verschiedenen Organisationen und Institutionen tun, damit die Sorben gleichberechtigt, gleichgeachtet ihr Leben im deutschen Staat selbständig gestalten können? Immer klarer jedoch wurde in Skalas Artikeln und Reden dieser Jahre schon: die „sorbische Frage" hat noch eine zweite Seite. Vollständig zu beantworten ist sie erst, wenn auch gefragt wird: Was muss der deutsche Staat politisch und juristisch regeln,was für Bedingungen sind im Alltag zu schaffen, damit seine Staatsbürger sorbischer Nationalität Inhaber gleicher Rechte sind und nicht „Bürger zweiter Klasse" werden?

Skala wollte Emanzipation der Sorben, also Erhaltung und Entwicklung seines Volkes. Die Mächtigen seiner Zeit wollten Assimilation, also Zerstörung und Vernichtung. Weil er Minderheitenrechte durchsetzen wollte, war er kein Apologet des Bestehenden, sondern zeigte in seiner journalistischen Arbeit stets kritischen Bekennermut. Die kulturelle, traditionsbedingte, historische, sprachliche Verschiedenheit von Deutschen und Sorben lehnte er als Grund für die Nichtgewährung von Rechten strikt ab. Direkt und indirekt forderte er stattdessen rechtliche Gleichheit. Schonungslos verbreitete er Informationen über Unrechtsgeschehnisse. Wegen all dem begegnete ihm die politische Rechte und die minderheitenfeindliche Presse mit hasserfüllter Macht. Auseinandersetzungen mit ihnen nutzte er, um zu zeigen, nicht nur die alltägliche, von Minderheiten erlebte, erfahrene Rechtspraxis, sondern alle Rechtsbegriffe korrespondieren immer mit einem Menschenbild. Und umgekehrt, das jeweilige Menschenbild bedingt und bestimmt Rechtsbegriffe und Rechtspraxis. Kritik an der Berichterstattung großer deutscher Zeitungen über ethnische Minderheiten in Deutschland war (und blieb!) Teil seines emanzipatorischen Bemühens und die Menschenrechte ethnischer Minderheiten. Tatsachen und Wahrheit stellte er gegen Propaganda und Lügen. Auch wenn er damit (zeitlebens!) nicht oft erfolgreich war – er hat es sich nicht austreiben lassen. Von ständigem und übermäßigem Abducken hielt er nichts.

Skala wollte als Alternative zu den von ihm kritisierten Zuständen, dass große Teile des sorbischen Volkes einen eigenen und ständigen, politischen Einfluss auf den deutschen Staat ausübten. Ihm schwebte eine Gesellschaft vor, in der möglichst viele Menschen sich aktiv mit Politik beschäftigen. Im Unterschied zu anderen Führern des sorbischen Volkes setzte er nicht allein auf parlamentarische Initiativen, sondern strebte danach, die Sorbinnen und Sorben direkt einzubeziehen. Diese Form des demokratischen Sich-Einmischens fand zu seinen Lebzeiten zu wenig Anhänger.

Skalas Leitlinie in der redaktionellen Konzipierung der „Kulturwehr" hatte von Anfang an bis zum erzwungenen Ende zwei Fixpunkte: einerseits die Überzeugung, in den Beiträgen soll Realitätsbezogenheit so erkennbar sein, dass die Leserschaft ihre sozialen Umstände einordnen kann. Andererseits sollen die grundsätzlichen Beiträge zugleich Informationen mitteilen, die in der Alltagsnormalität mitunter übersehen werden. Skalas grundlegende Konzept seiner

Artikel und der von ihm veröffentlichten Autoren bestand nicht darin, eigene Meinungen mit benannter Realität zu dekorieren, sondern aus der möglichst lebensnah erfassten Wirklichkeit neue Einsichten zu gewinnen und zu propagieren So band Skala die „Kulturwehr" in die sozialen Konflikte und Kämpfe der Zeit ein und wurde deshalb von Freund und Feind ernst genommen. Hier geachtet, dort gehasst.

Skala wollte mit seiner journalistischen und politischen Arbeit verhindern, dass die Mechanismen der Gesellschaft die Menschen ruhig stellten und am Umbau der Gesellschaft uninteressiert machten. Als eine wichtige Verbindungs-, aber eben auch als Bruchstelle zwischen Verhalten und Verhältnissen sah Skala die öffentliche Meinung. Er erlebte, dass der Weimarer Staat die sorbische Minderheit schikanierte, drangsalierte, benachteiligte und dazu eine ihm genehme öffentliche Meinung (zumeist präventiv, gelegentlich erst hinterher) formte. Skala ahnte hellsichtig, dass diese sog „öffentliche Meinung" eine ganz erhebliche Bedeutung für die Kräfteverhältnisse in der Gesellschaft und folglich für die Auseinandersetzung um Minderheitenrechte hatte. Deshalb suchte er in den blinden und pauschalen Antislawismus, in die sorbenfeindliche Mentalität bürgerlich-harisäischer Selbstgerechtigkeit und in den preussisch-deutschen Nationalismus eine Bresche zu schlagen. In seinen Schriften drückte er aus, was andere unterdrückten. Er formulierte klar und unmissverständlich, was sein Volk und ihn bedrängte, andere jedoch verdrängten. Dazu zählte zuvorderst sein Streben, mit der Einforderung von Rechtsnormen das Verschwinden von Obrigkeitshörigkeit voranzubringen und umgekehrt, durch die Verringerung dieser Denkart und Haltung die Entwicklung zum Rechtsstaat zu befördern. Ihm war evident, dass Recht traditionell immer ein Recht über Menschen ist. Sein Engagement für Minderheitenrechte gründete sich auf die Überzeugung, diese Rechte als besondere Erscheinungsform der Menschenrechte sind vor allem Rechte der Menschen.

Davon ausgehend präzisierte Skala seine minderheitspolitischen und minderheitenrechtlichen Positionen. Klar und deutlich bekräftigte er sie immer wieder mit Bezug auf Art. 113 der Verfassung. Die **„dauernde eklatante Verfassungsverletzung"** komme zustande, weil keine der zur „Verfassungsaufsicht beauftragten Instanzen bisher auch nur den geringsten Versuch gemacht haben, diesen Zustand im Sinne eines Rechtsstaates zu ändern."[293] Als eine „Schädigung der (sorbischen – P.K.) Minderheitsangehörigen" sah er es an, dass für ihre Vor- und Familiennamen „in allen amtlichen Dokumenten [...] nur die germanisierte Form angewandt (wird)".[294] Beharrlich betonte er, wenn „man sich auf den Standpunkt stellt, daß Minderheiten überhaupt des Schutzes bedürfen – was durch niemand bestritten werden kann – dann bedürfen dessen alle Minoritäten".[295] Unermüdlich kritisierte er, dass deutsche Wissenschaftler „an einem mitten unter ihnen wohnenden [...] Volke, das einen individuell ausgeprägten Teil der für die europäische Geistesgeschichte wichtigen Westslaven darstellt, entweder achtlos vorbeigehen oder seine Existenz mit durchaus unwissenschaftlichem Raisonnement negieren."[296] Unbeirrbar hielt er fest, dass „Minderheitenrecht nicht ‚Sonderrecht', auch nicht ‚Ausnahmerecht' zugunsten der Minderheiten, sondern nur ‚spezifisches Recht' sein kann."[297]

Skala lehnte gewaltsamen Widerstand ab, bejahte und betrieb aber entschiedenen geistigen und ethischen Protest. Seine Forderungen nach Gewährung von Minderheitsrechten waren zugleich Ziele einer angestrebten Veränderung des gegebenen Rechtssystems. Er wusste, praktischen Wert gewinnen Verfassungsbestimmungen vor allem durch materielle Normen, Verfahrensregeln und Sanktionsregularien. Den deutschen Staat bewertete er als politisch rückständig, wenn bzw. weil er Teile der Bevölkerung diskriminierte, ihnen Rechte vorenthielt oder einschränkte. Skala stellte so versteinerte Verhältnisse intellektuell zur Disposition. Er hielt im Gegensatz zu seinen deutschnationalistischen Gegnern, die Verfassung weder für leeres Stroh noch für Klapperstorchglauben ewiger „Gutmenschen", sondern für den Grundsatzkatalog politischen Handelns. Er nahm ernst, dass in der Demokratie dem Volk die Macht gehört. Wenngleich das im Alltag immer schwierig ist, ist dennoch unter Demokraten Konsens, dass auf keinen Fall das Volk der Macht gehört. Verfassungskonform und mit dem Ziel, Minderheitenrecht als Menschenrecht durchzusetzen bekämpfte er jedweden Nationalismus, der sich stets gegen Demokratie und gegen die Gleichheit aller Menschen richtet.

Skalas Tätigkeit in der zweiten Hälfte der 1920er Jahre zielte im Kern darauf, Menschlichkeit zu einem Rechtsgut werden zu lassen, humanistische Ansprüche justiabel zu machen. Immer deutlicher wurde ihm dabei, das Recht auf Bewahrung, Schutz und Förderung der eigenen Kultur, Sprache und Tradition lässt sich nur tatsächlich wahrnehmen, wenn es gekoppelt ist mit dem Recht auf politische Selbstbestimmung.

Das vertiefte Studium von Skalas Artikeln in der „Kulturwehr" mit heutigem Blick wird zur Gewissheit führen, manches an den Positionen Skalas ist von der Zeit überholt und insofern gegenstandslos. Die zweifellos vorhandenen Begrenztheiten müssen deutlich gekennzeichnet werden. Mir scheint jedoch, als würden die meisten seiner Ideen und Anregungen in Deutschland und Europa erst noch einzulösen sein. Die von Skala ausgehenden Denkanstöße sind als Schätze des sorbischen Volkes und als europäisches Erbe erst noch umfassend fruchtbar zu machen. Hinweise auf manche Utopie in seinen Vorträgen, Artikeln oder der 1929er Deklaration zählen eher zu den Schätzen als zu den Grenzen. Denn damals wie heute gilt meines Erachtens, dass vor allem Utopien realistisch sind. Sie entspringen der notwendigen Empörung gegen Ungerechtigkeiten, weisen aber in jedem Fall über sie hinaus. Sie verneinen massiv und grundsätzlich die Verlängerung diskriminierender, unerträglicher Zustände, eröffnen aber zugleich neue Blicke auf die schrittweise Schaffung eines gerechteren Gemeinwesens. Nur Antihumanisten, egal ob in staatlichen Behörden, im Gerichtssaal oder in der Zeitungsredaktion hielten damals ein Nachdenken über bestehende Zustände hinaus für ein Vergehen „volksfremder" Störenfriede.

Sein prinzipieller Lösungsvorschlag für europäische Minderheitenprobleme – Loyalität der Minderheitsangehörigen dem Staat gegenüber und juristische Garantie der Gleichberechtigung der Minderheit und Förderung ihrer spezifisch ethnischen Merkmale durch den Staat – zeigte einerseits unter den obwaltenden Bedingungen zu Skalas Lebzeiten eine gewisse Begrenztheit. Andererseits – vor allem angesichts heutiger Existenzbedingungen nationaler Minderheiten – enthält er einen rationellen, weiter zu entwickelnden Kern. Dazu gehört z.B. die Überzeugung, dass die höchsten Rechte und Pflichten jedes Menschen sich nicht auf sein Staatsbürger-Sein reduzieren lassen. Daraus entsprang und entspringt bekanntlich oft Geringschätzung, Herabwürdigung, Unterdrückung, Vernichtung anderer Bürger des Staates und Bürger anderer Staaten. Darüber hinaus gehören die ideelle Anerkennung und praktische

Umsetzung des Willkür- und Diskriminierungsverbotes, des Gleichbehandlungsgebotes zu den Ansatzpunkten für Gegenwart und Zukunft.

Auch Skalas mutige Ablehnung von rechtsillusorischem wie rechtsnihilistischem Denken zählt dazu. Denn Skala machte gegenüber Freund und Feind deutlich, zuerst, allein und nur vom Recht alle Verbesserungen für das Leben der Minderheiten zu erwarten ist genauso lebensfremd und unpraktisch wie vom Recht nichts zu erwarten, es geringzuschätzen. Traditionelles Recht, egal ob Kirchenrecht, Fürstenrecht oder bürgerliches Recht ist als Herrschaftsinstrument entstanden und entwickelt worden, diente immer der Sicherung einer Ordnung. Minderheitenrecht als Teil der Menschenrechte ist – im völligen Gegensatz dazu – Recht des Einzelnen bzw. von Gruppen gegen Unterdrückung und Willkür.

Skala ging mit gesunder Rationalität an die Minderheitenrechte ran. Der Mensch ist zunächst ein biologisches Wesen. Er muss leben können, um ein soziales und politisches Wesen werden zu können. Insofern geht die physiologische Gleichheit der politischen Gleichheit als Staatsbürger voraus. Diese wiederum muss gestützt sein von Lebensverhältnissen derart, dass ein jeder und eine jede Arbeit, Wohnung, Nahrung, Bildung und sicheres Einkommen hat. Zweierlei Recht ist nicht hinnehmbar. Skala wollte eine Gleichheit aller Staatsbürger. Dabei ging es ihm kaum oder gar nicht um eine irgendwie geartete „Natur" des Menschen, auch nie allein oder zuerst um die von Christen betonte Gleichheit vor Gott. Ihm ging es um eine innerstaatlich verbriefte Garantie gegen Willkür und Unterdrückung, für Entwicklungs- und Entfaltungschancen der Angehörigen ethnischer Minderheiten.

Skala hatte die seltene Tugend, der seiner Meinung entgegengesetzten Raum zu geben, die eigene Argumentation daran zu schärfen und so den Leser zu eigenem Denken herauszufordern. Gegnerische Auffassungen exakt mitzuteilen, um sie dann exakt zu attackieren – das war eine von Skala bevorzugte Methode, die eigene Position (resp. die des Minderheitenverbandes) zu entwickeln. Fakten mitteilen, Wahrheiten unerschrocken verbreiten, das ist nicht nur Wein und Brot der Demokratie, es war auch Skalas minderheitspolitisches Credo. Unter seinen Gegnern waren auch Politiker, Beamte, Journalisten denen gegenüber es kaum möglich war, auf Dialog und Vernunft zu setzen. Ironisch-distanzierte Bewertung oder analytisch-scharfe Bloßstellung waren in solchen Fällen Skalas Mittel, seine minderheitsrechtlichen Positionen zu vertreten. Er war zuerst sich selbst unbequem, dann aber auch manch anderen.

Für seine Haltung und Standfestigkeit achteten ihn viele Demokraten in Deutschland und in europäischen Ländern, wenngleich offene Parteinahme tatsächlicher und potentieller Verbündeter zu selten war. Konservative und Chauvinisten hassten ihn wegen der Forderungen nach Gewährung von Minderheitsrechten schon in der Weimarer Republik. Seine feindlichen Gegenspieler in Regierungen, bischöflichen Ordinariaten, redaktionellen Stammtischen großer deutscher Zeitungen oder der Wendenabteilung hatten demokratische und friedenssichernde Implikationen von Skalas minderheitsrechtlichen Ansichten teils erahnt, teils verkannt. Manchmal praktizierten sie auch nur einen von Vorurteilen getragenen vorauseilenden Gehorsam.

Ein chinesisches Sprichwort besagt: Der Mensch, von dem wir sagen, er trug den Berg ab, war derselbe, von dem wir wissen, dass er vor langer Zeit anfing, kleine Steine wegzutragen. Skala und die von ihm verantwortete „Kulturwehr" gehören nicht zu denen, die den Berg der

Vor-Urteile gegen ethnische Minderheiten und ihre rechtliche Ungleichbehandlung wirklich abtrugen, aber gewiss sind sie bis heute Teil jener, die anfingen, hinderliche Steine zu kennzeichnen, zum gemeinsamen Wegtragen aufzufordern und es so den Mächtigen erschwerten, ihre Unrechtspolitik fortzusetzen. Schon die Thematisierung von Minderheitenrechten setzt ja ihre Be-Achtung voraus. Wer dies verweigert, negiert diese Rechte und die mit ihnen verbundenen Gerechtigkeitserwartungen.

Gerade weil Skala als Sorbe und minderheitenpolitischer Journalist zwar ein entschiedener Gegner der Germanisierung, aber auf keinem Auge blind war, lehnte er auch panslawistische Ideen ab. In beidem sah er zu Recht den Umschlag und Missbrauch patriotischer Gesinnung in Fremdenhass, die Ablehnung des anderen wegen seines Anders-Seins. Das Motto der von ihm verantworteten Zeitschrift, „Wahrer Humanismus ist frei von jedem Unterdrückungswillen"[298] leitete ihn als persönliche Überzeugung auch in den schwerer werdenden Zeiten der 1930er Jahre.

Das lassen drei – uns Heutigen bekannte – Fakten erahnen: Im November 1923, ein Jahr nach der Veröffentlichung von „Wo serbskich prašenjach", mitten in den Auseinandersetzungen um das Wendische Seminar, scheiterte, von der sorbischen Öffentlichkeit kaum beachtet, der Hitler-Putsch in München. Die NSDASP wurde reichsweit verboten.

Im Januar 1930 aber konstituierte sich in Thüringen die erste Landesregierung unter Beteiligung der NSDAP. Ein vermeintlich „kleiner Vorgang" kündigte tatsächliche „größere Vorkommnisse" an.

Denn weitere drei Jahre später feierten viele deutsche Staatsbürger, Deutsche und auch Sorben, den Beginn von Hitlers Machtinbesitznahme, die zwölfeinhalb schreckliche Jahre dauern sollte.

Anmerkungen, Quellen, Personalia

1   Auf dem Höhepunkt der Inflation war im November 1923 als neue Währung die „Rentenmark" geschaffen worden, ab Oktober 1924 war die „Reichsmark" gültiges Zahlungsmittel. Die neue Währung wurde zudem durch den Dawes-Plan (eine Art Marshall-Plan für die Weimarer Republik) gestützt. Die deutsche Wirtschaft erholte sich. Was damals den Akteuren unbekannt, z.T. unvorstellbar war, wir Heutigen wissen: das war nur ein vorübergehender Aufschwung, der der um 1929 beginnenden Krise der Weltwirtschaft nicht standhalten konnte.

2   Koalitionen kamen bis zum Mai 1928 nur unter Ausschluss der SPD zustande.

3   Das zeigte sich z.B. in der Aufhebung des Verbots der NSDAP am 14.2.1925 in Bayern, in der Veröffentlichung des ersten Teils von HITLERS Schrift „Mein Kampf" am 18.7. im Münchener Franz-Eher-Verlag sowie in der Gründung der SS (Schutzstaffel), die ursprünglich für den Personenschutz Hitlers gedacht war, sich aber zügig zu einer reichsweit tätigen militärischen Organisation entwickelte.

4   Der „Stahlhelm"; im Dezember 1918 von FRANZ SELDTE (* 29.06.1882 † 01.04.1947; 1933 bis 1945 Reichsarbeitsminister, seit August 1933 SA-Obergruppenführer und später Reichskommissar für den Freiwilligen Arbeitsdienst) als offiziell überparteiliche Organisation gegründet. Er und THEODOR DUESTERBERG (* 19.10.1875 † 4.11.1950) waren Vorsitzende. Der Verein war bewaffneter Arm der (DNVP), verwehrte ehemaligen Soldaten jüdischen Glaubens die Mitgliedschaft und bildete ab 1924 Heranwachsende und kriegsunerfahrene Männer militärisch aus, wurde dabei von der durch den Vertrag von Versailles auf 100.000 Mann begrenzten Reichswehr unterstützt. Seit 1928 trat der „Stahlhelm" offen republikfeindlich auf, wollte einen antiparlamentarischen Ständestaat in Deutschland errichten und den nächsten Krieg als Revanche für den vor 10 Jahren verlorenen vorbereiten. In der programmatischen sog. Fürstenberger Haßbotschaft" vom September 1928 hieß es u.a.: „Wir hassen mit ganzer Seele den augenblicklichen Staatsaufbau, seine Form und seinen Inhalt", weil er ein Hindernis dagegen darstellt, „unser geknechtetes Vaterland zu befreien, [...], den notwendigen Lebensraum im Osten zu gewinnen und das deutsche Volk wieder wehrhaft zu machen" (zitiert nach: HANS-ULRICH WEHLER: Deutsche Gesellschaftsgeschichte, Bd. 4: Vom Beginn des Ersten Weltkrieges bis zur Gründung der beiden deutschen Staaten 1914–1949, München 2003, S. 390f.). Grundforderungen des „Stahlhelms" waren die Schaffung eines „völkisch großdeutschen Reiches", die Bekämpfung der Sozialdemokratie sowie des „Händlergeistes des Judentums" und der demokratisch-liberalen Weltanschauung sowie die Vergabe führender Stellen im Staat an Frontsoldaten. (Siehe dazu: UWE SCHULTE-VARENDORFF: Kolonialheld für Kaiser und Führer. General LETTOW-VORBECK – Mythos und Wirklichkeit., Berlin 2006, S. 96). 1931 gehörte der „Stahlhelm" zu den Gründungsorganisationen der gegen die Weimarer Republik gerichteten Harzburger Front. Zusammen mit NSDAP und DNVP organisierte er den Volksentscheid gegen den Young-Plan.

     Am 24.2.1951 (dem Jahr, in dem u.a. in Bonn die Partei „Block der Heimatvertriebenen und Entrechteten" (BHE) auf Bundesebene gegründet wird, 27./28.1.; die sozialistische „Freie Deutsche Jugend" (FDJ) von der Bundesregierung mit der Begründung, sie sei verfassungswidrig, verboten wird, 26.6.; und ein Verbotsantrag der Bundesregierung gegen die Sozialistische Reichspartei (SRP) und die Kommunistische Partei Deutschlands (KPD) beim Bundesverfassungsgericht gestellt wird, 16.11.) wurde der „Stahlhelm" bei einer geheimen Zusammenkunft in Frankfurt am Main als „e.V." neu gegründet. Daran beteiligte sich u.a. der ehemalige Generalfeldmarschall

ALBERT KESSELRING. Ziel der Vereinigung ehemaliger Frontsoldaten und Offiziere ist es, den „Übelständen in Deutschland auf den Leib zu rücken". (vgl. u.a. Der SPIEGEL, Heft 40/1951). Alt- und Neonazis sowie Teile der rechtsextremen Szene knüpfen bis heute auch an die Ideologie des „Stahlhelm" an.

5 Auch der während der Pariser Vorortverhandlungen am 10.1.1920 gegründete Völkerbund konnte von seiner ersten Vollversammlung am 15.11.1920 an bis zu seiner Auflösung am 18.4.1946 nie die selbstgestellte Aufgabe lösen, strittige Probleme zwischen den Staaten und Nationen durch Verhandlungen zu lösen.

6 Der Vertrag von Rapallo wurde am 16.4.1922 am Rande einer Finanz- und Wirtschaftskonferenz in Genua zwischen dem Deutschen Reich und der Russischen Sozialistischen Föderativen Sowjetrepublik geschlossen. Er normalisierte die Beziehungen zwischen beiden Staaten, die dadurch auch ihre jeweils anders verursachte internationale Isolation durchbrechen wollten. Er stärkte zugleich die Position des Deutschen Reiches gegenüber den Siegermächten des Ersten Weltkrieges. Bei führenden Persönlichkeiten der SPD stieß er auf Widerwille und Widerstand. Rechtsextremistische Kreise lehnten die Vereinbarungen mit den Bolschewisten ab und hassten RATHENAU nicht mehr „nur" wegen seiner jüdischen Abstammung, sondern jetzt vor allem wegen dessen Vertragsunterzeichnung. Er wurde am 24.6.1922, wenige Monate nach Unterzeichnung des Vertrags, von Mitgliedern der rechtsextremen Organisation Consul ermordet.Die Siegermächte, allen voran Frankreich, lehnten den Vertrag prinzipiell ab, weil er die vertragsschließenden Staaten stärkte und die Abhängigkeit Deutschlands von ihnen verringerte. Zudem vermuteten sie, Deutschland und Russland würden eine Neuaufteilung des im Ergebnis von Versailles als Staat wiedergegründeten Polen planen.
Die Verträge von Locarno sind insgesamt 7 völkerrechtliche Vereinbarungen, die vom 5. bis 16.10.1925 im schweizerischen Locarno verhandelt wurden. Sie traten am 10.9.1926 mit der Aufnahme Deutschlands in den Völkerbund in Kraft. Die Verträge sicherten den territorialen status quo an der deutschen Westgrenze. Sie ließen zugleich Deutschlands Ostgrenzen offen, was allgemein den grenzrevisionistischen Kräften neue, zunächst nichtmilitärische, Handlungsmöglichkeiten eröffnete. Die tatsächlichen, wesentlichen Ziele Deutschlands enthält der Brief STRESEMANNS an den Ex-Kronprinzen WILHELM vom 7.9.1925.

7 * 10.5.1878 † 3.10.1929, betrieb nationalistische und revisionistische Politik, ohne offen aggressiv aufzutreten; nicht die Ziele unterschieden ihn von den Nazis, seinen innenpolitischen Konkurrenten und späteren Nachfolgern, sondern die Mittel und Methoden.

8 zitiert nach: SABINE BAMBERGER-STEMMANN: Der Europäische... a.a.O. S. 59. Im Brief vom 7.9.1925 an den ehemaligen Kronprinzen Wilhelm bezeichnete Stresemann Revision der deutschen Ostgrenze, Rückgewinnung Danzigs und Oberschlesiens sowie Anschluss Österreichs als Ziel seiner Außenpolitik. (siehe dazu: HEINZ DIETER SCHMID: Fragen an die Geschichte. Das 20. Jahrhundert, Berlin 1999, S. 36)

9 JAN SKALA im Gestapo-Verhör am 23.1.1938, in: BArch R3017 VGH/ Z-S 162 8J 198/38 g, fol. 3

10 gegründet am 27.8.1922; besaß in der Weimarer Republik bis zu 40.000 Mitglieder, war vor allem für die Erhaltung und Organisation des polnischen Grund- und Mittelschulwesen mit zwei polnischen Gymnasien in Bytom und Kwidzyn, das Pfadfinderwesen, die polnischsprachige Presse sowie die Erhaltung der polnischen Seelsorge tätig; lehnte die Zusammenarbeit mit deutschen Parteien ab, unterstützte eine eigene polnische Liste bei den Wahlen zum Preußischen Landtag und Reichstag; bis 1928 waren über diese Liste JAN BACZEWSKI und CZESŁAW KLIMAS Abgeordnete des Preußischen Landtages.

11 Mitglieder waren die nationalen Minderheiten der Dänen, Litauer, Sorben, Polen und Friesen

12 JAN SKALA im Gestapo-Verhör am 29.3.1938, in: BArch R3017 VGH/ Z-S 162 8J 198/38 g, Sonderband I, fol. 48. Der 1. Jahrgang erschien noch unter dem Titel „Kulturwille".

13 Etwa zu der Zeit begann BÖRRIES VON MÜNCHHAUSEN (* 20.03.1874 – † 16.03.1945) in der Zeitschrift „Volk und Rasse" sich aktiv an der der Durchsetzung des faschistischen Menschen- und Weltbildes zu beteiligen. Er promovierte 1899 zum Dr. iur.; war im Ersten Weltkrieg Oberleutnant im Königlich-Sächsischen Garde-Reiter-Regiment, arbeitete seit 1916 für die Auslandsabteilung der Obersten Heeresleitung; war von 1914 bis 1920 ehrenamtlicher Vorsitzender des Heimatbundes Niedersachsen; bewirtschaftete nach Ende des Krieges sein Gut im thüringischen Windischleuba; ab 1925 bei der Zeitschrift „Volk und Rasse" Schriftleiter der Beilage „Volk im Wort". Das Programm dieser Zeitschrift beschreibt der leitende Redakteur Dr. WOLFGANG SCHEIDT im Heft 1/1926 so: „Weil körperliche und seelische Merkmale das wesentliche einer Rasse ausmachten und die Kultur eines Volkes wesentlich von der rassischen Beschaffenheit eines Volkes abhinge, sollte ,Volk und Rasse' zur Überwindung der Kluft zwischen einer ,geisteswissenschaftlichen' Volkskunde und einer ,naturwissenschaftlichen' Rassenkunde beitragen."

„Lange vor 1933 näherten Volkskundler sich rassistischen Ideen und bemühten sich, diese in ihre eigenen Theorien zu integrieren. In einer Art ,Gesinnungsgemeinschaft' bestätigten Volkskundler und Rassentheoretiker sich gegenseitig in der Kritik an ,Entartungserscheinungen' der Moderne, glaubten an die ,Blutsgemeinschaft' von Stämmen, Völkern und Rassen und entwarfen mit der Glorifizierung des Bauern- und Germanentums eine rückwärts gewandte Utopie." […] „Aufsätze und Rezensionen belegen […] groß angelegte Untersuchungen mit dem Ziel, Unterschiede zwischen Stämmen und Rassen empirisch dingfest zu machen." […] „Man fürchtete um die ,Wehrkraft' des deutschen Volkes, […] und „um einen Schwächung des deutschen Erbgutes durch die Kinderarmut in den erbbiologisch ,wertvollen' Schichten". Zwar wurden „soziale Zusammenhänge nicht völlig ausgeklammert", aber Ursachenforschung und Lösungsvorschläge wurde entweder in dem „Vorbild der Tierzucht" oder – wobei das eine das andere nicht ausschließen musste – in „eugenischen Auslesemaßnahmen" gesehen. (zitiert nach: IRMGARD PINN: Die ,Verwissenschaftlichung völkischen und rassistischen Gedankenguts am Beispiel der Zeitschrift ,Volk und Rasse'; in: http://www.ssoar.info/ssoar/handle/document/18045)

BÖRRIES VON MÜNCHHAUSEN paßte hervorragend in das Credo dieser Zeitschrift. Er hatte seine antisemitischen Ressentiments schon 1924 in einem Beitrag für das „Deutsche Adelsblatt" dem Sprachrohr der Deutschen Adelsgesellschaft (DAG) ausgedrückt, wo er 1924 schrieb: „Eine Ehe zwischen Arier und Juden ergibt immer einen Bastard". Die DAG hatte 1920, also 15 Jahre vor der Nürnberger Rassegesetzgebung, in ihre Statuten bestimmt: „Wer unter seinen Vorfahren im Mannesstamme einen nach dem Jahre 1800 geborenen Nichtarier hat oder zu mehr als einem Viertel anderer als arischer Rasse entstammt, oder mit jemandem verheiratet ist, bei dem das zutrifft, kann nicht Mitglied der DAG werden."

Die dem Adelsgeschlecht von Ditfurth entstammende, aber dessen elitäres Denken ablehnende JUTTA DITFURTH stellte anlässlich der Veröffentlichung eines ihrer Bücher fest, der deutsche Adel huldigte, „lange bevor es die NSDAP gab einem rassistischen Antisemitismus. Der deutsche Adel war mit seinem Judenhass und seinem elitären Blutreinheitswahn eine frühe Quelle der NS-Ideologie und der Nürnberger „Rassengesetze". […] In den Augen des Adels trugen die Juden Schuld an allem: an der überalterten Agrarkultur der Großgrundbesitzer im 19. Jahrhundert, an der Niederlage im Ersten Weltkrieg, am Fall der Monarchie (1918), am Verlust immenser Privilegien, an jeder Wirtschaftskrise und am Aufbau der Weimarer Republik […] Nach dem Ersten Weltkrieg wurde (Börries von) Münchhausen zum „Rassenideologen" und verantwortlichen Redakteur der rassistischen Zeitung Volk und Rasse. Im Deutschen Adelsblatt erschien 1925 sein Grundsatztext „Adel und Rasse": der Sinn des Adels sei die „Menschenzüchtung", die „Reinrassigkeit des Adels" sei die „allerwichtigste Frage" des deutschen Volkes und jeder Tropfen „jüdischen Blutes" genüge, einen ganzen germanischen Stamm zu „bastardisieren". [...] Damit ist die Geschichte noch nicht zu Ende. Als die sächsische Stadt Kohren Sahlis – dort hatte MÜNCHHAUSEN das Rittergut Sahlis besessen –, meinen Urgroßonkel 2003 anlässlich eines Jubiläums feiern wollte, bat ich sie, den Antisemiten nicht zu ehren. Aber der Bürgermeister, der Stadtrat (darunter Nachfahren MÜNCH-HAUSENS) und Lokalhistoriker stellten sich gegen mich. Ich wurde öffentlich als „Netzbeschmut-zerin" beschimpft. Die Botschaft wurde verstanden. Ein Jahr später kaufte sich KARL HEINZ HOFFMANN, der Anführer der inzwischen verbotenen Wehrsportgruppe Hoffmann (WSG) und einer der brutalsten und bekanntesten deutschen Nazis, das frühere Rittergut Sahlis. Mitglieder der WSG waren an mehreren Attentaten beteiligt gewesen. Der jüdische Verleger SHLOMO LEVIN, ehemaliger Vorsitzender der israelitischen Kultusgemeinde Nürnberg und seine Lebensgefährtin FRIEDA POESCHKE wurden im Dezember 1980 in Erlangen ermordet. Die Tatwaffe gehörte Hoff-mann. Für den Anschlag auf das Oktoberfest in München 1980 ist wenigstens ein Mitglied von Hoffmanns Gruppe verantwortlich, damals starben 13 Menschen und 211 wurden zum Teil schwer verletzt. 1980 war die Wehrsportgruppe Hoffmann endlich verboten worden. HOFFMANN hatte viele Jahre im Gefängnis verbracht. Jetzt, 2004, begrüßten Lokalpolitiker ihn als neuen Eigentümer des Münchhausenschen Rittergutes. Die sächsische Regierung gewährte HOFFMANN 114.942,15 Euro Zuschuss für die Renovierung der Immobilie. Nicht genug. Schloss Win-dischleuba ist heute eine Jugendherberge, sie liegt nur wenige Kilometer vom Rittergut Sahlis ent-fernt. 2008 versammelten sich dort Nazis. Sie hörten Reden von HITLER und GOEBBELS und einer hielt eine Lobrede auf BÖRRIES FREIHERR VON MÜNCHHAUSEN. Zitiert nach: http://www.jutta-ditfurth.de/Baron-Juden-Nazis/BARON-Synopsis.pdf (22.10.2013)

14 JAN SKALA: Einleitung, in: Kulturwille. Zeitschrift für Minderheitenkultur- und Politik, Heft 1/1925, S. 1 [In allen Jahrgängen unter Skalas Redaktion bis 1936 fanden sich regelmäßig die Rubriken „Das europäische Minderheitenproblem" (grundlegende Analysen); „Die nationalen Minderheiten in Deutschland" (Alltag der Čechen, Dänen, Friesen, Lausitzer Sorben, Litauer und Polen); „Die nationalen Minderheiten in den Fremdstaaten" ab 1929 „[...] in den europäischen Staaten" (Einschätzungen und Berichte zu nationalen Minderheiten in der Čechoslowakei, Däne-mark, Estland, Griechenland, Italien, Jugoslawien, Lettland, Litauen, Polen, Rumänien, Sowjet-rußland, Ungarn, mitunter zu Belgien, Frankreich, Österreich und Schweden). Darüber hinaus formte er die in diplomatischen Kreisen, internationalen Behörden und Universitätsbibliotheken Europas gelesene Zeitschrift durch zahlreiche eigene grundsätzliche Artikel zu historischen, poli-tischen, rechtlichen Aspekten des Lebens der Sorben im deutschen Staat. Im Zentrum standen: Einforderung verfassungsgemäßer Rechte der nationalen Minderheit (vor allem Artikel 113 der Weimarer Verfassung); Kritik an der die Sorben benachteiligenden Schulpolitik in Preußen und Sachsen; Auseinandersetzungen mit chauvinistischen Auffassungen; Analyse von Parlaments-wahlen; Verbreitung von Positionen der Domowina, insbesondere ihre Deklarationen, Memoran-den und Eingaben an die Regierungen; Zurückweisung antisorbischer Entscheidungen der katho-lischen Kirche; Proteste gegen den „Bund Deutscher Osten" sowie gegen Strafversetzungen sor-bischer Lehrer und Pfarrer. Ergänzt wurde diese herausragende und stets sachlich begründete Part-einahme für die Sorben, in denen sich Skala als profilierter Minderheitenpolitiker auswies, durch meist kurze, oft mit „spitzer Feder" geschriebene Polemiken zu aktuellen Geschehnissen.

15 zitiert nach: JAN SKALA- ŁUŽIČAN: Wir und die deutsche Republik, in: Kulturwille, Heft 2/1925, S. 51

16 Jarres (DNVP, DVP) 38,8%/Braun (SPD) 29,0%/Marx (Zentrum) 14,5%/Thälmann (KPD) 7,0 %/Hellpach (DDP) 5,8%/Held (BVP) 3,7%/Ludendorff (NSDAP) 1,1%

17 Jan Skala- Łužičan: Wir und die…a.a.O., S. 51

18 zitiert nach: ebd., S. 52

19 ebd.

20 In dieser Mischung, sie enthält bis heute Gültiges, war er damals schon manch heutigem (tatsächlichen und selbsternannten) minderheitspolitisch Agierenden voraus.

21 Jan Skala- Łužičan: Wir und die…a.a.O., S. 50 (die lateinischen Worte meinen: „Wille des Königs/des Herrschers" oder „Wohl des Volkes")

22 ebd., S. 56 Der Verlauf der Geschichte bestätigte die Bewertung Hindenburgs durch den Verband nationaler Minderheiten Deutschlands. Mit dem Sieg der Rechtsparteien kam an die Spitze des Staates ein Mann, der diesen Staat ablehnte, weil ihm eine Republik unverständlich und wesensfremd war.

23 Hans Hermannsen * 11.7.1891 – † 21.10.1952, Volksschule, kaufmännische Lehre, Soldat, 1916 kaiserliche Marineverwaltung, bearbeitete ab Mitte der 1920er Jahre im Grenzpolizeikommissariat Staatsschutzdelikte hauptsächlich durch die Bespitzelung der dänischen Minderheit. Über deren Versammlungen berichtete er – zumeist an den Regierungspräsidenten von Schleswig – detailliert und mit großer Intensität über Interna. Als Spezialist der Politischen Polizei (das Grenzpolizeikommissariat war unter Hitler eine Einrichtung der Gestapo) wurde er 1935 zeitgleich NSDAP-Mitglied und Gestapo-Chef von Flensburg. Vor allem im Kampf gegen dänische und deutsche Kommunisten sowie beim Aufbau eines verzweigten staatspolizeilichen Spitzelnetzes beiderseits der deutsch-dänischen Grenze war er sehr erfolgreich. Unmittelbar nach dem Einmarsch faschistisch-deutscher Truppen in Dänemark wurde er am 20.4.1940 als „Beauftragter der Gestapo beim „Bevollmächtigten des deutschen Reiches für Fragen der inneren Verwaltung" nach Kopenhagen versetzt. Dort war er vorrangig für die koordinierte Kommunistenverfolgung zuständig. Folgerichtig avancierte er zum Leiter der Gestapo-Abteilung IV 1a beim Befehlshaber der Sicherheitspolizei und des SD, zuständig für die umfassende Bekämpfung kommunistischer Bewegungen. Hermannsen stellte im Dezember 1943 aus zuverlässigen Beamten seiner Dienststelle ein Erschießungskommando für verhaftete kommunistische Widerstandskämpfer aus Kopenhagen zusammen, befehligte noch Ende Februar 1945 eine Verhaftungswelle. Der US-amerikanische Chefanklägers in den Nürnberger Kriegsverbrecherprozessen, Robert W. Kempner, zählte ihn zu den wirksamsten Komplizen von Adolf Eichmann. Nach dem Krieg war Hermannsen zunächst für den dänischen Geheimdienst sowie für die englische Besatzungsmacht in Flensburg tätig. Sein Hauptaugenmerk richtete er dabei darauf, untergetauchte ehemaligen Gestapo-Agenten in Schleswig-Holstein zu finden und sie der dänischen bzw. englischen Justiz zuzuführen. 1948 übersiedelte er nach Hamburg, wo er seine herausragenden Erfahrungen als Kommunismusexperte und Geheimdienstspezialist sofort für den amerikanischen Geheimdienst einsetzte. Seine ganz spezielle Aufgabe bestand jetzt darin, vor allem unter den Mitarbeitern der Deutschen Reichsbahn in der DDR ein funktionierendes Netz von Spionen aufzubauen.

24 Staatsarchiv Dresden, Ministerium des Innern, Nr. 9638, S. 1 f

25 ebd. S. 2

26 So schrieb z.B. der lettische Journalist und Minderheitenpolitiker Paul Schiemann (* 17.03.1876 † 23.06.1944) Mitte 1925 u.a.: „Wie wenig der neue Rechtsgedanke des Minderheitenschutzes aber noch in den Organismus unseres politischen Lebens übergegangen ist, zeigt die Tatsache, daß in den fast 6 Jahren seit Annahme der Weimarer Verfassung im Deutschen Reiche

im Sinne einer praktischen Minderheitenpolitik eigentlich überhaupt noch keine Schritte unternommen worden sind." (Die nationalen Minderheiten Deutschlands. Rigasche Rundschau vom 27. Juni 1925, in: PAUL SCHIEMANN: Leitartikel, Reden, Aufsätze; Band II 1919–1933, Heft 9 Jan. bis Oktober 1925, hrsg. von HANS DONATH, Frankfurt a.M. 1989)

SCHIEMANN und SKALA werden sich bei den Nationalitätenkongressen begegnen und eine zeitlang Verbündete sein.

SCHIEMANN studierte Rechtswissenschaften in Dorpat und Berlin, arbeitete später eine Zeit lang als Theaterkritiker in Reval, bevor er Verantwortung in der Rigaschen Rundschau übernahm, deren Herausgeber er von 1919 bis 1933 war. In seiner journalistischen Arbeit warnte er vor der „völkischen Bewegung" in Deutschland ebenso wie vor der proletarischen Revolution in Rußland und strebte eine vollständige Demokratisierung des politischen Lebens an. Nach dem Ersten Weltkrieg entwickelte er sich zu einem anerkannten Minderheitpolitiker, der sich in manchen Positionen Ideen österreichischer Sozialisten wie KARL RENNER oder OTTO BAUER näherte. Er forderte u.a. bei den Europäischen Nationalitätenkongressen die Überwindung der Nationalstaaten und die Etablierung von Nationalitätenstaaten. Seine Zuversicht, die Interessen der nationalen Minderheiten rechtlich zu regeln und so Spannungen zu mindern währte jedoch nicht allzu lange. Nachdem in Europa faschistische Regime an die Macht kamen, traten auch die Auslandsdeutschen immer aggressiver auf und SCHIEMANN geriet mehr und mehr in die Isolation. Auch innerhalb der deutschen Volksgruppen verlor er an Einfluss. 1938 leitete an seiner Stelle KONRAD HENLEIN, Führer der Sudentendeutschen die Arbeit der Auslandsdeutschen. Er gab sein Mandat im lettischen Parlament auf, zog sich aus der inzwischen vom Auswärtigen Amt Deutschlands gestützten Rigaschen Rundschau zurück und gründete 1937 in Wien (zusammen mit EDUARD PANT und KARL KOSTKA) den „Deutschen Verband zur nationalen Befriedung Europas". Darin wollte er die noch nicht „gleichgeschalteten" deutschen Minderheiten zusammenführen, um der chauvinistisch-faschistischen Durchdringung der auslandsdeutschen Organisationen zu wehren. Nach der Besetzung Lettlands durch deutsche Truppen und der Umsiedlung von Deutschen „ins Reich" weigerte sich Schiemann, seine lettische Heimat zu verlassen. Während der deutschen Besatzung zeigte er erneut Zivilcourage und versteckte eine Jüdin. Vereinsamt und entkräftet starb er kurz vor dem Einmarsch der Roten Armee in Riga.

27 Staatsarchiv Dresden, Ministerium des Innern, Nr. 9638, 2f

28 Privatarchiv des Autors

29 ohne Fax und Internet; Angst vor geschriebenem und gesprochenem Wort ist offensichtlich ein Wesensmerkmal jeder politischen Polizei ebenso wie das Bemühen um schnellen Informationsaustausch

30 „nicht weniger als 600 Vertrauensleute des Instituts (sind) in der ganzen Welt seinen Interessen und Bedürfnissen dienstbar." Zitiert nach: Kulturwille, Heft 3/1925, S. 130

31 zitiert nach: STRESEMANN und das Minderheitenproblem, in: Kulturwille, Heft 2/1925, S. 49

32 ebd., S. 49f

33 * 2.1.1874 – † 7.9.1939 Mitglied des polnischen Sejm von 1922–1930; von polnischen Soldaten erschossen

34 NAUMANN informierte nebenbei, dass die Zeitschrift während der Tagung der Völkerbundligen in der Warschauer Universität von den Teilnehmern interessiert aufgenommen wurde

35 JSŁ: Ein „Offener Brief" aus Polen, in: Kulturwille 4/1925, S. 177–181

36 ebd.. S. 182–185

37 zitiert nach: Chronik. Mobilmachung. Zur Tagung des Auslandsdeutschtums, in: Kulturwille 3/1925, S. 127

38 ebd., S. 127f

39 Chronik, in: Kulturwille, 5/6 1925, S. 247f

40 * 3.1.1893 – † 15.4.1936

41 Seine Möglichkeiten und Grenzen, seine Entstehung, Veränderung und Zerrüttung sind nur verstehbar, wenn man sie einordnet in die Tätigkeit des am 10.1.1920 gegründeten (und am 18.4.1946 aufgelösten) Völkerbundes, in dem Deutschland am 8.9.1926 Mitglied wurde und auf Weisung HITLERS am 19.10.1933 austrat. Die 1919 in den Pariser Vorort-Verträgen geänderten Staatsgrenzen bewirkten u.a. eine stark angestiegene Zahl und Größe ethnischer Minderheiten. Der Völkerbund sollte neue Auseinandersetzungen zwischen ihnen verhindern, auf die europäische Nachkriegsordnung stabilisierend wirken und die Angehörigen von Minderheiten schützen. Sehr viele Staaten blockierten jedoch die Wirkung des Völkerbundes aus Angst um ihre nationale Souveränität. Eine internationale Organisation als Völkerrechtssubjekt anzuerkennen, war damals durchaus unüblich.

42 SABINE BAMBERGER-STEMMANN: Der Europäische Nationalitätenkongreß 1925 bis 1938. Nationale Minderheiten zwischen Lobbyistentum und Großmachtinteressen. Verlag Herder-Institut Marburg 2000 S. 2f

43 Zwischen 1925 und 1938 wurde jedes Jahr ein Kongress durchgeführt. Davor und danach gab es rege publizistische Auseinandersetzungen, die z.T. wesentlicher für die reale Minderheitenpolitik waren als die eher repräsentativen Jahrestagungen.

44 Zur Genfer Tagung der nationalen Minderheiten Europas. In: Kulturwille 7/1925, S. 276

45 ebd.

46 ebd., S. 275

47 ebd. S. 276

48 ebd. S. 277/„Dziennik Berliński", das Blatt der polnischen Minderheit in Deutschland kritisiert an der Vorbereitung des Kongresses allerdings, dass „nicht alle nationalen Minderheiten Deutschlands zu diesem Kongress geladen sind" und sah darin „Gefahren, die den Keim für neue Kämpfe und Zwistigkeiten bilden können" zitiert nach: Pressestimmen, in Kulturwille 7/1925, S. 311ff

49 „Die Geschichte des Europäischen Nationalitätenkongresses läßt sich, ..., in drei Phasen gliedern: 1) die Jahre 1925 und 1926 als die ‚Zeit der Unabhängigkeit'. Des Aufbaues der neuen Organisation, der weitgehend ohne fremde Hilfe und Finanzierung vonstatten zu gehen hatte und damit Perspektiven für eine effektive Vertretung aller beteiligten nationalen Gruppen, für ein europäisches Minderheitenparlament, eröffnete; 2) die Jahre 1927 bis 1932 als die ‚Zeit der Konsolidierung' von Organisation, Tagungsform, Personen, Kontakten, aber auch von Abhängigkeiten; 3) die Jahre 1933 bis 1937/38 als die ‚Zeit des Scheiterns', die den Europäischen Nationalitätenkongreß endgültig seiner Unabhängigkeit, für alle europäischen Minderheiten zu arbeiten, beraubte, und ihn zu einem außenpolitischen Hilfsmittel des deutschen Reiches und einiger weniger, mit diesem verbundener nationaler Gruppen werden ließ." SABINE BAMBERGER-STEMMANN: Der Europäische [...], a.a.O. S. 48f

50 Staat und Volkstum. Der Weg zum wahren Frieden. Die Eröffnungsrede Dr. P. SCHIEMANNS in Genf, Rigasche Rundschau vom 29. Oktober 1925, in: PAUL SCHIEMANN Leitartikel, Reden, Aufsätze; Band II 1919–1933, Heft 10 November 1925 – September 1926, hrsg. von HANS DONATH, Frankfurt a.M. 1989

51 „Das Deutsche Reich umfaßte mit der [...] polnischen Minderheit, den Dänen in Schleswig sowie den Wenden (Sorben) in Sachsen [...]ethnische Minderheitengruppen von insgesamt etwa 1,2 Millionen Menschen, ohne zunächst völkerrechtlichen Verpflichtungen zu unterliegen oder

über eine minderheitenschützende Reichsgesetzgebung zu verfügen." Malte Jaguttis/Stefan Oeter: Volkstumspolitik, Volkstumsarbeit und Minderheitenrecht in der Weimarer Republik, in: Christian Pan, Beate Sibylle Pfeil (Hrsg.): Zur Entstehung des modernen Minderheitenschutzes in Europa. Handbuch der europäischen Volksgruppen, Band 3, Wien/New York 2006, S. 221

52 Die Genfer Tagung der nationalen Minderheiten Europas, in: Kulturwille, 8/1925, S. 321

53 zitiert nach ebd., S. 326 [Grundsätze dieser Art finden sich in der FUEV-Charta, zudem ist hier von Skala die Idee eines eigenen Parlaments der Sorben in noch unscharfer Formulierung antizipiert]

54 Unübersehbar ist zugleich: Dies stand in mehrfacher Hinsicht den Interessen und Grundsätzen der Außen- und Innenpolitik des Deutschen Reiches entgegen. Zum einen hatte der deutsche Staat kein Interesse daran, dass die in seinem Land lebenden nationalen Minderheiten innenpolitisch aufgewertet und die faktische Begrenzung ihrer Rechte ins Licht der Öffentlichkeit gerieten. Zum anderen hatte das Deutsche Reich Mitte der 1920er Jahre noch ein starkes Interesse daran, dass sowohl ideologische „Betreuung als auch Finanzierung der deutschen Minderheiten im Ausland als auch die damit verfolgten Ziele ihre" im Halbdunkel blieben. Die bereits „1920/21 einsetzende Subventionspolitik des Reiches gegenüber den deutschen Minderheiten in Polen", die sich später auf alle deutschen Minderheiten im Ausland ausweitete, „erfolgte durch [...] wenige Dutzend von Personen der demokratischen Parteien und derjenigen Ministerien, aus deren Verfügungsfonds die Mittel entnommen wurden. Die Ausschaltung der parlamentarischen Kontrolle dieser Subventionen bereits Mitte der 20er Jahre ermöglichte den Nationalsozialisten nach der Machtübernahme eine leichte, umfassende Kontrolle und Verfügung über die Subventionsmittel und eine Umlenkung derselben auf die von ihnen vertretene politische Linie." Sabine Bamberger-Stemmann: Der Europäische [..] a.a.O., S. 38ff; weitere Informationen siehe: Martin Seckendorf, Deutsches Ausland-Institut Stuttgart – Eine Übersicht, in: http://www.2i.westhost.com/bg/1_6_1.html (28.8.2012)

55 Die Genfer Tagung der nationalen..., a.a.O. S. 327

56 zitiert nach: ebd., S. 327–334

57 Die Genfer Tagung der nationalen..., a.a.O. S. 335

58 Lutz Korodi * 15.9.1867 † 25.3.1954 Berlin; nach Philologiestudium in Bern, Bonn, München und Budapest zunächst Gymnasiallehrer in Kronstadt, seiner siebenbürgischen Heimat; schloss sich einer Bewegung an, die für einen Zusammenschluss aller Deutschen im östlichen Habsburgerreich eintrat und die Nachgiebigkeit von Politikern und gegenüber der ungarischen Regierung bekämpfte; war Schriftleiter der „Kronstädter Zeitung" (1893–1896 und 1899–1901) sowie Korrespondent von Berliner, Wiener und Münchner Zeitungen, in denen er vor allem die Magyarisierungsbestrebungen der ungarischen Regierung kritisierte; als Abgeordneter des ungarischen Reichstags (1901–03) pflegte er Kontakte zu deutschen Minderheiten auf dem Balkan. Um sich einer drohenden Verhaftung zu entziehen, ging er nach Berlin, wo er 1907–17 die Fontane-Schule in Schöneberg leitete; war tätig als ständiger Mitarbeiter der „Preußischen Jahrbücher", der „Täglichen Rundschau" und anderer Zeitungen; im „Verein für das Deutschtum im Ausland" führte er seinen Kampf für die Rechte der Deutschen in südosteuropäischen Ländern fort. Nach dem Ersten Weltkrieg wurde Siebenbürgen Teil Rumäniens und Korodi 1919 Staatssekretär im rumänischen Kultusministerium, wo er für den Aufbau des deutschen Schulwesens im Banat sorgte. Aufgrund von Differenzen mit Vorgesetzten wurde er als Lehrer an das deutsche Realgymnasium in Temesvar versetzt; der vorzeitigen Pensionierung kam er 1925 durch eine neuerliche Emigration zuvor und kehrte in den preußischen Schuldienst (Hannover, Berlin) zurück; unbeirrt

führte er seinen Kampf für die sog. Kulturelle Autonomie der Deutschen in Südosteuropa publizistisch weiter.

59 zitiert nach: Die Genfer Tagung der nationalen…, a.a.O., S. 335ff; Solche und ähnliche Meinungen sprachen viele Deutsche an. „Vor allem in den nationalkonservativ gesinnten Kreisen hatte sich nach der als Demütigung empfundenen Niederlage ein vom ‚oktroyierten‘ republikanischen Staat abgewendetes nationales Bewusstsein entwickelt. Dieses Empfinden einer überstaatlichen ‚deutschen Volksgemeinschaft‘ verband Deutsche im In- und Ausland und geriet zur ‚Ersatz-Größe für die verlorene Staatsherrlichkeit.‘“ MALTE JAGUTTIS/STEFAN OETER: Volkstumspolitik, Volkstumsarbeit und … a.a.O., S. 223 [Die Grundpositionen der Kongress-Gegner, alles zuerst und allein vom „deutschen Standpunkt“ aus zu bewerten, haben sich bis in heutige Konflikte erhalten.]

60 JAN SKALA – ŁUŽIČAN: Die gegenwärtigen minderheitspolitischen Strömungen unter den europäischen Minderheiten, in: Kulturwille, 7/1925, S. 283

61 ebd. S. 284

62 JAN SKALA: Die gegenwärtigen minderheitspolitischen Strömungen unter den europäischen Minderheiten, Teil III, in: Kulturwille, 9/1925, S. 385

63 ebd., S. 386 [Davon ist Europa auch heute noch weit entfernt, denn nach wie vor geistern Auffassungen von einer „höheren Kultur“ durch die europäische, darunter die deutsche politische Öffentlichkeit]

64 vgl.: Pressestimmen, in: Kulturwille, 7/1925, S. 309f [Für SKALA hatte diese Wertung „keineswegs mehr den Reiz der Neuheit und (vermag) deshalb auch niemand mehr zu interessieren.“ ebd. S. 310]

65 vgl. dazu Kapitel 2.1

66 JAN SKALA: Die „Wendengefahr“. Zur Abwehr unbewiesener Verdächtigungen, in: Kulturwille, Heft 2/1925, S. 58f [Gewiß im Zusammenhang mit dem Protest sorbischer Pfarrer gewährte Papst Pius XI am 23.5.1925 87 sorbischen Katholiken unter Leitung der Pfarrer DELAN und CYŽ eine Audienz. Zu vermuten ist, Bischof SCHREIBER wurde danach aufgefordert, seine Haltung zu prüfen. Er reagierte in bewährter Weise. Am 27.12.1925 hält er in Crostwitz vor der Gemeindeversammlung eine Rede mit Lob für die Achtung der sorbischen Muttersprache und Kultur. Darin heißt es u.a.: „Worin besteht das Volkstum? Antwort: In der Muttersprache, in den Volkssitten und Volksgebräuchen, in der heimatlichen Scholle.“ Nach einem biblischen Exkurs, wonach die verschiedenen Sprachen eine Strafe Gottes für den Hochmut der Menschen seien, hält er es für notwendig, den Sorben zu sagen: „Gott hat nämlich, wie überall so auch hier, aus dem Bösen, aus der Verschiedenheit der Sprache, wieder Gutes hervorgehen laßen. Er hat es gefügt, daß die Muttersprache in Verbindung gekommen ist mit vielen Dingen, die Gott wohlgefällig sind, die unserer Seele nützen, die uns vor allem Bösen bewahren, die unser Herz erfreuen und erheben. Das gilt besonders von eurer Muttersprache, liebe katholische Wenden.“ Dass darin eher die „Mehlpfote“ des Wolfes zum Täuschen der Geißlein als ein echter, ehrlicher Erkenntnisprozess zu erkennen ist, verdeutlicht die klar gegen Pfarrer DELAN und auch gegen SKALA gerichtete Formulierung, wonach „die Gründe, die sie für die Liebe zum Volkstum angeben, und die Art und Weise, wie sie ihr Volkstum vertreten, können uns nicht gefallen. Denn in beiden Hinsichten stehen sie nicht auf dem Boden der göttlichen Offenbarung und des christlichen Gesetzes.“ Abschließend heißt es dann: „Ein Volk, das sein Volkstum, seine Muttersprache, seine Sitten und Gebräuche, seine Heimatscholle in dieser gottgefälligen Weise pflegt, wird bei allem festhalten an seiner Eigenart niemals die christliche Liebe gegen die Nichtvolksgenossen verletzten. Es wird vielmehr Verständnis haben auch für

fremde Muttersprache, für fremde Sitten und Gebräuche, für die fremde Scholle." (zitiert nach. Eine Kirche – zwei Völker ... a.a.O.; S. 423–428) Sicherlich nicht nur Leser mit dem Blick aus dem 21. Jahrhundert, sondern auch damalige Zeitgenossen wären geneigt gewesen, solchen Worten Gehör und Glauben zu schenken, wenn vom Bischof ein ähnliches Wort an die in der Lausitz lebenden Katholiken deutscher Sprache zu hören gewesen wäre. Selbst längeres Nachforschen ergab stets: Fehlanzeige.

67 Jan Skala: Konstituierung des Volksrates, in: Kulturwille 9/1925, S. 401f (Entgegen Skalas Erwartungen entwickelte sich der Volksrat jedoch nie so recht als insgesamtorganisatorisches Zentrum. Er wurde nicht zu einem die Sorben einigenden und der Regierung als autorisierter sorbischer Interessenvertreter gegenübertretenden Gremium. So erlangte er auch keinerlei Einfluss auf die deutsche Minderheitengesetzgebung.)

68 Gleich zu Beginn seines Wirkens bezeichnete er öffentlich die Mörder Rathenaus als „vaterländisch gesinnte Vorbilder"; vgl.: M. Broszat: Die Anfänge der Berliner NSDAP 1926/27, in: Vierteljahreshefte für Zeitgeschichte, Heft 8/1960, S. 101f

69 Jan Skala – Łužičan: Mussolini – Stresemann, in: Kulturwehr 3/1926, S. 121

70 ebd., S. 121f

71 siehe dazu Kap. 1

72 Jan Skala – Łužičan: Mussolini – Stresemann, a.a.O., S. 122ff

73 Der bayerische Ministerpräsident hatte die Situation der deutschen Minderheit in Italien beklagt. Mussolini sah sich zu scharfen Worten gegen den Umgang Deutschlands mit seinen nationalen Minderheiten veranlasst. (vgl. auch Jan Skala: Mussolini oder Stresemann?, in Weltbühne, Heft 8/1926, S. 279)

74 Jan Skala: Mussolini oder...a.a.O., S. 281

75 Jan Skala: Einleitung, in Kulturwille 1/1925, S1

76 Stresemann und das Minderheitproblem, in: Kulturwille, Heft 2/1925, S. 49f

77 Jan Skala: Mussolini oder...a.a.O., S. 281f [Sachlich falsch ist in deshalb die Meinung: „Der Redaktion der ‚Kulturwehr' blieb es vorbehalten, nicht nur unangemessene Vergleiche zur innerdeutschen Volksgruppenpolitik, die auf gänzlich anderen Voraussetzungen beruhte, zu ziehen, sondern darüber hinaus noch Verständnis für die italienischen Gewaltmaßnahmen erkennen zu lassen." Rudolf Michaelsen: Der Europäische Nationalitäten-Kongreß 1925–1928. Aufbau, Krise und Konsolidierung, Frankfurt am Main 1984, S. 166]

78 von 1939 bis zu seinem Tode 1958 Papst Pius XII.

79 zitiert nach: Berichte. Lausitzer Serben, in: Kulturwehr Doppelheft 7/8 1926, S. 325

80 Ausführlich in: Peter Jan Joachim Kroh: Nationalistische Macht und ..., a.a.O. S. 85–90

81 gemeint war der katholisch-tschechische (sic) Turnverein „Orel"/Adler/ –.P.K.

82 Vgl.: Eine Kirche – zwei Völker ... a.a.O., S. 445ff

Hoj horje serbski Sokole,	Steig hoch, du sorbischer Falke,
Hoj horje, leć na straž!	flieg hoch und flieg zur Wacht!
Nad Błóta, pola, nad hole,	Über den Spreewald, Felder und Heide,
O leć, štož mocy maš!	o flieg, so weit du kannst!
Přec dale, dale, wyše, słyš,	Immer weiter, weiter und höher flieg,
Nad serbske hory leć,	über die sorbischen Berge steig,
Hač do mróčeli dorazyš,	bis du an die Wolken stößt,
Wšěch Serbow k sebi zwjedź.	alle Sorben führ zusammen.

Hoj, horje, serbski Sokole,	Steig hoch du sorbischer Falke,
A njewjedra wšě zlem!	und zähme alle Wetter!
O słowjanski ty posole,	O du slawischer Bote,
Zbudź cyłu serbsku zem'!	erwecke die sorbische Erde!
Přec dale, dale, wyše, słyš,	Immer weiter, weiter und höher flieg,
A ty so njepodaš!	und du ergibst dich nicht!
Ty z křidłom tam, my z pažu tu,	Dein Flügel dort, unsere Schulter hier,
Smy młódna naša straž.	du bist unsre junge Wacht.

83 Die dann doch zum Kongress reisenden 150 sorbischen Sokoł-Turner verließen Prag vor der Abschlusskundgebung, um eine weitere Eskalation des Konflikts zwischen Kirchenhierarchie und Mitgliederbasis zu vermeiden. Das war insofern ein kluger Entschluss, als sich der Serbski Sokoł einerseits nicht dem Verbot des Nuntius beugte und andererseits nicht selbst zur unnötigen Zuspitzung des Konflikts beitrug.

84 nach Stil- und Argumentationsvergleich ist mit höchster Wahrscheinlichkeit Jan Skala der Autor

85 Berichte. Lausitzer Serben, in: Kulturwehr, Doppelheft 7/8 1926, S. 324

86 ebd.

87 ebd. S. 326 (lat.: im Notwendigen die Einheit, im Zweifel die Freiheit, in allem die Nächstenliebe). Die Kulturwehr las man auch im bischöflichen Ordinariat. Es nahm im August 1926 dazu öffentlich Stellung: „Das Ordinariat, dem in erster Linie die Pflege der Religion und der kirchlichen Gesinnung obliegt, konnte und kann nicht wollen, daß irgendwelche nähere Beziehungen zwischen den genannten wendischen und tschechoslowakischen Organisationen sich entwickeln, da der tschechoslowakische ‚Sokol‘ vielfach vom Geiste der religiösen Unduldsamkeit und Kirchenfeindlichkeit beherrscht ist" Gegen den Vorwurf der Einseitigkeit wehrt sich der Bischof mit Worten, die geradezu ein Eingeständnis sind: „Es ist darüber nichts bekannt geworden, daß in dem deutschen Turnverein Jahn usw. eine antikirchliche, religiös intolerante Gesinnung vorherrsche, [...] weswegen „das Ordinariat bisher keine Veranlassung gehabt (hat), irgend eine diesbezügliche ausdrückliche Warnung zu erlassen, sollte auch die Leitung derselben in Händen deutscher kirchenliberaler oder freimaurerischer Personen liegen." (Stellungnahme des bischöflichen Ordinariats zum Artikel „Lausitzer Serben. Die Kirche gegen die Minderheiten" in der Zeitschrift Kulturwehr, zitiert nach: Ein Kirche – zwei Völker ... a.a.O., S. 451ff)

88 Tagungen, in: Kulturwehr, Doppelheft 7/8 1926, S. 329

89 „gegründet 1919, Sitz Berlin, 1925: 50.000 Mitglieder in 9 Landesverbänden, bezweckt die ‚Zusammenfassung aller ostdeutsch interessierten Kreise auf nationaler Grundlage zur Pflege der Heimatliebe und Förderung ostdeutscher Kultur‘ Er ist zugleich amtlich anerkannte Interessenvertretung für ostmärk. Flüchtlinge. Zeitschrift: ‚Ostland‘ (seit 1919)"; zitiert nach: Meyers Lexikon, Siebente Auflage, Dritter Band Conti – Engmäuler, Leipzig 1925, S. 560

90 Tagungen, in: Kulturwehr a.a.O., S. 330

91 „völkischer Schutz- und Werbeverein"; „ist bemüht, die außerhalb der Reichsgrenzen wohnenden Deutschen bei ihrem Volkstum zu erhalten…durch dauernde Belebung des Deutschbewusstseins in allen Volksschichten"; zitiert nach: Meyers Lexikon, Siebente Auflage, Erster Band A – Bechstein, Leipzig 1924, S. 369f

92 Tagungen, in: Kulturwehr a.a.O., S. 331

93 Jan Skala – Łužičan: Kulturautonomie, in: Kulturwehr, 2/1926, S. 50ff

94 - ska -: Pressestimmen, in: ebd. S. 90

95 Minderheitenkongreß 1926, in: Kulturwehr, Doppelheft 7/8 1926, S. 292f

96   Pressestimmen, in: ebd. S. 351

97   Leo Motzkin (auch Leon Mozkin), * 6.12.1867 † 6.11.1933 bedeutender zionistischer Führer und Vorkämpfer des modernen Minderheitenrechts. Er wurde in einem traditionellen jüdischen Elternhaus groß und musste in seiner Kindheit den Kiewer Pogrom des Jahres 1881 hautnah miterleben. Er legte das Abitur in Berlin ab und studierte ebendort Mathematik. 1887 gehörte zu zu den Gründern der Russisch-jüdischen Wissenschaftsgesellschaft. (Das Mitglied Chaim Weizmann nannte den Verein später „Wiege der zionistischen Bewegung".) Motzkin nahm am ersten Zionistischen Kongress teil, wurde Mitglied der Zionistischen Organisation. Vor dem Zweiten Kongress war er im Auftrage Herzls in Palästina, um die seinerzeitigen Siedlungsaktivitäten zu untersuchen und zu bewerten. 1905 gab er in Berlin anonym die „Russische Korrespondenz" heraus, in der er vor allem das Leben der Juden und antijüdischen Ausschreitungen behandelte. 1909 bis 1910 gab er – Antisemitismus und Judennot vor Augen – ein Buch über „Die Judenpogrome in Russland" heraus. Darin schildert er die Geschichte antijüdischer Gewalttätigkeiten seit Beginn des 19. Jahrhunderts und betont die Notwendigkeit jüdischer Selbstverteidigung. Während des Ersten Weltkrieges leitete Motzkin das Kopenhagener Büro der Zionistischen Organisation. Nach Kriegsende forderte er von der Zionistischen Organisation, den Blick auf die Wahrung der bürgerlichen Rechte der Juden in der Diaspora zu richten. Er spielte eine führende Rolle bei der Gründung des Komitees der jüdischen Delegationen zur Pariser Friedenskonferenz. Dieses Komitee wurde später eine ständige Einrichtung des Völkerbundes. 1925–1933 war Leo Motzkin Präsident der Zionistischen Weltorganisation (WZO, ab 1926 auch Mitglied des Präsidiums des Europäischen Nationalitätenkongresses und einer seiner Vizepräsidenten. Als die Nazis in Deutschland an die Macht kamen, engagierte er sich für die Interessen der deutschen Juden und versuchte den Völkerbund zum Einschreiten zu bewegen. Sein Auftreten war durch ausgeprägten Gerechtigkeitssinn und soziales Einfühlungsvermögen gekennzeichnet. Als der Europäische Nationalitätenkongress durch die Auslandsdeutschen, die in verschiedenen Ländern eine Minderheit bildeten, unter Druck nationalistischen Druck gesetzt wurde, lehnte er es ab, die Situation der deutschen Juden auf diesem Kongreß zu beraten und zog sich aus der Arbeit des Kongresses zurück. Motzkin starb in Paris während er unermüdlich versuchte, politische und finanzielle Hilfen für die deutschen Juden zu erlangen. Die Stadt Kirjat Motzkin im Norden Israels ist ihm zu Ehren benannt.

98   Der 2. Kongress der nationalen Minderheiten Europas, in: Kulturwehr 9/1926, S. 373 und 380

99   Josip (Josef) Wilfan * 30.8.1878 – † 8.3.1955; slowenischer Anwalt, Politiker und Menschenrechtler; Schulbesuch in Triest (damals größte Hafenstadt der kuk.-Monarchie) und Dubrovnik, daher slowenisch und kroatisch sprechend; Studium der Rechtswissenschaften in Wien, seit der Jugend Mitglied im slowenischen Sokol; Anfang der 1920er Jahren einer der politischen Führer der slowenischen und kroatischen Minderheit in Italien; regelmäßiger Kolumnist der Zeitung „Edinost", einer Zeitschrift der Slowenen an der österreichischen Küste, kritisierte darin den italienischen Irredentismus, rief zur friedlichen Nachbarschaft der Nationalitäten in der Habsburger Monarchie auf; 1921 Mitglied des italienischen Parlaments; mehrfacher Kontakt mit Mussolini, um ihn zu einer versöhnlichen Politik gegenüber den Minderheiten zu bewegen; lebte ab 1928 in Wien, nach der deutschen Besetzung Österreichs zog er nach Belgrad.

100   zitiert nach: Kulturwehr 9/1926, S. 376f

101   ebd., S. 378f

102   ebd., S. 380ff

103   ebd., S. 384 [Überaus beachtlich sind diese Positionen insofern, als 22 Jahre danach die Allgemeine Erklärung der Menschenrechte vom 10.12.1948 festhält, dass alle Menschen „gleich an Würde

und Rechten" sind und „einander im Geiste der Brüderlichkeit begegnen (sollen (Art. 1); dass bei der Inanspruchnahme dieser Rechte keine „Unterscheidung, wie etwa nach Rasse, [...], Sprache [...] nationaler oder sozialer Herkunft" gemacht werden darf (Art. 2); Jeder und jede „Anspruch auf Gedanken-, Gewissens- und Religionsfreiheit" (Art. 18) sowie ein „Recht auf freie Meinung und Meinungsäußerung" (Art. 19) hat; Jeder und jede Anspruch darauf hat, „in den Genuß der für seine Würde und die freie Entwicklung seiner Persönlichkeit unentbehrlichen wirtschaftlichen [...]Rechte zu gelangen (Art. 22).].

104 ebd., S. 390–397 (Wie ernst die Delegierten des Verbandes nationaler Minderheiten Anliegen und Ziel des Kongresses nahmen, belegt u.a. das Auftreten des Delegierten Pfarrer Cyž auf dem Herbstkonzert des Verbandes der lausitz-serbischen Gesangvereine in Bautzen. Er sagte dort vor „nahezu 2000 Menschen – unter denen sich erfreulicherweise auch viele deutsche Mitbürger befanden – „ u.a.: „Das Volkstum der Lausitzer Serben ist zum Verfall und Untergang verdammt, wenn dem Volk nicht seine Volks- und Mittelschule gewährt werde." Der Genfer Kongreß, so Cyž weiter, „(brandmarke) jede durch die Staaten und ihre Mehrheiten betriebene Entnationalisierungstendenz als gegen die öffentliche Ordnung Europas verstoßend." (zitiert nach: Kulturwille 12/1926, S. 536f)

105 zitiert nach: Kulturwille 9/ 1925, S. 398106; Pressestimmen, in: Kulturwehr 6/1926, S. 276

107 Tageszeitung der polnischen Minderheit in Deutschland

108 zitiert nach: Kulturwille 7/1925, S. 311

109 Pressestimmen, in: Kulturwehr 6/1926, S. 275

110 zitiert nach: Der 2. Kongress der nationalen Minderheiten Europas, in: Kulturwehr 9/1926, S. 385ff

111 ebd., S. 388f

112 * 13. April 1894 – † 30. September 1958

113 Brief Jan Skalas vom 18.9.1926 an J. Oldsen, Lindholm, Arkiv Dansk Generalsekretariat for Sydslesvig I 61.24.019–2, Kopie im Besitz des Autors

114 Brief von Jan Skala vom 28.9.1926 an J. Oldsen, Dans Centralbibliotek for Sydslesvig, Nachlass J. Oldsen. [Ein Schlaglicht auf die damalige (minderheiten)-politische Situation, aber auch auf Skalas illusionsfreien Umgang damit wirft der auf die allumfassende Schnüffelpraxis sich beziehende Schlusssatz im Brief: „Auf alle Fälle wird es sehr gut sein, wenn Du spätestens am Sonnabend nach Berlin kommst, damit evtl. Informationen usw., die bei der bekannten ‚Zensurfreiheit' unserer Korrespondenz sonst verschwinden, am besten ermöglicht werden."]

115 Resolution des Friesisch-schleswigschen Vereins, in: Kulturwehr, 10/1926, S. 421

116 W. L. Andresen: Nordfriesisches Schicksal, in: ebd.

117 J. Oldsen: Friesen gegen Friesen, in: ebd. S. 438ff [Vieles davon klingt, als sei es auch für die Sorben – damals und heute – gesagt]

118 Von einem Lausitzer Serben: Die friesische Minderheit, in: ebd. S. 445f

119 Das zeitgenösische Meyers Lexikon, Siebente Auflage, Leipzig 1924, Erster Band, S. 699 definiert dies heute sehr ungebräuchliche, aus dem Griechischen kommende Wort „Apostata" als „der Abtrünnige"

120 Von einem Lausitzer Serben: Die friesische ... a.a.O., S. 446 [In der Tat, damals und heute fanden und finden sich Abtrünnige, die sich eher der Mehrheit anpassen als Interessen und Rechte der ethnischen Minderheit zu verfechten, der sie angehören. Bis heute ist es ebenfalls Praxis, dass man aktiven Vertretern der Minderheitsrechte nationalistisches und landesverräterisches Tun unterstellt.]

121 Jan Skala: Der Genfer Minderheiten-Kongreß. Die Arbeit des Kongresses und ihre Bedeutung, in: Kulturwehr 12/1926, S. 517ff

122 Er lautete: Das Reich hat die ausschließliche Gesetzgebung über: 1. die Beziehungen zum Ausland; 2. das Kolonialwesen; 3. die Staatsangehörigkeit, die Freizügigkeit, die Ein- und Auswanderung und die Auslieferung; 4. die Wehrverfassung; 5. das Münzwesen; 6. das Zollwesen sowie die Einheit des Zoll- und Handelsgebiets und die Freizügigkeit des Warenverkehrs; 7. das Post- und Telegraphenwesen einschließlich des Fernsprechwesens.

123 J.S.-Ł: Anträge der nationalen Minderheiten in Deutschland an die Reichsregierung, in: Kulturwehr, 3/1926, S. 97f

124 zitiert nach: Kulturwehr, 4/1926, S. 145

125 zitiert nach: Kulturwehr, 7/8/1926, S. 289

126 Pressestimmen, in: ebd. S. 357

127 „Der wendischsprachigen arbeitenden Bevölkerung muß die Möglichkeit gegeben werden, die ihrem Volksstamm eigentümlichen und nützlichen sprachlichen und kulturellen Werte zu erhalten und zu entwickeln. Alle sozialen und politischen Nachteile, die der wendischsprachigen Bevölkerung infolge ihrer geographischen Einschließung in deutschsprachigem Gebiet entstehen, sind sofort zu beseitigen. Der Landtag wolle deshalb beschließen: 1. Die Regierung hat dafür zu sorgen, daß alle Behörden im wendischen Sprachgebiet neben der deutschen Sprache die wendische Sprache als Verkehrsprache mit der Bevölkerung benutzen. Jeder Verstoß in dieser Beziehung ist streng zu bestrafen. 2. Im Schulunterricht ist die wendische Sprache als Unterrichtssprache einzuführen ..." Antrag der Kommunistischen Fraktion im Sächsischen Landtag vom 17.2.1927, zitiert nach: Landtagsakten 1926/1927 Berichte, S. 133

128 JAN SKALA: Ein Antrag der sächsischen Kommunisten zum Minderheitenrecht. Der erste konkrete Antrag einer deutschen Partei in einer gesetzgebenden Körperschaft, in: Kulturwehr, 3/1927, S. 109ff [Es ist nicht zu beweisen, aber es kann berechtigt vermutet werden, dass Skala Heines „Vermächtnis" kannte. Der dachte bekanntlich einerseits mit „Schauder und Schrecken" daran, wenn „diese finstern Bilderstürmer zur Herrschaft gelangen werden." Und bekannte andererseits „mit Freimut", aus „Haß gegen die Parteigänger des Nationalismus könnte ich den Kommunisten fast meine Liebe zuwenden." (zitiert nach: HEINES Werke in fünf Bänden, Berlin und Weimar 1978, S. 467ff)]

129 JAN SKALA: Lausitzer Serben und sächsische Regierung, in: Kulturwehr 8/1927, S. 361ff

130 ebd., S. 374ff

131 Eine solide dokumentierte, ausführlich kommentierte Darstellung und Akzeptanz der Positionen Skalas zur Schulpolitik für die Minderheiten findet sich in: Marianne Krüger-Potratz: „Fremdsprachige Volksteile" und deutsche Schule: Schulpolitik für die Kinder der autochthonen Minderheiten in der Weimarer Republik, Münster, München New York 1998

132 zitiert nach: -SKA-: Minderheitenrechte und deutsche Presse, in: Kulturwehr 2/1928, S. 58ff [Dieses Argumentationsmuster – entweder die Legitimation abzustreiten oder dem Streben nach Bewahrung von Kultur, Geschichte, Sprache hochverräterische Absichten zu unterstellen – findet sich bis in die Gegenwart]

133 ebd., S. 67

134 LNN vom 11.1.1928, zitiert nach: ebd. 2/1928, S. 68 [Der Wunsch, die minderheitspolitischen Aktivitäten des Verbandes in der Person SKALAS an den Oberreichsanwalt abzugeben, erfüllte sich wenige Jahre später.]

135 ebd., S. 70ff

136 -SKA-: Minderheitenrechte und deutsche Presse, in: ebd., S. 68f (gesperrt im Original)

137 Nach beiden Seiten hin hatte er schon zwei Jahre zuvor geschrieben: „Aber gerade die Lage der Lausitzer Serben wird einmal eine Stellung innerhalb des Problems der nationalen Minderheiten

einnehmen, bei deren Erörterung ich als deutscher Staatsbürger und vor allem als Sozialist – nicht Sozialdemokrat – wünschen muß, das deutsche Volk möge hierbei nicht wieder als Angeklagter vor der ganzen Welt stehen." Jan Skala-Łužičan: Bemerkungen, in: Kulturwille 5/6/1925, S. 271

138 Bemerkungen, in Kulturwehr, 3/1926, S. 142

139 ebd., S. 143

140 Bemerkungen, in Kulturwehr, 9/1926, S. 418f

141 vgl.: Sabine Bamberger-Stemmann: Der Europäische ... a.a.O., S. 240

142 Jan Baczewski, * 13.12.1890_† 20.6.1958; deutscher Staatsbürger polnischer Nationalität; entstammt einer kinderreichen Familie polnischer Katholiken aus dem Ermland; besuchte ein Gymnasium in Braunsberg und anschließend eine landwirtschaftliche Schule in Allenstein; 1920 Mitgründer der Vereinigung der Polen in Ostpreussen und des Trägervereins für eine polnische Schule in Allenstein; von 1922 bis 1928 Jahre als Vertreter der polnischen Minderheit in Deutschland in das Preußische Abgeordnetenhaus gewählt; Von 1923–1932 Mitglied des Obersten Rates des Bundes der Polen in Deutschland (Związek Polaków w Niemczech); Vorsitzender des Verbands polnischer Schulvereine in Deutschland; auf seine Initiative hin wurde in Bytom (Beuthen/Oberschlesien) das einzige polnische Gymnasium in Deutschland gegründet, das später auch von seinen Söhnen besucht wurde, als diese in der Nazi-Zeit wegen ihrer Zugehörigkeit zur polnischen Minderheit von einem Berliner Gymnasium relegiert wurden; 1924 Mitbegründer des Verbandes der nationalen Minderheiten in Deutschland.

Am 1.9.1939 wurde er wie Tausende andere Vertreter der polnischen Minderheit in Deutschland verhaftet, nach Torturen in seinem Wohnort Rangsdorf ins KZ Sachsenhausen eingeliefert, aus dem er schwer erkrankt ein Jahr später entlassen wurde. Nach der Befreiung vom Faschismus war er Bürgermeister von Dębno und für die Polnische Bauernpartei Mitglied des verfassungsgebenden Sejm von 1947 bis 1952.

Sein unter Denkmalsschutz stehende ehemaliges Wohnhaus in Rangsdorf, von Baczewski weitgehend nach dem Vorbild seiner Heimat, dem ostpreußischen Ermland, selbst erbaut und gestaltet, ein in allen wesentlichen Teilen erhaltenes, hölzernes Sommerhaus der Zwischenkriegszeit, brannte Mitte 2010 unter nie ganz geklärten Umständen vollständig nieder. Kurz vor dem Brand brachten bisher Unbekannte vor dem Haus eine Tafel an, auf der zu lesen war, hier wohnte „der preußisch-polnische Jude Jan Baczewski." In der Falschaussage, Baczewski sei Jude, zeigt sich m.E. ein fremdenfeindlicher Hintergrund. Seitdem führen die Enkelinnen Baczewskis, unterstützt von aufrechten Rangsdorfern und anderen Deutschen einen langwierigen Kampf um den Wiederaufbau des Hauses und seine Gestaltung als Gedenk- und Diskussionsstätte. (mehr dazu in: Krystyna Kamińska: Godność Polake. Opowieść o Janie Baczewskim, Dębno 2011)

143 Ernst Christiansen * 1877 – † 1941, Chefredakteur von Flensborg Avis

144 Jan Baczewski: Die friesische Minderheit und der 3. Genfer Minderheitenkongreß, in: Kulturwehr 9/1927, S. 408ff. Den Minderheiten im Reich wurde es durch die „Dominanz der deutschen Gruppen im Europäischen Nationalitätenkongreß" sukzessive unmöglich gemacht, mit dem Kongress „eine Kompromissformel zu finden." (Sabine Bamberger-Stemmann: Der Europäische ... a.a.O., S. 179)

145 Jan Kaczmarek: Zur Theorie der Genfer Kongresse der nationalen Minderheiten in Europa. In: Kulturwehr, 9/1927, S. 394

146 ebd., S. 395ff

147 -ska-: Zwischen zwei Kongressen, in: Kulturwehr 9/1928, S. 345f

148 zitiert nach: Pressestimmen, in: Kulturwehr, 2/1928, S. 87

149 Ein zeitgenössischer Autor verfälscht in voluminöser Darstellung diese Ereignisse, obwohl er verspricht, zu zeigen, „wie es zum Austritt des reichsdeutschen Volksgruppenverbandes aus dem Kongreß kam" (RUDOLF MICHAELSEN: Der Europäische Nationalitätenkongreß 1925–1928, Frankfurt am Main 1984, S. 387). Die dazu in der „Kulturwehr" veröffentlichte umfangreiche Berichterstattung zeigt seines Erachtens „ein – vorsichtig ausgedrückt – sehr subjektives, um nicht zu sagen tendenziöses Bild" (ebd. S. 405). Trotz Kenntnis des Verlaufs der Ereignisse behauptet er, es war eine „Sensation, die der unvermittelte Austritt der Volksgruppen aus Deutschland […] hervorrief" (ebd. S. 439), weswegen er sich des Eindrucks nicht erwehren konnte, „daß von den ausgeschiedenen Gruppen ein regelrechtes Komplott gegen den Kongreß geschmiedet worden war" (ebd., S. 452) Nicht nur zu Skalas Lebzeiten, auch heute noch wird nach der Methode verfahren: „Haltet den Dieb! Er hat mein Messer im Rücken!"

150 dänische Zeitung, erschien in Sønderborg

151 zitiert nach: Kulturwehr, 9/1928, S. 375ff

152 WERNER HASSELBLATT (* 10.6.1890; † 24.1.1958), deutsch-baltischer Jurist und Politiker, Schulbesuch in Dorpat und Riga, dort 1908 Abitur anschließen Jura-Studium.; 1912–14 Gerichtsreferendar in Twer und Petrikow, 1914 Redakteur der „Nordlivländischen Zeitung", später Friedensrichter. Während des Bürgerkriegs in Russland war er Mitgründer des Dorpater Heimatschutzes und kämpfte bis 1920 im Baltenregiment gegen die Rote Armee. Als Rechtsanwalt engagierte er sich juristisch und politisch gegen die Gesetze zur Enteignung der Großgrundbesitzer, zur Aufhebung der Stände und zur Einziehung ihres Vermögens. Von 1923 bis 1932 war er deutscher Abgeordneter der estländischen Staatsversammlung. In dieser Funktion war er ab 1925 maßgeblich an der Ausarbeitung des Gesetzes über die Kulturautonomie der nationalen Minderheiten beteiligt. Er war Vorstandsmitglied der Deutsch-Baltischen Partei in Estland und Mitgründer des Europäischen Nationalitätenkongresses. 1931 übersiedelte er nach Berlin, war dort geschäftsführender Vorsitzender des Verbandes der deutschen Volksgruppen in Europa und zugleich deren Rechtsberater. Hasselblatt war Mitherausgeber der Zeitschrift „Nation und Staat". Sie trug den Untertitel „Deutsche Zeitschrift für das europäische Minoritätenproblem", von Konservativen wird sie zu Unrecht als Organ des Europäischen Nationalitätenkongresses betrachtet. Die erste Ausgabe erschien 1927, zu den Herausgebern gehörten Vertreter deutscher Minderheiten verschiedener europäischer Länder. Ab April 1933 war der Verband deutscher Volksgruppen in Europa Herausgeber; nach dem „Anschluß" Österreichs im März 1938 wurde die Redaktion von Wien nach Berlin verlegt. Im Oktober 1942 wurde Hasselblatt alleiniger Herausgeber. Im November 1944 wurde die Zeitschrift mit dem 17. Jahrgang eingestellt.

Schon vor HITLERS Machtantritt wurden in der Zeitschrift rassistische und antisemitische Artikel veröffentlicht. So wurde z.B. das „Volk" als „eine Bluts- und Kultureinheit" definiert und behauptet, die „Gedankenwelt der Demokratie" diene „dem Streben des Judentums nach Gleichberechtigung, Ausbeutung und Herrschaft."

Als Fortsetzung von „Nation und Staat" erschien 1958 ein Sonderheft unter dem Titel „Europa Ethnica", Zeitschrift der Föderalistischen Union Europäischer Volksgruppen. Seit 1961 erscheint „Europa Ethnica" als regelmäßige Publikation aus dem Braumüller-Verlag Wien, in dem auch schon „Nation und Staat" erschien, beginnend mit der Jahrgangsnummer 18. (Herausgeber und Verlag distanzieren sich aber strikt von seinerzeitigen Inhalten und veröffentlichen Beiträge zur rechtlichen und politischen Situation europäischer Minderheiten, zum multikulturellen Zusammenleben, zu Wanderungsbewegungen neuer Minderheiten und zum internationalen Menschenrecht.)

Nach Kriegsende lebte HASSELBLATT in Lüneburg und gründete verschieden Hilfskomitees, aus denen später die Deutsch-Baltische Landsmannschaft innerhalb des Vertriebenenverbandes entstand.

153 Die klarere Einbindung des Kongresses in die Reichsaußenpolitik ließen sich die Herrschenden durchaus etwas kosten. Zum verdeckten Transfer von Reichsmitteln in Minderheitengebiete entstand 1926 die OSSA „Das Auswärtige Amt bediente sich zur finanziellen Unterstützung des Deutschtums im Ausland seit Anfang der Zwanziger Jahre verschiedner Organisationen, die im Geheimen arbeiteten. [...] Während die OSSA 1926 über die von STRESEMANN geforderten 30 Millionen Reichsmark verfügen konnte, standen ihr infolge der vom Kabinett MARX beschlossenen regionalen Ausweitung der Deutschtumspolitik im Jahre 1928 Reichsgelder in Höhe von mehr als 63 Millionen Reichsmark zur Verfügung." T. LUTHER: Volkstumspolitik des deutschen Reiches 1933–1938, Franz Steiner Verlag 2004, S. 38ff. Das Referat „Völkerbund" des Auswärtigen Amtes stellt in einem Memorandum vom 7.4.1928 für den Vortragenden Legationsrat v Weizsäcker u.a. fest: „Während des letzten Kongresses ist die Organisation durch das Ausscheiden der Polen und Wenden sowie durch Mangel an Geldmitteln in ein kritische Stadium getreten, sodaß für die Zukunft ein Auseinanderfallen zu befürchten ist. Wegen der hervorragenden Rolle, die die deutschen Gruppen bei den bisherigen Veranstaltungen (vor allem im Kampf gegen das polnische Element) gespielt haben, würde die Auflösung [...] einen Sieg der Polen und eine Niederlage des Deutschtums bedeuten [...] Natürlich muß unbedingt gewährleistet sein, [...], daß eine etwaige finanzielle Unterstützung nicht bekannt wird." (zitiert nach: SABINE BAMBERGER-STEMMANN: Der Europäische ... a.a.O. S. 150)

154 PAUL SCHIEMANN: Minoritätenschutz und Nationalitätenrecht. In Rigasche Rundschau Nr. 41 vom 20. Februar 1926. In: PAUL SCHIEMANN: Leitartikel, Reden, Aufsätze; Band II 1919–1933, Heft 10 November 1925 – September 1926, hrsg. von HANS DONATH, Frankfurt a.M. 1989 (Noch heute ist diese Aufgabe in der Bundesrepublik Deutschland ungelöst. Vgl. dazu: PETER KROH: Die Lausitzer Slawen. Ein Rücklick in die Zukunft. freiraum Verlag Greifswald 2014, S. 66f)

155 Ueberflüssige Minderheiten, zitiert nach: Kulturwehr 9/1927, S. 412 (Das ist in gewisser Weise ein geistiger Vorläufer der heute zurecht verurteilten Politik „ethnischer Säuberungen".)

156 ebd. [Die zwei gegensätzlichen, von SKALA erörterten politischen Strömungen in der Minderheitenpolitik zeigen sich auf spezifische Weise bis heute u.a. in der Bewertung der Rolle, die der Kongreß gespielt hat. MICHAELSEN meint, trotz Verleumdungen und Wirtschaftskrisen „gelang es dem Kongreß [...] aufgrund seiner unbeirrt verfolgten Friedenspolitik, sein Ansehen möglicherweise noch zu steigern, was nicht zuletzt der ausgezeichneten und vertrauensvollen Zusammenarbeit nicht nur der prägenden Persönlichkeiten der Kongressführung [...] zu verdanken war." (Der Europäische...a.a.O, S. 549) BAMBERGER-STEMMANN hingegen sieht im Kongress ein „Instrument von national, sozial, gesellschaftlich und politisch höchst verschiedenen Gruppierungen und Personen" und konstatiert, dass er rasch und deutlich „Teil der Radikalisierung der europäischen politischen Landschaft zwischen den Weltkriegen" wurde (Der Europäische ... a.a.O. S. 9). Schon Ende der 1920er Jahre sieht sie den Kongress „im konservativen und antidemokratischen Umfeld", weswegen er „als ein Mitwirkender aus dem Felde der internationalen Friedensbewegung zu lösen" ist (ebd. S. 22) Schrittweise, aber gezielt wurde der Kongress „zu einem undemokratischen Instrument des Reiches, noch bevor die Nationalsozialisten an die Macht kamen" (ebd., S. 201)].

157 SABINE BAMBERGER-STEMMANN: Der Europäische ... a.a.O., S. 213

158 ebd. S. 214 [Die Autorin verweist darauf, mit „Loyalität" ist wohl eher die Tatsache gemeint, „daß Wilfan ganz offensichtlich weit weniger in die Arbeit des Kongresses hinter den Kulissen eingebunden war, als man aus seiner Funktion heraus annnehmen möchte." (Der Europäische ... a.a.O, S. 29). Ähnlich in der biographischen Skizze: JOŽE PIRJEVEC: Die politische Theorie und Tätigkeit

Josif Wilfans; in: Umberto Corsini, Davide Zaffi: Die Minderheiten zwischen den Weltkriegen. Schriften des Italienisch-Deutschen Historischen Institutes, Berlin 1977, S. 167–174.]

159 Bundesarchiv, Akten des Reichsinnenministeriums 5930, zitiert nach: Sabine Bamberger-Stemmann: Der Europäische ... a.a.O., S. 172

160 zitiert nach: ebd., S. 173

161 „Der Auslandsdeutsche" Nr. 14/1927, zitiert nach. Kulturwehr 10/27, S. 500ff

162 zitiert nach: Pressestimmen, in: Kulturwehr 1/1928, S. 37ff [Skala weist ergänzend darauf hin, dass der Autor des Artikels, zugleich Herausgeber der Zeitschrift, mit den deutschen Minderheitenvertretern im Ausschuss der Arbeitsgemeinschaft Vaterländischer Verbände eng zusammenarbeite.]

163 -j.s.-: Deutschtumstagungen, in: Kulturwehr, 6/1928, S. 236ff.

164 -ska-: „Wir fordern…", in: Kulturwehr 1/1928. S. 5f [Der schon erwähnte Michaelsen sieht darin das Bemühen, „unter allen Umständen die angeblich nur von Deutschen vertretenen Forderungen zurückzuweisen", weswegen sich für ihn „mitunter der Eindruck (ergibt), daß in der Redaktion der Zeitschrift gewisse Leute einer besonderen Art von Verfolgungswahn erlegen waren", vor allem weil man danach strebte, „die durch die Pariser Friedensdiktate geschaffene Ordnung als unabänderlich festzuschreiben" (Rudolf Michaelsen: Der Europäische…, a.a.O., S. 362f;)

165 -ska-: Zwischen zwei Kongressen, in: Kulturwehr 9/1928, S. 363

166 Pressestimmen, in: Kulturwehr, 2/1928, S. 88

167 Jan Skala: Minderheitenrecht und deutsche Presse, in: Kulturwehr 2/1928, S. 59 (gesperrt bei Skala) [Ein Grundsatz, den die FUEV-Charta von 2006 sowohl in der Präambel als auch in den Grundprinzipien bekräftigt]

168 Am 27.8.1928 in Paris unterzeichnete Verpflichtung mehrerer Staaten, in der sie „den Krieg als Mittel für die Lösung internationaler Streitfälle verurteilen und auf ihn als Werkzeug nationaler Politik in ihren gegenseitigen Beziehungen verzichten" (Art I.) Zu den Erstunterzeichnern zählte u.a. neben den USA, der Tschechoslowakei und Großbritannien auch das Deutsche Reich.

169 Sabine Bamberger-Stemmann: Der Europäische ... a.a.O, S. 235

170 Skala hatte schon das erste Heft kritisiert, weil in der Zeitschrift „ein besonders Programm nicht erkennbar (ist)", weil sie „Angriffe gegen den Völkerbund […] ohne inneren Zusammenhang mit dem Minoritätenproblem" enthält, vor allem jedoch, weil einer der Gegner des Friesenbeitritts, der Friese Schmidt-Wodders die „deutsche Volkstumsarbeit mit dem Mantel religiöser Innigkeit zu umkleiden" suche, aber seine wirkliche „Sorge weit mehr um den Raum, um das ‚Volk ohne Raum' (geht) – also um Grenzfragen und Einflußgestaltung – als um die Seele und den Menschen im gegebenen Raum" (Jan Skala: Besprechungen, in: Kulturwehr 10/1927, S. 519f)/Auch Bamberger-Stemmann widerlegt den „Mythos", die Zeitschrift „Nation und Staat" sei ein „Publikationsorgan des Europäischen Nationalitätenkongresses und „die internationale Minderheitenzeitschrift der Zwischenkriegszeit gewesen. (Der Europäische ... a.a.O., S. 233f) Sie belegt hingegen, dass in Abstimmung zwischen Auswärtigem Amt, Reichspressestelle, Preußischem Kultus- und Innenministerium der Beschluss zu Gründung von „Nation und Staat" mit der Begründung getroffen wurde, eine „Gegenvorrichtung gegen die Kulturwehr" zu schaffen. (vgl. ebd., S. 236f, 239)

171 Jan Skala: Dr. Wilfans Stellungnahme zum 3. Genfer Minderheitenkongreß, in: Kulturwehr 11/1927, S. 530

172 vgl.: M. Gravenhorst: „Starke" und „schwache" Minderheiten. Zur Genesis einer „Schuldlüge", in: Nation und Staat Juli/August 1928, S. 836ff

173 zitiert in: Jan Skala: Bemerkungen, in: Kulturwehr 11/1928, S. 482

174 ebd.; Skala macht in einer Fußnote deutlich, wie es ihm im Laubert-Prozess erging, als er ein sog. freiwillig dargebotenes Recht, gemäß Artikel 113 vor Gericht seine Muttersprache verwenden zu wollen.

175 Jan Skala: Dr. Wilfans Stellungnahme zum 3. Genfer ... a.a.O. S. 532f [Der schon mehrfach erwähnte zeitgenössische Lügner entstellt auch hier die Tatsachen, als er einen „von Skala erfundenen angeblichen Gegensatz zwischen ‚starken‘ und ‚schwachen‘ Gruppen" (Rudolf Michaelsen: Der Europäische... a.a.O. S. 535) entdeckt, dessen Darstellung ebenso haltlos sei „wie nahezu alles, was Skala in Sachen Kongress und Volksgruppensolidarität je veröffentlicht hatte", weswegen es auch „nicht nötig (ist), auf den von Fälschungen strotzenden Artikel Skalas näher einzugehen" (ebd. S. 529f). Er selbst stellt wenig bis keine minderheitenpolitische Kompetenz unter Beweis, wenn er in Polemik mit Skalas Interpretationen der Brandschen Sichtweise schreibt, „der proletarische Charakter (wurde) wohl besonders dadurch unterstrichen, daß der Vorsitzende des ‚Verbandes der nationalen Minderheiten Deutschlands‘ ein leibhaftiger Graf war" (ebd., S. 383).

176 Jan Skala-Łužičan: Kulturautonomie, in: Kulturwehr, 2/1926, S. 55

177 ebd. S. 57

178 ebd. [„In letzter Konsequenz", so eine kompetente allseitige Analyse mit dem Blick aus dem 21. Jahrhundert, „kann man sich ... der Skalaschen Argumentation nicht unbedingt entziehen. Die Kulturautonomie, so wie sie in ihrer Unbedingtheit von den Deutschbalten gefordert und in Estland durchgesetzt worden war, bedurfte – bedarf noch heute – einer ausnehmend wirtschaftsstarken und kultur- sowie bildungsverwurzelten Bevölkerung [...] Die massiven Zuschüsse des Reiches für die Institutionen der deutsch-estländischen Kulturautonomie zeigen deutlich, daß selbst diese verhältnismäßig potente Minderheit allein nicht in der Lage gewesen wäre, eine funktionierende Institutionenstruktur zu erhalten." Staatliche Zuschüsse, wie sie Skala forderte, „hatten jedoch in der Zwischenkriegszeit im Verband der Deutschen Volksgruppen in Europa und in von ihm dominierten Europäischen Nationalitätenkongeß keinerlei Chance auf Durchsetzung." (Sabine Bamberger-Stemmann: Der Europäische ... a.a.O., S. 177)]

179 Schon in der Besprechung von Heft 1der Zeitschrift „Nation und Staat" verwies Skala darauf, dass Hasselblatt für die Kulturautonomie wirbt, mit dem Ziel, Minderheit und Mehrheit voneinander abzugrenzen und er die Ausgestaltung der Rechte der Auslandsdeutschen vor allem als „Teil des Ringens des ganzen deutschen Volkes um Lebensraum und Heimatrecht" betrachtet. Jan Skala: Besprechungen, in: Kulturwehr 10/1927, S. 519f

180 Jan Skala: Die Entwicklungsgeschichte der Genfer Kongresse, in: Kulturwehr 9/1927, S. 401f [Michaelsen meint, auch in diesem Artikel arbeite Skala, „mit der ihm eigenen Technik der Verknüpfung von Unterstellungen, Vorwürfen und Verdächtigungen" (Der Europäische... a.a.O. S. 376), weswegen es „schwer (fällt), in diesem Aufsatz auch nur einen Satz zu entdecken, der nicht Vermutungen, Unterstellungen, Verdächtigungen, Anschuldigungen oder plumpe Fälschungen enthält". Die „Einheit des Kongresses ...(war) durch nichts so gefährdet wie die Polemiken der ‚Kulturwehr‘ (ebd. S. 474)]

181 Jan Skala: Die Entwicklungsgeschichte der ... a.a.O. (auch in dieser Hinsicht konnten die Nazis nahtlos an ihre Vorgänger anknüpfen und ihre kriegerische „Neuordnung Europas" realisieren).

182 M. Laubert: Ein weiterer Beitrag zur wendischen Gefahr, in: Die Ostmark, Band 31/1926, S. 112

183 ders.: Zur Frage der Kulturautonomie. In: ebd., S. 125f

184 Victor Klemperer hat in „LTI – Notizbuch eines Philologen" in vortrefflicher Art und Weise Entstehung und Nutzung der Sprache und Rhetorik im Dritten Reich aufgezeichnet und ihre

ahumane Abartigkeit entlarvt. Im 26. Kapitel wird z.B. geschildert, wie ein Gestapo-Beamter eine Befragung des Autors mit den Worten eingeleitet wird: „Ich will den mal flöhen.“

185 Manfred Alexander Karl Sigur Laubert * 4.11.1877 † 03.07.1960; Sohn des Realgymnasialdirektors Karl Laubert und Hedwig, geb. Gräfin Schack von Wittenau; Studium in Zürich, Breslau, Berlin, Leipzig; 1899 Dissertation über die Schlacht von Kunersdorf, 1902 bis 1908 Archivstudien zur Verwaltungsgeschichte der Provinz Posen; 1908 Habilitation; 1913 Ernennung zum Titularprofessor an der Universität Breslau; im Ersten Weltkrieg als Hauptmann Batterieführer, Auszeichnung mit dem E.K.I und dem Hausorden von Hohenzollern mit Schwertern; 1919 Lehrauftrag für polnische Geschichte; mit einer Vielzahl von Reden und Zeitungsartikeln aktiv beteiligt am sog. Deutsch-polnischen Volkstumskampf, Mitarbeit im schlesischen Grenzschutz, Auszeichnung mit dem Schlesischen Adlerorden; 1938 Berufung an die Universität Berlin als Professor für polnische Geschichte; 1944 Umzug nach Könisgberg; nach der Flucht im Januar 1945 über Plau, Zoppot nach Dänemark, dort bis Oktober 1948 inhaftiert, danach Umzug nach Göttingen (Quelle: Festschrift für Manfred Laubert zum 75. Geburtstag am 4. November 1952 der Universität Göttingen unter Mitwirkung der Historischen Kommission für Posen und das Deutschtum in Polen, Marburg a.d. Lahn 1952)

186 Ein zeitgenössisches Lexikon kennzeichnet sie als 1918 unter der Bezeichnung „Zentrale für Heimataufklärung“ gegründete, „dem Auswärtigen Amt angegliederte Behörde“, sie ist „unter die Aufsicht eines parlamentarischen, interfraktionellen Ausschusses gestellt, parteipolitisch neutral.“ (Meyers Lexikon, Siebente Auflage, Fünfter Band, Leipzig 1926, S. 1308); ihr offizieller Auftrag bestand darin, demokratisches Bewusstsein zu fördern, die junge Weimarer Republik zu stärken, vor allem Kenntnisse über die parlamentarische Demokratie zu vermitteln.

187 Jan Skala: Provokativer Vortrag eines deutschen Professors in der Lausitz, in: Kulturwehr 3/1927, S. 112

188 An diesem Thema schieden sich nicht nur Geister von Demokraten und Konservativen. Auf der einen Seite stand z.B. die „Weltbühne“ unter der Leitung von S. Jacobsohn. Darin wurde die schonungslose Aufklärung über Fehler der deutschen Vorkriegspolitik und das Eingeständnis deutscher Kriegsschuld thematisiert und als notwendig für eine erfolgreiche Demokratie und Abkehr vom Militarismus erörtert. Ähnlich sah das der Historiker Kantorowicz. In einem 1923 angefertigten, aber erst 1967 (!) veröffentlichten Gutachten (Hermann Kantorowicz: Gutachten zur Kriegsschuldfrage 1914. Aus d. Nachlass hrsg. u. eingel. von Imanuel Geiss. Mit e. Geleitw. von Gustav W. Heinemann, Frankfurt 1967) belegte er, der deutschen Regierung sei 1914 ein unbedingter Vorsatz zur Auslösung des Balkankrieges und die fahrlässige Herbeiführung eines Weltkrieges anzulasten. Kantorowicz veröffentlichte zudem 1929 das Buch „Der Geist der englischen Politik und das Gespenst der Einkreisung Deutschlands“. Darin weist er die Lüge von der Einkreisung des Reiches detailliert zurück und warnt vor neuen Kriegsplänen der alten Militärelite. Der Historiker Eckart Kehr führte in seiner Dissertation 1927 Deutschlands außenpolitische Isolierung auf lang angelegte gesellschaftliche Spannungen im Deutschen Kaiserreich und die riskante Flottenrüstung zurück. Einer der auf der anderen Seite Stehenden nannte ihn deshalb einen für die deutsche Historie ganz gefährlichen ‚Edelbolschewisten‘, der sich lieber gleich in Russland habilitieren solle (vgl.: Hans-Ulrich Wehler: Eckart Kehr. 1971, S. 100.) Auf dieser Seite standen zudem nicht nur die meisten Zeitungen, sondern vor allem der deutsche Staat in Gestalt des 1918 gegründeten Kriegsschuldreferates. In der ab 1923 erscheinenden Zeitschrift „Die Kriegsschuldfrage: Berliner Monatshefte“ sollte die deutsche Unschuld „wissenschaftlich“ untermauert werden. (Herausgeber war der ehemalige Generalstabsoffizier Alfred von Wegerer, dessen 1934 veröffentlichtes Buch „Der Erste Weltkrieg“ in der NS-Zeit das Standardwerk war.)

Das Auswärtigen Amt kaufte regelmäßig größere Auflagen der Zeitschrift und verteilte sie kostenlos an deutschen Botschaften und ausländische Journalisten.

Diese Gegensätze hatten, wie die weitere Entwicklung zeigen wird, erheblichen, ja prägenden Einfluß auf den Verlauf der Kontroversen um die europäische Minderheitenpolitik. Neu belebt werden sie durch die Diskussion um das Buch von CHRISTOPHER CLARK: „Die Schlafwandler. Wie Europa in den Ersten Weltkrieg zog", München 2013

189 JAN SKALA: Provokativer Vortrag eines ... a.a.O., S. 112

190 ebd.

191 ebd. S. 113 [Er fragte: 1. hat die Reichszentrale […] den Universitätsprofessort Dr. Laubert aus Breslau beauftragt, den erwähnten provozierenden Vortrag im Siedlungsgebiet der Lausitzer Serben zu halten; 2. billigen die Vertreter der deutschen politischen Parteien in der Zentrale für Heimatdienst eine derartige verhetzende und die Lausitzer Serben als loyale Staatsbürger der deutschen Republik beleidigende Tätigkeit eines Wanderredners?" Politischen Klartext fügte er an: „Sollten die appellierten Seiten wider Erwarten schweigen, so muß daraus geschlossen werden, da sie die Provokation Dr. LAUBERTS decke.

192 JAN SKALA: Bemerkungen, in Kulturwehr 8/1927, S. 391

193 ebd. S. 392

194 ebd. S. 391f

195 JAN SKALA: Bemerkungen, in: Kulturwehr 6/1928, S. 257

196 M. LAUBERT: Zur Wendenfrage. Die Kampfesweise des Herrn SKALA, in: Ostland, Wochenschrift für die gesamte Ostmark, Berlin, 11. Mai 1928, S. 236

197 JAN SKALA: Bemerkungen, in: Kulturwehr 6/1928, S. 257

198 ebd. S. 256

199 Auf dem über dem Hradschin wehenden Banner des Präsidenten der 1.Tschechoslowakischen Republik stand das von ihm ausgewählte Motto: „Die Wahrheit siegt!"

200 JAN SKALA: Bemerkungen, in: Kulturwehr 6/1928, S. 258

201 SKALA durfte vor Gericht nicht sorbisch sprechen. Der Richter verstieß damit gegen Artikel 113 der Verfassung, der bekanntlich festlegte, dass die „fremdsprachigen Teile des Reichs […] nicht im Gebrauch ihrer Muttersprache […] bei der inneren Verwaltung und der Rechtspflege beeinträchtigt werden (dürfen)." Im Bericht der „Leipziger Neueste Nachrichten" vom 5.1.1929 hieß es dazu: „Natürlich lehnte das Gericht ab; es wäre auch unmöglich gewesen, in Breslau einen wendischen Dolmetscher aufzutreiben, der dieses von wenigen Tausenden gesprochene Idiom beherrscht. Trotzdem hatte Skala die Stirn, auf alle vom Vorsitzenden an ihn gerichteten Fragen wendisch zu antworten. Erst auf wiederholtes Ermahnen des Vorsitzenden bequemte sich Skala zu deutschen Antworten. Vorher aber gab er in wendischer Sprache folgende Erklärung ab: ‚Da das Gericht gegen meinen Willen die Verhandlung in deutscher Sprache leitete, bin ich gezwungen, vor der Gewalt zu weichen. Auf meine vergewaltigten Rechte gedenke ich jedoch nicht zu verzichten, und antworte in deutscher Sprache nur unter Vorbehalt.' […] Dieser Vorfall zeigt zur Genüge […], mit welchem unsagbaren Haß sie (die Vertreter der Minderheiten – P.K.) alles Deutsche verfolgen." Engstirnigkeit, Dummheit und nationalistische Borniertheit ermöglicht es, in der Inanspruchnahme des verfassungsmäßig zugesicherten Grundrechts Haß auf alles Deutsche zu sehen. Offensichtlich hatte LAUBERT nicht nur bei den „Schreibers" und „Meissners" viele Verbündete, sondern auch unter schwarz-weiß-roten Presseleuten und Juristen. Die einen wie die anderen kannten die Verfassung, anerkannten sie aber nicht. So wurde viel Vertrauenskapital zerschlagen, die Legitimität des Weimarer Staates schwer beschädigt. Letztlich war auch dieser Prozess ein Schritt auf dem Weg, die Weimarer Republik „von oben", „von innen" zu zerstören und der Nazi-Diktatur der Weg zu ebnen.

202 Jan Skala: Erzwungene Abwehr, in: Kulturwehr, Heft 1/2/1929, S. 56 [Über den Prozeß berichtete er, indem er das Urteil und seine Begründung im vollen Wortlaut in der Kulturwehr veröffentlichte und kommentierte.]

203 ebd., S. 56f

204 Obwohl die Richter einen Eid auf die Republik geleistet hatten, sahen sie darin keinen Anlass zur Wahrung der Verfassung. Mit gewagten Interpretationskünsten suspendierten sie vielmehr Grund- also Menschenrechte. Eine Erklärung dafür findet sich in der Verfassungsgeschichte des deutschen Kaiserreiches. Sie ist gekennzeichnet durch eine deutliche Geringschätzung von Menschenwürde und Grundrechten. Denn nach der 1848er Revolution war auch die Absicht der Frankfurter Nationalversammlung, einen Grundrechtekatalog als unmittelbar wirkendes Recht zu fixieren, gescheitert. Es setzte sich vielmehr die fatale Auffassung durch, Grundrechte seien nicht eine Art vorstaatliches Recht, das sich aus der Würde des Menschen ergibt, sondern sie werden den Untertanen vom Monarchen gewährt. Dieses obrigkeitsstaatliche Denken prägte die politische Kultur in der Weimarer Republik und bewirkte u.a. eine einäugige politische Justiz.

205 Uwe Wesel: Fast alles, was Recht ist. Jura für Nichtjuristen. München 2014, S. 25

206 Jan Skala: Erzwungene Abwehr ... a.a.O.

207 ebd. S. 57f [Begreift man die Rechtsprechung als juristische Umsetzung des politischen Willens der Herrschenden sowie als Ausdruck des sowohl obrigkeitshörigen als auch slawenfeindlichen Zeitgeistes, dann werden Urteil und Begründung vollständig nachvollziehbar. Darin besteht zugleich das Exemplarische dieser Geschehnisse, weswegen hier lange und ausführliche Zitate unvermeidlich waren. Dafür will ich die Leserinnen und Leser im Interesse einer anschaulichen Darlegung von Skalas Kampf um die Rechte der Sorben um Verständnis zu bitten.]

208 ebd. S. 59

209 ebd

210 ebd. [den Verlauf dieser Klage beschreibt er anderer Stelle: Staatsanwaltschaft Leipzig stellt Verfahren am 13.2.1929 ein; Skala legt dagegen am 22.2.1929 Beschwerde bei der Staatsanwaltschaft des Oberlandesgerichts Dresden ein; diese wird am 4.3.1929 abgewiesen; Skala beantragt daraufhin Entscheidung durch ein Gericht; am 10.4.1929 entscheidet das Oberlandesgericht, öffentliche Klage zu erheben; die erste Verhandlung gegen den Chefredakteur der LNN findet am 15.5.1929 vor dem Amtsgericht Leipzig statt, das Gericht urteilt, die LNN sind zur Veröffentlichung der Gegendarstellung von Skala verpflichtet; dagegen legte der Chefredakteur Revision ein, die entsprechende Verhandlung findet am 9.9.1929 statt und endet mit der Verwerfung der Revision, womit das Urteil vom 15.5. rechtskräftig wird, weil – so die Urteilsbegründung – Skalas Ansinnen „eine rechtlich einwandfreie Grundlage" habe, während die Revisionsanträge „sachlich fehl (gehen) und deshalb unbeachtlich (sind)."; am 26.9.1929 veröffentlichten die LNN Skalas Berichtigung. Er stellt dazu fest: „Es hat also neun Monate gedauert, ehe es zu dieser Erledigung kam. Naturgemäß hat eine solche ‚Berichtigung' nur noch sehr problematischen praktischen Wert" und es ist auch „keine leichte und erfreuliche Aufgabe, sich mit solchen angenehmen Zeitgenossen fast ein Jahr [...] auseinandersetzen zu müßen", aber es war notwendig, „nicht aus persönlichen Gründen allein, sondern auch deswegen, um dem [...] Blatt erneut vor Augen zu führen, wie unklug es handelt, wenn es sich dauernd über die Gesetze hinwegsetzt." Angenehme Zeitgenossen, in: Kulturwehr 10/11 1929, S. 473f

211 Jan Skala: Erzwungene Abwehr, in: Kulturwehr, Heft 1/2/1929, S. 59f

212 ebd. S. 63

213 Katolski Posoł, 10.3.1928 [Dass dieser Notruf an eine staatliche Stelle von der katholisch-sorbischen Kirchenzeitung veröffentlicht wurde, zeigt die Verbundenheit sorbischer katholischer

Geistlicher und Redakteure mit dem Leben des Volkes und veranschaulicht zugleich die Nähe zu Skalas Anschauungen. Die darin enthaltene Chance für eine gemeinsame Abwehr der das Leben der Sorben ruinierenden und erdrosselnden Bedingungen kam nicht voll zum Tragen. Dieses Defizit sollte heute zu denken geben.]

214 Ergänzend sei festgehalten: Der Bischof nahm am 22.3.1927 an einer Beratung der Wendenabteilung teil. Schon diese Tatsache belegt seine sorbenfeindliche Grundhaltung. Stolz berichtete er, dass es ihm gleich zu Anfang seiner Tätigkeit gelungen sei, den Sorben JAKUBAŠ als Regens des Wendischen Seminars abzuberufen (vgl.: K. SCHILLER: Zur sorbenfeindlichen Zielsetzung bei der Errichtung des Priesterseminars in Schmochtitz bei Bautzen 1927, in: Lětopis 2/1962, S. 98f (Jakubaš wurde nach Rom zu weiterführenden Studien geschickt und anschließend in Dresden als Seelsorger eingesetzt, vgl. auch: PETER JAN JOACHIM KROH: Nationalistische Macht und ... a.a.O., S. 91ff)

215 zitiert nach TOMAS KOWALCZYK: Die katholische Kirche ... a.a.O., S. 72f

216 JAN SKALA: Discite, moniti! (lat.: Lernt, ihr Ermahnten), in: Kulturwehr 7/8 1928, S. 290f

217 zitiert nach: ebd. S. 291f

218 ebd. S. 293 [In der „Germania" vom 13.1.1927 heißt es unter der Überschrift „Minderheitenschutz und Vatikan" u.a.: „Für den Vatikan in Frage kommende Gesichtspunkte sind einerseits die Sorge um die Erteilung des Religionsunterrichtes in der Muttersprache, also die Wahrung der unmittelbaren religiösen Bedürfnisse der Minderheiten, andererseits aber auch in wachsendem Masse die aus der Bedrückung der Minderheiten hervorkeimenden Gefahren für den europäischen Frieden. Dazu kommt noch [...] die Abwehr eines übersteigerten, fremdes Volkstum vergewaltigenden Nationalismus, der mit Recht als die erste kirchliche Verurteilung harrende moderne Irrlehre angesehen wird." zitiert nach: Pressestimmen., in: Kulturwehr 2/1927, S. 92

219 zitiert nach: JAN SKALA: Bischof Dr. SCHREIBER und die katholischen Lausitzer Serben, in: Kulturwehr 11/1928, S. 458

220 zitiert nach TOMAS KOWALCZYK: Die katholische Kirche ... a.a.O. S. 74

221 JAN SKALA: Bischof Dr. SCHREIBER und die katholischen Lausitzer Serben, in: Kulturwehr 11/1928, S. 458

222 zitiert nach: ebd., S. 460

223 ebd., S. 461

224 ebd., S. 463

225 ebd., S. 465

226 ebd., S. 466

227 ebd., S. 467

228 zitiert nach TOMAS KOWALCZYK: Die katholische Kirche ... a.a.O. S. 74f

229 Brief des Erzpriesters JAKUB ŽUR an Pfarrer JURIJ DELAN vom 14.10.1928, zitiert nach: Eine Kirche – zwei Völker ... a.a.O. S. 507

230 Pfarrer JURIJ DELAN an Erzpriester JAKUB ŽUR, zitiert nach: Eine Kirche – zwei Völker ... a.a.O., S. 509

231 ebd. S. 510

232 ebd. S. 513

233 zitiert nach TOMAS KOWALCZYK: Die katholische Kirche ... a.a.O. S. 74

234 Evangelii gaudium 1. Apostolisches Schreiben von Papst Franziskus, vom 24.11.2013, Punkt 102

235 Knapp ein Jahr später, am 25.8.1930 wird er zum Bischof von Berlin berufen, wo er am 1.9.1933 verstirbt

236 Noch 60 Jahre nach seinem Tod wird PATER WATZL dafür gelobt. (Siehe Anmerkungen Kap. 2.1., Fußnote 33)

237 Pressestimmen, in Kulturwehr 10/11/1929, S. 443f

238 zitiert nach: ebd., S. 444

239 ebd., S. 444f

240 ebd., S. 446

241 zitiert nach: M. KASPER: Geschichte der ... a.a.O., S. 100f

242 zitiert nach: S.J.: Lausitzer Serben und Reichsregierung, in: Kulturwehr 4/1929, S. 140f

243 Gemeinsam mit dem Dänen BOGENSEE stellte SKALA, hinweisend auf zahlreiche Verstöße gegen das in Art. 113 fixierte Grundrecht fest: „Artikel 113 ist demnach sowohl seiner Auslegung als auch nach der minderheitenpolitischen Praxis der deutschen Reichsregierung kein Minderheitenrecht, da die Bestimmungen des Artikels nirgends verwirklicht und auch kein positives Recht schaffendes Ausführungsgesetz dazu erlassen worden ist." (J. BOGENSEE/J. SKALA: Die nationalen Minderheiten im Deutschen Reich und ihre rechtliche Situation, Bautzen 1929, S. 15 (Das Buch erschien im gleichen Jahr in dänischer und polnischer Sprache: De nationale Mindretal i Tyskland, Slesvigsk forlag/Problem mniejszościowy w Niemczech, Poznan) Der feindselige Umgang des deutschen Staates mit „seinen" Minderheiten stützte sich u.a. auf die borierte Meinung führender Rechtsgelehrter, Artikel 113 könne nicht auf die im Reich lebenden Polen, Kaschuben, Sorben angewendet werden, er enthalte „kein subjektives Recht des einzelnen Fremdsprachigen". Das widersprach dem gesunden Menschenverstand. Denn „Volksteile" nutzen keine Muttersprache im Unterricht, sondern Kinder und Lehrer, also „einzelne Fremdsprachliche". Auch Verwaltungs- und Rechtspflegeentscheidungen betreffen in aller Regel den einzelnen. Zudem verstieß diese Meinung und die ihr folgende Politik der Logik der Verfassung. Der mit Art. 109 beginnende und mit Art. 118 endende Teil der Verfassung betraf Grundrechte und Grundpflichten. Er erfaßte im 1. Abschnitt „Die Einzelperson". Art. 112 beinhaltet das individuelle Recht auf Auswanderung und den Schutz des einzelnen vor Auslieferung, Art. 114 die Freiheit der Person. Da ist Artikel 113 völlig richtig als Recht des einzelnen eingeordnet. Seine Anerkennung jedoch stand „den unzweifelhaft vorhandenen Assimilierungsabsichten hindernd im Wege." (-ska-: Besprechungen, in: Kulturwehr Heft 10/11/1929, S. 454f) Letztlich war Artikel 113 deshalb ein „Muster ohne Wert".

244 Sie lautet: Wie sollen Sorben (als Minderheit) und Deutsche (als Mehrheit) in einem Staat zusammenleben und wie sollen sie miteinander umgehen? Jede Seite hat ihrerseits eine Teilfrage davon zu beantworten. Die eine: Was müssen das sorbische Volk, seine führenden Persönlichkeiten, seine Organisationen und Institutionen tun, damit Sorben gleichberechtigt, gleichgeachtet ihr Leben im deutschen Staat selbständig gestalten können? Die andere: Was muß der deutsche Staat politisch, und juristisch regeln und im Alltag mit Leben erfüllen, damit seine Staatsbürger sorbischer Nationalität Inhaber gleicher Rechte sind und nicht „Bürger zweiter Klasse" werden?

245 S.J.: Lausitzer Serben und Reichsregierung, a.a.O., S. 141ff [Im November 1929 forderte die Domowina erneut, Art. 113 zu realisieren, sammelte dafür 10.000 Unterschriften und übergab sie – in offensichtlichem Bestreben um Loyalität und Wahrnahme demokratischer Rechte – dem Sächsischen Landtag. Solch gesetzestreues, verfassungskonformes Verhalten der sorbischen Führung blieb ohne Erfolg. Ähnliches wiederholte sich 1931 und 1932.]

246 Vier Jahre nach dem „Schwarzen Freitag" werden die Nazis die Macht im Deutschen Reich übernehmen, zehn Jahre nach diesem Tag liegt Polen schon als erstes Opfer des Zweiten Weltkriegs zerstört am Boden.

247 im Juli 1932 durch die Konferenz von Lausanne zwischen Deutschland, Großbritannien und Frankreich aufgehoben

248 zitiert nach: JAN SKALA: Lugano. Minderheitspolitische Kontraverse im Völkerbundsrat, in Kulturwehr 1/2 1929, S. 9

249 JAN SKALA: Lugano. Minderheitspolitische Kontraverse im Völkerbundsrat, in Kulturwehr 1/2/1929, S. 10 [casus foederis: ein die Bündnispflicht auslösendes Ereignis]

250 FRITZ WERTHEIMER * 12.9.1884 † 6.9.1968; studierte Nationalökonomie und Rechtswissenschaften, promovierte 1905 zum Dr. rer. pol.; 1907 Mitglied der Redaktion der Frankfurter Zeitung, in dieser Funktion längere Reisen nach Japan, Korea, China; im Ersten Weltkrieg als Kriegsberichterstatter der Frankfurter Zeitung in HINDENBURGS Hauptquartier tätig, auf der Grundlage seiner Frontberichte veröffentlichte er acht Kriegstagebücher, in denen er seine deutschnationale Gesinnung dokumentierte; Mitglied der Deutschen Demokratischen Partei (DDP), seit 1.10.1918 Generalsekretär des Deutschen Auslandsinstituts in Stuttgart und in dieser Funktion Herausgeber der 14-tägig erscheinenden Zeitschrift „Der Auslanddeutsche", für die auch eigene Beiträge verfasste; in dem Buch „Die Parteien und Parteiführer der Auslandsdeutschen" (Berlin, Zentral-Verlag, 1927) betonte er zwar deren (angebliche) Vermittlertätigkeit zwischen den Völkern und Ländern, ging aber wie selbstverständlich davon aus, dass die Interessen anderer europäischer Ländern sich der Hegemonie Deutschlands als bevölkerungsreichstem Staat in Europa unterzuordnen hätten. Anfang März 1933 als Jude aus dem Amt verjagt, betonte Ende März 1933 in Briefen an Mitarbeiter des Auswärtigen Amtes, dass die Nazis seine deutschnationale Arbeit stets gewürdigt haben, ihn nun allerdings wegen seine Abstammung verjagten. Dabei stellte er heraus, dass er selbst gar nicht jüdischen Glaubens sei, dass seine Frau aus alter evangelischer Familie stamme und seine Kinder evangelisch getauft sind; die Rotarier – von WERTHEIMER in Stuttgart mitgegründet -, zwangen ihn zum Austritt; kurz vor Beginn des Zweiten Weltkrieges emigrierte er nach Brasilien, wo er für schweizerische Zeitungen journalistisch tätig war; nach Kriegsende Lateinamerika-Korrespondent für das bundesdeutsche „Handelsblatt"", 1958 ausgezeichnet mit dem Großen Verdienstkreuz der Bundesrepublik Deutschland.

251 F. WERTHEIMER: Deutschland, die Minderheiten und der Völkerbund, Berlin 1926, S. 58

252 JAN SKALA: Lugano…, a.a.O. S. 11

253 ebd., S. 13

254 OTTO ULITZ * 28.9.1885 † 28.10..1972; wuchs im oberschlesischen Kattowitz auf, war dort von 1902 bis 1920 als Polizist tätig; nach der infolge des Versailler Vertrags erfolgten Zugehörigkeit Ostoberschlesiens an Polen wurde im November 1921 der Deutsche Volksbund für Polnisch-Schlesien (Volksbund) gegründet, dessen Präsident er von der Gründung bis 1939 war; in dieser Funktion und als Abgeordneter des Schlesischen Parlaments von 1922 bis 1935 der führende Vertreter der deutschen Minderheit in Schlesien; offizielle polnische Stellen beschuldigten ihn 1927, er habe polnischen Staatsbürgern deutscher Nationalität geholfen, die Einberufung zur polnischen Armee zu umgehen, wegen seiner Immunität konnte jedoch kein Verfahren eröffnet werden, nach Auflösung des Parlaments verhaftet und zu 5 Monaten Gefängnis verurteilt; soll am fingierten Überfall auf den Sender Gleiwitz, Vorwand für den Zweiten Weltkrieg, beteiligt gewesen sein, erhielt am 18.10.1939 als Nichtmitglied das Goldene Parteiabzeichen der NSDAP, anschließend Ministerialrat in der Regierung des Reichsgaus Oberschlesien; nach Kriegsende zunächst in Polen und der DDR inhaftiert, wurde er 1952 in die Bundesrepublik entlassen, 1953 zum Sprecher der Landsmannschaft der Oberschlesier gewählt, 1956 vom NRW-Ministerpräsidenten Arnold für das Bundesverdienstkreuz vorgeschlagen, jedoch nach Bekanntwerden der Auszeichnung mit dem Goldenen NSDAP-Parteiabzeichens nicht realisiert.

255 zitiert nach: JAN SKALA: Lugano…, a.a.O., S. 14ff

256 zitiert nach: ebd. S. 16f

257 JAN SKALA: Lugano…, a.a.O., S. 19

258 zitiert nach: Jan Skala: Lugano…, a.a.O., S. 19–29

259 Jan Skala: Lugano…, a.a.O., S. 29f

260 zitiert nach: Akten der Kreishauptmannschaft Bautzen. Vortragsreise Jan Skalas durch Jugoslawien 1929, SKA W IX 1 A, Blatt 2

261 ebd. Blatt 1

262 Das gab seinerseits dem Reichsministerium des Innern, dem Preußischen Ministerium des Innern und dem Sächsischen Ministerium der Auswärtigen Angelegenheiten abschriftlich Kenntnis, Von dort erreicht die Information über die Staatskanzlei die Kreishauptmannschaft Bautzen.

263 Akten der Kreishauptmannschaft Bautzen. Vortragsreise Jan Skalas…, a.a.O. Blatt 6

264 ebd. Blatt 7

265 Carl Christian Gerhard Schirren, * 8. bzw. 20.11.1826 † 11.12.1910; deutsch-baltischer Professor für Russische Geschichte an der Universität im baltischen Dorpat; 1874 für das Fach Geschichte an die Universität Kiel berufen; dort 1878/79 Rektor; 1907 emeritiert. (Quelle: http://de.wikipedia.org/wiki/Carl_Schirren_%28Historiker%29; 24.7.2014)

266 Jan Skala: Sind die Lausitzer Serben eine nationale Minderheit? Zur Abwehr erneuter Entrechtungsversuche, in: Kulturwehr 3/1929. S. 65f [Offen bleibt, ob Skala hier auf die vor allem von Spengler im „Untergang des Abendlandes" entwickelte Idee zurückgreift, Kulturen seien Manifestationen unterschiedlicher Volksseelen. Skala forderte die Gleichachtung der sorbischen Kultur, betonte ihre Rolle für Entstehung und Stärkung des Gemeinschaftsgefühls und forderte so zu Toleranz und Humanität heraus. Darin ist er Spengler durchaus nahe, denn – ungeachtete aller Missdeutungen durch Marxisten, Konservative und Nazis – Spengler hat mit seiner Idee der Volksseele dazu beigetragen, Gemeinsamkeiten, Besonderheiten, Unterschiede und Gegensätze der Kulturen in Geschichte und Gegenwart zu verstehen und so Menschen zum Verständnis anderer, fremder Kulturen ermutigt.]

267 ebd. [in einer Fußnote auf S. 66 merkt Skala u.a. an: „Der Name ‚Wenden' ist tendenziös und entspricht weder wissenschaftlichen Anforderungen noch dem tatsächlichen eigenen Namen dieses westslawischen Volksstammes […] Es wäre nun doch wohl zeitgemäß, daß die falsche Bezeichnung ‚Wende' zumindest in der amtlichen Terminologie endlich verschwindet."] [Serbske Nowiny enthielt dann eine Passage, die im Kulturwehr-Artikel reduziert ist: „Wir wollen uns nicht in das längst bereitete Grab legen, sondern wir wollen – ohne alle Romantik und ohne politische Träume – leben. Dieses Recht wird uns versagt: Wir müßen es uns erzwingen. Nur zwei Möglichkeiten sind der deutschen Politik und nur zwei Möglichkeiten sind uns Wenden zur Entscheidung unseres Problems gegeben. Entweder erkennt uns die deutsche Politik als nationale Minderheit ausdrücklich, öffentlich und mit allen Konsequenzen an oder weist das, wie das versucht wird, ab; tertium non datur!" Akten der Kreishauptmannschaft Bautzen. Vortragsreise Jan Skalas durch … a.a.O., Blatt 10]

268 Jan Skala: Sind die Lausitzer Serben eine nationale …a.a.O., S. 71

269 Akten der Kreishauptmannschaft Bautzen. Vortragsreise Jan Skalas durch … a.a.O., Blatt 20

270 ebd, S. 20f

271 ebd, S. 22

272 ebd, S. 21

273 ebd, S. 23 [mit dem Blick auf aktuelle politische Tendenzen in Deutschland eine bis heute wichtige Warnung]

274 ebd, S. 215

275 Sächsische Staatszeitung, Nr. 85/1929, Freitag, den 12. April

276 zitiert nach Frankfurter Zeitung (Vorträge von Jan Skala in Jugoslawien), in: Kulturwehr, Heft 10/11/1929, S. 476

277 ebenda, S. 476f [Die Abwehr dieser Verleumdungen war auch hier dringend geboten. Große Teile der deutschen Presse waren aktiv an der Propagierung nationalistischer Vorurteile beteiligt. So erfüllte sie im Kontext konservativer, präfaschistischer Politik wichtige ideologische Aufgaben. Vor-Urteile stigmatisieren die Beurteilten und erfüllen insofern wichtige soziale Funktionen. Vor-Urteile helfen, in komplizierten, unübersichtlichen sozialen Situationen, die Orientierung nicht zu verlieren, Verunsicherungen zu reduzieren, Identität zu stiften. Zugleich bewirken Vor-Urteile, die so Beurteilten zu diskriminieren ohne mit dem Gewissen in Konflikt zu kommen. Der andere ist nicht nur einfach anders, er ist von vornherein der Schlechte. Die einmal zum Feind deklarierte Person oder Gruppe tun kann, was sie will, alles wird als Böswilligkeit, als feindseliges Handeln aufgefasst. Die so zu den anderen konstituierte „Wir-Gruppe" kann dann stolz auf sich gegenüber „denen da" sein. Auf diese Weise helfen Vor-Urteile schließlich, die eigene Herrschaft über „diese da" zu rechtfertigen, zu legitimieren und so letztlich – mit Hilfe der „Sündenbock"-Zuweisung – die herrschenden Verhältnisse zu stabilisieren. Ein auf Vor-Urteile sich stützendes Handeln ist stets mit psychischer, nicht selten auch mit physischer Gewalt verbunden. Das alles war ohne Zweifel in der Zwischenkriegszeit, aber eben nicht nur da, der Fall.]

278 Akten der Kreishauptmannschaft Bautzen. Vortragsreise JAN SKALAS durch ... a.a.O ..., Blatt 4

279 Brief SKALAS vom 24.5.1929 an BOHUMIR JANATA. In SKA MZb XIX 3/7

280 Die Informationstagung des Verbandes der nationalen Minderheiten in Deutschland, in: Kulturwehr, Heft 8/ 1929, S. 291ff (fettgedruckt im Original)

281 * 1877 † 1941, Chefredakteur von „Flensborg Avis", Zeitung der dänischen Minderheit in Deutschland

282 Die Informationstagung des ..., a.a.O., S. 293ff

283 ebd. S. 298f

284 JAN SKALA: Die Deklaration des Verbandes der nationalen Minderheiten Deutschlands im Spiegel der Presse, in: Kulturwehr 12/1929, S. 481ff.

285 ebd., S. 487ff

286 ebd., S. 490ff

287 als Wochenschrift ab 1925 Nachfolger der Monatsschrift „Der Pazifist", ein Blatt der Deutschen Friedensgesellschaft; führte in der Weimarer Republik einen konsequenten Kampf gegen den zunehmenden Nationalismus und drohenden Faschismus

288 JAN SKALA: Die Deklaration des Verbandes… a.a.O., S. 498ff [Aus gegnerischem Blickwinkel hatten sich damit im Verband der nationalen Minderheiten Deutschlands „jene Kräfte durchgesetzt, die den endgültigen Bruch mit dem Kongreß sowie seine Sprengung herbeiführen und damit den Versuch, der während es dritten Kongresses nur höchst unvollkommen eingeleitet worden war, zu einem erfolgreichen Ende bringen wollen." Damit war auch „klargestellt, daß von Seiten des Verbandes aus Deutschland die staatlichen Interessen Polens vertreten wurden." (RUDOLF MICHAELSEN: Der Europäische a.a.O., S. 538Ff)

289 JAN SKALA: GUSTAV STRESEMANN. Zum Tode des Anwalts der deutschen Minoritäten, in: Kulturwehr, Heft 10/11 1929. S. 401ff

290 KARL DIETRICH BRACHER: Zusammenbruch des Versailler Systems und Zweiter Weltkrieg, in: Propyläen Weltgeschichte, Band 9, Berlin, Frankfurt am Main 1960, S. 392

291 EMIL JULIUS GUMBEL * 18.7.1891 † 10.9.1966, Dozent für mathematische Statistik an der Universität Heidelberg, veröffentlichte 1924 eine Materialsammlung zum Thema „Vier Jahre politischer Mord". Sie belegt das Ausmaß tendenziöser Rechtsprechung in den Anfangsjahren der Weimarer Republik: Es gab in dieser Zeit 376 politisch motivierte Morde. 354 wurden von rechten, 22 von linken Aktivisten begangen. Vor Gericht wurden die 22 „Linksmorde" mit 10 Hin-

richtungen und insgesamt fast 249 Jahren Zuchthaus sowie mit 3 x „lebenslänglich" geahndet. Für die 354 „Rechtsmorde", hauptsächlich von ehemaligen Militärs verübt, verhängten die Richter zusammen 90 Jahre und 2 Monate Haft, 1x lebenslänglich Gefängnis sowie und insgesamt 730 Reichsmark Geldstrafe. Gumbel emigrierte 1933, nahm eine Gastprofessur an der Sorbonne an, die Nazis entzogen ihm die deutsche Staatsbürgerschaft und verboten alle seine Schriften. Nach dem Einmarsch der Nazis in Frankreich floh er in die USA. Er wurde amerikanischer Staatsbürger und 1953 Professor an der Columbia University. 1966 starb er in New York.

292 Weimarer Nadelstreifen-Faschisten bezeichneten sich oft als Demokraten, die unbequeme Wahrheiten mutig aussprechen. Ihre Nachfolger sagen heute z.B. „Kostenfaktor", was am Stammtisch „Schmarotzer", „Parasit", „Untermensch" hieß (und heißt) sowie bei Pegida-Organisatoren „Kamelwämser" und „Schluchtenscheißer" lautet.

293 -SKA-: Besprechungen, in: Kulturwehr 1/2/1929, S. 10/11/ 1929, S. 455 (fett im Original)

294 ebd, S. 457

295 JAN SKALA: Völkerbund – Minderheiten, in: Kulturwehr 4/ 1929, S. 115 (fett im Original)

296 S.J.: Dr. JÓZEF PÁTA: Zawod do studija serbskeho pismowstwa, in: Kulturwehr 7/ 1929, S. 285f

297 Pressestimmen, in: Kulturwehr 10/11/ 1929, S. 447

298 JAN SKALA: Einleitung, in: Kulturwille 1/1925, S. 1

2.3. Im „Fadenkreuz" der Nazis außerhalb und innerhalb der NSDAP (1930–1935)

Seit dem Sommer 1930 versuchten die Nazis verstärkt mit Demagogie nicht nur unter sorbischen Großbauern[1], sondern auch unter der sonstigen sorbischen Bauernschaft an Einfluss zu gewinnen. Parallel dazu verstärkten sie den Terror gegen Persönlichkeiten und Organisationen der sorbischen Bewegung. Behinderungen der sorbischen Sprache; Angriffe auf den Sokoł; permanent wiederholte Verleumdungen, Sorben seien deutschenfeindlich und landesverräterisch, waren in vielen Orten der Lausitz ebenso an der Tagesordnung wie brutale Zusammenstöße und Gewalt.

Hans Reiter, der spätere Landesführer Sachsen des Bundes Deutscher Osten, berichtete, in der Lausitz sei man misstrauisch gegenüber den Nazis, denn hier gäbe es „keine begeisterten Massenkundgebungen."[2] Nachdem Hitler im Sommer 1930 in Bautzen auf einer NSDAP-Kundgebung gesprochen hatte, gab es auch in den Serbske Nowiny kritische Bewertungen der Nazi-Partei. Sokoł-Mitglieder, aber auch Mitglieder des Cyrill-Method-Vereins und Leser des Katolski Posoł, äußerten sich kritisch zu den politischen Zielen der Nazis. Abgelehnt wurden sie vor allem, weil ihre Mitglieder „fanatische Nationalisten" seien und gegen alle kämpfen, die „sich für den Frieden zwischen den Völkern einsetzten."[3]

Infolgedessen gab es in dieser Zeit unter den Sorben komplizierte Auseinandersetzungen. Einerseits lebten viele sorbische Familien aus Tradition, Pragmatismus und/oder staatsbürgerlicher Überzeugung eine loyale Haltung zum deutschen Staat und wollten sie auch jetzt beibehalten. Andererseits bewirkten unaufgebbare Bestandteile nazistischer Politik und Ideologie (wie Antisemitismus, Slawenfeindlichkeit und der Mythos von der arischen Rasse sowie die Germanisierungserinnerungen auslösende Auffassung vom „Volk ohne Raum") bei manchen Sorben Ablehnung und Kritik des Dritten Reiches, vereinzelt sogar Stärkung der Widerstandsbereitschaft.

In diese Entwicklung suchte Skala mit einer im Vorjahr gemeinsam mit dem Dänen Julius Bogensee in deutscher Sprache veröffentlichten 23-seitigen Broschüre zur Lage der nationalen Minderheiten in Deutschland einzugreifen.[4] Vor allem von dänischen Sachkundigen wurde sie zustimmend aufgenommen. Das Kopenhagener „Morgenbladet" sah dort formulierte Erkenntnisse als Pendant zu der von Treitschke formulierten, in Deutschland praktizierten Auffassung, wonach „das für die Nationen geltende Recht durch die Macht geschaffen wurde", weswegen „Minderheiten stets im Unrecht sein (mußten), denn die Mehrheit hatte ja die Macht." Obwohl im Gefolge des Krieges in verschiedenen Ländern deutsche Minderheiten entstanden, hätten die in Deutschland Regierenden noch immer nicht erkannt, „daß man den andern gegenüber nichts anderes tun darf, als was man wünscht, daß sie einem selbst gegenüber tun." Es „muß gleiches Recht herrschen und gleiche Behandlungsprinzipien auf beiden Seiten."[5]

Ein mit „-p.l.-" zeichnender Kritiker hob den Beweis hervor, dass autochthone Minderheiten „durch eine geschickt maskierte Siedlungs- und Agrarpolitik von ihrer väterlichen Scholle verdrängt" wurden. Durch „behördliche Geheimerlasse (ergingen) Verbote, an Minderheitsangehörige Grund und Boden zu verkaufen." Staatliche Gesellschaften machten „für Deutschtumszwecke Vorkaufsrechte geltend". Private Braunkohlengesellschaften hatten „angeblich aus wirtschaftlichen Gründen das Recht der Enteignung [...], wovon ausschließlich Minderheitsangehörige betroffen" waren. Zum Schluss wurde festgehalten: „Bis [...] 1925 ist die Politik gegen die Minderheiten im Reiche durch völlige Verneinung und offenste Unterdrückung gekennzeichnet." Zwar gäbe es mit Rücksicht auf die deutsche Außenpolitik scheinbar eine Besserung, „in vielen dokumentarisch festgestellten Tatsachen aber zeigt sich, daß nur das System gewechselt hat, und daß die jetzige heimliche, verfeinerte Methode der Entnationalisierung bei weitem gefährlicher erscheint, als die Methode in der vorhergehenden Etappe."[6] In der dänischen Zeitung „Sorø Amtstidende" schrieb Knud Nielsen, dass es keine „mehr der Wahrheit entsprechende und glaubwürdigere Uebersicht über die Lebensbedingungen und die Verhältnisse der Minderheiten in Deutschland gibt. Es ist übersichtlich geschrieben, gleichzeitig erschöpfend und zeugt von intimer Kenntnis der Verfasser zu dem Stoff ihrer Abhandlung."[7]

Das Mitteilungsblatt der Reichszentrale für Heimatdienst in Schleswig-Holstein, die „Grenzschau" bezichtigte die Autoren – eine ungenaue Formulierung nutzend – „der bewußten historischen Fälschung" und versuchte so, „die manchen deutschen Grenz- und Minderheitspolitikern vielleicht unbequeme Schrift in Bausch und Bogen abzutun."[8] Skala stellte den Flüchtigkeitsfehler richtig und erwiderte, die „Grenzschau" habe sich mit „dem tatsächlichen Inhalt der Broschüre über die minderheitspolitischen Verhältnisse in Deutschland [...] aus leicht begreiflichen Gründen fast gar nicht (beschäftigt)"; sie hielte sich stattdessen an Einzelheiten fest und verschließe z.B. die Augen davor, „daß vier von sechs nationalen Minderheiten Deutschlands überhaupt ohne gesetzliche Regelungen ihrer dringendsten kulturellen Bedürfnisse sind."[9]

Die Zeit des Übergangs von der sterbenden präfaschistischen Republik zum werdenden Nazi-Terror-Staat brachte insofern erst einmal im Hinblick auf den Kampf Skalas für die Rechte der Minderheiten in Deutschland kaum wirklich Neues. Die Felder der Auseinandersetzung zwischen den zwei Strömungen in der Minderheitenpolitik blieben konstant. Der Ton wurde allerdings deutlich schärfer. Skala agierte einerseits konsequent, sachlich und ruhig gegen die „altbekannten", dauerhaften Verletzungen der Minderheiten- und Menschenrechte. Er musste jedoch zur Kenntnis nehmen, dass die Anhänger der grenzrevisionistischen Minderheitenpolitik Intensität und Qualität bei der Bekämpfung des Verbandes der nationalen Minderheiten in Deutschland und eines seiner führenden Köpfe sowie beim Bemühen um die politische Spaltung und ethnische Lähmung der Sorben steigerten. Offensichtlich hielten sie das nach der Berliner Informationstagung für dringend nötig. Skala sah sich deshalb wiederholt zu polemischer Abwehr der aggressiveren politischen Angriffe genötigt. Aber auch dabei prägte er wesentliche Momente seiner auf die Einhaltung der Menschenrechte zielenden minderheitspolitischen Grundsätze weiter aus.

Minderheitenpolitisches Kampffeld „Schule"

Die Vertreter der grenzrevisionistischen minderheitspolitischen Strömung hatten in zurückliegenden Jahren Feststellungen und Forderungen Skalas nach besserer Schulbildung für Kinder der Minderheiten in Deutschland stets als unangemessen bewertetet und zurückgewiesen. Das jedoch hinderte sie überhaupt nicht, selbst eine intensive Propagierung ihrer politischen Ziele unter der Schuljugend zu betreiben. Mit ausdrücklicher behördlicher Genehmigung veranstaltete z.B. der V.D.A. „im November 1929 Werbewochen mit Geldsammlungen unter ausdrücklicher Hervorhebung, dass es um die ‚Erhaltung der deutschen Kultur in der Ostmark, gegen den polnischen Chauvinismus der Warschauer Machthaber, gegen die Unterdrückung im Memelland, in Untersteiermark' usw. ginge." Skala monierte, dass diese Geldsammlungen auch „im Gebiet der Lausitzer Serben statt(fanden)", dass „die preußischen Lausitzer Serben gerade durch die deutsche Schule – **an Minderheitschulen gibt es hier auch heute nicht eine einzige!** – ihres Volkstums beraubt werden und in jeder Hinsicht der Willkür und dem Chauvinismus der deutschen Machthaber ausgesetzt sind". Infolgedessen „erhält die Werbe- und Sammeltätigkeit des V.D.A. innerhalb eines v o l l s t ä n d i g e n t r e c h t e t e n u n d j e d e s m i n d e r h e i t l i c h e S c h u l w e s e n e n t b e h r e n d e n nichtdeutschen Volkstums eine ganz besondere Note."[10] Skala verwies darauf, die Finanzen der Reichszentrale und des V.D.A. „bestehen aus Steuergeldern aller Staatsbürger, und die Minderheiten in Deutschland tragen durch ihre Steuerleistung gleichfalls zu diesen Beträgen ihren Beitrag." Nachdem die Reichszentrale „nur noch gelegentlich in ihren Publikationen eine Attacke gegen die nationalen Minderheiten (reitet)", was auch ein „bescheidener Erfolg unserer Abwehr" ist, erwarten wir – Skala sprach hier für den Verband nationaler Minderheiten in Deutschland – auch vom V.D.A., „daß er sich so wenig wie irgend möglich und dann mit größter Bescheidenheit in den Siedlungsgebieten der nationalen Minderheiten Deutschlands betätigen werde."[11] Arrogant-borniert deutsche Nationalisten dachten jedoch gar nicht daran. Im Gegenteil! Systematisch nutzten sie die Schule, insbesondere den „Unterricht in deutscher Geschichte" für ihre Ziele. Eine einschlägige Anleitung referierend, zitierte Skala kritisch: „Hauptträger der neuen g r e n z p o l i t i s c h e n und g r o ß d e u t s c h e n Erziehung habe der Geschichtsunterricht zu sein „der ‚Kampf der Kulturen' (werde) sich von selbst zu Gunsten der ‚höherstehenden deutschen Kultur' entscheiden". Als „Hilfsmittel" für Geschichtslehrer werden „Zeitschriften des ‚Vereins für das Deutschtum im Auslande'", [...] aber auch die ‚Süddeutschen Monatshefte'"[12] und die Zeitschrift „[...] der sehr angreifbaren ‚Reichszentrale für Heimatdienst' empfohlen". Den begrifflichen politischen Unfug in der Schrift (z.B. die Bezeichnung Wasserpolacken) karikierend, fragte er, soll in einer ähnlichen Situation „dann auch von ‚Wasserteutonen' oder ähnlichem gesprochen werden dürfen?".[13]

In gleicher Sache, aber aus anderem Anlass bat Skala seinen Freund Měrćin Nowak-Njechorński Ende Dezember 1930, einen Text über „die traurigen Zustände unserer preußischen Brüder" aus der „Kulturwehr" zu übersetzen und an die Serbske Nowiny zu geben, „denn was dort geschieht, ist wirklich Ausdruck der deutschen Minderheitenpolitik [...]".[14] In dem Text verglich er, unter Bezugnahme auf einen Artikel der „Frankfurter Zeitung" vom 19.9.1930, die Unterdrückung der Kurden durch Türken mit dem Umgang der Deutschen mit den Sorben. Die „Frankfurter" berichtete entrüstet, Informationen über Schikanierungen der Minderheit in der Türkei werden „von der Welt ohne innere Empörung hingenommen". Die „systematische Vernichtung der nationalen Minderheiten" vollziehe sich in der Türkei, aber auch in anderen Ländern Europas vor allem dadurch, dass man „die Kinder der nationalen Minderheiten ihrer Schulen und die Eltern ihres Besitzes (beraubt). So müßen sie verelenden, auswandern oder das fremde Volkstum annehmen".[15] Skala nun „ergänzte" diesen Artikel wie folgt: „Die systematische Ausrottung der nationalen Minderheiten – darin pflichten wir der ‚Frankfurter Zeitung' vorbehaltlos zu – ist offenbar eine der wesentlichsten ‚kulturellen' Aufgaben jener Länder Europas geworden, die von ihrer ‚Kulturmission' tagtäglich sprechen, aber ebenso andauernd diese Mission schänden."[16] Für die Sorben präzisierte er: „Man raubt zwar den Kindern dieser nationalen Minderheit längst keine Schulen mehr […] ,sondern man gibt ihnen überhaupt keine, in denen sie, von guten Lehrern und fürsorglichen Erziehern geleitet, ihre Muttersprache und den ganzen, vielleicht bescheidenen, aber immerhin doch vorhandenen Kulturkreis ihres Volkstums kennenlernen können." Wenn man „diese Kinder von frühester Jugend an die Verachtung ihres Ursprungs gelehrt (hat)", dann „nennt (man) das die natürliche Wirkung einer höheren Kultur, deren Anziehungskraft die Lausitzer Serben erliegen."[17] Skala betonte, es gehe ihm nicht darum, Anklagen zu formulieren, wie von der Gegenseite unterstellt wird. „Festzustellen aber, was ist, und was gegen das Bestehen des Volkstums der Lausitzer Serben in Preußen getrieben wird, ist moralische Pflicht, auch dann, wenn mit nur zu deutlicher Tendenz versucht wird, das als deutschfeindlichen Akt zu bezeichnen."[18] Als Zeugen für die Korrektheit seiner Sicht und Wertung führte er Josif Wilfan an. „Selbst ein so einwandfreier Freund alles Deutschen wie der Präsident der Minderheitenkongresse sah sich in einem Gespräch veranlaßt auszusprechen, er sei entsetzt über den Zynismus, mit dem man in Deutschland das Problem der Lausitzer Serben betrachte und behandle."[19] Skala bekräftigte, es „kann der deutschen Oeffentlichkeit nicht gleichgültig sein, […] ob die Lausitzer Serben mit den Mitteln eines modernen Kulturkampfes niedergerungen werden sollen, oder ob man ihnen im Deutschen Reich Lebensraum und praktische Unterstützung für ihre kulturelle Weiterentwicklung gewähren will." Warnend schloss er den Artikel mit der hellsichtigen Feststellung: „wird einmal die Revision des europäischen status quo irgendwie verwirklicht werden, dann wird auch die Revision des status der Lausitzer Serben in seinem ganzen Ausmaß akut werden."[20]

Skala sah Schule als „Spiegelbild" der Gesellschaft und einen Teil der Schulpolitik als Ausdruck der Minderheitenpolitik. Als Chefredakteur einer national und international stark beachteten Zeitschrift und als Demokrat wollte er den Staat, dem er sich loyal verbunden fühlte, zu entschiedener Durchsetzung minderheitsfördernder Regelungen drängen. Stets war er bemüht, für seine Positionen bzw. die des Verbandes und gegen die kriegslüsternen Minderheitenpolitiker Verbündete zu gewinnen. So zitierte er z.B. umfangreich den „Artikel des bekannten Berliner Pädagogen und Schulreformers Dr. Siegfried Kawerau[21] in der ‚Weltbühne' (Heft 9/25.2.1930)" über den V.D.A., „weil dort die sonst sehr geschickt versteckten Tendenzen aufgedeckt werden, die sich […] gegen eine vernunftsmäßige Behandlung des

Problems der Völkerverständigung geltend machen."[22] Kawerau hatte eine konzeptionelle Schrift des V.D.A. von 1929 analysiert. Sie kennzeichnete die Auslandsdeutschen als „(un-entbehrlich) für die Wiederherstellung unserer Ehre unter den Völkern", vor allem im Kampf gegen die Feststellung von Deutschlands Schuld am Ersten Weltkrieg. Auffordernd hieß es, „in der ganzen Welt muß diese gemeine Lüge bekämpft werden, und dabei brauchen wir die auslandsdeutschen Vereine und Zeitungen als unsre treuesten Bundesgenossen. Sie haben es schon erreicht, daß [...] alle ehrlichen Leute wissen: Der Krieg ist nicht in Berlin gewollt und vorbereitet worden, sondern wir Deutschen mußten uns wehren." Demagogisch wurde behauptet, der V.D.A. „beschäftigt sich satzungsmäßig nicht mit Fragen der Weltanschauung und Politik", weswegen er auch Pazifisten offenstehe. Er „kann es aber nicht billigen, daß man unter dem Deckmantel des Pazifismus deutsche Art und deutsche Sitte unterdrückt oder verleugnet." Zustimmend wurde in der Propaganda-Broschüre des V.D.A. ein Kommentar zur Reichsverfassung aus dem Jahre 1928 zitiert, der es im Namen des deutschen Ehrgefühls ablehnt, „daß die deutsche Jugend jetzt mit dem Willen zur ‚Völkerversöhnung' erfüllt werden soll." Diese Aufgabe „ist unser nicht würdig", [...] solange die Feinde von gestern, [...] auch heute noch in einer von Grund aus unversöhnlichen Gesinnung gegen uns verharren. Erst wenn diese Gesinnung schwindet, wenn das Unrecht, die Schande, die dem deutschen Volk durch den Frieden von Versailles angetan wurde, gesühnt und getilgt sind, erst dann wird unsererseits von Völkerversöhnung geredet werden können. Bis dahin [...] bedeutet eine Vorschrift, die es als Aufgabe unserer Schule bezeichnet, für Völkerversöhnung zu wirken, einen Gewissenszwang gegen jeden Nationalgesinnten, sei er Lehrer oder Schüler."[23] Kawerau verlangte deshalb, dass von staatlicher Unterstützung solange Abstand genommen wird, „bis der V.D.A. eindeutig von seiner die Völkerbundsarbeit in den Schulen störenden, den Artikel 148[24] der Reichverfassung sabotierenden Haltung abgerückt ist und sich klar und offen zu den Aufgaben der deutschen Republik und ihrer Verfassung bekannt hat."[25]

Solche verfassungskonforme, auf innenpolitische Korrekturen zielende Kritik am minderheitsfeindlichen und kriegsbegünstigenden Verhalten deutscher Vereine fand Skalas Unterstützung. In einer Information über den Kongress der „organisierten nationalen Gruppen in europäischen Staaten" – so sollte offiziell die frühere Bezeichnung als Nationalitäten- oder Minderheitenkongeß vermieden werden – schrieb er: „Immer mehr setzt sich die Auffassung durch, daß die Lösung der Frage eine i n n e r s t a a t l i c h – r e c h t l i c h e und keine i n t e r n a t i o n a l – p o l i t i s c h e Angelegenheit und Aufgabe ist", denn „die preußische Schulverordnung für Polen und Dänen, der Ausbau des deutschen Anteils an den Regierungsgeschäften der deutschen Minorität in der Čechoslovakei, die ersten Konzessionen des italienischen Fascismus an die deutsche Minderheit, die Minderung der deutschen Beschwerden aus Polnisch-Oberschlesien, die Anfänge einer rechtspositiven Entwicklung in Rumänien und Jugoslavien; das alles sind ausschließlich Ergebnisse einer innerstaatlichen V e r s t ä n d i g u n g s a r b e i t. Den Unzufriedenen mag das wenig erscheinen, aber es ist mehr, als die theoretischen Resolutionen eines Kongresses." Vor allem aber: Vieles, was der Kongress jetzt beschloss, ist „durch die vorjährige Berliner Deklaration der aus dem Kongreß ausgetretenen Gruppen vorweggenommen worden." Skala hoffte, die Kongressverantwortlichen verzichten auf „taktische und konjunkturpolitische Operationen"; meinte zugleich, dass nach diesem Kongress „die Frage einer Revision der Bewegung und ihrer Mittel sicher noch lebhafter auftauchen wird als bisher" und kam nicht umhin festzustellen zu müssen, dass sich der Kongress den „Erfahrungen [...]der europäischen Entwicklung [...] zu entziehen versucht."[26]

Loyal und demokratisch vertraute Skala bei seinen Bemühungen um eine den Menschenrechten entsprechende innenpolitische Regelung der Minderheitenprobleme noch immer Erklärungen deutscher Staatsmänner. Er zitierte z.B. ausführlich die Rede von Reichsaußenminister Dr. Curtius auf der Jahresversammlung des Deutschen Auslandsinstitutes Ende Mai 1930 in Stuttgart: „Streng genommen können nur die im Auslande lebenden Reichsdeutschen Anspruch auf Schutz und Fürsorge der öffentlichen Organe des Deutschen Reichs geltend machen, aber anderseits wird kein deutscher Außenminister die Tatsache übersehen können und wollen, daß in Europa außerhalb des Deutschen Reiches etwa neu bis zehn Millionen Angehörige des deutschen Sprach- und Volkskörpers als nationale Minderheiten unter einem fremden Staatsvolk leben.". Unter Verweis auf „die Gesamtzahl der nationalen Minderheiten in Europa, von „insgesamt etwa 35 Millionen Seelen", stellte der Minister fest: „Alle diese Minderheiten wünschen ihre kulturelle Eigenart, die sie von ihren Vätern ererbt haben, zu erhalten und zu entwickeln". Er betonte, das sei „ein ursprüngliches Menschenrecht." Wichtig war ihm die Erkenntnis, dass die am Ende des Weltkrieges beschlossenen Minderheitsschutzverträge „in der überwiegenden Mehrheit noch fern von ihrer Erfüllung sind" und die „Minderheiten in einem unaufhörlichen schweren Kampf um die Verteidigung ihrer Rechte stehen", der „nicht gegen den Staat als solchen gerichtet ist", sondern „sich lediglich gegen [...] die [...] mannigfachen Ungerechtigkeiten des herrschenden Volkes gegenüber den Minderheiten"[27] richte.

Skala nahm diese Gedanken auf und fügte den Feststellungen des Außenministers bezüglich der Nichterfüllung von Verträgen und Gesetzen hinzu: „Ja, leider auch in Deutschland. Lausitzerserben, Litauer, Friesen und Čechen warten noch immer auf die Erfüllung des § 113 der Reichsverfassung." 10 Jahre seien doch genug Zeit, um Rechte der Minderheiten zu regeln. Zur Äußerung von Dr. Curtius, der Kampf der Minderheiten sei „keineswegs gegen den Staat gerichtet", meinte Skala, das „sind Gedanken, zu denen sich die Minderheiten im Deutschen Reich von jeher bekannt und sie auch praktisch durchgeführt haben. Sie jetzt im Munde des deutschen Außenministers zu vernehmen, bedeutet für unsere Arbeit angesichts all der Angriffe, die wir noch immer von deutscher Seite ausgesetzt sind, eine genugtuende Rechtfertigung."[28]

Unbeeinflusst von den Worten des Außenministers und den mahnenden Ergänzungen Skalas artikulierten sich Gegner vernunftgestützter, sachbezogener Minderheitenpolitik immer deutlicher und lautstärker. Im „Zwiespruch", einem wichtigen rechten, radikal-antisemitischen Kampfblatt, forderte Dr. Kleo Pleyer[29] die Gründung eines reichsdeutschen Grenzlandministeriums. Das „hätte fürs erste das Grenzdeutschtum innerhalb der derzeitigen Grenzen des deutschen Reiches zu betreuen", baldmöglichst jedoch hätte ein solches Ministerium „das Außendeutschtum jenseits der Grenzen des reichsdeutschen und deutschstämmigen Staates zu fördern."[30] In die gleiche Kerbe schlug ein anonymer Artikel der Juni-Nummer der „Deutschen Rundschau". Darin wurde die „politische Seelsorge in den Grenzlanden" als eine Aufgabe eines solchen Ministeriums bezeichnet. Vor alle „würde (es) die Schicksalsgemeinschaft aller Grenzräume und ihre Verbundenheit mit dem Reichsganzen sichtbar zum Ausdruck bringen" und „dazu beitragen, dass unsere Grenzmarken, obwohl sie des militärischen Schutzes ganz oder teilweise entbehren, bevölkerungspolitisch zu starken Schutzgürteln des Reiches werden."[31]

Skala wurde nicht müde, diese Geisteshaltung und die darauf fußende Politik zu kritisieren. Er fand sie auch in einer Schrift von J. Binder. Der Göttinger Rechtsprofessor[32] verstieg sich zu der Aussage: „Wenn der Friede die Menschen verweichlicht und erschöpft, so reißt sie der Krieg aus den Niederungen des Friedens empor auf die Höhe, wo die Stürme wehen und die Freiheit wohnt." Friede sei „nur ein Traum und nicht einmal ein schöner". Nur „ein Volk, das den Sinn für den Krieg und den Willen zum Krieg sich bewahrt hat, verdient (es), fortzuleben und (wird) in der Geschichte fortleben."[33] Binder – so Skala – „übersieht oder (vermag) es nicht zu erkennen, wie gerade der Krieg den ‚Schandfrieden' verursacht hat und wie jeder neue Krieg diese Last nur vermehren und vergrößern muß". Strikt lehnte er die Begründung „einer sittlichen Idee des Krieges" (es hat immer Kriege gegeben, also wird es auch immer Kriege geben) ab. Solch ein Satz „ist in seiner Feststellung wie in seinem Werturteil falsch.". Skala bestritt als Realist „nicht die M ö g l i c h k e i t , entschieden aber die N o t w e n d i g k e i t der Kriege" und sah den „Fortschritt in der Entwicklung der Menschheit […] in der E r s e t z u n g   d e r   G e w a l t   d u r c h R e c h t s k u l t u r ."[34]

Warnend informierte er die Leser der Kulturwehr über den „Zentralverband auslandsdeutscher Studierender". Er umfasst „43 Vereine mit rund 1800 Mitgliedern", die „sämtlich fremde Staatsangehörige u.a. Dänemarks, Polens, der Čechoslowakei, Jugoslaviens, Rumäniens etc. sind und sich im Deutschen Reich für ihre minderheitspolitische Arbeit in diesen Staaten vorbereiten sollen." Beherrschender Tenor der Schulungen ist der Gedanke „deutscher Freiheit und die Grenzrevision" ebenso wie der Nachweis, dass „das Auslandsdeutschtum große Einbußen an nationaler Widerstandskraft erlitten habe", weil „es an einer führenden akademischen Schicht fehle."[35]

Ideologisches Gegenstück und spezifische Ergänzung der „Erhöhung" der (Auslands-) Deutschen in Konzepten der grenzrevisionistischen Strömung war die Herabwürdigung der Slawen. Skala kannte die gefährlichen Fernwirkungen solch ideologischer Giftpfeile und sah sich in der Pflicht, deutsche Slawophobie zu korrigieren und zu widerlegen. Er setzte sich u.a. auseinander mit einem Artikel Hugelmanns,[36] der behauptete, das deutsche Volk hätte schon im Mittelalter das Bewusstsein gehabt, Träger des deutschen Nationalstaates zu sein. „Hugelmann stellt weiter die Behauptung auf, daß bereits im mittelalterlichen Recht versucht wurde, das Nationalitätenproblem zu lösen" und erwähnt als eines der Beispiele dafür „das Sprachenrecht der Wenden", wozu „wissenschaftlich praeziser (hätte) gesagt werden müßen: der polabischen Slaven."[37] Skala verwies darauf, dass „zu Beginn des Mittelalters und noch einige Jahrhunderte hindurch war die Hälfte des mitteleuropäischen Raumes nicht d e u t s c h -, sondern **slavisch**sprachig." [38] Später fand zunächst „die militärische und die sich anschließende soziale Unterwerfung" statt. Ihr folgte die „Unterwerfung der polabischen Slaven unter das deutsche Recht". Also, „über die Ausrottung oder ‚Assimilierung' aller Nicht-deutsch-sprachigen wurde das ‚Nationalitätenproblem' gelöst".[39] Mit weiteren Fakten wies Skala nach, die heutige Minderheitenpolitik gegenüber den Sorben unterscheide sich kaum vom Umgang mit ihnen im Mittelalter; „nach wie vor besteht die Tendenz der Aufsaugung, Assimilierung und Ausrottung [...] I n v i e l e m i s t d e r S t a n d d e r R e c h t s v e r h ä l t - n i s s e n o c h u n t e r d i e N o r m e n d e s ‚ f i n s t e r e n ' M i t t e l a l t e r s g e - s u n k e n, so daß bei Erwähnung des ‚modernen' reichsdeutschen Minderheitenrechts gegenüber den Lausitzer Serben die Bezeichnung ‚mittelalterliches Nationalitätenrecht' mehr als berechtigt ist."[40]

Mit der Entkräftung falscher „Theorien" verknüpft, erörterte Skala Ursachen und Hintergründe deutscher Slawophobie. „Das Territorium der Lausitzer Serben, auf dem sie annähernd geschlossen siedeln, ist von der čechoslowakischen Staatsgrenze etwa 20 km, von der polnischen Staatsgrenze etwa 100 km entfernt. Dieses Territorium betrachtete man deutscherseits als eine Brücke zwischen zwei slavischen Staaten und rechnet außenpolitisch mit der, meines Erachtens stark h y p o t h e t i s c h e n und f i k t i v e n Möglichkeit eines gemeinsamen Vorgehens Polens und der Čechoslowakei gegen das Deutsche Reich. Diese Fiktion oder Hypothese legt man der Behandlung des Problems der Lausitzer Serben zu Grunde und strebt danach, diese vermeintliche Brücke dadurch zu zerstören, daß man das slavische Volkstum in diesem Raum zerstört. Diese geopolitische Betrachtungsweise macht es erklärlich, daß die deutsche Innenpolitik auf eine vollständige Germanisation der Lausitzer Serben eingestellt ist; e i n e E n t s c h u l d i g u n g f ü r d i e V o r e n t h a l t u n g d e r e l e - m e n t a r s t e n M i n d e r h e i t e n r e c h t e k a n n s i e u n t e r k e i n e n U m - s t ä n d e n b i l d e n. Sie kann das umso weniger, als die im Interesse der deutschen Minderheiten betriebene offizielle deutsche Minderheitenpolitik die Anwendung ähnlicher Grundsätze und minderheitspolitischer Praktiken gegen die deutschen Minderheiten ablehnt und scharf bekämpft." Die Unterdrückung der Sorben begünstige der Fakt, „Deutschland hat in dem Friedensvertrag keine rechtlich bindenden Verpflichtungen zum Minderheitenschutz übernommen", woraus „zahlreiche große Nachteile" entstehen, „die sich auch innenpolitisch auswirken."[41]

Schließlich zielte Skala noch darauf, Ängste, Vor- und Fehlurteile bei den Deutschen durch sachlich exakte Informationen über das Leben der Sorben, ihre slavische Wesensart, ihre kulturellen Traditionen abzubauen. Aus der schier unübersehbaren Vielzahl einschlägiger Veröffentlichungen aus der Feder Skalas oder anderer Autoren ragt die in tschechischer Sprache publizierte Schrift von Josef Páta „Das kulturelle Leben der Lausitzer Serben nach dem Weltkriege"[42] heraus. Skala übersetzte die Broschüre ins deutsche und unterstrich in seinem Vorwort: „Die deutschsprachige Literatur über die Lausitzer Serben — wissenschaftlich unzutreffend ‚Wenden' genannt — ist nicht sehr reichhaltig [...], außerdem nicht erschöpfend [...] oder aus unkontrollierbaren Quellen tendenziös zusammengestellt. [...] All diese Nachteile wirkten und wirken sich in der öffentlichen Meinung und ihrer Urteilsbildung, speziell über das Kulturniveau und die eigenkulturelle Betätigung dieses westslavischen Restvolkes der polabischen Slaven, sehr ungünstig aus. Treten dann noch — wie es neuerdings mit besonderer Absicht einzelner deutscher Autoren geschieht — politische Tendenzen hinzu, die einerseits auf die vollständige Leugnung der kulturellen Eigenart und Selbständigkeit, andererseits auf die Unterstellung politischer Einflüße anderer Völker hinauslaufen, wird die geistige, national-kulturelle Physiognomie der Lausitzer Serben völlig entstellt." Deswegen sei, so Skala weiter, diese Übersetzung auch all jenen Deutschen zugedacht, „die das Problem der Lausitzer Serben und ihr volkstumskulturelles Gesicht lebhaft interessiert; […] aber auch allen von Vorurteilen oder tendenziöen Zielsetzungen Beherrschten sei sie im Sinne der völkerverständigenden Arbeit gewidmet. Die politische Zwecklüge wird dadurch zwar nicht gänzlich verschwinden; ihrer Ausbreitung hoffe ich aber gemeinsam mit dem Autor einen festen Riegel vorgeschoben zu haben."[43]

Mehrfach widmete sich Skala einer Ungenauigkeit im Wissen der Deutschen über die Lausitzer Slawen. Er besprach z.B. ein deutschsprachiges Buches über den Sorben Michael Frenzel. Dieser hatte mit seiner Evangelienübersetzung nicht nur eine religiös wichtige, sondern damit zugleich eine kulturgeschichtlich und sprachwissenschaftlich bedeutsame Leistung vollbracht. Skala hob „mit besonderem Nachdruck" hervor, dass der Autor Röseberg wie Michał Frencel die Bezeichnung ‚Wenden' ablehnt und fast durchgängig dafür ‚Sorben', ‚sorbisch', ‚obersorbisch' setzt." Im Gegensatz dazu – so Skala – hielt die Leipziger „Stiftung für die deutsche Volks- und Kulturbodenforschung" in einer mehrbändigen Publikationsreihe zu „Geschichte und Volkstum der Wenden" unbeirrt an dieser Fehlbezeichnung fest. Für Skala war „schon dadurch die unwissenschaftliche Tendenz dieser Publikationen aufgedeckt". Nachdrücklich wünschte er deshalb – ganz im Sinne seines Verständnisses der einen Seite der „sorbischen Frage" –, „daß alle dazu berufenen lausitzserbischen Wissenschaftler ihre Arbeitskraft dieser kulturgeschichtlichen Forschung widmen würden, bevor die tendenziösen deutschen Kulturbodenforschungen gegen uns […] losgelassen werden."[44]

Offensichtlich waren sie das jedoch schon. Am 9.3.1930 sendete der mitteldeutsche Rundfunk Leipzig das Hörspiel „Hochzeit in der Wendei". Skala klärte zunächst: Wendei sei „der im sächsischen Jargon gebräuchliche Ausdruck für die Lausitzer Serben und ihr Siedlungsgebiet." Dann schilderte er die skurrilen Umstände der Sendung: Die „auf einer solchen Hochzeit gesungenen Volkslieder" die „den charakteristischsten Teil eines solchen volkskundlich gewiß interessanten Festes (bilden), durften nicht in muttersprachlichem Originaltext, sondern mußten in deutscher ‚Uebersetzung' – die teilweise geradezu deprimierend wirkt – gesungen werden." Die dümmliche Begründung der Verantwortlichen: „Im Radio darf nicht wendisch (lausitzserbisch) gesungen werden, die sächsische Obrigkeit" habe „schon genügend Aerger und Sorgen mit den Lausitzer Serben".

Skala vermutete, über seine Kritik werde die Frankfurter Zeitung „wieder naserümpfend" gegen ihn argumentieren. Er sei aber der festen Meinung, „in der Kunst, hier vor allem in der Musik, darf es keine politischen Maßstäbe geben" und er hoffe, die Verantwortlichen zeigen Größe, „indem sie die Exzesse der deutschen Nationalisten im mitteldeutschen Rundfunk recht bald und für immer unmöglich macht."[45]

Weniger großmütig argumentierte Skala, wenn sich Nazis öffentlich artikulieren. In mehreren Bautzener Zeitungen erschien im September 1930 folgendes Inserat:

Inserat einer NS-Veranstaltung in Bautzen

Skala veröffentlichte das Inserat in der Kulturwehr und kommentierte: „Wenn wir von der mitleiderregenden Mißhandlung der deutschen Sprache in diesem Wahlinserat absehen, bleibt immer noch die Frage offen: mit welchem Recht darf der Abgeordnete eines ausländischen Parlaments in den innerpolitischen Wahlkampf in Deutschland eingreifen? Man stelle sich einmal vor, daß bei Wahlen in der Čechoslowakei ein Lausitzer Serbe, sagen wir z.B. in Reichenberg oder Aussig, also im Gebiet der deutschen Minderheit, ähnlich auftreten würde, wie Herr Jung in Bautzen […] ein besoldeter ausländischer Agitator des Nationalsozialismus, dessen politische Tätigkeit sich gegen den Bestand der deutschen Republik richtet." An die Adresse notorischer Sorbenfeinde und Chauvinisten richtete er die Aufforderung: „Ehe man uns also staatsfeindliche Arbeit für ausländische Bezahlung vorwirft, sehe man sich erst einmal die ausländischen Staatsfeinde und ihre Geldgeber in den eigenen Reihen an."[46]

Die „Affäre Vydunas" oder „Teile und Herrsche" Teil I

Für die Protagonisten der grenzrevisionistischen Minderheitenpolitik waren solche Veröffentlichungen und überhaupt Aktivitäten des Verbandes der nationalen Minderheiten

238

Deutschlands ebenso wie die internationale Akzeptanz der „Kulturwehr" besorgniserregend, vor allem natürlich die Berliner Deklaration aus dem Jahre 1929.

In Ermangelung sachbezogener Argumente praktizierten sie die Taktik des „Teile und Herrsche".

Dazu äußerte zunächst Dr. Wilfan in einem Artikel für die Belgrader „Politika" große Sympathie mit dem „Problem der Lausitzer Serben" und meinte, für sie „(könnte es) von großem Nutzen sein, wenn sie wieder ihre Delegierten zu den Genfer Minderheitenkongressen senden würden." Skala hielt dagegen, so einfach sei das nicht, denn es gäbe „Differenzen prinzipieller Natur, die den Lausitzer Serben einen Wiedereintritt in den Kongreß unmöglich machen". Im Unterschied zum Kongress betrachte und behandle man die Situation der Minderheiten „als ein kulturelles-staatsrechtliches und nicht als ein politisch-völkerrechtliches Problem." Hinzu komme, als „Mitglied des Verbandes der nationalen Minderheiten in Deutschland" sei „ein separates Eintreten in den Kongreß auch aus moralischen Gründen nicht möglich." Die Lausitzer Serben lassen es nicht zu, „sie aus der Gemeinschaft mit dem Minoritätenverband in Deutschland zu isolieren."[47]

Um die gleiche Zeit fuhr Dr. Ewald Ammende, Sekretär des Kongresses, nach Tilsit[48] zur „Vereinigung der Litauer Deutschlands", einem anderen Mitglied des Minoritätenverbandes. Dort wurde er u.a. „mit Herrn Mittelschullehrer a.D. Dr. h.c. Storost-Vydunas bekannt." Den Werbungen Ammendes entgegneten die Vereinsverantwortlichen in Übereinstimmung mit Skala, sie seien dafür, „daß alle Mitglieder des Verbandes" wieder zum Kongress zurückkehren. Nur Herr Vydunas votierte für eine separate Teilnahme, obwohl er „weder Mitglied noch Ehrenmitglied noch Vorstandsmitglied" der Litauer, „sondern eine Privatperson" ist. Vydunas wiederum teilte Skala bei dessen Aufenthalt in Tilsit mit, er habe „Dr. Ammende über die litauische Beteiligung eine positive Zusage gemacht."[49]

Damit gewann das Spaltungs-Manöver zur Bekämpfung des Minderheitenverbandes an Fahrt.

In einem Brief vom 12.8.1930 an den Nationalitätenkongress bekräftigte die Vereinigung der Litauer Deutschlands, man sehe sich „außerstande, an dem Kongreß teilzunehmen, solange nicht allen Mitgliedern des Verbandes sachlich und formal die Möglichkeit gegeben wird", eine „separate Aktion (würde) im Widerspruch zu jeder organisationsethischen Verpflichtung stehen." Am 22.8. informierten die Litauer brieflich den Verband darüber, dass die von Herr Vydunas behauptete Ehrenmitgliedschaft in der Vereinigung der Litauer Deutschlands nicht besteht. Er habe aber angekündigt, dass er trotz der Ablehnung durch den Vereinsvorstand „namens der Preuß. Litauer an dem Kongreß teilnehmen werde." Wert legten die Litauer auf die Feststellung, „Dr. Vydunas (ist) in keiner Weise berechtigt, die litauische Minderheit in Genf zu vertreten, da ihm die nötigen Vollmachten nicht erteilt werden." Zugleich baten sie den Verband „möglichenfalls durch einen Beobachter festzustellen, ob Dr. Vydunas tatsächlich in Genf auftreten wird."[50] Dies übernahm Skala und berichtete darüber: „Aus Loyalitätsgründen und um unter allen Umständen die Möglichkeit irgendwelcher Vorwürfe auszuschalten, habe ich am 4. September 1930, also am zweiten Kongreßtag, Herrn Dr. Wilfan im Hotel Metropol in Genf das Schreiben der litauischen Minderheitsorganisation vom 22. August vorgelegt. Herr Dr. Wilfan las das Schreiben durch, erklärte mir aber darauf zu meiner Ueberraschung, daß er weder persönlich noch in seiner Eigenschaft als

Kongreßpräsident Kenntnis davon nehme!" Skala übergab daraufhin, beauftragt „sowohl von der litauischen Minderheitsorganisation als auch vom Verband der nationalen Minderheiten Deutschlands" Abschriften der o.a. Briefe vom 12. und 22.8. „dem Kongreßpräsidium sowie den Führern der einzelnen Gruppen."[51] In einer beigefügten Erklärung stellte Skala namens seiner Auftraggeber fest: „1. daß Herr Dr. h. c. Storost-Vydunas weder Mitglied noch Vorstandmitglied dieser Vereinigung (der Litauer in Deutschland – P.K.) ist, 2. daß Herr Dr. Storost-Vydunas keinerlei gültige Legitimation und Vollmacht besitzt, als Vertreter der Litauer Deutschlands im Kongreß aufzutreten; 3. daß das Auftreten des Herrn Dr. Storost-Vydunas eigenmächtig und im Widerspruch zu den dem Kongreßpräsidium offiziell mitgeteilten Organisationsbeschlüssen steht. Die Vereinigung der Litauer Deutschlands erhebt gegen dieses Vorgehen des Herrn Dr. Storost-Vydunas den schärfsten Protest und ersucht den Kongreß, Herrn Storost-Vydunas als Delegierten der litauischen Minderheit in Deutschland die Kongreßlegitimation zu versagen resp. sie ihm auf Grund dieses Protestes zu entziehen."[52]

Sachlichkeit und Korrektheit bewirkten keinerlei Änderung bei den Spaltungswilligen. Wilfan erklärte vielmehr am 5.9.1930: „Der Kongreß habe keine Veranlassung, sich mit Herrn Skala oder mit dem Verbande der Minderheiten in Deutschland auseinanderzusetzen, weil dieser Verband nicht mehr zur Kongreßgemeinschaft gehöre [...] Herr Vydunas, ein angesehener Vertreter seines Volkstums [...] sei mit vollem Recht Mitglied des Kongresses" [...] Herr Vydunas habe Legitimationen von Vereinigungen vorgelegt, welche [...] als Beweis für ein kulturelles Eigenleben der litauischen Minderheit" anzusehen sind"[53]. Diese Erklärung Wilfans veröffentlichte die Zeitschrift „Nation und Staat"[54]. Skala, sie zitierend, stellte dazu in der „Kulturwehr" fest: Da Herr Dr. Wilfan „den Protest der litauischen Organisation gekannt hat, handelte er wider besseres Wissen, als er Herrn Vydunas als rechtmäßigen Vertreter der litauischen Minderheitsorganisation in Deutschland bezeichnete." Um „das Vorgehen des Herrn Dr. h. c. Vydunas wie auch des Herrn Dr. Wilfan in das richtige Licht (zu) rücken", veröffentlichte Skala auf 4 kleingedruckten Seiten eine Protokollübersetzung des Vorstandes der Litauer, eine Entschließung des litauischen Gesangsvereins in Tilsit, eine Übersetzung des Schreibens vom 22.8 sowie eine Resolution. So erfuhr die europäische Leserschaft, dass Herr Dr. Vydunas ein unberechtigt in seinen Besitz gelangtes Vereinssiegel „bis heute nicht zurückgegeben hat", dass er auch vom litauischen Gesangsverein Tilsit „niemals einen Auftrag erhalten (hat), [...] namens unseres Vereins an dem Minderheitenkongreß in Genf teilzunehmen", dass sowohl der Gesangsverein als auch die Vereinigung der Litauer das Verhalten von Herrn Vydunas missbilligen, weil es „im Widerspruch zu den Vorstandsbeschlüssen" steht und festzustellen ist, „daß die Kongreßleitung in grober Weise die Richtlinien [...] verletzt hat"[55] Skala kommentierte, damit ist zum einen der „Fall" hinreichend geklärt, „die maßgeblichen litauischen Kreise haben Herrn Dr. Vydunas in jeder Hinsicht desavouiert, weil sie ihre unter großen Opfern und Anstrengungen geschaffene Organisation nicht den rechthaberischen Sonderinteressen [...] preisgeben konnten."[56] Durch den „Fall Vydunas" – so Skala weiter – ist zum anderen „die stets geleugnete und doch so eindeutig vorhandene Tendenz der Kongresse, sehr gegen den Willen seiner Akteure, in Erscheinung getreten: die Wahrnehmung machtpolitischer Interessen gegen die lebenswichtigen Minderheiteninteressen, und zwar selbst unter Anwendung der unfairsten Mittel. Derselbe Kongreß, der nicht laut genug gegen eine Zerstörung der Minderheitenorganisationen durch die Staaten protestieren kann, übt solches ohne Gewissensbisse."[57]

Diese Klar- und Bloßstellung führte bei den Be- und Getroffenen dazu, Skala schärfer als je zuvor persönlich anzugreifen. Den Auftakt machten im Februar und März 1931 die „Nordschleswigschen Zeitung" (Organ der deutschen Minderheit in Dänemark), später die Kieler Zeitung „Schleswig-Holsteiner", die „Schleswiger Nachrichten" und die in Hamburg erscheinende „Grenzdeutsche Rundschau". Sie alle veröffentlichten einen anonymen[58] Artikel unter der Überschrift „Die ‚Kulturschande' des Herrn Skala". Zum Anlass nahm der Anonymus einen Artikel der Belgrader Zeitung „Vreme". Deren Berliner Berichterstatter hatte Skala u.a. zum Minderheitenthema und zur Außenpolitik befragt. Skala redete Klartext, die deutsche Außenpolitik benütze die Minderheitenfrage nur als Vorwand für ihre revisionistische Politik, Deutschland habe gar kein Recht, sich als Anwalt der Minderheiten zu gerieren. Er illustrierte das mit Hinweisen, in ganz Preußen bestehe keine einzige Volksschule für Sorben, es gebe keine sorbische Lehrerbildungsanstalt und sorbischen Kindern ist es nicht erlaubt ist, ihre Muttersprache und Kultur zu pflegen und zu erhalten.

Wie ging Herr Anonymus mit dieser sachlich unwiderlegbaren Wahrheit um? Zunächst ignorierte er sie. Stattdessen diffamierte er die Person ironisch und herablassend, indem er Skala „als Kronzeuge der fluchwürdigen Unterdrückung der Minderheiten in Deutschland" titulierte. Höhnisch und affektiert meinte der Unbekannte, „in dieser freudarmen Zeit soll man sich das Vergnügen nicht entgehen lassen, das dieser edle Recke in voller Kriegsbemalung bietet, und darum lohnt es sich schon, ein Wörtchen zu einem Artikel der Belgrader Zeitung ‚Vreme' zu sagen [...]." Nach knappem Hinweis auf die Kritik Skalas an der „preußischen Minderheitenschulverordnung"[59] kam er nicht etwa zur Sache, sondern diskriminierte weiterhin die Person. Skala sei einer, so fuhr Herr Anonymus beleidigend fort, „der 1918 mit seinen Freunden die Konjunktur ausnutzen wollte, der sich immer wieder – allerdings vergeblich – bemühte, die Arbeiten des Europäischen Nationalitätenkongresses zu sabotieren, und der seine Tätigkeit als ‚Führer' der Wenden – und als Schriftleiter der ‚Kulturwehr' [...] – zu nichts anderem benützt, als das friedliche Zusammenleben von Deutschen und Wenden zu stören." Nach der dreifachen Lüge, behauptete der anonyme Ehrabschneider, Skala verdrehe und verschweige Wesentliches zum Thema. „Durch nichts enthüllt er aber seine Methoden deutlicher, als durch die Forderung einer Lehrerbildungsanstalt. Es gibt in Preußen eine Reihe Pädagogischer Akademien, unseres Wissens für je 4,7 Millionen Einwohner eine,[60] während in Sachsen die Lehrerausbildung den Hochschulen angegliedert ist. Wie soll man einen Politiker nennen, der für 70 000 preußische Wenden die Errichtung einer Pädagogischen Akademie – selbstverständlich auf Staatskosten! – fordert?"[61]

Tja, wie wohl? Realistisch denkend müsste man ihn verantwortungsbewusst, die Umsetzung von Artikel 113 in positives Recht fordernd, ehrlich, offen, mutig nennen. Nicht so der deutschnationale Herr Namenlos. Er ließ die Sachargumente Skalas zielbewusst beiseite und informierte seine Leser mit einem unerwarteten Gedankensprung davon, dass man „den wendischen Sokol mit seinen slawischen Fahnen ruhig an dem Allslawischen Sokolkongreß in Belgrad 1930 teilnehmen" lassen habe, „obwohl dieser Kongreß eine rein militärisch-politische [...] Manifestation war". Um nach wie vor der Kritik Skalas an preußischer Minderheitenpolitik aus dem Wege zu gehen, legte er bei der persönlichen Schmähung noch einmal nach. Der Mann ohne Namen schrieb unter völliger Verdrehung des Anliegens Skalas: „Wenn Herr Skala es eine ‚Kulturschande‘ nennt, daß der deutsche Staat sich nicht bereit findet, die heimattreuen Wenden aus ihrer Verbundenheit mit Land und Volk ihrer Heimat gewaltsam zu lösen, wie in aller Welt soll man dann den polnischen Terror nennen, Terror gegen Deutsche, gegen Ukrainer, ja gegen Polen selbst“. Zudem muss man den Korrespondenten der ‚Vreme‘ (und Skala ist natürlich gleich mitgemeint) „wohl an die Minderheitenpolitik seines Staates erinnern, die von der Vernichtung der Friedhofsinschrift in Cilli ‚Hier enden Neid, Verfolgung und Klagen‘ bis zur Folterung von Frl. Reiter genügend Beispiele einer ‚Kulturschande‘ liefert!“ Zum Schluss allerdings ließ Herr Namenlos die Katze aus dem Sack: „Wir sind weit davon entfernt, die Wenden in ihrer großen, großen Mehrheit für das Treiben eines Jan Skala verantwortlich zu machen. Für diejenigen aber, die sich in seine Gefolgschaft begeben, gilt der Satz: Sage mir, mit wem du gehst, und ich will dir sagen, wer du bist!“[62]

Skala betont zurückweisend zunächst, keine einzige Zeitung oder Zeitschrift hat „auch nur mit einer Zeile ihren Lesern von meiner sachlich auf Tatsachen aufgebauten Erwiderung [...] Kenntnis gegeben. Das [...] gehört hierzulande [...] zu den grundsätzlichsten Gepflogenheiten jener Presse, die ich klar und eindeutig nur mit ‚Journaille‘ bezeichnen würde, wenn ich die Absicht hätte, mich mit ihnen auseinanderzusetzen. Ich verzichte darauf und beschränke mich auf die nachfolgende Klarstellung einiger Punkte, die zur Erreichung ihrer Diffamierungsabsichten meinen Gegnern besonders wichtig erscheinen.“

Die Verleumdung, Skala habe 1918 die Konjunktur ausnutzen wollen, worunter nach damals herrschender Denkungsart zu verstehen war, er (und andere Sorben) wollten nach dem Krieg die deutsche Niederlage für unrechtmäßige sorbische Ansprüche ausnutzen, kontert er mit Verweis darauf, dass er „Mitte November 1918 aus dem Felde nach Berlin (kam), mich dem Versorgungsamt Schöneberg für die Abwicklungsarbeiten zur Verfügung (stellte) und in der Dienststelle Berlin (Bülowstr.) (arbeitete), wo die Renten-, Prothesen- und Heilungsanträge der Schwerverletzten bearbeitet wurden [...] öfters bis zu 14 Stunden täglich“. Im Januar 1919 sei er beim Berliner Sicherheitspolizeikorps[63] gewesen, war dort während der „spartakistischen Unruhen“ als Wachmann eingesetzt, wo er sich loyal verhielt, keinerlei Dienstgeheimnisse verriet und ihm sein „Kommandant, Hauptmann von Below, ein außerordentlich anerkennendes Zeugnis ausstellte.“ Als er Redakteur des Serbski Dźenik in Weißwasser wurde, „bin ich 1919 aus dem Staatsdienst ausgetreten. **So habe ich die Konjunktur 1918 ausgenützt!**“[64]

Sodann legte Skala das Verhalten des verborgenen Verleumders bloß. Skala hatte die Zeitung aufgefordert, dem Verfasser des Artikels seine Widerlegung zuzustellen und ihn dabei um Antwort gebeten. Er erhielt keine und stellte deshalb fest: „Bis heute hat dieser Verleumder [...] nicht geantwortet; die Vorsicht, mit der er seinen Namen verschweigt, obwohl er die heftigsten persönlichen Beschimpfungen ausspricht, charakterisiert ihn wie auch die Presse, deren er sich bedienen durfte.“[65]

Scharf und prinzipiell wies Skala eine weitere böswillige Konstruktion zurück: „Eine besonders niedrige Unterstellung leistet sich der anonyme Verfasser dadurch, daß er die tiefbedauerlichen Vorkommnisse in Polen und Jugoslavien mit den Angriffen auf mich verbindet; die Aufzählung der Mißhandlungen, die dort vorgekommen sind, soll offensichtlich den Eindruck hervorrufen, daß ich Anklagen gegen Deutschland erhebe, die Rechtsbrüche in anderen, vor allem slavischen Staaten aber stillschweigend übersehe oder gar gutheiße. Meine kroatischen und ukrainischen Freunde, mit denen ich eingehend darüber gesprochen habe, wissen, daß ich, wie auch die Mehrzahl aller Polen und Jugoslaven, solche Entartungen des politischen Kampfes aufs schärfste verurteile."[66]

Skala war bestrebt, die Debatte zu versachlichen, auf für das Leben der Sorben zerstörerische Methoden aufmerksam zu machen und die Hintergründe der Verunglimpfungen durch den anonymen – offensichtlich mit höherem Auftrag versehenen – Schmähschreiber bloßzustellen. Hartnäckig und eindringlich fragte er deshalb nochmals nach und fordert klare unzweideutige Antwort auf folgende Fragen:

„1) Gibt es in ganz Preußen eine einzige Volksschule für die Lausitzer Serben, in der muttersprachlicher Unterricht den Kindern der lausitzserbischen Minderheit erteilt wird, und zwar von entsprechend vorgebildeten [...] Lehrern? 2) Gibt es in Preußen auch nur eine einzige Lehrerbildungsanstalt oder eine Paedagogische Akademie, i n n e r h a l b deren Lehrplanes für muttersprachliche und paedagogische Ausbildung des Nachwuchses an lausitzserbischen Lehrern gesorgt wird? […] 3) Gibt es in Preußen eine einzige Mittelschule oder höhere Schule, in der die Kinder der Lausitzer Serben (Wenden) – und sei es auch nur fakultativ – in ihrer Muttersprache mitunterrichtet [...] werden?

Solange auf diese Fragen, die von allen Volkstumsorganisationen der Lausitzer Serben seit Jahren an die preußische Regierung gestellt werden, keine klare und unzweideutige Antwort erfolgt, werde ich und werden meine lausitzserbischen Mitkämpfer für unser Recht solche Behandlung so nennen, wie sie in der ganzen Kulturwelt betrachtet wird und wie sie benannt werden muß: ‚Eine Kulturschande, wie sie keine einzige der deutschen Minderheiten in der ganzen Welt zu erleiden hat.'"[67]

Kaum war die Verleumdungskampagne in Februar- und Märzausgaben norddeutscher Zeitungen vorbei, da veröffentlichte „Nation und Staat" im April 1931 einen Artikel von Dr. Ammende unter der Überschrift „Brunnenvergiftung". Sieben Monate nach der dokumentarisch belegten Kritik Skalas an den Spaltungsversuchen der Kongressleitung behauptete der Autor, die Dokumentation im Heft 10/11/1930 der „Kulturwehr" enthielte „eine Anhäufung von Unwahrheiten" und „Entstellungen vom Anfang bis zum Ende." Dafür machte er sich jedoch nicht die Mühe, auch nur „ein einziges dieser Dokumente zu entkräften oder auch nur einen einzigen Satz meiner Kritik zu widerlegen" Eine inhaltliche Auseinandersetzung war Skala nicht möglich. Denn: „Irgend einen sachlich und formal einwandfreien Gegenbeweis haben die Herren nicht geführt und auch nicht zu führen versucht. Es sei denn, daß sie ihre subjektiven Behauptungen und gegen mich verkündeten diffamierungssüchtigen Beschuldigungen schon als vollgültige Beweise ansehen und von der Oeffentlichkeit erwarten, sie werde sich unter ebenso bescheidenen Ansprüchen damit begnügen." Dieser Angriff sei vielmehr ein erneuter Versuch, „zur Niederkämpfung unbequemer Wahrheiten […] den sonst nicht angreifbaren Kritiker mit lautem Geschrei über dessen ‚Unwahrheiten' mundtot zu machen." Souverän fügte er hinzu, eine ganz bestimmte „journalistische Clique greift mich schon seit Jahren mit viel Mühe und wenig Geschick in ähnlicher Weise an […], das „hat mir nichts geschadet; manches hat mir genützt und alles hat mir zuweilen einige recht heitere Augenblicke verschafft.“[68] Klar war für ihn: Den Kongressspaltern gehe es darum, „den inneren und äußeren Verfall des Kongresses mit Machinationen à la Vydunas aufzuhalten oder zu verhindern." Irrationaler Höhepunkt der Intrige war, dass Vydunas „jetzt nachträglich die Vereine gründet, die ihn schon 1930 zum Genfer Kongreß als Delegierten entsandt haben."[69]

Skala konnte zweierlei feststellen: Die Versuche Ammendes, „seiner Auftraggeber und Mithelfer zur Zerstörung einer ihnen unbequemen Minderheitsorganisation (stellen) ein Vorgehen dar, das im Interesse aller Minderheitenarbeit auf das schärfste abzulehnen und zu bekämpfen ist." Solange Herr Ammende „nicht durch authentische und dokumentarisch ebenso praecise belegte Darstellung die Richtigkeit seiner gegen mich gerichteten Behauptungen und Beschuldigungen nachweist, werde ich sein Vorgehen so bezeichnen, wie es bezeichnet zu werden verdient: Versuch einer konsequenten politischen Wühlarbeit innerhalb der Reihen einer Minderheitenorganisation, deren Solidarität ihm und seinen Auftraggebern ein Dorn im Auge ist".[70] In die gleiche Richtung ging die offizielle Stellungnahme des Verbandes:

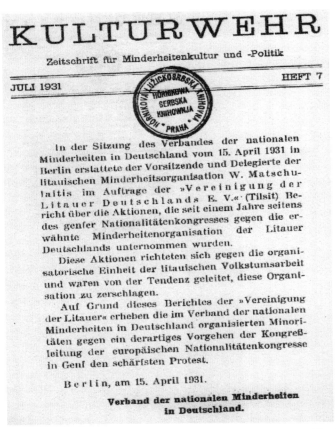

Stellungnahme des Verbandes der nationalen Minderheiten in Deutschland

Ammende jedoch, wen wundert es, ließ nicht locker. In mehreren deutschen Zeitungen (z.B. ‚Nordschleswigsche Zeitung', ‚Kattowitzer Zeitung') veröffentlichte er einen Aufsatz, in dem namentlich Skala als „Meister der Völkerverhetzung und Brunnenvergiftung" bezeichnete wurde, der durch „pathologischen Deutschenhaß" gekennzeichnet sei. Skala entgegnete, es sei „natürlich nicht meine Aufgabe noch meine Absicht, derartige Minderwertigkeitskomplexe zu kurieren oder ihren Trägern zu beweisen, daß sie heilbar sind." Wichtig sei vielmehr auf die Tatsache zu verweisen, „daß der Glaube an einen irgendwo oder überall in der Welt vorhandenen ‚Deutschenhaß' an sich eine pathologische Vorstellung all jener ist, die infolge des Mangels an intuitiver und verstandesmäßiger Erfassung des innersten Wesens ihrer eigenen deutschen Geisteskultur nur die Negation überall und bei jedem Nichtdeutschen suchen. Kommt der Mangel an Selbstkritik hinzu [...], dann finden solche Zwangsvorstellungen ihren Ausdruck in Maßlosigkeiten, die auch vor der persönlichen Ehre des Einzelnen nicht Halt machen."[71] In einer an effektive Koordination erinnernden Art griff die „Deutsche Allgemeine Zeitung" vom 15.11.1931 den Ammende-Artikel auf. Nach der Unterstellung, „unter dem Mantel des Minderheitenrechts" werde „mit bemerkenswerte Hartnäckigkeit die Verleumdung (kolportiert), die deutschen Volksgruppen draußen förderten die sogenannten gewaltpolitischen Bestrebungen des Reiches" gibt die Zeitung unverhohlen ihrer Freude Ausdruck. „Mit erfrischender Deutlichkeit hat der Generalsekretär der europäischen Nationalitäten-Kongresse, Dr. Ammende, diese Denunziationen an den Pranger gestellt und dabei vor allem auch die Methoden des Herrn Jan Skala, seines Zeichens Redakteur der ‚Kulturwehr' des Verbandes der nationalen Minderheiten in Deutschland, unter die kritische Lupe genommen."

Welche Ziele diese übers ganze Jahr 1931 sich erstreckenden Angriffe auf Skala letztlich verfolgten, machte ein Kommentar des Chefredakteurs der D.A.Z. unverhohlen deutlich: „Es ist eine Kleinigkeit, gegenüber den führenden Repräsentanten einer Minderheit Verdachtsmomente zu erfinden, die mindestens für die Untersuchungshaft ausreichend sind". „Erfinden" und „mindestens" waren offene Drohung und der „Ruf nach der politischen Polizei." Skala erklärte, nun wisse man, „wie das Zusammenspiel zwischen unseren nationalistischen Gegnern im Deutschen Reich und dem Herrn Generalsekretär der Genfer Minderheitenkongresse zustande kommt, [...] ohne uns auch nur eine Augenblick in unserer Überzeugung und ihrer Vertretung irre machen zu lassen."[72]

Seine Gegner ließen nicht von der Verfolgung Skalas ab. Am 7.7.1932 meinte das „Gablonzer Tageblatt", eine Zeitung der Sudetendeutschen unter der vielsagenden Überschrift „Tschechische Zusammenarbeit mit den Wenden", wenn man „die verschiedenen Jahrgänge der Zeitschrift ‚Kulturwehr' auf sich wirken läßt, die der in engster Fühlung mit dem tschechischen Außenamt arbeitende Wende Johann Skala seit 1925 zu Berlin herausgibt und leitet, dann bekommt man ein Bild der planmäßigen Arbeit, die Wenden und Tschechen verbinden und im Deutschen Reich slawische Gesinnung und slawische Bestrebungen rege machen und fördern will." Dem Autor, Dr. Josef Stark, schien es „merkwürdig, wenn in Nummer 60 der ‚Prager Presse' von 1923 nicht weniger als 97 Professoren der Slawistik an englischen, dänischen, norwegischen, holländischen, polnischen, russischen, ostslawischen und schwedischen Universitäten aufgeboten werden, die für die Lausitzer Wenden eigene Schulen aller Stufen fordern". Er entrüstete sich, dass der sorbische Dichter Josef Nowak ein Gedicht schrieb, „das Prag als die strahlende Sonne preist, die seit jeher das serbische Volk gewärmt und geschützt habe." Er erinnerte an die Ungeheuerlichkeit, dass nach 1918 ein „Wendenbund gegründet (wurde)", dessen Akteure Barth und Brühl zwar in Paris nichts ausrichteten, aber dennoch bei den Sorben „das Bestreben (geblieben) ist", alle Angehörigen dieses Volkes „zu bewußter slawischer Tätigkeit im politischen, kulturellen und wirtschaftlichen Leben zu erziehen", wofür „auch die vom tschechischen Großkapital ins Leben gerufene und abhängige ‚Wendische Volksbank' (sorgt). Der 1920 gegründete Sokol, so Dr. Stark weiter, „zählt gegenwärtig schon 25 Sokolgemeinden mit 600 Mitgliedern, ist nach dem Muster des tschechischen Sokol organisiert." Er erzürnte sich darüber, dass Skala „1922 zu Prag Richtlinien für die Organisation der wendischen Arbeit [...] herausgegeben (hat)"; dass die „wendische Nationalhymne ‚Hdze statok moj' eine Uebersetzung des tschechischen ‚Kde domov muj' (ist)"; dass im Januar 1932 „in Prag feierlich der 70. Geburtstag des wendischen Komponisten B. Schneider-Krawc begangen (wurde)". Dummdreist stellte er in diesem antisorbischen Rundumschlag sodann fest, die „meisten Führer der Wenden hatten und haben deutsche Namen, so Schmaler, Barth und der Rechtsanwalt Dr. Hermann." Hinterhältig, aber in dem bedauernden Unterton zugleich selbstentlarvend schloss er seinen Artikel mit dem Hinweis, „daß es den Deutschen niemals einfiel, die Zusammenarbeit der Tschechen mit den Wenden, ihre kulturellen und gesinnungsverwandten Beziehungen zu unterbinden oder dies gar als Hochverrat anzuklagen."[73]

Skala konterte präzise. Zunächst stellte er die Interessenlage klar. Herr Dr. Stark ist „augenblicklich Verteidiger der (wegen Landesverrat – P.K.) angeklagten nationalsozialistischen Propagandisten" in Brünn und „mag des felsenfesten, sudetendeutschen Glaubens sein, dass die Situation seiner oder seines Klienten dringend die Konstruktion einer hoch- und landesverräterischen Beziehung zwischen den Lausitzer Serben und den Čechen braucht. Dieser Advokatenkniff ist durchaus verständlich; nur sollte Herr Josef Stark nicht so stark mit der Wahrheit anbändeln, wenn er sein Verteidigeramt über den Brünner Gerichtssaal hinaus in die Zeitungen verlegt." Die angeblichen engsten Kontakte mit dem tschechischen Außenamt sind von Dr. Stark „glattweg erfunden, um die in mehr als einer Hinsicht etwas anrüchige Sache seiner Klientel im Brünner Prozeß ein wenig zu entlasten." Das nenne ich „einen Verleumdungsversuch mit der Absicht der öffentlichen Herabsetzung." Dr. Starks Hinweise auf das verwerfliche Tun von Josef Nowak und um Schneider-Krawc werden ihm – so Skala in leicht ironischer Diktion – hoffentlich „zur Rettung seiner Klienten in Brünn recht viel nützen, denn: was sind S.-A.-Nachtübungen, Instruktionen und Konferenzen in Dresden, Berlin usw. für eine Schmarrn gegen ein Gedicht und die Geburtstagsfeier eines 70jährigen Komponisten!"

Vor allem jedoch demaskierte Skala Sinn und Zweck der Lügen, mit der Stark im letzten Satz „(eifrig) mit einer Denunziation nach Deutschland winkt [...]. „Es wäre doch gar zu bequem und geradezu ein Volltreffer, wenn man – womöglich noch vor dem Prozeßende in Brünn – schnell einen ähnlichen Prozeß in Bautzen, Dresden oder Berlin haben könnte." Was Stark sonst noch so schrieb, „lohnt kaum die Mühe des Lesens, noch weniger die einer Antwort [...] Soll man ihn darüber belehren, daß die Hymne der Lausitzer Serben nicht

‚Hdźe statok mój' sondern ‚Rjana Lužica' lautet […] Er wird's bestreiten, weil er's doch besser wissen muß, als ein Lausitzer Serbe oder gar ein Čeche oder sonst irgendwer. Soll ich ihn darüber unterrichten, daß der Inhalt meiner programmatischen Broschüre ‚Wo serbskich prašenjach' rein minderheitsrechtlichen und sozialpolitischen Charakters ist? Er wird's leugnen, weil er die Broschüre, die nur in lausitzserbsicher Sprache gedruckt wurde, nie im Original und wahrscheinlich überhaupt nie gelesen hat. Soll ich ihm zu bedenken geben, daß die Familiennamen der Lausitzer Serben zwangsgermanisiert wurden, daß alle Matrikeln in deutscher Sprache geführt werden müßen und daß durch eine Entscheidung des Berliner Kammergerichts sogar die Taufnamen nichtdeutscher Staatsbürger des Reichs, vor allem Preußens in verdeutschter Form eingetragen werden müßen? Das wird er wahrscheinlich in Ordnung finden.“[74]

Wenngleich vieles davon nicht wirklich neu war, eine neue Qualität in der Auseinandersetzung um Minderheitenrechte zeigte sich – wie schon bei den Angriffen auf den Minderheitenverband und Skala in – zunehmender Schärfe und Aggressivität sowie in mehr oder minder offenen Forderungen nach gerichtlicher Verfolgung Skalas. Traditionell antidemokratische Chauvinisten und Monarchisten bereiteten den immer kräftiger ihre Stimme erhebenden Faschisten den Weg.

Nationalismus und Rechtsungleichheit als Feinde des Minderheitenrechts

Durch diese und ähnliche persönliche Attacken ließ sich Skala nicht davon abhalten, die sachlich wichtigen Themen zu bearbeiten. Auch 1931 ragten dabei das Bemühen um weitere Präzisierung verschiedener, vor allem rechtlicher Aspekte des Minderheitenthemas, die Kritik an der außenpolitisch verorteten und insofern objektiv kriegsfördernden deutschen Minderheitspolitik sowie insbesondere die Kritik an der Nichtverwirklichung von Art. 113 der Weimarer Verfassung heraus.

Immer wieder strebten Skala und seinen Verbündeten so danach, auch auf die zweite Seite der sog. „sorbischen Frage" (was muss der deutsche Staat politisch und juristisch regeln, damit Sorben Inhaber gleicher Rechte und nicht „Bürger zweiter Klasse" sind?) eine Antwort einzufordern. Dazu stellten sie die Ungleichbehandlung von Minderheitsangehörigen dar. So erinnerten sie die daran, dass sowohl Skala im Dezember 1928 vor dem Breslauer Amtsgericht[75] als auch Kaczmarek im Januar 1931 vor dem Amtsgericht Berlin Mitte Art. 113 in Anspruch nehmen wollten, was ihnen das Gericht untersagte. Sie informierten auch darüber, welche hässlichen, hetzerischen und arroganten Kommentare deutsche Zeitungen zum Kaczmarek-Prozess absonderten („Dreistes Verlangen"; „Kaczmarek macht sich lächerlich"; „Unverschämter Polak"). Als Begründung für diese Ausfälle diente in jedem Fall die Meinung, beide sprechen deutsch, also können sie das auch vor Gericht. Dem gegenüber, so wurde die Leserschaft der „Kulturwehr" weiter informiert, hatte der deutsche Minderheitenführer in Polen, Graebe im Juni 1931 vor einem polnischen Gericht in Poznań beantragt, „in deutscher Sprache vernommen zu werden", was ihm nach einer ersten Ablehnung am zweiten Verhandlungstag gestattet wurde. Süffisant wurde angemerkt, man sei berechtigt anzunehmen, Graebe beherrsche „als langjährige(r) Abgeordnete(r) des polnischen Sejm ohne weiteres" die polnische Sprache. Dann wurde die Deutsche Allgemeine Zeitung vom 27.6.1931 zitiert, die feststellte, dass Graebe vor Gericht deutsch sprechen durfte, „stelle kein besonderes Entgegenkommen von polnischer Seite dar, sondern war das gute Recht der Deutschen in Polen." Minderheitspolitische Widersinnigkeit und Ungerechtigkeit, aber auch darin sichtbare großdeutsche Arroganz war so an den Pranger gestellt. Wenn „Angehörige der deutschen Minderheit in Polen, auch wenn sie die polnische Sprache beherrschen, [...] vor den polnischen Gerichten deutsch sprechen, so ist das ihr gutes Recht, wenn aber umgekehrt ein Pole in Deutschland vor Gericht seine Muttersprache gebrauchen will – ist eine polnische Frechheit, ein Unverschämtheit und was dergleichen schöne Zeitungsausdrücke mehr sind."[76]

Damit war indirekt eine den Art. 113 der Verfassung betreffende Entscheidung des Breslauer Amtsgerichts kritisiert, wonach „dieser Artikel nicht eine unmittelbar anwendbare Rechtsnorm (bildet), sondern er stellt sich nur als eine Anweisung an die Gesetzgebung dar."[77] Skala kritisierte, „daß Anweisungen an die Gesetzgebung wertlos sind, wenn jedes einzelne Amtsgericht eine derartige Entscheidung fällen kann." So werde keine Rechtssicherheit geschaffen, sondern jede Behörde kann den Artikel „willkürlich auslegen". Skala sah sich deshalb gezwungen festzustellen, „daß die bisher geübte Auslegung des Art. 113 durch die deutschen Gerichte eine dauernde Verfassungsverletzung darstellt. Die zur Verfassungsaufsicht und Durchführung verpflichteten Instanzen kennen diesen Zustand", haben aber bisher nichts getan, was ihn „verhindert oder gar beseitigt."[78] Etwas tiefer lotete Skala, wenn er an anderer Stelle informierte, dass sich Gerichte bei der Ausschaltung von Art. 113 in der Rechtspflege „auf das Gerichtsverfassungsgesetz vom 27. Januar 1877 und dessen § 184 (berufen)". Der besagt: „Die Gerichtssprache ist deutsch." Weil aber, so Skalas Argumentation, Art. 178 der Weimarer Verfassung bestimmt, „daß nur Gesetze und Verordnungen des Reiches in Kraft bleiben, soweit ihnen diese Verfassung nicht entgegensteht", der „einfache und gemeinverständliche Wortlaut des Art. 113 aber einwandfrei (zeigt), daß § 184 des Gerichtsverfassungsgesetzes der Verfassung entgegensteht", ist er deshalb „nun nicht mehr in Kraft." Alle, die „dieser einfachen, logischen und formalrechtlichen Feststellung aus dem Wege" gehen wollen, „berufen sich [...] auf Kommentare, Deutungen und Ausflüchte der verschiedensten Art."[79]

In einer ausführlicheren Erörterung wies Dr. Openkowski[80] vertiefend darauf hin, dass zwar viele Gerichte sich auf den Verfassungskommentar von Anschütz berufen, dass aber andere Rechtswissenschaftler (er nennt Dr. Dachselt/München; Dr. Gerber/Marburg) Art. 113 als „unmittelbare Norm für die Verwaltung", als „unmittelbar geltendes Recht", als Bestandteil der „völlig allgemeinen Grundrechte", als „rechtssatzmäßige Ausgestaltung eines Gerechtigkeitsgrundsatzes" definieren. Ebenso ausführlich stellt er die Standpunkte der „bei weitem überwiegende(n) Mehrheit der Kommentatoren" dar, die meinen, „daß der Artikel 113 der deutschen Reichsverfassung lediglich ein Programm für den zukünftigen Gesetzgeber und bis zum Erlaß von Ausführungsbestimmungen unanwendbar ist."[81]

Openkowski wies nach, dass dieses Rechtsverständnis bei mindestens drei, für das Leben der Sorben bedeutsamen Sachverhalten minderheitenfeindliche Konsequenzen hat.

Art. 113 wird „von den Gerichten nicht berücksichtigt, wenn es sich um die Eintragung minderheitlicher Vereine in die gerichtlichen Vereinsregister unter ihrem fremdsprachigen Vereinsnamen und unter Vorlage des Vereinsstatuts in der Minderheitssprache handelt." Selbst wenn man akzeptiere, so Openkowski, dass die Sprache vor Gericht nach § 184 Gerichtsverfassungsgesetz deutsch ist, bedeute das nur, „daß die Verhandlungssprache deutsch zu sein hat. Für die Namensgebung eingetragener Vereine sind damit keine Bestimmungen getroffen, denn der Vereinsname gehört zum materiellen Inhalt der Eintragung." Mit ausführlicher Zitierung der Rechtssprechung preußischer Gerichte und einschlägiger Kommentare belegte er, dass selbst „ohne Rücksicht auf Artikel 113 der deutschen Reichsverfassung schon auf Grund bestehenden Rechts die Eintragung fremdländischer Vereinsnamen in die Vereinsregister zulässig ist."[82]

Art. 113 „findet auch bei mündlichen gerichtlichen Verhandlungen keine Berücksichtigung". Der ständig von Gerichten zur Begründung ihrer Ablehnung herangezogene § 184 Gerichtsverfassungsgesetz verhindere und verletze „den Minderheitenschutz im Rechtssinne, denn ausgegrenzt wird „wer zur nationalen Minderheit gehört und außer seiner Muttersprache auch die deutsche Sprache versteht." So wird der richterlichen bzw. juristischen „Willkür und Illoyalität gegenüber den nationalen Minderheiten, wie die Erfahrung lehrt, Tür und Tor geöffnet."[83] Ausführlich dokumentierte er auf den folgenden Seiten, wie Gerichte diese Diskriminierung praktizieren und auch Beschwerden des preußischen Landtagsabgeordneten Jan Baczewski[84] beim Justizminister nichts änderten.

„Ein weiteres Gebiet, auf dem nach den bisherigen Erfahrungen der Artikel 113 der Deutschen Reichsverfassung in Preußen-Deutschland keine Berücksichtigung findet, ist das der Namensgebung." Obwohl weder BGB noch Rechtslehre Begrenzungen für das Recht der Eltern festlegen, den Vornamen ihres Kindes zu bestimmen (bis auf die Einschränkung, der Vorname dürfe weder unanständig noch anstößig sein), ist es üblich, von sorbischen Eltern zu fordern, dass „bei Vorhandensein einer deutschen Sprachform für einen etwa gewählten ausländischen Vornamen die deutsche Form zu wählen"[85] ist. Auch hierfür führte Openkowski zahlreiche Belege aus der Praxis an.

Er kam folgerichtig zu dem Schluss, „daß nach der herrschenden Auffassung Artikel 113 […] praktisch unanwendbar ist und daher kein positives Recht darstellt, daß sogar bestehende Gesetze zu Ungunsten der nationalen Minderheiten in Deutschland ausgelegt und angewandt werden." Er vermerkte knapp, dass – vor allem für die Lausitzer Serben – auf dem Gebiete des Schulwesens noch Regelungen ausstehen. Desgleichen müsse „vor allem auch die Sprachenfrage"[86] unbedingt reichseinheitlich rechtlich geklärt werden.

Diese Aspekte der Nichtbeachtung von Art. 113 in der gesellschaftlichen Praxis – so Openkowski – „erwecken den Eindruck, daß deren Schöpfern die Schaffung eines positiven modernen Minderheitenrechts als Ziel nicht vorgeschwebt haben kann", sondern Art. 113 „lediglich ein Mittel für die minderheitspolitische Propaganda zugunsten der deutschen Minderheiten in den europäischen Staaten" sein soll. Prinzipiell hielt er fest: „Solange […] nicht in Ausführung des Artikels 113 […] die rechtliche Lage der nationalen Minderheiten im Deutschen Reich zufriedenstellend geregelt wird, solange kann von einem Minderheitenrecht in Deutschland keine Rede sein."[87]

Skala sah das genauso und betonte: „Deutschland ist das einzige Land in Europa, in dem die Bildung des minderheitlichen Rechts nicht auf legislativem, sondern auf administrativem Wege betrieben wird, so daß es keine Minderheitengesetze, sondern Minderheitenverordnungen und Schulerlasse gibt"[88]. Es waren, wie Skala vermerkte, zwischen dem 28.8.1872 und dem 25.8.1919 genau 17 solcher, meist geheimen Erlasse.

Die rechtliche Ungleichbehandlung der Minderheiten im Innern und im europäischen Ausland stellte Skala erneut bloß, als er den vom „Deutschen Schutzbund" für 1929 herausgegebenen „Kalender für deutsches Recht" seiner Leserschaft vorstellte. Der unter amtlicher Förderung der Regierungen des Reiches und der Länder stehende Verein ließ auf dem Kalenderblatt für den 17./18.5. drucken: „Das Recht auf deutsche Schulen, das die auslanddeutschen Volksgruppen innerhalb ihrer Staaten und vor dem internationalen Forum anmelden, beschränkt sich nicht auf die deutsche Unterrichtssprache, sondern erstreckt sich auf die zugrundeliegende deutsche Gesinnung."

Skala kommentierte zurückhaltend, den Sorben wird eine „volkstumskulturelle Schule" nach wie vor nicht gewährt und „es geschieht nichts, um dieses Unrecht zu beseitigen."

Auf dem Kalenderblatt vom 12./13.4. stand zu lesen: „Es erscheint als eine völlige Selbstverständlichkeit, daß jedermann das Recht [...] auf die Bestimmung der Vornamen seiner Kinder hat", abzulehnen sei, „daß ein [...] Joseph als Guiseppe eingetragen wird und damit gesetzlich zeitlebens diesen fremden Vornamen trägt [...] Im Recht auf den eigenen Namen verteidigt das deutsche Volkstum im Ausland einen der wichtigsten Faktoren der Familienüberlieferung und der völkischen Beharrungskraft."

Skala kommentierte kategorisch: „Dieses Recht nehmen auch wir mit der gleichen Begründung für uns in Anspruch; wann endlich wird **das Deutsche Reich selbst dazu übergehen**, die traditionellen Tauf- und Vornamen der nationalen Minderheiten nicht zu verdeutschen und die aus der Familienüberlieferung stammenden Familiennamen der Lausitzer Serben auch in den amtlichen Matrikeln und Urkunden anzuwenden?"

Im Kalenderblatt vom 29./30.3. schließlich hieß es: „Seit der Staat alle Rechtspflege an sich gerissen hat, müssen die bedrängten Nationalitäten froh sein, wenn ihnen die Möglichkeit sichergestellt wird, vor Gericht [...] in eigener Sprache klagen, sich verteidigen und richterlichen Spruch entgegennehmen zu können [...] Kein Staat kann als Rechtsstaat anerkannt werden, der seinen Staatsbürgern das Recht auf muttersprachliche Rechtspflege vorenthält."

Skala bemerkte dazu, das „gilt auch gegenüber Deutschland", aber jeder „bisher gestellte Antrag auf die Anwendung der Muttersprache der nationalen Minderheiten in der Rechtspflege wurde in verfassungsverletzender Weise mit formalistischen Einwendungen abgelehnt."[89]

Parallel zum Thema Art. 113 bestand Skalas Hauptanliegen 1931 auch darin, konsequent die Grundgedanken der Berliner Deklaration von 1929 umzusetzen, über die gegensätzlichen Ziele der friedenserhaltenden und der grenzrevisionistischer Minderheitenpolitik zu informieren und in all dem weitere Aspekte des Minderheitenrechts auszuarbeiten.

Dazu veröffentlichte er den grundsätzlichen Artikel eines dänischen Autors. Der bezeichnete es als Lehre des Weltkrieges, „dass kein Volk durch staatliche Zwangsmittel irgendwelcher Art seiner Nationalität und Sprache beraubt werden kann." Im Hinblick auf muttersprachlichen Unterricht für Kinder und die rechtliche Situation nationaler Minderheiten gäbe es zwar gegenüber der Zeit vor dem Krieg durchaus Fortschritte. Allerdings seien die Verhältnisse, „wie sie sich zu Anfang des Jahres 1931 abzeichnen" insofern besorgniserregend als „dort, wo die Revanchegedanken eines Nachbarstaates in Verbindung mit der Minderheit gepflegt werden, ein wirklicher Friede unmöglich gemacht werden (kann)." An vielen Stellen in Mitteleuropa existiere „ein erhitzter Nationalismus", der durch „Unduldsamkeit und Brutalität [...] und Oberflächlichkeit" gekennzeichnet ist. Er versuche, „die innere Leere zu verdecken, die in der Regel mit politischem Analphabetentum gepaart ist. Er scheint sein nationales Ich auf keine andere Weise behaupten zu können, als dadurch, daß er auf andere losschlägt [...] Am lärmendsten und gefährlichsten ist diese Bewegung in Deutschland und Oesterreich". Sie hat allerdings überhaupt „nichts gemein mit wirklichem Nationalgefühl", weil sie nur darauf zielt, „all das zu bekämpfen, was nicht zur eigenen Nation gehört." Viel bleibe deshalb zu tun, damit „dieser nationalistische Hexentanz nicht mit Krieg enden soll."[90] Anzustreben sei ein „friedliches Zusammenleben [...] zwischen zwei Nationalitäten, wie es das zwischen zwei Menschen ist, und es muß als Ganzes sich auch so formen können, daß es dazu kommt, bereichernd zu wirken." Aus Beispielen der Geschichte des Zusammenlebens von Dänen und Deutschen leitete er die Erkenntniss ab: „Eine nationale Minderheit ist etwas Fremdes in einem Volkskörper, aber man fühlt sich nur als solche, wenn man ihre Existenzberechtigung nicht anerkennt." Und: „Es liegt etwas Kränkendes darin, einen Bevölkerungsteil als etwas zu betrachten, das mit der Zeit ganz verschwinden müsse, d.h. als etwas weniger Wertvolles."[91]

Im gleichen Heft zitierte Skala zustimmend die Neujahrsbotschaft von Papst Pius XI. Der betonte, fast „unmöglich sei ein dauernder Friede zwischen den Völkern, wenn an Stelle der wahren und ursprünglichen Vaterlandsliebe ein egoistischer und harter Nationalismus vorherrsche, der an die Stelle des gegenseitigen Wunsches nach Wohlergehen Haß und Neid setze und den Ehrgeiz nach Hegemonie und Vorherrschaft an die Stelle der Wahrung und des Schutzes der Rechte aller." Deutschnationalen und manchem Angehörigen der deutschen katholischen Geistlichkeit empfahl Skala zudem die Neujahrsansprache des Kardinals Bertram von Breslau. Der meinte, ein „berechtigter Nationalismus" sei durch „Liebe zur Muttersprache, Liebe und Anhänglichkeit zum Volksstamm, zu heimischen Sitten" gekennzeichnet und habe eine „bindende und versöhnende Kraft. Fanatischer Nationalismus aber ist die Quelle gegenseitiger Verachtung und des Völkerhasses."[92]

Komplizierten und komplexen Aspekte eines allgemeingültigen, menschenrechtsorientierten Minderheitenrechts widmete sich Skala in einer ausführlichen Kritik des Buches von Kurt Junckerstorff „Die Völkerbundsgarantie des Minderheitenrechts" aus dem Jahre 1930. Zunächst stimmte er dem Verfasser zu, dass die „Genesis des heutigen internationalen Minoritätenrechts auf dem Prinzip der Religionsfreiheit des Westfälischen Friedens[93] (1648) und der ‚Deklaration der Menschenrechte'[94] (1789) beruhe."[95] Aber schon die Folgerung des Verfassers, die Schlussakte des Wiener Kongresses vom 9.6.1815[96], sei die erste Formulierung eines allgemeingültigen Minderheitenrechts, ließ Skala nicht gelten. Die drei beteiligten Staaten (Russland, Österreich und Preußen – P.K.) (waren) von allem Anfang an von Prinzipien beherrscht, die den Bestimmungen der [...] Schlußakte diametral gegenüberstanden." Vor allem gab es – so Skala – keinen Übergang zu einem allgemeinen Minderheitenrecht, denn zum einen „sind eine Reihe von Staaten [...] außerhalb der Verpflichtung zum Minderheitenschutz gestellt worden". Zum anderen sind „die von den Minderheitenschutzverträgen berührten Nationalitätengruppen lediglich Objekte des Völkerrechts". Damit Minderheiten Subjekte des Völkerrechts werden, „müßte zunächst überhaupt eine Gleichheit der Rechtsgrundlagen des internationalen Minderheitenschutzes [...] geschaffen werden." Die jetzige Rechtsungleichheit „führt in der Praxis des öfteren dazu, daß von einzelnen dieser Staaten diese Verpflichtungen als Pressionsmittel der internationalen Politik gegenüber den verpflichteten Staaten angewandt werden." Eine „Generalisierung des internationalen Minderheitenrechts" wird nur möglich, wenn „eine Generalisierung hinsichtlich seines Geltungsbereichs" erfolgt. Da das weder Realität ist und wohl auch nicht werden wird, „bleibt [...] die besonders deutscherseits vertretene Forderung nach der völkerrechtlichen Subjektizität der Minderheiten unverwirklichbar."[97] Dem stehen vor allem ein politischer und ein prinzipieller Grund entgegen. Der politische bestehe darin, „daß die Minderheiten zweipolige Erscheinungen sind: Angehörige einer nationalen Volks- und Kulturgemeinschaft und gleichzeitig Angehörige einer politischen Staats- und Schicksalsgemeinschaft." Das deutsche Verständnis von „Nationalität" als „Resultat der Einheiten: Kulturgemeinschaft, Volksgemeinschaft, Schicksalsgemeinschaft" bedeute letztlich, „daß nicht Staaten, sondern Nationalitäten Faktoren und Träger des internationalen Völkerrechts sind. Das ist unvereinbar mit der Struktur des Völkerrechts und würde aber auch zu politischen Komplikationen führen, die dem Sinn und den Aufgaben des Völkerrechts zuwiderlaufen." Skala warnte vor der „Neigung, vor allem der deutschen Völkerrechtslehrer, hinsichtlich der nationalen Minderheiten die Bildung eines neuen Völkerrechts vorzubereiten durch Einführung von Nichtstaaten als Trägern völkerrechtlicher Rechte." Weil das den „anerkannten und seit Jahrhunderten nicht geänderten [...] Grundlagen des Völkerrechts (widerspreche)", werden solche Ansichten noch „sehr zaghaft" vertreten. Den deutschen Völkerrechtlern können aber „die Schwierigkeiten einer Abgrenzung der völkerrechtlichen Kompetenzen des Staates und der Minderheiten des betreffenden Staates nicht verborgen geblieben sein". Sie würden mit der „Realisierung der Forderung: völkerrechtliche Rechtssubjektizität der Minderheiten" vielmehr „innerhalb des völkerrechtlichen Geltungsbereichs durch falsche Grundlagenkonstruktion selbst Konflikte schaffen", denn „fundamentaler Grundsatz" ist und bleibt „Völkerrecht ist S t a a t e n recht".[98]

Dagegen, so Skala, versuchen die „deutschen Minderheitenführer und Politiker" an die „wesentlichen Teile des völkerrechtlichen Gebäudes Bresche zu legen", mit dem Ziel, „aus den Minderheitenschutzverträgen die Tatsache einer übertragenen Vertretungsbefugnis festzustellen, daraus das Recht zur Vertretung von Staatsangehörigen eines anderen Staates, die in diesem Staat nationale Minderheit sind, abzuleiten und der der internationalen Völkerrechtsgemeinschaft gegenüber sich dieses Recht anzueignen." Entscheidendes Hilfsmittel dazu ist „die Forderung der Kulturautonomie",[99] die wiederum „lediglich Etappe zur Erreichung der Territorialautonomie (ist). Diese einmal erreicht, wäre beim weiteren „Abbau der staatlichen Souveränität" die „Erreichung der völkerrechtlichen Subjektizität der Minderheiten die nächstfolgende konsequente Handlung." So kämen Minderheiten in die Lage, „völkerrechtliche Bindungen einzugehen, Verträge zu schließen [...] Sie würden dann aber auch die bestehenden Staaten auflösen und die Völkerrechtsgemeinschaft zwangsmäßig sprengen" was letztlich münden würde in der „Revision der Staatengrenzen und Rückbildung der nationalen Grenzen nach dem Begriff des ‚deutschen Volks- und Kulturbodens'."[100]

Vieles an Skalas Wertungen schien damals auf den ersten Blick hypothetischer Natur zu sein, manches vielleicht auch ein wenig überzogen. Beim genaueren Lesen jedoch erkennt man seinen analytischen Verstand, der hellsichtig und scharfsinnig gefährliche Entwicklungen in ihrem noch unausgereiften Frühstadium erkennt und warnend die Öffentlichkeit informiert. Er wollte seine Leserschaft anregen, die ersten Anzeichen des Erstarkens der „braunen" Menschenfeinde nicht nur wahrzunehmen, sondern deren drohende Etablierung in einer Demokratie verhindern zu helfen. Auch darin erweist er sich als ein politischer Kopf der Sorben, der vielen in Europa heute verantwortlichen Politikern Hinweise geben kann.

Skalas politisch-theoretische Analysen und Hypothesen und darauf fußende Mahnungen und Warnungen fanden häufige Bestätigung im Alltag. So forderte z.B. der Reichsratbevollbemächtigte der preußischen Provinz Schleswig-Holstein und Landtagsabgeordnete der Deutschen Volkspartei, Dr. Schifferer, Anfang 1931 in Kiel, dass den „Millionen Deutschen im Auslande ihr Recht werden (müsse), denn „das sei Vorarbeit für ein Reich, in dem sich das Volkstum mit dem Staate decke."[101] Erstmals wurde hier von einem Mit-Verantwortlichen ganz offen das eigentlich geheime Ziel deutscher Minderheitenpolitik der Öffentlichkeit bekannt gemacht. Bestätigung fanden Skalas Positionen zudem in einer Schrift über „die Grundsätze der deutschen Außenpolitik". Darin wurde bekräftigt, jede „bewusst nationale Aeußerung des Deutschen (pflege) gewöhnlich über die Grenzen des eigenen Staates in den sogenannten deutschen ‚Kulturboden' hinauszuschwärmen", was „ganz besonders betont in der Behandlung des europäischen Minoritätenproblems"[102] zutage tritt. Bei der Pfingst-Jahrestagung des V.D.A. 1931 in Aachen dominierten unübersehbar die „Zeichen der Revisionsforderungen gegen den Versailler Friedensvertrag." Vertreter christlicher und sozialdemokratischer Gewerkschaften „(schlugen) beide recht nationalistische Töne an!" Der Vorsitzende „der Rheinischen Landwirtschaftskammer, [...] Freiherr v. Lünnick" äußerte „hitlerfrohe Kampftöne" und schloss „seine Rede mit einer Aufforderung, für ‚das dritte Reich' zu kämpfen [...] Im Festzug sang eine Studentengruppe „beim Passieren der Gruppe Ehrengäste ostentativ: ‚Siegreich woll'n wir Frankreich schlagen!', Generalsekretär Dr. Ammende hielt ein Referat. Die darauf fußende Entschließung der Jahrestagung behauptete u.a., dass die deutschen Minderheiten „in einem unerträglichen Zustand offener Verfolgung der selbstverständlichsten nationalen Daseinsrechte als Menschen, Staatsbürger und Volksbürger (leben)".[103] Die „Saarbrücker Landeszeitung" stellte zur Tagung fest, es ist in Aachen „sehr erheblich in schwarz-weiß-rotem Nationalismus gemacht worden"; die „Frankfurter Zeitung" bemerkte: „Wie weit der V.D.A. vom Hakenkreuz beeinträchtigt wird, ist schwer zu sagen. Daß es der Fall ist, wird kaum jemand bestreiten". Skala hob, die Geschehnisse und ihre Reflexion in Zeitungen zusammenfassend, hervor, dass die „Auslandsdeutschtums-Kreise ebenso wie das Zentrum (gemeint ist die Partei – P.K.) in den deutschen Grenzprovinzen immer mehr rechtsradikalen Tendenzen verfallen."[104]

Wie recht er hatte, zeigte u.a. die Schrift „Unser Grenz- und Auslandsdeutschtum", die 1931 als Heft 23 der von Gottfried Feder[105] herausgegebenen Nationalsozialistischen Bibliothek erschien. Darin hieß es u.a.: „Wir wollen ein Großdeutschland, gleichberechtigt mit den anderen Nationen, frei von Schandverträgen, mit genügend Land und Boden für Ansiedlung und Ernährung. Nur wer unseres Volkes ist, kann natürlich Staatsbürger sein und öffentliche Aemter bekleiden. Deshalb wünschen wir keine nichtdeutsche Einwanderung und werden das Reich von solchen unliebsamen Elementen säubern." Um jedes Missverständnis zu vermeiden, wurde hinzugefügt: „Die deutschen Volkstumskräfte werden aber dafür sorgen, daß die Nichtdeutschen nur als Gäste im deutschen Staat unter Fremdenrecht leben können, und daß von dem Deutschen außer seiner Geburt (d.h. der Möglichkeit, dass er deutsch sein k a n n) auch das Bekenntnis zur deutschen Kultur- und Schicksalsgemeinschaft (d.h., dass er deutsch sein w i l l) verlangt wird."[106]

Ein Mitstreiter Skalas stellte dazu fest, über die „allgemeine Tendenz der Partei [...] (konnten) keine Zweifel bestehen." Sie ist „von der Romantik eines Barbarossatraums erfüllt" und glaubt „an ein deutschbeherrschtes Zentraleuropa, dessen Grenzen von der Adria bis an die Ostsee reichen." In der Tat, das „völkische und grenzpolitische Programm der Partei Hitlers ist auf Eindeutschung zugeschnitten" und „geprägt von einem potenzierten nationalem Egoismus und einer geistigen Intoleranz."[107] Die Kritik der NS-Propagandaschrift bestätigte eine von Skala Monate zuvor formulierte, Erkenntnis, wonach die „Zusammenfassung aller deutschen Minderheiten" der Grundstock dafür war, was jetzt „von nationalistischer Seite im Sinne der alten Losung: ‚E i n Reich, e i n Volk!' kommentiert wird."[108]

Das war schon „an sich" ein klares, starkes und mutiges Wort. Es gewinnt – wie überhaupt die redaktionelle Ausrichtung der Kulturwehr in diesem Jahr – an Gewicht, wenn man bedenkt, dass es im Jahr des Weltbühnenprozesses[109] geschrieben war.

Der 7. Nationalitätenkongress 1931 wurde teils von dieser Entwicklung erfasst, teils trieb er sie voran. Er war, so der als Berichterstatter teilnehmende Skala, „der schwächste seit dem Bestehen dieser Einrichtung." Tagesordnung und Zusammensetzung der einzelnen Delegationen „ließen erkennen, daß die Arrangeure des Kongresses ihn nur noch mit mehr oder weniger kräftigen Injektionen am Leben zu erhalten vermögen." Zuerst wurden „mehr oder weniger modifizierte Auszüge aus den im Druck auf allen Delegiertenplätzen liegenden ‚Lageberichten'"[110] verlesen. „Da die Publikation der Einzelberichte **anonym** erfolgt", widmete Skala nur denjenigen Aufmerksamkeit, die ihre Berichte namentlich der Öffentlichkeit übergaben. Skala hielt zunächst fest, die „Oeffentlichkeit (erfährt) nichts Neues aus den Lageberichten. Vor allem ist sorgfältig vermieden, offensichtliche Fortschritte [...] festzustellen, dagegen werden alte, längst erledigte Vorfälle [...] wieder aufgewärmt". Erhellender als die Einzelberichte sei das „Vorwort des Generalsekretärs Dr. Ammende [...] weil dort – vielfach offensichtlich unbewußt – die Tendenzen sichtbar gemacht werden, die für die Herausgabe und Redaktion der Berichte maßgebend waren." Dazu zählt an herausragender Stelle die Tatsache, dass bei „keinem einzigen der Berichte der Autor oder auch nur die Organisation genannt (ist), die bereit ist, für die sachliche Richtigkeit die Gewähr zu übernehmen." Ammende selbst bekennt, „Zusammenfassung und teilweise Bearbeitung der Berichte [...] war allein dem Schreiber dieser Zeilen übertragen" und auch „die Durchsicht des gesamten Materials (ist) von ihm allein erfolgt." Skala wertete ironisch, die Lageberichte sind also „ausschließlich der Objektivität des Generalsekretärs Dr. Ammende überlassen worden" und wundert sich folgerichtig nicht, dass diese Berichte „bisher nur in der deutschen Presse begeisterte Aufnahmen gefunden (haben)."[111] Obwohl mitunter in einzelnen Berichten „sachlich berechtigte Forderungen und Klagen enthalten sind", insgesamt sei dieses Werk „weder ein objektives Informationsmaterial für den Politiker noch ein einwandfreies Quellenwerk für den Historiker, sondern lediglich eine propagandistische Publikation gegen die nach dem Weltkriege erfolgte Neuordnung der europäischen Verhältnisse."[112] Für ebenso die Linie der Kongressleitung entlarvend hielt Skala die Tatsache, dass einerseits eine vom Kongress akzeptierte ukrainische Delegierte „ihre Angriffe auf Polen […] an den Mann" bringen konnte, andererseits aber ukrainische Abgeordnete, die ausdrücklich für eine Minderheitenpolitik „auf der Grundlage innerpolitischer, staatsbürgerlich loyaler Zusammenarbeit eintraten", vom Kongress abgewiesen wurden. Skala sah darin eine „doppelte Moral als Axiom des Minderheitenkongresses", infolge dieser „innerlich und äußerlich immer stärker verfällt" und „nichts anderes ist als ein von einer zielbewußten Gruppe auf ein einseitig aufgestelltes Ziel geleiteter Interessenhaufen."[113]

Die Tätigkeit des V.D.A. und ähnlicher Vereine, frühe Äußerungen faschistoider Ideologen und die stärker werdende deutschnationalistische Ausrichtung des Nationalitätenkongresses wurden staatlicherseits ergänzt, vervollkommnet, abgerundet.

Der „Heimatdienst", Zeitschrift der gleichnamigen Reichszentrale, publizierte im Februar 1932 den zuvor im Rundfunk verbreiteten Vortrag von Ministerialrat Dr. Fritz Rathenau[114] „Staat und Minderheiten". Einleitend stellte der fest, etwa 40 Millionen Menschen in Europa gehören zu nationalen Minderheiten, weil sie einem anderen Volkstum angehören als dem, in dessen Mitte sie siedeln. Abstammung, Sprache, Sitten, Gebräuche, Überlieferungen sind die Kernpunkte, in denen sie sich vom Staatsvolk unterscheiden. Skala hob, dem zustimmend un an eine Passage der Berliner Deklaration von 1929 erinnernd, hervor: „Diese Definition weicht erheblich von dem Standpunkt ab, den die deutschen Behörden und Dr. Rathenau selbst den nationalen Minderheiten in Deutschland gegenüber einnehmen oder zumindest bisher eingenommen haben." Rathenau sagte weiter wörtlich und Skala zitiert das ausführlich: „Häufig lehnt ein Staat rücksichtslos und kurzsichtig Minderheiten ab; mit ausgeklügelten Mitteln saugt er sie auf, unterdrückt und vertreibt er sie, sucht jedenfalls sich von ihnen zu befreien, um auf dem Gebiet des Volkstums, […] selbst ein geschlossener, d.h. Nationalstaat zu werden." Skala meinte, „(mit solchen Methoden) deckt sich die Praxis der deutschen, insbesondere der preussischen Behörden gegenüber einzelnen Minderheiten in Deutschland vollständig." Zugleich deckte er eine wesentliche Ursache für die sorbenfeindliche Praxis auf: „Dr. Rathenau selbst hat 1928 in einem breit angelegten Artikel (Berl. Tageblatt u. Juristische Wochenschrift) zum Ausdruck gebracht, daß z.B. die Lausitzer Serben als Minderheit nicht anzuerkennen sind, da sie keinen Mutterstaat besitzen! Es ist deshalb nur zu gut verständlich, daß Preußen mit ausgeklügelten Mitteln die Lausitzer Serben aufzusaugen versucht, indem es ihnen jegliche Regelung des Schulwesens auf volkstumskultureller Grundlage verweigert."[115] Rathenaus Berufung auf Art. 113 – so Skala weiter – „ist eine Irreführung der Oeffentlichkeit" Zu den hier schon an anderer Stelle aufgeführten Argumenten fügte Skala mit Verweis auf einen Kommentar zur Reichsverfassung hinzu: „Neuerdings wird sogar der Grundsatz einzuführen versucht […], daß zwar alle Bürger des Staates vor dem Gesetz gleich seien, nicht aber das Gesetz für alle gleich." Unmissverständlich wies Skala darauf hin, so werde der allgemeine Gleichheitsgrundsatz als Teil der Menschenrechte verletzt und ausgehöhlt. In dem von

Anschütz[116] vertretenen Grundsatz schimmerte schon die Idee von der „Herrenrasse" und dem „Untermenschen" durch. Damit nahm er spätere Entwicklungen für die sukzessiv und differenziert gesteigerte Ungleichbehandlung andersethnischer Menschen unter den Nazis vorweg.

Einen anderen Aspekt der Deklaration des Verbandes der nationalen Minderheiten in Deutschland von 1929 verteidigte Skala in der Kritik einer Schrift von Otto Junghann[117]. Das von ihm für die Lösung der Minderheitenfragen als notwendig erachtete „Bemühen um die wirksamste Internationalisierung des Problems" wertete Skala als „ein etwas säuerlich gewordener alter Wein", der „in einen neuen Schlauch umgefüllt" wurde, „ohne daß er dadurch verlockender oder gar bekömmlicher geworden wäre."[118] Seiner Art gemäß, der Leser soll sich selbst ein Urteil bilden können, zitiert er ausführlich Junghanns Auffassungen zu den Minderheiten in Polen, der Čechoslowakei, in Österreich, Ungarn, Rumänien, Jugoslawien, Bulgarien, Dänemark, Litauen, Belgien Frankreich und Spanien. Gegen die Behauptung Junghanns, die Lage der nationalen Minderheiten in Deutschland sei durch Art. 113 geklärt, stellt Skala die Aussage: „Sie ist geklärt in dem Sinne, daß nunmehr die Absicht der Entnationalisierung der Lausitzer Serben auf dem Wege über die deutsche Schule und unter Vorenthaltung jeglichen Schulrechts in Preußen feststeht." Bitter und – mit Blick auf die unübersehbare nationale Lethargie und Apathie seiner Landsleute – ein wenig resignativ und doch hoffend, schrieb Skala, „eine derart von den verantwortlichen Leitern der deutschen Minderheitenpolitik behandelte Minorität (besitzt) keine Möglichkeit mehr zur wirksamen Notwehr [...], gegen die Methoden, die die preußische Staatsgewalt den Lausitzer Serben gegenüber auf dem Gebiet des Schulwesens praktiziert, gibt es – wie gegen jede derart raffiniert angewandte Vergewaltigung – nur eine Abwehr: den stummen, weil aus Unrechterduldung erpressten Protest. Er kann möglicherweise jetzt übersehen werden; einmal wird er laut vernehmbar werden."[119]

Junghanns euphemistische Wertungen der Minderheitenkongresse enthoben Skala „einer kritischen Behandlung dieses Kapitels. Der genfer Minderheitenkongreß entbehrt für uns jeglichen Interesses, nicht etwa [...], weil wir ihm nicht mehr angehören, sondern [...] weil er die Richtigkeit unseres Ausscheidens durch seine Tendenzen bestätigt hat". In der aktuellen deutschen Minderheitenpolitik, so fasste Skala die Kritik am Junghann-Buch zusammen, verbindet sich der alte „aus dem preußischen Staatsprotestantismus geborene Rationalismus" und der „aus gleicher Wurzel geborene neudeutsche Nationalismus, der zu einer Religion gemacht werden soll, mit allen Zeichen der Intoleranz und des Fanatismus."

Er resümierte, weit über aktuelle Bedrängnisse in die Zukunft blickend, der universelle christliche und soziale Grundsatz, „in necessariis unitas, in dubiis libertas in omnibus charitas [...] mag weltfremd erscheinen [...] oder wirklichkeitsfern [...] In den Beziehungen der zukünftigen menschlichen Gesellschaft, in der auch die verschiedenen nationalkulturellen Volkstumsindividualitäten ihre Beziehungen zu einander finden werden, in dem wirklichen Sozialstaat, werden Ideen die Entscheidungen herbeiführen, nicht Formeln und ihre Zauberlehrlinge."[120]

Solch ein Lehrling, der mittels Hokuspokus-Zauberspruch den Besen zum dienstbaren Knecht macht und stolz auf sein Können ist, bei dem jedoch die Öffentlichkeit rasch merkt, dass Realität nicht dauerhaft geleugnet oder gefälscht werden kann, war für Skala der Autor der Schrift „Die Entwicklung des Wendentums im Lichte der Statistik", Felix Burkhardt[121]. Dieses Werk „hat den ausgesprochenen Zweck, den Rückgang des Volkstums der Lausitzer Serben in Sachsen und Preußen festzustellen." Nicht nur der Sorbe Jan Skala, selbst ausgewiesene deutschnationale Wissenschaftler kamen nicht umhin, die angewandten Methoden zu kritisieren. Skala verwies „auf die Stellungnahme Dr. Winklers[122] [...], der die Methoden der deutschen Minderheitsstatistik – wenn auch sehr milde – gleichfalls beanstandet". Burkhardt versuche, „mit Hilfe der Statistik einer Nationalität von nicht gewöhnlicher kultureller Eigenart und geistiger, eigennationaler Lebensäußerung das Lebenslicht auszublasen". Von der Stiftung für deutsche Kulturbodenforschung, „einer aus Reichsmitteln reichlich subventionierten Institution herausgegeben", sei Burkhardts Schrift Teil einer „planmäßigen Germanisationsarbeit". Dieses Ziel erkläre „die krampfhaften Bemühungen aller deutschen ‚Wissenschaftler' festzustellen, dass die Lausitzer Serben durch die Angabe der deutschen Sprachkenntnis – neben ihrer slavischen Muttersprache – und durch gelegentliche Stimmenabgabe für deutsche politische Parteien ein Bekenntnis zur deutschen Kultur-, Volks- und Schicksalsgemeinschaft abgelegt haben" oder – wie Burkhardt behauptete – „sich eng verbunden mit der deutschen Volks-, Wirtschafts- und Kulturgemeinschaft fühlen". Skala schlussfolgerte, dass nicht zuletzt wegen der „Feststellung von ‚Gefühlen' durch einen Statistiker und dazu in einer wissenschaftlichen Arbeit" das „Werk selbst in einer Weise blossgestellt ist, daß jedes weitere Wort die Wirkung einer derartigen Tendenz nur abschwächen könnte."[123]

Aber nicht nur statistisch-verbal wurden Slawen angefeindet, um die große Masse der Deutschen minderheitenfeindlich zu beeinflussen. Skala musste Mitte 1932 konstatieren: „Ueberall im deutschen Blätterwald wachsen die antipolnischen, gegen Polen als Volk und Staat aufhetzenden Artikel und Broschüren wie Pilze nach einem warmen Regen." Vor kurzem veröffentlichte Herr von Oertzen zunächst das „für die ‚oberen Zehntausend' der polenfeindlichen Gesellschaft in Deutschland" verfasste Buch „Das ist Polen", dem er „prompt das für die geistig minderbemittelteren Schichten bestimmte Buch ‚Polen an der Arbeit'," folgen ließ. Zur vollständigen Polenhetze erschien kürzlich ein Buch mit dem „Titel ‚Polonia irredenta'", das sich in Ergänzung zur Oertzschen Schrift „mit den Polen im Deutschen Reiche (befasst)". All diese Bücher sind ganz nach dem primitiven Motto konzipiert: „Die Armut kommt von die Powerteh", deshalb bestünde auch „kein Anlaß, sie besonders zu beachten, läge nicht die publizistische Verpflichtung zur Information darüber vor, was heute in Berlin und anderswo in Deutschland an objektiv unwahrer, subjektiv leichtfertiger polenfeindlicher Literatur produziert wird."[124] Ja, schrieb Skala, „das Deutschtum ist in Gefahr, wer möchte es bestreiten, wenn auch der Gefahrenherd nicht bei der polnischen Minderheit, sondern in den Hirnen der deutschen Buchschreiber steckt." Sorgenvoll warnte er, werden „die politisch infantilen nationalistischen Massen so mobilisiert, [...] wer vermag die Explosion zu verhindern?".[125]

Nur wenig später sollte die Saat der Polenhetze aufgehen und sich Skalas Warnungen traurig bestätigen. In der Nacht vom 9. zum 10.8.1932 drangen im oberschlesischen Dorf Potempa fünf uniformierte SA-Leute in die Wohnung eines Arbeiters ein, ermordeten ihn in Anwesenheit seiner Mutter und seines Bruders. Vom Gericht – so informierte Skala – „sind am 22. August fünf nationalsozialistische Mörder zum Tode verurteilt worden, weil sie hinterhältig einen der kommunistischen Gesinnung verdächtigen Arbeiter, namens Pietrzuch, im Schlaf erschlagen hatten." Die Obduktion stellte 29 Verwundungen fest, u.a. „(war) die Halsschlagader vollkommen zerrissen. Der Kehlkopf hatte ein großes Loch [...]. Die tödliche Verletzung muß dem Pietrzuch beigebracht worden sein, als er auf dem Boden lag [...], der Hals zeigt außerdem Hautabschürfungen, die von einem Fußtritt [...] herrühren [...] Pietrzuch (ist) am ganzen Körper zerschlagen, [...] hat schwere Schläge mit einem stumpfen Beil oder einem Stock über den Kopf bekommen [...] und Wunden, die so aussehen, also ob mit der Spitze des Billardstockes ihm ins Gesicht gestoßen worden sei."[126]

Die NS-Presse suchte „diese hinterhältige Bluttat dem sogenannten nationalen Ehrgefühl des deutschen Grenzkampfvolkes schmackhafter zu machen". Sie betonte, „der ermordete Pietrzuch sei ein Pole, ein polnischer Insurgent aus der Zeit der Aufstände (1920 und 1921) gewesen."[127] Hitler telegrafierte am 22.8. den Mördern (abgedruckt im „Völkischen Beobachter" vom 24.8.): „Meine Kameraden! Angesichts dieses ungeheuerlichen Bluturteils fühle ich mich mit Euch in unbegrenzter Treue verbunden, Eure Freiheit ist von diesem Augenblick an eine Frage unserer Ehre, der Kampf gegen eine Regierung, unter der dies möglich war, unsere Pflicht." Die „Hamburger Nachrichten", schrieben, der Mord „war ja kein Gewaltakt gegen einen deutschen Volksgenossen, sondern die Beseitigung eines polnischen Halunken, der zudem noch Kommunist war. Also ein zwiefacher Minusmensch, der das Recht, auf deutschem Boden zu leben, längst verwirkt hatte." Die deutschen Richter, die das Todesurteil fällten – so die Zeitung weiter –, haben offensichtlich „immer noch nicht begriffen, daß es sich im Osten in dem Grenzkampf zwischen germanischen Edelmenschen und polnischen Untermenschen um den Daseinskampf des deutschen Volkes handelt."[128]

Skala bewertete scharf „diese Glorifizierung des Mordes und die fast paroxistische[129] Hetze gegen das polnische Volk in Oberschlesien" als „Terrorsystem, das heute die Nationalsozialisten in Oberschlesien gegen Polen und Kommunisten anwenden". Dem „stillen, raffinierten Kampf der Weimarer Koalition gegen das polnische Volkstum ist jetzt noch der offene Mord zugesellt worden."[130] Hergang und Ausgang dieser frühen „Episode" antislawischen Naziterrors belegen: Der Faschismus war nicht voraussetzungslos, kam nicht über Nacht, war kein Betriebsunfall der Geschichte.[131]

Den etablierten politischen Parteien schrieb Skala unerschrocken ins Stammbuch, was sie alles taten, um eine parlamentarische Vertretung der polnischen Minderheit zu verhindern, dazu bei Wahlen „die Zahl der polnischen Stimmen herabzumindern" und wie sie „zumeist mit schadenfrohen Glossen" den erreichten Rückgang kommentierten. Mit Bezug auf die preußischen Landtagswahlen vom 24.4.1932[132] und die Reichstagswahlen vom 31.7.1932[133] stellte er fest: „Nun haben sie alle den Wettlauf um die nationalistische Siegespalme an die Nationalsozialisten verloren, und immer noch ist von Besinnung nichts zu spüren [...], das gesittete Deutschland (steht) fassungslos vor der Tatsache, daß es in Oberschlesien genügt, ein Pole zu sein, um wehrlos im Schlaf ermordet zu werden." Demokratische Minderheitspolitiker „können an der verstümmelten Leiche eines ermordeten polnischen Arbeiters [...] keinerlei Genugtuung darüber empfinden, daß sein Grab unseren Anklagen gegen das System die durchschlagende, die ganze Kulturwelt alarmierende Beweiskraft gibt".

Sie appellierten deshalb „an das Gewissen des deutschen Volkes […], an das deutsche Volk als Gesamtheit", es möge „endlich Gerechtigkeit und Freiheit […] auch gegenüber dem polnischen Volkstum im Deutschen Reich"[134] walten lassen.

Im deutschen Volk jedoch schwieg das Gewissen. Vielmehr fanden, vor allem mithilfe der „Dolchstoß-Legende" nationalistische Töne immer stärkere Akzeptanz. Zielgerichtet wurde die Schuljugend infiziert, wie es eine Verordnung des thüringischen Kultusministers vom 20.10.1932 belegte. Gefordert war, dass „die letzte Wochenstunde in allen Schulen in den Klassen vom siebenten Jahrgang an" ein „Schüler oder Lehrer" mit einem „Wochengebet" über die Schande des Versailler Vertrags beendet, den „Deutschlands Feinde ersannen, um uns auf ewig zu schänden". Darauf „muß die Klasse im Chor antworten: ‚Die deutsche Schande soll brennen in unseren Seelen bis zu dem Tage der Ehre und Freiheit!'‚

Skala, der tapfer sowohl grob faschistische Taten, wie den Potempa-Mord als auch die vielfältigen subtil faschistoiden Geschehnisse kritisierte, meinte hierzu, „ein politisches ‚Gebet' ist eine Blasphemie, doppelt verwerflich, weil sie das Seelenleben des Kindes auf eine Bahn drängt, auf der nur zweierlei gedeihen kann: seelische Verkrüppelung und haßerfülltes, nationales Verbrechertum." Im übrigen galt seines Erachtens „die Erkenntnis, daß die Lasten des Versailler Friedensvertrages niemals durch die verfälschende Interpretation deutscher Extremnationalisten erträglicher gemacht oder gar beseitigt werden können."[135]

Ohne zu wissen, dass es die letzten Wahlen in der Republik sein werden, aber wohl ahnend, dass mit ihnen entscheidende politische Weichen gestellt werden würden, analysierte Skala die Wahlen 1932 mit Sorge und traf Vorsorge für Teile des Minderheitenverbandes. „Die beiden außen- und innenpolitisch die Haltung des Deutschen Reichs stark tangierenden Wahlen fanden in einer Zeit politischer Hochspannung und unter dem Einfluß der wirtschaftlichen Krise statt; sie wurden ferner durch die Anflut des extremen Nationalismus fast noch stärker in die Richtung intransigenter[136] Entscheidungen gedrängt, als es ohnehin […] durch die revisionistischen Zielsetzungen geschehen wäre. Nach den Reichstagswahlen im September 1930 […] bewegte sich die deutsche Politik und fast alle ihre Aktionen nur noch in der ihr vom Nationalsozialismus aufgedrängten Richtung. Es kann schwerlich behauptet werden, daß die Reichsregierung dieser Entwicklung besondere Widerstände – oder was wichtiger wäre: einen eigenen politischen Willen – entgegengesetzt habe." Eher war das Gegenteil der Fall, „der extreme Nationalismus der ‚Nationalsozialistischen Deutschen Arbeiterpartei' wurde in die offizielle Politik […] als Drohung eingestellt", die „sogenannte Tolerierungspolitik der Sozialdemokratie erwies sich – ungewollt zwar, aber zwangsläufig – als Schrittmacher des Nationalsozialismus oder doch zumindest als dessen unfreiwilliger Förderer."

Skala sah ahnungsvoll einen Sieg der Nazis bei der Präsidentenwahl voraus, auch wenn „sie ihren Kandidaten Adolf Hitler nicht zum Repräsentanten des Deutschen Reichs machen konnten." Denn: Wer nur auf das „Palais des Herrn Reichspräsidenten blickt, die Inneneinrichtung und die politischen Hoflieferanten in Uniform und Zivilrock aber unberücksichtigt läßt, kann sich suggerieren, dass die Partei Adolf Hitlers bei der Wahl des Reichspräsidenten am 10. April 1932[137] eine Niederlage erlitten habe."[138] Aber die Zentrumspartei „(wird) es jetzt versuchen – vor allem nach dem Ausgang der Wahlen zum preußischen Landtag[139] – dem nationalsozialistischen Elan den Wind aus den Segeln zu nehmen, indem es die Nationalsozialisten in eine Koalition des deutschen Nationalismus aufnimmt."[140]

Den nationalen Minderheiten attestierte Skala auch bei diesen Wahlen eine verantwortungsbewusste, loyale Haltung. Der Verband der nationalen Minderheiten hatte in einer Sitzung am 3. März eine Wahlempfehlung ausgesprochen, in der es u.a. hieß, man sei der Überzeugung, „daß es sich bei dieser Wahl weniger um ein Votum für eine Person als vielmehr um die Stellungnahme […] zu dem republikanischen, zu dem kommunistischen und zu dem fascistischen System handelt", weswegen man empfehle, den Kandidaten zu unterstützen, der „den Bestand der Deutschen Republik nicht gefährdet" und „die Erfüllung […] der minderheitsrechtlichen Forderungen (gewährleistet)." Damit, so wertete Skala, haben die Minderheiten in Deutschland „den Beweis erbracht, daß sie in der Tat bereit sind, den Interessen des Staates, dessen Bürger sie sind, weitgehendst Rechnung zu tragen und ihre eigenen Interessen denen der Gesamtheit unterzuordnen, ohne auf das ihnen zustehende, aber vorenthaltene Recht einer eigenen *parlamentarischen Vertretung* zu verzichten." Allerdings „(haben) weder die Reichsregierung noch die preußische Staatsregierung oder eine der politischen Parteien, die diese Regierungen bilden, irgendwelches Verständnis für diese loyale staatsbürgerliche Haltung der nationalen Minderheiten im Deutschen Reich aufgebracht." Stattdessen haben sie aus dieser Wahlempfehlung und den Wahlentscheidungen der Minderheitsangehörigen „das Bekenntnis zur deutschen Kulturgemeinschaft, und ein Aufgehen dieser Nationalitäten in dieser Kulturgemeinschaft zu konstruieren versucht."[141]

Nicht wenige Sorben hatten sich allerdings schon für die Nazis entschieden. Das zeigen besonders deutlich die Wahlergebnisse der letzten freien Reichstagswahl am 6.11.1932 in der Lausitz. Zwar gab in einigen stark katholisch geprägten Dörfern ein Großteil der sorbischen Wähler nach wie vor der Partei des Zentrums seine Stimme, was aber bekanntlich auch keine minderheitsrechtlich bedeutsame Alternative war. Im Allgemeinen jedoch lag der Stimmenanteil für die NSDAP in der Lausitz zum Teil deutlich über dem Reichsdurchschnitt von 33,1%. (Landkreis Bautzen 35,3, Kamenz 37,8; Hoyerswerda 35,3; Rothenburg 35,9, Cottbus 48,9). Nicht zu übersehen war so, dass die Nazis mit ihrer Demagogie auch unter den Sorben erfolgreich waren. Arnošt Bart kritisierte die Deutschen, dass sie den braunen Verführern nachlaufen; beklagte aber auch mit Blick auf sorbische Hitleristen, „unser armes sorbisches Volk hüpft in allem mit."[142] Bart hatte dabei wohl solche wie Jan Kerk aus Rachlow im Blick. Der schrieb in einem Nazi-Blatt: „Die Wenden blicken voll Vertrauen auf Adolf Hitler, weil sie wissen, daß er nicht nur die Freiheit Deutschlands verbürgen kann, sondern auch dem kleinen Wendenvolk Verständnis und Gerechtigkeit entgegenbringt."[143] Der 43-jährige Skala hielt dem auf der Grundlage seiner Analysen der Erscheinungsformen der Nazi-Partei, seiner Verbindung mit dem Alltag der einfachen Sorbinnen und Sorben, seiner Ahnung von den Konsequenzen einer Ideologie, die vom „Volk ohne Raum", vom „deutschen Herren- und vom slawisch-jüdisch-bolschewistischen Untermenschen" spricht, in einem Artikel, der zum 43. Geburtstag des „Führers" erschien, entgegen: „Der Hitlerismus beherrscht und quält heute die sorbischen Dörfer und auch viele Einzelpersönlichkeiten mit terroristischer Gewalt."[144]

Realistische Analyse und darauf fußende kluge Voraussicht legte Skala auch im Hinblick auf weitere Absichten der Nazis, vor allem im Osten an den Tag. Anschaulich beschreibt das einer seiner polnischen Mitkämpfer. „Ich war dabei [...] in Berlin, im Stadtteil Charlottenburg, in der Schlüterstraße, wo damals die Zentrale des Bundes der Polen in Deutschland ihren Sitz hatte [...] Zwei Tage nach den Reichstagswahlen, am Dienstag den 8. November 1932, nachmittags, fand in der Zentrale des Bundes eine Beratung statt über die Situation der Polen in Deutschland, das in Kürze umgestaltet würde in die hitlersche Einparteiendiktatur des III. Reiches [...] Der erste Beschlußantrag war nicht sehr optimistisch. Ihn hatte unser Freund, der Sorbe Jan Skala formuliert, der als Redakteur der Monatsschrift des Verbandes der nationalen Minderheiten Deutschlands ‚Kulturwehr‘ [...] ständig an unseren Beratungen teilnahm [...] Die Übernahme der Regierung durch Hitler – sagte Skala – bedeutet, daß in wenigen Jahren Krieg sein wird. Krieg gegen Polen, gegen die Sowjetunion, gegen die ganze Welt [...] Niemand zweifelte daran, daß Jan Skala, der durch seine sachlichen Analysen bekannt war, sich aus diesmal nicht irrte. Damals, am 8. November 1932, wurden folgende Schlußfolgerungen gezogen: Als erstes mußten eineinhalb Millionen Polen, die an der Oder und in West- und Ostpommern sowie als Auswanderer im Elbegebiet, in Westfalen und im Rheinland lebten, auf die schwersten Jahre der Kämpfe vorbereitet werden. Zweitens mußten alle Spuren des Polentums in den zu Preußen gehörenden Gebieten von Ostpreußen bis zur Oder und der Lausitzer Neiße vor dem Vergessen bewahrt werden."[145] Zu denen, die mit Skalas Ansichten übereinstimmten, gehörten neben Stanisław Sierakowski und Jan Kaczmarek auch Arkadiusz Bożek.[146] Der hatte als Angehöriger des linken Flügels der oberschlesischen polnischen Katholiken sehr gute Beziehungen zu führenden polnischen Kommunisten, darunter zu Alfred Lampe[147], welcher wiederum des öfteren mit Wanda Wasilewska[148] zusammentraf.

Im Dezember 1932 sah sich die Redaktion „vor die zwingende Notwendigkeit gestellt [...], unsere seit 1925 erscheinende Zeitschrift ‚Kulturwehr‘ bis auf weiteres nicht mehr erscheinen zu lassen", wollte jedoch erreichen, „daß in irgend einer Form ein Ersatz für unsere bisherige Tribüne geschaffen werden müße." Nach Abwägung der Möglichkeiten kamen die Verantwortlichen zu dem Ergebnis, „die ‚Kulturwehr‘ ab 1. Juli 1933 bis auf weiteres in der Form von Vierteljahresheften wieder erscheinen zu lassen", wobei „die prinzipielle Haltung, die von unserer kritischen Erkenntnis und unseren Erfahrungen wie auch unserer politischen Ueberzeugung bestimmt wird, nichts geändert werden kann." Es ist Skalas Handschrift, wenn anschließend an diese eher finanziell-organisatorische bedingte Einschränkung betont wird, der von den ethnischen Minderheiten in Deutschland „prinzipiell vertretene Grundsatz der [...] staatsbürgerlichen Loyalität ist nicht abhängig von Formen und Bewegungen, sondern wird gestützt sowohl durch die uns verpflichtende politische Ueberzeugung als auch „– so wird dann mutig formuliert – durch eine „die Staatsmacht verpflichtende Schaffung und Sicherung unseres minderheitlich nationalen Rechtsgutes." Konzeptionell bedeutsam für die weitere Begründung der Forderungen nach einer sachgemäßen Minderheitenpolitik, ist die Aussage, man stelle sich die Aufgabe, „mit objektiver Kritik und realpolitischem Weitblick den Ausgleich zwischen den Interessen des deutschen Nationalismus und den Volkstumsinteressen der nationalen Minderheiten im Deutschen Reich zu ermöglichen und zu fördern"[149]

Mit heutigem Blick mutet das eher an wie eine Mischung aus Hoffnungen, Illusionen, Taktieren und wohl auch einer Prise Selbsttäuschung.

Skala und die seinen jedoch konnten diesen Blick nicht haben. Was heute mit dem Blick zurück bedacht und bewertet werden kann, musste damals mit dem Blick nach vorn gelebt und durchkämpft werden.

1933 – Irritationen um eine Hitler-Rede

1933 war die entscheidende Zäsur für die Völker Europas, darunter für die ethnischen Minderheiten Deutschlands. Eine chronologische Abfolge wesentlicher Schritte der Übergabe der Macht an die Nazis und ihr zügiger Ausbau in diesen 12 Monaten sowie Aktionen und Reaktionen des Verbandes der Minderheiten in Deutschland im Kampf um die Rechte der Minderheiten sollen uns das vor Augen führen.

* **4.1.1933** Hitler und der frühere Reichskanzler von Papen treffen sich in der Villa des Kölner Bankiers, Kurt Freiherr von Schröder.[150] Geheimhaltung ist vereinbart, vorbereitet wird der Sturz der Regierung Schleicher. Hitler weiß einen Großteil des deutschen Volkes hinter sich und will Kanzler werden. Papen hat vertrauten Kontakt mit Hindenburg und spekuliert auf den Vizekanzlerposten.

* **30.1.1933** Hitler wird Reichskanzler[151]. Skala erlebt den Fackelzug bei Hitlers Machtantritt gemeinsam mit Pawoł Nowotny. Beide sind sich einig, dass daraus nichts Gutes für die Sorben, für die Slawen überhaupt entstehen wird.

* **31.1.1933** SPD-Parteivorstand, Parteiausschuss, Reichstagsfraktion und Reichskampfleitung der Eisernen Front[152] beraten am Vormittag. Nach knapp anderthalb Stunden wird eine defensive Konzeption beschlossen. Kernpunkte sind: kein außerparlamentarischer Widerstand, kein Generalstreik, strikte Abgrenzung von der KPD, Festhalten an Verfassung und Legalität.

* **3.2.1933** Hitler legt vor einem ausgewählten kleinen Kreis führender Militärs die Ziele seiner Außenpolitik dar. Dazu zählen insbesondere die Revision der in Versailles festgelegten europäischen Grenzen und die „Eroberung neuen Lebensraums im Osten und dessen rücksichtslose Germanisierung."[153]

* **20.2.1933** Im Palais von Reichstagspräsident Göring treffen sich 20 Herren der deutschen Industrie mit Hitler.[154] Der sagt ihnen: „Privatwirtschaft im Zeitalter der Demokratie ist nicht aufrecht zu erhalten. Sie ist nur denkbar, wenn das Volk eine tragende Idee von Autorität und Persönlichkeit besitzt [...] Es ist ein Ding der Unmöglichkeit, daß ein Teil des Volkes sich zum Privateigentum bekennt, während ein anderer Teil das Privateigentum ableugnet. Solch ein Kampf zerreißt das Volk. Man ringt so lange gegeneinander, bis ein Teil Sieger bleibt. [...] Für die Wirtschaft habe nur einen Wunsch, daß sie parallel mit dem inneren Aufbau einer ruhigen Zukunft entgegengeht." Wie der „innere Aufbau" des Reiches vor sich gehen sollte, mit welchen Mittel er siegen wollte und wodurch die ruhige Zukunft der Wirtschaft gewährleistet werden sollte, das sagt Hitler mit aller Deutlichkeit: „Wir müssen erst die ganzen Machtmittel in die Hand bekommen, wenn wir die andere Seite zu Boden

werfen wollen. So lange man an Kraft zunimmt, soll man den Kampf gegen den Gegner nicht aufnehmen. Erst wenn man weiß, daß man auf dem Höhepunkt der Macht angelangt ist, soll man zuschlagen." Zu den bevorstehenden Wahlen am 5.3. sagt er: „Wir stehen jetzt vor der letzten Wahl. Sie mag ausfallen wie sie will, einen Rückfall gibt es nicht mehr, auch wenn die kommende Wahl keine Entscheidung bringt. So oder so, wenn die Wahl nicht entscheidet, muß die Entscheidung eben auf einem anderen Wege fallen."[155]

* **27.2.1933** Der Reichstag brennt. Noch in der Nacht zum 28.2. gibt es zahlreiche Verhaftungen. Die SA wird mit Polizeibefugnissen ausgestattet.[156] Der entscheidende Vorwand zur innenpolitischen Verfolgung aller politischen Gegner ist geschaffen. Mit der tags drauf in Kraft gesetzten Notverordnung „zum Schutz von Volk und Staat", werden wichtige Grundrechte (Freiheit der Person, Meinungs-, Presse- und Versammlungsfreiheit, Postgeheimnis) außer Kraft gesetzt und willkürliche, durch keinerlei rechtliche Mittel anfechtbare Verhaftungen (sog. Schutzhaft) möglich, die Todesstrafe kann erweitert angewandt werden.

* **13.3.1933** Goebbels wird zum Reichsminister für Volksaufklärung und Propaganda ernannt. Bei seinem Amtsantritt verkündet er, dass „die neue Regierung nicht mehr die Absicht hat, das Volk sich selbst zu überlassen." Vielmehr werde man „die Menschen solange bearbeiten, bis sie uns verfallen sind, bis sie auch ideenmäßig einsehen, daß das, was sich heute in Deutschland abspielt, nicht nur hingenommen werden muß, sondern auch hingenommen werden kann."[157]

Für die Sorben bedeutet das vor allem mehrfache Zeitungsverbote, gezielte Zwangsaussiedlungen von Lehrern, Verbot der Teilnahme sorbischer Kinder an Ferienlagern in der Tschechoslowakei, Besetzung und Durchsuchung des Wendischen Hauses in Bautzen, Berufsverbote für engagierte Vertreter der sorbischen Bewegung, vermehrte Hausdurchsuchungen und Verhaftungen.[158] Damit sollten nicht nur die Protagonisten, sondern das sorbische Volkes insgesamt eingeschüchtert werden.

* **19.3.1933** Auf einer Hauptversammlung des sorbischen Sokoł wird der Antrag, den Namen „Sokol" abzulegen und aus den Statuten den Passus zu streichen, wonach der Sokoł überkonfessionell ist, mit 19 Ja-, 35 Neinstimmen und 4 Enthaltungen abgelehnt. Die aktivsten Mitglieder sprechen sich für die Einheit des Bundes aus. Katholische Mitglieder der Sokoł-Gruppe in Crostwitz vollziehen tags darauf die Abspaltung des Gebietsverbandes, nennen sich „Serbske zwučowanske jednoty" (Sorbische Übungseinheiten) und beschließen, sich organisatorisch an eine deutsche katholische Organisation anzulehnen. Zmeškal, Freund und Briefpartner Jan Skalas, wertet völlig richtig, dass sie damit „ihre Eigenständigkeit aufgeben" und „vom deutschen Geist beherrscht sein werden."[159] Das bischöfliche Ordinariat schreibt an Erzpriester Jakub Žur, man habe diese Entwicklung „mit Freude zur Kenntnis genommen".[160]

* **21.3.1933** Goebbels inszeniert den „Tag von Potsdam" als perfekten Volksbetrug. Der beginnt mit dem Datum. Am 21.3.1871 hatte sich der 1. Reichstag des Deutschen Kaiserreiches konstituiert. Die Täuschung setzt sich fort, indem das Geschehen [Gottesdienste in der Nikolaikirche (evangelisch) und der Peter-und-Paul-Kirche (katholisch); Militärparade in der Stadt, Marsch der Reichstagsabgeordneten zur Garnisonskirche, Hindenburgs Gang zu den Gräbern der Preußenkönige Friedrich Wilhelm I. und Friedrich II., Reden Hindenburgs und

Hitlers in der Garnisonkirche; Handschlag der beiden vor der Kirche mit verlogener Verbeugung des als Biedermann kostümierten „Führers"] im Rundfunk in voller Länge übertragen wird. So soll zum einen die Verbindung von Konservatismus und Monarchismus mit dem vermeintlichen „Nationalsozialismus" sichtbar werden. Zum anderen soll der Anschein erweckt werden, Hitler und die Nazis würden sich dem Landesvater Hindenburg unterstellen, von ihnen gehe keine Gefahr aus. Vielmehr seien die Nazis würdige Fortsetzer der deutschen, insbesondere der preußischen Geschichte. Viele Zeitgenossen lassen sich willig davon täuschen. Reichstagsabgeordnete der KPD und einige führende Persönlichkeiten der SPD sind wegen „nützlicher Arbeiten in den Konzentrationslagern", wie NS-Innenminister Frick zynisch bemerkt, an der Teilnahme verhindert,.

Noch am gleichen Tag wird die Verordnung „zur Abwehr heimtückischer Angriffe gegen die Regierung der nationalen Erhebung" erlassen, mit der jeder verhaftet werden kann, der auch nur leiseste Kritik an der Regierung äußerte.

* **22.3.1933** Das Muster-KZ Dachau wird errichtet und ist schnell als rechtsfreier Raum, in dem Folter und Mord dominierten, ein offenes Geheimnis in ganz Deutschland. Die Wochenschau zeigt Bilder von Häftlingen beim Sport im KZ Dachau. Tatsächlich jedoch wird hier geübt, was später zu extremster Perfektion ausgebaut wird: Menschen entwürdigen, quälen, ermorden.

* **23.3.1933** Der Reichstag beschließt das „Gesetz zur Behebung der Not von Volk und Reich" und damit seine Selbstentmachtung. Das „Ermächtigungsgesetz" dient dem Schein der Legalität Hitlers, macht aber in Wirklichkeit die Verfassung der Weimarer Republik zum Fetzen Papier.[161] Die Nazis kommen trotz des Fehlens der 81 (teils verhafteten, teils untergetauchten, teils geflohenen) KPD-Abgeordneten nicht auf die erforderliche Zweidrittelmehrheit. Neun SPD-Abgeordnete nehmen nicht teil (KZ, krank oder im Ausland). Die 94 anwesenden Abgeordneten der SPD stimmen ungeachtet der massiven Drohungen als einzige Fraktion geschlossen gegen das Gesetz.[162] Mit 444 Stimmen (Abgeordneten der NSDAP und 7 weiterer Parteien) wird das Gesetz angenommen. Es trägt die Unterschriften von zwei Nazis und drei deutschnationalen Adligen [Hitler, Frick (Innenminister), Paul von Hindenburg, Konstantin Freiherr von Neurath (Auswärtiges), Johannes Ludwig Graf Schwerin von Krosigk (Finanzen) und wird am 24.3. verkündet.]

* **1.4.1933** Die Nazis rufen als eine Art Generalprobe zum Boykott jüdischer Geschäfte auf, SA-Leute werden vor Geschäften postiert, um ein Betreten zu verhindern.

* **6.4.1933** Nach 68 Tagen Nazi-Macht endet juristisch die Gleichheit aller Bürger vor dem Gesetz durch ein Gesetz mit dem irreführenden Titel „Gesetz zur Wiederherstellung des Berufsbeamtentums". Gemeint ist die Entfernung treu republikanischer, demokratischer und vor allem jüdischer Beamter und Angestellter auf allen Ebenen des Staatsapparates. Gewollt ist der schleichender Prozess der Faschisierung, die „Gleichschaltung"[163] von NSDAP und Staatsapparat für die sich faschistisch wandelnde Gesellschaft.

* **10.4.1933** der Sokol-Vorstand veröffentlicht den Beschluss zur Verbandsauflösung. Da es wegen der „letzten Ereignisse in Deutschland [...] nicht mehr möglich ist, unser Programm zu verwirklichen", sei der Sokol „gezwungen, seine Tätigkeit einzustellen."[164] Die „freiwillige" Auflösung erleichtert den Nazis die Lüge, es habe keinen Druck auf den Sokol

gegeben. Sie ist jedoch tatsächlich Teil der faschistischen „Gleichschaltungs"-Politik. Die „Wendenabteilung" hält in Auswertung tschechischer Presse fest: „Skala erklärte gewiß mit Recht die freiwillige Auflösung des lausitzer Sokols als einen Fehler der damaligen Führung des lausitzer Sokols in Bautzen, ob diese nun unter dem Drucke der deutschen Behörden oder einheimischen klerikalen Schichten geschah."[165]

* **19.4.1933** Auf der Tagung der Maćica Serbska betont der Vorsitzende, Justizrat Dr. Herman[166] die staatsloyale Haltung der Gesellschaft und lässt ein Glückwunschschreiben zu Hitlers Geburtstag beschließen. Ganz klar wird – erinnert man sich an Jan Skalas Artikel vom Vorjahr[167] – die diametrale politische Haltung zweier Sorben sowohl zum Hitlerfaschismus als auch zu den Interessen des eigenen Volkes. Hier Antifaschismus aus nationaler Verantwortung – dort vorauseilender Gehorsam und „Absetzbewegung" in Richtung Faschismus aus Angst vor Verfolgung.[168]

* **26.4.1933** Die Amtshauptmannschaft Bautzen[169] teilt in einem geheimen Schreiben der Dresdner Staatskanzlei mit, man werde in den nächsten Tagen gegen „diejenigen Wendenführer, die mit dem Auslande bekanntermaßen in Verbindung stehen, polizeiliche Maßnahmen durchführen" und bittet darum, in Berlin „ein Einschreiten gegen den dort wohnhaften Redakteur Jan Skala zu erwägen, da […] der Genannte nicht allein in der Wendenfrage, sondern in der ganzen panslawistischen Frage im allgemeinen stets eine ausgesprochene deutschfeindliche Haltung eingenommen hat."[170]

* **28.4.1933** Mit vielen anderen sorbischen Demokraten werden auch die Sokoł-Aktivisten G. Janak, J. Słodenk und J. Šajba verhaftet.

* **April 1933** Der „Wendische Volksrat" löst sich selbst auf und kündigt die Mitarbeit im Verband der nationalen Minderheiten Deutschlands.

* **1.5.1933** Die Nazis machen den 1. Mai, der innerhalb der internationalen sozialistischen Bewegung als „Kampftag der Arbeiterklasse" verstanden und begangen wurde, zum „Tag der nationalen Arbeit". Was die SPD seit 1919 nicht vermochte, das taten die Nazis. Ihre perfide Absicht wurde allerdings tags drauf schlagartig sichtbar.

* **2.5.1933** SA- und SS-Truppen stürmten in ganz Deutschland die Gewerkschaftshäuser, beschlagnahmten Büroeinrichtungen, verhafteten und folterten Gewerkschaftsfunktionäre.

* **4.5.1933** Der tschechische Verein „Společnost přatel Lužice v Praze" ruft in einem Memorandum zur „Rettung der Kultur des sorbischen Volkes", zur Solidarität mit den Sorben und zum Protest gegen die Nazidiktatur auf. In Polen und der Tschechoslowakei, aber auch in Frankreich und Jugoslawien protestieren Politiker und Freundschaftsgesellschaften nachdrücklich. Eine tschechische Akademie schreibt Hitler: „Was unter Ihrer Führung nicht nur politische Gegner ihres Regimes, sondern auch deutsche Friedensstreiter und anders gesinnte deutsche Bürger, ferner Juden und Sorben durchmachen, ruft das Entsetzen der ganzen friedlichen Welt hervor."[171]

* **10.5.1933** Goebbels verkündet auf dem Berliner Opernplatz im Ergebnis der Kampagne „Wider den deutschen Ungeist" den „Durchbruch der deutschen Revolution", das Ende des „überspitzten jüdischen Intellektualismus" und ist erfreut, „daß so schnell und so radikal in Deutschland aufgeräumt" wird. In den über zehn Meter hohen Flammen werden die Bücher

von 94 deutschsprachigen und 37 fremdsprachigen Autoren öffentlich verbrannt. Der „Völkische Beobachter" vom 12.5. sieht die „geistigen Grundlagen der Novemberrepublik" in Flammen aufgehen und gebildete Menschen erinnern sich an die Mahnung im Vorspiel von Heines Tragödie „Almansor" (1821), dass da, wo man Bücher verbrennt, am Ende auch Menschen brennen.

* **17.5.1933** Hitler redet vor dem Reichstag über den Weltkrieg 1914–1918 und seine Folgen. Er lügt, Deutschland sei bereit, seine „gesamte militärische Einrichtung überhaupt aufzulösen und den kleinen Rest der ihm verbliebenen Waffen zu zerstören". Er lügt, die SA und SS hätten keine militärische Ausbildung, dienten lediglich der Abwehr der „kommunistischen Gefahr". Nach demagogischen Friedensbeteuerungen sagt er die Sätze: „Indem wir in grenzenloser Liebe und Treue an unserem eigenen Volkstum hängen, respektieren wir die nationalen Rechte auch der anderen Völker aus dieser selben Gesinnung heraus und möchten aus tiefinnerstem Herzen mit ihnen in Frieden und Freundschaft leben. Wir kennen daher auch nicht den Begriff des Germanisierens."[172] Diesen Lügen wurde im Parlament nicht widersprochen. Auch in den christlichen Kirchen gab es Mitte 1933 kaum jemanden, der noch protestieren konnte oder wollte.[173]

Viele Sorben, auch Skala, begrüßten anfangs diese Passage der Hitler-Rede. In einem grundsätzlichen Artikel im ersten Heft der Kulturwehr des Jahres 1933 suchte er nach einem Weg für seine sorbischen Landsleute, für die ethnischen Minderheiten in Deutschland, mit der neuen politischen Situation zurecht zu kommen, in ihr leben zu können. Dazu zog er zunächst Bilanz. In der Weimarer Republik „(waren) die deutschen Parteien weit mehr Selbstzweck als Mittel zum Zweck geworden [...] Weder die Demokratie noch der Liberalismus sind jemals imstande gewesen [...] das ganze deutsche Volk zu gewinnen; was erreicht wurde, waren an der Oberfläche haftende Aeußerlichkeiten, Formen, die keineswegs mit dem entsprechenden geistigen, politischen und kulturellen Inhalt angefüllt werden konnten".[174] Die „zahlenmäßig grösste und organisatorisch stärkste Front [...] – die Sozialdemokratie und der Kommunismus – [...] zeigt [...] erbitterte Feindschaft" und macht deutlich, „wie wenig weltanschaulich gemeinsames Ideengut dort vorhanden war", [...] jede Partei „stand auf dem Standpunkt des Klassenkampfes, die Kommunisten mit Ueberzeugung und Aktionsbereitschaft, die Sozialdemokraten aus Konkurrenzzwang oder Gewohnheit gewordener Dogmatik, aber mit innerlicher Ablehnung gegen jede sozialistische Aktivität, dafür aber mit umso grösserer Zuneigung zur Verbürgerlichung."[175] „Die weltanschaulich entgegengesetzte Richtung, der politische Katholizismus, der seinen parteimäßigen Ausdruck in der Zentrumspartei fand [...] wurde durch das Autoritätsprinzip kontrolliert" und anerkannte „jede staatliche Obrigkeit als eine ‚institutio divina'".[176] Die konservativ-preußische Gruppe der deutschen Nationalisten: Deutschnationale und „sonstige Splittergruppen der bürgerlichnationalen Front" wurden „nach der Ernennung Adolf Hitlers zum Reichskanzler [...] noch überflüssiger [...] als es schon seit langem der Fall war" und sind „in die entsprechenden nationalsozialistischen Organisationen übergeleitet worden." Am deutlichsten zeigt „sich das Schicksal der deutschen Demokratie am Zusammenbruch der Deutschen Demokratischen Partei [...] und an ihrer liberalistischen, durch Stresemann bewirkten Absplitterung ‚Deutsche Volkspartei'", denn „keine deutsche Partei hat einen derartigen Verstümmelungsprozeß erlebt, aber auch keine hat seit Jahren einen derartigen Prinzipienverrat getrieben, wie sie."[177]

„Wenn wir", so resümiert Skala die Weimarer Republik, „von minderheitsrechtlichem Blickpunkt aus die vergangene demokratisch-liberale Aera betrachten, so können wir leider kaum etwas in ihr finden, was uns befriedigen könnte. Die einzige in der Verfassung von Weimar enthaltene Bestimmung über die nationalen Minderheiten, der Artikel 113, ist nie im Sinne positiven Rechts angewandt worden und in konkreten Fällen haben sich die Urheber dieser Verfassung uns gegenüber der Verfassungsverletzung und des Verfassungsbruchs schuldig gemacht."

Die „Wahlen zum Reichstag am 5. März 1933 [...] standen nach der Brandstiftung im Deutschen Reichstag am 27. Februar unter dem Sturmzeichen des antibolschewistischen Kampfes" und die „Folgerungen, die von der nationalsozialistischen Reichsführung aus den Wahlen gezogen wurden, zeigen deutlich, daß dem Parlament kaum mehr als das Recht der Beratung und der formalen Abstimmung über die Gesetzesvorlagen der Regierung geblieben ist." Die Wahlgesetzänderung bewirkte, dass „überhaupt kein Wahlvorschlag der nationalen Minderheiten im Deutschen Reich eingebracht werden konnte". Jetzt jedoch werde „die Heranziehung der Vertreter dieser Minderheiten im Deutschen Reich mit beratender Stimme zu den gesetzgeberischen Aktionen der Reichsführung, sobald sie die Interessen des Minderheitenvolkstums berühren oder die Regelung der Minderheitenrechte zum Gegenstand haben"[178] erwartet und gefordert. „Da es bisher keine minderheitsrechtliche Stellungnahme der Reichsführung gab, so Skala, komme dieser Rede umso größere Bedeutung zu. „Kaum jemals hat sich ein deutscher Staatsmann in so klarer und politisch verpflichtender Weise zur Nationalitätenfrage geäußert." Loyal bekräftigte er: „Wir wollen in keiner Weise an den Worten des Reichskanzlers drehen und deuteln. Wir glauben überzeugt sein zu können, daß nicht nur ein Zusammenleben der nichtdeutschen Staatsbürger des Deutschen Reiches mit dem deutschen Staatsvolk möglich ist, sondern daß aus dem Zusammenleben sich eine lebendige Zusammenarbeit entwickeln kann und wird." Eine Rede, die Vizekanzler Papen kurz nach Hitlers Auftritt „auf einer volksdeutschen Tagung bei Osnabrück" hält, sieht Skala „als Kommentar zu den grundsätzlichen Erklärungen Hitlers."[179] Nach dem in der Presse veröffentlichten Wortlaut indirekt zitierend hebt Skala Papens Position hervor, die historische Entwicklung habe „die Unmöglichkeit, Staats- und Volksgrenzen in Uebereinstimmung zu bringen, deutlich sichtbar gemacht". Auf „Kosten der Minderheit" sei „die Demokratie politisch mit der Sünde der Assimilation und der Gefahr der Irredenta belastet worden. Nicht die Lebensinteressen der Volkstümer, sondern die des Staates standen an erster Stelle, die bald den Schutz der Volkstümer verlangten, soweit es sich um ihre eigenen Volksgenossen handelte, bald aber wieder die Vernichtung des Volkstums forderten, sobald es fremde Volkstumsindividualität betraf." Es kann, so Skala, „kein Zweifel darüber bestehen, daß die Reichweite dieser Ausführungen ausserordentlich gross sein kann" und „die Minderheiten im Deutschen Reich selbst ihre Mitwirkung nicht versagen."[180]

Auf den ersten Blick klingen hier Positionen an, die der Minderheitenverband und Skala bei Nationalitätenkongressen und in der Berliner Deklaration von 1929 vertraten. Beim kritischen Lesen aus heutiger Sicht wird deutlich, dass Skala und die Führung des Verbandes auf schmalem Grat balancierten. Sie hatten, angesichts der quantitativen Verhältnisse zwischen Mehrheit und Minderheit, die nachvollziehbare Hoffnung, die Regierung werde aus solchen Erklärungen des „Führers" den Umgang mit den Minderheiten innenpolitisch regeln. Jede grundsätzliche Konfrontation wurde als aussichtslos bewertet. Besser sei es, die Taktik des „Beim-Wort-Nehmen" anzuwenden, also versuchen, in Sprachformeln und Worthülsen der Nazis die Eigenständigkeit der Sorben zu begründen und zu bewahren. Im Vorstand der Domowina glaubte man anfangs, aus Hitlers Äußerungen eine Garantie für den Bestand der sorbischen Minderheit auf deutschem Boden ableiten zu können.[181]

Die Nazis konnten mit ihrem „Firmenschild"[182] (oben vor Proleten; unten vor den Zahlungsfähigen) ihre wahren Absichten auch gegenüber ethnischen Minderheiten erfolgreich kaschieren.

NS-Demagogie in der entlarvenden Karikatur

268

* **Mitte Juni 1933** Die Gestapo schließt das Osteuropa-Institut der Universität Breslau vom 26.5. bis 6.6., um das nach ihrer Meinung „bolschewistenfreundliche" Direktorium der Wirtschaftswissenschaftler A. Hesse und O. Auhagen zu beenden und die Entlassung von vier jüdische Mitarbeiter durchzusetzen. Manfred Laubert wird zum kommissarischen Leiter des Instituts ernannt.

* **5.7.1933** Zum Gedenktag für die slawischen Heiligen Cyrill und Method treffen sich am Berg Mužský[183] ca. 30.000 Frauen und Männer, überwiegend Tschechen, aber auch Polen und Jugoslawen, um gegen die Unterdrückung ihrer slawischen Schwestern und Brüder in Deutschland, aber auch der polnischen und dänischen nationalen Minderheiten zu protestieren sowie den Nazi-Terror gegen die Juden zu kritisieren.[184] Die deutsche Gesandtschaft in Prag teilt dem Auswärtigen Amt mit, die Teilnehmer haben sich unter großem Beifall gegen die „Bedrückung der Wenden durch das Hakenkreuz" empört. „Der Völkerbund, die Regierungen und Parlamente aller Staaten werden aufgefordert, eine Untersuchungskommission einzusetzen und die Minderheitenschutzbestimmungen des Versailler Vertrages auch über Deutschland auszudehnen."[185]

* **12.9.1933** Der Auslandspresse in Berlin wird das Buch von Adolf Ehrt: „Bewaffneter Aufstand! Enthüllungen ueber den kommunistischen Umsturzversuch am Vorabend der nationalen Revolution" (Auflage: 250.000 Exemplare) vorgestellt Auf der Grundlage eines von Autor erfundenen sogenannten Aufstandsplans der KPD, an dem natürlich die Sowjetunion beteiligt gewesen war, werden die angeblichen Vorbereitungen der Kommunisten für einen zum Zeitpunkt des Reichstagsbrandes geplanten Aufstand beschrieben.

* **22.9.1933** Mit der Gründung der Reichskulturkammer unter Vorsitz von Goebbels wird die faschistische „Neuordnung" des künstlerischen Schaffens organisiert. Nun sind alle in der Presse Tätigen zur Zwangsmitgliedschaft in der Reichspressekammer verpflichtet, die formal als berufsständische Selbstverwaltung fungiert, jedoch vor allem als Kontrolle des NS-Staates funktionierte.

* **7.12.1933** Das Bezirksschulamt Kamenz teilt auf eine Beschwerde der Domowina mit, die Lehrer Jakubaš und Meškank seien versetzt worden, „weil beide Lehrer Sokolführer waren" und bekannt sei, dass die „Sokolverbände staatsfeindlich sind".[186] Kommentierend und zugleich für aufmerksame Leser entlarvend, fragt Skala, ob die zuständigen Stellen „die Beweise der Staatsfeindlichkeit [...] erst nach der [...] Auflösung erhalten haben, oder ob diese Beweise schon [...] für die Zeit vorliegen, in der die beiden lausitzserbischen Lehrer Mitglieder der Sokolorganisation waren."[187]

Welche besondere Aufmerksamkeit das Dritte Reich den Sorben schon 1933 widmete und wie dabei die Hitler-Rede nur Monate später in der Praxis konterkariert wurde, gehört wegen des Ausmaßes an Hinterlist, Tarnung, Täuschung, Druck und Verrat gesondert dargestellt.

Die Sievert-Herman-Farce oder „Teile und Herrsche" Teil II

* **24.8.1933** Das Sächsische Ministerium der Auswärtigen Angelegenheiten teilt in einer 12-seitigen Stellungnahme dem Reichsaußenminister mit, die Lage unter den Sorben sei von Erregung und Unsicherheit gekennzeichnet. Man solle doch den Sorben in geeigneter Form

zusichern, die Regierung denke nicht daran, die Sorben zu unterdrücken, rabiat zu assimilieren oder sie in der Pflege kultureller Sitten Bräuche und Traditionen zu behindern, solange damit nicht staatsfeindliche Bestrebungen verbunden sind. Als solche seien jedoch auf jeden Fall die „intensive Pflege der Beziehungen zu anderen slawischen Völkern" zu zählen, die „in Zukunft unter keinen Umständen geduldet werden kann."[188]

* 13.9.1933 Dasselbe Ministerium übersendet dem Reichsaußenminister den Entwurf einer Erklärung. Der Bautzener Amtshauptmann Dr. Sievert soll sie einigen maßgebenden sorbischen Persönlichkeiten gegenüber namens der Regierung abgeben. Die sächsischen Beamten fügen zugleich den Entwurf der sorbischen Antwort an. Darüber hinaus sind zwei weitere Schritte vorbereitet. Zum einen soll unmittelbar nach dem Treffen eine schnelle Verbreitung der Erklärung im In- und Ausland durch das Wolff'sche Telegraphische Büro erfolgen und zum anderen soll eine geeignete sorbische Person für die schon fertige „Entgegnung" gefunden werden. Dafür wurde Dr. Arnošt Herman auserkoren.

* 20.9.1933 Der Plan gelingt. Der Bautzener Amtshauptmann beordert 16 ausgewählte Personen (darunter Pawoł Nedo, damals Lehrer in Quatitz; Jan Andricki, Lehrer in Radibor; Jurij Handrik, Kaplan in Chrostwitz; Jurij Hejduška, Domkapitular in Bautzen und Měrćin Kral, Lehrer in Saritsch), die er zu Vertretern der sorbischen Bevölkerung erklärt[189] ins Amt. In Anwesenheit mehrerer Pressevertreter verliest er im Auftrag der sächsischen, der preußischen und der Reichsregierung die teils drohende, teils demagogisch-lügnerische, teils mit unverbindlichen Versprechungen gespickte Regierungserklärung. Darin heißt es u.a.: Die Wenden konnten sich „im Rahmen der für alle Deutschen geltenden Gesetze frei und ungehindert entfalten"; „einige wenige verirrte Heißsporne (suchten) Verbindung mit gewissen ausländischen deutschfeindlichen Organisationen", um „vor aller Welt von einer angeblichen Unterdrückung der Wenden in Deutschland (zu) reden". Dass dagegen „im nationalsozialistischen Deutschland mit der gleichen Schärfe wie gegen alle anderen landesverräterischen Bestrebungen vorgegangen" wird, ist selbstverständlich. Wie „bisher (soll) auch in Zukunft jeder Wende auf allen Gebieten des politischen und kulturellen Lebens die gleichen Rechte, wie jeder andere deutsche Staatsbürger genießen. [...] Niemand wird die Wenden in der Pflege und am Gebrauch der wendischen Sprache im täglichen Leben und bei kulturellen Veranstaltungen hindern, noch in der Pflege der wendischen Literatur und der Herausgabe von wendischen Zeitungen und wendischen Büchern".[190]

Als „Chef" der Vorgeladenen verliest Dr. Herman die von den Nazis vorbereitete Antwort, in der er die Politik der Nazi-Regierung „mit aufrichtiger Dankbarkeit" lobt. Konkret sagt er: „Im Namen der wendischen Bevölkerung, die hier durch uns vertreten ist, [...] lehnen (wir) [...] aufs Schärfste die landesverräterischen Bestrebungen Einzelner ab", die „durch ihre deutschfeindlichen Proklamationen [...] für die wendische Lausitz nichts als Mißtrauen zwischen uns und unsern deutschen Brüdern säen", weswegen wir „mit diesen Bestrebungen dieser angeblichen Freunde nicht nur äußerlich, sondern auch innerlich nichts zu tun haben (wollen)"[191]

Es ist für das Geschick der Sorben unerheblich, ob sich darin eigene „nationalsozialistische" Überzeugung, eine bei manchen Sorben spürbare Anpassungsbereitschaft an Politik und Ideologie der deutschen Faschisten zeigte oder ob es einfach nur mangelnde Zivilcourage war. In jedem Fall gilt: Das war die Kapitulationsurkunde für alle Bestrebungen, die Rechte der sorbischen nationalen Minderheit durchzusetzen. Nicht Abwendung von der sorbischen Bewegung und das Bedienen von Vorurteilen, nicht Anpassung und vorauseilender Gehorsam taten damals not, sondern Widerstand. Aber niemand von den 16 Vorgeladenen hatte den Mut und die Kraft (auch später nicht!), sich von diesem Unterwerfungsakt zu distanzieren.

Der Schaden für die Durchsetzung der Minderheitenrechte war groß. Die Farce Sievert-Herman fand, nicht zuletzt, weil die Organisation über das Wolff'sche Telegraphische Büro ins In- und Ausland perfekt funktionierte, große, überwiegend zustimmende, wohlwollende Widerspiegelung in der Presse. Nur der tschechische Sorbenkenner und -freund Josef Páta bezeichnete sie als „abgekartete Komödie", denn „die deutsche Gleichberechtigung gelte nur für die lauen Sorben, mit den echten werde auch weiterhin wie mit Hochverrätern verfahren"[192].

Das Kapitulantentum konservativer Sorben isolierte sie letztlich vom sorbischen Volk[193], begünstigte jedoch seine Unterdrückung. Es war völlig abwegig zu glauben, durch Bekundung von Harmlosigkeit und Anpassungsbereitschaft könne man der eigenen Sache besser dienen. Nicht obrigkeitsorientiertes Betteln um ein Plätzchen am Katzentisch der Mächtigen war angesagt, sondern eine das sorbische Volk aufrüttelnde, mobilisierende Klarheit und Wahrheit im wohlverstandenen Interesse der nationalen Minderheit.

Dazu allerdings war niemand außer Skala bereit. Er allein wagte, das Geschehen kritisch zu werten. In der „Kulturwehr" antwortete Skala mit Blick auf die 16 Eingeladenen – ohne Zynismus, aber mit feingeschliffener Ironie – „für den nichteingeladenen Teil" (!) des sorbischen Volkes, dass die Behauptung, die Sorben hätten sich im Rahmen der für alle geltenden Gesetze stets frei entfalten können, mit den von Sorben erlebten und in insgesamt 10 Memoranden lausitzserbischer Organisationen[194] zwischen 1923 und 1931 „geschilderten Tatsachen und Zuständen in ausgeprägtem Widerspruch"[195] steht. Entschieden wies er die Unwahrheit zurück, traditionelle Beziehungen zu anderen slawischen Völkern seien Landesverrat. Mutig – wir schreiben das Jahr 1933 und er war ziemlich allein – bekräftigte er, kulturelle Beziehungen zu anderen slawischen Völkern „sind notwendig, bestehen zu Recht und verstoßen gegen keines der bestehenden für alle Reichsbürger gleichen Gesetze." Zuvor hat er darauf verwiesen, einzelne deutsche Volksgruppen in europäischen Ländern besitzen „sogar politisch wirkende Organisationen im Deutschen Reich" und „sämtliche deutsche Minderheiten aus 10 europäischen Staaten sind in einer einheitlichen Organisation über alle Staatsgrenzen hinweg zusammengefaßt", die Führer deutscher Minderheiten stehen „ausnahmslos auf der Grundlage des Bekenntnisses zur Volksgemeinschaft " und jeder einzelne von ihnen würde „sich […] entschieden dagegen verwahren, deswegen in seinem Wohnstaat als Landesverräter behandelt oder auch nur bezeichnet zu werden."[196]

Treffend war damit gesagt: Reichsregierung und der in ihrem Auftrag tätige Amtshauptmann handelten verfassungs- und gesetzeswidrig, die sorbischen Persönlichkeiten nationalitätsvergessen und duckmäuserisch. Skala benannte nicht nur „Sachen", sondern auch Ursachen! Er entlarvte Heuchelei und Doppelmoral ebenso wie faktische Rechtsungleichheit; kennzeichnete aber auch die Kapitulation sorbischer Führer. Die „sorbische Frage" war 1933 in ihren beiden Seiten weiterhin ungelöst, ja weiter von einer sachgerechten Regelung entfernt als je zuvor.

Im gleichen Kulturwehr-Heft bemängelte Skala, die Kritik an der Sievert-Herman-Farce ergänzend, dass die „Lausitzer Serben, die in ihrer eigenen Muttersprache ‚Serbja' oder zur Unterscheidung von ihren südosteuropäischen Verwandten ‚Łužiscy Serbja' heißen, in deutscher Sprache immer noch mit einem Namen bedacht (werden), der weder wissenschaftlich noch tatsächlich haltbar ist: Die ‚Wenden'. Sofern diese Bezeichnung von der lateinischen Form [...] ‚Venetae' entlehnt wird, ist sie historisch unzutreffend, weil der ursprünglich so benannte Volksstamm nicht mehr existiert. Die später auf alle nicht näher bezeichneten slavischen Volksstämme angewandte Benennung: Wenden, Winden usw. ist ungenau und ist schon deshalb [...] als Volkstumsnamen abzulehnen. Wird aber mit der Bezeichnung ‚Wenden' die nationalimperialistische Tendenz und Absicht verbunden, die so bezeichneten Westslaven als nichtslavisches oder gar als germanisches Volkstum erscheinen zu lassen, so muß das entschieden bekämpft werden. Leider wird bis in die neueste Zeit die Bezeichnung ‚Wenden' tatsächlich in diesem national expropriierenden Sinne gebraucht, um den slavischen Charakter des Volkstums in eine ‚neudeutsche Stammeszugehörigkeit' auf Grund der deutschen, sogenannten Kulturbodentheorie umzudeuten. Dabei ist die ältere Generation der Lausitzer Serben selbst so gedankenlos gewesen, sich diese deutsche Bezeichnung aufdrängen zu lassen, obwohl die Führer der nationalen Renaissance um 1840 den viel treffenderen und durchaus richtig abgeleiteten Terminus ‚Sorben', ‚sorbisch' gebrauchten, aber auch an der erforderlichen konsequenten Anwendung in ihren deutschsprachigen Werken nicht festhielten."[197]

In dieser Zeit schrieb Skala, in der Nähe von Poznań „allein im Urlaub"[198], seinem Freund Janata: „Der nationalsozialistische Druck auf unsere Organisationen und unser kulturelles Leben ist ganz ungeheuer; die Verhaftungen, die in Bautzen im April erfolgten, sind Abschreckungsmaßnahmen, um die Beziehungen zu anderen slavischen Völkern, ganz besonders aber zu den Čechen unmöglich zu machen. Bei mir hat am 13.5. gleichfalls eine Durchsuchung meiner Wohnung durch Kommissare der geheimen Staatspolizei stattgefunden, wobei meine Korrespondenz und zahlreiche Schriften, Notizen, Artikelentwürfe etc. beschlagnahmt und mitgenommen wurden." Weiter teilte er mit: „Wie ich vor kurzem erfuhr, will man gegen die Führer des „Sokol" und andere namhafte Personen ein Hochverratsverfahren einleiten; auf welcher Grundlage aber dies geschehen könnte, ist mir unklar, da meines Wissens niemand von uns jemals etwas hochverräterisches getan hat. Aber bei den heutigen Verhältnissen und Zuständen in Deutschland ist alles möglich und ich befürchte allen Ernstes, dass man dann – wenn keine Beweise objektiver Art vorliegen – einfach eine Anklage konstruieren wird." Dabei „muß man mit den schwersten Mißhandlungen und Terrorisierungen rechnen, wie ja die tausende von Fällen gegen politisch verdächtige oder unliebsame Personen (Sozialisten, Juden, katholische Parteiführer, polnische Einzelpersonen in Oberschlesien, Westfalen, Ostpreußen usw.)"[199] beweisen. Wenig später, am Rande einer Konferenz in Warschau, teilte Skala Janata mit: „Ich bin nicht geneigt, die Beziehungen zu anderen slavischen Völkern, soweit ich sie persönlich habe, aufzugeben. Im Gegenteil: ich werde trachten, sie noch zu verbreitern und zu vertiefen, soweit meine physischen, geistigen und materiellen Mittel dazu ausreichen."[200]

Im Interesse seiner Sache und seiner Person hielt Skala es für besser, auf dem minderheitsrechtlich zukunftsfähigen Weg, ggf. allein und „hinkend" zu gehen als „mit festem Schritt und Tritt", wie die Nazis und sorbische Renegaten auf dem falschen, ins rechtsförmige Unrecht führenden. Seine Feinde mußten immer wieder Skalas minderheitspolitische Unbeugsamkeit, sorbische Parteilichkeit und auf die Menschenrechte von ethnischen Minderheiten bezogene Beharrlichkeit zur Kenntnis nehmen. Sie fühlten sich in der Erreichung ihrer Ziele zu Recht gestört und bloßgestellt. Das wollten sie ändern.

Ammende und Hasselblatt contra Skala oder „Teile und Herrsche" (Teil III)

Am 19.11.1933 traf der Generalsekretär des Nationalitätenkongresses, Ammende, in Abstimmung mit dem Verband deutscher Volksgruppen in Europa, mit einigen der Sorben zusammen, die bei Sievert kapituliert hatten. Nedo, dem man nicht traute, wollte er unbedingt ausschalten und schlug vor, dass man nur mit Justizrat Herman, Pfarrer Jan Cyž und Gerichtsrat Beno Symank verhandeln solle. „Denn dadurch", so Ammende im Brief vom 19.11.1933 an Hasselblatt, „würde man die Position Hermans, die ja heute verschiedenen Angriffen Skalas und seiner auswärtigen Freunde ausgesetzt ist, nur belasten."[203] Ammende und Hasselblatt ging es darum, die „sorbische Frage" zweckgerichtet, glatt und ohne außenpolitische Proteste zu lösen. Dazu musste es einerseits gelingen, die demokratischen, nationalbewussten Sorben um Skala völlig aus Gesprächen auszuschalten und andererseits die konservativen, anpassungsbereiten Sorben zur engen Zusammenarbeit mit den verkappten Nazis unter den deutschen Minderheitspolitikern zu gewinnen. Folglich ging man bei den Gesprächen zwischen den Herren Hasselblatt, Ammende, Hermann, Ziesch und Symank im Herbst 1933 in hohem Maße konspirativ und trickreich vor.

Rund ein halbes Jahr später waren die Hintergründe der gegen Skala gerichteten Intrige aufgeklärt. Erkennbar wurde eine Mischung aus trivialer Farce und bösem Ganovenstück. Sie verlief wie folgt:

Das Februarheft 1934 der Zeitschrift „Nation und Staat" informierte über die 1933er Herbstgespräche und betonte, ihre sorbischen Gesprächspartner hätten nicht gezögert, zu erklären, „daß sie mit dem Vorgehen des Herrn Skala nichts zu tun hätten und dieses aufs schärfste mißbilligen."[204] Skala stellte im Märzheft der Kulturwehr erst einmal klar, ihm sei weder schriftlich noch mündlich, weder öffentlich noch privat von seinen Volksgenossen, auch von den Beteiligten der Herbstgespräche bezüglich seines Vorgehens für die Rechte und Interessen der Sorben „niemals eine solche oder auch nur ähnliche Stellungnahme mitgeteilt worden."[205]. Er forderte deshalb vom Autor in „Nation und Staat", seine Behauptung zu beweisen. Im Märzheft von „Nation und Staat" veröffentlichte der Angesprochene – und Skala zitierte ihn im Aprilheft der „Kulturwehr" – „einige Stellen aus einem angeblich am 24.12.1933 geschriebenen Briefe. Er verschweigt aber 1) an wen der angebliche Brief aus Bautzen gerichtet war, 2) wer den Brief unterzeichnet hat."[206] Nunmehr wird der ominöse Brief vom 24.12.1933 im Aprilheft 1934 der Zeitschrift „Nation und Staat" im Wortlaut und mit den Unterschriften von Pfarrer Ziesch (Hainitz), Justizrat Dr. Hermann (Bautzen) und Landgerichtsrat Dr. Symank (Bautzen) veröffentlicht. Skala zitierte ihn komplett und betonte, jetzt ist klar: Die drei sorbischen Unterzeichner schrieben in der Tat am 24.12.1933 einen Brief an den „sehr geehrten Kollegen" Rechtsanwalt Hasselblatt, den sie „In kollegialer Hochachtung" grüßten. Im Brief hieß es u.a.: „Auf ihre Zuschrift vom 12. d.M. an Dr. Hermann und vom 15. d.M. an Dr. Symank teilen wir Ihnen ergebenst folgendes mit: Auch wir sind durch den Aufsatz des Herrn Skala in der „Kulturwehr" vollständig überrascht und mißbilligen denselben aufs schärfste. Es ist uns ein Rätsel, woher Herr Skala diese Indiskretion hat, denn keiner von uns hat mit ihm überhaupt gesprochen. Es erweckt geradezu den Eindruck, als wenn irgendeine Stelle ein bestimmtes Interesse daran hätte, die vertrauensvolle Zusammenarbeit unter allen Umständen zu verhindern [...] Jedenfalls hat Herr Skala, nachdem die Wenden mit dem Schreiben vom 20. April 1933, das er selbst am Eingang des Artikels veröffentlicht, aus dem Verband der Minderheiten ausgetreten sind, keinerlei Recht, im Namen der Wenden zu sprechen. Wenn Sie es wünschen, würden wir auch eine entsprechende Erklärung in den ‚Serbski Nowiny' bringen. Wir sind aber der Meinung, daß dies nicht zweckmäßig ist, weil erstens der Aufsatz in der ‚Kulturwehr' hier wohl nur wenigen bekannt geworden sein wird, und zweitens eine Polemik in Zeitungen immer unangenehm ist. Höchstens könnte einmal darauf hingewiesen werden, daß die Wenden nicht mehr Mitglied des Verbandes der Minderheiten in Deutschland und daher auch nicht dafür verantwortlich sind, was in dem Organ des wohl nur noch aus Polen und Dänen bestehenden Verbandes veröffentlicht wird."[207]

Skala legte also offen: Der von drei Sorben geschriebene „Brief ist das Ergebnis einer Zuschrift des Geschäftsführers der deutschen Volksgruppen in Europa", womit seine anmaßende Einmischung „in dieser Angelegenheit [...] hinreichend geklärt (ist)." Die sorbischen Briefschreiber hingegen, so Skala weiter, „sind private Personen, denen keine der bestehenden lausitz-serbischen Organisationen den Auftrag erteilt haben, einen derartigen oder überhaupt einen Brief an eine andere Organisation zu schreiben", womit „der Charakter des Briefes gleichfalls hinreichend gekennzeichnet" ist. Weiterhin hielt Skala fest, dass zwei der Unterzeichner „ihre Aemter in der Maćica Serbska rechtzeitig niederlegten" und der dritte, Herr Dr. Symank, Skala gegenüber erklärte, den Zweck der Korrespondenz nicht vorausgesehen zu haben."

Die Sinnhaftigkeit des Ganzen, vor allem die mit konträren Zielen an den Tag gelegte Hartnäckigkeit Skalas und Hasselblatts erhellt sich erst, wenn man weiß, worauf sich die Forderungen des letzteren an die willigen sorbischen Briefverfasser bezog.

Bei dem Hasselblatt aufregenden und von seinen drei sorbischen Briefpartnern nach Aufforderung auf schärfste missbilligten Artikel handelte es sich um den Aufsatz von Skala „Die Volkstumsbewegung der Lausitzer Serben" im Novemberheft der „Kulturwehr" 1933. Darin teilte Skala mit, der Volksrat habe seine Mitgliedschaft im Verband nationaler Minderheiten Deutschlands mit dem 20.4.1933 gekündigt. Kommentierend fügte er hinzu: Der „wenig ehrenvolle Verzicht" zeige, „dass die ‚Führer' der Organisation in keiner Weise ihrer Aufgabe und ihren volkstumsethisch begründeten Pflichten gewachsen waren." In einer Fußnote verwies er auf „Einflüße, die von außenstehender Seite durch Mittelsmänner erfolgten [...] und „ungefähr auf derselben Linie (liegen) und teilweise mit denselben Methoden (erfolgten), wie seinerzeit gegenüber der litauischen Minderheit (‚Fall Vydunas')." Vom Volksrat wäre „eine sachliche, formal und staatspolitisch loyale Deklaration" zu erwarten gewesen, mit der er die „notwendige Einschaltung in die neuen Verhältnisse" bewerkstelligt. „Es kann nicht bezweifelt werden, daß eine solche Volkstumsvertretung nicht nur im Interesse der Lausitzer Serben selbst lag – und unabhängig von der politischen Machtverteilung im Staate stets gelegen hat." Gerade „ein derart isoliertes Volkstum, wie es das der Lausitzer Serben ist, (braucht) einen solche Vertretung" notwendiger, als irgendeine andere nationale Minderheitengruppe, die Hilfe beim Mutterstaat finden kann. Die Sorben stellen eine „klar erkennbare slavische Individualität" dar, was „von verantwortlicher deutscher Seite auch gar nicht bestritten wird". Deshalb seien Versuche, „die volkstumskulturellen Beziehungen zu anderen slavischen Völkern als ‚landesverräterisches Gebaren' zu bezeichnen, nicht nur abzulehnen, sondern […]mit allem Nachdruck zu bekämpfen." Es sei deshalb zu bedauern, „daß […] der frühere Volksratsvorsitzende Dr. Herman diese Auffassung […] der Behörde unterstützte, anstatt die Behörden und ihre Vertreter von den ihm als Vorsitzenden der ‚Maćica Serbska' bekannten tatsächlichen Verhältnissen […] zu unterrichten." Das alles zeige, „wie wenig durchdacht die freiwillige oder suggerierte Resignation des Volksrates im April war". Der „Notwendigkeit einer direkten und aktiven Beteiligung der Lausitzer Serben an der weiteren Entwicklung ihrer Volkstumsexistenz […] hat sich" – so Skala sichtlich stolz – „die Zentralorganisation der lausitzserbischen Vereine ‚Domowina' gewidmet". Freudig teilte er mit, auf einer Versammlung am 31.10. wurde einmütig festgestellt, die im NS-System zu bewältigenden „Aufgaben (seien zwar) schwer, aber sie sind nicht aussichtslos und nicht undurchführbar." Die entscheidende „Frage an uns lautet: wollen wir national nur noch vegetieren oder wollen wir leben?" Scharf sei in der Versammlung „die nationale Indolenz eines Teiles der intellektuellen lausitzserbischen Kreise" kritisiert worden. In der Diskussion kam zum einen „vor allem der Wille zum Ausdruck, der nationalen Trägheit sich entgegenzustellen." Zum anderen „wurde das begreifliche und durchaus berechtigte Verlangen laut, man möge doch endlich die Namen der ‚Verführer' und ‚Landesverräter' nennen", zumal der von Amtshauptmann Sievert „erwähnte ‚kleine Kreis von Personen, die […] der Regierung wohl bekannt sind' kein Hindernis einer sachlichen Aufklärung bilden kann." Schließlich „wurde der Antrag auf Reorganisation der ‚Domowina' gestellt und einstimmig angenommen." Mehr nebenbei kritisiert Skala die mit „Gleichschaltung" der „Serbske Nowiny" verbundene Redaktionsveränderung, weswegen die Zeitung „nur noch sehr bedingt als ein Organ der Lausitzer Serben bezeichnet werden" kann.

Diese Klarstellungen entlarvten die verdeckten Aktionen von Hasselblatt & Co. Besonders scharf muß dem Rechtsberater deutscher Minderheiten, die Feststellung Skalas ins Auge gestochen haben, dass sich in Gesprächen in Bautzen einzelne „Vertreter der internationalen Minderheitenbewegung […] um die Bildung einer neuen Front (bemühen)" Unter namentlicher Nennung Hasselblatts und Ammendes hatte Skala moniert, die Besuche der Vertreter deutscher Volksgruppen in Bautzen dienten offensichtlich dem Ziel, „die Interessen der Lausitzer Serben gleichfalls wahrnehmen (zu) wollen". Skala hielt dem entgegen, die Sorben sind imstande, die Frage nach ihrem Sein oder Nichtsein selbständig und „lebensbejahend beantworten, wenn unser Volkstumsuntergang nicht von stärkeren und bedenkenloseren Kräften beschlossen ist."[208]

Hasselblatts briefliche Aufforderung an drei Sorben und deren bereitwilliges Assistieren sprechen angesichts der von Skala aufgedeckten Hintergründe eine klare Sprache. Der minderheitenpolitische Gegensatz zu Skalas Auffassungen ist ebenso sichtbar wie die „Partnerschaft" deutscher Chauvinisten und sorbischer Renegaten. Selbstauflösungen, unterwürfige Grußadressen und anbiedernde Selbsterniedrigung schwächten zum einen das Zusammengehörigkeitsgefühl der Sorben, stärkten die Vereinzelung, verhinderten so jeden konstruktiven Ansatz zur Durchsetzung sorbischer Minderheitsrechte. Zum anderen stärkte dieses Verhalten die Gegner und Feinde der Sorben und begünstigte die nazistische Gleichschaltungspolitik, den beginnenden offen faschistischen Terror.

Sorbenfeindliche Verantwortliche in deutschen Behörden gingen entschlossen den mit der Ladung von 16 Sorben und der propagandistischen Verwertung dieser Aktion eingeschlagenen Weg weiter, die sorbische Bewegung zu spalten. Nazis inner- und außerhalb der Wendenabteilung sorgten für polizeiliche Überwachung, offene und indirekte Behinderung sorbischer Aktivisten. Auf Nedo wurde extra ein Gestapo-Agent angesetzt[201], andere wurden verhaftet und ins KZ eingeliefert. Zugleich versuchte die Nazi-Führung, die Domowina dem Reichsbund für Volkstum und Heimat[202] zu unterstellen. Ähnliche Interessen, ja partiell gleiche Ziele führten deutsche Nazis und Sorbenfeinde im Inland mit gleichgesinnten Vertretern deutscher Volksgruppen im europäischen Ausland und Funktionären des Europäischen Nationalitätenkongresses zusammen. Um sowohl jedwede Belebung der Domowina, gar ihre Reorganisierung, als auch jede internationale Beachtung kritischer Äußerungen sorbischer Persönlichkeiten zu verhindern, entwickelte sich eine enge, gut abgestimmte Koordination. Beide Seiten setzten alles daran, demokratisch-bürgerlich-antinazistische und latent sozialistische Vertreter der Sorben auszuschalten.

Am 26.1.1934 berieten im Auswärtigen Amt erneut Reichs- und Landesbehörden über die weitere Koordinierung antisorbischer Aktivitäten, insbesondere zur Verhinderung einer wirksamen Reorganisierung der Domowina. Magnus Wilisch aus der Sächsischen Staatskanzlei, musste zunächst eingestehen, bisherige Bemühungen seien gescheitert. Justizrat Herman sei in der Wendenführung isoliert, einzig maßgebend sei heute Nedo, der nach eigenen Worten das Wendentums nach nationalsozialistischen Grundsätzen neu organisieren wolle. Hasselblatt, Teilnehmer an der Beratung, schlug vor, Nedo durch NSDAP-Stellen enger zu binden. Auf jeden Fall müsse Nedo dem Einfluss Skalas entzogen werden, um den Auflösungsprozess der noch bestehenden sorbischen Organisationen beschleunigen zu können. Mitte Februar 1934 empfing er deshalb die Sorben Nedo, Pfarrer Cyž und Symank. Gemeinsam mit Vertretern des Preußischen Innen- und des Reichsministeriums für Volksaufklärung und Propaganda wurden ihnen die Entscheidungen der Konferenz vom 26.1. zum Umgang mit den Sorben im Rahmen des nationalsozialistischen Volkstumsgedanken zur Kenntnis gegeben. Erklärt wurde ihnen: Wenden seien gar keine nationale Minderheit, daher käme naturgemäß weder eine Mitgliedschaft im Verband der nationalen Minderheiten in Deutschland noch beim Verband der deutschen Volksgruppen oder beim Nationalen Minderheiten-Kongress in Betracht. Unbedenklich sei, dass die Domowina Beobachter zu den Besprechungen der beiden letztgenannten Verbände entsenden könne. Die Domowina werde auch nicht dem Bund für Volkstum und Heimat unterstellt. Mehr Garantie für Gleichschaltung, straffe Kontrolle und Überwachung biete der Bund Deutscher Osten.

Den Sorben sollte so die eigene Organisations- und Aktionsgrundlage zerschlagen werden. Dieses demoralisierende Konzept ergänzend, sollten die Sorben beobachten dürfen, wie die deutschnationalistische Politik das Minderheitenproblems immer erfolgreicher dominiert. Für die Vertreter der Domowina begann damit eine schwierige Zeit kräftezehrender Entscheidungsfindung. Was konnte man den Spaltungs- und Gleichschaltungsabsichten entgegensetzen? Sollten sie sich klagend und murrend verhalten? War es im Interesse des sorbischen Volkes richtig, stillzuhalten und auf bessere Zeiten zu hoffen und zu warten? Wie konnten sorbische Sprache, Kultur und Tradition unter diesen bedrängenden, bedrückenden Umständen bewahrt werden? Konnte man den Wortschatz der Nazis für die Durchsetzung von Ansprüchen, Forderungen und Rechten des sorbischen Volkes nutzen?

Menschlichkeit und Menschenrechte bewahren – aber wie?

Unausweichlich sahen sich Skala, seine Gesinnungsgenossen, Dr. Cyž, Nowak-Njechorński, Marko Smoler, Nedo und andere herausgefordert, diesen Entwicklungen zu wehren. Gestützt auf engagierte Angehörige des sorbischen Volkes[209], die sich ihr nationales Selbstbewusstsein bewahrt hatten und es erhalten wollten, gingen sie in der zweiten Jahreshälfte 1933 daran, mit der Domowina und in ihr einen Weg zu suchen, das sorbische Volk in faschistischen Zeiten nicht untergehen zu lassen. „Das war zweifelsfrei Ausdruck einer gewissen inneren Opposition gegen die Unentschiedenheit und das Kapitulantentum der bisher führenden konservativen Kräfte der alten Intelligenz."[210]

Nach Monaten der Irrungen und Wirrungen, gefüllt durch intensives öffentliches und inoffizielles Diskutieren um die richtige Strategie zur Erhaltung des sorbischen Volkes fand am 31.10.1933 die erste Hauptversammlung der Domowina nach dem Machtantritt der Nazis statt, über die Skala – wie eben dargestellt – freudig informieren konnte. Am 27.12.1933 wählte eine nächste Hauptversammlung Nedo zum Vorsitzenden. Er war nun nach geltendem Recht Leiter („Führer") der Domowina. Nedo hatte jedoch klugerweise den Vorstand nicht aufgelöst. Mit ihm beriet er zunächst die formal-juristisch erforderlichen strukturellen Veränderungen. Die Domowina konnte nicht mehr lockere Dachorganisation vieler Verbände sein. Jetzt war die Einzelmitgliedschaft, also bewusste Entscheidung jedes Mitglieds, notwendig. Das stärkte die Domowina. Die Mitgliederzahl nahm zu, ehemalige Mitglieder des Sokoł, vom Lausitzer Bauernbund, frühere Gewerkschaftsmitglieder und andere konnten hier legal für die Interessen des sorbischen Volkes arbeiten. Der Leitgedanke, „das sorbische Volk wird solange leben, wie die Sorben es selbst wollen" zielte erkennbar auf Selbstbewusstsein und Stärke.

Daneben und damit verbunden ging es immer auch um eine inhaltliche Neubestimmung des Kurses der Domowina. In einem dafür konzeptionell bedeutsamen Artikel hielt Skala fest, dass die Sorben zum einen natürlich Impulse aus slawischen Volkstumsbewegungen zurückliegender Jahrhunderte erhalten haben, aber vor allem „aus gesunder und zum Eigenleben fähiger Volkstumswurzel […] selbst gewachsen" sind.[211] Er hob hervor, „daß die Lausitzer Serben und ihre geistigen und politischen Führer die zur freiheitlichen Entwicklung erforderlichen Volkstumsrechte seit dem Jahre 1848 ununterbrochen geltend gemacht haben."[212] Alle geschichtlichen Rückschläge, so Skala weiter, ob kulturelle Entrechtung, Assimilation oder soziale Deklassierung durch die Jahrhunderte von der Schlacht bei Lenzen 929 n. Chr. bis zur Gegenwart haben es nicht vermocht, „die slavische Individualität […] der Lausitzer

Serben zu enteignen oder gar restlos zu zerstören."[213] In der nationalen sorbischen Bewegung Mitte des 19. Jahrhunderts haben die „großen Männer jener Zeit: Jordan, Smoler, Zejler, Hórnik, Klin, Jmiš" sich zum „Grundsatz der staatsbürgerlichen Loyalität" bekannt und sich damit „von der sogenannten ‚panslavistischen' Bewegung genauso distanziert, wie z.B. von den revolutionären Beeinflußungsversuchen M. Bakunins im Jahre 1848/49."[214] Es blieb „der großpreußischen Staatskonzeption von Bismarck und dem imperialistischen Alldeutschtum [...] vorbehalten, in dieser rein kulturellen Volkstumserneuerung eine politische Gefahr zu sehen und deshalb die Germanisation – vor allem in der preußischen Lausitz fortzusetzen oder erneut zu beginnen." Die sorbischen Führer forderten dagegen eine „öffentliche Rechtsgrundlage für ihr Volkstum in Schule, Kirche und Verwaltung" [...] sowie den „Zusammenschluß der sächsischen und preußischen Oberlausitz und der preußischen Niederlausitz zu einer Verwaltungseinheit"[215], also die Aufhebung der seit 1815 durch den Wiener Kongress festgelegten Spaltung.

Skala nutzte den historischen Abriss, um – ganz im Sinne seiner Sicht der „sorbischen Frage" – einerseits zu zeigen, dass vom Staat klar, umfassend und exakt definierte Rechte für das gedeihliche Leben jeder Minderheiten notwendig sind. Andererseits begründete er aus der historischen Entwicklung heraus sowie auf der Grundlage der aktuellen Gegebenheiten, wie unersetzlich die eigene Aktivität des sorbischen Volkes ist. Soll – so argumentierte er – aus der Möglichkeit, mehr und bessere Rechte zu erlangen, „Wirklichkeit werden können, müssen alle nationalen Kräfte des lausitzserbischen Volkes eingesetzt werden, es muß um das Recht gekämpft und es müssen dafür Opfer gebracht werden, selbst dann, wenn sie die Kräfte eines nur noch 150.000 Seelen zählenden Volkes gegenüber einem 65 Millionenvolk überschreiten. Es ist deshalb erforderlich, sowohl von unserem eigenen lausitzserbischen Standpunkt aus, als auch im Hinblick auf die politischen Faktoren, denen wir unser Recht abringen müßen, die Problematik genau zu erkennen und sie klar und deutlich herauszustellen: wer aus Feigheit oder kleinmütiger Resignation um sein Volkstumsrecht nicht kämpfen will, begeht Volksverrat. Den Kampf um das Recht werden in der vordersten Front fast immer nur Einzelne führen; [...] Entscheiden aber wird den Kampf um das Recht die Seelenstärke der Massen. Sie müßen deshalb erkennen, wofür gekämpft und warum Recht gefordert wird."[216]

Drei minderheitspolitisch und -rechtlich zeitlos gültige Maximen wurden sichtbar: Erstens, weder vom Parlament noch von Bitten an die „Obrigkeit" sind Verbesserungen zu erwarten. Die (Deutschen) „da oben" haben bisher nicht und werden auch künftig nicht den (Sorben) „da unten" freiwillig mehr Rechte gewähren. Zweitens, es muss gegen die herrschende Politik der Mächtigen gekämpft werden, wenn es besser für ethnische Minderheiten werden soll. Wer aufgibt, verrät und spaltet. Drittens, die Intellektuellen müssen dazu beitragen, dass das Volk die eigenen Ziele und Interessen erfassen und sich damit identifizieren kann, denn nur die Volksmassen werden eine Veränderung zu ihren Gunsten erzwingen können.

Mit Sorge sah Skala, auch unter den Friesen vollzogen sich ähnlich gegensätzliche Entwicklungen im Hinblick auf ihre ethnische Selbstbestimmung. Mitglieder und Anhänger des Friesisch-Schleswigschen Vereins betrachteten sich weder als Dänen noch als Deutsche, sondern als eigenes Volk. Die Befürworter der Zugehörigkeit zum deutschen Volk schlossen sich im Nordfriesischen Verein für Heimatkunde und Heimatliebe zusammen. Er „lehnte ausdrücklich den Status einer nationalen Minderheit ab und betonte zwar die Bedeutung der friesischen Sprachpflege, aber ‚im Rahmen der deutschen Kultur'.“[217] Folgerichtig vollzog der Verein im September 1933, auf der „ersten Jahresversammlung nach der Machtübernahme der Nationalsozialisten“ die freiwillige Selbst-„Gleichschaltung“ und stellte sich „restlos und vorbehaltlos hinter die neue Regierung des Führers Adolf Hitler.“[218]. Der friesische Zwiespalt wurde zusätzlich angestachelt, indem die Nazis die Friesen mythologisierend und heroisierend als „nordische Rasse“ vereinnahmen wollten. Der Nazi-Volkskundler Walter Steller[219] „sah sie als einen der ‚reinstgeprägten germanischen Stämme und als einen lebendigen Kraftquell nordischer Haltung und nordischen Wollens'“.[220]

Skala sah sein vor Jahren getroffenes Urteil bestätigt, die im Interesse der Herrschenden liegende Spaltung der Minderheiten gelingt am besten, wenn ein „Stoßtrupp von Apostaten des eigenen Volkstums gebildet (wird), die von amtlicher Seite jede nur denkbare Unterstützung finden.“ Damals hatte er kraftvoll hinzugefügt: „Der Staat, der diese Leute unterstützt, erniedrigt sich zur Partei gegen einen Teil seiner Staatsbürger und muß sich deshalb gefallen lassen, daß er von uns allen mit größter Entschiedenheit in dieser unhaltbaren Stellung uns gegenüber bekämpft wird.“[221]

Für viele seiner Landsleute und Angehörige anderer Minderheiten in Deutschland galt die berechtigte Aufforderung zum entschiedenen Bekämpfen damals nur noch eingeschränkt. Hatte Skala in der Weimarer Republik im Kampf um die Menschenrechte ethnischer Minderheiten noch etwas versucht, was man mit heutigen Worten „Demokratisierung der Demokratie“ nennen könnte, so blieb ihm mit dem Machtantritt der Nazis „nur“ noch der Wille, die Zustände nicht zu akzeptieren und mit journalistisch-kreativem Ungehorsam dagegen anzuschreiben.

Mitte 1933 nutzte Skala die Beschwerde eines in Oberschlesien wohnenden deutschen Staatsangehörigen jüdischer Abstammung vor dem Völkerbund. Er konnte so öffentlichkeitswirksam darauf verweisen, dass „eine ganze Reihe von Gesetzen, die von der neuen Reichsführung im April 1933 erlassen wurden, ein innerpolitisches Problem geworden sind.“[222] Damit, so ließ er indirekt durchblicken, sei sichtbar, dass in Deutschland Minderheitenrechte verletzt werden. Denn, so Skala, der „Vertreter Irlands als Berichterstatter“ habe nach eingehender Prüfung der Beschwerde vor dem Völkerbund hervorgehoben, „daß zumindest einige dieser Gesetze und Bestimmungen […] den Bestimmungen der Genfer Konvention[223] entgegenstehen.“ Der deutsche Delegierte, Gesandter v. Keller, unternahm mehrere Versuche, mit formalen Mitteln die Behandlung der Beschwerde zu verhindern. Seine Auffassungen wurden jedoch „von keinem Ratsmitglied geteilt“. Stattdessen wurde ein Juristenkomitee, „das aus Professor M. Huber (Schweiz), Prof. Bourquin (Belgien) und Prof. Pedroso (Spanien) bestand“ mit der Erstellung eines Gutachtens beauftragt. Die Herren haben „sich einstimmig entgegen den deutschen Einwendungen auf den Standpunkt gestellt, daß die Legitimation des Beschwerdeführers ausreichend sei“ und auch „die Zuständigkeit des Völkerbundsrates nicht […] bestritten werden könne“. Ungeachtet weiterer Einwendungen v. Kellers „(wurde) mit Stimmenthaltung Deutschlands und Italiens der Bericht des irländischen Delegierten Lester sowie das juristische Gutachten angenommen.“[224]

Ausführlich nahm Skala für die Minderheiten- und Menschenrechte der jüdischen Minderheit in einer umfangreichen Analyse des Nationalitätenkongresses vom September 1933

Partei. Verdienstvoll daran ist vor allem, dass er die minderheitenpolitische Entwicklung des Kongresses in den letzten acht Jahren rekapitulierte und mit programmatisch unmissverständlicher Überschrift seinen Standpunkt kenntlich machte.

Wie stets, ließ er auch diesmal die Akteure selbst zu Wort kommen. Kongresspräsident Wilfan zitierte mit den Worten, „daß die Lage in einem großen Staate dadurch gekennzeichnet sei, daß ein Teil seiner Bevölkerung nach einem Umsturz aus dem Volkstumskörper ausgegliedert werde", die „Minderheiten Europas jedoch dem auf höchster Kulturstufe stehenden deutschen Volke Vertrauen entgegen (brächten)".[225] Als Gegensatz zu derart unverbindlichem Geschwafel, von Skala als „ideelle Blutarmut"[226] bezeichnet, führte er die Stellungnahme der „Vertreter der jüdischen Minderheiten aus Polen, Rumänien, Lettland (mit Mandat von Litauen), Tschechoslowakei und Bulgarien" an. In deren Auftrag erklärte Dr. Leo Motzkin, seit 1925 Vizepräsident des Europäischen Nationalitätenkongresses, die jüdischen Minderheiten werden am Kongress nur teilnehmen, wenn ihm eine Resolution vorgelegt werde, „in welcher die Entrechtung der Juden in Deutschland in klaren Worten als Verstoß gegen die Gesetze der Menschlichkeit und gegen die Minderheitenbewegung gekennzeichnet und verurteilt wird". Präzisierend fügte er hinzu: „Es ist aus dem Gesagten schon klar, daß diese Resolution nicht einen vagen Charakter tragen kann, sondern sowohl das Land, um das es sich handelt, als auch die Juden ausdrücklich nennen muß".[227] Die Vertreter der deutschen Minderheiten in europäischen Staaten aber, schon ganz im Fahrwasser der Nazis, bekräftigten vor dem Kongress: „Die Ausgliederung völkisch anders gearteter, und besonders andersrassiger Menschen aus einem Volkskörper – wie man sie in der letzten Zeit beobachten konnte – halten wir für grundsätzlich berechtigt."[228] Motzkin erklärte daraufhin, damit sei die Mitarbeit der jüdischen Minderheiten im Kongress „nicht nur in Frage gestellt, sondern eindeutig verneint." Er stellte noch einmal klar – und Skala zitierte es ausführlich -, dass das „Vorgehen der deutschen Regierung [...] eine Entrechtung der Juden vor dem Gesetz und der Verwaltung, ihre Hinausstoßung aus der Gleichberechtigung und ihre Diffamierung wegen ihrer Abstammung" darstelle und insofern „nicht nur eine Verkürzung oder Verweigerung der Minderheitenrechte, sondern eine Verweigerung der Menschenrechte für Menschen jüdischer Abstammung (bedeutet)." Wenn, so Motzkin weiter, Minderheiten-Vertreter des Kongresses keinen Widerspruch dagegen einlegen, ist „das ganze System des Minderheitenschutzes in Europa [...] unter dem Zugriff einer von keinen Rechtsgrundsätzen gehemmten Gewalt des Stärkeren bedroht."[229]

Klare Worte eines sachkundigen Politikers, mutige Tat eines sachkundigen Journalisten. Beide zeigten, wie die Nazi-Politik in Deutschland die internationalen Beziehungen nach und nach mit Unmenschlichkeit und Minderheitenfeindlichkeit infiziert und so jedwede friedliche, gerechte Regelung von Minderheitenproblemen und -rechten, darunter auch die von Skala immer wieder ins Gespräch gebrachte „sorbische Frage", verhindert. In diesem Zusammenhang kritisierte Skala zugleich das Konkordat zwischen Vatikan und Deutschem Reich vom 10.9.1933. Vor allem, weil Artikel 29 besagte, dass die „innerhalb des Deutschen Reiches wohnhaften katholischen Angehörigen einer nichtdeutschen völkischen Minderheit bezüglich der Berücksichtigung ihrer Muttersprache in Gottesdienst, Religionsunterricht und kirchlichem Vereinswesen nicht weniger günstig gestellt werden als (es) der rechtlichen und tatsächlichen Lage der Angehörigen deutscher Abstammung und Sprache innerhalb des Gebietes des entsprechenden fremden Staates entspricht". Diese Formulierung scheinbarer Gleichheit und Gerechtigkeit zeige vielmehr – so wertete Skala zu Recht –, „daß auch der Vatikan sich der Tendenz der national-sozialistischen Volkstumspolitik angeschlossen hat."[230]

Skala betonte in einem späteren Text, im Wissen um zahlreiche Unterschiede, die minderheitspolitischen Gemeinsamkeiten der Sorben und Juden in der Geschichte. Beide hatten unter rassistisch begründeter Unterdrückung des Staates, in dem sie lebten, zu leiden. Energisch forderte er, es sei mit der „falschen Vorstellung [...] der sogenannten ‚freiwilligen' Assimilation (grundsätzlich aufzuräumen). Eine freiwillige Assimilation hat es nie gegeben [...]; weder hat sich jemals ein einzelner Mensch vollständig freiwillig, noch hat sich eine ganze Volksgruppe jemals freiwillig an eine andere assimiliert. Auch die sogenannte jüdische Assimilation [...] ist von dieser Tatsache nicht ausgenommen."[231] Jede tatsächliche Assimilation ist vielmehr „überall das Ergebnis machtpolitisch gewollter, mit Veränderung oder genauer: Zerstörung der soziologischen Grundlagen des angegriffenen Volkes oder Volkstums verbundener Aktionen des militärisch, politisch, wirtschaftlich und kulturell stärkeren oder rücksichtsloseren Volkes gegen ein anderes."[232] Die deutsche Geschichtsschreibung über die Assimilierung slawischer Völker im mitteldeutschen und ostelbischen Raum infolge der Christianisierung kritisierend, hielt er fest, „daß vorher die volkstumsmäßig eigenständige Kulturgrundlage der slawischen Volksreligionen mit Gewalt zerstört wurde."[233] Gegen das landläufige Auffassen der Judenassimilation betonte Skala zum einen, „daß zunächst ein Zwang in religiöser Hinsicht ausgeübt wurde", denn „Zwang zur Taufe (bedeutete) gleichzeitig den ersten Schritt zur Assimilierung".[234] Zum anderen kennzeichnete er die Behandlung der Juden durch die Nazis „als ein bevölkerungspolitisches Problem", das von den Nazis „biologisch und charakterologisch bestimmt ist."[235] Bemüht um minderheitspolitische Balance räumte er zwar ein, „niemand anderes als das deutsche Volk (kann) die volkstumsmäßige Entscheidung über seine biologischen und charakterologischen Grundlagen treffen".[236] Vor allem aber geißelte er die Nazis und ihren minderheitspolitischen Vasallen, sie versuchten die „zwangsweise Ausscheidung fremden Volkstums aus einem anderen Volk, die sogenannte ‚Dissimilation' [...] mit negativen Methoden nach bevölkerungspolitischen und rassebiologischen Prinzipien zu lösen."[237]

Minderheitspolitisch und menschenrechtlich bedeutsam: **Noch** war die massenhafte physische Vernichtung andersethnischer, anders denkender, anders glaubender Menschen nicht Realität. Aber geistig vorbereitet war sie **schon**. Skala schätze im Sommer 1933 ein, dass die Nazi-Führung **noch** „sehr maskiert, aber trotzdem sehr raffiniert gegen uns vorgeht". Zugleich sah er **schon** vorher, die Nazis werden „im gegebenen Moment auch nicht im geringsten davor zurückschrecken, vor allem gegen die intellektuellen Führer mit dem schärfsten Terror vorzugehen."[238] Als politischer Journalist und antifaschistisch-sozialistischer Sorbe hatte er gewiss **noch** die Freude der Nazis nach dem Ermächtigungsgesetz 1933 im Hinterkopf, als der „Völkische Beobachter" siegestrunken **schon** die Zukunft beschrieb: „Das parlamentarische System kapituliert vor dem neuen Deutschland. Während vier Jahren wird Hitler alles tun können, was er für nötig befindet: negativ die Ausrottung aller verderblichen Kräfte des Marxismus, positiv die Errichtung einer neuen Volksgemeinschaft."[239]

Den **schon** vorhandenen und **noch** zu erwartenden zerstörerischen Gefährdungen für das sorbische Volkstum wollte sich Skala auch unter den neuen Bedingungen entgegenstellen. Eine zeitlang versuchte er, die Minderheitenrechte seines Volkes im Nazi-Deutschland unter Bezugnahme auf Nazi-Vokabular zu artikulieren. Das war einerseits pragmatisch-realistisch, vor allem aber eine gefährliche Balance auf schmalem Grat.

So schrieb er z.B., „im politischen Wirkungsraum des deutschen Nationalsozialismus, der Schöpfer und Träger der neuen Rechtsbildung ist" und in der „der Anspruch einer Neubildung des Rechts total und uneingeschränkt (ist)," gehe es auch darum „Rechtsbegriffe und deren Inhalt neu zu gestalten." Besonders wichtig war ihm dabei der Begriff „Volk". In „monarchistisch-absolutistischer Zeit" war es „Objekt der [...] staatsbildenden Gesellschaftsschicht", die „liberalistische Zwischenlösung" sah im Volk ein „Instrument des Staates". Der nun aber „auf der Grundlage des Volkstums sich bildende Staat [...] wird zur Körperschaft rechtlicher Funktionen. Daß sich dabei Staat und Volkstum decken, ist keineswegs erforderlich, sobald allgemein anerkannt wird, daß im gleichen Staatsraum mehrere Volkstumsgruppen das gemeinsame Organ ‚Staat' bilden können, aber auch den volkstumsmäßigen Funktionen der natürliche Lebens- und Geltungsraum gesichert wird."[240] Da nun – so argumentierte er „balancierend" weiter – „die nationalsozialistische Ideologie das Volkstum über den Staat stellt, muß die Abgrenzung zwischen den Ansprüchen des Staates, der nur die Organisationsform darstellt, und den Bedürfnissen des Volkstums, das den Inhalt dieser Organisationsform bildet, so erfolgen, daß das staatseigene Volkstum und staatsfremdes Volkstum gleichberechtigt in der gemeinsamen rechtsfunktionellen Körperschaft den seiner Individualität entsprechenden Ausdruck findet." Nach einer solch „abgrenzenden Analyse der Rechte und Pflichten sowie der Ansprüche und Forderungen, (wird) wieder eine Synthese ermöglicht, die Gegensätze ausschließt und das gemeinsame Rechtsleben gewährleistet." Möglich sei das, „wenn das Herrschaftsprinzip ausgeschlossen und an seine Stelle das Recht als sittliches Prinzip gestellt und nach sozialethischen Grundsätzen angewandt wird." Dazu zähle „das sogenannte ‚Minderheitenrecht', das keineswegs ein politisches Nationalitätenrecht sein kann, sondern folgerichtig nationalkulturelles Volkstumsrecht sein muß."[241] Seinen Balanceakt fortsetzend, unterschied er nun volkstumsmäßiges „nationalsozialistisches Ideengut" und die entsprechende Rechtssetzung vom „politischen Anspruch des Staates". Bei ersterem ist eine Sonderstellung der volkstumsmäßig vom deutschen Volkstum unterschiedenen Staatsbürger des Deutschen Reiches erforderlich", der politische Anspruch „ist von den nichtdeutschen Volkstumsgruppen [...] anzuerkennen, als staatsbürgerliche Erfüllungspflicht zu betrachten und in praktische staatsbürgerliche Tätigkeit umzusetzen."

Keineswegs verriet er damit frühere Auffassungen von den Rechten ethnischer Minderheiten in dem Staat, in dem sie leben. Es ist eher ein Festhalten daran in „neuer" Diktion und der Wille, slawische Kultur zu erhalten.

Dass es ihm weiterhin ernst damit war, belegte Skalas Bewertung anderer juristischer Regelungen des Jahres 1934. So ordnete er z.B. „das Gesetz über den Reichsnährzustand[242]" klar unter die politischen Ansprüche des Staates an alle seine Bürger ein. Anders war das seines Erachtens „bei der Arbeitsfront, die ausgesprochen nationalsozialistisches [...] Ideengut repräsentiert", beim „Erbhofrecht[243], das gleichfalls der volkstumsmäßigen Erhaltung, Förderung und Stärkung einer nach nationalsozialistischem Gedankengut wichtigen deutschen Gesellschaftsschicht zu dienen hat." Er forderte, das „nichtdeutsche Volkstum" müsse von den „Verpflichtungen der Gesetze ausgenommen, gleichzeitig aber auch rechtlich durch ein Sondergesetz gegen die Rechtsfolgen der Nichterfassung geschützt sein." Gleiches galt ihm für das „Schriftleitergesetz".[244] Auch dort sei eine entsprechende Sonderbestimmung für Presse und Schriftleiter […] dieser Volkstumsgruppen notwendig", denn „die Presse ist nicht Einrichtung und Aufgabengebiet des Staates, sondern hat, wie auch im Schriftleitergesetz selbst steht, den Interessen des gesamten deutschen Volkes zu dienen". Der „Schriftleiter z.B. einer polnischen Zeitung oder Zeitschrift kann" – so Skalas Argument – „sie nicht im deutschen Geist und für die Interessen des deutschen Volkstums redigieren" was auch für „eine lausitzserbische oder dänische oder andere Zeitung" gelte. Das sei sofort klar, wenn man bedenkt, „daß die deutsche Presse z.B. in Rumänien nicht die geistigen und volkstumsmässigen Interessen des rumänischen Volkstums wahrnehmen kann und deshalb auch ein deutscher Schriftleiter nicht einem rumänischen ‚Reichsverband der rumänischen Presse' angehören könne, der durch Gesetz zum Aufsichtsorgan […] bestellt" sei.

Obwohl Skala im Hinblick auf die Feindschaft der Nazis ihm gegenüber nicht naiv war, forderte er mutig, das neue Recht „(bedarf) Korrekturen, Ergänzungen und Weiterbildung, wenn es nicht lediglich einseitigen Nutzen für eine Volkstumsgruppe, nämlich die politisch praedominierende, haben soll oder wenn es nicht lediglich ein papiernes Recht bleiben soll."[245] Der Minderheitenverband in Deutschland habe beim Schriftleitergesetz „von allem Anfang an auf die Unmöglichkeit der Erfassung ihrer Presse und deren Redakteure durch dieses Gesetz hingewiesen worden."[246] Einem so begründeten Widerspruch einer polnischen Zeitung vom 20.2.1934 entgegnete ein vom Propagandaminister Goebbels Beauftragter: „Dem Schriftleitergesetz unterliegen sämtliche im Reichsgebiet erscheinenden Zeitungen und politischen Zeitschriften […] Alle bei diesen Unternehmen tätigen Schriftleiter müßen daher in die Berufsliste eingetragen sein", sonst machen sie sich „gemäss § 36 des Schriftleitergesetzes strafbar."[247] Rechtstheoretisch korrekt, die politischen Gleichschaltungsziele der Nazis außer Acht lassend, polemisierte Skala: „Das Reichsministerium für Volksaufklärung und Propaganda ist auf eine materielle Prüfung der Einwände […] nicht eingegangen." Sie beziehen sich „auf die §§ 4 und 12 des Schriftleitergesetzes." Der eine „spricht von der Mitwirkung an der Gestaltung des g e i s t i g e n Inhalts d e u t s c h e r Zeitungen" und der andere regelt die Befugnis von Journalisten bei d e u t s c h e n Zeitungen oder d e u t s c h e n Unternehmen […]. Insofern „(enthält) das Schriftleitergesetz eine Lücke, die durch sondergesetzliche, die v o l k s t u m s m ä s s i g n i c h t d e u t s c h e P r e s s e betreffende Regelung ausgefüllt werden muss."[248]

Man kann heute darüber streiten, ob sich hier politische Illusion und minderheitsrechtliche Sachbezogenheit vermischen. Aber: Damals waren das durchaus nachvollziehbare Forderungen der Minderheiten in Deutschland. Denn auf der ersten Tagung des mit dem Schriftleitergesetz gegründeten Reichsverbandes der deutschen Presse am 20.3.1934 sagte dessen Führer, die „innere Verbundenheit mit dem Gedankengut des Nationalsozialismus muß für die deutsche Presse als eine natürliche Grundlage betrachtet werden, weil auf ihr das deutsche Volkstum sich zu fundamentieren bestimmt ist." Weiterhin betonte er, „Erziehung […] und

Charakterschulung des deutschen Schriftleiters" sei notwendig, „um sie als leistungsfähiges Instrument des deutschen Kulturlebens für den Wiederaufbau des Reiches einzusetzen."[249] Das alles – so Skala – gelte nicht „für die Schriftleiter der Presse nichtdeutscher Volksgruppen". Deswegen müsse „auf gesetzlichem Wege ein besonderer Reichsverband der nichtdeutschen Volkstumspresse, mit eigner Führung und Gerichtsbarkeit geschaffen werden. Es liegt im Interesse des Reichsverbandes der deutschen Presse, daß die staatspolitischen Verpflichtungen und die volkstumspolitischen Aufgaben scharf voneinander getrennt und beachtet werden."[250] Zur Begründung zitierte Skala zustimmend den Artikel „Aufgaben der deutschen Presse in Polen" in der „Kattowitzer Zeitung" vom 16.2.1934. Darin hieß es u.a.: „Unter deutscher Presse können natürlich nur solche Zeitungen verstanden werden, die nicht nur in deutscher Sprache erscheinen, sondern auch vom deutschen Geist erfüllt sind und deutsches Volks- und Kulturleben repräsentieren."[251] Skala hob kommentierend diesen Satz hervor, „obwohl er eine Selbstverständlichkeit ausspricht", denn eine „nationale Minderheit" muss „eine Presse besitzen, die nicht nur sprachlich, sondern auch geistig auf dem eigenen Volkstum aufbaut. Neben ihrer Funktion als „Nachrichtenvermittlerin und Spiegel der Ereignisse" ist die Presse auch „geistiger Steuermann einer Gesinnungs- und Volksgemeinschaft." Leider jedoch „(gibt) es tatsächlich Volkstumsgruppen (Minderheiten), denen die eigene Volkstumspresse entweder sprachlich enteignet, geistig und volkstumskulturell überfremdet oder gar gänzlich verboten wurde."[252]

Im gleichen Stil, etwas weniger scharf, nimmt Skala die Information auf, „der preußische Kultusminister (hat) beschlossen, zu Ostern 1934 fünf neue Hochschulen für Lehrerbildung zu errichten." Weil „immer noch offen", muss „erneut auf die Notwendigkeit einer sachlichen Regelung der Lehrerausbildungsfrage für die nationalen Minderheiten im Deutschen Reich hingewiesen werden [...] Selbstverständlich kann nicht gefordert werden, [...] daß für jede einzelne eine Hochschule errichtet werde." Aber „sprachlich und nationalpädagogisch selbständige Abteilungen an einer oder zwei der bestehenden Hochschulen" sollten schon errichtet werden. Nachdem die bisher parteipolitisch geregelte „preußische Schulpolitik [...] in 14 Nachkriegsjahren die Frage der Lehrerausbildung für die nationalen Minderheiten nicht gelöst, sondern diesen elementaren Anspruch hartnäckig abgelehnt (hat)", öffne sich jetzt „die Möglichkeit einer sachlich einwandfreien Regelung". Das Fehlen von Lehrern aus dem nichtdeutschen Volkstum bewirke „eine beschleunigte Germanisation". Das aber stehe zu „den Worten des Reichsführers Adolf Hitler, es solle keine Germanisation erfolgen [...] in schärfstem Widerspruch." Die bisherige „Vernachlässigung der volkstumsmäßigen Lehrerausbildung [...] ist eine zu alte und zu schmerzliche Erfahrung [...], als daß sie von den nationalsozialistischen Volkstumspolitikern übersehen und unbeachtet gelassen werden kann."[253] Zuvor hatte Skala, mit Bezug auf die vom Reichsinnenminister festgelegten verbindlichen Richtlinien für das Unterrichtswesen kritisch gefragt, ob sie sich „auch auf die Schulen erstrecken, die von Angehörigen (Kindern) der nationalen Minderheiten besucht werden", denn „einzelne Bestimmungen [...] machen eine für die nationalen Minderheiten geltende Präzisierung wünschenswert." Dazu zählt er insbesondere Festlegungen, wonach die „oberste Aufgabe der Schule die Erziehung der Jugend zum Dienst an Volkstum und Staat im nationalsozialistischen Geist (ist)". Skala bekräftigte: „Hinsichtlich der Erziehung" der „Kinder nichtdeutschen Volkstums aber deutscher Staatsangehörigkeit [...] ist es eine der neuzeitlichen Aufgaben nationalsozialistischer Minderheitenpolitik, etwaige Konflikte zwischen Erziehung zum Dienst am Volkstum und Dienst am Staat durch eine klare Abgrenzung der Interessen auszuschalten."[254] Gegen damit verknüpfte, schon länger existierende Behauptungen vor allem der Leipziger Gesellschaft für Kulturbodenforschung, wies Skala an gleicher Stelle darauf hin, dass die sorbische Sprache „keine ‚Mundart der Lausitzer Wenden', sondern eine [...] vollkommen durchgebildete selbständige westslawische Sprache ist, die sich in zwei Zweige gliedert: das Obersorbische und das Niedersorbische." Eine der Ursachen für sachunkundige, falsche Ansichten liege darin, dass sich reichsdeutsche Universitäten darauf beschränken, „Materialien für den Nachweis des Aussterbens oder Germanisierens lausitzerbsichen Sprachguts oder des ‚freiwilligen Aufgehens in der deutschen Kulturgemeinschaft' zu beschaffen".[255] Natürlich repräsentiere die Sprache – das räumte Skala ein – „nicht alle Seiten des Volkstums", dass sie aber dafür dominierend ist, zeige sich „am deutlichsten darin, daß alle sprachlich bedrohten Volkstumsgruppen sich am entschiedensten gegen die Enteignung der Sprache wehren und dass der Verlust der Muttersprache mit dem Verlust der nationalen Eigenart und kulturellen Selbständigkeit gleichgesetzt wird."[256]

Skalas Anstrengungen, seine minderheitspolitischen Ziele und Anschauungen im III. Reich nicht einfach über Bord zu werfen, nahm die Zeitschrift „Nation und Staat", im November- und Dezemberheft 1933 zum Anlass, ein gegen Skala gerichtetes „gewöhnliches Denunziationsmanöver" zu inszenieren. Schlicht und einfach wurde behauptet, Skala hätte sich „der neuen Richtung im Deutschen Reich ‚angepaßt'". Dies geschah – in Skalas Berufsleben nicht zum ersten Mal – aus der Tarnung der Anonymität heraus. Der oder die Verleumder scheuten eine offene, evtl. sogar juristische Auseinandersetzung. Ihre Lügen beweisen slawophob-hassvolle Unsicherheit der Gegner und Feinde Skalas ebenso wie deren chauvinistisch-ideologische Verblendung. Skala wehrt sich, indem er zunächst den Anonymus charakterisiert, wie es „im deutschen Sprichwort vom Denunzianten treffend geschieht". Dann aber betont er sachlich, er habe zur „nationalsozialistischen Revolution die Ansichten und Auffassungen niedergelegt, die meiner Überzeugung als deutscher Staatsbürger nicht-deutscher Volkstumszugehörigkeit Ausdruck gaben". Sie waren „weder von irgendwelchen egoistischen Motiven der ‚Anpassung' oder von taktischen Erwägungen politisch-spekulativer Art geleitet", sondern „entsprechend meiner Auffassung des Begriffs ‚staatsbürgerliche Loyalität' „ formuliert. „Es hat im Deutschen Reich" so schrieb Skala hier noch ruhig, selbstbewusst und sich sicher wähnend, „keinen verantwortlichen Nationalsozialisten gegeben, der an meinem Bekenntnis zum Sozialismus, an meiner pazifistischen Weltanschauung und an meiner minderheitspolitischen Betätigung Anstoß genommen hätte". Gesperrt druckte er dann die Sätze: „Ich bin Lausitzer Serbe. Meine Lebensarbeit und ihr publizistischer Ausdruck ist von jeher der Verteidigung des lausitzerbsichen Volkstums gewidmet gewesen." Die immer wiederkehrenden Verleumdungen „(verraten) eine von jenen Gesinnungen, die ehrloser sind, als strafbare Handlungen."[257]

Skala blieb, das ist unüberlesbar, seinen Überzeugungen und Grundpositionen des Verbandes der Minderheiten in Deutschland treu. Unübersehbar ist zugleich eine verbale Anpassung. Sie kann man tolerieren, weil sie Skalas Versuch ist, minderheitspolitisch und -rechtlich Bedeutsames zu bewahren und in sein „Hier und Heute" zu transformieren. Vorhalten kann man Skala und den Seinen, die Möglichkeiten des Rechts in einem Terror- und Unterdrückungsstaat überschätzt zu haben. Andererseits fühlte sich Skala aktuell bestärkt, auch 1934 noch Rechte der Minderheiten, darunter seiner sorbischen Landsleute durchzusetzen. Anlass dafür war u.a.ein Streit um das Recht von Eltern, den Vornamen ihres Kindes festzulegen. Im konkreten Fall hatte ein Bürger polnischen Volkstums gegen die Verweigerung dieses Rechts geklagt. Skala veröffentlichte vollständig das entsprechende Urteil. Das Gericht betonte, die Ablehnung des fremdsprachigen Vornamens gegenüber einem Angehörigen des polnischen Volkstums „entspricht nicht mehr der heute anerkannten Bedeutung des Volkstums. Gerade der neue deutsche Staat lehnt es ab, auch Inländer, die sich zu einem fremden Volkstum bekennen, mit Gewalt zum deutschen Volkstum hinüber zu führen. Er will niemanden in seinem Volkstum kränken". Skala kommentierte: „Die Entscheidung des Landgerichts in Elbing ist von prinzipieller Bedeutung [...] Zwar ist die obige Entscheidung nur in einem Einzelfalle erfolgt; die dem Beschluß beigegebene Begründung geht jedoch weit über den Einzelfall hinaus und legt den anzuwendenden Grundsatz entscheidend fest."[258]

Impulse für seine Haltung, auch im Nazi-Deutschland mehr Rechte für ethnische Minderheiten zu fordern, entnahm Skala nicht zuletzt Artikeln, die im „Völkischen Beobachter", dem publizistische Parteiorgan der NSDAP-Führung, erschienen. So las er z.B. in der Zeitung vom 8.6.1934 unter der Überschrift „Völkische Minderheiten im nationalen Autoritätsstaat", dass „die Achtung auch fremden Volkstums als Folgeerscheinung der Selbstachtung der Deutschen" zu verstehen sei, „wie es vor allem die wiederholten Aeußerungen des Führers bezeugen." Der Staat müsse „selbstverständlich fordern, daß die Minderheit sich ihm loyal einordnet und keine irredentistische Politik treibt." Zugleich jedoch „(muss) der Staat selbst die Voraussetzung dafür schaffen, daß seine Autorität möglichst auch innerlich von der Minderheit anerkannt wird. Er muß auch von ihrem Vertrauen mitgetragen sein. Vergewaltigt er sie sprachlich und kulturell, so wütet er gegen sich selbst", das sei „nicht nur unmoralisch, sondern auch dumm". Das waren Positionen, die denen Skalas nahe waren, was auch für den Schluss dieses Artikels im „Völkischen Beobachter" gilt. „Der Jammer völkisch vergewaltigter Minderheiten ist einer der schlimmsten Unruheherde der Staatspolitik. Geachtetes Volkstum kann Brücke sein von Volk zu Volk, geächtetes nie".[259]

Sowohl das angeführte Gerichtsurteil als auch der zitierte Artikel veranschaulichen Ambivalenzen in der Frühphase der Naziherrschaft. Für den streitbaren Minderheitenpolitiker Skala waren sie offensichtlich Anlass genug, trotz aller Besorgnisse die darin liegende Chance mutig zu nutzen. So nutzte er z.B Mitte 1934 eine der in unregelmäßigen Abständen immer wieder von ihm zusammengestellten Presseschauen zu einer Generalkritik an der bisherigen deutschen Minderheitenpolitik und einigen ihrer führenden Persönlichkeiten. Er stützte sich dabei auf NS-Materialien und -Standpunkte und wiederholte bekräftigend seine minderheitspolitischen Grundsätze, besonders hinsichtlich der „sorbischen Frage". Von Rudolf Hess, dem Vertreter des Reichsführers der NSDAP, das hebt Skala dabei hervor, sei z.B. „ausdrücklich festgelegt worden, daß dem VDA nur die volkstumsmäßige, kulturelle Betreuung der Auslandsdeutschen obliegt und daß er sich jeder politischen Betätigung zu enthalten habe." Das ist für Skala „ein entscheidender Schritt zur Entpolitisierung der Minderheitenfrage".[260] Dass es wohl eher ein Schritt auf dem Wege der Gleichschaltung des politischen und kultu-

rellen Lebens war, um die noch relativ ungefestigte Nazi-Herrschaft zu zementieren, lag außerhalb seines Blickwinkels. Möglicherweise hat ihn auch die Tatsache geblendet, dass sich
manche territoriale NS-Zeitung Erscheinungsformen deutscher Minderheitenpolitik und das
Verhalten ihrer führenden Persönlichkeiten ablehnte, die auch Skala kritisierte. Etwa wenn
manches, was die „deutsche Minderheit [...] in Oberschlesien" trieb als „grober Unfug" bewertet und angeprangert und (selbst-)kritisch angemerkt wurde, „man (war) nur zu lange im
Reich geneigt, alles, was jenseits der Grenze seine Arbeit und seine Pflicht tat, mit dem Lor-
beer des Helden- und Märtyrertums zu bekränzen." Skala nahm das als „eine für alle Minderheiten allgemeingültige Lehre" und zugleich als Bestätigung seiner Auffassung zur Kenntnis,
wonach „jede parteipolitische Organisierung einer Volkstumsgruppe sie in der Wahrnehmung aller volkstumskulturellen Bedürfnisse und Ansprüche schwächen muß."[261] Ganz in
diesem Sinne wies er die Behauptung zurück, bei den Sorben handele es sich „um einen slavischen Volkssplitter, der den Serben, Kroaten und Slovenen von jeher fernsteht und überdies
seit Jahrhunderten an das Deutschtum assimiliert ist". Skala hielt voll dagegen: „Die Lausitzer Serben gehören genauso zur großen slavischen Kulturgemeinschaft, wie z.B. die ‚Banater
Schwaben' oder die ‚Siebenbürger Sachsen' zur deutschen Kulturgemeinschaft, obwohl sie
weder ‚Schwaben' noch ‚Sachsen' sind." Dass die Sorben angeblich den Serben, Kroaten und
Slovenen fern stehen, zeige nur: „Es gibt wenig Leute im Deutschen Reich, die etwas von den
kulturellen Beziehungen zwischen den Südslaven und den Lausitzer Serben wissen". Die Fakten hingegen belegen, „daß diese Beziehungen rein geistiger Art sind und waren, seit einem
Jahrhundert bestehen und bis in die Gegenwart gepflegt worden sind, ohne politische oder
andere Aspirationen als rein geistiger, kultureller Art. [...] Und bezüglich der Slovenen sei
nur darauf hingewiesen, dass die Beziehungen sogar bis in die Zeit des slovenischen Reforma-
tors Trubar[262] [...] zurückreichen." Zur behaupteten Assimilation der Sorben an das
Deutschtum meinte Skala, „zunächst überrascht diese Feststellung deshalb, weil deutscherseits die Assimilierung fremden Volkstums an das deutsche Volkstum abgelehnt wird", weil
zugleich „die Assimilierung deutschen Volkstums an ein anderes als Volkstumsverrat bezeichnet wird" und weil schließlich „auch bestritten (wird), daß eine Assimilation überhaupt erfolgt ist", denn man behaupte ja gelegentlich, „daß man deutscherseits das Volkstum der Lausitzer Serben gepflegt habe und noch heute pflege, und daß es eigentlich nur deutscher Arbeit
zu verdanken ist, wenn es überhaupt noch vorhanden ist."

Diese Widersprüche und auch den darin vorhandenen Widersinn löste Skala auf, indem er
die Fakten anführt. „Germanisierungstendenzen und germanisierende ‚assimilierende' Aktionen" gegen die Sorben gibt es seit der „Niederlage in der Schlacht bei Lenzen im Jahre 930 n.
Chr." Die politische und soziale Lage des sorbischen Volkes wurde seitdem verschlechtert, ihre Zahl dezimiert. Das alles „aber (hat) die geistigen Grundlagen" sorbischen Volkstum
„nicht zu zerstören vermocht" und „in den nationalkulturellen Leistungen des Jahres
1847/48 und des ganzen nachfolgenden Jahrhunderts" war das sorbische Volk „zu einer Renaissance fähig", die „bis auf den heutigen Tag" anhält."[263]

Solch öffentliche Bekundung lässt schon geschilderte und noch zu nennende „Balance-Akte" nicht als dumpfe Anpassung erscheinen. Gleich gar, wenn man um die vor allem in privaten Briefen geäußerten Wertungen der „Hitlerei" durch Skala weiß. Zu bedenken wäre weiter-

hin, dass 1933/34 die faschistischen Verhältnisse noch nicht so stabil waren, als dass das Bemühen um Änderungen völlig unsinnig gewesen wäre. Nachvollziehbar werden die „Balance-Akte" darüber hinaus, wenn man bedenkt, dass die Geschehnisse der Jahre 1933/34 und viele lokale widerspruchsvolle Erfahrungen mit der neuen politischen Wirklichkeit zu zahlreichen internen Diskussionen unter Sorben, ihren führenden Persönlichkeiten und in den Institutionen führten. Sie waren unvermeidlich, um die Umstände, die in ihnen enthaltenen Möglichkeiten und Grenzen detailliert auszuloten und so im Interesse des sorbischen Volkes richtig über seinen künftigen Weg zu entscheiden. Gar nicht hilfreich, aber auch bezeichnend für die Unklarheit in den Reihen der sorbischen Intelligenz waren dabei z.B. Äußerungen, wie die von Ota Wićaz, Gymnasialprofessor und Literaturwissenschaftler, lange Zeit einer der Partner Skalas. Er schrieb mit Bezug auf die Novemberrevolution und die danach stärker werdenden Bemühungen um mehr Rechte für die Sorben: Die „unglückliche so genannte sorbische Bewegung würde niemals in keinem sorbischen Herzen Widerhall gefunden haben, wenn damals nicht der jüdische Marxismus in Sachsen gewonnen hätte und unserem frommen Bauernvolk damals nicht alles Vertrauen in den deutschen Staat genommen worden wäre."[264]

Skala hingegen hielt es für notwendig, entgegen solchen und ähnlichen Meinungen, alle Lauheit abzulegen, mit mehr Herz und Energie um die Rechte der ethnischen Minderheiten zu kämpfen und dabei minderheits- und menschenrechtsfeindliche Maßnahmen des deutschen Staat nationalbewusst und kritisch zu bewerten. Das erwies sich damals[265] als sehr schwierig. Es kann daher nicht verwundern, dass die Domowina bis Ende 1934 brauchte, um über das „Wie weiter?" zu entscheiden.[266] Erst am 28.11.1934 behandelte eine Hauptversammlung der Domowina die Situation, wie im Nazi-System sorbische Kultur und Sprache, letztlich das sorbische Volk bewahrt, erhalten werden können. Zentrale Bedeutung für das Streben nach Selbstbehauptung hatte das Selbstverständnis. Die Fragen „Wer sind wir?" und „Was wollen wir?" waren grundsätzlicher Natur für die Erhaltung der Gemeinschaft, die sich da als „Wir" definierte. Es war deshalb keine bürokratisch-formale, sondern eine eminent lebenspraktische Sache, dass sich die Domowina der Erarbeitung einer neuen Satzung zuwandte. Der Entwurf (§ 1) definierte sie als „einzige ‚Volkstumsvereinigung der Sorben der Ober- und Niederlausitz'". Sie nahm in § 2 das Recht in Anspruch, „alle Lebensfragen des sorbischen Volkes der Ober- und Niederlausitz' zu vertreten" und formulierte in § 3 „die Erhaltung und Förderung des sorbischen Volkstums', sowie die Wahrnehmung und Verteidigung der „Rechte der Lausitzer Sorben auf allen Gebieten des öffentlichen Lebens', als Hauptaufgabe des Bundes. Der Satzungsentwurf „richtete sich eindeutig gegen die Politik der Integrierung der Sorben in das faschistische System und gegen die gewaltsame Germanisierungspolitik der Nazipartei."[267]

In klarer Sprache sagte hier die Domowina-Hauptversammlung, dass sie nicht gewillt ist, dem totalitären Anspruch der Nazis zu weichen, dass sie nicht bereit ist, eine vermeintliche Höherwertigkeit der „arischen Rasse" anzuerkennen, dass sie nicht akzeptiert, wenn der nationalen Minderheit weiterhin Rechte verwehrt werden. Der Satzungsentwurf war eine klare Kampfansage an die NSDAP. Im Januarheft 1935 der „Naša Domowina", einer von Nedo inspirierten Zeitschrift, wurde der Entwurf veröffentlicht.[268] Die Gleichschaltungspolitik der Nazis traf so auf energischen Widerstand der Domowina-Führung. Sie hatte damit deutlichen Erfolg, weniger in praktisch sichtbaren Resultaten, unverkennbar aber im Einfluss auf Meinungsbildung und Stimmung im sorbischen Volk. Ende 1934 schätzte die Wendenabteilung ein, in der Domowina sind nicht nur ein paar Funktionäre aktiv, sondern sie werde von großen Teilen der sorbischen Bevölkerung unterstützt.[269] Langsam, nicht widerspruchsfrei, aber augenfällig wurde die Domowina antifaschistisch und gewann neue Mitglieder. Zugleich verlor sie dabei sowohl Illusionen als auch Mitglieder. Nedo schrieb Ende 1935 an Wićaz, bei den Domowina-Versammlungen treffe er „lächerlich wenig Gebildete, aber das Volk, hundert, 150, 200 einfacher Menschen [...]" Sie seien „begeisterte Patrioten [...] im praktischen nationalen Leben."[270]

Ohne den Anteil anderer, etwa Dr. Cyžs oder Nowak-Njechornśkis zu schmälern, kann man feststellen, Skala hat einen großen Anteil am Text der Satzung und insofern ist er mitverantwortlich für den Aufschwung der nationalen sorbischen Bewegung als sie sich klarer gegen den Faschismus zu äußern begann. Skalas Verdienst, „die minderheitlichenfeindliche Position des deutschen Staates", besonders „die Kontinutät dieser Politik vom Kaiserreich über die Weimarer Republik zum NS-Staat (bloßzulegen)"[271] wirkten positiv auf die sorbische Selbstbestimmung aus. „Auf der Ebene der Minderheitenpolitik, im Hinblick auf die Stellung der Sorben innerhalb des Deutschen Reiches war der Journalist Jan Skala unumstritten der führende Kopf in der sorbischen Bewegung."[272] Gleichwohl konnte er sich mit seiner Konzeption zur Regelung der „sorbischen Frage" nicht vollständig in der Domowina-Führung durchsetzen[273]. Den Aktivisten der Reorganisation der Domowina um Skala, Nowak-Njechorński, Dr. Cyž und Nedo ging es sowohl um eine effektivere Organisation und Struktur der Domowina, als auch um die Durchführung von Ausflügen, Festen und Umzügen, um die Gewinnung neuer Mitglieder, insbesondere unter der Jugend und den Studenten. Ein intensives Vereinsleben sollte nationales Selbstbewußtsein stärken, das „nationale Gedächtnis" beleben, sorbische Kultur als der deutschen gleichwertig erleben lassen.

In ihrer allgemeinen rechtlichen Unsicherheit kam den Sorben eine Initiative von außen sehr gelegen. Am 10.4.1934 stellte die Republik Polen an den Völkerbund einen „Antrag auf Verallgemeinerung des Minderheitenschutzes". Der Völkerbund solle in den nächsten sechs Monaten eine Konferenz einberufen „die den Auftrag erhält, ein allgemeines Abkommen über den internationalen Schutz der Minderheiten auszuarbeiten." Die Begründung enthielt Standpunkte, wie sie der Verband nationaler Minderheiten in Deutschland 1929 dargelegt hatte und Skala sie als Chefredakteur und in seinen Artikeln propagierte. So z.B. die Tatsache, dass vorhandene Schutzverträge nur einige Staaten binden, während andere „von jeder juristischen Verpflichtung befreit bleiben" und „ein derartiger Unterschied zwischen geschützten und nicht geschützten Minderheiten im Widerspruch mit dem Gefühl der Gleichheit und Gerechtigkeit ist."[274]

Skala veröffentlichte zur Unterstützung des Antrags „Eingaben der polnischen Volkstumsgruppe im Deutschen Reich und amtliche Entscheidungen". Die Begründung: Weil die „nationalsozialistische Revolution des deutschen Volkes auch in [...] der sogenannten ,Minderheitenfrage' einen scharfen Einschnitt gemacht hat", vieles „noch im Anfangsstadium" sei, werden „die einzelnen Fragen und Teilprobleme von den einzelnen Behörden noch sehr unterschiedlich betrachtet und behandelt". Die politische Führung des Landes sei noch nicht

„an eine generelle und grundsätzliche reichsgesetzliche Regelung [...] herangetreten." Den „Rechtssuchenden der polnischen Minderheit" solle einerseits gezeigt werden, mit kluger Mäßigung ihrer Ansprüche sollten sie „der Tatsache Rechnung zollen, daß hinsichtlich des zu bildenden Volksgruppenrechts sich noch alles in Fluß befindet". Andererseits sollen sie keine Angst haben, „volkstumsmäßige Rechtsansprüche durch ihre Organisation anzumelden und durch sie vertreten zu lassen. Den Behörden [...] aber soll die Publikation die schwachen und unhaltbaren Stellen in der Behandlung der Volkstumsfragen sichtbar machen, deren Ausschaltung oder Verbesserung im staatspolitischen Interesse des Deutschen Reichs liegt." Es sei zwar ein Nachteil, dass es sich nur um „Angelegenheiten der polnischen Volkstumsgruppe" handelt, aber „die Probleme und Rechtsforderungen" der anderen ethnischen Minderheiten „(liegen) ungefähr auf der gleichen Ebene." Abschließend bekräftigte Skala, auf die Minderheitenkongresse anspielend, die Publikation bringe „keine anklageschriftlichen ‚Lageberichte‘", sondern wolle helfen, durch die „kommentarlose Nebeneinanderstellung von Intervention und amtlicher Entscheidung" eine „klare Übersicht"[275] zu schaffen.

Im Novemberheft der Zeitschrift „Völkerbund und Völkerrecht" (Herausgeber Freiherr von Freytagh-Loringhoven[276]) setzte sich Frau Dr. Bakker van Bosse[277] mit dem Antrag der polnischen Regierung auseinander. Die „Kulturwehr" hielt fest: „Es geschieht das in der polemisierenden Art, die an der Oberfläche politisierender Phrasen herumplätschert, und damit einer objektiv – und meinetwegen auch politisch – vertieften Behandlung des ‚Schutzproblems‘ ausbiegt".[278] Dass der polnische Antrag „in der europäischen Oeffentlichkeit zweifelsohne gründlich mißverstanden worden" ist, überraschte den Autor[279] nicht. Hat doch – so seine Erklärung – langjährige und vielseitige Propaganda „die ‚Minderheitenfrage‘ zu einem Objekt der politischen Kräftegruppierungen" gemacht. Daraus seien „zwei Komplikationen entstanden, die die Regelung der Minderheitenfrage erschwert und teilweise verhindert haben. Die eine besteht darin, daß der Völkerbund [...] zum Kampfplatz gemacht wurde", und zwar sowohl von denen, „die an die Minderheitenfrage revisionistische Zielsetzungen banden" als auch von jenen, „die in den Minderheitenschutzverträgen ein geeignetes Druckmittel zur Anbahnung großer europäischer Koalitionen sahen". Die „zweite Komplikation hat ihren Ursprung in der Haltung der überwiegenden Anzahl der Minderheiten, die des Minderheitenschutzes teilhaft geworden sind." Bei ihnen mische sich die „Unfähigkeit, die für sie neue staatsrechtliche Lage [...] objektiv richtig zu bewerten" mit der „Willigkeit, sich mit den politischen Zielen ihrer Mutterstaaten zu solidarisieren". Begründet wurde diese Haltung mal mit dem „Selbstbestimmungsrecht der Völker", mal mit der „Forderung der völkerrechtlichen Subjektivität der Minderheiten oder auch mit der „Umgestaltung des Völkerbundes aus einer Institution der völkerrechtlichen Gemeinschaft der Staaten zu einem Bund unterdrückter Völker". An der Auffassung festhaltend, Minderheitenschutz ist „ein ausschließlich innerstaatliches Rechtsproblem", schlussfolgerte der Autor: „Wenn also Dr. C. Bakker van Bosse noch heute die Auffassung vertritt, daß Territorialfragen und Minderheitenschutz unlöslich verbunden sind, so ist das kaum mehr, als ein Versuch, die Entwicklung der vergangenen 15 Jahre nicht sehen zu wollen". Zwangsläufig müsse dann der polnische Antrag auf gleichen rechtlichen Schutz aller ethnischen Minderheiten „allerdings wie eine teuflische Häresie erscheinen."[280]

Anfang 1935 setzte die „Kulturwehr" die im Vorjahr begonnene Veröffentlichung von Eingaben der polnischen Minderheit und dazu erfolgten behördlichen Entscheidungen umfangreich fort. Sie wiederholte das Argument, die Rechtsbildung „auf dem Gebiet des volkstumsmäßigen Gruppenrechts […] kann […] noch nicht als abgeschloßen betrachtet werden". Deswegen möchte der Verband „den zentralen Reichsstellen bei dieser Rechtsbildung […] behilflich sein", was „sowohl im Interesse des Staates als auch der nationalen Volkstumsgruppen, der polnischen im besonderen liegt." Als Beleg für den Realismus dieses Ziels zitierte Skala aus einem Interview, dass Hitler „einer angesehenen polnischen Zeitung" gegeben hatte. Darin erklärte er u.a., die NS-Ideologie „lehnt die sogenannte Entnationalisierung grundsätzlich ab", sie „sieht in dieser gewaltsamen Annexion fremden Volksgutes weit mehr ein Schwächung des eigenen Volkstums als eine Stärkung"; sie will nicht fortsetzen, „was frühere Jahrhunderte hier an Fehlern begangen haben". Er bewerte „einen gegenseitigen Nationalitätenschutz als eines der erstrebenswertesten Ziele". Skala sah sich in seiner Auffassung bestärkt, Minderheitenrecht „(kann) nichts anderes sein als ein innerstaatliches Recht".[281]

Ganz ohne Wirkung auf zentrale staatliche Stellen scheint dieses Vor-Augen-Führen von Rechtsunsicherheit und Rechtsverstößen lokaler Behörden nicht gewesen zu sein. Das Reichs- und Preußische Innenministeriums beauftragte nach einer Beratung am 16.2.1935 die Leitung der Domowina, die Fragen des sorbischen Volkstums, die einer grundlegenden Regelung bedurften, schriftlich mitzuteilen. Das geschah im April 1935 und „nachweislich führte Skala die Feder bei der Ausarbeitung des Memorandums".[282]

Nacheinander wurden darin die Bereiche Verwaltung, Schule, Jugend, Industrie, Volkstum, Kultur behandelt. Einerseits passten sich die Absender dem Sprachgebrauch des Adressaten an. Das wirkt auf heutige Leser mitunter befremdlich. Andererseits, und darin liegt der entscheidende Vorteil dieser Eingabe, wurde für eine zwar begrenzte, aber grundsätzliche Regelung der „sorbischen Frage" im Kampf um die Menschenrechte einer ethnischen Minderheit kein Blatt vor den Mund genommen. Dem Zitieren einschlägiger juristischer Bestimmungen bzw. offizieller Einschätzungen wurde stets die „tatsächliche Lage" gegenübergestellt und Vorschläge unterbreitet.

Zur Schule hieß es u.a., dass „in Preussen […] dem sorbischen Kinde jede Möglichkeit zur Pflege seiner Muttersprache und des sorbischen Volkstumsgutes in der Schule (fehlt)" und „an keiner Lehrerbildungsanstalt sorbischer Sprachunterricht erteilt wird."[283] Für den Sorbisch-Unterricht in Sachsen wurde kritisiert, dass „die im Rahmen der beruflichen Ausbildung gebotenen Schulungsmöglichkeiten völlig unzureichend (sind)."[284] Obwohl den Behörden „dieser gesetzwidrige Zustand bekannt war, ist zur Behebung dieser Mißstände das Zweckmäßige nicht geschehen."[285] Mit „10.000 Unterschriften sorbischer Eltern, die im Jahre 1931 der sächsischen Regierung […] überreicht wurden"[286], habe man dagegen protestiert. Vorgeschlagen wurde, „in Preussen alle Lehrer sorbischer Abstammung ins sorbische Sprachgebiet zu versetzen", „für einen ausreichenden sorbischen Lehrernachwuchs Sorge zu tragen" und für sorbische Schüler die „Ausbildung an einer der höheren Schulen in Bautzen und Cottbus"[287] zu ermöglichen. Die Tatsache, dass die „staatlichen Jugendorganisationen […] nach Erklärungen des Reichsjugendführers Erziehungsstätten zum deutschen Volkstum sind" bedingt „die Gründung sorbischer Jugendverbände, die sich ausschließlich mit der volkstumsmäßigen Erziehung der sorbischen Jugend zu befassen haben". Ein sich in der Presse anbahnendes Verständnis der Sorben als „neudeutschem" Stamm ist [...] für uns unannehmbar."[288] Infolge der Braunkohlenindustrie im schlesischen Teil des sorbischen Sprachgebietes waren Umsiedlungen unvermeidlich, dabei sind aber „Volkstumsfragen außer Acht gelassen worden". Künftig ist den Betroffenen „ein neuer zusammenhängender Siedlungsraum zuzuweisen."[289] Für die Erhaltung kultureller Selbständigkeit erwarte man, „aus Mitteln des Reichsetats oder anderer staatlichen Mittel der sorbischen Volkstumsgruppe jene Geldmittel zur Verfügung zu stellen, deren sie zur Durchführung ihrer kulturellen Aufgaben bedarf."[290] Ausführlich wurde die „Bildung eines Reichsgaues, der das Gebiet der Lausitz einheitlich zusammenfassen würde"[291] begründet. Ein geschichtlicher Überblick zeige, dass die Sorben stets „dem Recht des Stärkeren weichen mußten und so in ihrer Erhaltung und Weiterentwicklung in empfindlichster Weise durch Jahrhunderte hindurch getroffen wurden", weswegen die Bildung eines einheitlichen Reichsgaues vorgeschlagen wird, die „aber auch aus wirtschaftlichen und verkehrspolitischen Gründen ratsam (erscheint)."[292]

Tschechische Freunde schätzen nüchtern ein: „Dieses Memorandum, adressiert an die Regierung nach zweijährigem Regime der Hakenkreuzler, zeugt nicht nur davon, daß für die Sorben bisher nichts unter der Regierung der Hakenkreuzler getan wurde, sondern auch davon, daß es den Sorben heute schlechter ergeht, als vorher. Deswegen befürchten wir, das Schicksal des Memorandums wird dasselbe sein, wie das der vorherigen."[293] Diese Vorhersage erwies sich als zutreffend. Der Auftrag an die Domowina sollte offensichtlich nur den Schein wahren. Vermutlich wussten oder ahnten das auch Skala und die anderen Absender des Memorandums. Aber wäre die Ablehnung des Auftrages eine vernünftige Alternative gewesen? In den angesprochenen Mißständen trat keine Änderung ein. Keine Aktivität der Reichs- und der Preußischen Regierung ließen erkennen, dass sie das Memorandum erhalten hatten und über Kritik und Vorschläge nachdachten.

Skala ließ sich dennoch nicht beirren. Als politischer Journalist und nationalbewusster Sorbe versuchte er auf drei wegen Wegen gegen den von der Nazi-Politik und -Ideologie gleichzeitig ausgehenden Druck **und** Sog zur Zerstörung der Minderheits- und Menschenrechte vorzugehen. Zum einen kämpfte er mit juristischen und rechtstheoretischen Argumenten für einen rechtlich korrekten Umgang des mit ethnischen Minderheiten. Er nahm zum anderen die Nazis beim Wort, vor allem, wenn es um die Erhaltung der sorbischen Sprache ging. Er veröffentlichte schließlich NS-Texte, insbesondere Gesetze, im Wortlaut und knüpft daran Interpretationen sowie persönliche Handlungen, mit denen er seinen Landsleuten Mut machen wollte.

Die Unterdrückung der sorbischen Sprache kritisierte er z.B., indem er eine zentrale politische Zeitschrift der Nazi-Partei, die „Nationalsozialistischen Monatshefte" zitierte. Im Heft 6/1935 behauptete Dr. Karl Viererbl[294], der „Nationalsozialismus [...] anerkennt [...] den Universalismus [...] des Rechts und der Gleichberechtigung." Daran knüpft er die Aussage: „Man kann Volksgruppen die Kindergärten, Schulen, Boden, Wälder, Arbeitsplätze nehmen und den Sprachgebrauch einschränken, aber ihren Lebenswillen kann man ihnen nicht nehmen, wenn sie ihn nicht selbst aufgeben. Kerker und Gefängnisse für volksbewußte Angehörigen einer Volksgruppe sind keine staatsbürgerlichen Erziehungsstätten, können aber die Wirkung von Fronburgen auslösen. Friede und Ruhe kann nur auf gegenseitiger Anerkennung und Achtung des Volkstums und seiner schöpferischen Kräfte, aber nicht auf den Bajonettspitzen der Staatsgewalt ruhen. Das Prinzip der Gleichberechtigung ist nicht staats- und volksgebunden, sondern allgemeingültig. Das Bekenntnis zum Nationalsozialismus (ist) ein Bekenntnis zum Achtungsprinzip fremden Volkstums."[295]

Natürlich wusste Skala, dass der NS-Propagandist diese Zeilen auf vermeintliche und tatsächliche Drangsalierungen von Angehörigen deutscher Minderheiten bezog und all das nur schrieb, um das Auslandsdeutschtum aufzufordern, „neue arteigene, blut- und bodenbedingte Ideen nicht an Staatsgrenzen aufhalten (zu) lassen."[296] Er wollte solche Äußerungen jedoch nutzen, um der Öffentlichkeit einen Widerspruch sichtbar zu machen. Einerseits – daran ließen die Tatsachen keinen Zweifel –, wurde die in der Lausitz betriebene „Germanisation durch die Schule unter Berufung auf die nationalsozialistischen Ideen und Grundsätze betrieben". Andererseits belegen – die NS-Propaganda ernst genommen – diese Tatsachen, „daß hier nicht anders als von einer Sabotage des Führerwillens und einer Verfälschung des nationalsozialistischen Weltanschauungsgutes gesprochen werden kann."

Skala vertraute zum einen darauf, der kundige Leser erkenne, Tatsachen entlarven die NS-Propaganda als Heuchelei, Lüge, Demagogie. Zum anderen musste er so „um die Ecke herum" formulieren, um überhaupt noch öffentlich wirksam sein zu können. Zudem blieb er sich und seinen Anschauungen treu. Loyal stellt er fest, die Sorben haben der neuen Politik „das gleiche Maß von vertrauensvoller Achtung freiwillig entgegengebracht, das sie im deutschen Volke selbst zu erringen sich bemühte und errang." Allerdings – so betonte er – „haben (wir) [...] auch noch einen andere, gleichwertige und unbedingte Verpflichtung unserem eigenen Volkstum gegenüber. Ganz im Sinne seines Verständnisses der „sorbischen Frage" argumentierte er weiter, dass „uns die Vorgänge beunruhigen [..], die wir dort beobachten, wo unter Berufung auf diese Weltanschauung unsere eigenen Volkstumsinteressen in einer Weise berührt werden, die mit [...] dem volkstumspolitischen Willen des Führers und deutschen Reichskanzlers in unverkennbarem Widerspruch stehen." Vor allem in der Schulpolitik wird die loyale Haltung der Sorben „mit einer Untergrabung ihres Volkstums durch die Schule beantwortet", besonders „in den beiden sächsischen Schulbezirken Kamenz und Bautzen sowie im niederschlesischen Regierungsbezirk Liegnitz."[297]

Die Nichtachtung slawischer Bevölkerung war jedoch wichtiger Bestandteil der Nazi-Politik. In einem Grußwort zu dem vom VDA am 22.9.1935 reichsweit veranstalteten „Tag des deutschen Volkstums" schrieb Goebbels: „Was deutsch ist wird deutsch bleiben. Was deutsch empfindet wird in alle Ewigkeit deutsch empfinden, und niemand kann der erwachten deutschen Nation ihre Liebe, ihr Zusammengehörigkeitsgefühl und ihre innere Verbundenheit mit all dem rauben, was jenseits der Grenzen die Sehnsucht nach unserer gemeinsamen Mutter Germania trägt."[298]

Staatssekretär Dr. Stuckart[299] erklärte auf einer Tagung des Sozialamtes der Deutschen Arbeitsfront, „die Weimarer Verfassung hat infolge ihrer dem Nationalsozialismus fremden [...] Struktur jede Bedeutung als Staatsgrundsatz verloren." Die NS-Weltanschauung „ist nicht Gegenstand irgendwelcher rechtlicher Erörterungen, sondern schlechthin die Voraussetzung unserer neuen staatsrechtlichen Gestaltung. Sie ist absoluter Maßstab und alleinige Richtschnur [...] Für die NSDAP und das Dritte Reich gibt es keine wichtigere Aufgabe, als durch

Auslese und Zucht einen in Haltung, Denken und Fühlen, in Ehrbewußtsein, unbedingter persönlicher Sauberkeit, Wahrhaftigkeit und Gerechtigkeit einheitlichen Menschentyp als staatstragende Schicht zu schaffen." Somit hat das „Dritte Reich [...] bereits heute eine neue Verfassung", die „zwar nicht in einer Verfassungsurkunde ihren Ausdruck (findet), sondern in einer Reihe von grundlegenden Gesetzen und [...] in den zur Gewohnheit gewordenen staatsrechtlichen Grundanschauungen des Nationalsozialismus."[300]

Um derartige Auffassungen im sorbischen Volk durchzusetzen, wurden zielgerichtet Standpunkte der als Quasi-Wissenschaft betriebenen Nazi-Volkskunde genutzt. Professor Steller[301] z.B. behauptete, bei den Sorben finde sich nichts Slawisches, die nationalen und kulturellen Eigenheiten der Sorben seien Teil des deutschen Volkstums, die Sorben seien wendisch sprechende Deutsche.[302] Skala und Nedo erkannten die hier vorhandene Gefahr, den Sorben nicht „nur" keine Rechte zu gewähren, sondern sie völlig zu eliminieren. In der „Naša Domowina" machte Nedo unter der Überschrift „Wendisch sprechende deutsche Bevölkerung" zuerst deutlich, es gibt einen Unterschied zwischen „deutschen Menschen" und „deutschem Staat". Das Wort „Deutsche" werde ja auch für die Deutschen im Ausland angewandt, die nicht deutsche Staatsangehörige sind."[303] Weil die Sprache in jedem Fall klarster Ausdruck einer Volkskultur ist, so Nedo weiter, ist derjenige, der „die sorbische Sprache täglich als seine Muttersprache gebraucht [...] Angehöriger des sorbischen Volkstums [...] Niemand kann zwei Volkstumsgruppen angehören, entweder gehört er zum sorbischen oder deutschen Volkstum. Wenn jemand schreibt, daß die Leute sorbisch sprechen, aber dem deutschen Volkstum angehören, so ist das fertiger Unsinn."[304] Skala zitierte natürlich die „Naša Domowina" ausführlich in der „Kulturwehr" und informierte so Leser in ganz Europa. Zugleich kommentierte er, es gebe offensichtlich „politische Propagandaclichés", die in „manchen Organisationsarchiven und Publizistenhirnen den eisernen Bestand bilden und von dort aus in die Rotationsmaschinen einzelner Repräsentanten der sogenannten ‚öffentlichen Meinung' wandern." Dazu zählt auch „ein solches unverständliches Blechstück [...] aus der Zeit der vergangenen Weimarer Koalitions-Zeit und ihrer hilflosen ‚Minderheitpolitik' wie die „Begriffsmatrize [...] eines [...]' wendischen Deutschen' oder ,deutschen Wenden'"[305] Der aus Tradition und Selbstbestimmung antislawische BDO, der solche Begriffe „aus der Konkursmasse der einstigen Reichszentrale für Heimatdienst übernommen zu haben scheint", trage damit zu einer „gewiß lächerlichen, aber trotzdem doch auch sehr ernste(n) Verfälschung"[306] bei. „Ein Vertreter des ‚Bundes Deutscher Osten' [...] ,der seinen Namen nicht nennen wollte" trat bei einer Veranstaltung der Domowina am 13.10.1935 in Räckelwitz auf und erklärte, die Wenden „(seien) gar nicht sorbischen Blutes", „von einem eigenständigen Sorbentum (könne) gar keine Rede sein. Deshalb haben auch die Worte des Führers und Reichskanzlers über die nationalen Minderheiten und seine kategorische Ablehnung jeglicher Germanisation für die Sorben (,Wenden') keine Gültigkeit." Weil „auch die anwesenden Vertreter der NSDAP Anstoß an dem Auftreten des Mannes genommen (haben)", wollte sich Skala „gut und gerne damit zufrieden geben". Leicht ironisch fügte er hinzu, fast „wäre (man) versucht, in dem ‚Deutschen Ostbund' einen Freund [...] und vielleicht sogar Bundesgenossen [...] zu sehen, wenn [...] ja, wenn man andernorts z.B. nicht folgendes lesen müßte: ‚Im Dritten Reich gibt es keine ‚slawischen' Stämme mehr, sondern nur noch Reichsdeutsche!'‚ Im BDO, so Skala scheine es so, „als wüßte die Rechte nicht was die Linke tut und alle beide nicht, was sich schickt.".[307]

Skala erwies sich in schwierigen Zeiten als furchtloser Demokrat. Mutig bekräftigte er Mitte 1935 Forderungen, die die Sorben seit jeher immer und immer wieder zu Recht erhoben hatten und die er 1922 in seiner programmatischen Schrift „Wo serbskich prašenjach" begründet hatte.[308] Ohne sich den Nazis anzudienen, kämpfte unter veränderten gesellschaftlichen Bedingungen um Minderheitenrechte. Dafür spricht u.a. ein 1934 veröffentlichter Artikel mit der Forderung nach reichseinheitlicher Regelung der Minderheitenprobleme. Sein Ausgangspunkt: Die Machtübernahme der Nazis rückte u.a. „die Frage nach dem Schicksal der nationalen Minderheiten in den Vordergrund." Zwar habe Hitler im Reichstag eine Rede „gegen die überlebten Assimilationstendenzen früherer Jahrhunderte" gehalten, aber die „Neugestaltung der öffentlichen Verwaltung [...] hat [...] den Minderheiten in vielen Fällen die Möglichkeit einer Vertretung und die Geltendmachung ihrer Interessen in diesen Körperschaften genommen." Abhilfe bei den Einbußen der Rechte von ethnischen Minderheiten „in den Innungen, Genossenschafts- und Handelsverbänden, in den Kammervorständen und kommunalen Vertretungen" könne der Vorschlag in der „Deklaration des Verbandes der nationalen Minderheiten in Deutschland" vom August 1929 sowie die inhaltlich gleichen „Anträge des Verbandes an die damalige Reichsregierung" vom 10.3.1926 und 30.9.1927 bewirken. Notwendig sei ein Reichsminderheitenamt, „eine Reichsbehörde mit den Rechten eines Ministeriums, [...] dem im Zusammenhang mit den Landesbehörden und den Minderheitenvertretungen die Bearbeitung aller die Minderheiten betreffenden Fragen übertragen werden sollte."[309]

Eine andere Möglichkeit, unter den veränderten Bedingungen Minderheitenrechte zu artikulieren, sah Skala, im Wissen um die traditionelle Bindung vieler Sorben an christliche Kirchen, darin, aktuelle Bücher zu diesem Thema kritisch zu rezensieren und so christliche Sorben zum Nachdenken anzuregen.

Walter Grundmanns[310] Buch „Totale Kirche im totalen Staat" von 1934 zeige, so Skala, dass und wie „die Veränderung der politischen Verhältnisse durch die nationalsozialistische deutsche Revolution [...] auch die evangelische Kirche in all ihren Grundlagen aufs heftigste erschüttert" habe. Grundmann begründete die Notwendigkeit „einer Nationalreligion und einer Nationalkirche", die sich „zum Gedanken der arischen Rassezugehörigkeit (bekennt), die entscheidend für die Zugehörigkeit zur deutschen Volksgemeinschaft und der Zuerkennung der Staatsbürgerrechte ist." Skala wertete das berechtigt als „eine ausgesprochen politische Deklaration", die sich vom deutschchristlichen Geist [...] in nichts unterscheidet." Die Folgerungen, die sich aus Grundmanns Verknüpfung von Volkstum und Kirche für „nichtdeutsches Volkstum in der evangelischen Organisationsform" ergeben, erörterte Skala nicht, „weil er (Grundmann – P.K.) ja nur die deutsche Nationalkirche und die deutsche Volksgemeinschaft sieht."[311]

In dem von Franz Taeschner[312] geschriebenen Buch „Der Totalitätsanspruch des Nationalsozialismus und der deutsche Katholizismus" waren die vor dem Konkordat immer mal wieder aus der katholischen Kirche zu hörenden antinazistische Töne völlig verschwunden. Der Autor konstatierte: „In der Tat steht dem Totalitätsanspruch des Nationalsozialismus auf politischem Gebiete der Totalitätsanspruch der katholischen Kirche auf religiösem Gebiete gegenüber." Forsch stellte er die Behauptung auf, „beide (treten) [...] nicht als Rivalen auf demselben Gebiet auf" und „ein Kampf zwischen beiden Größen (würde) nur zu einer Schwächung beider, nie aber zu einem Siege des einen über die andere führen." Die Absicht wird offenbar in der Schlussfolgerung Taeschners: „Es liegt daher im vitalen Interesse beider, daß eine möglichst saubere Abgrenzung ihrer Geltungsbereiche vorgenommen wird. Diese Abgrenzung kann natürlich nicht willkürlich vorgenommen werden, sondern sie muß gewissermaßen von selbst gegeben sein, muß in der Natur der beiderseitigen Betätigungsfelder liegen, so daß es weniger auf eine Abgrenzung selbst, als vielmehr auf die Erkenntnis der beiderseitigen naturgegebenen Grenzen ankommt [...] Ist die gegenseitige Abgestimmtheit zwischen der nationalsozialistischen Politik und den Grundlagen christlichen Glaubensgutes vorhanden, so wird sich die von beiden Seiten beanspruchte Totalität segensreich auswirken; im entgegengesetzten Falle katastrophal."[313] Taeschner ging sogar soweit, die Parallelität zwischen den totalen Ansprüchen der Nazis und der katholischen Kirche – und Skala konstatierte das mit Entsetzen – „auch in den organisatorischen Einrichtungen und einzelnen Institutionen festzustellen (z.B. S. 29: ‚SA usw. [...] haben auf politischem Gebiet die gleiche Funktion wie die Orden auf religiösem!')". Skala fasste zusammen, Taeschner „(wünscht) den Totalitätsanspruch der Kirche soweit wie möglich dem Totalitätsanspruch des Staates angepaßt zu sehen."[314]

Hinter den Titel des Buches von Konrad Hentrich[315] „Nationalkatholizismus" setzte Skala in seiner Rezension ein Fragezeichen, „denn was der Verfasser [...] als ‚Nationalkatholizismus' deklariert, besteht ungeachtet der weitschweifenden Erklärungsversuche, nie und nirgends." Hentrich meinte, der jetzt erwachende ‚deutsche Michel' „weiß, daß er deutsch geboren, und dann erst katholisch oder protestantisch getauft ist. Er weiß, daß sein Volkstum die erste, ihm von Gott gegebene Bedingung seines Lebens, seiner Art, seiner Aufgabe ist [...] Gottes Schöpfung, Christi Lehre begründen sein Volkstum". Für Skala ist das „weder Nationalkatholizismus und noch weniger Katholizismus überhaupt, ja nicht einmal katholischer Nationalismus, sondern extrem nationaler Egoismus, den wir mit aller Entschiedenheit ablehnen", weil „seine Uebertragung auf die Kirche [...] destruktive Wirkungen hat." Konsequenzen, die sich „in Bezug auf das nichtdeutsche Volkstum katholischen Bekenntnisses im Deutschen Reich" ergeben, lagen außerhalb Hentrichs Betrachtungen. Aber das „nichtdeutsche Volkstum, das katholische Lehre und Religion bekennt, verlangt die gleiche Beachtung durch die Kirche und beansprucht ihre praktische Verwirklichung von der Kirche genau so, wie es solche vom nationalsozialistischen Staat beansprucht, der sich langsam aber doch sichtbar anschickt, diesen Anspruch zu verwirklichen."[316]

Bei grundsätzlicher Zustimmung, der letzte Halbsatz ist Mitte 1934 wenig realistisch und wohl als taktisches Journalistenmanöver zu betrachten, wie es auch ein Nebensatz fast am Schluss der nächsten Rezension vermuten lässt.

In dieser bewertete Skala das Buch „Das deutsche Volkstum und die Kirche", von Georg Schreiber, der „zu Zeiten der Weimarer Koalition zu jenen wenigen Zentrumspolitkern (gehörte), die sich mit dem sogenannten ‚Minderheitenproblem' sehr eingehend beschäftigten." Die Schrift erbringe aber „klar und deutlich den Beweis der Verflechtung der Minderheitenprobleme mit politischen Zweckaufgaben und Zielsetzungen". Für den „Zentrumskatholizismus" waren die „minderheitspolitischen Fragen" letztlich „nichts weiter, als eine ausschließlich deutsche Frage, als eine Angelegenheit des Auslandsdeutschtums im Zusammenhang der Auslandspolitik." Wenngleich nicht zu bestreiten ist, dass die katholische Kirche dabei erfolgreich war, „es darf auch nicht verschwiegen werden, daß diese Fürsorgetätigkeit des deutschen ,Katholizismus' durchaus nicht einem allgemeinen, also katholischen Grundsatz entsprangen, sondern ausschlaggebend von politischen Zielstrebungen und taktischen, ja sogar parteipolitischen Erwägungen geleitete wurde." Der neue Staat, so Skala zum Schluss, „(scheint) den Rechtsanspruch [der Lausitzer Serben auf Achtung ihres Volkstums- P.K.]mit größerem Verständnis aufgenommen zu haben, als der Vorgänger." Dabei dürfe nicht übersehen werden, dass „deren Volkstumsgrundlage durch die Eigenmächtigkeit und Selbstherrlichkeit lokaler nationalsozialistischer Instanzen und einzelner Personen heute allerdings mehr gefährdet ist als jemals zuvor."[317].

Die Schrift von Johannes Eger[318] „Kirche und Volk" behandelte in Skalas Sicht „klar und ohne Zurechtbiegung von Tatsachen die Frage ,Volkstum und Kirche'." Sympathisch war ihm Egers Auffassung, sich nicht darauf einzulassen, ein „ideales Christentum (zu) vergleichen mit einem minderwertigen Volkstum oder ein ideales Volkstum (zu) vergleichen mit einem minderwertigen Christentum." Bei solchen „Willkürlichkeiten" – so Eger – „(wird) mit zweierlei Maß gemessen, Ungerechtigkeiten (sind) zwangsläufig die Folge." Viele Erkenntnisse Egers – meinte Skala – „(könnten) der protestantischen Kirche als Richtungsweiser dienen", z.B.: „Die Kirche ist kein politischer Faktor und hat nicht die Aufgabe, politische [...] Probleme zu lösen. Die Kirche ist kein wirtschaftlicher Faktor und hat nicht die Aufgabe, die Probleme des wirtschaftlichen Lebens zu entwirren [...] Die Kirche ist kein gesellschaftlicher Faktor und hat nicht die Aufgabe, sich mit der bestehenden Gesellschaftsordnung auf Gedeih und Verderb zu verbinden oder eine neue Ordnung als die eigentlich gottgewollte Ordnung [...] zu proklamieren."[319]

In die Übersicht nahm Skala mit knappen Worten die Schrift von Alfred Rosenberg „Das Wesensgefüge des Nationalsozialismus" auf, weil der Autor „auf einige grundsätzliche und retrospektive Ueberblicke politischer Kampftaktik und auf prinzipielle Abgrenzungen des Nationalsozialismus gegenüber der Kirche" eingeht. Skala verzichtete auf längere Zitate, überließ einer Leserschaft die Entscheidung, mehr über Rosenbergs Programmatik zu erfahren und resümierte, Rosenbergs Auffassungen „(kollidieren) mit den politisierenden Tendenzen – allerdings auch mit den dogmatischen Lehrsätzen – der christlichen Kirchen." In seiner Denkweise konsequent, fügte Skala hinzu: „Die Bewertung der Rassenlehre und der germanischen Sittlichkeit, die Rosenberg dem christlichen Sittengesetz gegenüberstellt, ist unserer Kompetenz deswegen entzogen, weil sie nur die Grundlagen des deutschen Volkstums berühren und die entsprechenden Folgerungen nur von Angehörigen des deutschen Volkstums gezogen werden können." Lediglich um „uns die Orientierung über die Stellung des Nationalsozialismus in diesem Fragenkomplex zu erleichtern, ist hier auf die Rosenbergsche Broschüre hingewiesen worden."[320]

Die letzte Schrift in der Übersicht (Hermann Schwarz[321] „Christentum, Nationalsozialmus und deutsche Glaubensbewegung) findet Skalas Beachtung nur, weil sie „nationalsozialistisches Ideengut in eigener, manchmal eigenartiger Weise verarbeitet" und „zeigt, daß Rosenbergs Werk vom Mythos des 20. Jahrhunderts auf die protestantischen Theologen und Philosophieprofessoren einen nachhaltigen Eindruck ausübt."[322]

Ende 1935 zementierten die Nazis mit drei Gesetzen ihre slawen- und judenfeindliche Innenpolitik. Weil diese Gesetze[323] „zwar nicht in gleicher Weise, wohl aber grundsätzlich auch für die Gestaltung der Rechtslage jener Gruppen von Staatsbürgern von besonderer Bedeutung sind, die zu den nichtdeutschen Volksgruppen des deutschen Reiches gehören"[324] veröffentlichte Skala sie auf sieben klein gedruckten Seiten[325] im Wortlaut. Seine Kommentierung ist eine beachtliche Fortsetzung kritischer Äußerungen zur juden- und slawen-, also menschenrechtsfeindlicher Innenpolitik des Dritten Reiches.

Im Kommentar zum Reichsflaggengesetz hob er hervor, „daß die Hakenkreuzfahnen ausdrücklich nicht als Staatsflagge allein, sondern als Reichs- und Nationalflagge, und für den internationalen Verkehr als Handelsflagge, bezeichnet" wird. Juristisch korrekt und für ethnische Minderheiten bedeutsam schlussfolgerte er, „daß dieses Gesetz [...] die eigenständige Rechtssphäre der nichtdeutschen Volksgruppen nicht berührt. Da diese Volksgruppen weder [...] den Charakter öffentlich-rechtlicher Körperschaften besitzen, in die gesetzgebenden Körperschaften nicht berufen worden sind und infolgedessen gegenwärtig staatsrechtlich nicht die gleiche Rechtslage mit den Körperschaften des deutschen Volkes (haben) [...], entfällt für sie die Bestimmung über das Hissen der Staatsflagge" und der „ausdrücklich festgelegte Charakter der Hakenkreuzfahne als Nationalflagge schließt ihre Verwendung durch die nichtdeutschen Volksgruppen auch dem Gesetz nach aus." Politisch-informierend und logisch-konsequent fügte er hinzu, „daß einzelne der nichtdeutschen Volksgruppen ihre eigenen nationalen Flaggen oder ein eigenes Volkstumssymbol besitzen. In Verkennung der Sachlage ist z.B. den Lausitzer Sorben nahegelegt worden, auf ihre eigenen nationalen Farben (resp. die blau-rot-weiße Flagge) zu verzichten; ein Verbot ist jedoch bisher nicht ergangen und es wäre auch unverständlich, nachdem den Juden erlaubt worden ist, die Farben des jüdischen Nationalismus – blau-weiß [...] – öffentlich zu zeigen." Zudem hielt er es „angesichts der mehr sentimentalen als rationalen Bewertung der rein nationalen Farben und Flaggen" für mitteilenswert, dass „noch vor der nationalsozialistischen deutschen Revolution sich die polnische Volksgruppe im Deutschen Reich unter Verwendung der polnischen Nationalfarben rot-weiß ein eigenes, von den staatlichen Hoheitszeichen der Republik Polen – dem Weißen Adler auf rot-weißem Flaggengrund – abweichendes Volkstumssymbol ‚Rodło' geschaffen (hat)".[326]

Für Skala waren solche Erkenntnisse nicht hohle Theorie oder leere Worten. Sie waren stets auch Bekenntnis. Das belegt u.a. ein Vorfall, bei dem er „im Verlauf einer öffentlichen, aber nicht amtlichen oder offiziell deutschen, sondern sorbischen Konzertveranstaltung in Bautzen" zur Feststellung der Personalien polizeilich vorgeführt wurde, weil er, als die „deutschen Konzertbesucher die beiden deutschen Nationalhymnen (Deutschlandlied und Horst-Wessel-Lied) angestimmt" hatten, „nicht die rechte Hand erhoben habe." Skala meinte, dieses Geschehen habe „grundsätzliche Bedeutung". Denn im „innerstaatlichen Leben kommt der Nationalhymne die gleiche Bedeutung und der gleiche Rang wie der Staatsflagge zu, sobald sie bei einem Akt der Staatshoheit oder bei einer offiziellen amtlichen Veranstaltung Anwendung findet." In solchen Fällen sind „die gebräuchlichen oder – falls solche bestehen – die gesetzlich vorgeschriebenen Ehrbezeugungen zu erweisen." Penibel zählte er auf, wann, warum, wozu im „Deutschen Reich die Ehrenbezeigung durch Erheben des rechten Armes in Schulterhöhe" laut Gesetz vorgeschrieben ist. Klar war damit, ganz offensichtlich zählt eine

„nichtdeutsche, volkstumskulturelle Konzertveranstaltung" nicht zu diesen Anlässen. Mit spitzer Feder und in geschliffener Argumentation fügte er hinzu: „Es darf in diesem Zusammenhang darauf hingewiesen werden, daß bei öffentlichen Veranstaltungen der nichtdeutschen Volksgruppen im deutschen Reich der Vortrag der deutschen Nationalhymnen nicht grundsätzlich angelehnt wird; sobald der Vortrag der Nationalhymne der betreffenden Volksgruppe in der gleichen Weise angeschlossen wird und ihr die gleiche Achtung erwiesen wird, die jeder Nationalhymne als Ausdruck des eigennationalen Kulturgefühls zukommt."327

In gleicher Weise, nämlich eigene Grundüberzeugungen zu leben, gleiche Rechte fordern und begründen, setzte Skala sich mit anderen NS-Gesetzen auseinander. Das nach seiner Meinung für ethnische Minderheiten in Deutschland wichtigste unter den „Nürnberger Gesetzen" war das Reichsbürgergesetz. Skala analysierte und kritisierte vor allem die Bestimmungen des Paragraphen 2.328 Er griff dessen zentrale Aussagen („deutsches oder artverwandtes Blut" sowie „Treue dem Deutschen Volk und Reich") prinzipiell, sachlich und mutig an. Zuerst forderte er eine „praecisierende Erläuterung des Begriffs ‚artverwandtes Blut'", um zu verhindern, „daß ‚artverwandt' gleich ‚deutschblütig' ist, die ‚Artverwandten' durch eine solche Ausdehnung des Begriffs auch volkstumsmäßig zu ‚Deutschen', zu ‚Deutschblütigen' oder zu ‚neudeutschen Stämmen' umgedeutet werden." Mit wachem minderheitspolitischem Geist hielt er eine derartige Interpretation für wahrscheinlich. Vorbeugend stellte er fest, sie würde „von den nichtdeutschen Gruppen im Reich abgelehnt; sie kann nicht akzeptiert werden, weil sie objektiv mit den Tatsachen der nationalen, volkstumsmäßigen Eigenständigkeit dieser Gruppen im Widerspruch steht und weil sie subjektiv die Tendenz zur Entnationalisierung resp. zur Germanisierung dieser nichtdeutschen Volksgruppen enthält." Zur Treue gegenüber dem deutschen Reich sieht Skala gemäß der, in seiner politischen und journalistischen Arbeit unablässig betonten Loyalität die Angehörigen nationaler Minderheiten „von jeher in unzweideutiger Weise […] rechtlich und moralisch verpflichtet". Treue zum deutschen Volk aber kann nach Skalas Meinung nicht von ethnischen Minderheiten gefordert werden. Sie kann „von den einzelnen Angehörigen des deutschen Volkes und nur von diesen verlangt werden." Jeder „andere Anspruch […] tendiert in das Gebiet politischer Aspirationen und Zielsetzungen." Skala forderte: Für die ethnischen Minderheiten „im Deutschen Reich (sind) Grundsätze anzuwenden […], die weder mit der weltanschaulichen Norm des Nationalsozialismus, noch mit dem nationalsozialistischen ‚Blut-Begriff' allein gestaltet werden können." Deshalb forderte er die juristische „Berücksichtigung ihrer Eigenschaft als Angehörige der mit dem deutschen Volke gleichen staatlichen Raumgemeinschaft und ihrer Eigenschaft als Angehörige der von dem deutschen Volke unterschiedenen einzelnen Volksgemeinschaft."329 Skala widersprach auf diese Weise der Nazi-Ideologie, die aus rassistischen Überlegungen ungleiche Rechte der Menschen ableitete. Er wollte, dass die (ethnisch unterschiedlich) slawischen Sorben und die (in der Nazi-Diktion arischen) Deutschen einander als gleichberechtigte Bürger eines Staates begegnen können und behandelt werden.

Natürlich sah Skala, dass die Nürnberger Gesetze sich zuerst und am schärfsten gegen die Juden richten. Er fühlt sich ihnen verbunden, meinte aber, „nur das deutsche Volk selbst und seine Staatsführung (können) allein berufen sein, ihr Verhalten zum Judentum im Deutschen Reich zu bestimmen". Erschwerend kam hinzu: Die Juden selbst waren untereinander gespalten. Skala zitierte ein wesentliches jüdisches Selbstzeugnis, wonach sich die einen, die deutschen Juden, dem Deutschtum assimilieren, sich aber von der herrschenden Rassenidee dissimilieren, hingegen die anderen, die Zionisten, sich vom Deutschtum dissimilieren, ihre Idee jedoch an die herrschende Rassenauffassung assimilieren. Weil also „die Juden im Deutschen Reich auch heute noch nicht die erforderliche Klarheit über ihre rechtliche Position und ihre politische Stellung sich selbst zu verschaffen vermocht haben", konnte Skala zum einen nur festhalten, dass der „‚deutsche' Jude in Deutschland rechtlich und politisch nur noch eine Fiktion (ist)" und „nur noch Juden als rassische Sondergruppe der Staatsangehörigen anerkannt (sind)". So blieb ihm nur übrig, die Unterdrückung und das Unrecht gegenüber den Juden, basierend auf dem unwissenschaftlichen Rassegedanken sowie dem ebenfalls unhaltbaren Begriff vom deutschen Blut, mit der Feststellung zu charakterisieren, man kann darin „die Folgerichtigkeit der nationalsozialistischen Judenpolitik [...], aber auch die beinahe tragische Blindheit der deutschen Assimilationsjuden gegenüber der Entwicklung erkennen."[330]

Nachdem das NS-Regime mehr als zwei Jahren in Deutschland herrschte, musste Skala konstatieren, dass die „Frage der Rechtsform, in der nationale Minderheiten die Verwirklichung ihrer nationalkulturellen Erfordernisse und Ansprüche anstreben können, immer noch Gegenstand der Diskussion (ist). Rechtlich und praktisch-politisch kann kaum ein Zweifel darüber bestehen, daß weder die Rechtsform der Minderheitenschutzverträge noch die Rechtsform bilateraler Staatsverträge die unanfechtbar allgemeingültige oder auch nur eine zweckmäßige, wertbeständige Entscheidung herbeizuführen vermögen." Wegen seiner grundsätzlichen Auffassungen zu stabilen, innenpolitischen Minderheitsrechten lehnte er beide Formen generell ab. Sie sind „nicht rechtlichen, sondern politischen Charakters" und können im Falle einer „Spannung zwischen natürlichem Recht der Volkstumsgruppe und dem politischen Recht des Staates [...] zur Diskrepanz zwischen Recht und Politik" führen, die sich „bei entsprechender politischer Konjunktur [...] zum Konflikt steigert." Daran können „nur Politiker interessiert sein, die nicht eine Stabilisation im Auge haben." Minderheitenführer, denen das „tragbar erscheint, [...] treiben aber kaum etwas anderes als ein Hasardspiel", was „dem Verbrechen des Volksverrats nahekommt, wenn nicht gar die unverantwortliche Spielart des Volksverrats darstellt."[331] Skala betonte: Die Praxis der Minderheitenschutzverträge zeige, dass sie keine rechtlich dauerhafte Sicherheit bringen, „sondern ein politisches Instrument zur Beeinflußung der politischen Haltung und Entscheidung einzelner, verpflichteter Staaten" sind. Die „Vertreter dieser Richtung (waren und sind) sich durchaus bewußt, daß sie nicht eine rechtliche Regelung, sondern ein politische Plattform [...] suchen." Das zielt auf eine „Hegemoniestellung innerhalb Europas" und auf „Grenzrevisionismus und Irredentismus."[332] Auch die Rechtsform der „bilateralen Staatsverträge (ist) gleichfalls politischen Charakters". Der Unterschied zur anderen Form bestehe darin, „daß sie den politischen Einfluß eines Dritten ausscheiden" und „ein freiwilliges Abkommen auf der Basis vollkommener Souveränität und Gleichberechtigung" darstellen. „Dieser Unterschied berührt jedoch die formale Seite, keineswegs jedoch die essentielle." In diesen Verträgen und durch sie sind „die beiden beteiligten Minderheitengruppen Objekte der politischen Staatsinteressen der Vertragsschließenden". Die dadurch bedingte rechtliche Unsicherheit der Minderheiten wird auch noch dadurch verstärkt, dass die „Verträge nicht mit unbegrenzter Dauer geschlossen werden."[333]

Mit heutigem Wissen um den Verlauf der Geschichte kann man in Skalas kämpferischen Positionen eine gewisse Überzogenheit konstatieren, auf das Recht zu vertrauen und eine Änderung zugunsten ethnischer Minderheiten anzustreben. Bezieht man andere, meist privat geäußerte Meinungen von Skala über das Nazi-Regime ein, so hatte vermutlich auch er Zweifel an der Realisierbarkeit mancher seiner Forderungen. Als Interessenvertreter der Minderheiten und als Chefredakteur einer international anerkannten Zeitschrift jedoch sah er sich wohl verpflichtet, politisch parteinehmend und logisch stringent vorhandene Ungerechtigkeiten beim Namen zu nennen und prinzipiell ihre Beseitigung zu fordern.

Für diese Sicht auf Skalas journalistischen Kampf um Minderheits- und Menschenrechte spricht die deutliche Argumentation in diesem Grundsatzartikel. Bevor „weitere Rechtsformen in den Kreis der Untersuchung zu ziehen" sind, hielt er für „angebracht, sich über zwei gedanklich und methodisch wichtige Fragen Klarheit zu verschaffen. Die eine lautet: Ist eine friedliche ‚Lösung' der Minderheitenfrage möglich? Die andere: In welchem politischen Rahmen ist Minderheitenpolitik möglich und zulässig?"

Seine Antwort zur ersten Frage: Die „Lösung' der Minderheitenfrage" sei „ein rein machtpolitisches Problem". Denn „eine ‚L ö s u n g' […] ist anders als durch den Uebergang aus dem bestehenden Staatsangehörigkeitsverhältnis in die Staatsangehörigkeit des Mutterstaates nicht möglich." Mit feinem Gespür für sprachliche Zwischentöne, für darin versteckte, verschleierte politische Ansprüche hielt er es für „unmöglich, von einer ‚friedlichen' Lösung der Minderheitenfrage zu sprechen" weil sie „mit Grenzrevisionsansprüchen, die nur machtpolitisch durchsetzbar sind, verbunden ist". „Lösung" sei „durch den genaueren Begriff ‚R e g e l u n g der Minderheiten r e c h t e' zu ersetzen." Dabei gehe es nicht „nur um Worte", die „Forderung nach Regelung […] ist allgemeingültigen Charakters, ist ohne machtpolitische Ansprüche verwirklichbar und ist imstande friedlichen Ausgleich zwischen verschieden gearteten und verschieden gelagerten Interessen herbeizuführen."[334]

Zur zweiten Frage stellte er klar: Bei allen Zusätzen zum Wort „Politik", in „Wirklichkeit bestehen […] nur zwei grosse Gebiete […]: die Innenpolitik und die Außenpolitik" Sie sind stets an Voraussetzungen gebunden, „innenpolitisch: das Volk, außenpolitisch die anderen Staaten; […] innenpolitisch: der Besitz der staatlichen Machtmittel, außenpolitisch: die Souveränität […]." Die „Minderheitenpolitik gehört ausschließlich in das Gebiet der Innenpolitik", sie ist „nur im Rahmen der Innenpolitik eines Staates z u l ä s s i g „, denn es ist weder „mit der Souveränität, noch mit den außenpolitischen Aufgaben der Staaten vereinbar", einer „Gruppe von Staatsbürgern das Privileg einer außenpolitischen Stellungnahme im allgemeinen, noch weniger aber gegen den Staat einzuräumen." Zugleich „(ist) ‚Minderheitenpolitik' auch nur im Rahmen der Innenpolitik […] m ö g l i c h," denn selbst da, wo die Ansprüche einer Minderheit „durch Klagen beim Völkerbund oder dem Haager Gerichtshofe […] durchgesetzt wurden", ist ihre Realisierung auf „Einordnung […] in den innenpolitischen Rahmen angewiesen […] Seit fast einem Jahrzehnt ist in dieser Zeitschrift auf die Binsenwahrheit hingewiesen worden, daß jede einzelne Schule, jede einzelne soziale, wirtschaftliche und kulturelle Position nicht im abstrakten politisierten Wunschgebilde errichtete werden kann, sondern im konkreten Raum des Staates angestrebt werden muß, weil sie nur dort entstehen und bestehen kann."[335]

Die „am stärksten propagierte Rechtsform innerstaatlicher Ausprägung", die „Forderung nach [...] ,Kulturautonomie'", die mit „besonderem Nachdruck [...] nur von deutschen Volksgruppen beansprucht" wurde, lehnte Skala zunächst ab, weil sie „nicht einmal – wie das Beispiel der deutschen Kulturautonomie in Estland beweist – den ursprünglichen Bestand zu sichern (vermag)". Vor allem aber sei sie abzulehnen, weil sie „als Ausgangspunkt und Vorstufe [...] der Territorialautonomie [...] eine staatsrechtlich unmögliche" und „minderheitsrechtlich eine unverwirklichbare Forderung (ist)."[336]

Zu „den nicht oder nur partiell verwirklichbaren [...] Rechtsformen" zur Regelung von Minderheitsinteressen zählte er „die Staatsverfassung", von denen nahezu alle europäischen „mehr oder weniger umfangreiche und mehr oder weniger positive Grundgesetze bezüglich der nationalen Minderheiten [...] (enthalten)." Diese „(sind) im wesentlichen ohne die Mitwirkung der nationalen Minderheiten entstanden." Für Skala war so – erneut und immer wieder auf das entscheidende Defizit deutscher Minderheitenpolitik hinweisend – „klar erkennbar, daß die verfassungsmäßigen Bestimmungen entweder überhaupt keine Rechtsform schaffen oder sie erst durch entsprechende Spezialgesetze [...] mehr oder weniger universell entstehen lassen."

Aus all dem zog er den Schluss, „auf Einfügung des Minderheitenschutzes in die Verfassung gänzlich zu verzichten, dafür aber die Rechtsbildung konkret und positiv durch ein i n n e r s t a a t l i c h e s U e b e r e i n k o m m e n zwischen der Staatsführung und der als öffentlich rechtliche Körperschaft anzuerkennenden Volkstumsorganisation anzustreben."[337]

Liest man das heute, könnte man es auf den ersten Blick als „äsopisches Sprechen" be- und damit ein wenig abwerten. Bedenkt man die damalige Zeit der Nazi-Herrschaft, die wesentlich von verbaler Friedensdemagogie und materiell-technischer Kriegsvorbereitung gekennzeichnet ist und in der es seit dem 4. Oktober 1933 ein sog. „Schriftleitergesetz"[338] gab, dann waren das klare und die kriegerischen Absichten entlarvende Worte. Seine, auf ein friedliches Zusammenleben zwischen den Staaten und zugleich auf die Stärkung des inneren, sozialen Friedens gerichtete Linie suchte Skala beizubehalten. Hinzu kommt: manche sprachphilosophische Überlegung und manche (außen-)politische Erkenntnis Skalas ist anscheinend gar nicht so veraltet, wie es der Zeitpunkt ihrer Niederschrift vermuten ließe.

Ein immer wiederkehrender Teil von Skalas Bemühungen, in der schwierigen Zeit Mitte der 1930er Jahre, die Chance zu vergrößern, Minderheitenrechte zu erkämpfen, bestand darin, traditionellen Vorurteilen gegen die Sorben den Boden zu entziehen. Da machte er auch vor potentiellen Verbündeten nicht halt.

So rezensierte er z.B. die Veröffentlichung des tschechischen Staatsrechtlers Jan Kapras[339] „Die Lausitz und der tschechische Staat" aus dem Jahre 1935.[340] Er kennzeichnete zunächst die Struktur der Broschüre, referierte knapp wesentliche Aussagen Kapras' zur historischen Entwicklung der Beziehungen zwischen Böhmen und der Lausitz sowie zur Situation nach dem Ersten Weltkrieg. Vor allem nutzte er die Rezension, um darzulegen, dass von sorbischer Seite zu zwei von Kapras behandelten Themen „aus Gründen einer realpolitisch orientierten Volkstumspolitik wie aus Gründen staatsbürgerlicher Erfordernisse und nicht minder aus Gründen einer politischen Flurbereinigung (nicht geschwiegen werden kann)." Der von Kapras genannte „historische staatsrechtliche Anspruch auf das Gebiet der Lausitz" ist „materiell und formal in unzweideutiger Weise inexistent geworden". Das Beharren auf dieser „Fiktion [...] war [...] nach 1918 [...] nicht nur unhaltbar aus politischen und völkerrechtlichen Gründen, sondern ist für die erforderliche Regelung der nationalen, volkstumsmäßigen Rechte der Sorben im Deutschen Reich eine außerordentliche Erschwerung". Deshalb betrachten alle „politisch geschulten Lausitzer Sorben [...] die staatsrechtlichen Ansprüche, die von čechischer Seite noch gemacht werden, als im Widerspruch mit den staatsrechtlichen, völkerrechtlichen Tatsachen, im Widerspruch mit der offiziellen Politik der Čechoslowakischen Republik und im W i d e r s p r u c h m i t u n s e r e r e i g e n e n A u f f a s s u n g, und damit als g e g e n s t a n d s l o s." „(Wir erwarten,) nicht weiterhin mit einer Verantwortung belastet zu werden, die uns weder rechtlich, noch moralisch, noch politisch zufällt." Unabhängig davon „halten wir uns in unanfechtbarer Weise für berechtigt, zum čechischen Kultur- und Geistesleben die gleichen Beziehungen zu unterhalten, die wir als Angehörige der westslavischen Völkergruppe zu allen slavischen Völkern [...] zu unterhalten wünschen und aus Gründen des geistigen Fortschritts [...] ebensowenig entbehren können, wie den Kontakt zur deutschen und jeder anderen hochstehenden Kultur."[341] Die zweite, bei Kapras zu kritisierende Darstellung betraf die Vorgänge „während der Friedensverhandlungen". Für Skala war es unerheblich, ob Kapras Recht hat mit der Behauptung, die Sorben hätten in Paris keine Rolle gespielt, weil sie „(sich) während des Weltkrieges weder zu Hause noch im Ausland bemerkbar gemacht haben." Wichtig war ihm allein „die Tatsache, daß die ‚Lausitzer Frage‘ von allen Seiten als eine politische Frage, nicht aber als ein Rechts- oder nationales Kulturproblem aufgefaßt worden ist." Hinzu kam: „weil einzelne Ententemächte von dem Beispiel der Lösung der Lausitzer Frage einen ungünstigen Einfluß hinsichtlich ihrer eigenen kleineren nationalen Minderheiten befürchteten, unterblieb die Regelung." Dass sorbische Politiker in Paris versuchten, „die eigene nationale Frage unter Berufung auf das feierlich verkündete Selbstbestimmungsrecht der Völker einer Regelung zuzuführen, kann ihnen kaum zum Vorwurf gemacht werden." Zu Recht aber kann und muss man ihnen vorhalten, daß sie sich über „die Tragweite ihrer Aktion nicht Rechenschaft gegeben" haben. Die „sich einander ablösenden politischen Konzeptionen[342] [...] lassen erkennen, mit wie wenig politischer Urteilsfähigkeit und kritischer Einstellung die Lösung der ‚Lausitzer Frage‘ damals angestrebt wurde." Unmissverständlich sagte er: „Es besteht keine ‚Lausitzer Frage‘ als politisches Problem; es besteht aber unverändert eine Frage der Lausitzer Sorben als Rechtsproblem und als innerstaatliche volkstumspolitische Aufgabe des nationalsozialistischen Deutschen Reiches." Sie kann weder „mit den engherzigen Anschauungen einer vergangenen Zeit" noch „mit den verwerflichen und vom Führer und Kanzler des Deutschen Reiches auch verworfenen Mitteln einer offenen oder versteckten Germanisation" gelöst werden.

Er hoffte 1935 noch, die Nazis würden den Rechtsanspruch der Sorben beachten. Er meinte, seine „Verwirklichung kann aus Gründen der Gerechtigkeit, der Kultur und der politischen Vernunft nicht verzögert werden"; er sei „von allen europäischen Kulturvölkern anerkannt" und „aus ethischen und rechtlichen Gründen unabweisbar und unverjährbar."[343]

Als einen nicht unwichtigen Teil seines journalistischen und politischen Kampfes um gleiche Rechte für alle Minderheiten informierte Skala Mitte 1935 ausführlich darüber, wie die deutsche Bürokratie das Recht der polnischen Minderheit auf Einrichtung eines polnischen Gymnasiums behinderte.[344]

Für Kinder der deutschen Minderheit in Polen waren innerhalb kurzer Zeit mehr als 30 Gymnasien errichtet worden. Die Auseinandersetzung der Eltern polnischer Kinder mit deutschen Behörden hingegen dauerte fast 10 Jahre. Die deutschen Behörden ließen zwar Grundschulen zu, widersetzten sich aber der Gründung eines Gymnasiums, weil sie die Entstehung einer polnischen Intelligenz in der polnischen Minderheit befürchteten. Erst im November 1932 konnte nach langen Kämpfen, an denen sich auch Mitglieder des Związek Polaków w Niemczech (Kaczmarek, Osmańczyk, Bożek) beteiligten, das polnische Gymnasium in Beuthen gegründet werden. Träger war der Polnisch-Katholische Schulverein, die Lehrer waren polnische Staatsangehörige, denn deutsche Staatsbürger wurden nicht als polnischsprachige Lehrer ausgebildet.

Für die Gründung eines Gymnasiums war u.a. eine besondere Erlaubnis der deutschen Schulverwaltung notwendig. Sie legte als offizielle Bezeichnung fest: „Private höhere Schule mit gymnasialen Lehrplan und polnischer Unterrichtssprache in Beuthen O-S." Mit diesem antipolnischen „Bürokratie-Trick" versagten die Behörden dem Gymnasium das sogenannte „Öffentlichkeitsrecht", auf dessen Grundlage die Schule eine eigene Kommission zur Reifeprüfung einsetzen und Reifezeugnisse ausstellen konnte. Mit diesem „Verzweiflungsakt" drückten preußische Behörden ihre Haltung aus, die Eröffnung eines polnischen Gymnasiums – ungeachtet rechtlich bindender Verträge – als Niederlage bei der Germanisierung der Slawen zu empfinden. Es dauerte noch weitere Jahre, bis diese höhere Schule ein ordentliches, mit allen Rechten ausgestattetes polnischen Gymnasium für den Nachwuchs der polnischen Minderheit war und die Abiturienten ihr Recht auf ein akademisches Studium wahrnehmen konnten.

In einer ausführlichen Darstellung informierte Skala zunächst über die von deutschen Behörden errichteten Hindernisse. Vor allem jedoch verwies darauf, dass zuständige Behörden am 16.12.1932, vom 29.-31.3.1933, am 1. und 7.6.1933, am 21.9.1933, vom 15.-17.2.1934 sowie vom 18.-19.2.1935 sieben zum Teil mehrtägige Revisionen an der Schule durchgeführt hatten[345]. Eindrucksvolles Resultat dieser Prüfungen war, „dass die Behörden in Oberschlesien noch am 4. März 1935 anlässlich einer Besprechung mit den Vertretern des polnischen Schulverbandes das Ergebnis der Revisionen als befriedigend bezeichneten und mitteilten, daß die Entscheidung über die Zuerkennung des Oeffentlichkeitsrechts beim Minister liege, jedoch weder die Regierung noch die Provinzialschulkollegien daran zweifeln, dass die Entscheidung des Ministers positiv ausfallen werde." Lehrer, Direktor nahmen das zum Anlass, die Prüfung der Abiturienten für den 19.3.1935 festzulegen.

Es kam jedoch anders! Die Behörde entschied negativ. Der Reichs- und Preußische Minister für Wissenschaft, Erziehung und Volksbildung hatte „durch Erlass vom 8. März 1935 die Abhaltung der Reifeprüfung vor einem besonderen Prüfungsausschuss" angeordnet, an der der polnische Direktor zwar „teilnehmen dürfe, jedoch nicht berechtigt sei, in dieselbe einzugreifen."[346] Das war ein Verstoß gegen Art. 128 des Genfer Abkommens, der besagte: „Wenn der Unterricht in Minderheitsprivatschulen den Anforderungen genügt, die für öffentliche, mittlere oder höhere Schulen massgebend sind, sind diese Minderheitsprivatschulen mit der Wirkung als mittlere oder höhere Schulen anzuerkennen, daß ihre Zeugnisse, insbesondere die Abgangszeugnisse dieselbe Geltung haben wie die entsprechenden öffentlichen Schulen."[347]

Die anberaumte Reifeprüfung fand nicht statt, „da alle sechs in Frage kommenden Abiturienten dem Direktor am 18.3.1935 erklärten, auf Grund der neuen Tatsache auf die Reifeprüfung verzichten zu müssen." Hinzu kam, dass einem Erlass des Oberpräsidenten der Provinz Oberschlesien zufolge jeder Prüfling 50 Reichsmark Gebühren zu zahlen hatte, „während bei einer Reifeprüfung in einer anerkannten Anstalt keine Prüfungsgebühren erhoben" wurden. Die Versagung gleicher Rechte und der Verstoß gegen das Genfer Abkommen bedeutete „vor allem für die ersten Abiturienten [...] eine empfindliche Benachteiligung."[348] Skala wiederholte deshalb seine schon mehrfach verwendete Argumentation, wonach ein solcher Umgang mit den Rechten einer nationalen Minderheit „mit den vom Führer und deutschen Reichskanzler in feierlicher Form verkündeten Grundsätzen in unüberbrückbarem Widerspruch steht".[349]

Die Proteste der polnischen Minderheit, unterstützt und der europäischen Öffentlichkeit bekannt gemacht durch Skalas Artikel in der Kulturwehr, zeigten diesmal Erfolg. Der Oberpräsident der Provinz Oberschlesien teilte dem Polsko-Katolickie Towarzystwo Szkolne na Śląsk Opolski im Schreiben vom 7.5.1935 mit: „Namens des Herrn Reichs- und Preußischen Ministers für Wissenschaft, Erziehung und Volksbildung erkenne ich hiermit die private höhere Minderheitsschule mit polnischer Unterrichtssprache in Beuthen O/S. als höhere Lehranstalt des humanistischen Gymnasialtyps an. Ich verleihe der privaten höheren Minderheitsschule mit polnischer Unterrichtssprache in Beuthen O/S. das Recht zur Abhaltung von Reifeprüfungen und zur Ausstellung des Reifezeugnisses einer höheren Vollanstalt mit der Berechtigung zum Universitätsstudium."[350]

Eine Besonderheit des Gymnasiums bestand darin, dass es zwischen 1934 und 1937 auch von sorbischen Jugendlichen besucht wurde. Es waren „Behr, Pawel Berhard, Piskowitz, Dolne Łuźyce; Bulang, Beno Alfons, Ostro, pow. Kamieniec; Hadank, Jan, Kamieniec; Nawka, Cyryl Deogratius, Racibórz, pow. Budziszyn; Nawka, Jakub Tomasz, Racibórz, pow. Budziszyn; Žur, Hubert Cyryl, Milicz, pow. Kamieniec; Scholtze, Jan, Prochowice, pow. Legnica; Skala, Jan, Berlin; Waury, Rudolf, Ostro, pow. Kamieniec, Cyž, Beno, Ostro, pow. Kamieniec; Cyž, Jan Jakub, Ostro, pow. Kamieniec"[351] (Sieben davon sind auf dem Foto auf S. 306 zu sehen, hintere Reihe, 2. von links Skalas Sohn Jan)

Der Lehrplan umfasste Naturwissenschaften, deutsche und polnische Geschichte, vor allem aber sorbische Kultur und Sprache. „Die sorbische Bibliothek umfaßte mehr als 300 Bände. Sie war dem polnischen Gymnasium im Namen der Domowina gespendet von den Lausitzer Patrioten Dr. Jan Cyž, dem Redakteur Jan Skala und dem sorbischen Sprachforscher und Poeten Michał Nawka."[352]

Diese Tatsachen brachten sächsische und preußische Behörden in Erregung, besonders nach einer Hausdurchsuchung der Gestapo bei Skala, bei der u.a. Briefe und andere Materialien mit Hinweisen auf den Aufenthalt sorbischer Jugendlicher am polnischen Gymnasium beschlagnahmt wurden. Die Wendenabteilung, der preußische Innenminister und das sächsische Ministerium für Volksbildung stellten Nachforschungen an und kamen zu der Erkenntnis, Skala nehme eine Schlüsselfunktion in dieser Sache ein. In der Heranbildung einer sorbischen Intelligenz sahen sie eine große Gefahr. Es konnte nach ihrer gemeinsamen Auffassung

Sorbische Schüler des polnischen Gymnasiums

„mit Sicherheit angenommen werden", dass die jungen Sorben in Beuthen „in allslawischem Sinne erzogen würden."[353] Da nützte es nichts, dass ein Vater, befragt durch die Wendenabteilung, sachlich darauf hinwies, die „Reichsregierung habe das polnische Gymnasium als vollwertig anerkannt" und angesichts dessen „könnte ihm doch ein Vorwurf, daß er seinen Sohn dort hinschicke, nicht gemacht werden."[354]

Die Feinde einer sorbischen Intelligenz konnten allerdings keine schnellen Erfolge erzielen, da das Gymnasium de facto unter dem Schutz der Genfer Konvention stand. So konnte die Zugehörigkeit zu einer ethnischen Minderheit amtlicherseits weder nachgeprüft noch bestritten werden. Sie war einzig und allein von der individuellen Entscheidung der Betreffenden bzw. bei Minderjährigen, von ihren Eltern abhängig. Ungeachtet dessen strebte vor allem das sächsische Bildungsministerium danach, die sorbischen Schüler aus Beuthen zu entfernen, denn auf diese Weise „gehen dem deutschen Volkstum in immer stärkeren Maße Kräfte verloren, die einer von Tschechen und Polen unterstützten deutschfeindlichen Wendenpolitik zu Gute kommen." Man müsse die Kinder dort wegholen, damit sie „unter dem Einfluß einer deutschen Umwelt, vor allem der Schule, des Jungvolks, der HJ, dem deutschen Volkstum erhalten bleiben." Es müsse alles getan werden, „das Anwachsen einer Intelligenzschicht, einer wendischen Führerschicht zu unterbinden." Auf die Eltern könnten die „örtlichen Organe der Verwaltung, der Partei, der Wirtschaft und des Bundes Deutscher Osten" einwirken, der „Leitung des polnischen Gymnasiums" sei auf „die Genehmigung für seine Gründung" energisch hinzuweisen und überhaupt bestehe kein Grund den Polen „zu erlauben, daß sie die Wenden, die wir gar nicht als Minderheit anerkennen, in für Deutschland ungünstigem Sinne unterstützen."[355]

Der Oberpräsident der Provinz Oberschlesien schloss sich dieser minderheitsfeindlichen und rechtswidrigen Denkweise an und forderte im November 1936 die Entfernung der sorbischer Schüler vom polnischen Gymnasium mit der Begründung, „der deutsche Volksteil, der sich selbst die Bezeichnung ‚Lausitzer Sorben' beilegt, (hat) keine Berechtigung, seine Kinder der privaten höheren Schule der polnischen Minderheit zuzuführen." Das sei vielmehr ein „Versuch dieser Volksgruppe, sich den Charakter einer nationalen Minderheit beizulegen."[356]

Mithilfe des traditionellen Vorurteils von der Deutschfeindlichkeit der Polen und Sorben, auf der Grundlage konsequenter Missachtung von Minderheitenrechten, beim Machtmissbrauch unterstützt von der NSDAP-Organisation in Oberschlesien und dem Bund Deutscher Osten gelang es den Behörden schließlich, die sorbischen Schüler aus Bytom zu entfernen. Am 19.4.1937 teilten sie der polnischen Schulleitung mit, dass mit Schuljahresende die Sorben die Schule zu verlassen haben.[357]

Mitte der 1930er Jahre verhielten sich NSDAP und deutsche Behörden – das ist ganz offensichtlich die typische Reaktion des deutschen Staates seit dem 7. Oktober 1920[358] – gesetzeswidrig und minderheitenfeindlich. Auch auf Skala erhöhten sie den Druck.

Goebbels verwarnt Skala – Skala widerspricht Goebbels

Die Nazis waren durch Skalas minderheitspolitische journalistische Arbeit, wie sie hier für die letzten fünf Jahre in Umrissen geschildert wurde, gereizt. Nicht zuletzt die Offenlegung der Hintergründe um das Beuthener Gymnasium, aber z.B. auch, dass Skala sämtliche Beschwerden über die Versetzung sorbischer Lehrer in deutsche Siedlungsgebiete in der „Kulturwehr" veröffentlichte, trug dazu bei. Die Zeitschrift war der NSDAP-Führung unbequem, lästig, im In- und Ausland zuviel gelesen. Am 28.9.1935 bekam Skala im Auftrag von Propagandaminister Goebbels deshalb Post.

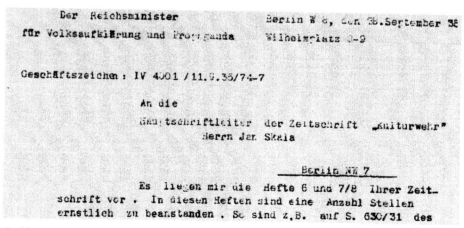

Goebbels-Schreiben an Skala

wird den Behörden und einzelnen Personen , mit diesen sind
offenbar verantwortliche Vertreter der NSDAP gemeint , Sabotage
des Führerwillens und Verfälschung des nationalsozialistischen Weltanschauungsgutes unterschoben . Eine solche Polemik in einer öffentlichen Zeitschrift steht in schärfstem Gegensatz zu den allgemeinen Staatsinteressen und kann nicht
geduldet werden . Die Veröffentlichung solcher Ausführungen

Anlass für das Goebbels-Schreiben

Skala antwortete in einem dreiseitigen Schreiben unerschrocken.

J A N   S K A L A   Berlin NW 7 , den 12.X.1935
    Hauptschriftleiter   Dorotheenstr. 47,1
der Zeitschrift für Volkstumsfragen
    „ KULTURWEHR "

                        An den

                        Herrn Reichsminister für Volksauf -
                            klärung und Propaganda

                                    Berlin   NW 8

                                Wilhelmstr.8-9

Betr. Geschäftszeichen: IV 4001/ 11.9.35/74-7
        Gestatten Sie mir , Herr Minister , darauf ganz
ergebenst folgendes zu erwidern :
        In dem Schreiben vom 28. September 1935 sind
die sachlichen Gruende und die Ursachen der von mir an den
Verhältnissen des sorbischen Schulwesens geübten Kritik
unberücksichtigt geblieben . Für die Beurteilung der bean-
            Unter diesen Umständen war ich als Angehöriger
der sorbischen Volkstumsgruppe und als Leiter einer Zeitschrift zur Wahrnehmung ihrer berechtigten Interessen nicht
nur berechtigt , sondern sittlich verpflichtet , auf die
Widerstände hinzuweisen, die der volkstumsrechtlich wie
staatspolitisch gleich wichtigen Änderung dieser Schulver-
hältnisse entgegenwirken . Um eine den Staatsinteressen

            Ich bitte deshalb unter Berücksichtigung dieser
Erwägungen , die mir ausgesprochene Verwarnung rückgängig
zu machen und den Einfluss des Herrn Ministers bei den
in Frage kommenden Behörden auf die Beseitigung der
Ursachen meiner Kritik geltend machen zu wollen .

Antwort Skalas an Goebbels

Mit bestechender Logik formulierte Skala in der nächsten Ausgabe der Kulturwehr seine Kritik am Nazi-Totalitarismus. Die berechtigten Ansprüche jedes Staates an seine Bürger, ggf. auch an die Angehörigen einer nationalen Minderheit, nennend und alle zum Respekt davor auffordernd, stellte er unmissverständlich klar: „Der Staat ist jedoch nicht die Repräsentanz einer Idee oder einer Weltanschauung." Vielmehr ist „das Volk als Souverän ideeller, geistiger und seelischer Gebiete", denn es „schafft, was dem Staat erst die entscheidende Existenzberechtigung gibt: die Nation." Das polnische Volk habe „auch nach dem Verlust der staatlichen Selbständigkeit nie aufgehört eine Nation (‚naród') zu sein". Die Lausitzer Sorben „(die) ihre staatliche Selbständigkeit vor fast 1000 Jahren verloren und eine neue eigene staatliche Organisationsform weder wiedergefunden haben, noch eine solche heute suchen, (bilden) trotzdem aber in ihrer geistigen Leistung und seelischen Manifestation einen eigennationale Einheit, demnach also ein Volk (‚naród'). Ihre geringe zahlenmäßige Stärke und ihre freiwillige – oder wenn man will: zwangsläufige – Einordnung in die politische Organisationsform des deutschen Reiches beweist erneut nur den tatsächlichen Charakter des Staates als einer zweckmäßigen verwaltungstechnischen Einrichtung zur Erfüllung materieller Funktionen."[359] Nähme jedoch der Staat Funktionen wahr, die dem Volk zustehen, wolle der Staat dem Volk eine Weltanschauung diktieren, strebe man danach, Staat und Volk zu „einer fast vollständigen Einheit" zu verbinden, dann komme es „zu dem autoritären Totalitätsstaat." Weil ethnische Minderheiten eigene Kompetenzen für ihre „ideellen, geistigen und seelischen Manifestationen" besitzen, können sie „zu den ideellen, weltanschaulichen, geistigen und seelischen Manifestationen" des „autoritär gewordenen Totalitätsstaates aber weder hinzugezogen werden, noch kann sie der Staat dazu zwingen."[360]

In seiner Art und zu seiner Zeit machte Skala klar, was auch heute noch richtig ist: Der Staat kann und soll nicht das „Lebensglück" seiner Bürger bewirken. Aber er kann und muss jedem Bürger politisch und juristisch die Möglichkeit schaffen, sich als gleichberechtigter Teil der Gesellschaft zu erleben. Und: Massenmedien müssen diese Entwicklung begleiten und befördern.

Auf den selbstbewussten Standpunkt Skalas im Antwortbrief und im Artikel reagierte der Staatsapparat wie gewohnt. Er missachtete inhaltliche Argumente und gebrauchte seine formalen Machtmittel. Mit Briefkopf des Reichs- und Preußischen Ministers des Innern, der Unterschrift von Oberregierungsrat Tietje und dem Datum vom 16.10.1935 wurden Sächsische Staatskanzlei, Amtshauptmann Sievert und Wendenabteilung informiert: „Der Schriftleiter Jan Skala der Zeitschrift ‚Kulturwehr' ist von dem Herrn Reichsminister für Volksaufklärung und Propaganda verwarnt worden."[361]

Fazit

Skalas Wirken für die Menschenrechte ethnischer Minderheiten in der Niedergangsphase der Weimarer Republik und dem sich festigenden Faschismus stand kontinuierlich unter Beobachtung, zunächst der Wendenabteilung, später der Gestapo. Im Bericht über 22 führende sorbische Persönlichkeiten vom 5.11.1935 wurde Skala als „einer der Hauptdrahtzieher der derzeitigen ‚wendischen Bewegung'"[362] genannt.

Die deutsche „Obrigkeit" agierte auch zwischen 1930 und 1935 gegen alle Versuche, Rechte für die Minderheiten im Inland politisch durchzusetzen. Anfangs war der heraufziehende Faschismus eher wie ein übers Land wehendes „Lüftchen", über die meisten wehte es hinweg, kaum einem blies es ins Gesicht. Nur die wenigstens ahnten, den Beginn eines „Sturmes" mitzuerleben. Die Herrschenden unternahmen nichts, was der Stärkung der Verfassung und der Rechte der (sorbischen) Minderheit diente, aber alles, was ihre Verhinderung, Einschränkung, Beseitigung begünstigte und ermöglichte. Das geschah unter wesentlicher Mithilfe der republikfeindlichen Justiz. Die obrigkeitsstaatliche Sozialisation der beamteten Juristen im Kaiserreich, gepaart mit militantem Nationalismus ließ sie die Weimarer Republik als abzulehnendes oder gar zu bekämpfendes Interregnum verstehen. Aus diesen Richtern und Staatsanwälten rekrutierten sich jene, die den Nazis willig Gefolgschaft leisteten. Für die Weimarer Republik waren sie Totengräber, für das Nazi-Regime Geburtshelfer. Die Eliten hatten ihren Frieden mit Hitler gemacht, bevor sie seinen Krieg mitmachten. In der Weimarer Republik nutzte die Justiz gegen die Rechte der Sorben das Florett, die Nazis jedoch griffen erst zum Säbel, dann zum Feuer.

Ein kontinuierlich angewandtes „probates" Mittel zur Verhinderung von Minderheitenrechten war die Störung und Zerstörung des Identitätsgefühls ethnischer Minderheiten als Ganzes, aber auch ihrer Individuen. Das gelang (und gelingt!) bekanntlich am deutlichsten, indem man Kultur, Sprache, Geschichte unterdrückt und verbietet. Der Journalist Skala hat das lebenslang bekämpft. Innerhalb der Menschenrechte ethnischer Minderheiten sah er Sprache und Kultur als wichtige „Waffe" für die Stärkung des Selbstbewusstseins nationaler Minderheiten ebenso wie die sichere Kenntnis der eigenen Geschichte. Denn er wusste, wer keine Vorstellung über seine Herkunft und von der angestrebten Zukunft hat, für den sind Sprache und Kultur folkloristische Relikte und die Geschichte des eigenen Volkes ein toter Krater. Und er ahnte voraus, Sorben geraten mit und durch Assilimilierung in eine tragische Sackgasse. Sie bleiben unumkehrbar stecken, als Ethnie und als Individuen.

Im Übergang von der Republik zum Faschismus hielten Skala und der Verband der nationalen Minderheiten in Deutschland die Erhaltung des Friedens, die Sicherung des status quo für den Dreh- und Angelpunkt menschenrechtsgemäßer Minderheitenpolitik. Wo andere schwiegen, wagten sie zu fragen. Gegen monarchistisch-patriarchalisches Denken und gegen nationalistisch-instrumentelles Herangehen an die Minderheitenproblematik hielten sie den Ausbau republikanisch-demokratischer Freiheiten für den richtigen Weg zur Erringung von Minderheitenrechten.

Im sich beschleunigenden Niedergang der Republik wollten fast alle politischen Kräfte Hitler und die NSDAP an „den Pfahl der Legalität" binden. Die wirtschaftlichen Eliten allerdings hofften auf den „starken Mann". Andere glaubten, die Nazi-Bewegung werde sich normalisieren. Keine politische Kraft war in der Lage, sich rechtzeitig einzustellen auf die immer klarere Konturen annehmende Diktatur der Nazis. Damit waren viele Illusionen verbunden, die auch um Skala und den Verband der nationalen Minderheiten in Deutschland einige Zeit lang keinen Bogen machten.

Der Kampf der Nazis gegen sorbische Selbstbestimmung und für zerstörerische „Gleichschaltung" ging nach dem Bekanntwerden des Domowina-Satzungsentwurfes und den vor allem von Skala scharf geführten publizistischen Auseinandersetzungen zu den sog. wendischen Deutschen um die Jahreswende 1935/1936 in eine neue Etappe. Sie war charakterisiert durch zahlreiche Restriktionen gegen sorbische Kulturveranstaltungen, sorbische Presse, sorbische Persönlichkeiten.

Als Chefredakteur der Kulturwehr war Skala zu einem von den Nazis ernstgenommenen Gegner geworden. Bei Freunden großdeutscher Ziele und bei Verfechtern nazistischer Repressionen hatte er zahlreiche Feinde. Skala beteiligte sich zwischen 1930 und 1935 zwar nicht am „bewußten politischen Kampf" gegen das Regime, wohl aber an jenen „Grundformen des Widerstandes gegen den nationalsozialistischen Totalitarismus", die heute als „gesellschaftliche Verweigerung" und „weltanschauliche Dissidenz"[363] bezeichnet werden.

Wissen um die Geschichte ethnischer Minderheiten sowie die Grundhaltung, nicht zu schweigen, wenn etwas gesagt werden musste, prägten Skalas journalistische und redaktionelle Arbeit ebenso wie seine Erfahrungen mit dem Zusammenbruch der deutschen Monarchie und den kontinuierlich minderheitsfeindlichen Entscheidungen deutscher Verwaltungen, insbesondere auf bildungs- und kulturpolitischem Gebiet.

Deutsch-Nationale, Konservative und Nazis bewerteten Skala als gefährlich, weil er auf selbstbewusste und gemeinsame Suche von Alternativen orientierte. Den Herrschenden gelang es jedoch immer, in unterdrückten Schichten, darunter in ethnischen Minderheiten, regimetreue Kräfte zu gewinnen. Weil Skala auch sie öffentlich und z.T. hart kritisierte, begegnete mancher Skalas Texten mit Nichtachtung, Ablehnung oder Widerspruch. Skala benannte sowohl Verantwortung und Schuld der (Deutschen) „da oben" als auch Opportunismus und die Hasenherzigkeit der (Sorben) „da unten". Bei nicht wenigen seiner Landsleute erlebte Skala eine Haltung, sich wenig um Politik zu kümmern. Aber auch wenn der einzelne zeitweilig einen Bogen um Politik machen kann, die Politik macht letztlich um keinen einzelnen einen Bogen! Manch einer von Skalas Landsleuten schämte sich seines Anders-Seins, sah sich als Angehöriger einer ethnischen Minderheit als minderwertig. Damit jedoch bestätigte man ungewollt die Meinung, Slawen seien eine niedere, dumme, einfältige „Rasse", die von der gutartigen, starken, friedfertigen „Rasse" der Arier gelenkt, geführt, beherrscht werden müsse.

Skala führte seinen Kampf für eine demokratische, innenpolitische Regelung der Minderheitenrechte in der einen wie in der anderen Situation entschieden und unerschrocken. Unermüdlich suchte er zugleich dafür die Zustimmung anderer Engagierter zu seinen Lösungsvorschlägen zu erreichen, ungeachtet ihrer Weltanschauung oder ihres Glaubens. Intensiv arbeitete er für ein Bündnis aller Minderheiten in Deutschland, zusammen mit Polen, Dänen, Friesen, Litauern sowie Deutschen aus dem Umkreis der Weltbühne und der Deutschen Friedensgesellschaft.

Skala nahm seine Aufgabe als Journalist ernst und war deshalb notwendig politisch und demokratisch. Nicht die Jagd nach Skandalen war ihm wichtig. Auch nicht Konstruktion und Popularisierung irgendwelcher „ewiger" Werte oder Rechte. Er erhellte sachbezogen Hintergründe, analysierte politische „Mechanismen" der Verletzung von Menschenrechten, spürte den Ursachen für minderheitsrechtliche und -politische Missstände nach. Mit seiner Art, Wissen zu verbreiten wollte er die Mächtigen von mehr Rechtsstaat überzeugen, zur Demokratie „verführen". Vermeintliche „überparteiliche" Ausgewogenheit hielt er für den Tod des ehrlichen Journalismus. Für die Darstellung einer richtigen Feststellung benötigte er zu keiner Zeit deren Pendant, um vermeintlich ganzheitlich und allseitig zu informieren. Die abbildhafte Darstellung gegebener Zustände ohne Kritik realer Missstände sah er als eine Art journalistischer Pflichtverletzung an. Insofern war Skala nie objektiver Beobachter. Er sah unvermeidlich stets nur einen Teil der Wahrheit. Das aber war sehr viel in einem Umfeld, in dem vor allem Lügen, Vorurteile und Intoleranz das geistige Klima und den Alltag der Minderheiten bestimmten. Unermüdlich kämpfte Skala deshalb gegen eine Presse, deren Grundton in Bezug auf die Minderheiten durch nationalistisch-arrogante Dummheit, durch saturierte, über jedweden Selbstzweifel erhaben praktizierte Meinungsmacherei, durch ethnische Ressentiments und Aggressivität gekennzeichnet war. Fremdenhass und Rassismus erlebte und bewertete er als logische Zuspitzung des Nationalismus. In „Weimar" trat er als Ausgrenzung zutage, im Dritten Reich als Zerstörung und Ausmerzung.

Skala brachte in die redaktionelle und journalistische Arbeit seine sozialen, politischen, kulturellen Erfahrungen ein und ließ die Leserschaft darüber nicht im Unklaren. Wovon er etwas wusste, dazu hatte er eine Meinung und für diese Argumente und Beweise. Mit seinem umfangreichen, immer wieder autodidaktisch erweiterten Wissen, durch sein klares Bekenntnis zum Sorbentum und zu den Minderheitenrechten lullte ihn die Nazi-Ideologie letztlich nicht ein. Gegen die verfälschende, manipulierende Darstellung setzte er die Darstellung der Verfälschung und Manipulation.

Sorbische Herkunft plus Lebenserfahrung, gepaart mit positiver Streitbarkeit – das machte Skalas Identität aus. Für ihn, nicht nur für Fotografen und Maler gilt: der Standpunkt bestimmt die Perspektive. Skala lüftete die minderheitenpolitische Lügendecke der Weimarer Republik und des Nazi-Regimes, weil er Menschenrechte für ethnische Minderheiten wollte. Gegen staatliche Gewalt und Willkür setzte er mit Vernunft das journalistische Wort, stets hoffend, am Ende gelte der Sinn klarer Worte mehr als Demagogie. Diese Erwartung jedoch wurde umfassend und einschneidend enttäuscht.

Anmerkungen, Quellen, Personalia

1 Auf manchen sorbischen Rittergütern übten nazistische Stoßtrupps. Söhne sorbischer Großbauern waren in Reiterstürmen und motorisierten Gruppen der SA aktiv.

2 Der Freiheitskampf, Zeitung der NSDAP für Ostsachsen vom 3.10.1930 (Noch ein Jahr später beklagte diese Zeitung, „wie schwer gerade hier ein Vorwärtskommen der Idee unserer Bewegung ist", ebd. 27.7.1931)

3 Serbske Nowiny vom 7.6.1930

4 BOGENSEE, J./SKALA, J.: Die nationalen Minderheiten im deutschen Reich und ihre rechtliche Situation, Bautzen 1929; sie erschien noch im gleichen Jahr in dänischer und polnischer Sprache: De nationale Mindretal i Tyskland, Slesvigsk forlag, 1929/.: Problem mniejszościowy w Niemczech, Poznan 1929

5 zitiert nach: Pressestimmen, in: Kulturwehr 2/1930, S. 51

6 zitiert nach: ebd., S. 69f

7 zitiert nach: Pressestimmen, in: Kulturwehr, 10/11/1930, S. 421

8 J.B.: Der Heimatdienst und die Minderheiten, in: Kulturwehr 2/1930, S. 30

9 ebd., S. 32ff

10 Pressestimmen, in: Kulturwehr 2/1930, S. 53 (Hervorhebungen im Original)

11 ebd. S. 56

12 Von 1904 bis 1936 in München erscheinende Kulturzeitschrift, nach dem Ersten Weltkrieg offen nationalistisches Medium; verbreitete 1924 die sogenannte Dolchstoßlegende. (Quelle: http://de.wikipedia.org/wiki/S%C3%BCd

13 -ska-: Besprechungen, in: Kulturwehr 4/5/1930, S. 112ff

14 Brief SKALAS vom 8.12.1930 an MĚRĆIN NOWAK-NJECHORŃSKI, Archiv des Autors

15 zitiert nach: Kulturwehr, Heft 10/11/1930, S. 399

16 JAN SKALA: Pressestimmen, in: ebd.

17 ebd. S. 400f

18 ebd. S. 401f

19 ebd. S. 401

20 ebd. S. 402

21 GEORG SIEGFRIED KAWERAU, * 8.12.1886 † 16. Dezember 1936, wirkte als Gymnasiallehrer in Berlin, war Mitglied der SPD und des; ab 1921 Mitglied der Charlottenburger Bezirksversammlung, von 1925 bis 1930 Bundes entschiedener Schulreformer; veröffentlichte Schriften zur Reform des Geschichtsunterrichts, 1927 Oberstudiendirektor am Köllnischen Gymnasium, Anfang 1933 verhaftet und von der SA gefoltert, nach mehreren Monaten entlassen, zum 1. September 1933 in den vorzeitigen Ruhestand versetzt; an den Folgen der Haft verstarb er im Alter von 50 Jahren. Am 9.4.2009 wurde vor dem ehemaligen Wohnhaus Bonhoefferufer 18, in Berlin-Charlottenburg, ein Stolperstein verlegt. (Quelle: http://de.wikipedia.org/wiki/Siegfried_Kawerau)

22 Pressestimmen, in: Kulturwehr 2/1930, S. 54

23 ebd., S. 54f

24 Er fordert u.a.: „In allen Schulen ist sittliche Bildung, staatsbürgerliche Gesinnung, persönliche und berufliche Tüchtigkeit im Geiste des deutschen Volkstums und der Völkerversöhnung zu erstreben. Beim Unterricht in öffentlichen Schulen ist Bedacht zu nehmen, daß die Empfindungen Andersdenkender nicht verletzt werden."

25   Pressestimmen, in: Kulturwehr 2/1930, S. 56

26   -SKA-: Der 6. Minderheitenkongreß, in: Kulturwehr 8/1930, S. 257ff

27   zitiert nach: Tagungen des Auslands- und Grenzdeutschtums, in: Kulturwehr 7/1930, S. 226

28   ebd., S. 228f

29   KLEOPHAS FRANZ PLEYER * 19.11.1898 † 26.3.1942 als Oberleutnant und Kompaniechef in Russland; betätigte sich ab 1920 als Jugendführer, Parteiredner, Gründer der Sudetendeutschen Tageszeitung und Propagandadichter in der Deutschen Nationalsozialistischen Arbeiterpartei der Tschechoslowakei, für die er das Lied „Wir sind das Heer vom Hakenkreuz" schrieb, mit dessen erster Strophe das 1927 gedruckte Parteiprogramm der NSDAP schloss; Promotion 1925, Habilitation 1934, danach Lehrbeauftragter an der Universität Berlin; gehörte ab 1935 dem Beirat der „Forschungsabteilung Judenfrage" beim Reichsinstitut für Geschichte des Neuen Deutschlands an, wurde 1937 Professor für mittlere und neuere Geschichte an der Universität Königsberg und 1939 Professor an der Universität Innsbruck; meldete sich im Zweiten Weltkrieg freiwillig zum aktiven Wehrdienst, fand den Tod in der Schlacht von Demjansk. Posthum wurde ihm 1944 der Kant-Preis der Uni Königsberg verliehen. Seine wichtigsten Schriften (Die Kräfte des Grenzkampfes in Ostmitteleuropa, Hamburg 1937; Gezeiten der deutschen Geschichte, München 1939 und Volk im Feld, Hamburg 1943 wurden nach dem Krieg in der Sowjetischen Besatzungszone auf die Liste der auszusondernden Literatur gesetzt (Quelle: http://de.wikipedia.org/wiki/Kleo_Pleyer, 17.2.2013)

30   zitiert nach: Rundschau, in: Kulturwehr, 8/1930, S. 296

31   ebd., S. 297

32   JULIUS BINDER * 12.5.1870 † 28.8.1939, Jurastudium in München, Promotion 1894, Habilitation 1898; Professor in Rostock (1900), Ordinarius in Erlangen (1903), dort ab 1911 Prorektor, Lehrstuhl für Rechtsphilosophie in Würzburg (1913) und Göttingen (1919), Mitglied der Göttinger Akademie der Wissenschaften; unterstützte in der Weimarer Republik Wahlaufrufe der „Kampffront Schwarz-Weiß-Rot", kritikloser Bejaher des NS-"Rechts"-systems, seit 5.4.1933 NSDAP-Mitglied; Unter HANS FRANK [* *23.5.1900 † 16.10.1946; Hitlers Rechtsanwalt; Höchster Jurist im 3. Reich; organisierte die Gleichschaltung der Justiz; Generalgouverneur im besetzten Polen; einer der 24 angeklagten Hauptkriegsverbrecher, im Nürnberger Prozess verurteilt, durch den Strang hingerichtet*] zusammen u.a. mit CARL SCHMITT, ALFRED ROSENBERG und JULIUS STREICHER Mitglied im Ausschuss für Rechtsphilosophie der Akademie für Deutsches Recht [*gegründet am 26.6.1933 in München; Instrument der rechtswissenschaftlichen Gleichschaltung der Gesellschaft im Sinne der NS-Weltanschauung.*] BINDER war es nicht vergönnt, die Höhenluft des Krieges mit ihren Stürmen und dem Wohnsitz der Freiheit zu genießen. Er starb wenige Tage vor Beginn jenes Krieges, in dem seine Gesinnungsgenossen über fast ganz Europa einen Feuer-Sturm entfachten, der Millionen Menschen den Tod und die Unfreiheit brachte und am Ende auf die Deutschen zurückschlug.

33   J. BINDER: Die sittliche Berechtigung des Krieges und die Idee des ewigen Friedens, Berlin 1930, S. 37

34   Besprechungen, in: Kulturwehr 2/1930, S. 67f (gesperrt im Original)

35   Pressestimme, in: Kulturwehr 2/1930, S. 64

36   KARL GOTTFRIED HUGELMANN: * 26.09.1879 Wien, † 01.10.1959 Göttingen; hier sein Artikel: Mittelalterliches und modernes Nationalitätenproblem. Zeitschrift für Politik, März 1930

37   JAN SKALA: Mittelalterliches Minderheitenrecht. Eine rechtsgeschichtliche Studie, in: Kulturwehr 12/1930, S. 433

38   ebd., S. 435

39 ebd. S. 437

40 ebd., S. 438f

41 -J.Sk.-: Das Problem der Lausitzer Serben, in: Kulturwehr 7/1930, S. 244f

42 Die Kulturwehr veröffentlichte im Heft 3/1930 (S. 86–90) den Abschnitt zum Zeitungs- und Zeitschriftenwesen der Sorben nach dem Ersten Weltkrieg.

43 Josef Páta: Aus dem kulturellen Leben der Lausitzer Serben nach dem Weltkriege, Budyšin 1930, S. 3 f/M. Lorenzen fragte in einer Rezension rhetorisch. „Was wissen wir denn [...] von dem kleinen tapferen slavischen Stamm [...], von seinem kulturellen Ringen um die Erhaltung seines alten Volkstums und seiner uralten Sprache?" Weil das Heft zeige, was in diesem Volk für kulturelle Kräfte stecken, wird es „zugleich zu einer ernsten Anklage gegen die führenden Kräfte der deutschen Republik, die es bis heute nicht fertig gebracht haben, diesem Volke die sprachliche Freiheit in Schule und Kirche gemäß der Weimarer Verfassung zuzuerkennen." (Kulturwehr 7/1930. S. 255f)

44 -ska-: Besprechungen, in: Kulturwehr 1/1931, S. 29 [Als Autoritätsbeweis fügt er an: „Schon Tetzner empfiehlt in seinem Buch ‚Die Slaven in Deutschland' aus wissenschaftlichen Gründen, den Namen ‚Wenden' als Volksnamen für die Lausitzer Serben (Sorben) fallen zu lassen." Heute jedoch hat sich die Bezeichnung „Wenden" vor allem in der Niederlausitz so verfestigt, dass damit vor allem die Unterschiede und Gegensätze zu den Sorben der Oberlausitz betont werden. Ich sehe darin einen traurig stimmenden Beleg für das erfolgreiche „Teile und Herrsche" der damals und heute an Germanisierung Interessierten.]

45 Bemerkungen, in: Kulturwehr 3/1930, S. 119f [Die Frankfurter Zeitung reagierte wie erwartet. Ihr Kommentar „Nix Wendisch im Rundfunk", sollte nach Skalas Willen „mit dem Mantel der Nächstenliebe gern verdeckt sein; das Mitleid, das man allgemein mit allen ‚Armen im Geiste' hat, schreibt diese Haltung vor." Die Zeitung habe „jetzt ihr Schimpflexikon hervorgeholt" und „gegen Stinkbomben gibt es [...] leider noch kein Abwehrmittel." ebd., S. 190f]

46 -ska-: Pressestimmen, in Kulturwehr 10/11/1930, S. 413f

47 J.Sk.-: Das Problem der Lausitzer Serben, in: Kulturwehr 7/1930, S. 243ff

48 1895–1945 selbständiger Stadtkreis im Regierungsbezirk Gumbinnen (Ostpreußen) des Deutschen Reichs

49 J.Sk.-: Der „Fall Vydunas", in: Kulturwehr 10/11/ 1930, S. 355f

50 ebd., S. 357f

51 ebd., S. 359

52 ebd., S. 359f

53 ebd. S. 360f

54 Die tschechische Zeitung „Národnostni Obzor" stellte 1930 fest, die seit 1925 in Berlin erscheinende Monatsschrift „Kulturwehr" und die seit 1928 in Wien erscheinende Zeitschrift „Nation und Staat" entsprechen „der Situation innerhalb der europäischen Minderheitenbewegung"(zitiert nach. Kulturwehr 8/ 1930, S. 298) Siebzig Jahre später widerlegt eine deutsche Wissenschaftlerin den Mythos, die Zeitschrift „Nation und Staat" sei ein „Publikationsorgan des Europäischen Nationalitätenkonkresses und *die* internationale Minderheitenzeitschrift der Zwischenkriegszeit" gewesen. Sie belegt hingegen, dass in Abstimmung zwischen Auswärtigem Amt, Reichspressestelle, Preußischem Kultus- und Innenministerium der Beschluss zu Gründung von „Nation und Staat" mit der Begründung getroffen wurde, eine „Gegenvorrichtung gegen die Kulturwehr" zu schaffen und nennt die Kulturwehr ein „professionell gestaltetes und von Jan Skala redaktionell kompetent betreutes Periodikum" Sabine Bamberger-Stemmann: Der Europäische... a.a.O. S. 233f, 235ff, 239)

55 J.Sk: Der „Fall Vydunas", a.a.O., S. 361–364

56 ebd. S. 365

57 ebd. S. 366

58 Der anonyme Autor (aus der deutschen Minderheit in Dänemark?) verfügte ganz offensichtlich über großen Einfluss. Anders ist die abgestimmte Veröffentlichung in mehreren deutschen Zeitungen nicht zu erklären.

59 Nordschleswigsche Zeitung vom 5.2.1931, zitiert nach: Kulturwehr 7/1931, S. 283

60 ein erneuter Hinweis auf umfassende Sachkenntnis des Herrn Anonymus

61 Nordschleswigsche Zeitung vom 5.2.1931, a.a.O. S. 284

62 ebd. S. 285 [Es ist bis in die Gegenwart des 21. Jahrhunderts nicht zu übersehen, dass die Umsetzung des „Teile und Herrsche!" unter den Sorben durchaus erfolgreich war, nicht nur mit Blick auf SKALA]

63 Das ist sachlich nicht korrekt. Im Januar 1919 konnte SKALA nicht bei der Berliner Sicherheitspolizei sein. Sie wurde erst nach den Wahlen zur preußischen Landesregierung am 25. März 1919 aufgebaut. Das kaiserliche Polizeisystem sollte abgeschafft werden. Am 31. Mai 1919 veröffentlichte das Preußische Innenministerium Organisationsrichtlinien für die Berliner Sicherheitspolizei. (vgl.: HANS-JÜRGEN LANGE: Staat, Demokratie und innere Sicherheit in Deutschland, Studien zur Inneren Sicherheit Bd. 1 Opladen 2000, 34ff; STEFAN NAAS: Die Entstehung des preußischen Polizeiverwaltungsgesetzes von 1931, Tübingen 2003, S. 38ff)

64 JAN SKALA: Bemerkungen, in: Kulturwehr 7/ 1931, S. 285f

65 ebd. S. 286

66 ebd.

67 ebd. S. 286f

68 JAN SKALA: „Brunnenvergiftung". Definitive Erwiderung in der Vydunas-Affaire, in: Kulturwehr 6/1931, S. 211f

69 ebd., S. 212f

70 ebd., S. 215f

71 JAN SKALA: Bemerkungen, in: Kulturwehr 12/1931, S. 484f

72 ebd, S. 486f

73 zitiert nach: Bemerkungen, in: Kulturwehr III. Quartalsheft 1932, S. 253ff

74 - J.S.-: Bemerkungen, in: ebd., S. 255ff

75 vgl. dazu Kap. 2.2. insbesondere die Berichte deutscher Zeitungen über den Prozess

76 -M-L-: Besprechungen, in: Kulturwehr 11/1931, S. 438f

77 zitiert nach: Jan Skala: Modernes Minderheitenrecht?, in: Kulturwehr 1/1931, S. 9

78 ebd.: S. 10

79 J. SK.-: Die minderheitsrechtliche Situation der Minoritäten in Deutschland, in Kulturwehr, 2/1931, S. 52f

80 BRUNON VON OPENKOWSKI, * 1887 – † 1952, Rechtsberater des Bunde der Polen in Deutschland

81 Dr. B. VON OPENKOWSKI: Ist Artikel 113 der deutschen Reichsverfassung positives Recht?, in: Kulturwehr, 4/5/1931, S. 125ff

82 ebd., S. 130f

83 ebd., S. 138f

84 JAN BACZEWSKI, * 13.12.1890 † 20. Juni 1958; deutscher Staatsbürger polnischer Nationalität; siehe auch Anmerkungen zu Kap. 2.2., Fußnote 141

85 Dr. B.VON OPENKOWSKI: Ist Artikel 113 der deutschen…a.a.O., S. 147ff

86 ebd., S. 157

87 ebd., S. 159f

88 Jan Skala: Reichsdeutsche Minderheitenpolitik, in: Kulturwehr 7/1931, S. 260 [Unter den Grundrechten nationaler Minderheiten nennt die FUEV-Charta u.a. das Recht auf den Gebrauch der Muttersprache vor Gericht und in Behörden, das Recht auf Unterricht in der Muttersprache und auf Namensführung in der eigenen Schreibweise]

89 ebd., 269f

90 Andreas Grau: Vergangenheit und Gegenwart. Ein zeitgemäßer Rückblick und Ausblick, in: Kulturwehr 1/1931, S. 1ff

91 ebd., S. 5ff

92 -ska-: Pressestimmen, in: Kulturwehr 1/1931, S. 18ff

93 Skala wusste, der Westfälische Friede kann als wesentliche Grundlage und Ausgangspunkt modernen Völkerrechts gesehen werden, weil die beteiligten Staaten gleichberechtigt waren. „Religionsfreiheit" bedeutete, Kaiser und Reich sind nicht mehr Schiedsstellen bei Religionsangelegenheiten; katholische und evangelische Konfession sind völlig gleichberechtigt; wechselt ein Landesherr die Konfession, müssen die Untertanen künftig diesen Wechsel nicht mitmachen. Vermutlich wusste er auch, dass Papst Innozenz X. mit der Bulle „Zelo domus Dei" vom 26.11.1648 gegen den Frieden protestierte und die Verträge in all ihren religiösen Bestimmungen für nichtig erklärte und dass preußische Nationalisten im 19. Jahrhundert den Frieden als Schande für Deutschland bewerteten.

94 Skala kannte diesen Grundlagentext, der Demokratie, Freiheit und Aufklärung begründet, fordert und vermittelt. Mit Präambel und 17 Artikeln werden die grundlegenden Rechte der Menschen definiert. Vor allem wird erklärt, dass alle Menschen als gleich gelten müssen, besonders vor Gesetz und Recht; dass jeder Mensch natürliche, unveräußerliche Rechte (darunter das Recht auf Widerstand gegen Unterdrückung) hat und eine Teilung der Gewalten demokratische Notwendigkeit ist.

95 Jan Skala: Die minderheitliche Völkerrechtssubjektizität, in: Kulturwehr, 3/1931, S. 85

96 die im Text stehende Jahreszahl 1915 ist hier als Tippfehler stillschweigend korrigiert

97 Jan Skala: Die minderheitliche Völkerrechtssubjektizität…, a.a.O. S. 86

98 ebd., S. 87f

99 ebd., S. 89

100 ebd., S. 90f

101 -M-L-: Pressestimmen, in: Kulturwehr 3/1931, S. 118

102 -ska-: Besprechungen, in: Kulturwehr 45/5/1931, S. 192

103 Auslandsdeutsche Jahrestagungen, in: Kulturwehr 8/9/1931, S. 306f

104 zitiert nach: ebd., S. 308ff

105 Gottfried Feder * 27.1.1938 † 24.9.1941; nahm 1923 am Hitlerputsch teil; wurde 1924 für die Nationalsozialistische Freiheitspartei in den Deutschen Reichstag gewählt; gehörte ihm bis 1936 an, hier machte er sich für die Enteignung der Juden stark; später Mitglied der im Zuge der Gleichschaltung des Rechtswesens entstandenen Akademie für Deutsches Recht; hielt am 30.5.1934 als Reichssiedlungskommissar und Staatssekretär im Preußischen Herrenhaus einen Vortrag über Grundlagen und Zielsetzungen für die Erneuerung des deutschen Lebensraumes; entwickelte diese Vorstellungen als Professor der Technischen Hochschule Berlin und Leiter der Reichsarbeitsgemeinschaft für Raumordnung weiter (Quelle: http://de.wikipedia.org/wiki/Gottfried_Feder (15.3.2013)

106 zitiert nach: Niels Holgersen: Der Nationalsozialismus und das Minderheitenproblem, in: Kulturwehr, 0/1931, S. 360f

107 Niels Holgersen: Der Nationalsozialismus und das ... a.a.O. S. 362f
108 Die minderheitsrechtliche Situation der Minoritäten in Deutschland. In: Kulturwehr 2/1931, S. 49 (Wir Heutigen wissen, wenig später hieß es: „E i n Volk, e i n Reich, e i n Führer!" Und wir wissen, was darauf folgte.)
109 Ein Artikel in der Weltbühne vom 12.3.1929 legte die heimliche Aufrüstung Deutschlands offen. Deswegen wurde u.a. gegen Osssietzky am 30.3.1931 Anklage erhoben. Am 23.11.1931 wurde er wegen Landesverrat zu 18 Monaten Haft verurteilt. Der Weltbühnenprozess) war in der Weimar Republik eines der spektakulärsten Strafverfahren gegen kritische Journalisten und gegen kritische Presse überhaupt. In diesem Prozess wurden der Herausgeber der Wochenzeitschrift „Die Weltbühne", Carl von Ossietzky und der Journalist Walter Kreiser wegen Landesverrats und Verrats militärischer Geheimnisse angeklagt. Am 23.11.1931 wurden sie vom IV. Strafsenat des Reichsgerichts in Leipzig zu je 18 Monaten Haft verurteilt.
Der Hintergrund: Am 12.3.1929 erschien in der Weltbühne unter Pseudonym Heinz Jäger ein Artikel mit dem Titel „Windiges aus der deutschen Luftfahrt". Darin wurde u.a. auf geheime Verbindungen zwischen Reichswehr und Luftfahrtindustrie hingewiesen und belegt, dass die Reichswehr offensichtlich Bestimmungen des Versailler Vertrages verletzt (z.B. Art. 198,) wonach ausdrücklich den Aufbau einer Luftwaffe verboten wird. Obwohl sich wesentliche Aussagen des Artikels auf das als öffentlich zugängige Drucksache vorliegende Protokoll der 312. Sitzung des Ausschusses für den Reichshaushalt vom 3.2.1928 stützten, wurde ab August 1929 wegen Geheimnisverrat gegen beide Journalisten ermittelt. Erst mehr als zwei Jahre nach Erscheinen des Artikels, wurde am 30. März 1931 Anklage erhoben. Juristischer (und auch politischer) Gegner der Weltbühne waren in diesem Prozeß der Staatsanwalt Paul Jorns [* *14.12.1871 † 5.2.1942, hatte bei den Ermittlungen zu den Morden an Liebknecht und Luxemburg erfolgreich Spuren verwischt und Protokolle verfälscht*] und der Vorsitzende des IV. Strafsenats Alexander Baumgarten [* 8.1.1868; † 7.10.1933, ließ im Herbst 1930 Hitlers Aussage juristisch unbehelligt, dass nach seinem Regierungsantritt „Köpfe rollen" würden; weil er nach damaligen Kriterien jüdischer Abstammung war, wurde er ab 1.4.1933 beurlaubt] Die Öffentlichkeit war von den Verhandlungen ausgeschlossen. Die Prozessbeteiligten waren außerdem zur Verschwiegenheit verpflichtet, auch die spätere Urteilsbegründung betreffend. Am 17. und 19.11.1931 fand schließlich die Verhandlung statt. Zwei Zeugen der Anklage bestätigten, dass die Angaben im Artikel der Wahrheit entsprächen, aber im Interesse der Landesverteidigung hätten geheim gehalten werden müssen. Sämtliche 19 Zeugen der Verteidigung wurden vom Gericht abgelehnt und nicht gehört. Auch der zentrale Beweisantrag der Verteidigung, in dem diese nachweisen wollte, dass alle im Artikel genannten Tatsachen dem Ausland schon lange bekannt gewesen sind, fand nicht Gehör bei den Richtern. In der Urteilsbegründung argumentierte das Gericht, jeder Staatsbürger habe seinem Land die Treue zu halten und dürfe nicht eigenmächtig die Verletzung internationaler Verträge anprangern. Die New York Evening Post vom 24.11.1931 schrieb dazu u.a.: Es „ist das härteste Urteil, das jemals über einen nichtkommunistischen Publizisten verhängt wurde" und „Kritiker werden sich in Zukunft weniger auf den Weltbühnen-Artikel berufen als auf das Reichsgericht, das diesen Artikel für so gefährlich hielt, daß es ihn mit achtzehn Monaten Gefängnis bestrafte." Trotz zahlreicher Proteste im In- und Ausland, trotz einer Unterschriftenaktion der Deutschen Liga für Menschenrechte, trotz einer Petition von Wissenschaftlern und Künstlern, darunter die Brüder Mann, Arnold Zweig, Albert Einstein, mußte Ossietzky seine Haftstrafe am 10.5.1932 antreten. Im Dezember 1932 kam er durch eine Amnestie kurzzeitig frei, wurde jedoch am 28.2.1933 nach dem Reichstagsbrand erneut verhaftet, in mehreren KZ gefoltert, aufgrund

internationaler Proteste kurz vor den Olympischen Spielen in Berlin wegen fortgeschrittener Tuberkulose in ein Krankenhaus verlegt, wo er am 4.5.1938 starb.

Heutige Juristen sehen das Ossietzky-Urteil als wichtigen Schritt auf dem Weg zur NS-Justiz. Das Reichsgericht habe damit eine eigene Rechtsordnung errichtet, die sich nicht an Gesetzen und Verfassung orientierte, sondern an Not und Treuepflicht des Bürgers sowie an dem unklaren Begriff des Staatswohls. Einer der Ossietzky-Verteidiger meinte später, aus diesem Prozess „stammt jene Verrottung des Rechts und des Rechtsgefühls, die den obersten Gerichtshof bis zur nationalsozialistischen Verdrehung aller Rechtsbegriffe, bis zur Legitimierung des Mords führt, wenn er nur dem ‚Staatswohl' dient". (zitiert nach: Jungfer, G./Müller, I.: „70 Jahre Weltbühnen-Urteil" in: Neue Juristische Wochenschrift, 2001, S. 3464f). Anträge für ein Wiederaufnahmeverfahren scheiterten bisher vor der bundesdeutschen Justiz.

110 Jan Skala: Der 7. Kongreß der nationalen Gruppen in den europäischen Staaten, in: Kulturwehr 12/1931, S. 451f

111 ebd., S. 456f

112 ebd., S. 458f

113 ebd., S. 454f

114 Fritz Rathenau * 9.7.1875 † 15.12.1949, Neffe von Emil Rathenau und Cousin von Walther Rathenau; seit 1927 Ministerialrat und Chef des Minderheiten-, Ausländer- und Fremdpolizeireferats im preußischen Ministerium des Innern; lehnte aus seinem Selbstverständnis als jüdischer Deutscher einen jüdisch-ethnischen Zusammenschluss ab, dieser würde den „Nationaljuden" konstituieren, der sei der anderen Bevölkerung nicht gleichzustellen, sondern vom Staat „als Fremdkörper" behandelt; 1935 zwangspensioniert; 1939 nach Holland emigriert, von dort 1943 nach Theresienstadt deportiert, überlebte das KZ und kehrte nach der Befreiung nach Holland zurück. (vgl.: T. Rink: Doppelte Loyalität. Fritz Rathenau als deutscher Beamter und Jude, Hildesheim 2002) [Der Titel des äußerst informativen Buchs ist ungenau, denn für Rathenau gab es keine doppelte Loyalität.]

115 Jan Skala: Staat und Minderheiten. Kritische Bemerkungen zu einem amtlichen Rundfunkvortrag, in: Kulturwehr, I. Quartalsheft 1932, S. 8

116 Gerhard Anschütz * 10.1.1867 † 14.4.1948; bereits im Kaiserreich bedeutender Staatsrechtler; führender Kommentator der Weimarer Verfassung (14 Auflagen in 12 Jahren Weimarer Republik); trat im April 1933 aufgrund seiner Ablehnung des Nationalsozialismus in den Ruhestand (Quelle: http://de.wikipedia.org/wiki/Gerhard_Ansch%C3%BCtz; 20.3.2013)

117 Otto Junghann (* 1873 † 1964,) 1911 bis 1917 Landrat des Kreises Grünberg der preußischen Provinz Schlesien; ab 1917 Ministerialreferent beim Preußischen Staatskommissar für Volksernährung, 1919–1925 Regierungspräsident des Regierungsbezirks Köslin der preußischen Provinz Pommern; schied 1925 aus dem Staatsdienst aus, wurde Vizepräsident des Weltverbands der Völkerbundsgesellschaften und bis 1939 Geschäftsführer der Deutschen Liga für den Völkerbund in Berlin, dort zeitweise Vorsitzender des Minderheitenausschusses. (Quelle: http://de.wikipedia.org/wiki/Otto_Junghann, 20.2.2013)

118 Jan Skala: Otto Junghann: Die nationale Minderheit, in: Kulturwehr II. Quartalsheft 1932, S. 153

119 ebd., S. 156f

120 ebd., S. 158f (im Notwendigen herrsche Einmütigkeit, im Zweifelhaften Freiheit, in allem aber Nächstenliebe)

121 Felix Burkhardt * 9.2.1888; † 28. April 1973, 1922–1926 Privatdozent für Statistik und Mathematik an der TH Dresden, von 1925–1938 Regierungsrat und Abteilungsleiter des Säch-

sischen Statistischen Landesamtes; 1926–1930 für Statistik und Versicherungswesen an der Uni Leipzig, von 1930–1938 als Professor; 1938–1945 Prof. für Versicherungsmathematik und für Statistik; trat 1933 der NSDAP bei, war Mitglied des NS-Rechtswahrerbundes, der NS-Dozentenschaft und des NS-Altherrenbundes, nahm am Bekenntnis der Professoren deutscher Universitäten und Hochschulen zu ADOLF HITLER teil; Ende 1945 als Professor entlassen, seinen Antrag auf Wiedereinsetzung lehnte eine Kommission unter ERICH ZEIGNER 1947 ab; 1950 bis 1952 Professor für Versicherungsmathematik, Wirtschaftsmathematik und Mathematischer Statistik an der Mathematisch-Naturwissenschaftlichen Abteilung der Uni Leipzig, 1952 bis 1957 Professor für Statistik an der Wirtschaftswissenschaftlichen Fakultät der Uni Leipzig; von 1945 bis 1949 für die Stadt Leipzig, der Landesregierung Sachsen, die Deutsche Wirtschaftskommission, der Regierung der DDR, das Statistische Zentralamt und die Sowjetische Kontrollkommission tätig; 1955 Lehrauftrag für Statistik an der Humboldt-Uni Berlin.
(Quelle: http://de.wikipedia.org/wiki/Felix_Burkhardt; 20.3.2013), siehe auch: H. WAIBEL: Diener vieler Herren: Ehemalige NS-Funktionäre in der SBZ/DDR. Frankfurt am Main 2011 S. 58f

122 WILHELM WINKLER * 29.6.1884 † 3.9.1984, Gründer und mehrere Jahre Präsident der Österreichischen Statistischen Gesellschaft; befasste sich vor allem mit Bevölkerungsstatistik; betätigte sich als deutschnationaler Volkstumspolitiker, wollte möglichst große Teile Ostmitteleuropas „heim ins Reich" holen; gründete schon 1924 an der Uni Wien ein „Institut für Statistik der Minderheitsvölker"; publizierte über das „gesamte Deutschtum" im Osten und den dort s.E. notwendigen „Schutz der nationalen Minderheiten" (in seinem Verständnis ausschließlich Menschen ursprünglich deutscher Herkunft) und betrieb für den deutlich irredentistischen Wiener Verein „Südostdeutsche Forschungsgemeinschaft" völkische Propaganda. (Quelle:http://de.wikipedia.org/wiki/ Wilhelm_Winkler, 22.3.2013)

123 JAN SKALA: Literaturkritische Anzeigen, in: Kulturwehr, II. Quartalsheft 1932, S. 159ff

124 JAN SKALA: Bemerkungen, in: Kulturwehr, II. Quartalsheft 1932, S. 170f

125 ebd., S. 176

126 zitiert nach: -J.S.-: Pressestimmen, in Kulturwehr, III. Quartalsheft 1932, S. 214

127 -J.S.-: Pressestimmen, in Kulturwehr, III. Quartalsheft 1932, S. 214

128 zitiert nach: -J.S.-: Pressestimmen, in Kulturwehr, III. Quartalsheft 1932, S. 214f

129 medizinisch: anfallweise verursachte Steigerung

130 -J.S.-: Pressestimmen, in Kulturwehr, III. Quartalsheft 1932, S. 215f

131 Am 2.9.1932 wandelte Reichspräsident HINDENBURG die Strafe in lebenslängliche Gefängnishaft um. Kurz nach dem Machtantritt verkündete HITLER für „Vorkämpfer der nationalen Erhebung" (u.a.die Mörder von Potempa) eine Amnestie. Am 23.3.1933 wurden sämtliche an der Ermordung von KONRAD PIETRZUCH beteiligten Täter entlassen.

132 Wahlergebnisse Preussischer Landtag 24.4.1932 (Sitze): NSDAP 162; Zentrum 67; DNVP 31; DVP 7; KPD 57; SPD 94. Die seit 1920 von SPD, Zentrum und DDP gestützte Regierung Preußens war nach den Wahlen nur noch geschäftsführend im Amt, denn sie hatte keine eigene parlamentarische Mehrheit mehr. Mit einem Staatsstreich der Reichsregierung (Preußenschlag), unterstützt von der Reichswehr, wurde am 20.7.1932 die Landesregierung durch den Reichskommissar FRANZ VON PAPEN ersetzt. Der SPD-Vorstand hielt einen Generalstreik angesichts der Massenarbeitslosigkeit für wirkungslos. Er hoffte auf die am 31.7.1932 stattfindende Reichstagswahl

133 Wahlergebnisse Reichstag 31.7.1932 (Sitze): NSDAP 230; DNVP 37; DVP 7; Zentrum 75; KPD 89; SPD 133. Nach der Wahl gab es keine parlamentarische Mehrheit, stattdessen gingen die gewalttätigen Auseinandersetzungen weiter und nunmehr vor allen von den Nazis aus. Dazu zählt an herausragender Stelle der von Skala geschilderte „Mord von Potempa". Angesichts unklarer

parlamentarischer Mehrheitsverhältnisse waren Neuwahlen früher oder später unumgänglich. Sie fanden bereits im November 1932 statt.

134 -J.S.-: Pressestimmen, in Kulturwehr III. Quartalsheft 1932, S. 218

135 -P.S.-: Missbrauch des Kreuzes, in: Kulturwehr IV. Quartalsheft 1932, S. 311f

136 unbeugsam, unnachgiebig, weder zu Verhandlungen noch zu Konzessionen bereit

137 Im 1. Wahlgang (13.3.1932/Wahlbeteiligung 86,2%) erreichte keiner die erforderliche absolute Mehrheit. HINDENBURG verfehlte sie mit 49,6% knapp; HITLER erzielte 30,2% und THÄLMANN 13,2%. Im 2. Wahlgang (10.4.1932/Wahlbeteiligung 83,5%) erhielt HINDENBURGS 53%, HITLER 36,8% und THÄLMANN 10,2%. Die SPD meinte, die Wiederwahl Hindenburgs sei „ein großer Sieg der Partei, ein Triumph der Demokratie".

138 JAN SKALA: Wahljahr 1932. Die Wahl des Reichspräsidenten – Die Wahlen zum preußischen Landtag – Wahlen und nationale Minderheiten, in: Kulturwehr II. Quartalsheft 1932, S. 89f

139 Durch die Wahl vom 24.4.1932 erreichte die NSDAP 162, das Zentrum 67, die DNVP 31, die DVP 7, die KPD 57, die SPD 94 Sitze im Landtag.

140 JAN SKALA: Wahljahr 1932. Die Wahl... ebd. SKALA kannte nicht jenes Papier, was später „Industrielleneingabe" genannt wurde. Am 19.11.1932 wurde Reichspräsident Hindenburg brieflich aufgefordert, Hitler zum Reichskanzler zu ernennen. Die Erstunterzeichner: HJALMAR SCHACHT, ehemaliger Reichsbankpräsident (er war auch der Autor); FRIEDRICH REINHART, Direktor der Commerzbank, Vorstandsmitglied der AEG, Präsident der Berliner Industrie- und Handelskammer; AUGUST ROSTERG, Generaldirektor der Wintershall AG; KURT FREIHERR VON SCHRÖDER, Kölner Privatbankier; FRITZ BEINDORFF, Eigentümer Pelikan AG, Mitglied im Aufsichtsrat der Deutschen Bank; EMIL HELFFERICH, Vorstandsmitglied der Deutsch-Amerikanischen Petroleum Gesellschaft, Aufsichtsratsvorsitzender der HAPAG; FRANZ HEINRICH WITTHOEFFT, Aufsichtsratsvorsitzender der Commerzbank, Präsident der Handelskammer Hamburg; EWALD HECKER, Präsident der Industrie- und Handelskammer Hannover, Vorsitzender des Aufsichtsrates der Ilseder Hütte; KURT WOERMANN, Reeder aus Hamburg, Mitglied der NSDAP; CARL VINCENT KROGMANN, Mitinhaber des Handelshauses Wachsmuth und Krogmann (Bank- und Reedereigeschäfte), von 1933 bis 1945 Hamburger Bürgermeister, Mitglied der Handelskammer Hamburg; KURT VON EICHBORN, Teilhaber einer Breslauer Privatbank; EBERHARD GRAF VON KALCKREUTH, Präsident des Reichslandbundes; ERICH LÜBBERT, Generaldirektor des Baukonzerns Dywidag, Vorsitzender der AG für Verkehrswesen, Mitglied im Wirtschaftsrat des „Stahlhelm"; ERWIN MERCK, Chef der H.J. Merck & Co. Hamburger Handelsbank; JOACHIM VON OPPEN, Präsident der brandenburgischen Landwirtschaftskammer; RUDOLF VENZTKI, Generaldirektor der Maschinenfabrik Esslingen. [Nachgereicht wurden die Unterschriften von FRITZ THYSSEN, Aufsichtsratsvorsitzender der Vereinigten Stahlwerke; ROBERT GRAF VON KEYSERLING-CAMMERAU, Vorstandsmitglied der landwirtschaftlichen Arbeitgeberverbände; KURT GUSTAV ERNST VON ROHR-MANZE, Gutsbesitzer.] Die Unterzeichner betonten anfangs die Gemeinsamkeit ihrer Gesinnung mit dem Reichspräsidenten. Im Brief hieß es, man sei „gleich Eurer Exzellenz durchdrungen von heißer Liebe zum deutschen Volk und Vaterland". Begrüßt wird, dass HINDENBURGS den Reichstag ausschalte und mit Notverordnungen regiere. Anzustreben sei eine vom Parlament unabhängige Regierung, wie sie etwa in den Überlegungen Papens zu einem Präsidialkabinett zum Ausdruck komme. Eine solche Regierung sei nach der jüngsten Wahl vom 6.11.1932 von der „Mehrheit im deutschen Volk" gewollt, abgesehen „von der staatsverneinenden Kommunistischen Partei". Ein Präsidialkabinett sei zudem auch notwendig, um die instabilen Verhältnisse der Weimarer Republik mit der „des öfteren wiederholte Reichstagsauflösung" und „sich häufenden, den Parteikampf immer mehr zuspitzenden Neuwahlen" zu beenden. Zum Schluss betonen die Unterzeichner, die

nationale Bewegung, „die durch unser Volk geht", werde als „verheißungsvolle[r] Beginn einer Zeit" erlebt, „die durch Überwindung des Klassengegensatzes" „die unerlässliche Grundlage für einen Wiederaufstieg der deutschen Wirtschaft" schaffe. Deshalb erwarten sie, dass der Reichspräsident die Regierungsverantwortung „an den Führer der größten nationalen Gruppe" übertrage, der „die Schwächen und Fehler, die jeder Massenbewegung notgedrungen anhaften, ausmerzen und Millionen Menschen, die heute abseits stehen, zu bejahender Kraft mitreißen" werde. [Der vollständige Text in: Albert Schreiner: „Die Eingabe deutscher Finanzmagnaten, Monopolisten und Junker an Hindenburg für die Berufung Hitlers zum Reichskanzler (November 1932)", in: Zeitschrift für Geschichtswissenschaft Heft 4/ 1956, S. 366ff]

141 Jan Skala: Wahljahr 1932. Die Wahl… ebd., S. 91F (kursiv im Original)

142 Serbske Nowiny vom 7.4.1932

143 Der Freiheitskampf vom 4.2.1932, zitiert nach Timo Meškank: a.a.O., S. 69

144 Serbske Nowiny, 20.4.1932

145 Edmund Jan Osmańczyk: Wisła I Kraków To Rodło. Instytut Wudawniczy „Nasza Ksiegarnia" Warszawa 1985, S. 31f (Übersetzung: Martin Kasper) [Osmańczyk erzählte mir 1979, bei den abendlichen Feierlichkeiten zum 90. Geburtstag Skalas in Namysłow von dieser Beratung und betonte, es habe dazu eine lange Diskussion gegeben. Am Ende hätten die Polen die Ansicht Skalas geteilt, weil er ihnen anhand zahlreicher Detailinformationen über die deutsche Wirklichkeit bewies, dass das germanischarische Sendungsbewußtsein der Nazis sich früher oder später zuerst und am schärfsten gegen die Slawen richten werde. Zuvor hatte er schon in der offiziellen Rede am Skala-Denkmal gesagt: „Ausgehend von den Überlegungen über das uneinige Slawentum erklärte uns Jan Skala damals, dass einen Ausweg nur der Zusammenstoß Deutschlands mit der Sowjetunion bringen kann, denn dann führt die Sowjetunion den Kampf zu Ende bis zu einem endgültigen Sieg zu Gunsten des Slawentums, dass heißt, dass sie die Liquidierung Preußens zu Ende führt. Und das wird mit sich bringen eine Zurückführung Polens bis zur Oder und zur Lausitzer Neiße." (Narěč člona Statneje rady Pólskeje… S. 20)

Edmund Jan Osmańczyk (* 1913 † 3.10.1989) kam als junger Journalist nach Deutschland, arbeitete beim Związek Polaków w Niemczech (Bund der Polen in Deutschland) als Leiter der Presseabteilung und hatte hier engsten Kontakt zu Skala, den er als einen seiner wichtigsten Lehrer bewertete. Ende der 1920er/Anfang der 1930er Jahre berichtete er als Korrespondent aus Genf über die Arbeit der Liga der Nationen und über Konferenzen in dieser Stadt. Während des Zweiten Weltkrieges war in der Illegalität als Kurier tätig. Als Offizier der I. Polnischen Armee nahm er nach Kriegsende als diplomatischer Korrespondent an der Potsdamer Konferenz teil und berichtete später auch von den Nürnberger Kriegsverbrecherprozessen. Anschließend war er für die Polnische Presseagentur und Radio Warschau in Moskau, Washington und Lateinamerika tätig. Von 1953 bis 1961 sowie von 1969 bis 1985 war er Mitglied des polnischen Parlaments. 1979 hielt er als Mitglied des Staatsrates der Volksrepublik Polen und Senator für den Wahlkreis Opole die Rede zum 90. Geburtstag Skalas in Namysłow. In den 1970er Jahren publizierte Osmańczyk eine Enzyklopädie der politischen Angelegenheiten in Polnisch und Spanisch. 1985 veröffentlichte er anlässlich ihres 40. Jahrestages eine mehr als 1000 Seiten starke Enzyklopädie über die Arbeit der Vereinten Nationen mit mehr als 7000 Einträgen und weiteren Details zu fast 3000 internationalen Verträgen.

146 Arkadiusz Bożek * 12.1.1899 † 28.11.1954; Mitglied der Deutsch-Polnischen Kommission zum Volksentscheid in Oberschlesien 1921, Bezirksvorsitzender des Bundes der Polen in Deutschland in Oppeln, aktiver Teilnehmer am antifaschistischen Widerstand, meist Arko genannt. Die Gestapo in Oppeln wies ihn (Schreiben vom 31.12.1938) aus der Provinz Schlesien aus und ver-

bot ihm den Aufenthalt in den Regierungsbezirken Frankfurt/Oder, Schneidemühl, Köslin, Allenstein, Elbing, im Land Mecklenburg, der Provinz Westfalen und in der Rheinprovinz. Am 5.1.1939 wurden ihm Reisepass und Grenzübertrittskarte abgenommen. Für ein halbes Jahr erhielt er Redeverbot auf „Veranstaltungen Reichsdeutscher polnischen Volkstums." Als Begründung für Ausweisung, Passentzug und Redeverbot führte die Gestapo an, Bozek habe „am 16.1.1938 gelegentlich des 15jährigen Jubiläums des Bundes der Polen in Deutschland e.V. in Allenstein, am 6.1.1938 aus gleichem Anlass in Ratibor, am 3.10.1937 bei der Tagung der Jungbauern auf dem St. Annaberg usw. Ausführungen gemacht, die mit der loyalen Haltung eines sich zum polnischen Volkstum bekennenden Reichsdeutschen nicht vereinbar sind. Besonders schwerwiegend war [...], dass Sie am 7.11.1938 über einen ausländischen Rundfunksender einen Vortrag gehalten haben, dessen Ausführungen geeignet waren Reichsinteressen zu beeinträchtigen." zitiert nach: Kulturwehr 1938, S. 221f [auf nachfolgenden Seiten finden sich konkrete Belege für die Ausweisung weiterer 15 Bürger sowie die Information, dass 3 namentlich genannte Polen „den Hoffnungen der polnischen Bevölkerung zuwider, noch nicht aus dem Konzentrationslager Buchenwald entlassen worden (sind)", in: ebd. S. 225]

147 * 1900 † 1943, indirekt bestätigt das der Abdruck eines Aufsatzes von Lampe, in dem er Konzepte der Londoner Exilregierung für eine Föderation als „politische Belletristik" bewertet und der Einführung des sowjetischen Gesellschaftsmodell das Wort redet. Vgl.: A. Lampe: Zwischen vier Meeren, in: Polen denkt Europa. Politische Texte aus zwei Jahrhunderten. Hrsg.: Peter O. Loew, Suhrkamp 2004, S. 191ff/Auch in anderer Diktion wird die Zusammenarbeit von Bożek, Lampe und Wasilewska mit Stalin bei der Neufestlegung der polnischen Westgrenze bestätigt. Vgl: Detlef Brandes: Der Weg zur Vertreibung 1938–1945, Oldenbourg 2005, S. 245, 263, 269, 370, 389

148 * 21.1.1905 † 29.7.1964, Tochter des ehemaligen polnischen Außenministers Leon Wasilewski, eines bekannten polnischen Linkspolitikers der PPS, gewann rasch die Sympathie von Stalin; im Krieg Mitbegründerin des Bundes polnischer Patrioten, zu dem auch Bożek und Lampe gehörten. Die Leitung des Bundes beriet seinerzeit mit Stalin über die Festlegung der künftigen polnischen Westgrenze.

149 Herausgeber, Verwaltung und Redaktion der Kulturwehr, in: Kulturwehr Juli-September 1933, S. 1

150 Schröder war Vertrauensman jener Wirtschaftskreise, die eine stabile Regierung wollten, welche mit den Linken und der demokratischen Verfassung aufräumten (Eine entsprechende eidesstattliche Erklärung Schröders ist nachlesbar in: E. Czichon: Wer verhalf Hitler zur Macht. Zum Anteil der deutschen Industrie an der Zerstörung der Weimarer Republik, Köln 1967) Die Begleiter Hitlers (Rudolf Hess, Heinrich Himmler, Wilhem Keppler) nahmen nicht am etwa zweistündigen 4-Augengespräch teil. Das Gespräch schaffte wichtige Voraussetzungen dafür, dass Hindenburg Reichskanzler Schleicher den Laufpaß sowie Hitler die Hand und die Ernennungsurkunde geben konnte. Papen wurde später als Botschafer (erst Österreich; dann Türkei) ausgebootet.

151 Um die Bedeutung des 30.1.1933 für den Verlauf deutscher Geschichte im allgemeinen und für die Minderheitenpolitlk im einzelnen zu verstehen, müssen Sprachbilder zerstört werden, die die Nazi-Deutung und Bedeutung ausdrücken: „nationalsozialistische Machtergreifung", „Tag der nationalen Erhebung", „erwachendes Deutschland". „Machtübergabe" verschleiern den Nationalismus."Revolution" für den NS-Umsturz verfälscht und diskrediert jede Revolution. In „Erhebung" schwingt sofort „Versailler Schandfrieden" mit und „erwachen" zielt gegen verschlafene „Novembersozialisten". Aktuell ist die Bekämpfung der Sprachbilder insofern, als es in der

Bundesrepublik Deutschland mit diesen Termini leichter möglich war, das alte Personal weiterzu-verwenden und deren Mitschuld zu leugnen oder zu bagatellisieren. Begleitet wurde und wird das von sprachlicher Vernebelung des 31.1.1933, etwa als „schwärzester Tag der deutschen Geschich-te" oder „dunkelstes Kapitel", „Schreckensregiment", „Beginn des Unheils", „Schritt in den Abgrund". Damit wird das Erkennen von Ursachen verhindert, und etwas Nebulös-Schicksal-haftes beschworen. Der 30.1.1933 war in Wirklichkeit der Abschluss eine Restauration, die 1919 begann, bei der die von Revolutionären erkämpfte Republik Zufluchtsort ihrer entschiedensten Gegner wurde. Diese bekämpften sie, anfangs mehrere Jahre mit Waffen,s päter durch innen- und außenpolitische Manöver verschiedenster Art, darunter nicht zuletzt durch die Instrumentalisie-rung deutscher Minderheiten im Ausland und die vielschichtige Benachteiligung, Entrechtung und Unterdrückung der Minderheiten im Inland.

152 Am 11.10.1931 formierten sich national-konservative Gegner der Weimarer Republik in der „Harzburger Front". Eine Woche später marschierten 100.000 SA-Männer durch Braunschweig, anschließend fielen einzelne SA-Trupps in die Arbeiterviertel ein, verwüsteten Wohnungen, hin-terließen zwei Tote und zahlreiche Verletzte. Bei Wahlen zur Hamburger Bürgerschaft und zum Hessischen Landtag im Herbst 1931 zog die NSDAP in weitere Landesparlamente ein. Ende November 1931 wurden die „Boxheimer Dokumente" (vgl. Anmerkungen Kap. 2.1., Fußnote 6) bekannt. Verschiedene Arbeiterorganisationen riefen zu massiver Gegenwehr auf. Am 22.11.1931 forderte der Bundesrat des Reichsbanners, eine antifaschistische Abwehr zu schaffen: „Der Front der Staatsfeinde muß die ‚Eiserne Front' der staatstreuen Bürger entgegengestellt werden." Gewerkschaften, SPD, Reichsbanner und Arbeitersportorganisationen schlossen sich zu dieser „Eisernen Front" zusammen.

153 zitiert nach: TIMO MEŠKANK: a.a.O., S. 89

154 Zu den Eingeladenen gehören GUSTAV KRUPP VON BOHLEN UND HALBACH (seit 15.9.1931 amtie-render Präsident des Reichsverbandes der Deutschen Industrie,) GÜNTER QUANDT (Großaktionär bei Daimler-Benz, den Mausererken und der Varta AG, Aufsichtsratsmitglied Deutsche Bank und AEG), GEORG VON SCHNITZLER (Vorstandsmitglied IG Farben), KURT FREIHERR VON SCHRÖDER, (Bankier Köln), ERNST BRANDI (Vorstandsmitglied der Vereinigten Stahlwerke, Präsidiumsmit-glied des RDI, Teilnehmer am Treffen der Harzburger Front), FRITZ SPRINGORUM (Vorstandvor-sitzender der Hoesch AG) FRIEDRICH FLICK (Eigentümer der Vereinigten Stahlwerke, zahlreiche Aufsichtsratsmitgliedschaften), DR. KURT SCHMITT (Vorstandvorsitzender der Allianz-Versi-cherungen,wird am 29.6.1933 zum Reichswirtschaftsminister berufen), ALBERT VÖGLER (Vor-standvorsitzender der Vereinigten Stahlwerke), DR. WALTHER FUNK (ehemaliger Chefredakteur der Berliner-Börsen-Zeitung)

155 zitiert nach: Internationaler Militärgerichtshof, Bd. XXV, Dok. D-203, S, 42

156 Für mich gibt es keinen ernstzunehmenden Zweifel daran, dass der Reichstagsbrand von den Nazis gelegt worden ist. Er reiht sich ein in andere NS-Provokation: 9.11.1938 Pogromnacht; Ende August 1939 Sender Gleiwitz. Die Schaffung von Vorwänden für Krieg, Terror, Außerkraft-setzung von Bürger- und Menschenrechten ist keine Besonderheit der Nazis. In bestimmten Krei-sen wird jedoch nach wie vor, z.T. erbittert über die Entstehung und die Ursachen des Reichstags-brandes gestritten.
Die Feuerwehr hatte den am 27.2.1933 brennenden Reichstag bald nach Mitternacht gelöscht. Als Thema historisch-politischer Kontroversen um Brandstifter und Hintergründe – (waren es die Nazis, oder war es der Holländer van der Lubbe allein?) – brodelt er allerdings bis heute weiter. Vor mehr als einem Jahrzehnt entfachte das Buch von ALEXANDER BAHAR und WILFRIED KUGEL „Der Reichstagsbrand. Wie Geschichte gemacht wird. Berlin 2001" neue Diskussionen, weil die

Autoren nachwiesen, dass die bisher veröffentlichten angeblichen Beweise von Fritz Tobias (Der Reichstagsbrand: Legende und Wirklichkeit, Rastatt 1962, siehe auch „Spiegel" Heft 43 vom 21.10.1959, S. 45–60 sowie mehrere Fortsetzungen bis zum Doppelheft 1–2/1960.) für eine Alleintäterschaft durch Manipulation von Dokumenten und Zeugenaussagen zustande kamen. Die in mehreren Zeitungsartikel von Hersch Fischler und Dr. Gerhard Brack im Herbst 2000 publizierten Aktenfunde im Institut für Zeitgeschichte (IfZ) belegen, dass das „Institut für Zeitgeschichte die Publikation von Forschungsergebnissen zum Reichstagsbrand politisch behindert" hat.

Es geht um Vorgänge Anfang der 1960er Jahre. Die Institutsleitung beauftragte damals Oberstudienrat Dr. Hans Schneider aus Freudenstadt, für die „Vierteljahrshefte für Zeitgeschichte" einen Artikel über den Reichstagsbrand zu verfassen, der sich mit der Position von Tobias über die Alleintäterschaft des van der Lubbe auseinandersetzen sollte. Dr. Schneider entlarvte diese These als sachlich falsch, weil er u.a. nachwies, dass unter den Hauptzeugen und Helfern von Tobias, eines führenden Mitarbeiters des niedersächsischen Verfassungsschutzes, zahlreiche ehemalige Funktionsträger des NS-Regimes waren. Die hatten nach dem Kriege ein starkes Interesse daran, ihr Mittun im Dritten Reich und die dabei praktizierte politisch-ethische Haltung nicht ans Tageslicht kommen zu lassen. Einer von ihnen war Paul Karl Schmidt alias „Paul Carell", früher Pressechef im NS-Außenministerium. Für den „Spiegel" redigierte er die Manuskripte von Tobias.

Das Stuttgarter Kultusministerium verhinderte auf Druck von Hans Mommsen, damals Mitarbeiter am IfZ, eine Veröffentlichung der Schneider-Studie. 1962 hatte Mommsen in einer Aktennotiz u.a. festgehalten, „aus allgemeinpolitischen Gründen" scheint eine Publikation des Manuskriptes von Schneider „unerwünscht zu sein". Darüber hinaus gab er zu bedenken, ob eine anderweitige Publikation des Manuskripts nicht „durch Druck auf Schneider vermittels des Stuttgarter Ministeriums" verhindert werden könne. Als das Jahrzehnte später publik wurde, meinte das Institut Mommsens Vorgehen sei „unter wissenschaftlichen Gesichtspunkten völlig inakzeptabel" (VfZ Heft 3/ 2001, S. 555.) Die Fragment gebliebene Schneider-Studie wurde 2004 in Berlin von der „Vereinigung Deutscher Wissenschaftler", verbunden mit weiteren Dokumenten und Analysen zum Ablauf der Aktion gegen den Autor unter dem Titel „Neues zum Reichstagsbrand? Eine Dokumentation. Ein Versäumnis der deutschen Geschichtsschreibung" mit einem Geleitwort von. I. Fetscher u. Beiträgen. von D. Deiseroth, H. Fischler und W.-D. Narr veröffentlicht. (siehe auch: W. Benz: Paul Carell. Ribbentrops Pressechef Paul Karl Schmidt vor und nach 1945. Berlin, 2005) Dennoch bleiben noch viele Fragen unbeantwortet. Zum Beispiel, was waren denn die etwas nebulös formulierten „allgemeinpolitischen Gründe", aus denen Mommsens die Publikation der Schneider-Studie für unerwünscht hielt? Warum sollte die Veröffentlichung der von Tobias vorgenommenen Manipulationen anderswo verhindert werden? Warum und durch wen initiiert veröffentlichte die Institutszeitschrift im Heft 4/1964 auf mehr als 50 Seiten den Artikel von Mommsen „Der Reichstagsbrand und seine politischen Folgen", der zum einen sehr stark angelehnt war an die „Beweise" von Tobias und in dem der Autor zum anderen die Erkenntnis Schneiders über die Verfälschungen des Tatbestandes durch Tobias als eine ihm „unbegreifliche Ansicht" charakterisierte. Eine partielle Antwort auf diese Fragen könnte darin liegen, dass der Ministerpräsident des Landes Baden-Württemberg von 1958 bis 1966, und damit auch Chef des Kultusministers in Stuttgart, Kurt Georg Kiesinger hieß. (davor seit 1933 NSDAP-Mitglied; ab 1940 Angestellter im Außenministerium, zuletzt als Stellvertretender Leiter der Rundfunkabteilung, der sich höchstwahrscheinlich oft mit dem Pressechef Paul Karl Schmidt alias „Paul Carell" abzustimmen hatte); danach von 1966 bis 1969 Bundeskanzler (in dessen Amtszeit die Notstandsgesetze eingeführt wurden) [Sehr informativ zum Reichstagsbrand und seiner aktuellen Bewertung: Zwei Offene Briefe von OTTO KÖHLER an Bundestagspräsident LAMMERT, der erste: Neues Deutschland vom 17.5.2008; der zweite: junge Welt vom 28.2.2012]

157 zitiert nach: PETER LONGERICH: Joseph Goebbels. Biographie, München 2010, S. 218

158 vgl. MARTIN KASPER: Geschichte der Sorben ... a.a.O. S. 127ff

159 zitiert nach: TIMO MEŠKANK: a.a.O., S. 206

160 zitiert nach: MARTIN KASPER: a.a.O.: S. 126

161 Schon die Herrschenden in der Weimarer Republik handelten bekanntlich am Rand ihrer Verfassung oder verletzten sie grundlegend

162 OTTO WELS hielt eine konziliante Rede, gab HITLER zwar eine selbstbewußte Antwort, aber letztlich war es doch eher Ausdruck des Bemühens um einen guten Abgang. Das Gesetz wurde die ganze Nazi-Zeit hindurch regelmäßig verlängert, am 30.1.1937 (bis 1.4.1941) sowie am 30.1.1939 bis zum 10.5.1943. Mit einem „Erlaß des Führers über die Regierungsgesetzgebung vom 10.5.1943 (siehe RGBl. 1943 I S. 295) bestimmte Hitler die fortdauernde Geltung der Befugnisse aus dem Gesetz ohne jede Befristung. Die Nazis herrschten also 12 Jahre lang auf der Grundlage des Ausnahmezustands!

163 Ich verwende diesen Begriff aus der Nazi-Terminologie, weil er aus dieser Zeit heraus verstehbar ist. Er bringt zum einen mit mechanistischer Präzision die Art und Weise politischer Machtausübung zum Ausdruck. Zum anderen ist der Begriff ist jedoch auch eine bagatellisierende Darstellung für die tatsächliche, konsequente Unterjochung aller gesellschaftlichen Bereiche und Strukturen unter die NS-Herrschaft. Entscheidender Ausgangspunkt für die sog. „Gleichschaltung" war bekanntlich das Ermächtigungsgesetz vom 23.3.1933. Damit wurden HITLER und seinen Kumpanen gesetzgeberische Vollmachten verschafft, mit deren Hilfe sie dann Freiheit und Demokratie zerstörten, den Totalitätsanspruch der Nazi-Ideologie und –Politik durchsetzten und so eine nahezu vollständige Kontrolle des gesamten gesellschaftlichen und politischen Lebens, damit letztlich jedes Vereins, jedes Einzelnen erreichten.

164 zitiert nach. MARTIN KASPER: a.a.O.: S. 126 [Damit wurde ein wichtiges Moment sorbischen Selbstbewußtseins zerstört. Der Serbski Sokoł hatte im Laufe der Jahre immer mehr Mitglieder unter proletarischen und kleinbäuerlichen sorbischen Jugendlichen gewonnen. Er hatte über die sportlichen Übungsabende hinaus mit eigenen Referenten Kurse und „Vorträge über sorbische Geschichte, Dichtung, Kultur und Sprache" veranstaltet, an denen nicht nur eigene Mitglieder, sondern auch von sorbischen Vereinen teilnahmen. Der Sokoł hatte sich chauvinistischen, antislawischen und antisorbischen Kampagnen widersetzt und stets für interkonfessionelle Toleranz geworben. Als Teil der sorbischen Nationalbewegung war er zunehmend in Opposition zu sorbisch-konservativen Kreisen in der Maćica Serbska und zu Klerikalen im Politischen Ausschuss des Cyrill-Method-Verein geraten. Das durch den Serbski Sokoł geprägte ethnische Selbstbewußtsein und sein sorbischer Patriotismus waren deutlich verschieden zum deutschen Nationalismus und „Hurra-Patriotismus". Dieser verherrlichte das eigene Volk auf Kosten anderer Völker, sah sich allen anderen Völkern überlegen und hatte immer einen militant-aggressiven „Beigeschmack". Das belegten u.a. regelmäßig die Reaktionen deutscher Nationalisten auf die Teilnahme sorbischer Delegationen an den slawischen Sokoł-Treffen (Prag 1926, Skopje 1928, Poznań 1929) Nach dem Belgrader Treffen 1930 hatten deutschnationale Reaktionäre in einem ihrer Sprachrohre unter der aggressiven Überschrift „Schluß mit der Rücksicht auf die Wenden!" gehetzt und behauptet, der sorbische Sokoł hätte an einem „allslawischen Kongress der Feinde Deutschlands in Belgrad" teilgenommen, um „sich dort als unterdrückte slawische Minderheit

feiern zu lassen." Mit weiteren Lügen übte man Druck auf die Regierung aus. „Es scheint, die deutschen Regierungen nehmen seit Jahr und Tag allzu viel Rücksicht auf die rund 70.000 Wenden." Sie „genießen dermaßen viele Freiheiten und fühlen sich in Deutschland so wohl, dass sie nicht den geringsten Anlass zu klagen haben. Es ist wohl an der Zeit, dass endlich die allzu große Rücksichtnahme auf diese deutschen Staatsangehörigen eine erhebliche Einschränkung erfährt." [Leipziger Neueste Nachrichten, 19.8.1930, S. 14; Die Zeitung brachte damit eine unter Deutschkonservativen und Rechtsradikalen weit verbreitete Auffassung zum Ausdruck, die EDGAR STAHFF, Mitte der 1920er Jahre in der Auslandsabteilung des Deutschen Turnverbandes tätig, zuvor auf den Punkt gebracht hatte. Er nannte in seinem Buch „Die Turnsache des Auslandsdeutschtums im Lichte einer großdeutschen Kulturgemeinschaft"/Dresden 1928, S. 123/ den tschechischen Sokół im besonderen sowie den slawischen im allgemeinen einen der Feinde der deutschen Nation.] 165 Lausitzwendischer Vestnik Nr. 4–5 vom 26. Mai 1936, in: SKA Budyšin, MS. XIX-5F, Blatt 18

166 Dr.jur. HERMAN, einer der führenden Persönlichkeiten des Wendischen Volksrates, 1925–1929 war er Vorsitzender. Die gleiche Funktion hatte er in der Maćica Serbska von 1925–1934 inne, nachdem er zuvor zwei Jahre lang Stellvertreter des Vorsitzenden war.

167 Serbske Nowiny, 20.4.1932

168 Genützt hat die devote Anpassung weder den Sorben noch der Maćica Serbska. 1937 verboten die Nazis alle öffentliche Aktivitäten der Gesellschaft, 1941 wurde sie zwangsweise aufgelöst, das Vereinsvermögen konfisziert. KLAUS MANN erfasste mit der auf die damalige Zeit bezogenen allgemeinen Feststellung „Das Gift kulturfeindlicher Reaktion korrumpierte nicht nur das politische Leben, sondern begann auch schon, auf die Gesinnungen und Ideen der so genannten ‚liberalen‘ Intelligenz zersetzend einzuwirken" (KLAUS MANN: Der Wendepunkt. Ein Lebensbericht. Aufbau Verlag Berlin und Weimar 1974, S. 322), wohl auch partiell die Situation in der Maćica Serbska und dem Volksrat. Dem Staat, den Herrschenden gelingt es offensichtlich immer wieder, regimetreue Kräfte in allen Schichten des Volkes, auch in unterdrückten, zu gewinnen und zu organisieren. Das ist auch für die Gegenwart nicht ohne Bedeutung.

169 Infolge von Umstrukturierungen war die Wendenabteilung bei unveränderter Aufgabenstellung aus der Kreis- in die Amtshauptmannschaft eingegliedert worden.

170 zitiert nach: JAN SKALA 1889–1945, Pokiwy a literatura za Domowinske zelo Nr. 48, S. 12

171 zitiert nach: MARTIN KASPER: a.a.O.: S. 128

172 Völkischer Beobachter vom 18.5.1933, zitiert nach: www.hitlers-reden.de. Gelogen ist das insofern, als HITLER in seiner Rede vom 3.2.1933 diesen Begriff selbst verwendet. Zum anderen zeigt die Lüge HITLERS demagogische Rhetorik, vorzugeben, den **Begriff** nicht zu kennen und zugleich die damit bezeichneten Sachverhalte energisch zu verwirklichen. Zur Täuschung und Beruhigung des Auslands schickte die Kulturabteilung IV des Auswärtige Amtes am 5.9.1933 ein Schreiben an deutsche diplomatische Vertretungen in Belgrad, Prag, Paris, London, Warschau, Bukarest, Budapest, Kopenhagen, Riga, Reval, Bern, Posen, Genf und Thorn, in dem ausdrücklich auf die für die deutsche Volkstumspolitik maßgebliche Rede vom 17.5.1933 verwiesen und betont wurde, dass das nationalsozialistische Deutschland den Begriff des Germanisierens nicht kenne.

173 Ohne den Widerstand christlicher Persönlichkeiten gegen die Nazis zu schmälern oder geringzuschätzen (zu denken wäre etwa an so unterschiedliche Persönlichkeiten wie J. ROISSANT, M. NIEMÖLLER, Bischof VON GALEN, D. BONHOEFFER, K. BARTH, M.J. METZGER, B. LICHTENBERG, A. DELP u.v.a.m.) ist festzuhalten: Zu Pfingsten 1933, also nach der Rede Hitlers vom 17.5. verlasen deutsche katholische Bischöfe einen Hirtenbrief von den Kanzeln. Darin würdigten sie –

gemäß ihrer hierarchisch strukturierten Weltsicht – besonders die neue Betonung der Autorität im deutschen Staat. Im Juli 1933 schlossen der Vatikan und Nazideutschland ein Konkordat ab. In den evangelischen Kirchen wurden die Deutschen Christen immer (laut-)stärker. Beides hatte, neben dem Nazi-Terror, erhebliche innenpolitische Wirkung auf die Stabilisierung der Nazi-Herrschaft und für die Schwächung ethnischer Minderheiten.

174 Jan Skala: Nationale Revolution – Nationale Minderheiten, in: Kulturwehr Juli-September 1933, S. 3

175 ebd., Skala zitiert in diesem Zusammenhang einen Brief Lassalles vom 8.6.1863 an Bismarck, in dem er ihm das Statut des Allgemeinen Deutschen Arbeitervereins erklärt und meint, daraus gehe u.a. klar hervor, „daß sich der Arbeiterstand instinktmäßig zur Diktatur geneigt fühlt, wenn er erst mit Recht überzeugt sein kann, daß dieselbe in seinem Interesse ausgeübt wird." Darin steckt ein wichtiger, aktueller Hinweis, auf Ursachen für die Abwendung großer Massen von „linken" Positionen und ihre Hinwendung zu autoritären, totalitären Strukturen.

176 ebd. S. 4f

177 ebd. S. 5

178 ebd. S. 6f

179 ebd. S. 9 [Nicht zu verwechseln mit der Rede Papens vom 17.6.1934 an der Marburger Universität, in der er als Teil des zum sog. Röhm-Putsch führenden Machtkampfes harte Kritik an der Nazi-Führung übte und Goebbels die „Frankfurter Zeitung", die die Rede abdruckte, ebenso beschlagnahmen ließ wie eine Broschüre mit dem Redetext.]

180 ebd. S. 10f

181 Ihr damals 25jähriger Vorsitzender, Pawoł Nedo, zeigte sich zunächst manchen nationalsozialistischen Ideen gegenüber aufgeschlossen. „Die Unvereinbarkeit der Ideologie des totalitären NS-Staates mit den Zielen der sorbischen Bewegung nicht erkannt zu haben, war eine tragische Komponente in Nedos Tätigkeit." (A. Bresan: Pawoł Nedo 1908–1984. Ein biographischer Beitrag ... a.a.O.; S. 70) Nedo hatte in einer im August 1933 veröffentlichten Abhandlung (nachzulesen in einer Abschrift in: SKA W V-2/C, Blatt 15–21) über die aktuelle kulturelle Lage des Wendentums und seine Stellung zum neuen deutschen Staat betont, das wendische Volk stehe in Erkenntnis seiner langen Verbundenheit mit dem deutschen Volke „treu und unverbrüchlich zum neuen deutschen Staat und seinem großen Führer."

182 Karikatur von Jacobus Belsen, 1931 im sozialdemokratische Satiremagazin „Der Wahre Jacob" erschienen; Quelle: http://dig.ub.uni-heidelberg.de/digilitData/image/wj1931/1/04_04jpg; 5.4.2013

183 Dieser Berg ist eine Felsenplatte mit einem Basaltgipfel in der Nähe der Stadt Mnichovo Hradiště (zwischen Turnov und Mlada Boleslav). Vom Gipfel hat man eine gute Rundumsicht. Auf dem Gipfel steht ein Denkmal, das an den preußisch-österreichischen Krieg erinnert. Ein großer Wermutstropfen in diesem Meer der Proteste war, daß nicht nur Rechte für die Sorben gefordert, sondern zugleich die Teilnehmer gegen „die Deutschen" in der Tschechoslowakei aufgewiegelt wurden. (Páta in einem Brief am Zmeškal vom 4.8.1933, vgl.: Timo Meškank: a.a.O., S. 72) Auch Skala spricht mit Bezug auf die Kundgebung am Berg Mužský die Erwartung aus, dass solche „Kundgebungen der slavischen Völker für uns in einer Form erfolgen würden, die jede Schärfe gegen die Ideale des deutschen Nationalsozialismus und gegen seine Führer ausschaltet." (Jan Skala: Die Lausitzer Serben. Grundsätzliche Erwägungen zur Problematik der lausitzserbischen Frage, in: Kulturwehr, Oktober 1933, S. 33) Gewiss hat ihn nicht Sympathie mit den Nazis dazu veranlasst. Vielmehr brachte er so zum Ausdruck, zum Engagement für die Regelung der „sorbischen Frage" gehört keinerlei Deutschenfeindlichkeit.

184 Vgl.: Martin Kasper: a.a.O., S. 129

185 zitiert nach: Timo Meškank: a.a.O., S. 72 [Die Mitarbeiterin der Wendenabteilung, Maria Obernhofer, nahm als bezahlte Informantin im Auftrag der NSDAP-Kreisleitung Bautzen am Treffen teil.]

186 zitiert nach: Kulturwehr Januar-Februar 1934, S. 9

187 ebd. S. 10, bedenkenswert: beide Lehrer waren Mitgründer katholischer Sokoł-Gruppen, die sich der deutschen katholischen Organisation „Deutsche Jugendkraft" anschlossen. (vgl.: ebd., S. 11)

188 zitiert nach: Timo Meškank: a.a.O., S. 74

189 bedenkenswert: nicht z.B. Dr. Jan Cyž, Měrćin Nowak-Njechorński, Jakub Šajba, Jan Skala, Marko Smoler, Jakub Lorenc-Zalěski, Mina Witkojc, Alojs Andricki, Arnošt Bart, Jurij Delan, Romuald Domaška

190 zitiert nach der Wiedergabe Wolff'sches Telegraphische Büro (WTB) in: Kulturwehr 9/1933, S. 35f

191 zitiert nach: ebd., S. 36

192 Zlepšily se poměry v Lužici?, in: Narodni listy vom 23.9.1933, S. 1, vgl. auch: Timo Meškank: a.a.O. S. 76ff

193 Herman war gewiss ein kluger Mann und hat manches Verdienst um die sorbische Sache. Aber die Art, wie er sich hier in den faschistischen Unterdrückungsapparat hat einbinden lassen, ließ ihn als führende Persönlichkeit der Sorben scheitern. „Selbst die ‚Wendenabteilung' mußte eingestehen, daß Dr. Herman infolge seiner Kollaboration unter den Sorben keine Autorität und kein Vertrauen mehr genießt. (vgl.: Martin Kasper: Geschichte der Sorben, a.a.O., S. 137)

194 Jan Skala: Die Rechtslage der Lausitzer Serben. Die sächsische Regierungserklärung. Ergänzungen zu der Erklärung Dr. Herrmanns, in: Kulturwehr 9/1933, S. 37, dort zählt er auf: **1.** Memorandum der lausitzerbischen Kirchen- und Schulvorstände an die preussische Regierung vom Jahre 1923 – Antwort des preussischen Ministers für Wissenschaft, Kunst und Volksbildung vom 11.3.1924 (vgl. Kulturwehr 1925, S. 148ff.) **2.** Forderung einer lausitzerbischen Superintendentur für die evangelischen Lausitzer Serben vom Jahre 1925 – Ablehnung durch die sächsische Landessynode (vgl. Kulturwehr 1926, S. 206ff.) **3.** Erklärung des sächsischen Regierungsvertreters Dr. Schulze zu dem Antrag Böttcher u. Gen. (Februar 1927) im sächsischen Landtag (vgl. Kulturwehr 1927, S. 365ff) **4.** Zwei Antwortschreiben des sächsischen Volksbildungsministeriums a) Schreiben vom 26.3.1927, – b) Schreiben vom 13.5.1927 (vergl. Kulturwehr 1927, S. 374/75 und 376/77) **5.** Protestaktion der katholischen Lausitzer Serben gegen die kirchliche Entrechtung (vgl. Kulturwehr 1927, S. 545) **6.** Resolution der Generalversammlung der „Domowina" vom 25. März 1928 (vgl. Kulturwehr 1928, S. 182/83) **7.** Protestaktion der katholischen Lausitzer Serben gegen die kirchliche Entrechtung – Resolutionen vom 12. Dezember 1924 und 26. August 1927 (vgl. Kulturwehr 1928, S. 459ff) **8.** Eingabe des Zentralverbandes lausitzerbischer Vereine „Domowina" an die Reichsregierung vom 28. Februar 1929 **9.** Memorandum des Volksrates der Lausitzer Serben an die Regierung des Deutschen Reiches, März 1931/10. Eingabe an die sächsische Staatsregierung vom Jahre 1931 (betr. Regelung des Schulwesens) – mit etwa 11.000 Unterschriften; – eine Erledigung ist bisher nicht erfolgt

195 ebd., S. 38

196 ebd.

197 -S.-: Die Volkstumsbewegung der Lausitzer Serben, in: Kulturwehr 9/1933, S. 113f

198 mit „Urlaub" kaschierte er seine Hilfe für Pawoł Nowotny, der Deutschland illegal verlassen musste

199 Brief Skalas vom 13.7.1933 an Bohumir Janata, in: SKA MZb XIX 3/18

200 Brief Skalas vom 1.8.1933 an Bohumir Janata, in SKA MZb XIX 3/19

201 vgl. Martin Kasper: a.a.O. S. 150

202 1933 gegründet, laut NSDAP-Bekanntmachung vom 27. Juli 1933 war es das Ziel, alle auf dem Gebiet der Volkstums- und Heimatpflege tätigen Vereine bei restloser Aufgabe ihrer organisatorischen Selbständigkeit „gleichzuschalten"; seit April 1934 gab der Reichsbund die Zeitschrift „Volkstum und Heimat – Blätter für nationalsozialistische Volkstumsarbeit und Lebensgestaltung" heraus.

203 zitiert nach: Timo Meškank: a.a.O. S. 81

204 zitiert nach: Kulturwehr, März 1934, S. 74

205 zitiert nach: ebd. S. 75

206 Jan Skala: Bemerkungen, in: Kulturwehr April 1934, S. 102

207 zitiert nach: Kulturwehr, Mai 1934, S. 135

208 ebd. S. 113

209 Kasper nennt u.a. Pawoł Lubjeński, Pawoł Krawc, Herman Bjenada, Jurij Šewčik, Jakub Cyž, Franc Natuš, Jan Haješ, Pfarrer Jan Wjenka, Arnošt Simon. Vgl.: Martin Kasper: Geschichte der ... a.a.O., S. 146f

210 Měrćin Kasper: Die Auseinandersetzungen um ... a.a.O., S. 442

211 Jan Skala: Die Lausitzer Serben. Grundsätzliche Erwägungen zur Problematik ... a.a.O., S. 21

212 ebd.

213 ebd., S. 22

214 ebd., S. 23

215 ebd., S. 24f

216 ebd., S. 26

217 Thomas Steensen: Der Verband der nationalen Minderheiten in Deutschland und die Europäischen Nationalitätenkongresse. In: Friesen und Sorben, Bräist/Bredstedt 1991, S. 6

218 zitiert nach: Thomas Steensen: „Lieber tot als Sklave?, in: Zwischen Hoffnung, Anpassung und Bedrängnis. Minderheiten im deutsch-dänischen Grenzraum in der NS-Zeit, Bielefeld 2001 S. 117

219 Walther Steller (* 1.10.1895 † 29.12.1971) deutscher Hochschulprofessor, Germanist und Volkskundler an der Universität Breslau, schloss sich frühzeitig dem rechtsextremen politische Lager an; besonders stark engagierte er sich zu allen Fragen der Ostgrenze Deutschlands nach dem Ersten Weltkrieg. Seit 1920 beteiligte er sich aktiv am „Grenzkampf" in Oberschlesien, ab 1922/23 plante er den Ausbau des Germanischen Seminars und dessen Aufwertung zum „Deutschen Institut", damit die Universität Breslau der slawischen Bewegung entschiedener und wirksamer entgegentreten kann, begründete 1925 den Breslauer „Akademischen Reiterverein", aus dem die „berittene SA" der Stadt hervorging, deren Gründungsmitglied Steller war; seit April 1933 war Steller Mitglied der NSDAP und bestritt seitdem seine Vorlesungen und Seminare grundsätzlich in SA-Uniform. Veranstaltungen im Rahmen seiner Arbeit am „Atlas der deutschen Volkskunde" nutzte er für faschistisch-nationalistische Agitation. Am 10.5.1933 hielt er in der Aula der Universität Breslau zur Vorbereitung der tags darauf stattfindenden Bücherverbrennung die „Flammenrede". Steller avancierte auf diese Weise, aber auch durch Denunziation zweier angesehener Wissenschaftler (F. Ranke, W. E. Peuckert – beide verloren ihre Anstellung) zum heftigsten Vorkämpfer des Faschismus an der Universität Breslau. 1937 erhielt er einen Lehrauftrag für Friesisch an der Universität Kiel. Vom Sommersemester 1947 bis zum Ende des Wintersemesters 1961/62 hielt er dort Vorlesungen am Germanistischen Seminar zu volkskundlichen und friesischen Themen. Als Bundeskulturwart der Landsmannschaft Schlesien innerhalb des Bundes der Vertriebenen veröffentlichte er eine Arbeit unter dem Titel „Name und Begriff

der Wenden (Sclavi). Eine wortgeschichtliche Untersuchung." (Mitteilungen der Landsmann-schaft Schlesien, Landesgruppe Schleswig-Holstein Nr. 15/1959) Darin griff er die im deutschen Faschismus populäre sogenannte „Urgermanentheorie" (entlang der Ostseeküste, in Pommern, an Elbe, Oder und Weichsel hätten schon immer Germanen gesiedelt; sie seien im 7/8. Jahrhundert von Slawen unterworfen worden, hätten ihre nationale Eigenständigkeit als hörige Acker-bauern bewahrt, nach Zuwanderung neuer germanischer Stämme aus westelbischen Landestei-len im 12./13. Jahrhundert ihre freie Lebensgestaltung zurück gewinnen und dem Deutschtum in diesen Gebieten wieder Achtung verschaffen können) wieder auf. Diese längst widerlegte Anschauung wollte er weiterentwickeln, in dem er jegliche Zuwanderung von Slawen in diesen Raum leugnete. Im Hochmittelalter habe – Steller zufolge – kein Zusammenwachsen deutscher und slawischer Bevölkerung stattgefunden, sondern es sei lediglich eine „Christianisierung und Eindeutschung des alten ostgermanischen Elementes bei einem gewissen Zuzug deutscher Bevöl-kerung" zu verzeichnen. Mit solchen „neuen Erkenntnissen" wollte er direkt in die aus seiner Sicht offene Frage der deutschen Ostgrenze eingreifen. Mit Formulierungen wie „Irrtum der Wissenschaft – Verlust der Heimat" warf Steller vor allem Historikern vor, durch die Duldung und Verbreitung angeblicher Irrlehren den Verlust der deutschen Ostgebiete verschuldet zu haben. Stellers Thesen werden bis in die jüngste Vergangenheit von Autoren, die den Vertriebenen-verbänden politisch und/oder geistig nah stehen (z.B. Hans Scholz; Lothar Greil; Helmut Schröcke, Erika Steinbach) immer wieder verwendet. Intensiv und überzeugend waren sie schon 1961 vom renommierten Mittelalterhistoriker W.H. Fritze widerlegt: Der Leser „konsta-tiert […]mit einer von Seite zu Seite wachsenden Bestürzung den haarsträubenden Dilettantis-mus des Verfassers, der sich selbst mit diesem Buche in der peinlichsten Weise bloßstellt, ja – es muß gesagt werden – sich das wissenschaftliche Todesurteil spricht. Seine umwälzenden ‚Ergeb-nisse' hat er lediglich dadurch erzielen können, daß er sich auf einige wenige Quellenzeugnisse beschränkt – die er noch dazu mit denkbarer Willkür interpretiert -‚während er von allen ande-ren absieht. Zudem zieht er die bisherige Forschung nur dort heran, wo es ihm paßt." Frühere Veröffentlichungen Stellers einbeziehend, hielt Fritze fest, „daß wir es hier mit einem typischen Erzeugnis nationalsozialistischer Pseudowissenschaft zu tun haben. Die borniertе Überbewertung des Germanentums gegenüber dem Slawentum, das durch seine ‚sarmatische' Qualifizierung als ‚asiatisch' diskriminiert werden soll, der immer wieder im Buche herumspukende Rassismus und die primitive, vorwissenschaftliche Gleichsetzung von nordischer Rasse und Germanentum sind deutliche Kennzeichen […] Das ganze Buch, dieses groteske und gleichzeitig erschütternde Pro-dukt einer von politischen Tendenzen geleiteten akademischen Halbbildung, verdient vielleicht nur in einem Punkte ernst genommen zu werden: in seiner Bedeutung als Symptom [...]" (Wolfgang H. Fritze: Slawomanie oder Germanomanie? Bemerkungen zu W. Stellers neuer Lehre von der älteren Bevölkerungsgeschichte Ostdeutschlands. Jahrbuch für die Geschichte Mittel- und Ostdeutschlands 9/10, 1961.)

Müssen wir heutigen Leser uns, mehr als fünf Jahrzehnte später (z.B. angesichts der bundesdeut-schen Aktivitäten für die Errichtung eines Vertriebenenzentrums, angesichts ungezählter fremden-feindlicher, rassistischer Taten in der Bundesrepublik) nicht fragen: Symptom wofür?

220 Thomas Steensen: „Lieber tot als ... a.a.O. S. 115
221 Von einem Lausitzer Serben: Die friesische Minderheit, in: Kulturwehr 10/1926, S. 446
222 Die Beschwerde der jüdischen Minderheit Preußisch-Oberschlesiens vor dem Völkerbund, in: Kulturwehr, Juli-September 1933, S. 11
223 gemeint ist die zwischen Deutschland und Polen am 15. Mai 1922 in Genf abgeschlossene Kon-vention über den beiderseitigen Minderheitenschutz in Oberschlesien.

224 Der Beschwerdeführer F<small>RANZ</small> B<small>ERNHEIM</small> führte das „Gesetz zur Wiederherstellung des Berufsbeamtentums", das „Gesetz über die Zulassung zur Rechtsanwaltschaft", den „Erlaß des Reichskommisars für das Preußische Justizministerium über die Ausübung des Notaritas", das „Gesetz gegen die Ueberfremdung deutscher Schulen und Hochschulen" sowie die „Verordnung des Reichsarbeitsministers über die die Zulassung von Aerzten bei den Krankenkassen" an, zitiert nach: Die Beschwerde der jüdischen ... a.a.O. S. 12f

225 Die internationale Minderheitenbewegung am Scheidewege, in: Kulturwehr, November 1933, S. 70

226 ebd. S. 69

227 ebd. S. 71

228 ebd. S. 72

229 ebd. S. 73

230 ebd. S. 83

231 J<small>AN</small> S<small>KALA</small>: Assimilation – „Dissimilation" – Renationalisierung, in: Kulturwehr, April 1934, S. 77

232 ebd. S. 77f

233 ebd. S. 78

234 ebd.

235 ebd. S. 81

236 ebd.

237 ebd., S. 87 (Totale Unkenntnis vom Leben und Wirken S<small>KALAS</small>, spricht aus einer Dissertation, in der mit Verweis auf diesen Artikel behauptet wird: „Skala legitimiert die bereits klar erkennbare Generallinie des Reichsministeriums des Innern, die Juden und andere nichtdeutsche Volksgruppen zur Emigration zu zwingen; [...] er rechtfertigte die nationalsozialistischen ‚Rasse'- Gesetze ausdrücklich; [...] sein Aufruf zum staatlich angeleiteten ‚Rassenkampf' [...] richtete sich vornehmlich gegen die ‚Juden'." (I<small>NGO</small> H<small>AAR</small>: Historiker im Nationalsozialismus. Deutsche Geschichtswissenschaft und „Volkstumskampf" im Osten, Göttingen 2000, S. 210f. Auch mit Bezug auf eine andere Persönlichkeit hat Haar „Quellenaussagen [...] verkürzt und häufig sinnentstellend wiedergegeben, [...] Gegenstände isoliert betrachtet, die nur in einem größeren historischen Zusammenhang angemessen begriffen werden können [...], Sachverhalte zurechtgebogen und bis zur Unkenntlichkeit verändert, um sie in sein Deutungsschema einfügen zu können. Auf der Strecke geblieben ist dabei nicht nur die Pflicht zum sorgfältigen Umgang mit Quellen und Literatur, sondern, man muß es aussprechen, das Gebot der Fairness und der intellektuellen Redlichkeit." H<small>EINRICH</small> A<small>UGUST</small> W<small>INKLER</small>: Geschichtswissenschaft oder Geschichtsklitterung?, in: Vierteljahreshefte für Zeitgeschichte, Heft 4/2002, S. 651f; vgl. auch die vorhergehende Diskussion der beiden Kontrahenten in den Heften 3 und 4/2001 der o.a. Zeitschrift)

238 Brief S<small>KALAS</small> vom 13.7.1933 an B<small>OHUMIR</small> J<small>ANATA</small>, in: a.a.a.O. 3/18

239 zitiert nach: J<small>OACHIM</small> C. F<small>EST</small>: Hitler. Eine Biographie, Berlin 1987, S. S. 563

240 J<small>AN</small> S<small>KALA</small>: Volkstum und Staat, in: Kulturwehr März 1934, S. 51f

241 ebd., S. 53f

242 Der Reichsnährstand (Körperschaft des öffentlichen Rechts mit eigener Satzung ‚eigenem Haushalts-, Beitrags- und Beamtenrecht) war zwischen 1933 und 1945 eine ständische Organisation der Agrarwirtschaft und -politik; unterteilt in drei Hauptabteilungen: 1. Der Mensch (zuständig für ideologische Erziehung und Überwachung der so genannten Blutreinheit der Bauernschaft), 2. Der Hof (zuständig für die Produktion und deren Mittel), 3. Der Markt (organisierte die Verteilung, kontrollierte Angebot, Nachfrage und Preise). Das Gesetz schaltete die in der Landwirt-

schaft, Fischerei und Gartenbau tätigen Personen und Betriebe gleich und vollzog ihre Zwangsvereinigung in der, gliederte das Reichsgebiet in 26 Landesbauernschaften, denen die die Kreis- und Ortsbauernschaft unterstand.

(Quelle: http://de.wikipedia.org/wiki/Reichsn%C3%A4hrstand, 7.4.2013)

243 Das Reichserbhofgesetz wurde am 29.9.1933 erlassen; der landwirtschaftliche Boden wurde als unveräußerliches Gut definiert; die bäuerlichen Höfe sollte so vor Überschuldung und Zersplitterung geschützt werden; das Gesetz war Ausdruck der nationalsozialistischen Blut- und Boden-Ideologie, mit ihm waren mythologische Vorstellungen vom Bauern als „Lebensquell der nordischen Rasse" verbunden.

244 Das Schriftleitergesetz, in Kraft seit dem 1.1.1934 war das entscheidende Mittel zur Gleichschaltung der Presse. Es fixierte die formal-rechtliche Kontrolle aller Presseinhalte sowie persönliche und politische Voraussetzungen eines Schriftleiters. Er hatte die politische Zuverlässigkeit ebenso nachzuweisen wie die arische Abstammung, unterlag den Richtlinien der Reichspressekammer und wurde ggf. in deren Berufsliste eingetragen. Juden waren von vornherein ausgeschlossen.

245 Jan Skala: Volkstum und Staat, a.a.O. S. 56ff,

246 Jan Skala: Pressestimmen, in Kulturwehr April 1934, S. 90/ders. ähnlich: Pressestimmen in: Kulturwehr Juni/Juli 1934, S. 622

247 zitiert nach ebd., S. 91

248 ebd., S. 92

249 zitiert nach ebd., S. 93

250 ebd., S. 93f

251 zitiert nach: Jan Skala: Pressestimmen, in: Kulturwehr März 1934, S. 64

252 Jan Skala: Pressestimmen, in: Kulturwehr März 1934, S. 65

253 - n.a.- Neue Hochschulen für Lehrerbildung, in: Kulturwehr März 1934, S, 58ff

254 Jan Skala: Pressestimmen, in: Kulturwehr Jan/Feb. 1934, S. 34ff

255 J.S.: Pressestimmen, in: Kulturwehr Jan./Feb 1934, S. 16f

256 ebd. S. 21

257 Jan Skala: Bemerkungen, in: Kulturwehr Jan,/Feb. 1934, S. 43f

258 Materialien, in: ebd, S. 46f

259 Pressestimmen, in: Kulturwehr August-Oktober 1934, S. 620f

260 Jan Skala: Pressestimmen, in: Kulturwehr Mai 1934, S. 123f

261 ebd. S. 124ff

262 Primož Trubar * 9.6.1508 † 28.6.1586; protestantischer Prediger und Begründer des slowenischen Schrifttums wie auch der evangelischen Kirche in Slowenien; ging 1524 nach Triest zu Bischof Pietro Bonomo, wo er mit humanistischem Gedankengut und in späterer Folge mit der Reformation in Berührung kam, predigte im Dom St. Nikolai zu Ljubljana/Laibach in slowenischer Sprache, 1547 vom Bischof exkommuniziert, ging er nach Deutschland und schrieb hier das erste Buch in slowenischer Sprache, veröffentlicht 1550 in Tübingen unter dem deutschen Titel „Catechismus in der windischen Sprach"; übersetzte das Neue Testament aus der Lutherbibel ins Slowenische; sein Bild war auf dem Zehn-Tolar-Schein der früheren slowenischen Währung und findet sich heute auf der slowenischen Ein-Euro-Münze und auf der zweiten Zwei-Euro-Gedenkmünze der Republik Slowenien.

(Quelle: http://de.wikipedia.org/wiki/Primo%C5%BE_Trubar, 9.4.2013)

263 Jan Skala: Pressestimmen, in: Kulturwehr Mai 1934, S. 130ff

264 Předźenak Nr. 80 (1934), S. 36

265 Leider nicht nur damals. Ohne ein Gleichheitszeichen zur Gegenwart zu setzen, muß doch darauf hingewiesen werden: Auch jetzt, im Herbst 2015, wo ich diese Zeilen schreibe, existiert angesichts verschiedenartiger Bedrohungen der Zukunft des sorbischen Volkes (z.B.: Mittelkürzung für Bildung und Kultur; Abbaggerung der Lausitz; andere Formen rigoroser Umweltzerstörung, Enteignung sorbischer Höfe usw.) und trotz durchaus beachtenswerter neuer Gesetze in Brandenburg eine beklagenswerte „Schüchternheit" von Sorben bei der Durchsetzung ihrer Rechte und Interessen innerhalb und außerhalb der Parlamente Sachsens und Brandenburgs, partiell sogar vorauseilender Gehorsam.

266 Mit großer Wahrscheinlichkeit werden darüber auch NEDO und PÁTA gesprochen haben, als sie sich am 15.7.1934 im Rahmen einer Studienreise Pátas in Radibor trafen.

267 MARTIN KASPER: Geschichte der ... a.a.O., S. 152

268 vgl. Wokolnik wšitkim sobustawam Domowiny. (Rundschreiben allen Mitgliedern der Domowina, Nur für Mitglieder der Domowina! Vom 25. März 1937) In: Sorbisches Kulturarchiv D I/ 13 C, Blatt 1

269 MARTIN KASPER: Geschichte der ... a.a.O., S 157

270 zitiert nach: ebd

271 A. BRESAN: Pawoł Nedo... a.a.O., S. 70

272 ebd. S. 72

273 NEDO legte in dieser Zeit Wert darauf, Nazi-Funktionäre zu sorbischen Kulturveranstaltungen einzuladen. Für den Festumzug am 15.7.1934 in Radibor, sollte NSDAP-Gauleiter MUTSCHMANN die Schirmherrschaft übernehmen. Dass so etwas zum Schaden der Sorben ausgeht, hatte die Rede des Oberpräsidenten und späteren Nazi-Gauleiter WILHELM KUBE bewiesen. Der hatte bei einem Spreewaldfest im Juni 1933 sich zur „sorbischen Frage" so geäußert: „Das Wendentum im Spreewald wird als ein von der nationalsozialistischen Regierung stets behüteter Edelstein bewahrt werden. Ihr dient in Eurer Art der Heimat weit besser als irgendein wurzelloser Hurrapatriot. Bewahrt Eure Bräuche, liebt Eure Sprache, ehrt das gemeinsame Vaterland, dann werdet Ihr stets in einer Einheitsfront mit dem Nationalsozialismus in unserem Vaterland Eure Pflicht tun." (Cottbuser Anzeiger vom 26. Juni 1933); vgl. auch: A. BRESAN: Pawoł Nedo... a.a.O., S. 91

274 Antrag der Republik Polen, in: Kulturwehr August-Oktober. 1934, S. 640f

275 - J.S.-: Eingaben der polnischen Volkstumsgruppe im Deutschen Reich und amtliche Entscheidungen, in: Kulturwehr August-Oktober 1934, S. 201f

276 AXEL AUGUST GUSTAV JOHANN FREIHERR VON FREYTAGH-LORINGHOVEN * 1.12.1878; † 28.10.1942; völkisch gesinnter und antisemitischer Nationalist, Monarchist; Jurist (Professor für Staats- und Völkerrecht); im Ersten Weltkrieg wegen seiner Sprachen- und juristischen Kenntnisse Berater des Oberbefehlshabers Ost; erhielt 1918 den Lehrstuhl für Staats-, Verwaltungs- und Völkerrecht an der Universität Breslau; lehnte die Weimarer Verfassung ab, weil einer ihrer Autoren, HUGO PREUSS Jude sei; vertrat in seinen Vorlesungen die Meinung, die Verfassung der Weimarer Republik sei wegen ihres revolutionären Ursprungs illegal, MAX VON BADEN, EBERT und SCHEIDEMANN seien Hochverräter; gehörte 1919 in Breslau dem Vorstand der Ortsgruppe des antidemokratischen und antisemitischen Deutsch-völkischen Schutz- und Trutzbundes an; im gleichen Jahr Mitbegründer der antirepublikanischen DNVP, ab 1924 deutschnationaler Reichstagsabgeordneter; vom Preussischen Ministerpräsidenten GÖRING 1933 zum Preußischen Staatsrat ernannt; in seinem Buches „Deutschlands Außenpolitik 1933–1941" unterstützte er die Außen- und Eroberungspolitik HITLERS; das Buch wurde den Soldaten als Tornisterschrift des Oberkommandos der Wehrmacht für den Dienstgebrauch mitgegeben; zu seinem 60. Geburtstag verlieh ihm HITLER die Goethe-Medaille für Kunst und Wissenschaft. (Quelle http://de.wikipedia.org/wiki/Axel_von_Freytagh-Loringhoven; 12.4.2013)

277 Christina Clasina Bakker van Bosse * 1884 † 1964, holländische Rechtsanwältin und Pazifistin, Vizepräsidentin der Vereinigung „Völkerbund und Friede";

278 -is-: Zeitschriften, in: Kulturwehr August-Oktober 1934, S. 675

279 Nach Stil und Duktus vermutlich Skala, konnte nicht verifiziert werden

280 ebd., S. 676ff

281 - J.S.-: Eingaben der polnischen Volkstumsgruppe im Deutschen Reich und amtliche Entscheidungen, in: Kulturwehr Januar-März 1935, S. 1ff

282 A. Bresan: Pawoł Nedo … a.a.O., S. 70

283 Eingaben der Lausitzer Sorben an den Führer und deutschen Reichskanzler und an die Reichsregierung, in: Kulturwehr, November 1933, S. 650

284 ebd.

285 ebd., S. 651

286 ebd.

287 ebd. S. 652

288 ebd., S. 653

289 ebd., S. 653f

290 ebd. S. 654f

291 ebd. S. 655

292 ebd., S. 656f

293 Lužickosrbský Věstnik 25.10.1935, S. 66 (Übersetzung Jurij Łuśćanski)

294 Karl Viererbl * 24.7.1903 † 13.7.1945 (Pseudonyme Kurt Vorbach bzw. Ernst Kämpfer), deutscher Journalist und Politiker, zunächst Mitglied der sudetendeutschen DNSAP, später NSDAP; ab 1933 Mitglied der Schriftleitung des Völkischen Beobachters; von 1935 Dozent an der Hochschule für Politik und des Außenpolitischen Schulungshauses der NSDAP (Quelle: http://de.wikipedia.org/wiki/Karl_Viererbl, 15.4.2013)

295 zitiert nach: Kulturwehr Juli-August 1935, S. 627f

296 ebd.

297 J. S. Erwägungen. In: Kulturwehr Juli-August 1935, S. 630f

298 zitiert nach: J.S.: Erwägungen, in: Kulturwehr, November – Dezember 1935, S. 757

299 Wilhelm Stuckart * 16.11.1902 † 15.11.1953; 1926 Rechtsberater der NSDAP Wiesbaden; Staatssekretär im Preußischen Kulturministerium (1933), im Reichswissenschaftsministerium (1934), im Reichsinnenministerium (März 1935), beteiligt an der NS-Judengesetzgebung, als Vorgesetzter von Globke mit ihm Verfasser des Kommentars zur NS- Rassegesetzgebung; Teilnehmer der Wannseekonferenz über die „Endlösung" der Judenfrage; Mai 1945 Reichsinnen- und Reichskulturminister der Regierung Dönitz; am 11.4.1949 zu 4 Jahren Haft verurteilt, sofortige Entlassung wegen verbüßter U-Haft; Stadtkämmerer von Helmstedt, Geschäftsführer des Instituts zur Förderung der niedersächsischen Wirtschaft. (Quelle: Ernst Klee: Das Personenlexikon zum Dritten Reich, 2011, S. 611f)

300 zitiert nach: J.S.: Erwägungen, in: Kulturwehr, November – Dezember 1935, S. 758f

301 Steller behauptete u.a., die Sorben stammten von den Vandalen ab und begründete das quasi-wissenschaftlich „mit der Ähnlichkeit zwischen den deutschen Wörtern Wende und Wandale. Es war die Zeit für Fantasien wie dieser", in: Todd Huebner: Ethnicity Denied: Nazis Policy towards the Lusatian Sorbs. (Negierte Ethnizität: Die Nazi-Politik gegen die Lausitzer Sorben) In: German History Vol. 6 No. 3 (1988), S. 275 (Übersetzung: Regine Kroh). Helmut Schaller bezeichnet Steller in „Der Nationalsozialismus und die slawische Welt", Regensburg 2012, S. 290 als „Vater der Antislawentheorie".

302 Vgl. MARTIN KASPER: Die Geschichte ... a.a.O., S. 162/1937 ist dieses „Gift" offizieller Sprachgebrauch, vgl.: FRANK FÖRSTER: Die nationalsozialistische Wendenzählung von 1939 und der Einfluß ihres Ergebnisses während des Zweiten Weltkrieges, in: Zwischen Zwang und Beistand, ... a.a.O. S. 85

303 zitiert nach: J.S.: Erwägungen, in: Kulturwehr November-Dezember 1935, S. 753

304 ebd.

305 ebd. S. 752

306 ebd. S. 752f

307 JAN SKALA: Bemerkungen, in Kulturwehr November – Dezember 1935, S. 769ff [Mitte der 1930er Jahre legte der BDO auf einer zentrale Arbeitstagung seine „besonderen grenzpolitischen und volkstumspolitischen Aufgaben" in der Lausitz fest. Ausgangspunkt: „Nationale Zwischenschichten, wie sie in einigen östlichen Gebietsteilen bestehen, sind Rückstände aus einer Zeit ungefestigten Nationalbewußtseins." (Ostland, Heft 7/ 1936, S. 73; in diesem Zentralorgan des BDO hat auch LAUBERT regelmäßig veröffentlicht) In der Folge erhielten faschistische Organisationen aller Art (Frauen-, Jugend-, Sport-, Kultur-, Gesangs-, Wandervereine) in der Lausitz besondere Förderung. In Lausitzer Schulen wurden im nationalsozialistischen Sinne besonders zuverlässige Lehrer eingesetzt, um den Einfluss der sich reorganisierenden Domowina abzufangen und einzudämmen. Sorbische Bräuche wurde als germanische ausgegeben, sorbische Texte aus der Öffentlichkeit verbannt, sorbische Ortsnamen eingedeutscht. Zielstrebig sollten alle Erscheinungen, die auf die Slawen in Deutschland hinwiesen, beseitigt werden. Die in- und ausländische Öffentlichkeit sollte Glauben gemacht werden, es gäbe keine Sorben mehr, sie seien assimiliert, germanisiert, legten keinen Wert auf ihr Volkstum.]

308 vgl. Kapitel 1.

309 J. BOGENSEE: Gedanken zur minderheitspolitischen Lage im Deutschen Reich, in: Kulturwehr, August-Oktober, S. 618f

310 WALTER GRUNDMANN * 21.10.1906 † 30.8.1976, deutscher protestantischer Theologe in der Nazi-Zeit und in der DDR; studierte von 1926 bis 1930 Theologie in Leipzig, Rostock und Tübingen; wurde am 1.12.1930 Mitglied der NSDAP, seit 1934 förderndes Mitglied der SS; seit Mai 1932 Hilfspfarrer bei Kamenz und Leiter des NS-Pfarrbunds in Sachsen; schloss sich im Frühjahr 1933 den Deutschen Christen (DC) an; gab als Assistent des sächsischen Landesbischofs F. Coch im Rang eines Oberkirchenrats das Monatsjournal „Christenkreuz und Hakenkreuz" heraus; 1938 ohne Habilitation, fachliche Leistungsnachweise und Zustimmung des Dekans der Theologischen Fakultät Jena zum ordentlichen Professor für Neues Testament und Völkische Theologie ernannt, die Ernennungsurkunde trug Hitlers eigenhändige Unterschrift; Mitinitiator und akademischer Direktor des am 6.5.1939 auf der Wartburg gegründeten Instituts zur „Entjudung der Kirche"; erstellte später persönlich Gutachten für das Reichssicherheitshauptamt (RSHA) zur „Endlösung der Judenfrage", weil er die „Ausschaltung des Judentums" für grundsätzlich notwendig hielt. [So schrieb er z.B. in „Das religiöse Gesicht des Judentums – Entstehung und Art". Veröffentlichungen des Instituts zur Erforschung des jüdischen Einflusses auf das deutsche kirchliche Leben, 1942, S. 161: „Der Jude muß als feindlicher und schädlicher Fremder betrachtet werden und von jeder Einflußnahme ausgeschaltet werden. In diesem notwendigen Prozeß fällt der deutschen Geisteswissenschaft die Aufgabe zu, das geistige und religiöse Gesicht des Judentums scharf zu erkennen"] Eine wissenschaftliche Arbeit resümiert: „Grundmann gehörte zu jenen Universitätstheologen, denen ausreichendes Wissen um die Konsequenz ihres theologischen und kirchenpolitischen Handelns unterstellt werden kann." [BIRGIT GREGOR: Zum protestantischen Antisemitismus. Evangelische Kirchen und Theologen in der Zeit des Nationalsozialismus. Fritz-Bauer-

Institut, Jahrbuch zur Geschichte und Wirkung des Holocaust 1998/99, Darmstadt 1999, S. 191]; 1947 Anstellung bei der Inneren Mission in Waltershausen, dort ab 1950 als Pfarrer tätig; das Katechetische Oberseminar Naumburg (Saale) und das lutherische Theologische Seminar Leipzig erteilten ihm 1954 einen Lehrauftrag; 1954 Rektor des Eisenacher Katechetenseminars, zugleich als Dozent für Bibel verantwortlich für die theologische Ausbildung der Pfarrer in der Thüringer Landeskirche; nach 1989 ergaben Akten der Staatssicherheit, dass er unter dem Decknamen „GI Berg" von 1956 bis 1969 Inoffizieller Mitarbeiter war; überzeugt, dass jeder Staat das Recht habe, die volle Loyalität seiner Bürger einzufordern, übernahm er Aufträge, erstellte Memoranden, übergab kircheninterne Materialien, gab Einsicht in private Schreiben und nahm Geld an.
(Quelle: http://de.wikipedia.org/wiki/Walter_Grundmann. 12.4.2013)

311 Jan Skala: Literaturübersicht, in: Kulturwehr Juni/Juli 1934, S. 162ff

312 8.9.1888 † 11.11.1967

313 zitiert nach: ebd., S. 165f

314 ebd. S. 166f

315 Konrad Hentrich * 10.10.1880 † 22.6.1972, deutscher Sprachwissenschaftler und Hochschullehrer, studierte Deutsch, Englisch, Französisch in München, Berlin und Greifswald, dort 1905 zum Dr. phil. promoviert, ab 1921 wissenschaftlicher Mitarbeiter am phonetischen Institut der Universität Hamburg und zugleich Dozent (später Professor) für deutsche Philologie an der Universität in Riga, von 1925 bis 1933 als Dozent und Fachlehrer für Sprechkunde am Pädagogischen Seminar in Hamburg-Altona verantwortlich für die Ausbildung der Studienreferendare.

316 Jan Skala: Literaturübersicht, in: Kulturwehr Juni/Juli 1934, S. 167f

317 ebd., S. 168ff

318 Johannes Eger * 1873 † 1954, Pfarrer in Erfurt, Generalsuperintendent in der Kirchenprovinz Sachsen, Amtsvorgänger Niemöllers in der Gemeinde Dahlem der Bekennenden Kirche, 1934 vorzeitig in den Ruhestand versetzt

319 Jan Skala: Literaturübersicht, in: Kulturwehr, Juni/Juli 1934, S. 172f

320 ebd. S. 173f

321 Hermann Schwarz * 22.12.1864 † 12.12.1951, deutscher Professor für Philosophie; erhielt 1908 Professur in Marburg, wechselte 1910 auf einen Lehrstuhl an der Universität Greifswald ; Herausgeber der Zeitschrift für Philosophie und philosophische Kritik; 1917/18 Mitbegründer der Deutschen Philosophischen Gesellschaft, deren satzungsgemäßer Zweck „die Pflege, Vertiefung und Wahrung deutscher Eigenart auf dem Gebiete der Philosophie" war; trat bereits 1923 der NSDAP ; wurde 1938 emeritiert, 1939 verlieh ihm Hitler die Goethe-Medaille für Kunst und Wissenschaft; im Zentrum seiner Philosophie stand die Vorstellung, dass der Mensch den Sinn seines Daseins natürlich von seinem Blut her zu verstehen habe; das gemeinsame nordische Blut werde dem Einzelnen nur wahrhaft existent, wenn er es gemeinschaftlich, völkisch, bejahe und dann von unendlichem Glück (innere Unendlichkeit) erfüllt erleben dürfe. (Quelle: http://de.wikipedia.org/wiki/Hermann_Schwarz_%28Philosoph%29; 11.4.2013)

322 Jan Skala: Literaturübersicht, in: Kulturwehr, Juni/Juli 1934, S. 174

323 Es handelt sich um das Reichsflaggengesetz, das Reichsbürgergesetz sowie das Gesetz zum Schutze des deutschen Blutes und der deutschen Ehre

324 Jan Skala: Die „Nürnberger Gesetze" und die nichtdeutschen Volksgruppen im Deutschen Reich, in: Kulturwehr, November-Dezember 1935, S. 727

325 Schon das wirkt entlarvend! (vgl. ebd. S. 728–734); Skala setzt damit die 20-seitige Dokumentation über „Die rechtliche Lage der Juden in Deutschland" (Kulturwehr Oktober 1933) fort, in

der zahlreiche Gesetze der Nazis nach „der Besitzergreifung der Regierungsgewalt im Deutschen Reich" (S. 46) ergangen sind, die vor allem die Juden „grundsätzlich vom öffentlichen Leben ausschalten." (ebd.)

326 JAN SKALA: Die „Nürnberger Gesetze" und die ... a.a.O., S. 734ff [Auch wenn es bisher keinen zitierfähigen Beleg gibt, solch zwingende Argumentation hat die Nazis mit Sicherheit wütend gemacht]

327 J. S.: Erwägungen. In: Kulturwehr November-Dezember 1935, S. 754ff [Dass es sich beim Verweigern des „deutschen Grußes" nicht um eine Lappalie handelte, darauf verweist u.a. der US-amerikanische Schriftsteller Erik Larson: „Das sichtbarste äußere Zeichen der Gleichschaltung war das plötzliche Auftauchen des Hitlergrußes [...] Was die Praxis so einzigartig mache, sei, dass dieser Gruß von allen erwartet werde, selbst bei den banalsten Begegnungen. Ladenbesitzer begrüßten ihre Kunden so, Kinder ihre Lehrer gleich mehrmals täglich. Selbst am Ende von Theateraufführungen wurde vom Publikum erwartet, aufzustehen, die Hand zum Gruß zu heben, die Nationalhymne „Deutschland, Deutschland über alles" und anschließend gleich noch das Horst-Wessel-Lied zu singen." Tiergarten. Ein amerikanischer Botschafter in Nazi-Deutschland, Hamburg 2013, S. 85f/ERIK LARSON: In the Garden of Beasts. Love, Terror, an American Family in Hitler's Berlin, Broadway Books, New York 2011, S. 58]

328 Er lautete: „Reichsbürger ist nur der Staatsangehörige deutschen oder artverwandten Blutes, der durch sein Verhalten beweist, dass er gewillt und geeignet ist, in Treue dem Deutschen Volk und Reich zu dienen."

329 JAN SKALA: Die „Nürnberger Gesetze" und die ... a.a.O., S. 740ff

330 ebd. S. 747ff [SKALAS Hinweise auf die Folgen von Uneinigkeit ethnischer Minderheiten, sein nüchternes Konstatieren der Folgen staatlicher Politik und sein Bedauern eines gefährlichen Nicht-Sehen-Wollens oder -Könnens sind mit dem Ende der NS-Zeit nicht völlig gegenstandslos geworden.]

331 JAN SKALA: Rechtsformen des Minderheitenschutzes. Grundsätzliche Erwägungen zu einer Revision der bisherigen Ideen und Rechtsgrundlagen des Minderheitenschutzes, in: Kulturwehr, Juli-August 1935. S. 605f

332 ebd., S. 606f

333 ebd., S. 607f

334 ebd., S. 610f (gesperrt im Original)

335 ebd., S. 611f

336 ebd., S. 614f

337 ebd., S. 622f

338 Legte u.a. „politische Zuverlässigkeit" und arische Abstammung als Voraussetzung für die Arbeit als „Schriftleiter" (= Chefredakteur) fest und war insofern **das** Instrument die Presse nicht nur zu kontrollieren, sondern „gleichzuschalten". Verhindert wurde so jede kritische Meinungsäußerung gegenüber dem deutschen Staat, die „Schriftleiter" waren zur Treue gegenüber der politischen Linie des NS-Staates verpflichtet.

339 * 17.1.1880 † 13.5.1947

340 JAN SKALA: Die „Lausitzer Frage". Zur Klärung einer geschichtspolitischen Territorialfrage und eines national-kulturellen Rechtsproblems, in: Kulturwehr, November-Dezember 1935. S. 717

341 ebd., S. 722f

342 gemeint waren: 1. die Lausitz als autonomer Staat und ihr Anschluss an die Tschechoslowakei; 2. die Bildung einer neutralen, unabhängigen Republik Lausitz; 3. die Autonomie der Lausitz im Deutschen Reiche

343 Jan Skala: Die „Lausitzer Frage“. Zur Klärung einer geschichtspolitischen… a.a.O., S. 724ff

344 Der Hintergrund: Nach dem Ersten Weltkrieg lebten in Oberschlesien etwa eine halbe Million Polen als nationale Minderheit. Ein Deutsch-Polnisches Abkommen über Oberschlesien (Genfer Abkommen vom 15.5.1922 enthielt u.a. die Bestimmung, deutsche Behörden haben polnische Schulen zu schaffen und zu erhalten, wenn genügend deutsche Staatsbürger polnischer Nationalität dies beantragen

345 vgl: Die „Private höhere Schule mit gymnasialen Lehrplan und polnischer Unterrichtssprache in Beuthen O-S.“ In: Kulturwehr, April 1935, S. 517f

346 Jan Skala: Das Oeffentlichkeitsrecht des polnischen Privatgymnasiums in Beuthen O/S. In: Kulturwehr, Mai 1935, S. 542; vgl. auch: Jerzy Lubos: Dzieje Polskiego Gimnazjum w Bytomiu, Opole 1961, S. 136f

347 zitiert nach: Die „Private höhere Schule mit gymnasialen Lehrplan und… a.a.O., S. 519

348 ebd., S. 517

349 ebd., S. 519

350 zitiert nach: Jan Skala: Das Oeffentlichkeitsrecht des polnischen… a.a.O., S. 547

351 Jerzy Lubos: Dzieje Polskiego Gimnazjum w Bytomiu, Opole 1961, S. 80

352 ebd., S. 80f (eigene Übersetzung)

353 Schreiben der Sächsische Staatskanzel an das Reichs- und Preußische Ministerium des Innern vom 9.7.1935, in: Deutsches Zentralarchiv Potsdam, Ministerium für Wissenschaft, Erziehung und Volksbildung, Nr. 5118, fol. 292a

354 Vermerk der Amtshauptmann Bautzen vom 17.6.1935, in: ebd. fol 283a

355 Vermerk von Ministerialrat Wünsche vom 6.12.1935, in: ebd, fol 304–305a

356 Schreiben des Oberpräsidenten der Provinz Oberschlesien an das Reichs- und Preußische Ministerium für Wissenschaft, Erziehung und Volksbildung vom 16.11.1936, in: ebd, fol 407a

357 Das polnische Gymnasium im deutschen Beuthen war eine kleine Bildungsanstalt. Sie lebte nur bis 1939. Ihre Entstehung enthält wie ihre Zerstörung lehrreiches für den Kampf um die Rechte von Minderheiten. 15 Jahre nach Ende des Zweites Weltkrieges und 28 Jahre nach Gründung des polnischen Gymnasiums erinnerte sich Direktor Kozanecki: „Die Schülerschaft des polnischen Gymnasiums in Bytom rekrutierte sich aus den armen Schichten der polnischen Bevölkerung […] Die Bourgeoisie polnischer Herkunft ließ die Germanisierung ihrer Kinder in deutschen Schulen zu. Das Gymnasium zog als einzige polnische Oberschule die polnische Jugend aus allen Teilen des des Deutschen Reiches an, besonders aus dem Oppelner Schlesien, den Grenzgebieten, den Mazuren, Berlin, Hamburg und Westfalen. Auch Lausitzer Sorben haben uns ihre Söhne anvertraut und sie wußten es gut, daß uns jede Tendenz, diese zu polonisieren, fremd war. Wir haben diese Schüler mit besonderer Herzlichkeit und Sorgfalt umgeben, indem wir sie nicht nur mit der polnischen Kultur, sondern auch mit ihrer eigenen nationalen Kultur vertraut gemacht haben.“ Zitiert nach: Jan Šołta: Zur Geschichte des polnischen Privatgymnasiums in Bytom (früher Beuthen O/S) 1932–1939. Ein Treffen der Schüler und Lehrer des Gymnasiums, in: Lětopis B9, 1962, S. 125

358 vgl. Kapitel 1.

359 Jan Skala: Geistige Souveränität des Volkes – Materielle Funktionen des Staates, in: Kulturwehr, September-Oktober 1935, S. 670

360 ebd., S, 672

361 Sorbisches Kulturarchiv. MS XIX 5 F, Blatt 6

362 zitiert nach Timo Meškank: a.a.O., S. 84

363 Richard Löwenthal: Widerstand im totalen Staat, in: Patrik von zur Mühlen (Hrsg.): Widerstand und Verweigerung in Deutschland 1933 bis 1945, Berlin 1982, S. 13 [Alle drei Grund-

formen „richten sich im Kern gegen die drei institutionellen Monopole der herrschenden Partei – die Monopole der politischen Macht, der gesellschaftlichen Organisation und der Information." Der politische Kampf ist „notwendig von vornherein illegal und konspirativ [...]." Gesellschaftliche Verweigerung „(richtete) sich ohne politische Flagge konkret, praktisch und relativ offen gegen die Eingriffe der Nationalsozialisten in das gesellschaftliche Leben und seine Organisationen." Weltanschauliche Dissidenz hat vor allem geholfen, „die kulturellen Traditionen des früheren Deutschland über die Jahre des Schreckens hinweg zu retten." ebd. S. 13f.

2.4. Ausgegrenzt und niedergeschlagen –
nicht aber gebrochen (1936–1939)

1936 feierten die Nazis mit den Olympischen Spielen in Garmisch-Partenkirchen und Berlin einen großen außenpolitischen Erfolg. Hitler anerkannte in einem völkerrechtlichen Abkommen die Souveränität Österreichs. In Frankreich und Spanien entstanden linke Volksfrontregierungen, die durch innere und äußere faschistoide Einflüsse nur von kurzer Dauer waren. 1936 gab der vom Goebbels-Ministerium finanzierte Gesamtverband Deutscher Antikommunistischer Vereine e.V. das 500-seitige Machwerk „Der Weltbolschewismus: Ein internationales Gemeinschaftswerk über die bolschewistische Wühlarbeit und die Umsturzversuche der Komintern in allen Ländern" unter der Verantwortung von Adolf Ehrt[1] heraus.

Die faschistische Ordnung wurde weiter gefestigt. Die Olympischen Spiele hatten einen schönen Schein auf das Dritte Reich gelegt. Die „Nürnberger Gesetze" waren zwar seit zwei Jahren in Kraft. Reichstagsbrand und damit verbundene Einschüchterung der Bevölkerung durch Inhaftierung, Verfolgung, Ausschaltung des Parlaments, Terror und Außerkraftsetzung der bürgerlichen Grundrechte aber waren von vielen ebenso vergessen wie die Bücherverbrennung unter dem Motto „Wider den undeutschen Geist". 1937 brannten schon Synagogen, der große Weltenbrand aber war noch in Vorbereitung, das KZ Buchenwald wurde errichtet, aber die „Endlösung der Judenfrage" war noch kein fertig formulierter Plan. Bewaffnete SS-Verbände wurden ab 1937 beschleunigt aufgestellt. Anfang November 1937 trat Italien dem Antikominternpakt bei.

Für viele Deutsche waren die Jahre 1936/37 relativ sorgenfrei. Nicht wenige Familien bezogen größere Wohnungen. Die meisten Väter hatten Arbeit, es gab subventionierte Betriebskantinen, Arbeitererholungsstätten, Familien konnten in Urlaub fahren oder ein Auto kaufen. Wer nicht zu den Ausgegrenzten gehörte, achtete mit vorauseilendem Gehorsam darauf, in die soziale Rolle des unverdächtigen „Normal-Bürgers" zu schlüpfen und eventuelle leise Selbstzweifel dauerhaft zu unterdrücken. Das Modell des KdF-Erholungskomplexes in Prora auf Rügen erhielt auf der Pariser Weltausstellung 1937 den Grand Prix. Am 19.4.1937, dem Vorabend von Hitlers 48. Geburtstag, verkündete Reichsjugendführer von Schirach, dass nach nur siebenwöchigem Propagandafeldzug über eine Million Jungen und Mädchen in die Hitler-Jugend aufgenommen wurden. Die Jugend, so trompeteten die Nazi-Ideologen sei „für den Führer" angetreten. Am 26.4.1937 zerstörten deutsche Flugzeuge die baskische Stadt Guernica. Rund 20.000 deutsche Soldaten kamen auf dem Kriegsschauplatz Spanien zum Einsatz. Am 20.5.1937 beantragte der fast 24-jährige Hans Filbinger seine Aufnahme in die NSDAP. Die Autobahn Berlin – Hannover war fertiggestellt. Rühmann und Albers spielten im UFA-Film *Der Mann, der Sherlock Holmes war*". Am 30.6.1937 erließ Goebbels ein Dekret, um die Ausstellung „Entartete Kunst" vorzubereiten, in der alle „undeutsche" Malerei und Bildhauerei als „Kulturzerfall der letzten Jahre vor der großen Wende […] " darzustellen sei. Die Propagandaausstellung „Der ewige Jude" eröffnete Goebbels im November 1937 in München. Am Vormittag des 5.11.1937 versicherte Hitler dem polnischen Botschafter, Josef

Lipski, das Desinteresse am polnischen Korridor und garantierte die Integrität Danzigs. Am Nachmittag des gleichen Tages erläuterte Hitler in einer vierstündigen Geheimrede der Führungsspitze der Wehrmacht seine grundlegenden Anschauungen über die Bedrohung der arischen Rasse, die Raumnot des deutschen Volkes und die nur militärisch zu lösenden Expansionsaufgaben. Ebenfalls im November 1937 erhielt die Presse Anweisung, die von der NSDAP in allen Gliederungen einsetzenden Vorbereitungen für den „totalen Krieg" öffentlich nicht zu erörtern. Im Januar 1938 wurde Juden im Deutschen Reich das Betreiben von Einzelhandelsgeschäften und Handwerksbetrieben untersagt und jüdische Ärzte aus den Ersatzkassen ausgeschlossen. Die deutsche Wehrmacht marschierte Mitte März in Österreich ein und vollzog damit den ersten Schritt für den Anschluss an das Deutsche Reich. Ein halbes Jahr später wurde die Tschechoslowakei infolge des Münchner Abkommens gezwungen, Landesteile an das Deutsche Reich abzutreten. Ende Oktober verfügte das Auswärtige Amt die „vollständige Ausweisung aller Juden polnischer Staatsangehörigkeit". Noch am selben Abend begann die Gestapo mit Verhaftungen. Tausende Menschen wurden schon in der folgenden Nacht nach Polen deportiert.

Im Januar 1939 kündigte Hitler in einer Reichstagsrede an, im Falle eines neuen Weltkrieges komme es zur „Vernichtung der jüdischen Rasse in Europa". Anfang März wurde der frühere Nuntius in Deutschland, Eugenio Pacelli, zum Papst gewählt und nahm den Namen Pius XII an. Mitte März besetzte die Wehrmacht die Tschechoslowakei und errichtet das Protektorat Böhmen und Mähren. Wenig später trat Litauen das Memelland „freiwillig" an Deutschland ab. Ende August trat der deutsch-sowjetischer Nichtangriffspakt in Kraft. Am 31. August fingierten verkleidete SS-Angehörige einen „polnischen" Überfall auf den deutschen Radiosender Gleiwitz, am nächsten Morgen begann der Einmarsch deutscher Truppen in Polen.

Je fester die Nazis im Sattel saßen, desto rigoroser verletzten sie Menschenrechte, bekämpften auch Domowina und führende Persönlichkeiten des sorbischen Volkes. Ab der zweiten Jahreshälfte 1936 wollten sie die „sorbische Frage" endgültig „beantworten". Sie sollte als gegenstandslos dargestellt werden. Es hatte keine Sorben zu geben, sondern nur wendisch sprechende Deutsche[2].

Entsprechend war der Umgang mit Skala. Nach 1933 hatten Monarchisten, Chauvinisten und Nazis ihn – auf der Grundlage guter Vorbereitung durch die Wendenabteilung der Weimarer Republik sowie mit gut koordinierten Intrigen und Verleumdungen – kontinuierlich bekämpft, überwacht und verfolgt. 1936 entschieden die Nazis, Skalas Engagement für die Menschenrechte ethnischer Minderheit vollständig zu beenden. Erfolgreich planten und realisierten sie den entscheidenden Niederschlag, der Skala wörtlich und bildlich für kurze Zeit zu Boden warf und ihn bis ans Lebensende dauerhaft schmerzte. Parallel dazu behandelten die Nazis ab 1937 die Domowina als Organisation, die die öffentliche Sicherheit und Ordnung im NS-Staat störte. Im Januar 1938 wurde Skala zum „Staatsfeind" erklärt. Domowina wie Skala suchten sich zu widersetzen.

Wie handelten Feinde und Verfechter der Menschenrechte im einzelnen?

342

„Statuten-Rassismus" und Berufsverbot soll sorbischen Lebenswillen zerstören

Anfang des Jahres 1936, genau am 13.1. wurde der Domowina eine, vom Reichs- und Preußischen Ministerium des Innern genehmigte, neue Satzung zugestellt. Amtshauptmann Sievert wies den Vorsitzenden Nedo an, diese Satzung zum Beschluss zu erheben. Geschehe dies nicht, so „müßte zur Auflösung der Domowina geschritten werden."[3]

Die Zwangs-Satzung definierte die Domowina in § 1 als „Bund wendischsprechender Deutscher e.V."; legte in § 3 als Zweck fest, der Bund solle „sich der Stammes- und Brauchtumsfragen des wendischen Stammes im Rahmen des deutschen Volkes und Staates anzunehmen", und bestimmte in § 4 „jeder ehrbare wendischsprechende Deutsche und jede ehrbare wendischsprechende Deutsche"[4] kann Mitglied werden. „Parallel" zu diesem Druck auf die Domowina drängten die Nazis sorbische Vereine, sich von der Domowina abzuspalten und sich dem BDO oder anderen faschistischen Organisationen anzuschließen."[5]

Für den 19.1.1936 berief Nedo eine Aktivkonferenz der Domowina-Vertrauensleute ein. Es war damit zu rechen, dass Gestapospitzel anwesend waren. Jeder wusste, man kam schon für eine unbedachte Formulierung ins KZ oder Zuchthaus. Vor allem Jan Skala und Alojs Andricki[6] argumentierten dennoch furchtlos und offen. Skala rief in der Versammlung „die Anwesenden zu einem gemeinsamen feierlichen Schwur auf, ihrer Nationalität treu zu bleiben und sich nicht zu ergeben."[7] Pawoł Krawc hat seine Erinnerung an das bedeutsame Treffen in dem Büchlein „Und doch blüht den Sorben die Linde" festgehalten:

Lědma zo běch doréčał, skoči bratr Skala horje a zasudźowaše njebojaznje njemóžne žadanja wyšnosćow, konstatujo, zo so na žane wašnje njeznjesu z Hitlerowymi slubjenjemi. Tež wón napominaše z wohniwym hłosom wšěch, zo bychmy zmužiće hromadźe stali za bratrom Nedom.

Po bratrje Skali stany młody čłowjek. Stupiwši so na stólc, rěčeše płomjeniće za wotpokazanje žadanja knježerstwa a napominaše nas wšěch, zo bychmy přisahali, zo bratra Neda njewopušćimy, njech přińdźe štožkuli. Młodźenc běše naš njezapomnity bratr Andricki, kotrehož fašisća pozdźišo w kaceće zamordowachu.

92

PAWOL KRAWC-LEMIŠOWSKI

Rozpominanje historiskeje zhromadźizny dowěrnikow Domowiny l. 1936

Deckblatt und Auszug der Erinnerung von Pawol Krawc

„Wir wussten, dass diese Versammlung unter der Aufsicht der Gestapo stattfand […] Viele Versammelte brachten ihre ablehnende Haltung zum Ausdruck. Alle waren sehr vorsichtig, wohl wissend, daß Festnahmen und Leiden im Konzentrationslager drohten. […] Mein abgelesener Beitrag wurde trotz verschiedener ‚Honigsätze' auf die Gerechtigkeit des Nationalsozialismus und ‚unseren Kanzler Adolf Hitler' so verstanden, wie ich das beabsichtigt habe […]

Kaum daß ich fertig war, sprang Bruder Skala auf und verurteilte furchtlos die unmöglichen Forderungen der Regierung, konstatierend, dass sie sich in keiner Weise mit den Versprechungen des Führers vertrügen. Auch er forderte mit begeisternder Stimme alle auf, mutig mit Bruder Nedo zusammenzustehen. Nach Bruder Skala erhob sich ein junger Mensch. Auf einem Stuhl stehend, sprach er begeistert für die Ablehnung der Forderungen der Regierung und forderte uns alle auf, daß wir schwören, Bruder Nedo nicht zu verlassen, was immer auch geschieht. Der junge Mann war unser unvergessener Bruder Andricki, den die Faschisten später im KZ umbrachten. Alle Anwesenden folgten dem Aufruf und einstimmig klang es im Saal: ‚Wir schwören'. Bruder Nedo bedankte sich tief gerührt für das ausgesprochene Vertrauen."[8] Mit harten Worten wiesen die versammelten Sorben das Ansinnen des Nazi-Staates zurück. Die Vertrauensleute lehnten „einstimmig den erniedrigenden Entwurf Sieverts ab und verabschiedeten eine bittere Protestresolution".[9] Das Vorgehen des Nazis wurde als „unerträglich und unzulässig" bewertet, weil es darauf ziele, „den Volkstumscharakter der Lausitzer Sorben und ihrer Volkstumsorganisation durch Anordnungen und Befehle zu beseitigen."[10]

Am 29.1.1936 veröffentlichte die „Prager Presse", lange Jahre Skalas Arbeitsplatz, den Artikel „Die Wendischsprechenden Deutschen". Darin hieß es zum Umgang deutscher Behörden mit den Sorben u.a.: „Hier handelt es sich zweifellos um einen schweren, sozusagen tödlichen Schlag gegen das Volk der Lausitzer Serben und um eine Politik, die wie ein Hohn auf die Grundsätze anmutet, welche Reichskanzler Hitler als maßgebend für die Nationalitäten- und Minderheitenpolitik seines Regimes in Deutschland bezeichnet hat!" Der gleiche Tenor findet sich in einem Artikel der „Prager Presse" vom 4.2.1936 unter der Überschrift „Die Lausitzer Serben protestieren, Denkschrift an Rudolf Heß".[11]

Vier Wochen danach, am 3.3.1936, als alle Welt den Herren Hitler, Göring und Goebbels im Vorfeld der Olympischen Sommerspiele foto- und UFA-gerecht die Hände schüttelte, trieb der Reichsverband der deutschen Presse, pro forma der zuständige Landesverband Berlin, die Gleichschaltung der Presse weiter voran und verbot de facto die kritische, also feindliche „Kulturwehr". Die Streichung Skalas aus der Liste der Schriftleiter verstieß gegen die Menschenrechte, sie war rechtsförmiges Unrecht, ein Berufsverbot. Dem engagierten Streiter für die Menschenrechte ethnischer Minderheiten nahmen die Nazis das Menschenrecht auf Arbeit.

Das einzige Heft der Zeitschrift im Jahre 1936 verbreitete dazu zunächst die Information, ohne Verschulden der Redaktion sei fast ein halbes Jahr lang kein Heft erschienen, um dann auf die Ursache dafür hinzuweisen.

Das war naziideologisch folgerichtig, denn Skalas demokratische, menschenrechts-orientierte, minderheitspolitische journalistische Arbeit passte nicht in eine diktatorische und slawenfeindliche Gesellschaft mit „gleichgeschalteter" Presse. Skala war den Nazis ein „Geschwür" am Körper deutschsprachiger Journalisten. Das musste nun endlich zur „Gesundung" entfernt werden. Schon im Herbst 1934 hatte Goebbels in 15 Punkte gefasste „Richtlinien für die Gesamthaltung der deutschen Presse" an alle Redaktionen verschickt. Punkt 5 lautete, mit dem Gedanken des „Führerstaates" sei es unvereinbar, „Gesetzesentwürfe kontrovers" zu diskutieren. Punkt 6 legte fest, Erörterungen über die „Staatsform" seien „untragbar". Punkt 7 verordnete, bei Berichten über politische Prozesse seien Auseinandersetzungen über „den Gegenstand des Prozesses nicht erwünscht".[12] Ende November 1935 sagte Goeb-

KULTURWEHR

Zeitschrift für Volkstumsfragen

| Jahrg. XII | April-Dezember | 1936 |

Besondere Verhältnisse, auf deren Gestaltung wir keinen Einfluss haben, verursachten eine fast halbjährige Verzögerung in der Herausgabe unserer Zeitschrift; wir halten uns deshalb für verpflichtet, den Freunden und ständigen Lesern der „Kulturwehr" die nachfolgenden Dokumente zur Kenntnis zu bringen, aus denen die Ursachen der ungewöhnlichen Verzögerung ersichtlich werden.

Am 5. März 1936 erhielt der Verlag der „Kulturwehr" folgendes Schreiben des „Reichsverbandes der deutschen Presse":

Landesverband Berlin
im Reichsverband der deutschen Presse
Körperschaft des öffentlichen Rechts

Rechtsabteilung   Berlin W 35, 3. März 1936.
Tagebuch Nr. LV 1237/MM/Schü.

An den
Verlag der Zeitschrift „Kulturwehr"

Berlin NW 7, Dorotheenstr. 47.

Die s. Zt. auf Widerruf erfolgte Eintragung des Herrn Jan Skala in die Berufsliste der Schriftleiter ist von mir gelöscht worden, wovon ich Ihnen unter Hinweis auf § 37 des Schriftleitergesetzes Kenntnis gebe.

Heil Hitler!

Der Leiter des Landesverbandes Berlin
I. A.
gez. unleserliche Unterschrift.

Am gleichen Tage gab uns der Hauptschriftleiter unserer Zeitschrift, Herr Jan Skala, Kenntnis von folgendem, an ihn mit Zustellungsurkunde gerichteten Schreiben:

61

Information der Kulturwehr über das Berufsverbot für Jan Skala

Landesverband Berlin
im Reichsverband der deutschen Presse
Körperschaft des öffentlichen Rechts

Rechtsabteilung   Berlin W 35, 3. März 1936
Tagebuch Nr. LV 1237/MM/Schü.   Tiergartenstr. 16
Mit Zustellungsurkunde!

Herrn Jan Skala

Berlin-Charlottenburg 5
Lietzensee-Ufer 2

Ihre s. Zt. auf Widerruf erfolgte Eintragung in die Berufsliste der
Schriftleiter habe ich gelöscht, nachdem der Herr Reichsminister für Volks-
aufklärung und Propaganda gegen Ihre endgültige Eintragung auf Grund des
§ 8 Satz 5 des Schriftleitergesetzes Einspruch erhoben hat, da Sie nicht die
Eigenschaften haben, die die Aufgabe der geistigen Einwirkung auf die
Oeffentlichkeit erfordert (§ 5 Ziff. 7 des Schriftleitergesetzes).

Aus dem gleichen Grunde lehne ich Ihre endgültige Eintragung in die
Berufsliste der Schriftleiter ab.

Dieser Beschluss ist rechtskräftig (§ 10 Satz 3 des Schriftleitergesetzes).

Mit Erhalt dieses Bescheides haben Sie unverzüglich jede schriftleiteri-
sche Tätigkeit einzustellen, wobei ich auf die Strafbestimmung des § 36 des
Schriftleitergesetzes ausdrücklich aufmerksam mache.

Der Leiter des Landesverbandes Berlin
I. A.
gez. unleserliche Unterschrift.

Die „Kulturwehr" ist seit ihrer Gründung im Jahre 1925
unter der redaktionellen Leitung und wesentlichen Arbeit ihres
Hauptschriftleiters Jan Skala herausgegeben worden; der Verband der nationalen Minderheiten im Deutschen Reich und der
Verlag der „Kulturwehr" glauben ihren Dank und ihre Anerkennung dieser Arbeit am besten dadurch zum Ausdruck zu bringen,
dass sie auf diese mehr als ein Jahrzehnt mit Umsicht und
Gewissenhaftigkeit geleistete Arbeit einfach und ohne viele
Worte hinweisen.

Mitteilung an Skala über sein Berufsverbot

bels dann auf einer Pressetagung in Köln: „Wir haben den Schriftleiter aus der demütigenden
und entwürdigenden Abhängigkeit von Parteien und Wirtschaftsgruppen herausgehoben und
haben ihn damit in eine ehrenvolle und loyale Abhängigkeit vom Staate gebracht."[13] Und
kurz nach dem Berufsverbot für Skala erwirkte Goebbels im April 1936 „einen Führererlaß,
der […] bestimmte, daß das Reichsministerium für Volksaufklärung und Propaganda für alle
Angelegenheiten, die in seinen Zuständigkeitsbereich fielen, die polizeilichen Kompetenzen
besäße, also zum Beispiel mit Strafandrohungen verknüpfte Verbote aussprechen konnte."[14]
Die Nazis machten u.a. mit Hilfe des Schriftleitergesetzes, Journalisten zu ideologischen Propagandisten und Überwachern.[15]

Dafür war Skala nicht zu haben. Er wollte informieren und aufklären und verstieß insofern
gegen nazistische Gleichschaltungsmaßnahmen. „Das Verbot der Ausübung der journalistischen
Tätigkeit von Jan Skala im Jahre 1936 wurde mit keiner einzigen konkreten Begründung gestützt. Seine gesamte Redakteurstätigkeit wurde ganz einfach als hitlerfeindlich bezeichnet."[16]

346

Am 7.3.1936 erfuhr die tschechische Öffentlichkeit in deutscher Sprache durch die „Prager Presse" schon in der Titelzeile, dass die „Kulturwehr eingestellt" werden mußte. Der Untertitel nennt die Ursache. Im Artikel wird das Berufsverbot für Skala erklärt, die Nazis hätten die von ihm verantwortete Zeitschrift „schon deshalb nicht gern gesehen, weil durch sie das Ausland an Hand von Dokumenten und reiner Tatsachenschilderungen einen Einblick in die Minderheitenverhältnisse im Dritten Reiche bekommen konnten", weil die „Kulturwehr" es zudem wagte, „die Tätigkeit der verschiedenen Germanisierungsvereine zu beleuchten, von denen in letzter Zeit sich der Bund deutscher Osten, die Nachfolgeorganisation der Hakatisten[17], durch eine besonders aktive Tätigkeit auszeichnete."[18]

PRAGER PRESSE

„Kulturwehr" eingestellt
Berlin duldet keine Kritik seiner Minderheitenpolitik

K. Berlin, 6. März. In den Kreisen der nationalen MinderheitenDeutschlands hat die Einstellung der „Kulturwehr", die mit dem Ausschluß ihres einzigen Redakteur Jan Skala aus der Reichspressekammer zwangsläufig verbunden ist, lebhaftes Aufsehen hervorgerufen. Die Zeitschrift wurde schon deshalb nicht gern gesehen, weil durch sie das Ausland an Hand von Dokumenten und reiner Tatsachenschilderungen einen Einblick in die Minderheitenverhältnisse im Dritten Reiche bekommen konnte. Durch die allgemeine Lage der Presse in Deutschland war auch die „Kulturwehr" die letzten Jahre hindurch stark eingeengt worden. Aber sie wagte es dennoch, die Tätigkeit der verschiedenen Germanisierungsvereine zu beleuchten, von denen in letzter Zeit sich der Bund deutscher Osten, die Nachfolgeorganisation der Hakatisten, durch eine besonders aktive Tätigkeit auszeichnete. Die Maßnahmen gegen die den nationalen Minderheiten angehörenden Journalisten scheinen gerade auf die Initiative dieser Verbände zurückzugehen, die ja auch im Stabe des Stellvertreters des Führers, wo sich ein besonderer Beauftragter für die ostdeutschen Heimatverbände befindet, einen gewissen Einfluß ausüben.

Die „Kulturwehr" hat in letzter Zeit namentlich in zwei Punkten das Mißfallen der deutschen Grenzlandorganisationen und darüber hinaus wohl auch gewisser amtlicher Stellen erregt. Sie hat zunächst den Gedanken der bilaterialen Minderheitenverträge abgelehnt, der gegenwärtig vom Reichswalter der deutschen Minderheiten Europas, Werner v. Hasselblatt, der in Berlin seinen Sitz hat, sehr stark propagiert wird und den man vor allem mit Polen gern abschließen möchte. Außerdem hat sich die „Kulturwehr" auf den Standpunkt gestellt, daß auch die Lausitzer Serben und die Friesen in Deutschland eigene Volksgruppen darstellen, wogegen die nationalsozialistische Auffassung besagt, daß beide nur Stämme des deutschen Volkes seien. Namentlich die serbische Frage wurde in der „Kulturwehr" sehr ausführlich behandelt, was auf ihren Redakteur, der bekanntlich ein Volkstumschriftsteller der Lausitzer Serben ist, zurückgeführt werden dürfte.

Prager Presse informiert über Skalas Berufsverbot

Am 15.3.1936 erfuhr die tschechischspachige Öffentlichkeit, dass der NSDAP-hörige Presseverband „der Minderheitenpresse in Deutschland eine schwere Wunde (versetzte)", weil „Jan Skala [...] auf Anweisung des Reichsministers für Volksaufklärung und Propaganda [...]

jede redaktionelle Arbeit sofort beenden (muss)" und ihm „bei Nichtbefolgung eine einjährige Haftstrafe (droht) und dieses Berufsverbot in Verbindung (steht) mit den Aktionen gegen die Sorben und ihrer Organisation ‚Domowina'".[19] Tage später fügte die Zeitung erklärend hinzu: Das Berufsverbot für Skala „bedeutet, daß er keine Zeitschrift redigieren darf, nicht einmal Artikel für Zeitungen schreiben darf, die in Deutschland erscheinen. Wenn irgendeine Zeitung und wenn unter Pseudonym, eine Zuschrift veröffentlicht, setzt sie sich der Gefahr aus, daß sie eingestellt […] wird."[20]

Seinem Freund Janata schrieb Skala: „Am 5. März erhielt ich die Mitteilung des Reichsverbandes d. dtsch. Presse, daß ich aus der Berufsliste der Schriftleiter gelöscht worden bin und das mit der sofortigen Rechtswirkung des Verbots der weiteren Berufsausübung." Das Ganze „ist ohne ein förmliches Verfahren erfolgt; da der Herr Minister für Volksaufklärung und Propaganda Einspruch [...] erhoben hat". Deswegen „entfällt für mich auch das Recht des Einspruchs oder der Beschwerde."[21]

Indes ging die Auseinandersetzung um die Satzung weiter. Am 15.3.1936 hatte Dr. Cyž die sorbische Satzung auf einer Domowina-Hauptversammlung begründet und deutliche Zustimmung erfahren. Die Domowina wurde in § 1 als „Bund der Lausitzer Sorben e.V." definiert, legte im § 3 als Zweck fest, „sich der Erhaltung und Förderung des sorbischen Volkstums und seiner Kultur im Rahmen des deutschen Staates anzunehmen" und bestimmte, dass „jeder ehrbare Lausitzer Sorbe und jede ehrbare Lausitzer Sorbin sowie jede Vereinigung von Lausitzer Sorben"[22] Mitglied werden kann.

Durch soviel sorbisches Selbstbewusstsein waren die Behörden verunsichert. Noch im März 1936 ordnete die Wendenabteilung an, allen Domowina-Bekanntmachungen ist der deutsche Text voranzustellen, der sorbische Text könne kleingedruckt folgen. Höchstwahrscheinlich fühlten sich die Sorbenfeinde in ihrer kaum noch konspirativ tätigen Wendenabteilung vom Taumel nationalistischer Begeisterung nach der Kündigung der Locarno-Verträge durch Hitler am 7.3. ebenso dazu angetrieben wie von der zeitgleichen Besetzung des linksrheinischen Gebiets durch Reichswehrtruppen. Ähnliche Wirkung wird das Ergebnis der Wahl vom 29.3.[23] gehabt haben, das Goebbels mit dem Satz kommentierte: „Der Führer hat die Nation geeinigt."[24]

Unter dem Einfluss dieser Stimmung in Deutschland fand am 7.4.1936 in der Sächsischen Staatskanzlei eine erneute Besprechung zur Wendenfrage statt. Teilnehmer waren u.a.: „Oreg. Rat Dr. Tietje (Reichs- u. Pr. Min d. Innern), Vort. Leg. Rat Dr. v. Twardowski (Auswärtiges Amt), die Herren Reg. Rat Dr. Krieg und Reg. Rat Gentz vom Reichsministerium für Volksaufklärung und Propaganda bzw. für Wissenschaft, Erziehung und Volksbildung, der Bautzener Amtshauptmann Dr. Sievert und Prof. Dr. Oberländer[25] (Bundesleiter des BDO)". Nach der vertraulichen Niederschrift unterstrich Dr. Tietje, „daß die Wendenfrage eine politische und die Wendenpolitik ausschließlich Sache der Regierung sei". In der ausländischen Presse sei in letzter Zeit eine deutliche Verbindung der polnischen Minderheitenpropaganda mit der wendischen Frage feststellbar. „Das Bindeglied sei unschwer in Person des Jan Skala, Berlin, zu finden, der das ihm reichlich zur Verfügung stehende wendische Material im Rahmen seiner allgemeinen, insbesondere der polnischen Minderheitenpoitik auszuschlachten bestrebt sei."[26] Erforderlich sei es jetzt, dass „Angriffe nicht gegen die Domowina oder gegen das Wendentum als solches, sondern ausschließlich gegen Einzelpersonen gerichtet werden".[27]

Gegen Skala oder z.B. den „als ziemlich radikal bekannte(n) wendische(n) Assessor Dr. Ziesche"[28] sowie andere „besonders gefährliche Radikalinskis käme evtl. die Verhängung von Aufenthaltsverboten durch die Gestapo in Frage."[29] BDO-Chef Oberländer forderte, es müsse nunmehr ein eindeutiger Weg mit schnellen Fortschritten gegangen werden, wenn die Domowina die Wenden nicht weiter politisieren solle[30]. Er sprach sich „für ein Verbot der wendischen Sprache – so weitreichend wie möglich aus."[31] Unbedingt sei daran festzuhalten, die Sorben als wendischsprachige Deutsche zu klassifizieren. Die Teilnehmer einigten sich darauf, „daß die Regierung so eng wie möglich mit dem BDO zusammenarbeiten sollte."[32]

Sievert forderte danach bis Mai 1936 Nedo mehrfach auf, die Satzungsfrage von der Tagesordnung künftiger Hauptversammlungen zu nehmen bzw. die sorbische Satzung ruhen zu lassen. Die Auseinandersetzung darum, welche Satzung gültig sei, wurde so 1936 zu einer „Schicksalsfrage" für das sorbische Volk.

Die Domowina mühte sich im Sommer und Herbst, diesem Druck zu widerstehen und sorbisches Nationalbewusstsein zu stärken. Alojs Andricki bekannte öffentlich, von Kopf bis Fuß ganz Sorbe sein zu wollen. Nedo nannte seine Mitstreiter „Diener unserer nationalen sorbischen Idee."[33] Skala suchte Wege, trotz Goebbels' Berufsverbot als sorbischer, politischer Journalist nicht in den Boden zu versinken. In Serbske Nowiny berichtete er anschaulich, fröhlich, humorvoll, poetisch von Ausflügen, meist mit Freunden, ins sorbische Land. Er erzählte vom Alltag seiner Landsleute, würdigte ihre Feiertage, würzte seine Texte mit philosophischen Betrachtungen und trug so zur Stärkung sorbischen Selbstbewusstseins bei. Obschon in diesen Schilderungen gezwungenermaßen deutliche politische Wertungen zur Unterdrückung der Sorben fehlten, Skala drückte unverstellt seine Liebe zum sorbischen Volk, seine Verbundenheit mit sorbischer Kultur und Sprache, mit der Lausitzer Heimat aus. Auch so machte er Mut, der „Gleichschaltung", d.h. der Zerstörung des Slawisch-Sorbischen zu widerstehen.

Am 30.5. z.B. erzählte Skala unter dem Titel „Ćahnyli su šwjerče…" (Es zogen die Grillen) von einem Ausflug mit vier Freunden, unter ihnen Nowak-Njechornski (Bobak), am Himmelfahrtstag zum „Milchbreiberg" bei Weißenberg. Die Wandergesellschaft absolviert einen zünftigen Kaffee- und Kneipenbesuch und stellt allerlei amüsante Betrachtungen über die große, ferne Welt und die kleine, nahe sorbische Oberlausitz an.

Jof·Es:

Ćahnyil su šwjerče …

Njech so božedla nichtó njeda zamylić: napis tuteho rozpisowanja a wopisowanja je słowčko po słowčku a dospołnje wopačny. Ale rozumny čitać budźe to zrozumić a z njerozumnymi je tak a tak přeco hara, hdyž je něšto wopaki. Ale to wšo ničo njeje pornjo tej harje, kotruž ma kóždy nowinař abo rozprawjeŕ z napismami nad swojimi nastawkami. Mysle su tunje kaž krupjane kolbasy bjez šwjerčow abo mojedla tež ze šwjerčemi; napisy ale… Potajkim: napis dyrbi być nad kóždym nastawkom w nowinach; mój je swój dostał; što dale wo to, zo je wopačny?

(Bohu dźak, zo mam tutón zawod na papjerje; nětko wšo samo wot so póndźe.)

Serbske Nowiny vom 30.5.1936 (Ausriss)

349

Am 22.6. beschrieb er einen mit Nowak-Njechornski und dessen Freundin unternommenen „Ausflug mit ausgleichender Gerechtigkeit" (Wulět z wurunowacej sprawnosću) auf die „Goldene Höhe" bei Kubschütz. Lebhaft wird die Natur geschildert, zahlreiche Seitenhiebe zu aktuellen Ereignissen ausgeteilt. Die ausgleichende Gerechtigkeit besteht darin, dass jeder der drei mal humorvoll aufs Korn genommen wird.

Serbske Nowiny vom 22.6.1936 (Ausriss)

Intellektuell-spritzig-witzig und nachdenklich war der dreiteilige Artikel (29.8., 30.8.; 1.9.1936) in unter dem Titel „Wulět do synowych žnjow (Ausflug in die Heuernte) erschien.

Jot — Es:

Wulět do synowych žnjow

Notabene: „Do synowych žnjow" abo „na synowe žně" abo „k synowym žnjam" — — što je prawje? Nieje to pódlanska wěc, přetož z wopačnym napismom započinaju so wšě nowinaŕske mjerzanja a nic jenož te. Napišće list z wopačnym napismom, n. př. z wopačnej adresu; mjerzanje je na kóždy pad hotowe, wšo jene, hač list wopaki, pozdźe, docyla žeňe, haj samo hdyž njedźiwajo wšeho tole skónčnje prawje dóńdźe, abo — štož je prawdźe podobnišo — zaso wróćo přińdźe. A kajke hakle su mjerzanja z wopačnym napismom w lisće samym, wě kóždy a kóžda, hdyž je hdy tajki list dóšoł. Abo nieje tak, hdyž ći někajka „stara lubosć" z napisom „horcolubowana, njezapomnita hubka" po měsacach a lětach před woči stupi, hdyž ći w napismje „luby přećelo" znaty njedočink napřećo stupa, će „wysokočesćeny knježe" wuwołany intrigant strowi, abo wupruhowany dołžnik će z napisom „drohi dobroćelo" a njesmilny wěrićel z „jara waženy knježe" přesćěha?

Ně, wěrće mi, lubi ludźo, mam nazhonjenja dosć, zo směm prajić: „wšo mjerzanje započina so z wopačnymi napismami, z nowinaŕskimi a privatnymi.

Potajkim: hižo jónu zwěsćich, zo kóždy nastawk w nowinach dyrbi swój napis měć; wopačny njesmě być a prawy so njeda lohko namakać.

Što činić?

Myslu, zo to najlěpje strowemu rozumej čitaŕstwa přewostaju, přetož te je zwjetša wjesneho pokhoda; burja, žiwnosćerjo, ratarjo budźa sami najlěpje wědźeć, hdźe špak tči.

Z połnym prawom budźa so wšitcy bjez wuwzaća „wulětej" smjeć. Wulěty činja Serbja do Sakskeje Šwicy, do Goslara, do Prahi, někotři pak, kaž Bobakowa družina, tež hišće do hole a jenož jara zwažliwi a tež hewak dosć njespušćomni samo wulětuja sebi do Serbow, specijelnje do Delnich Serbow abo kaž někotři praja „do Sprejwałda".

Dreiteiliger Artikel Skalas (Ausriss)

350

Předwječor mojich narodninow so přibliži. Wě-
dźach, zo moji w B. na mnje njezapomnja a tuž sebi
„Krabata" k wotjězdej přihotowach; přećelne „Božemje" mje přewodźeše při wjećornych směrkach,
hdyž so znutřkownje rozwjeseleny na „Krabata"
šlipnych — — — —

Božemjel Rjany, kemšacy dźak wam, lubaj
hospodarjej a přećelna hospoza, a ničo za zło! Wo-
palenej rucy so počeštaj bělić, koža w šlebjertkach
wotlětowaše.

Ale što wo to?

Za wšo dyrbi čłowjek na zemi z něčim płaćić. Zo
na synowych žnjach trošku swojeje kože přisadźich:
njeje to snadne wotrunanje za to, štož na spokojenju
a derjeměću při tym dobych?

Njejsym cyle wěsće z jara wulkim wužitkom
pomhał, njejsym drje tež nihdźe žaneje škody na-
činił a hdyž tež njeje nichtó druhi, tak je tola Bóh
Knjez tutón raz najskerje kusk spodobanja na mo-
jim dźěle měł, štož njemóžu z wěstosću wo dotal-
nym prajić.

Dreiteiliger Artikel Skalas (Ausriss)

Eingangs hieß es lustig-listig: „Notabene ‚In die Heuernte' oder ‚Auf die Heuernte' oder
‚Zur Heuernte' – was ist richtig? Das ist keine Nebensächlichkeit, denn mit einer falschen
Überschrift beginnen alle journalistischen Scherereien und nicht nur die. Schreibe einen Brief
mit einem falschen Beginn, z.B. einer falschen Adresse – und fertig ist in jedem Fall der Ärger, egal ob der Brief falsch, spät, überhaupt nicht, sogar wenn er trotz aller Widrigkeiten
richtig zugestellt wird, oder – was wahrscheinlicher ist – wieder zurückkommt. Und wie groß
ist erst der Ärger bei einer falschen Anrede im Brief selbst, das weiß jeder und jede, der/die jemals einen solchen Brief bekam. Oder ist es nicht so, wenn irgendeine „alte Liebe" Dir mit
der Überschrift „Dein heißgeliebtes unvergeßliches Liebchen" nach Monaten oder gar Jahren
entgegentritt, wenn Dir in der Überschrift „Lieber Freund" ein bekannter Tunichtgut begegnet, wenn Dich mit „Hochverehrter Herr" ein verrufener Intrigant grüßt, oder Dich ein
kampferprobter Schuldner mit „Teurer Wohltäter" oder ein unbarmherziger Gläubiger mit
„Sehr geehrter Herr" verfolgt?

Nein, glaubt mir, liebe Leute, ich habe genügend Erfahrung um sagen zu können: ‚Aller
Ärger fängt mit falschen Überschriften an, mit journalistischen und mit privaten.' Also: Ich
habe schon einmal festgestellt, daß jeder Aufsatz in der Zeitung seine Überschrift haben
muß; eine falsche darf es nicht sein und eine richtige läßt sich nicht leicht finden. Was tun?
Ich denke, ich überlasse das am besten dem gesunden Verstand des Lesers, denn der ist meistens dörflicher Herkunft; Bauern, Häusler, Landwirte werden am besten wissen, worin das
Übel besteht (wörtlich: „wo der Schiefer steckt"). Mit vollem Recht werden alle über den
„Ausflug" lachen. Ausflüge unternehmen Sorben in die Sächsische Schweiz, nach Goslar,
nach Prag, einige aber wie Bobaks Gefolgschaft auch noch in die Heide und nur sehr Wag-
halsige und auch sonst Unzuverlässige unternehmen Ausflüge zu den Sorben, speziell zu den
Niedersorben oder wie manche sagen ‚in den Spreewald'".

Nach einer ausführlichen, poetisch-anschaulichen Schilderung der Heuernte auf einem Bauernhof in Boranitz, bei der Skala ein wenig mitgeholfen hatte, philosophierte er am Schluß: „Der Vorabend meines Geburtstages naht. Ich wußte, daß die Meinen in B. mich nicht vergessen und so bereitete ich meinen „Krabat" (so nannte er sein Fahrrad – P.K.) zur Abreise vor; ein freundliches „Božemje" begleitete mich in die Abenddämmerung als ich mich, innerlich zufrieden, auf mein Rad schwang – Božemje! Einen herzlichen Dank Euch, ihr zwei lieben Bauern und Du, freundliche Wirtin, und nichts für ungut! Die Haut der von der Sonne verbrannten Arme begann sich zu schälen und löste sich in Streifen. Aber was soll's? Für alles muß der Mensch auf der Welt irgendwie büßen. Daß ich auf der Heuernte ein Stück meiner Haut einbüßte, ist das nicht nur ein bescheidener Ausgleich dafür, was ich dabei an Befriedigung und Wohlbefinden gewann?"

Und weit über seinen Heueinsatz bei sorbischen Bauern hinausdenkend fügte er hinzu: „Ich habe ganz gewiß nicht mit großem Nutzen geholfen, ich habe aber wohl auch nirgendwo Schaden angerichtet und wenn auch niemand anderes an meiner Arbeit Wohlgefallen gefunden hat, so doch ein wenig der Herrgott, was ich mit Gewißheit von meiner bisherigen Arbeit nicht sagen kann."

Der dreiteilige Artikel steckte voll indirekter Anspielungen auf das Leben der Sorben, auf die Nazis, auf sich selbst, die heute mitunter schwer zu „entschlüsseln" sind. „Ärger mit falschen Überschriften" zielte vermutlich auf das von den Nazis erlassene Berufsverbot, das als „journalistische Scherereien" erscheint. Skalas Schicksal war in der Lausitz bekannt. Er setzte darauf, dass seine Landsleute seine „falschen Überschriften" am besten beurteilen können (und – so hoffte er –) werden. Skala, „Bobak" und seine „Gefolgschaft" machten nicht nur Ausflüge in die weite Welt, sondern vor allem „zu den Sorben". Mit der Kennzeichnung solcher Selbstverständlichkeiten als Unternehmung von Waghalsigen und Unzuverlässigen wollte er wahrscheinlich Widerspruch des Lesers wecken. Sein Fahrrad, benannt nach einer sorbischen Sagenfigur, die armen, aufrechten und fleißigen Sorben beisteht gegen (deutsche) Junker und Könige und der sorbische Gruß „in Gottes Namen" illustrierten, wie Skala sorbisches Lebensgefühl erhalten, bewahren, kräftigen wollter. Körperliche Arbeit war ihm eine Wohltat, wenngleich der Nutzen wohl nicht allzu groß war. Vermutlich aber habe seine Hilfe für sorbische Bauern dem Herrn „da oben" gefallen. Anders als sein früherer Einsatz für die Sorben den Herren „da oben".

In Bautzen – so erinnerte sich Měrćin Nowak-Nechorński – „wo die Faschisten am schlimmsten gegen die Sorben tobten" unterstützte Skala „geheim und öffentlich den Widerstand der Sorben gegen den Faschismus". Er tat dies zu einer Zeit, „als die sorbischen Patrioten anfingen, sich mehr heimlich als öffentlich zu treffen, um vor Schnüfflern und Provokateuren sicher zu sein. Damals habe ich sehr oft mit Jan Skala Ausflüge in die Lausitz unternommen, um unsere Freunde zu besuchen und mit ihnen die Kirmes, Geburtstage und weitere ‚Feste' zu feiern, die ja mehr oder weniger Sitzungen und Treffen der Antifaschisten waren. Damals habe ich sehr oft den Freund in seiner Bautzener Wohnung besucht, wo wir uns über die Nöte des sorbischen Volkes und seine Zukunft, die heller sein würde, unterhalten haben. Oft las mir Freund Jan auch seine neuesten Gedichte vor, die er für eine Veröffentlichung vorbereitete. Aber manchmal habe ich dort in seiner Wohnung auch unwillkomme

Gäste getroffen: Gestapoleute, die die Wohnung durchsuchten, denn die Faschisten bewachten Jan Skala streng."[34]

Der Wille, sich von den Umständen nicht unterkriegen zu lassen, sorbisches Selbstbewusstsein immer wieder zu beleben, ist auch in dem Brief erkennbar, den Skala an „Bobak" schrieb, als dessen Mutter 1936 starb. Es „wird dich beruhigen, daß unsere sorbischen Mütter unsterblich sind durch die, denen sie ihre ewige sorbische Seele als heiliges Erbe hinterlassen haben […] lieber Měrćin, jeder Schmerz und jedes Durchleiden birgt in sich große, geheimnisvolle Kräfte, die sich früher oder später, aber doch ganz gewiß in Taten umwandeln […] Sei von einer starken Sokoł-Idee erfüllt und verbinde wieder, was abgebrochen ist und sei mehr, als Du bisher warst, nicht deinetwegen, sondern für Dein sorbisches Volk und für alles, was wir als Ideale besitzen und was wir über alle Bitterkeiten und Enttäuschungen als Banner tragen".[35]

Man kann darin zu Recht die Skala'sche Liebe zur Mutter erkennen. Man muss es sicher lesen als das Bemühen, dem Freund in einem leidvollen Moment zu trösten. Das aber reicht nicht zum Verständnis. Betrachtet man Zeit und Anlass, wird deutlich, Skala will seinen Freund aufrichten, indem er den Plural „Mütter" verwendet und so sagt, aus dem unvermeidbaren Schmerz <u>kann</u> Kraft zu neuen Taten erwachsen, <u>wenn</u> der Sohn sich vom ursprünglichen Sokoł-Geist leiten lasse. Skala nimmt die „starke Sokoł-Idee" als Synonym dafür, seinen Freund aufzufordern, über den Tod der Mutter hinaus in den erbarmungslosen Zeiten gemeinsame Ideale zu bewahren, ja neu zu beleben und gerade jetzt ein nationalbewusster Sorbe zu sein! Der Sokoł war für Skala stets Schule sorbischen Selbstbewusstseins, gerade auch in schweren Zeiten. Für Skala war die „Sokoł-Idee", sowohl frei von panslawistischem als auch von antideutschem Geist, frei jedoch vor allem für gesunden sorbischen Patriotismus.

Vieles von dieser aufrechten Haltung war auch in der Domowina zu spüren. Eine außerordentliche Hauptversammlung bestätigte am 25.11.1936 die eigene Satzung. Zur Nazi-Fassung teilte die Versammlung am 27.11.1936 dem Amtshauptmann schriftlich mit, „daß der Entwurf in einer Reihe von schwerwiegenden Fragen Unklarheiten enthält", die Leitung der Domowina sei ermächtigt „inzwischen die Satzungen, die der Ausschuß [...] ausgearbeitet hat und deren Inhalt den Behörden im wesentlichen bekannt ist, als geltend zu betrachten und daraus die entsprechenden Folgerungen zu ziehen."[36] Die angestrebte „Gleichschaltungs-Ruhe" bei den Sorben war also nicht erreicht.

Im Dezember 1936[37] und im Februar 1937 beschlossen daraufhin Reichsregierung und NSDAP die Domowina zu zwingen, bis Mitte März 1937 die NS-Satzung vom 20.11.1936 anzunehmen. Akten der Sächsischen Staatskanzlei belegen, dass am 15.2.1937 Vertreter des Innen- und Außenministeriums Instruktionen ausarbeiteten, in denen es u.a. heißt: „Die Domowina wird **gezwungen**", die staatliche Satzung anzunehmen; dem Domowina-Vorsitzenden „wird ein **Ultimatum** gestellt"; bei Nichtannahme „werden alle Veranstaltungen von der Polizei **verboten**".[38]

Am 18.2.1937 teilte Amtshauptmann Sievert Nedo mit, die weitere Betätigung der Domowina werde nur auf der Grundlage einer Definition der slawischen Sorben als „wendisch sprechende Deutsche" geduldet. Andernfalls würden alle Veranstaltungen verboten werden.

Skala teilte Mitte Februar 1937, noch aus Berlin, seinem Freund Ernst Christiansen mit: „In wenigen Wochen werde ich nach Bautzen übersiedeln und muß nun wieder eine Möglichkeit planmäßiger geistiger Arbeit suchen. Ich werde sie sicher wieder finden in irgendeiner Form; leicht wird es gewiß nicht sein, aber das ist nicht entscheidend. Viel wichtiger ist für mich und meine Arbeit, den Kontakt mit so treuen und erprobten Freunden und Kampfgenossen, wie ich sie in Dir und auch in unseren polnischen Freunden habe, nicht zu verlieren." Als PS fügt er hinzu: „Ab 15. März lautet meine neue Adresse: Bautzen i/Sa. Wettinstraße 48".[39]

Dort reihte er sich tatkräftig in die Arbeit der Domowina ein. Deren Vorstand bekräftigte standhaft die Beschlüsse der Hauptversammlung vom 25.11.1936. Er stellte mit einem Brief vom 23.2.1937 an Sievert klar, daß „es sich bei der Satzungsfrage nicht nur um die Regelung einer formalen Angelegenheit (handelt)", sondern Sinn und Zweck der Domowina im Kern berührt werde. Deshalb lehne man die Forderungen der übermittelten Satzung ab und bestehe auf restloser Klärung der schon im November 1936 aufgeworfenen Fragen. Daran „vermag auch die Androhung von Folgen, die wir hiermit als völlig grundlos und unberechtigt mit aller Entschiedenheit zurückweisen, nichts zu ändern." Vor allem die Bezeichnung der Domowina als Bund „wendisch sprechender Deutscher", der unklare Begriff von den Sorben als „wendischer Stamm des deutschen Volkes" sowie die Möglichkeit, dass Nichtangehörige des sorbischen Volkstums Mitglied werden können, weise man zurück, „da die Erfüllung dieser Forderung eine Verantwortungslosigkeit sondergleichen dem sorbischem Volkstum gegenüber bedeuten würde."[40]

Diesem Vorgehen und dieser Begründung stimmte die Hauptversammlung am 7.3.1937 zu. Erneut fand die dem faschistischen Druck widerstehende Haltung von Nedo, Skala und Dr. Cyž auf demokratische Weise Zustimmung. Die Teilnehmer der Hauptversammlung waren sich zweifelsohne des großen Ernstes ihrer Entscheidung bewusst, sie ahnten sicher auch, welche Gefahren ihnen und ihren Familien drohten, aber sie liebten ihr sorbisches Volk, seine Kultur, die Lausitz so sehr und sie lehnten zugleich die rassistische, antislawische, menschenrechtsfeindliche Terrorisierung ihres Volkes mit Würde, Mut und Standhaftigkeit ab. „Das sorbische Nationalbewußtsein, dessen bedeutende Komponente das Bekenntnis zum Slawentum war, wurde so zur geistigen Grundlage dieser Opposition gegen das faschistische Regime."[41] Jan Skala hatte daran einen unverwechselbaren Anteil.

Die Domowina gewann so neue Sympathien, weil viele Sorben erkannten, mit dieser Satzung definierte sich die Domowina als ernstzunehmende Interessenvertreterin des sorbischen Volkes und widersprach der rassistischen Unterdrückungspolitik. Anerkannt wurde zudem, dass die Satzung sich auf humanistische Prinzipien gründete und bewusst das slawische Wesen der Sorben aufnahm.

Am 18.3.1937 verbot Sievert, Chef der Wendenabteilung und insofern verlängerter Arm des Reichsinnen- und außenministeriums[42]in einer mündlichen Erklärung gegenüber Pawoł Nedo die Domowina, weil ihre Tätigkeit „als gegen die Erhaltung der öffentlichen Ruhe, Sicherheit und Ordnung gerichtet angesehen"[43] wird. Sievert verbot zugleich, diese Erklärung in der sorbischen Presse bekanntzumachen. „Damit hatten die Nationalsozialisten die sorbische Bewegung zerschlagen." Ihre „von früher bekannten Vertreter wurden verschärfter Überwachung und Verfolgung ausgesetzt."[44]

Bedenkt man den sorbischen Widerstandes gegen die NS-Zwangssatzung im politischen Umfeld der zweiten Hälfte der 1930er Jahre, muss man seinen Akteuren noch heute Hochachtung bezeugen.

Das gilt auch für Skala. Am 26.3.1937 schickte er seinem Freund und Kameraden Jacob Kronika alle Informationen zur aktuellen Auseinandersetzung um die Satzung. Erneut auf die zwei Strömungen in der Minderheitpolitik hinweisend, betonte er, es „wird kaum übersehen werden können, welcher Unterschied auch in diesem speziellen sorbischen Falle in der Behandlung und den Ansprüchen zugunsten der deutschen Volksgruppen und dem, was man mit einer oder allen nichtdeutschen Volksgruppen im Deutschen Reich zu treiben für möglich und zulässig (hält), besteht".[45] Mutig unternahm er einen weiteren Versuch, die menschenrechtsfeindliche Minderheitpolitik der Nazis öffentlich zu machen. Trotz Berufsverbot schrieb er unter Pseudonym einen Artikel für eine britische Fachzeitschrift. Darin stellte er in allgemeinen Zügen die Geschichte des sorbischen Volkes dar, denn „ohne solch einen kurzen Blick auf die historische Vergangenheit kann das Problem der nationalen Minderheit von heute kaum verstanden werden."[46] Er verwies auf Art. 113 der Weimarer Verfassung, der „nicht als positives Recht [...] umgesetzt wurde", stellte fest, dass auch derzeit „kein spezielles Minderheitrecht für die Sorben (existiert) und es keine rechtliche Basis für die Regelung ihres kulturellen und nationalen Status (gibt)". Das Resultat dieses Mangels, „alle kulturellen Anforderungen und Ansprüche der Sorben (werden) von einem ausschließlich politischen Standpunkt behandelt. Das [...] steht in direktem Konflikt mit Adolf Hitlers Dementierung der Idee einer Germanisierung."[47] Ausführlich nannte er die Missstände in der Schulbildung für sorbische Kinder an. Den minderheits- und menschenrechtsfeindlichen Anspruch der Nazis entlarvend, stellte er fest, weil „die Verwaltung bis in die kleinste Dorfeinheit ausschließlich der Nazi-Linie folgt, gibt es keine Möglichkeit, die Minderheiteninteressen abzusichern, selbst dort, wo ein Sorbe der Partei angehört."[48] Er informierte darüber, dass der „Gebrauch nationaler sorbischer Embleme und Farben verboten (ist), die „im 59. Jahr erscheinende sorbische Tageszeitung Serbske Nowiny wiederholt mit Beschlagnahmung bedroht wurde, falls sie sich mit Minderheitenfragen beschäftigen sollte."[49] Besonders böse und verderbendrohend sei, dass die Nazi-Behörden fordern, die Domowina müsse sich als „Bund wendischsprechender Deutscher' definieren. Falls sie sich weigert [...] wird die Organisation aufgelöst und alle sorbischen Vereine in national-sozialistische Organisationen eingegliedert."[50] Seine Schlussfolgerung: Die „Verbesserung des Loses der Sorben (ist) nur in zwei Richtungen vorstellbar. Die eine Möglichkeit ist, daß die führenden politischen Kräfte von ihrer Idee der Germanisierung abschwören und den Sorben eine Stellung als [...] Restvolk der polabischen Slawen zugestehen. Die andere, die lediglich in Frage kommt, falls die erste unrealisiert bleibt, würde aus einer Internationalisierung des Problems bestehen und ihm so eine politische Dimension verleihen."[51]

SORABICUS, *The Sorbs of Lusatia*, Slavonic and East European Review, 14 (1935/1936) p.616

THE SORBS OF LUSATIA

AMONG the national minorities of Europe the Sorbs of Lusatia occupy in two respects a special position. They are a racial group which lacks a mother-state, being entirely settled within the bounds of the German Empire : but they are also what the Germans call a *Restvolk*, a last fragment of the Polabian Slavs, and as such are an individual national group, which has sunk legally and politically to the status of a national minority. A short survey of their history shows that they are a " national minority " only according to external indications and the modern terminology which has grown up in the period of international protection of minorities. Their present situation is characterised by the fact that they enjoy neither this international protection, nor any legally assured status in the German Reich.

In such circumstances an improvement in their lot is only imaginable in two directions. The one possibility is that the leading political factors renounce their idea of Germanisation and accord to the Sorbs the position that is their due as the last fragment or " Restvolk " of the Polabian Slavs. The other, which could only be considered if the first should remain unrealised, would consist in internationalising the problem, and so giving it a political character. The Sorbs themselves desire a settlement within the Reich, because they regard their problem as one of right and of culture.

SORABICUS.

Skalas Veröffentlichung in der SEER

Dieser indirekte, illegale und pseudonyme Hilferuf erreichte die europäische Öffentlichkeit zu spät. Die Nazis saßen 1937 schon fest im Sattel, konnten diesen Artikel und Proteste des europäischen Auslands, vor allem aus Poznań, Prag, Ljubljana, Paris gleichgültig zur Kenntnis nehmen und zugleich die Unterwerfung der Sorben insgesamt und Skalas im besonderen vorantreiben.

Im Juni 1937 verbot die Wendenabteilung 13 sorbische Vereinigungen, darunter die Maćica Serbska, und den Cyrill- und Method-Verein. Am 16.8.1937 wurde der sorbische Student Jurij Mercink, zugleich Vorsitzender des Vereins sorbischer Studenten in Prag (Serbowka), an der deutsch-tschechischen Grenze verhaftet, weil er Flugblätter der Domowina bei sich hatte. Er kam ins Polizeigefängnis nach Dresden und später ins KZ. Am 24.8.1937 erschien die letzte Ausgabe der Serbske Nowiny. Auch wissenschaftliche und religiöse sorbische Zeitschriften durften nicht mehr erscheinen. Am 25.8.1937 besetzte die Gestapo das Sorbische Haus in Bautzen, verhaftete Dr. Jan Cyž, Inhaber der sorbischen Buchdruckerei und Verlagsbuchhandlung sowie seine Sekretärin und beschlagnahmte dort lagernden Schriftstücke, Archive und Vermögen der Domowina.

Am 10.11.1937 berieten in Berlin zum wiederholten Male Vertreter des Innen-, des Propaganda-, des Kultus-Ministeriums und des Auswärtigen Amtes, wie die Zerstörung des Sorbentums weiter zu betreiben sei. Neu daran war, dass auf Befehl „von Herrn Dr. Kaußmann" aus „der Stapoleitstelle Dresden" Gestapo-Kommissar Weissmann[52] zusammen „mit dem Sachbearbeiter des Geheimen Staatspolizeiamtes Berlin, POJ Jarosch" teilnahm. Beraten wurde „ein Antrag des Herrn Reichsstatthalters von Sachsen, die Domowina aufzulösen und zu verbieten [...] Alle Beteiligten meinten einstimmig, daß dem Antrag stattgegeben werden müße. Mit Rücksicht auf die noch schwebenden staatspolizeilichen Ermittlungen [...] wurde das Verbot zunächst noch nicht ausgesprochen. Die Geheime Staatspolizei wurde gebeten, nach Abschluß der Ermittlungen eingehend zu berichten."[53]

Im Klartext: Was die Gestapo aus den Verhören der im August 1937 festgenommenen Sorben Jurij Měrćink und Dr. Jan Cyž berichten konnte, reichte offensichlich nicht, ein Verbot der Domowina zu begründen. Das sollte durch die tags drauf, am 11.11.1937 bei Skala durchgeführte Hausdurchsuchung,[54] bewerkstelligt werden. Unter „persönlicher Leitung des Krim.-Komm. Weissmann" wurde „verschiedenes Schriftenmaterial beigezogen" und „Skala auch gleichzeitig von Krim.-Komm. Weissmann mündlich die polizeiliche Auflage erteilt [...], die Stadt Bautzen bis auf weiteres ohne Genehmigung der Staatspolizeistelle Dresden nicht mehr zu verlassen." Schließlich wurde, so ein Bericht vom 16.12.1937, die „von der Geheimen Staatspolizei, Staatspolizeistelle Dresden" verhängte „Postsperre bis 28.2.1938 verlängert". Bisher war der Gestapo bei ihrer Schnüffelei in Skalas Post u.a. aufgefallen, dass er „am 23.10.1937 vom Bund der Polen in Berlin eine Mitteilung über eine Geldüberweisung von 200.- RM erhalten hat." Weiterhin konnte sie registrieren, unter „seinen Postsendungen befand sich eine Drucksache aus Jugoslavien, sowie ein Exemplar der französischen Zeitung ‚L'Echo des Belgrades', die ebenfalls in Jogoslavien erscheint. Von allen hier verdächtig erscheinenden Sendungen wurden Abschriften für die Staatspolizeistelle Dresden genommen." Beschlagnahmt wurden weiterhin offene Postkarten, mit den Skala zu einem Konzert südeuropäischer Künstler bzw. zu einer Versammlung des jugoslawischen Vereins „Jedinstvo" eingeladen wurde.[55] In der 25 Blatt umfassenden Akte der Wendenabteilung zur „Postüberwachung des Jan Skala, Berlin 1936–1937" wurden auch andere, außerordentlich „staatsfeindliche" Inhalte erfasst, z.B. die als „Geheim" eingestufte Information vom 17.4.1936 „daß Páta seine Abhandlung Skala zugeschickt hat", was „von neuem auf die enge Zusammenarbeit Skalas mit der Gesellschaft der Freunde der Lausitz in Prag hin(deutet)."[56] In Pátas Schrift „Die Lausitzer Frage", die in der Akte wiedergegeben wird, heißt es nach einer kurzen Darstellung der Nachkriegsgeschehnisse u.a.: „Johann Skala machte von Anbeginn darauf aufmerksam, daß die lausitzer Frage nur im Rahmen des Deutschen Reiches gelöst werden könne."[57] Führende sorbische Persönlichkeiten hätten immer wieder herausgearbeitet und bewiesen, so Páta, „daß die Wenden [...] ein eigenes Volk mit einer eigenen bemerkenswerten materiellen, sozialen und geistigen Kultur sind. Vor allem zeigte Johann Skala als führender Denker [...], daß es nötig sei, auf die lausitzer Wenden als auf eine selbständige Volkstumsgruppe zu blicken, die aus einer eigenen slavischen Volkstumsbasis hervorgehe. Ausdrücklich bezeichnet er die lausitzer Wenden als Staatsbürger des Deutschen Reiches, aber als Volkstumsbürger ihres eigenen (d.i. slavischen) Stammes."[58]

Sollten die Gestapo-Leute das gelesen haben, so wollten oder konnten es nicht verstehen.

Von seinem Freund Měrćin Nowak-Nechorński unterstützt, wurde Skala im Privaten wohl trotz Berufsverbot mit den Bautzener Verhältnissen und den Gestapo-Schikanen ganz gut fertig. Denn Ende Dezember 1937 dankt er Christiansen für Grüße und Geschenke zu Weihnachten, die in diesem Jahr „mehr als sonst, weil ganz besondere Verhältnisse, die ich noch kurz erwähnen werde, meine Freude erhöhten." Zu diesen Verhältnissen zählte er zum einen, dass „unsere älteste Tochter aus Berlin zu Besuch gekommen (war) und (wir) so alle drei Kinder unter dem Weihnachtsstern (hatten). Die andere Besonderheit bestand darin, „daß ich sozusagen ‚Stadtgefangener' bin, denn ich darf ohne Erlaubnis der Geheimen Staatspolizei meinen Wohnort Bautzen nicht verlassen, meine Anwesenheit wird durch polizeiliche Kontrollen festgestellt." Er war „darüber in keiner Weise deprimiert", denn „das Maß, mit dem ich gemessen werde ist zu kurz und außerdem ist es auch noch falsch, wenn nicht gar gefälscht". Zudem „(bin) ich kein Pfefferkuchenmann, den sowohl die warme Sonne als auch ein kalter Regenschauer zu Brei auflösen." Mit den Beschwerlichkeiten des Lebens wollte er fertig werden, denn „ich habe auch viel Schönes und Beglückendes im Leben erfahren in meiner Familie, die wie eine Festung turmhoch über allen Widrigkeiten steht und uneinnehmbar ist." Wenn man sein Lebensgepäck verliert, „muß es neu gepackt werden, aber jedes Mal eben mit etwas weniger unnützem Ballast und mit etwas mehr nützlichem Proviant." Optimistisch und selbstbewusst zitierte er den Dichter Friedrich Rückert: „Sich im Spiegel zu beschaun, kann den Affen nur erbaun; Wirke! Nur in seinen Werken kann der Mensch sich selbst bemerken."[59]

Die Jahre 1936/37 sind im Hinblick auf die terroristische Herrschaft der Nazis und – darin eingeschlossen – für die rassistische Bekämpfung der Sorben und die Terrorisierung Skalas Jahre zwischen „noch nicht " und „doch schon". Die später von Ingmar Bergmann gefundene Metapher vom Schlangenei ist auch hier gültig. **Noch** ist das faschistische Reptil nicht vollends geschlüpft, aber durch die dünne, transparente Eischale sieht man **schon** deutlich: das Herz schlägt kräftig, die Giftzähne sind voll entwickelt, alle Muskeln sind zum Zupacken gespannt. **Noch** war es für so manchen Deutschen, mitunter zwar vom Zuhalten der Augen, der Ohren und des Mundes begleitet, eine Zeit wirtschaftlichen Erfolgs. **Schon** aber können die Sehenden, die Hörenden und die Denkenden erkennen: das System Hitlers ist auf Krieg und Eroberung aus. Dazu musste rassistische Volksverhetzung, gigantische Aufrüstung und Beseitigung moralischer und rechtlicher Standards im Umgang mit andersethnischen Menschen betrieben werden. Das belegte auch die nächste Aktion der Nazis gegen den sorbischen Menschenrechtler Jan Skala.

Rechtsförmiges Unrecht, Demoralisierung, Folter – verzagen, verraten oder trotzen?

Freitagabend, am 21.1.1938 wurde der fast 49-Jährige Jan Skala ins Gestapo-Gefängnis Dresden in sog. Schutzhaft[60] verbracht, verhört, gefoltert und gemeinsam mit Dr. Cyž und J. Mercink der „Vorbereitung zum Hochverrat" angeklagt. Bedeuteten bisherige Bespitzelungen und Hausdurchsuchungen: „Sei sicher, Du kommst auch noch dran!", so war mit der Schutzhaft klar gesagt: „Sei gewiß, jetzt bist Du dran!"

Die sog. Schutzhaft war schon an sich staatlich sanktionierte Willkür, rechtsförmiges Unrecht. In Skalas Fall zeigt sich das zusätzlich in der Art und Weise, wie sie formal vollzogen wurde.

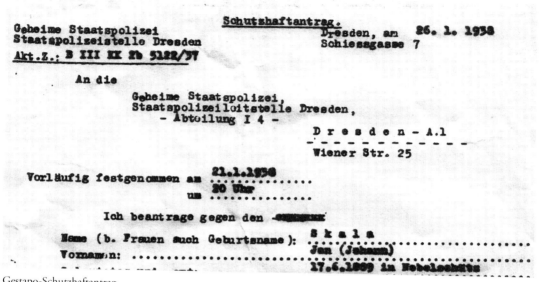

Gestapo-Schutzhaftantrag

Erst am 26.1.1938 – 5 Tage nach der Verhaftung (am „21.1.1938 um 20 Uhr") – beantragte Kriminalkommissar Weißmann aus seinem Dienstsitz in der Dresdner Schießgasse 7 bei der Dresdner Gestapoleitstelle Abteilung I4 in der Wiener Straße 25, gegen Skala („wohnhaft Bautzen, Wettinstraße 48 I") Schutzhaft anzuordnen, weil „der Vorgenannte sich staatsfeindlich in wendenpolitischem Sinne betätigt (hat)" und „sich noch umfangreiche Ermittlungen notwendig (machen)". Handschriftlich ist am unteren Seitenende in Sütterlin u.a. eingetragen: „Schutzhaftbefehl erlassen von Gestapo Berlin am 31.1.38" und „Schutzhaftbefehl bestätigt am 2.2.38."[61] Zu diesem Zeitpunkt hatte Skala schon fünf intensive Verhöre hinter sich.

Die Akten der Gestapo und des Volksgerichtshofes sind analysiert und bewertet.[62] Deshalb kann hier eine partiell ergänzte, aber knappe Chronologie der Ereignisse genügen, um den Kampf Skalas für seine Rechte als Mensch und die Menschenrechte seines Volkes unter den Bedingungen seelischen und physischen Terrors zu veranschaulichen. Zum Teil ausführliche Zitate sind unumgänglich, um den Originalton des Nazi-Verhörbeamten exakt zu erfassen. Zu bedenken ist dabei allerdings, dass die sprachliche Fassung nicht in jedem Fall den tatsächlich von Skala verwendeten Worten und Begriffen entspricht.[63]

* **23.1.1938** Gestapo-Vernehmer Kriminaloberassistent Albert Würker befragt Skala zur Person. In der Darstellung des Lebenslaufes legt Skala u.a. Wert darauf, dass sein Kinder nicht der HJ angehören, „weil ich für unvereinbar halte, daß Wenden, in diesem Falle meine

Kinder, in deutsche Organisationen, insbes. Gliederungen der NSDAP gehen [...] Die Wenden sind meiner Auffassung nach und nach Auffassung der deutschen Slawisten keine deutscher, sondern ein slawischer Stamm. Die Wenden sind demnach eine eigenständige Volkstumsgruppe oder nationale Minderheit." Nach Hinweisen auf seine Soldatenzeit sagt Skala: „Hier will ich gleich einflechten, daß ich 1911 wegen Betrugs und Unterschlagung mit 8 Monaten Gefängnis vorbestraft worden bin. Ich hatte damals für die wendisch-katholische Zeitung ‚Katholski Posoł' Gelder kassiert, wozu ich nicht berechtigt gewesen sein soll. Dieses Geld hatte ich für mich verwendet (etwa 230 bis 250 RM) Die Strafe habe ich verbüßt." Wichtig ist ihm die Feststellung, dass im März 1936 „aus mir nicht näher bekannten Gründen vom Reichsministerium für Volksaufklärung und Propaganda die Schriftleitereigenschaft entzogen (wurde)."[64]

* **24.1.1938** Gegenstand des Verhörs sind zunächst die ausländischen „Gesellschaften der Freunde der Lausitz" Skala gibt an: „Ich kenne solche Gesellschaften in Prag, Zagreb, Belgrad, Brünn, Warschau und Posen." Auf Nachfrage gibt er zu, in Prag Prof. Pata und Zmeskal sowie in Warschau eine Frau Chmielewska zu kennen. Dann geht es um Artikel in verschiedenen polnischen Zeitungen, die Skala geschrieben haben soll. Skala bestreitet die Autorenschaft, führt die Zeitungen und Zeitschriften an, in denen er veröffentlichte (Kulturwehr; Serbske Nowiny; Der Schleswiger; Flensborg Avis; Dyppel-Posten; Hojskolen; Graensevagten, Prager Presse) und bekennt: „So kann ich mich z.B. entsinnen, daß ich in wiederholten Fällen über die Germanisierung der Lausitz in der ‚Kulturwehr' und in der ‚Serbske Nowiny' geschrieben habe [...] Meine Berichte habe ich größtenteils mit meinem vollen Namen unterzeichnet. Ab und zu habe ich Abkürzungen und nur hin und wieder ein Pseudonym angewandt. Die Abkürzungen lauteten z.B. J.S., j.s., S.J, -is-, J.S. Luzican. Als Pseudonym habe ich die Worte ‚Sorabicus' in einem Falle verwendet. In der „Serbske Nowiny' habe ich einigen Fällen auch ‚Jot-Es' gezeichnet."[65]

* **27.1.1938** Gestapo-Vernehmer Kriminaloberassistent Albert Würker fragt nach dem Zustandekommen des Artikels, den Skala unter dem Pseudonym Sorabicus in der Zeitschrift „Slavonic and East European Review" veröffentlichte. Skala antwortet: „Ich kannte die Zeitschrift von meinem Prager Aufenthalt her. Ich bin damals mit dem Mitarbeiter der Zeitschrift – Prof. Rose aus London – bekannt geworden."[66] Würker hält im Protokoll fest: „Trotz eingehender Vernehmung des Skala war dieser nicht dazu zu bewegen, mehr über die vorliegende Berichterstattung anzugeben."[67]

* **28.1.1938** Skala bekennt auf Fragen zur Person und zu tschechischen Bekannten: „Ich muß hier grundsätzlich noch erwähnen, um meine Einstellung und meine Tätigkeit zu verstehen, daß ich mich nicht als Deutscher fühle. Ich bin meiner Abstammung und meinem nationalen Bekenntnis nach Angehöriger der sorbischen Volksgruppe, die nach tatsächlichen und wissenschaftlichen Merkmalen zur westslawischen Volksgruppe in Europa gehört. Da z.Z. über diese Volkstumsfrage in Deutschland andere Auffassungen bestehen, bin ich Gegner dieser entgegengesetzten Auffassung."[68]

* **7.2.1938** Auf Vorwürfe des Gestapo-Manns sagt er: „Ich bezeichne mich nicht als Wendenführer. Weder von dem wendischen Volk, noch von der ‚Domowina' als Spitzenorganisation der wendischen Vereine habe ich einen Auftrag zur Führung der Wenden." Über Wen-

denfragen schreibe ich, „weil ich mich durch meine Zugehörigkeit zum wendischen Volke hierzu verpflichtet fühle."[69]

* **8.2.1938** Würker fordert Erklärungen zu einem Brief, den Skala seinem sorbischen Verbündeten Marko Schmaler am 29.4.1937 geschrieben hatte. Skala erklärt, er habe diesen Brief geschrieben, „weil ich mich als Wende verpflichtet fühle, für die Erhaltung des wendischen Volkes zu arbeiten und zu kämpfen", denn „wir als Wenden (sind) slawischer Abstammung und wir (haben) mit den anderen slawischen Nationen eine untereinander verwandte Kulturgemeinschaft." Er gibt zu, „daß es eine scharfe Schreibweise ist, wenn ich den deutschen Behörden vorwerfe, daß sie mit raffinierten Mitteln arbeiten." Die Sorben haben für ihre „Forderungen im ‚Verband der nationalen Minderheiten im Deutschen Reich' eine Stütze. Wenn mir vorgehalten wird, daß wir Wenden diesem Verband nicht angehören, so muß ich hierauf erwidern, daß wir trotzdem mit diesem Verband zusammenarbeiten." Die im Brief erwähnten Freunde seien „in erster Linie die Mitglieder dieses Verbandes und meine persönlichen Freunde im Auslande, die sich in wissenschaftlicher und ernster Weise mit den Wenden beschäftigen. Bei dem Ausdruck ‚Feinde' habe ich an den ‚Bund Deutscher Osten' und an Einzelpersonen gedacht, die sich unseren Forderungen entgegengestellt haben."[70]

* **10.2.1938** Würker fragt nach Skalas Mitwirkung am „wendischen Kalender ‚Predzenak'". Aus der freimütigen Bestätigung ist für den Beamten „ersichtlich, daß Skala keine Möglichkeit unversucht läßt, die Wenden in irgend einer Hinsicht zu erfassen und sie in wendenpolitischer Hinsicht zu ermuntern." Obwohl er keinen „Auftrag zur Führung der Wenden (hat) [,...] nimmt er immer und immer wieder die Belange der Wenden in die Hand."[71]

* **15.2.1938** Erneut dazu verhört, erklärt Skala: „Ich hatte die Absicht, mit Martin Neumann zusammen für das Jahr 1938 den wendischen Kalender ‚Predzenak' herauszugeben [...] Den vorliegenden Aufruf wollte ich als Vorwort für den Kalender verwenden. Ich hatte von niemandem einen diesbezüglichen Auftrag erhalten. Ich wollte dies vielmehr von mir aus tun, weil ich glaubte, für die Erhaltung des Wendentums auf diese Art einen Beitrag zu leisten."[72]

* **16.2.1938** Würker will mit dem „Sorabicus"-Artikels den Hochverrat beweisen: „Der Artikel hat eine deutschfeindliche Tendenz" und „eine spitzfindige geschichtliche Darstellung." Skala erfinde „unüberwindliche Gegensätze zwischen den Deutschen und den Wenden" und betreibe systematisch „die Slawisierung des deutschen Ostens". Daß er dabei im Dienste anderer slawischer Völker steht, ist an anderer Stelle[73] mehrfach bewiesen." Weiter behauptet der Hochverrats-Ermittler, Skala stelle „teils unwahre und teils gröblich entstellte Behauptungen auf, die geeignet sind, das Ansehen des Reiches schwer zu schädigen." Skala entgegnet, er werfe neueren deutschen Historikern vor, sie lassen „die Sorben als ein geschichtsloses Volk erscheinen" Er beharrt darauf, deutsche Behörden betreiben Germanisation, denn beim Versetzen „wendische(r) Lehrer in deutschsprachiges Gebiet und deutsche(r) Lehrer in wendisches Gebiet [...] handelt (es sich) nicht um zufällige, sondern um planmäßige Versetzungen." Standhaft bestätigt er seine im Artikel formulierte Ansicht, „daß die gesamten Minderheitenfragen einmal auf internationaler Grundlage, d.h. durch internationale Verträge zu innerstaatlicher Regelung gebracht werden müßten."[74]

* **22.2.1938** Würker befragt Skala nach dessen Einstellung zum deutschen Staat und zur NSDAP. Skala betont, dass „ich die NSDAP mit ihren politischen Gliederungen ablehnen muß. Die NSDAP und der deutsche Staat sind nicht gleichbedeutend für meine Einstellung. Dem deutschen Staat gehöre ich als Wende an, aber nicht dem deutschen Volkstum. Da die NSDAP mit ihren politischen Gliederungen die Partei des deutschen Volkstums ist, kann ich als Wende und damit als Angehöriger einer slawischen Volkstumsgruppe nicht zur NSDAP stehen. [...] Den Militärdienst im deutschen Heer lehne ich ebenfalls nicht ab [...] In Konflikte käme ich nur dann, wenn es sich um einen Krieg gegen meine slawischen Brüder, also gegen Polen, Tschechoslowakei oder Jugoslawien handeln würde."[75] Würker meint: Die Ablehnung der NSDAP „gewinnt erst dann die richtige Bedeutung, wenn dabei in Rechnung gezogen wird, daß Skala diese seine Einstellung als Führer der Wenden systematisch und unbeirrbar unter die wendisch sprechenden Deutschen trägt. Er bekämpft die sog. ‚Germanisation' und betreibt auf diese Weise bewußt eine Slawisierung in der Lausitz [...] Wenn er jetzt in seiner immerhin als Zwangslage zu bezeichnenden Schutzhaft schon freiwillig angibt, daß er in Gewissenskonflikte käme, wenn Deutschland einmal einen Krieg gegen seine ‚Brüder' [...] führen müßte, wie muß es erst um Skala aussehen, wenn er in Freiheit unter den Wenden oder gar unter seinen ‚Brüdern' [...] ist. Als ich in diesem Zusammenhang dem Skala erklärte, daß es [...] von den Gewissenskonflikten bis zum Kriegsdienstverweigerer und Landesverräter nur ein kleiner Schritt sei, schwieg er."[76] Der Verhörer schlussfolgert: Es „darf unter keinen Umständen geduldet werden, daß Skala jemals wieder in die Lage kommt, diese Einstellung auch weiterhin als Wendenführer systematisch den von dieser Einstellung noch nicht befallenen Wenden – und dies ist der überwiegende Teil – einzuimpfen."[77]

* **8.3.1938** Der Bautzener Oberstaatsanwalt teilt – vermutlich auf eine an ihn ergangene, aber in den Akten nicht vorhandene Aufforderung – dem Reichsminister der Justiz und dem Generalstaatsanwalt in Dresden mit, „daß hier von der Verhaftung des genannten Skala bisher nichts bekannt gewesen ist." Man habe „in Erfahrung gebracht: Skala ist durch die Geheime Staatspolizei in Schutzhaft genommen worden. Von dritter Seite hat ein Auftrag hierzu nicht vorgelegen. Über die Gründe ist Näheres nicht bekannt. Tatsächlich ist Skala einer der gefährlichsten Wendenführer, er ist auch vorbestraft. Er war Redakteur der ‚Kulturwehr'. Skala soll mit einem polnischen Bund in Berlin in Verbindung stehen, und es wird gesagt, dass er von dort aus monatlich 500,-RM Gehalt beziehe." [78]

* **9.3.1938** Der Dresdner Generalstaatsanwalt informiert den Reichsminister der Justiz, er habe telefonisch von „Kriminalkommissar Weissmann bei der Geheimen Staatspolizei" erfahren, „daß dort Erörterungen gegen Skala, Ziesche und Mirtschink, sämtlich aus Bautzen, wegen des Verdachts des Hochverrats geführt werden. Die Genannten befinden sich in Schutzhaft und zwar Ziesche und Mirtschink seit etwa August 1937, Skala seit einigen Wochen. Die polizeilichen Erörterungen werden voraussichtlich noch einige Monate in Anspruch nehmen, bevor eine Abgabe an die Staatsanwaltschaft erfolgen kann."[79]

* **9.3.1938** Würker hält Skala vor, aus den bei der Wohnungsdurchsuchung „sichergestellten Visitenkarten und Schriftstücken ist ersichtlich, daß Skala" neben den Kontakten zu Páta, Zmeskal, und Arne Laurin, auch zu anderen „Personen in der CSR Beziehungen unterhalten hat", darunter „Hoffmann, Camille, Gesandtschaftsrat bei der Tschechoslowakischen Ge-

sandtschaft in Berlin […], Janata, Ingenieur, Slowakei [...] Hejret, Vorsitzender der G.d.F.d.L"[80]. Skala gibt an, daß er „ab und zu in der Gesandtschaft in Berlin gewesen" ist und sich „mit Hoffmann über Minderheitenfragen unterhalten (habe)." Er könne sich „natürlich heute im einzelnen nicht besinnen, was wir von Fall zu Fall besprochen haben", bei allen Fällen, „die von Zeit zu Zeit akut waren", [...] (habe) ich ihm erklärt, daß ich die Minderheitenfrage in bezug der Wenden nur innerstaatlich gelöst haben möchte, weil wir Wenden doch keinen Mutterstaat hätten." Dann nutzt er gekonnt und mutig die Chance der Vernehmung und formuliert die Grundforderungen nach Menschenrechten für die Sorben. „Wenn ich in diesem Zusammenhange nach den Forderungen der Wenden gefragt werde, so kann ich diese wie folgt zusammenfassen. Wir wollen die völlige Freiheit in der Schulfrage. In den Orten, in denen Wenden wohnen, soll neben der deutschen Sprache die wendische Sprache gelehrt werden. Desgleichen soll die wendische Geschichte, wendische Literatur und sonstige wendische Kultur gelehrt werden. Diesen Unterricht sollen ausschließlich wendische Lehrer erteilen. Wir wollen weiterhin eine dem Vorhandensein der Wenden entsprechende Beteiligung in der inneren Verwaltung der Gemeinden und des Staates. Es soll evtl. auch die wendische Sprache als Gerichtssprache anerkannt bzw. Dolmetscher bei Gerichtsverhandlungen hinzugezogen werden." Er nennt dann Janatas berufliche Stellung und lügt, die „Beziehungen zu Janata waren rein privatfamiliärer Natur. Politische oder auch wendenpolitische Beziehungen unterhielten wir nicht. Er hat sich lediglich für die wendische Kultur interessiert." Jan Hejret kenne er durch Gesellschaft der Freunde der Lausitz, deren Auffassungen er in Jahren nach 1922 eine zeitlang geteilt habe. Um 1930 jedoch bin ich „von der Gesellschaft abgerückt und (habe) mir eine andere Ansicht (zur Sorbenfrage ist gemeint – P.K.) zu eigen gemacht"[81]. Insbesondere „ist (es) nicht wahr" – wie Skala in einer anderen Befragung betont hatte –, „daß ich früher für die wendische Loslösungsidee gearbeitet hätte", vielmehr „(war) ich einer der wenigen katholischen Wenden, der ein Gegner dieser Idee war."[82]

* **11.3.1938** Würker interessieren Skalas Kontakte zu Grau und Bogensee[83]. Skala gibt knappe Auskunft über seine minderheitenpolitisch-journalistische Zusammenarbeit mit beiden. Würker protokolliert das sachlich, fügt aber hinzu: „Julius Bogensee […] ist hier schon bekannt geworden. Er hatte dem Skala hierher einen Brief geschrieben, der aber nicht ausgehändigt wurde, weil der Inhalt des Briefes so gehalten war, daß mit dem Briefe eine Sympathiekundgebung für Skala erblickt wurde. Der Brief wurde mit Sondervorgang an die für Flensburg zuständige Staatspolizeistelle weitergeleitet."[84]

* **21.3.1938** Der Generalstaatsanwalt beim Oberlandesgericht Dresden teilt dem Reichminister der Justiz mit, die Gestapo werfe Skala Hochverrat vor, deshalb „darf ich anregen, erforderlichenfalls den Herrn Oberreichsanwalt beim Volksgerichtshof mit weiteren Ermittlungen zu betrauen."[85]

* **29. und 30.3.1938** In einem intensiven Verhör an zwei aufeinander folgenden Tagen wird Skala zunächst nach seinem Engagement für das polnische Gymnasium in Beuthen befragt. Dazu erklärt er: „Ab 1934 wurden wendische Kinder dort geschult und im Internat untergebracht. Die Unterbringung der wendischen Kinder hatte ich vermittelt. Die Eltern der wendischen Kinder haben sich mit mir in Verbindung gesetzt und ich habe die Wünsche dem Polnischen Schulverein vorgetragen." Danach konfrontiert man Skala mit der Rechnung eines Berli-

ner Hotels vom November 1937. Freimütig erklärt er, er sei auch nach seinem Berufsverbot „ab und zu nach Berlin gefahren", um u.a. „eine Audienz des Kaczmarek[86] beim Führer"[87] vorzubereiten und selbstbewusst fügt er hinzu: „Ich habe auch nach der Streichung in der Schriftleiterliste für den Verband der nationalen Minderheiten geschrieben." Auf konkrete Texte angesprochen, räumt er ein, „daß die Ausdrucksweise gemäßigter hätte sein können, im übrigen habe ich aber nur Tatsachen geschrieben."[88] Würker fügt dem Protokoll „als Anlage 1 eine 18 Schreibmaschinenseiten umfassende Schrift" bei, deren Inhalt „in seiner Tendenz deutschfeindlich (ist)". Die Anlagen 2 und 3 umfassen „die weiteren beiden Arbeiten im Original [...], die Skala ebenfalls nach der Streichung in der Schriftleiterliste für den Verband geschrieben hat." Anlage 4 ist die „Rechnung vom Hotel Europäischer Hof, Anlage 5 umfasst die „Skizzierung der Fragen, die Skala anläßlich der Audienz beim Führer[89] den Pressevertretern beantworten soll."[90] Würker ist erfreut, geklärt zu haben, „daß Skala nach der Übersiedlung nach Bautzen (soll heißen: nach dem Berufsverbot – P.K.) nach wie vor für den Verband der nationalen Minderheiten arbeitete, obwohl er nach außen hin den Eindruck zu erwecken versuchte, als ob er [...] mit dem Verband nichts mehr zu tun hätte."[91] Aus diesem Verstoß gegen das Schriftleitergesetz, so hoffte Würker, ließe sich endlich der Hochverrats-Strick für Skala drehen.

* **2.4.1938** Skala wird vorgehalten, er habe „der wendischen Dichterin Minna Wittka", die ihm in einem Brief „in allen Einzelheiten von ihrer Vernehmung durch die Geheime Staatspolizei berichtet" hatte, „einen Betrag von 30 RM" überwiesen. Skala erklärt, dass er die Dichterin seit etwa 10 Jahren kennt, sie vom 2.12. bis 6.12.1937 bei Skalas gewohnt habe, weil sie am 3.12. in Bautzen eine Gerichtsverhandlung hatte, an der ich „des Interesses wegen [...] als Zuhörer teilgenommen (habe)". Frau Wittka „hatte eine Nierenbeckenentzündung und war sehr ausgehungert. Sie hat sich einige Tage bei mir erholt" und mir gesagt, sie sei „im Rückstand mit der Bezahlung der Invalidenversicherung „ und hätte „für 24 RM Marken nachzukleben", weshalb ich ihr „einen Betrag von 30 RM zugeschickt (habe)".[92]

* **7.4.1938** Würker fragt Skala, wieso bei seiner Hausdurchsuchung ein Schreiben der Technischen Hochschule Dresden vom 8.8.1933 „an Paul Nowottny, Dresden-A., Dohnaer Straße 69c II" gefunden wurde, in dem Nowotny vom Studium an der TH ausgeschlossen wird mit der Begründung, „er (hat) an einer Veranstaltung in Polen teilgenommen, die deutschfeindliche Tendenzen zeigte." Würker vermutet, Skala habe „den Inhalt des Schreibens in seiner Eigenschaft als Hauptschriftleiter der ‚Kulturwehr' [...] in einer gegen Deutschland gerichteten Art und Weise verwertet". Skala antwortet ausweichend, er sei aus Angaben des jungen Nowotny „über die Gründe der Ausschließung nicht ganz klug" geworden und habe deshalb „den Inhalt des Schreibens zur Kenntnis genommen" und später den „Nowotny an die Universität in Posen vermittelt". Da Würker Skala erneut nichts Hochverräterisches nachweisen kann, er jedoch Nowotnys Gestapo-Akten 121/36 B (Wiener Straße) kennt, hält er wenigstens fest: „Da auf Grund der Einstellung des Nowottny zu erwarten ist, daß er auch heute noch in Danzig gegen das dortige Deutschtum arbeitet, dürften die Danziger Behörden in geeigneter Weise auf Nowottny aufmerksam zu machen sein. Der Fall Nowottny ist ein weiteres Beispiel dafür, daß sich die Wenden freiwillig einer Polonisierung unterwerfen."[93]

* **8.4.1938**, Skala wird zu dem Brief verhört, den er am 14.9.1933 dem Lehrer seines Sohns Jan an der Volksschule Berlin-Charlottenburg geschrieben hatte. Darin teilt Skala mit,

er habe „seinem Sohne das Sammeln für den V.D.A.[94] verboten", denn „er (gehöre) nicht dem deutschen, sondern dem ‚sorbischen/wendischen' Volkstum an", Sorben seien „in jeder Hinsicht […] mit einem ‚national-kulturellen' Eigenleben" ausgestattet. Im Brief zählt Skala Maßnahmen deutscher Behörden auf, die dieses Eigenleben der Wenden unterdrücken. Im Verhör erklärt er, die Gründe für das Verbot gegenüber seinem Sohn „sind aus dem Inhalt des Briefes ersichtlich. Mein Verhalten sollte ein Protest dagegen sein, weil die Forderungen der Wenden auf ihr kulturelles Eigenleben seitens der deutschen Behörden nicht berücksichtigt wurden. Ich bin dann auch noch einmal persönlich bei dem Lehrer gewesen und habe auch erreicht, daß mein Sohn zu solchen Sammlungen nicht wieder herangezogen wurde." Für Würker hatte Skala erneut einen „Beweis für seine deutsch-feindliche Einstellung geliefert […] Er errichtet durch dieses Verhalten Gegensätze zwischen den deutsch- und den wendischsprechenden deutschen Volksgenossen, die in Wirklichkeit nicht vorhanden sind."[95]

* **8.4.1938** Der Reichsminister der Justiz verfährt so wie es der Dresdner Generalstaatsanwalt am 21.3. vorschlug und beauftragt den Oberreichsanwalt beim Volksgerichtshof mit den weiteren Ermittlungen (siehe S. 366).

* **13.4.1938** Skala weiß aus einem Brief seiner Frau, dass dem Sohn Jan im Bautzener Gymnasium in Leibesübungen und in Erdkunde die Note 3 erteilt wurde. Er schreibt seiner Frau am 10.4.1938, die Ursache dafür liegt „offensichtlich außerhalb Jans wirklicher Leistung" und soll „eine Art Zurückstellung darstellen […], für die der Junge nichts kann." Der kontrollierte Brief ruft den Argwohn Würkers hervor, weswegen er sofort den „Skala hierzu vernommen" hat. Der erklärt, sein Sohn bekomme diese Noten, „weil er nicht in der HJ sei. Dies habe ihm Studienrat Stein, den er in dieser Hinsicht kenne, angerechnet." Solch selbstbewusst-realistische Haltung kann der Gestapo-Mann nicht dulden: „Das Verhalten des Skala in bezug dieses Briefes muß in höchstem Maße mißbilligt werden, zumal er weiß, daß die Briefe kontrolliert werden und daß der Inhalt zur Kenntnis der Behörde kommt." Unterwürfig-treudeutsch-penibel beendet er die Aktennotiz mit dem Rat: „Es dürfte sich empfehlen, Studienrat Stein hiervon in Kenntnis zu setzen."[96]

* **19.4.1938** Der „Oberreichsanwalt beim Volksgerichtshof" ersucht den „Herrn Kriminalkommissar Weißmann", alle zum „Ermittlungsverfahren gegen Skala und Andere wegen des Verdachts der Vorbereitung zum Hochverrat" anhängigen „Vorgänge nach Abschluß der Ermittlungen durch die zuständige Staatsanwaltschaft an mich weiterzuleiten […] Von der Vorführung der Beschuldigten beim Haftrichter bitte ich abzusehen. Ich werde gegebenenfalls Haftbefehl beim Ermittlungsrichter des Volksgerichtshofs beantragen. Da ich höheren Orts zu berichten habe, wäre ich für eine Mitteilung über das bisherige Untersuchungsergebnis dankbar."[97]

* **22.4.1938** Würker verhört Skala zu dessen Weggang aus der Redaktion der Serbske Nowiny 1924. Im Protokoll hält Würker die angebliche Aussage Skala fest: Während meiner Schriftleitertätigkeit bei der Serbske Nowiny war ich weder mit Barth, noch mit Briesing befreundet."[98] Ungewollt dokumentiert er so Arroganz und Dummheit.

* **22.4.1938** Zur abschließenden Vorbereitung des Hochverratsprozesses wird Skala noch einmal „zu verschiedenen Punkten […] vernommen", darunter insbesondere zu seinem Fehlverhalten in jungen Jahren. Skala sagt aus: „Es ist richtig, daß ich 1912 einen Selbstmordversuch gemacht habe. Ich konnte das Leben beim Militär nicht mehr ertragen. Ich wurde mei-

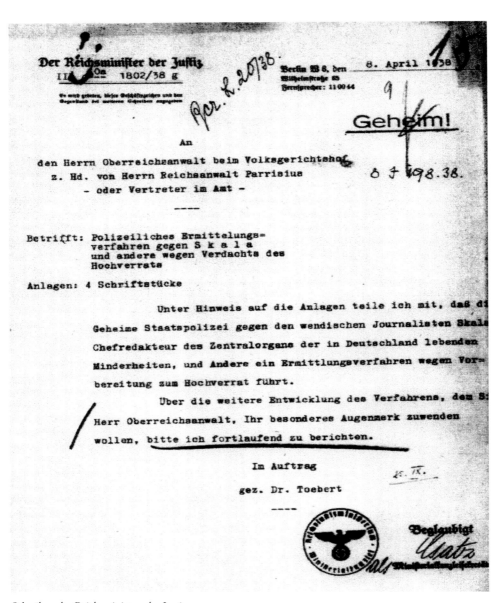

Schreiben des Reichsministers der Justiz

ner Ansicht nach von meinen Vorgesetzten schikaniert, wendisches und katholisches Schwein genannt. […] Es ist richtig, daß ich 1908 vom Bezirksamt Stauffen wegen Bettelns zu 4 Tagen Haft verurteilt worden bin. Die Strafe habe ich verbüßt. Ich befand mich damals auf Wanderschaft und habe bei einem Pfarrer um Mittagessen gebeten. Es kam gerade ein Gendarm dazu. Es ist auch richtig, daß ich 1909 vom Amtsgericht in Selb wegen Betrugs zu 10

Tagen Haft verurteilt worden bin. Ich hatte mir einen Anzug machen lassen und diesen nur teilweise bezahlt. Es wurde deshalb Betrug angenommen, weil ich von Selb weggefahren war, ohne dem Schneider davon Kenntnis zu geben. Auch in Pulsnitz habe ich vom dortigen Amtsgericht wegen Unterschlagung eine Strafe von 10 Tagen Gefängnis bekommen. Dies war 1914. Ich glaube, ich hatte damals ein Fahrrad weiterverkauft, das ich nicht fertig bezahlt hatte. Über die Strafe von 8 Monaten und 2 Wochen Gefängnis und 3 Jahren Ehrverlust wegen Betrugs (Urkundenfälschung und Unterschlagung in Tateinheit), die ich 1912 vom Landgericht Bautzen erhalten hatte, habe ich schon Angaben gemacht[99] [...] Es ist richtig, daß ich 1912 oder 1913 als Offizier verkleidet eine Militärwache der Grenadierkaserne in Dresden revidiert habe[100]. Ich hatte mit jungen Leuten eine Wette abgeschlossen, daß dies möglich sei. [...] Ein Strafverfahren fand damals nicht statt."[101]

 * 3.5.1938 Würker schreibt den „Abschlußbericht über die Erörterungen und Vernehmungen des Wendenführers Johann Skala." Darin heißt es u.a.: Skala wurde festgenommen, „weil auf Grund der vorausgegangenen Überwachung und des sichergestellten Schriftenmaterials der Beweis erbracht war, daß Skala ein ausgesprochener Deutschenhaßer ist und dies bei jeder sich bietenden Gelegenheit im In- und Ausland zum Ausdruck brachte."[102] Über die Darstellung der Biographie Skalas, vor allem seiner Vorstrafen und der „Ergebnisse" der Verhöre hinaus, ist es Würker wichtig zu erwähnen, daß der „bekannte Hauptschriftleiter der Prager Presse Arne Laurin ein persönlicher Freund des Skala (ist)" mit dem er „bis in die neueste Zeit [...] in Verbindung (stand)."[103] Ebenso anstößig und hochverräterisch ist es für Würker, dass Skala „Beziehungen zu mehr als 50 Ausländern" hatte, „die fast durchweg deutschfeindlich eingestellt sind" und worunter „sich mehrere maßgebliche Juden (befinden)."[104] Stichhaltige Beweise für Skalas hochverräterische und deutschfeindliche Haltung sieht Würker weiterhin in der Tatsache, „daß Skala rege Beziehungen zu dem ‚Forschungsinstitut für Nationalitätenfragen' in Warschau unterhält;"[105] 1929 bei einer Vortragsreise durch Jugoslawien „über die Unterdrückung der Wenden im Deutschen Reich gesprochen (hat)"[106]; „bei Neubesetzungen in der tschechischen und polnischen Gesandtschaft in Berlin von den Vorgängern als Vertreter der Wenden den Nachfolgern persönlich vorgestellt und eingeführt wurde"[107] und für ausländische Zeitungen („Slavonic and East European Review" wird extra betont – P.K.) Berichte schrieb, die „ausnahmslos eine deutschfeindliche Tendenz (tragen)."[108] Hochverräterisch ist für Würker, dass Skala „von 1926 bis 1927 in Berlin Mitglied der SPD (war)" und von „1926 bis 1930 als Mitglied der Deutschen Friedensliga" sowie „der Liga für Menschenrechte (angehörte)."[109] Skala ist „ein ausgesprochener Gegner der nat.-soz. Weltanschauung".[110] Er ist „besonders staatsgefährlich, weil er viele maßgebliche Beziehungen zu Ausländern [...] unterhält, die „teilweise sogar einen grenzenlosen Haß gegenüber dem Deutschen Reich zum Ausdruck gebracht haben". Wenngleich „dem Skala nicht nachgewiesen werden (kann), was er im einzelnen mit diesen Personen über Deutschland" besprach", hat Würker keinen Zweifel, „daß viele im Ausland erschienenen Greuelnachrichten über die Unterdrückung der Wenden von Skala stammen, ohne daß der Beweis dafür geführt werden kann."[111] Skalas Äußerungen, untergeordnete Behörden sabotieren den politischen Willen des Führers, „erfüllen" – so Würker – „meiner Ansicht nach den Tatbestand des § 1 des Gesetzes gegen heimtückische Angriffe auf Staat und Partei".[112]

Die Einzelhaft und die von Schlägen gekennzeichneten Verhöre bewirkten, dass Skala seelisch und körperlich erschöpft war. Nach dem letzten Verhör am 22.4. passierte mehr als zwei Monate lang außer gelegentlichen Essenskürzungen, hämischen Beschimpfungen und Ohrfeigen[113], gar nichts.

* **7.7.1938** Skala schreibt kurz nach seinem 47. Geburtstag an die Gestapo Dresden ein „Gesuch mit der Bitte, [...] mich aus der Schutzhaft entlassen zu wollen." Er sei „in den vergangenen Monaten eingehend vernommen worden" und möchte – „ohne der [...] Bewertung des Vernehmungsergebnisses [...]vorgreifen zu wollen – „darauf hinweisen, „daß ich mich meinem subjektiven Empfinden nach einer staatsfeindlichen Betätigung nicht schuldig gemacht haben kann."

Er versucht mit durchdachter, vorsichtiger Selbstbehauptung den zermürbenden Schikanen der Gestapo zu entkommen. Die Denkart seiner Feinde kennend und nutzend, schreibt er: „Meine bisherige Stellung im öffentlichen Leben wie auch meine Lebenserfahrung, und vor allem die Erkenntnis der großen Aufgaben und Leistungen des Staates und seiner autoritären Führung verpflichten mich zur unvoreingenommenen Bejahung und Anerkennung der staatspolitischen Notwendigkeiten." Vor der in seiner Lage unvermeidlichen Grußformel „Heil Hitler!" bekennt er klar: „Ich würde unehrlich handeln, wenn ich in diesem Gesuch den Wunsch verschweigen würde, auch den kulturellen Bedürfnissen meines wendischen Volkstums dienen zu können", wobei ich „ausdrücklich (betone), daß ich jede unzulässige politische Einmischung von außen ablehne."[114]

* **11.7.1938** Der Oberreichsanwalt beim Volksgerichtshof telegrafiert an die „Stapo-Leitstelle in Dresden": „In Strafsache Jan Skala ersuche ich wiederholt um Erledigung meines Schreibens vom 19. April 1938 oder um umgehende Mitteilung der Hinderungsgründe, weil ich höheren Orts berichten muß."[115]

* **12.7.1938** Unter Skalas Gesuch vom 7.7. ist, signiert mit „Kau."[116] vermerkt: „Schutzhaft auf unbestimmte Zeit angeregt [...] auf vorst. Gesuch (ist) nichts zu verfügen."[117]

* **12.7 1938** Der Bautzener Oberstaatsanwalt schickt dem Oberreichsanwalt beim Volksgerichtshof einen vierseitigen Bericht über das „Ermittlungsverfahren gegen den [...] Journalisten und Wendenführer Johann Skala [...] wegen des Verdachts des Hochverrats nach § 82 StGB". Unter rechtsförmig-formalen Aspekt sind die beiden letzten Sätze besonders interessant: „Ein richterlicher Haftbefehl ist gegen Skala nicht beantragt worden. Im übrigen sind sofortige richterliche Maßnahmen nicht geboten."[118] Im Abschlussbericht wird vermerkt, das sichergestellte Schriftenmaterial musste „teilweise übersetzt werden", denn „es war" – welch hochverräterische Aktivität des international bekannten Journalisten und in weiten Teilen Europas aktiven Minderheitenpolitikers – „in wendischer und in anderen Sprachen geschrieben".[119] Sodann wird gelogen, dass aufgrund der beschlagnahmten Papiere „der Beweis erbracht war, daß Skala ein ausgesprochener Deutschenhasser ist und dies bei jeder sich bietenden Gelegenheit im In- und Ausland zum Ausdruck brachte."[120]

* **21.7.1938** In die Skala-Akte wird der von der Staatsanwaltschaft Bautzen angefertigte „Auszug aus dem Strafregister" eingefügt, der keine Verurteilungen vermerkt,"[121] weil alle früheren Strafen verjährt waren.

F

Auszug aus dem Strafregister

de r *Staatsanwaltschaft* zu *Bautzen*

Familienname (bei Frauen Geburtsname): *S k a l a*

Vornamen (Rufname zu unterstreichen): *Jan (Johann)*

Geburts-angaben	Tag: *17.*	Gemeinde: *Nebelschütz*	Landgerichtsbezirk: *Bautzen*
	Monat: *6.*	evtl. Stadtteil: Straße:	Land:
	Jahr: *1889.*	Verwaltungsbezirk: *Kamenz*	*D. R.*

Familienstand: ledig verheiratet verwitwet geschieden

Vor- und Familien- (Geburts-) Name des (bzw. früheren) Ehegatten:

Des Vaters Vor- und Familienname:

Der Mutter Vor- und Geburtsname:

Stand (Beruf): *Journalist* evtl. Stand (Beruf) des Ehemannes:

Wohnort: *Bautzen*

evtl. letzter Aufenthaltsort: Straße und Hausnummer: *Wettinstraße 48 I.*

Staatsangehörigkeit: *Reichsangehöriger* Heimatgemeinde: *Nebelschütz*

Heimatbezirk: *Kamenz.*

Im Strafregister ~~ist folgende~~ sind keine Verurteilung(en) vermerkt:

Nr.	am	durch Aktenzeichen	wegen	auf Grund von	zu	Bemerkungen

Bautzen, den 21. JULI 1938
Der Strafregisterführer der Staatsanwaltschaft
bei dem Landgerichte

Danrzke, J. Z.

Kopie aus dem Bundesarchiv

Auszug aus Skalas Strafregister

* **19.8.1938** Der Oberreichsanwalt beim Volksgerichtshof informiert in einem 25-seitigen, mit „gez. Parey" signiertem Schreiben den Reichsminister der Justiz über die „Strafsache gegen Skala und Andere wegen des Verdachts der Vorbereitung zum Hochverrat". Eingangs beschuldigt er Skala, „teils selbständig, teils im Zusammenhang mit den politischen Bestrebungen der in Prag bestehenden ‚Gesellschaft der Freunde der Lausitz' das Ziel der gewaltsamen Losreißung des ehemals wendischen Sprachgebiets in der Ober- und Niederlausitz vom Reich und seine Einverleibung in den Staatsverband der CSR verfolgt und zur Förderung dieser hochverräterischen Umtriebe insbesondere unwahre oder doch grob entstellte Nachrichten über die Behandlung des von ihnen als slavische Minderheit in Anspruch genommenen Bevölkerungsteils in diesem Gebiet durch die deutschen Behörden mit Hilfe ausländischer Zeitungen und ausländischer panslavistischer Vereinigungen im Ausland verbreitete zu haben."[122] In der NS-parteilichen, aber weitgehend korrekten Darstellung der Biographie Skalas wird zunächst hervorgehoben, dass „es dem Beschuldigten (gelang), im Jahre 1920 in Anlehnung an die seit langem bestehende polnische und tschechische Sokolbewegung auch eine wendische Sokolbewegung ins Leben zu rufen, in deren Bautzener Ortsverein er den Vorsitz übernahm."[123] Ausführlich und vorwiegend sachlich werden Skalas minderheitenpolitische Aktivitäten ebenso aufgezählt wie seine Ansichten zur Regelung sorbischer Belange. Der Oberreichsanwalt schließt aus all dem: „Die Ermittlungen haben keinen ausreichenden Verdacht für die Annahme eines Verbrechens der Vorbereitung zum Hochverrat im Sinne der §§ 80 Abs. 1, 83 Abs. 2 StGB erbracht. Trotz der umfangreichen journalistischen und schriftstellerischen Tätigkeit des Beschuldigten im In- und Ausland haben insbesondere keine literarischen Arbeiten beigebracht werden können, in denen ein derartiger Vorsatz zum Ausdruck kommt."[124] Ausdrücklich zählt er dazu auch Skalas Artikel – z.T. mit ausführlichen Zitaten – in der „Slavonic and East European Review", in der „Neuen Züricher Zeitung" und im „Slovenec". Dass Skala durch die Mitgliedschaft in der GdFdL „sich des separatistischen Hochverrats schuldig gemacht hat, hat ebenfalls nicht festgestellt werden können". Die GdFdL sei „bereits 1907, als das heutige Staatsgebiet der CSR noch habsburgisches Kronland war, [..] gegründet worden." Bestrebungen der GdFdL und des „sächsischen Landtagsabgeordneten Barth die Versailler Konferenz [...] zu veranlassen [...] für die politische Vereinigung des wendischen Siedlungsgebietes in der Lausitz mit dem neuen tschechischen Staate einzutreten [...] scheiterten an der ablehnenden Haltung des ersten Staatspräsidenten Dr. Masaryk"[125] Auch neuere „Ermittlungen über die Tätigkeit der GdFdL (haben) bisher keinen sicheren Anhalt dafür erbracht, daß diese von der CSR aus ein gemäß § 80 Abs. 1, § 83 Abs. 2 StGB strafbares Unternehmen verfolgt, die Lausitz vom Reich loszureißen und gewaltsam der CSR einzuverleiben." Die Angaben eines Zeugen (Gestapo-Akten: „8 J 205/38g") ‚der diese Absichten der GdFdL als „ausgemachte Sache" darstelle, „sind" – so der Oberreichsanwalt – „mit Vorsicht aufzunehmen", weil er mehrfach „offensichtlich wahrheitswidrig" ausgesagt habe, zudem selbst von der Gestapo in Dresden als „politisch nicht ernst zu nehmen" bewertet werde und derzeit „eine Gefängnisstrafe von sechs Monaten wegen Hausfriedensbruch, schwerer Körperverletzung und Sachbeschädigung" verbüße. „Unter diesen Umständen versprechen strafrechtliche Maßnahmen gegen den Beschuldigten Skala" wegen „der Vorbereitung zum Hochverrat keinen Erfolg." Für das Vorliegen eines „Verbrechens gegen § 90 StGB haben die

Ermittlungen einen ausreichenden Anhalt ebenfalls nicht erbracht".[126] Skalas Auffassungen über die Unterdrückung der Sorben in Nazi-Deutschland ausführlich referierend, kommt der Oberreichsanwalt zu dem Schluss, dabei handele es sich um das „Urteil des Beschuldigten über die Gesamtheit der nach seiner Meinung das wendische Volkstum beeinträchtigenden Entwicklung. Skalas Ansichten „über die verwaltungsmäßige Behandlung eines international nicht einmal als Minderheit anerkannten deutschen Bevölkerungsteils (waren) nicht geeignet, eine schwere Gefahr für das Ansehen des deutschen Volkes herbeizuführen."[127]

Vom Schriftverkehr der Behörden in seiner Sache wusste Skala in der Einzelzellen-Isolation nichts. Ebenso erreichten ihn nur spärliche Informationen über die Geschehnisse nach seiner Verhaftung. Anders die Verantwortlichen der Dresdner Gestapo. Sie kannten sehr wahrscheinlich wesentliche Inhalte des Schriftverkehrs. Sie wussten, dass der Pfarrer der Bekennenden Kirche, Martin Niemöller am 2.3.1938 „als persönlicher Gefangener des Führers" ins KZ eingeliefert wurde; dass die deutsche Wehrmacht am 12.3.1938 in Österreich einmarschierte; dass die katholischen Bischöfe Österreichs am 27.3.1938 in einem Hirtenbrief dazu aufriefen, für den Anschluss an das Deutsche Reich zu stimmen; dass der Publizist und Friedensnobelpreisträger Carl von Ossietzky am 4.5.1938 als Gefangener in einem Berliner Sanatorium verstarb; dass am 25.7.1938 jüdische Ärzte ihre Approbation verloren und nur wenige jüdische Patienten als „Krankenbehandler" versorgen durften; dass am 8.8.1938 in Mauthausen der Bau des ersten KZ in Österreich begann; dass am 17.8.1938 die SS als bewaffnete Truppe Hitler direkt unterstellt wurde; wie die Nazis Konflikte zwischen (Sudeten-)Deutschen und Tschechen absichtsvoll zuspitzten und auf einen Krieg zusteuerten.[128]

Dieser „Siegezug" des deutschen Faschismus während Skalas Haft verschlechterte seine durch die Folterungen geschädigte Gesundheit zusätzlich. Seine Vereinsamung, die knappen Kontakte, z.B. bei der Essensausgabe, meist verbunden mit erniedrigenden Bemerkungen der Gestapo-Beamten, erhöhte den seelischen Druck.[129]

* **6.9.1938** In einem erneuten Gesuch bittet Skala mutig um „die Herbeiführung einer gerichtlichen Entscheidung über die gegen mich erhobenen und mir bis heute nicht näher bezeichneten Beschuldigungen" oder um „Aufhebung des Schutzhaftbefehls." Er sei „seit mehr als 8 Monaten in Haft, ohne die Gründe zu kennen, die eine solche Maßnahme gegen mich erforderlich gemacht haben" und sei „seit mehr als drei Monaten zu keiner neuen Frage vernommen worden." Zudem habe sich sein Gesundheitszustand „während der langen Haftdauer in Einzelhaft sowohl in seelischer als auch in körperlicher Hinsicht dauernd verschlimmert."[130]

10.9.1938 Würker signiert und notiert unter dem Gesuch: „Skala wurde heute von mir beschieden, daß seine beiden Gesuche zur zuständigen Erledigung an den Herrn Reichsanwalt beim Volksgerichtshof weitergeleitet werden. Über die ev. Aufhebung der Schutzhaft wird von hier aus erst dann Stellung genommen, wenn das anhängige Strafverfahren abgeschlossen ist."[131]

Die Gestapo-Beamten waren Vertreter einer politischen Realität, die Skala nur bedingt anerkennen konnte, aber hinnehmen musste. Er konnte der feindlichen Wirklichkeit nicht den Rücken kehren. Er befürchtete, ihm stehe ein schlimmes Schicksal bevor. Denn er hatte sich sowohl in der Weimarer Republik als auch unter den Nazis gegen das Regime gestellt. Erlittene Willkür, alltäglich demütigender Umgang, andauerndes Ohnmachtsgefühl, aber auch starker Überlebens- und Selbstbehauptungswille beeinflussten sein Grübeln in der Einzelzelle. Weder wollte er bleibende Schädigungen seiner Gesundheit noch seinen infolgedessen – aus Sicht seiner Folterer – eher „zufälligen" Tod hinnehmen. Auch wollte er seinen Schergen nicht den Gefallen tun, einen von ihnen immer mal wieder provozierend angesprochenen Suizid[132] in die Tat umzusetzen. Um dem zermürbenden Alltagsterror der Isolationshaft zu entgehen, griff er stattdessen nochmals zum Stift.

* 14.9.1938 Auf Kopfbogen mit dem Aufdruck „Polizeigefängnis Dresden" und mit dem Absender „Jan Skala, Journalist, Pol. Gef. Zelle [123]" bittet er den „Herr Kommissar" zuerst, „die ungewöhnliche Form der persönlichen Anschrift meines vorliegenden Schreibens zu entschuldigen", denn „ich bin als Schutzhaftgefangener Ihnen unterstellt". Für die „beigefügte politische Erklärung", suche er „eine Mißdeutung oder ein Mißverständnis […] unbedingt zu vermeiden", weshalb „ich (ausdrücklich) erkläre, daß ich mich durch mein Gewissen und durch mein politisches Verantwortungsgefühl zu der Erklärung und ihrer Übergabe an Sie veranlaßt worden bin und daß dabei jede Erwägung meiner gegenwärtigen persönlichen Lage absolut ausgeschlossen wurde."

Seine reale Ohnmacht genau bedenkend, verhielt sich Skala den zerstörerischen Umständen angemessen, wenn er weiter schreibt: „Sollten Sie meine […] Erklärung als unzeitgemäß oder als gegenstandslos ansehen oder meine Aktivlegitimation zu einer solchen Erklärung als nicht gegeben ansehen, oder sollten andere, sachliche und persönliche Gründe Sie veranlassen, die Entgegennahme und weitere Behandlung der Erklärung abzulehnen, so bitte ich ergebenst, mir davon Kenntnis geben zu wollen. Ich würde mich dann naturgemäß dazu entschließen müssen, die Erklärung zurück zu ziehen und als nicht abgegeben anzusehen."[133]

In der beigefügten Erklärung schreibt Skala u.a., dass der „im Entstehen begriffene tschechoslowakische Staat" den „Anschluß der Lausitz (angestrebt)" habe und versuchte, dies „mit Hilfe einer […] ,Wendischen Delegation' bei den Friedensverhandlungen in Versailles 1919 durchzusetzen. Die deutschen Reichsangehörigen sorbischer (,wendischer') Volkstumszugehörigkeit haben eine solche Anschlußpolitik in überwiegender Mehrheit abgelehnt."[134]

Sodann schlägt er zwei Fliegen mit einer Klappe. Zum einen passt er sich der Sicht seiner Verhör-Beamten an und gibt sich als „Wendenführer". So kann er zum anderen – angepasst an die Diktion seiner Feinde – seine minderheitenpolitischen Standpunkte, die er zwischen 1921 und 1938 in zahllosen Artikeln und Reden im In- und Ausland vertreten hatte, bekräftigen: „Ich halte mich sowohl berechtigt als auch verpflichtet, im eigenen Namen wie auch in unanzweifelbarer Übereinstimmung mit meinen sorbischen (,wendischen') Volksgenossen […] folgendes zu erklären: Wir lehnen jede Einmischung von tschechischer Seite in unsere Angelegenheiten ab und weisen jeden Versuch, uns mit den tschechoslowakischen Nationalitätenproblemen oder den Aspirationen auf die Lausitz irgendwie in Verbindung zu bringen, entschieden zurück. Wir betrachten unsere volkstumsrechtlichen Angelegenheiten als eine ausschließlich innerstaatliche Rechtsfrage", bekennen uns als Bürger „des deutschen Reiches zu der politischen Schicksalsgemeinschaft mit unseren deutschen Mitbürgern des gemeinsamen Staates und seiner Führung" und „erklären vorbehaltlos, die daraus sich ergebenden Pflichten zu erfüllen."[135] Neben dem, von ihm immer bekräftigten Bekenntnis zur Loyalität dem deutschen Staat gegenüber bringt er auch seinen vielfach geäußerten Wunsch nach demokratischem und korrektem Umgang des Staates mit den Sorben in der Erklärung unter. „Wir sind überzeugt, daß die Reichsführung und die öffentliche Meinung im deutschen Reich eine solche sittlich und politisch verpflichtende Erklärung als das Ergebnis unserer staatsbürgerlichen Loyalität und als Dokument unserer politischen Reife erkennen und anerkennen werden. Ebenso sind wir überzeugt, daß in einer Zeit der geklärten und beruhigten politischen Atmosphäre unseren berechtigten kulturellen Volkstumsäußerungen der Raum gewährt werden wird, den sie für sich beanspruchen können und dürfen, ohne das gemeinsame Ganze zu stören." Er endet mit den Worten: „Jetzt kann es sich […] auch für uns Sorben nur darum handeln, in keiner Weise uns der schicksalsgemeinschaftlichen Pflicht zu entziehen, sondern das zu tun, was immer ein gesundes Charakterzeichen des sorbischen (‚wendischen') Volkes gewesen ist: Treue dem erwählten Führer des Staates zu bezeugen, und selbstlos die Pflicht zum Wohle des Staates, zur Erhaltung der heimatlichen Vätererde und seiner eigenen Seelenkräfte zu erfüllen."[136]

* **26.10.1938** Mit Bezug auf ein (in den Akten nicht gefundenes) Schreiben des Oberreichsanwalts beim Volksgerichtshof vom 14.10.1938 antwortet Dr. Kaussmann von der Gestapoleitstelle Dresden telegrafisch um 15.40 Uhr: „Skala wurde am 26.10.1938 aus der Schutzhaft entlassen, nachdem ihm der Polizeiarzt wegen Nierenschaedigung und Herzmuskelschwäche verbunden mit hohem Blutdruck und Eiweissausscheidung zur Abwendung einer Lebensgefahr fuer haftunfaehig erklärt hat"[137] (siehe Seite 375).

* **1.6.1939** Der Volksgerichtshof Berlin stellt das Verfahren in der „Strafsache gegen Skala und Andere wegen des Verdachts der Vorbereitung zum Hochverrat und wegen Landesverrat (§ 90f StGB)" gegen „die beschuldigten Skala und Ziesche" ein. Zu Mirtschink[138] erwartet er einen weiteren „ausführlichen Erörterungsbericht"[139] (siehe Seite 374).

Der Vorwurf, die Beschuldigten hätten das Ziel verfolgt, die Lausitz vom Deutschen Reich loszureißen, dem tschechischen Staat einzuverleiben und dazu mit Hilfe ausländischer Zeitungen und panslawistischer Vereinigungen unwahre Nachrichten über die Behandlung der Sorben durch den deutschen Staat im Ausland verbreitet, konnte trotz des umfangreich beschlagnahmten Schriftgutes nicht bewiesen werden.

Die Gestapo konnte Skala keinen Gesetzesverstoß nachweisen. Sie konnte ihm mit dem Unrecht in Gestalt von Berufsverbot, Haft und Folter nur ihre Macht zeigen. Das war minderheitsfeindlich, menschenrechtswidrig und intellektuell armselig. Zugleich war es politisch für die Nazis typisch, für die Minderheiten in Deutschland verhängnisvoll und bewirkte bei Skala dauerhafte gesundheitliche Schäden.

Die wiedererlangte „Freiheit" war für Skala keine leichte Situation. Er bemühte sich im Alltag Fuß zu fassen sowie mit den Spätfolgen der Schutzhaft, die sein Leben beinahe beendet hätte, fertig zu werden. So schwer das immer wieder war, Skala fasste – nicht zuletzt, weil ihn seine Ehefrau Else aktiv unterstützte – neuen Mut. Sein Behauptungswille gewann wieder an Kraft.

* **14.6 1939** Rechtsanwalt Glugla aus Bernau bei Berlin teilt dem „Herrn Vorsitzenden des 1. Senats des Volksgerichtshofes " mit, Skala habe ihn gebeten, „nach dem Stand der Sache anzufragen." Sein Mandant sei seit mehreren Monaten entlassen, „ohne daß ihm inzwischen

Fernschreiben

nr. 441 U5

von ____ *Stapo*
an ____
in ____ *Dresden*
eingegangen am *26.X.38* um *15⁰⁰* aufgenommen: ____
ausgegangen am ____ um ____ aufgegeben: ____

DRESDEN NR. 22 414 26.10.38 1537 == MI ====

AN DEN HR HERRN OBERREICHSANWALT BEIM VOLKSGERICHTSHOF

BERLIN. ==

= BETR.: S K A L A UND ANDERE. ==

BEZUG: 8 J. 198/38 -

DORT. SCHREIBEN VOM 14.10.38 ==

S K A L A WURDE AM 26.10.38 AUS DER SCHUTZHAFT

ENTLASSEN. NACHDEM IHM DER POLIZEIARZT WEGEN

NIERENSCHAEDIGUNG UND HERZMUSKELSCHWAECHE VERBUNDEN

MIT HOHEM BLUTDRUCK UND EIWEISSAUSSCHEIDUNG

ZUR ABWENDUNG EINER LEBENSGEFAHR FUER HAFTUNFAEHIG

ERKLAERT HAT. = SKALA HAELT SICH IN SEINER WOHNUNG

IN BAUTZEN AUF. ===

STAPOLEITSTELLE DRESDEN - ROEM. 2 C 3 - 139/38

I. A. GEZ. DR. KAUSSMANN. ++

++ 1 RRR F. DRESDEN NR. 22 414 26.10.38 1540

ORA. B. VGH/WINTER.

1. ____
2. ____

28. Okt. 1938

Kopie aus dem Bundesarchiv

Telegramm zu Skalas Entlassung aus der Gestapo-Schutzhaft

Abschrift.

Der Oberreichsanwalt

beim Volksgerichtshof

Berlin W 9, den *1. Juni* 1939.
Bellevuestraße 15
Fernsprecher: 21 83 41

Geschäftszeichen: *8 J 198/38g.*

1.) – 4.) pp.
5.) Zu schreiben:
An

die Geheime Staatspolizei

– Staatspolizeileitstelle Dresden –

in D r e s d e n
Bismarckstr. 16/18.

Betrifft: *Strafsache gegen Skala und Andere*
wegen Verdachts der Vorbereitung zum Hochverrat
und wegen Landesverrats (§ 90 f StGB.).
Dortige Geschäftszeichen: II C 3 - 57,96 und 139/38g.

Gegen die Beschuldigten Skala und Ziesche habe ich das
Verfahren eingestellt. Bezüglich des Beschuldigten Mirtschink
sehe ich dem mit Schreiben vom 26. Mai 1939 - II C 3 - 57/38 -
angekündigten ausführlichen Erörterungsbericht entgegen.

6.) Abschrift des Schreibens zu Ziffer 5 sowie dieser Vfg. zu 6) zum Sonderband III fertigen.

7.) pp.

In Vertretung

gez.: Dr. Barnickel.

Schreiben des Oberreichsanwaltes zur Einstellung des Hochverratsverfahrens

irgendeine Nachricht zugegangen ist. Er wünsche „die Durchführung des Verfahrens, damit eine einwandfreie Klärung der gegen ihn erhobenen Beschuldigungen erfolgt."[140]

Die Nazis verfolgten Skala nach der Entlassung aus der Schutzhaft und der Verfahrenseinstellung weiter. Davon zeugen nicht nur ein Protokoll über eine Befragung Skalas am 24.7.1939,[141] sondern auch und vor allem Schreiben des Oberreichsanwalts beim Volksgerichtshof vom 1.6.1939[142], vom 18.7.1939[143] vom 3.11.1939.[144] Diese, mal an die Gestapo, mal an den Reichsminister der Justiz gerichteten Schreiben nahmen stets Bezug auf „neue" oder „weitere" Erkenntnisse (z.B. aus den Gestapo-Verhören von Vladimir Zmeškal und Josef Páta nach der Besetzung der Tschechoslowakei), wiederholten – dann weitestgehend wortgleich – Argumente der oben ausführlich zitierten Entscheidung vom 19.8.1938 und endeten jedes Mal mit der unterschiedlich formulierten Feststellung, es seien keine Tatsachen erbracht worden, die Anlass zur Änderung der Entscheidung zur Einstellung des Hochverratsverfahrens geben könnten. In einem Fall übernimmt der in Vertretung unterzeichnende Oberreichsanwalt Parrisius sogar unwidersprochen (auch ohne sonst oft übliche Gänsefüßchen) die Formulierung von Prof. Páta, der unter Bezugnahme auf Tschechen und Sorben von der „Pflege der kulturellen Beziehungen zwischen den beiden slawischen Stämmen"[145] sprach.

Zur Bilanz dieses Lebensabschnitts

Zwischen jahrhundertelanger Sorbenherabsetzung in der deutschen Politik und rassistischer Bekämpfung und angestrebter Vernichtung alles Sorbischen durch die Nazis[146] liegen einerseits unübersehbare, gravierende Unterschiede. Zugleich jedoch war (und ist) andererseits traditionelle Slawophobie eine wesentliche Voraussetzung für rassistischen Terror. Die Nazis perfektionierten die Unterdrückung von Minderheiten in der Weimarer Republik mit ihrem Terrorsystem, mit Bespitzelung, Verhaftung und Folter. Die Übergänge sind in Deutschland, auch in Skalas Leben fließend, aber klar erkennbar. In einem gesellschaftlichen und politischen Umfeld, das durch Verachtung und Vernichtung bestimmter Gruppen von Menschen gekennzeichnet war, erwiesen sich radikal menschenrechtliche und minderheitenfreundliche Ansichten als störend, irritierend, „deutsch-feindlich", „landesverräterisch".

Mit der Festigung der autoritären, rassistischen, minderheitenfeindlichen gesellschaftlichen Verhältnisse im Dritten Reich wuchsen die Bedrängnisse, das Leid und die Not für den Menschenrechtspolitiker und -journalisten Jan Skala bis hin zu einer scheinbar ausweglosen Zwangslage.

Das Berufsverbot ignorierte er dennoch so gut es ging. Mit der Veröffentlichung philosophisch gefärbter Alltagsbeobachtungen des sorbischen Lebens wollte er zum einen seinen Landsleuten Mut machen. Zum anderen unterstützte er weiterhin den Verband der nationalen Minderheiten bei dessen Bemühungen, die Interessen ethnischer Minderheiten im faschistischen Deutschland zu schützen. Schließlich stellte er sich aktiv auf Seite der Domowina in ihrem Abwehrkampf gegen nazistische Gleichschaltung und scheute auch nicht die illegale Veröffentlichung über die Unterdrückung der Sorben. Seinem Gewissen folgend verstieß er bewusst gegen das rechtsförmige Unrecht der Nazis, weil er mit dieser Art eines damals noch weithin unbekannten zivilen Ungehorsams nicht nur auf das Unrecht aufmerksam machen und die öffentliche Meinung beeinflussen wollte. Skala übte seine politische und journalistische Tätigkeit aus, um von den Herrschenden die Menschenrechte ethnischer Minderheiten einzufordern und sie zugleich den Unterdrückten bewußt zu machen. Er wollte von Deutschen und Sorben gehört werden und er hat ihnen zugehört. Viele Sorben jedoch haben eher „weggehört" und deutsche Nazis waren 1938 nur bereit und fähig, ihn zu verhören und im Gefängnis halb taub zu schlagen.

Selbst aus den vorurteilsgeprägten Akten seiner Gestapo-Peiniger, die mit ihren Methoden Skalas Menschenwürde gröbstens verletzten ist zu erkennen, dass Skala auch unter dem Druck mehrmonatiger Einzelhaft und „trotz eingehender Vernehmung" sich als moralisch integrer Mensch erwies. Im ungleichen Kampf mit seinen Inquisitoren, der alltäglichen seelischen und körperlichen Gewalt, Demütigung und Einschüchterung ausgesetzt, isoliert von seinen Freunden stand er taktisch klug und mutig zu seinen Auffassungen als Sorbe, Minderheitenpolitiker und Antifaschist.

In der Nazi-Schutzhaft, dem „Ausdruck des totalen Verfügungsanspruchs des Staates" und „Inbegriff der nationalsozialistischen Terror-Herrschaft"[147] stand Skala letztlich vor der Alternative „Abschwören oder Widerstehen". Unter rigoros verschlechterten Bedingungen musste er die „Grundfrage" seines Lebens beantworten, die Parteinahme für die Rechte seiner Landsleute beizubehalten oder sich vom sorbischen Volk, von seinem Verständnis der Menschenrechte ethnischer Minderheiten abzuwenden. Er folgte dabei seinem Gewissen[148], mit dem der einzelne – so ein Hegel'scher Gedanke – in sich und aus sich selbst weiß, was Recht und Pflicht ist. Für den Sorben Skala gilt uneingeschränkt die fast 100 Jahre zuvor formulierte Erkenntnis des US-Amerikaners Thoreau: „Unter einer Regierung, die irgend jemanden unrechtmäßig einsperrt, ist das Gefängnis der angemessene Platz für einen gerechten Menschen."[149]

Der Dienstausübung Dresdner und Berliner Geheimpolizisten gegen Skala lagen politisch motivierte Willkür, vorauseilender Gehorsam, nationalistische Arroganz, aber auch ein gerüttelt Maß an Roh-, Stumpf- und Dummheit zugrunde, sehr oft eine Melange all dieser „Zutaten". Grausamkeit ist stets vernunft- und gewissenlos. Das zeigte sich z.B. am Umgang mit früheren Strafen gegen Skala. Die entsprechenden Taten lagen zum Zeitpunkt der Verhöre in der Dresdner Gestapo fast ein Vierteljahrhundert zurück. Alle Strafen waren verjährt. Insofern beweisen die Akten der Gestapo zunächst, dass schon die kaiserliche Justiz unverhältnismäßig und überzogen handelte, wenn es um „kleine Leute", noch dazu um Slawen ging. Um den Menschenrechtler des Hochverrats zu überführen, waren die verjährten Vorstrafen Skalas den Nazi-Verhörbeamten (wie all seinen Feinden) erkennbar wichtig. Sie stärkten das nationalistisch-beschränkte Vorurteil, wer ums Mittagessen bettelt, wer als slawischer „Untermensch" in fremde Kassen greift, wer sich wegen läppischer Schikanen das Leben nehmen will, wer Anzugschneider und Fahrradhändler tatsächlich oder vermeintlich ums Geld betrügt und wer sich militärische Amtsmacht anmaßt, – der ist auch fähig und bereit, die Lausitz vom Reich abzutrennen und der Tschechoslowakei zuzuschlagen. In Anlehnung an Hannah Arendt kann man sagen: Im Banalen wächst das Böse.

Legt man die aus den Verhörprotokollen ersichtlichen Vorhaltungen zugrunde, so hatte die Gestapo wenig Wissen über Skalas konkrete Aktivitäten, aber für seine Folterung und Demoralisierung ausreichend unbegründete Vermutungen und antislawische Vorurteile zur Verfügung. So z.B. die Bewertung Skalas als Deutschenhasser. Skala wusste genau und sagte es zu Recht auf bekanntlich vielfältige Weise: ein deutscher Staat, der Sorben unterdrückt, hat Menschenrechtsdefizite und wer das kritisiert, ist Gegner der Unterdrückung und Befürworter besserer Rechte für ethnische Minderheiten. Die Gestapo-Verhörspezialisten hingegen waren der Meinung, Sorben zu unterdrücken sei eine Sache ordentlicher Deutscher und wer das kritisiere, sei halt ein Deutschenhasser. Solche und andere Falschaussagen zeigen, dass sich Nazis durch Fakten nicht von ihren Vorurteilen abbringen ließen. Insofern sagen die Gestapo-Akten nichts über Skala, aber „alles" zum Menschen- und Gesellschaftsbild der Vernehmer. Skala aber hatte im Gegensatz zu dieser Gestapo-Lüge viele Freunde unter den Deutschen, schrieb als Chefredakteur der „Kulturwehr" die meisten seiner politischen Artikel in der Sprache der Deutschen, verteidigte die deutschen Dichter und Denker gegen Nationalisten und Sorbenunterdrücker, wirkte programmatisch und praktisch für ein friedliches Zusammenleben von Sorben und Deutschen und war überzeugt, die Gesellschaft müsse geändert werden, damit Sorben und Deutsche gleichberechtigt miteinander leben können. Wahrheit und Ehrlichkeit haben eine andere Sprache als Lüge und Terror.

Skalas politische Anschauungen waren sowohl diametral zur Minderheitenschurigelei und -verachtung der Weimarer Republik als auch zur terroristischen Ahumanität des Dritten Reiches. Die Politik der zwischen 1920 und 1945 Herrschenden erschwerte bzw. verhinderte, dass Angehörige ethnischer Minderheiten im Inland loyale Staatsbürger sein wollten (bzw. konnten). Zugleich stärkte und förderte sie deutsche Minderheiten im Ausland als ein Instrument kriegsvorbereitender Außenpolitik.

Nur Nazis kannten (und kennen!) die Worte „Herrenrasse" und „Untermenschen". Die Gestapo-Experten für sorbischen Hochverrat ließen sich in ihrem Unrechts-Tun offensichtlich von Auffassungen leiten, wie sie ein nazistischer Scharlatan im Ornat des promovierten Volkskundlers verkündete: „Der Wende pflegt gern von ‚seinem' Volkstum zu sprechen und dies dem deutschen gegenüberzustellen [...] Das Ziel ist, die Wendei auf der Grundlage ihres angeblich gesonderten Volkstums aus dem Reich zu lösen [...] Durch solche Machenschaften wird", so der Lügen verbreitende Professor, „die befriedigte Geborgenheit innerhalb der deutschen Reichsgrenzen gestört."[150] Wer als Sorbe auf einer von Deutschen unterschiedenen Ethnizität beharrt, plant folglich Landesverrat. Wer als Sorbe in Reden und Artikeln Vorschläge macht und Rechte fordert, die sich in jedem demokratischen Staat von selbst verstehen, der begeht Hochverrat und stört den Terror-„Frieden" des Nazi-Staates.

Skalas Gestapo-Feinde hielten nach der Beendigung der intensiven, über ein Vierteljahr geführten Verhöre und nach der Erarbeitung des Abschlussberichts Skalas „Schutzhaft" noch mehr als 5 Monate aufrecht und verschärften sie absichtsvoll und rücksichtslos. Sie wollten Skala, den sie in den Folter-Verhören weder zum Verrat, noch zu einem falschen Geständnis, auch nicht zum „Selbstmord" anstiften konnten, seelisch und physisch brechen. Die mehrmonatige Ereignislosigkeit steigerte die subjektiv erlebte Sinn- und Rechtslosigkeit der Einzelhaft. Er musste der tagtäglich erlebten Gewissheit des Ausgesetztseins widerstehen. Sein Wille, stark und klug sein zu müssen, machte die Situation nicht leichter für ihn. Skala erfuhr am eigenen Schicksal und dem seines Volkes: „Der nationalsozialistische Versuch der Einigung schließt in sich die Vernichtung, Ausschaltung oder Unterwerfung jener Menschengruppen, welche die nationale Geschlossenheit beeinträchtigen"[151].

So wie die Reden und Artikel als freier Bürger, so sind die Aussagen in den Verhören und die Gesuche in der Haft seine Methode, sich dem Regime gegenüber zu behaupten. In seinem Artikeln und in den Verhören kritisierte eine politische Kultur, die sich über Generationen als unfähig erwies, das Leben unterschiedlicher Ethnien gerecht und demokratisch zu regulieren. Skala suchte in den Verhören meist den eigentlichen Sachzusammenhängen auszuweichen, Fragen geschickt zu umgehen und nur zuzugeben, was unvermeidlich oder selbstverständlich war. Die Gesuche zeugten – man kann es, wenn man seinen Stil kennt, zwischen den Zeilen lesen – vom Bemühen um Worte, in denen er seine Überzeugungen beibehält und zugleich den Erwartungen der Gestapo-Verhörer entspricht, um so der zerstörerischen Haft-Isolierung zu entkommen. Er hatte zu dieser Zeit keinerlei Illusionen über den antislawischen, rassistischen, terroristischen Charakter des Hitler-Regimes. Er hatte sicher auch nachvollziehbare Angst um sein Leben und um die Folgen für seine Familie, sollte er ins KZ eingeliefert werden. Er wollte sich aber angesichts der politischen Niederlage nicht auch noch zum jammenden Seelenkranken und Suizid-Kandidaten erniedrigen lassen.

Mut und Charakterstärke unter den Bedingungen mehrmonatiger Einzelhaft durften nicht dazu führen, offen und ehrlich zu bekennen. Ungeschützt aufrecht zu stehen, wenn ringsum Granaten einschlagen – das wäre tollkühn oder dumm. Mut und Charakterstärke bewies der isolierte, schikanierte und gefolterte Skala, weil er unter Terror seine Auffassungen durchhielt, als es schier unerträglich wurde und weil er nach ehrenhaften Auswegen suchte, die er mit seinem politischen Gewissen und sorbischem Selbstbewusstsein vereinbaren konnte.

Wer glaubt, in vergleichbarer Situation anders handeln zu können, der werfe den ersten Stein. Ich denke, **re**signieren, ein Stück seines Mut einzubüßen, kann nur einer, der vorher prägende Zeichen gesetzt hat; der die Courage hatte, sich nicht abzufinden mit schlechten, ungerechten Zuständen; einer also, der ein Signum trug, also **in**signiert war und bleiben will.

Skalas Verhalten in neunmonatiger Gestapo-Schutzhaft zeigt zweierlei: Die Ohnmächtigen sind nicht so schwach, wie man sie – nicht zuletzt durch Folter – glauben machen will. Und die Mächtigen sind nicht so stark, wie sie – nicht zuletzt durch Terror – erscheinen.

Skalas Schutzhaft, Anklage und Verfahrenseinstellung belegen: Faschistische Machtsicherung war in der Praxis durchaus uneinheitlich. Es gab Konflikte zwischen Apparaten und Institutionen. Zugleich zeigt sich: der auch gegen Skala ausgeübte Terror war nicht Ergebnis unkontrollierter Exzesse einzelner, sondern wesentliches Merkmal des Umgangs mit Andersdenkenden. Bei allen Gegensätzen ist sowohl im Abschlussbericht der Gestapo als auch im Brief des Oberreichsanwalts zu spüren, dass und wie beide Skala mundtot machen wollten. Die einen aber trugen eher blind und borniert tatsächliche und vermeintliche Fakten, gepaart mit Lügen und Unterstellungen zusammen. Der andere hütete sich, einen öffentlichen Misserfolg[152] zu organisieren und sah die eifernde Rohheit und arisch-arrogante Intoleranz zielstrebiger Sorbenfeinde in der Gestapo eher etwas kritisch. Vermutlich spielte bei ihm auch das Kalkül eine Rolle, ein Prozess gegen den international bekannten Skala, noch dazu ein keinen „Erfolg" versprechender, könne angesichts vorhandener (und voraussehbarer!) Konflikte des Reiches mit Tschechen und Polen die slawischen Sorben unnötig gegen die Politik des Regimes aufbringen. Hitler wollte bekanntlich trotz der Einverleibung Österreichs und von Teilen der Tschechoslowakei international noch immer als „Friedenspolitiker" dastehen.

Insofern ist zuerst für Millionen von Nazi-Verfolgten und -Ermordeten, dann aber auch aus den im damaligen Weltgeschehen eher weitgehend unbedeutenden Erfahrungen Skalas einer jüngst veröffentlichten Meinung aufs allerschärfste zu widersprechen. „Wenn Hitler", so meint J. Fest in seiner einseitigen, viele Fakten der NS-Zeit auslassenden, die Gräueltaten der Nazis eher beiläufig nennenden und Denken von links bekämpfenden Hitler-Biographie, „Ende 1938 einem Attentat zum Opfer gefallen wäre," so, „würden nur wenige zögern, ihn einen der größten Staatsmänner der Deutschen, vielleicht den Vollender ihrer Geschichte, zu nennen."[153]

In Wirklichkeit wurde es „spätestens drei Jahre nach seiner Machtübernahme [...] für die meisten deutlich, daß die Arbeitsbeschaffung eine Kriegsmaßnahme war; die zahlreichen Versuche von Wirtschaftsplanung dienten offen der Kriegsvorbereitung."[154] Jan Skala hätte nicht nur deswegen nicht gezögert. Er war schon 50 Jahre – nicht zuerst und gleich gar nicht allein wegen seines persönlichen Schicksals – völlig entgegengesetzter Meinung. Hitler war auch 1938 schon einer der größten Verbrecher der Weltgeschichte. Skala ließ sich in seinen

Wertungen der Nazi-Politik – ungeachtet manch taktisch-balancierender Formulierungsartistik – von der großen Anzahl der in Reih und Glied Marschierenden, von der Masse der ihre Hände zum Hitler-Gruß Erhebenden, von den rhythmischen Applaus-Ovationen, von den propagierten Nazi-Werten (Volk und Führer, Schicksals- und Kulturgemeinschaft, Blut und Boden etc.) nicht täuschen, weil er die praktizierten „Werte" (Antislawismus, Antibolschewismus, Antisemitismus, „Herrenrasse", „Untermenschen", ideologischer Druck, Gleichschaltung, Terror) nicht nur wusste, sondern erlebte und daran fast zerbrach.

Skala erfuhr am eigenen Leibe, eine „rassistische Gesellschaft beschwört ihren Zusammenhalt nicht einfach durch die Ausgrenzung der Anderen, sondern dadurch, daß sie deren vollwertiges Menschsein […] in ihrem Inneren (bestreitet)." Und er musste zur Kenntnis nehmen, viele seiner deutschen Mitbürger und manch einer seiner sorbischen Landsleute wollten diesem Druck „dadurch entgehen, daß sie gute Miene zur ihnen zugewiesenen untergeordneten Rolle machen und sich dafür an jenen schadlos halten, die durch gewaltsame Unterdrückung, strukturelle Benachteiligung, tradierte Vorurteile, ideologische Herabminderung und politische Propaganda zur allgemeinen Entwürdigung und Verfolgung freigegeben sind."[155]

Skala verdient auch wegen seines Widerstandes gegen den Nazi-Rassismus die Achtung von Demokraten ganz unterschiedlicher Weltsicht und von sorbischen Patrioten, seien sie nun evangelische oder katholische Christen oder gar Atheisten.

Die über mehr als ein Jahrzehnt von Skala im Verband der nationaler Minderheiten miterarbeiteten, in Gestapo-Haft nicht verleugneten Vorschläge zur Minderheitenpolitik können nicht nur Anstöße zur Lösung heutiger Probleme des sorbischen Volkes, sondern auch für moderne europäische Minderheitenpolitik überhaupt sein. Skala verfügte zwar nicht über eine ausgefeilte juristisch-politische Konzeption der Menschenrechte, aber er hat mit dem Wissen um die Unterdrückung seines Volkes und gespeist durch eigene Erfahrungen dazu beigetragen, den Anspruch der Gewährung von Menschenrechten für Angehörige ethnische Minderheiten inhaltlich auszufüllen und lange Zeit in der Öffentlichkeit wachzuhalten.

In seinem letzten Lebensabschnitt nach der Haftentlassung war Skala jede Möglichkeit genommen, öffentlich für die Menschenrechte ethnischer Minderheiten einzutreten. Dennoch ist auch diese Zeit nicht ohne Anregungen für die Herausforderungen, vor denen ethnische Minderheiten in Europa heute stehen.

Anmerkungen, Quellen, Personalia

1 ADOLF EHRT * 31.8.1902 † 28.6.1975; studierte Wirtschafts-, Staats- und Sozialwissenschaft in Berlin und Frankfurt/Main; promovierte 1931; leitete von 1931 bis 1933 die Abwehrstelle der deutsch-evangelischen Kirche gegen die marxistisch-bolschewistische Gottlosenbewegung; seit April 1936 Redaktionsleiter der Zeitschrift „Volk"; im Zweiten Weltkrieg Leiter des „Wirtschaftsstabes Ost" beim Oberkommando der Wehrmacht; nach der Kapitulation wurde diese Abteilung unter seiner Leitung als „Auswertungsstelle für ostwirtschaftliche Fragen" vom britischen Geheimdienst Secret Intetlligence Service weitergeführt und nach 1955 in den Bundesnachrichtendienst eingegliedert, wo er bis zur Pensionierung arbeitete. (Quelle: http://de.wikipedia.org/wiki/Adolf_Ehrt; 20.8.2014)

2 Im Vorfeld der Olympischen Spiele in Berlin wurde z.B. der Reichsnährstand verpflichtet, dafür zu sorgen, dass keine Bilder aufgenommen werden, die „der tschechischen und polnischen Presse Gelegenheit geben, vom Vorhandensein eines urwüchsigen slawischen Volkstums in den Gebieten der Lausitz zu reden." (zitiert nach: TIMO MEŠKANK: a.a.O., S. 89f)

3 Wokolnik wšitkim sobustawam ... a.a.O. Blatt 2

4 ebd.

5 MĚRĆIN KASPER: Die Auseinandersetzungen um die Statuten der Domowina (1934–1937), in: Rozhlad 12/1967, S. 447

6 ALOJS ANDRICKI * 2.7.1914 † 3.2.1943; von der Gestapo am 21.1.1941 verhaftet, mehrfach verhört; von einem Sondergericht in Dresden im Juli 1941 wegen „heimtückischer Angriffe auf Staat und Partei" (sog Heimtückegesetz) angeklagt und zu sechs Monaten Gefängnis verurteilt; am 2.10.1941 ins KZ Dachau eingeliefert (Häftlingsnr.: 27829); nach Erkrankung durch eine Giftinjektion ermordet; 1998 Antrag des Bischofs der Diözese Dresden-Meißen auf Eröffnung des Seligsprechungsverfahrens; Seligsprechung am 13.6.2011 in einem Pontifikalamt der Katholischen Hofkirche Dresden

7 MĚRĆIN NOWAK-NECHORŃSKI: Erinnerungen an einen Freund, in: Rozhlad 2/1959, S. 172

8 zitiert nach: ebd.

9 TODD HUEBNER: Ethnicity Denied: Nazis ... a.a.O. S. 264 (Übersetzung: Regine Kroh)

10 Wokolnik wšitkim sobustawam ... a.a.O. Blatt 4

11 zitiert nach: TIMO MEŠKANK: a.a.O., S. 86; zwar ist SKALAS Autorenschaft nicht verifizierbar, aber seine Argumentation ist deutlich erkennbar.

12 Vgl.: PETER LONGERICH: Joseph Goebbels. Biographie, München 2010, S. 280

13 zitiert nach: ebd., S. 281

14 PETER LONGERICH: Joseph Goebbels ... a.a.O., S. 285f

15 Das Ende von SKALAS Berufstätigkeit ist zeitgleich und nicht zufällig Beginn anderer interessante Journalisten- und „Schriftleiter"karrieren; z.B.: HERBERT REINECKER (* 24.12.1914 † 27.1.2007) übernahm die Schriftleitung der von der Reichsjugendführung herausgegebenen Zeitschrift „Der Pimpf"; 1940 Kriegsberichterstatter der Waffen-SS in der SS-Standarte „Kurt Eggers" und Schriftleiter der Zeitschrift „Das Schwarze Korps" (Untertitel: „Zeitung der Schutzstaffel der NSDAP"); am 5.4.1945 (!) schrieb er dort: „Wir treten vom Kampfplatze nicht ab, wir kämpfen weiter, solange wir können […] „Um die Deutschen zu besiegen, muß man mehr tun, als ihre Provinzen zerbrechen, ihre Rüstungswerkstätten besetzen und ihre Soldaten gefangen nehmen, man muß ihre Idee überwältigen. Dies aber ist der Punkt, an dem wir wahrlich unbesiegbar sind."

Den Krieg beendete er als SS-Oberscharführer. In der BRD wurde er einer der bekanntesten Fernsehkrimi-Autoren.

REINHARD HÖHN (* 29.7.1904 † 14.5.2000) promovierte 1929, 1933 Mitglied der NSDAP und der SS, ab 1936 Mitglied der Akademie für deutsches Recht, Gaugruppenverwalter für Hochschullehrer im Nationalsozialistischen Rechtswahrerbund, Hauptschriftleiter von dessen Zentralorgan „Deutsches Recht"; zugleich Leiter der Hauptabteilung II 2 „Deutsche Lebensgebiete" im Reichssicherheitshauptamt, enger Vertrauter von HEYDRICH und HIMMLER; der Rechts„wissenschaftler" und SS-Offizier forderte im Oktober 1936, man müsse „den Feind nicht nur im unmittelbar drohenden gefährlichen Einzelfalle fassen, sondern ihn nach einem großen Gesamtplan systematisch auch dort vernichten wollen, wo er nicht gerade mit einer einzelnen Tat gefährlich wird"; die deutsche Volksgemeinschaft müsse vor Zersetzung „durch übertriebene Fürsorge für das Schwächliche, Kranke und Entartete und durch das ungehinderte Einströmen artfremden Blutes" bewahrt werden.(Zitiert nach: U. HERBERT/W. BEST: Biographische Studien über Radikalismus, Weltanschauung und Vernunft, Bonn 1996, S. 174f); nach dem Stauffenberg-Attentat auf Hitler schrieb er: „Der Eid auf den Führer verpflichtet nicht nur zu Lebzeiten des Führers, sondern über dessen Tod hinaus zu Treu und Gehorsam gegenüber der nationalsozialistischen Idee.." (in: Das Reich vom 1.10.1944). Er war einer der radikalsten NS-Rechts- und Staats„-wissenschaftler", weil er energisch und gründlich die Beseitigung rechtsstaatlicher Bestimmungen und Denkweisen betrieb. Nach kurzem „Abtauchen" war er im Januar 1953 Geschäftsführer des Bundesverbandes der deutschen Industrie (BDI), gründete 1956 die Akademie für Führungskräfte der Wirtschaft in Bad Harzburg, war Jahrzehnte ihr Vorstand und sorgte dafür, dass auch andere SS-Führer an der Akademie als Lehrkräfte unterkamen. Seine Arbeit fand hohe Wertschätzung: „Die Gedanken von REINHARD HÖHN sind zur Grundlage zahlreicher Führungsrichtlinien in der Wirtschaft und im Bereich der öffentlichen Verwaltung geworden." (Eine soziale Erfindung. Zum 25jährigen Dienstjubiläum von Professor Dr. REINHARD HÖHN. In: management heute, 2/1978, S. 4); Zum 95. Geburtstag 1999 lobt der Präsident des BDA, DIETER HUNDT, die wegweisenden Leistungen des Jubilars, ohne jeden Hinweis auf dessen SS- und NSDAP-„Verdienste".

16 Narěč čłona Statneje rady Pólskeje ... a.a.O., S. 19
17 Am 3.11.1894 wurde in Posen der Verein zur Förderung des Deutschtums in den Ostmarken gegründet. Von seinen Gegnern wurde er spöttisch nach den Anfangsbuchstaben seiner Gründer (HANSEMANN, KENNERMANN, TIEDEMANN-SEEHEIM) benannt, ging 1933 im BDO auf
18 Prager Presse vom 7.3.1936. In: SKA MS XIX 5 F, Blatt 10
19 Lužickosrbský Věstnik 15.03.1936, S. 24 (Übersetzung JURIJ ŁUŚĆANSKI)
20 ebd., 20.5.1936, S. 32
21 Brief SKALAS vom 17.3.1936 an JANATA, in: Archivalische Sammlung der Maćica Serbska- Korrespondenzsammlung. Zuschriften von SKALA an G. JANATA. SKA MZ6 XIX 3/Blatt 21
22 Wokolnik wšitkim sobustawam ... a.a.O. Blatt 7
23 Parallel zur Reichstagswahl fand eine nachträgliche Volksabstimmung über die Ermächtigung zur Besetzung des Rheinlandes statt. Zur Wahl gab es (wie im November 1933) nur eine NSDAP-Einheitsliste. auf die einige Parteilose als Gäste kandidierten. Juden wurde mit Hilfe des Reichsbürgergesetzes vom 15.9.1935 das Wahlrecht verweigert. Die Liste der NSDAP erhielt 98,8% der Stimmen, wobei auch leere Stimmzettel als Ja-Stimmen gewertet wurden.
24 zitiert nach: PETER LONGERICH: Goebbels ... a.a.O., S. 315
25 THEODOR OBERLÄNDER (* 1.5.1905 † 4.5.1998) deutscher Politiker, Teilnehmer am Hitlerputsch 1923, seit 1.5.1933 NSDAP-Mitglied, SA-Obersturmbannführer; promovierte 1929 in Berlin mit der Arbeit „Die landwirtschaftlichen Grundlagen des Landes Litauen" und 1930 in Königs-

berg mit der Arbeit „Die Landflucht in Deutschland und ihre Bekämpfung durch agrarpolitische Maßnahmen" zum Dr. rer. pol. 1933 Direktor des Instituts für Osteuropäische Wirtschaft der Universität Königsberg, 1934 außerordentlicher Professor für Agrarpolitik und Direktor des Osteuropainstituts in Danzig; gleichzeitig Reichsleiter des Bundes Deutscher Osten (BDO) und führend in der Nordostdeutschen Forschungsgemeinschaft (NOFG), die sich im Rahmen der „Aktion Rittersbusch" – bezogen auf das Baltikum, Polen und die Tschechoslowakei – am koordinierten Kriegseinsatz der Geisteswissenschaften beteiligte; setzte sich engagiert für eine ethnische Neuordnung Osteuropas unter deutscher Vorherrschaft ein; stellte 1935 in einem BDO-Schulungslager alle Slawen als geburtenstarke, von den Juden infiltrierte Volksgruppe dar, die die geburtenschwache deutsche „Volksgruppe" attackiere. Ab 1935 war er durch Erlass in der Provinz Ostpreußen für die Kontrolle öffentlicher Kundgebungen zu außen- und grenzlandpolitischen Fragen ebenso zuständig wie für die Überwachung nichtdeutscher Minderheiten. Dazu baute er ein umfangreiches Spionagenetz auf. 1935 und 1937 führte der BDO unter seiner Leitung in allen Kirchen Masurens statistische Erhebungen über den Gebrauch der masurischen Sprache in Gottesdiensten mit dem Ziel durch, die masurisch-polnische Sprache endgültig aus dem öffentlichen Leben Masurens zu verbannen. Nach der Besetzung Polens setzte die Gestapo die BDO-Empfehlung um und verbot am 24.11.1939 alle polnischsprachigen Gottesdienste in Masuren. 1937 nahm OBERLÄNDER den Ruf der Universität Greifswald und 1940 den Ruf der Prager Karls-Universität als Ordinarius für Staatswissenschaften an. In dieser Funktion erklärte er, das Problem der slawischen Überbevölkerung im ostmitteleuropäischen deutschen Lebensraum sei nur zu lösen, „wenn die nichtdeutsche Bevölkerung vermindert werde." Damit lieferte er „wissenschaftliche Argumente" für die Nazi-Politik zur sog. Festigung deutschen Volkstums, die die Bevölkerung des besetzten Polens in „produktive" und „unproduktive" Esser unterteilte. Letztere erhielten die Einstufung wie Asoziale und Kranke, womit sie enteignet und deportiert werden konnten, um deutschen Umsiedlern Platz zu machen.

1948 wurde er zunächst Mitglied der FDP; 1950 gehört er zu den Mitbegründern des Bundes der Heimatvertriebenen (BHE), war Mitglied des Bundesvorstandes und von 1954 bis 1955 dessen Bundesvorsitzender. 1956 trat er in die CDU ein. Von 1950 bis 1953 gehörte er dem Bayerischen Landtag an, gleichzeitig Staatssekretär für Flüchtlingsfragen in Bayern. Am 20.10.1953 wurde er Minister für Angelegenheiten der Vertriebenen im Kabinett ADENAUER. Am 1.2.1954 wurde sein Ministerium umbenannt in Bundesministerium für Vertriebene, Flüchtlinge und Kriegsgeschädigte. Aufgrund eines Gerichtsverfahrens wegen seiner Tätigkeiten im Zweiten Weltkrieg und einer darauf basierenden Verurteilung zu lebenslangem Zuchthaus in der DDR wuchs der öffentliche Druck auf ihn. Ein Rücktrittsangebot OBERLÄNDERS lehnte ADENAUER zunächst ab. Nachdem aber die SPD einen Untersuchungsausschuss zur Klärung der Vorwürfe beantragte, trat er schließlich am 4.5.1960 zurück.

26 M. KASPER: /J. ŠOŁTA: Aus Geheimakten nazistischer Wendenpolitik. VEB Domowina-Verlag Bautzen 1960, S. 39
27 ebd. S. 40
28 ebd., S. 41
29 ebd., S. 40
30 vgl. M. KASPER: Geschichte der ... a.a.O. S. 164
31 TODD HUEBNER: Ethnicity Denied: Nazis…a.a.O., S. 265
32 ebd.
33 zitiert nach: ebd. S. 90
34 MĚRĆIN NOWAK-NECHORŃSKI: Erinnerungen an einen ... a.a.O.; S. 172

35 Brief SKALAS vom 15.11.1936 an MĚRĆIN NOWAK-NJECHORŃSKI, in: a.a.O.

36 Wokolnik wšitkim sobustawam ... a.a.O. Blatt 11

37 Ende 1936 ordnete das sächsische Volksbildungsministerium an, den sorbischen Sprachunterricht am Bautzener Gymnasium einzustellen.

38 E. HARTSTOCK: Dokumente der ehemaligen „Wendenabteilung" zur faschistischen Unterdrückungspolitik gegenüber der Domowina (1933–1937), in: Lětopis, Reihe B 11–2, S. 22 (Hervorhebungen: P.K.), vgl. auch: TODD HUEBNER: Ethnicity Denied: Nazis… a.a.O., S. 255ff

39 Brief SKALAS vom 12.2.1937 an ERNST CHRISTIANSEN, Chefredakteur von „Flensborg Avis" (Archiv des Autors)

Brief Skalas (Ausriß)

40 Wokolnik wšitkim sobustawam ... a.a.O. Blatt 14

41 MĚRĆIN KASPER: Die Auseinandersetzungen um ... a.a.O., S. 450

42 Ein Jahr später wird Dr. SIEVERT durch Dr. HERMANN ECKHARDT ersetzt. Während Sievert nicht Mitglied der NSDAP war (es gibt zumindest keine Akte von ihm im Berliner Document-Centre), war Eckhardt NSDAP-Mitglied seit dem 1.5.1933, „einer jener Opportunisten, die auf der Höhe der Nazi-Ordnung zum Licht geschwirrt waren." (TODD HUEBNER: Ethnicity Denied: Nazis… a.a.O., S. 170)

43 Wokolnik wšitkim sobustawam ... a.a.O. Blatt, Blatt 16

44 FRANK FÖRSTER: Die „Wendenfrage" in der deutschen Ostforschung 1933–1945, Domowina-Verlag 2007, S. 83

45 Brief SKALAS vom 26.3.1937 an KRONIKA, (Archiv des Autors)

46 Sorabicus: The Sorbs of Lusatia, in: Slavonic an East European Review, 14 (1935/1936), S. 617 (Übersetzung: REGINE KROH)

47 ebd., S. 618f

48 ebd., S. 6120

49 ebd.,

50 ebd.,

51 ebd., S. 621

52 „WEISSMANN war ein wenig gebildeter, aber intelligenter aufstiegswilliger SS-Gewalttäter aus Aue, der ein provisorisches Konzentrationslager in Schorlau führte, bevor ihm der SD im Sommer 1933 eine Stelle bei der Gestapo verschaffte. Sein Dresdner Kollege Dr. ERNST KAUSSMANN, dessen Umgangsformen und kulturelles Interesse selbst den SS-Schläger WEISSMANN beeindruckte, bildete den direkten Gegensatz zu diesem." CARSTEN SCHNEIDER: Elite im Verborgenen. Ideologie und regionale Herrschaftspraxis des SD und seines Netzwerkes am Beispiel Sachsens. Oldenbourg 2008, S. 360; vgl auch: CARINA BAGANZ: Erziehung zur „Volksgemeinschaft". Die frühen Konzentrationslager in Sachsen 1933–1934/37, Berlin 2005, S. 220

53 BArch R3017 VGH/ Z-S 162 8J 198/38 g Sonderband II, fol. 34

54 vgl.: PETER JAN JOACHIM KROH: Nationalistische Macht und…; a.a.O, S. 117

55 Akten der Kreishauptmannschaft Bautzen, SKA W IX-1/F, Blatt 24 (alle Tippfehler im Original)

56 ebd. Blatt 2

57 ebd. Blatt 8

58 ebd. Blatt 9

59 Brief SKALAS vom 26.12.1937 an ERNST CHRISTIANSEN, Chefredakteur von „Flensborg Avis" (Archiv des Autors, siehe Seite 386)

60 Nach dem Reichstagsbrand eingeführte formaljuristische Verordnung, mit der Grundrechte der Weimarer Verfassung außer Kraft gesetzt wurden; verwendet vor allem gegen politische Gegner; gerichtlich nicht nachprüfbar, setzte einen Prozess der völligen Ausschaltung der Gerichte in Gang; die Gestapo hatte freie Hand, Andersdenkende systematisch zu unterdrücken und staatliche Gewaltmittel normfrei zu praktizieren, nach der Entlassung erfolgte überwiegend die Einweisung ins KZ.

61 BArch R3017 VGH/ Z-S 162 8J 198/38 g, fol. 5 (wichtig für die Bewertung des Umgangs der Gestapo mit SKALA: Seit dem 25.1.1936 konnten gemäß den neuen Schutzhaftbestimmungen „alle volks- und staatsfeindlichen Personen" durch die Gestapo verhaftet und sofort ins KZ verbracht werden; seit Juni 1936 war HIMMLER, als Reichsführer SS, auch Chef der Polizei)

62 PETER KROH: Skala-Biografie, Gestapo und Volksgerichtshof. Gegenwärtige Anmerkungen zu Akten aus vergangener Zeit, in: Lětopis 59 (2012),1, S. 22–43

63 Mit Sicherheit gilt das für die Benennung „wendisch/sorbisch" bzw. den dazugehörigen Substantiven. Skala wird zumeist „sorbisch" gesagt haben. In SKALAS handschriflichen Papieren aus der Zeit der Haft steht stets „sorbisch" und „wendisch" ist stets in Klammern angefügt. Der Gestapobeamte hingegen verwendet grundsätzlich „wendisch", was Skala hinnehmen musste und zu deuten wusste.

64 vgl.: BArch R3017 VGH/ Z-S 162 8J 198/38 g, fol 2ff

65 ebd., fol 3a ff

66 ebd. fol 8

67 ebd, fol. 8f („eingehende Vernehmung" hieß im Gestapo-Deutsch die im Gesetz über die Gestapo vom 10.2.1936 sanktionierte, auch gegen Skala vom ersten Tag der Schutzhaft an wiederholt ausgeübte körperliche Gewalt häufiger Schläge gegen den Oberkörper, vor allem ins Gesicht. Sie bewirkten bei SKALA u.a. einseitige Taubheit. Erst bei „verschärfter Vernehmung" waren bis zu 25 Stockhiebe aufs Gesäß zulässig, ab dem 10. Schlag musste ein Arzt zugegen sein. Siehe dazu: Bericht des Oberstaatsanwaltes Düsseldorf vom 8.6.1937 über eine Besprechung zwischen Reichsjustizministerium und Gestapo, zitiert nach: E. ALEFF: Das 3. Reich, Hannover 1970., S. 74;)

68 BArch R3017 VGH/ Z-S 162 8J 198/38 g, fol. 6

Brief Skalas

69   ebd. fol. 12
70   ebd., fol. 14f, (hier ist speziell der Reichsleiter des BDO, der damalige SA-Obersturmbannführer und spätere Bundesminister THEODOR OBERLÄNDER gemeint, siehe Fußnote 25)
71   BArch R3017 VGH/ Z-S 162 8J 198/38 g, fol. 16
72   ebd., fol 16f

73 Das ist zweifach gelogen. Zum einen: Die sog. „Slawisierung" stammt aus dem ideologischen Depot des VDA und seiner Vorgänger. Sie säten damit schon in der k.u. k. Monarchie Zwistigkeiten unter den Nationalitäten. Zum anderen: die Gestapo-Akten enthalten weder vor noch nach diesem Verhör (also „an anderer Stelle") einen Beweis dafür.

74 BArch R3017 VGH/ Z-S 162 8J 198/38 g, fol 19ff

75 BArch R3017 VGH/ Z-S 162 8J 198/38 g, fol. 23f (Ohne dem Vernehmer eine direkte Angriffsfläche und damit Anlass zu erneuten Schlägen zu bieten, gibt SKALA deutlich Auskunft über seine Einstellung. Denn er wusste natürlich, wie viele andere Deutsche und Sorben, dass der nächste Krieg gegen den Osten gerichtet sein wird. Er hatte ja schon 1932 beim Związek Polaków w Niemczech darüber gesprochen

76 BArch R3017 VGH/ Z-S 162 8J 198/38 g, fol. 24 (Es war gewiss klug von SKALA, wenn er nach seiner klaren Aussage, in seiner „Zwangslage" ganz „freiwillig" auf eine deutliche Drohung nichts sagte.)

77 ebd. (So wird das eigentliche Ziel der Gestapo offenbart, dass sie mit Bespitzelung, Berufsverbot, Wohnungsdurchsuchungen, Verhaftung und Anklagevorbereitung verfolgte. Die dazu im Nazi-Reich „beste Lösung" – das wussten WÜRKER und SKALA – war die Einweisung in ein KZ. Was SKALA schon lange ahnte, wurde an diesem Tag zur realen Drohung.)

78 BArch R3017 VGH/ Z-S 162, fol. 2

79 ebd., fol. 3

80 Gesellschaft der Freunde der Lausitz/Společnost přatel Lužice (Československolužický spolek ADOLF ČERNÝ)

81 BArch R3017 VGH/ Z-S 162 8J 198/38 g, fol. 31F (Gewiss hatte SKALA in seinen Artikeln und Vorträgen sprachlich schöner, exakter und klarer, manchmal auch emotionaler formuliert, aber selbst in der Diktion des Nazi-Beamten wird sichtbar, dass sich SKALA auch nach 10 Verhören aufrecht zu seinen minderheitspolitischen Auffassungen bekennt. Zum Glück wusste die Gestapo nichts vom Inhalt vieler Briefe, die SKALA an JANATA schrieb. Vgl. dazu: PETER JAN JOACHIM KROH: Nationalistische Macht und…; a.a.O. S. 38, 107, 199f, 249, 284, 315)

82 BArch R3017 VGH/ Z-S 162 8J 198/38 g Sonderband I, fol. 70f

83 ANDREAS GRAU, JULIUS BOGENSEE zwei dänische Mitstreiter SKALAS

84 BArch R3017 VGH/ Z-S 162 8J 198/38 g Sonderband I, fol. 43f (Der Schreibstil WÜRKERS korrespondiert – fast möchte man sagen korreliert – mit seelischer Grausamkeit gegen seinen Gefangenen und unterwürfiger Beflissenheit gegenüber Vorgesetzten. Der Gestapochef von Flensburg, HANS HERMANNSEN, /vgl. Anmerkungen Kap. 2.2, Fußnote 23/war sicher erfreut.)

85 BArch R3017 VGH/ Z-S 162, fol. 4 (Auf den Tag zwei Monate nach SKALAS Verhaftung)

86 zu diesem Zeitpunkt Hauptgeschäftsführer des Verbandes der nationalen Minderheiten in Deutschland

87 BArch R3017 VGH/ Z-S 162 8J 198/38 g Sonderband I, fol. 48f

88 ebd, fol. 49f

89 Am 5.11.1937 vormittags unterzeichnete HITLER eine Vereinbarung mit Polen über den Rechtsschutz der je eigenen Minderheit im Lande des Vertragspartners. Dabei verneinte er gegenüber dem polnischen Botschafter LIPSKI ein deutsches Interesse am ‚polnischen Korridor' und empfing als Vertreter des Związek Polaków w Niemczech JAN KACZMAREK, STEFAN SCSZEPANIAK und BRUNO VON OPENKOWSKI. (vgl. u.a.: PAUL BRUPPACHER: ADOLF HITLER und die Geschichte der NSDAP. Eine Chronik, Norderstedt 2008, S..514.) Am Nachmittag des gleichen Tages informierte Hitler in einer Geheimrede die militärische und außenpolitische Führungsspitze über seine kriegerischen Pläne zur Neuordnung Europas (HOSSBACH-Protokoll)

90   ebd., fol. 51f [Leider sind die Anlagen nicht in den Akten enthalten, was vor allem bei Nr. 5 besonders ärgerlich ist.]

91   BArch R3017 VGH/ Z-S 162 8J 198/38 g Sonderband I, fol. 51f

92   BArch R3017 VGH/ Z-S 162 8J 198/38 g Sonderband I, fol. 58f

93   ebd., fol. 63f; (SKALA tappte nicht in die ausgelegte Hochverrats-Falle, die zu Recht von ihm verschwiegenen wahren Zusammenhänge zwischen ihm und PAWOŁ NOWOTNY sind dargestellt in: PETER JAN JOACHIM KROH: Nationalistische Macht und…; a.a.O. S. 255,298, 344f).

94   Laut § 1 der Gründungssatzung von 1908 lag der Vereinszweck darin, die Deutschen außerhalb des Mutterlandes, „dem Deutschtum zu erhalten und sie nach Kräften in ihren Bestrebungen, Deutsche zu bleiben oder wieder zu werden, zu unterstützen". Dies sollte insbesondere durch die Errichtung und Erhaltung deutscher Schulen, Kindergärten und Bibliotheken im Ausland geschehen. Als sich die SS zunehmend in die Volkstumsarbeit einmischte, büßte der VDA seine Eigenständigkeit ein und wurde „gleichgeschaltet".

95   BArch R3017 VGH/ Z-S 162 8J 198/38 g Sonderband I, fol. 64f [SKALA kannte natürlich die Rolle des VDA, die durch die Versailler Verträge gezogenen Grenzen zu delegitimieren und ihre Revision vorzubereiten. Er wusste zudem, wie das Auswärtige Amt die Auslandsdeutschen finanzierte. Vgl. dazu u.a. JAN SKALA: Das Memorandum der Lausitzer Serben und die Stellungnahme der Reichsregierung, in: Kulturwehr I. Quartalsheft 1932, S. 1ff]

96   BArch R3017 VGH/ Z-S 162 8J 198/38 g Sonderband I, fol. 65 (zuerst ist das Verhalten WÜRKERS kritikwürdig, aber auch sein Formulierungsvermögen „in bezug dieses Protokolls" kann in höchstem Maße missbilligt werden)

97   BArch R3017 VGH/ Z-S 162, fol. 7f

98   BArch R3017 VGH/ Z-S 162 8J 198/38 g Sonderband I, fol. 71 (In diesem Verhör legt WÜRKER seinen intellektuellen Horizont offen. Er wusste nichts von der, in der Weimarer Republik sehr bekannten Persönlichkeit des sorbischen Volkes Bart-Brězynčanski. ARNOŠT BART (Ernst Barth) wurde als 40-jähriger 1911 in den Landtag des Königreiches Sachsen gewählt, gehörte 1912 zu den Mitbegründern der Domowina und war ihr erster Vorsitzender; im Dezember 1918 einer der Gründer des Sorbischen Nationalausschusses, nahm 1919 an den Verhandlungen in Versailles teil und war langjähriger Ortsvorsteher von Briesing (sorb. Brězynka, damals ein Dörfchen nahe Bautzen). Er gab sich zum Familiennamen den Beinamen Brězynčanski, zu deutsch: „der Briesinger". Skala wusste all das natürlich. Die ihm in den Mund gelegte Aussage zeigt exemplarisch Ignoranz, Trägheit und Geistlosigkeit des Beamten im Hinblick auf ein kleines Völkchen in seiner sächsischen Nachbarschaft. Wo er zwei Personen mutmaßte, gab es nur eine. Mit der hatte SKALA neben vielen Gemeinsamkeiten ab und zu auch Differenzen. Vgl.: PETER JAN JOACHIM KROH: Nationalistische Macht … a.a.O., S. 105f)

99   Vgl. BArch R3017 VGH/ Z-S 162 8J 198/38 g, fol. 2a (Verhör vom 23.1.1938

100 Dem Militär war es damals sicher peinlich, diese Posse öffentlich zu machen. Vor wenigen Jahren tat das jedoch eine lokale Zeitung: „Er foppte 1912 das Elite-Regiment des I. Königlich Sächsischen Armee-Korps […] lief in die Mannschaftsstuben […], ließ die Truppe strammstehen und begann die Ordnung in Spinden und Betten akribisch zu kontrollieren", in: Dresdner Morgenpost vom 30.8.2010, S. 18

101 vgl.: BArch R3017 VGH/ Z-S 162 8J 198/38 g Sonderband I, fol. 70ff

102 ebd., fol. 72 [Das ist eine weitere Lüge. SKALA bewies mit seinen deutschsprachigen Artikeln vielmehr, dass Deutsch nicht nur die Sprache des Kommandotons und der Unrechtsideologie ist.]

103 ebd., fol. 73

104 ebd., fol. 73f

105 ebd., fol. 74

106 ebd., fol. 74f

107 ebd., fol. 75

108 ebd.,

109 ebd., fol. 76

110 ebd., fol. 77

111 ebd.,

112 BArch R3017 VGH/ Z-S 162 8J 198/38 g Sonderband I, fol. 77 (Festzuhalten ist: 1. Für keinen Vorwurf konnte die Gestapo Bweise anführen. 2. Mit Bezug auf das des sog. „Heimtückegesetz" sah sich SKALA ohne jeden Beweis einer strafrechtlichen Schuld einer drohenden mehrjährige Gefängnisstrafe ausgesetzt. Würker nutzte, gewiss mit Billigung seiner Vorgesetzten, die unbestimmten Formulierungen des Gesetzes, um SKALA ein Verbrechen anzuhängen. Darin zeigt sich, sowohl „Schutzhaft" als auch „Heimtückegesetz" waren rechtsförmiger Teil des faschistischen Terrors.)

113 davon erzählte mir Mitte der 1950er Jahre seine Ehefrau ELSE SKALA, meine Großmutter.

114 BArch R3017 VGH/ Z-S 162 8J 198/38 g Sonderband I, fol. 103f

115 BArch R3017 VGH/ Z-S 162, fol. 10 (Die Dresdner Gestapo-Spezialisten für sorbischen Hochverrat verzögerten bewußt die Absendung des schon zwei Monate alten Abschlußberichtes. Sie wollten und brauchten mehr Zeit, um SKALA weiter zu isolieren, zu demoralisieren, zu deprimieren und ggf. zu brechen. Sie konnten ihrer Slawenfeindlichkeit, gepaart mit Neigung zur Grausamkeit freien Raum lassen, weil Regeln einer zivilisierten Gesellschaft außer Kraft waren. Auch „gegenüber der Verwaltung" hat die Gestapo „die eigene Tätigkeit […] verschleiert und geheimgehalten." CHRISTOPH GRAF: Politische Polizei zwischen Demokratie und Diktatur, Berlin 1983, S. 296

116 Dr. KAUSSMANN, Gestapoleitstelle Dresden

117 BArch R3017 VGH/ Z-S 162 8J 198/38 g Sonderband I, fol. 103f (SKALA blieb so weitere 60 lange Einzelhafttage ohne jede Information. Er fügte sich auch dann nicht kampflos in das ihm von der Gestapo zugedachte Schicksal und suchte nach einer Überlebensstrategie.)

118 BArch R3017 VGH/ Z-S 162, fol. 12 (Diese Feststellung überrascht nicht. Das (preußische) Gesetz über die Aufgaben der Gestapo vom 10. Februar 1936 legte in § 7 fest, dass Aktivitäten und Entscheidungen der Gestapo nicht der Nachprüfung durch Gerichte unterliegen. Sie belegt jedoch, dass die handelnden Beamten zwar gesetzeskonform handelten, aber Unrecht taten. Richterliche Prüfungen galt es zu verhindern.)

119 BArch R3017 VGH/ Z-S 162 8J 198/38 g Sonderband I, fol. 72

120 ebd.

121 BArch R3017 VGH/ Z-S 162 8J 198/38 g, fol 1a

122 BArch R3017 VGH/ Z-S 162 8J 198/38 g, Handakten des Oberreichsanwalts, fol. 26f

123 ebd., fol. 27f (in Klammer eingefügt: der Oberreichsanwalt hat ein gegen die Domowina „wegen des Verdachts separatistischer hochverräterischer Betätigung eingeleitetes Ermittlungsverfahren – (8J 325/37) – am 26. November 1937 mangels ausreichendes Beweises eingestellt").

124 ebd., fol 29f

125 ebd., fol. 30f

126 ebd., fol. 32f

127 ebd., fol. 33 (Hervorhebung im Original)

128 Politische und bewaffnete Aktionen von Sudetendeutschen unter HENLEINS Führung waren von vornherein in HITLERS Kriegsplanung gegen die Tschechoslowakei („Fall Grün") eingeplant und auch gesteuert. Diese Entwicklung führte bekanntlich zur Münchner Konferenz vom 28.-30.9.1938, auf der DALADIER und CHAMBERLAIN HITLERS Ambitionen zweifach unterstützen.

Zum einen schlossen sie, HITLERS Forderung folgend, eine tschechoslowakische Delegation von den Beratungen aus. Zum anderen stimmten sie der Losreißung des Sudetengebiets vom tschechoslowakischen Staat und seiner Angliederung an das Territorium des Deutschen Reiches zu. Am 1.10.1938 marschierte die Wehrmacht ein, es begann die Zerstörung der Tschechoslowakei. Wer also betrieb Irredenta?

129 Etwa in dieser Zeit unternimmt der der deutschdänische Lehrer CLAUS ESKILDSEN (* 1881 † 1947) eine Reise in die Lausitz zu den „sterbenden Wenden" und schreibt darüber am 5.8. an MARTIN LORENZEN, den zeitweiligen Mitarbeiter Skalas in der Redaktion der „Kulturwehr".

OleBole
ABC

Tønder, den 5. August 1938.

Kære Hr. Lorenzen!

Da De jo vist venter at høre nyt fra de døende Vendere, skal jeg i al Korthed meddele, hvad vi oplevede.

Jeg besøgte først Minna Witka i Burg i Spreewald. Hun er flyttet og bor nu i Burg-Koloni i et enkelt Værelse, vel nærmest en Slags Alderdomshjem. Hun ser gammel ud, gik med bare Ben, sidder og skriver Vers og Noder og synger. Tyskerne har jo forbudt hende at skrive og har dermed ogsaa berø- et hende Eksistensmulighederne. Alt er skaaet i Stykker for hende, og hun øjnede ingen Bedring. Jeg spurgte, om jeg maatte hjælpe hende med lidt, men hun svarede:" Jeg hjælper mig selv, saa længe jeg har noget at sælge af, og jeg vil ikke tage mod Gaver!"

Tidl. Bankdirektør Ziesch ...

een af dem kom til at fortælle lidt om Kaarene. Fru Ziesch har solgt n Pels og lever af at sælge, hvad hun har. Den gamle Smoler kom ogsaa ind, men Damerne gjorde, som om han var sindssvag, gaaet i Barndom. Han paastod dog at kunne huske Dem meget godt, og maaske beskytter de ham paa denne Maade.

Min Søn Hans (Jaruplund) og de andre havde imens faaet nogle Forbindelser, som optog Resten af Aftenen og næste Formiddag; men vi har lovet, at vi ikke vil røbe noget. De aner ikke, hvor underkuede alle er!

Næste Formiddag opsøgte jeg Fru Skala, som bor i Bautzen, Wettinstr.48. Hun var noget mere fattet og ikke saa helt uden Haab, som alle de andre. Hun læste mig et Par Sætninger af Mandens sidste Brev: " Es geht mir gesundheitlich ganz gut, nur dass es mit dem Hören nicht so gut ist. Auf dem rechten Ohr ist das Gehör ganz weg, und ich fürchte, dass es mit dem linken Ohr auch schlecht wird. Da der Gefängnisarzt es aber nicht als Krankheit ansieht, ist nichts dabei zu machen." – Da jeg fortalte dette

Übersetzung:

Lieber Herr Lorenzen!   Tondern, den 5. August 1938

Da Sie ja gewiss warten von den sterbenden Wenden Nachricht
zu bekommen, soll ich in Kürze mitteilen, wass wir erlebten.

Ich besuchte zuerst Minna Witka (Witkoj) in Burg im Spreewald.
Sie ist umgezogen und wohnt jetzt in Burg-Koloni in einem Ein-
zel-zimmer, wohl eine Art von Altersheim. Sie sieht alt aus,
ging mit blossen Füssen, sitzt und schreibt Gedichte und Noten - und hungert. Die deutschen haben ihr verboten zu schreiben und haben ihr dabei ihre Eksistenzmöglichkeit beraubt.Al-
les ist für sie kaputt gegangen, und sie sieht keine Möglichkeit einer Verbesserung. Ich habe sie gefragt, ob ich ihr ein
Bisschen helfen dürfte, aber sie antwortete: "Ich helfe mir
selbst, so lange ich noch etwas zu verkaufen habe, und ich
möchte keine Geschenke entgegennehmen."

Ehemaliger Bankdirektor Ziesch, Kottbus, sitzt im Gefängniss,
und deshalb haben wir nicht Kottbus besucht. Wir haben in Radibor Halt gemacht. Oberlehrer Nawka ist versetzt worden, a-
ber wir haben Lehrer Andrici aufgesucht, den Fräulein Witkoj
uns empfolen hatte. Er war nicht zuhause, seine Frau schüttelte nur den Kopf die ganze Zeit und sagte: "Es ist ja alles
vorbei", aber die Tochter - ein junges Mädchen von 13 Jahren,
war sehr nett. Gerade gengenüber, im Stadtzentrum von Radibor, wohnt jetzt der Kappelan Nowak, von dem Sie schreiben. Er
ist katholischer Priester. Er war leider auch nict zu Hause.
Ich habe einen Gruss von Ihnen hinterlassen , mit Ihrer Adresse. Dasselbe habe ich auch die anderen Stallen , wo ich war,
getan.

In Bautzen gingen wir in das wendische Haus. Das einzige, das
eröffnet war, war das Restaurant, und dort steht an der Tür
ein Hakenkreuz und das wort "Arisch !" - es gibt ja eine
Klasse, die noch tiefer steht als die Wenden ! Frau Ziesch
wohnt jetzt mit ihren Kindern bei den Eltern (Smoler), und
ihr Mann war zuletzt Leiter der Zeitung und Alles. Ich ging
dorthin und habe Ihren Gruss abgeliefert. Es war furchtbar.
Frau Schmaler und Frau Ziesch waren gleich verwirrt,
vollständig mutlos, haben sich gegenseitig beschuldigt die
Unwahrheit zu sagen, wenn immer eine von ihnen zufällig etwas
über ihre Umstände erzählte. Frau Ziesch hat ihren Pelz verkauft und lebt davon zu verkaufen, was sie kann. Der alte Smoler kam auch herein, aber die Damen taten, als wäre er
verrückt, kindisch geworden. Er behauptete doch, Sie zu erinnern, und vielleicht beschützen die Damen ihn auf diese Weise.

Mein Sohn Hans (Jaruplund) und die anderen hatten inzwischen
einige Kontakte bekommen, die uns den kommenden Abend und
den nächsten Vormittag beschäftigten. Aber wir haben ver-
sprochen, das wir nichts verraten werden. Sie haben keine Ah-

nung, wie geknechtet alle sind !

Am nächsten Vormittag habe ich Frau Skala aufgesucht, die in Bautzen wohnt - Wittinstrasse 48. Sie war etwas mehr gefasst und nicht ganz ohne Hoffnung, wie alle anderen. Sie hat mir ein Par Zeilen aus dem letzten Brief ihres Mannes vorgelesen: " Es geht mir gesundheitlich ganz gut, nur dass es mir mit dem Hören nicht so gut ist. Auf dem rechten Ohr ist das Gehör ganz weg, und ich fürchte, dass es mit dem linken Ohr auch schlecht wird. Da der Gefängnisarzt es aber nicht als Krankheit ansieht, ist nichts dabei zu machen." Als ich das einem Kenner erzählte, sagte er sofort: " Dann wird er also geschlagen und misshandelt !" Ob das richtig ist, weiss ich nicht. Sowohl er, wie Ziesch sitzen im Gefängnis in Dresden, und nach verschiedenen Andeutungen sitzt dort noch einer, aber niemand wagte zu erzählen, wer es ist.

Man hat mich gebeten, nicht den Maler Nowak(Neumann) in Nechern zu besuchen, aber ich habe verstanden, dass er jezt der Leiter ist. Die Polizei ist immer hinter ihm her, und es könnte ihm schaden, wenn ich ihn besuchen würde. Lehrer Nedo ist merkwürdigerweise nicht verhaftet, er arbeitet in dem polnischen Generalsekretariat unter Kacmarek in Berlin. Mit Ihn müssen wir uns einmahl in Verbindung setzten. Vielleicht kann er uns mehr Mitteilungen geben.

Im dem Buche " Aus dem kulturellen Leben der Lausitzer Serben" habe ich mit Bleistift bei jedem einzelnen notiert, was von ihm geworden ist. Die meisten sind sehr weit weg versetzt worden, andre sind tot, andere im Gefängnis, andre haben unten dem Würgegriff alles aufgegeben. Es ist sehr traurig !

Jetzt will ich einen Vortrag über die Wenden ausarbeiten. Obwohl man mich gebeten hat zu schweigen (" Reden Sie nicht von uns, schreiben Sie nichts über uns ! ") soll es dem Verbrecher nicht gelingen sein Opfer ganz in Stille zu erwürgen. Der Fehler der Wenden ist ja, das sie zu friedlich sind. Sie hätten ihre Verbindungen mit den Tschechen behalten sollen !"

Mit freunlichen Grüssen und vielen Dank für die Auskünfte!

Cl. Eskildsen.

Brief Eskildsen

130 BArch R3017 VGH/ Z-S 162 8J 198/38 g, Handakten des Oberreichsanwalts, fol. 104 (Damit forderte er – sachlich und forsch – die Gestapo möge sich rechtlich korrekt verhalten)

131 ebd. (Die Mitteilung signalisierte SKALA unmittelbare Gefahr. Wußte er doch nun, die Gestapo sah nicht eine mehrjährige Haftstrafe, sondern eher die Einweisung ins KZ als angemessen an. Er hatte das schon 1933 befürchtet. Zugleich bedeutete die Information dennoch einen kleinen Erfolg, denn ihm war klar, die Behörden beschäftigten sich mit seinem Anliegen, aus der Haft freizukommen).

132 Davon erzählte mir Mitte der 1950er Jahre seine Ehefrau ELSE SKALA, meine Großmutter

133 BArch R3017 VGH/ Z-S 162 8J 198/38 g Sonderband I, fol. 107F (Dem reinen Wortlaut nach war das für das Gemüt der Herren WÜRKER, WEISSMANN und KAUSSMANN gewiß „Balsam". Scheint es doch, als hätten sie SKALAS Widerstandswillen und sorbische Bauernschläue, auf hinterhältige Fragen ausweichend zu antworten, gebrochen. In den Überhöhungen (unbedingt, ausdrücklich, absolut) ist jedoch – im Wissen um SKALAS Stil – noch immer ein Stück Selbstbehauptung, wenngleich deutlich reduziert, erkennbar.)

134 ebd., fol. 109 (Der erste Satz ist absichtlich ungenau, denn SKALA wusste natürlich, dass der tschechoslowakische Außenminister in Versailles zwar die sorbischen Forderungen nach Selbstverwaltung und Selbstbestimmung öffentlich unterstützte, aber ausdrücklich betonte, sein Land erhebe keinen Anspruch auf die Lausitz. Schon 1922 hatte SKALA in der – unter Sorben leider weithin unbeachteten Broschüre – „Wo serbsich prašenjach" betont: „Wir sind Slaven nach Kultur und Abstammung, politisch und wirtschaftlich aber sind wir Staatsbürger der deutschen Republik, in der wir alle Rechte und Pflichten haben, de facto aber nur soviel, wie man uns zumißt."

135 BArch R3017 VGH/ Z-S 162 8J 198/38 g Sonderband I, fol. 109f

136 ebd. (Natürlich ist Sorge, Angst und Verzweiflung des Vaters und Ehemanns unüberlesbar. Aber er beharrte auch unter diesen Bedingungen auf Kernforderungen eines menschenrechtsgemäßen Umgangs mit ethnischen Minderheiten. Taktisch geschickt ließ er offen, um die Erde welcher Väter und um wessen Seelenkräfte es ihm ging.)

137 ebd., fol 115 (SKALA wurde als Mann ohne kranke Nieren, mit gutem Gehör, keinen Herzproblemen und manchmal zu hohem Blutdruck in die Schutzhaft verschleppt. Die von der Gestapo erst geschaffenen Ursachen waren nun, nach wochenlangen mit Folter verbundenen Verhören, nach monatelanger Verzögerung der Berichterstattung zum Zwecke der physischen und seelischen Zerstörung Skala für sie Gründe der Haftentlassung. Die Gestapo wollte den Eindruck erwecken, die Informationen französischer, tschechischer, polnischer Zeitungen über die Verhaftung Skalas bewirkten ebenso wenig wie die Proteste mehrerer Freundschaftsgesellschaften in Poznan, Prag, Paris und Moskau dagegen (wie überhaupt gegen die Unterdrückung der Sorben im Dritten Reich).

Auch die eindringliche Schilderung des Slowenen VEKOSLAC BUČAR über die Unterdrückung der Sorben im „Dritten Reich" auf dem letzten Internationalen Minderheitenkongress Ende August 1938 in Stockholm und das damit verbundene internationale Presseecho wollten die Nazis als unwirksam behandeln. (Der Termin für den Kongreß ist zitiert nach: E. THOMSON: Werner Hasselblatt, Arbeitshilfe 57, Bonn 1990, insofern ist die Zeitangabe in PETER JAN JOACHIM KROH: Nationalistische Macht und…; a.a.O., S. 291 zu korrigieren.)

138 MERCINK wurde nach seiner Entlassung im Sommer 1939 von der Gestapo ins KZ Sachsenhausen eingeliefert.

139 BArch R3017 VGH/ Z-S 162, fol. 46

140 BArch R3017 VGH/ Z-S 162 8J 198/38 g Sonderband I, fol. 119 (Für den, der SKALAS Leben und seinen Charakter kennt, klingt das sehr nach der unbeugsamen moralischen Grundhaltung

aus der 10 Jahre zurückliegenden Fehde mit dem Sorbenfeind Professor Laubert. Damals erklärte er, auch künftig werde er „alle Behauptungen, ich triebe staatsfeindliche Arbeit […] als ‚dreiste Verleumdung' bezeichnen." Wenngleich nicht verbal, de facto gelang ihm das auch in der Gestapo-Einzelhaft. Seine Folterer mussten einerseits eingestehen, sie haben keine Beweise für einen Hochverrat. Und die von ihnen zusammengetragenen Vermutungen, Unterstellungen, Lügen und Irrtümer waren andererseits für den Volksgerichtshof nicht erfolgversprechend genug, um tatsächlich einen Prozess zu führen.)

141 vgl.: BArch R3017 VGH/ Z-S 162, fol. 121

142 ebd., fol 35ff

143 BArch R3017 VGH/ Z-S 162 8J 198/38 g, Handakten des Oberreichsanwalts, fol. 55ff

144 ebd., fol. 134ff

145 ebd., fol. 55f

146 vgl. dazu die Denkschrift des Reichskommissars für die Festigung des deutschen Volkstums, Reichsführer-SS, Heinrich Himmler, vom 15.5.1940 über die „Behandlung der Fremdvölkischen im Osten": „Für die nichtdeutsche Bevölkerung des Ostens darf es keine höhere Schule geben als die vierklassige Volksschule. Das Ziel dieser Volksschule hat lediglich zu sein: Einfaches rechnen bis höchstens 500, Schreiben des Namens, eine Lehre, daß es ein göttliches Gebot ist, den Deutschen gehorsam zu sein und ehrlich, fleißig und brav zu sein. Lesen halte ich nicht für erforderlich […] nach einer konsequenten Durchführung dieser Maßnahmen im Laufe der nächsten 10 Jahre" wird die Bevölkerung der Ostprovinzen sowie all der Teile des deutschen Reiches, die dieselbe rassische und menschliche Art haben (Teile z.B. der Sorben und Wenden) […] als führerloses Arbeitsvolk zur Verfügung stehen […] und bei eigener Kulturlosigkeit unter der strengen, konsequenten und gerechten Leitung des deutschen Volkes berufen sein, an dessen ewigen Kulturtaten und Bauwerken mitzuarbeiten". Zitiert nach: Helmut Schaller: Der Nationalsozialismus und die slawische Welt. Regensburg 2002, S. 123ff

147 Christoph Graf: Politische Polizei zwischen ... a.a.O., S. 255

148 Er wird den seit 1933 in Umlauf befindlichen politischen Witz gekannt haben, wonach es drei Eigenschaften gibt: intelligent, anständig, nationalsozialistisch. Von denen aber passen immer nur zwei zusammen, niemals alle drei. Entweder ist man intelligent und anständig, dann ist man kein Nationalsozialist. Oder man ist intelligent und Nationalsozialist, dann ist man nicht anständig. Oder man ist anständig und Nationalsozialist, dann ist man nicht intelligent, sondern schwachsinnig.

149 H. D. Thoreau: Über die Pflicht zum Ungehorsam gegen den Staat und andere Essays; Übersetzung, Nachwort und Anmerkungen von Walter E. Richartz; Zürich 1973, S. 20

150 Walter Steller: Ein Beitrag zur Wendenfrage, in: Zeitschrift für Volkskunde, Heft 1–2/1937; zitiert nach: BArch R3017 VGH/ Z-S 162, fol. 106–109

151 Bertolt Brecht: Aufsätze über den Faschismus 1933 bis 1939. In: Schriften zur Politik und Gesellschaft, Band II, Aufbau-Verlag Berlin und Weimar 1968, S. 89

152 Der Oberreichsanwalt wusste, dass die Gestapo für den Juni 1933 einen Hochverratsprozess gegen Ernst Thälmann öffentlich angekündigt hatte, der jedoch nicht stattfand, weil – wie eine interministerielle Vorbereitungssitzung 1935 mit großer Offenheit feststellte – das Belastungsmaterial „völlig ungenügend war und nicht einmal für eine lebenslängliche Haft" ausgereicht hätte. Zitiert nach: Christoph Graf: Politische Polizei zwischen ... a.a.O., S. 226

153 Joachim C. Fest: Hitler. Eine Biographie. Ullstein Verlag 1987, S. 25

154 Bertolt Brecht: Aufsätze über den ... a.a.O., S. 64

155 Wulf D. Hund: Rassismus. Grundlagen, Formen, Methoden, Bielefeld 2007, S. 123f

2.5. Resignieren, Widerstehen, Hoffen (1939–1945)

Über die Zeit nach der Haftentlassung gibt es zum Leben des aus der Öffentlichkeit verbannten Skala kaum offizielle Dokumente. Vor allem seine Briefe, aber auch Erinnerungen seiner Frau bzw. seiner ältesten Tochter stützen das Rekonstruieren und Bewahren. Sie benötigen keine ausführliche Kommentierung, denn sie sprechen für sich.

Zunächst musste er miterleben, wie die Juden in der Reichspogromnacht neuem, schwererem Terror ausgesetzt wurden und Hitler zum Jahrestag der Nazi-Herrschaft, am 30.1.1939 im Reichstag mit demagogischer Rhetorik sagte: „Wenn es dem internationalen Finanzjudentum in und außerhalb Europas gelingen sollte, die Völker noch einmal in einen Weltkrieg zu stürzen, dann wird das Ergebnis nicht die Bolschewisierung der Erde und damit der Sieg des Judentums sein, sondern die Vernichtung der jüdischen Rasse."[1] Wochen später marschierte die Wehrmacht in die Tschechoslowakei ein, die Gestapo verhaftete die Mitstreiter und Freunde Skalas, Páta und Zmeškal. Nicht mal ein Jahr nach seiner Haftentlassung wurde das Büro des Związek Polaków am 17.8.1939 geschlossen und der von ihm mehrfach vorhergesagte Krieg gegen den Osten[2] begann tatsächlich. Am 4.9.1939 ordnete SS-Führer Heydrich die Zerschlagung aller polnischen Organisationen in Deutschland an und beschlagnahmte ihr Vermögen. Funktionäre polnischer Organisationen, darunter Skalas Freund Jan Baczewski, wurden in Konzentrationslager gesperrt. Graf Stanisław Sierakowski, langjähriger Herausgeber der „Kulturwehr", seine Frau und seine Töchter wurden Ende Oktober auf dem Gut in Groß-Waplitz von Nazis erschossen. Mit Sicherheit hat Skala darunter gelitten, dass noch im September 1939 sein „Schützling" Pawoł Nowotny verhaftet und im Lager Stutthof eingesperrt wurde, weil er Verbindung zu polnischen Hitlergegnern hatte. Ebenso wird ihn die Verhaftung Pawoł Nedos im November 1939, dem er nach dessen erzwungenem Ausscheiden aus dem Schuldienst über seine Beziehungen zum Związek Polaków w Niemczech einen Ausbildungsplatz verschafft hatte[3], seelisch niedergedrückt haben.

Alltag und Credo, Frau und Kinder

Skalas Wunsch, nach Berufsverbot und Haft wieder geistig arbeiten zu können, erfüllte sich nicht. „Gleich zu Beginn des Krieges wurde er dienstverpflichtet und nahm eine Stellung als Beifahrer bei der Firma Paul Pötschke, Bautzen, Holzmarkt, an. Da er die schwere körperliche Arbeit nicht lange leisten konnte, wurde er im Mai 1940 ins Büro übernommen".[4]

Sowohl über die Härten des Alltags, die materielle Not der Familie und die mehrfache, umfassende Hilfe dänischer Freunde als auch über Skalas politische Haltung nach 1940 erfahren wir aus Briefen jener Zeit. Schon bei Mitteilungen privater Natur musste sich Skala der ständigen Kontrolle seiner Post bewusst sein.[5] Noch viel mehr galt das bei politischen Äußerungen. Skala wollte zum einen seine Familie, für deren Lebenssicherung er sich eine strenge Verantwortung auferlegte, nicht gefährden. Zum anderen jedoch wollte er Freunden gegenüber seine politische Meinung kundtun, sich geistig austauschen, andere und sich selbst ermutigen.

An seinen Freund Christiansen schrieb er: „Der unwandelbare Glaube an alles das, was uns gemeinsam lieb und teuer ist, braucht nicht vieler Worte und würde sie auch gar nicht vertragen. Dieser Glaube allein ist es, der mich aufrecht erhält und mich hoffen lässt, dass uns und allen unseren Freunden, von denen so viele in bitterem Unglück sind, doch das zuteil wird, was wir als wahren Sinn u. als wahre Aufgabe des Lebens betrachten, und worauf wir unsere Lebensarbeit eingestellt haben: fremdes Lebensrecht gelten lassen, aber auch nie und nirgends tatlos zugeben und geschehen lassen, daß unser Lebensrecht zerstört werde, sondern ‚allen Gewalten zum Trotz sich erhalten' und dafür kämpfen, so schwer und aussichtslos das auch erscheinen mag, oder, wie es heute, tatsächlich schwer ist."[6] Ein Credo, das Persönlichkeit und Lebenswerk treffend zusammenfasst.

Anfang 1940 schrieb er seinem Mitstreiter aus Genfer Konferenztagen und ehemaligen Kollegen, dem Chefredakteur der Zeitung der dänischen Minderheit in Deutschland „Flensborg Avis": Dieser Brief „enthält nichts anderes, als die Bitte, Du möchtest mir helfen, wenn es Dir irgendwie möglich ist." Skala und seine Familie waren sozial ausgegrenzt und in ihren Lebensmöglichkeiten einschneidend unter Druck gesetzt. „Meine journalistischen Fähigkeiten sind weniger als totes Kapital, und meine Sprachkenntnisse nützen mir nichts; beides könnte man schon gebrauchen, nicht aber den suspekten ‚Kerl', der sie besitzt [...] auch so eine Art ‚Hungerblockade'." Er war bei den zuständigen Stellen als „politisch nicht verlässlich" bekannt und fand deshalb keine seinen Fähigkeiten angemessene Arbeit. Die Familie geriet unter Druck. „Mußte doch selbst meine älteste Tochter, die als Lohnbuchhalterin in einer Lederwarenfabrik für Heereslieferungen beschäftigt war, Ende November auf behördliche Anordnung hin ihre Stellung fristlos aufgeben, obwohl die Betriebsleitung mit ihr und ihren Leistungen sehr zufrieden war." Skala hatte zu diesem Zeitpunkt schon seine „Lebensversicherung (auf 3000.- Rm) gegen ein Darlehen von 350. -Rm verpfänden müssen. „Bekannte und gute Freunde haben mir bisher mit kleinen Beiträgen ausgeholfen, aber nun bin ich vollkommen ratlos geworden. Denn diejenigen, die helfen möchten, haben mit sich selbst zu tun und die vielleicht helfen könnten, sind nicht zu sehen." Skalas Familie hatte in dieser Zeit „monatlich etwa 130–140,- Rm zur Verfügung, die Wohnung allein beansprucht 90,75 Rm. Licht und Heizung etwa 22.- Rm, Schulgeld 18.- Rm, Versicherungsprämie 18,50 und ca. 10.- Rm für unvorhergesehene Ausgaben. Woher ich nun die fehlenden 120–130 Rm nehmen soll, um die Lebensmittel etc. für uns alle (zusammen 5 Personen) zu beschaffen: ich weiß es nicht."[7] Sein Freund Christiansen antwortete am 19.1.1940, der Brief „hat mich betrübt und erfreut, daß Du Dich in solcher Angelegenheit an mich wendest." Er kann nichts versprechen, will aber versuchen, „eine bescheidene monatliche Beihilfe zu beschaffen."[8] Wenige Tage später bedankte sich Skala ausführlich, bedauerte die große Entfernung, deren „Überwindung gegenwärtig fast unmöglich" ist, möchte doch dem Freund „wieder einmal gegenüber sitzen" und mit ihm sprechen, denn es „ist so vieles, was auf dem Papier nicht zum Ausdruck kommen kann, nicht geschrieben werden kann".[9]

Die beständig gewährte Unterstützung, so Skala Anfang März „tröstet mich in nicht geringer Weise in der bedrängten materiellen Lage, in die ich mit meiner Familie ohne meine Schuld geraten bin." Er bekennt sich zu seinem Tun und betont, die Nazi-Verfolgung ist Unrecht. Er schildert die Bemühungen, „mir auch selbst wieder eine Verdienstmöglichkeit zu schaffen" allerdings hat „meine Gesundheit durch die lange Schutzhaft/9 Monate in Einzelhaft/so sehr gelitten, daß ich mich auch jetzt noch nur schwer wieder erholen kann."[10]

Christiansen übermittelt ihm am 29.6.1940 die Zusage, „daß derselbe Betrag wie im 2. Vierteljahr Dir auch im 3. Vierteljahr zugestellt werden wird. Auf weitere Sicht ist es mir jedoch nicht möglich Zusagen zu geben."[11]

Ende 1940 schrieb Skala an Christiansen: „Ich bin noch in der Spirituosen- und Lebensmittelgroßhandlung, zum Teil als Büroangestellter, seit einiger Zeit auch als Beifahrer bei den Lieferungen per Lastauto an die Landkundschaft. Jeden Tag oder doch mindestens dreimal in der Woche lade ich mit dem Chauffeur etwa 50–70 Centner Waren bei den Kunden ab und […] lebe so von einem Tag zum anderen, komme meist vor 9 Uhr abends nicht nach Hause, früh geht's um 7 Uhr wieder los." Offen sagt er „es fällt mir nur körperlich schwer, solche Arbeit zu machen, weil es mitunter über meine Kräfte geht, Lasten von mehr als ½ Centner in Keller und Speicher abzutragen bei 12 ° Kälte und ohne etwas Ordentliches zum Essen zu haben." Das Geld reichte nicht, Skala verkaufte den Garten und andere Wertgegenstände, „um die Schulden an Miete und Schulgeld für die beiden Kinder bezahlen zu können […] Aber das bedrückt mich nicht, wenn man aufrecht stehen bleiben will, muß man vieles wegwerfen, was entbehrlich ist."[12] Verbunden mit Dank für finanzielle Hilfe schrieb er, anspielend auf die Besetzung Dänemarks: „Unsere Gedanken sind außerdem viel bei Euch, denn durch die Ereignisse der letzten Woche werden wahrscheinlich auch in Eurem Leben u. Deiner Arbeit manche Veränderungen eingetreten sein, die nicht leicht genommen werden können."[13]

Einen ähnlich intensiven Briefwechsel hatte Skala in dieser Zeit mit Jacob Kronika[14], dem er seit 1925 verbunden war. Zum Jahresende 1940 schrieb er ihm offen und in einer für ihn typischen Verknüpfung von Persönlichem und Politischem: „Der Ausblick in das beginnende neue Jahr ist weniger als hoffnungsvoll für mich und die Meinen. Ich danke Ernst Christiansen und Dir, daß ich noch nicht gänzlich verzweifeln mußte. Meine eigenen Volksgenossen haben im Ganzen wohl nie begriffen, wofür ich mich solange Zeit exponiert habe und ich kann und mag ihnen keinen Vorwurf daraus machen, denn ich habe aus eigenem Entschluß und nur nach dem Gebot meiner Überzeugung gehandelt." Er meinte, viele seiner sorbischen Landsleute seien auf „einen auch äußerlich sichtbaren Erfolg" orientiert und fragt sich: „Kann ich auf einen solchen verweisen? Muß ihnen all mein Bestreben nicht als Mißerfolg erscheinen, wenn sie auf die eigene volkstumspolitische Situation schauen?" Seine Ideale hinterfragend und seine Not bedenkend, formulierte Skala erneut ein Credo: „Ich habe den materiellen Erfolg meiner Arbeit nie zur Richtschnur der Arbeit selbst gemacht. Vielleicht war das unklug; aber ich kann mir deswegen keine Selbstvorwürfe machen, denn ich habe meine Arbeit nicht auf materielle Spekulation gestellt, sondern darin die (wohl erlaubte) Befriedigung meines Lebensgefühls gesehen […] Noch glaube ich die Kraft, oder doch wenigstens so viel Kraft zu besitzen, um das Schicksal abzuwenden, immer Amboss sein zu müssen; ob ich jemals noch Hammer werden kann, weis ich nicht."[15]

Anfang 1941 erfuhr Skala von Kronika, dass beider enger Freund Christiansen, wenige Monate nach der Besetzung Dänemarks durch die Nazi-Wehrmacht und dem kurz darauf erfolgten Berufsverbot gestorben ist. Skala antwortete: „Lieber Kronika, schwerlich hätte mich etwas härter treffen können als die Nachricht von dem unerwarteten Hinscheiden unseres

Freundes Ernst Christiansen. Ich hatte keine Ahnung, daß er so schwer oder überhaupt krank war. Denn im Dezember schrieb er mir – es ist der letzte Brief, den ich von ihm erhalten habe – und schloß mit den Worten ‚ich wünsche Dir und Deinen Lieben ein gesegnetes Weihnachtsfest und ein neues Jahr mit <u>neuen Hoffnungen</u> und <u>neuen Kräften</u>.‘[16] Skalas Unterstreichungen verdeutlichen, wie hart und unerwartet Skala der Tod des Freundes getroffen hat. „Der Verlust eines Freundes, wie es Ernst Christiansen war, ist viel schmerzlicher als der Verlust all dessen, was ich hergeben mußte." Skala und seine Frau dankten für Kronikas Hilfe und die „freundschaftlichen Worte, die wir als Ausdruck einer treuen Gesinnung doppelt wohl empfinden in einer Zeit, die uns nicht nur alles Äußerliche nimmt, sondern auch einen nach dem anderen von unseren Freunden zu nehmen droht."[17]

Auch Kronika half in materieller Hinsicht. Skala dankt ihm dafür Anfang 1941 und begründet das, „denn Du, Ernst Ch. und meine südschlesw. Freunde habt mir so oft über die niederdrückenden Geldsorgen selbstlos hinweggeholfen."[18] Mit Handschrift ist auf dem Brief in dänisch vermerkt: „Lieber L.P.! Ich trage mich zu 25 Mark ein. Vielleicht sind da noch mehr [die sich ebenfalls beteiligen wollen]. Gruß – in Eile! Dein ergebener J.Kr."

Skala beriet sich in diesem Brief vom März 1941 mit seinem Freund über die aktuelle Situation und das einst verfolgte minderheitsrechtliche Ziel: „Es ist schwer, ja manchmal fast unmöglich geworden, dieses Ziel noch zu erkennen, und manchen Freundes Auge wird es durch Rauch und Tränen hindurch wohl überhaupt nicht mehr zu erkennen imstande sein, manchen Freundes Herz wird es in Bitternis und Verbitterung und großem Leid nicht mehr sehen wollen." Er ist überzeugt, es wird „sich einmal erweisen, daß nur starke […] Herzen es sein werden können, die den Frieden, der ja einmal kommen muß und wird, werden schaffen müßen. Kann man etwas anders wünschen, als daß die Herzen sich nicht so verhärten mögen, daß die Zukunft der Menschheit daran zerbricht? Es mag weltfremd erscheinen und vielleicht auch als unreale, ideologische Verschwärmtheit, was ich sage. Sei versichert, was ich denke ist alles andere als das, denn auch der kommende Frieden wird nichts anders kommen können als durch nüchterne, klare Vorbereitung durch den Verstand und die Vernunft, gelenkt und geführt von einem jener starken Herzen, die den nackten Egoismus überwinden können, ohne das Seine und die Seinen zu verraten oder zu schädigen. Keine Gemeinschaft beweißt mir die Realität meines Denkens stärker als die Keimzelle aller Menschheit: die Familie. Wie eine solche durch Haß und Kampf zerfallen muß, kann sie – wenn beide Macht über die Glieder einer Familie an sich gerissen haben – nur durch die starken selbstlosen Herzen mit den Mitteln des Verstandes und der Vernunft wieder geheilt und ihrem eigentlichen Zweck: dem irdischen Glück aller ihrer Glieder dienstlich gemacht werden." Skala räumt ein, „das ist eine religiöse Vorstellung und als solche irrational", aber „das Irrationale ist das prometheische Feuer der göttlichen Gestaltungs- und Schöpferkraft, das Rationale aber nur die Brandfackel der menschlichen Zerstörungssucht; das Göttliche ist ewig, das Menschliche vorübergehend; Gott ist unveränderlich Licht und Feuer, Luzifer kann Lichtträger oder auch Brandstifter sein und ist zuletzt nur immer das letztere."[19]

Skala war zeitlebens ein kämpferischer Charakter. Selbstredend äußerte sich das unter verschiedenen Umständen unterschiedlich. Aber er brachte es nie fertig, seinen Überzeugungen abzuschwören, auch nicht nach Berufsverbot, Haft und Folter. In den eben zitierten philosophischen Briefpassagen zeigt sich seine unveränderte politische Welt- und Lebenssicht, verbunden mit seinem Verständnis religiöser Gebundenheit und seiner lebenslangen emotionalen Bindung an das sorbische Volk.

Auch Měrćin Nowak-Njechorński, der zum Freund gewordene frühere Schützling aus Prager Zeiten, gehört zu den Briefpartnern, mit denen Skala in diesen schweren Zeiten geistigen Austausch sucht. Über die intensive Suche nach Auswegen aus materieller Misere und politischgeistiger Isoliertheit teilte er ihm im Juli 1941 mit: „Alle meine persönlichen und ‚beruflichen' Verhältnisse zwingen mich, Bautzen wieder zu verlassen. Eben heute bin ich von Berlin zurückgekehrt, wo ich eine Wohnung für uns gefunden habe – merkwürdigerweise in demselben Hause Lietzenseeufer 2, wo wir zuletzt schon wohnten." Wo und als was er arbeiten wird, ist völlig unklar. „Noch habe ich keine neue Stellung in Berlin, werde aber dort sicher eher eine solche finden, als in den in jeder Hinsicht ‚beschränkten' Verhältnissen in Bautzen."[20]

Die Familie Skala zog „im August 1941 wieder nach Berlin. Dort fand mein Mann Beschäftigung im Luchterhand-Verlag in der Abteilung Statistik."[21]. Mitte September teilte er seinem Freund Měrćin mit, Frau und Tochter Karin sind schon seit dem 2. August wieder in Berlin, er selbst seit dem 10.8. und „seit dem 3.9. bin ich in einem Verlag in Charlottenburg, ganz in der Nähe meiner Wohnung, tätig."[22] Ein halbes Jahr später teilte er seinem Freund u.a. mit: „Mit meiner beruflichen Stellung und Arbeit bin ich zufrieden, weil sie meiner Familie und mir das tägliche Brot gibt."[23]

Einen Monat nach dem Überfall Hitler-Deutschlands auf die Sowjetunion schrieb Skala, auf einen Brief des Freundes antwortend: „Ja, lieber Martin, Du hast die Genugtuung, Dein Können überall verwenden zu können, denn die Malerei ist, wie die Musik eine Kunst, die unmittelbar wirkt, während das Können des Journalisten und Schriftstellers erst den Umweg über den Verstand oder über das Sentiment antreten muß, um verstanden zu werden. Und die dazu gehörenden Organe sind bei den meisten Menschen entweder überhaupt sehr schlecht entwickelt, oder aber total verdorben und verbildet."[24] Der Empfänger wird mit Sicherheit genau gewusst haben, was ihm der Absender mit dem letzten Satz sagen wollte.

Beide tauschten sich über ihre Heimatliebe, ihr Heimweh und durchlebte Enttäuschungen aus. Im Brief bekräftigte Skala: „Du und ich verteidigen in unserem Herzen ein Stück Heimat, die uns verloren zu gehen droht." Zuvor betonte er: „Aber wir wollen dieses Heimweh nicht mit Worten zerreden; wenn jemand, dann weiß ich gewiß, was Heimweh ist. Und weiß es heute und jetzt in doppeltem Ausmaß, denn ich war viele Jahre, ja ich kann sagen Jahrzehnte von meiner Heimat entfernt, nicht nur der geografischen Heimat, sondern von der seelischen vor allem. Und als ich in die ‚Heimat' – in die geografische – zurückkam, da lernte ich ein noch viel schmerzlicheres Heimweh kennen [...]"[25]

Kennt man die Lebensgeschichte Skalas, weiß man von der Gleichgültigkeit vieler Sorben gegenüber ihren nationalen Belangen, erinnert man sich an einzelne landsmännische Renegaten, bedenkt man die Querelen in der Serbske Nowiny 1924, hat man weder die Observation durch die Wendenabteilung im Weimarer Reich, noch die von Hitlers Gestapo zu verantwortenden Hausdurchsuchungen, das Berufsverbot und die Haft vergessen -, dann kann man die Schmerzen Skalas gut verstehen. Jurij Młynk kam dem in einem Aufsatz sehr nahe. Er in schrieb: „Aber diese Heimat, in der er eigentlich immer Gast war, das war der Gegenstand seiner tiefen Sehnsucht in seiner Poesie, in seiner intimen Lyrik, wo ihm meist die Liebe zu seiner Frau, zur Familie, zu den Kindern die Heimat vertreten mußte. Eine wichtige Grundlage dieser geistigen Heimat war Skalas Freundschaft zu anderen sorbischen Aktivisten, zu Leuten gleicher Gesinnung und nationaler Verantwortung"[26]. Deswegen, so will ich hinzufügen, kommt das Sehnen nach der Heimat, die Suche nach ihr nicht nur in seinen sorbischen Gedichten, sondern auch in seinem journalistischen und politischen Eintreten mittels der deutschen Sprache für eine innenpolitisch korrekte Lösung der „sorbischen Frage" zum Ausdruck.

Ja, es stimmt: Skala war nach Berufsverbot, Haft, vielfältiger alltäglicher Schikanierung seiner Familie, dem Auf-sich-selbst-Zurückgeworfen-Sein vieler Freunde, der nicht zu übersehenden Anpassung mancher Sorben an das Nazi-Regime einsam und heimatlos. Es „drohte ihm Resignation und Hoffnungslosigkeit."[27] Im Herbst 1941 klagte Skala seinem Freund Martin: „Aus der Heimat kann ich Dir nichts berichten […] Mir hat noch niemand auch nur eine Zeile geschrieben, obwohl ich mehrere Briefe habe hinausgehen lassen. Äusserlich habe ich nun meine Heimat zum zweiten Mal verloren – es ist schon so, lieber Martin, und zurückgewinnen werde ich sie nicht mehr, will auch gar keinen Versuch mehr dazu machen, denn nach und nach muß man eben alles begraben […]"[28]

Situation und Verhalten vieler ihrer Landsleute empfanden beide als bedrückend. Beiden ließ das keine Ruhe. Im März 1942 antwortete Skala: „Deine resignierte Betrachtung der heimatlichen Umgebung anlässlich Deines Urlaubs kann ich nur zu gut verstehen; ich habe das Gleiche auch an mir selbst erfahren." Es ging nicht zuerst um die Umgebung im räumlichen Sinne, das macht der nächste Satz deutlich: „Doch was nützt alles Filosofieren, die Verhältnisse sind stärker als die Menschen und zwingen sie in allem zur Anerkennung der Tatsachen."[29]

Es scheint es so, als käme hier pure Resignation zum Ausdruck. Es war jedoch Skalas realistische Art, das einfache, normale Zur-Kenntnis-Nehmen des Ist-Zustandes. Damit war keineswegs nur Niedergeschlagenheit und Pessimismus verbunden. Skala nutzte die verschlüsselt formulierte Botschaft seines Freundes und die stillschweigende Übereinstimmung in der grundsätzlichen Ablehnung der Unterdrückung der Sorben in Nazi-Deutschland, um prinzipielle Überlegungen zum Sinn des Lebens zu formulieren. „Im übrigen hänge ich nicht am Leben, das ja doch nur so viel Wert hat, als es Raum und Möglichkeit zum geistigen Wirken gibt. Dieser Raum und diese Möglichkeit sind für den einzelnen Menschen eingeengt und beschränkt und nur wer bereit und imstande, sein Leben einzusetzen, kann das Leben gewinnen. Daß er solchen Gewinn vielleicht mit dem Leben bezahlen muss – wie kann das anders sein in einer Zeit, in der es kein ‚Nicht nur, sondern auch' sondern nur das ‚Entweder – oder' gibt."[30]

Resignation ist immer von einem – wörtlich und bildlich – gesenkten Kopf begleitet. Skala jedoch stellte sich dem Schmerz nach Verlust von Beruf und Heimat, verlor nicht die Gedanken an eine Besserung der Zustände und suchte nach Argumenten wider die Unterdrückung – das war Ausdruck von Mut und Charakterstärke, von Zuversicht und Lebenszugewandtheit. Weiter philosophierend, was vom einzelnen bleibt, hielt er fest: „Übrig bleibt das Geistige, das körperlich an das Leben nur solange gebunden ist, als die physischen Funktionen dauern. Erlöschen diese Funktionen oder werden sie durch den Tod ausgelöscht, verflüchtigt sich der Geist; der Mensch stirbt. Verflüchtet oder flüchtet der Geist vor dem körperlichen Tod, so ist nur der Ablauf geändert. Man spricht von der Nacht des Todes in dem einen, von geistiger Umnachtung in dem anderen Falle."[31]

Skala bekräftigte dem Freund gegenüber mit allgemeinen biologischen Tatsachen seine politische Haltung. Denn er fuhr fort: „Hat es überhaupt einen Sinn, das Leben ernst zu nehmen, wenn es ernstlich gar nicht sinnvoll, also geistig, gelebt werden kann. Ist es deshalb nicht sinnvoller – weil geistiger – das Leben für eine grosse Sache einzusetzen."[32] Schließlich meinte er: „Ich habe mich nun in das neue, ungewohnte Arbeitsgebiet soweit eingearbeitet, dass ich einigermaßen selbständig mich betätigen kann […] Aber da ich der Arbeit die eine angenehme Seite abzugewinnen vermag, […] dass der einzelne Tag nicht in ein leeres Nichts versinkt, bin ich in einem engen Rahmen wenigstens in dieser Hinsicht wunschlos zufrieden."[33]

Wie Skala diese Zeit bewertete, teilt er dem anderen Freund Ende 1942 auf folgende Art mit: „Viele Gedanken bewegen mich, lieber Kronika, und gehen von einem zum anderen unserer gemeinsamen Freunde und Weggenossen zu einem Ziel, das uns durch den Rauch der Kriegswaffen verschleiert worden ist, zu einem Ziel, an dem ich – und wohl wir alle – als schönste Losung die Worte der Weihnachtsbotschaft leuchten sehen."[34]

Friede auf Erden – etwas wofür Skala stets eintrat. Und den Menschen ein Wohlgefallen – also nicht Abneigung, Hass und Verfolgung, sondern Daseinsfreude, Zufriedenheit, Recht und Gerechtigkeit. Deswegen stimmt auch (und überwog in seinem Tun): „Skala (verlor) nie die Zuversicht, daß Ungerechtigkeit und der Terror eines Tages in sich zusammenbrechen."[35] Kraft dafür fand er immer wieder in der ehelichen Partnerschaft.

Seit Herbst 1942 bangten die Eheleute Jan und Else Skala um das Schicksal ihres Sohnes Jan, der am 17.4.1941 zur Wehrmacht eingezogen worden war. Seinem Freund Martin teilte er mit: „Von unserem Jan haben wir den letzten Brief am 10.11. erhalten (geschrieben am 1.11.); wir warten nun auf rechtbaldige Nachricht von ihm." Dann nennt er die Feldpostnummer 19707 E und bittet Martin „wenn Du mal Zeit und Lust hast, schreib dem Jungen einige Zeilen, er wird sich sicher freuen."[36]

Kronika informierte er, dass Tochter Karin bei Verwandten seiner Frau in Schlesien ist „und von unserem Jungen haben wir immer noch keine Nachricht, so haben wir beide mit unserer Tochter Lilo und ihrem Mann ein recht stilles Weihnachtsfest in diesem Jahr und hoffen und wünschen nur das eine: es möge – nicht nur für uns, sondern für alle Menschen – die letzte Kriegsweihnacht sein und dass wir unseren Jan unverletzt und ungebrochen wieder erhalten."[37]

Noch im Frühjahr 1943, als sie schon die Nachricht hatten, ihr Sohn Jan sei bei Stalingrad als vermisst gemeldet, hofften Else und Jan Skala. Beide kamen zeit ihres Lebens[38] nicht über diesen Verlust hinweg. An Martin schrieb Skala: „Von unserem Jan haben wir noch nichts wieder erfahren, jetzt kommen nach und nach alle Briefe zurück, die ich dem Jungen jeden Sonntag geschrieben habe; er hat also so gut wie keinen einzigen erhalten, was am schmerzlichsten ist, da ich weiß, wie sehr er darauf gewartet haben wird. Doch das ist nicht zu ändern. Die Stalingradkämpfer werden wohl alle das gleiche Los gehabt haben und nur die Verwundeten sind wohl zum großen Teil noch hinausgekommen. Wir hoffen nun, daß wir doch noch eine Nachricht erhalten, ob er in Gefangenschaft ist [...]." Der Brief endete mit dem Wunsch, aus dem Sehnsucht, aber auch Lebenszugewandtheit spricht: Wir alle „würden uns ganz besonders freuen, Dich einmal wieder bei uns zu sehen [...] wie lange werden wir wohl noch warten müßen? Aber einmal wird es doch werden, nicht wahr?"[39]

Mitte Juni wünschte Skala seinem Freund Martin zum Geburtstag „alles Gute und Frohe, soweit es die Gegenwart bieten kann." Weil beide sehr wohl wussten, was die Gegenwart Mitte 1943 ihnen und Millionen anderer Menschen an Schlechtem und Traurigem zu bieten hatte, sprach aus diesem Wunsch nicht nur persönliche Zuwendung, sondern auch kritischer Optimismus. Skala machte im Brief aus seiner seiner momentanen Traurigkeit kein Geheimnis, fügte aber hinzu: „Meine wirklich lebenskameradschaftliche Frau sucht mir diese Resignation helfend zu überwinden – aber sie leidet doch selbst –, vor allem, weil wir von unserem Jan nichts mehr hören und vor Kriegsschluß wohl auch kaum etwas über sein Schicksal erfahren werden und wer weiß, wie lange es dann noch dauert und was wir erfahren werden?"

Wie um einerseits bei seinem Freund keine Missverständnisse aufkommen zu lassen und andererseits dem Nazi-Postkontrolleur keinen Anlass zur Konfiszierung des Briefes zu geben, fügte er hinzu: „Na ja, lieber Martin, ich sehe die Zukunft ja auch nicht schwarz, wozu auch? Es ist wirklich kein Grund dazu vorhanden; aber muß nicht erst finsterste Nacht werden, bis es wieder Tag wird? [40]

Im Zusammenhang mit der Bombardierung Berlins, bei der sowohl der Verlag als auch das Wohnviertel der Familie Skala getroffen wurden, zog Else Skala im Herbst 1943 mit ihren beiden Töchtern zu Verwandten nach Schlesien.

Noch einmal: Einsatz für ein Menschenrecht

Nachdem die Wohnung Jan Skalas, mit ihr der gesamte Hausrat und seine fast 25.000 Bücher umfassende Bibliothek ausbrannte, zog auch er nach Schlesien. Er fand Arbeit in der Verwaltung der Firma Elektroakustik in Namslau. Dort wurden „u.a. Flugzeugmotoren und Periskope für Unterseeboote und Flugzeugabwehr-Scheinwerfer produziert. Mitte 1944 arbeiteten in dieser Fabrik bereits ca. 1000 Arbeiter, hauptsächlich Polen, die aus Südpolen stammten, bes. aus der Gegend um Kępna, aber auch Kriegsgefangene verschiedener Nationalität aus dem sog. Arbeitslager Namslau, einem Abzweig des Konzentrationslagers Gross Rosen."[41] Zu seinen Arbeitsaufgaben als Referent in der Personalabteilung gehörten u.a.: „Empfang der Einstellungsunterlagen vom örtlichen Arbeitsamt für die Personen, die verpflichtet waren in der ‚Elektroakustik' zu arbeiten; diese den einzelnen Abteilungen und Arbeitsplätzen zuzuführen und sie mit Lebensmittelkarten zu versorgen."[42]

Skala nutzte die Arbeit, um nach mehreren Gesprächen mit Persönlichkeiten der Armija Krajowa[43] den Widerstand der Polen sporadisch zu unterstützen. So „(gelang es ihm) einige Male, Polen in der ‚Elektroakustik' unterzubringen, die einen Unterschlupf vor der Verfolgung durch die Faschisten suchten. Die Bezirksleitung der AK bekam Blanko-Formulare mit Fingerabdrücken, abgestempelt mit den Originalstempeln der Stadt Kępna. Die Leitung der

Widerstandsbewegung füllte dann die notwendigen Formalitäten aus. Diese gefälschten Dokumente brachte Skala dann zum Arbeitsamt, um sie registrieren zu lassen. Auf diese Weise bekam er die Bestätigung für die Anstellung der entsprechenden Personen."[44] „Weshalb" so fragt der Autor, „tat er das nach so vielen persönlichen Verfolgungen und Schikanen der faschistischen Machthaber [...]?" Den Grund sieht er in Skalas „Handlungen in den dreißiger Jahren, als er schon gegen die drohende Gefahr des Faschismus kämpfte. 1944 glaubte er – die Situation an der Front realistisch beurteilend – an ein baldiges Ende des Krieges und das in den besetzten Ländern auf neuen Grundsätzen ein Wiederaufbau beginnt. Reale Formen hatten auch seine politischen Vorstellungen bezüglich der Wiederkehr Polens in die Gebiete an der Oder und der Lausitzer Neiße. All das waren Impulse dafür, dass Skala mit der Widerstandsbewegung zusammenarbeitete."[45]

Weder für die relative Isoliertheit in Berlin nach 1941, gleich gar nicht für seine Arbeit in Namslau ab Herbst 1943 stimmt deshalb der Satz: „Doch Aktivitäten entwickelt Skala kaum noch in der einförmigen Kontaktlosigkeit."[46] Vielmehr trifft zu: Jan Skala gewann aus politischen Entwicklungen, z.B. dem von ihm 1932 vorausgesagten Siegeszug russischer Truppen und persönlichen Freuden, wie z.B. der Geburt des ersten Enkels, Kraft, um sich für das Überleben der Familie, aber auch für seinen bescheidenen Beitrag zum Widerstand, immer wieder neu zu motivieren. Skalas Mithilfe beim aktiven Widerstand gegen die Faschisten war mit direkter persönlicher Lebensgefahr verbunden. Hätten die Nazis die gefälschten Personalpapiere entdeckt, wäre ihm das KZ oder ein sofortiges Todesurteil sicher gewesen.

Ohne Details zu wissen, waren die illegalen Aktivitäten Skalas seiner Ehefrau Else bekannt. „Dein Großvater" so erzählte sie mir nach dem Krieg, „wollte nicht, daß ich von solchen Dingen etwas Genaues wußte, denn auch ich war in Gefahr, verhaftet zu werden. Aber ich wußte natürlich, daß er auf verschiedenen, auch verbotenen Wegen weiterhin Kontakte zu deutschen, dänischen, tschechischen, polnischen, jugoslawischen Freunden aus seiner Arbeit für die Minderheiten unterhielt. So wollte er", sagte meine Großmutter, sich für die „bessere Zeit nach dem Krieg" vorbereiten. Und Skalas älteste Tochter bestätigt: „In 28jähriger Ehe hat ihm seine Frau treu zur Seite gestanden. Ohne sie hätte er nicht so viel leisten können, mit ihrer Hilfe konnte er sich voll und ganz seiner Arbeit widmen. In der Zeit des Faschismus war sie ihm tatkräftige und moralische Stütze."[47]

Richtig bleibt deshalb: „Er war d e r Vorkämpfer für die Rechte der europäischen Minderheiten!"[48]

Skala kämpfte zeitlebens gegen alle Praktiken, mit denen die Weimarer Republik und Nazi-Deutschland danach strebten, Staat und Volk als homogenes Ganzes zu gestalten. Denn das hatte stets zur Folge, Minderheiten als dabei störendes, hemmendes Element zu sehen und ihnen deshalb böse und schlechte, heimtückische und feindliche Absichten zu unterstellen. Die „Lösung" der Minderheitenfrage aus der Sicht der Herrschenden bestand deshalb entweder in Assimilierung oder Vernichtung, beides begleitet und befördert von Nationalismus.

Skala hingegen trat ein für eine Minderheitenpolitik, die das Existenzrecht der Minderheiten allumfassend gewährt und schützt. Zukunftsorientierte Minderheitenpolitik demokratischer Staaten muß nach seinen Vorstellungen darauf zielen, für alle Teile der Bevölkerung glaubwürdig, verlässlich und verständlich zu sein. Zugleich – das hat er unablässig betont – sind Selbstbewusstsein und Selbstbehauptungswille der Minderheit notwendige Voraussetzung ihrer Zukunft. Damit Minderheiten soziale, politische, kulturelle, wirtschaftliche Entwicklungsmöglichkeiten haben, müssen sie sich mit rechtlichen Garantien in der Verfassung wieder finden. All das verstärkt die Möglichkeit, dass Minderheiten ihre Anlagen und Kräfte frei entfalten und so als Brücken und Mittler zu nahen und fernen Nachbarvölkern werden.

Ethnische Identität – davon war Skala zutiefst überzeugt – ist kein Zustand, auch kein gottgegebener, sondern ein ständig neu zu beginnender Prozess. Ethnische Identität braucht ein bestimmtes Maß „innerer" Übereinstimmung unter den Angehörigen der Minderheit. Gewiss sind dafür Auseinandersetzungen unumgänglich. Sie müssen aber auf das Ziel, eben die ethnische Identität, gerichtet sein. Sonst – und Skalas journalistische und politische Arbeit warnte oft vor entsprechenden schlechten Beispielen – besteht die Gefahr, durch Zank, Zerwürfnis und Zwietracht die Selbstzerstörung zu bewirken. Gerade „kleine" Minderheiten – und die Sorben zählen dazu – dürfen nicht auch noch „schwach" sein, auf gar keinen Fall sich selber schwächen.

Die sorbische Geschichte überhaupt, und darin eingeschlossen auch Skalas Lebensweg, lehren: Alle Forderungen, mit denen fundamentale Menschenrechte für die Minderheit angemahnt werden, sind weder durch Bitten oder Betteln noch durch Hoffnung auf Einsicht bei den Regierenden oder vorauseilenden Gehorsam bei den Regierten realisierbar.

Der Gang der deutschen Geschichte und wesentliche Eckpunkte deutscher Politik nach Skalas Tod haben seine grundsätzlichen Kritiken, Vorwürfe, Anmerkungen und Vorschläge nicht hinfällig oder überflüssig gemacht. Vielmehr verweisen sie auf die anhaltende Dringlichkeit einer zeitgemäßen Antwort.

Die Selbstachtung ethnischer Minderheiten, darunter der Sorben, gebietet aufrechten Gang. Der Einsatz für eine von Verständnis, Wohlwollen und Förderung gekennzeichnete Minderheitenpolitik ist für die friedliche Zukunft aller Völker Europas von existentieller Bedeutung.

Anmerkungen, Quellen, Personalia

1   http://www.worldfuturefund.org/wffmaster/Reading/Hitler%20Speeches/Hitler%20rede%20 1939.01.30.htm (25.4.2013)

2   Am 1.8.1933 hatte er an seinen Freund Janata geschrieben, er rechne mit der Möglichkeit eines Krieges, ja „wünsche sie sogar, obwohl Kriegsgegner, weil meines Erachtens nur in diesem Fall die vollständige und zweckmässige Lösung unserer Frage erfolgen kann, wobei ich natürlich mit einer entscheidenden Niederlage Deutschlands gleichzeitig rechnen muss." Er denkt darüber nach, Lehren aus den vergangenen anderthalb Jahrzehnten „zu einem Programm zu formulieren", um nachdem „von mir vorgesehenen Kriegsfall und Niederlage Deutschlands unsere Frage nicht mehr so unbekannt und uninteressant sein zu lassen, wie es durch das gutgemeinte, aber schlecht ausgeführte Vorgehen von Prof. Adolf Černy und Herrn Barth in Paris 1918/19 war." (vgl. Kap. 2.3., Fußnote 200)

3   Vgl.: A. Bresan: Pawoł Nedo 1908–1984. ... a.a.O. S. 131 und 145

4   Else Skala: Lebenslauf Jan Skala, Archiv des Verfassers (1953 geschrieben als Anlage des Antrages gegen die Aberkennung als VdN. Der Inhaber der Firma bestätigte in einem Zeugnis: „Herr Joh. Skala war vom 22.4.40 bis 30.7.41 in meinem Betrieb als kaufmännischer Angestellter tätig. Er war ehrlich und fleißig, und bemühte sich stets, die ihm übertragenen Arbeiten zu meiner Zufriedenheit zu verrichten. Für die Zukunft begleiten Herrn Skala meine besten Wünsche." (Archiv des Autors)

5   Dass er sich dessen bewusst ist, zeigt sehr deutlich ein Brief an Měrćin Nowak-Njechorński. Anfangs waren sie meist in der gemeinsamen Muttersprache verfasst. Im Brief vom 1.3.1942 betonte Skala, er schreibe, „heute nun wieder in der amtlichen Sprache, um Dir keine Ungelegenheiten zu bereiten, falls der Brief – woran ich selbstverständlich keinen Anstoss nehmen kann, weil es gewichtige Gründe dafür gibt – durchgeprüft werden sollte.

6   Brief Skalas vom 22.12.1939 an Ernst Christiansen; Archiv des Autors

7   Brief Skalas vom 17.1.1940 an Ernst Christiansen; Archiv des Autors

8   Handschriftlich ist auf dem Brief vermerkt: 19.1. gesendet 250 Rm

9   Brief Skalas vom 24.1.1940 an Ernst Christiansen

10 Brief Skalas vom 24.1.1940 an Ernst Christiansen

11 Brief von Ernst Christiansen an Skala vom 29.6.1940 Christiansen stand zu dieser Zeit schon seit längerem unter dem Druck örtlicher und Berliner Nazi-Funktionäre. Mit großer Wahrscheinlichkeit ahnte oder wusste er, als er diesen Brief an Skala schrieb, dass auch ihm das Berufsverbot bevorstand. Wenige Tage nach diesem Brief, am 6.7.1940, wenige Wochen nach der Besetzung Dänemarks durch die faschistische Wehrmacht, schlugen die Nazis auch gegen Christiansen zu. Er wurde als Chefredakteur abgesetzt. Dennoch half er weiter, noch am 9.8.1940 dankt Skala ihm für erneut erhaltene 150 Rm.

12 Brief Skalas vom 22.12.1940 an Ernst Christiansen

13 Brief Skalas vom 21.4.40 an Ernst Christiansen, Archiv des Autors

14 * 8.1.1897 † 3.5.1982

15 Brief Skalas vom 29.12.40 an Jacob Kronika, Archiv des Autors

16 Brief Skalas vom 2.3.1941 an Jacob Kronika, Archiv des Autors

17 ebd.

18 Brief Skalas vom 2.2.1941 an Jacob Kronika Archiv des Autors

19 ebd.

20 Brief SKALAS vom 22.7.1941 an MĚRĆIN NOWAK-NJECHORŃSKI, in: Serbski kulturny archiw. Nachlaß MĚRĆIN NOWAK-NJECHORŃSKI. N VII/304

21 ELSE SKALA: Lebenslauf Jan Skala ... a.a.O.

22 Brief SKALAS vom 16.9.1941 an MĚRĆIN NOWAK-NJECHORŃSKI, a.a. O.

23 Brief SKALAS vom 1.3.1942 an MĚRĆIN NOWAK-NJECHORŃSKI, a.a.O.

24 Brief SKALAS vom 22.7.1941 an MĚRĆIN NOWAK-NJECHORŃSKI, a.a.O.

25 ebd.

26 JURIJ MŁYNK; Zum 25. Todestag Jan Skalas, in: Rozhlad 1970, S. 20

27 ebd. S. 21

28 Brief SKALAS vom 16.9.1941an MĚRĆIN NOWAK-NJECHORŃSKI. a.a.O.

29 Brief SKALAS vom 1.3.1942 an MĚRĆIN NOWAK-NJECHORŃSKI, a.a.O

30 ebd.

31 ebd.

32 ebd.

33 Brief SKALAS vom 3.81942 an MĚRĆIN NOWAK-NJECHORŃSKI, in: a.a.O.

34 Brief SKALAS vom 24.12.1942 an JACOB KRONIKA, Archiv des Autors

35 JURIJ MŁYNK; Zum 25. Todestag Jan ... a.a.O., S. 21

36 Brief SKALAS vom 3.81942 an MĚRĆIN NOWAK-NJECHORŃSKI, in: a.a.O.

37 Brief SKALAS vom 24.12.1942 an JACOB KRONIKA, in: a.a.O.

38 ELSE SKALA hörte noch Anfang der 50er Jahre regelmäßig die Suchmeldungen des DRK im Rundfunk, um eventuell eine Lebenszeichen ihres Sohnes zu erhalten. Bis heute ist sein Grab nicht auffindbar.

Bestätigung WaSt

39 Brief Skalas vom 18.4.1943 an Měrćin Nowak-Njechorński, a.a.O.

40 Brief Skalas vom 11.6.1943 an Měrćin Nowak-Njechorński, a.a.O.

41 Leszek Kuberski: Poćahi Jana Skale z Namysłowskim krajom (Die Beziehungen Jan Skalas zu Namysłower Land) In: Rozhlad 1989, S. 168

42 ebd.

43 Polnische Heimatarmee; größte militärische Widerstandsorganisation während des Zweiten Welt-krieges; militärischer Arm der polnischen Exilregierung in London, ihr Ziel: die Befreiung Polens von der Nazi-Besatzung. Im Unterschied dazu: Armia Ludowa (Volksarmee), kommunistisch ori-entierte polnische Untergrundorganisation mit dem Ziel, nach dem Sieg über Nazi-Deutschland in Polen eine sozialistische Ordnung zu errichten.

44 Leszek Kuberski: Poćahi Jana ... a.a.O., S. 169

45 ebd.

46 Jurij Młynk: Zum 25. Todestag ... a.a.O., S. 23

47 Brief Liselotte Kroh-Skalas vom 18.3.85 an Leszek Kuberski, Archiv des Autors

Liselotte Kroh-Skala   1o2o Berlin, am 18.3.85
                                        Fischerinsel 1o/17.11

    Herrn Leszek Kuberski
    ul. Hibnera 12/1
    45-264 O p o l e

    Lieber Herr Kuberski!

    Am 14.3.85 erhielt ich Ihren Brief vom 1.3. und war sehr erfreut,
    so schnell wieder von Ihnen zu hören. Von Mal zu Mal fällt mir die

Natürlich hatte er, wie jeder Mensch, nicht nur gute Eigenschaften.
Er konnte z.B. recht jähzornig sein, aber auch schnell wieder bereit einzulenken und nichts nachzutragen.

Noch etwas muß ich erwähnen. In 28jähriger Ehe hat ihm seine Frau
treu zur Seite gestanden. Ohne sie hätte er nicht so viel leisten
können, mit ihrer Hilfe konnte er sich voll und ganz seiner Arbeit
widmen. In der Zeit des Faschismus war sie ihm tatkräftige und moralische Stütze.

Brief Liselotte Kroh-Skalas an Kuberski(Auszug)

48 Jacob Kronika: Denkmal für einen ... a.a.O., S. 3

407

3. Minderheitenrecht ist Menschenrecht – theoretisches Resümee und praktischer Ausblick

Menschenrechtsfundierte Politik – ein Modell

Die Darstellung von Skalas Kampf um die Menschenrechte ethnischer Minderheiten ist letztlich ein Bericht über Forderungen, Bedürfnisse, Warnungen, die zu seinen Lebzeiten kaum einer hören und viele verhindern und unterdrücken wollten. Ein das menschliche und menschenrechtliche Desaster des Zweiten Weltkrieges möglicherweise mitverhindernder „Ruf im Vorhinein" fand schon in der Weimarer Republik und erst recht im Dritten Reich zu geringes Echo und zu wenig Gleichgesinnte. Erst im Nachhinein wurde sowohl der Widerhall des Rufes nach den Menschenrechten als auch der durch die Katastrophe verursachte solidarische Zusammenhalt stärker.

Knapp vier Jahre nach Skalas Tod verabschiedeten, aus der barbarischen Nichtachtung und Zerstörung aller Menschlichkeit durch den Faschismus lernend, 48 Staaten auf der Generalversammlung der Vereinten Nationen am 10.12.1948 die Allgemeine Erklärung der Menschenrechte. Gegen die gerade besiegte Wirklichkeit des nazistischen „Kältetods" des Humanum setzten die Völker den „Golfstrom" einer Menschenrechts-Utopie.

Sie enthält bürgerliche, politische sowie wirtschaftliche, soziale und kulturelle Rechte. Diese Zusammenschau aller Menschenrechte verdeutlicht ihre Gleichwertigkeit und Unteilbarkeit. Diesen universalen Wertekanon (im Unterschied zu vorherigen Menschenrechtsdeklarationen[1]) schrieben Regierungen fest, die die weitaus überwiegende Mehrheit der damals lebenden Menschen vertraten und sich auf deren grundlegende Rechte einigten.

Die Allgemeine Erklärung ist konkret! Nicht weil sie Detailregeln „für alles und jeden" enthält, sondern weil sie im Bestehenden, das Darüber-Hinaus-Weisende benennt. Besonders deutlich wird dies in der Tatsache, dass die UNO-Vollversammlung fast 20 Jahre brauchte, um ihre Allgemeine Erklärung zu präzisieren. 1966 wurden in gemeinsamer Abstimmung zwei unterschiedliche, aber in der Sache zusammengehörige Verträge, der Internationalen Pakt über bürgerliche und politische Rechte (UN-Zivilpakt) und der Internationale Pakt über wirtschaftliche, soziale und kulturelle Rechte (UN-Sozialpakt) beschlossen.

Im Zivilpakt ist u.a. das Recht auf Leben, das Verbot der Zwangsarbeit und Sklaverei, das Recht auf persönliche Freiheit und Sicherheit, auf Gedanken-, Gewissens- und Religionsfreiheit, auf Teilnahme an allgemeinen, gleichen und geheimen Wahlen, die Gewährleistung der Gleichberechtigung von Mann und Frau, das Verbot der Diskriminierung von ethnischen und anderen Minderheiten, das Verbot von Hass- und Kriegspropaganda enthalten. Mit diesem Pakt wurde zugleich ein sog. Fakultativprotokoll verhandelt. Mit dessen Ratifikation ermöglichen Staaten, darunter auch Deutschland, ein Individualbeschwerdeverfahren für Verstöße gegen die bürgerlichen und politischen Rechte.

Der Sozialpakt umfasst u.a. das Recht auf Arbeit und gleichen Lohn für gleiche Arbeit, die Gewährleistung sozialer Sicherheit, den Schutz der Familie, Gesundheitsschutz, das Recht auf angemessenen Lebensstandard, das Recht auf Wohnen, auf Bildung, auf Teilhabe am kulturellen Leben. Dazu gab es anfangs kein Fakultativprotokoll. Das so geschaffene inakzeptable Ungleichgewicht innerhalb der Menschenrechte wurde am 10.12.2008 mit dem Beschluß des Fakultativprotokolls beendet. Am 5.2.2013 war die erforderliche Zahl von Ratifikationen erreicht, am 5.5.2013 trat es in Kraft.

Beide Pakte garantieren verbindlich die grundlegenden Menschenrechte. Sie sind vollständig diskriminierungsfrei, insbesondere hinsichtlich der nationalen und sozialen Herkunft, Rasse, der Hautfarbe, des Geschlechts, der Sprache, der Religion, der politischen Anschauungen, des Vermögens, der Geburt. Ungeachtet verschiedener Einwände von Regierenden ist nicht nur der Zivilpakt, sondern auch der Sozialpakt für Deutschland nach GG Art. 1 (2, 3) sowie 59 (2) verbindlicher Bestandteil des deutschen Rechtssystems.

Die Allgemeine Erklärung von 1949 und die Pakte von 1966 gaben und geben einerseits den Staaten bei der Formung einer internationalen Gemeinschaft des Friedens, d.h. des gerechten und toleranten Zusammenlebens nach innen und außen, unverzichtbare Orientierungen. Andererseits gab und gibt sie zugleich den Einzelnen in ihrer Entwicklung zu freien und gleichen Individuen einen unersetzlichen Maßstab.

Freiheit und Gleichheit sind ebenso wie Gerechtigkeit und Toleranz in der Allgemeinen Erklärung und den Pakten politisch und ethisch definiert. Die Menschenrechte sind ein alle Staaten verpflichtendes politisches Ideal, ein ethischer Wert, eine moralische Norm, ein direkter Leitfaden für die je eigene Gesetzgebung der Staaten. Die Allgemeine Erklärung und die Pakte fordern zur praktischen Realisierung von allen Staaten einerseits die außenpolitisch-kritische Sicht auf „die anderen" in der Welt. Aber in gleichem Umfang und zur gleichen Zeit ist andererseits die innenpolitisch-juristisch selbstkritische Sicht auf Umstände und Zustände im eigenen Land erforderlich. Dem Sinn und Zweck der Allgemeinen Erklärung und der Pakte zuwider wäre sowohl ein Verhalten, dass zwar den Splitter im Auge des anderen, nicht aber den Balken im eigenen Auge bemerkt als auch ein Verhalten, das den Balken im Auge des anderen, nicht aber den Splitter im eigenen Auge bemerkt.

Natürlich gehört es zum Kampf um die Durchsetzung der Menschenrechte, Staaten, die sich nicht auf sie beziehen und/oder beachten, zur Einführung/Kodifizierung zu bewegen[2]. Ebenso natürlich gehört es dazu, ggf. die Weiterentwicklung schon vorhandener Menschenrechte anzumahnen, insofern Veränderungen der wirtschaftlichen, sozialen Verhältnisse einschließlich der technischen Entwicklungen neue Forderungen nach Freiheit und Gleichheit, nach Gerechtigkeit und Toleranz[3] entstehen lassen. Verbunden mit diesen beiden Seiten der weltweiten Durchsetzung der Menschenrechte ist die Kontrolle. Sie wird zumeist ausgeübt durch Berichte der Staaten vor internationalen Gremien und soll prüfen, ob und wie die Menschenrechte realisiert sind und ggf. Kritik äußern, wenn sie unzureichend sind oder überhaupt fehlen.

Weil die Menschenrechte gemeinsame ethischnormative Grundlage sind, Staaten aber politisch unterschiedlich verfasst sind, sind die Menschenrechte zugleich ein mehrfach umstrittenes Thema, selbst wenn man den Blick auf Europa begrenzt.

Von einigen Staaten wurden sie in jüngster Zeit auch benutzt, um Kriegseinsätze in Jugoslawien, Irak, Afghanistan und anderswo zu rechtfertigen. Die das tun, argumentieren, dass gemäß der Allgemeinen Erklärung Staaten gezwungen werden können, die Menschenrechte einzuhalten.[4] Es ist jedoch sehr fraglich, ob diese Argumentation schlüssig ist. Meines Erachtens widerspricht sie dem Geist, dem Sinn der Allgemeinen Erklärung.[5] Mitunter werden Menschenrechte in der politischen Öffentlichkeit so verstanden, als würde es allein um das Recht gehen, nicht zu verhungern, nicht zu erfrieren, nicht willkürlich massakriert zu werden, irgendwo das müde Haupt betten und das nackte Überleben fristen zu können. Wer den Text der Allgemeinen Erklärung liest[6], wird sofort erkennen, dass das nicht etwa ein eingeschränktes, sondern ein direkt falsches Verständnis der Menschenrechte ist. Schließlich entzündet sich Streit auch daran, ob die Menschenrechte eher ein Ideal sind oder doch mehr eine Verpflichtung. Ganz deutlich wird das, sobald es um irgendeines der politischen, wirtschaftlichen, sozialen und kulturellen Rechte konkret geht, die die Erklärung von 1948 fixiert.[7]

Hintergrund und wesentliche Ursache dieses vielfältig strukturierten Streites ist die gegensätzliche Deutung des Verhältnisses zwischen Freiheit und Gleichheit. Diejenigen Staaten und Politiker, die die Freiheit der Gleichheit voranstellen, haben bestenfalls Menschenrechte für wenige wirtschaftlich-finanziell Privilegierte realisiert. Das soll nicht geringgeschätzt werden, entspricht aber nicht dem universalen Anspruch der Menschenrechte. Diejenigen Staaten und Politiker, die die Gleichheit der Freiheit voranstellen, konnten durchaus wichtige Menschenrechte für viele Menschen realisieren. Zugleich aber zerstörten sie sie letztlich durch Verabsolutierung der sozialen Bedingungen für die Gewährung von Menschenrechten.

Aus der Geschichte der Menschheit im Allgemeinen, aus dem Umgang von Bevölkerungsmehrheiten in Europa mit „ihren" andersethnischen Minderheiten in den letzten 300 Jahren, aus der unterschiedlichen Gewichtung und Gewährung der Menschenrechte zur Zeit des „Kalten Krieges" kann man lernen: Gleichheit vor (oder ohne!) Freiheit mündet letztlich in Unterdrückung und Diktatur. Freiheit vor (oder ohne!) Gleichheit führt letztlich zu Ausbeutung und Unterwerfung.

Daraus ist zwingend zu schlussfolgern, die Grundlagen der Menschenrechte stehen in einem dialektischen Widerspruchs- und Spannungsverhältnis zueinander. Sie sind nicht identisch und schließen einander aus. Und zugleich bedingen sie sich gegenseitig, setzen einander voraus, durchdringen sich partiell. Freiheit und Gleichheit, Gleichheit und Freiheit sind, wenn die Durchsetzung von Menschenrechten politisch ernsthaft und ehrlich angestrebt werden soll, notwendigerweise „nur" in gegenseitiger Ergänzung zu realisieren.

Die Gegensätze zwischen Freiheit und Gleichheit sind lösbar, wenn man sie im Hegel'schen Sinne aufhebt[8]. Grundlage ist dann nicht Über- oder Unterordnung, sondern ihre Gleichrangigkeit, wie sie in Artikel 1 der Allgemeinen Erklärung von 1948 festgehalten ist. Die entscheidende Frage aber ist, wie dies praktisch-politisch umzusetzen ist.

Um darauf eine begründete Antwort geben zu können, müssen und die Grundlagen der Menschenrechte (Gleichheit und Freiheit) und die Grundwerte einer ihnen entsprechenden Gesellschaftsgestaltung (Gerechtigkeit und Toleranz) näher bestimmt werden.

Gleichheit ist nicht zu verwechseln mit Gleichmacherei, Uniformierung, Nivellierung. Gleichheit meint ein Verhältnis zwischen Individuen, Gruppen, Schichten in einer Gesellschaft, wie es etwa im Grundgesetz in Art. 3 annähernd praktikabel definiert ist (Gleichheit vor dem Gesetz; keine Benachteiligung/Bevorzugung wegen Geschlecht, Abstammung, Rasse, Sprache, Heimat, Herkunft, Glauben, religiöser und politischer Anschauung). Gleichheit tritt zutage als Abwesenheit von Diskriminierung oder Privilegierung bzw. als Gewährleistung von beruflichen und personalen Entfaltungsmöglichkeiten für alle und Chancengleichheit beim Zugang aller zu Bildung und Arbeit. Gleichheit wird geschaffen und stabilisiert durch gerechte Verteilung der Lasten und die öffentliche Kontrolle über die Zumutbarkeit unterschiedlicher Anteile beim Tragen sozialer Leistungen. Dies gelingt jedoch nur, wenn es eine ständige innergesellschaftliche Verständigung darüber gibt. Deren Ziel ist der permanente Ausgleich von nicht (individuell, gruppen- und schichtspezifisch) zu verantwortenden Nachteilen in der (individuellen, gruppen- und schichtspezifischen) Teilhabe am gesellschaftlichen Reichtum. Das heißt, Gleichheit resultiert aus gelebter Demokratie, wird nicht und kann nicht „von oben" vorgegeben, oktroyiert oder militärisch gewonnen werden. Sie entsteht und entwickelt sich als fortlaufender und offener Prozess der Selbstermächtigung der Rechteinhaber.

Freiheit ist weder zu verwechseln mit Minimierung (oder gar Eliminierung) von Begrenzungen noch mit der Maximierung (oder gar Verabsolutierung) von Freiräumen. Sie tritt nicht als Ungebundenheit, Chaos, Willkür, Anarchie oder schrankenloser Egoismus in Erscheinung. Freiheit meint ein Verhältnis zwischen der Gesellschaft als Ganzem und ihren Mitgliedern, bei dem sich die Individuen selbst Normen geben, in deren Mittelpunkt zwingend das Gemeinwohl steht, weil der Mensch nur gemeinschaftlich existieren kann. Diese Auffassung von Freiheit ist im Grundgesetz etwa in den Art. 1(1) (2), 2, 4, 5, 8, 9, 11, 12 definiert. (Die Würde jedes Menschen ist unantastbar, ihr Schutz ist Pflicht aller staatlichen Gewalt; Recht auf freie Entfaltung im Rahmen der Verfassung; Glaubens- und Gewissensfreiheit; Recht auf freie Meinungsäußerung; Recht auf friedliche Versammlungen und Vereinsgründungen; freie Wahl von Wohnort, Beruf und Arbeitsplatz). Freiheit erfordert stets die Gewährung individueller Selbstbestimmung (Rechte/Erlaubnisse) in Korrelation mit gemeinwohlorientierter Selbstbegrenzung (Pflichten/Verbote). Sie ist direkt abhängig von Ausmaß der Rechtssicherheit, vom Maß tatsächlicher Regierungskontrolle durch das Parlament (d.h. wirklicher Gewaltenteilung), vom Umfang des Gewährens alternativer Entscheidungsmöglichkeiten, vom Ausmaß, in dem Widerstand gegen die Regierung zugelassen[9] ist.

Die Gleichrangigkeit von Freiheit und Gleichheit hängt davon ab, ob und in welchem Maß der Alltag einer konkreten Gesellschaft durch Gerechtigkeit und Toleranz auf eine Weise bestimmt ist, bei der ethisches Prinzip und politische Praxis nicht konträr zu einander sind.

Gerechtigkeit hat in der Gesellschaft den gleichen Stellenwert, wie Wahrheit in Gedankensystemen. Ihr Hauptgegenstand ist die Grundstruktur der Gesellschaft, denn diese schafft bzw. setzt dreifache Rahmenbedingungen: a) wie die Grundrechte und -pflichten verteilt sind; b) welche Möglichkeiten die Individuen haben, sie wahrzunehmen und c) wie die Früchte der gesellschaftlichen Zusammenarbeit verteilt werden. Insofern verbindet Gerechtigkeit den Alltag, das tägliche „Einerlei", die konkreten Erfahrungen mit dem

Prinzip, dem Gebot einer orientierenden Lebensregel. Gerechtigkeit umschließt die Begründung und Akzeptanz von Ungleichheiten. Die stets unterschiedlichen natürlichen Fähigkeiten der Menschen sind weder gerecht noch ungerecht, sondern biologische Tatsache. Gerecht oder ungerecht ist hingegen, wie die Gesellschaft, ihre Institutionen sich zu dieser Tatsache verhalten, wie sie entscheiden. Ungerechtigkeit ist gegeben, wenn die (unvermeidlichen) individuellen Ungleichheiten einzelnen einen überdurchschnittlichen Nutzen bringen; wenn Grundrechte und -pflichten nicht für alle gelten oder wenn sie eingeschränkt werden.

Toleranz als politisch-ethischer Begriff meint die Duldung und Akzeptanz anderer Lebensweise, anderen Verhaltens, anderer Kultur, anderer Weltsicht und ist die bewußte Entscheidung für sachbezogene Diskussion sowie gegen Gewalt und Zwang. Sie ist eine Barriere gegen geistig-moralische und/oder juristisch-politische Geringschätzung, Abwertung, Verfolgung und Vernichtung anderer Menschen. Sie ist zuerst die Forderung an sich selbst, das Vorhandensein von Einseitigkeit, Selbstgerechtigkeit, Vor-Urteilen bei sich (und danach erst bei anderen) zu prüfen. Toleranz setzt Selbstbewusstsein und Selbstgewissheit voraus, fördert den Dialog und bremst Aggression. Je mehr der einzelne (oder auch der Staat) sich seiner Sache sicher ist, desto gelassener kann er mit anderer Lebensweise, Kultur, Weltsicht etc. umgehen. Und auch die Umkehrung ist wahr: Je schwächer das Selbstwertgefühl entwickelt ist, desto größer ist die Gefahr der Intoleranz. Feindbilder geben dann eine trügerische, potentiell gewalttätige „Sicherheit". Insofern erstreckt sich Toleranz auf alle Menschen, ausgenommen jene, die das Prinzip der Toleranz leugnen. Erst dort ist sie begrenzt.

Bevor die Durchsetzung von Menschenrechten weiter im Detail erörtert werden kann, muss zunächst auf eine wichtige Unterscheidung im Recht hingewiesen werden.

Das innerstaatliche Recht tritt in Gesetzen zutage. An sie sind alle Menschen als Rechtssubjekte gebunden, ihnen untergeordnet. Gegebenenfalls werden Menschen dem Gesetz mit Zwang unterworfen. Die Rechtsfähigkeit des Menschen, also die Fähigkeit, Träger von Rechten und Pflichten zu sein, entsteht mit der Geburt. Der/die einzelne kann sich aus eigenem Entschluss an der Durchsetzung seiner/ihrer Rechte beteiligen.

Das Völkerrecht kennt keine Über- oder Unterordnung der Staaten und keine überstaatliche Gewalt. Im Völkerrecht werden Verträge verhandelt, verabredet, vereinbart. Die Staaten sind gleichberechtigte Rechtssubjekte. Sie werden dazu durch die Anerkennung anderer Staaten. Als Teil des Völkerrechts sind Menschenrechtserklärungen, -konventionen und -pakte Verträge zwischen Staaten, die sich gegenseitig verpflichten, die Rechte der einzelnen bzw. von Menschengruppen zu achten und zu realisieren. Menschenrechte kommen also Menschen zu, diese aber sind nicht Rechtssubjekte. Das sind die Staaten! Formaljuristisch kann man Menschenrechtspakte als Verträge zwischen Staaten zugunsten Dritter bezeichnen. Die einzelnen können bzw. dürfen – zunächst einmal! – sich nicht an der Verwirklichung ihrer Rechte beteiligen.

Die Fakultativprotokolle zum Zivil- und Sozialpakt jedoch bieten dafür jedoch unter bestimmten Voraussetzungen neue, bessere Möglichkeiten. Das in den Protokollen geregelte individuelle Beschwerderecht zeigt an, dass die Staaten die politischen, bürgerlichen wirtschaftlichen, sozialen, kulturellen Menschenrechte für justiziabel halten.

Außenpolitisch ist die Durchsetzung der Menschenrechte, auch die Ahndung von Verstößen gegen sie, zunächst eine Sache zwischen Staaten. Innenpolitisch ist Durchsetzung und Ahndung an das Wirken von Parteien, Bürgerinitiativen und Persönlichkeiten gebunden. Da wie dort ist die Verwirklichung von Menschenrechten vor allem eine Sache des politischen Wollens, des politischen Klimas, der politischen Kultur, letztlich des politischen Kräfteverhältnisses.

Für die Innenpolitik ist empirisch gesichert: Die konkrete Ausprägung der Menschenrechte ist stark von den wirtschaftlichen Verhältnissen, vom politischen System und der öffentlichen Meinung abhängig. Auf Qualität und Quantität der gleichrangigen Umsetzung von Freiheit und Gleichheit, basierend auf Gerechtigkeit und Toleranz haben **Politik**, **Wirtschaft** und **Medien** in mehrfacher Weise entscheidenden Einfluss. Wie sie den ausüben, zu welchen Ergebnissen er führt, wird sichtbar, wenn man u.a. fragt:

- Stärken die Verantwortlichen in Politik, Wirtschaft und Medien mit ihrem Tun Selbstbestimmung **oder** Ohnmacht der Menschen; Teilhabe am **oder** Ausgrenzung vom gesellschaftlichen Reichtum; Mündigkeit und Urteilsfähigkeit oder Gehorsam und Anpassung?
- Bewirken die Mächtigen in Politik, Wirtschaft und Medien mit ihrem Tun, dass die individuellen Freiheitsrechte **und** die politischen Mitwirkungsrechte **und** die wirtschaftlich-sozialen Grundrechte ganzheitlich (oder nur partiell) realisiert **oder** gar völlig (oder zum Teil) verhindert werden?
- Handeln die Einflussreichen in Politik, Wirtschaft und Medien so, dass die Wirtschaft als Mittel für gesellschaftspolitische Ziele **oder** als Selbstzweck geleitet wird; die Gewaltenteilung im Alltag funktioniert **oder** eingeschränkt/aufgehoben wird; die Medien die politische Macht demokratisch kontrollieren oder kritiklos verherrlichen?

Je nachdem, wie die Antworten ausfallen, kann bewertet werden, ob (bzw. in welchem Maß) die Menschenrechte in einer konkreten Gesellschaft **Norm** (d.h. Standard, Regel, Richtschnur) oder **Anspruch** (d.h. Verlangen, Anrecht, Prämisse, Forderung,) sind oder als **Illusion** (d.h. Selbst-Täuschung, Trugbild, Luftschloss, Phantasiegebilde, weltfremde und/oder ordnungsfeindliche Orientierung) angesehen werden.

Ganz ohne Zweifel hat dieses Modell[10] die üblichen Nachteile idealtypischer Begrifflichkeit, nämlich Abstraktheit und Reinheit. Es hat aber auch den Vorteil des Idealtypus[11], nämlich wesentliche Zusammenhänge der sozialen Wirklichkeit hervorzuheben, zu erfassen sowie zu ordnen und dabei einstweilig die reale empirische Differenziertheit gedanklich zu vernachlässigen.

Auf dieser Grundlage sind die Menschenrechte allgemein, darunter die von ethnischen Minderheiten, als ein nach vorne offener Prozess zu verstehen, bei dem die Rechte stets historisch-konkret definiert und eingefordert werden, unter veränderten sozialen Umständen ständig neu zu deuten sind und auf stets neuem Niveau verwirklicht werden. Menschenrechte sind also nicht zuerst als ein rein juristisches Phänomen, als staatlich und/oder europäisch gesetztes Recht zu sehen. Menschenrechte sind etwas, was Menschen brauchen, damit sie menschlich leben können. Sie sind, wie 1948, zum einen immer wieder ableiten aus der Beobachtung und Bewertung von Situationen, unter denen Menschen gelitten haben oder leiden. Zum anderen aber auch aus der Bewertung, wofür Menschen in verschiedenen historischen Emanzipationsbewegungen gekämpft haben, z.B. Jesus von Nazareth, Spartacus, die Göttinger Sieben, der Bund der Geächteten, Wilhelm Weitling im der Bund der Gerechtigkeit, Nelson Mandela mit dem Afrikanischen Nationalkongress (ANC), Martin Luther King als Sprecher der US-amerikanischen Bürgerrechtsbewegung (Civil Rights Movement) bis hin zur Gewerkschaft Solidarnosc und der Theologie der Befreiung.

Menschenrechte kann man nicht erzwingen; man kann sie weder „von oben" verkünden noch anordnen. Menschenrechte sind auch nicht himmlische Sendung, sondern irdisches Ergebnis politischer Auseinandersetzungen. Wer sie so versteht, geht objektiv davon aus, dass die Menschen soziale, psychische und biologische Wesen sind, die in Gemeinschaften leben und deshalb seit hunderten von Jahren ihre Freiheit und Gleichheit nur politisch bewerkstelligen können.

Die Idee der Menschenrechte wurde durch die Allgemeine Erklärung zu einem Leuchtfeuer, an dem sich der Wandel der Gesellschaft orientiert, der auch und nicht zuletzt, die Situation ethnischer Minderheiten betrifft. Heute wissen wir, eine Veränderung gesellschaftlicher Bedingungen ist u.a. erforderlich, wenn Angehörige ethnischer Minderheiten nicht die Möglichkeit haben, frei und gleich zu sein. Menschenrechte sind immer auch Grundrechte aller Staatsbürger, denn die ethnische Minderheit bedarf keines Vorrechts, keines auf ihre Nationalität bezogenen Sonder-Rechts, sondern „lediglich" einer auf ihre spezifischen Interessen gerichteten Ausformung der allgemeinen Menschenrechte[12]. Schließlich ist damit für Gegenwart und Zukunft klar, der Einsatz für die Menschenrechte ethnischer Minderheiten hat sich sowohl auf die Benennung und Beseitigung von Unrecht als auch auf die Notierung und Bewältigung von Ungerechtigkeiten zu richten.

Vor diesem Hintergrund sind – um wieder auf den Hauptakteur dieses Buches zu sprechen zu kommen – Skalas wesentliche Artikel in der „Kulturwehr", viele seiner Reden im In- und Ausland, seine Standhaftigkeit unter der Nazi-Folter, seine Beteiligung am antifaschistischen Widerstand letztlich Begründungen dafür und Aufforderungen dazu, dass es richtig und wichtig ist, sich auch als einzelner für Freiheit und Gleichheit ethnischer Minderheiten einzusetzen.

Politische, wirtschaftliche und mediale Widerstände in verschiedenen Staatsformen Deutschlands gegen die Idee, alle Menschen sind gleich und frei, waren wesentlich nationalistisch-chauvinistisch begründet. Dass sich die Verweigerung und Verhinderung der Menschenrechte für die Sorben über Jahrzehnte und Jahrhunderte hinzog und mitunter auch in der Gegenwart vollzieht, ist aber in einem bestimmten Umfang auch fremdverschuldeter Unmündigkeit der Sorben zuzuschreiben. Deren Beseitigung scheiterte bisher eher nicht an mangeldem Verstand, oft aber an Unentschlossenheit und Mutlosigkeit.

Bemerkungen zum bundesdeutschen Umgang mit den Menschenrechten

Das Grundgesetz der Bundesrepublik Deutschland ist völkerrechts- und menschenrechtsfreundlich. Die Papierform der Menschenrechte in unserem Land ist vorzüglich. Eine minderheitenfreundlich-konforme Auslegung des Grundgesetzes und des einfachen Rechts wäre deshalb juristisch geboten, politisch korrekt und ethisch im Sinne des kategorischen Imperativs.[13]

Die Verfassungspraxis allerdings hinkt hinterher. Oft tun Politik, Wirtschaft und öffentliche Meinung so, als stünde bei den Menschenrechten zwischen Rhein und Oder alles zum Besten. Zu schnell und meist oberflächlich werden unser demokratisches Regime und die Verwirklichung der Menschenrechte in eins gesetzt. Allgemein bekannt ist jedoch, dass es in Deutschland Defizite bei der Einhaltung der Menschenrechte gibt (Asylrecht, wachsende Armut, ansteigender Rassismus und Antisemitismus) und man berechtigt von einer gewissen „Blindheit" gegenüber Menschenrechtsverletzungen im Innern sprechen kann.[14]

Verbal nehmen alle politischen Größen das Thema „Menschenrechte" wichtig, überwiegend – mitunter ausschließlich –, wenn es andernorts tatsächlich oder vermeintlich anzumahnen ist. Wann immer die Rede von den Menschenrechten ist, ist weniger die Aufforderung zur Selbstkritik zu hören als vielmehr der Tonfall des sicheren Besitzes.

Für Kanzlerin Merkel sind die Menschenrechte „Fundament deutscher Außenpolitik"[15], denn gravierende Menschenrechtsverletzungen gebe es noch immer „rund um den Globus", die Bedingungen müssten weltweit so gestaltet werden, dass „Menschenrechte auch gelebt werden können." Auf der Tagung der Konrad-Adenauer-Stiftung, die dem 60. Jahrestag der Allgemeinen Erklärung der Vereinten Nationen gewidmet war, sagte sie weiter: „Wer diese Erklärung abtut, der versündigt sich an unserem Wertefundament." Der Stiftungs-Vorsitzende, Prof. Vogel, erläuterte, es gelte zu vermitteln, „dass Unterdrückung und Willkür, die Einschüchterung Andersdenkender, die Behinderung der Presse keine abstrakte, sondern eine konkrete Wirklichkeit sind." Er bekräftigte, dass man sich weltweit in über hundert Ländern engagiere, um dem Leitbild „Menschenrechte weltweit sichern!" gerecht zu werden. Innenpolitisch hielt er es vor allem für wichtig, gegen die Verklärung der DDR anzukämpfen. „Der entscheidende Maßstab für ein menschenwürdiges Staatswesen ist der Umgang mit elementaren Freiheits- und Menschenrechten, und diese wurden in der DDR mit Füßen getreten." Menschenrechte brauchen geistigen Rückhalt. „Christlich-Demokratische Politik muss immer eine Politik der Menschenrechte sein, kommt es gelegen oder ungelegen".[16]

Um wichtige innenpolitische Aufgaben der Bundesregierung bei der Sicherung der Menschenrechte zu benennen, wäre zunächst ganz allgemein auf den Artikel 23 der „Allgemeinen Erklärung" von 1948 zu verweisen, der u.a. jedem Menschen „das Recht auf Arbeit, auf freie Berufswahl, auf angemessene und befriedigende Arbeitsbedingungen sowie auf Schutz gegen Arbeitslosigkeit", und zudem „auf gleichen Lohn für gleiche Arbeit" zuerkennt. Und da ist es egal, wem diese Forderung nach menschenrechtsorientierter Politik gelegen und wem sie ungelegen kommt.

Vier Tatsachen jedoch sollen im Einzelnen belegen, dass in der o.a. Art über die Menschenrechte zu reden eine erhebliche Portion Pharisäertum steckt. Es wird überheblich und anmaßend das Verhalten anderer öffentlich und publikumswirksam abgewertet, obwohl man die gleichen Dinge selbst so oder so ähnlich tut.

1. Tatsache:

Der Ausschuss für Grundfreiheiten und innere Angelegenheiten des Europaparlaments veröffentlichte am 27.1.1993 einen Jahresbericht über die Achtung der Menschenrechte in der Europäischen Gemeinschaft. Mit Bezug auf das wiedervereinigte Deutschland ging es darin unter anderem um die „Entlassung von Hochschullehrern und Ablehnung oder Verweigerung der Arbeitserlaubnis für Anwälte und Notare" aus dem Beitrittsgebiet. Zwar sei für diesen Personenkreises eine „strenge Kontrolle zweifellos berechtigt". Zu kritisieren sei aber, dass diese Kontrolle „Ähnlichkeiten mit den zu anderen Zeiten oder an anderen Orten unter Mißachtung der gesetzlichen Vorschriften vorgenommenen ‚Säuberungsaktionen' aufweist." Die Ähnlichkeit zur ganz offensichtlich gemeinten Nazi-Zeit sah man insbesondere darin, dass „keine genaue Mitteilung über die zur konkreten Begründung des Berufsverbotes erhobenen Vorwürfe erfolgt und dass [...] keine Rechtsmittel[17] eingelegt werden können." Der Ausschuss fragte (sich), ob das nicht gegen Art. 12 des Grundgesetzes, aber auch gegen Artikel 6, 10 und 14 der Europäischen Menschenrechtskonvention[18] verstoße.

Zu fragen wäre außerdem, ob damit nicht gegen die Artikel 2 der Allgemeinen Erklärung ebenso verstoßen wurde wie gegen Art. 1 (2) des Grundgesetzes für die Bundesrepublik Deutschland.[19] Vor diesem Hintergrund kann man sich kaum des Eindrucks erwehren, innerstaatlich-rechtliche Regelungen würden genutzt, um politische Gegner zu bestrafen und die Menschenrechte dabei völlig beiseite zu lassen. Ähnliche Gedanken waren offensichtlich im Ausschuss für Grundfreiheiten und innere Angelegenheiten des Europaparlaments im Schwange. Ohne sich zu einer definitiven Beantwortung durchzuringen, haben die Ausschussmitglieder im Entschließungsantrag, A3–0025/93 insbesondere in den Punkten 100. bis 102. deutlich darauf verwiesen, dass in der BRD mit Bezug auf den o.g. Personenkreis Rechtsstaatlichkeit nicht ausreichend gewährt, Willkür nicht völlig ausgeschlossen war und insofern Menschenrechte verletzt wurden.[20]

Relativierend einzuräumen ist, dass die Mächtigen hier nicht die Rechte einer ethnischen Minderheit verletzten. Wohl aber werden Menschenrechte einer Minderheit geschmälert/ nicht gewährt, deren geistiger Kultur, Weltanschauung, Tradition und Sozialisation gegenüber die Regierenden Vor- und Fehl-Urteile hatten. Insofern ist die Verknüpfung mit dem hier behandelten Thema zulässig. Hellhörig sollte dabei eine aktuelle Studie aus dem Institut für Politikwissenschaft der Leipziger Universität machen, die die Berichterstattung großer deutscher Zeitungen über die Ostdeutschen über vier Jahre analysierte.[21]

2. Tatsache:

Der Menschenrechtsrat der Vereinten Nationen überprüft regelmäßig die Umsetzung des „Internationalen Paktes über bürgerliche und politische Rechte" (UN-Zivilpakt) durch die Vertragsstaaten. Seit 2007 existiert die sog. „Regelmäßige Gesamtprüfung (Universal Periodic Review, UPR). Ihre Grundlage sind Berichte der Regierungen der Vertragsländer, UN-Dokumente und Beiträge von Menschenrechtsorganisationen.

Die BRD wurde erstmals 2009 überprüft. Im Mittelpunkt standen Probleme der Sicherung der Menschenrechte in Migrations- und Integrationsprozessen. Angesprochen wurde ebenfalls das Problem der Rassismusbekämpfung. Mit Bezug auf ethnische Minderheiten wurde auf strukturelle Diskriminierungen innerhalb des deutschen Schulsystems verwiesen. Im Juni 2010 legte Prof. Githu Muigai, Generalstaatsanwalt der Republik Kenia, seit 2002 Dr. jur der Columbia University School of Law und Sonderberichterstatter der UN über zeitgenössische Formen des Rassismus, der Rassendiskriminierung, der Fremdenfeindlichkeit und damit verbundener Intoleranz, dem UN-Menschenrechtsrat in Genf einen Bericht vor über die Reise, die ihn Mitte 2009 nach Berlin, Köln, Karlsruhe, Heidelberg, Nürnberg, Leipzig, Rostock und Hamburg, aber auch zur sorbischen Minderheit nach Crostwitz bei Bautzen geführt hatte. Muigai empfahl den deutschen Behörden mehr Eigeninitiative bei der Aufdeckung von rassistischer Diskriminierung. Das musste man wohl oder übel als diplomatisch formulierten Hinweis auf mehr staatliches Engagement gegen Rassismus und Fremdenfeindlichkeit verstehen. Der damalige Beauftragte der Bundesregierung für Menschenrechtspolitik und humanitäre Hilfe, Markus Löning, der den Bericht grundsätzlich begrüßte, sah keinerlei konkrete Pflichten (oder Versäumnisse) des Staates, sondern verwies lediglich darauf, dass in Deutschland häufig Rassismus einseitig mit Rechtsextremismus gleichgesetzt werde, obwohl es ihn auch unter Linksextremen und in der politischen Mitte gebe. Mit dieser sicherlich nicht ganz falschen Feststellung ging er dem Gesagten und Gemeinten allerdings schnurstracks aus dem Wege.

3. Tatsache:

2011 kritisierte der aktuelle Staatenbericht des UN-Ausschuss für wirtschaftliche, soziale und kulturelle Rechte mit Bezug auf die BRD das vorhandene Sozialsystem. Zahlreiche bereits beanstandete Missstände seien nicht beseitigt und Empfehlungen der UN nicht umgesetzt worden. So seien „konkrete Maßnahmen notwendig, damit Kinder aus besonders armen Familien ausreichende Mahlzeiten erhalten." Eine Studie zeige, jedes vierte Kind gehe ohne Frühstück in die Schule. Scharf kritisierte der UN-Ausschuss auch das Grundsicherungssystem. Beziehern von Sozialhilfe und Hartz IV werde damit kein „angemessener Lebensstandard" gewährt. Zudem zeigte man sich besorgt darüber, dass die reale Arbeitslosigkeit in den neuen Bundesländern doppelt so hoch sei wie in Westdeutschland. Die CDU/FDP Regierung akzeptierte die Kritik nicht und wies jede Verantwortung von sich. Erneut kann man einwenden, hier geht es nicht um ethnische Minderheiten. Und dennoch bleibt der Fakt, einem Teil der Bevölkerung, den sog. „sozial Schwachen" (genauer: den „sozial Geschwächten") werden Menschenrechte vorenthalten. Insofern ist der Bezug zum hier behandelten Thema vorhanden.

4. Tatsache:

Beim zweiten UPR-Verfahren für die BRD beklagte der UN-Menschenrechtsrat die hohe Anzahl rassistischer Übergriffe gegen Juden, Sinti und Roma, Ausländer und Asylbewerber als ein „ernsthaftes Problem". Deutschland müsse entschlossen gegen rechtsextreme Propaganda und Aufrufe zum Rassenhass in den Medien, vor allem im Internet, vorgehen. Besorgt zeigte man sich zudem über teilweise unverhältnismäßig hartes Vorgehen von Polizisten gegen Verdächtige und von Gefängniswärtern gegen Häftlinge. In der Diskussion des Berichts, 2013 wenige Tage vor Beginn des NSU-Mord-Prozesses, gab es – bei durchaus vorhandener Anerkennung für die Umsetzung früherer Empfehlungen durch Behörden der BRD – erhebliche Kritik an deutschen Sicherheitsbehörden wegen der Ermittlungen zur NSU-Mordserie.[22] Ungewöhnlich viele Staaten richteten kritische Fragen an die deutsche Delegation, äußerten Sorge wegen ansteigender Ausländerfeindlichkeit und Diskriminierung von Migranten, kritisierten die mangelnde Durchsetzung gleicher Rechte für Frauen im Berufsleben sowie die Benachteiligung von Menschen mit Behinderungen. Der Menschenrechtsbeauftragte entschuldigte sich für das Versagen von Ermittlungsbehörden bei der Aufklärung der Neonazi-Morde und sagte, diese Verbrechen seien „eine der schlimmsten Menschenrechtsverletzungen in den letzten Jahrzehnten in Deutschland." Das lässt die Frage entstehen: Was waren wohl die weniger schlimmen Menschenrechtsverletzungen? Zumindest scheint es so, als ließe der Bundesbeauftragte durchblicken, es gibt Verletzungen der Menschenrechte in der Bundesrepublik Deutschland.

Angesichts dieser vier Fakten verdient der Appell des Bundespräsidenten, der sich vor allem, aber nicht ausschließlich an die Länder Osteuropas richtete, mehr Beachtung in der Innenpolitik. Gauck sagte beim Besuch des Europarats in Straßburg im April 2013: „Rechte und Freiheiten auf dem Papier genügen nicht, sie müssen in der Praxis gewährleistet sein." Mit Bezug auf die Sinti und Roma, auf rechtsextreme Gewalt in Deutschland und die Morde der NSU-Verbrecher nannte er das Eintreten für die Menschenrechte und gegen Rassismus und Intoleranz eine zentrale Aufgabe. Er erinnerte an 1993, „als auch in Deutschland zu meinem Erschrecken[23] eine Reihe rassistisch motivierter Ausschreitungen stattfand – unter anderem auch in meiner eigenen Heimat- und Geburtsstadt Rostock. Es hat mich erschüttert, das zu erleben." Mit Blick auf die Entwicklung der Menschenrechte nach dem Zweiten Weltkrieg hob er, auch für die Bundesrepublik Deutschland des 21. Jahrhunderts gültig, hervor: „Der Blick in tiefste menschliche Abgründe hat uns die Augen für das Wesentliche geöffnet [...][24] Wir haben eingesehen: Wo Menschen ihre Rechte verlieren, verlieren sie am Ende alles: unsere gegenseitige Achtung, unsere Würde, unser Leben und unsere Zukunft."[25] Klar sei: „Es darf in Europa keine Doppelstandards bei Menschenrechten geben, kein Zweiklassen-Menschenrechtssystem, keine unterschiedliche Behandlung von Mitgliedstaaten." Prüfe man „Menschenrechte, Demokratie und Rechtsstaatlichkeit [...] in Ost und West", sei „mit der nötigen Differenzierung" zu arbeiten, aber es gelten die „gleichen Standards für alle."[26]

Skala wies schon vor mehr als 75 Jahren darauf hin, Minderheitenrechte werden be- oder verhindert, „solange das Minderheitenproblem im Deutschen Reich mit zwei verschiedenen Maßstäben gemessen wird: einmal als aussenpolitisches Problem (Dänen, Polen), das andere Mal als innenpolitisches Problem (Lausitzer Serben)".[27]

Das politische System der Bundesrepublik Deutschland und die für sie typische politische Kultur stehen also – nicht nur, aber auch im Hinblick auf die Menschenrechte – unter zweifachem Veränderungsdruck. Erstens muss die selektive Wahrnahme und Auslegung der Menschenrechte beendet werden. Sie gelten ganz, für alle und überall. Zweitens muss ein für allemal und unumkehrbar mit einer unheilvollen Tradition deutscher Politik gebrochen werden, die Saul Asher[28] schon 1815 als „Germanomanie"[29] bezeichnete. Diese unheilvolle, überlieferte Gewohnheit des Denkens und Entscheidens war (und ist) über 150 Jahre durch – mal mehr, mal gar nicht verbrämte – Ausdehnungsabsichten nach Osten, durch – mal mehr, mal gar nicht verschleierte – Slawophobie und durch – mal mehr, mal gar nicht bemäntelte – Täuschungs- und Manipulierungsabsichten, in jedem Fall aber durch das Ziel der Macht- und Profitsicherung gekennzeichnet.

Die folgende Skizze zeigt, das ist keine einfache Aufgabe. Aber: Nur, wenn wir sie erfolgreich lösen wird im 21. Jahrhundert sowohl Deutschlands Beitrag zu deutlicher erlebbaren Menschenrechten in Innern als auch zu ihrer stärkeren Durchsetzung in anderen Ländern Wirklichkeit werden können.

Politische Kultur und verpasste Chancen – eine zeitlich begrenzte Skizze

Ausgangs des 19. und in der ersten Hälfte des 20. Jahrhunderts waren Slawenfeindlichkeit und deutsche Großmannssucht allseits verbreitete Denkmuster.[30] Je weiter man in der deutschen Geschichte der letzten 150 Jahre zurückgeht, desto deutlicher wird, dass der intellektuelle, öffentliche Widerstand dagegen sehr gering war, vom politischen ganz zu schweigen.

Das Ende des Ersten Weltkrieges, der Vertrag von Versailles und die Revolution in Deutschland boten der Republik neue Möglichkeiten, die deutsche Innenpolitik und die Rolle Deutschlands in Mitteleuropa anders als bisher zu definieren. Den führenden Männern um Ebert aber fehlte sowohl Strategie als auch Mut zur Formierung neuer gesellschaftlicher Verhältnisse. Die Eliten der Monarchie waren politisch, aber nicht gesellschaftlich entmachtet. Sie suchten neue Aktionsmöglichkeiten. Mit vielfältigen Mitteln und Beharrlichkeit erreichten sie die Abkehr von neuen Chancen und die Rückkehr zum alten Militarismus und Nationalismus.

Die dagegen agierenden politischen Kräfte waren schwach und uneins. Für die Zeit zwischen 1925 und 1936 gehört der Verband nationaler Minderheiten in Deutschland, seine Zeitschrift und deren Chefredakteur zu jenen, die widerstanden, auch wenn sie an der anhaltenden Dominanz und Realisierung der friedens- und minderheitenfeindlichen Ziele deutscher Politik nichts ändern konnten.

Niedergang und schließliche Kapitulation Nazi-Deutschlands am Ende des Zweiten Weltkriegs eröffneten erneut Optionen für den innen- und außenpolitischen Neuanfang ohne Nationalismus, ohne Faschismus, ohne Grenzrevisionismus, ohne Minderheitenfeindlichkeit. Dafür standen an herausragender Stelle der Aufruf der „Sozialistischen Aktion" vom 14.6.1943 und das in Potsdam (zwischen dem 17.7. und dem 2.8.1945) beschlossene Abkommen der alliierten Siegermächte.

Worin bestanden diese Aussichten konkret?

1. Der wesentlich von Carlo Mierendorff[31] mitverfasste Aufruf entstand im Umfeld des Kreisauer Kreises. Darin hieß es u.a.: „Am heutigen Tag, dem Pfingstmontag 1943, haben die Unterzeichneten feierlich beschlossen, ihr gemeinsames Handeln als Sozialistische Aktion durch die Aufstellung des nachstehenden Aktionsprogramms zu bekräftigen. Die Sozialistische Aktion ist eine überparteiliche Volksbewegung zur Rettung Deutschlands. Sie kämpft für die Befreiung des deutschen Volkes von der Hitlerdiktatur, für die Wiederherstellung seiner durch die Verbrechen des Nazismus niedergetretenen Ehre und für seine Freiheit in der

420

sozialistischen Ordnung. Den Aktionsausschuß bilden Vertreter der christlichen Kräfte, der sozialistischen Bewegung, der Kommunistischen Bewegung und der liberalen Kräfte als Ausdruck der Geschlossenheit und Einheit." Sie forderten: „1. Wiederherstellung von Recht und Gerechtigkeit. 2. Beseitigung des Gewissenszwanges und unbedingte Toleranz in Glaubens-, Rassen- und Nationalitätenfragen. 3. Achtung vor den Grundlagen unserer Kultur, die ohne das Christentum nicht denkbar ist. 4. Sozialistische Ordnung der Wirtschaft, um Menschenwürde und politische Freiheit zu verwirklichen und die Existenzsicherheit der Angestellten und Arbeiter in Industrie und Landwirtschaft sowie des Bauern auf seiner Scholle zu schaffen, die die Voraussetzung von sozialer Gerechtigkeit und Freiheit ist. 5. Enteignung der Schlüsselbetriebe der Schwerindustrie zu Gunsten des deutschen Volkes als Grundlage der sozialistischen Ordnung der Wirtschaft, um mit dem verderblichen Mißbrauch der politischen Macht des Großkapitals Schluß zu machen. „ Das angestrebte Ziel hieß: „Ein neues Deutschland muß entstehen, worin sich das schaffende Volk sein Leben im Geist wahrer Freiheit selbst ordnet." Das entscheidende Mittel dazu sahen die Widerständler so: „Der Nationalsozialismus und seine Lügen müssen mit Stumpf und Stiel ausgerottet werden, damit wir die Achtung vor uns selbst zurückgewinnen und der deutsche Name wieder ehrlich wird in der Welt. Das Gebot der Stunde lautet: Fort mit Hitler! Kampf für Gerechtigkeit und Frieden!"[32].

2. In Potsdam wurde vor allem die politische Neuordnung Deutschlands, seine Entmilitarisierung und der Umgang mit deutschen Kriegsverbrechern völkerrechtlich verbindlich festgeschrieben. Die Alliierten waren sich einig, eine Säuberung der deutschen Gesellschaft, Kultur, Presse, Ökonomie, Jurisdiktion und Politik <u>von allen Einflüssen des Faschismus</u> sei unbedingt erforderlich, damit sich gleiches oder ähnliches nicht wiederholen könne.

Ungeachtet der später unterschiedlichen Entnazifizierungspraxis in den 4 Zonen ist festzuhalten: Es gibt keinerlei Zweifel am Willen und an der Haltung der Sieger des Zweiten Weltkrieges, angesichts der erlebten, durchlittenen und bekämpften Kriegs- und Menschenrechts-Verbrechen der Nazis an den Völkern Europas faschistischen und faschistoiden Entwicklungen in Deutschland **ein für alle mal** einen unverrückbaren Riegel vorzuschieben. Darum heißt es im Potsdamer Abkommen (Punkt III) u.a.: „Der deutsche Militarismus und Nazismus werden **ausgerottet**, und die Alliierten treffen nach gegenseitiger Vereinbarung in der Gegenwart und in der Zukunft auch andere Maßnahmen, die notwendig sind, damit Deutschland **niemals mehr** seine Nachbarn oder die Erhaltung des Friedens in der ganzen Welt bedrohen kann." Im Abschnitt A „Politische Grundsätze" (Punkt 3.I.a) heißt es zu den Zielen der Besetzung gehöre u.a., dass „alle Land-, See- und Luftstreitkräfte Deutschlands, SS, SA, SD und Gestapo mit allen ihren Organisationen, Stäben und Ämtern, einschließlich des Generalstabes, des Offizierkorps, der Reservisten, der Kriegsschulen, der Kriegervereine und **aller anderen** militärischen und halbmilitärischen Organisationen **zusammen** mit ihren Vereinen und Unterorganisationen, die den Interessen der **Erhaltung der militärischen Tradition** dienen, **völlig und endgültig** aufgelöst (werden), um damit **für immer** der Wiedergeburt oder Wiederaufrichtung des deutschen Militarismus und Nazismus **vorzubeugen**". Im Punkt 3. III schließlich wird unmissverständlich festgehalten: „Die Nationalsozialistische Partei mit ihren angeschlossenen Gliederungen und Unterorganisationen ist zu vernichten; alle nationalsozialistischen Ämter sind aufzulösen; es sind Sicherheiten dafür zu schaffen, daß sie **in keiner Form wieder auferstehen können**; jeder nazistischen und militaristischen Betätigung und Propaganda ist vorzubeugen."[33]

Das sind die maßgeblichen politischen Grundsätze und Vorgaben für die „**endgültige Umgestaltung** des deutschen politischen Lebens auf demokratischer Grundlage."[34] Aus der Singularität der faschistischen menschenrechtswidrigen und minderheitenfeindlichen Verbrechen gegen die Völker sowie aus der Willensfestigkeit der Anti-Hitler-Koalition gegen jede Wiederholung aufzutreten, ergibt sich die zeitlose völkerrechtlich und innerstaatlich-rechtliche Gültigkeit der diesbezüglich im Potsdamer Abkommen getroffenen Festlegungen.

Begünstigt vom bald nach der Kapitulation beginnenden Kalten Krieg gab es jedoch – wie schon nach dem vorherigen Krieg (!) – wieder einflussreiche politische Kräfte, darunter zahlreiche alte Nazis, die die mit der Sozialistischen Aktion und dem Potsdamer Abkommen verknüpften Chancen für die politische Gestaltung eines umfassend an den Menschenrechten orientierten und den Minderheiten im Innern gewogenen Deutschland verhinderten. Die Chance, dass die Deutschen ihre Gesellschaft, ihren Staat und sich selbst frei von nazistischem, minderheits- und menschenrechtsfeindlichem Gedankengut und Organisationsformen umgestalten sollen (erst unter der Besatzung, dann aus eigenem Antrieb), wurde schon wenig später absichtsvoll übersehen, geleugnet, verfälscht. Mit dem Kalten Krieg legte sich die antifaschistische Betroffenheit in der Öffentlichkeit und bei politisch Verantwortlichen. Mit dem Verschwinden der Einigkeit der Alliierten verschwanden auch die Begriffe, die die Nazi-Verbrechen deutlich benannten und zur Niewiederholbarkeit aufforderten. Damit einher ging eine Entwicklung, bei der die demokratische, nichtmilitaristische, friedliebende (d.h. eine dem Potsdamer Abkommen genügende) Entwicklung Deutschlands immer mehr aus dem Blick geriet. Zur politischen Weichenstellung unter Adenauer gehörte die außerordentliche Ignoranz gegenüber der politischen und juristischen Auseinandersetzung mit dem Erbe der Nazi-Diktatur und den NS-Eliten.[35]

Etwa seit Ende der 1950er, Anfang der 1960er Jahre gab es in der Bundesrepublik – bei einigen Themen bis in die späten 1980er Jahre und z.T. darüber hinaus – konzeptionelle, z.T. miteinander verflochtene Auseinandersetzungen zwischen gegensätzlichen Kräften um die politische Kultur. Deren Kern bestand darin, Wege zu einer friedenssichernden, minderheitenfördernden, auf grenzrevisionistische Ziele verzichtenden, faschistoide und faschistische Entwicklungen rigoros ausschließenden Entwicklung Deutschlands entweder zielstrebig zu gehen oder nachhaltig zu verbauen[36].

Markante Eckpunkte des Dauerkonflikts um die politische Kultur waren insbesondere erstens die Interpretation von Artikel 139 des Grundgesetzes für die Bundesrepublik Deutschland, zweitens die Fischer-Kontroverse, drittens der Eichmann-Prozess, viertens der Auschwitz-Prozess, fünftens der Streit um die Oder-Neiße-Grenze.

Nachfolgend ist bei jedem der fünf Symptome knapp gezeigt, wodurch die Debatte gekennzeichnet war und wie ihr Ausgang die politische Kultur und – darin eingeschlossen – die Durchsetzung der Menschenrechte in der Bundesrepublik Deutschland beeinflusste.

1. Exakt in Befolgung des Willens der Siegermächte ist Artikel 139 des Grundgesetzes überschrieben: „Weitergeltung der Entnazifizierungsvorschriften". Er lautet: „Die zur ‚Befrei-

ung des deutschen Volkes vom Nationalsozialismus und Militarismus' erlassenen Rechtsvorschriften werden von den Bestimmungen dieses Grundgesetzes nicht berührt." „Nicht berührt" bedeutet, „daß die betroffenen Vorschriften durch die Bestimmungen des GG nicht aufgehoben wurden, sondern ungeachtet ihres Widerspruchs zur Verfassung **in ihrer Geltung unbeeinträchtigt fortbestehen.**"[37]

In fast allen anderen Kommentaren wird jedoch der Bezug zum Potsdamer Abkommen vermieden. Entnazifizierungsvorschriften werden meist auf Kontrollratsdirektiven reduziert. Diese jedoch erlangten bekanntlich nur Rechtskraft, weil es das Potsdamer Abkommen gab. Nach Art. 139 GG sind Handlungen verfassungswidrig, die auf die Errichtung eines totalitären Staates, auf die Propagierung und Umsetzung irgendeiner Form von Rassendiskriminierung, auf die Beseitigung des Mehrparteiensystems, auf irgendeine Form des „Führerprinzips", auf jede Spielart faschistischen Gedankengutes beziehen. Daraus ergibt sich die juristische und politische Möglichkeit, Ablehnung und Bekämpfung nationalsozialistischer Tendenzen verfassungsrechtlich zu legitimieren und diesbezügliche Aktivitäten gesellschaftlicher Kräfte unter den Schutz des Staates zu stellen. Insofern ist Art. 139 ein politisch-juristischer Wegweiser, ein menschenrechtliches Ordnungsprinzip für die Verfassung und die Verfasstheit der Bundesrepublik, ähnlich wie die Grundrechte im Grundgesetz.

Anfang der 1960er Jahre kommentierte der Staatsrechtler und Maunz-Schüler Roman Herzog[38] u.a. Art. 139[39]. Der Kommentar ist bis heute das, was Juristen die „herrschende Lehre" nennen. Die aber erscheint nur wie „eine Art demokratischer Prozess". In Wirklichkeit zeigt sie „das bewusste oder unbewusste politische Verständnis dessen, der das Gesetz auslegen soll."[40] Deshalb soll der Herzog-Kommentar hier politisch in wesentlichen Passagen kritisiert werden.

Zunächst: Im Kommentar fehlt die Überschrift des Artikels (Weitergeltung der Entnazifizierungsvorschriften). Das ist kein Zufall, die Überschriften aller GG-Artikel geben knapp den Kern wieder. Der Kommentar betont, beim Inkrafttreten des Grundgesetzes gab es eine Reihe von alliierten und deutschen Rechtsvorschriften, „die sich mit der sog. Befreiung des deutschen Volkes vom Nationalsozialismus und Militarismus, kurz mit der sog. Entnazifizierung befassten." Die zweimalige Verwendung des Wörtchens „sog." zur Bezeichnung exakter historischer Tatsachen drückt sowohl Zweifel an der Korrektheit dieser Begriffe als auch eine klare Distanz davon aus. Das ist sachlich unangemessen. Behauptet wird dann eine inhaltliche Kollisionen des Art. 139 „mit den in Art. 38 I Satz 1 sowie Art. 28 I Satz 2 verankerten Grundsatz des allgemeinen aktiven und passiven Wahlrechts[41]." Das heißt im Klartext, Mitgliedern einer evtl. neugegründeten Nachfolgeorganisation der NSDAP steht das gleiche aktive und passive Wahlrecht zum Bundestag bzw. in den Ländern, Kreisen und Gemeinden zu. Beim aktiven Wahlrecht mag das noch verstehbar sein. Nicht so beim passiven Wahlrecht. Dass Nazis durch eine Wahl wieder zu politischem Einfluss und Macht kommen können, wollten die Siegermächte vorsätzlich verhindern.

Nicht nur nebenbei: Hoffnungsvoll für alle an stärker wirksamen Menschenrechten und am Schutz ethnischer Minderheiten Interessierter stimmt in diesem Zusammenhang die demokratische Tatsache, dass es in Ländern, Kreisen und Gemeinden der heutigen Bundesrepublik Wahlprüfungsgremien gibt, die ggf. Wahlbewerber der NPD vom passiven Wahlrecht ausschließen.

Der Herzog-Kommentar kommt schließlich nicht umhin, einzuräumen, „diese Gesetzgebung (zum aktiven und passiven Wahlrecht – P.K.) beruhte zwar grundsätzlich auf Besatzungsrecht, vor allem auf den Kontrollrats-Direktiven Nr. 24 vom 12.1.1946 [...] und Nr. 38 vom 12.10.1946"[42] und „war insoweit von der derogierenden Wirkung des Grundgesetzes zunächst ausgenommen." Damit wird halbherzig eingestanden, Alliierte Gesetzgebung geht dem Grundgesetz voraus, bestimmt es inhaltlich. Mit der Bezeichnung des Art. 139 als „salvatorische Klausel" und unter Bezugnahme auf Art. 124 und 125 GG gesteht der Kommentator auch ein, dass die Gesetzgebung der Siegermächte unverändert fortgilt.[43] Weiterhin kommt der Kommentar nicht umhin festzustellen, Art. 139 sei kein Beispiel für eine verfassungswidrige Norm innerhalb des GG. Das hat logisch zwingend zur Konsequenz, Art. 139 ist von seinem Entstehen her, nach Geist und Buchstaben, als eine die Verfassung inhaltlich, richtungsweisend determinierende Norm zu verstehen. Entscheidend ist nach Meinung des Kommentators, „dass die h.L. den Wirkungsbereich des Art. 139 zeitlich, teilweise aber auch sachlich begrenzte." Die zeitliche Begrenzung ergäbe sich „schon aus der Einordnung des Art. 139 unter die Übergangs- und (Schluß-)Bestimmungen." Die Zeitgrenze ist aber im Artikel selbst nicht enthalten ist, sondern wurde erst in der Interpretation und Rechtsprechung erfunden. Damit soll die sachlich-politische Weitergeltung von Art. 139, wie sie eben in der Überschrift zum Ausdruck kommt, ad absurdum geführt werden. Wie wichtig die willkürliche Einführung der Zeitgrenze ist, wird im Folgenden deutlich: „Mit dem Abschluss der sog. Entnazifizierung ist Art. 139 obsolet geworden." Nach 1953, dahin wird das Ende der Entnazifizierung datiert, „äußert Art. 139 weder unmittelbar noch mittelbar irgendwelche Rechtsfolgen." Das kann der Kommentator behaupten, weil er völlig auf jedweden Hinweis zum Potsdamer Abkommen verzichtet. Darin ist ein verschämter Nationalismus erkennbar, der Schuld abwehrt, indem er sie leugnet und so Vergangenheit „erledigt". Um die Meinung, Art. 139 sei veraltet, überholt, unbrauchbar umfassender zu begründen, wird nun postuliert: „Abzulehnen ist insbesondere der Versuch, ihn als ‚Grundsatzaussage über die Haltung des GG gegenüber nationalsozialistischen und verwandten (z. B. faschistischen) Staatsauffassungen' anzusehen und insoweit natürlich fortgelten zu lassen."

Schon die konstatierte Verwandtschaft zwischen demagogischer Selbstbezeichnung der Nazis, einer contradictio in adiecto[44], und dem Faschismus ist ein Schritt zur Relativierung faschistischer Verbrechen an Völkern und Ländern. Die Aussage, Art. 139 „natürlich fortgelten zu lassen", wenn er denn eine Grundsatzaussage im Grundgesetz wäre, ist purer Hohn für alle die Millionen, die unter dem Faschismus zu Tode gekommen sind und für die, die seit 1933 und/oder nach 1945 dafür eintreten, dass er sich nie wiederholen möge. Hier wird dreist gelogen und so Kern und Sinn des Artikels zerstört. In seiner Sichtweise fortfahrend, stellt Herzog fest: Weil die Deutschen „zwischen 1933 und 1945 von seiten des Nationalsozialismus" Anschauungsunterricht in Sachen Diktatur und „seit 1945 von seiten des Kommunismus erfahren" haben, stehe das Grundgesetz allen „totalitären Welt- und Staatsauffassungen ablehnend-kämpferisch gegenüber". Nach der Entnazifizierung „ist es ausgeschlossen", dass das deutsche Volk „dem Totalitarismus der einen Seite mehr Ablehnung entgegenbrächte als dem der anderen. Beide verfallen im System des GG einer völlig gleichen, dafür aber **entschiedenen Ablehnung.** Für eine Art ‚Sondervorschrift nach rechts' ist im System des GG kein

Platz". So wird die antifaschistische Grundsatzaussage der Siegermächte in eine These verdreht, die später in der Totalitarismusideologie weiter vervollkommnet wird. Zugleich wird eine nie praktizierte Äquidistanz heuchlerisch begründet.

Der Kommentar verniedlicht faschistische Menschenrechtsverbrechen, verhöhnt die Opfer der Völker, darunter Angehörige ethnischer Minderheiten, verfälscht den Willen der Sieger des Zweiten Weltkrieges und hält unsere Gesellschaft in einen Zustand, der ein juristische Bekämpfung nationalistischer, rassistischer, minderheitenfeindlicher Taten deutlich erschwert. Insofern wirkt er wie eine Anstiftung zum inneren Unfrieden. Art. 139 ist sehr wohl – wegen der Ursachen seiner Entstehung und nach Geist und Buchstaben – eine „Sondervorschrift gegen rechts"! Er beschneidet auch nicht die Grundrechte, sondern steht vielmehr in direkter Übereinstimmung z.B. mit Art. 2 GG, wonach das Recht auf freie Entfaltung der Persönlichkeit nur soweit für jeden einzelnen gilt, als „er nicht die Rechte anderer verletzt und nicht gegen die verfassungsmäßige Ordnung oder das Sittengesetz verstößt". Wer sich für rassistische, minderheitsfeindliche Ziele engagiert, verstößt sowohl gegen Art. 139 des Grundgesetzes als auch gegen das öffentliche Ethos unserer Gesellschaft, in dem Rassismus, Antisemitismus, Nationalismus, Minderheitenfeindlichkeit und Chauvinismus ausgeschlossen sind. Diese Ächtung aber bedeutet ja nicht quasi-automatisch die Eliminierung solcher Denk- und Verhaltensweisen aus der moralischen Praxis, aus den im Alltag gelebten poilitisch- moralischen Normen.

Stärker als bisher ist darum der Auffassung jener Juristen zu Art. 139 Geltung zu verschaffen, wonach die Anti-Nazi-Vorschriften der Alliierten in ihrer Geltung unbeeinträchtigt sind. Hohe Zeit ist es, das Urteil des Bundesverwaltungsgerichts vom 20.5.1983 ins Licht der Öffentlichkeit zu rücken und für die praktische Politik zu erschließen, das feststellt, die NPD knüpft ideologisch im Hinblick auf Gesellschaftsmodell, Geschichtsbild, Demokratieverständnis, völkischen Nationalismus und Antisemitismus an die NSDAP an.[45] Gleiches gilt für den „Wunsiedel-Beschluss" des Bundesverfassungsgerichts vom 4.11.2009, wonach das „Grundgesetz [...] geradezu als Gegenentwurf zu dem Totalitarismus des nationalsozialistischen Regimes gedeutet werden (kann) und [...] von seinem Aufbau bis in viele Details hin darauf ausgerichtet (ist), aus den geschichtlichen Erfahrungen zu lernen [...]"[46] Hier wird das sog. „Lüth-Urteil" aufgenommen. In einer seit 1950 andauernden juristischen Auseinandersetzung zwischen dem Leiter der Pressestelle des Hamburger Senats Erich Lüth und dem Regisseur Veit Harlan hatte das Bundesverfassungsgericht schon 1958 festgestellt, „daß das Grundgesetz keine wertneutrale Ordnung sein will, [...], in seinem Grundrechtsabschnitt auch eine objektive Wertordnung aufgerichtet hat." Das damit konstituierte „Wertsystem [...] muß als verfassungsrechtliche Grundentscheidung für alle Bereiche des Rechts gelten [...], keine bürgerlich-rechtliche Vorschrift darf in Widerspruch zu ihm stehen, jede muß in seinem Geiste ausgelegt werden."[47]

In diesen juristisch formulierten, innenpolitisch-moralischen Wertorientierungen stecken elementare Ansätze, um die politische Kultur zu verändern, hin zu umfassender ausgeprägten Menschenrechten und einträchtigem Zusammenleben mit ethnischen Minderheiten.

Aber auch aus außenpolitischen Gründen geht die Meinung, Art. 139 GG sei „obsolet" grandios in die Irre.[48] Das ganze Gegenteil ist der Fall! Die Bundesrepublik hält offiziell unbeirrt an ihm fest. In der Stellungnahme anlässlich ihres Antrages von 1970 auf Mitgliedschaft in der UNO brachte die Bundesregierung die politische und verfassungsrechtliche Tragweite des Art. 139 zum Ausdruck als sie erklärte: „Das ausdrückliche Verbot von neonazistischen Organisationen und die Tatsache, daß man nazistischen Tendenzen vorbeugt, folgern gleichermaßen aus dem Grundgesetz, und zwar in der Richtung, daß die von den Alliierten und deutschen Behörden zur Befreiung des deutschen Volkes vom Nationalsozialismus und Militarismus in Kraft gesetzte Gesetzgebung auch weiterhin in Kraft ist."[49] Damit anerkannte die Bundesregierung bis in die zitatähnliche Formulierung hinein die inhaltliche Fortwirkung des Potsdamer Abkommens, den normativen Fortbestand des Art. 139, somit das Zeitigen unmittelbarer und mittelbarer Rechtsfolgen. Das Potsdamer Abkommen ist also kein normatives Nichts! Es ist vielmehr eine inhaltliche Präzisierung der Menschenrechte durch klare Abgrenzung von ihrer massenhaften, systematischen Zerstörung durch die Nazis. Die Erklärung der Bundesregierung ist zudem völlig konform mit GG Art. 25, wonach die „allgemeinen Regeln des Völkerrechts Bestandteil des Bundesrechtes (sind), den Gesetzen vor(gehen) und Rechte und Pflichten unmittelbar für die Bewohner des Bundesgebietes (erzeugen)".[50]

2. In der sog. Fischer[51]-Kontroverse ging es – zwischen 1959 und 1985, am intensivsten etwa von 1962 bis 1970/71 – um die politische Strategie des deutschen Kaiserreiches, insbesondere um die Verantwortung für den Kriegsausbruch 1914 und das Problem der langfristigen Kontinuität deutschen Machtstrebens. Mit Fischers 1961 erschienenem Buch „Griff nach der Weltmacht. Die Kriegszielpolitik des kaiserlichen Deutschland 1914/18" war immanent auch die Minderheitenpolitik thematisiert. Die Kriegsschuldfrage wurde bekanntlich in der Weimarer Republik genutzt, um Minderheiten im Innern zu unterdrücken und deutsche Minderheiten im Ausland zu instrumentalisieren.

Die Kontroverse nahm viele dieser Impulse auf und hatte insofern eine enorme erinnerungs- und geschichtspolitische Bedeutung. Sie war vor (und ist neben) dem bundesdeutschen Historikerstreit der späten 1980er Jahre die wichtigste geschichtswissenschaftliche Debatte mit deutlichen Konsequenzen für die Entwicklung der politischen Kultur.

Fischer recherchierte insbesondere die Kriegsziele der Regierung unter Bethmann Hollweg (Reichskanzler von 1909 bis 1917). Die von ihm verfolgten Zwecke waren deutsche Hegemonie in Europa und schrittweise Etablierung als Weltmacht. Im sog. „Septemberprogramm" aus dem Jahr 1914 – so Fischer – rechnete Bethmann Hollweg mit einem raschen deutschen Sieg, plante weitreichende Annexionen in Frankreich, den Beneluxstaaten sowie die Gewinnung neuer Kolonien in Zentralafrika.[52] Für diese politischen Kriegsziele – so Fischer weiter – formte bzw. nutzte Bethmann Hollweg zumindest in den ersten Kriegsjahren ein informelles Bündnis, das von konservativen Politikern ebenso getragen wurde wie von den Politikers des rechten Randes der SPD. Fischer warf zugleich die Frage nach der Kontinuität der Eliten zwischen Kaiserreich und ‚Drittem Reich' auf.

Damit zog er grundlegend-axiomatische Überzeugungen führender bundesdeutscher Historiker und der meisten Politiker rigoros in Zweifel. Insbesondere betraf das solche Theoreme wie: a) es gibt keine direkte Kausalität zwischen kaiserlicher Außenpolitik und Ersten Weltkrieg, deshalb besteht keine deutsche Verantwortlichkeit für die Auslösung des Krieges, er ist von keinem verantwortlichen Politiker oder Militär gewollt oder bewusst herbeigeführt worden, sondern „Tragik" und „Schicksal"; b) Im Krieg hat es zwischen Politik und Militär keine Kontinuität, gleich gar nicht eine irgendwie geartete Homogenität der Kriegsziele gegeben, vielmehr war ein grundsätzlicher und unüberbrückbarer Gegensatz zwischen dem deutschen Expansionismus der Militärs vor allem der Obersten Heeresleitung unter Paul von Hindenburg und dem Chef des Stabes Erich Ludendorff und der Politik vorhanden; c) zwischen den politischen Zielen des Ersten Weltkrieges und den politischen und militärischen Zielen des Dritten Reiches gibt es keinerlei Kontinuität.

Fischer hingegen hatte schon im Vorwort sein Buch als „Beitrag zu dem Problem der Kontinuität in der deutschen Geschichte vom Ersten bis zum Zweiten Weltkrieg" bezeichnet. Gerade diese gedankliche Verbindung, die Fischer implizit durchgehend belegte, wurde von fast allen Berufskollegen als unerhörter Tabubruch angesehen. Und dies nicht nur, weil Fischer die üblichen Sprachregelungen zum Thema „Erster Weltkrieg" verletzte, sondern vor allem, weil er die staats- und geschichtspolitisch wichtige und von den Herrschenden sorgsam gepflegte Formel ad absurdum führte, das Dritte Reich, dessen Innen-, Außen- und Militärpolitik sei ein gleichsam voraussetzungsloser Bruch deutscher Geschichte, ein an das Wirken von Hitler gebundener „Betriebsunfall" der deutschen Geschichte.

Es verwundert deshalb nicht, das wichtige Vertreter der ersten Reihe der Bundespolitik wie der damalige Bundeskanzler Ludwig Ehrhard, Bundestagspräsident Eugen Gerstenmaier und Franz Josef Strauß (1956 bis 1962 Bundesverteidigungsminister; 1966 bis 1969 Bundesfinanzminister) in öffentlichen Reden zu den schärfsten und entschiedensten Gegnern Fischers gehörten. Einer 1964 auf Einladung des Goethe-Instituts geplanten Vortragsreise Fischers durch die USA wurden die anfangs bewilligten Fördergelder gestrichen. Der nachfolgende öffentliche Protest von deutschen und USA-Historikern brachte die Tatsache ans Licht, dass der damalige Bundesaußenminister Gerhard Schröder (CDU) die Reise verhindert hatte.

Positiv für die politische Kultur der Bundesrepublik war letztlich, dass die allzu offensichtliche Anbindung akademischer Forschung und Publikation an innenpolitische Nützlichkeitserwägungen als belastend für eine sachgemäße Erörterung gewertet wurde. Die Behandlung historiographischer Erkenntnisse als politisches Problem fiel letztlich ihren Protagonisten auf die Füße. In Folge der Fischer-Kontroverse wurde vielmehr mit neuer Intensität zu sozialökonomischen Kriegsursachen, zur innenpolitischen Reformunfähigkeit deutscher Staaten, zur Aus- und Umsiedlung andersethnischer Bevölkerungsteile in europäischen Staaten geforscht. Insofern nimmt die Fischer-Kontroverse zum einen einen unersetzlichen Platz für die unwiderlegbare Aufdeckung der deutschen Kriegsschuld und der Kontinuität deutschen Expansionsstrebens ein. Zum anderen und vor allem jedoch schaffte sie ausbaufähige Ansätze für die Entwicklung einer politischen Kultur in Deutschland ohne Nationalismus, ohne Rassismus, ohne Minderheitenfeindlichkeit.

3. In dem zwischen dem 11.4. und 15.12.1961 in Israel stattfindenden Prozess wurde der SS-Obersturmbannführer Adolf Eichmann für millionenfachen Mord an Juden verschiedener Länder zur Verantwortung gezogen und zum Tod durch den Strang verurteilt. Die Anklage bewies, er war mitverantwortlich für nazistische Massendeportationen in Vernichtungslager; für die Schaffung von Lebensbedingungen für die jüdischen Minderheit, durch die sie phy-

sisch vernichtet wurde; für die Vorbereitung von Sterilisierungen der Juden; für die Versklavung der jüdischen Bevölkerung; für ihre Verfolgung aus nationalistischen, rassistischen, religiösen und politischen Motiven; für die Deportation einer halben Million Polen und etwa 14.000 Slowenen von ihren Wohnorten mit der Absicht, an ihrer Stelle Deutsche anzusiedeln; für die Deportation von etwa 100 Kindern aus Lidice in der Tschechoslowakei und deren Transport nach Polen zum Zwecke der Vernichtung sowie die Mitgliedschaft in verbrecherischen Organisationen (SS, Sicherheitsdienst des Reichsführers-SS, Gestapo). Das Gericht befand Eichmann in allen Anklagepunkten für schuldig.

Eichmann und sein Anwalt Servatius zweifelten die Rechtsgrundlage des Prozesses und die Zuständigkeit eines israelischen Gerichtes an. Das Gericht wies dies zurück und begründete, schwere Verletzungen der Menschenrechte und Völkermord können auch von einem Gericht außerhalb des eigentlichen Tatbereichs geahndet werden. Eichmann und sein Anwalt legten am 17.12.1961 Berufung ein. Das Urteil wurde in zweiter Instanz nach sechs Beratungen am 29.5.1962 bestätigt, ein Gnadengesuch Eichmanns vom israelischen Präsidenten abgelehnt und das Urteil am 31.5.1962 vollstreckt.

Der Prozess fand große internationale Aufmerksamkeit und wird bis heute, vor allem unter formal-rechtlichen Aspekten kontrovers diskutiert. Ausgeblendet wurde und wird jedoch in der deutschen Öffentlichkeit die Frage, wie die Gesellschaft politisch und geistig strukturiert und organisiert war, die einen „Eichmann" möglich und erforderlich machte. Es gab und gibt jedoch keine Stimme, die den Nachweis der Schuld anzweifelte. Dominierend im öffentlichen Bewusstsein sind hingegen die Worte Hannah Arendts, Eichmann sei ein „Schreibtischtäter", sein Verhalten vor Gericht veranschauliche die „Banalität des Bösen".

In Folge des Prozesses kam es zu einer schärferen, kritischeren Sicht auf die deutsche Vergangenheit und den oft entweder verdrängten oder gar vergessenen Umgang der Deutschen mit andersethnischen Minderheiten. Die Erinnerung daran ist der Ausprägung einer minderheitenfreundlichen politischen Kultur durchaus förderlich.

4. Der 1. Auschwitzprozess[53] fand zwischen dem 20.12.1963 und dem 20.8.1965 statt. Angeklagt waren 22 ehemalige SS-Angehörige, die im KZ Auschwitz in unterschiedlichen Funktionen tätig waren und insofern einen individuellen Beitrag zur Durchsetzung rassistischer Vernichtungspolitik leisteten. Am 6.5.1965 war nach 154 Prozesstagen die Beweisaufnahme abgeschlossen. Die Plädoyers der Anklagevertreter, der Nebenklagevertreter und der Verteidigung nahmen 22 Verhandlungstage in Anspruch. Am 19.8.1965 begann die Urteilsverkündung, tags drauf war sie beendet. Die Urteile in der „Strafsache gegen Mulka und andere" (ranghöchster Angeklagter: Robert Mulka) lauteten in sechs Fällen auf lebenslanges Zuchthaus, eine zehnjährige Jugendstrafe für den zum Zeitpunkt der Verbrechen erst 19 Jahre alten Angeklagten Stark; zehn Freiheitsstrafen zwischen dreieinhalb und vierzehn Jahren und dem Freispruch für drei Angeklagte aus Mangel an Beweisen.

Der Richter würdigte die zahlreichen Gutachten, die ein Bild der politischen, geistigen und rechtlichen Situation im NS-Staat gezeichnet hatten. Gleichwohl sei im Prozedur stets die individuelle Schuld erforscht und bewertet worden. Nicht nur Politiker und Schreibtischtäter seien zur Verantwortung zu ziehen. Auch sog. „kleine Leute" seien nötig, um den Plan der Menschenvernichtung auszuführen. Die Beteiligung der Angeklagten daran bestand in

Tottrampeln, Ertränken, Erschießen, Mord mit Phenolspritze, Selektion an der Rampe auf dem Weg in die Gaskammer

Erstmal wurden in der Bundesrepublik Deutschland SS-Mitglieder wegen ihrer, in einem deutschen Konzentrationslager verübten Verbrechen verurteilt. Juristisch wurde aufgeklärt, welche Untaten Menschen über Jahre vollbrachten und wie der von staatlicher Hand gelenkte Massenmord funktionierte. Auschwitz ist seitdem Synonym nicht nur für rassistischen, minderheitenfeindlichen, antisemitischen, germanomanischen Völkermord, sondern auch für eine industrielle und bürokratische Rationalität, frei von Humanität, Empathie, Gerechtigkeit und Toleranz, Freiheit und Gleichheit.

Kein Angeklagter gab seine Schuld zu. Kaum einer fand ein Wort des Bedauerns für die Opfer in Auschwitz. Die Stimmung beim Prozess und auch in der deutschen Öffentlichkeit beschreibt die Tatsache, dass einige Polizisten salutierten, als die angeklagten ehemaligen SS-Angehörigen den Gerichtssaal verließen. Bezeichnend und überhaupt kein Einzelfall ist zudem, dass am 12.4.1965 als Zeuge vor Gericht Dr. Werner Best[54] erschien, „der bereits im Jahre 1932 im Rahmen der sogenannten Boxheimer Protokolle die ersten Planungen für die Endlösung schuf, der dann in Hessen die Gestapo einrichtete, um später noch in der Gestapo-Zentrale leitend tätig zu sein – heute Leiter der Rechtsabteilung des Stinnes-Konzern"[55] ist.

Ungeachtet dessen: den Deutschen wurde mit dem Prozess vor Augen geführt, wohin es führt, wenn Rassismus, Fremdenfeindlichkeit, Nationalismus ins Extreme geführt werden und den politischen Alltag bestimmen. Alles in allem war der Auschwitz-Prozess ein weiterer Impuls für eine gewandelte Wahrnehmung der Nazi-Verbrechen und insofern für eine sich am Menschenrecht orientierende politische Kultur in der Bundesrepublik. Dieser Impuls kam am deutlichsten in einem Gespräch des SPIEGEL-Herausgeber Augstein mit dem Philosophen Karl Jaspers zum Ausdruck. Wesentliche Inhalte drangen allerdings nur zögerlich ins Bewusstsein großer Teil der Bevölkerung. Jaspers sagte u.a.: „Das Recht ist überall in der Welt begründet auf […] den politischen Willen der Selbstbehauptung der Ordnung eines Staatswesens […] Der entscheidende Punkt ist, ob man anerkennt, der Nazistaat war ein Verbrecherstaat, nicht ein Staat, der auch Verbrechen begeht. Ein Verbrecherstaat ist ein solcher, der im Prinzip keine Rechtsordnung stiftet und anerkennt. Was Recht heißt und was er in einer Flut von Gesetzen hervorbringt, ist ihm ein Mittel zur Beruhigung und Unterwerfung seiner Menschenmassen, nicht etwas, was er selber achtet und einhält. Was er will, ist Verwandlung der Menschen selber durch Gewalt, die die Menschheit im Ganzen unterwirft, geführt von irgendwelchen Vorstellungen vom Menschen, die in der Tat das Menschsein aufheben. Sein Prinzip bezeugt er durch Ausrottung von Völkern, die gemäß seiner Entscheidung keine Daseinsberechtigung auf der Erde haben sollen […] Den Verbrecherstaat als Verbrecherstaat klar vor Augen zu haben, ist die Voraussetzung jeder weiteren Argumentation […] Der uneingeschränkte Wille zum Abbruch der Kontinuität zu dem Verbrecherstaat, die Erkenntnis und der Wille zur Neugründung, das alles ist die Voraussetzung für uns, wenn wir eine Zukunft haben. Da gibt es nicht Meinungsverschiedenheiten, da gibt es Verschiedenheiten der Gesinnung und Denkungsart. Diese müßen miteinander reden, so gut sie können. Die können aber nicht allein durch rationale Gründe sich beikommen, sondern nur in der tieferen Kommunikation, in der der Mensch des Menschen selber ansichtig und seiner selbst bewußt wird."[56]

Klarer, schärfer kann man kaum benennen, wie unumgänglich ein Neuanfang der politischen Kultur in der Bundesrepublik war, der – bei Strafe der Wiederauferstehung nazistischer Denk- und Verhaltensweisen – zu einem qualitativ neuen, modernen Verständnis der Menschen- und Minderheitsrechte führen muss. Es gibt allerdings fast 50 Jahre nach solch klaren Worten aktuelle Ereignisse (z.B. politische Konzepte für eine Zentrum gegen Flucht und Vertreibung, das Versagen von Sicherheitsbehörden gegenüber den NSU-Verbrechen, oder Reden für mehr deutsche Beteiligung an internationalen Militäreinsätzen, Überfälle auf Asylbewerberheime und ihre Bewohner), die blitzlichtartig erhellen, dass die Chance einer Neufokussierung fast schon vergessen scheint. Oder optimistisch gesagt: welch weiter Weg dahin noch immer und schon wieder zurückzulegen ist. Was wäre gewonnen, was wäre zu gewinnen –, wenn Jaspers' Position Staatsräson wäre!

5. Die Oder-Neiße-Grenze[57] wurde am Ende des Zweiten Weltkrieges im Rahmen des Potsdamer Abkommens als künftige Grenze zwischen Deutschland und Polen, vorbehaltlich des Abschlusses einer endgültigen Friedensregelung, festgelegt. Die am 7.10.1949 gegründete DDR erkannte im Görlitzer Abkommen vom 6.7.1950 die Oder-Neiße-Grenze an. Die am 23.5.1949 gegründete Bundesrepublik Deutschland erkannte am 7.12.1970 die *Oder-Neiße-Linie* unter dem Vorbehalt einer Änderung im Rahmen einer Friedensregelung als faktisch „unverletzliche" Westgrenze der damaligen Volksrepublik Polen an. Im Zusammenhang mit dem voraussehbaren Beitritt der DDR zum Geltungsbereich des Grundgesetzes für die Bundesrepublik Deutschland wuchs in Polen die Sorge, ein vereinigtes Deutschland könne eine Revision der deutschen Ostgrenzen fordern. Die uneingeschränkte Anerkennung der Oder-Neiße-Grenze wurde im 2-plus-4-Vertrag der beiden deutschen Staaten und der Siegermächte des Zweiten Weltkrieges verankert und im deutsch-polnischen Grenzvertrag vom 14.11.1990 erneut völkerrechtlich bekräftigt. Durch den am 16.1.1992 in Kraft getretenen Vertrag gab Deutschland endgültig alle Ansprüche auf frühere Ostgebiete des Deutschen Reiches auf.

Dem ging ein in der Bundesrepublik über Jahrzehnte äußerst kontrovers geführter Streit voraus. Unmittelbar nach Kriegsende dominierte bis in die frühen 1960er Jahre strikte Ablehnung und ständige Infragestellung der Grenze an Oder und Neiße. Etwa sieben Millionen Deutsche mußten nach 1945 Gebiete jenseits von Oder und Neiße verlassen, teils als Flüchtlinge, teils von den Siegern vertrieben. Sie strömten überwiegend in die westlichen Besatzungszonen. Die anfangs als lästige Eindringlinge empfundenen Zuwanderer schlossen sich in 20 Landsmannschaften und zahllosen Vereinen zusammen. Im August 1950 beschlossen der „Zentralverband der vertriebenen Deutschen" und die „Vereinigten Ostdeutschen Landsmannschaften" in Stuttgart die „Charta der Heimatvertriebenen" und erfanden darin ein bisher im Völkerrecht unbekanntes, „von Gott geschenktes Grundrecht der Menschheit", das „Recht auf die Heimat". Prominente Agitatoren dieser Verbände sorgten dafür, dass die europäische Öffentlichkeit, insbesondere die osteuropäische, die Gefährlichkeit des deutschen Nationalismus und die Folgen ständiger Infragestellung von Grenzen durch deutsche Politiker nicht vergaß.[58] Die Meinung, die polnische Westgrenze nur mit friedlichen Mitteln zu verändern, war lediglich ein rhetorischer Trick. Denn man wusste natürlich, dass Polen völkerrechtlich nicht gezwungen werden konnte, die Gebiete ohne Krieg herzugeben. Folgerichtig erhielt der Revisionismus- und Revanche-Vorwurf gegen die Bundesrepublik immer wieder neue Nahrung. Gleiches bewirkten die alljährlich stattfindenden Treffen Hunderttausender Bundesdeutscher mit Vertriebenen-Ausweisen oder die amtliche Bekanntmachung des Bundesinnenministeriums von 1953: „Kartographische Gesamtdarstellungen von Deutschland sollen das deutsche Gebiet in seinen Grenzen von 1937 zeigen" oder die Verfügung in einem Bundesgesetz: „Kinder, die nach der Vertreibung geboren sind, erwerben die Eigenschaft als Vertriebener", denn: „Die Rechtsansprüche eines jeden deutschen Vertriebenen auf seine Heimat und seinen Besitz gehen automatisch auf die Kinder über, selbst wenn diese Kinder erst in der Bundesrepublik geboren wurden und somit die Heimat ihrer Familien nie gesehen haben." Sichtbar wird: Die von Nazi-Deutschland angestrebte Vorherrschaft der „arischen Rasse" über die „slawischen Untermenschen" sollte nicht für alle Zeit und in Gänze gescheitert sein.

In solch einem Klima wirkte die 1965 veröffentlichte sog. Ostdenkschrift der Evangelischen Kirchen in Deutschland „Die Lage der Vertriebenen und das Verhältnis des deutschen Volkes zu seinen östlichen Nachbarn" für die einen als schlimmer Tabubruch und für die anderen fast wie eine Erlösung. Die Empörung – nicht allein bei den Verbänden der Heimatvertriebenen – fiel heftig aus. Verrat und Verzicht waren die Vorwürfe, mit denen sich die evangelische Kirche konfrontiert sah. Neben den Vertriebenen waren es vor allem konservative Kreise in Politik, Gesellschaft und Kirche, die mit Ablehnung reagierten und die kirchliche Einmischung kritisierten.

1968 votierte Außenminister Brandt für eine „Anerkennung beziehungsweise Respektierung der Oder-Neiße-Grenze bis zur friedensvertraglichen Regelung". Im Jahr darauf erklärte er als Bundeskanzler, dass er die Oder-Neiße-Linie als Grenze anzuerkennen beabsichtige. Das löste im Bundestag und bei den Landsmannschaften heftige Reaktionen aus. Franz Josef Strauß witterte eine „sozialistisch-kommunistische Internationale". Rainer Barzel beschuldigte die Brandt/ Scheel-Koalition, den Weg in die „Ungewißheit des Abenteuers" angetreten zu haben, und rief zum Sturz der Regierung auf. Vertriebenen-Präsident Herbert Czaja (CDU) bezichtigte den Kanzler des „Aufgebens der Menschenrechte" und gelobte „ständigen Widerstand".

Am 7.12.1970 bekundeten die Bundesrepublik Deutschland und Polen vertraglich, dass die aus den Potsdamer Beschlüssen herrührende bestehende Grenzlinie die „westliche Staatsgrenze der Volksrepublik Polen bildet", man „gegeneinander keine Gebietsansprüche" habe und solche „auch in Zukunft nicht erheben" werde. Bei der Abstimmung im Bundestag enthielten sich die Abgeordneten der CDU/CSU. Der Vertrag wurde gültiges Recht. Im September 1972 nahmen beide Seiten diplomatische Beziehungen auf.

Der erste sozialdemokratischer Regierungschef hatte ein Tabu durchbrochen, das unter drei CDU-Kanzlern und durch 20 Jahre Agitation konservativer, rechter Deutscher aufgebaut und am Leben erhalten worden war. Insofern ist Jürgen Schmude, SPD-Politiker und langjähriger Präses der EKD-Synode, vollständig zuzustimmen, wenn er rückblickend meinte, es sei gerechtfertigt, die Ostdenkschrift als „prophetisches Wort" einzuordnen. Die Kirche habe damit unbequeme Wahrheiten gesagt, gefährlichen und falschen Hoffnungen widersprochen und Tabuschranken durchstoßen.[59]

Die Entspannung im Verhältnis von Deutschen und Polen hatte zweifelsohne positive Wirkung auf den politischen Stellenwert der Menschenrechte wie für den Umgang mit andersethnischen Minderheiten. Am 21. Juni 1990 verabschiedeten Bundestag und Volkskammer gleichlautende Erklärungen zur Westgrenze Polens. Darin heißt es: „Die Grenze Polens zu Deutschland, so wie sie heute verläuft, ist endgültig. Sie wird durch Gebietsansprüche von uns Deutschen weder heute noch in Zukunft in Frage gestellt. Dies wird nach der Vereinigung Deutschlands in einem Vertrag mit der Republik Polen völkerrechtlich verbindlich bekräftigt werden [...]." Genauso geschah es. 1991 vereinbarten beide Seiten im deutsch-polnischen Nachbarschaftsvertrag (Art. 2), sie „verurteilen klar und unmißverständlich Totalitarismus, Rassenhaß und Haß zwischen Volksgruppen, Antisemitismus, Fremdenhaß und Diskriminierung irgendeines Menschen sowie die Verfolgung aus religiösen und ideologischen Gründen. Sie betrachten Minderheiten und gleichgestellte Gruppen als natürliche Brücken zwischen dem deutschen und dem polnischen Volk und sind zuversichtlich, daß diese Minderheiten und Gruppen einen wertvollen Beitrag zum Leben ihrer Gesellschaften leisten."[60]

Selbst wenn einzuräumen ist, dass diese symptomatischen Eckpunkte kein vollständiges Bild liefern können, wird doch zusammenfassend erkennbar: In diesen Auseinandersetzungen um das politische Selbstverständnis der Deutschen, um die politische Kultur in Deutschland setzte sich zumeist, aber eben **schon** nicht mehr immer, die eher konservativ-regressive Position durch. Mitunter, aber **noch** nicht umfassend und dauerhaft gewannen demokratisch-progressive Kräfte an Akzeptanz. In dieser Dialektik steckt ein kreatives, innovatives Potential. Es wird dann – und nur dann – wirksam, wenn Fehler als solche erkannt werden. Gesellschaften können, wie alle „Chaossysteme", Fehler als (in diesem Fall politische) Herausforderung bewerten und ihre Lösung in ihre Entwicklungsdynamik integrieren. Allerdings: je autoritärer die jeweilige Gesellschaft strukturiert ist, desto schwieriger wird der entwicklungsfördernde Umgang mit früheren Fehlern. Welche konkrete Gestalt diese Dialektik annimmt, ist nicht vorbestimmt. Geschichte ist nach vorne offen.

Der Beitritt der DDR zum Geltungsbereich des Grundgesetzes für die Bundesrepublik Deutschland bot erneut eine Chance, aus der Vergangenheit zu lernen. Für ganz Deutschland war es zum einen möglich, die Erkenntnis des damaligen Bundespräsidenten von Weizsäcker mit Leben zu erfüllen, alle Deutschen müssten heute gemeinsam sagen: „Der 8. Mai [...] hat uns alle befreit von dem menschenverachtenden System der nationalsozialistischen Gewaltherrschaft." Das gilt auch für seine Mahnung „Wer aber vor der Vergangenheit die Augen verschließt, wird blind für die Gegenwart. Wer sich der Unmenschlichkeit nicht erinnern will, der wird wieder anfällig für neue Ansteckungsgefahren."?[61] Zum anderen war es erreichbar, Horkheimers vor dem Zweiten Weltkrieg erhobene Forderung: „Wer aber vom Kapitalismus nicht reden will, sollte auch vom Faschismus schweigen"[62] zu einem inhaltlichen und methodischen Leitfaden der öffentlichen und gründlichen Diskussion über die weitere Entwicklung der politischen Kultur in der Bundesrepublik zu machen. Es war duchaus zu erwarten, dass diese Chancen genutzt werden. Denn Tatsache ist, die Bundesrepublik hat gesicherte Grenzen. Nationalstaatliche Alleingänge sind nicht zielführend. Notwendig und möglich sind hingegen außenpolitisch die Kooperation mit anderen Ländern bzw. Völkern und innenpolitisch die Integration einer in hohem Maße ethnisch inhomogenen Bevölkerung. Schließlich wäre die Ausarbeitung einer neuen Verfassung gemäß Art. 146 (nach der Wiedervereinigung) eigentlich (!) unumgänglich gewesen. Verstärkt wurde die Zuversicht einer solchen Entwicklung der politischen Kultur dadurch, dass die Zeithorizonte in der politischen Realisierung von Gerechtigkeit und Toleranz mit dem Ziel der Gleichheit und Freiheit aller Menschen, diesem Kern der Menschenrechte, sich mit dem Beitritt der DDR gegenüber Kaiserreich und Weimarer Republik sichtbar kürzer gestalteten. Die reale politische Entwicklung verlief jedoch bekanntlich anders. Die Chancen wurden erneut, zumindest teilweise, verpasst.

Vor dem Hintergrund der von Skala ausgehenden Impulse und angesichts aktueller Defizite in der Gestaltung der Minderheitenrechte sehe ich drei wesentliche Aspekte für einen neuen „Anlauf", die politische Kultur der Bundesrepublik auf die Höhe eines modernen Menschen- und Minderheitenrechts zu entwickeln: Erstens muss die Intoleranz gegenüber dem Erbe aus der DDR beendet und – wie vom alten Grundgesetz vorgesehen – eine neue Verfassung ausgearbeitet werden, was auch die Festlegung einer neuen Nationalhymne umfasst. Zweitens ist das Grundgesetz um einem Artikel zum Schutz und der Förderung ethnischer Minderheiten zu ergänzen und drittens ist das Staatsbürgerschaftsrecht gründlich zu überarbeiten. Dazu sollen im Einzelnen knappe, unvollständige Anstöße für einen offenen und öffentlichen Diskurs gegeben werden.

1. Die DDR-Geschichte darf nicht länger wie ein Kriminalfall, wie eine Kette von Verbrechen dargestellt werden. Die größten Verbrechen des 20. Jahrhunderts beging nicht die DDR. Die beiden Weltkriege mit ihren Verbrechen und tragischen Folgen für Millionen Menschen entstanden unter den Bedingungen einer kapitalistischen Gesellschaft. Deswegen ist eine sozialistische Orientierung nicht von vornherein abzulehnen. Gerade jetzt, ein Vierteljahrhundert nach dem „Mauerfall" wäre es des Erinnerns wert, dass die Losung „Wir sind das Volk" das Aufbegehren großer Teile der DDR-Bevölkerung gegen die politbürokratische Erstarrung ihres Landes war. Hilfreich könnte zudem sein, sich an damalige Originaltöne korrekt zu erinnern. Das „Neue Forum" forderte in einem Aufruf vom 11.9.1989, es möge „keine Entartung in eine Ellenbogengesellschaft" geschehen. Im Aufruf von Masur und anderen Leipziger Prominenten hieß es am 9.10.1989 u.a.: „Wir alle brauchen einen freien Meinungsaustausch über die Weiterführung des Sozialismus in unserem Land". Die Bürgerbewegung „Demokratie jetzt", unter anderem mit Frau Göring-Eckardt an verantwortlicher Position, meinte: Der Sozialismus „darf nicht verloren gehen, weil die bedrohte Menschheit auf der Suche nach überlebensfähigen Formen menschlichen Zusammenlebens Alternativen zur westlichen Konsumgesellschaft braucht". Der „Demokratische Aufbruch", deren Pressesprecherin damals die heutige Bundeskanzlerin war, betonte in einem Grundsatzdokument: „Die kritische Haltung des Demokratischen Aufbruchs (DA) zum realexistierenden Sozialismus bedeutet keine Absage an die Vision einer sozialistischen Gesellschaftsordnung: Wir beteiligen uns am Streit um die Konzeption des Sozialismus". Bei der millionenfachen Kundgebung am 4.11.1989 auf dem Berliner Alex hat keiner der vielen Redner die deutsche Einheit gefordert. Vielmehr wollten sie nach 40 Jahren einen politischen Neuanfang, hin zu einem wahrhaft sozialistischen System.

2. Eine gesamtdeutsche Kommission für die Ausarbeitung einer neuen Verfassung könnte auf Vorarbeiten des Runden Tisches zurückgreifen. In dessen Entwurf wurde für die Rechte der Minderheiten in Artikel 34 formuliert: „Der Staat achtet und fördert die Interessen der Sorben. Er gewährleistet und schützt ihr Recht auf den Gebrauch und die Pflege ihrer Sprache, Kultur und Traditionen. Er unterhält oder unterstützt die dazu erforderlichen Einrichtungen, insbesondere im Sozial- und Bildungswesen. Die Sorben haben das Recht, ihre Muttersprache vor den Verwaltungsbehörden und den Gerichten zu gebrauchen. In der Landes- und Regionalplanung sind die Lebensbedürfnisse der Sorben besonders zu berücksichtigen." Kürzer, aber auch in die richtige Richtung weisend wäre eine Bestimmung derart möglich: „Die Bundesrepublik Deutschland gewährleistet und fördert die Rechte der autochthonen nationalen Minderheiten." Damit würde die Bundesrepublik an eine lange demokratische Tradition anknüpfen, denn sowohl die Paulskirchenverfassung von 1849 als auch die Weimarer Verfassung sahen – ungeachtet der notwendigen Kritik an ihnen – Schutz und Förderung nationaler Minderheiten in der Verantwortung des Gesamtstaates. Ein erster Schritt zur Umsetzung eines solchen Artikels könnte der Abschluß eines Vertrages zwischen legitimierten Vertretern des deutschen Staates und des sorbischen Volkes sein, der sich an Skalas Forderung orientiert: Wenn „ein wirkliches Minderheitenrecht für die Lausitzer Serben entstehen (soll)", dann „wird eine Wiedergutmachung des […] in den vergangenen 1000 Jahren der Geschichte begangenen Unrechts als moralische Verpflichtung der Gegenwart an erster Stelle stehen müssen. Sie wird dort stehen können […], wenn die Regierung des deutschen Reichs sich zu ihren Deklarationen zum europäischen Minderheitenproblem […] durch die Tat bekennt."[63]
Der Text für die Nationalhymne eines Deutschlands, das sich als frei von Revisionismus und Nationalismus versteht, wäre in Brechts „Kinderhymne" seit 1950 schon vorhanden.

1. Anmut sparet nicht noch Mühe
   Leidenschaft nicht noch Verstand
   Daß ein gutes Deutschland blühe
   Wie ein andres gutes Land.

2. Daß die Völker nicht erbleichen
   Wie vor einer Räuberin
   Sondern ihre Hände reichen
   Uns wie andern Völkern hin.

3. Und nicht über und nicht unter
   Andern Völkern wolln wir sein
   Von der See bis zu den Alpen
   Von der Oder bis zum Rhein.

4. Und weil wir dies Land verbessern
   Lieben und beschirmen wir's
   Und das Liebsten mag's uns scheinen
   So wie andern Völkern ihrs.

3. Das aktuelle Staatsbürgerschaftsrecht geht noch immer über die Grenzen der Bundesrepublik hinaus. Es setzt das seit 1842 geltende Staatsbürgerschaftsrecht fort, welches 1913 Reichsrecht wurde, in der Weimarer Republik unverändert galt und von den Nazis im Reichsbürgergesetz minderheits- also menschenrechtsfeindlich „perfektioniert" wurde. Unter Anwendung des ius sanguinis garantiert es aktuell so genannten „Deutschstämmigen" die vollständigen Staatsbürgerschaftsrechte. Das ist genau genommen zwar nicht territorialer, aber bevölkerungspolitischer Irredentismus. Andersethnische Staatsbürger werden hingegen stigmatisiert, langjährig im Lande lebenden Ausländern macht es noch immer, trotz aktueller Ausweitung der doppelten Staatsbürgerschaft, kein überzeugendes Angebot. Unzulässig vereinnahmt es schließlich Angehörige anderer Ethnien, darunter die Sorben.

Unbedingt erforderlich ist eine exakte Trennung zwischen Nationalität und Staatsbürgerschaft. Die könnte dann nach österreichischem Muster definiert werden. Angehörige unterschiedlicher Nationalitäten sind – im Falle des Falles – „Bürger des Staates Österreich".

Bürger und Initiativgruppen, die sich heute in der Bundesrepublik für ein Ende deutscher Großmannssucht, für eine deutlichere Umsetzung menschenrechtlicher Grundsätze, für einen neuen Versuch zur Veränderung der politischen Kultur der Bundesrepublik im 21. Jahrhundert einsetzen, ernten **noch** immer (und mitunter **schon** wieder verstärkt) ähnliches Unverständnis wie die demokratischen, Roman Herzog widersprechenden Juristen, wie Fritz Fischer, wie Hannah Arendt, wie Karl Jaspers, wie Willy Brandt wie Richard von Weizsäcker oder wie Max Horkheimer.

Damit jedoch realisieren diese Bürger und Iniativgruppen in zweifacher Weise individuell hohe und politisch ernsthafte Ansprüche. Zum einen wollen sie – wie Skala – persönlich Einfluß darauf nehmen, zu verhindern, dass ein Krieg als „Lösung" innen- und außenpolitischer Probleme angesehen wird und alle Vernunft zu ihrer Regelung ausschaltet. Verdienstvoll und in höchstem Maße ehrenwert ist das insofern, als die Situation vor Beginn der beiden Weltkriege in bestürzender Weise der heutigen ähnelt.[64] Zum anderen gehen sie – wie Skala – davon aus, eine menschenrechtlich fundierte Politik muß darauf zielen, dass jede/jeder seine Fähigkeiten voll entwickeln kann. Sie wollen, dass jede/jeder urteilsfähig wird und in der Lage ist, über ihr/sein Leben eigenständig zu entscheiden. In einer erlebbar von Menschenrechten geprägten Gesellschaft – das ist ihre unverrückbare Überzeugung– existieren Konfliktlösungsstrategien, die nicht diskriminieren, die ohne Nutzung des staatlichen Gewaltmonopols auskommen und die im sachlichen Dialog die Interessen unterschiedlicher sozialer Gruppierungen, und eben auch ethnischer Minderheiten, zu einem gerechten Ausgleich führen.

Gedanken über menschenrechtsfundierte Politik gegenüber den Sorben

Schauen wir mit der Erinnerung an Skala und an 1948 sowie mit dem Okular des idealtypischen Modells, aber auch unter dem Blickwinkel der eben genannten Aspekten zur Ausformung einer neuen politische Kultur auf die aktuelle Situation der Gewährung von Menschenrechten für die Sorben. Im Verhältnis der Bundesrepublik und der Deutschen zu „ihrer" ethnischen Minderheit geht es nicht darum, Unterschiede zu leugnen oder gar zu tilgen. Vielmehr geht es um deren Respektierung und Akzeptanz, um eine dauerhafte politische Kultur des sozialen Friedens zu stärken.

Einigungsvertrag und Grundgesetz

Mit dem Beitritt der DDR zum Geltungsbereich des Grundgesetzes „erbte" die Bundesrepublik die ihr bis dahin ziemlich unbekannte sorbische nationale Minderheit. Die Sorben fanden deshalb wohl keine Erwähnung im Einigungsvertrag. Am Ende eines längeren politischen Hick-Hacks wurde zur Wahrung sorbischer Rechte lediglich eine Protokollnotiz Nr. 14 zu Artikel 35 des Vertrages fixiert.

Sie lautet:

„1. Das Bekenntnis zum sorbischen Volkstum und zur sorbischen Kultur ist frei.

2. Die Bewahrung und Fortentwicklung der sorbischen Kultur und der sorbischen Traditionen werden gewährleistet.

3. Angehörige des sorbischen Volkes und ihre Organisationen haben die Freiheit zur Pflege und zur Bewahrung der sorbischen Sprache im öffentlichen Leben.

4. Die grundgesetzliche Zuständigkeitsverteilung zwischen Bund und Ländern bleibt unberührt."

Die Protokollnotiz erfasst jedoch zum einen nicht vollständig das von der Bundesrepublik 1997 ratifizierte „Rahmenübereinkommen zum Schutz nationaler Minderheiten", zu denen die Bundesrepublik bekanntlich derzeit Dänen, Sorben, Friesen sowie Sinti und Roma (alle mit deutscher Staatsbürgerschaft) zählt. Als Unterzeichnerstaat hat die BRD demzufolge die besonderen Bedingungen der Angehörigen nationaler Minderheiten zu berücksichtigen. (Art. 4), Angehörige nationaler Minderheiten vor Assimilierung zu schützen (Art. 5), ihnen das Recht zu gewähren, in der Öffentlichkeit ihre Muttersprache mündlich und schriftlich ungehindert zu gebrauchen (Art. 10), ihren Familiennamen und Vornamen in der Minderheitensprache zu führen und das Recht auf amtliche Anerkennung dieser Namen (Art. 11) zu gewährleisten. Sie hat von Maßnahmen abzusehen, die das Bevölkerungsverhältnis in von Angehörigen nationaler Minderheiten bewohnten Gebieten verändern. (Art. 16) Gegen all diese Menschenrechte wird in der Bundesrepublik Deutschland – hier mehr, da weniger – verstoßen. Es gibt Assimilierung, das Lehren der Muttersprache wird behindert, die Namensführung in der Muttersprache wird erschwert, es finden Maßnahmen statt, das Bevölkerungsverhältnis zu Ungunsten der Sorben zu verändern.

Zum anderen sind die Formulierungen der Protokollnotiz frei von verbindlichen staatlichen Pflichten. Das ermutigte offensichtlich vor wenigen Jahren Mitarbeiter des Bundesrechnungshofs und des Bundesverwaltungsamts zu dem Vorschlag, Fördermittel für die Sorben könnten (oder sollten) gekürzt werden. Begründet wurde das mit der Meinung, der Einigungsvertrag und also die Protokollnotiz sei zeitlich begrenzt. Dieser Vorstoß deutscher Beamter zur Verletzung der Menschenrechte von Angehörigen einer ethnischen Minderheit geschah höchstwahrscheinlich vorsätzlich, denn der Einigungsvertrag hat kein Verfallsdatum. Artikel 45 (2) besagt: „Der Vertrag bleibt nach Wirksamwerden des Beitritts als Bundesrecht geltendes Recht."

Nicht nur der Einigungsvertrag, auch das Grundgesetz für die Bundesrepublik Deutschland enthält keinen Artikel oder Paragraphen zu den Rechten ethnischer Minderheiten. Das ist nach 150 Jahren deutscher Verfassungsgeschichte ein Novum. Frühere deutsche Verfassungen beinhalteten stets Passagen, die den Umgang der deutschen Mehrheit mit nationalen Minderheiten regeln sollten[65].

Mancher Sorbenfreund, der eine oder andere minderheitspolitisch eher Uninteressierte und viele Geringschätzer der Menschenrechte von ethnischen Minderheiten wenden nun zum Grundgesetz-Defizit ein, es gibt doch in den Verfassungen der Länder Sachsen und

Brandenburg, also da, wo die Sorben wohnen, Bestimmungen, die die Rechte der Sorben definieren. Das ist zunächst formal korrekt, aber letztlich nicht ganz richtig. Die Verfassungsbestimmungen der Länder sind weder finanzpolitisch exakt in den Länderhaushalten untersetzt noch von ernsthaften Sanktionsmechanismen bei eventuellen Verstößen gestützt. Schon vor mehr als 70 Jahren hat Skala darauf verweisen: „Die Bildung des Minderheitenrechts im Deutschen Reich" ist nur „schwer durchführbar", solange dafür „nicht die reichsgesetzliche, sondern die ländergesetzliche Basis Geltung hat."[66]

Auch wenn es erfreulicherweise das Reich nicht mehr gibt, die Feststellung bleibt gültig. Im Interesse der Menschenrechte ethnischer Minderheiten sollte das Grundgesetz ergänzt werden. Möglich wäre es z.B., die oben zitierte Formulierung vom Verfassungsentwurf des Runden Tisches der Wendezeit (Artikel 34) aufzugreifen. In der Gemeinsamen Verfassungskommission von Bundestag und Bundesrat (GVK) gab es **schon** entsprechende Bemühungen. In drei Sitzungen (12.11.1992; 17.6.1993; 1.7.1993) und einer gesonderten Anhörung von Vertretern der in der Bundesrepublik anerkannten ethnischen Minderheiten (6.5.1993) befasste sich die GVK mit dem Thema „Minderheitenschutz". In den Debatten war stets „deutlich spürbar, daß man sich hier mit einem wenig vertrauten Thema befaßte."[67] Die SPD, unterstützt von FDP und Bündnis90/Die Grünen beantragten, „folgende Ergänzung nach Artikel 20 in das Grundgesetz einzufügen: ‚Der Staat achtet die Identität der ethnischen, kulturellen und sprachlichen Minderheiten. Er schützt und fördert Volksgruppen und nationale Minderheiten deutscher Staatsangehörigkeit'."[68] In der Beratung am 12.11.1992 sagte Jürgen Schmude (SPD): „Die Bundesrepublik Deutschland, die bei vielen Nachbarstaaten energisch und nachdrücklich darauf drängt, daß Minderheitenrechte für dort lebende Deutsche anderer Staatsangehörigkeit auf einem hohen rechtlichen Niveau gesichert werden, sollte es sich nicht leisten, in ihrer eigenen Bundesverfassung kein einziges Wort über den Minderheitenschutz zu verlieren." Und Hans-Otto Bräutigam[69], Brandenburgs Minister für Justiz, Bundes- und Europaangelegenheiten hielt in dieser Beratung die Ergänzung des Grundgesetzes für notwendig, wegen „der Bedrohung der kulturellen Identität der nationalen Minderheiten durch die Assimilationskraft eines sich doch nach wie vor national verstehenden Staates und seiner alle Lebensbereiche durchdringenden Kultur."[70]

Diese und weitere Argumente prallten jedoch ebenso ab wie die 97.278 Eingaben[71] für einen Minderheitenschutz im Grundgesetz, die die GVK erhielt. In der Kommission gab es am 1.7.1993 für Satz 1 die erforderliche Zweidrittelmehrheit (45 Ja-Stimmen; 12 Nein-Stimmen, 1 Enthaltung). Für Satz 2 gab es 31 Ja-Stimmen, 25 Nein-Stimmen und 5 Enthaltungen. Nach erheblichem Widerstand aus der CDU/CSU-Fraktion lehnte der Rechtsausschuss des Bundestages am 23.6.1994 **noch** die Einfügung des Minderheitenschutzes ins Grundgesetz ab. „Die CDU/CSU-Fraktion weigert sich, den in der Verfassungskommission von Bundestag und Bundesrat vereinbarten Minderheitenschutz ins Grundgesetz aufzunehmen. Anstoß erregt der Satz ‚Der Staat achtet die Identität der ethnischen, kulturellen und sprachlichen Minderheiten.' Die CSU fürchtet, daß dadurch in der Bundesrepublik lebende Ausländer mehr Rechte erhalten."[72] Darüber hinaus fürchten sich offensichtlich **noch** zu viele Politiker großer Parteien vor einer generellen öffentlichen Verfassungsdiskussion. Höchstwahrscheinlich verfügen sie zudem über eine begrenzte Sicht der Menschenrechte.[73]

Mit dieser Praxis verstößt die deutsche Innenpolitik deutlich gegen das die Menschenrechte kennzeichnende allumfassende Diskriminierungsverbot. Sie verstößt weiterhin gegen das Grundgesetz, das in Art. 1 (2) das Bekenntnis des deutschen Volkes zu den Menschenrechten als Grundlage jeder menschlichen Gemeinschaft fixiert und in Art. 1 (3) festhält, die Grundrechte binden Gesetzgebung, vollziehende Gewalt und Rechtsprechung als unmittelbar geltendes Recht. Schließlich schränkt diese Innenpolitik – gewollt oder nicht – Rechte der Sorben ein, schwächt u.a. Identitätsbildung im sorbischen Volk. Das widerspricht klar der FUEV-Charta, die „den Schutz und die Förderung von Sprache, Kultur, Identität und Eigenart der Völker als unwiederbringlichen Reichtum Europas" bewertet.[74]

Staatsbürgerschaft

Ein weiteres menschenrechtliches Defizit für Angehörige ethnischer Minderheiten enthält das geltende Staatsbürgerschaftsrecht. Der entsprechende Art. 116 (1) GG lautet im Kern: „Deutscher im Sinne dieses Grundgesetzes ist [...], wer die deutsche Staatsangehörigkeit besitzt [...] „. Diese Formel verkennt die Tatsache, dass Sorbinnen und Sorben zwar deutsche Staatsangehörige, aber nicht Deutsche, sondern nach Sprache, Geschichte, Kultur und Tradition Slawen sind. Sichtbar wird dieser Fehler beim Blick in den Ausweis oder Pass. Da wie dort ist eine Rubrik „Staatsangehörigkeit/Nationalität" vorhanden, unter der „Deutsch" steht. Nun kann manche(r) von uns der Nationalität nach „deutsch" (genauer: „Deutsche" oder „Deutscher") sein, aber er/sie kann nicht Angehöriger eines Staates sein, der „Deutsch" heißt. Den gibt es nicht. Auch die Vermutung, es könnte eine Auskunft zu unserer Sprache sein, geht in die Irre. Für viele von uns ist die Muttersprache Deutsch. Aber – das weiß jeder mit beiden Beinen im Leben stehende Bürger der Bundesrepublik Deutschland – nicht jeder der Deutsch spricht, ist ein(e) Deutsche(r). Und in der Nieder- wie in der Oberlausitz hört und weiß man ganz genau: Deutsche Staatsbürger sprechen Sorbisch/Wendisch.

Die Verwechslung oder Gleichsetzung der Begriffe „Staatsangehörigkeit" mit „Nationalität", die in Deutschland eine lange Tradition[75] hat, führt zu solcher Konfusion und den daraus folgenden Verstößen gegen Menschenrechte. Dabei ist die Sache relativ einfach. Die Staatsangehörigkeit gibt an, zu welchem Staat eine Person gehört, wessen Staatsbürger er/sie ist Die Nationalität gibt die ethnische Zugehörigkeit an. Leicht einsehbar ist das bei Menschen, die ihrer Nationalität nach z.B. Kurden, aber z.B. Staatsbürger der Türkei, des Irak oder von Nachfolgestaaten der Sowjetunion sind. Auch die Angehörigen der Nationalität der Basken leben in Spanien oder Frankreich als deren jeweilige Staatsbürger. Weitere Belege dafür, dass Staatsangehörigkeit und Nationalität mitunter unterschiedlich sein können, also zu unterscheiden sind, lassen sich leicht finden.

Es ist endlich Zeit, das Grundgesetz auch dahingehend zu verändern, dass es exakt zwischen Staatsangehörigkeit und Nationalität unterscheidet und politisch bedenkliche, ja gefährliche Traditionen des Blut- und Abstammungsrechts (ius sanguinis) beendet, die stets Verletzung und Zerstörung von Menschenrechten, insbesondere von nationalen Minderheiten begünstigt haben. Diese Änderung des Grundgesetzes würde eine Forderung der FUEV erfüllen, die sich in ihrer Charta auf „das Recht auf Schutz vor Bedrohung, auf Wahrung der eigenen Identität, auf Schutz der Existenz sowie auf Schutz vor Assimilierung"[76] beruft und damit zugleich das Diskriminierungsverbot der Menschenrechte konkretisiert.

Ein weiterer defizitärer Aspekt der Menschenrechte ethnischer Minderheiten in der Bundesrepublik muß, wenn man die Lehren aus dem Zweiten Weltkrieg bedenkt, angesprochen werden.

Kultur in Deutschland

Nach der Niederlage im Zweiten Weltkrieg entwickelte sich langsam bei vielen Deutschen die Haltung, Deutschland werde nur dann in die Weltgemeinschaft zurückkehren können, wenn es jeden Anschein vermeidet, dass „deutsche Kultur" dazu diene, andere auszugrenzen oder auf sie herabzusehen.[77] Wer dennoch in jüngster Zeit diesen Eindruck neu beleben will, verwendet dazu meist den (allerdings falsch verstandenen) Begriff der Leitkultur. Die damit begründete Fremden- und Minderheitenfeindlichkeit wird erfreulicherweise von großen Teilen der Öffentlichkeit abgelehnt und „deutsche Leitkultur" als Steilvorlage für die neue Rechte bewertet. Dennoch ist im Programm der CDU (Grundsätze Nr. 37, 57) von einer „Leitkultur in Deutschland" die Rede. Das Grundsatzprogramm der CSU enthält ein Bekenntnis zur „deutschen Kulturnation" und zur „deutschen Leitkultur".

Skala sah schon vor Jahrzehnten die Überbewertung der eigenen und die Herabsetzung der fremden Kultur als „eine Begleiterscheinung des Kapitalismus", die im Kern „doch nichts anderes ist als der Wille, eine andere Kulturgattung neben sich nicht zu dulden, sondern die eigene deutsche mit allen Mitteln durchzusetzen."[78] Manche Politiker in Deutschland, auch das Ministerkomitee des Europarates, sind angesichts der genannten CDU/CSU-Positionen besorgt, hier entstehe ein neues nationalistisches Kulturverständnis. Sie fordern deshalb u.a., Ökonomie nicht über Kultur zu stellen, Bildung für ethnische Minderheiten nicht ausschließlich finanziell zu regeln. Konkret hieße das z.B. nicht den gleichen Klassenteiler für sorbische wie für die deutschsprachigen Schulen anzulegen. Diese Politiker treten – wie alle Demokraten – dafür ein, dass die Kultur autochthoner Minderheiten lebendiger Teil der Kultur Deutschlands war, ist und bleibt, weil bzw. insofern sie sich auf die Achtung der Würde jedes Menschen, auf Freiheit, Demokratie, Gleichheit, Toleranz richtet. Demokratie hat ja nichts zu tun mit gedankenloser Vorherrschaft der Mehrheit über die ethnische Minderheit. Kulturelle Vielfalt erfordert vielmehr eine Demokratie, die als Schutz und Förderung der Minderheit agiert und eine Leitkultur der Mitmenschlichkeit praktiziert.

Die Sorben in der Ober- und Niederlausitz belegen mit ihrer Zweisprachigkeit, dass sie die Sprache der Mehrheitsbevölkerung achten bzw. respektieren. Selbstredend kennen sie die deutsche Fahne und Hymne. Wieviel Anhänger „deutscher Leitkultur" aber wissen, dass die Sorben nicht nur zwei eigene Sprachen haben, sondern auch eine offiziell anerkannte Fahne und Hymne? „Naša chorhoj módra, čerwjena, běla" (Unsere Fahne ist blau, rot, weiß) dichteten und komponierten 1947 Jurij Brězan und Jurij Winar. Den Text der Hymne Rjana Łužica (niedersorbisch „Rědna Łužyca") verfasste 1827 der damals 23-jährige sorbische Theologiestudent Handrij Zejler. Korla Awgust Kocor komponierte 1845 eine Melodie und brachte die Hymne beim 1. Sorbischen Sängerfest am 17. Oktober 1845 in Bautzen zur Uraufführung. Sie besingt die schöne Lausitz, das freundliche Land sorbischer Väter, das Paradies glücklicher Träume, dessen Flure heilig sind. Erhofft wird eine glückliche Zukunft und Persönlichkeiten, die des ewigen Gedenkens würdig sind!

Deutschlands Kultur ist also – mindestens – die Kultur deutschsprachiger und anderssprachiger deutscher Staatsbürger. Bestimmungen zu Schutz und Förderung der Kultur in Deutschland sollten deshalb ausdrücklich die nationalen Minderheiten beinhalten. Angesichts aktueller Ausbreitung rechtsextremer Auffassungen ist das m.E. zwingend notwendig.

Zu schützen und zu fördern ist die Gestaltung der sorbischen Bräuche des Jahresablaufs, aber auch von kirchlichen Festen. Förderung und Schutz braucht der Erhalt spezifischer Architektur, z.B. der vor allem in der Schleifer Region anzutreffenden Blockbauweise. Zu schützen und zu fördern ist das Volksmusikantentum mit sorbischem Dudelsack. Zu schützen und zu fördern sind Personen und Vereine, die sich um die Bewahrung der vielfältigen sorbischen Trachten und den dafür notwendigen „Techniken" verschiedenster Stickereien sorgen. Insgesamt gilt es sorbische Volkskunst in Lied, Tanz, Poesie und Bildender Kunst zu schützen und zu fördern. Sie leistet einen beständigen Beitrag zur Identität der Sorben.

Geschützt und gefördert werden muß das Serbski ludowy ansambl (Sorbisches National-Ensemble). Es pflegt mit Ballett, Chor und Orchester kulturelle Traditionen der Sorben und macht sie auf allen Kontinenten bekannt. Schutz und Fürsorge braucht das Nemsko-Serbske ludowe dźiwadło (Deutsch-Sorbisches Volkstheater), weil es das einzige professionelle Theater ist, in dem Schauspiel und Puppenspiel auch in sorbischer Sprache inszeniert werden. Stetige Förderung, das heißt eine solide und auskömmliche Förderung benötigen sorbische Kultur- und Wissenschaftseinrichtungen, z.B. im Bereich der Leipziger Universität oder beim so zukunftszugewandten „WITAJ"-Projekt[79].

Durch die immer wieder erneut zu konstatierende Verzögerung finanzieller Zuwendungen für diese und andere, hier nicht genannte Aufgaben blutet mutwillig oder versehentlich – das ist für die Folgen egal – sorbisches Leben in Vereinen und Schulen, in Familien und Gemeinden aus.

Hinzu kommt: Wenn es um die Durchsetzung der Menschenrechte, deren Festigung und Weiterentwicklung für die sorbische Minderheit geht, dürfen aktuelle Erscheinungsformen latenter Sorbenfeindlichkeit, die es zu beseitigen gilt, nicht unerwähnt bleiben. Seit Jahren werden sorbische Wegkreuze geschändet und zerstört; sorbische Ortsnamen auf zweisprachigen Schildern werden überschmiert; rechtsextremistisch-antislawische Schmähungen finden sich an Bushaltestellen, auf Sportplätzen, an den Außenmauern sorbischer Kultureinrichtungen; Tafeln der Sorbischen Kulturinformation wurden in Brand gesteckt; sorbische Beschriftungen an Gebäuden der öffentlichen Verwaltung wurden überklebt, Sorben, die in der Öffentlichkeit ihre Muttersprache verwenden ,werden verlacht, beschämt, gedemütigt, ja auch geschlagen.[80]

Neben den Ländern Brandenburg und Sachsen ist hier vor allem der Bund in der Pflicht. Nicht Länderregierungen, sondern mehrere Bundesregierungen haben verschiedene völkerrechtliche Dokumente zum Minderheitenschutz unterzeichnet. Jede Bundesregierung ist damit zur innenpolitischen Durchsetzung nach den sogenannten drei Limburger Prinzipien[81] verpflichtet. Sie umfassen 1. die „Achtungspflicht". Der Staat ist verpflichtet, Verletzungen der Rechte zu unterlassen, es ist ihm untersagt, den Einzelnen direkt oder indirekt an der Ausübung der Menschenrechte zu hindern. 2. gehört die „Schutzpflicht" dazu. Der Staat hat die Rechte vor Übergriffen bzw. Eingriffen Dritter zu schützen. Die „Gewährleistungspflicht" schließlich fordert 3. vom Staat, alle Voraussetzungen zu schaffen, dass die Menschen ihre Rechte tatsächlich nutzen können und dafür Sorge zu tragen, dass Menschenrechte auch dort wahrgenommen werden können, wo das aus historischen, politischen oder sonstigen Gründen noch nicht gegeben ist. Betont wird, ein etwaiger Mangel an Geld oder anderen Ressourcen kann nicht als pauschale Entschuldigung dafür dienen, untätig zu bleiben. Nicht partielle „Not"-Lösungen der Länder bei aktuellen Problemen sind der richtige Weg, um z.B. Forderungen der Europäischen Charta der Regional- und Minderheitensprachen gerecht zu werden. Vielmehr ist der Bund verantwortlich, den Schutz von ethnischen Minderheiten umfassend zu regeln. Aktuell könnte das z.B. für die Möglichkeit, mit Hilfe des Programms „RegisStar"[82] die Namen sorbischer Vereine in sorbischer Sprache zu erfassen oder für die langfristige und hinreichende Förderung des WITAJ-Projekts gelten.

Das sorbische Volk – so Skala 1925 – „(ist) gerade hinsichtlich der Bildungsanstalten und kulturellen Institutionen auf den deutschen Staat angewiesen. Es muss immer wieder darauf hingewiesen werden, dass eine solche Unterlassung des Staates gegenüber diesem Teil seiner Bürger einer Unterdrückung des Volkes und Beraubung seiner wichtigsten Kulturgüter gleichkommt. Ich weiß, dass diese Feststellung in den Ohren der Verantwortlichen unangenehm klingen wird und dass man darauf bisher immer mit sophistischer Heuchelei geantwortet hat: nie und nirgends hat es Gesetze und Bestimmungen zu einer Unterdrückung und Rechtlosmachung des serben-wendischen Volkes gegeben. Nun, dieses nie und nirgends stimmt nicht"; [...] aber „es soll nicht verschwiegen werden, dass man in der Neuzeit solches nicht mehr tut, weil man andere Mittel und Wege als wirksamer erkannt hat oder auch, weil man sich unter der Flagge der freiesten Demokratie der Welt allzu gewaltsamer und auch nach aussen einen schlechten Eindruck machender Methoden zu schämen beginnt. Doch kann nicht geleugnet werden, dass die planmäßige Unterdrückung der Vergangenheit ihre Wirkungen gehabt habe. Dass die von jenen Massnahmen erwarteten Wirkungen eingetreten sind, beweist die Ausrottung des Serben-Wendischen in jenen Gegenden, wo es vor 50 Jahren noch dominierte."[83]

Vor 90 Jahren geschrieben – und leider noch immer aktuell. Insofern wird in der Gegenwart allgemein das Menschenrecht auf Bekenntnis- und Gedankenfreiheit sowie das Recht auf freie Teilhabe an Kultur und Kunst (Art. 18 und 27 der Allgemeinen Erklärung) beeinträchtigt. Insbesondere jedoch werden die in der FUEV-Charta definierten Grundrecht nationaler Minderheiten auf Bildung in der Muttersprache und auf Schutz vor Assimilierung eingeschränkt.

Schließlich ist mit Bezug auf die Menschenrechte ethnischer Minderheiten neben der Allgemeinen Erklärung von 1948, den UN-Zivil- und Sozialpakten und der FUEV-Charta auch auf die UN-Erklärung zu den Rechten indigener Völker[84] zu verweisen. In all diesen programmatischen Dokumenten eines modernes Menschenrechtsverständnis im 21. Jahrhundert werden unter anderem sowohl die mit der Selbstverwaltung und Selbstbestimmung zusammenhängenden Fragen und zum anderen die Probleme aus der bisherigen Nutzung von Land und Ressourcen ethnischer Minderheiten minderheitenrechtlich gewürdigt.

Serbski Sejmik

Ursprüngliche Frühformen der Selbstverwaltung/Selbstbestimmung gab es in den Zeiten, als die Lusizer und Milzenen, die Obodriten und Pomoranen im Raum zwischen Elbe und Saale lebten. Im 7./8. Jahrhundert lebten sie und andere slawische Stämme in Großfamilien oder Sippenverbänden, ernährten sich von Ackerbau, Viehzucht und der Jagd. Beginnend mit Heinrich I., der im Zuge der deutschen Ostexpansion 929 die Reichsburg Meißen gründete, sich die dort lebenden Slawen und nach und nach weiter entfernt lebende sorbische Stämme unterwarf, vollzog sich ein ziemlich kontinuierlicher Prozess des ständigen Verlustes von Unabhängigkeit und Selbständigkeit der Sorben. Christianisierung sowie eingewanderte deutsche Handwerker und Landwirte sorgten in den Jahrhunderten danach für fortschreitende, z.T. administrativ-repressiv geförderte Assimilation. Aus dem Christentum gingen, vor allem nach der konfessionellen Spaltung, widersprüchliche Einflüsse auf die Selbstbestimmung der Sorben aus. Zum einen hemmten religiöse Differenzen zwischen katholischen und protestantischen Sorben die gemeinsame Selbstbestimmung und die Abwehr des ständigen Germanisierungsdrucks. Begünstigt wurde das durch sprachliche Unterschiede zwischen Ober- und Niedersorbischem sowie durch politische Unterschiede zwischen sächsischer Oberlausitz und der preußischer Niederlausitz.[85] Zum anderen beförderten Christen, insbesondere durch die Veröffentlichung religiöser Texte in sorbischer Sprache nationales Selbstbewußtsein, hielten sorbische Traditionen und Bräuche, sorbische Kultur lebendig.

Der Dreißigjährige Krieg zog die Sorben in den Strudel der Auseinandersetzung von Staaten um die Hegemonie in Europa, zerstörte durch Schlachtfelder, Brandschatzung, Plünderungen und Seuchen den friedlichen Alltag der Sorben, dezimierte die sorbische Bevölkerung und hemmte nachhaltig die kulturell-sprachliche und politisch-wirtschaftliche Selbstbestimmung.

Erst Ende des 18., Anfang des 19. Jahrhunderts bewirkte die nationale Wiedergeburt ein erneutes Bemühen um größere Eigenständigkeit und Selbstbestimmung, die sich in der Gründung verschiedener sorbischer Vereine äußerte und mit der Gründung der Domowina 1912 einen gewissen Höhepunkt fand.

Seitdem sahen sich Aktivisten für sorbische Selbstverwaltung/Selbstbestimmung qualitativ höchst unterschiedlichen Einflüssen deutscher Staaten ausgesetzt. Trotz gravierender Gegensätzlichkeit im politisch-rechtlichen Umgang der Herrschenden und Regierenden mit den Sorben zwischen 1919 und 1990 gibt es weder ein geschlossenes, autonomes Siedlungsgebiet mit politischer Selbstverwaltung noch wirkliche Selbstbestimmung über die eigenen Angelegenheiten, Rechte und Interessen.

Weil seit dem Beitritt der DDR zum Geltungsbereich des Grundgesetzes für die Bundesrepublik Deutschland die Domowina sich nicht immer wirksam für mehr sorbische Selbstverwaltung und Selbstbestimmung engagierte und weil die Stiftung für das sorbische Volk strukturell und konzeptionell eher auf Kontrolle und Führung als auf selbstbestimmung ausgerichtet ist, hat sich vor wenigen Jahren eine Initiative zur Konstituierung eines sorbischen Parlaments (Serbski Sejmik) gebildet.

In der Findungsphase fragten einige Aktive zu oft, zuerst oder allein nach den Unterschieden unter Gleichgesinnten, statt nach dem einigenden Ziel und der gemeinsamen Suche nach dem erfolgversprechenden Weg dorthin. Sie verhielten sich ähnlich wie ihre Landsleute zu Skalas Lebzeiten. Anfangs schien es auch so, als würden sich einige der Initiatoren vor allem Sorgen machen, mit ihrem Anliegen zuviel „Gegenwind" in der mehrheitlich deutschen Öffentlichkeit auszulösen. Das unzweifelhaft politische Ziel, eine eigene parlamentarische Vertretung zu schaffen, artikulierten sie in einer eher entpolitisierten Art. Sie sahen ihre Initiative für den Sejmik als eine Art „leeres Gefäß", in das nach der Konstituierung der politische Inhalt gefüllt werde. Deshalb verzichtete die Initiative längere Zeit auf parteinehmende Äußerungen zu vielen Alltagsproblemen des sorbischen Volkes. Viele Monate lang entwickelte sich die Initiative mehr an inneren Konflikten als an gesellschaftspolitischen Herausforderungen. Der Akzeptanz und Unterstützung unter den Sorben war das nicht förderlich. Und viele sächsische bzw. brandenburgische Politiker sahen sich anfangs nicht zu ernsthafter Beachtung genötigt.

Praktisch-politische Ergebnisse kann man auch heute noch nicht konstatieren. Aber die Initiative hat deutlich Bewegung in den – vorerst fast ausschließlich politisch-ideellen – Kampf um mehr Selbstbestimmung der Sorben gebracht. Noch hat die Sejmik-Initiative die politische Wirklichkeit in der Lausitz nicht verändert. Aber gelungen ist es schon, die Unhaltbarkeit derzeitiger Zustände sichtbar zu machen. Es scheint so, als hätte ein Großteil der Aktivisten für den Serbski Sejmik aus der Vergangenheit gelernt, dass politische „Blindheit" plus Orientierungs-Wirrwarr die Sorben immer wieder zu gefügigen Ziehkindern deutscher Staaten machte. Für den Lernprozess spricht auch die stillschweigende Umbenennung des Ziels in „Serbski Sejm", also der Verzicht auf den Diminuitiv. Immer klarer wird unter den Initiatoren, wenn sie Bevormundung beseitigen und Selbstbestimmung erreichen wollen, dürfen sie sich nicht darauf beschränken, gefallen zu wollen. Sie wagen ja den Aufbruch! Deshalb müssen sie – bei Strafe ihres Mißerfolgs – Fakten und Prozesse schaffen, die so noch nicht da sind. Weil sie das politisch Bestehende nicht so belassen, sondern verändern wollen, müssen sie sich auf das Feld der Politik begeben. Erfolgreich werden sie dort, wenn sie den Mächtigen und den Regierenden begründet mit den eigenen Ansprüchen entgegen treten. Verständnis und Konsens zu finden, ist nicht von vornherein ausgeschlossen. Ebenso aber wenig die Möglichkeit harter Konfrontation. Hilfe für ihr Anliegen, Demokratie „von unten" durchzusetzen, mehr Einfluß auf die Lebensbedingungen des sorbischen Volkes zu erreichen, bessere Minderheitenrechte mit Hilfe des „eigenen" Parlaments zu erkämpfen finden sie zum einen, weil sie auch unter Deutschen immer mehr Verbündete gewinnen. Zum anderen werden sie sicher von den Erfahrungen anderer ethnischer Minderheiten lernen können, z.B. wie die Samen[86] ihre parlamentarischen Vertretungen schufen.

Das Streben zur Konstituierung eines Serbski Sejm gründet sich allgemein auf die gesicherte Erkenntnis, alle propagandistischen und politisch-praktischen Aktivitäten, die sich auf die angebliche Überlegenheit von Völkern oder Einzelpersonen aufgrund nationaler Herkunft oder religiöser, ethnischer oder kultureller Besonderheiten gründen, sind nicht nur schlechthin wissenschaftlich falsch, sondern insbesondere rechtlich ungültig, moralisch verwerflich, sozial ungerecht und deshalb vollständig abzulehnen. Rechtlich, moralisch und politisch geboten sind hingegen Aktivitäten, den Alltag indigener, autochthoner Völker so zu organisieren, dass sich ihre soziale und kulturelle Situation verbessert und allen Formen der Diskriminierung, gleichviel wo und wie sie auftreten, beendet werden. Darum befindet sich die Sejmik-Initiative in voller Übereinstimmung mit der Allgemeinen Erklärung der Menschenrechte von 1948 und den darauf fußenden, auf die Rechte der Völker zur Selbstbestimmung zielenden Internationalen Pakten „Über wirtschaftliche, soziale und kulturelle Rechte" und „Über bürgerliche und politische Rechte". Schon 1929 war es nach Meinung Skalas „für die Entwicklung der Dinge [...] ausserordentlich erschwerend, dass die Lausitzer Serben – für alle anderen Minderheiten im Deutschen Reich gilt das Gleiche – keine eigene parlamentarische Vertretung [...] haben."[87]

Bei der Schaffung eines sorbischen Parlaments geht es nicht darum, lediglich die in der „Stiftung für das sorbische Volk" übliche Verteilung finanzieller Mittel anders, besser regeln wollen. Die Stiftung macht – wie der Name schon sagt – Politik für die Sorben. Die Sorben sind „Objekt".[88] Ein Serbski Sejm aber wird Politik der Sorben machen, d.h. die Sorben werden Subjekt ihres Alltags. Der Unterschied zwischen Stiftung und Sejm ist vergleichbar mit dem zwischen schwarz und weiß oder zwischen heiß und kalt.

Das Schlüsselwort zur Änderung des parlamentslosen Zustandes heißt m.E. Selbstermächtigung. Gegründet auf die Gewissheit, dass sich ohne deutliche Artikulation der eigenen Interessen die Zustände weiter zu Ungunsten der Sorben verändern sowie gestärkt durch Erfahrungen, dass sich bei kommunikativer Abstimmung und gemeinsamem Handeln die politische Kultur ändern lässt, geht es beim Stichwort „Selbstermächtigung" nicht – wie mache befürchten – um Chaos und Gewalt. Ein Serbski Sejm wird vielmehr mit parlamentarischen Mitteln Rechte und Interessen der ethnischen Minderheit in bis dato unbekannter Qualität und Quantität durchsetzen. Die Domowina ist dabei Verbündete und Partner. Gewarnt werden muss allerdings vor der Gefahr, in Verfolgung unguter Traditionen der Gegensätze zwischen Ober- und Niederlausitz, zwischen sorbischen Katholiken und sorbischen Protestanten nur den jeweils eigenen „Kirchtum" zu sehen und den vom Nachbardorf schon als „Bedrohung" zu empfinden.

Der Serbski Sejm steht vor vielen Schwierigkeiten, nicht zuletzt vor wahlrechtlichen. Aber er muss werden, denn es gibt keine (quasi-„automatische") Bestandsgarantie für die Sorben. Sie müssen sich – bei Gefahr ihres weiteren schleichenden Schwindens bis hin zum Verschwinden – unter den Bedingungen der Globalisierung und Regionalisierung in neuer Weise selbst bestimmen und ihren politischen Willen durch die Konstituierung eines eigenen Parlaments zum Ausdruck bringen[89].

Dabei ist Globalisierung nicht mit Weltoffenheit zu verwechseln. Erstere strebt eher danach, die Vielfalt der Kulturen einzuebnen und im übertragenen Sinne auch Völkern und Ländern diese Zukunft zu bereiten Letztere zeigt sich in Neugier auf andere Kulturen, Völker und Länder. Weltoffene Sorben können sich in ihrem Streben nach einem eigenen Parlament leiten lassen von der Gewissheit: „Niemand lebt global!" Solch ein Verständnis von Regionalisierung wird helfen eine gültige und zukunftssichernde Antwort auf die sogenannte „Sorbische Frage" zu geben: Wie sollen Slawen und Deutsche in einem Staat zusammenleben und miteinander umgehen? Was muss das sorbische Volk selbst tun, damit es sein Leben im deutschen Staat gleichberechtigt gestalten kann und was muss der deutsche Staat politisch und juristisch regeln, damit Sorben Inhaber gleicher Rechte und nicht „Bürger zweiter Klasse" sind.

So wird ein Serbski Sejm letztlich bewirken, dass endlich elementare Entscheidungen über sorbische Heimat, Sprache, Kultur und Tradition nie mehr in fremden Händen liegen. Der Sejmik wird die Defizite des Einigungsvertrages im Interesse des sorbischen Volkes korrigieren und die in den Verfassungen von Brandenburg und Sachsen vorgesehene politische Selbstbestimmung der Sorben wirksamer realisieren. Ein sorbisches Parlament wird dafür eintreten, das Grundgesetz um einen Artikel zu ergänzen, der die Rechte der Minderheiten schützt. Er wird sich dazu mit den Deutschen verbünden, die sich Toleranz und Gerechtigkeit, Freiheit und Gleichheit verpflichtet fühlen. Und er wird sich ebenso gegen vorauseilenden Gehorsam, Unterwürfigkeit, Obrigkeitshörigkeit und Hoffen auf Einsicht bei den Herrschenden wenden wie gegen vorgebliche Sachzwänge der gegenwärtigen Wirtschaftsordnung.

Zeitgemäß wäre es, die politisch Verantwortlichen im Bund und in den Ländern Sachsen und Brandenburg ergriffen einen Initiative, die auf die Konstituierung des Serbski Sejm erleichternd, begünstigend wirkt. Sie würden sich damit in Übereinstimmung mit der FUEV-Charta wissen, die vor „der schleichenden Bedrohung durch Assimilierung, Marginalisierung, Sprachensterben sowie Kultur- und Werteverlust" warnt, „Handlungsbedarf für die Weiterentwicklung des europäischen Minderheitenschutzes" sieht und „eindringlich […] den politischen Diskurs auf regionaler, nationaler und europäischer Ebene unter Einbeziehung der autochthonen, nationalen Minderheiten"[90] fordert. Der Bund könnte sich dabei auf Gutachten von Völkerrechtlern stützen. Prof. Pernthaler (Innsbruck) hält z.B. fest, dass die Domowina wegen ihrer vereinsmäßigen Struktur ungeeignet ist, das sorbische Volk demokratisch legitimiert zu vertreten. Er hält zugleich die Bundesrepublik gemäß der Protokollnotiz Nr. 14 zum Artikel 35 des Einigungsvertrages für verpflichtet, Rechtssicherheit für die politische und rechtliche Vertretung des sorbischen Volkes zu schaffen.[91] Die bei den Landtagen Brandenburgs und Sachsen installierten Räte für sorbische resp. wendische Angelegenheiten können dies nicht bewirken. Nicht zuletzt, weil auch sie nicht von der Minderheit legitimiert, sondern von der Mehrheit eingesetzt sind. Das widerspricht eklatant dem Sinn und Zweck des Minderheitenschutzes und ist insofern oft nicht mehr als ein nach allen Seiten machtloses Feigenblatt.

Das Recht auf Bewahrung der eigenen Kultur, Tradition und Sprache können ethnische Minderheiten vollumfänglich und wirksam nur wahrnehmen, wenn es verknüpft ist mir dem Recht auf politisch-parlamentarische Selbstbestimmung. Das galt zu Skalas Zeiten und gilt heute. Mehr denn je. Innenpolitisch sind neue Anstrengungen notwendig, um deutlich und wirksam das Recht nationaler Minderheiten auf Selbstbestimmung und Selbstverwaltung umzusetzen, wie es in der Allgemeinen Erklärung Art. 21 (3), in der UNO-Erklärung über die Rechte indigener Völker (Art. 3 und 4) sowie in den Grundrechten 8, 9 und 10 der FUEV-Charta fixiert ist.[92]

Die Konstituierung des Serbski Sejm wird deshalb zugleich Auftakt sein, einen deutsch-sorbischen Vertrag anzustreben, der das jahrhundertelange Unrecht verurteilt und sichert, dass Deutschland[93] den Sorben mit Redlichkeit begegnet. In einem solchen Vertrag „wird eine Wiedergutmachung des an dem Volkstum der Lausitzer Serben in den vergangenen 1000 Jahren der Geschichte begangenen Unrechts als moralische Verpflichtung der Gegenwarts an erster Stelle stehen müssen. Sie wird dort stehen können, [...] wenn die Regierung des Deutschen Reiches sich zu ihren Deklarationen zum europäischen Minderheitenproblem [...] durch die Tat bekennt."[94]

Heimat und Bodenschätze

Wichtiger Eckpunkt dieses Vertrages wäre z.B. die exakte Fixierung der sorbischen Ansprüche auf die künftige Nutzung der Lausitzer Bodenschätze und den ökologischen Schutz bzw. die ökologische Sanierung der sorbischen Heimat. Inspirationen für diese Entwicklung der Menschenrechte gehen aktuell besonders von Südamerika aus. „So wie vor Jahrzehnten die Vereinten Nationen die Allgemeine Erklärung der Menschenrechte beschlossen, danach bürgerliche Rechte, ökonomische Rechte, politische Rechte annahmen, haben wir die Rechte der indigenen Völker der Welt erklärt, so ist dieses neue Jahrtausend berufen, seitens der Vereinten Nationen die Rechte der Mutter Erde zu diskutieren und zu beschließen."[95]

Mancher Politiker, Wirtschaftslenker und Medienmacher tut das als gutgemeinte, aber letztlich doch naiv-kindergläubige Sozialromantik ab. Fakt ist jedoch, dass die schranken- und gedankenlose Nutzung der Ressourcen der Erde und die schier unersättliche Gier nach einem Immer-Mehr in allen Lebensbereichen die Fähigkeit der Erde zur Regeneration schon jetzt überschreitet. Viele Faktoren, die in der Biotechnologie, in der Automobilindustrie, in der Informationstechnik und anderen Bereichen privaten Reichtum erzeugten, sind dieselben, die gemeinschaftlichen Güter der Erde und der Menschen (Wasser, Luft, Wälder, regenerative Energiequellen, Bodenschätze) zerstören.

Ein alternativer Umweltgipfel sah diese Entwicklung als einen von vier zentralen Aspekten der Krise des Kapitalismus. In der Tat, in der kapitalistischen Produktion werden Technik und Arbeitsteilung permanent entwickelt. Allerdings nur, indem diese Art des Produzierens „zugleich die Springquellen alles Reichtums untergräbt: die Erde und den Arbeiter."[96]

Ein alternativer Umweltgipfel hat deshalb und anderem vorgeschlagen, Rechte der Erde anzuerkennen und zur Geltung zu bringen, darunter das Recht auf Wasser als Lebensquelle; das Recht auf saubere Luft; das Recht, frei von Kontamination und Verschmutzung, von giftigen und radioaktiven Abfällen zu sein; das Recht, keine genetischen Veränderungen und Modifizierungen ihrer Struktur zu erleiden, die ihre Integrität oder ihre lebenswichtigen und gesunden Funktionen bedrohen. Die Umsetzung dieser Rechte soll dazu beitragen, ein „System zu schaffen, das die Harmonie mit der Natur und zwischen den Menschen wiederherstellt. Gleichgewicht mit der Natur kann es nur geben, wenn es Gleichheit zwischen den Menschen gibt."[97]

Viel Indigene, derzeit besonders in Südamerika, kämpfen auf der Grundlage solcher Ideen, um die Respektierung ihrer Kultur und ihrer Traditionen, um die Erhaltung ihrer Heiligtümer, um den Schutz ihres Reichtums an Bodenschätzen.

Ein Beispiel dafür ist das in Venezuela lebende Volk der Pemón. 1998 war aus ihrem Nationalpark Canaima der Kueka-Stein, ein 30 Tonnen schwerer Fels entwendet und nach Berlin verbracht worden. Die Pemón sahen und sehen die Entwendung des Steins als Misshandlung und Zerstörung von etwas, was ihnen heilig ist. Für sie ist es eine Wiederkehr kolonialistischen Verhaltens, wenn sich die Mächtigen, in diesem Fall Deutsche, die Reichtümer anderer Völker aneignen, ohne sich um deren Traditionen und Rechte zu kümmern. Rechtliche Regelungen besagen zudem, im Nationalpark Canaima darf nichts von seinem Standort entfernt werden. Das venezolanischen Institut für kulturelles Erbe (IPC) ist um die Rückführung des Steins bemüht, weil es die Entwendung als respektlose Missachtung der Rechte und der Kultur der Pemón bewertet. Es stützt sich dabei auf die Verfassung Venezuelas, die ausdrücklich autochthone Ethnien, ihre Kultur, ihre Territorien und ihre Sprache schützt und anerkennt[98]. Nicht zuletzt dadurch wurde das Selbstbewusstsein und Stolz der Pemón auf die eigene Identität gestärkt, weswegen sie heute mutiger für ihre Rechte, ihre Kultur, ihre Traditionen und Mythen eintreten. Das Volk der Pemón kämpft weiter um seinen heiligen Stein[99], unterstützt von anderen autochthonen Ethnien. Entfernte Verwandte in Nordamerika haben inzwischen ihr Eigentumsrecht an den Bodenschätzen ihrer Heimat erstritten.[100]

Ein anderes Beispiel ist der Kampf des Volkes der Kolla im Nordwesten Argentiniens. In dieser rohstoffreichsten Region des Landes werden seit langem Gold, Silber und Blei und in jüngster Zeit vor allem Lithium abgebaut. Der argentinische Staat sieht den Abbau des in der Industrie vielfach genutzten, aber auch in der Atomphysik und Medizin sehr gefragten Elementes ausschließlich als ökonomisches Projekt. Er verkaufte indigenes Territorium zu großen Teilen an Großgrundbesitzer und internationale Bergbaukonzerne, blendet die sozialen, ethnischen Begleitumstände und Folgen total aus und hat bisher vollständig darauf verzichtet, in Befolgung der ILO-Konvention 169 die indigenen Bewohner zu befragen. Das Volk der Kolla jedoch kämpfte um das Recht auf kollektives Landeigentum. 1995 wurde den indigenen Gemeinden das Recht auf Land zugesprochen. Das Volk der Kolla hält fest an seiner „Vision der Welt", die „auf einer harmonischen Beziehung zur Umwelt und Natur (beruht)" und deswegen „auf ökonomische Interessen (prallt)." Die Angehörigen des Volkes der Kolla sind nicht gegen Entwicklung. Sie denken aber, „daß unsere Vision mit der Natur in Einklang zu leben, nicht nur den indigenen Völkern dienlich sein kann, sondern der Gesellschaft allgemein."[101]

In der Lausitz, einer Region, deren Charakter vor allem das einzigartige Biotop des Spreewalds sowie weite Heide-, Seen- und Berglandschaften und mehrere Naturparks prägen und die seit mehr als einem Jahrtausend Heimat der heute noch etwa 60.000 Sorben ist, kann man, vor allem in der Auseinandersetzung mit dem Energieriesen Vattenfall, davon lernen.

Vattenfall baggert die Heimat der Sorben weg. Und damit die Kirchen, Friedhöfe, Kneipen, Treffpunkte, Höfe, Grundstücke und Felder einer ethnischen Minderheit, die über 1000 Jahre in der Lausitz lebt. Vattenfall zerstört damit auch Sprache, Kultur und Tradition dieses westslawischen Volkes. Für Vattenfall ist erst das wasserlose, tote Land perfekt auszubeutendes Land. Die Verödung der Landschaft durch den Braunkohleabbau; die Anfang 2014 entstandene Gefahr des Versiegens der Marienquelle im sorbischen Wallfahrtsort Róžant (Rosenthal) durch den geplanten Abbau von Kaolin und die Ermittlungen des Staatsschutzes gegen dagegen protestierende Sorben; die schwerwiegende, langanhaltende Verschmutzung großer Teile der Spreewaldkanäle durch Eisen, Ocker und Sulfat im Gefolge des Bergbaus; die Abholzung des jahrhunderteale Urwaldes bei Weißwasser mit seiner einmaligen Tier- und Pflanzenwelt; die Verschlechterung des Lebens vor allem in den Dörfern infolge der Grundwasserabsenkung; das Scheffeln riesiger Gewinne durch Vattenfall und das Herüberreichen finanzieller Almosen für die Sorben, begleitet vom Überstülpen aller Nachfolgekosten auf die deutschen und sorbischen Steuerzahler; die politische Ignoranz gegenüber Studien, die belegen, dass Braunkohle keine Energie der Zukunft ist, Nochten II nicht notwendig ist und Schleife, ein Zentrum sorbischer Kultur, nicht zerstört werden muss; der Skandal, dass sich kein regierender Politiker Sachsens oder Brandenburgs, auch nicht der Sorbe und Ministerpräsident Tillich, (bis zur Fertigstellung des Manuskripts im Herbst 2015) zu diesen politischen, ökologischen, ethnischen, juristischen und moralischen Skandalen äußerte, – all das ist vielen Sorben (und erfreulicherweise auch manchen Deutschen) durchaus nicht gleichgültig. Hoffnungen auf die Durchsetzung des Menschenrechts der Sorben auf „Schutz des angestammten Siedlungsgebietes"[102] machen da kleine und große Bürgerproteste wie z.B. die 8 km lange von mehr als 7500 Menschen errichtete Kette zwischen dem sorbischen Kerkwitz und dem polnischen Grabice beim 4. Lausitzer Klimacamp am 23.8.2014. Der sporadisch laut werdende Protest ist allerdings derzeit nicht wirkungsvoll genug, wird von den Verantwortlichen oft bagatellisiert und von der Bundesregierung kaum beachtet. Das von Vertretern der deutschen Mehrheit auch in diesem Zusammenhang zu hörende Argument, alles müsse sich rechnen und letztlich gehe es zuerst um Arbeitsplätze, erinnern viele Sorben an Verfahrensweisen in der DDR. Da hatten sie es zu schlucken, dass man die Lausitz verfeuern müsse, um die Energieversorgung im Land zu gewährleisten. Viele Sorben fragen deshalb, warum heute, in einem demokratischen Gemeinwesen, sich Interessenskonflikte zwischen Wirtschaft, Ökologie und sorbischer Heimat nicht in einem sachbezogenen vernünftigen Dialog auf gerechte Weise lösen lassen? Stattdessen wird vieles ohne, manchmal gegen und kaum mit der sorbischen Gemeinschaft geregelt.[103]

Für die Achtung des Menschenrechts der Sorben auf Erschließung und Nutzung der Ressourcen ihres Gebietes[104] sind deshalb alsbald Rechtsvorschriften zum Umgang mit der Lausitzer Natur zu erarbeiten, welche die kulturellen und sozialen Interessen der autochthonen Bevölkerung der Lausitz berücksichtigen. Noch zu selten setzen sich die politischen Parteien im Bund entschieden dafür ein.[105] Eine Veränderung zugunsten der Sorben kann nicht den Ländern Sachsen und Brandenburg überlassen werden. Eine gerechte und dauerhafte Lösung im Interesse des sorbischen Volkes kann nur auf der Ebene des Bundesrechts wirksam durchgesetzt werden. Dazu ist zunächst – wie schon an anderer Stelle ausgeführt – eine Ergänzung des Grundgesetzes erforderlich, in der nationale Minderheiten, ihre Kultur, ihre Traditionen, ihre Sprache anerkannt, geschützt und gefördert werden. Die derzeitige unzureichende Erfassung dieser Rechte lähmt das Selbstbewusstsein der Sorben und den Stolz auf ihre Besonderheit, beschleunigt ihre Assimilation und Germanisierung, In gleichem Maße schwindet ihre

Bereitschaft, sich der Nichtachtung ihrer Kultur und der Zerstörung ihrer Heimat zu widersetzen. Das liegt nicht im wohlverstandenen Interesse einer an den Menschenrechten orientierten Politik der Bundesregierung, egal, aus welchen politischen „Farb"-Konstellation sie sich gerade zusammensetzt.

Mitunter meinen manche Politiker abwehrend, wer die Bodenschätze der Lausitz in Zusammenhang mit den Rechten des sorbischen Volkes bringt, der wolle nur einen billigen Propaganda-Coup landen. Das ist falsch. Schon die derzeitigen gesetzlichen Grundlagen würden eine bessere Befriedigung der Rechte des sorbischen Volkes ermöglichen als die derzeit praktizierten Regelungen.

Das seit dem 1.1.1982 gültige Bundesberggesetz beruht bekanntlich auf dem fast 1000 Jahre alten Grundsatz der Bergfreiheit. Dieses Prinzip besagt, alle im Gesetz aufgeführten bergfreien Bodenschätze (Metalle, Erdöl, Erdgas, Kohle, Salze etc.) sind dem Grundeigentümer entzogen. Ihm stehen nur die grundeigenen Bodenschätze (z.B. Sand, Kies, Ton, etc.) zu. Er hat Anspruch auf Entschädigung, wenn er z.B. sein Land für den Bau von Bergwerksanlagen abtreten soll Die bergfreien Bodenschätze hingegen sind zunächst herrenlos, sozusagen Gemeingut des Volkes.

Eigentum daran kann durch ein vom Staat kontrolliertes Verfahren erworben werden, in dem auch der Kreis derer bestimmt wird, die am Gewinn aus dem Abbau der Bodenschätze beteiligt werden sollen. Der Bundesregierung entstehen hier durchaus andere Regelungsmöglichkeiten als sie derzeit realisiert werden. Auf relativ einfache Weise könnte z.B. Vattenfall verpflichtet werden 5 bis 7% seiner Erlöse an das sorbische Volk zu überweisen. Über den Einsatz dieser Mittel könnte/müsste dann der Serbski Sejmik entscheiden.

Neue Brisanz gewinnt dieses Thema angesichts geologischer Untersuchungen, die in der Gegend zwischen Grodk (Spremberg), Syjk (Graustein) und Slepo (Schleife) in etwa 1000 m Tiefe größere Mengen von Kupfererz mit einem Anteil von etwa 20 % Gold, Silber, Zink, Blei, Platin und anderen, noch kostbareren Elementen (den sogenannten „seltenen Erden") festgestellt haben. Die Ergiebigkeit allein an Gold soll etwa 15 Tonnen und an Kupfer etwa 1,5 Millionen Tonnen betragen. Ab 2017 soll gefördert werden.

Für bessere Menschenrechte der Sorben in der Verfügung über den Reichtum und die Ressourcen ihrer Heimat ist eine autorisierte Vertretung des sorbischen Volks erforderlich oder eine sorbische Persönlichkeit, die – ähnlich wie der Präsident des IPC, Raúl Grioni – sagt: „Es geht bei der Nutzung dieser Schätze auch (oder vor allem) um die Rechte unseres Volkes"! Für eine derartige Verbesserung der Menschenrechte werden selbstbewusste Sorben, unterstützt von vernünftigen Deutschen aller demokratischen politischen Parteien, ihr Recht auf die Schätze ihrer Heimat so einfordern, wie man in Venezuela für den Kueka-Stein auf die Straße geht.

Hilfreich könnte dabei u.U. eine aktuelle Studie sein. Das ECCHR[106] hält in einer Stellungnahme fest: „Sofern die von den internationalen Menschenrechtspaketen geschützten Grundlagen menschenwürdigen Lebens durch Unternehmen beeinträchtigt oder verletzt werden, kann dies als eine faktische Menschenrechtsverletzung bezeichnet werden."[107] Solche Unternehmen „laufen [...] typischer Weise Gefahr", sich u.a. der „Verletzung wirtschaftlicher, sozialer und kultureller Menschenrechte (insbesondere das Recht auf Wasser, Nahrung, angemessenes Wohnen)" schuldig zu machen. Vor allem die „Tätigkeiten extraktiver Industrien, d.h. Unternehmen, die Rohstoffquellen ausbeuten, (Erdöl, Kohle, Edelmetalle usw.) ziehen von Beginn des Projekts an eine Reihe gravierender Menschenrechtsverletzungen nach sich. Zu den schwerwiegendsten gehören die Vertreibung der örtlichen Bevölkerung und massive Gesundheitsschäden infolge der Kontamination von Grundwasser und Boden." Wenn die betroffene Bevölkerung dagegen „friedlich protestiert", kommt es mitunter dazu, dass „gegen diese gewaltsam vorgegangen (wird)."

Zwar haben viele Staaten, in denen solche Menschenrechtsverletzungen vorkommen, „die wesentlichen internationalen Umweltschutz-, Menschen- und Arbeitsrechtsverträge (UN, OAS, ILO) ratifiziert" und nationale Regelungen sind „zum Teil fortschrittlich ausgestaltet", oft aber es „mangelt [...] in der Praxis an deren Umsetzung und damit auch am effektiven (Rechts-)Schutz für die Betroffenen."[108] Dabei greift auch das „von der Privatwirtschaft verfolgte und von der Politik geförderte Konzept der Corporate Social Responsibility (CSR) [...] häufig zu kurz", denn es ist „letztendlich vom Unternehmen und seinen Interessen her gedacht." Um also den von derartigen Menschenrechtsverletzungen „Betroffenen Gerechtigkeit, Wiedergutmachung und Entschädigung widerfahren zu lassen" sollte das CSR-Konzept „durch ein Konzept von ‚Corporate Accountability', der Rechenschaftspflicht unternehmerischen Tuns gegenüber Staat und Gesellschaft" ergänzt werden. Sonst besteht immer die reale Gefahr, dass „die staatlichen Institutionen ihre Verantwortung für die Gemeinwohlorientierung gesellschaftlicher Regelungen und Politiken Akteuren überlassen, die zu allererst einer kapitalistischen Logik folgen müssen."[109] Für wichtig wird in der Studie u.a. gehalten, dass es „einklagbare, klare Regelungen" gibt, mit denen „Menschenrechtsverletzungen durch Unternehmen verhindert werden können, beziehungsweise den Betroffenen von solchen Verletzungen die Möglichkeit geboten wird, Wiedergutmachung oder Entschädigung zu verlangen."[110]

Ein deutliches politisches Engagement deutscher Innenpolitik für solche Ziele wäre zugleich ein Beitrag zur Durchsetzung des Menschenrechts auf Garantie des Eigentums (Art. 17 der Allgemeinen Erklärung). Vor allem jedoch würde entsprechende politische Maßnahmen der Bundesregierung der Durchsetzung des Rechts indigener Völker „auf das Land, die Gebiete und Ressourcen, die sie traditionell besessen, innegehabt oder auf andere Weise genutzt [...] haben" ebenso entsprechen wie dem „Recht auf Wiedergutmachung" und dem von der FUEV-Charta geforderten „Recht auf Schutz des angestammten Siedlungsgebietes".[111] In Umsetzung dieser Rechte darf der Staat nicht dulden, dass Angehörige des sorbischen Volkes – z.B. durch Wirtschaftsunternehmen – aus ihren Wohnorten vertrieben werden, Zwangsräumungen vorgenommen werden, das Lebensumfeld in gesundheitsgefährdender Weise verschmutzt wird.

Optimistischer Ausblick auf schwierige Zeiten erfordert historische Perspektiven

Die Verhältnisse in der Bundesrepublik in den ersten zwei Dekaden des 21. Jahrhunderts sind nicht gleichzusetzen mit denen am Ende der Weimarer Republik. Berlin ist nicht Weimar!

Wie „Weimar" damals war und wohin es führte, ist hinreichend geschildert. Wie nun ist „Berlin" heute und wohin wird es führen?

Es gibt kein irgendwie geartetes „Gleichheitszeichen" zwischen „Weimar" und „Berlin". Die politischen und sozialen Unterschiede[112] sind deutlich im Alltag spürbar. Zwar sind Nachwirkungen der minderheitenfeindlichen, rassistischen Nazi-Ideologie **noch** hörbar, sichtbar, erlebbar. Deutlich stärker werdende Denk- und Verhaltensweisen einer aufgeklärten, entschiedenen Humanität, einer lebendigen, praktischen Verteidigung der Menschenrechte zeigen sich jedoch **schon** unübersehbar. Offen ist, zu welchen gesellschaftlichen Zuständen diese Auseinandersetzung um die politische Kultur letztlich führen wird. Teil des Widerspruchs zwischen „noch" und „schon", zugleich Antrieb zu seiner Lösung ist es, mehrfach ein „ABER" zu formulieren. Die nüchterne Benennung dessen, was ist, ist unverzichtbar, um den Weg zu einer minderheitenfreundlichen, menschenrechtskonformen politischen Kultur zu suchen.

Heute kann von einer umfassenden gesellschaftserschütternden Krise nicht die Rede sein. **Aber** wir leben in einer Gesellschaft, in der Nazis zwar keine gesellschaftlich verändernde Kraft, gleichwohl auch keine zu vernachlässigenden „Spinner" sind. Fast täglich brennt irgendwo in Deutschland ein Heim für Asylbewerber. Synagogen und jüdische Schulen oder Kindergärten müssen mit Pollern und Wasserwerfern besonders geschützt werden. Jüdische Friedhöfe werden wieder geschändet. Rund ein Drittel der Deutschen ist latent antisemitisch. Die Bereitschaft und Fähigkeit zur Entzivilisierung ist vielen Deutschen entweder nicht abhanden gekommen oder neu ausgeprägt worden. Die „Schatten" des Dritten Reiches fallen noch immer in unsere Gegenwart. Wir sind auf ein dagegen wirkendes „Licht" angewiesen. Es kommt nicht von allein, leuchtet aber kräftig und ermutigend, wenn viele Menschen Fremde willkommen heißen.

Heute kann von einem politischen Zerfall der Republik nicht die Rede sein. **Dennoch** fühlen Millionen Menschen sich ohnmächtig, machtlos, gegenüber den Verhältnissen. Manche „erheben" sich, indem sie andere erniedrigen. Der alltägliche Rassismus lässt sich nicht auf individuelle Vorurteile reduzieren und hat auch nur z.T. etwas mit Dummheit zu tun. Vielmehr bewirkt das Streben nach einer „marktkonformen Demokratie" die Ökonomisierung des Sozialen und die sog. „Austeritätspolitik" ist letztlich ein Anschub für neuen Nationalismus. Politiker- und Demokratieverdruss sind angesichts von Wahlbeteiligungen um die 50% vielerorts unübersehbar. Zu oft werden Defizite der parlamentarischen Vertretungsdemokratie (Cliquen, Lobbys, Bürokraten, Parteiobere entscheiden) erlebt und erfahren. Ein wie auch immer gearteter Demokratieabbau ist jedoch stets zugleich Abbau von Menschenrechten und Zunahme autoritärer, faschistoider Tendenzen und Stimmungen.

Heute kann von der Absicht, den Frieden zu beseitigen nicht die Rede sein. Allerdings gibt es schon wieder ein sukzessives Sich-Gewöhnen an den Krieg, ein Sich-Fügen sehr vieler und ein Danach-Streben weniger. Es gibt heute wieder die Haltung: „Endlich sind wir wieder wer!" Mitunter scheint es so, als wäre damit das Ziel von Politikern der BRD und der DDR aus den 1980er Jahren „Von deutschem Boden darf nie wieder Krieg ausgehen" ad acta gelegt.

Heute kann von einer Prä-Faschisierung nicht die Rede sein. **Dessen ungeachtet** wird die Existenz einer „Unterschicht", das Prekariat konstatiert. Und einige wenige kategorisieren in Deutschland lebenden Angehörige von Minderheiten wieder in gute und schlechte, in kluge und dumme, in integrierte und integrationsunwillige. Das ist entweder leichtsinnig-dumm oder wohlkalkuliert-raffiniert-schlau. In jedem Fall aber sind sie Stichwortgeber, Einflüsterer, Türöffner, Hemmungsbeseitiger. Denn: Wie weit ist von da zu den „Untermenschen" und der „Herrenrasse"?[113] Wie weit ist es von der Verleugnung zur Vernichtung dessen, was nicht ins eigene Welt- und Menschenbild passt?

Heute gibt es keinerlei territorialen Forderungen an andere Länder. **Aber** es gibt den Streit um das Zentrum „Flucht, Vertreibung, Versöhnung". In dessen Stiftungsrat stellte der Zentralrat der Juden in Deutschland vor kurzem seine Mitarbeit vorläufig ein, weil führende Persönlichkeiten mit Bezug auf den Beginn des Zweiten Weltkriegs polenfeindliche Positionen vertraten.[114]

Heute gibt es weder offiziell beschlossene Repressionen gegen die Sorben noch geheimpolizeiliche Überwachung. **Aber** es gibt eine sorbenfeindliche Radikalisierung in der Lausitz, die sich wohl auch aus Verlustängsten, vor allem aber aus nationalistischer Überheblichkeit speist. Für die politische Kultur ist das insofern gefährlich, als es leicht in blinden Hass und physische Gewaltexzesse umschlagen kann.

Eine Vertrauenskrise, die breite Teile der Bevölkerung von „rechts" bis „links" und von „unten" bis „oben" erfasst, ist unübersehbar. Sehr viele meinen, den politisch Führenden ist es egal, wie es den „kleinen Leuten" geht. Große, meist **noch** verborgene, politisch-ethische Schäden löst die unbestrittene Tatsache aus, dass die Reichen immer reicher und die Ärmeren immer zahlreicher werden. In der Krise der Jahre 2008/2011 grassierten die Begriffe „Marktversagen" und „Staatsversagen" in der öffentlichen Meinung. Fast jeden Tag gibt es Informationen über Korruption und Steuerhinterziehungen größten Ausmaßes oder über sich selbst bedienende Manager und/oder Politiker, über Börsenbetrügereien, über Lügen zum Zwecke der Kriegsführung, über Missbrauch von Schutzbefohlenen u.v.a.m. Die oft propagierte „Chancengleichheit" wird vor allem von Jugendlichen oft als Vorspiegelung eines angeblichen gleichen Zugangs zur selbstverantwortlichen Lebensführung erlebt. Auch der nicht vom subjektiven Engagement des einzelnen abhängige Zugang zu einem Arbeitsplatz oder die schrittweise Entwicklung zu einem Zwei-Klassen-Gesundheitssystem ist in den Erfahrungen von Millionen verfestigt.

Viel zu selten werden all diese Umstände jedoch gedanklich als eine Verletzung von Menschenrechten erfasst. Ebenso problematisch für die politische Kultur der „Berliner Republik" ist die Tatsache, dass mehrere Gesetze (bzw. wesentliche Bestimmungen davon) vergangener und gegenwärtiger Bundesregierungen gegen das Grundgesetz verstießen[115], weil sie Grundrechte[116] in Frage stellten. Gleiches gilt für die Tatsache, dass es im Grundgesetz (Art. 81) den Gesetzgebungsnotstand[117] gibt.

Der Kampf um ein modernes Menschenrecht für ethnische Minderheiten in der Bundesrepublik Deutschland des 21. Jahrhunderts wird also nach wie vor lang und konfliktreich sein. Er wird, genau wie zu Skalas Zeiten und doch in neuer Qualität, an den in der Bibel geschilderten Kampf zwischen dem Hirtenjungen David und dem Riesen Goliath[118] erinnern. Gerade deshalb sollten die Akteure – wie der Vordenker der Menschenrechte ethnischer Minderheiten Jan Skala – nicht demütig und „hasenherzig", sondern sachlich-argumentativ sein und sich vor den Schwierigkeiten im Engagement für die eigenen Rechte weniger fürchten als vor dem Fortbestehen heutiger Verhältnisse und ihrem Wachstum. Kraft dafür können sie schöpfen aus der Gewißheit, alle emanzipatorischen Entwicklungen haben klein angefangen, ihre eigenen Regeln aufgestellt und durchgesetzt. Geschichte ist immer nach vorne offen und alles Neue ist ungewohnt, d.h. nicht in Gewohnheiten des Denkens und Handelns verfestigt.

Nach wie vor und zugleich in neuer Qualität gilt dabei die Devise Skalas: „Smy Słowjenjo po kulturje a krewji, politiscy a hospodarscy pak smy staćenjo němskeje republiki, we kotrejž de jure mamy wšě prawa a winowatosće, de facto pak jenož telko prawa, kaž so nam přidźěli."[119]

Nach wie vor und zugleich in neuer Qualität geht es darum, dass „Gesetze [...] nicht zuungunsten einer Minderheit ausgelegt oder angewandt werden; „keine Verächtlichmachung wegen Zugehörigkeit zu einer nationalen Minderheit [...] und wegen Gebrauchs der Minderheitssprache durch Behörden und Beamte erfolgen" darf und „ein Reichsminderheitenamt zu errichten (ist), gegen dessen Entscheidungen ein Beschwerdeweg gegeben sein muss."[120]

Nach wie vor wird mit dem Blick auf vorgefundene Situationen zu fragen sein, haben wir es mit naturähnlich gewachsenen Umständen zu tun, sind es bedauerliche, von niemandem gewollte und von allen beklagte Verhältnisse oder handelt es sich um bewusst, vorsätzlich, willentlich herbeigeführte Zustände? Trifft Letzteres zu, sind nach wie vor Zustände und Akteure beim Namen zu nennen.

Nach wie vor und zugleich in neuer Qualität ist von der deutschen Politik zu fordern, dass sie die Menschenrechte ethnischer Minderheiten als eine primär innenpolitisch zu lösende Aufgabe sieht. Unumgänglich dafür ist eine hier schon mehrfach besprochene Änderung des Grundgesetzes. Wollen wir die Würde des Menschen wirklich unantastbar machen (siehe Art. 1.1. GG/1. Satz), dann müssen wir zunächst alle staatliche Gewalt (traditionell: gesetzgebende Gewalt/Legislative; ausführende Gewalt/Exekutive; richterliche Gewalt/Judikative und aktuell: mediale Gewalt) nachhaltig und kompromisslos verpflichten, die Würde des Menschen, wie es Satz 2 von Artikel 1.1. des Grundgesetzes unzweideutig fordert, in all ihren Entscheidungen zu achten und zu schützen. Früher oder später wird es danach unumgänglich sein, das Eigentum an den Produktionsmitteln und Finanzvermögen gemäß Art. 14 und 15 GG als antastbar zu betrachten und zu behandeln.

Unverzichtbar dafür ist allerdings die Rückgewinnung des Primats der Politik über die Wirtschaft. Wer bessere Menschenrechte, nicht nur, aber auch für ethnische Minderheiten will, der muß bedenken, Volkswirtschaften kann man nicht mit betriebswirtschaftlichen Instrumenten lenken. Wer bessere Menschenrechte, nicht nur, aber auch für ethnische Minderheiten will, der muss das biblische Zinsverbot zeitgemäß bedenken und die Mensch und Menschlichkeit zerstörende Zinslogik des Kapitals beenden. Wer bessere Menschenrechte, nicht nur, aber auch für ethnische Minderheiten will, der muss das die Gesellschaft dominierende System der Profitmaximierung beenden, denn es ist die vollständige, allumfassende Hinwendung zu Dingen, zum Haben. Installiert werden muss stattdessen ein System der Vernunftmaximierung, denn das ermöglicht die Hinwendung zum Menschen, zum Sein.

Die Menschenrechte autochthoner nationaler Minderheiten sind Teil der Verantwortung des Gesamtstaates. Der Staat muß diese Rechte in innerstaatliches Recht umsetzen. Das entspricht dem Geist und Text des Grundgesetzes. Es ist zugleich die unverzichtbare Grundlage für das derzeit fehlende langfristige innenpolitische Konzept zur Gestaltung der Menschenrechte ethnischer Minderheiten. Dieses Konzept muss in überschaubaren Fristen ausgearbeitet werden, damit die Menschenrechtspolitik nach innen klarer korrespondiert mit den schon jetzt vorteilhaft umgesetzten kulturpolitischen Maßnahmen zur Förderung deutscher Minderheiten im Ausland. Mit den in diesem Buch geschilderten unheilvollen Traditionen des Umgangs mit den Sorben in der Weimarer Republik und im Dritten Reich, muss nachhaltig erlebbar gebrochen werden. Einzelne, in die richtige Richtung weisende Aktionen dürfen nicht „Strohfeuer" sein, sondern – um im Bilde zu bleiben – stetig „lodernde Glut".

Die Zukunft der Sorben und ihres Zusammenlebens mit den Deutschen ist offen. Die Gretchenfrage dafür lautet: Achtung und Förderung der Sorben oder Assimilation bis zu ihrem Verschwinden? Die positive Antwort ist abhängig von vernünftig begründeter Zuversicht, vor allem jedoch von darauf basierenden neuen Aktivitäten sowie damit gewonnenen neuen Erfahrungen und der so gestärkten Hoffnung auf eine menschenrechtlich strukturierte Gesellschaft. Der deutsche Staat ist dabei nicht allmächtig. Aber er kann (und muss bei Strafe seines Niedergangs) auf völlig neue Weise den vielen Einzelnen die Möglichkeit schaffen, sich als gleichberechtigtes Mitglied der Gesellschaft zu fühlen, was zuvörderst heisst, sich dem Druck und Sog des Neoliberalismus zu widersetzen. Er kann darauf bauen, dass heute schon sehr viele Menschen denken und fühlen, sie leben nicht zukunftsgerecht, sie leben nicht menschenrechtskonform, nicht den Rechten der Erde entsprechend.

Wenn es nicht gelingt, einen aufrichtigen Weg für die umfassende Verwirklichung der Menschenrechte zu finden, dann haben wir seit mehr als 100 Jahren nichts gelernt. Dann verdienen wir auch alles, was deshalb auf uns zukommt. Wenn es jedoch gelingt, nicht zuerst den Zeigefinger auf die anderen (Menschen, Länder, Parteien etc.) zu richten, sondern die drei Finger zu bedenken, die bei dieser Geste auf uns zur Selbstprüfung zurückweisen, ist eine neue Qualität der Menschenrechte greifbar.

„Wir können zuversichtlich davon ausgehen", so der amerikanische Sozialwissenschaftler und Begründer einer Weltsystemanalyse Wallerstein[121], „dass das gegenwärtige System keine Zukunft hat. Doch welche neue Ordnung als Ersatz ausgewählt werden wird, können wir nicht voraussagen, denn diese Entscheidung erwächst aus dem Gegeneinander einer unendlichen Vielzahl von Einzelbestrebungen. Früher oder später aber wird ein neues System installiert. Das wird kein kapitalistisches System sein. Es wird jedoch möglicherweise weitaus schlimmer (noch polarisierender und noch hierarchischer) oder auch viel besser (nämlich relativ demokratisch, relativ egalitär) sein als ein solches. Das Ringen um die Auswahl eines neuen Systems ist jetzt die wichtigste, weltweit ausgetragene Auseinandersetzung unserer Zeit."[122]

Sicher ist, die sozialen Probleme der Gegenwart, darunter die Menschenrechte ethnischer Minderheiten, werden nicht mit dem Denken und Handeln zu lösen sein, das diese Probleme hat entstehen lassen. Tiefgründig und umfassend ist dabei allerdings zweierlei zu bedenken. Erstens: Alle Versuche, in Europa eine sozialistisch strukturierte Gesellschaft der Freien und Gleichen zu entwickeln, endeten 1990 in einer totalen Sackgasse, weil die bürgerlichen Freiheiten ebenso geringgeschätzt wurden wie der Markt als Element effizienten Wirtschaftens. Zweitens: Die kapitalistisch strukturierte Gesellschaft hat keine Zukunft, weil in dem „Teil der Welt, der sich der westliche nennt, eine selbstmörderische Verleugnung des Humanen und Sozialen praktiziert und propagiert wird."[123]

Wenn wir den inneren sozialen Frieden in Deutschland eher stärken als weiter gefährden wollen; wenn wir dazu beitragen wollen, dass Krieg endlich aufhört, Mittel der Politik zu sein, dann stehen wir heute (nicht allein, aber eben auch) in Deutschland vor dem erneuten Anlauf zu einer Gesellschaft, in der Politik, Wirtschaft und Medien sich völlig neu fragen müssen, ob und wie ihr Tun (und ihr Unterlassen) Toleranz und Gerechtigkeit stützt und damit Gleichheit und Freiheit stärkt. Hinreichende Grundlagen sind mit der im Grundgesetz fixierten Gewaltenteilung und Rechtsbindung vorhanden. Die Verfassungswirklichkeit muss jedoch sukzessive, aber hartnäckig so geändert werden, dass eine neue Qualität der Menschenwürde und Selbstbestimmung realisiert wird.

Der theoretisch-gedankliche und der praktisch-reale Einsatz für die Menschenrechte insgesamt, aber auch regional und ethnisch begrenzt, ist Teil und Antrieb in diesem Ringen. Er verknüpft Systemkritik mit Realpolitik und erstrebt dafür breiteste Akzeptanz in der Gesellschaft. Denn: In welchem Deutschland leben wir und in welchem wollen wir leben – das sind die Fragen, die sich heute auch im Umgang mit ethnischen Minderheiten stellen.

Skala kann uns dreifach dazu motivieren. Zum einen erkannte er zwar nicht, was die Welt im Innersten zusammenhält. Aber weil er in seinen Reden und Artikeln stets einen Bogen schlug zwischen dem krisenhaften Erleben der Gesellschaft und seinen persönlichen Lebenskrisen, erfasste er klar, was die Welt aus den Fugen geraten ließ. Zum anderen entblößte er ausdauernd, hartnäckig, kämpferisch die politischen, wirtschaftlichen und medialen Gegebenheiten seiner Zeit als nicht menschenrechtskonform. Schließlich verknüpfte er seine sozialistische Einstellung mit großer Liberalität gegenüber Gegenargumenten (bei strikter Ablehnung aller Vor-Urteile), orientierte sich geradlinig an der Wirklichkeit und untermauerte ohne Zutat von Phantasie eine unbestechliche und in die Zukunft weisende Haltung und Meinung zu den Menschenrechten ethnischer Minderheiten.

Skalas Wirken war nie politisch-modisch-zeitgemäß. Er wandte sich niemals zynisch vom Leben seines Volkes ab. Es kostete ihn, nicht nur gegen Ende seines Lebens, viel Kraft, aber er blieb er unbeugsam gegen die Anfechtungen der Vergeblichkeit und Wirkungslosigkeit. Er hatte Zivilcourage. Er war bescheiden, mitfühlend und hilfsbereit. Den Freunden war er stets ein Freund, den Feinden blieb er ein Feind. Das bewahrt ihn bis heute davor, politisch-altmodisch-unzeitgemäß zu sein.

70 Jahre nach Skalas Tod verdecken scheinbar viele neue technische, kulturelle und politische Tatsachen Erkenntnisse und Erfahrungen aus der alten Zeit. Was für Skala „heute" und für den Autor dieses Buches „gestern" war, ist für immer mehr Sorben und Deutsche in wei-

ter Ferne. Taten und Untaten aus der Vergangenheit müssen jedoch dem Lernen und Begreifen zugeführt werden, damit die neue Zeit nicht Wiederholung oder Variation der alten wird.

Förderlich dafür, auf diese Weise dem Kampf um die Menschenrechte ethnischer Minderheiten neue Impulse zu verleihen, ist es, Skalas Grundsatz-Artikel in der „Kulturwehr" weder apologetisch noch affirmativ, sondern mit wachem Blick auf gesellschaftliche Realitäten kritisch zu lesen. Da öffnen sich zwei zueinander gehörende Gedankenstränge. Zum einen: anschauliche Obduktion menschenrechts- und minderheitsfeindlicher gesellschaftlichen Struktur und Ordnung. Für Skala war „Kritik keine Leidenschaft des Kopfes", er wollte nicht „nur" kluge Gedanken verkünden. Kritik war für ihn „der Kopf der Leidenschaft"[124], er suchte Lösungen für reale Probleme in den gegebenen gesellschaftlichen Zuständen. Zum anderen: hochspannende, wechselseitige Überlagerung christlichen und sozialistischen Denkens und Fühlens. Skala erfasste das Übergreifende, Überwölbende beider Weltsichten und betonte beider Eintreten für Entrechtete und Benachteiligte. Deswegen dachte er oft grundlegend und prinzipiell, nie aber abstrakt, sondern im Großräumigen bildhaft-konkret.

In der Summe veranschaulicht das Skalas Grundhaltung: Gesellschaftskritik aus Liebe. Und zwar zu den Menschen und einer von dort her begründeten Logik. Macht gedeiht nicht ohne Güte! Skala wollte bessere Menschenrechte in die gesellschaftliche Wirklichkeit bringen. Deshalb strebte er danach, Kraft, Solidarität, Fantasie und Engagement derer zu stärken, die dieser Rechte bedürfen. Skala kämpfte in seinen Artikeln und Reden nicht zuletzt dafür, der Tatsache „Minderheitenrecht ist Menschenrecht" öffentliche und offizielle politische und rechtliche Beachtung zu schaffen.

Wir Heutigen können in seinem Sinne berechtigt sagen: Eine neue politische Kultur in der Bundesrepublik kann und wird nur entstehen, wenn Existenz, Kultur, Sprache, Geschichte, Traditionen ethnischer Minderheiten nicht als Neben – oder gar „Verschlusssache" behandelt werden. Noch sind die Wege dorthin durch ökonomische und politische Machtverhältnisse versperrt. Noch ist im Hinblick auf Menschen mit anderer Kultur, Sprache, Tradition zu oft eine Mischung aus kurzzeitiger Betroffenheit, Heuchelei und Alarmismus anzutreffen, die eher an Voyeurismus grenzt als an menschenrechtskonforme Minderheitenpolitik. Noch werden deshalb oft nur die Krisensymptome benannt. Schon aber findet sich ehrliche Hilfe bei vielen, ob beim Kampf gegen das Wegbaggern sorbischer Heimat oder für die menschenwürdige Unterbringung von Flüchtlingen. Begleitet ist das mitunter schon davon, Ursachen für die kritisierten Umstände ins Licht zu rücken, Zusammenhänge transparent zu machen, nüchtern zu benennen, was ist.

Unsere Gesellschaft ist als Ganzes zu einer öffentlichen Diskussion mit dem Ziel herausgefordert, den Umgang mit Angehörigen ethnischer Minderheiten nachhaltiger in Übereinstimmung mit dem Grundgesetz, insbesondere mit den dort reflektierten und fixierten Menschenrechten zu bringen. Der Staat muß politisch, rechtlich und ideell ermöglichen, dass ethnische Minderheiten sich integrieren können, ohne sich assimilieren zu müssen. Alle Demokraten sind aufgefordert, die politische Kultur in der Bundesrepublik in diese Richtung zu bessern. Manch einer von ihnen wird dafür Distanz, Desinteresse und Unkenntnis ebenso ad acta legen müssen wie Krokodilstränen und blasierte Selbstgewissheit.

Oder aber es kommt der Tag, an dem nicht nur die Fremden, die „Anderen", sondern wir alle merken, wie „plötzlich" Menschenrechte neuen Herrschenden nichts mehr gelten und wir uns mit verwundertem Augenreiben hilflos fragen, warum wir die Zeit, als das noch abzuwehren war, verschlafen haben. Es geht, nicht nur, aber auch mit Blick auf die Menschenrechte ethnischer Minderheiten um die Schaffung von sozialen Verhältnissen, die Menschen nicht zu allseitig ökonomisierten Objekten machen, sondern eine auf Toleranz und Gerechtigkeit sich gründende Gemeinschaft der Freien und Gleichen ermöglichen und bedingen.

Der sorbische Patriot Jan Skala hat für das Bedenken dieser Alternative Spuren hinterlassen, die auffindbar sind.

Auch wenn er den größten Teil seines Lebens nicht in der Lausitz verbrachte, er war Sorbe durch und durch. Zugleich war er sozialistischer Europäer bzw. europäischer Sozialist. Einen schlechteren Streiter für ihre Rechte haben ethnische Minderheiten in Europa nicht verdient. Einen besseren werden sie so schnell nicht finden.

Anmerkungen, Quellen, Personalia

1 Ohne Anspruch auf Vollständigkeit und bei Verzicht auf jedwede Referierung sei zumindest verwiesen auf die Idee der Stoiker von der Universalgesellschaft, auf unterschiedliche Ausformungen des Naturrechts, auf die Unabhängigkeitserklärung der Vereinigten Staaten von Amerika 1776 und die Erklärung der Menschen- und Bürgerrechte in der Französischen Revolution 1789

2 Zuspitzung erfährt diese Aufgabe dadurch, dass zunehmend nichtstaatliche Strukturen (transnationale Konzerne, militante Gruppierungen u.ä.) Menschenrechte verletzten. Daraus kann jedoch hier nicht näher eingegangen werden.

3 Ganz offensichtlich wird das u.a. mit der Entwicklung der Kommunikationstechnik oder den verstärkten Bemühungen um stärkere Teilhabe an (regionaler) politischer Macht.

4 Etwa in Deutung von Artikel 28 „Jeder Mensch hat Anspruch auf eine soziale und internationale Ordnung, in welcher die in der vorliegenden Erklärung angeführten Rechte und Freiheiten voll verwirklicht werden können."

5 Geist und Sinn kommen zum einen in der Präambel zum Ausdruck. Zum anderen heißt es in Artikel 30, dass kein Staat, keine Gruppe, keine Person das Recht habe, „eine Tätigkeit auszuüben oder eine Handlung zu setzen, welche auf die Vernichtung der in dieser Erklärung angeführten Rechte und Freiheiten abzielen." Krieg zählt meines Erachtens dazu. „Humanitäre Intervention" ist – genau genommen – Pervertierung der Menschenrechte. Krieg soll mit dem ideologischen „Zuckerguß" der Menschenrechte schmackhaft gemacht werden. Militärische Gewalt hat aber nicht nur den Tod von Beteiligten und Unbeteiligten zur Folge, meist werden auch damit keine Verhältnisse geschaffen, die allen Menschen des Landes, in dem (bzw. gegen das) Krieg geführt wird, bessere Rechte bringen. Beides ist ein Verstoß gegen die Menschenrechte.

6 Resolution der Generalversammlung 217 A (III). 10. Dezember 1948 Dritte Tagung
Allgemeine Erklärung der Menschenrechte
PRÄAMBEL
Da die Anerkennung der angeborenen Würde und der gleichen und unveräußerlichen Rechte aller Mitglieder der Gemeinschaft der Menschen die Grundlage von Freiheit, Gerechtigkeit und Frieden in der Welt bildet,
da die Nichtanerkennung und Verachtung der Menschenrechte zu Akten der Barbarei geführt haben, die das Gewissen der Menschheit mit Empörung erfüllen, und da verkündet worden ist,daß einer Welt, in der die Menschen Rede- und Glaubensfreiheit und Freiheit von Furcht und Not genießen, das höchste Streben des Menschen gilt,
da es notwendig ist, die Menschenrechte durch die Herrschaft des Rechtes zu schützen, damit der Mensch nicht gezwungen wird, als letztes Mittel zum Aufstand gegen Tyrannei und Unterdrückung zu greifen,
da es notwendig ist, die Entwicklung freundschaftlicher Beziehungen zwischen den Nationen zu fördern,
da die Völker der Vereinten Nationen in der Charta ihren Glauben an die grundlegenden Menschenrechte, an die Würde und den Wert der menschlichen Person und an die Gleichberechtigung von Mann und Frau erneut bekräftigt und beschlossen haben, den sozialen Fortschritt und bessere Lebensbedingungen in größerer Freiheit zu fördern,

da die Mitgliedstaaten sich verpflichtet haben, in Zusammenarbeit mit den Vereinten Nationen auf die allgemeine Achtung und Einhaltung der Menschenrechte und Grundfreiheiten hinzuwirken,

da ein gemeinsames Verständnis dieser Rechte und Freiheiten von größter Wichtigkeit für die volle Erfüllung dieser Verpflichtung ist,

verkündet die Generalversammlung

diese Allgemeine Erklärung der Menschenrechte als das von allen Völkern und Nationen zu erreichende gemeinsame Ideal, damit jeder einzelne und alle Organe der Gesellschaft sich diese Erklärung stets gegenwärtig halten und sich bemühen, durch Unterricht und Erziehung die Achtung vor diesen Rechten und Freiheiten zu fördern und durch fortschreitende nationale und internationale Maßnahmen ihre allgemeine und tatsächliche Anerkennung und Einhaltung durch die Bevölkerung der Mitgliedstaaten selbst wie auch durch die Bevölkerung der ihrer Hoheitsgewalt unterstehenden Gebiete zu gewährleisten.

1 Alle Menschen sind frei und gleich an Würde und Rechten geboren. Sie sind mit Vernunft und Gewissen begabt und sollen einander im Geiste der Brüderlichkeit begegnen.

2 Jeder hat Anspruch auf alle in dieser Erklärung verkündeten Rechte und Freiheiten, ohne irgendeinen Unterschied, etwa nach Rasse, Hautfarbe, Geschlecht, Sprache, Religion, politischer oder sonstiger Anschauung, nationaler oder sozialer Herkunft, Vermögen, Geburt oder sonstigem Stand. Des weiteren darf kein Unterschied gemacht werden auf Grund der politischen, rechtlichen oder internationalen Stellung des Landes oder Gebietes, dem eine Person angehört, gleichgültig ob dieses unabhängig ist, unter Treuhandschaft steht, keine Selbstregierung besitzt oder sonst in seiner Souveränität eingeschränkt ist.

3 Jeder hat das Recht auf Leben, Freiheit und Sicherheit der Person.

4 Niemand darf in Sklaverei oder Leibeigenschaft gehalten werden; Sklaverei und Sklavenhandel in allen ihren Formen sind verboten.

5 Niemand darf der Folter oder grausamer, unmenschlicher oder erniedrigender Behandlung oder Strafe unterworfen werden.

6 Jeder hat das Recht, überall als rechtsfähig anerkannt zu werden.

7 Alle Menschen sind vor dem Gesetz gleich und haben ohne Unterschied Anspruch auf gleichen Schutz durch das Gesetz. Alle haben Anspruch auf gleichen Schutz gegen jede Diskriminierung, die gegen diese Erklärung verstößt, und gegen jede Aufhetzung zu einer derartigen Diskriminierung.

8 Jeder hat Anspruch auf einen wirksamen Rechtsbehelf bei den zuständigen innerstaatlichen Gerichten gegen Handlungen, durch die seine ihm nach der Verfassung oder nach dem Gesetz zustehenden Grundrechte verletzt werden.

9 Niemand darf willkürlich festgenommen, in Haft gehalten oder des Landes verwiesen werden.

10 Jeder hat bei der Feststellung seiner Rechte und Pflichten sowie bei einer gegen ihn erhobenen strafrechtlichen Beschuldigung in voller Gleichheit Anspruch auf ein gerechtes und öffentliches Verfahren vor einem unabhängigen und unparteiischen Gericht.

11 (1) Jeder, der einer strafbaren Handlung beschuldigt wird, hat das Recht, als unschuldig zu gelten,solange seine Schuld nicht in einem öffentlichen Verfahren, in dem er alle für seine Verteidigung notwendigen Garantien gehabt hat, gemäß dem Gesetz nachgewiesen ist. (2) Niemand darf wegen einer Handlung oder Unterlassung verurteilt werden, die zur Zeit ihrer Begehung nach innerstaatlichem oder internationalem Recht nicht strafbar war. Ebenso darf keine schwerere Strafe als die zum Zeitpunkt der Begehung der strafbaren Handlung angedrohte Strafe verhängt werden.

12 Niemand darf willkürlichen Eingriffen in sein Privatleben, seine Familie, seine Wohnung und seinen Schriftverkehr oder Beeinträchtigungen seiner Ehre und seines Rufes ausgesetzt werden. Jeder hat Anspruch auf rechtlichen Schutz gegen solche Eingriffe oder Beeinträchtigungen.

13 (1) Jeder hat das Recht, sich innerhalb eines Staates frei zu bewegen und seinen Aufenthaltsort frei zu wählen. (2) Jeder hat das Recht, jedes Land, einschließlich seines eigenen, zu verlassen und in sein Land zurückzukehren.

14 (1) Jeder hat das Recht, in anderen Ländern vor Verfolgung Asyl zu suchen und zu genießen. (2) Dieses Recht kann nicht in Anspruch genommen werden im Falle einer Strafverfolgung, die tatsächlich auf Grund von Verbrechen nichtpolitischer Art oder auf Grund von Handlungen erfolgt, die gegen die Ziele und Grundsätze der Vereinten Nationen verstoßen.

15 (1) Jeder hat das Recht auf eine Staatsangehörigkeit. (2) Niemandem darf seine Staatsangehörigkeit willkürlich entzogen noch das Recht versagt werden, seine Staatsangehörigkeit zu wechseln.

16 (1) Heiratsfähige Männer und Frauen haben ohne jede Beschränkung auf Grund der Rasse, der Staatsangehörigkeit oder der Religion das Recht, zu heiraten und eine Familie zu gründen. Sie haben bei der Eheschließung, während der Ehe und bei deren Auflösung gleiche Rechte. (2) Eine Ehe darf nur bei freier und uneingeschränkter Willenseinigung der künftigen Ehegatten geschlossen werden. (3) Die Familie ist die natürliche Grundeinheit der Gesellschaft und hat Anspruch auf Schutz durch Gesellschaft und Staat.

17 (1) Jeder hat das Recht, sowohl allein als auch in Gemeinschaft mit anderen Eigentum innezuhaben. (2) Niemand darf willkürlich seines Eigentums beraubt werden.

18 Jeder hat das Recht auf Gedanken-, Gewissens- und Religionsfreiheit; dieses Recht schließt die Freiheit ein, seine Religion oder seine Weltanschauung zu wechseln, sowie die Freiheit, seine Religion oder seine Weltanschauung allein oder in Gemeinschaft mit anderen, öffentlich oder privat durch Lehre, Ausübung, Gottesdienst und Kulthandlungen zu bekennen.

19 Jeder hat das Recht auf Meinungsfreiheit und freie Meinungsäußerung; dieses Recht schließt die Freiheit ein, Meinungen ungehindert anzuhängen sowie über Medien jeder Art und ohne Rücksicht auf Grenzen Informationen und Gedankengut zu suchen, zu empfangen und zu verbreiten.

20 (1) Alle Menschen haben das Recht, sich friedlich zu versammeln und zu Vereinigungen zusammenzuschließen. (2) Niemand darf gezwungen werden, einer Vereinigung anzugehören.

21 (1) Jeder hat das Recht, an der Gestaltung der öffentlichen Angelegenheiten seines Landes unmittelbar oder durch frei gewählte Vertreter mitzuwirken. (2) Jeder hat das Recht auf gleichen Zugang zu öffentlichen Ämtern in seinem Lande. (3) Der Wille des Volkes bildet die Grundlage für die Autorität der öffentlichen Gewalt; dieser Wille muß durch regelmäßige, unverfälschte, allgemeine und gleiche Wahlen mit geheimer Stimmabgabe oder einem gleichwertigen freien Wahlverfahren zum Ausdruck kommen.

22 Jeder hat als Mitglied der Gesellschaft das Recht auf soziale Sicherheit und Anspruch darauf, durch innerstaatliche Maßnahmen und internationale Zusammenarbeit sowie unter Berücksichtigung der Organisation und der Mittel jedes Staates in den Genuß der wirtschaftlichen, sozialen und kulturellen Rechte zu gelangen, die für seine Würde und die freie Entwicklung seiner Persönlichkeit unentbehrlich sind.

23 (1) Jeder hat das Recht auf Arbeit, auf freie Berufswahl, auf gerechte und befriedigende Arbeitsbedingungen sowie auf Schutz vor Arbeitslosigkeit. (2) Jeder, ohne Unterschied, hat das Recht auf gleichen Lohn für gleiche Arbeit. (3) Jeder, der arbeitet, hat das Recht auf gerechte und befriedigende Entlohnung, die ihm und seiner Familie eine der menschlichen Würde entsprechende Existenz sichert, gegebenenfalls ergänzt durch andere soziale Schutzmaßnahmen. (4) Jeder hat das Recht, zum Schutze seiner Interessen Gewerkschaften zu bilden und solchen beizutreten.

24 Jeder hat das Recht auf Erholung und Freizeit und insbesondere auf eine vernünftige Begrenzung der Arbeitszeit und regelmäßigen bezahlten Urlaub.

25 (1) Jeder hat das Recht auf einen Lebensstandard, der seine und seiner Familie Gesundheit und Wohl gewährleistet, einschließlich Nahrung, Kleidung, Wohnung, ärztliche Versorgung und notwendige soziale Leistungen, sowie das Recht auf Sicherheit im Falle von Arbeitslosigkeit, Krankheit, Invalidität oder Verwitwung, im Alter sowie bei anderweitigem Verlust seiner Unterhaltsmittel durch unverschuldete Umstände. (2) Mütter und Kinder haben Anpruch auf besondere Fürsorge und Unterstützung. Alle Kinder, eheliche wie außereheliche, genießen den gleichen sozialen Schutz.

26 (1) Jeder hat das Recht auf Bildung. Die Bildung ist unentgeltlich, zum mindesten der Grundschulunterricht und die grundlegende Bildung. Der Grundschulunterricht ist obligatorisch. Fach- und Berufsschulunterricht müssen allgemein verfügbar gemacht werden, und der Hochschulunterricht muß allen gleichermaßen entsprechend ihren Fähigkeiten offenstehen. (2) Die Bildung muß auf die volle Entfaltung der menschlichen Persönlichkeit und auf die Stärkung der Achtung vor den Menschenrechten und Grundfreiheiten gerichtet sein. Sie muß zu Verständnis, Toleranz und Freundschaft zwischen allen Nationen und allen rassischen oder religiösen Gruppen beitragen und der Tätigkeit der Vereinten Nationen für die Wahrung des Friedens förderlich sein. (3) Die Eltern haben ein vorrangiges Recht, die Art der Bildung zu wählen, die ihren Kindern zuteil werden soll.

27 (1) Jeder hat das Recht, am kulturellen Leben der Gemeinschaft frei teilzunehmen, sich an den Künsten zu erfreuen und am wissenschaftlichen Fortschritt und dessen Errungenschaften teilzuhaben. (2) Jeder hat das Recht auf Schutz der geistigen und materiellen Interessen, die ihm als Urheber von Werken der Wissenschaft, Literatur oder Kunst erwachsen. Jeder hat Anspruch auf eine soziale und internationale Ordnung, in der die in dieser Erklärung verkündeten Rechte und Freiheiten voll verwirklicht werden können.

28 Jeder hat Anspruch auf eine soziale und internationale Ordnung, in der die in dieser Erklärung verkündeten Rechte und Freiheiten voll verwirklicht werden können

29 (1) Jeder hat Pflichten gegenüber der Gemeinschaft, in der allein die freie und volle Entfaltung seiner Persönlichkeit möglich ist. (2) Jeder ist bei der Ausübung seiner Rechte und Freiheiten nur den Beschränkungen unterworfen, die das Gesetz ausschließlich zu dem Zweck vorsieht, die Anerkennung und Achtung der Rechte und Freiheiten anderer zu sichern und den gerechten Anforderungen der Moral, der öffentlichen Ordnung und des allgemeinen Wohles in einer demokratischen Gesellschaft zu genügen. (3) Diese Rechte und Freiheiten dürfen in keinem Fall im Widerspruch zu den Zielen und Grundsätzen der Vereinten Nationen ausgeübt werden.

30 Keine Bestimmung dieser Erklärung darf dahin ausgelegt werden, daß sie für einen Staat, eine Gruppe oder eine Person irgendein Recht begründet, eine Tätigkeit auszuüben oder eine Handlung zu begehen, welche die Beseitigung der in dieser Erklärung verkündeten Rechte und Freiheiten zum Ziel hat.

183. Plenarsitzung 10. Dezember 1948

Quelle: http://www.un.org/depts/german/menschenrechte/aemr.pdf (24.3.2014)

7   Zum Beispiel: Wird allen Menschen in Europa ein Recht auf demokratische Teilhabe gewährleistet? Wird allen Menschen in Europa ein Recht auf Arbeit, auf gleichen Lohn für gleiche Arbeit gesichert? Sind alle Menschen in Europa gegen willkürliche Eingriffe in ihr Privatleben geschützt?

Wird allen Menschen in Europa das Recht gewährt, sich an den Künsten zu erfreuen und an den Wohltaten des wissenschaftlichen Fortschritts teilzuhaben?

8   überwinden/bewahren, erhalten/zu neuer Qualität führen, höher heben

9   Seit dem Protest der „Göttinger Sieben" gegen die Aufhebung der Verfassung im Königreich Hannover im Jahre 1837 ist das Widerstandsrecht Kern des Kampfes um die Menschenrechte. Vgl.: Michael Köhler: Die Lehre vom Widerstandsrecht in der deutschen konstitutionellen Staatsrechtstheorie der 1. Hälfte des 19. Jahrhunderts, Berlin 1973, S. 125ff/ Über die Pflicht zum Ungehorsam gegenüber dem Staat, Hrsg.: Horst Albach. Mit Beiträgen von Gerhard Casper, Peter von Matt, Albrecht Schöne und Christian Tomuschat; Göttingen 2007

10   Wesentliche Zusammenhänge der sozialen Wirklichkeit in idealtypischer Fixierung

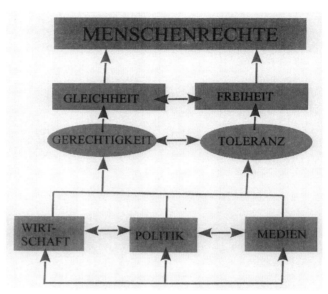

Modell Menschenrechte

11   Die Methode des Idealtypus wurde von Weber in die Soziologie zur Analyse der sozialen Realität eingeführt. Sie ist heute geläufiges Mittel sozialwissenschaftlicher Theoriebildung verschiedener Wissenschaftsdisziplinen, weil sie das Wesentliche akzentuiert und so Verständnis und Erklärung des Empirischen erleichtert. Die Methode zielt auf Gewinnung exakter Begriffe, mit denen empirische Tatsachen geordnet, strukturiert und in ihrer allgemeinen Bedeutung für den jeweiligen Gegenstand verstanden werden können. Auf dieser Methode basierende Modelle haben stets eine „heuristische" (erkenntnisfördernde, -vertiefende, und -anregende) Funktion. Mit ihr kann die systematische Analyse des Wirklichkeit insofern verbessert werden, als man jeweils ihre Abweichungen erfasst.

12   Die FUEV-Charta nennt hierzu 13 Grundrechte: 1. Das Recht auf Sprache, auf Gebrauch der Muttersprache im Verkehr mit den Behörden und vor Gericht; 2. auf Bildung, auf Schulen und auf Unterricht in der Muttersprache; 3 .auf Kultur; 4. auf Religion; 5. auf eigene Organisationen; 6. auf ungehinderte, grenzüberschreitende Kontakte; 7. auf Information und eigene Medien; 8. auf Vertretung in der öffentlichen Verwaltung; 9. auf angepasste Formen der Selbstverwaltung

und kulturellen Autonomie; 10. auf politische Vertretung und politische Partizipation; 11. auf Namensführung in der eigenen Schreib- und Sprechweise; 12. auf Nutzung und Sichtbarmachung der traditionellen Orts-, Flur- und Straßennamen sowie anderer topographischer Schilder; 13. auf Schutz des angestammten Siedlungsgebietes.

13 „Der kategorische Imperativ ist also nur ein einziger und zwar dieser: handle nur nach derjenigen Maxime, durch die du zugleich wollen kannst, daß sie ein allgemeines Gesetz werde." I. KANT: Grundlegung zur Metaphysik der Sitten, zitiert nach: Philosophenlesebuch, Berlin 1988, S. 265/ Mit KANT halt ich dies für *ein apodiktisch-praktisches Prinzip"* (ebd. S. 264, kursiv im Original)

14 Brigitte Hamm: Menschenrechte. Ein Grundlagenbuch. Opladen 2003, S. 137ff

15 Die WELT 7.12.2008

16 http://www.kas.de/wf/de/33.14647 (12.5.2013)

17 Nicht nur SKALA, aber eben auch er, erfuhren weder eine konkrete Begründung für ihr Berufsverbot noch konnten sie Rechtsmittel einlegen; vgl. u.a. Kapitel 2.4.

18 Art. 12 GG beinhaltet die Freiheit des Berufes; Artikel 6 der Europäischen Menschenrechtskonvention beinhaltet das Recht auf ein faires Verfahren, also Anspruch auf eine öffentliche auf einem Gesetz beruhende Verhandlung vor einem unabhängigen und unparteiischen Gericht, das in angemessener Frist entscheidet und dabei das Recht auf die Unschuldsvermutung zugrunde legt. Zugleich umfasst Art. 6 u.a. das Recht auf Information über die Beschuldigung, das Recht auf Verteidigung und das Recht auf einen Dolmetscher. Artikel 10 enthält das Recht der freien Meinungsäußerung. Artikel 14 verlangt von den Mitgliedsstaaten, sie haben zu sichern, dass jeder die Rechte der Menschenrechtskonvention ohne Diskriminierung wahrnehmen kann.

19 Allgemeine Erklärung, siehe Anmerkung Kap. 3 Fußnote 6, Artikel 2

20 Jahresbericht des Ausschusses für Grundfreiheiten und Innere Angelegenheiten (siehe Seite 464f)

21 Darin wird festgestellt, im sozialwissenschaftlichen Sinn werden Ostdeutsche so häufig als eine Gruppe mit abweichender Mentalität bezeichnet, dass man von einer eigenen „Ethnie" sprechen könne. [REBECCA PATES/MAXIMILIAN SCHOCHOW (Hrsg.): Der „Ossi": Mikropolitische Studien über einen symbolischen Ausländer. Wiesbaden 2013] Die „Herstellung" der Ossis verlaufe über „Zählungen (Statistiken) […] und nicht zuletzt Ethnisierung" (S. 8) Der Gegensatz zum „normalen Deutschen" bestehe darin, „dass den Ossis etwas fehlt." (S. 9) „Diese kategorialen Aussagen über den Ossi […] sind Symptome für einen Kampf um soziale Ordnungen und hierarchische Stellungen darin, wie er für gewisse Interaktionen zwischen ‚Deutschen' und ‚Ausländern' charakteristisch sein kann." (S. 11)

22 Das war absolut berechtigt. Der Bericht des NSU-Untersuchungausschusses des Thüringer Landtags (August 2014) stellt „handwerkliche und strukturelle Defizite" beim Verfassungsschutz und eine „mittelbare Unterstützung" der Neonazi-Szene fest. Bundesdeutsche Sicherheitsbehörden haben rechtsextreme, fremdenfeindliche Straftaten begünstigt und ihre Aufklärung behindert und vertuscht – das ist die für unsere Gesellschaft insgesamt, für andersethnische Bürger besonders traurige Bilanz. Gemessen mit dem Maßstab der Menschenrechte ist das Verhalten der Sicherheitsbehörden rechtswidrig und würdelos. Der Rechtsstaat wird vorgeführt und in Teilen bzw. zeitweise abgeschafft!

23 Damit stand er nicht allein. Großes Erschrecken gab es auf allen politischen Seiten und auf allen Kanälen. Ich bin eher, im Wissen um die deutsche und die deutsch-deutsche Geschichte erschrocken über dieses Erschrecken.

24 Skala hatte diesen Blick schon vor Beginn des Zweiten Weltkrieges. Er zählt wohl auch deshalb zum Bewahrenswerten in der deutschen Geschichte

25 Bestätigung findet diese Aussage auch im Schicksal SKALAS.

JAHRESBERICHT

des Ausschusses für Grundfreiheiten und innere Angelegenheiten

über die Achtung der Menschenrechte in der Europäischen
Gemeinschaft

EUROPÄISCHES PARLAMENT

Sitzungsdokumente

Berichterstatter: Herr Karel DE GUCHT

I - Politische Diskriminierungen

Die Mitglieder des Europäischen Parlaments wurden auf Maßnahmen hingewiesen, die
von der deutschen Regierung gegenüber bestimmten Berufsgruppen in der ehemaligen
DDR getroffen werden. Im Namen der Wiederherstellung des Rechtsstaats wurden
innerhalb bestimmter Stellen des öffentlichen Dienstes sowie bei Rechtsanwälten
und Notaren drastische Kontrollen durchgeführt, die zur Anwendung von Sanktionen
geführt haben: Entlassung von Hochschullehrern und Ablehnung oder Verweigerung
der Arbeitserlaubnis für Anwälte und Notare.

Angesichts der Arbeitsweise des den Rechtsstaat geringschätzenden kommunistischen
Systems, von dem die ostdeutsche Gesellschaft ganz einfach noch durchdrungen sein
muß, kann eine strenge Kontrolle zweifellos berechtigt sein. Es ist aber so, daß
die Durchführung der Kontrollen in der Praxis Ähnlichkeiten mit den zu anderen
Zeiten oder an anderen Orten unter Mißachtung der gesetzlichen Vorschriften
vorgenommenen "Säuberungsaktionen" aufweist. Der administrative Charakter der
betreffenden Maßnahmen bringt es nämlich mit sich, daß in dem jeweiligen Fall
keine genaue Mitteilung über die zur konkreten Begründung des Berufsverbots
erhobenen Vorwürfe erfolgt und daß gegen den Amtsenthebungsbeschluß keine
Rechtsmittel eingelegt werden können.

Ganz besonders im Falle der Kontrolle der Anwälte und Hochschullehrer und der
gegen sie gerichteten Sanktionen stellt sich ein schwerwiegendes Problem in bezug
auf die durch Artikel 12 des Grundgesetzes geschützte Berufsfreiheit und die
Unabhängigkeit gegenüber dem Staat. Gemäß den deutschen Rechtsvorschriften stützt
sich die Ablehnung eines Anwalts auf den Begriff der "Unwürdigkeit", der
Extremfälle wie eine Verurteilung wegen einer schweren Straftat oder unehren-
haftes oder unmoralisches Verhalten umfaßt und im allgemeinen restriktiv interpretiert wird. In der ehemaligen DDR scheint dieser Begriff extensiver ausgelegt
zu werden, und zwar so, daß damit verschiedene Formen des Mißbrauchs oder der
Diskriminierung gerechtfertigt werden; andere Berufsgruppen wie z.B. Richter oder
Staatsanwälte sind dagegen von dieser Politik nicht betroffen.

Man fragt sich mit Recht, ob diese Sanktionen nicht vielleicht eine Form der
politischen Diskriminierung im Sinne von Artikel 14 der Europäischen Menschenrechtskonvention[125] darstellen, durch die die effektive Inanspruchnahme des
Rechts jedes einzelnen auf gerichtliches Gehör und das Recht auf freie
Meinungsäußerung, wie sie in Artikel 6[126] und 10[127] derselben Konvention
anerkannt sind, behindern.

Jahresbericht Europäisches Parlament

A.
ENTSCHLIESSUNGSANTRAG

zur Achtung der Menschenrechte in der Europäischen Gemeinschaft

Das Europäische Parlament,

- unter Hinweis auf die Allgemeine Erklärung der Menschenrechte,

- unter Hinweis auf die Pakte der Vereinten Nationen über bürgerliche und politische Rechte und über wirtschaftliche, soziale und kulturelle Rechte sowie die dazugehörigen Protokolle,

- unter Hinweis auf die Europäische Konvention zum Schutz der Menschenrechte und Grundfreiheiten und die dazugehörigen Protokolle,

- unter Hinweis auf seine Entschließung vom 12. April 1989 zur Erklärung der Grundrechte und Grundfreiheiten[1],

- unter Hinweis auf die aus dem internationalen und europäischen Recht hervorgegangenen Grundsätze der Menschenrechte,

* Politische und gewerkschaftliche Diskriminierungen

98. beklagt die zu zahlreichen Angriffe auf die freie Ausübung der gewerkschaftlichen Rechte und die Rechte der Gewerkschaftsvertreter in vielen Mitgliedstaaten und einigen europäischen wissenschaftlichen Einrichtungen und fordert, daß dem durch die Anerkennung der freien Ausübung der gewerkschaftlichen Rechte als Grundrecht in allen Mitgliedstaaten und allen europäischen wissenschaftlichen Einrichtungen ein Ende gesetzt wird;

99. wünscht allgemein auf die Tatsache aufmerksam zu machen, daß jeder Beschluß über eine administrative Sanktion aus einer ausreichend gewissenhaften Untersuchung hervorgegangen sein muß, die den Nachweis der fachlichen Kompetenz und der Einhaltung von Gesetzen und rechtsstaatlichen Grundsätzen ohne Berücksichtigung persönlicher politischer Positionen erbringt, um Willkür zu vermeiden;

100. ist der Auffassung, daß diese Situation in der BRD mit der Einführung eines Kriteriums der "Staatsnähe", das an der aktiven Mitgliedschaft in der SED, in Massenorganisationen sowie an haupt- und ehrenamtlichen Funktionen in Staat, Wirtschaft und Gesellschaft gemessen wird, bei der Untersuchung vor einer administrativen Sanktion nicht ausreichend gegeben ist, da eine klare politische Kategorie der Bewertung zugrunde gelegt wird;

101. äußert in diesem Zusammenhang seine Besorgnis angesichts der Entlassungen, die die Hochschullehrer und den Öffentlichen Dienst im allgemeinen betreffen, und angesichts der den Anwälten und Notaren aus den politischen Kreisen in der ehemaligen DDR auferlegten Kontrollen und gegen sie erfolgten Ablehnungen, die unter Mißachtung der Rechtsnormen und der Regeln für das Ermittlungsverfahren durchgeführt werden und eine Beeinträchtigung der Ausdrucks- und Meinungsfreiheit darstellen (siehe Entschließungsantrag B3-0464/92);

102. ist weiterhin besorgt über die Entlassungen von Beschäftigten des Öffentlichen Dienstes, insbesondere von Lehrern und Hochschullehrern, die ungerechtfertigten Restriktionen für eine Aufnahme in diesen und die Aberkennung der Dienstjahre im Öffentlichen Dienst bei der Evaluierung einer Tätigkeit bzw. der Berechnung von Renten;

Entschließungsantrag Europäisches Parlament

26 http://www.bundespraesident.de/SharedDocs/Reden/DE/Joachim-Gauck/Reden/2013/04/130422
Europarat.html (26.03.2014)

27 S.J.: Lausitzer Serben und Reichsregierung, in: Kulturwehr, Heft 4/1929, S. 144

28 * 6.2.1767 – † 8.12.1822

29 Saul Ascher: Die Germanomanie. Skizze zu einem Zeitgemälde. Bei wikipedialiest man u.a.: In
der neben anderen klugen Büchern auf dem Wartburgfest am 18. Oktober 1817 verbrannten
Schrift „Die Germanomanie" heißt es nach hinführenden Gedanken über deutsche Reflexionen
der Französische Revolution unter anderem: „Die höchsten Interessen der menschlichen Natur,
Religion, Vaterland, Recht, erwarben in dem Gemüt der deutschen Denker nunmehr ein eigenes
Gepräge, das sich durch eine Gemütsäußerung aussprach, die man füglich Germanomanie benennen könnte." Ascher beschreibt dieses Phänomen so: „Die fixe Tendenz oder das einzige Bestreben
der Germanomanen war und ist es noch, in der Deutschheit gegen die Gallomanie ein Gegenge-
wicht zu erlangen. In dieser Hinsicht wurden nun alle Hebel aufgeboten, den denkenden Teil
Deutschlands für die Idee von Deutschheit empfänglich zu machen, als das einzige Mittel, gegen
das Joch der gallischen Tyrannei sich zu waffnen, um es endlich durch beharrlichen Widerstand
ganz abschütteln zu können." Als Hauptwirkung versprach man sich," daß die deutschsprechende
Nation, [...] die in einer wahren Entzweiung lebte, wodurch es einzig und allein den Ausländern
gelang, ihren Einfluß zu behaupten, unter einen Hut gebracht und zum gemeinsamen Streben für
ihre Freiheit und Selbständigkeit aufgeregt werden sollte." Von Anfang an richtete sich die Germanomanie gegen Fremde, zu Aschers Lebzeiten insbesondere gegen Juden. „Man muß die Menge, um auch sie für eine Ansicht oder Lehre einzunehmen, zu begeistern suchen; um das Feuer der
Begeisterung zu erhalten, muß Brennstoff gesammelt werden, und in dem Häuflein Juden wollten
unsere Germanomanen das erste Bündel Reiser zur Verbreitung der Flamme des Fanatismus hin-
legen. Der Fanatismus kennt aber keine Grenzen [...] bei Verfolgung der fixen Idee der Germanomanie: alles Fremdartige von Deutschlands Boden entfernt zu sehen." Germanomanen sehen die
Deutschen als ein Volk, „das sich in Hinsicht des Charakters, der Denkart, der Sprache und der
Sitte von allen ändern Nationen unterscheidet". Weil diese Besonderheit „durch den Gang der
Begebenheiten zerrüttet worden" ist, sei sie „wiederherzustellen und zu erhalten [...], wozu [...]
alles Fremde, von außen her Eingewanderte von Deutschlands Gauen zu entfernen und Deutschland gleichsam für einen geschlossenen Staat zu erklären (ist)." Das führt unweigerlich zu einer
Denkart, „daß Deutschland, deutsches Volk, deutsche Sitte und deutsche Gemütlichkeit von
ihnen als das Höchste und Würdigste aufgestellt und von ihnen mit einem Nimbus von Vortreff-
lichkeit umwölbt ward, worin man vielmehr einen fieberhaften Rausch als eine vernünftige
Besonnenheit ahnen könnte." Besorgt fragt der Autor: „Was beabsichtigen endlich diese Fanatiker
in dem Eifer ihrer Germanomanie? Wozu die Anregung zu einem Kreuzzuge gegen alles Undeutsche oder Ausländische? Soll Deutschland das Beispiel zur Zwietracht und zum Nationalhaß auf-
stellen?" Der Germanomanie bescheinigt der Autor Rückwärtsgewandtheit. „Diese Abgeschlos-
senheit der Nationen gründete sich auf die niedrige Bildungsstufe, worauf sich die Menschen vor-
mals befanden. [...] Nur in seiner Nationalität erkannte und schätzte jeder die Würde der menschlichen Gattung, in jedem ändern Volke sah er seinen Feind oder seinen Gegner." Seine Hoffnung:
„Und wie beseligend, wie labend ist nicht der Gedanke für den, der in der Gegenwart der Nationen die Idee der Menschheit ahnt und der das Ziel des Haders und der Entzweiung der Völker in
der Idee aufgelöst und beseitigt findet: daß in der *Existenz der Völker* die *Idee der Menschheit* sich
dereinst ganz abspiegeln wird!" Dann, dessen ist er gewiß, „wird in der Galerie der *deutschen* Ver-
irrungen [...] die *Germanomanie* eine würdige Stelle einnehmen können:" (Quelle: http://guten-
berg.spiegel.de/buch/2602/1; 29.11.2013)

30 Inhaltlich bedeutsam ist hier erneut zu verweisen auf: Anmerkungen Kap. 1, Fußnote 51; die Wiederholung ist m.E. notwendig,um Nachdenken auszulösen und politische Konsequenzen herauszufordern

31 Zu MIERENDORFF sei erneut auf Anmerkungen Kap. 2.1., Fußnote 6 verwiesen

32 zitiert nach: GER VAN ROON: Neuordnung im Widerstand, München 1967, S. 589F [Ähnlich formulierte Ziele finden sich später im Aufruf des Zentralausschusses der SPD (15.6.1945), im Aufruf des ZK der KPD (11.6.1945) und im Ahlener Programm der CDU (3.2.1947), deren Kernaussagen als bekannt vorausgesetzt werden.] 33 Mitteilung über die Dreimächtekonferenz von Berlin [„Potsdamer Abkommen"] (02.08.1945), in: document-Archiv. de [Hrsg.], URL: http://www.documentArchiv.de/in/1945/potsdamer-abkommen.html, Stand: 15.1.2011; (Hervorhebungen: der Autor)

34 Mitteilung über die Dreimächtekonferenz von Berlin, a.a.O. Punkt A.3 (IV) (Hervorhebungen: der Autor)

35 Als quantitativ unzureichende, aber qualitativ genügende Stichworte seien genannt: GLOBKE, OBERLÄNDER, SPEIDEL, HEUSINGER, FILBINGER; die 1951 als „Traditionsverband" der Waffen-SS in Deutschland gegründete Hilfsorganisation „HIAG"; die bis in jüngste Vergangenheit stattfindenden jährlichen Traditionstreffen der Gebirgsjäger, deren Angehörige der 1. Gebirgsdivision zahlreiche Kriegsverbrechen verübten; die Weigerung von KIESINGER, STRAUSS, CARSTENS und KOHL (alle CDU) an der 1970 erstmals im Bundestag durchgeführten Feierstunde zum Gedenken an den 8. Mai 1945 teilzunehmen.

36 Das hält bis in die Gegenwart an. Zu verweisen wäre u.a. auf den aktuellen Ukraine-Konflikt.

37 Grundgesetz Kommentar, herausgegeben von Dr. MICHAEL SACHS, München 2009, Hervorhebung im Original

38 ROMAN HERZOG, * 5.4.1934, 1953 Studium der Rechtswissenschaft bei THEODOR MAUNZ in München, 1957 1.und 1961 2.juristischen Staatsexamen; 1958 Promotion zum Dr. jur.; danach bis 1964 Assistent bei MAUNZ; sein GG-Kommentar zu Art. 139 setzt Rechtsauffassung und Grundhaltung seines Lehrers fort.
[MAUNZ nannte Art. 193 ein lediglich staatlich gesetztes Recht vorübergehender Natur. Maunz – so hieß es 1993 in öffentlichen Nachrufen bundesdeutscher Zeitungen – habe mit seiner verfassungsrechtlichen Arbeit Grundlagen für ein demokratisches Deutschland geschaffen. Die politische Öffentlichkeit und die öffentliche Meinung übersah oder vergaß geflissentlich, dass die französische Besatzungsmacht nach 1945 wegen MAUNZ' Tätigkeit als aktiv bekennender NS-Hochschullehrer in Freiburg Einwände gegen seine Mitarbeit an der neuen Verfassung für die BRD erhoben hatte. Maunz war u.a. 1938 führender Teilnehmer auf dem Nazi-Kampfkongress gegen „Das Judentum in der Rechtswissenschaft", der sich der Aufgabe widmete, „den deutschen Geist von allen jüdischen Fälschungen" zu befreien. Als Professor für öffentliches Recht in Freiburg begründete er bis 1945 mit aller Kraft der Legalisierung des Gestapoterrors sowie der „Schutzhaft" in Konzentrationslagern. In „Gestalt und Recht der Polizei" (1943) verkündete er das Ende des subjektiv-öffentlichen Rechts und erklärte Verhaftungen durch die Gestapo zu justizfreien Hoheitsakten. Trotzdem arbeitete er im August 1948 im Verfassungskonvent auf Herrenchiemsee mit, wurde 1952 auf einen Lehrstuhl nach München berufen und 1957 CSU-Kultusminister. Anfang der 1960er Jahre wurden einige seiner Nazi-Elaborate öffentlich, 1964 musste er zurücktreten. Maunz veröffentlichte anonym Artikel in der „Deutschen Nationalzeitung" die ein anderer Schüler von ihm, Dr. GERHARD FREY, lange Jahre Führer der später mit der NPD fusionierten DVU, herausgab. Ohne die juristische Hilfe des sich bis in den Tod treu gebliebenen Nazis und wichtigsten GG-Kommentators hätte Neonazis nicht so viele Prozesse gewon-

nen, z.B. gegen die Post, als die ausländerfeindliche Postwurfsendungen der DVU nicht befördern wollte oder gegen den NDR, als der ausländerfeindlichen Wahlspots der DVU nicht senden wollte. Den Art. 139 GG selbst für obsolet zu erklären, konnte sich Maunz aufgrund seiner eigenen Beteiligung am NS-Staat wohl nicht erlauben.]

Maunz/Herzog ist jedoch kein Einzelfall.

Edmund Mezger definierte während der Strafrechtslehrertagung 1935 rechtswidriges Handeln als „Handeln gegen die deutsche nationalsozialistische Weltanschauung". 1944 forderte er „rassehygienische Maßnahmen zur Ausrottung krimineller Stämme" und die „Ausmerzung volks- und rasseschädlicher Teile der Bevölkerung". Nach 1945 blieb Mezger Professor in München. Seine Werke zum Allgemeinen und Besonderen Teil des StGB waren in den fünfziger und sechziger Jahren die am meisten verbreiteten Lehrbücher.

1934 forderte Heinrich Henkel im Strafprozeßrecht die „freie Hingabe des Richtertums an die Ziele der Staatsführung". Nach 1945 war er Professor in Hamburg. 1968 legte er in 2. Auflage ein weithin anerkanntes Lehrbuch des Strafprozeßrechts vor.

Einer seiner Schüler war Friedrich Schaffstein, führender Vertreter der nationalsozialistischen „Kieler Schule". In seiner 1937 erschienene Schrift „Die Erneuerung des Jugendstrafrechts" wandte er sich dagegen, „die vorhandenen [...] Kräfte" auf „Erziehungsversuche an erblich Minderwertigen" „zu verschwenden". „Sentimentaler Individualismus" habe „im neuen Jugendstrafrecht ebensowenig einen Platz wie im künftigen allgemeinen Strafrecht". Nach 1945 blieb Schaffstein der herausragende Vertreter des Jugendstrafrechts. Das von ihm verfaßte Lehrbuch erschien vor kurzem in zwölfter Auflage.

Hans-Jürgen Bruns habilitierte sich 1938 mit der Schrift „Die Befreiung des Strafrechts vom zivilistischen Denken". Der Monographie ist als Motto ein Zitat des berüchtigten NS-Juristen und späteren Volksgerichtshofsvorsitzenden Freisler vorangestellt. Sie schließt mit der Forderung: „An die Stelle juristischer Konstruktionen und strafrechtsfremder gesetzlicher Begriffsumschreibungen" habe „als oberste Richtlinie" „das gesunde Volksempfinden" zu treten. Nach 1945 wurde Bruns Professor in Erlangen. Sein Lehrbuch des Strafzumessungsrechts gilt bis heute als Standardwerk, auch seine nationalsozialistische Habilitationsschrift wird nach wie vor zustimmend zitiert – als sei sie völlig unverfänglich.

Die Liste der Strafrechtslehrer, die während des Dritten Reiches für ein nationalsozialistisches Strafrecht eintraten, nach 1945 wieder in Amt und Würden gelangten und bis heute als respektable Vertreter des Fachs gelten, bietet genügend Stoff für eine gesonderte Abhandlung. Die meisten von ihnen haben Festschriften bekommen. Diese Ehrungen beruhen auf einer stillschweigend akzeptierten Übereinkunft: Das Verhalten der Jubilare während des 3. Reichs wird verschwiegen oder verharmlost. Man hat nicht nur „großen Frieden" mit den Hauptpersonen der NS-Strafrechtswissenschaft gemacht, sondern man deckt ihr Versagen bis heute. Das hat zu zahlreichen „empörten" Publikationen geführt. Diese „Empörung" ist begründet, aber (minderheits-)politisch und wissenschaftlich ungenügend. Es geht letztlich nicht um „furchtbare Juristen", sondern um „furchtbare Rechtswissenschaft". Gerade die weitgehende Identität der Akteure muß zu der Frage führen, inwieweit eine Befreiung des Strafrechts vom nationalsozialistischen Denken stattgefunden hat. Diese Frage ist – sehr vorsichtig ausgedrückt – „ein wenig bearbeitetes Forschungsthema." (zitiert nach: G. Wolf: Befreiung des Strafrechts vom nationalsozialistischen Denkens?, in Hochschul Forum Recht, Heft 9/1966, S. 53ff). Der Jurist Prof. Gerhard Wolf machte in seiner Antrittsvorlesung an der Europa-Universität Viadrina in Frankfurt (Oder) am 4.7.1995 darauf aufmerksam: „Zahlreiche führende NS-Strafrechtslehrer konnten nach dem Krieg wieder tätig werden oder tätig bleiben, als ob das 3. Reich in ihrer Biographie nicht stattgefunden hätte." Weil er das als schädlich für den Rechtsstaat ansieht, will er auch die Warnung des Marcus Tullius *Cicero „nomina sunt odiosa" (etwa: Namen sind verpönt; Namen zu nennen ist heikel) nicht befolgen.* Denn: „Die Personen sind nicht nur eine „Veranschaulichung", sie sind ein Teil des Problems.

39 Grundgesetz Kommentar, begründet von Dr. Theodor Maunz und Dr. Günter Dürig, Band VII, Verlag C. H. Beck München, 60. Auslieferung Oktober 2010; nachfolgende Kommentar-Zitate ebenda

40 Uwe Wesel: Fast alles, was Recht ist, a.a.O., S. 24

41 Ebenso in: Grundgesetz. Beck'scher Kompakt-Kommentar, herausgegeben von Dr. Helge Sodan, München 2009

42 Nr. 24 vom 12.1.1946 beinhaltet die „Entfernung aller Mitglieder der Nationalsozialistischen Partei, die ihr aktiv und nicht nur nominell angehört haben". Sie sind „durch solche Personen zu ersetzen, die nach ihrer politischen und moralischen Einstellung für fähig erachtet werden, die Entwicklung wahrer demokratischer Einrichtungen in Deutschland zu fördern." Nr. 38 vom 12.10.1946 zielt auf Verhaftung und Bestrafung von Kriegsverbrechern, Nationalsozialisten und Militaristen sowie deren Internierung, Kontrolle und Überwachung.

43 Eine „salvatorische Klausel" hat den Zweck, einen in der einen oder anderen Bestimmung teilweise unwirksamen oder nicht mehr durchführbaren Vertrag, so weit wie möglich den anfänglichen Absichten entsprechend aufrecht zu erhalten. Die Fortgeltung des Bundesrechts auf dem Gebiet der konkurrierenden Gesetzgebung bestimmt, dass zum Bundesrecht jenes Recht wird, „durch das nach dem 8. Mai 1945 früheres Reichsrecht abgeändert worden ist."(GG Art. 125 Abs. 2) Das trifft direkt auf Art. 139 GG zu. Er ist also eindeutig Bundesrecht und hat also Rechtsfolgen.

44 Die Nazis waren keine Sozialisten, auch keine national bewussten. Sie waren verbrecherische Rassisten. Rassisten und Demokraten kommunizieren nicht auf gleicher Frequenz. Letztere suchen gewissenhaft nach Erforschung der Wahrheit. Erstere halten ihre Vor-Urteile und Lügen für Wahrheit.

45 vgl.: BVerwGE 83, S. 136ff

46 vgl.: www.bverfg.de, Abs. Nr. 65

47 BVerfGE 7, 198 – Lüth, Urteil des Ersten Senats vom 15. Januar 1958; 1 BvR 400/51; zitiert nach: http://www.jurakopf.de/liste-ausbildungsrelevanter-urteile/offentliches-recht/bverfge-7–198-luth-entscheidung/ 26.2.2015

48 Wäre er das tatsächlich, dann wäre er (bei den über 50 seit 1949 am Grundgesetz vorgenommenen Änderungen) gewiß schon gestrichen worden

49 Erklärung der Bundesrepublik Deutschland in Verfolg der Entschließung 2545 (XXIV) der Vereinten Nationen vom 31. Juli 1970

50 Zur Gewinnung einer positiven, minderheitenfreundlichen Perspektive für die Veränderung der politischen Kultur in Deutschland sei korrekterweise vermerkt: Die DDR-Regierung erklärte am 1.3.1990 das Potsdamer Abkommen, insbesondere die Ergebnisse der Enteignungen und die Entnazifizierung für weiterhin geltendes Recht. Diese Erklärung wurde Teil des 2+4-Vertrags, der nur mit dieser Erklärung zum Abschluß gebracht werden konnte. Der 2+4-Vertrag ist ein völkerrechtlicher Vertrag beider deutscher Staaten mit den vier Siegermächten des Zweiten Weltkrieges, knüpft insofern an das Potsdamer Abkommen an, anerkennt so dessen Kernbestimmungen, wonach die NSDAP völlig und endgültig aufgelöst ist und der künftige deutsche Staat die Pflicht hat, alles zu tun, dass für immer der Wiedergeburt des deutschen Nazismus vorgebeugt wird und er in keiner Form wieder auferstehen kann.

51 Fritz Fischer * 5.3.1908 † 1.12.1999, deutscher Historiker, ist im angesehenen Nachschlagewerk „The Encyclopedia of Historians and Historical Writing" als der wichtigste deutsche Histo-

riker des 20. Jahrhunderts bezeichnet, engagierte sich in den frühen Jahren der Weimarer Republik in der völkischen Jugendbewegung, war Mitglied des rechtsradikalen Freikorps „Bund Oberland"; trat 1933 der SA und 1937 der NSDAP bei; 1939 begann er ein Stipendiat bei dem führenden NS-Historiker WALTER FRANK und unterhielt zu ihm und dem von ihm geführten „Reichsinstitut für Geschichte des neuen Deutschland" enge Beziehungen; nahm im Kirchenkampf nach 1933 für die „Deutschen Christen" und deren Streben nach einer „Reichskirche" Partei; nach Militärdienst ab 1939 wurde er 1942 zum außerordentlichen Professor an die Universität Hamburg berufen. Die kritische Reflexion des Zweiten Weltkrieges und seiner Beteiligung daran sowie die Auseinandersetzung mit preussisch-deutschem Machtsstaatsdenken und die bewusste Hinwendung zur politischen Verantwortung des Historikers führten letztlich dazu, dass er Deutschlands Stellung im Zeitalter des Imperialismus neu, vor allem kritisch durchdachte. (Quelle: http://de.wikipedia.org/wiki/Fritz_Fischer_%28Historiker%29; 28.7.2014)

52 Die „Inszenierung des Krieges" durch BETHMANN HOLLWEG wurde durch jüngst im aufgefundene Briefe seines Pressereferenten und engen Vertrauten KURT RIEZLER (1882–1955) bestätigt. Vgl: KURT RIEZLER Letters 1914–1948, Leo Baeck Institute, Center for Jewish History New York (Quelle: http://digital.cjh.org//exlibris/dtl/d3_1/apache_media/L2V4bGlcmlzL2R0bC9kM18x-L2FwYWNoZV9tZWRpYS8yODA3NTY4.pdf (9.4.2015)

53 Es gab weitere sog. Auschwitzprozesse (1965/66 und 1967/68) sowie drei Nachfolgeprozesse in den 1970er Jahren

54 Zu Best siehe Anmerkungen Kap. 2.1., Fußnote 6

55 R. DOBRAWA: Der Auschwitz-Prozess. Ein Lehrstück deutscher Geschichte, Berlin 2013, S. 151

56 Für Völkermord gibt es keine Verjährung SPIEGEL-Gespräch mit dem Philosophen Professor KARL JASPERS, in: SPIEGEL, Heft 11/1965, S. 49f

57 Vgl. Kap. 2.3.

58 Wenzel JAKSCH, Sudeten-Präsident und SPD-MdB: „Die Rückkehr ist eine politische Aufgabe für das ganze deutsche Volk."/HANS-CHRISTOPH SEEBOHM, Sudeten-Sprecher und unter ADENAUER Verkehrsminister: Bei „den Grenzen von 1937 [...] sollten (wir) nicht vergessen, daß dies die Grenzen des Versailler Vertrages sind, die niemand in Deutschland je anerkannt hat."/ HEINZ LANGGUTH, Landesverband Hamburg der vertriebenen Deutschen: „Das Deutsche Reich endet weder an der Elbe noch an der Oder-Neiße-Linie und darf dort auch niemals enden."/ ERICH SCHELLHAUS, niedersächsischer Vertriebenenminister: Es muss ins Strafgesetz aufgenommen werden, „daß diejenigen als Landesverräter gebrandmarkt und bestraft werden, die auf deutsches Land verzichten wollen"/LINUS KATHER, Präsident des „Bundes der vertriebenen Deutschen" und MdB: „Unser Recht auf die ostdeutsche Heimat ist ein von Gott gegebenes Recht, das wir nie aufgeben werden und das wir dann eines Tages ohne Gewalt durchsetzen werden."

59 Vgl.: RAINER CLOS: „Prophetisches Wort". Mit der Ostdenkschrift von 1965 ebnete die EKD den Weg für die Verständigung mit Polen, in: EKD-aktuell vom 29. September 2005; http://www.ekd.de/aktuell/050929_epd_meldungen_ostdenkschrift.html (29.8.2014)

60 Unter diesem Blickwinkel erweist sich die Konzeption für das geplante Zentrum „Flucht, Vertreibung, Versöhnung" erneut als kontraproduktiv. Sie verfälscht Ursache und Wirkung, verhindert so die Verbreitung wahrheitsgetreuer Fakten darüber, mit welchem Treiben Flucht und Vertreibung begannen und wie ein friedliches, minderheitenfreundliches, menschenrechtsorientiertes Miteinander möglich ist.

61 http://www.hdg.de/lemo/html/dokumente/Neue_Herausforderungen_redeVollstaendigRichard-VonWeizsaecker8Mai 1985/index,html (Stand 18.9.2012)

62 Die Juden und Europa, in: Zeitschrift für Sozialforschung, Jg. VIII/1939, später auch in: Gesammelte Werke, Band 4, Frankfurt am Main 1988, S. 308ff

63 S.J.: Lausitzer Serben und Reichsregierung, a.a.O., S. 148

64 Ohne das hier weiter ausführen zu können, sei – unter Verweis auf die Kapitel 2.1., 2.2. und 2.3. – zumindest verwiesen auf laute nationalistische Töne und fremdenfeindliche Handlungen; auf verbales Kriegsgetrommel führender Politker; auf die z.T. tiefen Gräben zwischen Links und „Links"; auf ein fast nur noch applaudierendes Parlament; auf die zeitgenössische Gestaltung des Prinzips „panem et circensis"; auf Lügen zur „Begründung" militärischer Einsätze ...

65 Natürlich sind die entsprechenden Passagen aller Verfassungstexte zu kritisieren. Sie enthielten oft selbst schon Einschränkungen und unterschieden sich zudem von den jeweiligen Verfassungswirklichkeit.

66 S.J.: Lausitzer Serben und Reichsregierung, a.a.O., S. 144

67 Karen Schönwälder: Schutz ethnischer Minderheiten, in: Norbert Konegen/Peter Nitschke (Hrsgb.) Revision des Grundgesetzes? Ergebnisse der Gemeinsamen Verfassungskommission (G.V.K.) des Deutschen Bundestages und des Bundesrates, Opladen 1997, S. 198

68 Helge-Lothar Batt: Die Grundgesetzreform nach der deutschen Einheit. Opladen 1996, S. 136

69 1982 bis 1989 Leiter der Ständigen Vertretung der Bundesrepublik Deutschland bei der DDR und insofern höchst sachkundig

70 Karen Schönwälder: Schutz ethnischer …, a.a.O., S. 200

71 ebd.

72 Verfassungsreform. Gegen den Schutz von Minderheiten, in: Spiegle, Heft 50/1993, S. 16

73 Im gleichen Jahr war eine Zweidrittelmehrheit des Bundestages (521 Ja-Stimmen. 132 Nein-Stimmen, 1 Enthaltung; Deutscher Bundestag, Drs. Nr 12/4152) fähig und bereit, das Asylrecht zum Nachteil von Asylbewerbern zu verschärfen.

74 Erklärung der Vereinten Nationen über die Rechte der indigenen Völker; siehe: http://www.humanitaeres-voelker-recht.de/ERiV.pdf (30.3.2014)

75 Das am 22.7.1913 verkündete einschlägige Gesetz besagte: „Deutscher ist, wer die Staatsangehörigkeit in einem Bundesstaat [...] oder die unmittelbare Reichsangehörigkeit[...] besitzt. Die BRD setzt diese Rechtsauffassung fort. Wenngleich seit der Drucksache 14/533 vom 29.04.1999 (Entwurf eines Gesetzes zur Reform des Staatsangehörigkeitsrechts) mehrfach Änderungen vorgenommen wurden, heißt es nach wie vor: „Deutscher im Sinne dieses Gesetzes ist, wer die deutsche Staatsangehörigkeit besitzt." Seit August 2007 wird zu Beginn des Textes eine Fußnote u.a. vermerkt: „An die Stelle der Reichsangehörigkeit ist […] die deutsche Staatsangehörigkeit getreten."

76 Die Delegiertenversammlung der FUEV beschloß am 25. Mai 2006 in Bautzen/Budyšin ihre Charta und fixiert darin folgende Grundprinzipien und Grundrechte.:

Grundprinzipien

Wir, die autochthonen, nationalen Minderheiten/Volksgruppen, machen deutlich, dass die Minderheitenrechte Teil der Menschenrechte sind.

Wir die autochthonen, nationalen Minderheiten/Volksgruppen sind Garanten der sprachlichen und kulturellen Vielfalt und stellen einen wichtigen politischen, wirtschaftlichen, regionalen und intellektuellen Faktor in Europa dar.

Wir sehen uns als Mittler zwischen den Kulturen, als Garanten der europäischen Vielfalt und möchten als die Bereicherung, die wir sind, anerkannt werden und unseren Beitrag zur Entwicklung einer europäischen Zivilgesellschaft leisten.

Wir, die autochthonen, nationalen Minderheiten/Volksgruppen, berufen uns auf das Recht auf Schutz vor Bedrohung, auf Wahrung der eigenen Identität, auf Schutz der Existenz sowie auf Schutz vor Assimilierung.

Wir, die autochthonen, nationalen Minderheiten/Volksgruppen, verweisen auf den Grundsatz der Nicht-Diskriminierung und der Gleichbehandlung. Wir bekräftigen die Notwendigkeit der ausgleichenden Förderung zur Herstellung tatsächlicher Chancengleichheit. Dieses Prinzip der „positiven Diskriminierung" verstößt nicht gegen den völkerrechtlichen Grundsatz der Chancengleichheit oder der Nicht-Diskriminierung sondern trägt dem besonderen Schutz- und Förderbedürfnis der autochthonen, nationalen Minderheiten Rechnung.

Wir, die autochthonen, nationalen Minderheiten/Volksgruppen, unterstreichen den Grundsatz, wonach das Bekenntnis zur Zugehörigkeit einer Minderheit frei ist und von Amtswegen nicht überprüft werden darf.

Wir, die autochthonen, nationalen Minderheiten/Volksgruppen, wiederholen die Forderung nach kollektiven Rechten für die autochthonen, nationalen Minderheiten Europas und berufen uns auf das Selbstbestimmungsrecht der Völker.

Wir, die autochthonen, nationalen Minderheiten/Volksgruppen, fordern das Recht auf kulturelle Autonomie sowie angemessene Formen der Selbstverwaltung.

Wir, die autochthonen, nationalen Minderheiten/Volksgruppen, stehen ein für eine aktive Einbindung der heranwachsenden Generation als Garant für die Weiterentwicklung der autochthonen, nationalen Minderheiten und für eine kontinuierliche und nachhaltige Nachwuchsförderung.

Wir, die autochthonen, nationalen Minderheiten/Volksgruppen, setzen uns ein für die zeitgemäße Umsetzung der im Minderheitenschutz verankerten Grundrechte.

Grundrechte

Der Minderheitenschutz als Teil der Menschenrechte garantiert den autochthonen, nationalen Minderheiten/Volksgruppen folgende Grundrechte:

1. Das Recht auf Sprache/Recht auf Gebrauch der Muttersprache im Verkehr mit den Behörden und vor Gericht.
2. Das Recht auf Bildung/Recht auf Schulen und das Recht auf Unterricht in der Muttersprache
3. Das Recht auf Kultur
4. Das Recht auf Religion
5. Das Recht auf eigene Organisationen 6. Das Recht auf ungehinderte, grenzüberschreitende Kontakte
7. Das Recht auf Information und eigene Medien
8. Das Recht auf Vertretung in der öffentlichen Verwaltung
9. Das Recht auf angepasste Formen der Selbstverwaltung und kulturellen Autonomie
10. Das Recht auf politische Vertretung und politische Partizipation
11. Das Recht auf Namensführung in der eigenen Schreib- und Sprechweise
12. Das Recht auf Nutzung und Sichtbarmachung der traditionellen Orts-, Flur- und Straßennamen sowie anderer topographischer Schilder.
13. Das Recht auf Schutz des angestammten Siedlungsgebietes.

Quelle: www.fuen.org/de/ueber-uns/fakten/ (30.4.2014)

77 Besonders abstoßend, menschenrechts- und minderheitenfeindlich zeigte sich diese Arroganz in der Tätigkeit des „Kampfbundes für deutsche Kultur" im 3. Reich. 1928 vom späteren Nazi-

Chefideologen R<small>OSENBERG</small> gegründet, betrieb er einen antisemitisch und antislawisch ausgerichteten „Wiederaufbau der deutschen Kultur". Die nordischarische Kultur – so wurde behauptete – besäße einen Führungsauftrag gegenüber der „niederen Kultur" der östlich-slawischen Völker. Zu beseitigen sei zudem der „Kulturbolschewismus" als dessen Vertreter namentlich K<small>ÄSTNER</small>, T<small>UCHOLSKY</small>, T<small>HOMAS</small> M<small>ANN</small>; B<small>RECHT</small>, G<small>EORGE</small> G<small>ROSZ</small>, E<small>RNST</small> T<small>OLLER</small>, A<small>RNOLD</small> Z<small>WEIG</small>, F<small>EUCHT-</small> <small>WANGER</small>, L<small>EONHARD</small> F<small>RANK</small>. E<small>RNST</small> <small>BARLACH</small>, K<small>ÄTHE</small> K<small>OLLWITZ</small> genannt wurden. Schlimmste „Höhepunkte" dieser höherendeutschen Kultur" waren die organisierten Bücherverbrennungen im Mai 1933 und die darauf folgende planmässige Menschenvernichtung in den KZ's.

78 J<small>AN</small> S<small>KALA</small>: Lugano. Minderheitspolitische Kontraverse im Völkerbundsrat, in: Kulturwehr 1/2 1929, S. 13

79 Frühkindlicher Erwerb der sorbischen und deutsche Sprache in Kindertagesstätten

80 Mehr schlimme Details in M<small>ARTIN</small> W<small>ALDE</small>: Wie man seine Sprache hassen lernt. Domowina Verlag 2010

81 1986 von UN-Menschenrechtsexperten erarbeitet.Sie benennen die o.a. drei Pflichten des Staates

82 Elektronische Führung verschiedener Register, darunter das Vereinsregister

83 J<small>AN</small> S<small>KALA</small>-Łužičan: Die Grundlagen der kulturellen Eigenart der Lausitzer Serben (Wenden). Eine Studie, in : Kulturwille, 1/1925, S. 21f

84 Deutschland stimmte der Erklärung zu, hob die Vorgaben zur Selbstbestimmung hervor und erklärte zugleich, deutsche Minoritäten würden nicht unter die Anwendung dieser Erklärung fallen. Das ist richtig, wenn damit deutsche Minderheiten in anderen (europäischen) Staaten gemeint sind. Sollten allerdings (auch) Minderheiten in Deutschland gemeint sein, so trifft das für die Sorben nicht zu. Sie zählen unbestritten zu den autochthonen, (indigenen) Minderheiten. [„indigen" wird seit etwa drei Jahrzehnten für die Bevölkerungsgruppen verwendet, die vorher als „autochthon" bezeichnet wurden.] Indigene Völker sind im international üblichen Sprachgebrauch Nachkommen der Erstbesiedler eines Landes,.einer Region eines Gebietes, die im Verlauf ihrer Geschichte von anderen Völkern kolonialisiert, dabei teilweise entrechtet wurden und sich von der dominierenden nationalen Gemeinschaft durch sprachliche, ethnische, kulturelle Andersartigkeit unterscheiden.

85 Diese, sich wechselseitig verstärkenden Momente wirken noch heute als Barriere für wirksame Selbstbestimmung

86 Das Volk der Samen umfasst ca. 50.000 bis 70.000 Menschen, lebt in Schweden, Norwegen, Finnland und Russland. Die samische Sprache war jahrhundertelang bis in die Neuzeit in Skandinavien verboten.Vor allem in Schweden wurden die Samen seit den 1920er Jahren gemäß der sog. „Rassenlehre" als „minderwertig" betrachtet und unterdrückt. Die Bezeichnung „Lappen" (soviel wie belanglos, nichtig, am Rande lebend) war stets herablassend gemeint und einer der Versuche, samische Kultur, Sprache und Tradition auszulöschen. Das Volk der Samen hat eine eigene Fahne und eine Nationalhymne „Sámi soga lávlla". Samische Parlamente wurden 1973 in Finnland, 1989 in Norwegen und 1993 in Schweden geschaffen. Die „Sameting" der skandinavischen Ländern haben die Aufgabe, die kulturelle Selbstbestimmung der ethnischen Minderheit umzusetzen, die Samen bei nationalen und internationalen Kontakten zu repräsentieren und über die verteilung von staatlichen Zuwendungen zu entscheiden. Staatliche Behörden sind verpflichtet, alle Entscheidungen, die die Samen betreffen, mit den Sameting zu verhandeln. Die Sameting gründeten am 6.2.1997 den Samischen Parlamentarischen Rat, um gemeinsam (unter Einbeziehung der Samen in Russland) für ihre Eigentumsrechte an Weiden, Wald, Gewässern, für die Kontrolle über ihre Territorien und Bodenschätze, gegen die Zerstörung ihrer Lebensgrundlagen z.B. durch rigorosen Ausbau von Wasserkraft-Energieanlagen oder durch konzerngesteuerte Waldwirtschaft

mit chemischer Schädlingsbekämpfung ais der Luft zu kämpfen. Im Politischen Programm des Samischen Rates heißt es u.a.: „Wir Samen sind ein Volk, vereint durch unsere Kultur,Sprache und Geschichte, wir leben in Gebieten, die wir seit unvordenklichen bis zu historischen Zeiten allein bewohnten und benützten." (nach Informationen der Skandinavistin Frau Prof. Dr.E. Felfe sowie unter Verwendung von http://de.wikipedia.org/wiki/Sameting; http://de.wikipedia.org/ wiki/Samen_%28Volk%29)

87 S.J.: Lausitzer Serben und Reichsregierung, a.a.O., S. 145

88 Manche sehen Struktur und Organisation der Stiftung als eine Art „Konstruktionsfehler". Meines Erachtens handelt es ich jedoch um ein dem o.a. Ziel untergeordnete gewollte „Konstruktion". Das wird letztlich auch darin deutlich, dass die „Stiftung" gar keine Stiftung ist. Eine solche bildet einen Kapitalgrundstock, aus dessen Erträgen sie Aufgaben finanziert. Die „Stiftung für das sorbische Volk" hat keinen solchen Grundstock. Sie bekommt von „einer Seite" (Bund und Länder) Geld, was sie der „anderen Seite" (sorbische vereine, Projekte etc.) weiterreicht.Sie ist also eher eine deutsch-dominierte und -kontrollierte Durchlaufstation. Dafür spricht zudem die deutsche Mehrheit im Stiftungsrat.

89 Art. 3 der „Erklärung der Vereinten Nationen über die Rechte der indigenen Völker" legt fest: „Indigene Völker haben das Recht auf Selbstbestimmung. Kraft dieses Rechts entscheiden sie frei über ihren politischen Status und gestalten in Freiheit ihre wirtschaftliche, soziale und kulturelle Entwicklung." Art. 4 lautet. „Bei der Ausübung ihres Rechts auf Selbstbestimmung haben indigene Völker das Recht auf Autonomie oder Selbstverwaltung in Fragen, die ihre inneren und lokalen Angelegenheiten betreffen, sowie das Recht, über die Mittel zur Finanzierung ihrer Aufgaben zu verfügen."

90 siehe Fußnote 76

91 Peter Pernthaler: Gutachten über die Errichtung einer Körperschaft als öffentlichrechtliche Vertretung der Sorben (Wenden), in: M.T. Vogt, J. Sokol, D. Bingen, J. Nexere, A. Löhr (Hrsgb.): Minderheiten als Mehrwert, Frankfurt am Main 2010, S. 539 ff

92 siehe Fußnote 76

93 Art. 8.2. der „Erklärung der Vereinten Nationen über die Rechte der indigenen Völker" legt fest: „Die Staaten richten wirksame Mechanismen zur Verhütung und Wiedergutmachung […] jeder Handlung ein, „die zum Ziel oder zur Folge hat, dass indigene Völker und Menschen ihrer Integrität als eigenständige Völker oder ihrer kulturellen Werte oder ihrer ethnischen Identität beraubt werden". Art: 11.2 lautet: Die Staaten haben „gemeinsame mit den indigenen Völkern" Mechanismen zu entwickeln, „die gegebenenfalls die Rückerstattung einschließen" und Wiedergutmachung zu leisten für das kulturelle, geistige Eigentum, das diesen Völkern ohne ihre freiwilliger und in Kenntnis der Sachlage erteilte vorherige Zustimmung oder unter Verstoß gegen ihre Gesetze, Traditionen und Bräuche entzogen wurde."

94 S.J.: Lausitzer Serben und Reichsregierung, a.a.O., S. 148

95 Rede des bolivianischen Präsidenten Evo Morales auf der UNO-Klimakonferenz am 9.12.2010 in Cancún, zitiert nach: http://www.humboldt.ev.ms.30.3.2014

96 Karl Marx: Das Kapital, Erster Band, in: MEW Bd. 23, Berlin 1966, S. 529f

97 Vgl. dazu: http://amerika21.de/nachrichten/inhalt/2010/mai/klima-725422-deutsch; 30.3.2014

98 Mit den Stimmen aller Parteien hat die Nationalversammlung Venezuelas darum 2012 die Forderung nach Rückgabe des Kueka-Steins unterstützt. In Kundgebungen vor der deutschen Botschaft wird diese Forderung immer wieder erhoben.

99 Es blieb dem deutschen Professor Dr. Bruno Illius vom Lateinamerika-Institut der FU Berlin vorbehalten, in einer Gesprächsrunde in der Botschaft Venezuelas am 3.7.2012 mit deutsch-kolo-

nialer Überheblichkeit zu behaupten, ein Stein könne nichts heiliges sein, das Ganze sei nichts weiter als ein Propaganda-Akt der Regierung Venezuelas. Der Präsident des IPC, RAÚL GRIONI, erklärte dagegen auf einer Pressekonferenz Mitte Juni 2012 in Berlin: „Es geht bei der ganzen Geschichte um die Rechte aller Bürger der Bolivianischen Republik Venezuelas und vor allem um die Rechte der Minderheiten."

100 Ausführlich dazu: PETER KROH: Die Lausitzer Slawen. Ein Rückblick in die Zukunft, Greifswald 2014, S. 79ff

101 Es ist ein harter Kampf. Interview mit NATALIA SARAPURAS, Präsidentin des Rates der Indigenen Organisationen von Jujuy, Vertreterin von mehr als 200 Gemeinden mit 65.000 Menschen, 2013 Trägerin des Friedenspreises der Stadt Bremen, in: Neues Deutschland vom 3. März 2015, S. 10

102 FUEV-Charta, Grundrecht Nr. 13

103 Daran ändert auch die zwischen Vattenfall und Domowina am 26.7.2007 vereinbarte „Gemeinsame Erklärung" nichts. Sie enthält zwar wohlklingende Worte, aber in keinem Unterpunkt eine einklagbare Vereinbarung. Vattenfall ist zu nichts verpflichtet. Die Domowina hat sich mit einem inhalts- und bedeutungsleeren Text abspeisen lassen.

104 Vgl.: Art. 26 bis 29 und 32 der „Erklärung der Vereinten Nationen über die Rechte der indigenen Völker".

105 Im Mai 2012 stellte im Ausschuss für Wirtschaft und Technologie des Bundestages jede Oppositionspartei ihren eigenen diesbezüglichen Antrag. Der SPD-Antrag/Drucksache 17/9560) zielte auf mehr Transparenz bei bergrechtlichen Verfahren und stärkere Einbeziehung des Umweltschutzes. Der Antrag der LINKEN (Drucksache 17/9034) bezweckte die angemessene Berücksichtigung der Interessen der Umwelt und der vom Abbau von Bodenschätzen betroffenen Menschen. Die Fraktion von Bündnis90/Die Grünen brachte einen Gesetzesentwurf ein (Drucksache 17/9390, in dem ein einheitliche Förderabgabe von 10% angestrebt wird und forderte zudem in einem gesonderten Antrag/Drucksache 17/813399) die öffentliche Interessenabwägung zwischen den potenziell positiven Wirkungen des Bergbaus für die Gesellschaft und seinen negativen Folgen für die betroffenen Menschen. Das ist alles ist wichtig und richtig, aber nicht ausreichend für eine tatsächliche Änderung bestehender zustände. Insofern sind es Anträge „zum Fenster hinaus". Man tut so, als ob. Aber nichts wird zugunsten des sorbischen Volkes verändert.

106 European Center for Constitutional and Human Rights, 2007 gegründete gemeinnützige und unabhängige Organisation, die mit juristischen Mitteln die international anerkannten Menschenrechte schützen und zur geltung bringen will; fühlt sich dem krativen und effektiven gebrauch des rechts als Motor gesellschaftlicher Veränderungen verpflichtet; bezieht sich auf wirtschaftliche, soziale, kulturelle und kollektive Menschenrechte ebenso wie auf bürgerlich-politische.

107 MIRIAM SAAGE-MAASS: Menschenrechtliche Verantwortung internationaler Unternehmen. Öffentliche Anhörung des Ausschusses für Menschenrechte und humanitäre Hilfe des Deutschen Bundestages am 6. April 2011, Berlin 2011, S. 9

108 ebd., S. 3f

109 ebd., S. 5f

110 ebd., S. 8

111 siehe Fußnote 76

112 Zu den wesentlichen Unterschieden gehört, dass das Grundgesetz für die Bundesrepublik Deutschland (Art. 79) zwar eine Veränderung der Verfassung zulässt, davon aber u.a. die in den Artikeln 1 bis 20 niedergelegten Grundsätze ausnimmt. Damit soll die in der Weimarer Republik übliche Praxis verhindert werden, Gesetze zu beschließen, die gegen den gültigen Verfassungstext verstoßen, ohne diesen zu ändern.

113 Zur Verformung einer Demokratie in eine faschistische Diktatur – das lehrt „Weimar" – braucht es nicht viele Rassisten und Antisemiten. Notwendig waren vor allem einerseits „tüchtige" Organisatoren und Vordenker sowie andererseits viele gehorsame Untertanen.

114 Es ist historisch falsch, die Kriegsschuld auf andere zu schieben. Und es ist politisch und menschlich unzulässig, an die Nachkriegserlebnisse vieler Deutscher zuerst oder gar allein unter dem Thema „Vertreibung" zu erinnern. Korrekt ist, zu fragen, mit welchem Treiben begannen Flucht und Vertreibung? Statt Ausflüchte sind Ursachen für „verlorene Heimat" zu benennen und so Faschismus und Krieg verhindernde Einsichten zu gewinnen.

115 Vgl.: Entscheidungen des Bundesverfassungsgerichts, z.B. 1 BvR 2378 (98 (GG Art. 13 Unverletzlichkeit der Wohnung); 1 BvR 1084/99 (Großer Lauschangriff); 2 BvR 2236/04 (Europäischer Haftbefehl); 1 BvR 357/05 (Flugzeugabschuss); 1 BvR 518/02 (Rasterfahndung); 1 BvR 256/08, 1 BvR 263/08, 1 BvR 586/08 (Vorratsdatenspeicherung); 1 BvR668/04 (Gesetz über öffentliche Ordnung und Sicherheit in Niedersachsen); 1 BvR 370/07, 1 BvR595/07 (Änderung des Verfassungsschutzgesetzes in NRW); 1 BvR2074/05, 1 BvR 1254/07 (Automatische Kennzeichenerfassung in Hessen), 1 BvL 1/09, 1 BvL 3/09, 1 BvL 4/09 (Regelleistungen nach SGB II; 1 BvR 699/06 (Meinungs- und Versammlungsfreiheit)

116 Nach Art. 1 (3) GG drücken die Grundrechte (Art. 1–10) Sinn und Charakter der Verfassung aus und binden „Gesetzgebung, vollziehende Gewalt und Rechtsprechung als unmittelbar geltendes Recht". Neben den judikativen Bestimmungen enthalten sie einen politischen und moralischen Kodex für Bürger und Staat. Die Bürger können sich auf die Grundrechte als Maßstab der Politik und Gesellschaftsentwicklung berufen. Die Regierung muss die Grundrechte mit Legislative, Exekutive und Judikative schützen. Tatsächlich jedoch gibt es immer wieder Versuche, das eine oder andere Grundrecht auszuhebeln, zu umgehen oder fixierte Grenzen aufzuweichen. Bedenklich ist das immer wiederkehrende „Verfahrensmuster". Zunächst wird bei einem neuen Gesetz, das in die Grundrechte eingreift, eine höchstrichterliche Prüfung einkalkuliert. Deshalb wird im Gesetz weitaus mehr gefordert, als das, womit die Regierung tatsächlich in die Grundrechte einzugreifen gedenkt. Geht kein Bürger, keine Institution den beschwerlichen Weg zum Verfassungsgericht, bekommen die Regierenden mehr als sie eigentlich wollten. Wird das Verfassungsgericht doch angerufen, ist die Wahrscheinlichkeit groß, dass es salomonisch urteilt und beiden Seiten teilweise Recht gibt. Im Endeffekt gewinnen so letztlich immer die Grundrechtsverletzter.

117 Nach gescheiterter Vertrauensfrage des Bundeskanzlers im Bundestag **kann** der Bundespräsident den Gesetzgebungsnotstand ausrufen. Dieser darf höchstens sechs Monate dauern. Währenddessen können Bundesregierung und Bundesrat Gesetze ohne Zustimmung des Bundestages erlassen. In der Geschichte der Bundesrepublik kam dieses Instrumentarium bisher erfreulicherweise nicht zum Einsatz.

118 Der schwache David handelte anfangs wie bei Kämpfern üblich. Er zog ein schweres Kettenhemd an, setzte sich einen Helm auf, nahm sein Schwert und bereitete sich so auf dem Kampf mit dem Riesen Goliath vor. Dabei hielt er inne, weil er bemerkte: „Ich kann mich kaum bewegen! So werde ich wohl einen Schwertkampf mit dem eindeutig stärkeren Gegner auf keinen Fall gewinnen und vermutlich auch nicht überleben!" Er legte die Rüstung ab, nahm ein paar Steine und seine Schleuder mit zum Kampf. Er tat also nicht, was alle taten, die es taten, weil alle es taten. Er wollte bewusst, vorsätzlich und erfolgsorientiert anders kämpfen. Er bestimmte seine Regeln und besiegte Goliath. Wenn die – scheinbar oder tatsächlich – Unterlegenen eine unkonventionelle Strategie benutzen, sich also bewusst dafür entscheiden, nicht nach den Regeln des Stärkeren zu spielen, steigen ihre Erfolgschancen deutlich.

119 Jan Skala: Wo serbskich ... a.a.O., S. 15 (Wir sind Slawen nach Kultur und Abstammung, politisch und wirtschaftlich aber sind wir Staatsbürger der deutschen Republik, in der wir alle Rechte und Pflichten haben, de facto aber nur soviel Recht, wie man uns zumisst.)

120 zitiert nach Kulturwehr 3/1926, S,97f

121 * 28.9.1930, studierte an der Columbia University New York, promovierte 1959 und lehrte an dieser Universität, 1971 Professor für Soziologie und bis 2005 Leiter des „Center for the Study of Economies, Historical Systems and Civilization", weltweit Gastprofessuren an verschiedenen Universitäten, von 1994 bis 1998 Präsident der International Sociological Association.

122 Immanuel Wallerstein: Die große Depression, in: Blätter für deutsche und internationale Politik, Heft 11/2008, S. 7

123 Heinrich Böll: Frankfurter Vorlesungen, DTV München 1968, S. 30

124 Karl Marx: Zur Kritik der Hegelschen Rechtsphilosophie. Einleitung, in: MEW Berlin 1967, Bd. 1, S. 380

Quellenverzeichnis

(Verwendete Literatur, die nicht in den Fußnoten zitiert ist)

Ackermann, A.: Religion und Politik. Offene Worte eines Marxisten an alle Christen. Zentralsekretariat der Sozialistischen Einheitspartei Deutschlands, Berlin 1946

Agnoli, J.: Die Transformation der Demokratie und verwandte Schriften, Hamburg 2004

Alter, P. (Hrsg.): Nationalismus. Dokumente zur Geschichte und Gegenwart eines Phänomens, München, Zürich 1994

Alvaro, A./Zorn, S.: Die Situation der Grund- und Menschenrechte innerhalb der EU, Hamburg 2007,

Apitzsch, U.: Die Aporien der Menschenrechte und das „Denken des Anderen", in: Jansen, M. (Hrsg.) Denken ohne Geländer, Wiesbaden, 2007.

Autorenkollektiv: Die Sorben. Wissenswertes aus Vergangenheit und Gegenwart der sorbischen nationalen Minderheit. Bautzen 1966

Bartsch, S.: Minderheitenschutz in der internationalen Politik, Opladen 1995

Batt, H.L.: Die Grundgesetzreform nach der deutschen Einheit, Opladen 1996

Bauer, F.: Die Wurzeln faschistischen und nationalsozialistischen Handelns, Frankfurt/Main 1965.

Bauer, R./Platta, H. (Hrsg.): Kaltes Land. Gegen die Verrohung des Bundesrepublik. Für eine humane Demokratie, Hamburg 2010

Beyer, H.: Die Rolle Schmidt-Wodders im Europäischen Nationalitätenkongreß, in: Schriftenreihe der Heimatkundlichen Arbeitsgemeinschaft für Nordschleswig 1964, S. 67ff

Bielefeldt, H.: Philosophie der Menschenrechte, Grundlagen eines weltweiten Freiheitsethos, 2. erw. u. aktual. Auflage., Darmstadt 2006;

Blaich, F.: Staat und Verbände in Deutschland zwischen 1871 und 1945; Wiesbaden 1979

Bloch, E.: Erbschaft dieser Zeit, Zürich 1935/3., erw. Aufl Frankfurt/ Main 2001,

Blumenwitz, D.: Volksgruppen und Minderheiten. Politische Vertretung und Kulturautonomie, Berlin 1995

Blumenwitz, D./Gornig, G.H./Murswiek, D. (Hrsg): Minderheitenschutz und Demokratie. Berlin 2004

Blumenwitz, D./Gornig, G.H./Murswiek, D. (Hrsg): Minderheitenschutz und Menschenrechte. Berlin 2006

Boehm, M.H.: Europa irredenta. Eine Einführung in das Nationalitätenproblem der Gegenwart, R. Hobbing, Berlin 1923

Bogner, D.: Ausverkauf der Menschenrechte?, Freiburg 2007

Boldt, W.: Verfassungsgeschichtliche Betrachtungen, Münster 2004

Bömelburg, H-J.: Zwischen polnischer Ständegesellschaft und preussischem Obrigkeitsstaat: vom Königlichen Preussen zu Westpreussen (1756–1806), Oldenbourg 1995

Bordieu, P.: Die verborgenen Mechanismen der Macht, Hamburg 2005

Bracher, K.D.: Die Auflösung der Weimarer Republik. Eine Studie zum Problem des Machtverfalls in der Demokratie, Königstein/Taunus 1955

Bracher, K.D.: Zusammenbruch des Versailler Systems und Zweiter Weltkrieg. In Propyläen Weltgeschichte. Neunter Band, Frankfurt am Main 1960

Breidenbach, J./ Zukrigl, I.: Tanz der Kulturen. Kulturelle Identität in einer globalisierten Welt, München 1998

Brems, M.: Die politische Integration ethnischer Minderheiten aus staats- und völkerrechtlicher Sicht. Frankfurt a.M. 1995

Breuer, S.: Die Völkischen in Deutschland, Darmstadt 2008

Breuer, S.: Die radikale Rechte in Deutschland 1871–1945. Eine politische Ideengeschichte, Reclam 2010

Broszat, M.: Außen- und innenpolitische Aspekte der preußisch-deutschen Minderheitenpolitik in der Ära Stresemann, in: Politische Ideologien und nationalstaatliche Ordnung, München/ Wien 1968

Budzinski, M./Clemens, G.: Rausland oder: Menschenrechte für alle, Göttingen 1991

Bukow, W.-D.: Feindbild: Minderheit. Ethnisierung und ihre Ziele, Opladen 1996

Ciupke, P./Heuer, K./Jelich, F.J./Ulbricht, J.H. (Hrsg.): „Die Erziehung zum deutschen Menschen". Völkische und nationalkonservative Erwachsenenbildung in der Weimarer Republik, Essen 2007

Corni, G./Geis, H.: Blut und Boden – Rassenideologie und Agrarpolitik im Staat Hitlers, Idstein 1994

Denzler, G./Fabricius, V.: Die Kirchen im Dritten Reich, Band II Dokumente, Frankfurt/Main 1984

Dierker, W.: Himmlers Glaubenskrieger. Der Sicherheitsdienst der SS und seine Religionspolitik 1933–1941, Paderborn 2002

Dittrich, E.J./Radtke, F-O.: Ethnizität. Wissenschaft und Minderheiten, Westdeutscher Verlag Opladen 1990

Eberle, H. (Hrsg.): Briefe an Hitler. Ein Volk schreibt seinem Führer. Lübbe, München 2007

Elias, N./Scotson, J.: Etablierte und Außenseiter, Frankfurt am Main 1993

Engelhardt, M.(Hrsg.): Völlig utopisch. 17 Beispiele einer besseren Welt, München 2014

Enzensberger, H.-M.: Die große Wanderung. Dreiunddreißig Markierungen. Mit einer Fußnote „Über einige Besonderheiten bei der Menschenjagd", Frankfurt/Main 1993

Ermisch, H.: Minderheitenschutz ins Grundgesetz? Die politische Dskussion über den Schutz ethnischer Minderheiten in der BRD im Rahmen der Beratungen der gemeinsamen Verfassungskommission von Bundesrat und Bundestag, Münster 2000

Feldkamp, M.F.: Pius XII. und Deutschland, Göttingen 2000

Fensch, D.: Zur Vorgeschichte, Organisation und Tätigkeit des Deutschen Schutzbundes in der Weimarer Republik. Ein Beitrag zur Geschichte des Revanchismus. Berlin 1966

Fetscher, I.: Menschenrechte/Menschenrechtspolitik, in: Wörterbuch Staat und Politik. München, Zürich, 1995

Fischer, H.F.: Die Wiedererrichtung des Bistums Meißen 1921 und ihre Vorgeschichte. Leipzig 1992

Flores d'Arcais, P.: Die Demokratie beim Wort nehmen, Der Souverän und der Dissident. Berlin, Berlin 2004

Förster, F.: Die „Wendenfrage" in der deutschen Ostforschung 1933–1945 Bautzen 2007

Frackowiak, J. (Hrsg.): Nationalistische Politik und Ressentiments: Deutsche und Polen von 1871 bis zur Gegenwart. Göttingen 2013

Frei, N./Schmitz, J.: Journalismus im Dritten Reich. München 2011

Fritzsche, K.P.: Menschenrechte. Eine Einführung mit Dokumenten, Paderborn 2004

Fuchs, G.: Gegen Hitler und Henlein. Der solidarische Kampf tschechischer und deutscher Antifaschisten von 1933–1938, Berlin 1961

Gangl, M./Raulet, G. (Hrsg.): Intellektuellendiskurse in der Weimarer Republik. Zur politischen Kultur einer Gemengelage, 2. neubearb. und erw. Auflage 2007

Gerber, H.: Minderheitenrecht im Deutschen Reich, Ein Kommentar zu Art. 113 der Reichsverfassung, Berlin 1929

Geulen, C.: Geschichte des Rassismus, München 2007.

Gotto, K./Repken, K.(Hrsg.): Die Katholiken und das Dritte Reich. 3.erweiterte und überarbeitete Auflage Mainz 1990

Greve, M.: Der justizielle und rechtspolitische Umgang mit den NS-Gewaltverbrechen in den sechziger Jahren, Frankfurt/Main 2001

Gross, R./Renz, W. (Hrsg.): Der Frankfurter Auschwitz-Prozess (1963–1965) Kommentierte Quellenedition, Frankfurt/Main 2013

Hagemeyer, H.: Europas Schicksal im Osten. Zwölf Vorträge der 4. Reichsarbeitagung der Dienststelle für Schrifttumspflege des Führers für die gesamte geistige und weltanschauliche Erziehung der NSDAP und der Reichsstelle zur Förderung des deutschen Schrifttums, Breslau 1938

Hamm, B.: Menschenrechte, Ein Grundlagenbuch, Opladen 2003,

Hansen, G.: (Hrsg.): Ethnische Minderheiten in der Bundesrepublik Deutschland, Ein Lexikon, München 1995

Haslinger, P./ Puttkamer, J. v. (Hrsg.): Staat, Loyalität und Minderheiten in Ostmittel- und Südosteuropa 1918–1941, Oldenbourg 2007

Hausmann, F.-R: Die Rolle der Geisteswissenschaften im Dritten Reich 1933–1945. Oldenburg, 2002

Hecker, H.: Deutsche, Slawen und Balten. Aspekte des Zusammenlebens im Osten des Deutschen Reiches und in Ostmitteleuropa, Bonn 1989

Heckmann, F.: Ethnische Minderheiten, Volk und Nation. Soziologie interethnischer Beziehungen, Stuttgart 1992

Heitzer, H.W.: Deutscher Katholizismus und „Bolschewismusgefahr" bis 1933, in: Historisches Jahrbuch der Görres-Gesellschaft 113 (1993)

Herzfeld, H.: Erster Weltkrieg und Friede von Versailles. In: Propyläen Weltgeschichte. Neunter Band, Frankfurt am Main/Berlin 1960

Hentschel, V.: Weimars letzte Monate. Düsseldorf 1978

Hobsbawm, E.: Nationen und Nationalismus. Mythos und Realität seit 1780, Frankfurt/Main 1992

Hodann, M.: Der slawische Gürtel um Deutschland. Polen, die Tschechoslowakei und die deutschen Ostprobleme, Berlin 1932

Hofmann, F./ Polacek, J.: Servus Kisch. Erinnerungen, Rezensionen, Anekdoten, Aufbau Berlin 1985

Huber, E.R.: Deutsche Verfassungsgeschichte seit 1778. Band VI: Die Weimarer Reichsverfassung, Stuttgart 1981

Hund, W.D.: Negative Vergesellschaftung. Dimensionen der Rassismusanalyse, Münster 2006

Hund, W.D. Rassismus. Grundlagen, Formen, Methoden, Bielefeld 2007

Hutter, F.J./Tessmer, C. (Hrsg.): Die Menschenrechte in Deutschland. Geschichte und Gegenwart, München 1997

Jäger, W: Historische Forschung und politische Kultur in Deutschland, Göttingen 1984

Janz, N./ Risse, Th.(Hrsg.): Menschenrechte – Globale Dimensionen eines universalen Anspruchs, Baden-Baden 2007;

Joas, H.: Sind die Menschenrechte westlich? München 2015

Jochimsen. L.: Die Verteidigung der Träume, Berlin 2014

Karpen, U.: Europas Zukunft: Vorstellungen des Kreisauer Kreises um Helmuth James Graf von Moltke, Heidelberg 2005

Keppler, K.: Die rechtliche Stellung der nationalen Minderheiten im Deutschen Reich, Heidelberg 1932

Koenen, G.: Der Russland-Komplex. Die Deutschen und der Osten 1900–1945, München 2005

Köster, B.: Der Minderheitenschutz nach der schleswig-holsteinischen Landesverfassung, Bredstedt 2009

Kotsch, D.: Minderheitenpolitik in der SBZ/DDR nach dem Zweiten Weltkrieg. Die Sorben, sowjetische Besatzungsherrschaft und staatliche Sorbenpolitik, Verlag für Berlin-Brandenburg 2000

Krugmann, M.: Das Recht der Minderheiten. Legitimation und Grenzen des Minderheitenschutzes. Berlin 2004

Laer, H.V./Scheer, K-D. (Hrsg.): Kultur und Kulturen, Münster 2004

Lampe, A.: Zwischen vier Meeren, in: Polen denkt Europa. Politische Texte aus zwei Jahrhunderten. Hrsg: Peter O. Loew, Suhrkamp 2004

Lange, H.-J.: Staat, Demokratie und innere Sicherheit in Deutschland, Studien zur Inneren Sicherheit Bd. 1 Opladen 2000

Lebsanft, F./ Wingender, M.: (Hrsg): Die Sprachpolitik des Europarats: Die „Europäische Charta der Regional- oder Minderheitensprachen" aus linguistischer und juristischer Sicht, Berlin/Boston 2012

Lemberg, H.: Ostmitteleuropa zwischen den beiden Weltkriegen(1918–1939), Verlag Herder-Institut 1997

Lohmann, G.: Rechtsextremismus und Menschenrechte: Exemplarische Argumentationen gegen Rechts, in: Jugend, Rechtsextremismus und Gewalt. Opladen, 2000.

Lötzsch, R.: Toleranz und Intoleranz gegenüber nationalen und sprachlichen Minderheiten in europäischen „Staatsnationen", in: Sitzungsberichte der Leibniz-Sozietät, Band 65 (2004), S. 55ff

Luchterhandt, O.: Nationale Minderheiten und Loyalität, Köln 1997

Lutz, F.P.: Das Geschichtsbewusstsein der Deutschen. Grundlagen der politischen Kultur in Ost und West, Köln, Weimar; Wien 2000

Mappes-Niediek, N.: Arme Roma, böse Zigeuner, Berlin 2012

Margalit, A.: Politik der Würde. Über Achtung und Verachtung. Berlin 1997

Mazura, U.: Zentrumspartei und Judenfrage 1870/71–1933. Verfassungsstaat und Minderheitenschutz, Mainz 1998

Merten, D./Papier, H-J. (Hrsg.): Handbuch der Grundrechte in Deutschland und Europa: Band VI/2: Europäische Grundrechte II – Universelle Menschenrechte, Heidelberg 2009

Meissner, O.: Ebert. Hindenburg. Hitler. Erinnerungen eines Staatsekretärs 1918–1945 Bechtle-Verlag München 1991

Messerschmidt, N.: Minderheitenpolitik und –soziologie in der deutschen und polnischen Demokratie der Zwischenkriegszeit, Weißensee Verlag 2006

Meškank, T.: Instrumentalisierung einer Kultur. Bautzen 2014

Mětšk, F.: Das Interesse der Ostforschung des westdeutschen Imperialismus an den Sorben, VEB Domowina Verlag, Bautzen 1968

Mierau, F. (Hrsg.): Russen in Berlin. Literatur-Malerei-Theater-Film 1918–1933, Reclam 1987

Mitzscherlich, B.: Diktatur und Diaspora. Das Bistum Meißen 1932–1951, Paderborn/München/ Wien/Zürich 2005

Mohr, M.: (Hrsg.)Friedenssichernde Aspekte des Minderheitenschutzes in der Ära des Völkerbundes und der Vereinten Nationen in Europa, Berlin 1996

Mommsen, H.: Die verspielte Freiheit. Der Weg der Republik von Weimar in den Untergang 1918 bis 1933. Proyläen Geschichte Deutschlands, Band 8, Berlin 1989

Naas, S.: Die Entstehung des preußischen Polizeiverwaltungsgesetzes von 1931, Tübingen 2003

Neumann, F.L.: Behemoth. Struktur und Praxis des Nationalsozialismus 1933–1944. Frankfurt am Main 1984

Noack, J.P.: Ernst Christiansen – Wegweiser und Gestalter der dänischen Minderheit, in: Grenzfriedenshefte 1991, S. 134ff

Nolte, G.: Der Mensch und seine Rechte, Göttingen 2004

Nordblom, P.: Für Glaube und Volkstum. Die katholische Wochenzeitung „Der Deutsche in Polen" (1934–1939) in der Auseinandersetzung mit dem Nationalsozialismus, Paderborn, Schöningh 2000

Nowak, B.: Die Doppelrolle der Führung der sorbischen nationalen Bewegung in der Zeit der faschistischen Diktatur in Deutschland, in: Lĕtopis, Reihe B, 1960

Oltmer, J.: Migration und Politik in der Weimarer Republik. Göttingen 2005

Orzechowski, M.: Lausitzer Sorben am Polnischen Gymnasium in Bytom (Beuthen/ O.S.) 1934–1937. In: Lĕtopis, Reihe B 1963

Pan, Ch./Pfeil, B. S. (Hrsg.): Zur Entstehung des modernen Minderheitenschutzes in Europa. Handbuch der europäischen Volksgruppen, Band 3, Wien/New York 2006

Pan, F.: Der Minderheitenschutz im Neuen Europa und seine historische Entwicklung, Wien 1999

Pastor, T.: Die rechtliche Stellung der Sorben in Deutschland, Bautzen 1997

Paul, G.: Staatlicher Terror und gesellschaftliche Verrohung. Die Gestapo in Schleswig-Holstein, Hamburg 1996

Piper, E.: Kurze Geschichte des Nationalsozialismus. Von 1919 bis heute. Hamburg 2007

Pech, E./Scholze, D. (Hrsg.): Zwischen Zwang und Beistand. Deutsche Politik gegenüber den Sorben vom Wiener Kongress bis zur Gegenwart. Bautzen 2003

Pfeiffer, M.: Mein Großvater im Krieg 1939–1945, Bremen 2012,

Plaschka, R.G./ Mack, K: Wegenetze europäischen Geistes II, Wien 1987

Plettner, H.: Das Problem des Schutzes nationaler Minderheiten, Jena 1927

Poetzsch-Heffter, F.: 5. Handkommentar der Reichsverfassung vom 11. August 1919. Ein Handbuch für Verfassungsrecht und Verfassungspolitik, dritte, völlig neubearbeitete Auflage, Berlin 1928

Prantl, H.: Glanz und Elend der Grundrechte, München 2014

Pritchard, S.: Der völkerrechtliche Minderheitenschutz. Historische und neuere Entwicklungen. Tübinger Schriften, Berlin 2001

Raem, H.-A.: Pius XI. und der Nationalsozialismus. Paderborn 1979

Rasmussen, R: Jacob Kronika in Berlin 1939–1945, in: Grenzfriedenshefte 2002, S. 25ff

Rauch, W. J.: Presse und Volkstum der Lausitzer Sorben, Holzner 1959

Rauschenberger, K. (Hrsg.): Rückkehr in Feindesland? Fritz Bauer in der deutsch-jüdischen Nachkriegsgeschichte, Frankfurt/Main 2013

Rawls, J.: Gerechtigekeit als Fairneß. Ein Neuentwurf, Frankfurt am Main 2003

Reese-Schäfer, W.: Politisches Denken heute: Zivilgesellschaft, Globalisierung und Menschenrechte, 2. überarbeitete Auflage Oldenbourg 2007

Remes, F.W.: Die Sorbenfrage 1918/1919. Untersuchung einer gescheiterten Autonomiebewegung, Bautzen 1993

Richter, I.(Hrsg): Transnationale Menschenrechte. Schritte zu einer weltweiten Verwirklichung der Menschenrechte, Opladen 2008.

Ritter, G.: Europa und die deutsche Frage. Betrachtungen über die geschichtliche Eigenart des deutschen Staatsdenkens, München 1948.

Ritter, G.A: Die Arbeiterbewegung im wilhelminischen Deutschland. Die Sozialdemokratie und die freien Gewerkschaften 189–1900, Berlin 1963

Ritter, G.A.: Der Preis der deutschen Einheit. Die Wiedervereinigung und die Krise des Sozialstaates, 2. Auflage München 2007

Robinson, J.: Das Minoritätenproblem und seine Literatur. Kritische Einführung in die Quellen und die Literatur der europäischen Nationalitätenfrage der Nachkriegszeit, unter besonderer Berücksichtigung des völkerrechtlichen Minderheitenschutzes, Berlin, Leipzig 1928

Röpke, W.: Die deutsche Frage, Erlenbach/ Zürich 1945

Rödder, A.: (Hrsg.) Weimar und die deutsche Verfassung. Zur Geschichte und Aktualität, Stuttgart 1999

Salomon, D.: Demokratie, Köln 2012

Salowski, M./ Kilank, R./Schmidt, P.: Katholische sorbische Lausitz, Leipzig/ Heiligenstadt 1976

Salzborn, S.: Heimatrecht und Volkstumskampf, Hannover 2001

Scheer, M.: Das deutsche Volk klagt an, Hamburg 2012 (Neuauflage des 1936 in Paris anonym erschienen Werkes)

Schlögel, J.: Der Schutz ethnischer Minderheiten als allgemeiner Rechtsgrundsatz des Gemeinschaftsrechts, Verlag Dr. Kovac; 2004

Schneider, M.: Unterm Hakenkreuz. Arbeiter und Arbeiterbewegung 1933 bis 1939, Berlin 1999

Schneider, M.: In der Kriegsgesellschaft. Arbeiter und Arbeiterbewegung 1939 bis 1945, Berlin 2014

Schneider, R.: Die Sorben in der Lausitz. Vom Untergang einer Ethnie, in: Neue Gesellschaft. Frankfurter Hefte, 44/1997, S. 1086ff

Schmidt, B.(Hrsg.): Menschenrechte und Menschenbilder von der Antike bis zur Gegenwart, Hamburg 2006,

Schmidt-Salomon, M.: Manifest des evolutionären Humanismus. Plädoyer für eine zeitgemässe Leitkultur, 2., korr. u. erw. Auflage Aschaffenburg 2006

Schmidt-Salomon, M.: Hoffnung Mensch – Eine bessere Welt ist möglich. München 2014

Schmitz, H.P./Jetschke, A./ Risse, T.: Die Macht der Menschenrechte: Zur innenpolitischen Durchsetzung internationaler Normen, in: Aus Politik und Zeitgeschichte, B 46–47/98, S. 43Ff

Schnellbach, Ch.: Minderheitenpolitik in Ostmitteleuropa im Prozess der EU-Erweiterung, Wien 2013

Scholze, D.: (Hrsg.) Im Wettstreit der Werte. Sorbische Sprache, Kultur und Identität auf dem Weg ins 21. Jahrhundert, Bautzen 2003

Schöllgen, G.: Deutsche Außenpolitik von 1815 bis 1945, München 2013

Schönwälder, K: Schutz ethnischer Minderheiten, in: Konegen, N./Nitschke, P. (Hrsg.): Revision des Grundgesetzes?: Ergebnisse der Gemeinsamen Verfassungskommission (G.V.K.) des Deutschen Bundestages und des Bundesrates Opladen 1997

Schot, B.: Nation oder Staat? Deutschland und der Minderheitenschutz. Marburg 1988

Schumacher, T.R.: Mellem nationale interesser og mindretals loyalitet. Det danske mindretal und samarbejdt i Forbundet af nationale Mindretal i Tyskland 1924–39. Institut for GrænseregionSchumann, D.: Politische Gewalt in der Weimarer Republik. Kampf um die Straße und Furcht vor dem Bürgerkrieg, Essen 2001

Siegert, A.: Minderheitenschutz in der Bundesrepublik Deutschland. Erforderlichkeit einer Verfassungsänderung. Berlin 1999

Sommer, G./ Stellmacher, J.: Menschenrechte und Menschenrechtsbildung – Eine psychologische Bestandsaufnahme. Wiesbaden 2009

Sösemann, B.: Das Ende der Weimarer Republik in der Kritik demokratischer Publizisten Theodor Wolff, Ernst Feder, Julius Elbau, Leopold Schwarzschild, Berlin 1976

Steinke, R.: Fritz Bauer oder Auschwitz vor Gericht, München 2013

Stern, F.: Fünf Deutschland und ein Leben. München 2007

Stern, K.: Das Staatsrecht der Bundesrepublik Deutschland, Bd. III.1 Allgemeine Lehren des Grundrechts, München 1988

Taler, C: Asche auf vereisten Wegen. Bericht vom Auschwitz-Prozeß. Köln 2015

Ther, Ph: Die dunkle Seite der Nationalstaaten: „Ethnische Säuberungen" im modernen Europa, Göttingen 2011

Toivanen, R./Mahler, C.: Menschenrechte im Vergleich der Kulturen, Nordhausen 2005,

Tschiche, W.: Der Traum von einer menschenrechtsorientierten Politik – Realität oder Illusion?, in: Ausserschulische Bildung, 3/1999 S. 270ff

Unger, C.: Ostforschung in Westdeutschland. Die Erforschung des europäischen Ostens und die Deutsche Forschungsgemeinschaft 1945–1975, Stuttgart 2007

Vogt, M.T./Sokol, J./Bingen, D./Neyer, J./Löhr, A. (Hrsg.): Der Fremde als Bereicherung. Schriften des Collegium PONTES Band V, Frankfurt/Main 2010

Vogt, M.T./Sokol, J./Bingen, D./Neyer, J./Löhr, A. (Hrsg.): Minderheiten als Mehrwert, *Schriften des Collegium PONTES Band VI.* Frankfurt/Main 2010

Wagner, B. (Hrsg.): Kulturelle Globalisierung. Zwischen Weltkultur und kultureller Fragmentierung, Frankfurt/Main, Essen 2001

Wagner, T.: Irokesen und Demokratie. Ein Beitrag zur Soziologie interkultureller Kommunikation, Münster, 2004

Walz, S.: Gemeinschaftsgrundrechte und der Schutz von Minderheiten, Verlag Dr. Kovac; 2006

Wehler, H.-U.: Deutsche Gesellschaftsgeschichte. Vierter Band. Vom Beginn des Ersten Weltkriegs bis zur Gründung der beiden deutschen Staaten 1914–1949, München 2003

Weitling, W.: Die Menschheit, wie sie ist und wie sie sein sollte. Bern 1845

Werle, G./Wandres, T.: Auschwitz vor Gericht. Völkermord und bundesdeutsche Strafjustiz, München 1995

Winkler, H. A.: Weimar 1918–1933. Die Geschichte der ersten deutschen Demokratie. München 1993

Wirsching, A.: Vom Weltkrieg zum Bürgerkrieg. Politischer Extremismus in Deutschland und Frankreich 1918—1933/39. Berlin und Paris im Vergleich, München 1999.

Wolfgramm, E.: „Nur für den Dienstgebrauch!" Zur Tätigkeit der Publikationsstelle des Preußischen Geheimen Staatsarchivs. In: Der deutsche Imperialismus und Polen 1918–1939, Rostock 1978

Wuketits, F.M.: Zivilisation in der Sackgasse. Plädoyer für eine artgerechte Menschenhaltung, Murnau 2012

Zelik, R.: Nach dem Kapitalismus? Perspektiven der Emanzipation oder: Das Projekt Communismus anders denken Hamburg 2011

Zwahr, H.: Meine Landsleute. Die Sorben und die Lausitz im Zeugnis deutscher Zeitgenossen. Von Spener und Lessing bis Pieck. Bautzen 1984

Abbildungen: Archiv des Autors, Wendisches Museum Cottbus, Kulturwehr, Universitätsbibliothek Heidelberg

Arno Hach:
Alt-Berlin im Spiegel seiner Kirchen
Rückblicke in die versunkene Altstadt

Die Abfassung dieser Broschüre liegt 70 Jahre zurück. Seitdem hat sich vieles verändert am Stadtbild Berlins.

Dennoch sind die Ausführungen Arno Hachs heute noch interessant: für alle, die an der Geschichte Berlins interessiert sind, zumal der „Ort des Geschehens" für viel noch immer relativ fremd sein mag.

100 Seiten, 3 Pläne; brosch.;
2002 (Neuaufl. d. Ausg. v. 1933)
ISBN 978-3-936103-00-7; € 12,80

Rainer Hengsbach-Parcham:
Gedanken über Gedichte
Bemerkungen zur Lyrikdiskussion

Der Autor bevorzugt in seinen Gedichten sogenannte traditionelle Formen. Das ist nicht eine Folge von Unwissenheit oder Naivität, sondern ein Verhalten aus Überzeugung, das er in Form kleiner Aufsätze als Nachworte seinen Originalveröffentlichungen anfügte.

Diese „Nachworte", die eine dichtungstheoretische Begründung für seine Lyrik darstellen – und gleichsam eine Lanze für die traditionelle Lyrik brechen –, sind in diesem Band zusammengestellt, ergänzt durch einige weitere Aufsätze.

2. Aufl., 160 Seiten; brosch.; 2009
ISBN 978-3-936103-21-2; € 14,90

Rainer Hengsbach-Parcham

Verschiebungen

19 Aufsätze über Sprache –
und Gott und die Welt

Beggerow

Rainer Hengsbach-Parcham:
Verschiebungen
Aufsätze über Sprache, Gott und die Welt

Die 19 Aufsätze dieses Bandes bilden eine Sammlung von Texten zu verschiedenen Themen – zumeist über Sprache und Literatur, aber auch die politische Glosse ist vertreten,
ebenso wie die philosophische Betrachtung. Dabei nimmt Hengsbach-Parcham kein
Blatt vor den Mund.

2. Aufl., 160 Seiten; brosch.; 2012
ISBN 978-3-936103-21-2; € 14,90